THE
BIG RED
BOOK OF SPANISH VERBS

555
FULLY CONJUGATED VERBS

Ronni L. Gordon, Ph.D. | **David M. Stillman, Ph.D.**

McGraw-Hill

New York   Chicago   San Francisco   Lisbon   London   Madrid   Mexico City
Milan   New Delhi   San Juan   Seoul   Singapore   Sydney   Toronto

Library of Congress Cataloging-in-Publication Data

Gordon, Ronni L.
    The big red book of Spanish verbs : 555 fully conjugated verbs / Ronni Gordon,
David Stillman.
        p.   cm.
    Includes index.
    ISBN 0-658-01487-0
    1. Spanish language—Verb.   2. Spanish language—Verb—Tables.
I. Stillman, David M.   II. Title.

PC4271 .G65   2002
468.2′421—dc21   2001052163

Interior design by Village Typographers, Inc.

9 10 11 12 13 14 15 16 17 18 19 20   WCT/WCT   0 9 8 7 6   (0-658-01487-0)
1   2   3   4   5   6   7   8   9 10 11 12   WCT/WCT   0 9 8 7 6   (0-07-147403-X)

ISBN-13: 978-0-07-147473-3
ISBN-10:   0-07-147473-0 (book and CD set)

ISBN-13: 978-0-07-147403-0
ISBN-10:   0-07-147403-X (book for set)

ISBN-13: 978-0-658-01487-1
ISBN-10:   0-658-01487-0 (book alone)

McGraw-Hill books are available at special quantity discounts to use as premiums and
sales promotions, or for use in corporate training programs. For more information, please
write to the Director of Special Sales, Professional Publishing, McGraw-Hill, Two Penn
Plaza, New York, NY 10121-2298. Or contact your local bookstore.

CD-ROM for Windows
To install: Insert the CD-ROM into your CD-ROM drive. The CD-ROM will start automatically.
If it does not, double-click on MY COMPUTER; find and open your CD-ROM disk drive, then
double-click on the install.exe icon. The CD-ROM includes audio instructions to guide you
in using this program effectively.

Minimum System Requirements:
Computer: Windows 95, 98, NT, 2000, XP
Pentium II, AMD K6-2, or better
64 MB RAM
14″ color monitor
8× or better CD-ROM
Sound card
Installation: Necessary free hard-drive space: 150 MB
Settings: 800 × 600 screen resolution
256 (8-bit) colors (minimum)
Thousands (24- or 32-bit) of colors (preferred)

Call 800-722-4726 if the CD-ROM is missing from this book.
For technical support go to http://books.mcgraw-hill.com/techsupport.

This book is printed on acid-free paper.

Contents

SPANISH TENSE PROFILES

THE BASICS OF CONJUGATION

Conjugation is a list of the forms of the verb in a conventional order. The forms of the verb in a particular tense vary to show person and number. The three persons are: the speaker, or first person (I), the person spoken to, or second person (you), and the person or thing referred to, or third person (he, she, it). There are two numbers in English and Spanish, singular and plural. The verb forms are designated by person and number, as summarized in the chart below:

	SINGULAR	PLURAL
FIRST PERSON	I	we
SECOND PERSON	you	you
THIRD PERSON	he, she, it	they

Thus, in the English conjugation of the verb *to be*

	SINGULAR	PLURAL
FIRST PERSON	I am	we are
SECOND PERSON	you are	you are
THIRD PERSON	he, she, it is	they are

We could say that *am* is first-person singular, while *is* is third-person singular. The form *are* is used for the second-person singular and plural as well as for the first- and third-persons plural. The above order of forms is called a conjugation paradigm and is conventional in both English and Spanish for the presentation of verb forms. This is the pattern that will be used to present the forms of Spanish verbs in this book.

The Persons of the Verb in Spanish

The subject pronouns in Spanish do not correspond exactly to the English system.

	SINGULAR	PLURAL
FIRST PERSON	yo	nosotros, nosotras
SECOND PERSON	tú	vosotros, vosotras
THIRD PERSON	él, ella, usted	ellos, ellas, ustedes

Note the following:

1 · **Usted** and **ustedes** are often abbreviated in writing as **Ud.** and **Uds.**, respectively. The abbreviations **Vd.** and **Vds.** are also used.

2 · The Spanish of Spain has four forms for *you*. They vary for formality and number. **Tú** is informal singular, **vosotros(-as)** is informal plural. **Ud.** (singular) and **Uds.** (plural) are markers of formality, politeness, and seniority.

3 · In Spanish America, **vosotros(-as)** is not used. **Uds.** is used as the plural of both **tú** and **Ud.**

4 · **Ud.** and **Uds.** are used with third-person, not second-person verbs, in spite of the fact that they mean *you*.

5 · The plural pronouns in Spanish distinguish gender: **nosotros** *vs.* **nosotras**; **vosotros** *vs.* **vosotras**; **ellos** *vs.* **ellas**. The feminine form is used for groups consisting solely of females. The masculine form is used for groups of males or groups of males and females.

6 · Subject pronouns are often omitted in Spanish since the verb endings make the subject clear. They are used for emphasis or contrast. Compare:

Él estudia marketing.	*He is studying marketing.*
Él estudia marketing pero **ella** estudia contabilidad.	*He is studying marketing, but **she** is studying accounting.*

Verb Classes

Spanish verbs differ from English verbs in that they have endings that show both who is performing the action (the subject of the sentence) and when the action occurs (the tense—present, past, future, etc.).

All Spanish verbs fall into three major classes, called conjugations. Each conjugation has its own set of endings, although there is quite a bit of overlap among the three. The conjugation to which a verb belongs is shown by the *infinitive*, the form ending in **-r** that is not marked for person or tense. The conjugation is shown by the vowel that comes before the **-r** of the infinitive. The verbs **hablar** *to speak*, **vender** *to sell*, and **vivir** *to live* represent the three conjugations. Notice the various names used for the conjugations:

hablar	first-conjugation verb OR **-ar** verb
vender	second-conjugation verb OR **-er** verb
vivir	third-conjugation verb OR **-ir** verb

THE SIMPLE TENSES

There are seven simple (single-word) tenses in Spanish:

The Present Tense

We can analyze the present tense forms of Spanish verbs as consisting of a stem and an ending. The ending shows the person who performs the act and the tense. The stem is formed by dropping the infinitive ending: **-ar**, **-er**, **-ir**.

INFINITIVE   STEM
hablar > **habl-**
vender > **vend-**
vivir   > **viv-**

Examine the conjugations of the three model verbs in the present tense: The stressed vowels are underlined in the conjugations. You will see that this shift in stress is one of the key features of the Spanish verb system.

hablar *to speak*

habl + o > hablo (hablo)	habl + amos > hablamos (hablamos)
habl + as > hablas (hablas)	habl + áis > habláis (habláis)
habl + a > habla (habla)	habl + an > hablan (hablan)

vender *to sell*

vend + o > vendo (vendo)	vend + emos > vendemos (vendemos)
vend + es > vendes (vendes)	vend + éis > vendéis (vendéis)
vend + e > vende (vende)	vend + en > venden (venden)

vivir *to live*

viv + o > vivo (vivo)	viv + imos > vivimos (vivimos)
viv + es > vives (vives)	viv + ís > vivís (vivís)
viv + e > vive (vive)	viv + en > viven (viven)

Notice the following peculiarities about the conjugation:

1 · The first-person (**yo**-form) singular of all three conjugations ends in **-o**.

2 · **-Ir** verbs have the same endings as **-er** verbs except in the first- and second-persons plural (**vivimos, vivís**).

3 · In all three conjugations there is an important shift in stress. The three forms of the singular and the third-person plural are stressed on the vowel of the stem. The first- and second-persons plural are stressed on the class vowel. Examine the conjugation of **vender** again.

Stem-Changing Verbs

Certain **-ar** and **-er** verbs have changes in the stem vowel in those forms where the stem vowel is stressed. The vowel changes are **e** > **ie** and **o** > **ue**.

Study the following conjugations:

pensar *to think*		**mostrar** *to show*	
pienso	pensamos	muestro	mostramos
piensas	pensáis	muestras	mostráis
piensa	piensan	muestra	muestran

querer *to want*		**volver** *to return*	
quiero	queremos	vuelvo	volvemos
quieres	queréis	vuelves	volvéis
quiere	quieren	vuelve	vuelven

Some stem-changing **-ir** verbs have a change of **e > i**.

pedir *to ask for*	
pido	pedimos
pides	pedís
pide	piden

Stem changes cannot be predicted from the infinitive. **Comer** does not have a change of **o > ue**, but **volver** does. Stem changes are usually indicated in one of the following ways in verb lists and dictionaries:

> **pensar (e > ie)**
> **volver (ue)**

Stem changes occur in the present tense and in forms derived from the present: the present subjunctive and the command forms.

Uses of the Present Tense

1 · The present tense is used to express ongoing or habitual actions in the present:

El señor Domínguez **trabaja** hoy en la otra oficina.	*Mr. Dominguez **is working** in the other office today.*
Todos los días **regreso** a casa a las seis y cuarto.	*I **return** home every day at six fifteen.*
Siguen cursos de antropología e historia en la universidad.	*They're **taking** anthropology and history courses at the university.*

The English auxiliary verb *do/does* is not translated before Spanish verb forms in questions and in negative sentences.

—¿**Comprendes** la lección?	***Do you understand** the lesson?*
—No, **no comprendo** porque no estudio.	*No, **I don't understand** because I don't study.*

2 · The present tense can express future time when another element of the sentence makes it clear that the future is being referred to.

—¿**Vuelves** mañana?	***Will you return** tomorrow?*
—No, **me quedo** hasta la semana que viene.	*No, **I'll stay** until next week.*

3 · The present tense is used to indicate actions that began in the past but that continue into the present. English uses *have been doing something* to express this.

—¿Cuánto (tiempo) hace que **viven** aquí?	*How long **have you been living** here?*
—Hace un año que **vivimos** aquí.	***We've been living** here for a year now.*
—¿Desde cuándo **busca** Marta empleo?	*Since when **has** Marta **been looking for** a job?*
—**Busca** empleo desde enero.	***She's been looking for** work since January.*

Note the use of **hace** + time expression to label how long the action has been going on and the use of **desde** + a moment in time to label the time when the action began.

4 · The present tense can be used to refer to the past for dramatic effect. This is called the historical present.

A fines del siglo XV los españoles **emprenden** la conquista de América.	*At the end of the 15th century the Spanish **undertook** the conquest of America.*
El príncipe Juan Carlos de Borbón **sube** al trono en 1975.	*Prince Juan Carlos de Borbón **ascended** the throne in 1975.*
Al año siguiente **se firma** otro tratado de paz.	*The following year another peace treaty **was signed**.*

The Imperfect Tense

The imperfect tense is one of the most regular tenses in Spanish. It is formed by adding the endings of the imperfect to the stem. The endings are based on the syllables **-aba** for **-ar** verbs and **-ía** for **-er** and **-ir** verbs.

-ar verbs

habl + aba > hablaba	habl + ábamos > hablábamos
habl + abas > hablabas	habl + abais > hablabais
habl + aba > hablaba	habl + aban > hablaban

-er verbs

vend + ía > vendía	vend + íamos > vendíamos
vend + ías > vendías	vend + íais > vendíais
vend + ía > vendía	vend + ían > vendían

-ir verbs

viv + ía > vivía	viv + íamos > vivíamos
viv + ías > vivías	viv + íais > vivíais
viv + ía > vivía	viv + ían > vivían

Note that only **-er** and **-ir** verbs have the same endings in the imperfect.

Only three verbs have irregular imperfects: **ser**, **ir**, and **ver**.

ser *to be*

era	éramos
eras	erais
era	eran

ir *to go*

iba	íbamos
ibas	ibais
iba	iban

ver *to see*

veía	veíamos
veías	veíais
veía	veían

Uses of the Imperfect Tense

The imperfect tense expresses one of the two aspects of past time in Spanish (the other is expressed by the preterit). The imperfect is used to indicate actions that the speaker sees as continuing in the past, without reference to their beginning or end. The imperfect is therefore used to refer to:

1 · actions that are seen as forming a background to other actions, such as time or weather; only the imperfect is used to tell what time it was in the past.

Eran las diez cuando llegaron los amigos.	*It **was** ten o'clock when our friends arrived.*
Cuando yo salí, **hacía frío** y **llovía**.	*When I left, **it was cold** and **was raining**.*

2 · actions that were habitual in the past with no reference to their beginning or end (English *used to*)

Cuando **vivíamos** en Puerto Rico, **íbamos** mucho a la playa.	*When **we lived** in Puerto Rico **we used to go** to the beach a lot.*
Siempre **cenábamos** en aquel restaurante porque **se comía** muy bien.	*We always **used to have dinner** at that restaurant because **the food was** good.*

3 · descriptions of states or conditions that existed in the past (as opposed to events)

La casa **era** nueva y **tenía** habitaciones grandes y cómodas.	*The house **was** new and **had** big, comfortable rooms.*
El sol **se ponía** y **se encendían** los faroles. La gente ya **se paseaba** en las calles.	*The sun **was setting** and the street lights **were being turned on**. People **were** already **strolling** in the streets.*

4 · actions that were repeated in the past with no reference to their beginning or end

Cuando yo **era** estudiante, **iba** a la biblioteca todos los días.	*When I **was** a student, I **went** to the library every day.*
Los fines de semana mis amigos y yo **nos veíamos** en el café.	*On the weekends my friends and I **would see each other** at the café.*

The imperfect tense is used in indirect discourse, that is, to report what someone said. It follows the preterit form of verbs such as **decir** and **escribir**:

Me **dijo** que **iba** al cine.	*She **told** me she **was going** to the movies.*
Les **escribimos** que **pensábamos** verlos en Londres.	*We **wrote** them that we **intended** to see them in London.*

The Preterit Tense

The preterit tense has the most irregularities in Spanish. It is formed by adding a special set of endings to the verb. **-Er** and **-ir** verbs have the same endings in the preterit.

-ar verbs

habl + é	> hablé	habl + amos	> hablamos
habl + aste	> hablaste	habl + asteis	> hablasteis
habl + ó	> habló	habl + aron	> hablaron

-er verbs

vend + í	> vendí	vend + imos	> vendimos
vend + iste	> vendiste	vend + isteis	> vendisteis
vend + ió	> vendió	vend + ieron	> vendieron

-ir verbs

viv + í	> viví	viv + imos	> vivimos
viv + iste	> viviste	viv + isteis	> vivisteis
viv + ió	> vivió	viv + ieron	> vivieron

If the stem of an **-er** or **-ir** verb ends in a vowel, an accent mark is added to the class vowel **-i-** of second-persons singular and plural and of the first-person plural. The **i** of the third-person endings **-ió** and **-ieron** changes to **y**.

caer *to fall*		**leer** *to read*		**oír** *to hear*	
caí	caímos	leí	leímos	oí	oímos
caíste	caísteis	leíste	leísteis	oíste	oísteis
cayó	cayeron	leyó	leyeron	oyó	oyeron

Many common verbs have an irregular stem in the preterit. These are conjugated like **-er** and **-ir** verbs, except for the first- and third-persons singular, which are the only preterit forms that have *unstressed* endings. These irregular preterits occur in the most common verbs in the language.

Irregular stem with the vowel *-u-*:

andar *to walk*		**caber** *to fit*		**conducir** *to drive*	
anduve	anduvimos	cupe	cupimos	conduje	condujimos
anduviste	anduvisteis	cupiste	cupisteis	condujiste	condujisteis
anduvo	anduvieron	cupo	cupieron	condujo	condujeron

estar *to be*		**poder** *to be able*		**poner** *to put*	
estuve	estuvimos	pude	pudimos	puse	pusimos
estuviste	estuvisteis	pudiste	pudisteis	pusiste	pusisteis
estuvo	estuvieron	pudo	pudieron	puso	pusieron

saber *to know*		**tener** *to have*	
supe	supimos	tuve	tuvimos
supiste	supisteis	tuviste	tuvisteis
supo	supieron	tuvo	tuvieron

Irregular stem with the vowel -*i*-:

decir *to say*		hacer *to do, make*		venir *to come*	
dije	dijimos	hice	hicimos	vine	vinimos
dijiste	dijisteis	hiciste	hicisteis	viniste	vinisteis
dijo	dijeron	hizo	hicieron	vino	vinieron

querer *to want*	
quise	quisimos
quisiste	quisisteis
quiso	quisieron

Irregular stem with the vowel -*a*-:

traer *to bring*	
traje	trajimos
trajiste	trajisteis
trajo	trajeron

Some observations on these irregular preterits:

1 · Note the spelling change of **c > z** in **hizo** (from **hacer**).

2 · Note that in irregular preterit stems ending in **j**, the third-person plural ending is -**eron**, not -**ieron**: **condujeron, dijeron, trajeron.**

3 · The verbs **ir** and **ser** have the same forms in the preterit. This conjugation is completely irregular.

ir/ser	
fui	fuimos
fuiste	fuisteis
fue	fueron

4 · **Dar** is conjugated with the endings of regular -**er** and -**ir** verbs in the preterit. Both **dar** and **ver** do not use accent marks in the first- and third-person singular because those forms have only one syllable.

dar *to give*		ver *to see*	
di	dimos	vi	vimos
diste	disteis	viste	visteis
dio	dieron	vio	vieron

6 · The preterit of **hay** is **hubo** *there was, there were.*

Uses of the Preterit Tense

1 · The preterit is used to tell what happened in the past. When a speaker selects the preterit, he sees the action of the verb as completed in the past. Note how the preterit is used to narrate a series of events in the past.

Me levanté a las ocho.	***I got up*** *at eight o'clock.*
Me lavé.	***I washed up.***
Sonó el teléfono.	*The phone **rang**.*
Contesté.	***I answered.***
Hablé con Raquel.	***I spoke*** *with Raquel.*
Me cité con ella para las diez.	***I made an appointment*** *with her for ten.*
Salí de casa y **subí** al autobús.	***I left*** *the house and **got** on the bus.*
Encontré un asiento libre y **me senté**.	***I found*** *an empty seat and **sat down**.*
Fui al centro donde Raquel y yo **tomamos** un café.	***I went*** *downtown where Raquel and I **had** coffee.*
Después, **me fui** a uno de los almacenes.	*Then **I went** to one of the department stores.*
Me compré unas camisas.	***I bought (myself)*** *some shirts.*
Volví a casa a las cinco.	***I returned*** *home at five o'clock.*
Hice la cena y **comí**.	***I made*** *dinner and **ate**.*
Vi las noticias en la tele y **me acosté** a las once.	***I watched*** *the news on TV and **went to bed** at eleven o'clock.*

2 · The distinction between the imperfect and the preterit is not mandatory in English, and the same English form can be used to translate both of the Spanish tenses in some cases.

Durante las vacaciones, **yo dormía** muy bien.	*During vacation **I slept** very well.*
Anoche **dormí** bien.	*Last night **I slept** well.*
Cuando yo era joven, **estudiaba** mucho.	*When I was young **I studied** a lot.*
El año pasado **estudié** mucho.	*Last year **I studied** a lot.*
En verano los chicos siempre **se divertían mucho**.	*In the summer the children always **had a very good time**.*
El verano pasado los chicos **se divirtieron mucho**.	*Last summer the children **had a very good time**.*

3 · The preterit and the imperfect are often played off against each other in a single sentence or in a series of sentences in Spanish. The imperfect indicates the background against which the events narrated in the preterit take place.

Mientras **yo leía** el periódico, **sonó** el teléfono.	*While **I was reading** the newspaper, the phone **rang**. (The reading is the background against which the ringing of the phone occurred.)*

Notice that the preterit and imperfect can be shifted to create difference in meaning.

Mientras **yo leía** el periódico, **sonaba** el teléfono.	*While **I was reading** the newspaper, the phone **was ringing**. (Neither the reading nor the ringing of the telephone are seen as events. Both express ongoing actions in the past.)*
Yo leí el periódico y **sonó** el teléfono.	***I read** the newspaper and the phone **rang**. (The use of the preterit for both verbs conveys the idea that the speaker sees both the reading and the ringing of the telephone as events.)*
Yo leí el periódico mientras **sonaba** el teléfono.	***I read** the newspaper while the phone **was ringing**. (In this version of the sentence, the ringing of the telephone is the background for the event: the reading of the newspaper.)*

The Future Tense

The future tense in Spanish is formed not from the stem, but from the infinitive. A special set of endings is added to the infinitive. These endings are the same for *all* verbs.

> **hablar** + **é** > **hablaré**
> **vender** + **é** > **venderé**
> **vivir** + **é**   > **viviré**

hablar		vender		vivir	
hablar**é**	hablar**emos**	vender**é**	vender**emos**	vivir**é**	vivir**emos**
hablar**ás**	hablar**éis**	vender**ás**	vender**éis**	vivir**ás**	vivir**éis**
hablar**á**	hablar**án**	vender**á**	vender**án**	vivir**á**	vivir**án**

Many common verbs use modified forms of the infinitive in forming the future. The endings are the same.

- reduced infinitives

  hacer > **haré**
  decir > **diré**

- the vowel **-e-** or **-i-** before the **-r** of the infinitive is replaced by **-d-**

  poner > **pondré**
  salir > **saldré**
  valer > **valdré**
  venir > **vendré**
  tener > **tendré**

- the vowel **-e-** before the **-r** of the infinitive drops

  caber   > **cabré**
  poder   > **podré**
  haber   > **habré**
  querer > **querré**
  saber   > **sabré**

Note that

1 · **-Ir** verbs that have an accent mark in the infinitive, such as **oír** and **reír**, lose the accent mark in the future: **oiré**, **reiré**.

2 · Compound verbs of the irregular verbs share the same irregularities: **componer** (**compondré**), **detener** (**detendré**), **convenir** (**convendré**), etc.

3 · The future of **hay** is **habrá** *there will be.*

Uses of the Future Tense

The future tense is one of the ways Spanish refers to future time.

> **Juan se graduará el año que viene.**   *Juan will graduate next year.*

In speech, the future is often replaced by either the **ir a** + *infinitive* construction

> **Juan se va a graduar el año que viene.**

or by the simple present, which can be used when another element of the sentence makes it clear that the future, not the present, is meant.

> **Juan se gradúa el año que viene.**

One of the most common uses of the future tense is to speculate or conjecture about the present. For instance, speakers use the future tense to wonder about things going on at the present time:

¿Qué hora **será**?	*What time **can it be**?*
¿Quién **será**? *(upon hearing a knock at the door)*	*I **wonder** who **it is**/who **it can be**.*
¿Cuántos años **tendrá** la niña?	*I **wonder** how old the child **is**.*
¿Con quiénes **saldrán**?	*Whom **can they be going out** with?*

The future can also be used to speculate about present time or mention things that are probably happening in present time.

Los turistas **querrán** ver la catedral.	*The tourists **probably want** to see the cathedral.*
Sarita **sabrá** dónde viven.	*I **guess** Sarita **knows** where they live.*
Estarán satisfechos con el resultado.	*They're **probably** happy with the result.*
¿No ha llegado el avión? **Habrá** una demora.	*The plane hasn't arrived yet? **There must be** a delay.*

The future is also common after **no saber si** *not to know whether* when the main verb is in the present tense.

> No sé **si podré** ir.   *I don't know **whether I'll be able** to go.*

The future is common to report speech (*indirect discourse*) after verbs of communication, such as **decir** or **escribir**, when the main verb of the sentence is in the present tense.

Dice que no lo **hará**.	*He says that **he won't do** it.*
Escribe que **vendrá**.	*She writes that **she will come**.*

The future tense is used in the main clause of a conditional sentence when the **si**-clause (*if*-clause), that is the subordinate or dependent clause, has the verb in the present tense:

Si Uds. **salen**, yo **saldré** también. (OR Yo **saldré** si Uds. **salen**.)	*If you **leave**, I **will leave** too.*

The Conditional Tense

The conditional tense (English *would*) is formed by adding the endings of the imperfect tense of **-er** and **-ir** verbs to the infinitive.

hablar + ía > hablaría

hablaría	hablaríamos
hablarías	hablaríais
hablaría	hablarían

vender + ía > vendería

vendería	venderíamos
venderías	venderíais
vendería	venderían

vivir + ía > viviría

viviría	viviríamos
vivirías	viviríais
viviría	vivirían

Verbs that have modified infinitives in the future use that same modified form in the conditional.

- reduced infinitives

  hacer > **haría**
  decir > **diría**

- the vowel **-e-** or **-i-** before the **-r** of the infinitive is replaced by **-d-**

  poner > **pondría**
  salir > **saldría**
  valer > **valdría**
  venir > **vendría**
  tener > **tendría**

- the vowel **-e-** before the **-r** of the infinitive drops

  caber > **cabría**
  haber > **habría**
  querer > **querría**
  saber > **sabría**
  poder > **podría**

Note that:

1 · **-Ir** verbs that have an accent mark in the infinitive, such as **oír** and **reír**, lose the accent mark in the conditional: **oiría, reiría**.

2 · Compound verbs of the irregular verbs share the same irregularities: **componer** (**compondría**), **detener** (**detendría**), **convenir** (**convendría**), etc.

3 · The conditional of **hay** is **habría** *there would be*.

Uses of the Conditional Tense

The conditional tense tells what would happen.

En ese caso, yo te **prestaría** el dinero.	*In that case I **would lend** you the money.*

The conditional is used to express probability or conjecture in the past. Verbs such as **ser, estar, tener, haber** are very commonly used in this way.

—¿Qué hora **sería**?	*I **wonder** what time **it was**.*
—**Serían** las siete.	*It **was probably** seven o'clock.*
Estarían encantados con un regalo así.	*I'll bet they were thrilled with a gift like that.*
Tendrían prisa.	*Maybe they were in a hurry.*
No **habría** nada que hacer.	*There was probably nothing to do.*
¿Cuántos años **tendría**?	*How old do you think she was?*

The conditional is also common after **no saber si** *not to know whether* when the main verb is in one of the past tenses.

No sabía **si vendrías**.	*I didn't know **whether you would come**.*

The conditional is common to report speech (*indirect discourse*) after verbs of communication, such as **decir** or **escribir,** when the main verb of the sentence is in one of the past tenses.

Dijo que no lo **haría**.	*He said that **he wouldn't do** it.*
Escribió que **vendría**.	*She wrote that **she would come**.*

Note that not every occurrence of *would* in English indicates a conditional in Spanish. English often uses the verb *would* to indicate habitual, repeated actions in the past. That use of *would* requires an imperfect, not a conditional, in Spanish.

Cuando yo era joven, **iba** todos los días a la playa.	*When I was young, **I would go** to the beach every day.*
Servía torta cuando invitaba.	*She **would serve** cake when she had company.*

The conditional tense is used in the main clause of a conditional sentence when the **si**-clause (*if*-clause), that is the subordinate or dependent clause, has the verb in the imperfect subjunctive. (These are called contrary-to-fact clauses.)

Si **Uds. salieran, yo saldría** también. (OR **Yo saldría** si **Uds. salieran**.)	*If you were to leave, I would leave too.*

The Present Subjunctive

The present subjunctive is formed from the first-person singular of the present tense. The ending **-o** is dropped and the subjunctive endings are added. **-Ar** verbs use the endings of **-er** and **-ir** verbs, while **-er** and **-ir** verbs use the endings of **-ar** verbs in the present subjunctive. The **yo**-form merges with the third-person singular in all subjunctive forms.

hablar		vender	
que hable	que hablemos	que venda	que vendamos
que hables	que habléis	que vendas	que vendáis
que hable	que hablen	que venda	que vendan

vivir	
que viva	que vivamos
que vivas	que viváis
que viva	que vivan

Irregular Present Tense Forms

If there is an irregularity in the first-person singular of the present tense, that irregularity will appear in all persons of the present subjunctive. There are several types of irregular **yo**-forms.

- **-g-** verbs (the stem is extended by **-g-** in the **yo**-form). Since these are all **-e-** and **-i-** verbs, the endings of **-ar** verbs are used in the present subjunctive.

decir > digo		hacer > hago	
que diga	que digamos	que haga	que hagamos
que digas	que digáis	que hagas	que hagáis
que diga	que digan	que haga	que hagan

oír > oigo		poner > pongo	
que oiga	que oigamos	que ponga	que pongamos
que oigas	que oigáis	que pongas	que pongáis
que oiga	que oigan	que ponga	que pongan

salir > salgo		tener > tengo	
que salga	que salgamos	que tenga	que tengamos
que salgas	que salgáis	que tengas	que tengáis
que salga	que salgan	que tenga	que tengan

- **-zc-** verbs (the stem ends in **-zc-** in the **yo**-form). **Conocer** and most verbs with infinitives ending in **-ecer** are **-zc-** verbs.

conocer > conozco		ofrecer > ofrezco	
que conozca	que conozcamos	que ofrezca	que ofrezcamos
que conozcas	que conozcáis	que ofrezcas	que ofrezcáis
que conozca	que conozcan	que ofrezca	que ofrezcan

- verbs with extended stems (the **yo**-form has a longer stem than the other forms).

ver > veo	
que vea	que veamos
que veas	que veáis
que vea	que vean

- verbs stressed on the endings. The verbs **dar** and **estar** are stressed on the final sylla-ble in present subjunctive and have accent marks on some of the forms.

dar		estar	
que **dé**	que **demos**	que **esté**	que **estemos**
que **des**	que **deis**	que **estés**	que **estéis**
que **dé**	que **den**	que **esté**	que **estén**

- verbs with irregular **yo**-forms.

caber > quepo	
que **quepa**	que **quepamos**
que **quepas**	que **quepáis**
que **quepa**	que **quepan**

- verbs that have unpredictable stems in the present subjunctive.

haber		ir	
que **haya**	que **hayamos**	que **vaya**	que **vayamos**
que **hayas**	que **hayáis**	que **vayas**	que **vayáis**
que **haya**	que **hayan**	que **vaya**	que **vayan**

saber		ser	
que **sepa**	que **sepamos**	que **sea**	que **seamos**
que **sepas**	que **sepáis**	que **seas**	que **seáis**
que **sepa**	que **sepan**	que **sea**	que **sean**

- stem-changing verbs. **-Ar** and **-er** verbs with vowel changes of the stem, **e** > **ie** or **o** > **ue**, in the present indicative also change in the present subjunctive.

  que **pienses**
  que **vuelvan**

  -Ir verbs that have the change **e** > **ie** or **e** > **i** in the present indicative also have these changes in the present subjunctive. They also have **i** in the stem of the **noso-tros** and **vosotros** forms in the present subjunctive. **Dormir** and **morir** have the **o** > **ue** change and **u** in the stem of the **nosotros** and **vosotros** forms.

que **te diviertas**	que **sirvan**	que **duerma**
que **nos divirtamos**	que **sirvamos**	que **durmamos**

- spelling changes in the present subjunctive. **-Ar** verbs whose stems end in **c**, **g**, or **z** change these letters in the present subjunctive. **-Ar** verbs whose stems end in **j** do not change **j** to **g** before **e**.

  c > qu
  Busca empleo. / Dudamos que **busque** empleo.

  g > gu
  Llegan mañana. / Es probable que **lleguen** mañana.

  z > c
  Empiezan el proyecto. / Insisto en que **empiecen** el proyecto.

  -Er and **-ir** verbs whose stems end in **g**, **gu**, or **c** change these letters.

  g > j
  Recogemos los papeles. / Nos piden que **recojamos** los papeles.

  gu > g
  Consigue los billetes. / Es importante que **consiga** los billetes.

  c > z
  Vence a sus enemigos. / Ojalá que **venza** a sus enemigos.

Uses of the Subjunctive

The subjunctive in Spanish is not a tense, but a mood. The subjunctive has four tenses: the present, the imperfect, the present perfect, and the past perfect. The subjunctive is used largely in subordinate clauses (dependent clauses that are part of a larger sentence) introduced by the conjunction **que**. Most cases of the subjunctive are predictable.

Turning a sentence into a subordinate clause allows the sentence to function as a noun or an adjective or an adverb within a larger sentence.

Compare the following two sentences:

Digo **la verdad**.	*I tell **the truth**.*
Digo **que Juan llegará pronto**.	*I say **that Juan will arrive soon**.*

Both **la verdad** and **que Juan llegará pronto** function as direct objects of the verb **digo**. Thus, the subordinate clause **que Juan llegará pronto** functions as a noun, and is therefore called a noun clause.

Now compare the following two sentences.

Tenemos una programadora **francesa**.	*We have a **French** programmer.*
Tenemos una programadora **que habla francés**.	*We have a programmer **who speaks French**.*

Both **francesa** and **que habla francés** modify the noun **programadora**. The subordinate clause **que habla francés** functions like an adjective and is therefore called an adjective clause.

Adverb clauses are introduced by conjunctions other than **que**. Compare the following two sentences.

Claudia viene **a las dos**.	*Claudia is coming **at two**.*
Claudia viene **cuando puede**.	*Claudia comes **when she can**.*

Both **a las dos** and the clause **cuando puede** modify the verb in the same way: they tell when the action takes place. **Cuando puede** is therefore called an adverb clause.

The question then arises in which subordinate clauses is the subjunctive used instead of the indicative. The subjunctive is used when the subordinate clause is dependent on a verb that means or implies imposition of will, emotion, doubt, or non-existence.

The subjunctive is used in noun clauses that are dependent on verbs such as **querer que**, **insistir en que**, **aconsejarle a uno que**, **recomendarle a uno que**, **mandarle a uno que**, etc.

No **quiero** *que te vayas*.	*I **don't want** you to go away.*
El profesor **insiste en** *que hagamos* el trabajo.	*The teacher **insists that** we do the work.*
Me **aconsejan** *que me quede* aquí.	*They **advise** me to stay here.*
Recomiendo *que tomes* el tren.	*I **recommend that** you take the train.*
Te **pido** *que te vayas*.	*I'm **asking** you to leave.*
Les **mandan** a los soldados *que vuelvan*.	*They **order** the soldiers **to return**.*

Some other common phrases of influence or imposition of will: **impedir que**, **obligar que**, **permitir que**, **prohibir que**, **sugerir que**, etc.

Note that after verbs of communication (*say, tell, write*) the indicative and subjunctive contrast with each other.

Me **dice** *que sale*.	*He tells me that he's going out.*
Me **dice** *que salga*.	*He tells me to go out.*

The following expressions of emotion, fear, and hope are followed by the subjunctive:

alegrarse (de) que	*to be glad that, happy that*
estar contento/triste que	*to be happy/sad that*
estar furioso/molesto que	*to be furious/annoyed that*
(no) me gusta que	*I (don't) like the fact that*
me molesta/me fastidia que	*it bothers me/it annoys me that*
sorprenderse que/me sorprende que	*to be surprised that/it surprises me that*
me irrita que	*it irritates me that*
tener miedo (de) que/temer que	*to be afraid that*
esperar que	*to hope that*

After **esperar**, the indicative and the subjunctive are used, but with a difference in the meaning of **esperar**:

Esperaban **que viniéramos**.	*They hoped **we would come**.*
Esperaban **que vendríamos**.	*They expected **us to come**.*

The subjunctive is used after expressions of doubt. These may entail noun clauses after verbs like **dudar** and adjective clauses where the antecedent is negated or indefinite.

Noun clauses:

Dudo **que Uds. sepan** la respuesta.	*I doubt **you know** the answer.*
Negamos **que él tenga** la culpa.	*We deny **that he is** at fault.*

Noun clauses after the negative of **creer, pensar, parecer**:

No creo **que me puedas** ayudar.	*I don't think **you can help me**.*
No me parece **que él te conozca**.	*I don't think **he knows you**.*

Note that when **dudar** and **negar** are negative, no doubt is implied, and the indicative is used in the dependent noun clause:

No dudo **que Uds. saben** la respuesta.	*I don't doubt **you know** the answer.*
No negamos **que él tiene** la culpa.	*We don't deny **that he is** at fault.*

The affirmative of **creer, pensar, parecer** is followed by the indicative:

Creo **que me puedes ayudar**.	*I think **you can help me**.*
Me parece **que él te conoce**.	*I think **he knows you**.*

Adjective clauses after negative or indefinite antecedents also take the indicative:

Busco un amigo **que me ayude**.	*I'm looking for a friend **who will help me**.*
No hay programa de tele **que me interese**.	*There's no TV show **that interests me**.*

Note that when these antecedents are not negative or when they are definite, the indicative, not the subjunctive is used in the adjective clause:

Tengo un amigo **que me ayuda**.	*I have a friend **who will help me**.*
Hay un programa de tele **que me interesa**.	*There's a TV show **that interests me**.*

Impersonal expressions followed by the subjunctive fall under the same categories:

Es necesario/preciso que	*It's necessary that*
Es importante/esencial que	*It's important/essential that*
Es obligatorio/imprescindible que	*It's obligatory/indispensable that*
Es bueno/malo/mejor/peor que	*It's good/bad/better/worse that*
Es posible/imposible que	*It's possible/impossible that*
Es probable que	*It's probable that*
Es poco probable/improbable que	*It's not likely that/it's improbable that*
Es dudoso que	*It's doubtful that*
No es verdad/cierto que	*It's not true that*

Note that **no es dudoso** and **es verdad/cierto** do not express doubt or negation and therefore are followed by the indicative.

The Imperfect Subjunctive

This tense is derived from the third-person plural of the preterit. To form the imperfect subjunctive, you drop the **-ron** of the preterit and add one of the two imperfect subjunctive markers **-ra-** or **-se-** and the person endings.

Note that in the imperfect subjunctive, both **-e-** and **-i-** verbs use **ie** as the class vowel.

hablar > hablaron > habla-

que habl**ara**	OR que habl**ase**	que habl**áramos**	OR que habl**ásemos**
que habl**aras**	OR que habl**ases**	que habl**arais**	OR que habl**aseis**
que habl**ara**	OR que habl**ase**	que habl**aran**	OR que habl**asen**

vender > vendieron > vendie-

que vend**iera**	OR que vend**iese**	que vend**iéramos**	OR que vend**iésemos**
que vend**ieras**	OR que vend**ieses**	que vend**ierais**	OR que vend**ieseis**
que vend**iera**	OR que vend**iese**	que vend**ieran**	OR que vend**iesen**

vivir > vivieron > vivie-

que viv**iera**	OR que viv**iese**	que viv**iéramos**	OR que viv**iésemos**
que viv**ieras**	OR que viv**ieses**	que viv**ierais**	OR que viv**ieseis**
que viv**iera**	OR que viv**iese**	que viv**ieran**	OR que viv**iesen**

The forms with the imperfect subjunctive marker **-ra-** are more common in speech than those using **-se-**, especially in Spanish America.

Note that any irregularity in the third-person plural of the preterit occurs in all forms of the imperfect subjunctive:

hacer > hicieron

que **hic**iera	que **hic**iéramos
que **hic**ieras	que **hic**ierais
que **hic**iera	que **hic**ieran

ir/ser > fueron

que **fue**ra	que **fué**ramos
que **fue**ras	que **fue**rais
que **fue**ra	que **fue**ran

decir > dijeron

que **dij**era	que **dij**éramos
que **dij**eras	que **dij**erais
que **dij**era	que **dij**eran

saber > supieron

que **sup**iera	que **sup**iéramos
que **sup**ieras	que **sup**ierais
que **sup**iera	que **sup**ieran

dar > dieron

que **di**era	que **di**éramos
que **di**eras	que **di**erais
que **di**era	que **di**eran

tener > tuvieron

que **tuv**iera	que **tuv**iéramos
que **tuv**ieras	que **tuv**ierais
que **tuv**iera	que **tuv**ieran

Uses of the Imperfect Subjunctive

The imperfect subjunctive replaces the present subjunctive when the verb of the main clause is in a past tense: preterit, imperfect, or past perfect. Note that after the present perfect, the present subjunctive is usually used.

Quiero que me **ayudes**.	*I want you to help me.*
Quería que me **ayudaras**.	*I wanted you to help me.*
¿Por qué no le **dices** que **se calle**?	*Why don't you tell him to be quiet?*
¿Por qué no le **dijiste** que **se callara**?	*Why didn't you tell him to be quiet?*
Nos **ha pedido** que **entremos**.	*He has asked us to come in.*
Nos **había pedido** que **entráramos**.	*He had asked us to come in.*
Se alegran de que **vengamos**.	*They're glad we're coming.*
Se alegraban de que **viniéramos**.	*They were glad we were coming.*
Es bueno que **salgan** juntos.	*It's good that they are going out together.*
Fue bueno que **salieran** juntos.	*It was good that they went out together.*
Es preciso que nos lo **digas**.	*It is necessary for you to tell us.*
Fue preciso que nos lo **dijeras**.	*It was necessary for you to tell us.*
No creo que lo **sepan**.	*I don't think they know it.*
No creía que lo **supieran**.	*I didn't think they knew it.*

The imperfect subjunctive is used to express hypotheses or conditions. Typically in these sentences, the imperfect subjunctive appears in the **si**-clause and the conditional in the main clause. These are known as contrary-to-fact clauses.

Si **vinieran**, **podríamos** hablar con ellos.	*If they came, we would be able to speak with them.*
Si **pusieras** más atención, **aprenderías**.	*If you paid more attention, you would learn.*
Si **tuviera** coche, no **tendría** que ir en autobús.	*If I had a car, I wouldn't have to go by bus.*

The imperfect subjunctive is used to express wishes after **ojalá**. It implies a wish for something that most likely will not happen. The present subjunctive is used to wish for something that may happen. Compare:

Ojalá que **puedas** venir.	*I hope you can come.*
Ojalá que Juan **sepa** el número.	*I hope Juan knows the phone number.*
Ojalá que no le **digan**.	*I hope they won't tell him.*
Ojalá que **tuvieran** tiempo.	*I wish they had time.*
Ojalá que no **estuvieras** acatarrado.	*I wish you didn't have a cold.*
Ojalá que mi hijo **estudiara** medicina.	*I wish my son would study medicine.*

THE COMPOUND TENSES

Compound tenses in Spanish are formed with the auxiliary verb **haber**, which shows tense, person, and mood (indicative or subjunctive), and the past participle. The past participle is also called the **-do** form, since most Spanish past participles end in **-do**. The ending is **-ado** for **-ar** verbs and **-ido** for **-er** and **-ir** verbs.

hablar	habl + a + do > hablado
vender	vend + i + do > vendido
vivir	viv + i + do > vivido

If the stem of an **-er** or **-ir** verb ends in a vowel, an accent mark is added to the class vowel **-i-** of the past participle.

VERB	PAST PARTICIPLE
caer	**caído**
creer	**creído**
leer	**leído**
oír	**oído**
poseer	**poseído**
reír	**reído**
sonreír	**sonreído**
traer	**traído**

Some verbs have irregular past participles. These past participles end in **-to** or **-cho**:

VERB	PAST PARTICIPLE
abrir	**abierto**
cubrir	**cubierto**
decir	**dicho**
descubrir	**descubierto**
devolver	**devuelto**
escribir	**escrito**
hacer	**hecho**
morir	**muerto**
poner	**puesto**
resolver	**resuelto**
romper	**roto**
ver	**visto**
volver	**vuelto**

In the compound tenses when **haber** is the auxiliary verb, the past participle never changes to show gender and number. It always ends in **-o**.

The past participle of **ser** is **sido** and of **ir**, **ido**.

There are seven compound verbs in addition to the progressive tenses, which are formed with **estar** as their auxiliary.

The Present Perfect Tense

This tense consists of the present tense of the auxiliary verb **haber** and the past participle (*I have spoken, sold, lived*).

hablar	vender	vivir
he hablado	**he** vendido	**he** vivido
has hablado	**has** vendido	**has** vivido
ha hablado	**ha** vendido	**ha** vivido
hemos hablado	**hemos** vendido	**hemos** vivido
habéis hablado	**habéis** vendido	**habéis** vivido
han hablado	**han** vendido	**han** vivido

Use of the Present Perfect Tense

The present perfect tense expresses a past event or action that the speaker sees as related to or having consequences for the present.

Mira. **He terminado** la tarea.　　　　*Look. **I've finished** my homework.*

Note that Spanish prefers the present tense for actions beginning in the past and continuing into the present, especially in sentences where you specify how long the action has been going on.

—¿Cuánto tiempo hace que **vives** aquí?　　*How long **have you been living** here?*

—Hace dos años que **tenemos** este apartamento.　　***We've had** this apartment for two years.*

The Past Perfect Tense

This tense consists of the imperfect tense of the auxiliary verb **haber** and the past participle (*I had spoken, sold, lived*).

hablar	vender	vivir
había hablado	**había** vendido	**había** vivido
habías hablado	**habías** vendido	**habías** vivido
había hablado	**había** vendido	**había** vivido
habíamos hablado	**habíamos** vendido	**habíamos** vivido
habíais hablado	**habíais** vendido	**habíais** vivido
habían hablado	**habían** vendido	**habían** vivido

Use of the Past Perfect Tense

The past perfect tense is used to specify an action or event as happening further back in the past than another action or event, which usually appears in the preterit.

Ellos ya **habían salido** cuando tú **llamaste**.　　*They had already **gone out** when you **called**. (Their going out took place further back in the past [past perfect] than your calling [preterit].)*

Juan todavía **no había llegado** cuando yo **empecé** a comer.　　*Juan still **hadn't arrived** when I **began** to eat. (Juan's arrival was expected further back in the past than my beginning to eat.)*

The Preterit Perfect Tense

This tense consists of the preterit tense of the auxiliary verb **haber** and the past participle (*I had spoken, sold, lived*).

hablar	vender	vivir
hube hablado	**hube** vendido	**hube** vivido
hubiste hablado	**hubiste** vendido	**hubiste** vivido
hubo hablado	**hubo** vendido	**hubo** vivido
hubimos hablado	**hubimos** vendido	**hubimos** vivido
hubisteis hablado	**hubisteis** vendido	**hubisteis** vivido
hubieron hablado	**hubieron** vendido	**hubieron** vivido

Use of the Preterit Perfect Tense

The preterit perfect tense is rarely used in speech. It is a feature of formal, literary Spanish, where it may be used after the conjunctions **apenas**, **después de que**, **así que**, **cuando**, **enseguida que**, **en cuanto**, **tan pronto como**, **una vez que**.

Tomé las medidas necesarias tan pronto como me **hubieron explicado** el asunto.	*I took the necessary measures as soon as **they had explained** the matter to me.*
Apenas **hubo terminado**, salió.	*He had just finished when he left.*

In everyday language, the preterit perfect is replaced by the preterit:

Apenas **terminó**, salió.	*He had just finished when he left.*

The Future Perfect Tense

This tense consists of the future of the auxiliary verb **haber** and the past participle (*I will have spoken, sold, lived*).

hablar	vender	vivir
habré hablado	**habré** vendido	**habré** vivido
habrás hablado	**habrás** vendido	**habrás** vivido
habrá hablado	**habrá** vendido	**habrá** vivido
habremos hablado	**habremos** vendido	**habremos** vivido
habréis hablado	**habréis** vendido	**habréis** vivido
habrán hablado	**habrán** vendido	**habrán** vivido

Uses of the Future Perfect Tense

The future perfect tense is used to label a future action as completed before another future action takes place. The second future action is often in the subjunctive.

Habremos terminado de comer antes de que él llegue.	*We will have finished eating before he arrives.*

The most common use of the future perfect is to express a conjecture or guess about what happened in the past.

—¡Qué sorpresa! Nuestros primos ya están aquí.	*What a surprise! Our cousins are already here.*
—**Habrán tomado** el tren de las diez.	*They probably took the ten o'clock train.*
—El jefe no está.	*The boss isn't in.*
—**Habrá salido**.	*He must have gone out.*
—Los **habrás visto**.	*You probably saw them.*

The Conditional Perfect Tense

This tense consists of the conditional of the auxiliary verb **haber** and the past participle (*I would have spoken, sold, lived*).

hablar	vender	vivir
habría hablado	**habría** vendido	**habría** vivido
habrías hablado	**habrías** vendido	**habrías** vivido
habría hablado	**habría** vendido	**habría** vivido
habríamos hablado	**habríamos** vendido	**habríamos** vivido
habríais hablado	**habríais** vendido	**habríais** vivido
habrían hablado	**habrían** vendido	**habrían** vivido

Uses of the Conditional Perfect Tense

The conditional perfect is most commonly used in conditional sentences that present hypotheses contrary to facts in the past.

Fact

Juan no vino. Por eso no lo vimos.   *Juan didn't come. That's why we didn't see him.*

Contrary-to-fact conditional sentence

Si Juan hubiera venido, nosotros lo   *If Juan had come, we would have seen him.*
  habríamos visto.

The conditional perfect is also used to express probability in the past.

Se habrían conocido.   *They had probably met.*

The Present Perfect Subjunctive

This tense consists of the present subjunctive of the auxiliary verb **haber** and the past participle.

hablar	vender	vivir
que **haya** hablado	que **haya** vendido	que **haya** vivido
que **hayas** hablado	que **hayas** vendido	que **hayas** vivido
que **haya** hablado	que **haya** vendido	que **haya** vivido
que **hayamos** hablado	que **hayamos** vendido	que **hayamos** vivido
que **hayáis** hablado	que **hayáis** vendido	que **hayáis** vivido
que **hayan** hablado	que **hayan** vendido	que **hayan** vivido

Uses of the Present Perfect Subjunctive

The present perfect subjunctive is used in clauses that require the subjunctive to indicate that the action of the subordinate clause happens prior to the action of the main clause. Examine the following contrasting sentences.

Siento mucho que lo hagas.   *I'm very sorry that you're doing that.*
Siento mucho que lo hayas hecho.   *I'm very sorry that you did that.*

No creo que salgan.   *I don't think they're going out/that they will go out.*

No creo que hayan salido.   *I don't think they went out.*

Notice that the present subjunctive can designate either present or future time, and indicates an action either simultaneous with or subsequent to the action of the main clause.

The Past Perfect (or Pluperfect) Subjunctive

This tense consists of the imperfect subjunctive of the auxiliary verb **haber** and the past participle. Either the **-ra** or **-se** form of the auxiliary may be used.

hablar	vender	vivir
que **hubiera** hablado	que **hubiera** vendido	que **hubiera** vivido
que **hubieras** hablado	que **hubieras** vendido	que **hubieras** vivido
que **hubiera** hablado	que **hubiera** vendido	que **hubiera** vivido
que **hubiéramos** hablado	que **hubiéramos** vendido	que **hubiéramos** vivido
que **hubierais** hablado	que **hubierais** vendido	que **hubierais** vivido
que **hubieran** hablado	que **hubieran** vendido	que **hubieran** vivido

OR

hablar	vender	vivir
que **hubiese** hablado	que **hubiese** vendido	que **hubiese** vivido
que **hubieses** hablado	que **hubieses** vendido	que **hubieses** vivido
que **hubiese** hablado	que **hubiese** vendido	que **hubiese** vivido
que **hubiésemos** hablado	que **hubiésemos** vendido	que **hubiésemos** vivido
que **hubieseis** hablado	que **hubieseis** vendido	que **hubieseis** vivido
que **hubiesen** hablado	que **hubiesen** vendido	que **hubiesen** vivido

Use of the Past Perfect (or Pluperfect) Subjunctive

This tense has several uses. It parallels the use of the present perfect subjunctive in that it indicates an action prior to the action of the main verb when that verb is in the preterit, imperfect, or pluperfect. Examine the following contrasting sentences.

Tenía miedo de que **no se fueran**.	*I was afraid **they weren't leaving**.*
Tenía miedo de que **no se hubieran ido**.	*I was afraid **they hadn't left**.*
Me alegré de que **se graduara**.	*I was glad **he was graduating**.*
Me alegré de que **se hubiera graduado**.	*I was glad **he had graduated**.*

The pluperfect subjunctive is used in the **si**-clause of conditional sentences expressing conditions contrary to past facts.

Fact

Yo perdí mis boletos. Por eso no pude ver el partido.	*I lost my tickets. That's why I couldn't see the match.*

Conditional sentence

Si **yo no hubiera perdido** mis boletos, habría podido ver el partido.	*If **I hadn't lost** my tickets, I would have been able to see the match.*

The pluperfect subjunctive may replace the conditional perfect in the above conditional sentence:

Si yo no hubiera perdido mis boletos, **hubiera podido** ver el partido.

The pluperfect subjunctive is used after **ojalá** to express an impossible wish, one which the speaker knows cannot come true. Note that these wishes are contrary to past facts.

Ojalá que **te hubiéramos avisado**.	*I wish **we had notified you**.* (Fact: No te avisamos.)
Ojalá que **se hubieran dado cuenta**.	*I wish **they had realized**.* (Fact: No se dieron cuenta.)

The Progressive Tenses

In Spanish, the progressive tenses are formed from the present, preterit, imperfect, future, conditional, or subjunctive forms of the verb **estar** + the **-ndo** form or gerund. The gerund, also known as the present participle, corresponds to English *-ing*. For **-ar** verbs, the ending of the gerund is **-ando**, and for **-er** and **-ir** verbs, the ending is **-iendo**.

viajar	viaj**ando**
aprender	aprend**iendo**
abrir	abr**iendo**

-Er and **-ir** verbs whose stem ends in a vowel use **-yendo**, not **-iendo**, in forming the gerund.

leer	le**yendo**
oír	o**yendo**

-Ir verbs that have a change in the vowel of the stem in the third-person singular of the preterit, have the same change in the gerund.

INFINITIVE	PRETERIT	GERUND
decir	dijo	**diciendo**
dormir	durmió	**durmiendo**

Note that **ir** and **poder** have irregular gerunds.

ir	**yendo**
poder	**pudiendo**

In this book, the progressive tenses appear in the following form for each verb.

PRESENT	estoy, estás, está, estamos, estáis, están	
PRETERIT	estuve, estuviste, estuvo, estuvimos, estuvisteis, estuvieron	
IMPERFECT	estaba, estabas, estaba, estábamos, estabais, estaban	viajando
FUTURE	estaré, estarás, estará, estaremos, estaréis, estarán	
CONDITIONAL	estaría, estarías, estaría, estaríamos, estaríais, estarían	
SUBJUNCTIVE	que + *corresponding subjunctive tense of* estar	

Estoy viajando.	*I'm traveling.*
Estuviste viajando.	*You were traveling.*
Estaba viajando.	*He was traveling.*
Estaremos viajando.	*We'll be traveling.*
Estarían viajando.	*They'd be traveling.*
Dudo que esté viajando.	*I doubt she's traveling.*

Uses of the Progressive Tenses

The progressive tenses differ from the simple tenses in that they suggest that the action is or was in progress. They may also be used to indicate that the action is temporary.

Oigo música.	*I listen to music.* (habitual action)
Estoy oyendo música.	*I'm listening to music.* (temporary action or an action just begun)

The present progressive in Spanish, unlike English, can never be used to refer to the future. Spanish uses the simple present tense, the future tense, or the **ir a** + infinitive construction to express future time.

Nos **visitan** el viernes.	
Nos **visitarán** el viernes.	*They're visiting us on Friday.*
Nos **van a visitar** el viernes.	

The preterit progressive is used to show an action that was in progress in the past but is now completed. Usually completion of the action is also indicated.

Estuvimos leyendo hasta que llegaron.	*We were reading until they arrived.*

THE INFINITIVE

The Spanish infinitive ends in **-ar, -er,** or **-ir** and has several key functions.

1 · It is the form that appears in word lists and dictionaries.

2 · It serves as the complement of a verb in verb + infinitive constructions.

querer + infinitive	*to want to do something*
poder + infinitive	*to be able to do something*

3 · It serves as the complement of a connector or preposition in verb + connector + infinitive constructions.

acabar de + infinitive	*to have just done something*
tener que + infinitive	*to have to do something*

4 · The infinitive serves as the "verbal noun"—it can be used as the subject or object of another verb. The English equivalent of this form is the *-ing* form. Note that in this function the Spanish infinitive may be preceded by the definite article **el.**

(El) Nadar es un buen ejercicio.	*Swimming is a good exercise.*

PRINCIPAL PARTS OF THE VERB

The first-person singular present, the third-person plural preterit, the past participle, and the present participle comprise the *principal parts* of the verb. For almost all Spanish verbs, knowledge of these four forms allows you to construct all the forms of the verb. In this book, the principal parts of the verb appear below the infinitive. For example:

poner
pongo · pusieron · puesto · poniendo

1. The First-Person Singular (yo Form) of the Present Tense

Many Spanish verbs in the present tense have an irregular **yo** form, but the remaining forms are regular. The conjugation of **poner** in the present is typical of these verbs:

poner

	SINGULAR	PLURAL
FIRST PERSON	**pongo**	ponemos
SECOND PERSON	pones	ponéis
THIRD PERSON	pone	ponen

The present subjunctive and the formal commands derive from the irregular **yo** form.

2. Irregular Preterit

Many common Spanish verbs have an irregular stem in the preterit tense. These verbs have a special set of endings in the preterit in which the first- and third-person singular forms are **not** stressed, and therefore have no accent marks as regular preterit forms do.

poner

	SINGULAR	PLURAL
FIRST PERSON	**puse**	**pusimos**
SECOND PERSON	**pusiste**	**pusisteis**
THIRD PERSON	**puso**	**pusieron**

For **poner** the irregular stem **pus-** appears in all forms of the preterit and the **yo** and **él/ella** forms (**puse, puso**) have no accent marks. (Compare the **yo** and **él/ella** forms of the preterit of the regular verb **vender: vendí, vendió.**)

The imperfect subjunctive is derived from the **ellos/ellas** form of the preterit.

3. The Past Participle (-do/-to/-cho Form)

Many common verbs have an irregular past participle. These forms have to be memorized. The past participle appears in all the compound tenses and in all the tenses of the passive voice. The past participle of **poner** is **puesto**.

4. The Present Participle (-ndo Form)

Most verbs in Spanish have a regular present participle. The present participle is an important form because it appears in all the progressive tenses. The present participle of **poner** is regular: **poniendo**.

Use of the Principal Parts

If you know the principal parts of the verb, you can predict the forms of almost all Spanish verbs. Let's take the example of the principal parts of the regular verb **tomar** (to take):

> **tomar**
> tomo · tomaron · tomado · tomando

From the infinitive (**tomar**) you form the following tenses:

1 · the future: **tomaré, tomarás, tomará, tomaremos, tomaréis, tomarán**

2 · the conditional: **tomaría, tomarías, tomaría, tomaríamos, tomaríais, tomarían**

From the first-person singular of the present tense (**tomo**), you derive the following:

1 · the rest of the present tense: **tomas, toma, tomamos, tomáis, toman**

2 · the imperfect: **tomaba, tomabas, tomaba, tomábamos, tomabais, tomaban**

3 · the present subjunctive: **tome, tomes, tome, tomemos, toméis, tomen**

From the third-person plural of the preterit (**tomaron**) you derive the following forms:

1 · the rest of the preterit: **tomé, tomaste, tomó, tomamos, tomasteis**

2 · the imperfect subjunctive: **tomara, tomaras, tomara, tomáramos, tomarais, tomaran**

The past participle is used to form the following compound tenses:

PRESENT PERFECT	**he tomado**
PAST PERFECT	**había tomado**
PRETERIT PERFECT	**hube tomado**
FUTURE PERFECT	**habré tomado**
CONDITIONAL PERFECT	**habría tomado**

The past participle is also used with **ser** to form the passive: **es tomado**, etc.

The present participle is used to form the progressive tenses:

PRESENT PROGRESSIVE	**estoy tomando**
IMPERFECT PROGRESSIVE	**estaba tomando**
PRETERIT PROGRESSIVE	**estuve tomando**
FUTURE PROGRESSIVE	**estaré tomando**
CONDITIONAL PROGRESSIVE	**estaría tomando**
PRESENT PERFECT PROGRESSIVE	**he estado tomando**
PAST PERFECT PROGRESSIVE	**había estado tomando**
PRESENT SUBJUNCTIVE PROGRESSIVE	**que esté tomando**
IMPERFECT SUBJUNCTIVE PROGRESSIVE	**que estuviera tomando**
PRESENT PERFECT SUBJUNCTIVE PROGRESSIVE	**que haya estado tomando**
PAST PERFECT SUBJUNCTIVE PROGRESSIVE	**que hubiera estado tomando**

COMMANDS (THE IMPERATIVE)

Most command forms are taken from the present subjunctive.

Hable Ud.	*Speak.*	Comprenda Ud.	*Understand.*
Hablen Uds.	*Speak.*	Comprendan Uds.	*Understand.*
Hablemos.	*Let's speak.*	Comprendamos.	*Let's understand.*
Escriba Ud.	*Write.*	Salga.	*Go out.*
Escriban Uds.	*Write.*	Salgan.	*Go out.*
Escribamos.	*Let's write.*	Salgamos.	*Let's go out.*

The negative command is formed by placing **no** before the imperative: **No hable, No salgamos**, etc.

The negative command forms for **tú** and **vosotros** are also taken from the subjunctive.

Tú		**Vosotros**	
No hables.	*Don't speak.*	No habléis.	*Don't speak.*
No comas.	*Don't eat.*	No comáis.	*Don't eat.*
No escribas.	*Don't write.*	No escribáis.	*Don't write.*
No salgas.	*Don't go out.*	No salgáis.	*Don't go out.*

Affirmative commands for **tú** are formed by dropping the **-s** of the present tense form.

Habla.	*Speak.*
Come.	*Eat.*
Escribe.	*Write.*

Several common verbs have irregular one-syllable command forms for **tú**.

decir	> **di**	poner	> **pon**	tener	> **ten**
hacer	> **haz**	salir	> **sal**	venir	> **ven**
ir	> **ve**	ser	> **sé**		

The corresponding negative commands are regular and taken from the present subjunctive: **no digas, no hagas, no vayas**, etc.

Vosotros commands are formed by replacing the **-r** of the infinitive with **d**.

Hablad.	Escribid.	Haced.
Comprended.	Salid.	Tened.

Uses of Command Forms

Command forms are used to tell someone to do something or not to do something. The pronouns **Ud.** and **Uds.** are often added for politeness to soften the command, like the English *please*. The pronouns **tú** and **vosotros** are added for emphasis.

—Oye, haz la cena.	*Hey, make dinner.*
—Siéntese Ud.	*Please sit down.*

The final **d** of **vosotros** commands drops when the reflexive pronoun **-os** is added.

Levantaos y **preparaos** para salir.	***Get up*** and ***get ready*** *to go out.*

The one exception is **ir**:

Idos.	***Go away.***

The affirmative **nosotros** command (but not the negative command) is often replaced by **vamos a** + infinitive.

Vamos a comer.	*Let's eat.*
No comamos.	*Let's not eat.*

REFLEXIVE VERBS

Spanish has a large class of verbs known as reflexive verbs. These verbs always appear with a reflexive pronoun referring back to the subject. Reflexive verbs occur in all tenses. Study the present tense of **levantarse**.

levantarse *to get up*

Me levanto a las ocho.	**Nos** levantamos a las ocho.
Te levantas a las ocho.	**Os** levantáis a las ocho.
Se levanta a las ocho.	**Se** levantan a las ocho.

In the progressive tenses, reflexive verbs can be formed in either of two ways. Reflexive pronouns can precede the auxiliary verb or they can be attached to the end of the gerund. When the reflexive pronoun is attached to the gerund, an accent mark is added.

Me estoy vistiendo./Estoy vistiéndome.	*I am getting dressed.*
Te estuviste quejando./Estuviste quejándote.	*You were complaining.*
Se estaba negando./Estaba negándose.	*She was refusing.*
Nos estaremos levantando./	*We will be getting up.*
Estaremos levantándonos.	
Os estaríais preocupando./	*You would be worrying.*
Estaríais preocupándoos.	
(Para que) se estén fijando.../	*(So that) they will be noticing . . .*
(Para que) estén fijándose...	

Uses of Reflexive Verbs

Reflexive verb forms in English are followed by a pronoun that ends in *-self* or *-selves* (*I cut myself./They hurt themselves.*). This is a relatively small class of verbs in English. Most reflexive verbs in Spanish correspond to English intransitive verbs, that is, verbs that have no direct object, or English verb constructions with *get* or *be*.

Se despertó a las siete.	*She woke up at seven o'clock.*
Te enojaste.	*You got angry.*
Van a lavarse. ⎫ Se van a lavar. ⎭	*They're going to wash up.*

In the case of some reflexive verbs, the reflexive pronoun is an indirect object rather than a direct object. These verbs can have a direct object as well as the reflexive pronoun. **Ponerse** *to put on an article of clothing* and **quitarse** *to take off an article of clothing* are two such examples.

Me puse la camisa.	***I put** my shirt **on**.* (shirt = direct object)
Nos quitamos la chaqueta.	***We took** our jackets **off**.* (jackets = direct object)
Se lava la cara.	***She's washing** her face.* (face = direct object)

Note that Spanish uses the reflexive pronoun where English uses a possessive adjective for articles of clothing and parts of the body.

Se ponen el sombrero.	*They put on **their** hats.*
Se ponen los zapatos.	*They put on **their** shoes.*
Nos lavamos la cara.	*We washed **our** faces.*
Nos lavamos las manos.	*We washed **our** hands.*

Some common reflexive verbs used this way:

lastimarse + part of the body	*to hurt*
lavarse + part of the body	*to wash*
ponerse + article of clothing	*to put on*
quebrarse (**e** > **ie**) + part of the body	*to break*
quitarse + article of clothing	*to take off*

THE PASSIVE VOICE

The passive voice in Spanish is formed as in English. It consists of **ser** + the past participle. The past participle agrees in gender and number with the subject of the sentence. The passive may be used in any tense.

Aquel señor **es** muy **respetado**.	*That man **is** very **respected**.*
Las computadoras **fueron vendidas** a mitad de precio.	*The computers **were sold** at half price.*

Passives commonly include a phrase beginning with **por** to tell who (or what) is performing the action.

La ciudad **fue quemada por los enemigos**.	*The city **was burned by the enemies**.*
Muchas escuelas **serán construidas por el gobierno**.	*Many schools **will be built by the government**.*

Even the progressive tenses may be used in the passive, but this is rare except in documents translated from English.

El proyecto de ley **estaba siendo considerado** por el Senado.	*The bill **was being considered** by the Senate.*
El asunto **está siendo investigado** por la policía.	*The matter **is being investigated** by the police.*

Uses of the Passive Voice

The passive voice is used largely in written Spanish, not spoken Spanish. In active sentences (e.g., *The dog bites the man.*), the focus is on the performer of the action (the subject). In the passive, the focus is shifted from the performer of the action to the object, which becomes the grammatical subject of the sentence (e.g., *The man is bitten by the dog.*).

The most common Spanish equivalent of the English passive is a construction consisting of **se** + the third-person singular or plural of the verb. In this construction, the performer of the action is not mentioned. A phrase with **por** cannot be added to the **se** construction.

Se respeta mucho a aquel señor.	*That man **is** very **respected**.*
Se vendió la casa.	*The house **was sold**.*
¿Cuándo **se encontrará** una solución?	*When **will** a solution **be found**?*
Se construirán muchas casas.	*Many houses **will be built**.*

When the performer of the action has to be mentioned, the active voice is used in spoken Spanish.

Los enemigos **quemaron** la ciudad.	*The enemies **burned** the city.*
El gobierno **construirá** muchas escuelas.	*The government **will build** many schools.*
El Senado **está considerando** el proyecto de ley.	*The Senate **is considering** the bill.*

555

FULLY CONJUGATED VERBS

Top 50 Verbs

The following fifty verbs have been selected for their high frequency and their use within many common idiomatic expressions. A full page of example sentences and phrases provides guidance on correct usage and immediately precedes or follows the conjugation table.

acabar *to finish, end* 4
alcanzar *to reach, catch up, succeed, manage* 37
andar *to walk* 46
buscar *to look for, search* 96
caer *to fall* 98
comer *to eat* 129
conocer *to know, be acquainted/familiar with* 141
dar *to give* 168
deber *to owe, must, have to, ought to* 169
decir *to say, tell* 171
dejar *to leave, let, permit* 174
dormir *to sleep* 204
echar *to throw, throw out, give off* 208
esperar *to wait, wait for, hope, expect* 249
estar *to be* 252
faltar *to miss, not to go, fail, be missing/lacking, be needed, not be enough* 263
hablar *to speak, talk* 291
hacer *to do, make* 292
ir *to go* 312
jugar *to play* 314
llegar *to arrive* 326
llevar *to carry, take, lead, have, wear* 328
meter *to put, put in* 350
mirar *to look at* 351
oír *to hear* 377
pasar *to pass, happen, spend time* 389
pensar *to think* 395
perder *to lose, waste, miss* 396
poder *to be able, can* 407
poner *to put, place, set* 408
quedarse *to stay, remain* 428
querer *to want, wish, love* 431
romper *to break, tear* 467
saber *to know, know how, taste* 468
sacar *to take out, remove, get* 469
salir *to go out, leave* 471
seguir *to follow, continue, pursue* 476
sentirse *to feel* 478
ser *to be* 481
servir *to serve* 482
tener *to have, hold, take* 513
tocar *to touch, play* (musical instrument), *knock, be up to, be one's turn* 516
tomar *to take, have to eat or drink* 517
trabajar *to work* 520
traer *to bring* 522
tratar *to deal with, treat, try, attempt, be about* 526
valer *to be worth, cost, get, earn* 534
venir *to come, arrive* 540
ver *to see, watch, look at* 541
volver *to go/come back, return, turn* 549

-ar verb; spelling change: *z > c/e*

abrazo · abrazaron · abrazado · abrazando

PRESENT

abrazo	abrazamos
abrazas	abrazáis
abraza	abrazan

IMPERFECT

abrazaba	abrazábamos
abrazabas	abrazabais
abrazaba	abrazaban

FUTURE

abrazaré	abrazaremos
abrazarás	abrazaréis
abrazará	abrazarán

PLUPERFECT

había abrazado	habíamos abrazado
habías abrazado	habíais abrazado
había abrazado	habían abrazado

FUTURE PERFECT

habré abrazado	habremos abrazado
habrás abrazado	habréis abrazado
habrá abrazado	habrán abrazado

PRESENT SUBJUNCTIVE

abrace	abracemos
abraces	abracéis
abrace	abracen

IMPERFECT SUBJUNCTIVE (-ra)

abrazara	abrazáramos
abrazaras	abrazarais
abrazara	abrazaran

PAST PERFECT SUBJUNCTIVE (-ra)

hubiera abrazado	hubiéramos abrazado
hubieras abrazado	hubierais abrazado
hubiera abrazado	hubieran abrazado

PRETERIT

abracé	abrazamos
abrazaste	abrazasteis
abrazó	abrazaron

PRESENT PERFECT

he abrazado	hemos abrazado
has abrazado	habéis abrazado
ha abrazado	han abrazado

CONDITIONAL

abrazaría	abrazaríamos
abrazarías	abrazaríais
abrazaría	abrazarían

PRETERIT PERFECT

hube abrazado	hubimos abrazado
hubiste abrazado	hubisteis abrazado
hubo abrazado	hubieron abrazado

CONDITIONAL PERFECT

habría abrazado	habríamos abrazado
habrías abrazado	habríais abrazado
habría abrazado	habrían abrazado

PRESENT PERFECT SUBJUNCTIVE

haya abrazado	hayamos abrazado
hayas abrazado	hayáis abrazado
haya abrazado	hayan abrazado

or **IMPERFECT SUBJUNCTIVE (-se)**

abrazase	abrazásemos
abrazases	abrazaseis
abrazase	abrazasen

or **PAST PERFECT SUBJUNCTIVE (-se)**

hubiese abrazado	hubiésemos abrazado
hubieses abrazado	hubieseis abrazado
hubiese abrazado	hubiesen abrazado

PROGRESSIVE TENSES

PRESENT	estoy, estás, está, estamos, estáis, están
PRETERIT	estuve, estuviste, estuvo, estuvimos, estuvisteis, estuvieron
IMPERFECT	estaba, estabas, estaba, estábamos, estabais, estaban
FUTURE	estaré, estarás, estará, estaremos, estaréis, estarán
CONDITIONAL	estaría, estarías, estaría, estaríamos, estaríais, estarían
SUBJUNCTIVE	que + *corresponding subjunctive tense of* estar (*see verb 252*)

} abrazando

COMMANDS

	(nosotros) abracemos/no abracemos
(tú) abraza/no abraces	(vosotros) abrazad/no abracéis
(Ud.) abrace/no abrace	(Uds.) abracen/no abracen

Usage

—Abraza a tu tía, hija.	*Give your aunt a hug.*
—Ya le di un abrazo, mamá.	*I already hugged her, Mom.*
El documento abraza varios temas.	*The document covers several topics.*
No abrazó ninguna causa.	*He didn't adopt/embrace any cause.*
Un abrazo de Laura	*Best regards,/Love, Laura* (letter)
Coloque la repisa en las abrazaderas.	*Put the shelf on the brackets.*

PRESENT

abro	abrimos
abres	abrís
abre	abren

PRETERIT

abrí	abrimos
abriste	abristeis
abrió	abrieron

IMPERFECT

abría	abríamos
abrías	abríais
abría	abrían

PRESENT PERFECT

he abierto	hemos abierto
has abierto	habéis abierto
ha abierto	han abierto

FUTURE

abriré	abriremos
abrirás	abriréis
abrirá	abrirán

CONDITIONAL

abriría	abriríamos
abrirías	abriríais
abriría	abrirían

PLUPERFECT

había abierto	habíamos abierto
habías abierto	habíais abierto
había abierto	habían abierto

PRETERIT PERFECT

hube abierto	hubimos abierto
hubiste abierto	hubisteis abierto
hubo abierto	hubieron abierto

FUTURE PERFECT

habré abierto	habremos abierto
habrás abierto	habréis abierto
habrá abierto	habrán abierto

CONDITIONAL PERFECT

habría abierto	habríamos abierto
habrías abierto	habríais abierto
habría abierto	habrían abierto

PRESENT SUBJUNCTIVE

abra	abramos
abras	abráis
abra	abran

PRESENT PERFECT SUBJUNCTIVE

haya abierto	hayamos abierto
hayas abierto	hayáis abierto
haya abierto	hayan abierto

IMPERFECT SUBJUNCTIVE (-ra)

abriera	abriéramos
abrieras	abrierais
abriera	abrieran

or **IMPERFECT SUBJUNCTIVE (-se)**

abriese	abriésemos
abrieses	abrieseis
abriese	abriesen

PAST PERFECT SUBJUNCTIVE (-ra)

hubiera abierto	hubiéramos abierto
hubieras abierto	hubierais abierto
hubiera abierto	hubieran abierto

or **PAST PERFECT SUBJUNCTIVE (-se)**

hubiese abierto	hubiésemos abierto
hubieses abierto	hubieseis abierto
hubiese abierto	hubiesen abierto

PROGRESSIVE TENSES

PRESENT	estoy, estás, está, estamos, estáis, están
PRETERIT	estuve, estuviste, estuvo, estuvimos, estuvisteis, estuvieron
IMPERFECT	estaba, estabas, estaba, estábamos, estabais, estaban
FUTURE	estaré, estarás, estará, estaremos, estaréis, estarán
CONDITIONAL	estaría, estarías, estaría, estaríamos, estaríais, estarían
SUBJUNCTIVE	que + *corresponding subjunctive tense of* estar (*see verb 252*)

} abriendo

COMMANDS

	(nosotros) abramos/no abramos
(tú) abre/no abras	(vosotros) abrid/no abráis
(Ud.) abra/no abra	(Uds.) abran/no abran

Usage

Se abre el museo a las diez, ¿verdad?	*The museum opens at 10:00, doesn't it?*
Acabo de abrir una cuenta de crédito.	*I've just opened a charge account.*
No quiso abrirse con nadie.	*He refused to confide in anyone.*
La lata está abierta. Usé el abrelatas.	*The can is open. I used the can opener.*
El abrecartas está en el escritorio.	*The letter opener is on the desk.*
Las aceitunas abren el apetito.	*Olives whet your appetite.*
Se le abrió la herida.	*His wound opened up.*

regular *-ir* reflexive verb

aburro · aburrieron · aburrido · aburriéndose

PRESENT

me aburro	nos aburrimos
te aburres	os aburrís
se aburre	se aburren

IMPERFECT

me aburría	nos aburríamos
te aburrías	os aburríais
se aburría	se aburrían

FUTURE

me aburriré	nos aburriremos
te aburrirás	os aburriréis
se aburrirá	se aburrirán

PLUPERFECT

me había aburrido	nos habíamos aburrido
te habías aburrido	os habíais aburrido
se había aburrido	se habían aburrido

FUTURE PERFECT

me habré aburrido	nos habremos aburrido
te habrás aburrido	os habréis aburrido
se habrá aburrido	se habrán aburrido

PRESENT SUBJUNCTIVE

me aburra	nos aburramos
te aburras	os aburráis
se aburra	se aburran

IMPERFECT SUBJUNCTIVE (-ra)

me aburriera	nos aburriéramos
te aburrieras	os aburrierais
se aburriera	se aburrieran

PAST PERFECT SUBJUNCTIVE (-ra)

me hubiera aburrido	nos hubiéramos aburrido
te hubieras aburrido	os hubierais aburrido
se hubiera aburrido	se hubieran aburrido

PRETERIT

me aburrí	nos aburrimos
te aburriste	os aburristeis
se aburrió	se aburrieron

PRESENT PERFECT

me he aburrido	nos hemos aburrido
te has aburrido	os habéis aburrido
se ha aburrido	se han aburrido

CONDITIONAL

me aburriría	nos aburriríamos
te aburrirías	os aburriríais
se aburriría	se aburrirían

PRETERIT PERFECT

me hube aburrido	nos hubimos aburrido
te hubiste aburrido	os hubisteis aburrido
se hubo aburrido	se hubieron aburrido

CONDITIONAL PERFECT

me habría aburrido	nos habríamos aburrido
te habrías aburrido	os habríais aburrido
se habría aburrido	se habrían aburrido

PRESENT PERFECT SUBJUNCTIVE

me haya aburrido	nos hayamos aburrido
te hayas aburrido	os hayáis aburrido
se haya aburrido	se hayan aburrido

or **IMPERFECT SUBJUNCTIVE (-se)**

me aburriese	nos aburriésemos
te aburrieses	os aburrieseis
se aburriese	se aburriesen

or **PAST PERFECT SUBJUNCTIVE (-se)**

me hubiese aburrido	nos hubiésemos aburrido
te hubieses aburrido	os hubieseis aburrido
se hubiese aburrido	se hubiesen aburrido

PROGRESSIVE TENSES

PRESENT	estoy, estás, está, estamos, estáis, están
PRETERIT	estuve, estuviste, estuvo, estuvimos, estuvisteis, estuvieron
IMPERFECT	estaba, estabas, estaba, estábamos, estabais, estaban
FUTURE	estaré, estarás, estará, estaremos, estaréis, estarán
CONDITIONAL	estaría, estarías, estaría, estaríamos, estaríais, estarían
SUBJUNCTIVE	que + *corresponding subjunctive tense of* estar (*see verb 252*)

aburriendo (*see page 31*)

COMMANDS

	(nosotros) aburrámonos/no nos aburramos
(tú) abúrrete/no te aburras	(vosotros) aburríos/no os aburráis
(Ud.) abúrrase/no se aburra	(Uds.) abúrranse/no se aburran

Usage

Se aburre como una ostra.	*She's bored stiff* (lit., *bored as an oyster*).
Nos aburrió su conversación pesada.	*His tedious conversation bored us.*
Es una persona muy aburrida.	*She's a very boring person.*
Dudo que estén aburridos.	*I doubt they're bored.*
¡Qué aburrimiento!	*What a bore!*
Tenían una cara de aburrimiento.	*They had a bored look.*

Acabemos esta discusión de una vez.	*Let's end this argument once and for all.*
Acaben la comida y vamos al cine.	*Finish up your meal and we'll go to the movies.*
Se acaba la función a las diez.	*The performance is over at ten o'clock.*
Acabó el cuadro.	*He put the finishing touches to the painting.*
Su plan de acción acabó mal.	*His plan of action didn't work out.*

acabar de + infinitive *to have/had just done something*

Ya han llegado. Acabo de verlos.	*They've arrived. I've just seen them.*
Acabábamos de tomar asiento cuando el conferenciante comenzó a hablar.	*We had just taken our seats when the lecturer began to talk.*

acabar por + infinitive; acabar + -ndo *finally, in the end*

—¿El ingeniero acabó por firmar el contrato?	*Did the engineer finally end up signing the contract?*
—Sí, acabó firmándolo.	*Yes, he finally signed it.*

acabar con *to finish with/off, put an end to, break with*

—Estos pagos mensuales acabarán conmigo.	*These monthly payments will finish me off.*
—¿No has acabado con los pagos todavía?	*You're not done with the payments yet?*
Acabó con su novio.	*She broke up with her boyfriend.*
¡Acaba con tus ideas estrafalarias!	*Get rid of your outlandish/bizarre notions!*

acabar en *to end in*

Sus conversaciones siempre acaban en disputas.	*Their conversations always end in quarrels.*

acabársele a alguien (unplanned occurrences) *to run out of*

—¿Se te acabó el pan?	*Did you run out of bread?*
—Algo peor. ¡Se me acabaron las galletas!	*Something worse. I ran out of cookies!*
¿Se les ha acabado el dinero?	*Have they run out of money?*
Se nos acabó la paciencia.	*Our patience has come to an end./We've run out of patience.*

Other Uses

El trabajo está acabado. ¡Y yo estoy acabado!	*The work is finished. And I'm worn out!*
Es una escultura acabada.	*It's a perfect piece of sculpture.*
Prefiero el acabado brillante para las fotos.	*I prefer the glossy finish for the photos.*

TOP 50 VERBS

regular -ar verb

acabo · acabaron · acabado · acabando

PRESENT

acabo	acabamos
acabas	acabáis
acaba	acaban

IMPERFECT

acababa	acabábamos
acababas	acababais
acababa	acababan

FUTURE

acabaré	acabaremos
acabarás	acabaréis
acabará	acabarán

PLUPERFECT

había acabado	habíamos acabado
habías acabado	habíais acabado
había acabado	habían acabado

FUTURE PERFECT

habré acabado	habremos acabado
habrás acabado	habréis acabado
habrá acabado	habrán acabado

PRESENT SUBJUNCTIVE

acabe	acabemos
acabes	acabéis
acabe	acaben

IMPERFECT SUBJUNCTIVE (-ra)

acabara	acabáramos
acabaras	acabarais
acabara	acabaran

PAST PERFECT SUBJUNCTIVE (-ra)

hubiera acabado	hubiéramos acabado
hubieras acabado	hubierais acabado
hubiera acabado	hubieran acabado

PRETERIT

acabé	acabamos
acabaste	acabasteis
acabó	acabaron

PRESENT PERFECT

he acabado	hemos acabado
has acabado	habéis acabado
ha acabado	han acabado

CONDITIONAL

acabaría	acabaríamos
acabarías	acabaríais
acabaría	acabarían

PRETERIT PERFECT

hube acabado	hubimos acabado
hubiste acabado	hubisteis acabado
hubo acabado	hubieron acabado

CONDITIONAL PERFECT

habría acabado	habríamos acabado
habrías acabado	habríais acabado
habría acabado	habrían acabado

PRESENT PERFECT SUBJUNCTIVE

haya acabado	hayamos acabado
hayas acabado	hayáis acabado
haya acabado	hayan acabado

or **IMPERFECT SUBJUNCTIVE (-se)**

acabase	acabásemos
acabases	acabaseis
acabase	acabasen

or **PAST PERFECT SUBJUNCTIVE (-se)**

hubiese acabado	hubiésemos acabado
hubieses acabado	hubieseis acabado
hubiese acabado	hubiesen acabado

PROGRESSIVE TENSES

PRESENT	estoy, estás, está, estamos, estáis, están	
PRETERIT	estuve, estuviste, estuvo, estuvimos, estuvisteis, estuvieron	
IMPERFECT	estaba, estabas, estaba, estábamos, estabais, estaban	acabando
FUTURE	estaré, estarás, estará, estaremos, estaréis, estarán	
CONDITIONAL	estaría, estarías, estaría, estaríamos, estaríais, estarían	
SUBJUNCTIVE	que + *corresponding subjunctive tense of* estar (*see verb 252*)	

COMMANDS

	(nosotros) acabemos/no acabemos
(tú) acaba/no acabes	(vosotros) acabad/no acabéis
(Ud.) acabe/no acabe	(Uds.) acaben/no acaben

Usage

Cuando acabes el libro, préstamelo.	*When you finish the book, lend it to me.*
¿Cuándo se acabará el proyecto?	*When will the project be completed?*
Acaban de llamarnos por teléfono.	*They've just phoned us.*
¿Acabaron por arreglar los asuntos?	*Did you finally straighten out your affairs?*
Siempre acaba hablando estupideces.	*She always ends up saying silly things.*
Se nos acabó el papel glaseado.	*We ran out of glossy paper.*
¡Acabad el trabajo de una vez!	*Finish the work once and for all!*

aceptar *to accept*

acepto · aceptaron · aceptado · aceptando

regular *-ar* verb

PRESENT

acepto	aceptamos
aceptas	aceptáis
acepta	aceptan

IMPERFECT

aceptaba	aceptábamos
aceptabas	aceptabais
aceptaba	aceptaban

FUTURE

aceptaré	aceptaremos
aceptarás	aceptaréis
aceptará	aceptarán

PLUPERFECT

había aceptado	habíamos aceptado
habías aceptado	habíais aceptado
había aceptado	habían aceptado

FUTURE PERFECT

habré aceptado	habremos aceptado
habrás aceptado	habréis aceptado
habrá aceptado	habrán aceptado

PRESENT SUBJUNCTIVE

acepte	aceptemos
aceptes	aceptéis
acepte	acepten

IMPERFECT SUBJUNCTIVE (-ra)

aceptara	aceptáramos
aceptaras	aceptarais
aceptara	aceptaran

PAST PERFECT SUBJUNCTIVE (-ra)

hubiera aceptado	hubiéramos aceptado
hubieras aceptado	hubierais aceptado
hubiera aceptado	hubieran aceptado

PRETERIT

acepté	aceptamos
aceptaste	aceptasteis
aceptó	aceptaron

PRESENT PERFECT

he aceptado	hemos aceptado
has aceptado	habéis aceptado
ha aceptado	han aceptado

CONDITIONAL

aceptaría	aceptaríamos
aceptarías	aceptaríais
aceptaría	aceptarían

PRETERIT PERFECT

hube aceptado	hubimos aceptado
hubiste aceptado	hubisteis aceptado
hubo aceptado	hubieron aceptado

CONDITIONAL PERFECT

habría aceptado	habríamos aceptado
habrías aceptado	habríais aceptado
habría aceptado	habrían aceptado

PRESENT PERFECT SUBJUNCTIVE

haya aceptado	hayamos aceptado
hayas aceptado	hayáis aceptado
haya aceptado	hayan aceptado

or **IMPERFECT SUBJUNCTIVE (-se)**

aceptase	aceptásemos
aceptases	aceptaseis
aceptase	aceptasen

or **PAST PERFECT SUBJUNCTIVE (-se)**

hubiese aceptado	hubiésemos aceptado
hubieses aceptado	hubieseis aceptado
hubiese aceptado	hubiesen aceptado

PROGRESSIVE TENSES

PRESENT	estoy, estás, está, estamos, estáis, están
PRETERIT	estuve, estuviste, estuvo, estuvimos, estuvisteis, estuvieron
IMPERFECT	estaba, estabas, estaba, estábamos, estabais, estaban
FUTURE	estaré, estarás, estará, estaremos, estaréis, estarán
CONDITIONAL	estaría, estarías, estaría, estaríamos, estaríais, estarían
SUBJUNCTIVE	que + *corresponding subjunctive tense of* estar (*see verb 252*)

} aceptando

COMMANDS

	(nosotros) aceptemos/no aceptemos
(tú) acepta/no aceptes	(vosotros) aceptad/no aceptéis
(Ud.) acepte/no acepte	(Uds.) acepten/no acepten

Usage

Aceptó la invitación al congreso.	*He accepted the invitation to the conference.*
Aceptaron trabajar en el extranjero.	*They agreed to work abroad.*
Se aceptará tu propuesta.	*Your proposal will be accepted.*
¿La idea tuvo aceptación?	*Was the idea well received?*
Hicisteis una oferta aceptable.	*You made an acceptable offer.*
—¿Uds. aceptan o rechazan la oferta?	*Do you accept or refuse the offer?*
—Oferta aceptada.	*Offer accepted.*

-*ar* reflexive verb; spelling change: *c > qu/e*   **acerco · acercaron · acercado · acercándose**

PRESENT

me acerco	nos acercamos
te acercas	os acercáis
se acerca	se acercan

IMPERFECT

me acercaba	nos acercábamos
te acercabas	os acercabais
se acercaba	se acercaban

FUTURE

me acercaré	nos acercaremos
te acercarás	os acercaréis
se acercará	se acercarán

PLUPERFECT

me había acercado	nos habíamos acercado
te habías acercado	os habíais acercado
se había acercado	se habían acercado

FUTURE PERFECT

me habré acercado	nos habremos acercado
te habrás acercado	os habréis acercado
se habrá acercado	se habrán acercado

PRESENT SUBJUNCTIVE

me acerque	nos acerquemos
te acerques	os acerquéis
se acerque	se acerquen

IMPERFECT SUBJUNCTIVE (-ra)

me acercara	nos acercáramos
te acercaras	os acercarais
se acercara	se acercaran

PAST PERFECT SUBJUNCTIVE (-ra)

me hubiera acercado	nos hubiéramos acercado
te hubieras acercado	os hubierais acercado
se hubiera acercado	se hubieran acercado

PRETERIT

me acerqué	nos acercamos
te acercaste	os acercasteis
se acercó	se acercaron

PRESENT PERFECT

me he acercado	nos hemos acercado
te has acercado	os habéis acercado
se ha acercado	se han acercado

CONDITIONAL

me acercaría	nos acercaríamos
te acercarías	os acercaríais
se acercaría	se acercarían

PRETERIT PERFECT

me hube acercado	nos hubimos acercado
te hubiste acercado	os hubisteis acercado
se hubo acercado	se hubieron acercado

CONDITIONAL PERFECT

me habría acercado	nos habríamos acercado
te habrías acercado	os habríais acercado
se habría acercado	se habrían acercado

PRESENT PERFECT SUBJUNCTIVE

me haya acercado	nos hayamos acercado
te hayas acercado	os hayáis acercado
se haya acercado	se hayan acercado

or   **IMPERFECT SUBJUNCTIVE (-se)**

me acercase	nos acercásemos
te acercases	os acercaseis
se acercase	se acercasen

or   **PAST PERFECT SUBJUNCTIVE (-se)**

me hubiese acercado	nos hubiésemos acercado
te hubieses acercado	os hubieseis acercado
se hubiese acercado	se hubiesen acercado

PROGRESSIVE TENSES

PRESENT	estoy, estás, está, estamos, estáis, están
PRETERIT	estuve, estuviste, estuvo, estuvimos, estuvisteis, estuvieron
IMPERFECT	estaba, estabas, estaba, estábamos, estabais, estaban
FUTURE	estaré, estarás, estará, estaremos, estaréis, estarán
CONDITIONAL	estaría, estarías, estaría, estaríamos, estaríais, estarían
SUBJUNCTIVE	que + *corresponding subjunctive tense of* estar (*see verb 252*)

     } acercando (*see page 31*)

COMMANDS

	(nosotros) acerquémonos/no nos acerquemos
(tú) acércate/no te acerques	(vosotros) acercaos/no os acerquéis
(Ud.) acérquese/no se acerque	(Uds.) acérquense/no se acerquen

Usage

Se acercó a nosotros.	*He approached/came over to us.*
Acércate a la pantalla.	*Go closer to the screen.*
Acerque la impresora.	*Bring the printer nearer.*
Viven cerca del centro.	*They live near the downtown area.*
Invite sólo a sus parientes cercanos.	*Invite only your close relatives.*
Hizo construir la casa en las cercanías.	*He had the house built in the suburbs.*

acertar *to get right*

acierto · acertaron · acertado · acertando

stem-changing *-ar* verb: *e > ie*

PRESENT		PRETERIT	
acierto	acertamos	acerté	acertamos
aciertas	acertáis	acertaste	acertasteis
acierta	aciertan	acertó	acertaron

IMPERFECT		PRESENT PERFECT	
acertaba	acertábamos	he acertado	hemos acertado
acertabas	acertabais	has acertado	habéis acertado
acertaba	acertaban	ha acertado	han acertado

FUTURE		CONDITIONAL	
acertaré	acertaremos	acertaría	acertaríamos
acertarás	acertaréis	acertarías	acertaríais
acertará	acertarán	acertaría	acertarían

PLUPERFECT		PRETERIT PERFECT	
había acertado	habíamos acertado	hube acertado	hubimos acertado
habías acertado	habíais acertado	hubiste acertado	hubisteis acertado
había acertado	habían acertado	hubo acertado	hubieron acertado

FUTURE PERFECT		CONDITIONAL PERFECT	
habré acertado	habremos acertado	habría acertado	habríamos acertado
habrás acertado	habréis acertado	habrías acertado	habríais acertado
habrá acertado	habrán acertado	habría acertado	habrían acertado

PRESENT SUBJUNCTIVE		PRESENT PERFECT SUBJUNCTIVE	
acierte	acertemos	haya acertado	hayamos acertado
aciertes	acertéis	hayas acertado	hayáis acertado
acierte	acierten	haya acertado	hayan acertado

IMPERFECT SUBJUNCTIVE (-ra)		*or* IMPERFECT SUBJUNCTIVE (-se)	
acertara	acertáramos	acertase	acertásemos
acertaras	acertarais	acertases	acertaseis
acertara	acertaran	acertase	acertasen

PAST PERFECT SUBJUNCTIVE (-ra)		*or* PAST PERFECT SUBJUNCTIVE (-se)	
hubiera acertado	hubiéramos acertado	hubiese acertado	hubiésemos acertado
hubieras acertado	hubierais acertado	hubieses acertado	hubieseis acertado
hubiera acertado	hubieran acertado	hubiese acertado	hubiesen acertado

PROGRESSIVE TENSES

PRESENT	estoy, estás, está, estamos, estáis, están	
PRETERIT	estuve, estuviste, estuvo, estuvimos, estuvisteis, estuvieron	
IMPERFECT	estaba, estabas, estaba, estábamos, estabais, estaban	acertando
FUTURE	estaré, estarás, estará, estaremos, estaréis, estarán	
CONDITIONAL	estaría, estarías, estaría, estaríamos, estaríais, estarían	
SUBJUNCTIVE	que + *corresponding subjunctive tense of* estar (*see verb 252*)	

COMMANDS

	(nosotros) acertemos/no acertemos
(tú) acierta/no aciertes	(vosotros) acertad/no acertéis
(Ud.) acierte/no acierte	(Uds.) acierten/no acierten

Usage

Acertaste.	*You're right.*
Dudo que lo hayan acertado.	*I doubt they are/guessed right.*
Acertaste con la marca que yo buscaba.	*You found the brand I was looking for.*
Han tomado una decisión acertada.	*They've made a fitting decision.*
Acertó en decírselo.	*He did the right thing in telling them.*
Es cierto.	*It's certain/sure.*
No puedo adivinar el acertijo que me puso.	*I can't figure out the riddle she asked me.*

regular *-ar* verb

aclaro · aclararon · aclarado · aclarando

PRESENT

aclaro	aclaramos
aclaras	aclaráis
aclara	aclaran

IMPERFECT

aclaraba	aclarábamos
aclarabas	aclarabais
aclaraba	aclaraban

FUTURE

aclararé	aclararemos
aclararás	aclararéis
aclarará	aclararán

PLUPERFECT

había aclarado	habíamos aclarado
habías aclarado	habíais aclarado
había aclarado	habían aclarado

FUTURE PERFECT

habré aclarado	habremos aclarado
habrás aclarado	habréis aclarado
habrá aclarado	habrán aclarado

PRESENT SUBJUNCTIVE

aclare	aclaremos
aclares	aclaréis
aclare	aclaren

IMPERFECT SUBJUNCTIVE (-ra)

aclarara	aclaráramos
aclararas	aclararais
aclarara	aclararan

PAST PERFECT SUBJUNCTIVE (-ra)

hubiera aclarado	hubiéramos aclarado
hubieras aclarado	hubierais aclarado
hubiera aclarado	hubieran aclarado

PRETERIT

aclaré	aclaramos
aclaraste	aclarasteis
aclaró	aclararon

PRESENT PERFECT

he aclarado	hemos aclarado
has aclarado	habéis aclarado
ha aclarado	han aclarado

CONDITIONAL

aclararía	aclararíamos
aclararías	aclararíais
aclararía	aclararían

PRETERIT PERFECT

hube aclarado	hubimos aclarado
hubiste aclarado	hubisteis aclarado
hubo aclarado	hubieron aclarado

CONDITIONAL PERFECT

habría aclarado	habríamos aclarado
habrías aclarado	habríais aclarado
habría aclarado	habrían aclarado

PRESENT PERFECT SUBJUNCTIVE

haya aclarado	hayamos aclarado
hayas aclarado	hayáis aclarado
haya aclarado	hayan aclarado

or **IMPERFECT SUBJUNCTIVE (-se)**

aclarase	aclarásemos
aclarases	aclaraseis
aclarase	aclarasen

or **PAST PERFECT SUBJUNCTIVE (-se)**

hubiese aclarado	hubiésemos aclarado
hubieses aclarado	hubieseis aclarado
hubiese aclarado	hubiesen aclarado

PROGRESSIVE TENSES

PRESENT	estoy, estás, está, estamos, estáis, están
PRETERIT	estuve, estuviste, estuvo, estuvimos, estuvisteis, estuvieron
IMPERFECT	estaba, estabas, estaba, estábamos, estabais, estaban
FUTURE	estaré, estarás, estará, estaremos, estaréis, estarán
CONDITIONAL	estaría, estarías, estaría, estaríamos, estaríais, estarían
SUBJUNCTIVE	que + *corresponding subjunctive tense of* estar (*see verb 252*)

aclarando

COMMANDS

	(nosotros) aclaremos/no aclaremos
(tú) aclara/no aclares	(vosotros) aclarad/no aclaréis
(Ud.) aclare/no aclare	(Uds.) aclaren/no aclaren

Usage

Logró aclarar el asunto.	*He succeeded in clarifying the matter.*
Trate de poner las dudas en claro.	*Try to clear up the questions.*
Pídale una aclaración.	*Ask her for an explanation.*
¿Está claro?	*Is that clear?*
No habláis claro.	*You're not speaking clearly.*
Hoy está claro.	*It's clear today.*
¿Se usa la clara del huevo en la receta?	*Do you use egg whites in the recipe?*

9 · acompañar *to accompany, go with*

acompaño · acompañaron · acompañado · acompañando

PRESENT

acompaño	acompañamos
acompañas	acompañáis
acompaña	acompañan

PRETERIT

acompañé	acompañamos
acompañaste	acompañasteis
acompañó	acompañaron

IMPERFECT

acompañaba	acompañábamos
acompañabas	acompañabais
acompañaba	acompañaban

PRESENT PERFECT

he acompañado	hemos acompañado
has acompañado	habéis acompañado
ha acompañado	han acompañado

FUTURE

acompañaré	acompañaremos
acompañarás	acompañaréis
acompañará	acompañarán

CONDITIONAL

acompañaría	acompañaríamos
acompañarías	acompañaríais
acompañaría	acompañarían

PLUPERFECT

había acompañado	habíamos acompañado
habías acompañado	habíais acompañado
había acompañado	habían acompañado

PRETERIT PERFECT

hube acompañado	hubimos acompañado
hubiste acompañado	hubisteis acompañado
hubo acompañado	hubieron acompañado

FUTURE PERFECT

habré acompañado	habremos acompañado
habrás acompañado	habréis acompañado
habrá acompañado	habrán acompañado

CONDITIONAL PERFECT

habría acompañado	habríamos acompañado
habrías acompañado	habríais acompañado
habría acompañado	habrían acompañado

PRESENT SUBJUNCTIVE

acompañe	acompañemos
acompañes	acompañéis
acompañe	acompañen

PRESENT PERFECT SUBJUNCTIVE

haya acompañado	hayamos acompañado
hayas acompañado	hayáis acompañado
haya acompañado	hayan acompañado

IMPERFECT SUBJUNCTIVE (-ra)

acompañara	acompañáramos
acompañaras	acompañarais
acompañara	acompañaran

or **IMPERFECT SUBJUNCTIVE (-se)**

acompañase	acompañásemos
acompañases	acompañaseis
acompañase	acompañasen

PAST PERFECT SUBJUNCTIVE (-ra)

hubiera acompañado	hubiéramos acompañado
hubieras acompañado	hubierais acompañado
hubiera acompañado	hubieran acompañado

or **PAST PERFECT SUBJUNCTIVE (-se)**

hubiese acompañado	hubiésemos acompañado
hubieses acompañado	hubieseis acompañado
hubiese acompañado	hubiesen acompañado

PROGRESSIVE TENSES

PRESENT	estoy, estás, está, estamos, estáis, están
PRETERIT	estuve, estuviste, estuvo, estuvimos, estuvisteis, estuvieron
IMPERFECT	estaba, estabas, estaba, estábamos, estabais, estaban
FUTURE	estaré, estarás, estará, estaremos, estaréis, estarán
CONDITIONAL	estaría, estarías, estaría, estaríamos, estaríais, estarían
SUBJUNCTIVE	que + *corresponding subjunctive tense of* estar (*see verb 252*)

acompañando

COMMANDS

	(nosotros) acompañemos/no acompañemos
(tú) acompaña/no acompañes	(vosotros) acompañad/no acompañéis
(Ud.) acompañe/no acompañe	(Uds.) acompañen/no acompañen

Usage

Acompáñanos al centro comercial.	*Go to the mall with us.*
Mi compañero me acompaña con el piano.	*My friend accompanies me on piano.*
La albahaca acompaña bien el tomate.	*Basil goes well with tomato.*
Es mejor estar solo que mal acompañado.	*It's better to be alone than in bad company.*
Te acompañamos en el sentimiento.	*We give you our sympathies.*

regular *-ar* verb | aconsejo · aconsejaron · aconsejado · aconsejando

PRESENT		PRETERIT	
aconsejo	aconsejamos	aconsejé	aconsejamos
aconsejas	aconsejáis	aconsejaste	aconsejasteis
aconseja	aconsejan	aconsejó	aconsejaron

IMPERFECT		PRESENT PERFECT	
aconsejaba	aconsejábamos	he aconsejado	hemos aconsejado
aconsejabas	aconsejabais	has aconsejado	habéis aconsejado
aconsejaba	aconsejaban	ha aconsejado	han aconsejado

FUTURE		CONDITIONAL	
aconsejaré	aconsejaremos	aconsejaría	aconsejaríamos
aconsejarás	aconsejaréis	aconsejarías	aconsejaríais
aconsejará	aconsejarán	aconsejaría	aconsejarían

PLUPERFECT		PRETERIT PERFECT	
había aconsejado	habíamos aconsejado	hube aconsejado	hubimos aconsejado
habías aconsejado	habíais aconsejado	hubiste aconsejado	hubisteis aconsejado
había aconsejado	habían aconsejado	hubo aconsejado	hubieron aconsejado

FUTURE PERFECT		CONDITIONAL PERFECT	
habré aconsejado	habremos aconsejado	habría aconsejado	habríamos aconsejado
habrás aconsejado	habréis aconsejado	habrías aconsejado	habríais aconsejado
habrá aconsejado	habrán aconsejado	habría aconsejado	habrían aconsejado

PRESENT SUBJUNCTIVE		PRESENT PERFECT SUBJUNCTIVE	
aconseje	aconsejemos	haya aconsejado	hayamos aconsejado
aconsejes	aconsejéis	hayas aconsejado	hayáis aconsejado
aconseje	aconsejen	haya aconsejado	hayan aconsejado

IMPERFECT SUBJUNCTIVE (-ra)		*or*	IMPERFECT SUBJUNCTIVE (-se)	
aconsejara	aconsejáramos		aconsejase	aconsejásemos
aconsejaras	aconsejarais		aconsejases	aconsejaseis
aconsejara	aconsejaran		aconsejase	aconsejasen

PAST PERFECT SUBJUNCTIVE (-ra)		*or*	PAST PERFECT SUBJUNCTIVE (-se)	
hubiera aconsejado	hubiéramos aconsejado		hubiese aconsejado	hubiésemos aconsejado
hubieras aconsejado	hubierais aconsejado		hubieses aconsejado	hubieseis aconsejado
hubiera aconsejado	hubieran aconsejado		hubiese aconsejado	hubiesen aconsejado

PROGRESSIVE TENSES

PRESENT	estoy, estás, está, estamos, estáis, están	
PRETERIT	estuve, estuviste, estuvo, estuvimos, estuvisteis, estuvieron	
IMPERFECT	estaba, estabas, estaba, estábamos, estabais, estaban	aconsejando
FUTURE	estaré, estarás, estará, estaremos, estaréis, estarán	
CONDITIONAL	estaría, estarías, estaría, estaríamos, estaríais, estarían	
SUBJUNCTIVE	que + *corresponding subjunctive tense of* estar (*see verb 252*)	

COMMANDS

	(nosotros) aconsejemos/no aconsejemos
(tú) aconseja/no aconsejes	(vosotros) aconsejad/no aconsejéis
(Ud.) aconseje/no aconseje	(Uds.) aconsejen/no aconsejen

Usage

Te aconsejo que tomes el auto-expreso.	*I advise you to take the auto train.*
Le han aconsejado estudiar marketing.	*They've advised her to study marketing.*
Sigan los consejos del director.	*Follow the director's advice.*
Me dieron un buen consejo.	*They gave me a good piece of advice/tip.*
Aconséjese con su consejero.	*Consult your advisor/counselor.*
Creo que estuvo bien-/mal aconsejado.	*I think he was well-/ill-advised.*

acordarse   *to remember, agree*

acuerdo · acordaron · acordado · acordándose   stem-changing *-ar* verb: *o > ue*

PRESENT

me acuerdo	nos acordamos
te acuerdas	os acordáis
se acuerda	se acuerdan

PRETERIT

me acordé	nos acordamos
te acordaste	os acordasteis
se acordó	se acordaron

IMPERFECT

me acordaba	nos acordábamos
te acordabas	os acordabais
se acordaba	se acordaban

PRESENT PERFECT

me he acordado	nos hemos acordado
te has acordado	os habéis acordado
se ha acordado	se han acordado

FUTURE

me acordaré	nos acordaremos
te acordarás	os acordaréis
se acordará	se acordarán

CONDITIONAL

me acordaría	nos acordaríamos
te acordarías	os acordaríais
se acordaría	se acordarían

PLUPERFECT

me había acordado	nos habíamos acordado
te habías acordado	os habíais acordado
se había acordado	se habían acordado

PRETERIT PERFECT

me hube acordado	nos hubimos acordado
te hubiste acordado	os hubisteis acordado
se hubo acordado	se hubieron acordado

FUTURE PERFECT

me habré acordado	nos habremos acordado
te habrás acordado	os habréis acordado
se habrá acordado	se habrán acordado

CONDITIONAL PERFECT

me habría acordado	nos habríamos acordado
te habrías acordado	os habríais acordado
se habría acordado	se habrían acordado

PRESENT SUBJUNCTIVE

me acuerde	nos acordemos
te acuerdes	os acordéis
se acuerde	se acuerden

PRESENT PERFECT SUBJUNCTIVE

me haya acordado	nos hayamos acordado
te hayas acordado	os hayáis acordado
se haya acordado	se hayan acordado

IMPERFECT SUBJUNCTIVE (-ra)

me acordara	nos acordáramos
te acordaras	os acordarais
se acordara	se acordaran

or **IMPERFECT SUBJUNCTIVE (-se)**

me acordase	nos acordásemos
te acordases	os acordaseis
se acordase	se acordasen

PAST PERFECT SUBJUNCTIVE (-ra)

me hubiera acordado	nos hubiéramos acordado
te hubieras acordado	os hubierais acordado
se hubiera acordado	se hubieran acordado

or **PAST PERFECT SUBJUNCTIVE (-se)**

me hubiese acordado	nos hubiésemos acordado
te hubieses acordado	os hubieseis acordado
se hubiese acordado	se hubiesen acordado

PROGRESSIVE TENSES

PRESENT	estoy, estás, está, estamos, estáis, están
PRETERIT	estuve, estuviste, estuvo, estuvimos, estuvisteis, estuvieron
IMPERFECT	estaba, estabas, estaba, estábamos, estabais, estaban
FUTURE	estaré, estarás, estará, estaremos, estaréis, estarán
CONDITIONAL	estaría, estarías, estaría, estaríamos, estaríais, estarían
SUBJUNCTIVE	que + *corresponding subjunctive tense of* estar (*see verb 252*)

⎫ acordando (*see page 31*)

COMMANDS

	(nosotros) acordémonos/no nos acordemos
(tú) acuérdate/no te acuerdes	(vosotros) acordaos/no os acordéis
(Ud.) acuérdese/no se acuerde	(Uds.) acuérdense/no se acuerden

Usage

—Te acuerdas de ellos, ¿verdad?	*You remember them, don't you?*
—No, no me acuerdo ni de él ni de ella.	*No, I don't remember either him or her.*
Acuérdate de comprarle un regalo.	*Remember to buy her a gift.*
Nos acordamos de la cita.	*We remembered that we have an appointment.*
Por fin se pusieron de acuerdo.	*They finally came to an agreement.*
Estamos de acuerdo contigo.	*We agree with you.*

stem-changing *-ar* reflexive verb: *o > ue*   acuesto · acostaron · acostado · acostándose

PRESENT

me acuesto	nos acostamos
te acuestas	os acostáis
se acuesta	se acuestan

PRETERIT

me acosté	nos acostamos
te acostaste	os acostasteis
se acostó	se acostaron

IMPERFECT

me acostaba	nos acostábamos
te acostabas	os acostabais
se acostaba	se acostaban

PRESENT PERFECT

me he acostado	nos hemos acostado
te has acostado	os habéis acostado
se ha acostado	se han acostado

FUTURE

me acostaré	nos acostaremos
te acostarás	os acostaréis
se acostará	se acostarán

CONDITIONAL

me acostaría	nos acostaríamos
te acostarías	os acostaríais
se acostaría	se acostarían

PLUPERFECT

me había acostado	nos habíamos acostado
te habías acostado	os habíais acostado
se había acostado	se habían acostado

PRETERIT PERFECT

me hube acostado	nos hubimos acostado
te hubiste acostado	os hubisteis acostado
se hubo acostado	se hubieron acostado

FUTURE PERFECT

me habré acostado	nos habremos acostado
te habrás acostado	os habréis acostado
se habrá acostado	se habrán acostado

CONDITIONAL PERFECT

me habría acostado	nos habríamos acostado
te habrías acostado	os habríais acostado
se habría acostado	se habrían acostado

PRESENT SUBJUNCTIVE

me acueste	nos acostemos
te acuestes	os acostéis
se acueste	se acuesten

PRESENT PERFECT SUBJUNCTIVE

me haya acostado	nos hayamos acostado
te hayas acostado	os hayáis acostado
se haya acostado	se hayan acostado

IMPERFECT SUBJUNCTIVE (-ra)   *or*   **IMPERFECT SUBJUNCTIVE (-se)**

me acostara	nos acostáramos	me acostase	nos acostásemos
te acostaras	os acostarais	te acostases	os acostaseis
se acostara	se acostaran	se acostase	se acostasen

PAST PERFECT SUBJUNCTIVE (-ra)   *or*   **PAST PERFECT SUBJUNCTIVE (-se)**

me hubiera acostado	nos hubiéramos acostado	me hubiese acostado	nos hubiésemos acostado
te hubieras acostado	os hubierais acostado	te hubieses acostado	os hubieseis acostado
se hubiera acostado	se hubieran acostado	se hubiese acostado	se hubiesen acostado

PROGRESSIVE TENSES

PRESENT	estoy, estás, está, estamos, estáis, están
PRETERIT	estuve, estuviste, estuvo, estuvimos, estuvisteis, estuvieron
IMPERFECT	estaba, estabas, estaba, estábamos, estabais, estaban
FUTURE	estaré, estarás, estará, estaremos, estaréis, estarán
CONDITIONAL	estaría, estarías, estaría, estaríamos, estaríais, estarían
SUBJUNCTIVE	que + *corresponding subjunctive tense of* estar (*see verb 252*)

} acostando (*see page 31*)

COMMANDS

	(nosotros) acostémonos/no nos acostemos
(tú) acuéstate/no te acuestes	(vosotros) acostaos/no os acostéis
(Ud.) acuéstese/no se acueste	(Uds.) acuéstense/no se acuesten

Usage

Acuéstate.	*Go to bed.*
Es la hora de acostarse.	*It's time to go to bed.*
—Acuesta a los niños.	*Put the kids to bed.*
—Ya están acostados.	*They've already gone to bed.*
Se acostaron en el dormitorio de Juan.	*They slept in Juan's room.*
El agricultor se acuesta con las gallinas.	*The farmer goes to bed very early.* (lit., *with the chickens*)

13 acostumbrarse *to become accustomed, get used to*

acostumbro · acostumbraron · acostumbrado · acostumbrándose   regular -*ar* reflexive verb

PRESENT

me acostumbro	nos acostumbramos
te acostumbras	os acostumbráis
se acostumbra	se acostumbran

IMPERFECT

me acostumbraba	nos acostumbrábamos
te acostumbrabas	os acostumbrabais
se acostumbraba	se acostumbraban

FUTURE

me acostumbraré	nos acostumbraremos
te acostumbrarás	os acostumbraréis
se acostumbrará	se acostumbrarán

PLUPERFECT

me había acostumbrado	nos habíamos acostumbrado
te habías acostumbrado	os habíais acostumbrado
se había acostumbrado	se habían acostumbrado

FUTURE PERFECT

me habré acostumbrado	nos habremos acostumbrado
te habrás acostumbrado	os habréis acostumbrado
se habrá acostumbrado	se habrán acostumbrado

PRESENT SUBJUNCTIVE

me acostumbre	nos acostumbremos
te acostumbres	os acostumbréis
se acostumbre	se acostumbren

IMPERFECT SUBJUNCTIVE (-ra)

me acostumbrara	nos acostumbráramos
te acostumbraras	os acostumbrarais
se acostumbrara	se acostumbraran

PAST PERFECT SUBJUNCTIVE (-ra)

me hubiera acostumbrado	nos hubiéramos acostumbrado
te hubieras acostumbrado	os hubierais acostumbrado
se hubiera acostumbrado	se hubieran acostumbrado

PRETERIT

me acostumbré	nos acostumbramos
te acostumbraste	os acostumbrasteis
se acostumbró	se acostumbraron

PRESENT PERFECT

me he acostumbrado	nos hemos acostumbrado
te has acostumbrado	os habéis acostumbrado
se ha acostumbrado	se han acostumbrado

CONDITIONAL

me acostumbraría	nos acostumbraríamos
te acostumbrarías	os acostumbraríais
se acostumbraría	se acostumbrarían

PRETERIT PERFECT

me hube acostumbrado	nos hubimos acostumbrado
te hubiste acostumbrado	os hubisteis acostumbrado
se hubo acostumbrado	se hubieron acostumbrado

CONDITIONAL PERFECT

me habría acostumbrado	nos habríamos acostumbrado
te habrías acostumbrado	os habríais acostumbrado
se habría acostumbrado	se habrían acostumbrado

PRESENT PERFECT SUBJUNCTIVE

me haya acostumbrado	nos hayamos acostumbrado
te hayas acostumbrado	os hayáis acostumbrado
se haya acostumbrado	se hayan acostumbrado

or **IMPERFECT SUBJUNCTIVE (-se)**

me acostumbrase	nos acostumbrásemos
te acostumbrases	os acostumbraseis
se acostumbrase	se acostumbrasen

or **PAST PERFECT SUBJUNCTIVE (-se)**

me hubiese acostumbrado	nos hubiésemos acostumbrado
te hubieses acostumbrado	os hubieseis acostumbrado
se hubiese acostumbrado	se hubiesen acostumbrado

PROGRESSIVE TENSES

PRESENT	estoy, estás, está, estamos, estáis, están
PRETERIT	estuve, estuviste, estuvo, estuvimos, estuvisteis, estuvieron
IMPERFECT	estaba, estabas, estaba, estábamos, estabais, estaban
FUTURE	estaré, estarás, estará, estaremos, estaréis, estarán
CONDITIONAL	estaría, estarías, estaría, estaríamos, estaríais, estarían
SUBJUNCTIVE	que + *corresponding subjunctive tense of* estar (*see verb 252*)

acostumbrando (*see page 31*)

COMMANDS

	(nosotros) acostumbrémonos/no nos acostumbremos
(tú) acostúmbrate/no te acostumbres	(vosotros) acostumbraos/no os acostumbréis
(Ud.) acostúmbrese/no se acostumbre	(Uds.) acostúmbrense/no se acostumbren

Usage

No se acostumbraban al clima.	*They weren't getting used to the climate.*
—Espero que se acostumbren a vivir allí.	*I hope they'll get used to living there.*
—Me parece que están acostumbrados ya.	*I think they're already used to it.*
Tenía la costumbre de acostarse tarde.	*He was in the habit of going to bed late.*
Almorzó a las dos como de costumbre.	*She had lunch at 2:00 as usual.*

-*ar* verb; spelling change: *u > ú* when stressed | actúo · actuaron · actuado · actuando

PRESENT

actúo	actuamos
actúas	actuáis
actúa	actúan

IMPERFECT

actuaba	actuábamos
actuabas	actuabais
actuaba	actuaban

FUTURE

actuaré	actuaremos
actuarás	actuaréis
actuará	actuarán

PLUPERFECT

había actuado	habíamos actuado
habías actuado	habíais actuado
había actuado	habían actuado

FUTURE PERFECT

habré actuado	habremos actuado
habrás actuado	habréis actuado
habrá actuado	habrán actuado

PRESENT SUBJUNCTIVE

actúe	actuemos
actúes	actuéis
actúe	actúen

IMPERFECT SUBJUNCTIVE (-ra)

actuara	actuáramos
actuaras	actuarais
actuara	actuaran

PAST PERFECT SUBJUNCTIVE (-ra)

hubiera actuado	hubiéramos actuado
hubieras actuado	hubierais actuado
hubiera actuado	hubieran actuado

PRETERIT

actué	actuamos
actuaste	actuasteis
actuó	actuaron

PRESENT PERFECT

he actuado	hemos actuado
has actuado	habéis actuado
ha actuado	han actuado

CONDITIONAL

actuaría	actuaríamos
actuarías	actuaríais
actuaría	actuarían

PRETERIT PERFECT

hube actuado	hubimos actuado
hubiste actuado	hubisteis actuado
hubo actuado	hubieron actuado

CONDITIONAL PERFECT

habría actuado	habríamos actuado
habrías actuado	habríais actuado
habría actuado	habrían actuado

PRESENT PERFECT SUBJUNCTIVE

haya actuado	hayamos actuado
hayas actuado	hayáis actuado
haya actuado	hayan actuado

or IMPERFECT SUBJUNCTIVE (-se)

actuase	actuásemos
actuases	actuaseis
actuase	actuasen

or PAST PERFECT SUBJUNCTIVE (-se)

hubiese actuado	hubiésemos actuado
hubieses actuado	hubieseis actuado
hubiese actuado	hubiesen actuado

PROGRESSIVE TENSES

PRESENT	estoy, estás, está, estamos, estáis, están
PRETERIT	estuve, estuviste, estuvo, estuvimos, estuvisteis, estuvieron
IMPERFECT	estaba, estabas, estaba, estábamos, estabais, estaban
FUTURE	estaré, estarás, estará, estaremos, estaréis, estarán
CONDITIONAL	estaría, estarías, estaría, estaríamos, estaríais, estarían
SUBJUNCTIVE	que + *corresponding subjunctive tense of* estar (*see verb 252*)

} actuando

COMMANDS

	(nosotros) actuemos/no actuemos
(tú) actúa/no actúes	(vosotros) actuad/no actuéis
(Ud.) actúe/no actúe	(Uds.) actúen/no actúen

Usage

Actúa de presidente de la junta.	*He's acting (as) president of the board.*
Ese actor inglés actuó muy bien.	*That English actor acted very well.*
Los músicos actuaron estupendamente.	*The musicians performed marvelously.*
Estáis actuando mal con ellos.	*You're behaving badly with them.*
El café actúa como estimulante.	*Coffee acts as a stimulant.*
Los contaminantes actuaban sobre la madera.	*The pollutants acted upon the wood.*

15 | acudir *to come, go*

acudo · acudieron · acudido · acudiendo   regular *-ir* verb

PRESENT

acudo	acudimos
acudes	acudís
acude	acuden

PRETERIT

acudí	acudimos
acudiste	acudisteis
acudió	acudieron

IMPERFECT

acudía	acudíamos
acudías	acudíais
acudía	acudían

PRESENT PERFECT

he acudido	hemos acudido
has acudido	habéis acudido
ha acudido	han acudido

FUTURE

acudiré	acudiremos
acudirás	acudiréis
acudirá	acudirán

CONDITIONAL

acudiría	acudiríamos
acudirías	acudiríais
acudiría	acudirían

PLUPERFECT

había acudido	habíamos acudido
habías acudido	habíais acudido
había acudido	habían acudido

PRETERIT PERFECT

hube acudido	hubimos acudido
hubiste acudido	hubisteis acudido
hubo acudido	hubieron acudido

FUTURE PERFECT

habré acudido	habremos acudido
habrás acudido	habréis acudido
habrá acudido	habrán acudido

CONDITIONAL PERFECT

habría acudido	habríamos acudido
habrías acudido	habríais acudido
habría acudido	habrían acudido

PRESENT SUBJUNCTIVE

acuda	acudamos
acudas	acudáis
acuda	acudan

PRESENT PERFECT SUBJUNCTIVE

haya acudido	hayamos acudido
hayas acudido	hayáis acudido
haya acudido	hayan acudido

IMPERFECT SUBJUNCTIVE (-ra)   *or*   **IMPERFECT SUBJUNCTIVE (-se)**

acudiera	acudiéramos		acudiese	acudiésemos
acudieras	acudierais		acudieses	acudieseis
acudiera	acudieran		acudiese	acudiesen

PAST PERFECT SUBJUNCTIVE (-ra)   *or*   **PAST PERFECT SUBJUNCTIVE (-se)**

hubiera acudido	hubiéramos acudido		hubiese acudido	hubiésemos acudido
hubieras acudido	hubierais acudido		hubieses acudido	hubieseis acudido
hubiera acudido	hubieran acudido		hubiese acudido	hubiesen acudido

PROGRESSIVE TENSES

PRESENT	estoy, estás, está, estamos, estáis, están
PRETERIT	estuve, estuviste, estuvo, estuvimos, estuvisteis, estuvieron
IMPERFECT	estaba, estabas, estaba, estábamos, estabais, estaban
FUTURE	estaré, estarás, estará, estaremos, estaréis, estarán
CONDITIONAL	estaría, estarías, estaría, estaríamos, estaríais, estarían
SUBJUNCTIVE	que + *corresponding subjunctive tense of* estar (*see verb 252*)

} acudiendo

COMMANDS

	(nosotros) acudamos/no acudamos
(tú) acude/no acudas	(vosotros) acudid/no acudáis
(Ud.) acuda/no acuda	(Uds.) acudan/no acudan

Usage

Las familias suelen acudir a la función de la tarde.	*Families usually attend the matinee.*
Acudieron muchos en ayuda de las víctimas.	*Many people came to the aid of the victims.*
—¿Acudiste a la cita?	*Did you keep the appointment?*
—Claro. Llegué a la hora fija pero no acudieron los demás.	*Of course. I arrived at the set time but the others didn't show up.*
Los empleados no acudieron a trabajar ese día.	*The employees didn't show up/report for work that day.*

regular -*ar* reflexive verb

adelanto · adelantaron · adelantado · adelantándose

PRESENT

me adelanto	nos adelantamos
te adelantas	os adelantáis
se adelanta	se adelantan

IMPERFECT

me adelantaba	nos adelantábamos
te adelantabas	os adelantabais
se adelantaba	se adelantaban

FUTURE

me adelantaré	nos adelantaremos
te adelantarás	os adelantaréis
se adelantará	se adelantarán

PLUPERFECT

me había adelantado	nos habíamos adelantado
te habías adelantado	os habíais adelantado
se había adelantado	se habían adelantado

FUTURE PERFECT

me habré adelantado	nos habremos adelantado
te habrás adelantado	os habréis adelantado
se habrá adelantado	se habrán adelantado

PRESENT SUBJUNCTIVE

me adelante	nos adelantemos
te adelantes	os adelantéis
se adelante	se adelanten

IMPERFECT SUBJUNCTIVE (-ra)

me adelantara	nos adelantáramos
te adelantaras	os adelantarais
se adelantara	se adelantaran

PAST PERFECT SUBJUNCTIVE (-ra)

me hubiera adelantado	nos hubiéramos adelantado
te hubieras adelantado	os hubierais adelantado
se hubiera adelantado	se hubieran adelantado

PRETERIT

me adelanté	nos adelantamos
te adelantaste	os adelantasteis
se adelantó	se adelantaron

PRESENT PERFECT

me he adelantado	nos hemos adelantado
te has adelantado	os habéis adelantado
se ha adelantado	se han adelantado

CONDITIONAL

me adelantaría	nos adelantaríamos
te adelantarías	os adelantaríais
se adelantaría	se adelantarían

PRETERIT PERFECT

me hube adelantado	nos hubimos adelantado
te hubiste adelantado	os hubisteis adelantado
se hubo adelantado	se hubieron adelantado

CONDITIONAL PERFECT

me habría adelantado	nos habríamos adelantado
te habrías adelantado	os habríais adelantado
se habría adelantado	se habrían adelantado

PRESENT PERFECT SUBJUNCTIVE

me haya adelantado	nos hayamos adelantado
te hayas adelantado	os hayáis adelantado
se haya adelantado	se hayan adelantado

or **IMPERFECT SUBJUNCTIVE (-se)**

me adelantase	nos adelantásemos
te adelantases	os adelantaseis
se adelantase	se adelantasen

or **PAST PERFECT SUBJUNCTIVE (-se)**

me hubiese adelantado	nos hubiésemos adelantado
te hubieses adelantado	os hubieseis adelantado
se hubiese adelantado	se hubiesen adelantado

PROGRESSIVE TENSES

PRESENT	estoy, estás, está, estamos, estáis, están
PRETERIT	estuve, estuviste, estuvo, estuvimos, estuvisteis, estuvieron
IMPERFECT	estaba, estabas, estaba, estábamos, estabais, estaban
FUTURE	estaré, estarás, estará, estaremos, estaréis, estarán
CONDITIONAL	estaría, estarías, estaría, estaríamos, estaríais, estarían
SUBJUNCTIVE	que + *corresponding subjunctive tense of* estar (*see verb 252*)

adelantando (*see page 31*)

COMMANDS

	(nosotros) adelantémonos/no nos adelantemos
(tú) adelántate/no te adelantes	(vosotros) adelantaos/no os adelantéis
(Ud.) adelántese/no se adelante	(Uds.) adelántense/no se adelanten

Usage

Los soldados se adelantaron hasta el frente.	*The soldiers advanced to the front.*
Adelantémonos para buscar un café.	*Let's go ahead to look for a café.*
Adelantó en sus investigaciones.	*He made progress in his research.*
Hubo muchos adelantos tecnológicos durante el siglo veinte.	*There were many technological advances during the 20th century.*
Tienes el reloj adelantado.	*Your watch is fast.*
¡Adelante!	*Come in!/Carry on!*

adelgazar   *to get thin, lose weight*

adelgazo · adelgazaron · adelgazado · adelgazando   *-ar* verb; spelling change: *z > c/e*

PRESENT

adelgazo	adelgazamos
adelgazas	adelgazáis
adelgaza	adelgazan

PRETERIT

adelgacé	adelgazamos
adelgazaste	adelgazasteis
adelgazó	adelgazaron

IMPERFECT

adelgazaba	adelgazábamos
adelgazabas	adelgazabais
adelgazaba	adelgazaban

PRESENT PERFECT

he adelgazado	hemos adelgazado
has adelgazado	habéis adelgazado
ha adelgazado	han adelgazado

FUTURE

adelgazaré	adelgazaremos
adelgazarás	adelgazaréis
adelgazará	adelgazarán

CONDITIONAL

adelgazaría	adelgazaríamos
adelgazarías	adelgazaríais
adelgazaría	adelgazarían

PLUPERFECT

había adelgazado	habíamos adelgazado
habías adelgazado	habíais adelgazado
había adelgazado	habían adelgazado

PRETERIT PERFECT

hube adelgazado	hubimos adelgazado
hubiste adelgazado	hubisteis adelgazado
hubo adelgazado	hubieron adelgazado

FUTURE PERFECT

habré adelgazado	habremos adelgazado
habrás adelgazado	habréis adelgazado
habrá adelgazado	habrán adelgazado

CONDITIONAL PERFECT

habría adelgazado	habríamos adelgazado
habrías adelgazado	habríais adelgazado
habría adelgazado	habrían adelgazado

PRESENT SUBJUNCTIVE

adelgace	adelgacemos
adelgaces	adelgacéis
adelgace	adelgacen

PRESENT PERFECT SUBJUNCTIVE

haya adelgazado	hayamos adelgazado
hayas adelgazado	hayáis adelgazado
haya adelgazado	hayan adelgazado

IMPERFECT SUBJUNCTIVE (-ra)

adelgazara	adelgazáramos
adelgazaras	adelgazarais
adelgazara	adelgazaran

or **IMPERFECT SUBJUNCTIVE (-se)**

adelgazase	adelgazásemos
adelgazases	adelgazaseis
adelgazase	adelgazasen

PAST PERFECT SUBJUNCTIVE (-ra)

hubiera adelgazado	hubiéramos adelgazado
hubieras adelgazado	hubierais adelgazado
hubiera adelgazado	hubieran adelgazado

or **PAST PERFECT SUBJUNCTIVE (-se)**

hubiese adelgazado	hubiésemos adelgazado
hubieses adelgazado	hubieseis adelgazado
hubiese adelgazado	hubiesen adelgazado

PROGRESSIVE TENSES

PRESENT	estoy, estás, está, estamos, estáis, están
PRETERIT	estuve, estuviste, estuvo, estuvimos, estuvisteis, estuvieron
IMPERFECT	estaba, estabas, estaba, estábamos, estabais, estaban
FUTURE	estaré, estarás, estará, estaremos, estaréis, estarán
CONDITIONAL	estaría, estarías, estaría, estaríamos, estaríais, estarían
SUBJUNCTIVE	que + *corresponding subjunctive tense of* estar *(see verb 252)*

} adelgazando

COMMANDS

	(nosotros) adelgacemos/no adelgacemos
(tú) adelgaza/no adelgaces	(vosotros) adelgazad/no adelgacéis
(Ud.) adelgace/no adelgace	(Uds.) adelgacen/no adelgacen

Usage

—He tratado de adelgazar.	*I've tried to lose weight.*
—Se nota que te has puesto más delgado.	*I can see that you've gotten thinner.*
—Están más delgados.	*They look thinner.*
—Siguió un régimen de adelgazamiento.	*She went on a diet.*
Adelgacé cinco libras.	*I lost five pounds.*
Este traje te adelgaza.	*This suit makes you look thinner.*

regular -ar verb

adivino · adivinaron · adivinado · adivinando

PRESENT

adivino adivinamos
adivinas adivináis
adivina adivinan

IMPERFECT

adivinaba adivinábamos
adivinabas adivinabais
adivinaba adivinaban

FUTURE

adivinaré adivinaremos
adivinarás adivinaréis
adivinará adivinarán

PLUPERFECT

había adivinado habíamos adivinado
habías adivinado habíais adivinado
había adivinado habían adivinado

FUTURE PERFECT

habré adivinado habremos adivinado
habrás adivinado habréis adivinado
habrá adivinado habrán adivinado

PRESENT SUBJUNCTIVE

adivine adivinemos
adivines adivinéis
adivine adivinen

IMPERFECT SUBJUNCTIVE (-ra)

adivinara adivináramos
adivinaras adivinarais
adivinara adivinaran

PAST PERFECT SUBJUNCTIVE (-ra)

hubiera adivinado hubiéramos adivinado
hubieras adivinado hubierais adivinado
hubiera adivinado hubieran adivinado

PRETERIT

adiviné adivinamos
adivinaste adivinasteis
adivinó adivinaron

PRESENT PERFECT

he adivinado hemos adivinado
has adivinado habéis adivinado
ha adivinado han adivinado

CONDITIONAL

adivinaría adivinaríamos
adivinarías adivinaríais
adivinaría adivinarían

PRETERIT PERFECT

hube adivinado hubimos adivinado
hubiste adivinado hubisteis adivinado
hubo adivinado hubieron adivinado

CONDITIONAL PERFECT

habría adivinado habríamos adivinado
habrías adivinado habríais adivinado
habría adivinado habrían adivinado

PRESENT PERFECT SUBJUNCTIVE

haya adivinado hayamos adivinado
hayas adivinado hayáis adivinado
haya adivinado hayan adivinado

or **IMPERFECT SUBJUNCTIVE (-se)**

adivinase adivinásemos
adivinases adivinaseis
adivinase adivinasen

or **PAST PERFECT SUBJUNCTIVE (-se)**

hubiese adivinado hubiésemos adivinado
hubieses adivinado hubieseis adivinado
hubiese adivinado hubiesen adivinado

PROGRESSIVE TENSES

PRESENT	estoy, estás, está, estamos, estáis, están
PRETERIT	estuve, estuviste, estuvo, estuvimos, estuvisteis, estuvieron
IMPERFECT	estaba, estabas, estaba, estábamos, estabais, estaban
FUTURE	estaré, estarás, estará, estaremos, estaréis, estarán
CONDITIONAL	estaría, estarías, estaría, estaríamos, estaríais, estarían
SUBJUNCTIVE	que + *corresponding subjunctive tense of* estar (*see verb 252*)

} adivinando

COMMANDS

(nosotros) adivinemos/no adivinemos
(tú) adivina/no adivines (vosotros) adivinad/no adivinéis
(Ud.) adivine/no adivine (Uds.) adivinen/no adivinen

Usage

¡Adivina quién está! *Guess who's here!*
Puedo adivinar tu pensamiento. *I can read your mind.*
A ver si adivina el acertijo. *Let's see if he figures out the riddle.*
¡A que no lo adivina! *I bet you can't guess!*
Le gustan las adivinanzas. *She likes puzzles/riddles.*

admirar *to admire*

admiro · admiraron · admirado · admirando

regular -ar verb

PRESENT		PRETERIT	
admiro	admiramos	admiré	admiramos
admiras	admiráis	admiraste	admirasteis
admira	admiran	admiró	admiraron

IMPERFECT		PRESENT PERFECT	
admiraba	admirábamos	he admirado	hemos admirado
admirabas	admirabais	has admirado	habéis admirado
admiraba	admiraban	ha admirado	han admirado

FUTURE		CONDITIONAL	
admiraré	admiraremos	admiraría	admiraríamos
admirarás	admiraréis	admirarías	admiraríais
admirará	admirarán	admiraría	admirarían

PLUPERFECT		PRETERIT PERFECT	
había admirado	habíamos admirado	hube admirado	hubimos admirado
habías admirado	habíais admirado	hubiste admirado	hubisteis admirado
había admirado	habían admirado	hubo admirado	hubieron admirado

FUTURE PERFECT		CONDITIONAL PERFECT	
habré admirado	habremos admirado	habría admirado	habríamos admirado
habrás admirado	habréis admirado	habrías admirado	habríais admirado
habrá admirado	habrán admirado	habría admirado	habrían admirado

PRESENT SUBJUNCTIVE		PRESENT PERFECT SUBJUNCTIVE	
admire	admiremos	haya admirado	hayamos admirado
admires	admiréis	hayas admirado	hayáis admirado
admire	admiren	haya admirado	hayan admirado

IMPERFECT SUBJUNCTIVE (-ra)		*or*	IMPERFECT SUBJUNCTIVE (-se)	
admirara	admiráramos		admirase	admirásemos
admiraras	admirarais		admirases	admiraseis
admirara	admiraran		admirase	admirasen

PAST PERFECT SUBJUNCTIVE (-ra)		*or*	PAST PERFECT SUBJUNCTIVE (-se)	
hubiera admirado	hubiéramos admirado		hubiese admirado	hubiésemos admirado
hubieras admirado	hubierais admirado		hubieses admirado	hubieseis admirado
hubiera admirado	hubieran admirado		hubiese admirado	hubiesen admirado

PROGRESSIVE TENSES

PRESENT	estoy, estás, está, estamos, estáis, están
PRETERIT	estuve, estuviste, estuvo, estuvimos, estuvisteis, estuvieron
IMPERFECT	estaba, estabas, estaba, estábamos, estabais, estaban
FUTURE	estaré, estarás, estará, estaremos, estaréis, estarán
CONDITIONAL	estaría, estarías, estaría, estaríamos, estaríais, estarían
SUBJUNCTIVE	que + *corresponding subjunctive tense of* estar (*see verb 252*)

\} admirando

COMMANDS

	(nosotros) admiremos/no admiremos
(tú) admira/no admires	(vosotros) admirad/no admiréis
(Ud.) admire/no admire	(Uds.) admiren/no admiren

Usage

Admiramos su honradez.	*We admire his honesty.*
Tienen gran admiración por sus padres.	*They admire their parents a lot.*
Su rectitud causa admiración.	*His uprightness inspires admiration.*
Es una persona admirable.	*He's an admirable person.*
Tiene muchos admiradores.	*He has many admirers.*
Me admiro de sus muchos logros.	*I have great admiration for his many accomplishments.*

regular *-ir* verb

PRESENT

admito	admitimos
admites	admitís
admite	admiten

IMPERFECT

admitía	admitíamos
admitías	admitíais
admitía	admitían

FUTURE

admitiré	admitiremos
admitirás	admitiréis
admitirá	admitirán

PLUPERFECT

había admitido	habíamos admitido
habías admitido	habíais admitido
había admitido	habían admitido

FUTURE PERFECT

habré admitido	habremos admitido
habrás admitido	habréis admitido
habrá admitido	habrán admitido

PRESENT SUBJUNCTIVE

admita	admitamos
admitas	admitáis
admita	admitan

IMPERFECT SUBJUNCTIVE (-ra)

admitiera	admitiéramos
admitieras	admitierais
admitiera	admitieran

PAST PERFECT SUBJUNCTIVE (-ra)

hubiera admitido	hubiéramos admitido
hubieras admitido	hubierais admitido
hubiera admitido	hubieran admitido

PRETERIT

admití	admitimos
admitiste	admitisteis
admitió	admitieron

PRESENT PERFECT

he admitido	hemos admitido
has admitido	habéis admitido
ha admitido	han admitido

CONDITIONAL

admitiría	admitiríamos
admitirías	admitiríais
admitiría	admitirían

PRETERIT PERFECT

hube admitido	hubimos admitido
hubiste admitido	hubisteis admitido
hubo admitido	hubieron admitido

CONDITIONAL PERFECT

habría admitido	habríamos admitido
habrías admitido	habríais admitido
habría admitido	habrían admitido

PRESENT PERFECT SUBJUNCTIVE

haya admitido	hayamos admitido
hayas admitido	hayáis admitido
haya admitido	hayan admitido

or **IMPERFECT SUBJUNCTIVE (-se)**

admitiese	admitiésemos
admitieses	admitieseis
admitiese	admitiesen

or **PAST PERFECT SUBJUNCTIVE (-se)**

hubiese admitido	hubiésemos admitido
hubieses admitido	hubieseis admitido
hubiese admitido	hubiesen admitido

PROGRESSIVE TENSES

PRESENT	estoy, estás, está, estamos, estáis, están
PRETERIT	estuve, estuviste, estuvo, estuvimos, estuvisteis, estuvieron
IMPERFECT	estaba, estabas, estaba, estábamos, estabais, estaban
FUTURE	estaré, estarás, estará, estaremos, estaréis, estarán
CONDITIONAL	estaría, estarías, estaría, estaríamos, estaríais, estarían
SUBJUNCTIVE	que + *corresponding subjunctive tense of* estar (*see verb 252*)

} admitiendo

COMMANDS

	(nosotros) admitamos/no admitamos
(tú) admite/no admitas	(vosotros) admitid/no admitáis
(Ud.) admita/no admita	(Uds.) admitan/no admitan

Usage

Admitían solamente a los miembros del club.	*They only admitted club members.*
Admite que mintió.	*He admits that he lied.*
No se admiten animales.	*No animals allowed.*
Se admiten cheques personales en esta tienda.	*They accept personal checks at this store.*
La sala de conciertos admite 300 personas.	*The concert hall holds 300 people.*
El examen de admisión fue el lunes.	*The entrance examination was on Monday.*

adoptar *to adopt*

adopto · adoptaron · adoptado · adoptando

regular *-ar* verb

PRESENT

adopto	adoptamos
adoptas	adoptáis
adopta	adoptan

PRETERIT

adopté	adoptamos
adoptaste	adoptasteis
adoptó	adoptaron

IMPERFECT

adoptaba	adoptábamos
adoptabas	adoptabais
adoptaba	adoptaban

PRESENT PERFECT

he adoptado	hemos adoptado
has adoptado	habéis adoptado
ha adoptado	han adoptado

FUTURE

adoptaré	adoptaremos
adoptarás	adoptaréis
adoptará	adoptarán

CONDITIONAL

adoptaría	adoptaríamos
adoptarías	adoptaríais
adoptaría	adoptarían

PLUPERFECT

había adoptado	habíamos adoptado
habías adoptado	habíais adoptado
había adoptado	habían adoptado

PRETERIT PERFECT

hube adoptado	hubimos adoptado
hubiste adoptado	hubisteis adoptado
hubo adoptado	hubieron adoptado

FUTURE PERFECT

habré adoptado	habremos adoptado
habrás adoptado	habréis adoptado
habrá adoptado	habrán adoptado

CONDITIONAL PERFECT

habría adoptado	habríamos adoptado
habrías adoptado	habríais adoptado
habría adoptado	habrían adoptado

PRESENT SUBJUNCTIVE

adopte	adoptemos
adoptes	adoptéis
adopte	adopten

PRESENT PERFECT SUBJUNCTIVE

haya adoptado	hayamos adoptado
hayas adoptado	hayáis adoptado
haya adoptado	hayan adoptado

IMPERFECT SUBJUNCTIVE (-ra)

adoptara	adoptáramos
adoptaras	adoptarais
adoptara	adoptaran

or **IMPERFECT SUBJUNCTIVE (-se)**

adoptase	adoptásemos
adoptases	adoptaseis
adoptase	adoptasen

PAST PERFECT SUBJUNCTIVE (-ra)

hubiera adoptado	hubiéramos adoptado
hubieras adoptado	hubierais adoptado
hubiera adoptado	hubieran adoptado

or **PAST PERFECT SUBJUNCTIVE (-se)**

hubiese adoptado	hubiésemos adoptado
hubieses adoptado	hubieseis adoptado
hubiese adoptado	hubiesen adoptado

PROGRESSIVE TENSES

PRESENT	estoy, estás, está, estamos, estáis, están
PRETERIT	estuve, estuviste, estuvo, estuvimos, estuvisteis, estuvieron
IMPERFECT	estaba, estabas, estaba, estábamos, estabais, estaban
FUTURE	estaré, estarás, estará, estaremos, estaréis, estarán
CONDITIONAL	estaría, estarías, estaría, estaríamos, estaríais, estarían
SUBJUNCTIVE	que + *corresponding subjunctive tense of* estar (*see verb 252*)

} adoptando

COMMANDS

	(nosotros) adoptemos/no adoptemos
(tú) adopta/no adoptes	(vosotros) adoptad/no adoptéis
(Ud.) adopte/no adopte	(Uds.) adopten/no adopten

Usage

—Adoptaron a sus hijos, ¿verdad?	*They adopted their children, didn't they?*
—Sólo el mayor es hijo adoptivo.	*Only the elder one is an adopted child.*
Inglaterra es su país de adopción.	*England is his adopted country.*
Adoptó las costumbres inglesas.	*He adopted English customs.*
Adoptasteis una actitud muy desagradable.	*You adopted a very unpleasant attitude.*
Adoptamos la resolución por unanimidad.	*We adopted the resolution unanimously.*

regular -*ar* verb

adoro · adoraron · adorado · adorando

PRESENT

adoro	adoramos
adoras	adoráis
adora	adoran

IMPERFECT

adoraba	adorábamos
adorabas	adorabais
adoraba	adoraban

FUTURE

adoraré	adoraremos
adorarás	adoraréis
adorará	adorarán

PLUPERFECT

había adorado	habíamos adorado
habías adorado	habíais adorado
había adorado	habían adorado

FUTURE PERFECT

habré adorado	habremos adorado
habrás adorado	habréis adorado
habrá adorado	habrán adorado

PRESENT SUBJUNCTIVE

adore	adoremos
adores	adoréis
adore	adoren

IMPERFECT SUBJUNCTIVE (-ra)

adorara	adoráramos
adoraras	adorarais
adorara	adoraran

PAST PERFECT SUBJUNCTIVE (-ra)

hubiera adorado	hubiéramos adorado
hubieras adorado	hubierais adorado
hubiera adorado	hubieran adorado

PRETERIT

adoré	adoramos
adoraste	adorasteis
adoró	adoraron

PRESENT PERFECT

he adorado	hemos adorado
has adorado	habéis adorado
ha adorado	han adorado

CONDITIONAL

adoraría	adoraríamos
adorarías	adoraríais
adoraría	adorarían

PRETERIT PERFECT

hube adorado	hubimos adorado
hubiste adorado	hubisteis adorado
hubo adorado	hubieron adorado

CONDITIONAL PERFECT

habría adorado	habríamos adorado
habrías adorado	habríais adorado
habría adorado	habrían adorado

PRESENT PERFECT SUBJUNCTIVE

haya adorado	hayamos adorado
hayas adorado	hayáis adorado
haya adorado	hayan adorado

or **IMPERFECT SUBJUNCTIVE (-se)**

adorase	adorásemos
adorases	adoraseis
adorase	adorasen

or **PAST PERFECT SUBJUNCTIVE (-se)**

hubiese adorado	hubiésemos adorado
hubieses adorado	hubieseis adorado
hubiese adorado	hubiesen adorado

PROGRESSIVE TENSES

PRESENT	estoy, estás, está, estamos, estáis, están
PRETERIT	estuve, estuviste, estuvo, estuvimos, estuvisteis, estuvieron
IMPERFECT	estaba, estabas, estaba, estábamos, estabais, estaban
FUTURE	estaré, estarás, estará, estaremos, estaréis, estarán
CONDITIONAL	estaría, estarías, estaría, estaríamos, estaríais, estarían
SUBJUNCTIVE	que + *corresponding subjunctive tense of* estar (*see verb 252*)

} adorando

COMMANDS

	(nosotros) adoremos/no adoremos
(tú) adora/no adores	(vosotros) adorad/no adoréis
(Ud.) adore/no adore	(Uds.) adoren/no adoren

Usage

Adoramos a nuestros padres.
¡Qué niños más adorables!
La Epifanía se conoce como la Adoración
   de los Reyes.
Los miembros del club de admiradores adoran
   al cantante.
Los adoradores adoran a Dios.

We adore our parents.
What adorable kids!
Epiphany is known as the Adoration of the Magi
   (Three Kings).
The members of the fan club idolize the singer.

The worshippers pray to God.

adquirir *to acquire, buy*

adquiero · adquirieron · adquirido · adquiriendo

stem-changing -ir verb: i > ie

PRESENT

adquiero	adquirimos
adquieres	adquirís
adquiere	adquieren

IMPERFECT

adquiría	adquiríamos
adquirías	adquiríais
adquiría	adquirían

FUTURE

adquiriré	adquiriremos
adquirirás	adquiriréis
adquirirá	adquirirán

PLUPERFECT

había adquirido	habíamos adquirido
habías adquirido	habíais adquirido
había adquirido	habían adquirido

FUTURE PERFECT

habré adquirido	habremos adquirido
habrás adquirido	habréis adquirido
habrá adquirido	habrán adquirido

PRESENT SUBJUNCTIVE

adquiera	adquiramos
adquieras	adquiráis
adquiera	adquieran

IMPERFECT SUBJUNCTIVE (-ra)

adquiriera	adquiriéramos
adquirieras	adquirierais
adquiriera	adquirieran

PAST PERFECT SUBJUNCTIVE (-ra)

hubiera adquirido	hubiéramos adquirido
hubieras adquirido	hubierais adquirido
hubiera adquirido	hubieran adquirido

PRETERIT

adquirí	adquirimos
adquiriste	adquiristeis
adquirió	adquirieron

PRESENT PERFECT

he adquirido	hemos adquirido
has adquirido	habéis adquirido
ha adquirido	han adquirido

CONDITIONAL

adquiriría	adquiriríamos
adquirirías	adquiriríais
adquiriría	adquirirían

PRETERIT PERFECT

hube adquirido	hubimos adquirido
hubiste adquirido	hubisteis adquirido
hubo adquirido	hubieron adquirido

CONDITIONAL PERFECT

habría adquirido	habríamos adquirido
habrías adquirido	habríais adquirido
habría adquirido	habrían adquirido

PRESENT PERFECT SUBJUNCTIVE

haya adquirido	hayamos adquirido
hayas adquirido	hayáis adquirido
haya adquirido	hayan adquirido

or **IMPERFECT SUBJUNCTIVE (-se)**

adquiriese	adquiriésemos
adquirieses	adquirieseis
adquiriese	adquiriesen

or **PAST PERFECT SUBJUNCTIVE (-se)**

hubiese adquirido	hubiésemos adquirido
hubieses adquirido	hubieseis adquirido
hubiese adquirido	hubiesen adquirido

PROGRESSIVE TENSES

PRESENT	estoy, estás, está, estamos, estáis, están
PRETERIT	estuve, estuviste, estuvo, estuvimos, estuvisteis, estuvieron
IMPERFECT	estaba, estabas, estaba, estábamos, estabais, estaban
FUTURE	estaré, estarás, estará, estaremos, estaréis, estarán
CONDITIONAL	estaría, estarías, estaría, estaríamos, estaríais, estarían
SUBJUNCTIVE	que + *corresponding subjunctive tense of* estar (*see verb 252*)

} adquiriendo

COMMANDS

	(nosotros) adquiramos/no adquiramos
(tú) adquiere/no adquieras	(vosotros) adquirid/no adquiráis
(Ud.) adquiera/no adquiera	(Uds.) adquieran/no adquieran

Usage

Los chicos van adquiriendo malos hábitos.	*The children are acquiring bad habits.*
Acaba de adquirir un nuevo módem.	*He has just purchased a new modem.*
Esta agencia ha adquirido más importancia.	*This agency has become more important.*
Se especializa en la adquisición de datos.	*He specializes in data acquisition.*
El sueldo alto da más poder adquisitivo.	*A high salary provides more purchasing power.*
Son gustos adquiridos con el tiempo.	*They are acquired tastes.*

stem-changing *-ir* verb: *i* > *ie*

advierto · advirtieron · advertido · advirtiendo

PRESENT

advierto	advertimos
adviertes	advertís
advierte	advierten

IMPERFECT

advertía	advertíamos
advertías	advertíais
advertía	advertían

FUTURE

advertiré	advertiremos
advertirás	advertiréis
advertirá	advertirán

PLUPERFECT

había advertido	habíamos advertido
habías advertido	habíais advertido
había advertido	habían advertido

FUTURE PERFECT

habré advertido	habremos advertido
habrás advertido	habréis advertido
habrá advertido	habrán advertido

PRESENT SUBJUNCTIVE

advierta	advirtamos
adviertas	advirtáis
advierta	adviertan

IMPERFECT SUBJUNCTIVE (-ra)

advirtiera	advirtiéramos
advirtieras	advirtierais
advirtiera	advirtieran

PAST PERFECT SUBJUNCTIVE (-ra)

hubiera advertido	hubiéramos advertido
hubieras advertido	hubierais advertido
hubiera advertido	hubieran advertido

PRETERIT

advertí	advertimos
advertiste	advertisteis
advirtió	advirtieron

PRESENT PERFECT

he advertido	hemos advertido
has advertido	habéis advertido
ha advertido	han advertido

CONDITIONAL

advertiría	advertiríamos
advertirías	advertiríais
advertiría	advertirían

PRETERIT PERFECT

hube advertido	hubimos advertido
hubiste advertido	hubisteis advertido
hubo advertido	hubieron advertido

CONDITIONAL PERFECT

habría advertido	habríamos advertido
habrías advertido	habríais advertido
habría advertido	habrían advertido

PRESENT PERFECT SUBJUNCTIVE

haya advertido	hayamos advertido
hayas advertido	hayáis advertido
haya advertido	hayan advertido

or **IMPERFECT SUBJUNCTIVE (-se)**

advirtiese	advirtiésemos
advirtieses	advirtieseis
advirtiese	advirtiesen

or **PAST PERFECT SUBJUNCTIVE (-se)**

hubiese advertido	hubiésemos advertido
hubieses advertido	hubieseis advertido
hubiese advertido	hubiesen advertido

PROGRESSIVE TENSES

PRESENT	estoy, estás, está, estamos, estáis, están
PRETERIT	estuve, estuviste, estuvo, estuvimos, estuvisteis, estuvieron
IMPERFECT	estaba, estabas, estaba, estábamos, estabais, estaban
FUTURE	estaré, estarás, estará, estaremos, estaréis, estarán
CONDITIONAL	estaría, estarías, estaría, estaríamos, estaríais, estarían
SUBJUNCTIVE	que + *corresponding subjunctive tense of* estar (*see verb 252*)

} advirtiendo

COMMANDS

	(nosotros) advirtamos/no advirtamos
(tú) advierte/no adviertas	(vosotros) advertid/no advirtáis
(Ud.) advierta/no advierta	(Uds.) adviertan/no adviertan

Usage

Te advierto que es peligroso.	*I'm warning you it's dangerous.*
Me advirtió que hablara con el gerente.	*He advised me to speak with the manager.*
Les advertimos que no nos importa.	*We told them it doesn't matter to us.*
Dales una advertencia.	*Give them a warning/piece of advice.*
Lea lo que dice la advertencia.	*Read what the warning/note says.*
¡Queden advertidos que no soporto más!	*Be warned that I won't take any more!*

afeito · afeitaron · afeitado · afeitándose

regular *-ar* reflexive verb

PRESENT		PRETERIT	
me afeito	nos afeitamos	me afeité	nos afeitamos
te afeitas	os afeitáis	te afeitaste	os afeitasteis
se afeita	se afeitan	se afeitó	se afeitaron

IMPERFECT		PRESENT PERFECT	
me afeitaba	nos afeitábamos	me he afeitado	nos hemos afeitado
te afeitabas	os afeitabais	te has afeitado	os habéis afeitado
se afeitaba	se afeitaban	se ha afeitado	se han afeitado

FUTURE		CONDITIONAL	
me afeitaré	nos afeitaremos	me afeitaría	nos afeitaríamos
te afeitarás	os afeitaréis	te afeitarías	os afeitaríais
se afeitará	se afeitarán	se afeitaría	se afeitarían

PLUPERFECT		PRETERIT PERFECT	
me había afeitado	nos habíamos afeitado	me hube afeitado	nos hubimos afeitado
te habías afeitado	os habíais afeitado	te hubiste afeitado	os hubisteis afeitado
se había afeitado	se habían afeitado	se hubo afeitado	se hubieron afeitado

FUTURE PERFECT		CONDITIONAL PERFECT	
me habré afeitado	nos habremos afeitado	me habría afeitado	nos habríamos afeitado
te habrás afeitado	os habréis afeitado	te habrías afeitado	os habríais afeitado
se habrá afeitado	se habrán afeitado	se habría afeitado	se habrían afeitado

PRESENT SUBJUNCTIVE		PRESENT PERFECT SUBJUNCTIVE	
me afeite	nos afeitemos	me haya afeitado	nos hayamos afeitado
te afeites	os afeitéis	te hayas afeitado	os hayáis afeitado
se afeite	se afeiten	se haya afeitado	se hayan afeitado

IMPERFECT SUBJUNCTIVE (-ra)		*or*	IMPERFECT SUBJUNCTIVE (-se)	
me afeitara	nos afeitáramos		me afeitase	nos afeitásemos
te afeitaras	os afeitarais		te afeitases	os afeitaseis
se afeitara	se afeitaran		se afeitase	se afeitasen

PAST PERFECT SUBJUNCTIVE (-ra)		*or*	PAST PERFECT SUBJUNCTIVE (-se)	
me hubiera afeitado	nos hubiéramos afeitado		me hubiese afeitado	nos hubiésemos afeitado
te hubieras afeitado	os hubierais afeitado		te hubieses afeitado	os hubieseis afeitado
se hubiera afeitado	se hubieran afeitado		se hubiese afeitado	se hubiesen afeitado

PROGRESSIVE TENSES

PRESENT	estoy, estás, está, estamos, estáis, están
PRETERIT	estuve, estuviste, estuvo, estuvimos, estuvisteis, estuvieron
IMPERFECT	estaba, estabas, estaba, estábamos, estabais, estaban
FUTURE	estaré, estarás, estará, estaremos, estaréis, estarán
CONDITIONAL	estaría, estarías, estaría, estaríamos, estaríais, estarían
SUBJUNCTIVE	que + *corresponding subjunctive tense of* estar (*see verb 252*)

} afeitando (*see page 31*)

COMMANDS

	(nosotros) afeitémonos/no nos afeitemos
(tú) aféitate/no te afeites	(vosotros) afeitaos/no os afeitéis
(Ud.) aféitese/no se afeite	(Uds.) aféitense/no se afeiten

Usage

—¿No te afeitas hoy? — *Aren't you shaving today?*
—Dejo que el barbero me afeite. — *I'll have the barber give me a shave.*
—Que te dé una afeitada y un corte de pelo. — *Have him give you a shave and a haircut.*
Usa una máquina de afeitar eléctrica. — *He uses an electric shaver.*
Pon crema de afeitar y afeites en la lista de compras. — *Put shaving cream and cosmetics on the shopping list.*

-ir verb; spelling change: *g > j/o, a*

aflijo · afligieron · afligido · afligiendo

PRESENT

aflijo	afligimos
afliges	afligís
aflige	afligen

IMPERFECT

afligía	afligíamos
afligías	afligíais
afligía	afligían

FUTURE

afligiré	afligiremos
afligirás	afligiréis
afligirá	afligirán

PLUPERFECT

había afligido	habíamos afligido
habías afligido	habíais afligido
había afligido	habían afligido

FUTURE PERFECT

habré afligido	habremos afligido
habrás afligido	habréis afligido
habrá afligido	habrán afligido

PRESENT SUBJUNCTIVE

aflija	aflijamos
aflijas	aflijáis
aflija	aflijan

IMPERFECT SUBJUNCTIVE (-ra)

afligiera	afligiéramos
afligieras	afligierais
afligiera	afligieran

PAST PERFECT SUBJUNCTIVE (-ra)

hubiera afligido	hubiéramos afligido
hubieras afligido	hubierais afligido
hubiera afligido	hubieran afligido

PRETERIT

afligí	afligimos
afligiste	afligisteis
afligió	afligieron

PRESENT PERFECT

he afligido	hemos afligido
has afligido	habéis afligido
ha afligido	han afligido

CONDITIONAL

afligiría	afligiríamos
afligirías	afligiríais
afligiría	afligirían

PRETERIT PERFECT

hube afligido	hubimos afligido
hubiste afligido	hubisteis afligido
hubo afligido	hubieron afligido

CONDITIONAL PERFECT

habría afligido	habríamos afligido
habrías afligido	habríais afligido
habría afligido	habrían afligido

PRESENT PERFECT SUBJUNCTIVE

haya afligido	hayamos afligido
hayas afligido	hayáis afligido
haya afligido	hayan afligido

or **IMPERFECT SUBJUNCTIVE (-se)**

afligiese	afligiésemos
afligieses	afligieseis
afligiese	afligiesen

or **PAST PERFECT SUBJUNCTIVE (-se)**

hubiese afligido	hubiésemos afligido
hubieses afligido	hubieseis afligido
hubiese afligido	hubiesen afligido

PROGRESSIVE TENSES

PRESENT	estoy, estás, está, estamos, estáis, están
PRETERIT	estuve, estuviste, estuvo, estuvimos, estuvisteis, estuvieron
IMPERFECT	estaba, estabas, estaba, estábamos, estabais, estaban
FUTURE	estaré, estarás, estará, estaremos, estaréis, estarán
CONDITIONAL	estaría, estarías, estaría, estaríamos, estaríais, estarían
SUBJUNCTIVE	que + *corresponding subjunctive tense of* estar *(see verb 252)*

afligiendo

COMMANDS

	(nosotros) aflijamos/no aflijamos
(tú) aflige/no aflijas	(vosotros) afligid/no aflijáis
(Ud.) aflija/no aflija	(Uds.) aflijan/no aflijan

Usage

La pena les aflige.	*They're afflicted by sorrow.*
No te aflijas.	*Don't be distressed/upset.*
Se aflige del accidente.	*He's grieving over the accident.*
Están afligidos por su muerte.	*They're bereaved by his death.*
Estaba afligida de artritis.	*She was suffering from arthritis.*

agarro · agarraron · agarrado · agarrando

regular -*ar* verb

PRESENT

agarro	agarramos
agarras	agarráis
agarra	agarran

PRETERIT

agarré	agarramos
agarraste	agarrasteis
agarró	agarraron

IMPERFECT

agarraba	agarrábamos
agarrabas	agarrabais
agarraba	agarraban

PRESENT PERFECT

he agarrado	hemos agarrado
has agarrado	habéis agarrado
ha agarrado	han agarrado

FUTURE

agarraré	agarraremos
agarrarás	agarraréis
agarrará	agarrarán

CONDITIONAL

agarraría	agarraríamos
agarrarías	agarraríais
agarraría	agarrarían

PLUPERFECT

había agarrado	habíamos agarrado
habías agarrado	habíais agarrado
había agarrado	habían agarrado

PRETERIT PERFECT

hube agarrado	hubimos agarrado
hubiste agarrado	hubisteis agarrado
hubo agarrado	hubieron agarrado

FUTURE PERFECT

habré agarrado	habremos agarrado
habrás agarrado	habréis agarrado
habrá agarrado	habrán agarrado

CONDITIONAL PERFECT

habría agarrado	habríamos agarrado
habrías agarrado	habríais agarrado
habría agarrado	habrían agarrado

PRESENT SUBJUNCTIVE

agarre	agarremos
agarres	agarréis
agarre	agarren

PRESENT PERFECT SUBJUNCTIVE

haya agarrado	hayamos agarrado
hayas agarrado	hayáis agarrado
haya agarrado	hayan agarrado

IMPERFECT SUBJUNCTIVE (-ra)

agarrara	agarráramos
agarraras	agarrarais
agarrara	agarraran

or **IMPERFECT SUBJUNCTIVE (-se)**

agarrase	agarrásemos
agarrases	agarraseis
agarrase	agarrasen

PAST PERFECT SUBJUNCTIVE (-ra)

hubiera agarrado	hubiéramos agarrado
hubieras agarrado	hubierais agarrado
hubiera agarrado	hubieran agarrado

or **PAST PERFECT SUBJUNCTIVE (-se)**

hubiese agarrado	hubiésemos agarrado
hubieses agarrado	hubieseis agarrado
hubiese agarrado	hubiesen agarrado

PROGRESSIVE TENSES

PRESENT	estoy, estás, está, estamos, estáis, están
PRETERIT	estuve, estuviste, estuvo, estuvimos, estuvisteis, estuvieron
IMPERFECT	estaba, estabas, estaba, estábamos, estabais, estaban
FUTURE	estaré, estarás, estará, estaremos, estaréis, estarán
CONDITIONAL	estaría, estarías, estaría, estaríamos, estaríais, estarían
SUBJUNCTIVE	que + *corresponding subjunctive tense of* estar (*see verb 252*)

} agarrando

COMMANDS

(tú) agarra/no agarres	(nosotros) agarremos/no agarremos
(Ud.) agarre/no agarre	(vosotros) agarrad/no agarréis
	(Uds.) agarren/no agarren

Usage

Agarra la sartén.	*Grasp the frying pan.*
Agárrelo antes que salga.	*Catch him before he leaves.*
No han agarrado lo que dijiste.	*They haven't grasped what you said.*
Agárrate bien para no caerte.	*Hold on tightly so that you don't fall.*
Caminan agarrados del brazo.	*They're walking arm in arm.*
Cuelga la cortina en los agarraderos.	*Hang the curtain on the hooks.*
Tiene éxito por sus agarraderos.	*He's successful because of his connections.*

regular *-ar* verb

agito · agitaron · agitado · agitando

PRESENT

agito	agitamos
agitas	agitáis
agita	agitan

IMPERFECT

agitaba	agitábamos
agitabas	agitabais
agitaba	agitaban

FUTURE

agitaré	agitaremos
agitarás	agitaréis
agitará	agitarán

PLUPERFECT

había agitado	habíamos agitado
habías agitado	habíais agitado
había agitado	habían agitado

FUTURE PERFECT

habré agitado	habremos agitado
habrás agitado	habréis agitado
habrá agitado	habrán agitado

PRESENT SUBJUNCTIVE

agite	agitemos
agites	agitéis
agite	agiten

IMPERFECT SUBJUNCTIVE (-ra)

agitara	agitáramos
agitaras	agitarais
agitara	agitaran

PAST PERFECT SUBJUNCTIVE (-ra)

hubiera agitado	hubiéramos agitado
hubieras agitado	hubierais agitado
hubiera agitado	hubieran agitado

PRETERIT

agité	agitamos
agitaste	agitasteis
agitó	agitaron

PRESENT PERFECT

he agitado	hemos agitado
has agitado	habéis agitado
ha agitado	han agitado

CONDITIONAL

agitaría	agitaríamos
agitarías	agitaríais
agitaría	agitarían

PRETERIT PERFECT

hube agitado	hubimos agitado
hubiste agitado	hubisteis agitado
hubo agitado	hubieron agitado

CONDITIONAL PERFECT

habría agitado	habríamos agitado
habrías agitado	habríais agitado
habría agitado	habrían agitado

PRESENT PERFECT SUBJUNCTIVE

haya agitado	hayamos agitado
hayas agitado	hayáis agitado
haya agitado	hayan agitado

or **IMPERFECT SUBJUNCTIVE (-se)**

agitase	agitásemos
agitases	agitaseis
agitase	agitasen

or **PAST PERFECT SUBJUNCTIVE (-se)**

hubiese agitado	hubiésemos agitado
hubieses agitado	hubieseis agitado
hubiese agitado	hubiesen agitado

PROGRESSIVE TENSES

PRESENT	estoy, estás, está, estamos, estáis, están	
PRETERIT	estuve, estuviste, estuvo, estuvimos, estuvisteis, estuvieron	
IMPERFECT	estaba, estabas, estaba, estábamos, estabais, estaban	agitando
FUTURE	estaré, estarás, estará, estaremos, estaréis, estarán	
CONDITIONAL	estaría, estarías, estaría, estaríamos, estaríais, estarían	
SUBJUNCTIVE	que + *corresponding subjunctive tense of* estar (*see verb 252*)	

COMMANDS

	(nosotros) agitemos/no agitemos
(tú) agita/no agites	(vosotros) agitad/no agitéis
(Ud.) agite/no agite	(Uds.) agiten/no agiten

Usage

Agita el aliño antes de servirlo.	*Shake the dressing before you pour it.*
Luego agita la sopa.	*Then stir the soup.*
El viento hacía agitar la bandera.	*The wind made the flag wave.*
¡Dejen de agitarse, niños!	*Children, stop fidgeting!*
—No te agites.	*Don't worry/be upset.*
—Pues no estoy agitada.	*I'm not worried.*
Hubo mucha agitación en el centro.	*There was a lot of bustle downtown.*

agoto · agotaron · agotado · agotando

regular -*ar* verb

PRESENT

agoto	agotamos
agotas	agotáis
agota	agotan

PRETERIT

agoté	agotamos
agotaste	agotasteis
agotó	agotaron

IMPERFECT

agotaba	agotábamos
agotabas	agotabais
agotaba	agotaban

PRESENT PERFECT

he agotado	hemos agotado
has agotado	habéis agotado
ha agotado	han agotado

FUTURE

agotaré	agotaremos
agotarás	agotaréis
agotará	agotarán

CONDITIONAL

agotaría	agotaríamos
agotarías	agotaríais
agotaría	agotarían

PLUPERFECT

había agotado	habíamos agotado
habías agotado	habíais agotado
había agotado	habían agotado

PRETERIT PERFECT

hube agotado	hubimos agotado
hubiste agotado	hubisteis agotado
hubo agotado	hubieron agotado

FUTURE PERFECT

habré agotado	habremos agotado
habrás agotado	habréis agotado
habrá agotado	habrán agotado

CONDITIONAL PERFECT

habría agotado	habríamos agotado
habrías agotado	habríais agotado
habría agotado	habrían agotado

PRESENT SUBJUNCTIVE

agote	agotemos
agotes	agotéis
agote	agoten

PRESENT PERFECT SUBJUNCTIVE

haya agotado	hayamos agotado
hayas agotado	hayáis agotado
haya agotado	hayan agotado

IMPERFECT SUBJUNCTIVE (-ra)

agotara	agotáramos
agotaras	agotarais
agotara	agotaran

or **IMPERFECT SUBJUNCTIVE (-se)**

agotase	agotásemos
agotases	agotaseis
agotase	agotasen

PAST PERFECT SUBJUNCTIVE (-ra)

hubiera agotado	hubiéramos agotado
hubieras agotado	hubierais agotado
hubiera agotado	hubieran agotado

or **PAST PERFECT SUBJUNCTIVE (-se)**

hubiese agotado	hubiésemos agotado
hubieses agotado	hubieseis agotado
hubiese agotado	hubiesen agotado

PROGRESSIVE TENSES

PRESENT	estoy, estás, está, estamos, estáis, están
PRETERIT	estuve, estuviste, estuvo, estuvimos, estuvisteis, estuvieron
IMPERFECT	estaba, estabas, estaba, estábamos, estabais, estaban
FUTURE	estaré, estarás, estará, estaremos, estaréis, estarán
CONDITIONAL	estaría, estarías, estaría, estaríamos, estaríais, estarían
SUBJUNCTIVE	que + *corresponding subjunctive tense of* estar (*see verb 252*)

} agotando

COMMANDS

	(nosotros) agotemos/no agotemos
(tú) agota/no agotes	(vosotros) agotad/no agotéis
(Ud.) agote/no agote	(Uds.) agoten/no agoten

Usage

Agotó todos sus ahorros.	*He used up all his savings.*
Ya agotamos este tema.	*We've already exhausted this topic.*
Vas a agotarte si sigues así.	*You'll wear yourself out if you go on like this.*
Son ejercicios agotadores.	*They're exhausting exercises.*
—Busco la tercera edición.	*I'm looking for the third edition.*
—Se agotó hace un año.	*It went out of print a year ago.*
Sufre del agotamiento físico.	*He's suffering from physical exhaustion.*

regular *-ar* verb; reverse construction
(with indirect object pronoun)

agrado · agradaron · agradado · agradando

PRESENT

agrado	agradamos
agradas	agradáis
agrada	agradan

IMPERFECT

agradaba	agradábamos
agradabas	agradabais
agradaba	agradaban

FUTURE

agradaré	agradaremos
agradarás	agradaréis
agradará	agradarán

PLUPERFECT

había agradado	habíamos agradado
habías agradado	habíais agradado
había agradado	habían agradado

FUTURE PERFECT

habré agradado	habremos agradado
habrás agradado	habréis agradado
habrá agradado	habrán agradado

PRESENT SUBJUNCTIVE

agrade	agrademos
agrades	agradéis
agrade	agraden

IMPERFECT SUBJUNCTIVE (-ra)

agradara	agradáramos
agradaras	agradarais
agradara	agradaran

PAST PERFECT SUBJUNCTIVE (-ra)

hubiera agradado	hubiéramos agradado
hubieras agradado	hubierais agradado
hubiera agradado	hubieran agradado

PRETERIT

agradé	agradamos
agradaste	agradasteis
agradó	agradaron

PRESENT PERFECT

he agradado	hemos agradado
has agradado	habéis agradado
ha agradado	han agradado

CONDITIONAL

agradaría	agradaríamos
agradarías	agradaríais
agradaría	agradarían

PRETERIT PERFECT

hube agradado	hubimos agradado
hubiste agradado	hubisteis agradado
hubo agradado	hubieron agradado

CONDITIONAL PERFECT

habría agradado	habríamos agradado
habrías agradado	habríais agradado
habría agradado	habrían agradado

PRESENT PERFECT SUBJUNCTIVE

haya agradado	hayamos agradado
hayas agradado	hayáis agradado
haya agradado	hayan agradado

or **IMPERFECT SUBJUNCTIVE (-se)**

agradase	agradásemos
agradases	agradaseis
agradase	agradasen

or **PAST PERFECT SUBJUNCTIVE (-se)**

hubiese agradado	hubiésemos agradado
hubieses agradado	hubieseis agradado
hubiese agradado	hubiesen agradado

PROGRESSIVE TENSES

PRESENT	estoy, estás, está, estamos, estáis, están
PRETERIT	estuve, estuviste, estuvo, estuvimos, estuvisteis, estuvieron
IMPERFECT	estaba, estabas, estaba, estábamos, estabais, estaban
FUTURE	estaré, estarás, estará, estaremos, estaréis, estarán
CONDITIONAL	estaría, estarías, estaría, estaríamos, estaríais, estarían
SUBJUNCTIVE	que + *corresponding subjunctive tense of* estar (*see verb 252*)

} agradando

COMMANDS

¡Que te/le/os/les agrade(n)!   ¡Que no te/le/os/les agrade(n)!

Usage

La actuación agradó al público.	*The performance pleased the audience.*
—Me agrada su manera de ser.	*I like his manner.*
—¡Pues a mí, no!	*Well, I don't!*
—Es una chica muy agradable, ¿no?	*She's a very nice girl, isn't she?*
—Al contrario. Yo la encuentro muy desagradable.	*On the contrary. I find her very unpleasant.*
Se hablaron agradablemente.	*They talked to each other pleasantly.*

agradecer   *to thank, be grateful*

agradezco · agradecieron · agradecido · agradeciendo   -er verb; spelling change: *c > zc/o, a*

PRESENT		PRETERIT	
agradezco	agradecemos	agradecí	agradecimos
agradeces	agradecéis	agradeciste	agradecisteis
agradece	agradecen	agradeció	agradecieron

IMPERFECT		PRESENT PERFECT	
agradecía	agradecíamos	he agradecido	hemos agradecido
agradecías	agradecíais	has agradecido	habéis agradecido
agradecía	agradecían	ha agradecido	han agradecido

FUTURE		CONDITIONAL	
agradeceré	agradeceremos	agradecería	agradeceríamos
agradecerás	agradeceréis	agradecerías	agradeceríais
agradecerá	agradecerán	agradecería	agradecerían

PLUPERFECT		PRETERIT PERFECT	
había agradecido	habíamos agradecido	hube agradecido	hubimos agradecido
habías agradecido	habíais agradecido	hubiste agradecido	hubisteis agradecido
había agradecido	habían agradecido	hubo agradecido	hubieron agradecido

FUTURE PERFECT		CONDITIONAL PERFECT	
habré agradecido	habremos agradecido	habría agradecido	habríamos agradecido
habrás agradecido	habréis agradecido	habrías agradecido	habríais agradecido
habrá agradecido	habrán agradecido	habría agradecido	habrían agradecido

PRESENT SUBJUNCTIVE		PRESENT PERFECT SUBJUNCTIVE	
agradezca	agradezcamos	haya agradecido	hayamos agradecido
agradezcas	agradezcáis	hayas agradecido	hayáis agradecido
agradezca	agradezcan	haya agradecido	hayan agradecido

IMPERFECT SUBJUNCTIVE (-ra)		*or* IMPERFECT SUBJUNCTIVE (-se)	
agradeciera	agradeciéramos	agradeciese	agradeciésemos
agradecieras	agradecierais	agradecieses	agradecieseis
agradeciera	agradecieran	agradeciese	agradeciesen

PAST PERFECT SUBJUNCTIVE (-ra)		*or* PAST PERFECT SUBJUNCTIVE (-se)	
hubiera agradecido	hubiéramos agradecido	hubiese agradecido	hubiésemos agradecido
hubieras agradecido	hubierais agradecido	hubieses agradecido	hubieseis agradecido
hubiera agradecido	hubieran agradecido	hubiese agradecido	hubiesen agradecido

PROGRESSIVE TENSES

PRESENT	estoy, estás, está, estamos, estáis, están
PRETERIT	estuve, estuviste, estuvo, estuvimos, estuvisteis, estuvieron
IMPERFECT	estaba, estabas, estaba, estábamos, estabais, estaban
FUTURE	estaré, estarás, estará, estaremos, estaréis, estarán
CONDITIONAL	estaría, estarías, estaría, estaríamos, estaríais, estarían
SUBJUNCTIVE	que + *corresponding subjunctive tense of* estar (*see verb 252*)

> agradeciendo

COMMANDS

	(nosotros) agradezcamos/no agradezcamos
(tú) agradece/no agradezcas	(vosotros) agradeced/no agradezcáis
(Ud.) agradezca/no agradezca	(Uds.) agradezcan/no agradezcan

Usage

Se lo agradezco mucho.	*Thank you very much.*
Le agradecemos su atención.	*We're grateful for your attention/consideration.*
Muy agradecido.	*I'm very grateful./Thank you.*
¿Cómo le expreso mi agradecimiento?	*How can I express my gratitude/appreciation?*
Siempre se agradece la cortesía.	*Politeness is always appreciated.*
Estoy muy agradecida por el favor que me hiciste.	*I'm very grateful for the favor you did for me.*

regular *-ar* verb

agrando · agrandaron · agrandado · agrandando

PRESENT

agrando	agrandamos
agrandas	agrandáis
agranda	agrandan

IMPERFECT

agrandaba	agrandábamos
agrandabas	agrandabais
agrandaba	agrandaban

FUTURE

agrandaré	agrandaremos
agrandarás	agrandaréis
agrandará	agrandarán

PLUPERFECT

había agrandado	habíamos agrandado
habías agrandado	habíais agrandado
había agrandado	habían agrandado

FUTURE PERFECT

habré agrandado	habremos agrandado
habrás agrandado	habréis agrandado
habrá agrandado	habrán agrandado

PRESENT SUBJUNCTIVE

agrande	agrandemos
agrandes	agrandéis
agrande	agranden

IMPERFECT SUBJUNCTIVE (-ra)

agrandara	agrandáramos
agrandaras	agrandarais
agrandara	agrandaran

PAST PERFECT SUBJUNCTIVE (-ra)

hubiera agrandado	hubiéramos agrandado
hubieras agrandado	hubierais agrandado
hubiera agrandado	hubieran agrandado

PRETERIT

agrandé	agrandamos
agrandaste	agrandasteis
agrandó	agrandaron

PRESENT PERFECT

he agrandado	hemos agrandado
has agrandado	habéis agrandado
ha agrandado	han agrandado

CONDITIONAL

agrandaría	agrandaríamos
agrandarías	agrandaríais
agrandaría	agrandarían

PRETERIT PERFECT

hube agrandado	hubimos agrandado
hubiste agrandado	hubisteis agrandado
hubo agrandado	hubieron agrandado

CONDITIONAL PERFECT

habría agrandado	habríamos agrandado
habrías agrandado	habríais agrandado
habría agrandado	habrían agrandado

PRESENT PERFECT SUBJUNCTIVE

haya agrandado	hayamos agrandado
hayas agrandado	hayáis agrandado
haya agrandado	hayan agrandado

or **IMPERFECT SUBJUNCTIVE (-se)**

agrandase	agrandásemos
agrandases	agrandaseis
agrandase	agrandasen

or **PAST PERFECT SUBJUNCTIVE (-se)**

hubiese agrandado	hubiésemos agrandado
hubieses agrandado	hubieseis agrandado
hubiese agrandado	hubiesen agrandado

PROGRESSIVE TENSES

PRESENT	estoy, estás, está, estamos, estáis, están
PRETERIT	estuve, estuviste, estuvo, estuvimos, estuvisteis, estuvieron
IMPERFECT	estaba, estabas, estaba, estábamos, estabais, estaban
FUTURE	estaré, estarás, estará, estaremos, estaréis, estarán
CONDITIONAL	estaría, estarías, estaría, estaríamos, estaríais, estarían
SUBJUNCTIVE	que + *corresponding subjunctive tense of* estar (*see verb 252*)

} agrandando

COMMANDS

	(nosotros) agrandemos/no agrandemos
(tú) agranda/no agrandes	(vosotros) agrandad/no agrandéis
(Ud.) agrande/no agrande	(Uds.) agranden/no agranden

Usage

Quiero hacer agrandar esta foto.	*I want to have this photo enlarged.*
Se está agrandando la casa central.	*They're making the main branch larger.*
—No agrandes los problemas entre Uds.	*Don't exaggerate the problems between you.*
—Nuestras diferencias se agrandan diariamente.	*Our differences increase daily.*
El pantalón te queda grande.	*The pants are too big on you.*
Lo pasaron en grande.	*They had a marvelous time.*

agrego · agregaron · agregado · agregando

-ar verb; spelling change: *g* > *gu/e*

PRESENT		PRETERIT	
agrego	agregamos	agregué	agregamos
agregas	agregáis	agregaste	agregasteis
agrega	agregan	agregó	agregaron

IMPERFECT		PRESENT PERFECT	
agregaba	agregábamos	he agregado	hemos agregado
agregabas	agregabais	has agregado	habéis agregado
agregaba	agregaban	ha agregado	han agregado

FUTURE		CONDITIONAL	
agregaré	agregaremos	agregaría	agregaríamos
agregarás	agregaréis	agregarías	agregaríais
agregará	agregarán	agregaría	agregarían

PLUPERFECT		PRETERIT PERFECT	
había agregado	habíamos agregado	hube agregado	hubimos agregado
habías agregado	habíais agregado	hubiste agregado	hubisteis agregado
había agregado	habían agregado	hubo agregado	hubieron agregado

FUTURE PERFECT		CONDITIONAL PERFECT	
habré agregado	habremos agregado	habría agregado	habríamos agregado
habrás agregado	habréis agregado	habrías agregado	habríais agregado
habrá agregado	habrán agregado	habría agregado	habrían agregado

PRESENT SUBJUNCTIVE		PRESENT PERFECT SUBJUNCTIVE	
agregue	agreguemos	haya agregado	hayamos agregado
agregues	agreguéis	hayas agregado	hayáis agregado
agregue	agreguen	haya agregado	hayan agregado

IMPERFECT SUBJUNCTIVE (-ra)		*or* IMPERFECT SUBJUNCTIVE (-se)	
agregara	agregáramos	agregase	agregásemos
agregaras	agregarais	agregases	agregaseis
agregara	agregaran	agregase	agregasen

PAST PERFECT SUBJUNCTIVE (-ra)		*or* PAST PERFECT SUBJUNCTIVE (-se)	
hubiera agregado	hubiéramos agregado	hubiese agregado	hubiésemos agregado
hubieras agregado	hubierais agregado	hubieses agregado	hubieseis agregado
hubiera agregado	hubieran agregado	hubiese agregado	hubiesen agregado

PROGRESSIVE TENSES

PRESENT	estoy, estás, está, estamos, estáis, están
PRETERIT	estuve, estuviste, estuvo, estuvimos, estuvisteis, estuvieron
IMPERFECT	estaba, estabas, estaba, estábamos, estabais, estaban
FUTURE	estaré, estarás, estará, estaremos, estaréis, estarán
CONDITIONAL	estaría, estarías, estaría, estaríamos, estaríais, estarían
SUBJUNCTIVE	que + *corresponding subjunctive tense of* estar (*see verb 252*)

} agregando

COMMANDS

	(nosotros) agreguemos/no agreguemos
(tú) agrega/no agregues	(vosotros) agregad/no agreguéis
(Ud.) agregue/no agregue	(Uds.) agreguen/no agreguen

Usage

Agregue una explicación.	*Add an explanation.*
—¿Se agregó al comité?	*Did you join the committee?*
—Fui agregado hace un mes.	*I was appointed a month ago.*
Tratemos de agregar más dinero.	*Let's try to amass more money.*
—¿Conoces al agregado cultural?	*Do you know the cultural attaché?*
—Es profesor agregado.	*He's an associate professor.*

regular *-ar* verb | aguanto · aguantaron · aguantado · aguantando

PRESENT

aguanto	aguantamos
aguantas	aguantáis
aguanta	aguantan

IMPERFECT

aguantaba	aguantábamos
aguantabas	aguantabais
aguantaba	aguantaban

FUTURE

aguantaré	aguantaremos
aguantarás	aguantaréis
aguantará	aguantarán

PLUPERFECT

había aguantado	habíamos aguantado
habías aguantado	habíais aguantado
había aguantado	habían aguantado

FUTURE PERFECT

habré aguantado	habremos aguantado
habrás aguantado	habréis aguantado
habrá aguantado	habrán aguantado

PRESENT SUBJUNCTIVE

aguante	aguantemos
aguantes	aguantéis
aguante	aguanten

IMPERFECT SUBJUNCTIVE (-ra)

aguantara	aguantáramos
aguantaras	aguantarais
aguantara	aguantaran

PAST PERFECT SUBJUNCTIVE (-ra)

hubiera aguantado	hubiéramos aguantado
hubieras aguantado	hubierais aguantado
hubiera aguantado	hubieran aguantado

PRETERIT

aguanté	aguantamos
aguantaste	aguantasteis
aguantó	aguantaron

PRESENT PERFECT

he aguantado	hemos aguantado
has aguantado	habéis aguantado
ha aguantado	han aguantado

CONDITIONAL

aguantaría	aguantaríamos
aguantarías	aguantaríais
aguantaría	aguantarían

PRETERIT PERFECT

hube aguantado	hubimos aguantado
hubiste aguantado	hubisteis aguantado
hubo aguantado	hubieron aguantado

CONDITIONAL PERFECT

habría aguantado	habríamos aguantado
habrías aguantado	habríais aguantado
habría aguantado	habrían aguantado

PRESENT PERFECT SUBJUNCTIVE

haya aguantado	hayamos aguantado
hayas aguantado	hayáis aguantado
haya aguantado	hayan aguantado

or **IMPERFECT SUBJUNCTIVE (-se)**

aguantase	aguantásemos
aguantases	aguantaseis
aguantase	aguantasen

or **PAST PERFECT SUBJUNCTIVE (-se)**

hubiese aguantado	hubiésemos aguantado
hubieses aguantado	hubieseis aguantado
hubiese aguantado	hubiesen aguantado

PROGRESSIVE TENSES

PRESENT	estoy, estás, está, estamos, estáis, están
PRETERIT	estuve, estuviste, estuvo, estuvimos, estuvisteis, estuvieron
IMPERFECT	estaba, estabas, estaba, estábamos, estabais, estaban
FUTURE	estaré, estarás, estará, estaremos, estaréis, estarán
CONDITIONAL	estaría, estarías, estaría, estaríamos, estaríais, estarían
SUBJUNCTIVE	que + *corresponding subjunctive tense of* estar (*see verb 252*)

} aguantando

COMMANDS

	(nosotros) aguantemos/no aguantemos
(tú) aguanta/no aguantes	(vosotros) aguantad/no aguantéis
(Ud.) aguante/no aguante	(Uds.) aguanten/no aguanten

Usage

¡No aguanto a esos chicos!	*I can't stand those kids!*
No aguantamos su descaro.	*We'll not tolerate their insolence.*
Aguántame el cartel más arriba.	*Hold the poster up higher for me.*
¡No aguanto más!	*I've had enough!*
No pudisteis aguantar la risa.	*You couldn't hold back your laughter.*
¡Pues, aguántate!	*You'll just have to put up with it!*

ahogarse   *to drown, suffocate*

ahogo · ahogaron · ahogado · ahogándose   *-ar* reflexive verb; spelling change: *g > gu/e*

PRESENT

me ahogo	nos ahogamos
te ahogas	os ahogáis
se ahoga	se ahogan

PRETERIT

me ahogué	nos ahogamos
te ahogaste	os ahogasteis
se ahogó	se ahogaron

IMPERFECT

me ahogaba	nos ahogábamos
te ahogabas	os ahogabais
se ahogaba	se ahogaban

PRESENT PERFECT

me he ahogado	nos hemos ahogado
te has ahogado	os habéis ahogado
se ha ahogado	se han ahogado

FUTURE

me ahogaré	nos ahogaremos
te ahogarás	os ahogaréis
se ahogará	se ahogarán

CONDITIONAL

me ahogaría	nos ahogaríamos
te ahogarías	os ahogaríais
se ahogaría	se ahogarían

PLUPERFECT

me había ahogado	nos habíamos ahogado
te habías ahogado	os habíais ahogado
se había ahogado	se habían ahogado

PRETERIT PERFECT

me hube ahogado	nos hubimos ahogado
te hubiste ahogado	os hubisteis ahogado
se hubo ahogado	se hubieron ahogado

FUTURE PERFECT

me habré ahogado	nos habremos ahogado
te habrás ahogado	os habréis ahogado
se habrá ahogado	se habrán ahogado

CONDITIONAL PERFECT

me habría ahogado	nos habríamos ahogado
te habrías ahogado	os habríais ahogado
se habría ahogado	se habrían ahogado

PRESENT SUBJUNCTIVE

me ahogue	nos ahoguemos
te ahogues	os ahoguéis
se ahogue	se ahoguen

PRESENT PERFECT SUBJUNCTIVE

me haya ahogado	nos hayamos ahogado
te hayas ahogado	os hayáis ahogado
se haya ahogado	se hayan ahogado

IMPERFECT SUBJUNCTIVE (-ra)   *or* **IMPERFECT SUBJUNCTIVE (-se)**

me ahogara	nos ahogáramos	me ahogase	nos ahogásemos
te ahogaras	os ahogarais	te ahogases	os ahogaseis
se ahogara	se ahogaran	se ahogase	se ahogasen

PAST PERFECT SUBJUNCTIVE (-ra)   *or* **PAST PERFECT SUBJUNCTIVE (-se)**

me hubiera ahogado	nos hubiéramos ahogado	me hubiese ahogado	nos hubiésemos ahogado
te hubieras ahogado	os hubierais ahogado	te hubieses ahogado	os hubieseis ahogado
se hubiera ahogado	se hubieran ahogado	se hubiese ahogado	se hubiesen ahogado

PROGRESSIVE TENSES

PRESENT	estoy, estás, está, estamos, estáis, están
PRETERIT	estuve, estuviste, estuvo, estuvimos, estuvisteis, estuvieron
IMPERFECT	estaba, estabas, estaba, estábamos, estabais, estaban
FUTURE	estaré, estarás, estará, estaremos, estaréis, estarán
CONDITIONAL	estaría, estarías, estaría, estaríamos, estaríais, estarían
SUBJUNCTIVE	que + *corresponding subjunctive tense of* estar (*see verb 252*)

ahogando (*see page 31*)

COMMANDS

	(nosotros) ahoguémonos/no nos ahoguemos
(tú) ahógate/no te ahogues	(vosotros) ahogaos/no os ahoguéis
(Ud.) ahóguese/no se ahogue	(Uds.) ahóguense/no se ahoguen

Usage

El monóxido de carbono los ahogó.	*Carbon monoxide suffocated them.*
Se ahogó en el mar.	*He drowned at sea.*
Me ahogo de calor.	*I'm suffocating from the heat.*
Trata de ahogar el llanto.	*Try to hold back your tears.*
Estás ahogándote en un vaso de agua.	*You're making a mountain out of a molehill.*
Desahógate conmigo.	*Confide in me./Unburden yourself to me.*

regular -*ar* verb

ahorro · ahorraron · ahorrado · ahorrando

PRESENT

ahorro	ahorramos
ahorras	ahorráis
ahorra	ahorran

IMPERFECT

ahorraba	ahorrábamos
ahorrabas	ahorrabais
ahorraba	ahorraban

FUTURE

ahorraré	ahorraremos
ahorrarás	ahorraréis
ahorrará	ahorrarán

PLUPERFECT

había ahorrado	habíamos ahorrado
habías ahorrado	habíais ahorrado
había ahorrado	habían ahorrado

FUTURE PERFECT

habré ahorrado	habremos ahorrado
habrás ahorrado	habréis ahorrado
habrá ahorrado	habrán ahorrado

PRESENT SUBJUNCTIVE

ahorre	ahorremos
ahorres	ahorréis
ahorre	ahorren

IMPERFECT SUBJUNCTIVE (-ra)

ahorrara	ahorráramos
ahorraras	ahorrarais
ahorrara	ahorraran

PAST PERFECT SUBJUNCTIVE (-ra)

hubiera ahorrado	hubiéramos ahorrado
hubieras ahorrado	hubierais ahorrado
hubiera ahorrado	hubieran ahorrado

PRETERIT

ahorré	ahorramos
ahorraste	ahorrasteis
ahorró	ahorraron

PRESENT PERFECT

he ahorrado	hemos ahorrado
has ahorrado	habéis ahorrado
ha ahorrado	han ahorrado

CONDITIONAL

ahorraría	ahorraríamos
ahorrarías	ahorraríais
ahorraría	ahorrarían

PRETERIT PERFECT

hube ahorrado	hubimos ahorrado
hubiste ahorrado	hubisteis ahorrado
hubo ahorrado	hubieron ahorrado

CONDITIONAL PERFECT

habría ahorrado	habríamos ahorrado
habrías ahorrado	habríais ahorrado
habría ahorrado	habrían ahorrado

PRESENT PERFECT SUBJUNCTIVE

haya ahorrado	hayamos ahorrado
hayas ahorrado	hayáis ahorrado
haya ahorrado	hayan ahorrado

or **IMPERFECT SUBJUNCTIVE (-se)**

ahorrase	ahorrásemos
ahorrases	ahorraseis
ahorrase	ahorrasen

or **PAST PERFECT SUBJUNCTIVE (-se)**

hubiese ahorrado	hubiésemos ahorrado
hubieses ahorrado	hubieseis ahorrado
hubiese ahorrado	hubiesen ahorrado

PROGRESSIVE TENSES

PRESENT	estoy, estás, está, estamos, estáis, están	
PRETERIT	estuve, estuviste, estuvo, estuvimos, estuvisteis, estuvieron	
IMPERFECT	estaba, estabas, estaba, estábamos, estabais, estaban	ahorrando
FUTURE	estaré, estarás, estará, estaremos, estaréis, estarán	
CONDITIONAL	estaría, estarías, estaría, estaríamos, estaríais, estarían	
SUBJUNCTIVE	que + *corresponding subjunctive tense of* estar (*see verb 252*)	

COMMANDS

	(nosotros) ahorremos/no ahorremos
(tú) ahorra/no ahorres	(vosotros) ahorrad/no ahorréis
(Ud.) ahorre/no ahorre	(Uds.) ahorren/no ahorren

Usage

¿Tienes cuenta de ahorros?	*Do you have a savings account?*
No ahorro mucho dinero.	*I don't save a lot of money.*
Ahorran para hacer un viaje.	*They're saving up to take a trip.*
Nos ahorramos tiempo y trabajo.	*We saved ourselves time and work.*
Hablando claro te ahorras líos.	*If you speak clearly you'll avoid/save yourself problems.*
Actualmente los ahorradores son pocos.	*Nowadays few people save money.*

alcanzo · alcanzaron · alcanzado · alcanzando   *-ar* verb; spelling change: *z > c/e*

No alcanzo la repisa más alta.	*I can't reach the top shelf.*
Siempre esperaba que alcanzaran sus metas.	*She always hoped they would attain their goals.*
Siempre alcanzaba lo que quería.	*She always got what she wanted.*

to catch, catch up with/to

Apúrate para que alcancemos el tren.	*Hurry up, so we can catch the train.*
No alcanzó a los demás ciclistas.	*He couldn't catch up to the other cyclists.*

to understand, grasp

No alcanzó lo que le explicábamos.	*She couldn't grasp what we explained to her.*

to amount to, reach the sum of

Las ventas alcanzaron millones de dólares.	*Sales amounted to millions of dollars.*

to be enough, sufficient

Dudo que la torta alcance para todos los invitados.	*I doubt there will be enough cake for all the guests.*
No les alcanzaba el dinero para la semana.	*They didn't have enough money for the week.*

to pass

Alcánzame la fruta, por favor.	*Please pass me the fruit.*

alcanzar a + infinitive *to succeed, manage to do something*

Finalmente alcancé a convencerles.	*I finally managed to convince them.*

el alcance *scope*

Habéis desarrollado un plan de mucho alcance.	*You've developed a plan with great scope.*

al alcance/fuera del alcance *within reach/out of reach*

La computadora pone el mundo entero al alcance de todos.	*The computer puts the entire world within everybody's reach.*
Deja la comida fuera del alcance del perro.	*Leave the food out of the dog's reach.*
—Niños, quédense al alcance de la vista.	*—Kids, stay within eyesight/where I can see you.*
—Llámanos, mamá. Vamos a estar al alcance del oído.	*—Call us, Mom. We'll be within earshot/where we can hear you.*

-ar verb; spelling change: z > c/e   **alcanzo · alcanzaron · alcanzado · alcanzando**

PRESENT

alcanzo	alcanzamos
alcanzas	alcanzáis
alcanza	alcanzan

PRETERIT

alcancé	alcanzamos
alcanzaste	alcanzasteis
alcanzó	alcanzaron

IMPERFECT

alcanzaba	alcanzábamos
alcanzabas	alcanzabais
alcanzaba	alcanzaban

PRESENT PERFECT

he alcanzado	hemos alcanzado
has alcanzado	habéis alcanzado
ha alcanzado	han alcanzado

FUTURE

alcanzaré	alcanzaremos
alcanzarás	alcanzaréis
alcanzará	alcanzarán

CONDITIONAL

alcanzaría	alcanzaríamos
alcanzarías	alcanzaríais
alcanzaría	alcanzarían

PLUPERFECT

había alcanzado	habíamos alcanzado
habías alcanzado	habíais alcanzado
había alcanzado	habían alcanzado

PRETERIT PERFECT

hube alcanzado	hubimos alcanzado
hubiste alcanzado	hubisteis alcanzado
hubo alcanzado	hubieron alcanzado

FUTURE PERFECT

habré alcanzado	habremos alcanzado
habrás alcanzado	habréis alcanzado
habrá alcanzado	habrán alcanzado

CONDITIONAL PERFECT

habría alcanzado	habríamos alcanzado
habrías alcanzado	habríais alcanzado
habría alcanzado	habrían alcanzado

PRESENT SUBJUNCTIVE

alcance	alcancemos
alcances	alcancéis
alcance	alcancen

PRESENT PERFECT SUBJUNCTIVE

haya alcanzado	hayamos alcanzado
hayas alcanzado	hayáis alcanzado
haya alcanzado	hayan alcanzado

IMPERFECT SUBJUNCTIVE (-ra)

alcanzara	alcanzáramos
alcanzaras	alcanzarais
alcanzara	alcanzaran

or **IMPERFECT SUBJUNCTIVE (-se)**

alcanzase	alcanzásemos
alcanzases	alcanzaseis
alcanzase	alcanzasen

PAST PERFECT SUBJUNCTIVE (-ra)

hubiera alcanzado	hubiéramos alcanzado
hubieras alcanzado	hubierais alcanzado
hubiera alcanzado	hubieran alcanzado

or **PAST PERFECT SUBJUNCTIVE (-se)**

hubiese alcanzado	hubiésemos alcanzado
hubieses alcanzado	hubieseis alcanzado
hubiese alcanzado	hubiesen alcanzado

PROGRESSIVE TENSES

PRESENT	estoy, estás, está, estamos, estáis, están
PRETERIT	estuve, estuviste, estuvo, estuvimos, estuvisteis, estuvieron
IMPERFECT	estaba, estabas, estaba, estábamos, estabais, estaban
FUTURE	estaré, estarás, estará, estaremos, estaréis, estarán
CONDITIONAL	estaría, estarías, estaría, estaríamos, estaríais, estarían
SUBJUNCTIVE	que + *corresponding subjunctive tense of* estar (*see verb 252*)

\right\} alcanzando

COMMANDS

	(nosotros) alcancemos/no alcancemos
(tú) alcanza/no alcances	(vosotros) alcanzad/no alcancéis
(Ud.) alcance/no alcance	(Uds.) alcancen/no alcancen

Usage

No alcanzo las peras del peral con la mano.	*I can't reach the pears in the pear tree.*
No pudo alcanzar a los otros nadadores.	*He didn't manage to catch up with the other swimmers.*
¿Pudiste alcanzar tu objetivo?	*Were you able to reach your goal?*
Alcanza miles de dólares.	*It amounts to thousands of dollars.*
Ojalá que alcancen sus objetivos.	*We hope you'll reach/attain your goals.*

alegrarse   *to be happy*

alegro · alegraron · alegrado · alegrándose   regular *-ar* reflexive verb

PRESENT

me alegro	nos alegramos
te alegras	os alegráis
se alegra	se alegran

PRETERIT

me alegré	nos alegramos
te alegraste	os alegrasteis
se alegró	se alegraron

IMPERFECT

me alegraba	nos alegrábamos
te alegrabas	os alegrabais
se alegraba	se alegraban

PRESENT PERFECT

me he alegrado	nos hemos alegrado
te has alegrado	os habéis alegrado
se ha alegrado	se han alegrado

FUTURE

me alegraré	nos alegraremos
te alegrarás	os alegraréis
se alegrará	se alegrarán

CONDITIONAL

me alegraría	nos alegraríamos
te alegrarías	os alegraríais
se alegraría	se alegrarían

PLUPERFECT

me había alegrado	nos habíamos alegrado
te habías alegrado	os habíais alegrado
se había alegrado	se habían alegrado

PRETERIT PERFECT

me hube alegrado	nos hubimos alegrado
te hubiste alegrado	os hubisteis alegrado
se hubo alegrado	se hubieron alegrado

FUTURE PERFECT

me habré alegrado	nos habremos alegrado
te habrás alegrado	os habréis alegrado
se habrá alegrado	se habrán alegrado

CONDITIONAL PERFECT

me habría alegrado	nos habríamos alegrado
te habrías alegrado	os habríais alegrado
se habría alegrado	se habrían alegrado

PRESENT SUBJUNCTIVE

me alegre	nos alegremos
te alegres	os alegréis
se alegre	se alegren

PRESENT PERFECT SUBJUNCTIVE

me haya alegrado	nos hayamos alegrado
te hayas alegrado	os hayáis alegrado
se haya alegrado	se hayan alegrado

IMPERFECT SUBJUNCTIVE (-ra)   *or*   **IMPERFECT SUBJUNCTIVE (-se)**

me alegrara	nos alegráramos
te alegraras	os alegrarais
se alegrara	se alegraran

me alegrase	nos alegrásemos
te alegrases	os alegraseis
se alegrase	se alegrasen

PAST PERFECT SUBJUNCTIVE (-ra)   *or*   **PAST PERFECT SUBJUNCTIVE (-se)**

me hubiera alegrado	nos hubiéramos alegrado
te hubieras alegrado	os hubierais alegrado
se hubiera alegrado	se hubieran alegrado

me hubiese alegrado	nos hubiésemos alegrado
te hubieses alegrado	os hubieseis alegrado
se hubiese alegrado	se hubiesen alegrado

PROGRESSIVE TENSES

PRESENT	estoy, estás, está, estamos, estáis, están
PRETERIT	estuve, estuviste, estuvo, estuvimos, estuvisteis, estuvieron
IMPERFECT	estaba, estabas, estaba, estábamos, estabais, estaban
FUTURE	estaré, estarás, estará, estaremos, estaréis, estarán
CONDITIONAL	estaría, estarías, estaría, estaríamos, estaríais, estarían
SUBJUNCTIVE	que + *corresponding subjunctive tense of* estar (*see verb 252*)

} alegrando (*see page 31*)

COMMANDS

	(nosotros) alegrémonos/no nos alegremos
(tú) alégrate/no te alegres	(vosotros) alegraos/no os alegréis
(Ud.) alégrese/no se alegre	(Uds.) alégrense/no se alegren

Usage

—Me alegro de verlos.	*I'm happy to see you.*
—Nos alegramos que hayas venido.	*We're glad you've come.*
Se alegraban mucho de la noticia.	*They were very happy about the news.*
Alégrate. Ponte una cara alegre.	*Cheer up. Put on a happy face.*
La música alegrará la fiesta.	*Music will liven up the party.*
¡Qué alegría!	*That's great!*
Prefiero los colores alegres.	*I prefer bright colors.*

regular *-ar* verb | **almaceno · almacenaron · almacenado · almacenando**

PRESENT

almaceno	almacenamos
almacenas	almacenáis
almacena	almacenan

IMPERFECT

almacenaba	almacenábamos
almacenabas	almacenabais
almacenaba	almacenaban

FUTURE

almacenaré	almacenaremos
almacenarás	almacenaréis
almacenará	almacenarán

PLUPERFECT

había almacenado	habíamos almacenado
habías almacenado	habíais almacenado
había almacenado	habían almacenado

FUTURE PERFECT

habré almacenado	habremos almacenado
habrás almacenado	habréis almacenado
habrá almacenado	habrán almacenado

PRESENT SUBJUNCTIVE

almacene	almacenemos
almacenes	almacenéis
almacene	almacenen

IMPERFECT SUBJUNCTIVE (-ra)

almacenara	almacenáramos
almacenaras	almacenarais
almacenara	almacenaran

PAST PERFECT SUBJUNCTIVE (-ra)

hubiera almacenado	hubiéramos almacenado
hubieras almacenado	hubierais almacenado
hubiera almacenado	hubieran almacenado

PRETERIT

almacené	almacenamos
almacenaste	almacenasteis
almacenó	almacenaron

PRESENT PERFECT

he almacenado	hemos almacenado
has almacenado	habéis almacenado
ha almacenado	han almacenado

CONDITIONAL

almacenaría	almacenaríamos
almacenarías	almacenaríais
almacenaría	almacenarían

PRETERIT PERFECT

hube almacenado	hubimos almacenado
hubiste almacenado	hubisteis almacenado
hubo almacenado	hubieron almacenado

CONDITIONAL PERFECT

habría almacenado	habríamos almacenado
habrías almacenado	habríais almacenado
habría almacenado	habrían almacenado

PRESENT PERFECT SUBJUNCTIVE

haya almacenado	hayamos almacenado
hayas almacenado	hayáis almacenado
haya almacenado	hayan almacenado

or **IMPERFECT SUBJUNCTIVE (-se)**

almacenase	almacenásemos
almacenases	almacenaseis
almacenase	almacenasen

or **PAST PERFECT SUBJUNCTIVE (-se)**

hubiese almacenado	hubiésemos almacenado
hubieses almacenado	hubieseis almacenado
hubiese almacenado	hubiesen almacenado

PROGRESSIVE TENSES

PRESENT	estoy, estás, está, estamos, estáis, están
PRETERIT	estuve, estuviste, estuvo, estuvimos, estuvisteis, estuvieron
IMPERFECT	estaba, estabas, estaba, estábamos, estabais, estaban
FUTURE	estaré, estarás, estará, estaremos, estaréis, estarán
CONDITIONAL	estaría, estarías, estaría, estaríamos, estaríais, estarían
SUBJUNCTIVE	que + *corresponding subjunctive tense of* estar (*see verb 252*)

} almacenando

COMMANDS

	(nosotros) almacenemos/no almacenemos
(tú) almacena/no almacenes	(vosotros) almacenad/no almacenéis
(Ud.) almacene/no almacene	(Uds.) almacenen/no almacenen

Usage

Se introducen, se elaboran, se guardan y se almacenan datos. | *Information/Data is entered, edited, saved, and stored.*

Nos interesa mucho el almacenamiento de datos. | *We're very interested in information storage.*
Se almacenan las existencias. | *Stock/Inventory is stored in the warehouse.*
Los grandes almacenes tienen muchas sucursales. | *The big department stores have many branches.*
El almacén queda en la esquina. | *The department store/grocery (Amer.) is at the corner.*

almorzar   *to have lunch*

almuerzo · almorzaron · almorzado · almorzando

stem-changing -*ar* verb: *o* > *ue*;
spelling change: *z* > *c/e*

PRESENT

almuerzo	almorzamos
almuerzas	almorzáis
almuerza	almuerzan

PRETERIT

almorcé	almorzamos
almorzaste	almorzasteis
almorzó	almorzaron

IMPERFECT

almorzaba	almorzábamos
almorzabas	almorzabais
almorzaba	almorzaban

PRESENT PERFECT

he almorzado	hemos almorzado
has almorzado	habéis almorzado
ha almorzado	han almorzado

FUTURE

almorzaré	almorzaremos
almorzarás	almorzaréis
almorzará	almorzarán

CONDITIONAL

almorzaría	almorzaríamos
almorzarías	almorzaríais
almorzaría	almorzarían

PLUPERFECT

había almorzado	habíamos almorzado
habías almorzado	habíais almorzado
había almorzado	habían almorzado

PRETERIT PERFECT

hube almorzado	hubimos almorzado
hubiste almorzado	hubisteis almorzado
hubo almorzado	hubieron almorzado

FUTURE PERFECT

habré almorzado	habremos almorzado
habrás almorzado	habréis almorzado
habrá almorzado	habrán almorzado

CONDITIONAL PERFECT

habría almorzado	habríamos almorzado
habrías almorzado	habríais almorzado
habría almorzado	habrían almorzado

PRESENT SUBJUNCTIVE

almuerce	almorcemos
almuerces	almorcéis
almuerce	almuercen

PRESENT PERFECT SUBJUNCTIVE

haya almorzado	hayamos almorzado
hayas almorzado	hayáis almorzado
haya almorzado	hayan almorzado

IMPERFECT SUBJUNCTIVE (-ra)

almorzara	almorzáramos
almorzaras	almorzarais
almorzara	almorzaran

or   **IMPERFECT SUBJUNCTIVE (-se)**

almorzase	almorzásemos
almorzases	almorzaseis
almorzase	almorzasen

PAST PERFECT SUBJUNCTIVE (-ra)

hubiera almorzado	hubiéramos almorzado
hubieras almorzado	hubierais almorzado
hubiera almorzado	hubieran almorzado

or   **PAST PERFECT SUBJUNCTIVE (-se)**

hubiese almorzado	hubiésemos almorzado
hubieses almorzado	hubieseis almorzado
hubiese almorzado	hubiesen almorzado

PROGRESSIVE TENSES

PRESENT	estoy, estás, está, estamos, estáis, están
PRETERIT	estuve, estuviste, estuvo, estuvimos, estuvisteis, estuvieron
IMPERFECT	estaba, estabas, estaba, estábamos, estabais, estaban
FUTURE	estaré, estarás, estará, estaremos, estaréis, estarán
CONDITIONAL	estaría, estarías, estaría, estaríamos, estaríais, estarían
SUBJUNCTIVE	que + *corresponding subjunctive tense of* estar (*see verb 252*)

} almorzando

COMMANDS

	(nosotros) almorcemos/no almorcemos
(tú) almuerza/no almuerces	(vosotros) almorzad/no almorcéis
(Ud.) almuerce/no almuerce	(Uds.) almuercen/no almuercen

Usage

—¿A qué hora almuerzas?
—Tomo el almuerzo entre la una y las dos.

—¿Qué tomaste en el almuerzo?
—No almorcé porque había desayunado fuerte.

Si almuerzo fuerte tomo la cena ligera.

At what time do you usually have lunch?
I have lunch between 1:00 and 2:00.

What did you have for lunch?
I didn't have lunch because I had eaten a big breakfast.

If I eat a lot at lunch I have a light dinner.

regular *-ar* verb

alquilo · alquilaron · alquilado · alquilando

PRESENT

alquilo	alquilamos
alquilas	alquiláis
alquila	alquilan

IMPERFECT

alquilaba	alquilábamos
alquilabas	alquilabais
alquilaba	alquilaban

FUTURE

alquilaré	alquilaremos
alquilarás	alquilaréis
alquilará	alquilarán

PLUPERFECT

había alquilado	habíamos alquilado
habías alquilado	habíais alquilado
había alquilado	habían alquilado

FUTURE PERFECT

habré alquilado	habremos alquilado
habrás alquilado	habréis alquilado
habrá alquilado	habrán alquilado

PRESENT SUBJUNCTIVE

alquile	alquilemos
alquiles	alquiléis
alquile	alquilen

IMPERFECT SUBJUNCTIVE (-ra)

alquilara	alquiláramos
alquilaras	alquilarais
alquilara	alquilaran

PAST PERFECT SUBJUNCTIVE (-ra)

hubiera alquilado	hubiéramos alquilado
hubieras alquilado	hubierais alquilado
hubiera alquilado	hubieran alquilado

PRETERIT

alquilé	alquilamos
alquilaste	alquilasteis
alquiló	alquilaron

PRESENT PERFECT

he alquilado	hemos alquilado
has alquilado	habéis alquilado
ha alquilado	han alquilado

CONDITIONAL

alquilaría	alquilaríamos
alquilarías	alquilaríais
alquilaría	alquilarían

PRETERIT PERFECT

hube alquilado	hubimos alquilado
hubiste alquilado	hubisteis alquilado
hubo alquilado	hubieron alquilado

CONDITIONAL PERFECT

habría alquilado	habríamos alquilado
habrías alquilado	habríais alquilado
habría alquilado	habrían alquilado

PRESENT PERFECT SUBJUNCTIVE

haya alquilado	hayamos alquilado
hayas alquilado	hayáis alquilado
haya alquilado	hayan alquilado

or **IMPERFECT SUBJUNCTIVE (-se)**

alquilase	alquilásemos
alquilases	alquilaseis
alquilase	alquilasen

or **PAST PERFECT SUBJUNCTIVE (-se)**

hubiese alquilado	hubiésemos alquilado
hubieses alquilado	hubieseis alquilado
hubiese alquilado	hubiesen alquilado

PROGRESSIVE TENSES

PRESENT	estoy, estás, está, estamos, estáis, están
PRETERIT	estuve, estuviste, estuvo, estuvimos, estuvisteis, estuvieron
IMPERFECT	estaba, estabas, estaba, estábamos, estabais, estaban
FUTURE	estaré, estarás, estará, estaremos, estaréis, estarán
CONDITIONAL	estaría, estarías, estaría, estaríamos, estaríais, estarían
SUBJUNCTIVE	que + *corresponding subjunctive tense of* estar (*see verb 252*)

} alquilando

COMMANDS

	(nosotros) alquilemos/no alquilemos
(tú) alquila/no alquiles	(vosotros) alquilad/no alquiléis
(Ud.) alquile/no alquile	(Uds.) alquilen/no alquilen

Usage

—Me encanta este apartamento. Alquilémoslo.
—Está bien, el alquiler es módico.
Se alquila el coche por dos o tres años.
Los inquilinos desalquilaron el piso.
Se alquila casa.
El condominio tiene alquiler con opción a compra.

I love this apartment. Let's rent it.
Okay, the rent is reasonable.
You can lease the car for two or three years.
The tenants vacated the apartment. (Spain)
House for rent.
The condominium rental has an option to buy.

alumbrar *to light, illuminate, enlighten*

alumbro · alumbraron · alumbrado · alumbrando

regular *-ar* verb

PRESENT		PRETERIT	
alumbro	alumbramos	alumbré	alumbramos
alumbras	alumbráis	alumbraste	alumbrasteis
alumbra	alumbran	alumbró	alumbraron

IMPERFECT		PRESENT PERFECT	
alumbraba	alumbrábamos	he alumbrado	hemos alumbrado
alumbrabas	alumbrabais	has alumbrado	habéis alumbrado
alumbraba	alumbraban	ha alumbrado	han alumbrado

FUTURE		CONDITIONAL	
alumbraré	alumbraremos	alumbraría	alumbraríamos
alumbrarás	alumbraréis	alumbrarías	alumbraríais
alumbrará	alumbrarán	alumbraría	alumbrarían

PLUPERFECT		PRETERIT PERFECT	
había alumbrado	habíamos alumbrado	hube alumbrado	hubimos alumbrado
habías alumbrado	habíais alumbrado	hubiste alumbrado	hubisteis alumbrado
había alumbrado	habían alumbrado	hubo alumbrado	hubieron alumbrado

FUTURE PERFECT		CONDITIONAL PERFECT	
habré alumbrado	habremos alumbrado	habría alumbrado	habríamos alumbrado
habrás alumbrado	habréis alumbrado	habrías alumbrado	habríais alumbrado
habrá alumbrado	habrán alumbrado	habría alumbrado	habrían alumbrado

PRESENT SUBJUNCTIVE		PRESENT PERFECT SUBJUNCTIVE	
alumbre	alumbremos	haya alumbrado	hayamos alumbrado
alumbres	alumbréis	hayas alumbrado	hayáis alumbrado
alumbre	alumbren	haya alumbrado	hayan alumbrado

IMPERFECT SUBJUNCTIVE (-ra)		*or* IMPERFECT SUBJUNCTIVE (-se)	
alumbrara	alumbráramos	alumbrase	alumbrásemos
alumbraras	alumbrarais	alumbrases	alumbraseis
alumbrara	alumbraran	alumbrase	alumbrasen

PAST PERFECT SUBJUNCTIVE (-ra)		*or* PAST PERFECT SUBJUNCTIVE (-se)	
hubiera alumbrado	hubiéramos alumbrado	hubiese alumbrado	hubiésemos alumbrado
hubieras alumbrado	hubierais alumbrado	hubieses alumbrado	hubieseis alumbrado
hubiera alumbrado	hubieran alumbrado	hubiese alumbrado	hubiesen alumbrado

PROGRESSIVE TENSES

PRESENT	estoy, estás, está, estamos, estáis, están	
PRETERIT	estuve, estuviste, estuvo, estuvimos, estuvisteis, estuvieron	
IMPERFECT	estaba, estabas, estaba, estábamos, estabais, estaban	alumbrando
FUTURE	estaré, estarás, estará, estaremos, estaréis, estarán	
CONDITIONAL	estaría, estarías, estaría, estaríamos, estaríais, estarían	
SUBJUNCTIVE	que + *corresponding subjunctive tense of* estar (*see verb 252*)	

COMMANDS

	(nosotros) alumbremos/no alumbremos
(tú) alumbra/no alumbres	(vosotros) alumbrad/no alumbréis
(Ud.) alumbre/no alumbre	(Uds.) alumbren/no alumbren

Usage

La lámpara no alumbra toda la sala.	*The lamp doesn't light the whole room.*
El pueblo estaba alumbrado durante la feria.	*The town was illuminated during the fair.*
Su explicación alumbró el tema.	*His explanation shed light on the topic.*
Fue deslumbrante.	*It was enlightening.*
Os recomiendo este deslumbrante espectáculo.	*I recommend this dazzling show to you.*
¿No te gusta la lumbre del fuego?	*Don't you like the firelight?*
¡Qué lumbrera!	*What a luminary/brilliant person!*

-*ar* verb; spelling change: *z* > *c/e*   alzo · alzaron · alzado · alzando

PRESENT

alzo	alzamos
alzas	alzáis
alza	alzan

PRETERIT

alcé	alzamos
alzaste	alzasteis
alzó	alzaron

IMPERFECT

alzaba	alzábamos
alzabas	alzabais
alzaba	alzaban

PRESENT PERFECT

he alzado	hemos alzado
has alzado	habéis alzado
ha alzado	han alzado

FUTURE

alzaré	alzaremos
alzarás	alzaréis
alzará	alzarán

CONDITIONAL

alzaría	alzaríamos
alzarías	alzaríais
alzaría	alzarían

PLUPERFECT

había alzado	habíamos alzado
habías alzado	habíais alzado
había alzado	habían alzado

PRETERIT PERFECT

hube alzado	hubimos alzado
hubiste alzado	hubisteis alzado
hubo alzado	hubieron alzado

FUTURE PERFECT

habré alzado	habremos alzado
habrás alzado	habréis alzado
habrá alzado	habrán alzado

CONDITIONAL PERFECT

habría alzado	habríamos alzado
habrías alzado	habríais alzado
habría alzado	habrían alzado

PRESENT SUBJUNCTIVE

alce	alcemos
alces	alcéis
alce	alcen

PRESENT PERFECT SUBJUNCTIVE

haya alzado	hayamos alzado
hayas alzado	hayáis alzado
haya alzado	hayan alzado

IMPERFECT SUBJUNCTIVE (-ra)

alzara	alzáramos
alzaras	alzarais
alzara	alzaran

or **IMPERFECT SUBJUNCTIVE (-se)**

alzase	alzásemos
alzases	alzaseis
alzase	alzasen

PAST PERFECT SUBJUNCTIVE (-ra)

hubiera alzado	hubiéramos alzado
hubieras alzado	hubierais alzado
hubiera alzado	hubieran alzado

or **PAST PERFECT SUBJUNCTIVE (-se)**

hubiese alzado	hubiésemos alzado
hubieses alzado	hubieseis alzado
hubiese alzado	hubiesen alzado

PROGRESSIVE TENSES

PRESENT	estoy, estás, está, estamos, estáis, están	
PRETERIT	estuve, estuviste, estuvo, estuvimos, estuvisteis, estuvieron	
IMPERFECT	estaba, estabas, estaba, estábamos, estabais, estaban	alzando
FUTURE	estaré, estarás, estará, estaremos, estaréis, estarán	
CONDITIONAL	estaría, estarías, estaría, estaríamos, estaríais, estarían	
SUBJUNCTIVE	que + *corresponding subjunctive tense of* estar (*see verb 252*)	

COMMANDS

	(nosotros) alcemos/no alcemos
(tú) alza/no alces	(vosotros) alzad/no alcéis
(Ud.) alce/no alce	(Uds.) alcen/no alcen

Usage

Alza la voz para que te oigamos.	*Raise your voice so we can hear you.*
Alcen la mano si quieren hablar.	*Raise your hands if you want to speak.*
Hubo un alzamiento de precios.	*There was a rise in prices.*
Estas modas están en alza.	*These fashions are rising in popularity.*

amar *to love*

regular -*ar* verb

PRESENT		PRETERIT	
amo	amamos	amé	amamos
amas	amáis	amaste	amasteis
ama	aman	amó	amaron

IMPERFECT		PRESENT PERFECT	
amaba	amábamos	he amado	hemos amado
amabas	amabais	has amado	habéis amado
amaba	amaban	ha amado	han amado

FUTURE		CONDITIONAL	
amaré	amaremos	amaría	amaríamos
amarás	amaréis	amarías	amaríais
amará	amarán	amaría	amarían

PLUPERFECT		PRETERIT PERFECT	
había amado	habíamos amado	hube amado	hubimos amado
habías amado	habíais amado	hubiste amado	hubisteis amado
había amado	habían amado	hubo amado	hubieron amado

FUTURE PERFECT		CONDITIONAL PERFECT	
habré amado	habremos amado	habría amado	habríamos amado
habrás amado	habréis amado	habrías amado	habríais amado
habrá amado	habrán amado	habría amado	habrían amado

PRESENT SUBJUNCTIVE		PRESENT PERFECT SUBJUNCTIVE	
ame	amemos	haya amado	hayamos amado
ames	améis	hayas amado	hayáis amado
ame	amen	haya amado	hayan amado

IMPERFECT SUBJUNCTIVE (-ra)		*or* IMPERFECT SUBJUNCTIVE (-se)	
amara	amáramos	amase	amásemos
amaras	amarais	amases	amaseis
amara	amaran	amase	amasen

PAST PERFECT SUBJUNCTIVE (-ra)		*or* PAST PERFECT SUBJUNCTIVE (-se)	
hubiera amado	hubiéramos amado	hubiese amado	hubiésemos amado
hubieras amado	hubierais amado	hubieses amado	hubieseis amado
hubiera amado	hubieran amado	hubiese amado	hubiesen amado

PROGRESSIVE TENSES

PRESENT	estoy, estás, está, estamos, estáis, están	
PRETERIT	estuve, estuviste, estuvo, estuvimos, estuvisteis, estuvieron	
IMPERFECT	estaba, estabas, estaba, estábamos, estabais, estaban	amando
FUTURE	estaré, estarás, estará, estaremos, estaréis, estarán	
CONDITIONAL	estaría, estarías, estaría, estaríamos, estaríais, estarían	
SUBJUNCTIVE	que + *corresponding subjunctive tense of* estar (*see verb 252*)	

COMMANDS

	(nosotros) amemos/no amemos
(tú) ama/no ames	(vosotros) amad/no améis
(Ud.) ame/no ame	(Uds.) amen/no amen

Usage

Se enamoraron hace cincuenta años.	*They fell in love 50 years ago.*
Y todavía se aman con locura.	*And they still love each other madly.*
Siguen enviándose cartas amatorias.	*They still send each other love letters.*
¡Cuánto amamos a nuestra patria!	*We love our country so much!*
Tiene un gran amor a la música.	*She has a great love of music.*
Es amante de la historia.	*He's fond of history.*

-ar verb; spelling change: *z > c/e*   **amenazo · amenazaron · amenazado · amenazando**

PRESENT		PRETERIT	
amenazo	amenazamos	amenacé	amenazamos
amenazas	amenazáis	amenazaste	amenazasteis
amenaza	amenazan	amenazó	amenazaron

IMPERFECT		PRESENT PERFECT	
amenazaba	amenazábamos	he amenazado	hemos amenazado
amenazabas	amenazabais	has amenazado	habéis amenazado
amenazaba	amenazaban	ha amenazado	han amenazado

FUTURE		CONDITIONAL	
amenazaré	amenazaremos	amenazaría	amenazaríamos
amenazarás	amenazaréis	amenazarías	amenazaríais
amenazará	amenazarán	amenazaría	amenazarían

PLUPERFECT		PRETERIT PERFECT	
había amenazado	habíamos amenazado	hube amenazado	hubimos amenazado
habías amenazado	habíais amenazado	hubiste amenazado	hubisteis amenazado
había amenazado	habían amenazado	hubo amenazado	hubieron amenazado

FUTURE PERFECT		CONDITIONAL PERFECT	
habré amenazado	habremos amenazado	habría amenazado	habríamos amenazado
habrás amenazado	habréis amenazado	habrías amenazado	habríais amenazado
habrá amenazado	habrán amenazado	habría amenazado	habrían amenazado

PRESENT SUBJUNCTIVE		PRESENT PERFECT SUBJUNCTIVE	
amenace	amenacemos	haya amenazado	hayamos amenazado
amenaces	amenacéis	hayas amenazado	hayáis amenazado
amenace	amenacen	haya amenazado	hayan amenazado

IMPERFECT SUBJUNCTIVE (-ra)		*or*	IMPERFECT SUBJUNCTIVE (-se)	
amenazara	amenazáramos		amenazase	amenazásemos
amenazaras	amenazarais		amenazases	amenazaseis
amenazara	amenazaran		amenazase	amenazasen

PAST PERFECT SUBJUNCTIVE (-ra)		*or*	PAST PERFECT SUBJUNCTIVE (-se)	
hubiera amenazado	hubiéramos amenazado		hubiese amenazado	hubiésemos amenazado
hubieras amenazado	hubierais amenazado		hubieses amenazado	hubieseis amenazado
hubiera amenazado	hubieran amenazado		hubiese amenazado	hubiesen amenazado

PROGRESSIVE TENSES

PRESENT	estoy, estás, está, estamos, estáis, están	
PRETERIT	estuve, estuviste, estuvo, estuvimos, estuvisteis, estuvieron	
IMPERFECT	estaba, estabas, estaba, estábamos, estabais, estaban	amenazando
FUTURE	estaré, estarás, estará, estaremos, estaréis, estarán	
CONDITIONAL	estaría, estarías, estaría, estaríamos, estaríais, estarían	
SUBJUNCTIVE	que + *corresponding subjunctive tense of* estar (*see verb 252*)	

COMMANDS

	(nosotros) amenacemos/no amenacemos
(tú) amenaza/no amenaces	(vosotros) amenazad/no amenacéis
(Ud.) amenace/no amenace	(Uds.) amenacen/no amenacen

Usage

Los amenazó con matarlos.	*He threatened to kill them.*
Habló con un tono amenazador.	*She spoke with a menacing tone.*
Viven amenazados por las tempestades.	*They live threatened by storms.*
Amenaza lluvia.	*Rain is imminent./It threatens to rain.*
Sus amenazas no nos asustan porque son amenazas vanas.	*Their threats don't scare us because they're idle threats.*

ando · anduvieron · andado · andando

-ar verb, irregular in preterit

—¡Ya han andado cuatro millas!	*They've already walked four miles!*
—Es que andan muy de prisa.	*They walk very quickly.*
—¿Qué tal las ganancias este año?	*How are earnings this year?*
—La empresa anda muy bien.	*The firm is doing very well.*
—¿Dónde están los documentos?	*Where are the documents?*
—Andarán por aquí.	*They're probably around here somewhere.*
—Mi reloj no anda bien.	*My watch isn't working well.*
—¿Anda atrasado o adelantado?	*Is it fast or slow?*
—¿Vamos en metro o a pie?	*Shall we go by subway or walk?*
—Yo prefiero ir andando.	*I prefer to walk.*
Me alegro de que anden bien de salud.	*I'm glad they're in good health.*

andar con + noun *to be* + adjective

Anda con cuidado.	*Be careful.*
No andes con miedo.	*Don't be afraid.*

¡Anda! *Come on!* (to encourage someone), *Go on!* (wariness)

¡Anda! ¡Marquen un gol!	*Come on! Score a goal!*
¡Anda! Dime la verdad.	*Go on! Tell me the truth.*

Other Uses

—El bebé aprende a andar.	*The baby is learning how to walk.*
—Por ahora anda a gatas.	*For now he's walking on all fours.*
—Se quebró la pierna y no podía andar.	*She broke her leg and couldn't walk.*
—Pero ahora tiene el andar ligero y seguro.	*But now she has a brisk and steady walk/gait.*
—Nos encantan las caminatas.	*We love long walks.*
—Uds. siempre eran muy andariegos.	*You were always very fond of walking.*
Anda por las nubes.	*She has her head in the clouds/she's daydreaming.*
Don Quijote es un caballero andante.	*Don Quijote is a knight-errant.*
Deja de andar con rodeos.	*Stop beating around the bush.*
¡Andáis en boca de todos!	*You're the talk of the town!*
Dime con quién andas y te diré quién eres.	*A man is known by the company he keeps.*
Quien mal anda, mal acaba.	*He who falls into bad ways will come to a bad end.*

TOP 50 VERBS

-ar verb, irregular in preterit   ando · anduvieron · andado · andando

PRESENT

ando	andamos
andas	andáis
anda	andan

IMPERFECT

andaba	andábamos
andabas	andabais
andaba	andaban

FUTURE

andaré	andaremos
andarás	andaréis
andará	andarán

PLUPERFECT

había andado	habíamos andado
habías andado	habíais andado
había andado	habían andado

FUTURE PERFECT

habré andado	habremos andado
habrás andado	habréis andado
habrá andado	habrán andado

PRESENT SUBJUNCTIVE

ande	andemos
andes	andéis
ande	anden

IMPERFECT SUBJUNCTIVE (-ra)

anduviera	anduviéramos
anduvieras	anduvierais
anduviera	anduvieran

PAST PERFECT SUBJUNCTIVE (-ra)

hubiera andado	hubiéramos andado
hubieras andado	hubierais andado
hubiera andado	hubieran andado

PRETERIT

anduve	anduvimos
anduviste	anduvisteis
anduvo	anduvieron

PRESENT PERFECT

he andado	hemos andado
has andado	habéis andado
ha andado	han andado

CONDITIONAL

andaría	andaríamos
andarías	andaríais
andaría	andarían

PRETERIT PERFECT

hube andado	hubimos andado
hubiste andado	hubisteis andado
hubo andado	hubieron andado

CONDITIONAL PERFECT

habría andado	habríamos andado
habrías andado	habríais andado
habría andado	habrían andado

PRESENT PERFECT SUBJUNCTIVE

haya andado	hayamos andado
hayas andado	hayáis andado
haya andado	hayan andado

or **IMPERFECT SUBJUNCTIVE (-se)**

anduviese	anduviésemos
anduvieses	anduvieseis
anduviese	anduviesen

or **PAST PERFECT SUBJUNCTIVE (-se)**

hubiese andado	hubiésemos andado
hubieses andado	hubieseis andado
hubiese andado	hubiesen andado

PROGRESSIVE TENSES

PRESENT	estoy, estás, está, estamos, estáis, están
PRETERIT	estuve, estuviste, estuvo, estuvimos, estuvisteis, estuvieron
IMPERFECT	estaba, estabas, estaba, estábamos, estabais, estaban
FUTURE	estaré, estarás, estará, estaremos, estaréis, estarán
CONDITIONAL	estaría, estarías, estaría, estaríamos, estaríais, estarían
SUBJUNCTIVE	que + *corresponding subjunctive tense of* estar (*see verb 252*)

} andando

COMMANDS

	(nosotros) andemos/no andemos
(tú) anda/no andes	(vosotros) andad/no andéis
(Ud.) ande/no ande	(Uds.) anden/no anden

Usage

Anduvieron rápidamente/de puntillas.	*They walked quickly/on tiptoe.*
Los negocios andan bien/mal.	*The business is doing well/badly.*
Los chicos andan por aquí/por allí.	*The kids are around here/there.*
Andaba bien/mal de salud.	*She was in good/bad health.*
Han andado muy ocupados.	*They've been very busy.*
Anduvo quince millas.	*She walked/covered/traveled fifteen miles.*

anunciar *to announce, tell, advertise*

anuncio · anunciaron · anunciado · anunciando

regular *-ar* verb

PRESENT

anuncio	anunciamos
anuncias	anunciáis
anuncia	anuncian

PRETERIT

anuncié	anunciamos
anunciaste	anunciasteis
anunció	anunciaron

IMPERFECT

anunciaba	anunciábamos
anunciabas	anunciabais
anunciaba	anunciaban

PRESENT PERFECT

he anunciado	hemos anunciado
has anunciado	habéis anunciado
ha anunciado	han anunciado

FUTURE

anunciaré	anunciaremos
anunciarás	anunciaréis
anunciará	anunciarán

CONDITIONAL

anunciaría	anunciaríamos
anunciarías	anunciaríais
anunciaría	anunciarían

PLUPERFECT

había anunciado	habíamos anunciado
habías anunciado	habíais anunciado
había anunciado	habían anunciado

PRETERIT PERFECT

hube anunciado	hubimos anunciado
hubiste anunciado	hubisteis anunciado
hubo anunciado	hubieron anunciado

FUTURE PERFECT

habré anunciado	habremos anunciado
habrás anunciado	habréis anunciado
habrá anunciado	habrán anunciado

CONDITIONAL PERFECT

habría anunciado	habríamos anunciado
habrías anunciado	habríais anunciado
habría anunciado	habrían anunciado

PRESENT SUBJUNCTIVE

anuncie	anunciemos
anuncies	anunciéis
anuncie	anuncien

PRESENT PERFECT SUBJUNCTIVE

haya anunciado	hayamos anunciado
hayas anunciado	hayáis anunciado
haya anunciado	hayan anunciado

IMPERFECT SUBJUNCTIVE (-ra)

anunciara	anunciáramos
anunciaras	anunciarais
anunciara	anunciaran

or **IMPERFECT SUBJUNCTIVE (-se)**

anunciase	anunciásemos
anunciases	anunciaseis
anunciase	anunciasen

PAST PERFECT SUBJUNCTIVE (-ra)

hubiera anunciado	hubiéramos anunciado
hubieras anunciado	hubierais anunciado
hubiera anunciado	hubieran anunciado

or **PAST PERFECT SUBJUNCTIVE (-se)**

hubiese anunciado	hubiésemos anunciado
hubieses anunciado	hubieseis anunciado
hubiese anunciado	hubiesen anunciado

PROGRESSIVE TENSES

PRESENT	estoy, estás, está, estamos, estáis, están
PRETERIT	estuve, estuviste, estuvo, estuvimos, estuvisteis, estuvieron
IMPERFECT	estaba, estabas, estaba, estábamos, estabais, estaban
FUTURE	estaré, estarás, estará, estaremos, estaréis, estarán
CONDITIONAL	estaría, estarías, estaría, estaríamos, estaríais, estarían
SUBJUNCTIVE	que + *corresponding subjunctive tense of* estar (*see verb 252*)

} anunciando

COMMANDS

(tú) anuncia/no anuncies	(nosotros) anunciemos/no anunciemos
(Ud.) anuncie/no anuncie	(vosotros) anunciad/no anunciéis
	(Uds.) anuncien/no anuncien

Usage

Nos anunció que iba a renunciar a su puesto.	*He told us that he was going to resign.*
Se anuncia todas las semanas.	*They take out an ad every week.*
El presidente fue anunciado.	*The president was announced.*
Pusieron un anuncio en el periódico.	*They ran an ad in the newspaper.*
Hay muchos anuncios clasificados hoy.	*There are many classified ads today.*
Su respuesta no nos anuncia nada bueno.	*His reply doesn't bode well for us.*

añado · añadieron · añadido · añadiendo

regular -*ir* verb

PRESENT

añado	añadimos
añades	añadís
añade	añaden

IMPERFECT

añadía	añadíamos
añadías	añadíais
añadía	añadían

FUTURE

añadiré	añadiremos
añadirás	añadiréis
añadirá	añadirán

PLUPERFECT

había añadido	habíamos añadido
habías añadido	habíais añadido
había añadido	habían añadido

FUTURE PERFECT

habré añadido	habremos añadido
habrás añadido	habréis añadido
habrá añadido	habrán añadido

PRESENT SUBJUNCTIVE

añada	añadamos
añadas	añadáis
añada	añadan

IMPERFECT SUBJUNCTIVE (-ra)

añadiera	añadiéramos
añadieras	añadierais
añadiera	añadieran

PAST PERFECT SUBJUNCTIVE (-ra)

hubiera añadido	hubiéramos añadido
hubieras añadido	hubierais añadido
hubiera añadido	hubieran añadido

PRETERIT

añadí	añadimos
añadiste	añadisteis
añadió	añadieron

PRESENT PERFECT

he añadido	hemos añadido
has añadido	habéis añadido
ha añadido	han añadido

CONDITIONAL

añadiría	añadiríamos
añadirías	añadiríais
añadiría	añadirían

PRETERIT PERFECT

hube añadido	hubimos añadido
hubiste añadido	hubisteis añadido
hubo añadido	hubieron añadido

CONDITIONAL PERFECT

habría añadido	habríamos añadido
habrías añadido	habríais añadido
habría añadido	habrían añadido

PRESENT PERFECT SUBJUNCTIVE

haya añadido	hayamos añadido
hayas añadido	hayáis añadido
haya añadido	hayan añadido

or **IMPERFECT SUBJUNCTIVE (-se)**

añadiese	añadiésemos
añadieses	añadieseis
añadiese	añadiesen

or **PAST PERFECT SUBJUNCTIVE (-se)**

hubiese añadido	hubiésemos añadido
hubieses añadido	hubieseis añadido
hubiese añadido	hubiesen añadido

PROGRESSIVE TENSES

PRESENT	estoy, estás, está, estamos, estáis, están
PRETERIT	estuve, estuviste, estuvo, estuvimos, estuvisteis, estuvieron
IMPERFECT	estaba, estabas, estaba, estábamos, estabais, estaban
FUTURE	estaré, estarás, estará, estaremos, estaréis, estarán
CONDITIONAL	estaría, estarías, estaría, estaríamos, estaríais, estarían
SUBJUNCTIVE	que + *corresponding subjunctive tense of* estar (*see verb 252*)

añadiendo

COMMANDS

	(nosotros) añadamos/no añadamos
(tú) añade/no añadas	(vosotros) añadid/no añadáis
(Ud.) añada/no añada	(Uds.) añadan/no añadan

Usage

Añada más sal al guisado.	*Add more salt to the stew.*
Los claveles rojos añaden color a la mesa.	*The red carnations add color to the table.*
No hay lugar para lo añadido.	*There's no room for what was added.*
No nos gustan los añadidos.	*We don't like the additions.*
Por añadidura...	*Besides . . ./In addition . . .*

apagar   *to put out, extinguish, turn/shut off, muffle*

apago · apagaron · apagado · apagando

-ar verb; spelling change: *g > gu/e*

PRESENT			PRETERIT	
apago	apagamos		apagué	apagamos
apagas	apagáis		apagaste	apagasteis
apaga	apagan		apagó	apagaron

IMPERFECT			PRESENT PERFECT	
apagaba	apagábamos		he apagado	hemos apagado
apagabas	apagabais		has apagado	habéis apagado
apagaba	apagaban		ha apagado	han apagado

FUTURE			CONDITIONAL	
apagaré	apagaremos		apagaría	apagaríamos
apagarás	apagaréis		apagarías	apagaríais
apagará	apagarán		apagaría	apagarían

PLUPERFECT			PRETERIT PERFECT	
había apagado	habíamos apagado		hube apagado	hubimos apagado
habías apagado	habíais apagado		hubiste apagado	hubisteis apagado
había apagado	habían apagado		hubo apagado	hubieron apagado

FUTURE PERFECT			CONDITIONAL PERFECT	
habré apagado	habremos apagado		habría apagado	habríamos apagado
habrás apagado	habréis apagado		habrías apagado	habríais apagado
habrá apagado	habrán apagado		habría apagado	habrían apagado

PRESENT SUBJUNCTIVE			PRESENT PERFECT SUBJUNCTIVE	
apague	apaguemos		haya apagado	hayamos apagado
apagues	apaguéis		hayas apagado	hayáis apagado
apague	apaguen		haya apagado	hayan apagado

IMPERFECT SUBJUNCTIVE (-ra)		*or*	IMPERFECT SUBJUNCTIVE (-se)	
apagara	apagáramos		apagase	apagásemos
apagaras	apagarais		apagases	apagaseis
apagara	apagaran		apagase	apagasen

PAST PERFECT SUBJUNCTIVE (-ra)		*or*	PAST PERFECT SUBJUNCTIVE (-se)	
hubiera apagado	hubiéramos apagado		hubiese apagado	hubiésemos apagado
hubieras apagado	hubierais apagado		hubieses apagado	hubieseis apagado
hubiera apagado	hubieran apagado		hubiese apagado	hubiesen apagado

PROGRESSIVE TENSES

PRESENT	estoy, estás, está, estamos, estáis, están	
PRETERIT	estuve, estuviste, estuvo, estuvimos, estuvisteis, estuvieron	
IMPERFECT	estaba, estabas, estaba, estábamos, estabais, estaban	apagando
FUTURE	estaré, estarás, estará, estaremos, estaréis, estarán	
CONDITIONAL	estaría, estarías, estaría, estaríamos, estaríais, estarían	
SUBJUNCTIVE	que + *corresponding subjunctive tense of* estar (*see verb 252*)	

COMMANDS

	(nosotros) apaguemos/no apaguemos
(tú) apaga/no apagues	(vosotros) apagad/no apaguéis
(Ud.) apague/no apague	(Uds.) apaguen/no apaguen

Usage

Los bomberos apagaron el incendio.	*The firefighters put out the fire.*
Se apagó el fuego del campamento.	*The campfire went out.*
Apaga la tele y las luces cuando salgas.	*Shut off the TV and the lights when you go out.*
La alfombra y las cortinas apagan el sonido.	*The rug and curtains muffle the sound.*
Hubo apagón durante la ola de calor.	*There was a power outage during the heat wave.*
Es una persona apagada con voz apagada.	*She's a dull person with a weak voice.*

-er verb; spelling change: *c > zc/o, a*   **aparezco · aparecieron · aparecido · apareciendo**

PRESENT

aparezco	aparecemos
apareces	aparecéis
aparece	aparecen

IMPERFECT

aparecía	aparecíamos
aparecías	aparecíais
aparecía	aparecían

FUTURE

apareceré	apareceremos
aparecerás	apareceréis
aparecerá	aparecerán

PLUPERFECT

había aparecido	habíamos aparecido
habías aparecido	habíais aparecido
había aparecido	habían aparecido

FUTURE PERFECT

habré aparecido	habremos aparecido
habrás aparecido	habréis aparecido
habrá aparecido	habrán aparecido

PRESENT SUBJUNCTIVE

aparezca	aparezcamos
aparezcas	aparezcáis
aparezca	aparezcan

IMPERFECT SUBJUNCTIVE (-ra)

apareciera	apareciéramos
aparecieras	aparecierais
apareciera	aparecieran

PAST PERFECT SUBJUNCTIVE (-ra)

hubiera aparecido	hubiéramos aparecido
hubieras aparecido	hubierais aparecido
hubiera aparecido	hubieran aparecido

PRETERIT

aparecí	aparecimos
apareciste	aparecisteis
apareció	aparecieron

PRESENT PERFECT

he aparecido	hemos aparecido
has aparecido	habéis aparecido
ha aparecido	han aparecido

CONDITIONAL

aparecería	apareceríamos
aparecerías	apareceríais
aparecería	aparecerían

PRETERIT PERFECT

hube aparecido	hubimos aparecido
hubiste aparecido	hubisteis aparecido
hubo aparecido	hubieron aparecido

CONDITIONAL PERFECT

habría aparecido	habríamos aparecido
habrías aparecido	habríais aparecido
habría aparecido	habrían aparecido

PRESENT PERFECT SUBJUNCTIVE

haya aparecido	hayamos aparecido
hayas aparecido	hayáis aparecido
haya aparecido	hayan aparecido

or **IMPERFECT SUBJUNCTIVE (-se)**

apareciese	apareciésemos
aparecieses	aparecieseis
apareciese	apareciesen

or **PAST PERFECT SUBJUNCTIVE (-se)**

hubiese aparecido	hubiésemos aparecido
hubieses aparecido	hubieseis aparecido
hubiese aparecido	hubiesen aparecido

PROGRESSIVE TENSES

PRESENT	estoy, estás, está, estamos, estáis, están
PRETERIT	estuve, estuviste, estuvo, estuvimos, estuvisteis, estuvieron
IMPERFECT	estaba, estabas, estaba, estábamos, estabais, estaban
FUTURE	estaré, estarás, estará, estaremos, estaréis, estarán
CONDITIONAL	estaría, estarías, estaría, estaríamos, estaríais, estarían
SUBJUNCTIVE	que + *corresponding subjunctive tense of* estar (*see verb 252*)

apareciendo

COMMANDS

	(nosotros) aparezcamos/no aparezcamos
(tú) aparece/no aparezcas	(vosotros) apareced/no aparezcáis
(Ud.) aparezca/no aparezca	(Uds.) aparezcan/no aparezcan

Usage

Sólo apareció en escena el actor principal.	*Only the lead actor appeared on stage.*
Apareció la segunda edición del libro.	*The second edition of the book came out.*
Dudo que aparezcan hoy.	*I doubt they'll show up today.*
No suele aparecer antes de las once.	*She doesn't usually turn up before 11:00.*
Los papeles perdidos aparecieron en una carpeta.	*The missing papers showed up in a folder/file.*

apartar *to remove, set aside, stray*

aparto · apartaron · apartado · apartando   regular -ar verb

PRESENT

aparto	apartamos
apartas	apartáis
aparta	apartan

PRETERIT

aparté	apartamos
apartaste	apartasteis
apartó	apartaron

IMPERFECT

apartaba	apartábamos
apartabas	apartabais
apartaba	apartaban

PRESENT PERFECT

he apartado	hemos apartado
has apartado	habéis apartado
ha apartado	han apartado

FUTURE

apartaré	apartaremos
apartarás	apartaréis
apartará	apartarán

CONDITIONAL

apartaría	apartaríamos
apartarías	apartaríais
apartaría	apartarían

PLUPERFECT

había apartado	habíamos apartado
habías apartado	habíais apartado
había apartado	habían apartado

PRETERIT PERFECT

hube apartado	hubimos apartado
hubiste apartado	hubisteis apartado
hubo apartado	hubieron apartado

FUTURE PERFECT

habré apartado	habremos apartado
habrás apartado	habréis apartado
habrá apartado	habrán apartado

CONDITIONAL PERFECT

habría apartado	habríamos apartado
habrías apartado	habríais apartado
habría apartado	habrían apartado

PRESENT SUBJUNCTIVE

aparte	apartemos
apartes	apartéis
aparte	aparten

PRESENT PERFECT SUBJUNCTIVE

haya apartado	hayamos apartado
hayas apartado	hayáis apartado
haya apartado	hayan apartado

IMPERFECT SUBJUNCTIVE (-ra)   *or*   **IMPERFECT SUBJUNCTIVE (-se)**

apartara	apartáramos
apartaras	apartarais
apartara	apartaran

apartase	apartásemos
apartases	apartaseis
apartase	apartasen

PAST PERFECT SUBJUNCTIVE (-ra)   *or*   **PAST PERFECT SUBJUNCTIVE (-se)**

hubiera apartado	hubiéramos apartado
hubieras apartado	hubierais apartado
hubiera apartado	hubieran apartado

hubiese apartado	hubiésemos apartado
hubieses apartado	hubieseis apartado
hubiese apartado	hubiesen apartado

PROGRESSIVE TENSES

PRESENT	estoy, estás, está, estamos, estáis, están
PRETERIT	estuve, estuviste, estuvo, estuvimos, estuvisteis, estuvieron
IMPERFECT	estaba, estabas, estaba, estábamos, estabais, estaban
FUTURE	estaré, estarás, estará, estaremos, estaréis, estarán
CONDITIONAL	estaría, estarías, estaría, estaríamos, estaríais, estarían
SUBJUNCTIVE	que + *corresponding subjunctive tense of* estar *(see verb 252)*

} apartando

COMMANDS

	(nosotros) apartemos/no apartemos
(tú) aparta/no apartes	(vosotros) apartad/no apartéis
(Ud.) aparte/no aparte	(Uds.) aparten/no aparten

Usage

Aparte el escritorio de la fotocopiadora.	*Move the desk away from the copying machine.*
Se aparta cien dólares mensuales.	*One hundred dollars are set aside each month.*
No apartes la mirada de los niños.	*Don't take your eyes off the children.*
Viven en un pueblo muy apartado.	*They live in a very remote town.*
Haga párrafo aparte.	*Begin a new paragraph.*
El apartamento da al parque.	*The apartment faces the park.*
Se apartó del tema/camino.	*She strayed from the subject/path.*

PRESENT		PRETERIT	
aplaudo	aplaudimos	aplaudí	aplaudimos
aplaudes	aplaudís	aplaudiste	aplaudisteis
aplaude	aplauden	aplaudió	aplaudieron

IMPERFECT		PRESENT PERFECT	
aplaudía	aplaudíamos	he aplaudido	hemos aplaudido
aplaudías	aplaudíais	has aplaudido	habéis aplaudido
aplaudía	aplaudían	ha aplaudido	han aplaudido

FUTURE		CONDITIONAL	
aplaudiré	aplaudiremos	aplaudiría	aplaudiríamos
aplaudirás	aplaudiréis	aplaudirías	aplaudiríais
aplaudirá	aplaudirán	aplaudiría	aplaudirían

PLUPERFECT		PRETERIT PERFECT	
había aplaudido	habíamos aplaudido	hube aplaudido	hubimos aplaudido
habías aplaudido	habíais aplaudido	hubiste aplaudido	hubisteis aplaudido
había aplaudido	habían aplaudido	hubo aplaudido	hubieron aplaudido

FUTURE PERFECT		CONDITIONAL PERFECT	
habré aplaudido	habremos aplaudido	habría aplaudido	habríamos aplaudido
habrás aplaudido	habréis aplaudido	habrías aplaudido	habríais aplaudido
habrá aplaudido	habrán aplaudido	habría aplaudido	habrían aplaudido

PRESENT SUBJUNCTIVE		PRESENT PERFECT SUBJUNCTIVE	
aplauda	aplaudamos	haya aplaudido	hayamos aplaudido
aplaudas	aplaudáis	hayas aplaudido	hayáis aplaudido
aplauda	aplaudan	haya aplaudido	hayan aplaudido

IMPERFECT SUBJUNCTIVE (-ra)		*or* IMPERFECT SUBJUNCTIVE (-se)	
aplaudiera	aplaudiéramos	aplaudiese	aplaudiésemos
aplaudieras	aplaudierais	aplaudieses	aplaudieseis
aplaudiera	aplaudieran	aplaudiese	aplaudiesen

PAST PERFECT SUBJUNCTIVE (-ra)		*or* PAST PERFECT SUBJUNCTIVE (-se)	
hubiera aplaudido	hubiéramos aplaudido	hubiese aplaudido	hubiésemos aplaudido
hubieras aplaudido	hubierais aplaudido	hubieses aplaudido	hubieseis aplaudido
hubiera aplaudido	hubieran aplaudido	hubiese aplaudido	hubiesen aplaudido

PROGRESSIVE TENSES

PRESENT	estoy, estás, está, estamos, estáis, están	
PRETERIT	estuve, estuviste, estuvo, estuvimos, estuvisteis, estuvieron	
IMPERFECT	estaba, estabas, estaba, estábamos, estabais, estaban	aplaudiendo
FUTURE	estaré, estarás, estará, estaremos, estaréis, estarán	
CONDITIONAL	estaría, estarías, estaría, estaríamos, estaríais, estarían	
SUBJUNCTIVE	que + *corresponding subjunctive tense of* estar (*see verb 252*)	

COMMANDS

	(nosotros) aplaudamos/no aplaudamos
(tú) aplaude/no aplaudas	(vosotros) aplaudid/no aplaudáis
(Ud.) aplauda/no aplauda	(Uds.) aplaudan/no aplaudan

Usage

Aplaudieron con gran entusiasmo.	*They applauded enthusiastically.*
Aplaudimos su resolución en tratar este asunto.	*We applaud his resolve in dealing with this matter.*
La flautista recibió una salva de aplausos del público.	*The flutist received thunderous applause from the audience.*
Aplaudieron mucho a los cantantes.	*They applauded the singers a lot.*

aplazar   *to postpone, defer*

aplazo · aplazaron · aplazado · aplazando

-ar verb; spelling change: *z > c/e*

PRESENT

aplazo	aplazamos
aplazas	aplazáis
aplaza	aplazan

PRETERIT

aplacé	aplazamos
aplazaste	aplazasteis
aplazó	aplazaron

IMPERFECT

aplazaba	aplazábamos
aplazabas	aplazabais
aplazaba	aplazaban

PRESENT PERFECT

he aplazado	hemos aplazado
has aplazado	habéis aplazado
ha aplazado	han aplazado

FUTURE

aplazaré	aplazaremos
aplazarás	aplazaréis
aplazará	aplazarán

CONDITIONAL

aplazaría	aplazaríamos
aplazarías	aplazaríais
aplazaría	aplazarían

PLUPERFECT

había aplazado	habíamos aplazado
habías aplazado	habíais aplazado
había aplazado	habían aplazado

PRETERIT PERFECT

hube aplazado	hubimos aplazado
hubiste aplazado	hubisteis aplazado
hubo aplazado	hubieron aplazado

FUTURE PERFECT

habré aplazado	habremos aplazado
habrás aplazado	habréis aplazado
habrá aplazado	habrán aplazado

CONDITIONAL PERFECT

habría aplazado	habríamos aplazado
habrías aplazado	habríais aplazado
habría aplazado	habrían aplazado

PRESENT SUBJUNCTIVE

aplace	aplacemos
aplaces	aplacéis
aplace	aplacen

PRESENT PERFECT SUBJUNCTIVE

haya aplazado	hayamos aplazado
hayas aplazado	hayáis aplazado
haya aplazado	hayan aplazado

IMPERFECT SUBJUNCTIVE (-ra)

aplazara	aplazáramos
aplazaras	aplazarais
aplazara	aplazaran

or ### IMPERFECT SUBJUNCTIVE (-se)

aplazase	aplazásemos
aplazases	aplazaseis
aplazase	aplazasen

PAST PERFECT SUBJUNCTIVE (-ra)

hubiera aplazado	hubiéramos aplazado
hubieras aplazado	hubierais aplazado
hubiera aplazado	hubieran aplazado

or ### PAST PERFECT SUBJUNCTIVE (-se)

hubiese aplazado	hubiésemos aplazado
hubieses aplazado	hubieseis aplazado
hubiese aplazado	hubiesen aplazado

PROGRESSIVE TENSES

PRESENT	estoy, estás, está, estamos, estáis, están
PRETERIT	estuve, estuviste, estuvo, estuvimos, estuvisteis, estuvieron
IMPERFECT	estaba, estabas, estaba, estábamos, estabais, estaban
FUTURE	estaré, estarás, estará, estaremos, estaréis, estarán
CONDITIONAL	estaría, estarías, estaría, estaríamos, estaríais, estarían
SUBJUNCTIVE	que + *corresponding subjunctive tense of* estar (*see verb 252*)

aplazando

COMMANDS

	(nosotros) aplacemos/no aplacemos
(tú) aplaza/no aplaces	(vosotros) aplazad/no aplacéis
(Ud.) aplace/no aplace	(Uds.) aplacen/no aplacen

Usage

La reunión será aplazada para el dos de marzo.	*The meeting will be postponed until March 2.*
Es preciso que haya aplazamiento.	*It's necessary there be a postponement.*
Se aplaza el pago.	*The payment is being deferred.*
Un aplazamiento incurre intereses.	*A deferment incurs interest.*
Aplacemos la excursión hasta que se despeje.	*Let's postpone the outing until it clears up.*

-*ar* verb; spelling change: *c > qu/e*

aplico · aplicaron · aplicado · aplicando

PRESENT
aplico	aplicamos
aplicas	aplicáis
aplica	aplican

IMPERFECT
aplicaba	aplicábamos
aplicabas	aplicabais
aplicaba	aplicaban

FUTURE
aplicaré	aplicaremos
aplicarás	aplicaréis
aplicará	aplicarán

PLUPERFECT
había aplicado	habíamos aplicado
habías aplicado	habíais aplicado
había aplicado	habían aplicado

FUTURE PERFECT
habré aplicado	habremos aplicado
habrás aplicado	habréis aplicado
habrá aplicado	habrán aplicado

PRESENT SUBJUNCTIVE
aplique	apliquemos
apliques	apliquéis
aplique	apliquen

IMPERFECT SUBJUNCTIVE (-ra)
aplicara	aplicáramos
aplicaras	aplicarais
aplicara	aplicaran

PAST PERFECT SUBJUNCTIVE (-ra)
hubiera aplicado	hubiéramos aplicado
hubieras aplicado	hubierais aplicado
hubiera aplicado	hubieran aplicado

PRETERIT
apliqué	aplicamos
aplicaste	aplicasteis
aplicó	aplicaron

PRESENT PERFECT
he aplicado	hemos aplicado
has aplicado	habéis aplicado
ha aplicado	han aplicado

CONDITIONAL
aplicaría	aplicaríamos
aplicarías	aplicaríais
aplicaría	aplicarían

PRETERIT PERFECT
hube aplicado	hubimos aplicado
hubiste aplicado	hubisteis aplicado
hubo aplicado	hubieron aplicado

CONDITIONAL PERFECT
habría aplicado	habríamos aplicado
habrías aplicado	habríais aplicado
habría aplicado	habrían aplicado

PRESENT PERFECT SUBJUNCTIVE
haya aplicado	hayamos aplicado
hayas aplicado	hayáis aplicado
haya aplicado	hayan aplicado

or IMPERFECT SUBJUNCTIVE (-se)
aplicase	aplicásemos
aplicases	aplicaseis
aplicase	aplicasen

or PAST PERFECT SUBJUNCTIVE (-se)
hubiese aplicado	hubiésemos aplicado
hubieses aplicado	hubieseis aplicado
hubiese aplicado	hubiesen aplicado

PROGRESSIVE TENSES

PRESENT	estoy, estás, está, estamos, estáis, están
PRETERIT	estuve, estuviste, estuvo, estuvimos, estuvisteis, estuvieron
IMPERFECT	estaba, estabas, estaba, estábamos, estabais, estaban
FUTURE	estaré, estarás, estará, estaremos, estaréis, estarán
CONDITIONAL	estaría, estarías, estaría, estaríamos, estaríais, estarían
SUBJUNCTIVE	que + *corresponding subjunctive tense of* estar (*see verb 252*)

} aplicando

COMMANDS

	(nosotros) apliquemos/no apliquemos
(tú) aplica/no apliques	(vosotros) aplicad/no apliquéis
(Ud.) aplique/no aplique	(Uds.) apliquen/no apliquen

Usage

Hay que esperar para aplicar el barniz.	*We have to wait to apply the varnish.*
Este paquete de programas tiene aplicación multimedia.	*This software package has a multimedia application.*
Las leyes se aplican a todos los ciudadanos.	*The laws apply to all the citizens.*
Se aplica mucho en el estudio. Es muy aplicada.	*She works very hard at/devotes herself to her studies. She's very studious.*
Todos los internos son aplicados.	*All of the interns are diligent/industrious.*

55 | aportar *to contribute, bring forth, provide*

aporto · aportaron · aportado · aportando

regular *-ar* verb

PRESENT

aporto	aportamos
aportas	aportáis
aporta	aportan

IMPERFECT

aportaba	aportábamos
aportabas	aportabais
aportaba	aportaban

FUTURE

aportaré	aportaremos
aportarás	aportaréis
aportará	aportarán

PLUPERFECT

había aportado	habíamos aportado
habías aportado	habíais aportado
había aportado	habían aportado

FUTURE PERFECT

habré aportado	habremos aportado
habrás aportado	habréis aportado
habrá aportado	habrán aportado

PRESENT SUBJUNCTIVE

aporte	aportemos
aportes	aportéis
aporte	aporten

IMPERFECT SUBJUNCTIVE (-ra)

aportara	aportáramos
aportaras	aportarais
aportara	aportaran

PAST PERFECT SUBJUNCTIVE (-ra)

hubiera aportado	hubiéramos aportado
hubieras aportado	hubierais aportado
hubiera aportado	hubieran aportado

PRETERIT

aporté	aportamos
aportaste	aportasteis
aportó	aportaron

PRESENT PERFECT

he aportado	hemos aportado
has aportado	habéis aportado
ha aportado	han aportado

CONDITIONAL

aportaría	aportaríamos
aportarías	aportaríais
aportaría	aportarían

PRETERIT PERFECT

hube aportado	hubimos aportado
hubiste aportado	hubisteis aportado
hubo aportado	hubieron aportado

CONDITIONAL PERFECT

habría aportado	habríamos aportado
habrías aportado	habríais aportado
habría aportado	habrían aportado

PRESENT PERFECT SUBJUNCTIVE

haya aportado	hayamos aportado
hayas aportado	hayáis aportado
haya aportado	hayan aportado

or **IMPERFECT SUBJUNCTIVE (-se)**

aportase	aportásemos
aportases	aportaseis
aportase	aportasen

or **PAST PERFECT SUBJUNCTIVE (-se)**

hubiese aportado	hubiésemos aportado
hubieses aportado	hubieseis aportado
hubiese aportado	hubiesen aportado

PROGRESSIVE TENSES

PRESENT	estoy, estás, está, estamos, estáis, están
PRETERIT	estuve, estuviste, estuvo, estuvimos, estuvisteis, estuvieron
IMPERFECT	estaba, estabas, estaba, estábamos, estabais, estaban
FUTURE	estaré, estarás, estará, estaremos, estaréis, estarán
CONDITIONAL	estaría, estarías, estaría, estaríamos, estaríais, estarían
SUBJUNCTIVE	que + *corresponding subjunctive tense of* estar (*see verb 252*)

} aportando

COMMANDS

	(nosotros) aportemos/no aportemos
(tú) aporta/no aportes	(vosotros) aportad/no aportéis
(Ud.) aporte/no aporte	(Uds.) aporten/no aporten

Usage

Ud. ha aportado mucho a esta discusión.	*You've contributed a lot to this discussion.*
El abogado aportó unas pruebas convincentes.	*The lawyer brought forth some convincing evidence.*
Su aportación de fondos es muy valiosa.	*Their contribution of funds is very valuable.*
Su aporte en el procesamiento de datos fue revolucionario.	*His contribution in data processing was revolutionary.*

regular -ar verb

apoyo · apoyaron · apoyado · apoyando

PRESENT

apoyo	apoyamos
apoyas	apoyáis
apoya	apoyan

PRETERIT

apoyé	apoyamos
apoyaste	apoyasteis
apoyó	apoyaron

IMPERFECT

apoyaba	apoyábamos
apoyabas	apoyabais
apoyaba	apoyaban

PRESENT PERFECT

he apoyado	hemos apoyado
has apoyado	habéis apoyado
ha apoyado	han apoyado

FUTURE

apoyaré	apoyaremos
apoyarás	apoyaréis
apoyará	apoyarán

CONDITIONAL

apoyaría	apoyaríamos
apoyarías	apoyaríais
apoyaría	apoyarían

PLUPERFECT

había apoyado	habíamos apoyado
habías apoyado	habíais apoyado
había apoyado	habían apoyado

PRETERIT PERFECT

hube apoyado	hubimos apoyado
hubiste apoyado	hubisteis apoyado
hubo apoyado	hubieron apoyado

FUTURE PERFECT

habré apoyado	habremos apoyado
habrás apoyado	habréis apoyado
habrá apoyado	habrán apoyado

CONDITIONAL PERFECT

habría apoyado	habríamos apoyado
habrías apoyado	habríais apoyado
habría apoyado	habrían apoyado

PRESENT SUBJUNCTIVE

apoye	apoyemos
apoyes	apoyéis
apoye	apoyen

PRESENT PERFECT SUBJUNCTIVE

haya apoyado	hayamos apoyado
hayas apoyado	hayáis apoyado
haya apoyado	hayan apoyado

IMPERFECT SUBJUNCTIVE (-ra)

apoyara	apoyáramos
apoyaras	apoyarais
apoyara	apoyaran

or **IMPERFECT SUBJUNCTIVE (-se)**

apoyase	apoyásemos
apoyases	apoyaseis
apoyase	apoyasen

PAST PERFECT SUBJUNCTIVE (-ra)

hubiera apoyado	hubiéramos apoyado
hubieras apoyado	hubierais apoyado
hubiera apoyado	hubieran apoyado

or **PAST PERFECT SUBJUNCTIVE (-se)**

hubiese apoyado	hubiésemos apoyado
hubieses apoyado	hubieseis apoyado
hubiese apoyado	hubiesen apoyado

PROGRESSIVE TENSES

PRESENT	estoy, estás, está, estamos, estáis, están
PRETERIT	estuve, estuviste, estuvo, estuvimos, estuvisteis, estuvieron
IMPERFECT	estaba, estabas, estaba, estábamos, estabais, estaban
FUTURE	estaré, estarás, estará, estaremos, estaréis, estarán
CONDITIONAL	estaría, estarías, estaría, estaríamos, estaríais, estarían
SUBJUNCTIVE	que + *corresponding subjunctive tense of* estar (*see verb 252*)

} apoyando

COMMANDS

	(nosotros) apoyemos/no apoyemos
(tú) apoya/no apoyes	(vosotros) apoyad/no apoyéis
(Ud.) apoye/no apoye	(Uds.) apoyen/no apoyen

Usage

Apoyamos al candidato titular.
No apoyó su teoría en suficientes datos estadísticos.
No te apoyes en la mesa. Es inestable.
Triunfó en la vida por el apoyo de su familia.
Yo apoyo la moción.

We're supporting the incumbent candidate.
She didn't base her theory on enough statistical data.
Don't lean on the table. It's shaky.
He succeeded in life because of his family's support.
I second the motion.

apreciar *to appreciate, esteem, make out, perceive*

aprecio · apreciaron · apreciado · apreciando   regular -ar verb

PRESENT		PRETERIT	
aprecio	apreciamos	aprecié	apreciamos
aprecias	apreciáis	apreciaste	apreciasteis
aprecia	aprecian	apreció	apreciaron

IMPERFECT		PRESENT PERFECT	
apreciaba	apreciábamos	he apreciado	hemos apreciado
apreciabas	apreciabais	has apreciado	habéis apreciado
apreciaba	apreciaban	ha apreciado	han apreciado

FUTURE		CONDITIONAL	
apreciaré	apreciaremos	apreciaría	apreciaríamos
apreciarás	apreciaréis	apreciarías	apreciaríais
apreciará	apreciarán	apreciaría	apreciarían

PLUPERFECT		PRETERIT PERFECT	
había apreciado	habíamos apreciado	hube apreciado	hubimos apreciado
habías apreciado	habíais apreciado	hubiste apreciado	hubisteis apreciado
había apreciado	habían apreciado	hubo apreciado	hubieron apreciado

FUTURE PERFECT		CONDITIONAL PERFECT	
habré apreciado	habremos apreciado	habría apreciado	habríamos apreciado
habrás apreciado	habréis apreciado	habrías apreciado	habríais apreciado
habrá apreciado	habrán apreciado	habría apreciado	habrían apreciado

PRESENT SUBJUNCTIVE		PRESENT PERFECT SUBJUNCTIVE	
aprecie	apreciemos	haya apreciado	hayamos apreciado
aprecies	apreciéis	hayas apreciado	hayáis apreciado
aprecie	aprecien	haya apreciado	hayan apreciado

IMPERFECT SUBJUNCTIVE (-ra)		*or* IMPERFECT SUBJUNCTIVE (-se)	
apreciara	apreciáramos	apreciase	apreciásemos
apreciaras	apreciarais	apreciases	apreciaseis
apreciara	apreciaran	apreciase	apreciasen

PAST PERFECT SUBJUNCTIVE (-ra)		*or* PAST PERFECT SUBJUNCTIVE (-se)	
hubiera apreciado	hubiéramos apreciado	hubiese apreciado	hubiésemos apreciado
hubieras apreciado	hubierais apreciado	hubieses apreciado	hubieseis apreciado
hubiera apreciado	hubieran apreciado	hubiese apreciado	hubiesen apreciado

PROGRESSIVE TENSES

PRESENT	estoy, estás, está, estamos, estáis, están	
PRETERIT	estuve, estuviste, estuvo, estuvimos, estuvisteis, estuvieron	
IMPERFECT	estaba, estabas, estaba, estábamos, estabais, estaban	apreciando
FUTURE	estaré, estarás, estará, estaremos, estaréis, estarán	
CONDITIONAL	estaría, estarías, estaría, estaríamos, estaríais, estarían	
SUBJUNCTIVE	que + *corresponding subjunctive tense of* estar (*see verb 252*)	

COMMANDS

	(nosotros) apreciemos/no apreciemos
(tú) aprecia/no aprecies	(vosotros) apreciad/no apreciéis
(Ud.) aprecie/no aprecie	(Uds.) aprecien/no aprecien

Usage

Aprecian la literatura inglesa.	*They appreciate English literature.*
—Aprecian mucho al profesor Rubio.	*They hold Professor Rubio in great esteem.*
—Nosotros también le tenemos aprecio.	*We also have great regard for him.*
Hay una diferencia apreciable entre las dos marcas.	*There's an appreciable/a considerable difference between the two brands.*
Se aprecia la diferencia entre las sumas.	*You can note the difference in the totals.*

regular *-er* verb

aprendo · aprendieron · aprendido · aprendiendo

PRESENT		PRETERIT	
aprendo	aprendemos	aprendí	aprendimos
aprendes	aprendéis	aprendiste	aprendisteis
aprende	aprenden	aprendió	aprendieron

IMPERFECT		PRESENT PERFECT	
aprendía	aprendíamos	he aprendido	hemos aprendido
aprendías	aprendíais	has aprendido	habéis aprendido
aprendía	aprendían	ha aprendido	han aprendido

FUTURE		CONDITIONAL	
aprenderé	aprenderemos	aprendería	aprenderíamos
aprenderás	aprenderéis	aprenderías	aprenderíais
aprenderá	aprenderán	aprendería	aprenderían

PLUPERFECT		PRETERIT PERFECT	
había aprendido	habíamos aprendido	hube aprendido	hubimos aprendido
habías aprendido	habíais aprendido	hubiste aprendido	hubisteis aprendido
había aprendido	habían aprendido	hubo aprendido	hubieron aprendido

FUTURE PERFECT		CONDITIONAL PERFECT	
habré aprendido	habremos aprendido	habría aprendido	habríamos aprendido
habrás aprendido	habréis aprendido	habrías aprendido	habríais aprendido
habrá aprendido	habrán aprendido	habría aprendido	habrían aprendido

PRESENT SUBJUNCTIVE		PRESENT PERFECT SUBJUNCTIVE	
aprenda	aprendamos	haya aprendido	hayamos aprendido
aprendas	aprendáis	hayas aprendido	hayáis aprendido
aprenda	aprendan	haya aprendido	hayan aprendido

IMPERFECT SUBJUNCTIVE (-ra)		*or*	IMPERFECT SUBJUNCTIVE (-se)	
aprendiera	aprendiéramos		aprendiese	aprendiésemos
aprendieras	aprendierais		aprendieses	aprendieseis
aprendiera	aprendieran		aprendiese	aprendiesen

PAST PERFECT SUBJUNCTIVE (-ra)		*or*	PAST PERFECT SUBJUNCTIVE (-se)	
hubiera aprendido	hubiéramos aprendido		hubiese aprendido	hubiésemos aprendido
hubieras aprendido	hubierais aprendido		hubieses aprendido	hubieseis aprendido
hubiera aprendido	hubieran aprendido		hubiese aprendido	hubiesen aprendido

PROGRESSIVE TENSES

PRESENT	estoy, estás, está, estamos, estáis, están
PRETERIT	estuve, estuviste, estuvo, estuvimos, estuvisteis, estuvieron
IMPERFECT	estaba, estabas, estaba, estábamos, estabais, estaban
FUTURE	estaré, estarás, estará, estaremos, estaréis, estarán
CONDITIONAL	estaría, estarías, estaría, estaríamos, estaríais, estarían
SUBJUNCTIVE	que + *corresponding subjunctive tense of* estar (*see verb 252*)

} aprendiendo

COMMANDS

	(nosotros) aprendamos/no aprendamos
(tú) aprende/no aprendas	(vosotros) aprended/no aprendáis
(Ud.) aprenda/no aprenda	(Uds.) aprendan/no aprendan

Usage

Aprendí mucho sobre la arquitectura de red.	*I learned a lot about network architecture.*
Aprendió a reparar su ordenador (*Spain*).	*He learned how to repair his computer.*
¿Habéis aprendido todas las fechas de memoria?	*You've memorized all the dates?*
Hace un aprendizaje mientras aprende el oficio.	*He's doing an apprenticeship while he's learning the trade.*
Espero que aprendan de experiencia.	*I hope you'll learn from your mistakes.*
Cada día se aprende algo.	*It's never too late to learn.*

apresuro · apresuraron · apresurado · apresurándose   regular *-ar* reflexive verb

PRESENT

me apresuro	nos apresuramos
te apresuras	os apresuráis
se apresura	se apresuran

PRETERIT

me apresuré	nos apresuramos
te apresuraste	os apresurasteis
se apresuró	se apresuraron

IMPERFECT

me apresuraba	nos apresurábamos
te apresurabas	os apresurabais
se apresuraba	se apresuraban

PRESENT PERFECT

me he apresurado	nos hemos apresurado
te has apresurado	os habéis apresurado
se ha apresurado	se han apresurado

FUTURE

me apresuraré	nos apresuraremos
te apresurarás	os apresuraréis
se apresurará	se apresurarán

CONDITIONAL

me apresuraría	nos apresuraríamos
te apresurarías	os apresuraríais
se apresuraría	se apresurarían

PLUPERFECT

me había apresurado	nos habíamos apresurado
te habías apresurado	os habíais apresurado
se había apresurado	se habían apresurado

PRETERIT PERFECT

me hube apresurado	nos hubimos apresurado
te hubiste apresurado	os hubisteis apresurado
se hubo apresurado	se hubieron apresurado

FUTURE PERFECT

me habré apresurado	nos habremos apresurado
te habrás apresurado	os habréis apresurado
se habrá apresurado	se habrán apresurado

CONDITIONAL PERFECT

me habría apresurado	nos habríamos apresurado
te habrías apresurado	os habríais apresurado
se habría apresurado	se habrían apresurado

PRESENT SUBJUNCTIVE

me apresure	nos apresuremos
te apresures	os apresuréis
se apresure	se apresuren

PRESENT PERFECT SUBJUNCTIVE

me haya apresurado	nos hayamos apresurado
te hayas apresurado	os hayáis apresurado
se haya apresurado	se hayan apresurado

IMPERFECT SUBJUNCTIVE (-ra)

me apresurara	nos apresuráramos
te apresuraras	os apresurarais
se apresurara	se apresuraran

or **IMPERFECT SUBJUNCTIVE (-se)**

me apresurase	nos apresurásemos
te apresurases	os apresuraseis
se apresurase	se apresurasen

PAST PERFECT SUBJUNCTIVE (-ra)

me hubiera apresurado	nos hubiéramos apresurado
te hubieras apresurado	os hubierais apresurado
se hubiera apresurado	se hubieran apresurado

or **PAST PERFECT SUBJUNCTIVE (-se)**

me hubiese apresurado	nos hubiésemos apresurado
te hubieses apresurado	os hubieseis apresurado
se hubiese apresurado	se hubiesen apresurado

PROGRESSIVE TENSES

PRESENT	estoy, estás, está, estamos, estáis, están
PRETERIT	estuve, estuviste, estuvo, estuvimos, estuvisteis, estuvieron
IMPERFECT	estaba, estabas, estaba, estábamos, estabais, estaban
FUTURE	estaré, estarás, estará, estaremos, estaréis, estarán
CONDITIONAL	estaría, estarías, estaría, estaríamos, estaríais, estarían
SUBJUNCTIVE	que + *corresponding subjunctive tense of* estar (*see verb 252*)

} apresurando (*see page 31*)

COMMANDS

	(nosotros) apresurémonos/no nos apresuremos
(tú) apresúrate/no te apresures	(vosotros) apresuraos/no os apresuréis
(Ud.) apresúrese/no se apresure	(Uds.) apresúrense/no se apresuren

Usage

Apresúrate. Se nos hace tarde.	*Hurry up. It's getting late.*
Me apresuré a entregar el informe.	*I hurried to hand in my report.*
Se apresuró en traer los chismes.	*She wasted no time in spreading the gossip.*
—Estoy apresurado por terminar la base de datos.	*I'm in a hurry to finish the data base.*
—Si se apresura va a cometer errores.	*If you rush you'll make mistakes.*
Hicimos una visita apresurada.	*We paid a hasty visit.*
Todos están apresurados hoy.	*Everyone's in a hurry today.*

stem-changing -ar verb: o > ue **apruebo · aprobaron · aprobado · aprobando**

PRESENT

apruebo	aprobamos
apruebas	aprobáis
aprueba	aprueban

IMPERFECT

aprobaba	aprobábamos
aprobabas	aprobabais
aprobaba	aprobaban

FUTURE

aprobaré	aprobaremos
aprobarás	aprobaréis
aprobará	aprobarán

PLUPERFECT

había aprobado	habíamos aprobado
habías aprobado	habíais aprobado
había aprobado	habían aprobado

FUTURE PERFECT

habré aprobado	habremos aprobado
habrás aprobado	habréis aprobado
habrá aprobado	habrán aprobado

PRESENT SUBJUNCTIVE

apruebe	aprobemos
apruebes	aprobéis
apruebe	aprueben

IMPERFECT SUBJUNCTIVE (-ra)

aprobara	aprobáramos
aprobaras	aprobarais
aprobara	aprobaran

PAST PERFECT SUBJUNCTIVE (-ra)

hubiera aprobado	hubiéramos aprobado
hubieras aprobado	hubierais aprobado
hubiera aprobado	hubieran aprobado

PRETERIT

aprobé	aprobamos
aprobaste	aprobasteis
aprobó	aprobaron

PRESENT PERFECT

he aprobado	hemos aprobado
has aprobado	habéis aprobado
ha aprobado	han aprobado

CONDITIONAL

aprobaría	aprobaríamos
aprobarías	aprobaríais
aprobaría	aprobarían

PRETERIT PERFECT

hube aprobado	hubimos aprobado
hubiste aprobado	hubisteis aprobado
hubo aprobado	hubieron aprobado

CONDITIONAL PERFECT

habría aprobado	habríamos aprobado
habrías aprobado	habríais aprobado
habría aprobado	habrían aprobado

PRESENT PERFECT SUBJUNCTIVE

haya aprobado	hayamos aprobado
hayas aprobado	hayáis aprobado
haya aprobado	hayan aprobado

or **IMPERFECT SUBJUNCTIVE (-se)**

aprobase	aprobásemos
aprobases	aprobaseis
aprobase	aprobasen

or **PAST PERFECT SUBJUNCTIVE (-se)**

hubiese aprobado	hubiésemos aprobado
hubieses aprobado	hubieseis aprobado
hubiese aprobado	hubiesen aprobado

PROGRESSIVE TENSES

PRESENT	estoy, estás, está, estamos, estáis, están
PRETERIT	estuve, estuviste, estuvo, estuvimos, estuvisteis, estuvieron
IMPERFECT	estaba, estabas, estaba, estábamos, estabais, estaban
FUTURE	estaré, estarás, estará, estaremos, estaréis, estarán
CONDITIONAL	estaría, estarías, estaría, estaríamos, estaríais, estarían
SUBJUNCTIVE	que + corresponding subjunctive tense of estar (see verb 252)

} aprobando

COMMANDS

	(nosotros) aprobemos/no aprobemos
(tú) aprueba/no apruebes	(vosotros) aprobad/no aprobéis
(Ud.) apruebe/no apruebe	(Uds.) aprueben/no aprueben

Usage

El departamento de consumo aprobó los nuevos productos.	*The department of consumer affairs approved the new products.*
No aprueban sus procedimientos en la investigación de mercados.	*They don't approve of his market research procedures.*
Se aprobó la ley de impuestos.	*The tax law was passed.*
Salió aprobado en todos los exámenes.	*He passed all his exams.*

aprovechar   *to take advantage of, make the most of*

aprovecho · aprovecharon · aprovechado · aprovechando   regular -ar verb

PRESENT

aprovecho	aprovechamos
aprovechas	aprovecháis
aprovecha	aprovechan

PRETERIT

aproveché	aprovechamos
aprovechaste	aprovechasteis
aprovechó	aprovecharon

IMPERFECT

aprovechaba	aprovechábamos
aprovechabas	aprovechabais
aprovechaba	aprovechaban

PRESENT PERFECT

he aprovechado	hemos aprovechado
has aprovechado	habéis aprovechado
ha aprovechado	han aprovechado

FUTURE

aprovecharé	aprovecharemos
aprovecharás	aprovecharéis
aprovechará	aprovecharán

CONDITIONAL

aprovecharía	aprovecharíamos
aprovecharías	aprovecharíais
aprovecharía	aprovecharían

PLUPERFECT

había aprovechado	habíamos aprovechado
habías aprovechado	habíais aprovechado
había aprovechado	habían aprovechado

PRETERIT PERFECT

hube aprovechado	hubimos aprovechado
hubiste aprovechado	hubisteis aprovechado
hubo aprovechado	hubieron aprovechado

FUTURE PERFECT

habré aprovechado	habremos aprovechado
habrás aprovechado	habréis aprovechado
habrá aprovechado	habrán aprovechado

CONDITIONAL PERFECT

habría aprovechado	habríamos aprovechado
habrías aprovechado	habríais aprovechado
habría aprovechado	habrían aprovechado

PRESENT SUBJUNCTIVE

aproveche	aprovechemos
aproveches	aprovechéis
aproveche	aprovechen

PRESENT PERFECT SUBJUNCTIVE

haya aprovechado	hayamos aprovechado
hayas aprovechado	hayáis aprovechado
haya aprovechado	hayan aprovechado

IMPERFECT SUBJUNCTIVE (-ra)

aprovechara	aprovecháramos
aprovecharas	aprovecharais
aprovechara	aprovecharan

or   **IMPERFECT SUBJUNCTIVE (-se)**

aprovechase	aprovechásemos
aprovechases	aprovechaseis
aprovechase	aprovechasen

PAST PERFECT SUBJUNCTIVE (-ra)

hubiera aprovechado	hubiéramos aprovechado
hubieras aprovechado	hubierais aprovechado
hubiera aprovechado	hubieran aprovechado

or   **PAST PERFECT SUBJUNCTIVE (-se)**

hubiese aprovechado	hubiésemos aprovechado
hubieses aprovechado	hubieseis aprovechado
hubiese aprovechado	hubiesen aprovechado

PROGRESSIVE TENSES

PRESENT	estoy, estás, está, estamos, estáis, están
PRETERIT	estuve, estuviste, estuvo, estuvimos, estuvisteis, estuvieron
IMPERFECT	estaba, estabas, estaba, estábamos, estabais, estaban
FUTURE	estaré, estarás, estará, estaremos, estaréis, estarán
CONDITIONAL	estaría, estarías, estaría, estaríamos, estaríais, estarían
SUBJUNCTIVE	que + *corresponding subjunctive tense of* estar (*see verb 252*)

} aprovechando

COMMANDS

	(nosotros) aprovechemos/no aprovechemos
(tú) aprovecha/no aproveches	(vosotros) aprovechad/no aprovechéis
(Ud.) aproveche/no aproveche	(Uds.) aprovechen/no aprovechen

Usage

Aprovechemos/Aprovechémonos de los días de sol para ir al campo. — *Let's take advantage of these sunny days to go to the countryside.*
Aprovechó la ocasión de darles las gracias. — *She took the opportunity to thank them.*
Sacaron el máximo aprovechamiento del espacio. — *They took full advantage of the space.*
¡Que aproveche!/Buen provecho. — *Bon appétit./Enjoy your meal.*
Es dinero bien/mal aprovechado. — *It's money well/badly spent.*
Es una persona aprovechada. — *He's a thrifty/industrious/opportunistic person.*

regular *-ar* reflexive verb   apuro · apuraron · apurado · apurándose

PRESENT

me apuro	nos apuramos
te apuras	os apuráis
se apura	se apuran

PRETERIT

me apuré	nos apuramos
te apuraste	os apurasteis
se apuró	se apuraron

IMPERFECT

me apuraba	nos apurábamos
te apurabas	os apurabais
se apuraba	se apuraban

PRESENT PERFECT

me he apurado	nos hemos apurado
te has apurado	os habéis apurado
se ha apurado	se han apurado

FUTURE

me apuraré	nos apuraremos
te apurarás	os apuraréis
se apurará	se apurarán

CONDITIONAL

me apuraría	nos apuraríamos
te apurarías	os apuraríais
se apuraría	se apurarían

PLUPERFECT

me había apurado	nos habíamos apurado
te habías apurado	os habíais apurado
se había apurado	se habían apurado

PRETERIT PERFECT

me hube apurado	nos hubimos apurado
te hubiste apurado	os hubisteis apurado
se hubo apurado	se hubieron apurado

FUTURE PERFECT

me habré apurado	nos habremos apurado
te habrás apurado	os habréis apurado
se habrá apurado	se habrán apurado

CONDITIONAL PERFECT

me habría apurado	nos habríamos apurado
te habrías apurado	os habríais apurado
se habría apurado	se habrían apurado

PRESENT SUBJUNCTIVE

me apure	nos apuremos
te apures	os apuréis
se apure	se apuren

PRESENT PERFECT SUBJUNCTIVE

me haya apurado	nos hayamos apurado
te hayas apurado	os hayáis apurado
se haya apurado	se hayan apurado

IMPERFECT SUBJUNCTIVE (-ra)

me apurara	nos apuráramos
te apuraras	os apurarais
se apurara	se apuraran

or **IMPERFECT SUBJUNCTIVE (-se)**

me apurase	nos apurásemos
te apurases	os apuraseis
se apurase	se apurasen

PAST PERFECT SUBJUNCTIVE (-ra)

me hubiera apurado	nos hubiéramos apurado
te hubieras apurado	os hubierais apurado
se hubiera apurado	se hubieran apurado

or **PAST PERFECT SUBJUNCTIVE (-se)**

me hubiese apurado	nos hubiésemos apurado
te hubieses apurado	os hubieseis apurado
se hubiese apurado	se hubiesen apurado

PROGRESSIVE TENSES

PRESENT	estoy, estás, está, estamos, estáis, están	
PRETERIT	estuve, estuviste, estuvo, estuvimos, estuvisteis, estuvieron	
IMPERFECT	estaba, estabas, estaba, estábamos, estabais, estaban	apurando (*see page 31*)
FUTURE	estaré, estarás, estará, estaremos, estaréis, estarán	
CONDITIONAL	estaría, estarías, estaría, estaríamos, estaríais, estarían	
SUBJUNCTIVE	que + *corresponding subjunctive tense of* estar (*see verb 252*)	

COMMANDS

	(nosotros) apurémonos/no nos apuremos
(tú) apúrate/no te apures	(vosotros) apuraos/no os apuréis
(Ud.) apúrese/no se apure	(Uds.) apúrense/no se apuren

Usage

No te apures. No es para tanto.	*Don't worry. It's not worth it.*
No veo la manera de salir del apuro.	*I don't see how I can get out of this trouble.*
¡Apúrense, chicos!	*Hurry up, guys!*
El pobre sigue pasando muchos apuros.	*The poor guy still has a lot of difficulties/troubles.*

arrancar   *to pull up/out, uproot, get, start, set out*

arranco · arrancaron · arrancado · arrancando   *-ar* verb; spelling change: *c > qu/e*

PRESENT		PRETERIT	
arranco	arrancamos	arranqué	arrancamos
arrancas	arrancáis	arrancaste	arrancasteis
arranca	arrancan	arrancó	arrancaron

IMPERFECT		PRESENT PERFECT	
arrancaba	arrancábamos	he arrancado	hemos arrancado
arrancabas	arrancabais	has arrancado	habéis arrancado
arrancaba	arrancaban	ha arrancado	han arrancado

FUTURE		CONDITIONAL	
arrancaré	arrancaremos	arrancaría	arrancaríamos
arrancarás	arrancaréis	arrancarías	arrancaríais
arrancará	arrancarán	arrancaría	arrancarían

PLUPERFECT		PRETERIT PERFECT	
había arrancado	habíamos arrancado	hube arrancado	hubimos arrancado
habías arrancado	habíais arrancado	hubiste arrancado	hubisteis arrancado
había arrancado	habían arrancado	hubo arrancado	hubieron arrancado

FUTURE PERFECT		CONDITIONAL PERFECT	
habré arrancado	habremos arrancado	habría arrancado	habríamos arrancado
habrás arrancado	habréis arrancado	habrías arrancado	habríais arrancado
habrá arrancado	habrán arrancado	habría arrancado	habrían arrancado

PRESENT SUBJUNCTIVE		PRESENT PERFECT SUBJUNCTIVE	
arranque	arranquemos	haya arrancado	hayamos arrancado
arranques	arranquéis	hayas arrancado	hayáis arrancado
arranque	arranquen	haya arrancado	hayan arrancado

IMPERFECT SUBJUNCTIVE (-ra)		*or* IMPERFECT SUBJUNCTIVE (-se)	
arrancara	arrancáramos	arrancase	arrancásemos
arrancaras	arrancarais	arrancases	arrancaseis
arrancara	arrancaran	arrancase	arrancasen

PAST PERFECT SUBJUNCTIVE (-ra)		*or* PAST PERFECT SUBJUNCTIVE (-se)	
hubiera arrancado	hubiéramos arrancado	hubiese arrancado	hubiésemos arrancado
hubieras arrancado	hubierais arrancado	hubieses arrancado	hubieseis arrancado
hubiera arrancado	hubieran arrancado	hubiese arrancado	hubiesen arrancado

PROGRESSIVE TENSES

PRESENT	estoy, estás, está, estamos, estáis, están	
PRETERIT	estuve, estuviste, estuvo, estuvimos, estuvisteis, estuvieron	
IMPERFECT	estaba, estabas, estaba, estábamos, estabais, estaban	arrancando
FUTURE	estaré, estarás, estará, estaremos, estaréis, estarán	
CONDITIONAL	estaría, estarías, estaría, estaríamos, estaríais, estarían	
SUBJUNCTIVE	que + *corresponding subjunctive tense of* estar (*see verb 252*)	

COMMANDS

	(nosotros) arranquemos/no arranquemos
(tú) arranca/no arranques	(vosotros) arrancad/no arranquéis
(Ud.) arranque/no arranque	(Uds.) arranquen/no arranquen

Usage

Hay que arrancar las plantas muertas.	*We have to pull up the dead plants.*
Por fin pudieron arrancarle los detalles de la intriga.	*They were finally able to get the details about the plot out of him.*
Le arrancaron el contrato a última hora.	*They snatched the contract from him at the last minute.*
El coche/El tren arrancó.	*The car/train started to go.*
Sus arranques de ira son feos.	*Her outbursts/fits of anger are terrible.*

regular -*ar* verb

arreglo · arreglaron · arreglado · arreglando

PRESENT

arreglo	arreglamos
arreglas	arregláis
arregla	arreglan

IMPERFECT

arreglaba	arreglábamos
arreglabas	arreglabais
arreglaba	arreglaban

FUTURE

arreglaré	arreglaremos
arreglarás	arreglaréis
arreglará	arreglarán

PLUPERFECT

había arreglado	habíamos arreglado
habías arreglado	habíais arreglado
había arreglado	habían arreglado

FUTURE PERFECT

habré arreglado	habremos arreglado
habrás arreglado	habréis arreglado
habrá arreglado	habrán arreglado

PRESENT SUBJUNCTIVE

arregle	arreglemos
arregles	arregléis
arregle	arreglen

IMPERFECT SUBJUNCTIVE (-ra)

arreglara	arregláramos
arreglaras	arreglarais
arreglara	arreglaran

PAST PERFECT SUBJUNCTIVE (-ra)

hubiera arreglado	hubiéramos arreglado
hubieras arreglado	hubierais arreglado
hubiera arreglado	hubieran arreglado

PRETERIT

arreglé	arreglamos
arreglaste	arreglasteis
arregló	arreglaron

PRESENT PERFECT

he arreglado	hemos arreglado
has arreglado	habéis arreglado
ha arreglado	han arreglado

CONDITIONAL

arreglaría	arreglaríamos
arreglarías	arreglaríais
arreglaría	arreglarían

PRETERIT PERFECT

hube arreglado	hubimos arreglado
hubiste arreglado	hubisteis arreglado
hubo arreglado	hubieron arreglado

CONDITIONAL PERFECT

habría arreglado	habríamos arreglado
habrías arreglado	habríais arreglado
habría arreglado	habrían arreglado

PRESENT PERFECT SUBJUNCTIVE

haya arreglado	hayamos arreglado
hayas arreglado	hayáis arreglado
haya arreglado	hayan arreglado

or **IMPERFECT SUBJUNCTIVE (-se)**

arreglase	arreglásemos
arreglases	arreglaseis
arreglase	arreglasen

or **PAST PERFECT SUBJUNCTIVE (-se)**

hubiese arreglado	hubiésemos arreglado
hubieses arreglado	hubieseis arreglado
hubiese arreglado	hubiesen arreglado

PROGRESSIVE TENSES

PRESENT	estoy, estás, está, estamos, estáis, están
PRETERIT	estuve, estuviste, estuvo, estuvimos, estuvisteis, estuvieron
IMPERFECT	estaba, estabas, estaba, estábamos, estabais, estaban
FUTURE	estaré, estarás, estará, estaremos, estaréis, estarán
CONDITIONAL	estaría, estarías, estaría, estaríamos, estaríais, estarían
SUBJUNCTIVE	que + *corresponding subjunctive tense of* estar (*see verb 252*)

arreglando

COMMANDS

	(nosotros) arreglemos/no arreglemos
(tú) arregla/no arregles	(vosotros) arreglad/no arregléis
(Ud.) arregle/no arregle	(Uds.) arreglen/no arreglen

Usage

Arregla las rosas en este florero.	*Arrange the roses in this vase.*
—Arreglemos el asunto cuanto antes.	*Let's settle the matter as soon as possible.*
—Dudo que tenga arreglo.	*I doubt there's a solution.*
Arreglaré los ficheros.	*I'll put the files in order.*
Arréglate mientras yo me arreglo el pelo.	*Get ready while I fix my hair.*
¡Que se las arreglen!	*Let them manage as best they can!*
Llevan una vida arreglada.	*They lead an orderly life.*

arrojar *to throw, throw out, emit*

regular *-ar* verb

PRESENT		PRETERIT	
arrojo	arrojamos	arrojé	arrojamos
arrojas	arrojáis	arrojaste	arrojasteis
arroja	arrojan	arrojó	arrojaron

IMPERFECT		PRESENT PERFECT	
arrojaba	arrojábamos	he arrojado	hemos arrojado
arrojabas	arrojabais	has arrojado	habéis arrojado
arrojaba	arrojaban	ha arrojado	han arrojado

FUTURE		CONDITIONAL	
arrojaré	arrojaremos	arrojaría	arrojaríamos
arrojarás	arrojaréis	arrojarías	arrojaríais
arrojará	arrojarán	arrojaría	arrojarían

PLUPERFECT		PRETERIT PERFECT	
había arrojado	habíamos arrojado	hube arrojado	hubimos arrojado
habías arrojado	habíais arrojado	hubiste arrojado	hubisteis arrojado
había arrojado	habían arrojado	hubo arrojado	hubieron arrojado

FUTURE PERFECT		CONDITIONAL PERFECT	
habré arrojado	habremos arrojado	habría arrojado	habríamos arrojado
habrás arrojado	habréis arrojado	habrías arrojado	habríais arrojado
habrá arrojado	habrán arrojado	habría arrojado	habrían arrojado

PRESENT SUBJUNCTIVE		PRESENT PERFECT SUBJUNCTIVE	
arroje	arrojemos	haya arrojado	hayamos arrojado
arrojes	arrojéis	hayas arrojado	hayáis arrojado
arroje	arrojen	haya arrojado	hayan arrojado

IMPERFECT SUBJUNCTIVE (-ra)		*or*	IMPERFECT SUBJUNCTIVE (-se)	
arrojara	arrojáramos		arrojase	arrojásemos
arrojaras	arrojarais		arrojases	arrojaseis
arrojara	arrojaran		arrojase	arrojasen

PAST PERFECT SUBJUNCTIVE (-ra)		*or*	PAST PERFECT SUBJUNCTIVE (-se)	
hubiera arrojado	hubiéramos arrojado		hubiese arrojado	hubiésemos arrojado
hubieras arrojado	hubierais arrojado		hubieses arrojado	hubieseis arrojado
hubiera arrojado	hubieran arrojado		hubiese arrojado	hubiesen arrojado

PROGRESSIVE TENSES

PRESENT	estoy, estás, está, estamos, estáis, están	
PRETERIT	estuve, estuviste, estuvo, estuvimos, estuvisteis, estuvieron	
IMPERFECT	estaba, estabas, estaba, estábamos, estabais, estaban	arrojando
FUTURE	estaré, estarás, estará, estaremos, estaréis, estarán	
CONDITIONAL	estaría, estarías, estaría, estaríamos, estaríais, estarían	
SUBJUNCTIVE	que + *corresponding subjunctive tense of* estar (*see verb 252*)	

COMMANDS

	(nosotros) arrojemos/no arrojemos
(tú) arroja/no arrojes	(vosotros) arrojad/no arrojéis
(Ud.) arroje/no arroje	(Uds.) arrojen/no arrojen

Usage

Arrójame la pelota.	*Throw me the ball.*
Chicos, ¡dejen de arrojar piedras!	*Kids, stop throwing rocks!*
Se cree que el teléfono celular arroja rayos dañinos.	*Cell phones are thought to give off harmful rays.*
Se arrojó peligrosamente al agua.	*He flung himself recklessly into the water.*
Siempre sabía que era un tipo arrojado.	*I always knew he was a courageous guy.*

stem-changing -er verb: e > ie   **asciendo · ascendieron · ascendido · ascendiendo**

PRESENT

asciendo	ascendemos
asciendes	ascendéis
asciende	ascienden

IMPERFECT

ascendía	ascendíamos
ascendías	ascendíais
ascendía	ascendían

FUTURE

ascenderé	ascenderemos
ascenderás	ascenderéis
ascenderá	ascenderán

PLUPERFECT

había ascendido	habíamos ascendido
habías ascendido	habíais ascendido
había ascendido	habían ascendido

FUTURE PERFECT

habré ascendido	habremos ascendido
habrás ascendido	habréis ascendido
habrá ascendido	habrán ascendido

PRESENT SUBJUNCTIVE

ascienda	ascendamos
asciendas	ascendáis
ascienda	asciendan

IMPERFECT SUBJUNCTIVE (-ra)

ascendiera	ascendiéramos
ascendieras	ascendierais
ascendiera	ascendieran

PAST PERFECT SUBJUNCTIVE (-ra)

hubiera ascendido	hubiéramos ascendido
hubieras ascendido	hubierais ascendido
hubiera ascendido	hubieran ascendido

PRETERIT

ascendí	ascendimos
ascendiste	ascendisteis
ascendió	ascendieron

PRESENT PERFECT

he ascendido	hemos ascendido
has ascendido	habéis ascendido
ha ascendido	han ascendido

CONDITIONAL

ascendería	ascenderíamos
ascenderías	ascenderíais
ascendería	ascenderían

PRETERIT PERFECT

hube ascendido	hubimos ascendido
hubiste ascendido	hubisteis ascendido
hubo ascendido	hubieron ascendido

CONDITIONAL PERFECT

habría ascendido	habríamos ascendido
habrías ascendido	habríais ascendido
habría ascendido	habrían ascendido

PRESENT PERFECT SUBJUNCTIVE

haya ascendido	hayamos ascendido
hayas ascendido	hayáis ascendido
haya ascendido	hayan ascendido

or **IMPERFECT SUBJUNCTIVE (-se)**

ascendiese	ascendiésemos
ascendieses	ascendieseis
ascendiese	ascendiese

or **PAST PERFECT SUBJUNCTIVE (-se)**

hubiese ascendido	hubiésemos ascendido
hubieses ascendido	hubieseis ascendido
hubiese ascendido	hubiesen ascendido

PROGRESSIVE TENSES

PRESENT	estoy, estás, está, estamos, estáis, están
PRETERIT	estuve, estuviste, estuvo, estuvimos, estuvisteis, estuvieron
IMPERFECT	estaba, estabas, estaba, estábamos, estabais, estaban
FUTURE	estaré, estarás, estará, estaremos, estaréis, estarán
CONDITIONAL	estaría, estarías, estaría, estaríamos, estaríais, estarían
SUBJUNCTIVE	que + *corresponding subjunctive tense of* estar (*see verb 252*)

} ascendiendo

COMMANDS

	(nosotros) ascendamos/no ascendamos
(tú) asciende/no asciendas	(vosotros) ascended/no ascendáis
(Ud.) ascienda/no ascienda	(Uds.) asciendan/no asciendan

Usage

La temperatura ascendió ayer.	*The temperature rose yesterday.*
El príncipe ascendió al trono.	*The prince ascended to the throne.*
—Será ascendido a director de ventas.	*He'll be promoted to sales manager.*
—¿No sabes? Ya le dieron el ascenso.	*Didn't you hear? They already gave him the promotion.*
Son de ascendencia italiana.	*They're of Italian descent.*
Sus ascendientes son ingleses.	*Her ancestors are English.*
Subamos en ascensor.	*Let's take the elevator up.*

aseguro · aseguraron · asegurado · asegurando

regular *-ar* verb

PRESENT

aseguro	aseguramos
aseguras	aseguráis
asegura	aseguran

PRETERIT

aseguré	aseguramos
aseguraste	asegurasteis
aseguró	aseguraron

IMPERFECT

aseguraba	asegurábamos
asegurabas	asegurabais
aseguraba	aseguraban

PRESENT PERFECT

he asegurado	hemos asegurado
has asegurado	habéis asegurado
ha asegurado	han asegurado

FUTURE

aseguraré	aseguraremos
asegurarás	aseguraréis
asegurará	asegurarán

CONDITIONAL

aseguraría	aseguraríamos
asegurarías	aseguraríais
aseguraría	asegurarían

PLUPERFECT

había asegurado	habíamos asegurado
habías asegurado	habíais asegurado
había asegurado	habían asegurado

PRETERIT PERFECT

hube asegurado	hubimos asegurado
hubiste asegurado	hubisteis asegurado
hubo asegurado	hubieron asegurado

FUTURE PERFECT

habré asegurado	habremos asegurado
habrás asegurado	habréis asegurado
habrá asegurado	habrán asegurado

CONDITIONAL PERFECT

habría asegurado	habríamos asegurado
habrías asegurado	habríais asegurado
habría asegurado	habrían asegurado

PRESENT SUBJUNCTIVE

asegure	aseguremos
asegures	aseguréis
asegure	aseguren

PRESENT PERFECT SUBJUNCTIVE

haya asegurado	hayamos asegurado
hayas asegurado	hayáis asegurado
haya asegurado	hayan asegurado

IMPERFECT SUBJUNCTIVE (-ra)

asegurara	aseguráramos
aseguraras	asegurarais
asegurara	aseguraran

or **IMPERFECT SUBJUNCTIVE (-se)**

asegurase	asegurásemos
asegurases	aseguraseis
asegurase	asegurasen

PAST PERFECT SUBJUNCTIVE (-ra)

hubiera asegurado	hubiéramos asegurado
hubieras asegurado	hubierais asegurado
hubiera asegurado	hubieran asegurado

or **PAST PERFECT SUBJUNCTIVE (-se)**

hubiese asegurado	hubiésemos asegurado
hubieses asegurado	hubieseis asegurado
hubiese asegurado	hubiesen asegurado

PROGRESSIVE TENSES

PRESENT	estoy, estás, está, estamos, estáis, están
PRETERIT	estuve, estuviste, estuvo, estuvimos, estuvisteis, estuvieron
IMPERFECT	estaba, estabas, estaba, estábamos, estabais, estaban
FUTURE	estaré, estarás, estará, estaremos, estaréis, estarán
CONDITIONAL	estaría, estarías, estaría, estaríamos, estaríais, estarían
SUBJUNCTIVE	que + *corresponding subjunctive tense of* estar (*see verb 252*)

⎫
⎬ asegurando
⎭

COMMANDS

	(nosotros) aseguremos/no aseguremos
(tú) asegura/no asegures	(vosotros) asegurad/no aseguréis
(Ud.) asegure/no asegure	(Uds.) aseguren/no aseguren

Usage

Te aseguro que son responsables.	*I assure you they're reliable.*
Deben asegurarse con esta compañía.	*You should take out an insurance policy with this company.*
Estoy seguro de eso.	*I'm sure/certain about that.*
La póliza de seguro es muy amplia.	*The insurance policy is very comprehensive.*
Todos nuestros bienes están asegurados.	*All of our possessions are insured.*

regular -*ir* verb

PRESENT

asisto	asistimos
asistes	asistís
asiste	asisten

IMPERFECT

asistía	asistíamos
asistías	asistíais
asistía	asistían

FUTURE

asistiré	asistiremos
asistirás	asistiréis
asistirá	asistirán

PLUPERFECT

había asistido	habíamos asistido
habías asistido	habíais asistido
había asistido	habían asistido

FUTURE PERFECT

habré asistido	habremos asistido
habrás asistido	habréis asistido
habrá asistido	habrán asistido

PRESENT SUBJUNCTIVE

asista	asistamos
asistas	asistáis
asista	asistan

IMPERFECT SUBJUNCTIVE (-ra)

asistiera	asistiéramos
asistieras	asistierais
asistiera	asistieran

PAST PERFECT SUBJUNCTIVE (-ra)

hubiera asistido	hubiéramos asistido
hubieras asistido	hubierais asistido
hubiera asistido	hubieran asistido

PRETERIT

asistí	asistimos
asististe	asististeis
asistió	asistieron

PRESENT PERFECT

he asistido	hemos asistido
has asistido	habéis asistido
ha asistido	han asistido

CONDITIONAL

asistiría	asistiríamos
asistirías	asistiríais
asistiría	asistirían

PRETERIT PERFECT

hube asistido	hubimos asistido
hubiste asistido	hubisteis asistido
hubo asistido	hubieron asistido

CONDITIONAL PERFECT

habría asistido	habríamos asistido
habrías asistido	habríais asistido
habría asistido	habrían asistido

PRESENT PERFECT SUBJUNCTIVE

haya asistido	hayamos asistido
hayas asistido	hayáis asistido
haya asistido	hayan asistido

or **IMPERFECT SUBJUNCTIVE (-se)**

asistiese	asistiésemos
asistieses	asistieseis
asistiese	asistiesen

or **PAST PERFECT SUBJUNCTIVE (-se)**

hubiese asistido	hubiésemos asistido
hubieses asistido	hubieseis asistido
hubiese asistido	hubiesen asistido

PROGRESSIVE TENSES

PRESENT	estoy, estás, está, estamos, estáis, están
PRETERIT	estuve, estuviste, estuvo, estuvimos, estuvisteis, estuvieron
IMPERFECT	estaba, estabas, estaba, estábamos, estabais, estaban
FUTURE	estaré, estarás, estará, estaremos, estaréis, estarán
CONDITIONAL	estaría, estarías, estaría, estaríamos, estaríais, estarían
SUBJUNCTIVE	que + *corresponding subjunctive tense of* estar (*see verb 252*)

} asistiendo

COMMANDS

	(nosotros) asistamos/no asistamos
(tú) asiste/no asistas	(vosotros) asistid/no asistáis
(Ud.) asista/no asista	(Uds.) asistan/no asistan

Usage

Asistamos a la conferencia.	*Let's attend the lecture.*
La asistencia fue numerosa/poco numerosa.	*Attendance was very good/poor.*
El aprender asistido por computadora es cada día más importante.	*Computer-based learning is more important every day.*
Hay un buen equipo de asistencia técnica.	*There's a good technical assistance team.*
Había muchos asistentes.	*There were many people present/attending.*

asustar *to frighten, scare, horrify*

asusto · asustaron · asustado · asustando

regular *-ar* verb

PRESENT

asusto	asustamos
asustas	asustáis
asusta	asustan

PRETERIT

asusté	asustamos
asustaste	asustasteis
asustó	asustaron

IMPERFECT

asustaba	asustábamos
asustabas	asustabais
asustaba	asustaban

PRESENT PERFECT

he asustado	hemos asustado
has asustado	habéis asustado
ha asustado	han asustado

FUTURE

asustaré	asustaremos
asustarás	asustaréis
asustará	asustarán

CONDITIONAL

asustaría	asustaríamos
asustarías	asustaríais
asustaría	asustarían

PLUPERFECT

había asustado	habíamos asustado
habías asustado	habíais asustado
había asustado	habían asustado

PRETERIT PERFECT

hube asustado	hubimos asustado
hubiste asustado	hubisteis asustado
hubo asustado	hubieron asustado

FUTURE PERFECT

habré asustado	habremos asustado
habrás asustado	habréis asustado
habrá asustado	habrán asustado

CONDITIONAL PERFECT

habría asustado	habríamos asustado
habrías asustado	habríais asustado
habría asustado	habrían asustado

PRESENT SUBJUNCTIVE

asuste	asustemos
asustes	asustéis
asuste	asusten

PRESENT PERFECT SUBJUNCTIVE

haya asustado	hayamos asustado
hayas asustado	hayáis asustado
haya asustado	hayan asustado

IMPERFECT SUBJUNCTIVE (-ra)

asustara	asustáramos
asustaras	asustarais
asustara	asustaran

or **IMPERFECT SUBJUNCTIVE (-se)**

asustase	asustásemos
asustases	asustaseis
asustase	asustasen

PAST PERFECT SUBJUNCTIVE (-ra)

hubiera asustado	hubiéramos asustado
hubieras asustado	hubierais asustado
hubiera asustado	hubieran asustado

or **PAST PERFECT SUBJUNCTIVE (-se)**

hubiese asustado	hubiésemos asustado
hubieses asustado	hubieseis asustado
hubiese asustado	hubiesen asustado

PROGRESSIVE TENSES

PRESENT	estoy, estás, está, estamos, estáis, están
PRETERIT	estuve, estuviste, estuvo, estuvimos, estuvisteis, estuvieron
IMPERFECT	estaba, estabas, estaba, estábamos, estabais, estaban
FUTURE	estaré, estarás, estará, estaremos, estaréis, estarán
CONDITIONAL	estaría, estarías, estaría, estaríamos, estaríais, estarían
SUBJUNCTIVE	que + *corresponding subjunctive tense of* estar (*see verb 252*)

} asustando

COMMANDS

	(nosotros) asustemos/no asustemos
(tú) asusta/no asustes	(vosotros) asustad/no asustéis
(Ud.) asuste/no asuste	(Uds.) asusten/no asusten

Usage

Los ruidos fuertes asustaban a los niños.	*Loud noises frightened the children.*
¡Nos asustaron las palabrotas!	*We were horrified by the bad words!*
No te asustes.	*Don't be frightened.*
¡Qué susto nos dio!	*What a fright it gave us!*
Se llevó un susto.	*She had a scare.*
Es que es muy asustadiza.	*The fact is that she's easily frightened.*
Se murió del susto.	*He died of the shock.*

-ar verb; spelling change: *c > qu/e*   ataco · atacaron · atacado · atacando

PRESENT

ataco	atacamos
atacas	atacáis
ataca	atacan

IMPERFECT

atacaba	atacábamos
atacabas	atacabais
atacaba	atacaban

FUTURE

atacaré	atacaremos
atacarás	atacaréis
atacará	atacarán

PLUPERFECT

había atacado	habíamos atacado
habías atacado	habíais atacado
había atacado	habían atacado

FUTURE PERFECT

habré atacado	habremos atacado
habrás atacado	habréis atacado
habrá atacado	habrán atacado

PRESENT SUBJUNCTIVE

ataque	ataquemos
ataques	ataquéis
ataque	ataquen

IMPERFECT SUBJUNCTIVE (-ra)

atacara	atacáramos
atacaras	atacarais
atacara	atacaran

PAST PERFECT SUBJUNCTIVE (-ra)

hubiera atacado	hubiéramos atacado
hubieras atacado	hubierais atacado
hubiera atacado	hubieran atacado

PRETERIT

ataqué	atacamos
atacaste	atacasteis
atacó	atacaron

PRESENT PERFECT

he atacado	hemos atacado
has atacado	habéis atacado
ha atacado	han atacado

CONDITIONAL

atacaría	atacaríamos
atacarías	atacaríais
atacaría	atacarían

PRETERIT PERFECT

hube atacado	hubimos atacado
hubiste atacado	hubisteis atacado
hubo atacado	hubieron atacado

CONDITIONAL PERFECT

habría atacado	habríamos atacado
habrías atacado	habríais atacado
habría atacado	habrían atacado

PRESENT PERFECT SUBJUNCTIVE

haya atacado	hayamos atacado
hayas atacado	hayáis atacado
haya atacado	hayan atacado

or **IMPERFECT SUBJUNCTIVE (-se)**

atacase	atacásemos
atacases	atacaseis
atacase	atacasen

or **PAST PERFECT SUBJUNCTIVE (-se)**

hubiese atacado	hubiésemos atacado
hubieses atacado	hubieseis atacado
hubiese atacado	hubiesen atacado

PROGRESSIVE TENSES

PRESENT	estoy, estás, está, estamos, estáis, están
PRETERIT	estuve, estuviste, estuvo, estuvimos, estuvisteis, estuvieron
IMPERFECT	estaba, estabas, estaba, estábamos, estabais, estaban
FUTURE	estaré, estarás, estará, estaremos, estaréis, estarán
CONDITIONAL	estaría, estarías, estaría, estaríamos, estaríais, estarían
SUBJUNCTIVE	que + *corresponding subjunctive tense of* estar (*see verb 252*)

atacando

COMMANDS

	(nosotros) ataquemos/no ataquemos
(tú) ataca/no ataques	(vosotros) atacad/no ataquéis
(Ud.) ataque/no ataque	(Uds.) ataquen/no ataquen

Usage

Los soldados atacaron al ejército enemigo.	*The soldiers attacked the enemy's army.*
Hubo un ataque aéreo.	*There was an air raid.*
Es necesario que ataquemos el problema ahora.	*It's necessary that we attack the problem now.*
Le dio un ataque de risa/tos/nervios.	*She had a fit of laughter/coughing/nerves.*
Usó movimientos de ataque para ganar.	*He used aggressive moves to win.*

atender *to attend to, take care of, receive*

atiendo · atendieron · atendido · atendiendo

stem-changing -er verb: e > ie

PRESENT		PRETERIT	
atiendo	atendemos	atendí	atendimos
atiendes	atendéis	atendiste	atendisteis
atiende	atienden	atendió	atendieron

IMPERFECT		PRESENT PERFECT	
atendía	atendíamos	he atendido	hemos atendido
atendías	atendíais	has atendido	habéis atendido
atendía	atendían	ha atendido	han atendido

FUTURE		CONDITIONAL	
atenderé	atenderemos	atendería	atenderíamos
atenderás	atenderéis	atenderías	atenderíais
atenderá	atenderán	atendería	atenderían

PLUPERFECT		PRETERIT PERFECT	
había atendido	habíamos atendido	hube atendido	hubimos atendido
habías atendido	habíais atendido	hubiste atendido	hubisteis atendido
había atendido	habían atendido	hubo atendido	hubieron atendido

FUTURE PERFECT		CONDITIONAL PERFECT	
habré atendido	habremos atendido	habría atendido	habríamos atendido
habrás atendido	habréis atendido	habrías atendido	habríais atendido
habrá atendido	habrán atendido	habría atendido	habrían atendido

PRESENT SUBJUNCTIVE		PRESENT PERFECT SUBJUNCTIVE	
atienda	atendamos	haya atendido	hayamos atendido
atiendas	atendáis	hayas atendido	hayáis atendido
atienda	atiendan	haya atendido	hayan atendido

IMPERFECT SUBJUNCTIVE (-ra)		*or*	IMPERFECT SUBJUNCTIVE (-se)	
atendiera	atendiéramos		atendiese	atendiésemos
atendieras	atendierais		atendieses	atendieseis
atendiera	atendieran		atendiese	atendiesen

PAST PERFECT SUBJUNCTIVE (-ra)		*or*	PAST PERFECT SUBJUNCTIVE (-se)	
hubiera atendido	hubiéramos atendido		hubiese atendido	hubiésemos atendido
hubieras atendido	hubierais atendido		hubieses atendido	hubieseis atendido
hubiera atendido	hubieran atendido		hubiese atendido	hubiesen atendido

PROGRESSIVE TENSES

PRESENT	estoy, estás, está, estamos, estáis, están	
PRETERIT	estuve, estuviste, estuvo, estuvimos, estuvisteis, estuvieron	
IMPERFECT	estaba, estabas, estaba, estábamos, estabais, estaban	atendiendo
FUTURE	estaré, estarás, estará, estaremos, estaréis, estarán	
CONDITIONAL	estaría, estarías, estaría, estaríamos, estaríais, estarían	
SUBJUNCTIVE	que + *corresponding subjunctive tense of* estar (*see verb 252*)	

COMMANDS

	(nosotros) atendamos/no atendamos
(tú) atiende/no atiendas	(vosotros) atended/no atendáis
(Ud.) atienda/no atienda	(Uds.) atiendan/no atiendan

Usage

Yo atiendo al teléfono.	*I'll answer the telephone.*
Atiéndelos en la antesala.	*See/Receive them in the anteroom.*
—¿Le atienden?	*Are you being served?* (in a store)
—Sí, la dependiente está atendiéndome.	*Yes, the saleswoman is taking care of me.*
Los pacientes fueron atendidos por el médico de guardia.	*The patients were attended to/taken care of by the doctor on call.*
Lo hace todo con mucha atención.	*She does everything with great care/attention.*

irregular verb (like **traer**) atraigo · atrajeron · atraído · atrayendo

PRESENT

atraigo	atraemos
atraes	atraéis
atrae	atraen

IMPERFECT

atraía	atraíamos
atraías	atraíais
atraía	atraían

FUTURE

atraeré	atraeremos
atraerás	atraeréis
atraerá	atraerán

PLUPERFECT

había atraído	habíamos atraído
habías atraído	habíais atraído
había atraído	habían atraído

FUTURE PERFECT

habré atraído	habremos atraído
habrás atraído	habréis atraído
habrá atraído	habrán atraído

PRESENT SUBJUNCTIVE

atraiga	atraigamos
atraigas	atraigáis
atraiga	atraigan

IMPERFECT SUBJUNCTIVE (-ra)

atrajera	atrajéramos
atrajeras	atrajerais
atrajera	atrajeran

PAST PERFECT SUBJUNCTIVE (-ra)

hubiera atraído	hubiéramos atraído
hubieras atraído	hubierais atraído
hubiera atraído	hubieran atraído

PRETERIT

atraje	atrajimos
atrajiste	atrajisteis
atrajo	atrajeron

PRESENT PERFECT

he atraído	hemos atraído
has atraído	habéis atraído
ha atraído	han atraído

CONDITIONAL

atraería	atraeríamos
atraerías	atraeríais
atraería	atraerían

PRETERIT PERFECT

hube atraído	hubimos atraído
hubiste atraído	hubisteis atraído
hubo atraído	hubieron atraído

CONDITIONAL PERFECT

habría atraído	habríamos atraído
habrías atraído	habríais atraído
habría atraído	habrían atraído

PRESENT PERFECT SUBJUNCTIVE

haya atraído	hayamos atraído
hayas atraído	hayáis atraído
haya atraído	hayan atraído

or **IMPERFECT SUBJUNCTIVE (-se)**

atrajese	atrajésemos
atrajeses	atrajeseis
atrajese	atrajesen

or **PAST PERFECT SUBJUNCTIVE (-se)**

hubiese atraído	hubiésemos atraído
hubieses atraído	hubieseis atraído
hubiese atraído	hubiesen atraído

PROGRESSIVE TENSES

PRESENT	estoy, estás, está, estamos, estáis, están
PRETERIT	estuve, estuviste, estuvo, estuvimos, estuvisteis, estuvieron
IMPERFECT	estaba, estabas, estaba, estábamos, estabais, estaban
FUTURE	estaré, estarás, estará, estaremos, estaréis, estarán
CONDITIONAL	estaría, estarías, estaría, estaríamos, estaríais, estarían
SUBJUNCTIVE	que + *corresponding subjunctive tense of* estar (*see verb 252*)

} atrayendo

COMMANDS

	(nosotros) atraigamos/no atraigamos
(tú) atrae/no atraigas	(vosotros) atraed/no atraigáis
(Ud.) atraiga/no atraiga	(Uds.) atraigan/no atraigan

Usage

—¿Qué les atrae más del museo?
—Nos atrae más la pintura neoclásica.

Los precios módicos atraen a la gente.
Rechazaré la oferta por atractiva que sea.
Hay muchas atracciones en la ciudad.

What attracts you/do you like most in the museum?
We like neoclassical painting most.

People are lured by the moderate prices.
I'll reject the offer, as attractive as it may be.
There's a lot of entertainment in the city.

atravesar *to cross, go across, pass through*

atravieso · atravesaron · atravesado · atravesando

stem-changing *-ar* verb: *e > ie*

PRESENT

atravieso	atravesamos
atraviesas	atravesáis
atraviesa	atraviesan

PRETERIT

atravesé	atravesamos
atravesaste	atravesasteis
atravesó	atravesaron

IMPERFECT

atravesaba	atravesábamos
atravesabas	atravesabais
atravesaba	atravesaban

PRESENT PERFECT

he atravesado	hemos atravesado
has atravesado	habéis atravesado
ha atravesado	han atravesado

FUTURE

atravesaré	atravesaremos
atravesarás	atravesaréis
atravesará	atravesarán

CONDITIONAL

atravesaría	atravesaríamos
atravesarías	atravesaríais
atravesaría	atravesarían

PLUPERFECT

había atravesado	habíamos atravesado
habías atravesado	habíais atravesado
había atravesado	habían atravesado

PRETERIT PERFECT

hube atravesado	hubimos atravesado
hubiste atravesado	hubisteis atravesado
hubo atravesado	hubieron atravesado

FUTURE PERFECT

habré atravesado	habremos atravesado
habrás atravesado	habréis atravesado
habrá atravesado	habrán atravesado

CONDITIONAL PERFECT

habría atravesado	habríamos atravesado
habrías atravesado	habríais atravesado
habría atravesado	habrían atravesado

PRESENT SUBJUNCTIVE

atraviese	atravesemos
atravieses	atraveséis
atraviese	atraviesen

PRESENT PERFECT SUBJUNCTIVE

haya atravesado	hayamos atravesado
hayas atravesado	hayáis atravesado
haya atravesado	hayan atravesado

IMPERFECT SUBJUNCTIVE (-ra)

atravesara	atravesáramos
atravesaras	atravesarais
atravesara	atravesaran

or **IMPERFECT SUBJUNCTIVE (-se)**

atravesase	atravesásemos
atravesases	atravesaseis
atravesase	atravesasen

PAST PERFECT SUBJUNCTIVE (-ra)

hubiera atravesado	hubiéramos atravesado
hubieras atravesado	hubierais atravesado
hubiera atravesado	hubieran atravesado

or **PAST PERFECT SUBJUNCTIVE (-se)**

hubiese atravesado	hubiésemos atravesado
hubieses atravesado	hubieseis atravesado
hubiese atravesado	hubiesen atravesado

PROGRESSIVE TENSES

PRESENT	estoy, estás, está, estamos, estáis, están
PRETERIT	estuve, estuviste, estuvo, estuvimos, estuvisteis, estuvieron
IMPERFECT	estaba, estabas, estaba, estábamos, estabais, estaban
FUTURE	estaré, estarás, estará, estaremos, estaréis, estarán
CONDITIONAL	estaría, estarías, estaría, estaríamos, estaríais, estarían
SUBJUNCTIVE	que + *corresponding subjunctive tense of* estar *(see verb 252)*

⎫ atravesando

COMMANDS

	(nosotros) atravesemos/no atravesemos
(tú) atraviesa/no atravieses	(vosotros) atravesad/no atraveséis
(Ud.) atraviese/no atraviese	(Uds.) atraviesen/no atraviesen

Usage

Atravesemos la calle en la esquina.	*Let's cross the street at the corner.*
Tres puentes atraviesan el río.	*Three bridges span the river.*
La cordillera de los Andes atraviesa Sudamérica.	*The Andes go through South America.*
Lo supe a través del periódico.	*I found out about it through the newspaper.*
Soldados norteamericanos hicieron a travesía del océano Atlántico en 1944.	*North American soldiers made the crossing of the Atlantic Ocean in 1944.*

regular *-er* reflexive verb   **atrevo · atrevieron · atrevido · atreviéndose**

PRESENT

me atrevo	nos atrevemos
te atreves	os atrevéis
se atreve	se atreven

IMPERFECT

me atrevía	nos atrevíamos
te atrevías	os atrevíais
se atrevía	se atrevían

FUTURE

me atreveré	nos atreveremos
te atreverás	os atreveréis
se atreverá	se atreverán

PLUPERFECT

me había atrevido	nos habíamos atrevido
te habías atrevido	os habíais atrevido
se había atrevido	se habían atrevido

FUTURE PERFECT

me habré atrevido	nos habremos atrevido
te habrás atrevido	os habréis atrevido
se habrá atrevido	se habrán atrevido

PRESENT SUBJUNCTIVE

me atreva	nos atrevamos
te atrevas	os atreváis
se atreva	se atrevan

IMPERFECT SUBJUNCTIVE (-ra)

me atreviera	nos atreviéramos
te atrevieras	os atrevierais
se atreviera	se atrevieran

PAST PERFECT SUBJUNCTIVE (-ra)

me hubiera atrevido	nos hubiéramos atrevido
te hubieras atrevido	os hubierais atrevido
se hubiera atrevido	se hubieran atrevido

PRETERIT

me atreví	nos atrevimos
te atreviste	os atrevisteis
se atrevió	se atrevieron

PRESENT PERFECT

me he atrevido	nos hemos atrevido
te has atrevido	os habéis atrevido
se ha atrevido	se han atrevido

CONDITIONAL

me atrevería	nos atreveríamos
te atreverías	os atreveríais
se atrevería	se atreverían

PRETERIT PERFECT

me hube atrevido	nos hubimos atrevido
te hubiste atrevido	os hubisteis atrevido
se hubo atrevido	se hubieron atrevido

CONDITIONAL PERFECT

me habría atrevido	nos habríamos atrevido
te habrías atrevido	os habríais atrevido
se habría atrevido	se habrían atrevido

PRESENT PERFECT SUBJUNCTIVE

me haya atrevido	nos hayamos atrevido
te hayas atrevido	os hayáis atrevido
se haya atrevido	se hayan atrevido

or **IMPERFECT SUBJUNCTIVE (-se)**

me atreviese	nos atreviésemos
te atrevieses	os atrevieseis
se atreviese	se atreviesen

or **PAST PERFECT SUBJUNCTIVE (-se)**

me hubiese atrevido	nos hubiésemos atrevido
te hubieses atrevido	os hubieseis atrevido
se hubiese atrevido	se hubiesen atrevido

PROGRESSIVE TENSES

PRESENT	estoy, estás, está, estamos, estáis, están
PRETERIT	estuve, estuviste, estuvo, estuvimos, estuvisteis, estuvieron
IMPERFECT	estaba, estabas, estaba, estábamos, estabais, estaban
FUTURE	estaré, estarás, estará, estaremos, estaréis, estarán
CONDITIONAL	estaría, estarías, estaría, estaríamos, estaríais, estarían
SUBJUNCTIVE	que + *corresponding subjunctive tense of* estar (*see verb 252*)

atreviendo (*see page 31*)

COMMANDS

	(nosotros) atrevámonos/no nos atrevamos
(tú) atrévete/no te atrevas	(vosotros) atreveos/no os atreváis
(Ud.) atrévase/no se atreva	(Uds.) atrévanse/no se atrevan

Usage

¿Cómo te atreves a hablarles así?	*How do you dare talk to them like that?*
Se atrevió con su jefe.	*She was disrespectful with her boss.*
¡Qué bombones más ricos! ¿Te atreves con uno más?	*What delicious candies! Could you manage (to eat) one more?*
Son unos atrevidos.	*They're daring/insolent people.*
Tuvo el atrevimiento de colgar.	*She had the audacity to hang up on me.*

atribuir *to attribute, credit*

atribuyo · atribuyeron · atribuido · atribuyendo   *-ir* verb; spelling change: adds *y* before *o, a, e*

PRESENT			
atribuyo	atribuimos		
atribuyes	atribuís		
atribuye	atribuyen		

PRETERIT	
atribuí	atribuimos
atribuiste	atribuisteis
atribuyó	atribuyeron

IMPERFECT	
atribuía	atribuíamos
atribuías	atribuíais
atribuía	atribuían

PRESENT PERFECT	
he atribuido	hemos atribuido
has atribuido	habéis atribuido
ha atribuido	han atribuido

FUTURE	
atribuiré	atribuiremos
atribuirás	atribuiréis
atribuirá	atribuirán

CONDITIONAL	
atribuiría	atribuiríamos
atribuirías	atribuiríais
atribuiría	atribuirían

PLUPERFECT	
había atribuido	habíamos atribuido
habías atribuido	habíais atribuido
había atribuido	habían atribuido

PRETERIT PERFECT	
hube atribuido	hubimos atribuido
hubiste atribuido	hubisteis atribuido
hubo atribuido	hubieron atribuido

FUTURE PERFECT	
habré atribuido	habremos atribuido
habrás atribuido	habréis atribuido
habrá atribuido	habrán atribuido

CONDITIONAL PERFECT	
habría atribuido	habríamos atribuido
habrías atribuido	habríais atribuido
habría atribuido	habrían atribuido

PRESENT SUBJUNCTIVE	
atribuya	atribuyamos
atribuyas	atribuyáis
atribuya	atribuyan

PRESENT PERFECT SUBJUNCTIVE	
haya atribuido	hayamos atribuido
hayas atribuido	hayáis atribuido
haya atribuido	hayan atribuido

IMPERFECT SUBJUNCTIVE (-ra)		*or*	IMPERFECT SUBJUNCTIVE (-se)	
atribuyera	atribuyéramos		atribuyese	atribuyésemos
atribuyeras	atribuyerais		atribuyeses	atribuyeseis
atribuyera	atribuyeran		atribuyese	atribuyesen

PAST PERFECT SUBJUNCTIVE (-ra)		*or*	PAST PERFECT SUBJUNCTIVE (-se)	
hubiera atribuido	hubiéramos atribuido		hubiese atribuido	hubiésemos atribuido
hubieras atribuido	hubierais atribuido		hubieses atribuido	hubieseis atribuido
hubiera atribuido	hubieran atribuido		hubiese atribuido	hubiesen atribuido

PROGRESSIVE TENSES

PRESENT	estoy, estás, está, estamos, estáis, están
PRETERIT	estuve, estuviste, estuvo, estuvimos, estuvisteis, estuvieron
IMPERFECT	estaba, estabas, estaba, estábamos, estabais, estaban
FUTURE	estaré, estarás, estará, estaremos, estaréis, estarán
CONDITIONAL	estaría, estarías, estaría, estaríamos, estaríais, estarían
SUBJUNCTIVE	que + *corresponding subjunctive tense of* estar (*see verb 252*)

atribuyendo

COMMANDS

	(nosotros) atribuyamos/no atribuyamos
(tú) atribuye/no atribuyas	(vosotros) atribuid/no atribuyáis
(Ud.) atribuya/no atribuya	(Uds.) atribuyan/no atribuyan

Usage

—Varios musicólogos le atribuyen la sonata a Bach.　*Several musicologists attribute the sonata to Bach.*
—Otros no apoyan esta atribución.　*Others don't support this attribution.*
Se atribuyó las ganancias de la firma.　*He took credit for the firm's profits.*
Te atribuimos las hermosas palabras.　*We attribute the beautiful words to you.*
Es una persona de grandes atributos.　*He's a person of great attributes.*

aumento · **aumentaron** · **aumentado** · **aumentando**

regular -*ar* verb

PRESENT

aumento	aumentamos
aumentas	aumentáis
aumenta	aumentan

IMPERFECT

aumentaba	aumentábamos
aumentabas	aumentabais
aumentaba	aumentaban

FUTURE

aumentaré	aumentaremos
aumentarás	aumentaréis
aumentará	aumentarán

PLUPERFECT

había aumentado	habíamos aumentado
habías aumentado	habíais aumentado
había aumentado	habían aumentado

FUTURE PERFECT

habré aumentado	habremos aumentado
habrás aumentado	habréis aumentado
habrá aumentado	habrán aumentado

PRESENT SUBJUNCTIVE

aumente	aumentemos
aumentes	aumentéis
aumente	aumenten

IMPERFECT SUBJUNCTIVE (-ra)

aumentara	aumentáramos
aumentaras	aumentarais
aumentara	aumentaran

PAST PERFECT SUBJUNCTIVE (-ra)

hubiera aumentado	hubiéramos aumentado
hubieras aumentado	hubierais aumentado
hubiera aumentado	hubieran aumentado

PRETERIT

aumenté	aumentamos
aumentaste	aumentasteis
aumentó	aumentaron

PRESENT PERFECT

he aumentado	hemos aumentado
has aumentado	habéis aumentado
ha aumentado	han aumentado

CONDITIONAL

aumentaría	aumentaríamos
aumentarías	aumentaríais
aumentaría	aumentarían

PRETERIT PERFECT

hube aumentado	hubimos aumentado
hubiste aumentado	hubisteis aumentado
hubo aumentado	hubieron aumentado

CONDITIONAL PERFECT

habría aumentado	habríamos aumentado
habrías aumentado	habríais aumentado
habría aumentado	habrían aumentado

PRESENT PERFECT SUBJUNCTIVE

haya aumentado	hayamos aumentado
hayas aumentado	hayáis aumentado
haya aumentado	hayan aumentado

or **IMPERFECT SUBJUNCTIVE (-se)**

aumentase	aumentásemos
aumentases	aumentaseis
aumentase	aumentasen

or **PAST PERFECT SUBJUNCTIVE (-se)**

hubiese aumentado	hubiésemos aumentado
hubieses aumentado	hubieseis aumentado
hubiese aumentado	hubiesen aumentado

PROGRESSIVE TENSES

PRESENT	estoy, estás, está, estamos, estáis, están
PRETERIT	estuve, estuviste, estuvo, estuvimos, estuvisteis, estuvieron
IMPERFECT	estaba, estabas, estaba, estábamos, estabais, estaban
FUTURE	estaré, estarás, estará, estaremos, estaréis, estarán
CONDITIONAL	estaría, estarías, estaría, estaríamos, estaríais, estarían
SUBJUNCTIVE	que + *corresponding subjunctive tense of* estar (*see verb 252*)

} aumentando

COMMANDS

	(nosotros) aumentemos/no aumentemos
(tú) aumenta/no aumentes	(vosotros) aumentad/no aumentéis
(Ud.) aumente/no aumente	(Uds.) aumenten/no aumenten

Usage

Aumenta la velocidad poco a poco.	*Increase the speed little by little.*
Las ventas han aumentado.	*Sales have risen.*
Aumentó de peso.	*She put on weight.*
Los ruidos aumentaban.	*The noises were increasing.*
Ha habido un pequeño aumento de precios.	*There has been a small price increase.*
Espera que le den un aumento de sueldo.	*She hopes she'll get a wage increase.*

avanzar *to advance, move forward*

avanzo · avanzaron · avanzado · avanzando

-ar verb; spelling change: *z > c/e*

PRESENT		PRETERIT	
avanzo	avanzamos	avancé	avanzamos
avanzas	avanzáis	avanzaste	avanzasteis
avanza	avanzan	avanzó	avanzaron

IMPERFECT		PRESENT PERFECT	
avanzaba	avanzábamos	he avanzado	hemos avanzado
avanzabas	avanzabais	has avanzado	habéis avanzado
avanzaba	avanzaban	ha avanzado	han avanzado

FUTURE		CONDITIONAL	
avanzaré	avanzaremos	avanzaría	avanzaríamos
avanzarás	avanzaréis	avanzarías	avanzaríais
avanzará	avanzarán	avanzaría	avanzarían

PLUPERFECT		PRETERIT PERFECT	
había avanzado	habíamos avanzado	hube avanzado	hubimos avanzado
habías avanzado	habíais avanzado	hubiste avanzado	hubisteis avanzado
había avanzado	habían avanzado	hubo avanzado	hubieron avanzado

FUTURE PERFECT		CONDITIONAL PERFECT	
habré avanzado	habremos avanzado	habría avanzado	habríamos avanzado
habrás avanzado	habréis avanzado	habrías avanzado	habríais avanzado
habrá avanzado	habrán avanzado	habría avanzado	habrían avanzado

PRESENT SUBJUNCTIVE		PRESENT PERFECT SUBJUNCTIVE	
avance	avancemos	haya avanzado	hayamos avanzado
avances	avancéis	hayas avanzado	hayáis avanzado
avance	avancen	haya avanzado	hayan avanzado

IMPERFECT SUBJUNCTIVE (-ra)		*or* IMPERFECT SUBJUNCTIVE (-se)	
avanzara	avanzáramos	avanzase	avanzásemos
avanzaras	avanzarais	avanzases	avanzaseis
avanzara	avanzaran	avanzase	avanzasen

PAST PERFECT SUBJUNCTIVE (-ra)		*or* PAST PERFECT SUBJUNCTIVE (-se)	
hubiera avanzado	hubiéramos avanzado	hubiese avanzado	hubiésemos avanzado
hubieras avanzado	hubierais avanzado	hubieses avanzado	hubieseis avanzado
hubiera avanzado	hubieran avanzado	hubiese avanzado	hubiesen avanzado

PROGRESSIVE TENSES

PRESENT	estoy, estás, está, estamos, estáis, están	
PRETERIT	estuve, estuviste, estuvo, estuvimos, estuvisteis, estuvieron	
IMPERFECT	estaba, estabas, estaba, estábamos, estabais, estaban	avanzando
FUTURE	estaré, estarás, estará, estaremos, estaréis, estarán	
CONDITIONAL	estaría, estarías, estaría, estaríamos, estaríais, estarían	
SUBJUNCTIVE	que + *corresponding subjunctive tense of* estar (*see verb 252*)	

COMMANDS

	(nosotros) avancemos/no avancemos
(tú) avanza/no avances	(vosotros) avanzad/no avancéis
(Ud.) avance/no avance	(Uds.) avancen/no avancen

Usage

Los soldados avanzaron al frente.	*The soldiers advanced to the front.*
Se avanza muy lentamente en esta cola.	*You move forward very slowly in this line.*
Te toca a ti avanzar una pieza.	*It's your turn to move. (board game)*
Se han hecho muchas investigaciones avanzadas.	*A lot of advanced research has been done.*
La directora financiera es de edad avanzada.	*The financial director is elderly.*
Se puede aprovechar todos estos avances tecnológicos.	*We can take advantage of all these technological advances.*

stem-changing -ar reflexive verb: **avergüenzo · avergonzaron · avergonzado · avergonzándose**
o > üe; spelling change: z > c/e

PRESENT

me avergüenzo	nos avergonzamos
te avergüenzas	os avergonzáis
se avergüenza	se avergüenzan

IMPERFECT

me avergonzaba	nos avergonzábamos
te avergonzabas	os avergonzabais
se avergonzaba	se avergonzaban

FUTURE

me avergonzaré	nos avergonzaremos
te avergonzarás	os avergonzaréis
se avergonzará	se avergonzarán

PLUPERFECT

me había avergonzado	nos habíamos avergonzado
te habías avergonzado	os habíais avergonzado
se había avergonzado	se habían avergonzado

FUTURE PERFECT

me habré avergonzado	nos habremos avergonzado
te habrás avergonzado	os habréis avergonzado
se habrá avergonzado	se habrán avergonzado

PRESENT SUBJUNCTIVE

me avergüence	nos avergoncemos
te avergüences	os avergoncéis
se avergüence	se avergüencen

IMPERFECT SUBJUNCTIVE (-ra)

me avergonzara	nos avergonzáramos
te avergonzaras	os avergonzarais
se avergonzara	se avergonzaran

PAST PERFECT SUBJUNCTIVE (-ra)

me hubiera avergonzado	nos hubiéramos avergonzado
te hubieras avergonzado	os hubierais avergonzado
se hubiera avergonzado	se hubieran avergonzado

PRETERIT

me avergoncé	nos avergonzamos
te avergonzaste	os avergonzasteis
se avergonzó	se avergonzaron

PRESENT PERFECT

me he avergonzado	nos hemos avergonzado
te has avergonzado	os habéis avergonzado
se ha avergonzado	se han avergonzado

CONDITIONAL

me avergonzaría	nos avergonzaríamos
te avergonzarías	os avergonzaríais
se avergonzaría	se avergonzarían

PRETERIT PERFECT

me hube avergonzado	nos hubimos avergonzado
te hubiste avergonzado	os hubisteis avergonzado
se hubo avergonzado	se hubieron avergonzado

CONDITIONAL PERFECT

me habría avergonzado	nos habríamos avergonzado
te habrías avergonzado	os habríais avergonzado
se habría avergonzado	se habrían avergonzado

PRESENT PERFECT SUBJUNCTIVE

me haya avergonzado	nos hayamos avergonzado
te hayas avergonzado	os hayáis avergonzado
se haya avergonzado	se hayan avergonzado

or **IMPERFECT SUBJUNCTIVE (-se)**

me avergonzase	nos avergonzásemos
te avergonzases	os avergonzaseis
se avergonzase	se avergonzasen

or **PAST PERFECT SUBJUNCTIVE (-se)**

me hubiese avergonzado	nos hubiésemos avergonzado
te hubieses avergonzado	os hubieseis avergonzado
se hubiese avergonzado	se hubiesen avergonzado

PROGRESSIVE TENSES

PRESENT	estoy, estás, está, estamos, estáis, están
PRETERIT	estuve, estuviste, estuvo, estuvimos, estuvisteis, estuvieron
IMPERFECT	estaba, estabas, estaba, estábamos, estabais, estaban
FUTURE	estaré, estarás, estará, estaremos, estaréis, estarán
CONDITIONAL	estaría, estarías, estaría, estaríamos, estaríais, estarían
SUBJUNCTIVE	que + *corresponding subjunctive tense of* estar (*see verb 252*)

avergonzando (*see page 31*)

COMMANDS

	(nosotros) avergoncémonos/no nos avergoncemos
(tú) avergüénzate/no te avergüences	(vosotros) avergonzaos/no os avergoncéis
(Ud.) avergüéncese/no se avergüence	(Uds.) avergüéncense /no se avergüencen

Usage

—Me avergüenzo de lo que dije.	*I'm ashamed of what I said.*
—No tienes porqué avergonzarte.	*You have no reason to be ashamed.*
—Están avergonzados por su comportamiento.	*They're ashamed of their behavior.*
—¿Que tienen vergüenza? Y con razón.	*So they're ashamed? And rightly so.*
¡Es un sinvergüenza!	*He's a scoundrel!, He's shameless!*
¡Qué vergüenza!	*What a disgrace!*

averiguar *to find out, check, verify*

averiguo · averiguaron · averiguado · averiguando   *-ar* verb; spelling change: *u > ü/e*

PRESENT

averiguo	averiguamos
averiguas	averiguáis
averigua	averiguan

PRETERIT

averigüé	averiguamos
averiguaste	averiguasteis
averiguó	averiguaron

IMPERFECT

averiguaba	averiguábamos
averiguabas	averiguabais
averiguaba	averiguaban

PRESENT PERFECT

he averiguado	hemos averiguado
has averiguado	habéis averiguado
ha averiguado	han averiguado

FUTURE

averiguaré	averiguaremos
averiguarás	averiguaréis
averiguará	averiguarán

CONDITIONAL

averiguaría	averiguaríamos
averiguarías	averiguaríais
averiguaría	averiguarían

PLUPERFECT

había averiguado	habíamos averiguado
habías averiguado	habíais averiguado
había averiguado	habían averiguado

PRETERIT PERFECT

hube averiguado	hubimos averiguado
hubiste averiguado	hubisteis averiguado
hubo averiguado	hubieron averiguado

FUTURE PERFECT

habré averiguado	habremos averiguado
habrás averiguado	habréis averiguado
habrá averiguado	habrán averiguado

CONDITIONAL PERFECT

habría averiguado	habríamos averiguado
habrías averiguado	habríais averiguado
habría averiguado	habrían averiguado

PRESENT SUBJUNCTIVE

averigüe	averigüemos
averigües	averigüéis
averigüe	averigüen

PRESENT PERFECT SUBJUNCTIVE

haya averiguado	hayamos averiguado
hayas averiguado	hayáis averiguado
haya averiguado	hayan averiguado

IMPERFECT SUBJUNCTIVE (-ra)

averiguara	averiguáramos
averiguaras	averiguarais
averiguara	averiguaran

or **IMPERFECT SUBJUNCTIVE (-se)**

averiguase	averiguásemos
averiguases	averiguaseis
averiguase	averiguasen

PAST PERFECT SUBJUNCTIVE (-ra)

hubiera averiguado	hubiéramos averiguado
hubieras averiguado	hubierais averiguado
hubiera averiguado	hubieran averiguado

or **PAST PERFECT SUBJUNCTIVE (-se)**

hubiese averiguado	hubiésemos averiguado
hubieses averiguado	hubieseis averiguado
hubiese averiguado	hubiesen averiguado

PROGRESSIVE TENSES

PRESENT	estoy, estás, está, estamos, estáis, están
PRETERIT	estuve, estuviste, estuvo, estuvimos, estuvisteis, estuvieron
IMPERFECT	estaba, estabas, estaba, estábamos, estabais, estaban
FUTURE	estaré, estarás, estará, estaremos, estaréis, estarán
CONDITIONAL	estaría, estarías, estaría, estaríamos, estaríais, estarían
SUBJUNCTIVE	que + *corresponding subjunctive tense of* estar (*see verb 252*)

} averiguando

COMMANDS

	(nosotros) averigüemos/no averigüemos
(tú) averigua/no averigües	(vosotros) averiguad/no averigüéis
(Ud.) averigüe/no averigüe	(Uds.) averigüen/no averigüen

Usage

Averigüe lo que pasó.	*Find out what happened.*
Hay que averiguar los datos estadísticos.	*We must check the statistical data.*
Hicieron averiguaciones sobre los crímenes.	*They investigated/inquired into the crimes.*

regular -ar verb

aviso · avisaron · avisado · avisando

PRESENT

aviso	avisamos
avisas	avisáis
avisa	avisan

PRETERIT

avisé	avisamos
avisaste	avisasteis
avisó	avisaron

IMPERFECT

avisaba	avisábamos
avisabas	avisabais
avisaba	avisaban

PRESENT PERFECT

he avisado	hemos avisado
has avisado	habéis avisado
ha avisado	han avisado

FUTURE

avisaré	avisaremos
avisarás	avisaréis
avisará	avisarán

CONDITIONAL

avisaría	avisaríamos
avisarías	avisaríais
avisaría	avisarían

PLUPERFECT

había avisado	habíamos avisado
habías avisado	habíais avisado
había avisado	habían avisado

PRETERIT PERFECT

hube avisado	hubimos avisado
hubiste avisado	hubisteis avisado
hubo avisado	hubieron avisado

FUTURE PERFECT

habré avisado	habremos avisado
habrás avisado	habréis avisado
habrá avisado	habrán avisado

CONDITIONAL PERFECT

habría avisado	habríamos avisado
habrías avisado	habríais avisado
habría avisado	habrían avisado

PRESENT SUBJUNCTIVE

avise	avisemos
avises	aviséis
avise	avisen

PRESENT PERFECT SUBJUNCTIVE

haya avisado	hayamos avisado
hayas avisado	hayáis avisado
haya avisado	hayan avisado

IMPERFECT SUBJUNCTIVE (-ra)

avisara	avisáramos
avisaras	avisarais
avisara	avisaran

or **IMPERFECT SUBJUNCTIVE (-se)**

avisase	avisásemos
avisases	avisaseis
avisase	avisasen

PAST PERFECT SUBJUNCTIVE (-ra)

hubiera avisado	hubiéramos avisado
hubieras avisado	hubierais avisado
hubiera avisado	hubieran avisado

or **PAST PERFECT SUBJUNCTIVE (-se)**

hubiese avisado	hubiésemos avisado
hubieses avisado	hubieseis avisado
hubiese avisado	hubiesen avisado

PROGRESSIVE TENSES

PRESENT	estoy, estás, está, estamos, estáis, están
PRETERIT	estuve, estuviste, estuvo, estuvimos, estuvisteis, estuvieron
IMPERFECT	estaba, estabas, estaba, estábamos, estabais, estaban
FUTURE	estaré, estarás, estará, estaremos, estaréis, estarán
CONDITIONAL	estaría, estarías, estaría, estaríamos, estaríais, estarían
SUBJUNCTIVE	que + *corresponding subjunctive tense of* estar (*see verb 252*)

} avisando

COMMANDS

	(nosotros) avisemos/no avisemos
(tú) avisa/no avises	(vosotros) avisad/no aviséis
(Ud.) avise/no avise	(Uds.) avisen/no avisen

Usage

Te aviso que no compres nada allí.	*I'm warning you not to buy anything there.*
Se fueron sin avisarnos.	*They left without warning/telling us.*
Avísale que le entregarán el paquete mañana.	*Notify him that they'll deliver the package to him tomorrow.*
No me han avisado de sus planes.	*They haven't told me of their plans.*
Le dieron un aviso por sus notas.	*They gave her a warning about her grades.*
Oíste el aviso, ¿no?	*You heard the announcement, didn't you?*

PRESENT		PRETERIT	
ayudo	ayudamos	ayudé	ayudamos
ayudas	ayudáis	ayudaste	ayudasteis
ayuda	ayudan	ayudó	ayudaron

IMPERFECT		PRESENT PERFECT	
ayudaba	ayudábamos	he ayudado	hemos ayudado
ayudabas	ayudabais	has ayudado	habéis ayudado
ayudaba	ayudaban	ha ayudado	han ayudado

FUTURE		CONDITIONAL	
ayudaré	ayudaremos	ayudaría	ayudaríamos
ayudarás	ayudaréis	ayudarías	ayudaríais
ayudará	ayudarán	ayudaría	ayudarían

PLUPERFECT		PRETERIT PERFECT	
había ayudado	habíamos ayudado	hube ayudado	hubimos ayudado
habías ayudado	habíais ayudado	hubiste ayudado	hubisteis ayudado
había ayudado	habían ayudado	hubo ayudado	hubieron ayudado

FUTURE PERFECT		CONDITIONAL PERFECT	
habré ayudado	habremos ayudado	habría ayudado	habríamos ayudado
habrás ayudado	habréis ayudado	habrías ayudado	habríais ayudado
habrá ayudado	habrán ayudado	habría ayudado	habrían ayudado

PRESENT SUBJUNCTIVE		PRESENT PERFECT SUBJUNCTIVE	
ayude	ayudemos	haya ayudado	hayamos ayudado
ayudes	ayudéis	hayas ayudado	hayáis ayudado
ayude	ayuden	haya ayudado	hayan ayudado

IMPERFECT SUBJUNCTIVE (-ra)		*or*	IMPERFECT SUBJUNCTIVE (-se)	
ayudara	ayudáramos		ayudase	ayudásemos
ayudaras	ayudarais		ayudases	ayudaseis
ayudara	ayudaran		ayudase	ayudasen

PAST PERFECT SUBJUNCTIVE (-ra)		*or*	PAST PERFECT SUBJUNCTIVE (-se)	
hubiera ayudado	hubiéramos ayudado		hubiese ayudado	hubiésemos ayudado
hubieras ayudado	hubierais ayudado		hubieses ayudado	hubieseis ayudado
hubiera ayudado	hubieran ayudado		hubiese ayudado	hubiesen ayudado

PROGRESSIVE TENSES

PRESENT	estoy, estás, está, estamos, estáis, están
PRETERIT	estuve, estuviste, estuvo, estuvimos, estuvisteis, estuvieron
IMPERFECT	estaba, estabas, estaba, estábamos, estabais, estaban
FUTURE	estaré, estarás, estará, estaremos, estaréis, estarán
CONDITIONAL	estaría, estarías, estaría, estaríamos, estaríais, estarían
SUBJUNCTIVE	que + *corresponding subjunctive tense of* estar (*see verb 252*)

\} ayudando

COMMANDS

	(nosotros) ayudemos/no ayudemos
(tú) ayuda/no ayudes	(vosotros) ayudad/no ayudéis
(Ud.) ayude/no ayude	(Uds.) ayuden/no ayuden

Usage

Ayúdelos con el programa de gráficas.	*Help them with the graphics program.*
¿Me ayudas a hacer una copia de seguridad?	*Will you help me make a backup copy?*
Ayúdate y Dios te ayudará.	*God helps those who help themselves.*
Necesita ayuda financiera para asistir a la universidad.	*She needs financial aid in order to attend the university.*
El ayudante de laboratorio terminó el experimento.	*The laboratory assistant finished the experiment.*

regular *-ar* verb

bailo · bailaron · bailado · bailando

PRESENT		PRETERIT	
bailo	bailamos	bailé	bailamos
bailas	bailáis	bailaste	bailasteis
baila	bailan	bailó	bailaron

IMPERFECT		PRESENT PERFECT	
bailaba	bailábamos	he bailado	hemos bailado
bailabas	bailabais	has bailado	habéis bailado
bailaba	bailaban	ha bailado	han bailado

FUTURE		CONDITIONAL	
bailaré	bailaremos	bailaría	bailaríamos
bailarás	bailaréis	bailarías	bailaríais
bailará	bailarán	bailaría	bailarían

PLUPERFECT		PRETERIT PERFECT	
había bailado	habíamos bailado	hube bailado	hubimos bailado
habías bailado	habíais bailado	hubiste bailado	hubisteis bailado
había bailado	habían bailado	hubo bailado	hubieron bailado

FUTURE PERFECT		CONDITIONAL PERFECT	
habré bailado	habremos bailado	habría bailado	habríamos bailado
habrás bailado	habréis bailado	habrías bailado	habríais bailado
habrá bailado	habrán bailado	habría bailado	habrían bailado

PRESENT SUBJUNCTIVE		PRESENT PERFECT SUBJUNCTIVE	
baile	bailemos	haya bailado	hayamos bailado
bailes	bailéis	hayas bailado	hayáis bailado
baile	bailen	haya bailado	hayan bailado

IMPERFECT SUBJUNCTIVE (-ra)		*or*	IMPERFECT SUBJUNCTIVE (-se)	
bailara	bailáramos		bailase	bailásemos
bailaras	bailarais		bailases	bailaseis
bailara	bailaran		bailase	bailasen

PAST PERFECT SUBJUNCTIVE (-ra)		*or*	PAST PERFECT SUBJUNCTIVE (-se)	
hubiera bailado	hubiéramos bailado		hubiese bailado	hubiésemos bailado
hubieras bailado	hubierais bailado		hubieses bailado	hubieseis bailado
hubiera bailado	hubieran bailado		hubiese bailado	hubiesen bailado

PROGRESSIVE TENSES

PRESENT	estoy, estás, está, estamos, estáis, están	
PRETERIT	estuve, estuviste, estuvo, estuvimos, estuvisteis, estuvieron	
IMPERFECT	estaba, estabas, estaba, estábamos, estabais, estaban	bailando
FUTURE	estaré, estarás, estará, estaremos, estaréis, estarán	
CONDITIONAL	estaría, estarías, estaría, estaríamos, estaríais, estarían	
SUBJUNCTIVE	que + *corresponding subjunctive tense of* estar (*see verb 252*)	

COMMANDS

	(nosotros) bailemos/no bailemos
(tú) baila/no bailes	(vosotros) bailad/no bailéis
(Ud.) baile/no baile	(Uds.) bailen/no bailen

Usage

—Bailemos la rumba.	*Let's dance the rumba.*
—No sé bailarla. Sólo bailo el vals.	*I don't know how to dance it. I only dance the waltz.*
Haz bailar el trompo.	*Make the top spin.*
Los bailarines interpretaron unos bailes folklóricos.	*The dancers performed some folk dances.*
Me invitaron al baile de gala.	*They invited me to the gala ball.*
Pon música bailable.	*Put on dance music.*
Bailan al son que tocan.	*They follow the pack.*

bajar   *to go/bring down, descend, lower*

bajo · bajaron · bajado · bajando   regular *-ar* verb

PRESENT		PRETERIT	
bajo	bajamos	bajé	bajamos
bajas	bajáis	bajaste	bajasteis
baja	bajan	bajó	bajaron

IMPERFECT		PRESENT PERFECT	
bajaba	bajábamos	he bajado	hemos bajado
bajabas	bajabais	has bajado	habéis bajado
bajaba	bajaban	ha bajado	han bajado

FUTURE		CONDITIONAL	
bajaré	bajaremos	bajaría	bajaríamos
bajarás	bajaréis	bajarías	bajaríais
bajará	bajarán	bajaría	bajarían

PLUPERFECT		PRETERIT PERFECT	
había bajado	habíamos bajado	hube bajado	hubimos bajado
habías bajado	habíais bajado	hubiste bajado	hubisteis bajado
había bajado	habían bajado	hubo bajado	hubieron bajado

FUTURE PERFECT		CONDITIONAL PERFECT	
habré bajado	habremos bajado	habría bajado	habríamos bajado
habrás bajado	habréis bajado	habrías bajado	habríais bajado
habrá bajado	habrán bajado	habría bajado	habrían bajado

PRESENT SUBJUNCTIVE		PRESENT PERFECT SUBJUNCTIVE	
baje	bajemos	haya bajado	hayamos bajado
bajes	bajéis	hayas bajado	hayáis bajado
baje	bajen	haya bajado	hayan bajado

IMPERFECT SUBJUNCTIVE (-ra)		*or*	IMPERFECT SUBJUNCTIVE (-se)	
bajara	bajáramos		bajase	bajásemos
bajaras	bajarais		bajases	bajaseis
bajara	bajaran		bajase	bajasen

PAST PERFECT SUBJUNCTIVE (-ra)		*or*	PAST PERFECT SUBJUNCTIVE (-se)	
hubiera bajado	hubiéramos bajado		hubiese bajado	hubiésemos bajado
hubieras bajado	hubierais bajado		hubieses bajado	hubieseis bajado
hubiera bajado	hubieran bajado		hubiese bajado	hubiesen bajado

PROGRESSIVE TENSES

PRESENT	estoy, estás, está, estamos, estáis, están	
PRETERIT	estuve, estuviste, estuvo, estuvimos, estuvisteis, estuvieron	
IMPERFECT	estaba, estabas, estaba, estábamos, estabais, estaban	bajando
FUTURE	estaré, estarás, estará, estaremos, estaréis, estarán	
CONDITIONAL	estaría, estarías, estaría, estaríamos, estaríais, estarían	
SUBJUNCTIVE	que + *corresponding subjunctive tense of* estar (*see verb 252*)	

COMMANDS

	(nosotros) bajemos/no bajemos
(tú) baja/no bajes	(vosotros) bajad/no bajéis
(Ud.) baje/no baje	(Uds.) bajen/no bajen

Usage

Se baja en escalera mecánica.	*You can go down by escalator.*
Bajemos del autobús en la esquina.	*Let's get off the bus at the corner.*
Bájame el maletín, por favor.	*Please get the little suitcase down for me.*
Se ha notado una bajada de los precios últimamente.	*We've seen a drop in prices recently.*
La biblioteca es baja.	*The bookcase is low.*
Habla más bajo.	*Speak more softly.*

regular -*ar* reflexive verb   baño · bañaron · bañado · bañándose

PRESENT

me baño	nos bañamos
te bañas	os bañáis
se baña	se bañan

IMPERFECT

me bañaba	nos bañábamos
te bañabas	os bañabais
se bañaba	se bañaban

FUTURE

me bañaré	nos bañaremos
te bañarás	os bañaréis
se bañará	se bañarán

PLUPERFECT

me había bañado	nos habíamos bañado
te habías bañado	os habíais bañado
se había bañado	se habían bañado

FUTURE PERFECT

me habré bañado	nos habremos bañado
te habrás bañado	os habréis bañado
se habrá bañado	se habrán bañado

PRESENT SUBJUNCTIVE

me bañe	nos bañemos
te bañes	os bañéis
se bañe	se bañen

IMPERFECT SUBJUNCTIVE (-ra)

me bañara	nos bañáramos
te bañaras	os bañarais
se bañara	se bañaran

PAST PERFECT SUBJUNCTIVE (-ra)

me hubiera bañado	nos hubiéramos bañado
te hubieras bañado	os hubierais bañado
se hubiera bañado	se hubieran bañado

PRETERIT

me bañé	nos bañamos
te bañaste	os bañasteis
se bañó	se bañaron

PRESENT PERFECT

me he bañado	nos hemos bañado
te has bañado	os habéis bañado
se ha bañado	se han bañado

CONDITIONAL

me bañaría	nos bañaríamos
te bañarías	os bañaríais
se bañaría	se bañarían

PRETERIT PERFECT

me hube bañado	nos hubimos bañado
te hubiste bañado	os hubisteis bañado
se hubo bañado	se hubieron bañado

CONDITIONAL PERFECT

me habría bañado	nos habríamos bañado
te habrías bañado	os habríais bañado
se habría bañado	se habrían bañado

PRESENT PERFECT SUBJUNCTIVE

me haya bañado	nos hayamos bañado
te hayas bañado	os hayáis bañado
se haya bañado	se hayan bañado

or **IMPERFECT SUBJUNCTIVE (-se)**

me bañase	nos bañásemos
te bañases	os bañaseis
se bañase	se bañasen

or **PAST PERFECT SUBJUNCTIVE (-se)**

me hubiese bañado	nos hubiésemos bañado
te hubieses bañado	os hubieseis bañado
se hubiese bañado	se hubiesen bañado

PROGRESSIVE TENSES

PRESENT	estoy, estás, está, estamos, estáis, están
PRETERIT	estuve, estuviste, estuvo, estuvimos, estuvisteis, estuvieron
IMPERFECT	estaba, estabas, estaba, estábamos, estabais, estaban
FUTURE	estaré, estarás, estará, estaremos, estaréis, estarán
CONDITIONAL	estaría, estarías, estaría, estaríamos, estaríais, estarían
SUBJUNCTIVE	que + *corresponding subjunctive tense of* estar (*see verb 252*)

bañando (*see page 31*)

COMMANDS

	(nosotros) bañémonos/no nos bañemos
(tú) báñate/no te bañes	(vosotros) bañaos/no os bañéis
(Ud.) báñese/no se bañe	(Uds.) báñense/no se bañen

Usage

Me baño después de bañar a los niños.	*I'll take a bath after I bathe the kids.*
Pasamos las vacaciones bañándonos en el Mediterráneo.	*We spent our vacation swimming in the Mediterranean.*
Se dieron un baño.	*They took a bath.*
La casa tiene tres baños con bañera.	*The house has three bathrooms with bathtubs.*
Esta torta bañada en chocolate me hace agua la boca.	*This cake bathed/coated in chocolate makes my mouth water.*

barro · barrieron · barrido · barriendo

regular *-er* verb

PRESENT		PRETERIT	
barro	barremos	barrí	barrimos
barres	barréis	barriste	barristeis
barre	barren	barrió	barrieron

IMPERFECT		PRESENT PERFECT	
barría	barríamos	he barrido	hemos barrido
barrías	barríais	has barrido	habéis barrido
barría	barrían	ha barrido	han barrido

FUTURE		CONDITIONAL	
barreré	barreremos	barrería	barreríamos
barrerás	barreréis	barrerías	barreríais
barrerá	barrerán	barrería	barrerían

PLUPERFECT		PRETERIT PERFECT	
había barrido	habíamos barrido	hube barrido	hubimos barrido
habías barrido	habíais barrido	hubiste barrido	hubisteis barrido
había barrido	habían barrido	hubo barrido	hubieron barrido

FUTURE PERFECT		CONDITIONAL PERFECT	
habré barrido	habremos barrido	habría barrido	habríamos barrido
habrás barrido	habréis barrido	habrías barrido	habríais barrido
habrá barrido	habrán barrido	habría barrido	habrían barrido

PRESENT SUBJUNCTIVE		PRESENT PERFECT SUBJUNCTIVE	
barra	barramos	haya barrido	hayamos barrido
barras	barráis	hayas barrido	hayáis barrido
barra	barran	haya barrido	hayan barrido

IMPERFECT SUBJUNCTIVE (-ra)		*or*	IMPERFECT SUBJUNCTIVE (-se)	
barriera	barriéramos		barriese	barriésemos
barrieras	barrierais		barrieses	barrieseis
barriera	barrieran		barriese	barriesen

PAST PERFECT SUBJUNCTIVE (-ra)		*or*	PAST PERFECT SUBJUNCTIVE (-se)	
hubiera barrido	hubiéramos barrido		hubiese barrido	hubiésemos barrido
hubieras barrido	hubierais barrido		hubieses barrido	hubieseis barrido
hubiera barrido	hubieran barrido		hubiese barrido	hubiesen barrido

PROGRESSIVE TENSES

PRESENT	estoy, estás, está, estamos, estáis, están	
PRETERIT	estuve, estuviste, estuvo, estuvimos, estuvisteis, estuvieron	
IMPERFECT	estaba, estabas, estaba, estábamos, estabais, estaban	barriendo
FUTURE	estaré, estarás, estará, estaremos, estaréis, estarán	
CONDITIONAL	estaría, estarías, estaría, estaríamos, estaríais, estarían	
SUBJUNCTIVE	que + *corresponding subjunctive tense of* estar (*see verb 252*)	

COMMANDS

	(nosotros) barramos/no barramos
(tú) barre/no barras	(vosotros) barred/no barráis
(Ud.) barra/no barra	(Uds.) barran/no barran

Usage

Barre el piso ahora.	*Sweep the floor now.*
Usad la escoba y la barredera de alfombra también.	*Use the broom and the carpet sweeper too.*
Su vestido barre el suelo.	*Her dress is sweeping the floor.*
El huracán barrió con todo el pueblo.	*The hurricane swept the whole town away.*

regular *-ar* verb

PRESENT		PRETERIT	
baso	basamos	basé	basamos
basas	basáis	basaste	basasteis
basa	basan	basó	basaron

IMPERFECT		PRESENT PERFECT	
basaba	basábamos	he basado	hemos basado
basabas	basabais	has basado	habéis basado
basaba	basaban	ha basado	han basado

FUTURE		CONDITIONAL	
basaré	basaremos	basaría	basaríamos
basarás	basaréis	basarías	basaríais
basará	basarán	basaría	basarían

PLUPERFECT		PRETERIT PERFECT	
había basado	habíamos basado	hube basado	hubimos basado
habías basado	habíais basado	hubiste basado	hubisteis basado
había basado	habían basado	hubo basado	hubieron basado

FUTURE PERFECT		CONDITIONAL PERFECT	
habré basado	habremos basado	habría basado	habríamos basado
habrás basado	habréis basado	habrías basado	habríais basado
habrá basado	habrán basado	habría basado	habrían basado

PRESENT SUBJUNCTIVE		PRESENT PERFECT SUBJUNCTIVE	
base	basemos	haya basado	hayamos basado
bases	baséis	hayas basado	hayáis basado
base	basen	haya basado	hayan basado

IMPERFECT SUBJUNCTIVE (-ra)		*or* IMPERFECT SUBJUNCTIVE (-se)	
basara	basáramos	basase	basásemos
basaras	basarais	basases	basaseis
basara	basaran	basase	basasen

PAST PERFECT SUBJUNCTIVE (-ra)		*or* PAST PERFECT SUBJUNCTIVE (-se)	
hubiera basado	hubiéramos basado	hubiese basado	hubiésemos basado
hubieras basado	hubierais basado	hubieses basado	hubieseis basado
hubiera basado	hubieran basado	hubiese basado	hubiesen basado

PROGRESSIVE TENSES

PRESENT	estoy, estás, está, estamos, estáis, están	
PRETERIT	estuve, estuviste, estuvo, estuvimos, estuvisteis, estuvieron	
IMPERFECT	estaba, estabas, estaba, estábamos, estabais, estaban	basando
FUTURE	estaré, estarás, estará, estaremos, estaréis, estarán	
CONDITIONAL	estaría, estarías, estaría, estaríamos, estaríais, estarían	
SUBJUNCTIVE	que + *corresponding subjunctive tense of* estar (*see verb 252*)	

COMMANDS

	(nosotros) basemos/no basemos
(tú) basa/no bases	(vosotros) basad/no baséis
(Ud.) base/no base	(Uds.) basen/no basen

Usage

Basaron su opinión en puros rumores.	*They based their opinion on nothing but rumors.*
¿En qué se basa esto?	*What is this based on?*
No sé en qué basó su razonamiento.	*I don't know on what she based her reasoning.*
Ganamos a base de los esfuerzos de todos.	*We won thanks to everyone's efforts.*
La salsa está hecha a base de tomate.	*The sauce is made with a tomato base.*
Hay que sentar las bases primero.	*The foundations must be laid first.*
¿Está conforme con las ideas básicas?	*Are you satisfied with the basic ideas?*

bautizar   *to baptize, christen, name*

bautizo · bautizaron · bautizado · bautizando   *-ar* verb; spelling change: *z > c/e*

PRESENT		PRETERIT	
bautizo	bautizamos	bauticé	bautizamos
bautizas	bautizáis	bautizaste	bautizasteis
bautiza	bautizan	bautizó	bautizaron

IMPERFECT		PRESENT PERFECT	
bautizaba	bautizábamos	he bautizado	hemos bautizado
bautizabas	bautizabais	has bautizado	habéis bautizado
bautizaba	bautizaban	ha bautizado	han bautizado

FUTURE		CONDITIONAL	
bautizaré	bautizaremos	bautizaría	bautizaríamos
bautizarás	bautizaréis	bautizarías	bautizaríais
bautizará	bautizarán	bautizaría	bautizarían

PLUPERFECT		PRETERIT PERFECT	
había bautizado	habíamos bautizado	hube bautizado	hubimos bautizado
habías bautizado	habíais bautizado	hubiste bautizado	hubisteis bautizado
había bautizado	habían bautizado	hubo bautizado	hubieron bautizado

FUTURE PERFECT		CONDITIONAL PERFECT	
habré bautizado	habremos bautizado	habría bautizado	habríamos bautizado
habrás bautizado	habréis bautizado	habrías bautizado	habríais bautizado
habrá bautizado	habrán bautizado	habría bautizado	habrían bautizado

PRESENT SUBJUNCTIVE		PRESENT PERFECT SUBJUNCTIVE	
bautice	bauticemos	haya bautizado	hayamos bautizado
bautices	bauticéis	hayas bautizado	hayáis bautizado
bautice	bauticen	haya bautizado	hayan bautizado

IMPERFECT SUBJUNCTIVE (-ra)		*or*	IMPERFECT SUBJUNCTIVE (-se)	
bautizara	bautizáramos		bautizase	bautizásemos
bautizaras	bautizarais		bautizases	bautizaseis
bautizara	bautizaran		bautizase	bautizasen

PAST PERFECT SUBJUNCTIVE (-ra)		*or*	PAST PERFECT SUBJUNCTIVE (-se)	
hubiera bautizado	hubiéramos bautizado		hubiese bautizado	hubiésemos bautizado
hubieras bautizado	hubierais bautizado		hubieses bautizado	hubieseis bautizado
hubiera bautizado	hubieran bautizado		hubiese bautizado	hubiesen bautizado

PROGRESSIVE TENSES

PRESENT	estoy, estás, está, estamos, estáis, están
PRETERIT	estuve, estuviste, estuvo, estuvimos, estuvisteis, estuvieron
IMPERFECT	estaba, estabas, estaba, estábamos, estabais, estaban
FUTURE	estaré, estarás, estará, estaremos, estaréis, estarán
CONDITIONAL	estaría, estarías, estaría, estaríamos, estaríais, estarían
SUBJUNCTIVE	que + *corresponding subjunctive tense of* estar (*see verb 252*)

\} bautizando

COMMANDS

	(nosotros) bauticemos/no bauticemos
(tú) bautiza/no bautices	(vosotros) bautizad/no bauticéis
(Ud.) bautice/no bautice	(Uds.) bauticen/no bauticen

Usage

—Bautizarán a la niña el domingo.	*The little girl will be baptized on Sunday.*
—¿A qué hora será el bautizo?	*At what time will the christening take place?*
El soldado experimentó su bautismo de fuego.	*The soldier underwent his baptism by fire.*
Cristóbal Colón bautizó las carabelas Niña, Pinta y Santa María.	*Christopher Columbus named his ships Niña, Pinta and Santa María.*
Los bautistas son una secta protestante.	*Baptists are a Protestant sect.*
El bautismo es un sacramento.	*Baptism is a sacrament.*

regular -er verb

PRESENT

bebo	bebemos
bebes	bebéis
bebe	beben

IMPERFECT

bebía	bebíamos
bebías	bebíais
bebía	bebían

FUTURE

beberé	beberemos
beberás	beberéis
beberá	beberán

PLUPERFECT

había bebido	habíamos bebido
habías bebido	habíais bebido
había bebido	habían bebido

FUTURE PERFECT

habré bebido	habremos bebido
habrás bebido	habréis bebido
habrá bebido	habrán bebido

PRESENT SUBJUNCTIVE

beba	bebamos
bebas	bebáis
beba	beban

IMPERFECT SUBJUNCTIVE (-ra)

bebiera	bebiéramos
bebieras	bebierais
bebiera	bebieran

PAST PERFECT SUBJUNCTIVE (-ra)

hubiera bebido	hubiéramos bebido
hubieras bebido	hubierais bebido
hubiera bebido	hubieran bebido

PRETERIT

bebí	bebimos
bebiste	bebisteis
bebió	bebieron

PRESENT PERFECT

he bebido	hemos bebido
has bebido	habéis bebido
ha bebido	han bebido

CONDITIONAL

bebería	beberíamos
beberías	beberíais
bebería	beberían

PRETERIT PERFECT

hube bebido	hubimos bebido
hubiste bebido	hubisteis bebido
hubo bebido	hubieron bebido

CONDITIONAL PERFECT

habría bebido	habríamos bebido
habrías bebido	habríais bebido
habría bebido	habrían bebido

PRESENT PERFECT SUBJUNCTIVE

haya bebido	hayamos bebido
hayas bebido	hayáis bebido
haya bebido	hayan bebido

or **IMPERFECT SUBJUNCTIVE (-se)**

bebiese	bebiésemos
bebieses	bebieseis
bebiese	bebiesen

or **PAST PERFECT SUBJUNCTIVE (-se)**

hubiese bebido	hubiésemos bebido
hubieses bebido	hubieseis bebido
hubiese bebido	hubiesen bebido

PROGRESSIVE TENSES

PRESENT	estoy, estás, está, estamos, estáis, están
PRETERIT	estuve, estuviste, estuvo, estuvimos, estuvisteis, estuvieron
IMPERFECT	estaba, estabas, estaba, estábamos, estabais, estaban
FUTURE	estaré, estarás, estará, estaremos, estaréis, estarán
CONDITIONAL	estaría, estarías, estaría, estaríamos, estaríais, estarían
SUBJUNCTIVE	que + corresponding subjunctive tense of estar (see verb 252)

} bebiendo

COMMANDS

	(nosotros) bebamos/no bebamos
(tú) bebe/no bebas	(vosotros) bebed/no bebáis
(Ud.) beba/no beba	(Uds.) beban/no beban

Usage

Bebí agua.	I drank water.
Dale de beber al perro.	Give the dog water.
Bebe el jugo a sorbos, no a tragos.	Sip the juice, don't gulp it.
Bebamos a su salud.	Let's drink to him/to his health.
Se sirve una bebida con la comida.	Beverages are served with the meal.
El bebé bebe del biberón todavía.	The baby still drinks from a bottle.

bendecir *to bless*

bendigo · bendijeron · bendecido (also **bendito**, used as adjective) · **bendiciendo**   irregular verb

PRESENT		PRETERIT	
bendigo	bendecimos	bendije	bendijimos
bendices	bendecís	bendijiste	bendijisteis
bendice	bendicen	bendijo	bendijeron

IMPERFECT		PRESENT PERFECT	
bendecía	bendecíamos	he bendecido	hemos bendecido
bendecías	bendecíais	has bendecido	habéis bendecido
bendecía	bendecían	ha bendecido	han bendecido

FUTURE		CONDITIONAL	
bendeciré	bendeciremos	bendeciría	bendeciríamos
bendecirás	bendeciréis	bendecirías	bendeciríais
bendecirá	bendecirán	bendeciría	bendecirían

PLUPERFECT		PRETERIT PERFECT	
había bendecido	habíamos bendecido	hube bendecido	hubimos bendecido
habías bendecido	habíais bendecido	hubiste bendecido	hubisteis bendecido
había bendecido	habían bendecido	hubo bendecido	hubieron bendecido

FUTURE PERFECT		CONDITIONAL PERFECT	
habré bendecido	habremos bendecido	habría bendecido	habríamos bendecido
habrás bendecido	habréis bendecido	habrías bendecido	habríais bendecido
habrá bendecido	habrán bendecido	habría bendecido	habrían bendecido

PRESENT SUBJUNCTIVE		PRESENT PERFECT SUBJUNCTIVE	
bendiga	bendigamos	haya bendecido	hayamos bendecido
bendigas	bendigáis	hayas bendecido	hayáis bendecido
bendiga	bendigan	haya bendecido	hayan bendecido

IMPERFECT SUBJUNCTIVE (-ra)		*or*	IMPERFECT SUBJUNCTIVE (-se)	
bendijera	bendijéramos		bendijese	bendijésemos
bendijeras	bendijerais		bendijeses	bendijeseis
bendijera	bendijeran		bendijese	bendijesen

PAST PERFECT SUBJUNCTIVE (-ra)		*or*	PAST PERFECT SUBJUNCTIVE (-se)	
hubiera bendecido	hubiéramos bendecido		hubiese bendecido	hubiésemos bendecido
hubieras bendecido	hubierais bendecido		hubieses bendecido	hubieseis bendecido
hubiera bendecido	hubieran bendecido		hubiese bendecido	hubiesen bendecido

PROGRESSIVE TENSES

PRESENT	estoy, estás, está, estamos, estáis, están	
PRETERIT	estuve, estuviste, estuvo, estuvimos, estuvisteis, estuvieron	
IMPERFECT	estaba, estabas, estaba, estábamos, estabais, estaban	bendiciendo
FUTURE	estaré, estarás, estará, estaremos, estaréis, estarán	
CONDITIONAL	estaría, estarías, estaría, estaríamos, estaríais, estarían	
SUBJUNCTIVE	que + *corresponding subjunctive tense of* estar (*see verb 252*)	

COMMANDS

	(nosotros) bendigamos/no bendigamos
(tú) bendice/no bendigas	(vosotros) bendecid/no bendigáis
(Ud.) bendiga/no bendiga	(Uds.) bendigan/no bendigan

Usage

¡Que Dios los bendiga, hijos!	*May God bless you, my children.*
El pueblo fue bendecido por el Papa.	*The people were blessed by the Pope.*
Se oyó la bendición del Papa.	*They heard the Pope's benediction/blessing.*
Hay que dar la bendición de la mesa.	*We must say grace.*
Hay agua bendita en la pila.	*There's holy water in the font.*
¡Qué bendito es!	*What a saint/good person he is!*

regular *-ar* verb

beso · besaron · besado · besando

PRESENT

beso	besamos
besas	besáis
besa	besan

IMPERFECT

besaba	besábamos
besabas	besabais
besaba	besaban

FUTURE

besaré	besaremos
besarás	besaréis
besará	besarán

PLUPERFECT

había besado	habíamos besado
habías besado	habíais besado
había besado	habían besado

FUTURE PERFECT

habré besado	habremos besado
habrás besado	habréis besado
habrá besado	habrán besado

PRESENT SUBJUNCTIVE

bese	besemos
beses	beséis
bese	besen

IMPERFECT SUBJUNCTIVE (-ra)

besara	besáramos
besaras	besarais
besara	besaran

PAST PERFECT SUBJUNCTIVE (-ra)

hubiera besado	hubiéramos besado
hubieras besado	hubierais besado
hubiera besado	hubieran besado

PRETERIT

besé	besamos
besaste	besasteis
besó	besaron

PRESENT PERFECT

he besado	hemos besado
has besado	habéis besado
ha besado	han besado

CONDITIONAL

besaría	besaríamos
besarías	besaríais
besaría	besarían

PRETERIT PERFECT

hube besado	hubimos besado
hubiste besado	hubisteis besado
hubo besado	hubieron besado

CONDITIONAL PERFECT

habría besado	habríamos besado
habrías besado	habríais besado
habría besado	habrían besado

PRESENT PERFECT SUBJUNCTIVE

haya besado	hayamos besado
hayas besado	hayáis besado
haya besado	hayan besado

or **IMPERFECT SUBJUNCTIVE (-se)**

besase	besásemos
besases	besaseis
besase	besasen

or **PAST PERFECT SUBJUNCTIVE (-se)**

hubiese besado	hubiésemos besado
hubieses besado	hubieseis besado
hubiese besado	hubiesen besado

PROGRESSIVE TENSES

PRESENT	estoy, estás, está, estamos, estáis, están
PRETERIT	estuve, estuviste, estuvo, estuvimos, estuvisteis, estuvieron
IMPERFECT	estaba, estabas, estaba, estábamos, estabais, estaban
FUTURE	estaré, estarás, estará, estaremos, estaréis, estarán
CONDITIONAL	estaría, estarías, estaría, estaríamos, estaríais, estarían
SUBJUNCTIVE	que + *corresponding subjunctive tense of* estar (*see verb 252*)

} besando

COMMANDS

	(nosotros) besemos/no besemos
(tú) besa/no beses	(vosotros) besad/no beséis
(Ud.) bese/no bese	(Uds.) besen/no besen

Usage

Le besó en la cabeza.	*He kissed her on the head.*
Se besaban y se abrazaban.	*They were kissing and hugging each other.*
Se están besuqueando.	*They're smooching.*
¿Conoces la canción *Bésame mucho*?	*Do you know the song* Kiss Me a Lot?
Os mando un beso y un abrazo.	*I send you hugs and kisses.*
Se despide tirando besos.	*She says good-bye blowing kisses.*

borrar   *to erase*

borro · borraron · borrado · borrando

regular *-ar* verb

PRESENT		PRETERIT	
borro	borramos	borré	borramos
borras	borráis	borraste	borrasteis
borra	borran	borró	borraron

IMPERFECT		PRESENT PERFECT	
borraba	borrábamos	he borrado	hemos borrado
borrabas	borrabais	has borrado	habéis borrado
borraba	borraban	ha borrado	han borrado

FUTURE		CONDITIONAL	
borraré	borraremos	borraría	borraríamos
borrarás	borraréis	borrarías	borraríais
borrará	borrarán	borraría	borrarían

PLUPERFECT		PRETERIT PERFECT	
había borrado	habíamos borrado	hube borrado	hubimos borrado
habías borrado	habíais borrado	hubiste borrado	hubisteis borrado
había borrado	habían borrado	hubo borrado	hubieron borrado

FUTURE PERFECT		CONDITIONAL PERFECT	
habré borrado	habremos borrado	habría borrado	habríamos borrado
habrás borrado	habréis borrado	habrías borrado	habríais borrado
habrá borrado	habrán borrado	habría borrado	habrían borrado

PRESENT SUBJUNCTIVE		PRESENT PERFECT SUBJUNCTIVE	
borre	borremos	haya borrado	hayamos borrado
borres	borréis	hayas borrado	hayáis borrado
borre	borren	haya borrado	hayan borrado

IMPERFECT SUBJUNCTIVE (-ra)		*or* IMPERFECT SUBJUNCTIVE (-se)	
borrara	borráramos	borrase	borrásemos
borraras	borrarais	borrases	borraseis
borrara	borraran	borrase	borrasen

PAST PERFECT SUBJUNCTIVE (-ra)		*or* PAST PERFECT SUBJUNCTIVE (-se)	
hubiera borrado	hubiéramos borrado	hubiese borrado	hubiésemos borrado
hubieras borrado	hubierais borrado	hubieses borrado	hubieseis borrado
hubiera borrado	hubieran borrado	hubiese borrado	hubiesen borrado

PROGRESSIVE TENSES

PRESENT	estoy, estás, está, estamos, estáis, están
PRETERIT	estuve, estuviste, estuvo, estuvimos, estuvisteis, estuvieron
IMPERFECT	estaba, estabas, estaba, estábamos, estabais, estaban
FUTURE	estaré, estarás, estará, estaremos, estaréis, estarán
CONDITIONAL	estaría, estarías, estaría, estaríamos, estaríais, estarían
SUBJUNCTIVE	que + *corresponding subjunctive tense of* estar (*see verb 252*)

} borrando

COMMANDS

	(nosotros) borremos/no borremos
(tú) borra/no borres	(vosotros) borrad/no borréis
(Ud.) borre/no borre	(Uds.) borren/no borren

Usage

Borró los errores.	*He erased the mistakes.*
No borres tu trabajo.	*Don't erase your work.*
Borren la pizarra con el borrador.	*Clean the chalkboard with the eraser.*
He borrado los nombres de la lista.	*I've crossed the names off the list.*
Entréguenme su borrador para el jueves.	*Hand in your first draft to me by Thursday.*
Se borró su tristeza con el tiempo.	*His sadness was wiped away with time.*

-*ar* verb; spelling change: *z* > *c*/*e*

bostezo · bostezaron · bostezado · bostezando

PRESENT

bostezo	bostezamos
bostezas	bostezáis
bosteza	bostezan

IMPERFECT

bostezaba	bostezábamos
bostezabas	bostezabais
bostezaba	bostezaban

FUTURE

bostezaré	bostezaremos
bostezarás	bostezaréis
bostezará	bostezarán

PLUPERFECT

había bostezado	habíamos bostezado
habías bostezado	habíais bostezado
había bostezado	habían bostezado

FUTURE PERFECT

habré bostezado	habremos bostezado
habrás bostezado	habréis bostezado
habrá bostezado	habrán bostezado

PRESENT SUBJUNCTIVE

bostece	bostecemos
bosteces	bostecéis
bostece	bostecen

IMPERFECT SUBJUNCTIVE (-ra)

bostezara	bostezáramos
bostezaras	bostezarais
bostezara	bostezaran

PAST PERFECT SUBJUNCTIVE (-ra)

hubiera bostezado	hubiéramos bostezado
hubieras bostezado	hubierais bostezado
hubiera bostezado	hubieran bostezado

PRETERIT

bostecé	bostezamos
bostezaste	bostezasteis
bostezó	bostezaron

PRESENT PERFECT

he bostezado	hemos bostezado
has bostezado	habéis bostezado
ha bostezado	han bostezado

CONDITIONAL

bostezaría	bostezaríamos
bostezarías	bostezaríais
bostezaría	bostezarían

PRETERIT PERFECT

hube bostezado	hubimos bostezado
hubiste bostezado	hubisteis bostezado
hubo bostezado	hubieron bostezado

CONDITIONAL PERFECT

habría bostezado	habríamos bostezado
habrías bostezado	habríais bostezado
habría bostezado	habrían bostezado

PRESENT PERFECT SUBJUNCTIVE

haya bostezado	hayamos bostezado
hayas bostezado	hayáis bostezado
haya bostezado	hayan bostezado

or **IMPERFECT SUBJUNCTIVE (-se)**

bostezase	bostezásemos
bostezases	bostezaseis
bostezase	bostezasen

or **PAST PERFECT SUBJUNCTIVE (-se)**

hubiese bostezado	hubiésemos bostezado
hubieses bostezado	hubieseis bostezado
hubiese bostezado	hubiesen bostezado

PROGRESSIVE TENSES

PRESENT	estoy, estás, está, estamos, estáis, están
PRETERIT	estuve, estuviste, estuvo, estuvimos, estuvisteis, estuvieron
IMPERFECT	estaba, estabas, estaba, estábamos, estabais, estaban
FUTURE	estaré, estarás, estará, estaremos, estaréis, estarán
CONDITIONAL	estaría, estarías, estaría, estaríamos, estaríais, estarían
SUBJUNCTIVE	que + *corresponding subjunctive tense of* estar (*see verb 252*)

} bostezando

COMMANDS

	(nosotros) bostecemos/no bostecemos
(tú) bosteza/no bosteces	(vosotros) bostezad/no bostecéis
(Ud.) bostece/no bostece	(Uds.) bostecen/no bostecen

Usage

—¡Cuánto bostezas! ¿Tienes sueño?	*You're yawning so much! Are you sleepy?*
—Bostezo por la falta de aire.	*I'm yawning because of the lack of air.*
¡Tápense la boca cuando bostezan!	*Cover your mouths when you yawn!*
¡Tantos bostezos! ¡Te dolerán las mandíbulas!	*So much yawning! Your jaws must hurt!*

boto · botaron · botado · botando

regular *-ar* verb

PRESENT		PRETERIT	
boto	botamos	boté	botamos
botas	botáis	botaste	botasteis
bota	botan	botó	botaron

IMPERFECT		PRESENT PERFECT	
botaba	botábamos	he botado	hemos botado
botabas	botabais	has botado	habéis botado
botaba	botaban	ha botado	han botado

FUTURE		CONDITIONAL	
botaré	botaremos	botaría	botaríamos
botarás	botaréis	botarías	botaríais
botará	botarán	botaría	botarían

PLUPERFECT		PRETERIT PERFECT	
había botado	habíamos botado	hube botado	hubimos botado
habías botado	habíais botado	hubiste botado	hubisteis botado
había botado	habían botado	hubo botado	hubieron botado

FUTURE PERFECT		CONDITIONAL PERFECT	
habré botado	habremos botado	habría botado	habríamos botado
habrás botado	habréis botado	habrías botado	habríais botado
habrá botado	habrán botado	habría botado	habrían botado

PRESENT SUBJUNCTIVE		PRESENT PERFECT SUBJUNCTIVE	
bote	botemos	haya botado	hayamos botado
botes	botéis	hayas botado	hayáis botado
bote	boten	haya botado	hayan botado

IMPERFECT SUBJUNCTIVE (-ra)		*or* IMPERFECT SUBJUNCTIVE (-se)	
botara	botáramos	botase	botásemos
botaras	botarais	botases	botaseis
botara	botaran	botase	botasen

PAST PERFECT SUBJUNCTIVE (-ra)		*or* PAST PERFECT SUBJUNCTIVE (-se)	
hubiera botado	hubiéramos botado	hubiese botado	hubiésemos botado
hubieras botado	hubierais botado	hubieses botado	hubieseis botado
hubiera botado	hubieran botado	hubiese botado	hubiesen botado

PROGRESSIVE TENSES

PRESENT	estoy, estás, está, estamos, estáis, están	
PRETERIT	estuve, estuviste, estuvo, estuvimos, estuvisteis, estuvieron	
IMPERFECT	estaba, estabas, estaba, estábamos, estabais, estaban	botando
FUTURE	estaré, estarás, estará, estaremos, estaréis, estarán	
CONDITIONAL	estaría, estarías, estaría, estaríamos, estaríais, estarían	
SUBJUNCTIVE	que + *corresponding subjunctive tense of* estar (*see verb 252*)	

COMMANDS

	(nosotros) botemos/no botemos
(tú) bota/no botes	(vosotros) botad/no botéis
(Ud.) bote/no bote	(Uds.) boten/no boten

Usage

Lo botaron del club.	*They threw him out of the club.*
Bota todos esos papeles.	*Throw all those papers away.*
Se botó la pelota.	*The ball rebounded.*
Es dinero botado.	*It's money thrown away/squandered.*

-ar verb; spelling change: *c > qu/e*

brinco · brincaron · brincado · brincando

PRESENT

brinco	brincamos
brincas	brincáis
brinca	brincan

PRETERIT

brinqué	brincamos
brincaste	brincasteis
brincó	brincaron

IMPERFECT

brincaba	brincábamos
brincabas	brincabais
brincaba	brincaban

PRESENT PERFECT

he brincado	hemos brincado
has brincado	habéis brincado
ha brincado	han brincado

FUTURE

brincaré	brincaremos
brincarás	brincaréis
brincará	brincarán

CONDITIONAL

brincaría	brincaríamos
brincarías	brincaríais
brincaría	brincarían

PLUPERFECT

había brincado	habíamos brincado
habías brincado	habíais brincado
había brincado	habían brincado

PRETERIT PERFECT

hube brincado	hubimos brincado
hubiste brincado	hubisteis brincado
hubo brincado	hubieron brincado

FUTURE PERFECT

habré brincado	habremos brincado
habrás brincado	habréis brincado
habrá brincado	habrán brincado

CONDITIONAL PERFECT

habría brincado	habríamos brincado
habrías brincado	habríais brincado
habría brincado	habrían brincado

PRESENT SUBJUNCTIVE

brinque	brinquemos
brinques	brinquéis
brinque	brinquen

PRESENT PERFECT SUBJUNCTIVE

haya brincado	hayamos brincado
hayas brincado	hayáis brincado
haya brincado	hayan brincado

IMPERFECT SUBJUNCTIVE (-ra)

brincara	brincáramos
brincaras	brincarais
brincara	brincaran

or **IMPERFECT SUBJUNCTIVE (-se)**

brincase	brincásemos
brincases	brincaseis
brincase	brincasen

PAST PERFECT SUBJUNCTIVE (-ra)

hubiera brincado	hubiéramos brincado
hubieras brincado	hubierais brincado
hubiera brincado	hubieran brincado

or **PAST PERFECT SUBJUNCTIVE (-se)**

hubiese brincado	hubiésemos brincado
hubieses brincado	hubieseis brincado
hubiese brincado	hubiesen brincado

PROGRESSIVE TENSES

PRESENT	estoy, estás, está, estamos, estáis, están
PRETERIT	estuve, estuviste, estuvo, estuvimos, estuvisteis, estuvieron
IMPERFECT	estaba, estabas, estaba, estábamos, estabais, estaban
FUTURE	estaré, estarás, estará, estaremos, estaréis, estarán
CONDITIONAL	estaría, estarías, estaría, estaríamos, estaríais, estarían
SUBJUNCTIVE	que + *corresponding subjunctive tense of* estar (*see verb 252*)

} brincando

COMMANDS

	(nosotros) brinquemos/no brinquemos
(tú) brinca/no brinques	(vosotros) brincad/no brinquéis
(Ud.) brinque/no brinque	(Uds.) brinquen/no brinquen

Usage

Brincó de alegría al oír la noticia.	*She jumped for joy when she heard the news.*
¡Niños, no brinquen en el sofá!	*Children, don't jump around on the couch!*
Dio un brinco cuando se enteró.	*He jumped up when he found out.*
Los conejos están brincando.	*The rabbits are hopping around.*
Los corderos brincaban en el prado.	*The lambs were gamboling in the meadow.*
Terminaron el trabajo en un brinco.	*They finished the work in no time at all.*

burlarse *to make fun of, mock*

burlo · burlaron · burlado · burlándose

regular -ar reflexive verb

PRESENT

me burlo	nos burlamos
te burlas	os burláis
se burla	se burlan

PRETERIT

me burlé	nos burlamos
te burlaste	os burlasteis
se burló	se burlaron

IMPERFECT

me burlaba	nos burlábamos
te burlabas	os burlabais
se burlaba	se burlaban

PRESENT PERFECT

me he burlado	nos hemos burlado
te has burlado	os habéis burlado
se ha burlado	se han burlado

FUTURE

me burlaré	nos burlaremos
te burlarás	os burlaréis
se burlará	se burlarán

CONDITIONAL

me burlaría	nos burlaríamos
te burlarías	os burlaríais
se burlaría	se burlarían

PLUPERFECT

me había burlado	nos habíamos burlado
te habías burlado	os habíais burlado
se había burlado	se habían burlado

PRETERIT PERFECT

me hube burlado	nos hubimos burlado
te hubiste burlado	os hubisteis burlado
se hubo burlado	se hubieron burlado

FUTURE PERFECT

me habré burlado	nos habremos burlado
te habrás burlado	os habréis burlado
se habrá burlado	se habrán burlado

CONDITIONAL PERFECT

me habría burlado	nos habríamos burlado
te habrías burlado	os habríais burlado
se habría burlado	se habrían burlado

PRESENT SUBJUNCTIVE

me burle	nos burlemos
te burles	os burléis
se burle	se burlen

PRESENT PERFECT SUBJUNCTIVE

me haya burlado	nos hayamos burlado
te hayas burlado	os hayáis burlado
se haya burlado	se hayan burlado

IMPERFECT SUBJUNCTIVE (-ra)

me burlara	nos burláramos
te burlaras	os burlarais
se burlara	se burlaran

or **IMPERFECT SUBJUNCTIVE (-se)**

me burlase	nos burlásemos
te burlases	os burlaseis
se burlase	se burlasen

PAST PERFECT SUBJUNCTIVE (-ra)

me hubiera burlado	nos hubiéramos burlado
te hubieras burlado	os hubierais burlado
se hubiera burlado	se hubieran burlado

or **PAST PERFECT SUBJUNCTIVE (-se)**

me hubiese burlado	nos hubiésemos burlado
te hubieses burlado	os hubieseis burlado
se hubiese burlado	se hubiesen burlado

PROGRESSIVE TENSES

PRESENT	estoy, estás, está, estamos, estáis, están
PRETERIT	estuve, estuviste, estuvo, estuvimos, estuvisteis, estuvieron
IMPERFECT	estaba, estabas, estaba, estábamos, estabais, estaban
FUTURE	estaré, estarás, estará, estaremos, estaréis, estarán
CONDITIONAL	estaría, estarías, estaría, estaríamos, estaríais, estarían
SUBJUNCTIVE	que + *corresponding subjunctive tense of* estar (*see verb 252*)

⎫ burlando (*see page 31*)

COMMANDS

	(nosotros) burlémonos/no nos burlemos
(tú) búrlate/no te burles	(vosotros) burlaos/no os burléis
(Ud.) búrlese/no se burle	(Uds.) búrlense/no se burlen

Usage

No te burles de ellos.	*Don't make fun of them.*
No se burlen de ella.	*Don't mock/ridicule her.*
No soportamos su actitud burlona.	*We can't stand her mocking attitude.*
Hay abogados que burlan las leyes.	*There are lawyers who flout/scoff at the law.*
Don Juan Tenorio es *el Burlador de Sevilla.*	*Don Juan Tenorio is* the Seducer from Seville.

-ar verb; spelling change: c > qu/e

busco · buscaron · buscado · buscando

PRESENT

busco	buscamos
buscas	buscáis
busca	buscan

IMPERFECT

buscaba	buscábamos
buscabas	buscabais
buscaba	buscaban

FUTURE

buscaré	buscaremos
buscarás	buscaréis
buscará	buscarán

PLUPERFECT

había buscado	habíamos buscado
habías buscado	habíais buscado
había buscado	habían buscado

FUTURE PERFECT

habré buscado	habremos buscado
habrás buscado	habréis buscado
habrá buscado	habrán buscado

PRESENT SUBJUNCTIVE

busque	busquemos
busques	busquéis
busque	busquen

IMPERFECT SUBJUNCTIVE (-ra)

buscara	buscáramos
buscaras	buscarais
buscara	buscaran

PAST PERFECT SUBJUNCTIVE (-ra)

hubiera buscado	hubiéramos buscado
hubieras buscado	hubierais buscado
hubiera buscado	hubieran buscado

PRETERIT

busqué	buscamos
buscaste	buscasteis
buscó	buscaron

PRESENT PERFECT

he buscado	hemos buscado
has buscado	habéis buscado
ha buscado	han buscado

CONDITIONAL

buscaría	buscaríamos
buscarías	buscaríais
buscaría	buscarían

PRETERIT PERFECT

hube buscado	hubimos buscado
hubiste buscado	hubisteis buscado
hubo buscado	hubieron buscado

CONDITIONAL PERFECT

habría buscado	habríamos buscado
habrías buscado	habríais buscado
habría buscado	habrían buscado

PRESENT PERFECT SUBJUNCTIVE

haya buscado	hayamos buscado
hayas buscado	hayáis buscado
haya buscado	hayan buscado

or **IMPERFECT SUBJUNCTIVE (-se)**

buscase	buscásemos
buscases	buscaseis
buscase	buscasen

or **PAST PERFECT SUBJUNCTIVE (-se)**

hubiese buscado	hubiésemos buscado
hubieses buscado	hubieseis buscado
hubiese buscado	hubiesen buscado

PROGRESSIVE TENSES

PRESENT	estoy, estás, está, estamos, estáis, están
PRETERIT	estuve, estuviste, estuvo, estuvimos, estuvisteis, estuvieron
IMPERFECT	estaba, estabas, estaba, estábamos, estabais, estaban
FUTURE	estaré, estarás, estará, estaremos, estaréis, estarán
CONDITIONAL	estaría, estarías, estaría, estaríamos, estaríais, estarían
SUBJUNCTIVE	que + corresponding subjunctive tense of estar (see verb 252)

} buscando

COMMANDS

	(nosotros) busquemos/no busquemos
(tú) busca/no busques	(vosotros) buscad/no busquéis
(Ud.) busque/no busque	(Uds.) busquen/no busquen

Usage

Está buscando su pasaporte.	*He's searching for his passport.*
Busquen al gato en el patio.	*Look for the cat on the patio.*
Se busca trabajo.	*They're looking for work.*
Buscamos un gerente que tenga don de gentes.	*We're seeking a manager who is personable/has a way with people.*
Buscaba un novio que tuviera un buen sentido del humor.	*She was looking for a boyfriend who had a good sense of humor.*

TOP 50 VERB ☞

busco · buscaron · buscado · buscando   *-ar verb; spelling change: c > qu/e*

¿Sigues buscando empleo?	*Are you still looking for a job?*
Se busca casa/apartamento.	*They're house-hunting/apartment-hunting.*
Se busca programador/arquitecto.	*We're looking for a programmer/architect.*
Busqué la palabra en el diccionario.	*I looked up the word in the dictionary.*
Ve a buscar el periódico.	*Go and get/bring the newspaper.*
Búscame unos entremeses, por favor.	*Please get me some hors d'oeuvres.*
—Buscamos una solución a este problema.	*We're looking for a solution to this problem.*
—Les recomiendo que busquen consejos.	*I recommend that you seek advice.*
No busques problemas.	*Don't look for/ask for problems.*

Other Uses

Te buscaremos a las siete.	*We'll pick you up at seven o'clock.*
No se expresa bien. Busca sus palabras.	*He doesn't express himself well. He fumbles for his words.*
—No encuentro la llave en mi bolsa.	*I can't find the key in my bag.*
—Sácalo todo para no tener que buscarla a tientas.	*Take everything out so that you don't have to fumble for it.*
Se busca la vida mientras toma clases.	*She's trying to earn a living while she studies.*
Iba en busca de un buen carro de segunda mano.	*He was going in search of a good used car.*
Quien busca halla.	*Seek and ye shall find.*
¡No le busques tres pies al gato!	*Don't split hairs/complicate matters!*
Buscar el anillo es buscar una aguja en un pajar.	*Looking for the ring is like looking for a needle in a haystack.*
Se hace una búsqueda de ejecutivos.	*They're doing an executive search.*
Es un buscapleitos.	*He's a troublemaker.*
Es una buscavidas.	*She's a go-getter/busybody.*
El buscón es el título de una novela picaresca española.	The Pickpocket/Petty Thief *is the title of a Spanish picaresque novel.*
El novelista tiene un estilo rebuscado.	*The novelist's style is recherché/pedantic/affected.*

TOP 50 VERBS

irregular verb

quepo · cupieron · cabido · cabiendo

PRESENT

quepo	cabemos
cabes	cabéis
cabe	caben

IMPERFECT

cabía	cabíamos
cabías	cabíais
cabía	cabían

FUTURE

cabré	cabremos
cabrás	cabréis
cabrá	cabrán

PLUPERFECT

había cabido	habíamos cabido
habías cabido	habíais cabido
había cabido	habían cabido

FUTURE PERFECT

habré cabido	habremos cabido
habrás cabido	habréis cabido
habrá cabido	habrán cabido

PRESENT SUBJUNCTIVE

quepa	quepamos
quepas	quepáis
quepa	quepan

IMPERFECT SUBJUNCTIVE (-ra)

cupiera	cupiéramos
cupieras	cupierais
cupiera	cupieran

PAST PERFECT SUBJUNCTIVE (-ra)

hubiera cabido	hubiéramos cabido
hubieras cabido	hubierais cabido
hubiera cabido	hubieran cabido

PRETERIT

cupe	cupimos
cupiste	cupisteis
cupo	cupieron

PRESENT PERFECT

he cabido	hemos cabido
has cabido	habéis cabido
ha cabido	han cabido

CONDITIONAL

cabría	cabríamos
cabrías	cabríais
cabría	cabrían

PRETERIT PERFECT

hube cabido	hubimos cabido
hubiste cabido	hubisteis cabido
hubo cabido	hubieron cabido

CONDITIONAL PERFECT

habría cabido	habríamos cabido
habrías cabido	habríais cabido
habría cabido	habrían cabido

PRESENT PERFECT SUBJUNCTIVE

haya cabido	hayamos cabido
hayas cabido	hayáis cabido
haya cabido	hayan cabido

or **IMPERFECT SUBJUNCTIVE (-se)**

cupiese	cupiésemos
cupieses	cupieseis
cupiese	cupiesen

or **PAST PERFECT SUBJUNCTIVE (-se)**

hubiese cabido	hubiésemos cabido
hubieses cabido	hubieseis cabido
hubiese cabido	hubiesen cabido

PROGRESSIVE TENSES

PRESENT	estoy, estás, está, estamos, estáis, están	
PRETERIT	estuve, estuviste, estuvo, estuvimos, estuvisteis, estuvieron	
IMPERFECT	estaba, estabas, estaba, estábamos, estabais, estaban	cabiendo
FUTURE	estaré, estarás, estará, estaremos, estaréis, estarán	
CONDITIONAL	estaría, estarías, estaría, estaríamos, estaríais, estarían	
SUBJUNCTIVE	que + *corresponding subjunctive tense of* estar (*see verb 252*)	

COMMANDS

	(nosotros) quepamos/no quepamos
(tú) cabe/no quepas	(vosotros) cabed/no quepáis
(Ud.) quepa/no quepa	(Uds.) quepan/no quepan

Usage

No cabe ni una cosa más en la caja.	*Not one more thing will fit in the box.*
Caben 300 personas en la sala de conciertos.	*The concert hall holds 300 people.*
Dudo que el piano de media cola quepa por la puerta.	*I doubt the baby grand piano will fit through the door.*
No cabe duda.	*There's no doubt.*
¡Qué presumido es! No cabe en sí.	*How conceited he is! He's full of himself.*
Todo cabe en lo humano.	*Everything is possible.*

Cayeron en la trampa.	*They fell into the trap.*
Caíste en un error.	*You made a mistake.*
Su cumpleaños cae en viernes.	*Her birthday falls on a Friday.*
Unos invitados cayeron enfermos.	*Some guests fell ill.*
Cayó por la casa sin llamar.	*He dropped by the house without calling.*
Al caer la noche volvimos a la ciudad.	*At nightfall we returned to the city.*
Le cayó el premio.	*He won the prize.*
—Ese tipo me cae gordo.	*That guy gets on my nerves./I can't stand that guy.*
—A mí me cae mal también.	*I can't stand him either.*
Nos cayó encima la administración de la compañía.	*The management of the company fell on our shoulders.*

caerse to fall, fall down

Nos caímos de risa.	*We fell down with/were overcome by laughter.*
Se caía de sueño.	*He was dropping off/falling asleep on his feet.*
—Se cayó del caballo.	*She fell off her horse.*
—¿Se cayó de espaldas?	*Did she fall on her back?*

caérsele a alguien (unplanned occurrence) *to drop*

El monedero se le habrá caído.	*She must have dropped her change purse.*
Al niño se le cayó otro diente.	*The little boy lost another tooth.*
—¡Ay, no! ¡Dejaste caer la torta!	*Oh no! You dropped the cake!*
—¡Y tú hiciste caer el jugo!	*And you knocked over the juice!*
Las ideas democráticas hicieron caer el comunismo.	*Democratic ideas brought about the fall of communism.*
Para estos chicos, los consejos caen en saco roto.	*For these kids, advice goes in one ear and out the other.*
Derrochó su fortuna. Ahora no tiene dónde caerse muerto.	*He squandered his fortune. Now he hasn't a penny to his name.*
Cayó en la cuenta de su maleficencia.	*She became aware of her wrongdoing.*
Hay monumentos a los caídos en las guerras.	*There are monuments/memorials to the war dead.*
Están decaídos por las últimas noticias.	*They're discouraged by the latest news.*

irregular verb   **caigo · cayeron · caído · cayendo**

PRESENT

		PRETERIT	
caigo	caemos	caí	caímos
caes	caéis	caíste	caísteis
cae	caen	cayó	cayeron

IMPERFECT

		PRESENT PERFECT	
caía	caíamos	he caído	hemos caído
caías	caíais	has caído	habéis caído
caía	caían	ha caído	han caído

FUTURE

		CONDITIONAL	
caeré	caeremos	caería	caeríamos
caerás	caeréis	caerías	caeríais
caerá	caerán	caería	caerían

PLUPERFECT

		PRETERIT PERFECT	
había caído	habíamos caído	hube caído	hubimos caído
habías caído	habíais caído	hubiste caído	hubisteis caído
había caído	habían caído	hubo caído	hubieron caído

FUTURE PERFECT

		CONDITIONAL PERFECT	
habré caído	habremos caído	habría caído	habríamos caído
habrás caído	habréis caído	habrías caído	habríais caído
habrá caído	habrán caído	habría caído	habrían caído

PRESENT SUBJUNCTIVE

		PRESENT PERFECT SUBJUNCTIVE	
caiga	caigamos	haya caído	hayamos caído
caigas	caigáis	hayas caído	hayáis caído
caiga	caigan	haya caído	hayan caído

IMPERFECT SUBJUNCTIVE (-ra)   *or*   **IMPERFECT SUBJUNCTIVE (-se)**

cayera	cayéramos	cayese	cayésemos
cayeras	cayerais	cayeses	cayeseis
cayera	cayeran	cayese	cayesen

PAST PERFECT SUBJUNCTIVE (-ra)   *or*   **PAST PERFECT SUBJUNCTIVE (-se)**

hubiera caído	hubiéramos caído	hubiese caído	hubiésemos caído
hubieras caído	hubierais caído	hubieses caído	hubieseis caído
hubiera caído	hubieran caído	hubiese caído	hubiesen caído

PROGRESSIVE TENSES

PRESENT	estoy, estás, está, estamos, estáis, están
PRETERIT	estuve, estuviste, estuvo, estuvimos, estuvisteis, estuvieron
IMPERFECT	estaba, estabas, estaba, estábamos, estabais, estaban
FUTURE	estaré, estarás, estará, estaremos, estaréis, estarán
CONDITIONAL	estaría, estarías, estaría, estaríamos, estaríais, estarían
SUBJUNCTIVE	que + *corresponding subjunctive tense of* estar (*see verb 252*)

} cayendo

COMMANDS

	(nosotros) caigamos/no caigamos
(tú) cae/no caigas	(vosotros) caed/no caigáis
(Ud.) caiga/no caiga	(Uds.) caigan/no caigan

Usage

Las manzanas caían de los árboles.	*The apples fell from the trees.*
La nieve está cayendo.	*The snow is falling.*
Cayó el sol.	*The sun set.*
Esa computadora cayó en desuso.	*That computer became obsolete.*
Se cayó de la bicicleta.	*She fell off her bicycle.*
Se me cayó el florero.	*I dropped the vase.*
Se le cae el pelo.	*His hair is falling out.*

calculo · calcularon · calculado · calculando   regular *-ar* verb

PRESENT		PRETERIT	
calculo	calculamos	calculé	calculamos
calculas	calculáis	calculaste	calculasteis
calcula	calculan	calculó	calcularon

IMPERFECT		PRESENT PERFECT	
calculaba	calculábamos	he calculado	hemos calculado
calculabas	calculabais	has calculado	habéis calculado
calculaba	calculaban	ha calculado	han calculado

FUTURE		CONDITIONAL	
calcularé	calcularemos	calcularía	calcularíamos
calcularás	calcularéis	calcularías	calcularíais
calculará	calcularán	calcularía	calcularían

PLUPERFECT		PRETERIT PERFECT	
había calculado	habíamos calculado	hube calculado	hubimos calculado
habías calculado	habíais calculado	hubiste calculado	hubisteis calculado
había calculado	habían calculado	hubo calculado	hubieron calculado

FUTURE PERFECT		CONDITIONAL PERFECT	
habré calculado	habremos calculado	habría calculado	habríamos calculado
habrás calculado	habréis calculado	habrías calculado	habríais calculado
habrá calculado	habrán calculado	habría calculado	habrían calculado

PRESENT SUBJUNCTIVE		PRESENT PERFECT SUBJUNCTIVE	
calcule	calculemos	haya calculado	hayamos calculado
calcules	calculéis	hayas calculado	hayáis calculado
calcule	calculen	haya calculado	hayan calculado

IMPERFECT SUBJUNCTIVE (-ra)		*or* IMPERFECT SUBJUNCTIVE (-se)	
calculara	calculáramos	calculase	calculásemos
calcularas	calcularais	calculases	calculaseis
calculara	calcularan	calculase	calculasen

PAST PERFECT SUBJUNCTIVE (-ra)		*or* PAST PERFECT SUBJUNCTIVE (-se)	
hubiera calculado	hubiéramos calculado	hubiese calculado	hubiésemos calculado
hubieras calculado	hubierais calculado	hubieses calculado	hubieseis calculado
hubiera calculado	hubieran calculado	hubiese calculado	hubiesen calculado

PROGRESSIVE TENSES

PRESENT	estoy, estás, está, estamos, estáis, están
PRETERIT	estuve, estuviste, estuvo, estuvimos, estuvisteis, estuvieron
IMPERFECT	estaba, estabas, estaba, estábamos, estabais, estaban
FUTURE	estaré, estarás, estará, estaremos, estaréis, estarán
CONDITIONAL	estaría, estarías, estaría, estaríamos, estaríais, estarían
SUBJUNCTIVE	que + *corresponding subjunctive tense of* estar (*see verb 252*)

} calculando

COMMANDS

	(nosotros) calculemos/no calculemos
(tú) calcula/no calcules	(vosotros) calculad/no calculéis
(Ud.) calcule/no calcule	(Uds.) calculen/no calculen

Usage

Calculemos los gastos mensuales.	*Let's calculate/work out the monthly costs.*
—Calculo que son seis horas de viaje.	*I think the trip will take six hours.*
—Según tus cálculos estará para las ocho.	*By your reckoning, he'll be here by 8:00.*
Le calculo 25 años.	*I reckon/think he's 25 years old.*
Se hizo un cálculo erróneo.	*A mathematical error was made.*
Use la calculadora de bolsillo.	*Use the pocket calculator.*
Se especializan en cálculo.	*They're majoring in calculus.*

stem-changing -ar verb: e > ie   caliento · calentaron · calentado · calentando

PRESENT

caliento	calentamos
calientas	calentáis
calienta	calientan

IMPERFECT

calentaba	calentábamos
calentabas	calentabais
calentaba	calentaban

FUTURE

calentaré	calentaremos
calentarás	calentaréis
calentará	calentarán

PLUPERFECT

había calentado	habíamos calentado
habías calentado	habíais calentado
había calentado	habían calentado

FUTURE PERFECT

habré calentado	habremos calentado
habrás calentado	habréis calentado
habrá calentado	habrán calentado

PRESENT SUBJUNCTIVE

caliente	calentemos
calientes	calentéis
caliente	calienten

IMPERFECT SUBJUNCTIVE (-ra)

calentara	calentáramos
calentaras	calentarais
calentara	calentaran

PAST PERFECT SUBJUNCTIVE (-ra)

hubiera calentado	hubiéramos calentado
hubieras calentado	hubierais calentado
hubiera calentado	hubieran calentado

PRETERIT

calenté	calentamos
calentaste	calentasteis
calentó	calentaron

PRESENT PERFECT

he calentado	hemos calentado
has calentado	habéis calentado
ha calentado	han calentado

CONDITIONAL

calentaría	calentaríamos
calentarías	calentaríais
calentaría	calentarían

PRETERIT PERFECT

hube calentado	hubimos calentado
hubiste calentado	hubisteis calentado
hubo calentado	hubieron calentado

CONDITIONAL PERFECT

habría calentado	habríamos calentado
habrías calentado	habríais calentado
habría calentado	habrían calentado

PRESENT PERFECT SUBJUNCTIVE

haya calentado	hayamos calentado
hayas calentado	hayáis calentado
haya calentado	hayan calentado

or **IMPERFECT SUBJUNCTIVE (-se)**

calentase	calentásemos
calentases	calentaseis
calentase	calentasen

or **PAST PERFECT SUBJUNCTIVE (-se)**

hubiese calentado	hubiésemos calentado
hubieses calentado	hubieseis calentado
hubiese calentado	hubiesen calentado

PROGRESSIVE TENSES

PRESENT	estoy, estás, está, estamos, estáis, están
PRETERIT	estuve, estuviste, estuvo, estuvimos, estuvisteis, estuvieron
IMPERFECT	estaba, estabas, estaba, estábamos, estabais, estaban
FUTURE	estaré, estarás, estará, estaremos, estaréis, estarán
CONDITIONAL	estaría, estarías, estaría, estaríamos, estaríais, estarían
SUBJUNCTIVE	que + *corresponding subjunctive tense of* estar (*see verb 252*)

} calentando

COMMANDS

	(nosotros) calentemos/no calentemos
(tú) calienta/no calientes	(vosotros) calentad/no calentéis
(Ud.) caliente/no caliente	(Uds.) calienten/no calienten

Usage

La sopa no está caliente. Yo te la caliento.	*The soup isn't hot. I'll warm it up for you.*
El lanzador se está calentando.	*The pitcher is warming up.*
Tómate un chocolate para calentarte.	*Have a cup of cocoa to warm yourself up.*
El debate se iba calentando.	*The debate/discussion was heating up.*
Escuchar estas estupideces me calienta la sangre.	*Listening to these stupid things irritates me.*

PRESENT

me callo	nos callamos
te callas	os calláis
se calla	se callan

IMPERFECT

me callaba	nos callábamos
te callabas	os callabais
se callaba	se callaban

FUTURE

me callaré	nos callaremos
te callarás	os callaréis
se callará	se callarán

PLUPERFECT

me había callado	nos habíamos callado
te habías callado	os habíais callado
se había callado	se habían callado

FUTURE PERFECT

me habré callado	nos habremos callado
te habrás callado	os habréis callado
se habrá callado	se habrán callado

PRESENT SUBJUNCTIVE

me calle	nos callemos
te calles	os calléis
se calle	se callen

IMPERFECT SUBJUNCTIVE (-ra)

me callara	nos calláramos
te callaras	os callarais
se callara	se callaran

PAST PERFECT SUBJUNCTIVE (-ra)

me hubiera callado	nos hubiéramos callado
te hubieras callado	os hubierais callado
se hubiera callado	se hubieran callado

PRETERIT

me callé	nos callamos
te callaste	os callasteis
se calló	se callaron

PRESENT PERFECT

me he callado	nos hemos callado
te has callado	os habéis callado
se ha callado	se han callado

CONDITIONAL

me callaría	nos callaríamos
te callarías	os callaríais
se callaría	se callarían

PRETERIT PERFECT

me hube callado	nos hubimos callado
te hubiste callado	os hubisteis callado
se hubo callado	se hubieron callado

CONDITIONAL PERFECT

me habría callado	nos habríamos callado
te habrías callado	os habríais callado
se habría callado	se habrían callado

PRESENT PERFECT SUBJUNCTIVE

me haya callado	nos hayamos callado
te hayas callado	os hayáis callado
se haya callado	se hayan callado

or **IMPERFECT SUBJUNCTIVE (-se)**

me callase	nos callásemos
te callases	os callaseis
se callase	se callasen

or **PAST PERFECT SUBJUNCTIVE (-se)**

me hubiese callado	nos hubiésemos callado
te hubieses callado	os hubieseis callado
se hubiese callado	se hubiesen callado

PROGRESSIVE TENSES

PRESENT	estoy, estás, está, estamos, estáis, están
PRETERIT	estuve, estuviste, estuvo, estuvimos, estuvisteis, estuvieron
IMPERFECT	estaba, estabas, estaba, estábamos, estabais, estaban
FUTURE	estaré, estarás, estará, estaremos, estaréis, estarán
CONDITIONAL	estaría, estarías, estaría, estaríamos, estaríais, estarían
SUBJUNCTIVE	que + *corresponding subjunctive tense of* estar (*see verb 252*)

} callando (*see page 31*)

COMMANDS

	(nosotros) callémonos/no nos callemos
(tú) cállate/no te calles	(vosotros) callaos/no os calléis
(Ud.) cállese/no se calle	(Uds.) cállense/no se callen

Usage

¡Cállate!/¡Cállate la boca!	*Be quiet!/Shut up!*
Al entrar nosotros en el cuarto, se callaron.	*When we entered the room they became silent.*
Haga callar a los niños.	*Make the children be quiet.*
En este caso es mejor callarse.	*In this case it's best to say nothing.*
Es una persona muy callada.	*She's a very quiet/reserved person.*
Quien calla otorga.	*He who keeps silent gives consent.*
Se hizo entender calladamente.	*She made herself understood without saying a word.*

regular *-ar* reflexive verb

calmo · calmaron · calmado · calmándose

PRESENT

me calmo	nos calmamos
te calmas	os calmáis
se calma	se calman

IMPERFECT

me calmaba	nos calmábamos
te calmabas	os calmabais
se calmaba	se calmaban

FUTURE

me calmaré	nos calmaremos
te calmarás	os calmaréis
se calmará	se calmarán

PLUPERFECT

me había calmado	nos habíamos calmado
te habías calmado	os habíais calmado
se había calmado	se habían calmado

FUTURE PERFECT

me habré calmado	nos habremos calmado
te habrás calmado	os habréis calmado
se habrá calmado	se habrán calmado

PRESENT SUBJUNCTIVE

me calme	nos calmemos
te calmes	os calméis
se calme	se calmen

IMPERFECT SUBJUNCTIVE (-ra)

me calmara	nos calmáramos
te calmaras	os calmarais
se calmara	se calmaran

PAST PERFECT SUBJUNCTIVE (-ra)

me hubiera calmado	nos hubiéramos calmado
te hubieras calmado	os hubierais calmado
se hubiera calmado	se hubieran calmado

PRETERIT

me calmé	nos calmamos
te calmaste	os calmasteis
se calmó	se calmaron

PRESENT PERFECT

me he calmado	nos hemos calmado
te has calmado	os habéis calmado
se ha calmado	se han calmado

CONDITIONAL

me calmaría	nos calmaríamos
te calmarías	os calmaríais
se calmaría	se calmarían

PRETERIT PERFECT

me hube calmado	nos hubimos calmado
te hubiste calmado	os hubisteis calmado
se hubo calmado	se hubieron calmado

CONDITIONAL PERFECT

me habría calmado	nos habríamos calmado
te habrías calmado	os habríais calmado
se habría calmado	se habrían calmado

PRESENT PERFECT SUBJUNCTIVE

me haya calmado	nos hayamos calmado
te hayas calmado	os hayáis calmado
se haya calmado	se hayan calmado

or **IMPERFECT SUBJUNCTIVE (-se)**

me calmase	nos calmásemos
te calmases	os calmaseis
se calmase	se calmasen

or **PAST PERFECT SUBJUNCTIVE (-se)**

me hubiese calmado	nos hubiésemos calmado
te hubieses calmado	os hubieseis calmado
se hubiese calmado	se hubiesen calmado

PROGRESSIVE TENSES

PRESENT	estoy, estás, está, estamos, estáis, están
PRETERIT	estuve, estuviste, estuvo, estuvimos, estuvisteis, estuvieron
IMPERFECT	estaba, estabas, estaba, estábamos, estabais, estaban
FUTURE	estaré, estarás, estará, estaremos, estaréis, estarán
CONDITIONAL	estaría, estarías, estaría, estaríamos, estaríais, estarían
SUBJUNCTIVE	que + *corresponding subjunctive tense of* estar *(see verb 252)*

calmando *(see page 31)*

COMMANDS

	(nosotros) calmémonos/no nos calmemos
(tú) cálmate/no te calmes	(vosotros) calmaos/no os calméis
(Ud.) cálmese/no se calme	(Uds.) cálmense/no se calmen

Usage

Los calmaba después del accidente.	*I was calming them down after the accident.*
Les dije que se calmaran.	*I told them to calm down.*
Cálmate.	*Calm down.*
El viento está calmándose.	*The wind is dying down.*
La aspirina calma el dolor de muelas.	*Aspirin soothes a toothache.*
Todo se debe hacer con calma.	*Everything should be done calmly.*
El médico no receta calmantes.	*The doctor doesn't prescribe tranquillizers.*

cambiar   *to change, exchange*

cambio · cambiaron · cambiado · cambiando   regular *-ar* verb

PRESENT

cambio	cambiamos
cambias	cambiáis
cambia	cambian

PRETERIT

cambié	cambiamos
cambiaste	cambiasteis
cambió	cambiaron

IMPERFECT

cambiaba	cambiábamos
cambiabas	cambiabais
cambiaba	cambiaban

PRESENT PERFECT

he cambiado	hemos cambiado
has cambiado	habéis cambiado
ha cambiado	han cambiado

FUTURE

cambiaré	cambiaremos
cambiarás	cambiaréis
cambiará	cambiarán

CONDITIONAL

cambiaría	cambiaríamos
cambiarías	cambiaríais
cambiaría	cambiarían

PLUPERFECT

había cambiado	habíamos cambiado
habías cambiado	habíais cambiado
había cambiado	habían cambiado

PRETERIT PERFECT

hube cambiado	hubimos cambiado
hubiste cambiado	hubisteis cambiado
hubo cambiado	hubieron cambiado

FUTURE PERFECT

habré cambiado	habremos cambiado
habrás cambiado	habréis cambiado
habrá cambiado	habrán cambiado

CONDITIONAL PERFECT

habría cambiado	habríamos cambiado
habrías cambiado	habríais cambiado
habría cambiado	habrían cambiado

PRESENT SUBJUNCTIVE

cambie	cambiemos
cambies	cambiéis
cambie	cambien

PRESENT PERFECT SUBJUNCTIVE

haya cambiado	hayamos cambiado
hayas cambiado	hayáis cambiado
haya cambiado	hayan cambiado

IMPERFECT SUBJUNCTIVE (-ra)

cambiara	cambiáramos
cambiaras	cambiarais
cambiara	cambiaran

or **IMPERFECT SUBJUNCTIVE (-se)**

cambiase	cambiásemos
cambiases	cambiaseis
cambiase	cambiasen

PAST PERFECT SUBJUNCTIVE (-ra)

hubiera cambiado	hubiéramos cambiado
hubieras cambiado	hubierais cambiado
hubiera cambiado	hubieran cambiado

or **PAST PERFECT SUBJUNCTIVE (-se)**

hubiese cambiado	hubiésemos cambiado
hubieses cambiado	hubieseis cambiado
hubiese cambiado	hubiesen cambiado

PROGRESSIVE TENSES

PRESENT	estoy, estás, está, estamos, estáis, están
PRETERIT	estuve, estuviste, estuvo, estuvimos, estuvisteis, estuvieron
IMPERFECT	estaba, estabas, estaba, estábamos, estabais, estaban
FUTURE	estaré, estarás, estará, estaremos, estaréis, estarán
CONDITIONAL	estaría, estarías, estaría, estaríamos, estaríais, estarían
SUBJUNCTIVE	que + *corresponding subjunctive tense of* estar (*see verb 252*)

⎱ cambiando

COMMANDS

	(nosotros) cambiemos/no cambiemos
(tú) cambia/no cambies	(vosotros) cambiad/no cambiéis
(Ud.) cambie/no cambie	(Uds.) cambien/no cambien

Usage

Cambió su política a lo largo de los años.	*His policy/politics changed through the years.*
Cambiaron de opinión/idea.	*They changed their minds.*
Cambiemos las pesetas por euros.	*Let's change the pesetas into euros.*
Cambié mi furgoneta por un coche deportivo.	*I traded my station wagon for a sports car.*
¿Por qué cambiaste la mesa a otro lugar?	*Why did you move the table to another place?*
Se cambió de zapatos y de ropa.	*He changed his shoes and clothing.*
Ha habido un cambio de papeles.	*There's been a role reversal.*

regular *-ar* verb

camino · caminaron · caminado · caminando

PRESENT		PRETERIT	
camino	caminamos	caminé	caminamos
caminas	camináis	caminaste	caminasteis
camina	caminan	caminó	caminaron

IMPERFECT		PRESENT PERFECT	
caminaba	caminábamos	he caminado	hemos caminado
caminabas	caminabais	has caminado	habéis caminado
caminaba	caminaban	ha caminado	han caminado

FUTURE		CONDITIONAL	
caminaré	caminaremos	caminaría	caminaríamos
caminarás	caminaréis	caminarías	caminaríais
caminará	caminarán	caminaría	caminarían

PLUPERFECT		PRETERIT PERFECT	
había caminado	habíamos caminado	hube caminado	hubimos caminado
habías caminado	habíais caminado	hubiste caminado	hubisteis caminado
había caminado	habían caminado	hubo caminado	hubieron caminado

FUTURE PERFECT		CONDITIONAL PERFECT	
habré caminado	habremos caminado	habría caminado	habríamos caminado
habrás caminado	habréis caminado	habrías caminado	habríais caminado
habrá caminado	habrán caminado	habría caminado	habrían caminado

PRESENT SUBJUNCTIVE		PRESENT PERFECT SUBJUNCTIVE	
camine	caminemos	haya caminado	hayamos caminado
camines	caminéis	hayas caminado	hayáis caminado
camine	caminen	haya caminado	hayan caminado

IMPERFECT SUBJUNCTIVE (-ra)		*or*	IMPERFECT SUBJUNCTIVE (-se)	
caminara	camináramos		caminase	caminásemos
caminaras	caminarais		caminases	caminaseis
caminara	caminaran		caminase	caminasen

PAST PERFECT SUBJUNCTIVE (-ra)		*or*	PAST PERFECT SUBJUNCTIVE (-se)	
hubiera caminado	hubiéramos caminado		hubiese caminado	hubiésemos caminado
hubieras caminado	hubierais caminado		hubieses caminado	hubieseis caminado
hubiera caminado	hubieran caminado		hubiese caminado	hubiesen caminado

PROGRESSIVE TENSES

PRESENT	estoy, estás, está, estamos, estáis, están	
PRETERIT	estuve, estuviste, estuvo, estuvimos, estuvisteis, estuvieron	
IMPERFECT	estaba, estabas, estaba, estábamos, estabais, estaban	caminando
FUTURE	estaré, estarás, estará, estaremos, estaréis, estarán	
CONDITIONAL	estaría, estarías, estaría, estaríamos, estaríais, estarían	
SUBJUNCTIVE	que + *corresponding subjunctive tense of* estar (*see verb 252*)	

COMMANDS

	(nosotros) caminemos/no caminemos
(tú) camina/no camines	(vosotros) caminad/no caminéis
(Ud.) camine/no camine	(Uds.) caminen/no caminen

Usage

Caminen más rápido.	*Walk more quickly.*
Han caminado muchas millas.	*They've traveled/covered many miles.*
Sigan este camino.	*Follow this road/path.*
A camino largo paso corto.	*Slow and steady wins the race.*
Llevan/Van por buen camino.	*They're on the right track., They're going the right way.*
Nos dimos una buena caminata.	*We took a nice long walk.*
Estaban bien encaminados.	*They were well on their way.*

cancelar   *to cancel, remove, settle*

cancelo · cancelaron · cancelado · cancelando   regular *-ar* verb

PRESENT

cancelo	cancelamos		
cancelas	canceláis		
cancela	cancelan		

PRETERIT

cancelé	cancelamos
cancelaste	cancelasteis
canceló	cancelaron

IMPERFECT

cancelaba	cancelábamos
cancelabas	cancelabais
cancelaba	cancelaban

PRESENT PERFECT

he cancelado	hemos cancelado
has cancelado	habéis cancelado
ha cancelado	han cancelado

FUTURE

cancelaré	cancelaremos
cancelarás	cancelaréis
cancelará	cancelarán

CONDITIONAL

cancelaría	cancelaríamos
cancelarías	cancelaríais
cancelaría	cancelarían

PLUPERFECT

había cancelado	habíamos cancelado
habías cancelado	habíais cancelado
había cancelado	habían cancelado

PRETERIT PERFECT

hube cancelado	hubimos cancelado
hubiste cancelado	hubisteis cancelado
hubo cancelado	hubieron cancelado

FUTURE PERFECT

habré cancelado	habremos cancelado
habrás cancelado	habréis cancelado
habrá cancelado	habrán cancelado

CONDITIONAL PERFECT

habría cancelado	habríamos cancelado
habrías cancelado	habríais cancelado
habría cancelado	habrían cancelado

PRESENT SUBJUNCTIVE

cancele	cancelemos
canceles	canceléis
cancele	cancelen

PRESENT PERFECT SUBJUNCTIVE

haya cancelado	hayamos cancelado
hayas cancelado	hayáis cancelado
haya cancelado	hayan cancelado

IMPERFECT SUBJUNCTIVE (-ra)   *or*   **IMPERFECT SUBJUNCTIVE (-se)**

cancelara	canceláramos	cancelase	cancelásemos
cancelaras	cancelarais	cancelases	cancelaseis
cancelara	cancelaran	cancelase	cancelasen

PAST PERFECT SUBJUNCTIVE (-ra)   *or*   **PAST PERFECT SUBJUNCTIVE (-se)**

hubiera cancelado	hubiéramos cancelado	hubiese cancelado	hubiésemos cancelado
hubieras cancelado	hubierais cancelado	hubieses cancelado	hubieseis cancelado
hubiera cancelado	hubieran cancelado	hubiese cancelado	hubiesen cancelado

PROGRESSIVE TENSES

PRESENT	estoy, estás, está, estamos, estáis, están
PRETERIT	estuve, estuviste, estuvo, estuvimos, estuvisteis, estuvieron
IMPERFECT	estaba, estabas, estaba, estábamos, estabais, estaban
FUTURE	estaré, estarás, estará, estaremos, estaréis, estarán
CONDITIONAL	estaría, estarías, estaría, estaríamos, estaríais, estarían
SUBJUNCTIVE	que + *corresponding subjunctive tense of* estar (*see verb 252*)

⎫ cancelando

COMMANDS

	(nosotros) cancelemos/no cancelemos
(tú) cancela/no canceles	(vosotros) cancelad/no canceléis
(Ud.) cancele/no cancele	(Uds.) cancelen/no cancelen

Usage

Cancele el contrato de alquiler.	*Cancel the lease.*
Se canceló la deuda.	*They canceled/settled the debt.*
Se cancelará la cuenta de ahorros.	*The savings account will be closed.*
Se canceló la reservación de la lista.	*The reservation was removed from the list.*
A veces hay que pagar una tasa de cancelación.	*Sometimes you have to pay a cancellation fee.*

regular *-ar* reflexive verb

canso · cansaron · cansado · cansándose

PRESENT	
me canso	nos cansamos
te cansas	os cansáis
se cansa	se cansan

PRETERIT	
me cansé	nos cansamos
te cansaste	os cansasteis
se cansó	se cansaron

IMPERFECT	
me cansaba	nos cansábamos
te cansabas	os cansabais
se cansaba	se cansaban

PRESENT PERFECT	
me he cansado	nos hemos cansado
te has cansado	os habéis cansado
se ha cansado	se han cansado

FUTURE	
me cansaré	nos cansaremos
te cansarás	os cansaréis
se cansará	se cansarán

CONDITIONAL	
me cansaría	nos cansaríamos
te cansarías	os cansaríais
se cansaría	se cansarían

PLUPERFECT	
me había cansado	nos habíamos cansado
te habías cansado	os habíais cansado
se había cansado	se habían cansado

PRETERIT PERFECT	
me hube cansado	nos hubimos cansado
te hubiste cansado	os hubisteis cansado
se hubo cansado	se hubieron cansado

FUTURE PERFECT	
me habré cansado	nos habremos cansado
te habrás cansado	os habréis cansado
se habrá cansado	se habrán cansado

CONDITIONAL PERFECT	
me habría cansado	nos habríamos cansado
te habrías cansado	os habríais cansado
se habría cansado	se habrían cansado

PRESENT SUBJUNCTIVE	
me canse	nos cansemos
te canses	os canséis
se canse	se cansen

PRESENT PERFECT SUBJUNCTIVE	
me haya cansado	nos hayamos cansado
te hayas cansado	os hayáis cansado
se haya cansado	se hayan cansado

IMPERFECT SUBJUNCTIVE (-ra)		*or*	IMPERFECT SUBJUNCTIVE (-se)	
me cansara	nos cansáramos		me cansase	nos cansásemos
te cansaras	os cansarais		te cansases	os cansaseis
se cansara	se cansaran		se cansase	se cansasen

PAST PERFECT SUBJUNCTIVE (-ra)		*or*	PAST PERFECT SUBJUNCTIVE (-se)	
me hubiera cansado	nos hubiéramos cansado		me hubiese cansado	nos hubiésemos cansado
te hubieras cansado	os hubierais cansado		te hubieses cansado	os hubieseis cansado
se hubiera cansado	se hubieran cansado		se hubiese cansado	se hubiesen cansado

PROGRESSIVE TENSES

PRESENT	estoy, estás, está, estamos, estáis, están
PRETERIT	estuve, estuviste, estuvo, estuvimos, estuvisteis, estuvieron
IMPERFECT	estaba, estabas, estaba, estábamos, estabais, estaban
FUTURE	estaré, estarás, estará, estaremos, estaréis, estarán
CONDITIONAL	estaría, estarías, estaría, estaríamos, estaríais, estarían
SUBJUNCTIVE	que + *corresponding subjunctive tense of* estar (*see verb 252*)

} cansando (*see page 31*)

COMMANDS

	(nosotros) cansémonos/no nos cansemos
(tú) cánsate/no te canses	(vosotros) cansaos/no os canséis
(Ud.) cánsese/no se canse	(Uds.) cánsense/no se cansen

Usage

Están cansándose.	*They're getting tired.*
—Me cansa este trabajo rutinario.	*This routine work bores me.*
—Yo también me canso de seguir la rutina.	*I'm also getting tired of following this routine.*
Leer en la pantalla le cansa los ojos.	*Reading on the screen strains her eyes.*
—Está cansada por el ajetreo.	*She's tired because of all the rushing about.*
—Necesita un buen descanso.	*She needs a good rest.*

cantar *to sing*

canto · cantaron · cantado · cantando

regular -ar verb

PRESENT

canto	cantamos
cantas	cantáis
canta	cantan

PRETERIT

canté	cantamos
cantaste	cantasteis
cantó	cantaron

IMPERFECT

cantaba	cantábamos
cantabas	cantabais
cantaba	cantaban

PRESENT PERFECT

he cantado	hemos cantado
has cantado	habéis cantado
ha cantado	han cantado

FUTURE

cantaré	cantaremos
cantarás	cantaréis
cantará	cantarán

CONDITIONAL

cantaría	cantaríamos
cantarías	cantaríais
cantaría	cantarían

PLUPERFECT

había cantado	habíamos cantado
habías cantado	habíais cantado
había cantado	habían cantado

PRETERIT PERFECT

hube cantado	hubimos cantado
hubiste cantado	hubisteis cantado
hubo cantado	hubieron cantado

FUTURE PERFECT

habré cantado	habremos cantado
habrás cantado	habréis cantado
habrá cantado	habrán cantado

CONDITIONAL PERFECT

habría cantado	habríamos cantado
habrías cantado	habríais cantado
habría cantado	habrían cantado

PRESENT SUBJUNCTIVE

cante	cantemos
cantes	cantéis
cante	canten

PRESENT PERFECT SUBJUNCTIVE

haya cantado	hayamos cantado
hayas cantado	hayáis cantado
haya cantado	hayan cantado

IMPERFECT SUBJUNCTIVE (-ra)

cantara	cantáramos
cantaras	cantarais
cantara	cantaran

or **IMPERFECT SUBJUNCTIVE (-se)**

cantase	cantásemos
cantases	cantaseis
cantase	cantasen

PAST PERFECT SUBJUNCTIVE (-ra)

hubiera cantado	hubiéramos cantado
hubieras cantado	hubierais cantado
hubiera cantado	hubieran cantado

or **PAST PERFECT SUBJUNCTIVE (-se)**

hubiese cantado	hubiésemos cantado
hubieses cantado	hubieseis cantado
hubiese cantado	hubiesen cantado

PROGRESSIVE TENSES

PRESENT	estoy, estás, está, estamos, estáis, están
PRETERIT	estuve, estuviste, estuvo, estuvimos, estuvisteis, estuvieron
IMPERFECT	estaba, estabas, estaba, estábamos, estabais, estaban
FUTURE	estaré, estarás, estará, estaremos, estaréis, estarán
CONDITIONAL	estaría, estarías, estaría, estaríamos, estaríais, estarían
SUBJUNCTIVE	que + *corresponding subjunctive tense of* estar (*see verb 252*)

} cantando

COMMANDS

	(nosotros) cantemos/no cantemos
(tú) canta/no cantes	(vosotros) cantad/no cantéis
(Ud.) cante/no cante	(Uds.) canten/no canten

Usage

Los cantantes cantaron una linda canción.	*The singers sang a lovely song.*
El coro cantará el *Réquiem de Brahms*.	*The chorus will sing* Brahms's Requiem.
Después de un largo interrogatorio de la policía, el criminal empezó a cantar.	*After a long police interrogation, the criminal began to sing/squeal.*
La pieza es cantable.	*The piece is cantabile/can be easily sung.*
El Cantar del Mío Cid es la gran poesía épica castellana.	The Poem of the Cid *is the great Spanish epic poem.*

-*ar* verb; spelling change: z > c/e

caracterizo · caracterizaron · caracterizado · caracterizando

PRESENT

caracterizo	caracterizamos
caracterizas	caracterizáis
caracteriza	caracterizan

IMPERFECT

caracterizaba	caracterizábamos
caracterizabas	caracterizabais
caracterizaba	caracterizaban

FUTURE

caracterizaré	caracterizaremos
caracterizarás	caracterizaréis
caracterizará	caracterizarán

PLUPERFECT

había caracterizado	habíamos caracterizado
habías caracterizado	habíais caracterizado
había caracterizado	habían caracterizado

FUTURE PERFECT

habré caracterizado	habremos caracterizado
habrás caracterizado	habréis caracterizado
habrá caracterizado	habrán caracterizado

PRESENT SUBJUNCTIVE

caracterice	caractericemos
caracterices	caractericéis
caracterice	caractericen

IMPERFECT SUBJUNCTIVE (-ra)

caracterizara	caracterizáramos
caracterizaras	caracterizarais
caracterizara	caracterizaran

PAST PERFECT SUBJUNCTIVE (-ra)

hubiera caracterizado	hubiéramos caracterizado
hubieras caracterizado	hubierais caracterizado
hubiera caracterizado	hubieran caracterizado

PRETERIT

caractericé	caracterizamos
caracterizaste	caracterizasteis
caracterizó	caracterizaron

PRESENT PERFECT

he caracterizado	hemos caracterizado
has caracterizado	habéis caracterizado
ha caracterizado	han caracterizado

CONDITIONAL

caracterizaría	caracterizaríamos
caracterizarías	caracterizaríais
caracterizaría	caracterizarían

PRETERIT PERFECT

hube caracterizado	hubimos caracterizado
hubiste caracterizado	hubisteis caracterizado
hubo caracterizado	hubieron caracterizado

CONDITIONAL PERFECT

habría caracterizado	habríamos caracterizado
habrías caracterizado	habríais caracterizado
habría caracterizado	habrían caracterizado

PRESENT PERFECT SUBJUNCTIVE

haya caracterizado	hayamos caracterizado
hayas caracterizado	hayáis caracterizado
haya caracterizado	hayan caracterizado

or **IMPERFECT SUBJUNCTIVE (-se)**

caracterizase	caracterizásemos
caracterizases	caracterizaseis
caracterizase	caracterizasen

or **PAST PERFECT SUBJUNCTIVE (-se)**

hubiese caracterizado	hubiésemos caracterizado
hubieses caracterizado	hubieseis caracterizado
hubiese caracterizado	hubiesen caracterizado

PROGRESSIVE TENSES

PRESENT	estoy, estás, está, estamos, estáis, están
PRETERIT	estuve, estuviste, estuvo, estuvimos, estuvisteis, estuvieron
IMPERFECT	estaba, estabas, estaba, estábamos, estabais, estaban
FUTURE	estaré, estarás, estará, estaremos, estaréis, estarán
CONDITIONAL	estaría, estarías, estaría, estaríamos, estaríais, estarían
SUBJUNCTIVE	que + *corresponding subjunctive tense of* estar (*see verb 252*)

} caracterizando

COMMANDS

	(nosotros) caractericemos/no caractericemos
(tú) caracteriza/no caracterices	(vosotros) caracterizad/no caractericéis
(Ud.) caracterice/no caracterice	(Uds.) caractericen/no caractericen

Usage

¿Los personajes? El novelista no los caracteriza bien.	*The characters? The novelist doesn't portray/capture them well.*
Últimamente su conducta no es nada característica.	*His behavior of late is out of character.*
Es una persona de mucho/poco carácter.	*He's a person with a strong/weak character.*
Tiene buen/mal carácter.	*She's good-natured/bad-tempered.*
¿Cuáles son las características de su estilo?	*What are the characteristics of his style?*

109

carecer *to lack*

carezco · carecieron · carecido · careciendo

-er verb; spelling change: *c* > *zc*/o, a

PRESENT
carezco	carecemos
careces	carecéis
carece	carecen

PRETERIT
carecí	carecimos
careciste	carecisteis
careció	carecieron

IMPERFECT
carecía	carecíamos
carecías	carecíais
carecía	carecían

PRESENT PERFECT
he carecido	hemos carecido
has carecido	habéis carecido
ha carecido	han carecido

FUTURE
careceré	careceremos
carecerás	careceréis
carecerá	carecerán

CONDITIONAL
carecería	careceríamos
carecerías	careceríais
carecería	carecerían

PLUPERFECT
había carecido	habíamos carecido
habías carecido	habíais carecido
había carecido	habían carecido

PRETERIT PERFECT
hube carecido	hubimos carecido
hubiste carecido	hubisteis carecido
hubo carecido	hubieron carecido

FUTURE PERFECT
habré carecido	habremos carecido
habrás carecido	habréis carecido
habrá carecido	habrán carecido

CONDITIONAL PERFECT
habría carecido	habríamos carecido
habrías carecido	habríais carecido
habría carecido	habrían carecido

PRESENT SUBJUNCTIVE
carezca	carezcamos
carezcas	carezcáis
carezca	carezcan

PRESENT PERFECT SUBJUNCTIVE
haya carecido	hayamos carecido
hayas carecido	hayáis carecido
haya carecido	hayan carecido

IMPERFECT SUBJUNCTIVE (-ra)
careciera	careciéramos
carecieras	carecierais
careciera	carecieran

or IMPERFECT SUBJUNCTIVE (-se)
careciese	careciésemos
carecieses	carecieseis
careciese	careciesen

PAST PERFECT SUBJUNCTIVE (-ra)
hubiera carecido	hubiéramos carecido
hubieras carecido	hubierais carecido
hubiera carecido	hubieran carecido

or PAST PERFECT SUBJUNCTIVE (-se)
hubiese carecido	hubiésemos carecido
hubieses carecido	hubieseis carecido
hubiese carecido	hubiesen carecido

PROGRESSIVE TENSES
PRESENT	estoy, estás, está, estamos, estáis, están
PRETERIT	estuve, estuviste, estuvo, estuvimos, estuvisteis, estuvieron
IMPERFECT	estaba, estabas, estaba, estábamos, estabais, estaban
FUTURE	estaré, estarás, estará, estaremos, estaréis, estarán
CONDITIONAL	estaría, estarías, estaría, estaríamos, estaríais, estarían
SUBJUNCTIVE	que + *corresponding subjunctive tense of* estar (*see verb 252*)

careciendo

COMMANDS
	(nosotros) carezcamos/no carezcamos
(tú) carece/no carezcas	(vosotros) careced/no carezcáis
(Ud.) carezca/no carezca	(Uds.) carezcan/no carezcan

Usage

La empresa carece de capital humano.	*The firm lacks human capital.*
Su acusación carece de fundamento.	*Their accusation is groundless/not based in fact.*
Vuestros comentarios carecen de sentido.	*Your remarks lack meaning/make no sense.*
Hay una carencia de agua en la región.	*There's a lack of water/water shortage in the region.*
No pudieron terminar el proyecto por la carencia de fondos.	*They couldn't finish the project because of the lack of funds.*

-ar verb; spelling change: *g* > *gu/e*

cargo · cargaron · cargado · cargando

PRESENT

cargo	cargamos
cargas	cargáis
carga	cargan

IMPERFECT

cargaba	cargábamos
cargabas	cargabais
cargaba	cargaban

FUTURE

cargaré	cargaremos
cargarás	cargaréis
cargará	cargarán

PLUPERFECT

había cargado	habíamos cargado
habías cargado	habíais cargado
había cargado	habían cargado

FUTURE PERFECT

habré cargado	habremos cargado
habrás cargado	habréis cargado
habrá cargado	habrán cargado

PRESENT SUBJUNCTIVE

cargue	carguemos
cargues	carguéis
cargue	carguen

IMPERFECT SUBJUNCTIVE (-ra)

cargara	cargáramos
cargaras	cargarais
cargara	cargaran

PAST PERFECT SUBJUNCTIVE (-ra)

hubiera cargado	hubiéramos cargado
hubieras cargado	hubierais cargado
hubiera cargado	hubieran cargado

PRETERIT

cargué	cargamos
cargaste	cargasteis
cargó	cargaron

PRESENT PERFECT

he cargado	hemos cargado
has cargado	habéis cargado
ha cargado	han cargado

CONDITIONAL

cargaría	cargaríamos
cargarías	cargaríais
cargaría	cargarían

PRETERIT PERFECT

hube cargado	hubimos cargado
hubiste cargado	hubisteis cargado
hubo cargado	hubieron cargado

CONDITIONAL PERFECT

habría cargado	habríamos cargado
habrías cargado	habríais cargado
habría cargado	habrían cargado

PRESENT PERFECT SUBJUNCTIVE

haya cargado	hayamos cargado
hayas cargado	hayáis cargado
haya cargado	hayan cargado

or **IMPERFECT SUBJUNCTIVE (-se)**

cargase	cargásemos
cargases	cargaseis
cargase	cargasen

or **PAST PERFECT SUBJUNCTIVE (-se)**

hubiese cargado	hubiésemos cargado
hubieses cargado	hubieseis cargado
hubiese cargado	hubiesen cargado

PROGRESSIVE TENSES

PRESENT	estoy, estás, está, estamos, estáis, están	
PRETERIT	estuve, estuviste, estuvo, estuvimos, estuvisteis, estuvieron	
IMPERFECT	estaba, estabas, estaba, estábamos, estabais, estaban	} cargando
FUTURE	estaré, estarás, estará, estaremos, estaréis, estarán	
CONDITIONAL	estaría, estarías, estaría, estaríamos, estaríais, estarían	
SUBJUNCTIVE	que + *corresponding subjunctive tense of* estar (*see verb 252*)	

COMMANDS

	(nosotros) carguemos/no carguemos
(tú) carga/no cargues	(vosotros) cargad/no carguéis
(Ud.) cargue/no cargue	(Uds.) carguen/no carguen

Usage

Carga la cámara. Aquí tienes el rollo.	*Load the camera. Here's the roll (of film).*
Se han cargado de trabajo.	*They've burdened themselves with work.*
Es urgente que se cargue la batería.	*It's urgent for the battery to be charged.*
Se encuentra cargada de problemas.	*She's burdened with problems.*
El aire está muy cargado.	*The air is heavy.*
¿Sabes hacer la telecarga?	*Do you know how to upload/download?*
Las cargas del puesto son muchas.	*The responsibilities of the position are many.*

casarse *to get married*

caso · casaron · casado · casándose

regular *-ar* reflexive verb

PRESENT		PRETERIT	
me caso	nos casamos	me casé	nos casamos
te casas	os casáis	te casaste	os casasteis
se casa	se casan	se casó	se casaron

IMPERFECT		PRESENT PERFECT	
me casaba	nos casábamos	me he casado	nos hemos casado
te casabas	os casabais	te has casado	os habéis casado
se casaba	se casaban	se ha casado	se han casado

FUTURE		CONDITIONAL	
me casaré	nos casaremos	me casaría	nos casaríamos
te casarás	os casaréis	te casarías	os casaríais
se casará	se casarán	se casaría	se casarían

PLUPERFECT		PRETERIT PERFECT	
me había casado	nos habíamos casado	me hube casado	nos hubimos casado
te habías casado	os habíais casado	te hubiste casado	os hubisteis casado
se había casado	se habían casado	se hubo casado	se hubieron casado

FUTURE PERFECT		CONDITIONAL PERFECT	
me habré casado	nos habremos casado	me habría casado	nos habríamos casado
te habrás casado	os habréis casado	te habrías casado	os habríais casado
se habrá casado	se habrán casado	se habría casado	se habrían casado

PRESENT SUBJUNCTIVE		PRESENT PERFECT SUBJUNCTIVE	
me case	nos casemos	me haya casado	nos hayamos casado
te cases	os caséis	te hayas casado	os hayáis casado
se case	se casen	se haya casado	se hayan casado

IMPERFECT SUBJUNCTIVE (-ra)		*or*	IMPERFECT SUBJUNCTIVE (-se)	
me casara	nos cansáramos		me casase	nos cansásemos
te casaras	os casarais		te casases	os casaseis
se casara	se casaran		se casase	se casasen

PAST PERFECT SUBJUNCTIVE (-ra)		*or*	PAST PERFECT SUBJUNCTIVE (-se)	
me hubiera casado	nos hubiéramos casado		me hubiese casado	nos hubiésemos casado
te hubieras casado	os hubierais casado		te hubieses casado	os hubieseis casado
se hubiera casado	se hubieran casado		se hubiese casado	se hubiesen casado

PROGRESSIVE TENSES

PRESENT	estoy, estás, está, estamos, estáis, están	
PRETERIT	estuve, estuviste, estuvo, estuvimos, estuvisteis, estuvieron	
IMPERFECT	estaba, estabas, estaba, estábamos, estabais, estaban	casando (*see page 31*)
FUTURE	estaré, estarás, estará, estaremos, estaréis, estarán	
CONDITIONAL	estaría, estarías, estaría, estaríamos, estaríais, estarían	
SUBJUNCTIVE	que + *corresponding subjunctive tense of* estar (*see verb 252*)	

COMMANDS

	(nosotros) casémonos/no nos casemos
(tú) cásate/no te cases	(vosotros) casaos/no os caséis
(Ud.) cásese/no se case	(Uds.) cásense/no se casen

Usage

Mi amigo se casó con una mujer inglesa.	*My friend married an English woman.*
—¿Los recién casados se casaron por interés?	*Did the newlyweds marry for money?*
—¡Qué va! Se casaron por amor.	*What nonsense! They married for love.*
Se casó en segundas nupcias.	*He married again.*
—Acaban de casar a su hijo menor.	*They've just married off their younger son.*
—Y sus hijas son casadas.	*And their daughters are married.*
Antes que te cases mira lo que haces.	*Look before you leap.*

-*ar* verb; spelling change: *g* > *gu/e*

castigo · castigaron · castigado · castigando

PRESENT

castigo	castigamos
castigas	castigáis
castiga	castigan

IMPERFECT

castigaba	castigábamos
castigabas	castigabais
castigaba	castigaban

FUTURE

castigaré	castigaremos
castigarás	castigaréis
castigará	castigarán

PLUPERFECT

había castigado	habíamos castigado
habías castigado	habíais castigado
había castigado	habían castigado

FUTURE PERFECT

habré castigado	habremos castigado
habrás castigado	habréis castigado
habrá castigado	habrán castigado

PRESENT SUBJUNCTIVE

castigue	castiguemos
castigues	castiguéis
castigue	castiguen

IMPERFECT SUBJUNCTIVE (-ra)

castigara	castigáramos
castigaras	castigarais
castigara	castigaran

PAST PERFECT SUBJUNCTIVE (-ra)

hubiera castigado	hubiéramos castigado
hubieras castigado	hubierais castigado
hubiera castigado	hubieran castigado

PRETERIT

castigué	castigamos
castigaste	castigasteis
castigó	castigaron

PRESENT PERFECT

he castigado	hemos castigado
has castigado	habéis castigado
ha castigado	han castigado

CONDITIONAL

castigaría	castigaríamos
castigarías	castigaríais
castigaría	castigarían

PRETERIT PERFECT

hube castigado	hubimos castigado
hubiste castigado	hubisteis castigado
hubo castigado	hubieron castigado

CONDITIONAL PERFECT

habría castigado	habríamos castigado
habrías castigado	habríais castigado
habría castigado	habrían castigado

PRESENT PERFECT SUBJUNCTIVE

haya castigado	hayamos castigado
hayas castigado	hayáis castigado
haya castigado	hayan castigado

or **IMPERFECT SUBJUNCTIVE (-se)**

castigase	castigásemos
castigases	castigaseis
castigase	castigasen

or **PAST PERFECT SUBJUNCTIVE (-se)**

hubiese castigado	hubiésemos castigado
hubieses castigado	hubieseis castigado
hubiese castigado	hubiesen castigado

PROGRESSIVE TENSES

PRESENT	estoy, estás, está, estamos, estáis, están
PRETERIT	estuve, estuviste, estuvo, estuvimos, estuvisteis, estuvieron
IMPERFECT	estaba, estabas, estaba, estábamos, estabais, estaban
FUTURE	estaré, estarás, estará, estaremos, estaréis, estarán
CONDITIONAL	estaría, estarías, estaría, estaríamos, estaríais, estarían
SUBJUNCTIVE	que + *corresponding subjunctive tense of* estar (*see verb 252*)

} castigando

COMMANDS

	(nosotros) castiguemos/no castiguemos
(tú) castiga/no castigues	(vosotros) castigad/no castiguéis
(Ud.) castigue/no castigue	(Uds.) castiguen/no castiguen

Usage

Lo castigaron con la pena de muerte.	*They punished him with the death penalty.*
La enfermedad los ha castigado.	*They have been afflicted by illness.*
El huracán castigaba los países caribeños.	*The hurricane caused damage in the Caribbean countries.*
El futbolista fue castigado.	*The soccer player was given a penalty.*
¿Cuál fue su castigo por el homicidio?	*What was his punishment for the murder?*

causar *to cause*

causo · causaron · causado · causando

regular -ar verb

PRESENT		PRETERIT	
causo	causamos	causé	causamos
causas	causáis	causaste	causasteis
causa	causan	causó	causaron

IMPERFECT		PRESENT PERFECT	
causaba	causábamos	he causado	hemos causado
causabas	causabais	has causado	habéis causado
causaba	causaban	ha causado	han causado

FUTURE		CONDITIONAL	
causaré	causaremos	causaría	causaríamos
causarás	causaréis	causarías	causaríais
causará	causarán	causaría	causarían

PLUPERFECT		PRETERIT PERFECT	
había causado	habíamos causado	hube causado	hubimos causado
habías causado	habíais causado	hubiste causado	hubisteis causado
había causado	habían causado	hubo causado	hubieron causado

FUTURE PERFECT		CONDITIONAL PERFECT	
habré causado	habremos causado	habría causado	habríamos causado
habrás causado	habréis causado	habrías causado	habríais causado
habrá causado	habrán causado	habría causado	habrían causado

PRESENT SUBJUNCTIVE		PRESENT PERFECT SUBJUNCTIVE	
cause	causemos	haya causado	hayamos causado
causes	causéis	hayas causado	hayáis causado
cause	causen	haya causado	hayan causado

IMPERFECT SUBJUNCTIVE (-ra)		*or* IMPERFECT SUBJUNCTIVE (-se)	
causara	causáramos	causase	causásemos
causaras	causarais	causases	causaseis
causara	causaran	causase	causasen

PAST PERFECT SUBJUNCTIVE (-ra)		*or* PAST PERFECT SUBJUNCTIVE (-se)	
hubiera causado	hubiéramos causado	hubiese causado	hubiésemos causado
hubieras causado	hubierais causado	hubieses causado	hubieseis causado
hubiera causado	hubieran causado	hubiese causado	hubiesen causado

PROGRESSIVE TENSES

PRESENT	estoy, estás, está, estamos, estáis, están
PRETERIT	estuve, estuviste, estuvo, estuvimos, estuvisteis, estuvieron
IMPERFECT	estaba, estabas, estaba, estábamos, estabais, estaban
FUTURE	estaré, estarás, estará, estaremos, estaréis, estarán
CONDITIONAL	estaría, estarías, estaría, estaríamos, estaríais, estarían
SUBJUNCTIVE	que + *corresponding subjunctive tense of* estar (*see verb 252*)

} causando

COMMANDS

	(nosotros) causemos/no causemos
(tú) causa/no causes	(vosotros) causad/no causéis
(Ud.) cause/no cause	(Uds.) causen/no causen

Usage

El descuido causó el accidente.	*Carelessness caused the accident.*
Su conducta causaba risa.	*His behavior made people laugh.*
Su ropa siempre causa una gran impresión.	*Her clothing always makes a big impression.*
Sus palabras causaron hostilidad.	*Their words provoked hostility.*
Es importante luchar por la causa de la democracia.	*It's important to fight for the cause of democracy.*
Descubramos la causa.	*Let's find out the cause.*
No hay efecto sin causa.	*Where there's smoke there's fire.*

regular -*er* verb   **cedo · cedieron · cedido · cediendo**

PRESENT

cedo	cedemos
cedes	cedéis
cede	ceden

IMPERFECT

cedía	cedíamos
cedías	cedíais
cedía	cedían

FUTURE

cederé	cederemos
cederás	cederéis
cederá	cederán

PLUPERFECT

había cedido	habíamos cedido
habías cedido	habíais cedido
había cedido	habían cedido

FUTURE PERFECT

habré cedido	habremos cedido
habrás cedido	habréis cedido
habrá cedido	habrán cedido

PRESENT SUBJUNCTIVE

ceda	cedamos
cedas	cedáis
ceda	cedan

IMPERFECT SUBJUNCTIVE (-ra)

cediera	cediéramos
cedieras	cedierais
cediera	cedieran

PAST PERFECT SUBJUNCTIVE (-ra)

hubiera cedido	hubiéramos cedido
hubieras cedido	hubierais cedido
hubiera cedido	hubieran cedido

PRETERIT

cedí	cedimos
cediste	cedisteis
cedió	cedieron

PRESENT PERFECT

he cedido	hemos cedido
has cedido	habéis cedido
ha cedido	han cedido

CONDITIONAL

cedería	cederíamos
cederías	cederíais
cedería	cederían

PRETERIT PERFECT

hube cedido	hubimos cedido
hubiste cedido	hubisteis cedido
hubo cedido	hubieron cedido

CONDITIONAL PERFECT

habría cedido	habríamos cedido
habrías cedido	habríais cedido
habría cedido	habrían cedido

PRESENT PERFECT SUBJUNCTIVE

haya cedido	hayamos cedido
hayas cedido	hayáis cedido
haya cedido	hayan cedido

or **IMPERFECT SUBJUNCTIVE (-se)**

cediese	cediésemos
cedieses	cedieseis
cediese	cediesen

or **PAST PERFECT SUBJUNCTIVE (-se)**

hubiese cedido	hubiésemos cedido
hubieses cedido	hubieseis cedido
hubiese cedido	hubiesen cedido

PROGRESSIVE TENSES

PRESENT	estoy, estás, está, estamos, estáis, están
PRETERIT	estuve, estuviste, estuvo, estuvimos, estuvisteis, estuvieron
IMPERFECT	estaba, estabas, estaba, estábamos, estabais, estaban
FUTURE	estaré, estarás, estará, estaremos, estaréis, estarán
CONDITIONAL	estaría, estarías, estaría, estaríamos, estaríais, estarían
SUBJUNCTIVE	que + *corresponding subjunctive tense of* estar (*see verb 252*)

} cediendo

COMMANDS

	(nosotros) cedamos/no cedamos
(tú) cede/no cedas	(vosotros) ceded/no cedáis
(Ud.) ceda/no ceda	(Uds.) cedan/no cedan

Usage

Los Estados Unidos cedió el canal de Panamá a Panamá.	*The United States handed the Panama Canal over to Panama.*
Cedan el paso a la policía.	*Make way for the police.*
Cedieron terreno.	*They gave in/yielded ground.*
El viento/La tempestad cedía.	*The wind/The storm was letting up.*
El edificio desvencijado cedió.	*The ramshackle/dilapidated building gave way.*
Cedí el asiento a una anciana.	*I gave up my seat to an old woman.*

celebrar *to celebrate, praise*

celebro · celebraron · celebrado · celebrando

regular *-ar* verb

PRESENT		PRETERIT	
celebro	celebramos	celebré	celebramos
celebras	celebráis	celebraste	celebrasteis
celebra	celebran	celebró	celebraron

IMPERFECT		PRESENT PERFECT	
celebraba	celebrábamos	he celebrado	hemos celebrado
celebrabas	celebrabais	has celebrado	habéis celebrado
celebraba	celebraban	ha celebrado	han celebrado

FUTURE		CONDITIONAL	
celebraré	celebraremos	celebraría	celebraríamos
celebrarás	celebraréis	celebrarías	celebraríais
celebrará	celebrarán	celebraría	celebrarían

PLUPERFECT		PRETERIT PERFECT	
había celebrado	habíamos celebrado	hube celebrado	hubimos celebrado
habías celebrado	habíais celebrado	hubiste celebrado	hubisteis celebrado
había celebrado	habían celebrado	hubo celebrado	hubieron celebrado

FUTURE PERFECT		CONDITIONAL PERFECT	
habré celebrado	habremos celebrado	habría celebrado	habríamos celebrado
habrás celebrado	habréis celebrado	habrías celebrado	habríais celebrado
habrá celebrado	habrán celebrado	habría celebrado	habrían celebrado

PRESENT SUBJUNCTIVE		PRESENT PERFECT SUBJUNCTIVE	
celebre	celebremos	haya celebrado	hayamos celebrado
celebres	celebréis	hayas celebrado	hayáis celebrado
celebre	celebren	haya celebrado	hayan celebrado

IMPERFECT SUBJUNCTIVE (-ra)		*or* IMPERFECT SUBJUNCTIVE (-se)	
celebrara	celebráramos	celebrase	celebrásemos
celebraras	celebrarais	celebrases	celebraseis
celebrara	celebraran	celebrase	celebrasen

PAST PERFECT SUBJUNCTIVE (-ra)		*or* PAST PERFECT SUBJUNCTIVE (-se)	
hubiera celebrado	hubiéramos celebrado	hubiese celebrado	hubiésemos celebrado
hubieras celebrado	hubierais celebrado	hubieses celebrado	hubieseis celebrado
hubiera celebrado	hubieran celebrado	hubiese celebrado	hubiesen celebrado

PROGRESSIVE TENSES

PRESENT	estoy, estás, está, estamos, estáis, están	
PRETERIT	estuve, estuviste, estuvo, estuvimos, estuvisteis, estuvieron	
IMPERFECT	estaba, estabas, estaba, estábamos, estabais, estaban	celebrando
FUTURE	estaré, estarás, estará, estaremos, estaréis, estarán	
CONDITIONAL	estaría, estarías, estaría, estaríamos, estaríais, estarían	
SUBJUNCTIVE	que + *corresponding subjunctive tense of* estar (*see verb 252*)	

COMMANDS

	(nosotros) celebremos/no celebremos
(tú) celebra/no celebres	(vosotros) celebrad/no celebréis
(Ud.) celebre/no celebre	(Uds.) celebren/no celebren

Usage

Celebró su cumpleaños el sábado.	*She celebrated her birthday on Saturday.*
Se han celebrado sus muchos logros.	*They've praised his many achievements.*
El rabino/pastor celebró la ceremonia.	*The rabbi/minister performed the ceremony.*
El cura celebró misa.	*The priest said/celebrated mass.*
¿Dónde se celebrará la reunión?	*Where will the meeting be held?*
Mi cumpleaños se celebra el tres de mayo.	*My birthday falls on May 3.*
Es un célebre jugador de béisbol.	*He's a famous baseball player.*

regular -*ar* verb

PRESENT

ceno	cenamos
cenas	cenáis
cena	cenan

IMPERFECT

cenaba	cenábamos
cenabas	cenabais
cenaba	cenaban

FUTURE

cenaré	cenaremos
cenarás	cenaréis
cenará	cenarán

PLUPERFECT

había cenado	habíamos cenado
habías cenado	habíais cenado
había cenado	habían cenado

FUTURE PERFECT

habré cenado	habremos cenado
habrás cenado	habréis cenado
habrá cenado	habrán cenado

PRESENT SUBJUNCTIVE

cene	cenemos
cenes	cenéis
cene	cenen

IMPERFECT SUBJUNCTIVE (-ra)

cenara	cenáramos
cenaras	cenarais
cenara	cenaran

PAST PERFECT SUBJUNCTIVE (-ra)

hubiera cenado	hubiéramos cenado
hubieras cenado	hubierais cenado
hubiera cenado	hubieran cenado

PRETERIT

cené	cenamos
cenaste	cenasteis
cenó	cenaron

PRESENT PERFECT

he cenado	hemos cenado
has cenado	habéis cenado
ha cenado	han cenado

CONDITIONAL

cenaría	cenaríamos
cenarías	cenaríais
cenaría	cenarían

PRETERIT PERFECT

hube cenado	hubimos cenado
hubiste cenado	hubisteis cenado
hubo cenado	hubieron cenado

CONDITIONAL PERFECT

habría cenado	habríamos cenado
habrías cenado	habríais cenado
habría cenado	habrían cenado

PRESENT PERFECT SUBJUNCTIVE

haya cenado	hayamos cenado
hayas cenado	hayáis cenado
haya cenado	hayan cenado

or **IMPERFECT SUBJUNCTIVE (-se)**

cenase	cenásemos
cenases	cenaseis
cenase	cenasen

or **PAST PERFECT SUBJUNCTIVE (-se)**

hubiese cenado	hubiésemos cenado
hubieses cenado	hubieseis cenado
hubiese cenado	hubiesen cenado

PROGRESSIVE TENSES

PRESENT	estoy, estás, está, estamos, estáis, están
PRETERIT	estuve, estuviste, estuvo, estuvimos, estuvisteis, estuvieron
IMPERFECT	estaba, estabas, estaba, estábamos, estabais, estaban
FUTURE	estaré, estarás, estará, estaremos, estaréis, estarán
CONDITIONAL	estaría, estarías, estaría, estaríamos, estaríais, estarían
SUBJUNCTIVE	que + *corresponding subjunctive tense of* estar (*see verb 252*)

} cenando

COMMANDS

	(nosotros) cenemos/no cenemos
(tú) cena/no cenes	(vosotros) cenad/no cenéis
(Ud.) cene/no cene	(Uds.) cenen/no cenen

Usage

—¿A qué hora cenamos?	*At what time shall we have dinner?*
—Tomemos la cena a las siete.	*Let's have dinner at 7:00.*
Cenemos fuera/en un restaurante.	*Let's have dinner out/in a restaurant.*
Cenamos un biftec.	*We had steak for dinner.*
Se quedó sin cenar.	*She went without dinner.*
Me invitaron a una cena con baile.	*They invited me to a dinner dance.*
Es la hora de cenar.	*It's dinnertime.*

cepillarse *to brush*

cepillo · cepillaron · cepillado · cepillándose

regular *-ar* reflexive verb

PRESENT

me cepillo	nos cepillamos
te cepillas	os cepilláis
se cepilla	se cepillan

IMPERFECT

me cepillaba	nos cepillábamos
te cepillabas	os cepillabais
se cepillaba	se cepillaban

FUTURE

me cepillaré	nos cepillaremos
te cepillarás	os cepillaréis
se cepillará	se cepillarán

PLUPERFECT

me había cepillado	nos habíamos cepillado
te habías cepillado	os habíais cepillado
se había cepillado	se habían cepillado

FUTURE PERFECT

me habré cepillado	nos habremos cepillado
te habrás cepillado	os habréis cepillado
se habrá cepillado	se habrán cepillado

PRESENT SUBJUNCTIVE

me cepille	nos cepillemos
te cepilles	os cepilléis
se cepille	se cepillen

IMPERFECT SUBJUNCTIVE (-ra)

me cepillara	nos cepilláramos
te cepillaras	os cepillarais
se cepillara	se cepillaran

PAST PERFECT SUBJUNCTIVE (-ra)

me hubiera cepillado	nos hubiéramos cepillado
te hubieras cepillado	os hubierais cepillado
se hubiera cepillado	se hubieran cepillado

PRETERIT

me cepillé	nos cepillamos
te cepillaste	os cepillasteis
se cepilló	se cepillaron

PRESENT PERFECT

me he cepillado	nos hemos cepillado
te has cepillado	os habéis cepillado
se ha cepillado	se han cepillado

CONDITIONAL

me cepillaría	nos cepillaríamos
te cepillarías	os cepillaríais
se cepillaría	se cepillarían

PRETERIT PERFECT

me hube cepillado	nos hubimos cepillado
te hubiste cepillado	os hubisteis cepillado
se hubo cepillado	se hubieron cepillado

CONDITIONAL PERFECT

me habría cepillado	nos habríamos cepillado
te habrías cepillado	os habríais cepillado
se habría cepillado	se habrían cepillado

PRESENT PERFECT SUBJUNCTIVE

me haya cepillado	nos hayamos cepillado
te hayas cepillado	os hayáis cepillado
se haya cepillado	se hayan cepillado

or **IMPERFECT SUBJUNCTIVE (-se)**

me cepillase	nos cepillásemos
te cepillases	os cepillaseis
se cepillase	se cepillasen

or **PAST PERFECT SUBJUNCTIVE (-se)**

me hubiese cepillado	nos hubiésemos cepillado
te hubieses cepillado	os hubieseis cepillado
se hubiese cepillado	se hubiesen cepillado

PROGRESSIVE TENSES

PRESENT	estoy, estás, está, estamos, estáis, están	
PRETERIT	estuve, estuviste, estuvo, estuvimos, estuvisteis, estuvieron	
IMPERFECT	estaba, estabas, estaba, estábamos, estabais, estaban	cepillando (*see page 31*)
FUTURE	estaré, estarás, estará, estaremos, estaréis, estarán	
CONDITIONAL	estaría, estarías, estaría, estaríamos, estaríais, estarían	
SUBJUNCTIVE	que + *corresponding subjunctive tense of* estar (*see verb 252*)	

COMMANDS

	(nosotros) cepillémonos/no nos cepillemos
(tú) cepíllate/no te cepilles	(vosotros) cepillaos/no os cepilléis
(Ud.) cepíllese/no se cepille	(Uds.) cepíllense/no se cepillen

Usage

Se cepilló los dientes.	*She brushed her teeth.*
Cepíllate el pelo.	*Brush your hair.*
Aquí tienes el cepillo de dientes y el cepillo para el pelo.	*Here are your toothbrush and hairbrush.*
Dale un buen cepillado al abrigo.	*Give your coat a good brushing.*

stem-changing *-ar* verb: *e > ie*

cierro · cerraron · cerrado · cerrando

PRESENT

cierro	cerramos
cierras	cerráis
cierra	cierran

IMPERFECT

cerraba	cerrábamos
cerrabas	cerrabais
cerraba	cerraban

FUTURE

cerraré	cerraremos
cerrarás	cerraréis
cerrará	cerrarán

PLUPERFECT

había cerrado	habíamos cerrado
habías cerrado	habíais cerrado
había cerrado	habían cerrado

FUTURE PERFECT

habré cerrado	habremos cerrado
habrás cerrado	habréis cerrado
habrá cerrado	habrán cerrado

PRESENT SUBJUNCTIVE

cierre	cerremos
cierres	cerréis
cierre	cierren

IMPERFECT SUBJUNCTIVE (-ra)

cerrara	cerráramos
cerraras	cerrarais
cerrara	cerraran

PAST PERFECT SUBJUNCTIVE (-ra)

hubiera cerrado	hubiéramos cerrado
hubieras cerrado	hubierais cerrado
hubiera cerrado	hubieran cerrado

PRETERIT

cerré	cerramos
cerraste	cerrasteis
cerró	cerraron

PRESENT PERFECT

he cerrado	hemos cerrado
has cerrado	habéis cerrado
ha cerrado	han cerrado

CONDITIONAL

cerraría	cerraríamos
cerrarías	cerraríais
cerraría	cerrarían

PRETERIT PERFECT

hube cerrado	hubimos cerrado
hubiste cerrado	hubisteis cerrado
hubo cerrado	hubieron cerrado

CONDITIONAL PERFECT

habría cerrado	habríamos cerrado
habrías cerrado	habríais cerrado
habría cerrado	habrían cerrado

PRESENT PERFECT SUBJUNCTIVE

haya cerrado	hayamos cerrado
hayas cerrado	hayáis cerrado
haya cerrado	hayan cerrado

or **IMPERFECT SUBJUNCTIVE (-se)**

cerrase	cerrásemos
cerrases	cerraseis
cerrase	cerrasen

or **PAST PERFECT SUBJUNCTIVE (-se)**

hubiese cerrado	hubiésemos cerrado
hubieses cerrado	hubieseis cerrado
hubiese cerrado	hubiesen cerrado

PROGRESSIVE TENSES

PRESENT	estoy, estás, está, estamos, estáis, están
PRETERIT	estuve, estuviste, estuvo, estuvimos, estuvisteis, estuvieron
IMPERFECT	estaba, estabas, estaba, estábamos, estabais, estaban
FUTURE	estaré, estarás, estará, estaremos, estaréis, estarán
CONDITIONAL	estaría, estarías, estaría, estaríamos, estaríais, estarían
SUBJUNCTIVE	que + *corresponding subjunctive tense of* estar (*see verb 252*)

} cerrando

COMMANDS

	(nosotros) cerremos/no cerremos
(tú) cierra/no cierres	(vosotros) cerrad/no cerréis
(Ud.) cierre/no cierre	(Uds.) cierren/no cierren

Usage

—¿Cerraste la puerta?   *Did you shut the door?*
—La cerré con llave.   *I locked it.*
Se cierra la tienda a las siete.   *The store closes at 7:00.*
Sus palabras tendrán un sentido cerrado.   *His words probably have a hidden meaning.*
Es una persona cerrada.   *He's an uncommunicative person.*
Pon una cerradura de combinación en el casillero.   *Put a combination lock on the locker.*
El cierre es de metal.   *The zipper is (made of) metal.*

charlar *to chat, chatter*

charlo · charlaron · charlado · charlando

regular *-ar* verb

PRESENT

charlo	charlamos
charlas	charláis
charla	charlan

PRETERIT

charlé	charlamos
charlaste	charlasteis
charló	charlaron

IMPERFECT

charlaba	charlábamos
charlabas	charlabais
charlaba	charlaban

PRESENT PERFECT

he charlado	hemos charlado
has charlado	habéis charlado
ha charlado	han charlado

FUTURE

charlaré	charlaremos
charlarás	charlaréis
charlará	charlarán

CONDITIONAL

charlaría	charlaríamos
charlarías	charlaríais
charlaría	charlarían

PLUPERFECT

había charlado	habíamos charlado
habías charlado	habíais charlado
había charlado	habían charlado

PRETERIT PERFECT

hube charlado	hubimos charlado
hubiste charlado	hubisteis charlado
hubo charlado	hubieron charlado

FUTURE PERFECT

habré charlado	habremos charlado
habrás charlado	habréis charlado
habrá charlado	habrán charlado

CONDITIONAL PERFECT

habría charlado	habríamos charlado
habrías charlado	habríais charlado
habría charlado	habrían charlado

PRESENT SUBJUNCTIVE

charle	charlemos
charles	charléis
charle	charlen

PRESENT PERFECT SUBJUNCTIVE

haya charlado	hayamos charlado
hayas charlado	hayáis charlado
haya charlado	hayan charlado

IMPERFECT SUBJUNCTIVE (-ra)

charlara	charláramos
charlaras	charlarais
charlara	charlaran

or **IMPERFECT SUBJUNCTIVE (-se)**

charlase	charlásemos
charlases	charlaseis
charlase	charlasen

PAST PERFECT SUBJUNCTIVE (-ra)

hubiera charlado	hubiéramos charlado
hubieras charlado	hubierais charlado
hubiera charlado	hubieran charlado

or **PAST PERFECT SUBJUNCTIVE (-se)**

hubiese charlado	hubiésemos charlado
hubieses charlado	hubieseis charlado
hubiese charlado	hubiesen charlado

PROGRESSIVE TENSES

PRESENT	estoy, estás, está, estamos, estáis, están	
PRETERIT	estuve, estuviste, estuvo, estuvimos, estuvisteis, estuvieron	
IMPERFECT	estaba, estabas, estaba, estábamos, estabais, estaban	charlando
FUTURE	estaré, estarás, estará, estaremos, estaréis, estarán	
CONDITIONAL	estaría, estarías, estaría, estaríamos, estaríais, estarían	
SUBJUNCTIVE	que + *corresponding subjunctive tense of* estar (*see verb 252*)	

COMMANDS

	(nosotros) charlemos/no charlemos
(tú) charla/no charles	(vosotros) charlad/no charléis
(Ud.) charle/no charle	(Uds.) charlen/no charlen

Usage

Tomemos un café mientras charlamos.	*Let's have a cup of coffee while we chat.*
—¡Cuánto charlan esos dos!	*Those two talk so much!*
—No cabe duda que charlan hasta por los codos.	*There's no doubt they're real chatterboxes.*
Habrá una charla en la sala de conferencias.	*There will be a talk in the lecture hall.*
Es charladora/charlatana.	*She's a chatterbox/gossip.*

regular -*ar* verb

PRESENT

cito	citamos
citas	citáis
cita	citan

IMPERFECT

citaba	citábamos
citabas	citabais
citaba	citaban

FUTURE

citaré	citaremos
citarás	citaréis
citará	citarán

PLUPERFECT

había citado	habíamos citado
habías citado	habíais citado
había citado	habían citado

FUTURE PERFECT

habré citado	habremos citado
habrás citado	habréis citado
habrá citado	habrán citado

PRESENT SUBJUNCTIVE

cite	citemos
cites	citéis
cite	citen

IMPERFECT SUBJUNCTIVE (-ra)

citara	citáramos
citaras	citarais
citara	citaran

PAST PERFECT SUBJUNCTIVE (-ra)

hubiera citado	hubiéramos citado
hubieras citado	hubierais citado
hubiera citado	hubieran citado

PRETERIT

cité	citamos
citaste	citasteis
citó	citaron

PRESENT PERFECT

he citado	hemos citado
has citado	habéis citado
ha citado	han citado

CONDITIONAL

citaría	citaríamos
citarías	citaríais
citaría	citarían

PRETERIT PERFECT

hube citado	hubimos citado
hubiste citado	hubisteis citado
hubo citado	hubieron citado

CONDITIONAL PERFECT

habría citado	habríamos citado
habrías citado	habríais citado
habría citado	habrían citado

PRESENT PERFECT SUBJUNCTIVE

haya citado	hayamos citado
hayas citado	hayáis citado
haya citado	hayan citado

or **IMPERFECT SUBJUNCTIVE (-se)**

citase	citásemos
citases	citaseis
citase	citasen

or **PAST PERFECT SUBJUNCTIVE (-se)**

hubiese citado	hubiésemos citado
hubieses citado	hubieseis citado
hubiese citado	hubiesen citado

PROGRESSIVE TENSES

PRESENT	estoy, estás, está, estamos, estáis, están
PRETERIT	estuve, estuviste, estuvo, estuvimos, estuvisteis, estuvieron
IMPERFECT	estaba, estabas, estaba, estábamos, estabais, estaban
FUTURE	estaré, estarás, estará, estaremos, estaréis, estarán
CONDITIONAL	estaría, estarías, estaría, estaríamos, estaríais, estarían
SUBJUNCTIVE	que + *corresponding subjunctive tense of* estar (*see verb 252*)

} citando

COMMANDS

	(nosotros) citemos/no citemos
(tú) cita/no cites	(vosotros) citad/no citéis
(Ud.) cite/no cite	(Uds.) citen/no citen

Usage

Los citamos en el restaurante.	*We arranged to meet them at the restaurant.*
Nos citamos para la una.	*We arranged to meet at 1:00.*
Se citaban todas las fuentes.	*All the sources were cited.*
—Piensan citar a varios testigos.	*They intend to subpoena several witnesses.*
—¿Ya tienen citatorio?	*Did they already receive their summons?*
Tiene cita con el dentista a la una.	*He has an appointment with the dentist at 1:00.*
¿De qué autor es esta cita?	*Who's the author of this quotation?*

clasificar *to classify, sort*

clasifico · clasificaron · clasificado · clasificando   *-ar* verb; spelling change: *c* > *qu/e*

PRESENT		PRETERIT	
clasifico	clasificamos	clasifiqué	clasificamos
clasificas	clasificáis	clasificaste	clasificasteis
clasifica	clasifican	clasificó	clasificaron

IMPERFECT		PRESENT PERFECT	
clasificaba	clasificábamos	he clasificado	hemos clasificado
clasificabas	clasificabais	has clasificado	habéis clasificado
clasificaba	clasificaban	ha clasificado	han clasificado

FUTURE		CONDITIONAL	
clasificaré	clasificaremos	clasificaría	clasificaríamos
clasificarás	clasificaréis	clasificarías	clasificaríais
clasificará	clasificarán	clasificaría	clasificarían

PLUPERFECT		PRETERIT PERFECT	
había clasificado	habíamos clasificado	hube clasificado	hubimos clasificado
habías clasificado	habíais clasificado	hubiste clasificado	hubisteis clasificado
había clasificado	habían clasificado	hubo clasificado	hubieron clasificado

FUTURE PERFECT		CONDITIONAL PERFECT	
habré clasificado	habremos clasificado	habría clasificado	habríamos clasificado
habrás clasificado	habréis clasificado	habrías clasificado	habríais clasificado
habrá clasificado	habrán clasificado	habría clasificado	habrían clasificado

PRESENT SUBJUNCTIVE		PRESENT PERFECT SUBJUNCTIVE	
clasifique	clasifiquemos	haya clasificado	hayamos clasificado
clasifiques	clasifiquéis	hayas clasificado	hayáis clasificado
clasifique	clasifiquen	haya clasificado	hayan clasificado

IMPERFECT SUBJUNCTIVE (-ra)		*or*	IMPERFECT SUBJUNCTIVE (-se)	
clasificara	clasificáramos		clasificase	clasificásemos
clasificaras	clasificarais		clasificases	clasificaseis
clasificara	clasificaran		clasificase	clasificasen

PAST PERFECT SUBJUNCTIVE (-ra)		*or*	PAST PERFECT SUBJUNCTIVE (-se)	
hubiera clasificado	hubiéramos clasificado		hubiese clasificado	hubiésemos clasificado
hubieras clasificado	hubierais clasificado		hubieses clasificado	hubieseis clasificado
hubiera clasificado	hubieran clasificado		hubiese clasificado	hubiesen clasificado

PROGRESSIVE TENSES

PRESENT	estoy, estás, está, estamos, estáis, están	
PRETERIT	estuve, estuviste, estuvo, estuvimos, estuvisteis, estuvieron	
IMPERFECT	estaba, estabas, estaba, estábamos, estabais, estaban	clasificando
FUTURE	estaré, estarás, estará, estaremos, estaréis, estarán	
CONDITIONAL	estaría, estarías, estaría, estaríamos, estaríais, estarían	
SUBJUNCTIVE	que + *corresponding subjunctive tense of* estar (*see verb 252*)	

COMMANDS

	(nosotros) clasifiquemos/no clasifiquemos
(tú) clasifica/no clasifiques	(vosotros) clasificad/no clasifiquéis
(Ud.) clasifique/no clasifique	(Uds.) clasifiquen/no clasifiquen

Usage

—Clasifique estos papeles según la categoría.   *Classify/Sort these papers by category.*
—Hago una clasificación alfabética.   *I'll do it by alphabetical order.*

Los equipos se clasificaron para el campeonato.   *The teams qualified for the championship.*
Se necesita otro clasificador en la oficina.   *We need another filing cabinet in the office.*
La clasificación de artículos lleva mucho tiempo.   *Merchandise sorting takes a long time.*

regular -*ar* verb

PRESENT

cobro	cobramos
cobras	cobráis
cobra	cobran

IMPERFECT

cobraba	cobrábamos
cobrabas	cobrabais
cobraba	cobraban

FUTURE

cobraré	cobraremos
cobrarás	cobraréis
cobrará	cobrarán

PLUPERFECT

había cobrado	habíamos cobrado
habías cobrado	habíais cobrado
había cobrado	habían cobrado

FUTURE PERFECT

habré cobrado	habremos cobrado
habrás cobrado	habréis cobrado
habrá cobrado	habrán cobrado

PRESENT SUBJUNCTIVE

cobre	cobremos
cobres	cobréis
cobre	cobren

IMPERFECT SUBJUNCTIVE (-ra)

cobrara	cobráramos
cobraras	cobrarais
cobrara	cobraran

PAST PERFECT SUBJUNCTIVE (-ra)

hubiera cobrado	hubiéramos cobrado
hubieras cobrado	hubierais cobrado
hubiera cobrado	hubieran cobrado

PRETERIT

cobré	cobramos
cobraste	cobrasteis
cobró	cobraron

PRESENT PERFECT

he cobrado	hemos cobrado
has cobrado	habéis cobrado
ha cobrado	han cobrado

CONDITIONAL

cobraría	cobraríamos
cobrarías	cobraríais
cobraría	cobrarían

PRETERIT PERFECT

hube cobrado	hubimos cobrado
hubiste cobrado	hubisteis cobrado
hubo cobrado	hubieron cobrado

CONDITIONAL PERFECT

habría cobrado	habríamos cobrado
habrías cobrado	habríais cobrado
habría cobrado	habrían cobrado

PRESENT PERFECT SUBJUNCTIVE

haya cobrado	hayamos cobrado
hayas cobrado	hayáis cobrado
haya cobrado	hayan cobrado

or **IMPERFECT SUBJUNCTIVE (-se)**

cobrase	cobrásemos
cobrases	cobraseis
cobrase	cobrasen

or **PAST PERFECT SUBJUNCTIVE (-se)**

hubiese cobrado	hubiésemos cobrado
hubieses cobrado	hubieseis cobrado
hubiese cobrado	hubiesen cobrado

PROGRESSIVE TENSES

PRESENT	estoy, estás, está, estamos, estáis, están
PRETERIT	estuve, estuviste, estuvo, estuvimos, estuvisteis, estuvieron
IMPERFECT	estaba, estabas, estaba, estábamos, estabais, estaban
FUTURE	estaré, estarás, estará, estaremos, estaréis, estarán
CONDITIONAL	estaría, estarías, estaría, estaríamos, estaríais, estarían
SUBJUNCTIVE	que + *corresponding subjunctive tense of* estar (*see verb 252*)

} cobrando

COMMANDS

	(nosotros) cobremos/no cobremos
(tú) cobra/no cobres	(vosotros) cobrad/no cobréis
(Ud.) cobre/no cobre	(Uds.) cobren/no cobren

Usage

Cobre el cheque.	*Cash the check.*
¿Cuánto te cobraron en el hotel?	*How much did they charge you at the hotel?*
Cobro el primero del mes.	*I get paid the first of the month.*
Cobra ánimo.	*Take heart./Get up your courage.*
Su idea cobraba importancia.	*His idea was gaining in importance.*
Él cobraba reconocimiento.	*He was getting acknowledgment/recognition.*
Esperamos que recobre la confianza.	*We hope she'll get her confidence back.*

cocinar   *to cook*

cocino · cocinaron · cocinado · cocinando

regular *-ar* verb

PRESENT

cocino	cocinamos
cocinas	cocináis
cocina	cocinan

PRETERIT

cociné	cocinamos
cocinaste	cocinasteis
cocinó	cocinaron

IMPERFECT

cocinaba	cocinábamos
cocinabas	cocinabais
cocinaba	cocinaban

PRESENT PERFECT

he cocinado	hemos cocinado
has cocinado	habéis cocinado
ha cocinado	han cocinado

FUTURE

cocinaré	cocinaremos
cocinarás	cocinaréis
cocinará	cocinarán

CONDITIONAL

cocinaría	cocinaríamos
cocinarías	cocinaríais
cocinaría	cocinarían

PLUPERFECT

había cocinado	habíamos cocinado
habías cocinado	habíais cocinado
había cocinado	habían cocinado

PRETERIT PERFECT

hube cocinado	hubimos cocinado
hubiste cocinado	hubisteis cocinado
hubo cocinado	hubieron cocinado

FUTURE PERFECT

habré cocinado	habremos cocinado
habrás cocinado	habréis cocinado
habrá cocinado	habrán cocinado

CONDITIONAL PERFECT

habría cocinado	habríamos cocinado
habrías cocinado	habríais cocinado
habría cocinado	habrían cocinado

PRESENT SUBJUNCTIVE

cocine	cocinemos
cocines	cocinéis
cocine	cocinen

PRESENT PERFECT SUBJUNCTIVE

haya cocinado	hayamos cocinado
hayas cocinado	hayáis cocinado
haya cocinado	hayan cocinado

IMPERFECT SUBJUNCTIVE (-ra)

cocinara	cocináramos
cocinaras	cocinarais
cocinara	cocinaran

or **IMPERFECT SUBJUNCTIVE (-se)**

cocinase	cocinásemos
cocinases	cocinaseis
cocinase	cocinasen

PAST PERFECT SUBJUNCTIVE (-ra)

hubiera cocinado	hubiéramos cocinado
hubieras cocinado	hubierais cocinado
hubiera cocinado	hubieran cocinado

or **PAST PERFECT SUBJUNCTIVE (-se)**

hubiese cocinado	hubiésemos cocinado
hubieses cocinado	hubieseis cocinado
hubiese cocinado	hubiesen cocinado

PROGRESSIVE TENSES

PRESENT	estoy, estás, está, estamos, estáis, están
PRETERIT	estuve, estuviste, estuvo, estuvimos, estuvisteis, estuvieron
IMPERFECT	estaba, estabas, estaba, estábamos, estabais, estaban
FUTURE	estaré, estarás, estará, estaremos, estaréis, estarán
CONDITIONAL	estaría, estarías, estaría, estaríamos, estaríais, estarían
SUBJUNCTIVE	que + *corresponding subjunctive tense of* estar (*see verb 252*)

} cocinando

COMMANDS

	(nosotros) cocinemos/no cocinemos
(tú) cocina/no cocines	(vosotros) cocinad/no cocinéis
(Ud.) cocine/no cocine	(Uds.) cocinen/no cocinen

Usage

No cocinemos hoy.	*Let's not cook today.*
—¿Te gusta cocinar?	*Do you like to cook?*
—Sí, hago la cocina todos los días.	*Yes, I do the cooking every day.*
—¿Te interesa la cocina italiana?	*Are you interested in Italian cuisine?*
—Sí, tengo un maravilloso libro de cocina italiana.	*Yes, I have a wonderful cookbook of Italian cooking.*
El cocinero está en la cocina.	*The cook is in the kitchen.*

-*er* verb; spelling change: *g > j/o, a*   **cojo · cogieron · cogido · cogiendo**

PRESENT

cojo	cogemos
coges	cogéis
coge	cogen

IMPERFECT

cogía	cogíamos
cogías	cogíais
cogía	cogían

FUTURE

cogeré	cogeremos
cogerás	cogeréis
cogerá	cogerán

PLUPERFECT

había cogido	habíamos cogido
habías cogido	habíais cogido
había cogido	habían cogido

FUTURE PERFECT

habré cogido	habremos cogido
habrás cogido	habréis cogido
habrá cogido	habrán cogido

PRESENT SUBJUNCTIVE

coja	cojamos
cojas	cojáis
coja	cojan

IMPERFECT SUBJUNCTIVE (-ra)

cogiera	cogiéramos
cogieras	cogierais
cogiera	cogieran

PAST PERFECT SUBJUNCTIVE (-ra)

hubiera cogido	hubiéramos cogido
hubieras cogido	hubierais cogido
hubiera cogido	hubieran cogido

PRETERIT

cogí	cogimos
cogiste	cogisteis
cogió	cogieron

PRESENT PERFECT

he cogido	hemos cogido
has cogido	habéis cogido
ha cogido	han cogido

CONDITIONAL

cogería	cogeríamos
cogerías	cogeríais
cogería	cogerían

PRETERIT PERFECT

hube cogido	hubimos cogido
hubiste cogido	hubisteis cogido
hubo cogido	hubieron cogido

CONDITIONAL PERFECT

habría cogido	habríamos cogido
habrías cogido	habríais cogido
habría cogido	habrían cogido

PRESENT PERFECT SUBJUNCTIVE

haya cogido	hayamos cogido
hayas cogido	hayáis cogido
haya cogido	hayan cogido

or **IMPERFECT SUBJUNCTIVE (-se)**

cogiese	cogiésemos
cogieses	cogieseis
cogiese	cogiesen

or **PAST PERFECT SUBJUNCTIVE (-se)**

hubiese cogido	hubiésemos cogido
hubieses cogido	hubieseis cogido
hubiese cogido	hubiesen cogido

PROGRESSIVE TENSES

PRESENT	estoy, estás, está, estamos, estáis, están	
PRETERIT	estuve, estuviste, estuvo, estuvimos, estuvisteis, estuvieron	
IMPERFECT	estaba, estabas, estaba, estábamos, estabais, estaban	cogiendo
FUTURE	estaré, estarás, estará, estaremos, estaréis, estarán	
CONDITIONAL	estaría, estarías, estaría, estaríamos, estaríais, estarían	
SUBJUNCTIVE	que + *corresponding subjunctive tense of* estar (*see verb 252*)	

COMMANDS

	(nosotros) cojamos/no cojamos
(tú) coge/no cojas	(vosotros) coged/no cojáis
(Ud.) coja/no coja	(Uds.) cojan/no cojan

Usage

Cojamos el tren.	*Let's get/take the train.*
No cogí lo que dijiste.	*I didn't catch/hear/understand what you said.*
Cogían cariño a los gemelos.	*They took a liking to the twins.*
Cogió el acento español.	*She picked up a Spanish accent.*

NOTE: The verb *coger* is taboo in many Hispanic countries, including Mexico and Argentina; it is usually replaced with *tomar* or *agarrar*.

colaboro · colaboraron · colaborado · colaborando   regular -*ar* verb

PRESENT		PRETERIT	
colaboro	colaboramos	colaboré	colaboramos
colaboras	colaboráis	colaboraste	colaborasteis
colabora	colaboran	colaboró	colaboraron

IMPERFECT		PRESENT PERFECT	
colaboraba	colaborábamos	he colaborado	hemos colaborado
colaborabas	colaborabais	has colaborado	habéis colaborado
colaboraba	colaboraban	ha colaborado	han colaborado

FUTURE		CONDITIONAL	
colaboraré	colaboraremos	colaboraría	colaboraríamos
colaborarás	colaboraréis	colaborarías	colaboraríais
colaborará	colaborarán	colaboraría	colaborarían

PLUPERFECT		PRETERIT PERFECT	
había colaborado	habíamos colaborado	hube colaborado	hubimos colaborado
habías colaborado	habíais colaborado	hubiste colaborado	hubisteis colaborado
había colaborado	habían colaborado	hubo colaborado	hubieron colaborado

FUTURE PERFECT		CONDITIONAL PERFECT	
habré colaborado	habremos colaborado	habría colaborado	habríamos colaborado
habrás colaborado	habréis colaborado	habrías colaborado	habríais colaborado
habrá colaborado	habrán colaborado	habría colaborado	habrían colaborado

PRESENT SUBJUNCTIVE		PRESENT PERFECT SUBJUNCTIVE	
colabore	colaboremos	haya colaborado	hayamos colaborado
colabores	colaboréis	hayas colaborado	hayáis colaborado
colabore	colaboren	haya colaborado	hayan colaborado

IMPERFECT SUBJUNCTIVE (-ra)		*or* IMPERFECT SUBJUNCTIVE (-se)	
colaborara	colaboráramos	colaborase	colaborásemos
colaboraras	colaborarais	colaborases	colaboraseis
colaborara	colaboraran	colaborase	colaborasen

PAST PERFECT SUBJUNCTIVE (-ra)		*or* PAST PERFECT SUBJUNCTIVE (-se)	
hubiera colaborado	hubiéramos colaborado	hubiese colaborado	hubiésemos colaborado
hubieras colaborado	hubierais colaborado	hubieses colaborado	hubieseis colaborado
hubiera colaborado	hubieran colaborado	hubiese colaborado	hubiesen colaborado

PROGRESSIVE TENSES

PRESENT	estoy, estás, está, estamos, estáis, están
PRETERIT	estuve, estuviste, estuvo, estuvimos, estuvisteis, estuvieron
IMPERFECT	estaba, estabas, estaba, estábamos, estabais, estaban
FUTURE	estaré, estarás, estará, estaremos, estaréis, estarán
CONDITIONAL	estaría, estarías, estaría, estaríamos, estaríais, estarían
SUBJUNCTIVE	que + *corresponding subjunctive tense of* estar (*see verb 252*)

} colaborando

COMMANDS

	(nosotros) colaboremos/no colaboremos
(tú) colabora/no colabores	(vosotros) colaborad/no colaboréis
(Ud.) colabore/no colabore	(Uds.) colaboren/no colaboren

Usage

Es bueno que todos colaboren en el proyecto.

Se necesita la colaboración de otros periodistas.
Hace un año que colabora en la revista.
El libro de texto fue escrito por dos colaboradores.

It's good that everyone is collaborating/cooperating on the project.
We need other journalists to contribute.
She has been working on the magazine for a year.
The textbook was written by two coauthors.

stem-changing -ar verb: o > ue

cuelgo · colgaron · colgado · colgando

PRESENT

cuelgo	colgamos
cuelgas	colgáis
cuelga	cuelgan

PRETERIT

colgué	colgamos
colgaste	colgasteis
colgó	colgaron

IMPERFECT

colgaba	colgábamos
colgabas	colgabais
colgaba	colgaban

PRESENT PERFECT

he colgado	hemos colgado
has colgado	habéis colgado
ha colgado	han colgado

FUTURE

colgaré	colgaremos
colgarás	colgaréis
colgará	colgarán

CONDITIONAL

colgaría	colgaríamos
colgarías	colgaríais
colgaría	colgarían

PLUPERFECT

había colgado	habíamos colgado
habías colgado	habíais colgado
había colgado	habían colgado

PRETERIT PERFECT

hube colgado	hubimos colgado
hubiste colgado	hubisteis colgado
hubo colgado	hubieron colgado

FUTURE PERFECT

habré colgado	habremos colgado
habrás colgado	habréis colgado
habrá colgado	habrán colgado

CONDITIONAL PERFECT

habría colgado	habríamos colgado
habrías colgado	habríais colgado
habría colgado	habrían colgado

PRESENT SUBJUNCTIVE

cuelgue	colguemos
cuelgues	colguéis
cuelgue	cuelguen

PRESENT PERFECT SUBJUNCTIVE

haya colgado	hayamos colgado
hayas colgado	hayáis colgado
haya colgado	hayan colgado

IMPERFECT SUBJUNCTIVE (-ra)

colgara	colgáramos
colgaras	colgarais
colgara	colgaran

or **IMPERFECT SUBJUNCTIVE (-se)**

colgase	colgásemos
colgases	colgaseis
colgase	colgasen

PAST PERFECT SUBJUNCTIVE (-ra)

hubiera colgado	hubiéramos colgado
hubieras colgado	hubierais colgado
hubiera colgado	hubieran colgado

or **PAST PERFECT SUBJUNCTIVE (-se)**

hubiese colgado	hubiésemos colgado
hubieses colgado	hubieseis colgado
hubiese colgado	hubiesen colgado

PROGRESSIVE TENSES

PRESENT	estoy, estás, está, estamos, estáis, están
PRETERIT	estuve, estuviste, estuvo, estuvimos, estuvisteis, estuvieron
IMPERFECT	estaba, estabas, estaba, estábamos, estabais, estaban
FUTURE	estaré, estarás, estará, estaremos, estaréis, estarán
CONDITIONAL	estaría, estarías, estaría, estaríamos, estaríais, estarían
SUBJUNCTIVE	que + *corresponding subjunctive tense of* estar (*see verb 252*)

colgando

COMMANDS

	(nosotros) colguemos/no colguemos
(tú) cuelga/no cuelgues	(vosotros) colgad/no colguéis
(Ud.) cuelgue/no cuelgue	(Uds.) cuelguen/no cuelguen

Usage

Cuelga el cuadro en esta pared.	*Hang the picture on this wall.*
Niños, cuelguen su ropa en las perchas.	*Children, hang your clothing on the hangers.*
Por favor, no cuelgue.	*Please don't hang up (the telephone).*
Dejaron el teléfono descolgado.	*They left the telephone off the hook.*
Se cruza el río en un puente colgante.	*You cross the river on a suspension bridge.*

PRESENT

coloco	colocamos
colocas	colocáis
coloca	colocan

PRETERIT

coloqué	colocamos
colocaste	colocasteis
colocó	colocaron

IMPERFECT

colocaba	colocábamos
colocabas	colocabais
colocaba	colocaban

PRESENT PERFECT

he colocado	hemos colocado
has colocado	habéis colocado
ha colocado	han colocado

FUTURE

colocaré	colocaremos
colocarás	colocaréis
colocará	colocarán

CONDITIONAL

colocaría	colocaríamos
colocarías	colocaríais
colocaría	colocarían

PLUPERFECT

había colocado	habíamos colocado
habías colocado	habíais colocado
había colocado	habían colocado

PRETERIT PERFECT

hube colocado	hubimos colocado
hubiste colocado	hubisteis colocado
hubo colocado	hubieron colocado

FUTURE PERFECT

habré colocado	habremos colocado
habrás colocado	habréis colocado
habrá colocado	habrán colocado

CONDITIONAL PERFECT

habría colocado	habríamos colocado
habrías colocado	habríais colocado
habría colocado	habrían colocado

PRESENT SUBJUNCTIVE

coloque	coloquemos
coloques	coloquéis
coloque	coloquen

PRESENT PERFECT SUBJUNCTIVE

haya colocado	hayamos colocado
hayas colocado	hayáis colocado
haya colocado	hayan colocado

IMPERFECT SUBJUNCTIVE (-ra)

colocara	colocáramos
colocaras	colocarais
colocara	colocaran

or **IMPERFECT SUBJUNCTIVE (-se)**

colocase	colocásemos
colocases	colocaseis
colocase	colocasen

PAST PERFECT SUBJUNCTIVE (-ra)

hubiera colocado	hubiéramos colocado
hubieras colocado	hubierais colocado
hubiera colocado	hubieran colocado

or **PAST PERFECT SUBJUNCTIVE (-se)**

hubiese colocado	hubiésemos colocado
hubieses colocado	hubieseis colocado
hubiese colocado	hubiesen colocado

PROGRESSIVE TENSES

PRESENT	estoy, estás, está, estamos, estáis, están
PRETERIT	estuve, estuviste, estuvo, estuvimos, estuvisteis, estuvieron
IMPERFECT	estaba, estabas, estaba, estábamos, estabais, estaban
FUTURE	estaré, estarás, estará, estaremos, estaréis, estarán
CONDITIONAL	estaría, estarías, estaría, estaríamos, estaríais, estarían
SUBJUNCTIVE	que + *corresponding subjunctive tense of* estar (*see verb 252*)

} colocando

COMMANDS

	(nosotros) coloquemos/no coloquemos
(tú) coloca/no coloques	(vosotros) colocad/no coloquéis
(Ud.) coloque/no coloque	(Uds.) coloquen/no coloquen

Usage

Coloque el correo en mi escritorio.	*Put the mail on my desk.*
Coloquemos más dinero en la bolsa.	*Let's put/invest more money in the stock market.*
—Me dijo que se colocó el mes pasado.	*He told me he found a position last month.*
—Está bien colocado.	*It's a good position., He has a good job.*
—¿Acudió a una agencia de colocaciones?	*Did he go to an employment agency?*
—No, encontró la colocación en el periódico.	*No, he found the position in the newspaper.*

stem-changing -ar verb: e > ie;   **comienzo · comenzaron · comenzado · comenzando**
spelling change: z > c/e

PRESENT

comienzo	comenzamos
comienzas	comenzáis
comienza	comienzan

PRETERIT

comencé	comenzamos
comenzaste	comenzasteis
comenzó	comenzaron

IMPERFECT

comenzaba	comenzábamos
comenzabas	comenzabais
comenzaba	comenzaban

PRESENT PERFECT

he comenzado	hemos comenzado
has comenzado	habéis comenzado
ha comenzado	han comenzado

FUTURE

comenzaré	comenzaremos
comenzarás	comenzaréis
comenzará	comenzarán

CONDITIONAL

comenzaría	comenzaríamos
comenzarías	comenzaríais
comenzaría	comenzarían

PLUPERFECT

había comenzado	habíamos comenzado
habías comenzado	habíais comenzado
había comenzado	habían comenzado

PRETERIT PERFECT

hube comenzado	hubimos comenzado
hubiste comenzado	hubisteis comenzado
hubo comenzado	hubieron comenzado

FUTURE PERFECT

habré comenzado	habremos comenzado
habrás comenzado	habréis comenzado
habrá comenzado	habrán comenzado

CONDITIONAL PERFECT

habría comenzado	habríamos comenzado
habrías comenzado	habríais comenzado
habría comenzado	habrían comenzado

PRESENT SUBJUNCTIVE

comience	comencemos
comiences	comencéis
comience	comiencen

PRESENT PERFECT SUBJUNCTIVE

haya comenzado	hayamos comenzado
hayas comenzado	hayáis comenzado
haya comenzado	hayan comenzado

IMPERFECT SUBJUNCTIVE (-ra)   *or*   **IMPERFECT SUBJUNCTIVE (-se)**

comenzara	comenzáramos	comenzase	comenzásemos
comenzaras	comenzarais	comenzases	comenzaseis
comenzara	comenzaran	comenzase	comenzasen

PAST PERFECT SUBJUNCTIVE (-ra)   *or*   **PAST PERFECT SUBJUNCTIVE (-se)**

hubiera comenzado	hubiéramos comenzado	hubiese comenzado	hubiésemos comenzado
hubieras comenzado	hubierais comenzado	hubieses comenzado	hubieseis comenzado
hubiera comenzado	hubieran comenzado	hubiese comenzado	hubiesen comenzado

PROGRESSIVE TENSES

PRESENT	estoy, estás, está, estamos, estáis, están
PRETERIT	estuve, estuviste, estuvo, estuvimos, estuvisteis, estuvieron
IMPERFECT	estaba, estabas, estaba, estábamos, estabais, estaban
FUTURE	estaré, estarás, estará, estaremos, estaréis, estarán
CONDITIONAL	estaría, estarías, estaría, estaríamos, estaríais, estarían
SUBJUNCTIVE	que + *corresponding subjunctive tense of* estar (*see verb 252*)

} comenzando

COMMANDS

	(nosotros) comencemos/no comencemos
(tú) comienza/no comiences	(vosotros) comenzad/no comencéis
(Ud.) comience/no comience	(Uds.) comiencen/no comiencen

Usage

Comenzaron la reunión a las tres.	*They began the meeting at 3:00.*
El director comenzó por presentarse.	*The director began by introducing himself.*
Comiencen a comer.	*Start eating.*
Comienza a nevar/llover.	*It's beginning to snow/rain.*
Dieron comienzo a la comida con un brindis.	*They started the dinner with a toast.*
El plan de desarrollo está en sus comienzos.	*The development plan is in its early stages.*

como · comieron · comido · comiendo   regular *-er* verb

¿Cómo se come? y ¿Qué se come?

—Chico, ¡hoy tú comes por cuatro!	*Today you're eating like a horse!*
—¡Sabes que soy comilón!	*You know I'm a glutton/big eater!*
—Me dieron de comer carne, pollo y pescado.	*They fed me/gave me a meal of meat, chicken, and fish.*
—Comiste como un rey entonces.	*Then you ate like a king.*
—Comes con muchas ganas.	*You eat heartily.*
—En realidad, como con los ojos.	*Actually, my eyes are bigger than my stomach.*
—Da de comer al perro.	*Feed the dog.*
—Nuestro perro come como un pajarito.	*Our dog eats like a bird.*
—Yo comí sin ganas.	*I picked at my food.*
—Y yo me lo comí todo.	*And I ate up/gulped down everything.*
—¿Les gusta probar los platos nuevos?	*Do you like to taste new dishes?*
—Nos encanta. Comemos de todo.	*We love to. We eat everything.*

comer = carcomer _to eat away_

El agua salada del mar come/carcome la madera.	*The salt water of the sea eats away the wood.*
Le come/carcome la envidia/ira.	*She's eaten up with envy/anger.*

comerse

Cuando era niña se comía las uñas.	*As a child she bit her nails.*
Se come el collar con los ojos.	*She looks greedily at the necklace.*
Se comieron unos párrafos en la redacción.	*A few paragraphs were skipped while editing.*
La gente de la región se come las eses en el habla.	*The people of the region drop the "s" in their speech.*
Los enemigos se comían los unos a los otros.	*The enemies quarreled/tore each other apart.*
¿Los arqueólogos? El desierto se los habrá comido.	*The archaeologists? The desert has probably swallowed them up.*

Other Uses

Comen en el mismo plato.	*They're very close friends.*
La dama roja comió todas las negras.	*The red checker took all the black ones.*
Comió un peón.	*He captured/took a pawn.*
Hay una tienda de comestibles en la esquina.	*There's a grocery store at the corner.*

TOP 50 VERBS

regular -er verb

como · comieron · comido · comiendo

PRESENT

como	comemos
comes	coméis
come	comen

PRETERIT

comí	comimos
comiste	comisteis
comió	comieron

IMPERFECT

comía	comíamos
comías	comíais
comía	comían

PRESENT PERFECT

he comido	hemos comido
has comido	habéis comido
ha comido	han comido

FUTURE

comeré	comeremos
comerás	comeréis
comerá	comerán

CONDITIONAL

comería	comeríamos
comerías	comeríais
comería	comerían

PLUPERFECT

había comido	habíamos comido
habías comido	habíais comido
había comido	habían comido

PRETERIT PERFECT

hube comido	hubimos comido
hubiste comido	hubisteis comido
hubo comido	hubieron comido

FUTURE PERFECT

habré comido	habremos comido
habrás comido	habréis comido
habrá comido	habrán comido

CONDITIONAL PERFECT

habría comido	habríamos comido
habrías comido	habríais comido
habría comido	habrían comido

PRESENT SUBJUNCTIVE

coma	comamos
comas	comáis
coma	coman

PRESENT PERFECT SUBJUNCTIVE

haya comido	hayamos comido
hayas comido	hayáis comido
haya comido	hayan comido

IMPERFECT SUBJUNCTIVE (-ra)

comiera	comiéramos
comieras	comierais
comiera	comieran

or **IMPERFECT SUBJUNCTIVE (-se)**

comiese	comiésemos
comieses	comieseis
comiese	comiesen

PAST PERFECT SUBJUNCTIVE (-ra)

hubiera comido	hubiéramos comido
hubieras comido	hubierais comido
hubiera comido	hubieran comido

or **PAST PERFECT SUBJUNCTIVE (-se)**

hubiese comido	hubiésemos comido
hubieses comido	hubieseis comido
hubiese comido	hubiesen comido

PROGRESSIVE TENSES

PRESENT	estoy, estás, está, estamos, estáis, están	
PRETERIT	estuve, estuviste, estuvo, estuvimos, estuvisteis, estuvieron	
IMPERFECT	estaba, estabas, estaba, estábamos, estabais, estaban	comiendo
FUTURE	estaré, estarás, estará, estaremos, estaréis, estarán	
CONDITIONAL	estaría, estarías, estaría, estaríamos, estaríais, estarían	
SUBJUNCTIVE	que + *corresponding subjunctive tense of* estar (*see verb 252*)	

COMMANDS

	(nosotros) comamos/no comamos
(tú) come/no comas	(vosotros) comed/no comáis
(Ud.) coma/no coma	(Uds.) coman/no coman

Usage

¿Comemos algo ahora?	*Shall we eat something now?*
Se come bien en esta ciudad.	*You can eat well in this city.*
Comimos pollo/carne.	*We ate chicken/meat.*
Donde comen dos comen tres.	*There's always room for one more.*
No hacen tres comidas al día sino seis.	*They don't have three meals a day, but rather six.*
Pasen al comedor.	*Go into the dining room.*
Hay tres comedores universitarios.	*There are three university dining halls.*

compartir *to share, divide*

comparto · compartieron · compartido · compartiendo   regular *-ir* verb

PRESENT

comparto	compartimos		
compartes	compartís		
comparte	comparten		

PRETERIT

compartí	compartimos
compartiste	compartisteis
compartió	compartieron

IMPERFECT

compartía	compartíamos
compartías	compartíais
compartía	compartían

PRESENT PERFECT

he compartido	hemos compartido
has compartido	habéis compartido
ha compartido	han compartido

FUTURE

compartiré	compartiremos
compartirás	compartiréis
compartirá	compartirán

CONDITIONAL

compartiría	compartiríamos
compartirías	compartiríais
compartiría	compartirían

PLUPERFECT

había compartido	habíamos compartido
habías compartido	habíais compartido
había compartido	habían compartido

PRETERIT PERFECT

hube compartido	hubimos compartido
hubiste compartido	hubisteis compartido
hubo compartido	hubieron compartido

FUTURE PERFECT

habré compartido	habremos compartido
habrás compartido	habréis compartido
habrá compartido	habrán compartido

CONDITIONAL PERFECT

habría compartido	habríamos compartido
habrías compartido	habríais compartido
habría compartido	habrían compartido

PRESENT SUBJUNCTIVE

comparta	compartamos
compartas	compartáis
comparta	compartan

PRESENT PERFECT SUBJUNCTIVE

haya compartido	hayamos compartido
hayas compartido	hayáis compartido
haya compartido	hayan compartido

IMPERFECT SUBJUNCTIVE (-ra)   *or*   **IMPERFECT SUBJUNCTIVE (-se)**

compartiera	compartiéramos	compartiese	compartiésemos
compartieras	compartierais	compartieses	compartieseis
compartiera	compartieran	compartiese	compartiesen

PAST PERFECT SUBJUNCTIVE (-ra)   *or*   **PAST PERFECT SUBJUNCTIVE (-se)**

hubiera compartido	hubiéramos compartido	hubiese compartido	hubiésemos compartido
hubieras compartido	hubierais compartido	hubieses compartido	hubieseis compartido
hubiera compartido	hubieran compartido	hubiese compartido	hubiesen compartido

PROGRESSIVE TENSES

PRESENT	estoy, estás, está, estamos, estáis, están
PRETERIT	estuve, estuviste, estuvo, estuvimos, estuvisteis, estuvieron
IMPERFECT	estaba, estabas, estaba, estábamos, estabais, estaban
FUTURE	estaré, estarás, estará, estaremos, estaréis, estarán
CONDITIONAL	estaría, estarías, estaría, estaríamos, estaríais, estarían
SUBJUNCTIVE	que + *corresponding subjunctive tense of* estar (*see verb 252*)

⎫ compartiendo

COMMANDS

	(nosotros) compartamos/no compartamos
(tú) comparte/no compartas	(vosotros) compartid/no compartáis
(Ud.) comparta/no comparta	(Uds.) compartan/no compartan

Usage

Las cuatro estudiantes comparten un apartamento.	*The four students share an apartment.*
El director general y la directora adjunta comparten el poder.	*The general director and the assistant director share power.*
Los padres compartieron su dinero entre sus hijos.	*The parents divided up their money among their children.*
Yo no comparto tu opinión.	*I don't share your opinion.*

stem-changing *-ir* verb: *e > i*   **compito · compitieron · competido · compitiendo**

PRESENT

compito	competimos
compites	competís
compite	compiten

IMPERFECT

competía	competíamos
competías	competíais
competía	competían

FUTURE

competiré	competiremos
competirás	competiréis
competirá	competirán

PLUPERFECT

había competido	habíamos competido
habías competido	habíais competido
había competido	habían competido

FUTURE PERFECT

habré competido	habremos competido
habrás competido	habréis competido
habrá competido	habrán competido

PRESENT SUBJUNCTIVE

compita	compitamos
compitas	compitáis
compita	compitan

IMPERFECT SUBJUNCTIVE (-ra)

compitiera	compitiéramos
compitieras	compitierais
compitiera	compitieran

PAST PERFECT SUBJUNCTIVE (-ra)

hubiera competido	hubiéramos competido
hubieras competido	hubierais competido
hubiera competido	hubieran competido

PRETERIT

competí	competimos
competiste	competisteis
compitió	compitieron

PRESENT PERFECT

he competido	hemos competido
has competido	habéis competido
ha competido	han competido

CONDITIONAL

competiría	competiríamos
competirías	competiríais
competiría	competirían

PRETERIT PERFECT

hube competido	hubimos competido
hubiste competido	hubisteis competido
hubo competido	hubieron competido

CONDITIONAL PERFECT

habría competido	habríamos competido
habrías competido	habríais competido
habría competido	habrían competido

PRESENT PERFECT SUBJUNCTIVE

haya competido	hayamos competido
hayas competido	hayáis competido
haya competido	hayan competido

or   **IMPERFECT SUBJUNCTIVE (-se)**

compitiese	compitiésemos
compitieses	compitieseis
compitiese	compitiesen

or   **PAST PERFECT SUBJUNCTIVE (-se)**

hubiese competido	hubiésemos competido
hubieses competido	hubieseis competido
hubiese competido	hubiesen competido

PROGRESSIVE TENSES

PRESENT	estoy, estás, está, estamos, estáis, están
PRETERIT	estuve, estuviste, estuvo, estuvimos, estuvisteis, estuvieron
IMPERFECT	estaba, estabas, estaba, estábamos, estabais, estaban
FUTURE	estaré, estarás, estará, estaremos, estaréis, estarán
CONDITIONAL	estaría, estarías, estaría, estaríamos, estaríais, estarían
SUBJUNCTIVE	que + *corresponding subjunctive tense of* estar (*see verb 252*)

} compitiendo

COMMANDS

	(nosotros) compitamos/no compitamos
(tú) compite/no compitas	(vosotros) competid/no compitáis
(Ud.) compita/no compita	(Uds.) compitan/no compitan

Usage

Los boxeadores compiten para el título.	*The boxers are vying for the title.*
Las tiendas pequeñas no competían con la cadena de grandes almacenes.	*The small stores didn't compete with the chain of department stores.*
La competitividad es conveniente.	*Competitiveness is desirable.*
Había un buen espíritu competidor.	*There was a good competitive spirit.*
Hay una dura competencia en el comercio.	*There's stiff competition in the business world.*
Los productos son competitivos.	*The products are competitive.*

comprar   *to buy*

regular -*ar* verb

PRESENT		PRETERIT	
compro	compramos	compré	compramos
compras	compráis	compraste	comprasteis
compra	compran	compró	compraron

IMPERFECT		PRESENT PERFECT	
compraba	comprábamos	he comprado	hemos comprado
comprabas	comprabais	has comprado	habéis comprado
compraba	compraban	ha comprado	han comprado

FUTURE		CONDITIONAL	
compraré	compraremos	compraría	compraríamos
comprarás	compraréis	comprarías	compraríais
comprará	comprarán	compraría	comprarían

PLUPERFECT		PRETERIT PERFECT	
había comprado	habíamos comprado	hube comprado	hubimos comprado
habías comprado	habíais comprado	hubiste comprado	hubisteis comprado
había comprado	habían comprado	hubo comprado	hubieron comprado

FUTURE PERFECT		CONDITIONAL PERFECT	
habré comprado	habremos comprado	habría comprado	habríamos comprado
habrás comprado	habréis comprado	habrías comprado	habríais comprado
habrá comprado	habrán comprado	habría comprado	habrían comprado

PRESENT SUBJUNCTIVE		PRESENT PERFECT SUBJUNCTIVE	
compre	compremos	haya comprado	hayamos comprado
compres	compréis	hayas comprado	hayáis comprado
compre	compren	haya comprado	hayan comprado

IMPERFECT SUBJUNCTIVE (-ra)		*or*	IMPERFECT SUBJUNCTIVE (-se)	
comprara	compráramos		comprase	comprásemos
compraras	comprarais		comprases	compraseis
comprara	compraran		comprase	comprasen

PAST PERFECT SUBJUNCTIVE (-ra)		*or*	PAST PERFECT SUBJUNCTIVE (-se)	
hubiera comprado	hubiéramos comprado		hubiese comprado	hubiésemos comprado
hubieras comprado	hubierais comprado		hubieses comprado	hubieseis comprado
hubiera comprado	hubieran comprado		hubiese comprado	hubiesen comprado

PROGRESSIVE TENSES

PRESENT	estoy, estás, está, estamos, estáis, están
PRETERIT	estuve, estuviste, estuvo, estuvimos, estuvisteis, estuvieron
IMPERFECT	estaba, estabas, estaba, estábamos, estabais, estaban
FUTURE	estaré, estarás, estará, estaremos, estaréis, estarán
CONDITIONAL	estaría, estarías, estaría, estaríamos, estaríais, estarían
SUBJUNCTIVE	que + *corresponding subjunctive tense of* estar *(see verb 252)*

comprando

COMMANDS

	(nosotros) compremos/no compremos
(tú) compra/no compres	(vosotros) comprad/no compréis
(Ud.) compre/no compre	(Uds.) compren/no compren

Usage

Compraron un condominio.	*They bought a condominium.*
Se compra al contado.	*You can buy something for cash.*
—Van de compras, ¿no?	*You're going shopping, aren't you?*
—Sí, vamos a hacer la compra en el centro comercial.	*Yes, we're going to do our shopping at the mall.*
Los compradores han acudido al almacén por las grandes rebajas.	*The shoppers have come to the department store on account of the big reductions.*

regular *-er* verb | **comprendo · comprendieron · comprendido · comprendiendo**

PRESENT

comprendo	comprendemos
comprendes	comprendéis
comprende	comprenden

IMPERFECT

comprendía	comprendíamos
comprendías	comprendíais
comprendía	comprendían

FUTURE

comprenderé	comprenderemos
comprenderás	comprenderéis
comprenderá	comprenderán

PLUPERFECT

había comprendido	habíamos comprendido
habías comprendido	habíais comprendido
había comprendido	habían comprendido

FUTURE PERFECT

habré comprendido	habremos comprendido
habrás comprendido	habréis comprendido
habrá comprendido	habrán comprendido

PRESENT SUBJUNCTIVE

comprenda	comprendamos
comprendas	comprendáis
comprenda	comprendan

IMPERFECT SUBJUNCTIVE (-ra)

comprendiera	comprendiéramos
comprendieras	comprendierais
comprendiera	comprendieran

PAST PERFECT SUBJUNCTIVE (-ra)

hubiera comprendido	hubiéramos comprendido
hubieras comprendido	hubierais comprendido
hubiera comprendido	hubieran comprendido

PRETERIT

comprendí	comprendimos
comprendiste	comprendisteis
comprendió	comprendieron

PRESENT PERFECT

he comprendido	hemos comprendido
has comprendido	habéis comprendido
ha comprendido	han comprendido

CONDITIONAL

comprendería	comprenderíamos
comprenderías	comprenderíais
comprendería	comprenderían

PRETERIT PERFECT

hube comprendido	hubimos comprendido
hubiste comprendido	hubisteis comprendido
hubo comprendido	hubieron comprendido

CONDITIONAL PERFECT

habría comprendido	habríamos comprendido
habrías comprendido	habríais comprendido
habría comprendido	habrían comprendido

PRESENT PERFECT SUBJUNCTIVE

haya comprendido	hayamos comprendido
hayas comprendido	hayáis comprendido
haya comprendido	hayan comprendido

or **IMPERFECT SUBJUNCTIVE (-se)**

comprendiese	comprendiésemos
comprendieses	comprendieseis
comprendiese	comprendiesen

or **PAST PERFECT SUBJUNCTIVE (-se)**

hubiese comprendido	hubiésemos comprendido
hubieses comprendido	hubieseis comprendido
hubiese comprendido	hubiesen comprendido

PROGRESSIVE TENSES

PRESENT	estoy, estás, está, estamos, estáis, están
PRETERIT	estuve, estuviste, estuvo, estuvimos, estuvisteis, estuvieron
IMPERFECT	estaba, estabas, estaba, estábamos, estabais, estaban
FUTURE	estaré, estarás, estará, estaremos, estaréis, estarán
CONDITIONAL	estaría, estarías, estaría, estaríamos, estaríais, estarían
SUBJUNCTIVE	que + *corresponding subjunctive tense of* estar (*see verb 252*)

comprendiendo

COMMANDS

	(nosotros) comprendamos/no comprendamos
(tú) comprende/no comprendas	(vosotros) comprended/no comprendáis
(Ud.) comprenda/no comprenda	(Uds.) comprendan/no comprendan

Usage

No comprendí lo que dijeron.	*I didn't understand what they said.*
Creo que Uds. han comprendido mal.	*I think you've misunderstood.*
¿Comprendéis japonés?	*Do you understand Japanese?*
Se hace comprender en francés.	*She's making herself understood in French.*
Aquí tiene Ud. la cuenta todo comprendido.	*Here's the bill, everything included.*
Ya comprendo.	*I see./I get it.*
No se comprenden bien.	*They don't understand each other.*

compruebo · comprobaron · comprobado · comprobando   stem-changing -*ar* verb:
o > ue

PRESENT		PRETERIT	
compruebo	comprobamos	comprobé	comprobamos
compruebas	comprobáis	comprobaste	comprobasteis
comprueba	comprueban	comprobó	comprobaron

IMPERFECT		PRESENT PERFECT	
comprobaba	comprobábamos	he comprobado	hemos comprobado
comprobabas	comprobabais	has comprobado	habéis comprobado
comprobaba	comprobaban	ha comprobado	han comprobado

FUTURE		CONDITIONAL	
comprobaré	comprobaremos	comprobaría	comprobaríamos
comprobarás	comprobaréis	comprobarías	comprobaríais
comprobará	comprobarán	comprobaría	comprobarían

PLUPERFECT		PRETERIT PERFECT	
había comprobado	habíamos comprobado	hube comprobado	hubimos comprobado
habías comprobado	habíais comprobado	hubiste comprobado	hubisteis comprobado
había comprobado	habían comprobado	hubo comprobado	hubieron comprobado

FUTURE PERFECT		CONDITIONAL PERFECT	
habré comprobado	habremos comprobado	habría comprobado	habríamos comprobado
habrás comprobado	habréis comprobado	habrías comprobado	habríais comprobado
habrá comprobado	habrán comprobado	habría comprobado	habrían comprobado

PRESENT SUBJUNCTIVE		PRESENT PERFECT SUBJUNCTIVE	
compruebe	comprobemos	haya comprobado	hayamos comprobado
compruebes	comprobéis	hayas comprobado	hayáis comprobado
compruebe	comprueben	haya comprobado	hayan comprobado

IMPERFECT SUBJUNCTIVE (-ra)		*or* IMPERFECT SUBJUNCTIVE (-se)	
comprobara	comprobáramos	comprobase	comprobásemos
comprobaras	comprobarais	comprobases	comprobaseis
comprobara	comprobaran	comprobase	comprobasen

PAST PERFECT SUBJUNCTIVE (-ra)		*or* PAST PERFECT SUBJUNCTIVE (-se)	
hubiera comprobado	hubiéramos comprobado	hubiese comprobado	hubiésemos comprobado
hubieras comprobado	hubierais comprobado	hubieses comprobado	hubieseis comprobado
hubiera comprobado	hubieran comprobado	hubiese comprobado	hubiesen comprobado

PROGRESSIVE TENSES

PRESENT	estoy, estás, está, estamos, estáis, están
PRETERIT	estuve, estuviste, estuvo, estuvimos, estuvisteis, estuvieron
IMPERFECT	estaba, estabas, estaba, estábamos, estabais, estaban
FUTURE	estaré, estarás, estará, estaremos, estaréis, estarán
CONDITIONAL	estaría, estarías, estaría, estaríamos, estaríais, estarían
SUBJUNCTIVE	que + *corresponding subjunctive tense of* estar (*see verb 252*)

} comprobando

COMMANDS

	(nosotros) comprobemos/no comprobemos
(tú) comprueba/no compruebes	(vosotros) comprobad/no comprobéis
(Ud.) compruebe/no compruebe	(Uds.) comprueben/no comprueben

Usage

Compruebe el valor de las perlas.
Ud. mismo comprobó que el paquete fue
  entregado.
Los datos son fáciles de comprobar.
No hay devolución de dinero sin el comprobante
  de compra.
No es fácil de comprobar.

Check the value of the pearls.
You yourself saw that the package was delivered.

The facts are easy to confirm.
There's no refund without the receipt/proof of purchase.

It is not easy to verify/prove.

stem-changing *-ir* verb: *e > i*   **concibo · concibieron · concebido · concibiendo**

PRESENT

concibo	concebimos
concibes	concebís
concibe	conciben

PRETERIT

concebí	concebimos
concebiste	concebisteis
concibió	concibieron

IMPERFECT

concebía	concebíamos
concebías	concebíais
concebía	concebían

PRESENT PERFECT

he concebido	hemos concebido
has concebido	habéis concebido
ha concebido	han concebido

FUTURE

concebiré	concebiremos
concebirás	concebiréis
concebirá	concebirán

CONDITIONAL

concebiría	concebiríamos
concebirías	concebiríais
concebiría	concebirían

PLUPERFECT

había concebido	habíamos concebido
habías concebido	habíais concebido
había concebido	habían concebido

PRETERIT PERFECT

hube concebido	hubimos concebido
hubiste concebido	hubisteis concebido
hubo concebido	hubieron concebido

FUTURE PERFECT

habré concebido	habremos concebido
habrás concebido	habréis concebido
habrá concebido	habrán concebido

CONDITIONAL PERFECT

habría concebido	habríamos concebido
habrías concebido	habríais concebido
habría concebido	habrían concebido

PRESENT SUBJUNCTIVE

conciba	concibamos
concibas	concibáis
conciba	conciban

PRESENT PERFECT SUBJUNCTIVE

haya concebido	hayamos concebido
hayas concebido	hayáis concebido
haya concebido	hayan concebido

IMPERFECT SUBJUNCTIVE (-ra)

concibiera	concibiéramos
concibieras	concibierais
concibiera	concibieran

or **IMPERFECT SUBJUNCTIVE (-se)**

concibiese	concibiésemos
concibieses	concibieseis
concibiese	concibiesen

PAST PERFECT SUBJUNCTIVE (-ra)

hubiera concebido	hubiéramos concebido
hubieras concebido	hubierais concebido
hubiera concebido	hubieran concebido

or **PAST PERFECT SUBJUNCTIVE (-se)**

hubiese concebido	hubiésemos concebido
hubieses concebido	hubieseis concebido
hubiese concebido	hubiesen concebido

PROGRESSIVE TENSES

PRESENT	estoy, estás, está, estamos, estáis, están	
PRETERIT	estuve, estuviste, estuvo, estuvimos, estuvisteis, estuvieron	
IMPERFECT	estaba, estabas, estaba, estábamos, estabais, estaban	concibiendo
FUTURE	estaré, estarás, estará, estaremos, estaréis, estarán	
CONDITIONAL	estaría, estarías, estaría, estaríamos, estaríais, estarían	
SUBJUNCTIVE	que + *corresponding subjunctive tense of* estar (*see verb 252*)	

COMMANDS

	(nosotros) concibamos/no concibamos
(tú) concibe/no concibas	(vosotros) concebid/no concibáis
(Ud.) conciba/no conciba	(Uds.) conciban/no conciban

Usage

Concibió unas ideas geniales.	*He conceived some brilliant ideas.*
No pueden concebir tal cosa.	*They can't imagine such a thing.*
La mujer finalmente concibió después de varios años.	*The woman finally conceived after several years.*
Quiero que me expliques tu concepto.	*I want you to explain your idea/opinion/reason to me.*
Su concepción del mundo es rara.	*Her conception of the world is strange.*

concluyo · concluyeron · concluido · concluyendo

-ir verb; spelling change:
adds *y* before *o, a, e*

PRESENT

concluyo	concluimos
concluyes	concluís
concluye	concluyen

PRETERIT

concluí	concluimos
concluiste	concluisteis
concluyó	concluyeron

IMPERFECT

concluía	concluíamos
concluías	concluíais
concluía	concluían

PRESENT PERFECT

he concluido	hemos concluido
has concluido	habéis concluido
ha concluido	han concluido

FUTURE

concluiré	concluiremos
concluirás	concluiréis
concluirá	concluirán

CONDITIONAL

concluiría	concluiríamos
concluirías	concluiríais
concluiría	concluirían

PLUPERFECT

había concluido	habíamos concluido
habías concluido	habíais concluido
había concluido	habían concluido

PRETERIT PERFECT

hube concluido	hubimos concluido
hubiste concluido	hubisteis concluido
hubo concluido	hubieron concluido

FUTURE PERFECT

habré concluido	habremos concluido
habrás concluido	habréis concluido
habrá concluido	habrán concluido

CONDITIONAL PERFECT

habría concluido	habríamos concluido
habrías concluido	habríais concluido
habría concluido	habrían concluido

PRESENT SUBJUNCTIVE

concluya	concluyamos
concluyas	concluyáis
concluya	concluyan

PRESENT PERFECT SUBJUNCTIVE

haya concluido	hayamos concluido
hayas concluido	hayáis concluido
haya concluido	hayan concluido

IMPERFECT SUBJUNCTIVE (-ra)

concluyera	concluyéramos
concluyeras	concluyerais
concluyera	concluyeran

or **IMPERFECT SUBJUNCTIVE (-se)**

concluyese	concluyésemos
concluyeses	concluyeseis
concluyese	concluyesen

PAST PERFECT SUBJUNCTIVE (-ra)

hubiera concluido	hubiéramos concluido
hubieras concluido	hubierais concluido
hubiera concluido	hubieran concluido

or **PAST PERFECT SUBJUNCTIVE (-se)**

hubiese concluido	hubiésemos concluido
hubieses concluido	hubieseis concluido
hubiese concluido	hubiesen concluido

PROGRESSIVE TENSES

PRESENT	estoy, estás, está, estamos, estáis, están
PRETERIT	estuve, estuviste, estuvo, estuvimos, estuvisteis, estuvieron
IMPERFECT	estaba, estabas, estaba, estábamos, estabais, estaban
FUTURE	estaré, estarás, estará, estaremos, estaréis, estarán
CONDITIONAL	estaría, estarías, estaría, estaríamos, estaríais, estarían
SUBJUNCTIVE	que + *corresponding subjunctive tense of* estar (*see verb 252*)

} concluyendo

COMMANDS

	(nosotros) concluyamos/no concluyamos
(tú) concluye/no concluyas	(vosotros) concluid/no concluyáis
(Ud.) concluya/no concluya	(Uds.) concluyan/no concluyan

Usage

¿Por qué no concluyes la tarea ya?	*Why don't you finish your assignment already?*
Tengo que concluir que Uds. no quieren ayudar.	*I have to conclude that you don't want to help.*
Concluyamos el negocio lo antes posible.	*Let's close the deal as soon as possible.*
En conclusión...	*In conclusion . . .*
No existe ninguna prueba concluyente.	*There's no conclusive evidence.*

irregular verb; spelling change:
c > zc/o, a

conduzco · condujeron · conducido · conduciendo

PRESENT

conduzco	conducimos
conduces	conducís
conduce	conducen

IMPERFECT

conducía	conducíamos
conducías	conducíais
conducía	conducían

FUTURE

conduciré	conduciremos
conducirás	conduciréis
conducirá	conducirán

PLUPERFECT

había conducido	habíamos conducido
habías conducido	habíais conducido
había conducido	habían conducido

FUTURE PERFECT

habré conducido	habremos conducido
habrás conducido	habréis conducido
habrá conducido	habrán conducido

PRESENT SUBJUNCTIVE

conduzca	conduzcamos
conduzcas	conduzcáis
conduzca	conduzcan

IMPERFECT SUBJUNCTIVE (-ra)

condujera	condujéramos
condujeras	condujerais
condujera	condujeran

PAST PERFECT SUBJUNCTIVE (-ra)

hubiera conducido	hubiéramos conducido
hubieras conducido	hubierais conducido
hubiera conducido	hubieran conducido

PRETERIT

conduje	condujimos
condujiste	condujisteis
condujo	condujeron

PRESENT PERFECT

he conducido	hemos conducido
has conducido	habéis conducido
ha conducido	han conducido

CONDITIONAL

conduciría	conduciríamos
conducirías	conduciríais
conduciría	conducirían

PRETERIT PERFECT

hube conducido	hubimos conducido
hubiste conducido	hubisteis conducido
hubo conducido	hubieron conducido

CONDITIONAL PERFECT

habría conducido	habríamos conducido
habrías conducido	habríais conducido
habría conducido	habrían conducido

PRESENT PERFECT SUBJUNCTIVE

haya conducido	hayamos conducido
hayas conducido	hayáis conducido
haya conducido	hayan conducido

or **IMPERFECT SUBJUNCTIVE (-se)**

condujese	condujésemos
condujeses	condujeseis
condujese	condujesen

or **PAST PERFECT SUBJUNCTIVE (-se)**

hubiese conducido	hubiésemos conducido
hubieses conducido	hubieseis conducido
hubiese conducido	hubiesen conducido

PROGRESSIVE TENSES

PRESENT	estoy, estás, está, estamos, estáis, están
PRETERIT	estuve, estuviste, estuvo, estuvimos, estuvisteis, estuvieron
IMPERFECT	estaba, estabas, estaba, estábamos, estabais, estaban
FUTURE	estaré, estarás, estará, estaremos, estaréis, estarán
CONDITIONAL	estaría, estarías, estaría, estaríamos, estaríais, estarían
SUBJUNCTIVE	que + *corresponding subjunctive tense of* estar (*see verb 252*)

} conduciendo

COMMANDS

	(nosotros) conduzcamos/no conduzcamos
(tú) conduce/no conduzcas	(vosotros) conducid/no conduzcáis
(Ud.) conduzca/no conduzca	(Uds.) conduzcan/no conduzcan

Usage

¿Conduzco yo?	*Shall I drive?*
Condujo a gran velocidad.	*He drove very fast.*
Conducen la empresa con éxito.	*They manage the firm successfully.*
¿Quién conduce la encuesta?	*Who is conducting the survey?*
Se le perdió su carnet de conducir.	*She lost her driver's license.*
Este ingeniero electrotécnico investiga la conductividad.	*This electrical engineer is researching conductivity.*

confieso · confesaron · confesado · confesando   stem-changing -ar verb: e > ie

PRESENT		PRETERIT	
confieso	confesamos	confesé	confesamos
confiesas	confesáis	confesaste	confesasteis
confiesa	confiesan	confesó	confesaron

IMPERFECT		PRESENT PERFECT	
confesaba	confesábamos	he confesado	hemos confesado
confesabas	confesabais	has confesado	habéis confesado
confesaba	confesaban	ha confesado	han confesado

FUTURE		CONDITIONAL	
confesaré	confesaremos	confesaría	confesaríamos
confesarás	confesaréis	confesarías	confesaríais
confesará	confesarán	confesaría	confesarían

PLUPERFECT		PRETERIT PERFECT	
había confesado	habíamos confesado	hube confesado	hubimos confesado
habías confesado	habíais confesado	hubiste confesado	hubisteis confesado
había confesado	habían confesado	hubo confesado	hubieron confesado

FUTURE PERFECT		CONDITIONAL PERFECT	
habré confesado	habremos confesado	habría confesado	habríamos confesado
habrás confesado	habréis confesado	habrías confesado	habríais confesado
habrá confesado	habrán confesado	habría confesado	habrían confesado

PRESENT SUBJUNCTIVE		PRESENT PERFECT SUBJUNCTIVE	
confiese	confesemos	haya confesado	hayamos confesado
confieses	confeséis	hayas confesado	hayáis confesado
confiese	confiesen	haya confesado	hayan confesado

IMPERFECT SUBJUNCTIVE (-ra)		*or*	IMPERFECT SUBJUNCTIVE (-se)	
confesara	confesáramos		confesase	confesásemos
confesaras	confesarais		confesases	confesaseis
confesara	confesaran		confesase	confesasen

PAST PERFECT SUBJUNCTIVE (-ra)		*or*	PAST PERFECT SUBJUNCTIVE (-se)	
hubiera confesado	hubiéramos confesado		hubiese confesado	hubiésemos confesado
hubieras confesado	hubierais confesado		hubieses confesado	hubieseis confesado
hubiera confesado	hubieran confesado		hubiese confesado	hubiesen confesado

PROGRESSIVE TENSES

PRESENT	estoy, estás, está, estamos, estáis, están	
PRETERIT	estuve, estuviste, estuvo, estuvimos, estuvisteis, estuvieron	
IMPERFECT	estaba, estabas, estaba, estábamos, estabais, estaban	confesando
FUTURE	estaré, estarás, estará, estaremos, estaréis, estarán	
CONDITIONAL	estaría, estarías, estaría, estaríamos, estaríais, estarían	
SUBJUNCTIVE	que + *corresponding subjunctive tense of* estar (*see verb 252*)	

COMMANDS

	(nosotros) confesemos/no confesemos
(tú) confiesa/no confieses	(vosotros) confesad/no confeséis
(Ud.) confiese/no confiese	(Uds.) confiesen/no confiesen

Usage

Confesó su implicación en la conspiración contra el gobierno.	*He confessed/admitted his involvement in the conspiracy against the government.*
Se confesó culpable.	*He admitted his guilt.*
Se confesaron de plano.	*They owned up to/admitted everything.*
Se confesó con el cura.	*She confessed to the priest.*
La confesión forma parte de su credo religioso.	*Confession is a part of their religious conviction.*

regular -ar verb; spelling change:
i > í when stressed

confío · confiaron · confiado · confiando

PRESENT

confío	confiamos
confías	confiáis
confía	confían

IMPERFECT

confiaba	confiábamos
confiabas	confiabais
confiaba	confiaban

FUTURE

confiaré	confiaremos
confiarás	confiaréis
confiará	confiarán

PLUPERFECT

había confiado	habíamos confiado
habías confiado	habíais confiado
había confiado	habían confiado

FUTURE PERFECT

habré confiado	habremos confiado
habrás confiado	habréis confiado
habrá confiado	habrán confiado

PRESENT SUBJUNCTIVE

confíe	confiemos
confíes	confiéis
confíe	confíen

IMPERFECT SUBJUNCTIVE (-ra)

confiara	confiáramos
confiaras	confiarais
confiara	confiaran

PAST PERFECT SUBJUNCTIVE (-ra)

hubiera confiado	hubiéramos confiado
hubieras confiado	hubierais confiado
hubiera confiado	hubieran confiado

PRETERIT

confié	confiamos
confiaste	confiasteis
confió	confiaron

PRESENT PERFECT

he confiado	hemos confiado
has confiado	habéis confiado
ha confiado	han confiado

CONDITIONAL

confiaría	confiaríamos
confiarías	confiaríais
confiaría	confiarían

PRETERIT PERFECT

hube confiado	hubimos confiado
hubiste confiado	hubisteis confiado
hubo confiado	hubieron confiado

CONDITIONAL PERFECT

habría confiado	habríamos confiado
habrías confiado	habríais confiado
habría confiado	habrían confiado

PRESENT PERFECT SUBJUNCTIVE

haya confiado	hayamos confiado
hayas confiado	hayáis confiado
haya confiado	hayan confiado

or **IMPERFECT SUBJUNCTIVE (-se)**

confiase	confiásemos
confiases	confiaseis
confiase	confiasen

or **PAST PERFECT SUBJUNCTIVE (-se)**

hubiese confiado	hubiésemos confiado
hubieses confiado	hubieseis confiado
hubiese confiado	hubiesen confiado

PROGRESSIVE TENSES

PRESENT	estoy, estás, está, estamos, estáis, están
PRETERIT	estuve, estuviste, estuvo, estuvimos, estuvisteis, estuvieron
IMPERFECT	estaba, estabas, estaba, estábamos, estabais, estaban
FUTURE	estaré, estarás, estará, estaremos, estaréis, estarán
CONDITIONAL	estaría, estarías, estaría, estaríamos, estaríais, estarían
SUBJUNCTIVE	que + *corresponding subjunctive tense of* estar (*see verb 252*)

confiando

COMMANDS

	(nosotros) confiemos/no confiemos
(tú) confía/no confíes	(vosotros) confiad/no confiéis
(Ud.) confíe/no confíe	(Uds.) confíen/no confíen

Usage

Confío en su juicio.	*I trust his judgment.*
Confié todas las fechas a la memoria.	*I committed all the dates to memory.*
Confiamos en su competencia.	*We're counting on his expertise/ability.*
Se confía en su familia.	*She trusts in/relies on her family.*
Le confió sus problemas a su amiga.	*She confided her problems to her friend.*
Están confiados en el futuro.	*They're confident about the future.*
Somos amigos de gran confianza.	*We're very close friends.*

conmover *to move, touch*

conmuevo · conmovieron · conmovido · conmoviendo   stem-changing -*er* verb: *o > ue*

PRESENT

conmuevo	conmovemos
conmueves	conmovéis
conmueve	conmueven

PRETERIT

conmoví	conmovimos
conmoviste	conmovisteis
conmovió	conmovieron

IMPERFECT

conmovía	conmovíamos
conmovías	conmovíais
conmovía	conmovían

PRESENT PERFECT

he conmovido	hemos conmovido
has conmovido	habéis conmovido
ha conmovido	han conmovido

FUTURE

conmoveré	conmoveremos
conmoverás	conmoveréis
conmoverá	conmoverán

CONDITIONAL

conmovería	conmoveríamos
conmoverías	conmoveríais
conmovería	conmoverían

PLUPERFECT

había conmovido	habíamos conmovido
habías conmovido	habíais conmovido
había conmovido	habían conmovido

PRETERIT PERFECT

hube conmovido	hubimos conmovido
hubiste conmovido	hubisteis conmovido
hubo conmovido	hubieron conmovido

FUTURE PERFECT

habré conmovido	habremos conmovido
habrás conmovido	habréis conmovido
habrá conmovido	habrán conmovido

CONDITIONAL PERFECT

habría conmovido	habríamos conmovido
habrías conmovido	habríais conmovido
habría conmovido	habrían conmovido

PRESENT SUBJUNCTIVE

conmueva	conmovamos
conmuevas	conmováis
conmueva	conmuevan

PRESENT PERFECT SUBJUNCTIVE

haya conmovido	hayamos conmovido
hayas conmovido	hayáis conmovido
haya conmovido	hayan conmovido

IMPERFECT SUBJUNCTIVE (-ra)

conmoviera	conmoviéramos
conmovieras	conmovierais
conmoviera	conmovieran

or **IMPERFECT SUBJUNCTIVE (-se)**

conmoviese	conmoviésemos
conmovieses	conmovieseis
conmoviese	conmoviesen

PAST PERFECT SUBJUNCTIVE (-ra)

hubiera conmovido	hubiéramos conmovido
hubieras conmovido	hubierais conmovido
hubiera conmovido	hubieran conmovido

or **PAST PERFECT SUBJUNCTIVE (-se)**

hubiese conmovido	hubiésemos conmovido
hubieses conmovido	hubieseis conmovido
hubiese conmovido	hubiesen conmovido

PROGRESSIVE TENSES

PRESENT	estoy, estás, está, estamos, estáis, están
PRETERIT	estuve, estuviste, estuvo, estuvimos, estuvisteis, estuvieron
IMPERFECT	estaba, estabas, estaba, estábamos, estabais, estaban
FUTURE	estaré, estarás, estará, estaremos, estaréis, estarán
CONDITIONAL	estaría, estarías, estaría, estaríamos, estaríais, estarían
SUBJUNCTIVE	que + *corresponding subjunctive tense of* estar *(see verb 252)*

} conmoviendo

COMMANDS

	(nosotros) conmovamos/no conmovamos
(tú) conmueve/no conmuevas	(vosotros) conmoved/no conmováis
(Ud.) conmueva/no conmueva	(Uds.) conmuevan/no conmuevan

Usage

Me conmovió su gentileza.	*I was moved by her kindness.*
Su apuro nos conmueve mucho.	*We are deeply moved by their difficult situation.*
No se conmovió en lo más mínimo por la tragedia.	*He wasn't touched in the least by the tragedy.*
Es una historia muy conmovedora.	*It's a very poignant story.*

-er verb; spelling change: *z > zc/o, a*   **conozco · conocieron · conocido · conociendo**

PRESENT

conozco	conocemos
conoces	conocéis
conoce	conocen

IMPERFECT

conocía	conocíamos
conocías	conocíais
conocía	conocían

FUTURE

conoceré	conoceremos
conocerás	conoceréis
conocerá	conocerán

PLUPERFECT

había conocido	habíamos conocido
habías conocido	habíais conocido
había conocido	habían conocido

FUTURE PERFECT

habré conocido	habremos conocido
habrás conocido	habréis conocido
habrá conocido	habrán conocido

PRESENT SUBJUNCTIVE

conozca	conozcamos
conozcas	conozcáis
conozca	conozcan

IMPERFECT SUBJUNCTIVE (-ra)

conociera	conociéramos
conocieras	conocierais
conociera	conocieran

PAST PERFECT SUBJUNCTIVE (-ra)

hubiera conocido	hubiéramos conocido
hubieras conocido	hubierais conocido
hubiera conocido	hubieran conocido

PRETERIT

conocí	conocimos
conociste	conocisteis
conoció	conocieron

PRESENT PERFECT

he conocido	hemos conocido
has conocido	habéis conocido
ha conocido	han conocido

CONDITIONAL

conocería	conoceríamos
conocerías	conoceríais
conocería	conocerían

PRETERIT PERFECT

hube conocido	hubimos conocido
hubiste conocido	hubisteis conocido
hubo conocido	hubieron conocido

CONDITIONAL PERFECT

habría conocido	habríamos conocido
habrías conocido	habríais conocido
habría conocido	habrían conocido

PRESENT PERFECT SUBJUNCTIVE

haya conocido	hayamos conocido
hayas conocido	hayáis conocido
haya conocido	hayan conocido

or   **IMPERFECT SUBJUNCTIVE (-se)**

conociese	conociésemos
conocieses	conocieseis
conociese	conociesen

or   **PAST PERFECT SUBJUNCTIVE (-se)**

hubiese conocido	hubiésemos conocido
hubieses conocido	hubieseis conocido
hubiese conocido	hubiesen conocido

PROGRESSIVE TENSES

PRESENT	estoy, estás, está, estamos, estáis, están
PRETERIT	estuve, estuviste, estuvo, estuvimos, estuvisteis, estuvieron
IMPERFECT	estaba, estabas, estaba, estábamos, estabais, estaban
FUTURE	estaré, estarás, estará, estaremos, estaréis, estarán
CONDITIONAL	estaría, estarías, estaría, estaríamos, estaríais, estarían
SUBJUNCTIVE	que + *corresponding subjunctive tense of* estar *(see verb 252)*

           } conociendo

COMMANDS

	(nosotros) conozcamos/no conozcamos
(tú) conoce/no conozcas	(vosotros) conoced/no conozcáis
(Ud.) conozca/no conozca	(Uds.) conozcan/no conozcan

Usage

—¿Conocéis al nuevo programador?	*Do you know the new programmer?*
—Yo sé quién es pero no lo conocí.	*I know who he is but I haven't met him.*
—Ya conocen Madrid, ¿verdad?	*You've been in Madrid, haven't you?*
—Sí, y conocemos otras ciudades españolas.	*Yes, and we're familiar with other Spanish cities.*
—Conoces al capataz de vista, ¿no?	*You know the foreman by sight, don't you?*
—No lo conozco ni por asomo.	*I don't know him from Adam.*

TOP 50 VERB ☞

conocer *to know, be acquainted/familiar with*

conozco · conocieron · conocido · conociendo   *-er verb; spelling change: z > zc/o, a*

—¿Has hablado con el concejal?
—No. Lo conozco solamente de vista.

—¿Van conociendo los Estados Unidos?
—Ya hemos visitado los lugares más conocidos.

—¿Hace mucho que se conocen?
—Se conocieron el año pasado.

—Uds. se conocen, ¿verdad?
—Sí, nos conocimos en Londres.

—Me parece que conoces este pueblo muy bien.
—Lo conozco como la palma de la mano.

—Esos hombres de negocios conocen el japonés.
—Lo conocerán a fondo porque trabajaban
   en Tokio.

Have you spoken with the councilman?
No. I only know him by sight.

Are you getting to know the United States?
We've already visited the most well-known places.

Have they known each other for a long time?
They met last year.

You know each other, don't you?
Yes, we met in London.

I think you're very familiar with this town.
I know it like the back of my hand.

Those businessmen know Japanese.
They probably have a thorough knowledge of it
   because they worked in Tokyo.

Other Uses

Conócete a ti mismo.

—El arquitecto es su amigo, ¿no?
—Es más bien un conocido nuestro.

Es conocedor de vinos.
Tiene enormes conocimientos científicos.
Tienen conocimientos sólidos de inglés.
Yo no tenía conocimiento de eso.
Habla con conocimiento de causa.
Tomó la decisión con conocimiento de causa.

—Perdió el conocimiento cuando su cabeza dio
   contra el suelo.
—Menos mal recobró el conocimiento casi
   en seguida.

Know yourself.

The architect is your friend, isn't he?
He's more precisely/rather an acquaintance of ours.

He's an expert on/connoisseur of wines.
He has vast scientific knowledge.
They have a good working knowledge of English.
I had no knowledge of that.
She knows very well what she's talking about.
He made the decision with full knowledge of the facts.
He lost consciousness when his head hit the floor.

Fortunately, he regained consciousness almost
   immediately.

TOP 50 VERBS

stem-changing -*ir* verb: *e* > *i*;
spelling change: *gu* > *g/o, a*

consigo · consiguieron · conseguido · consiguiendo

PRESENT

consigo	conseguimos
consigues	conseguís
consigue	consiguen

IMPERFECT

conseguía	conseguíamos
conseguías	conseguíais
conseguía	conseguían

FUTURE

conseguiré	conseguiremos
conseguirás	conseguiréis
conseguirá	conseguirán

PLUPERFECT

había conseguido	habíamos conseguido
habías conseguido	habíais conseguido
había conseguido	habían conseguido

FUTURE PERFECT

habré conseguido	habremos conseguido
habrás conseguido	habréis conseguido
habrá conseguido	habrán conseguido

PRESENT SUBJUNCTIVE

consiga	consigamos
consigas	consigáis
consiga	consigan

IMPERFECT SUBJUNCTIVE (-ra)

consiguiera	consiguiéramos
consiguieras	consiguierais
consiguiera	consiguieran

PAST PERFECT SUBJUNCTIVE (-ra)

hubiera conseguido	hubiéramos conseguido
hubieras conseguido	hubierais conseguido
hubiera conseguido	hubieran conseguido

PRETERIT

conseguí	conseguimos
conseguiste	conseguisteis
consiguió	consiguieron

PRESENT PERFECT

he conseguido	hemos conseguido
has conseguido	habéis conseguido
ha conseguido	han conseguido

CONDITIONAL

conseguiría	conseguiríamos
conseguirías	conseguiríais
conseguiría	conseguirían

PRETERIT PERFECT

hube conseguido	hubimos conseguido
hubiste conseguido	hubisteis conseguido
hubo conseguido	hubieron conseguido

CONDITIONAL PERFECT

habría conseguido	habríamos conseguido
habrías conseguido	habríais conseguido
habría conseguido	habrían conseguido

PRESENT PERFECT SUBJUNCTIVE

haya conseguido	hayamos conseguido
hayas conseguido	hayáis conseguido
haya conseguido	hayan conseguido

or **IMPERFECT SUBJUNCTIVE (-se)**

consiguiese	consiguiésemos
consiguieses	consiguieseis
consiguiese	consiguiesen

or **PAST PERFECT SUBJUNCTIVE (-se)**

hubiese conseguido	hubiésemos conseguido
hubieses conseguido	hubieseis conseguido
hubiese conseguido	hubiesen conseguido

PROGRESSIVE TENSES

PRESENT	estoy, estás, está, estamos, estáis, están
PRETERIT	estuve, estuviste, estuvo, estuvimos, estuvisteis, estuvieron
IMPERFECT	estaba, estabas, estaba, estábamos, estabais, estaban
FUTURE	estaré, estarás, estará, estaremos, estaréis, estarán
CONDITIONAL	estaría, estarías, estaría, estaríamos, estaríais, estarían
SUBJUNCTIVE	que + *corresponding subjunctive tense of* estar (*see verb 252*)

} consiguiendo

COMMANDS

	(nosotros) consigamos/no consigamos
(tú) consigue/no consigas	(vosotros) conseguid/no consigáis
(Ud.) consiga/no consiga	(Uds.) consigan/no consigan

Usage

Nos consiguieron las entradas.	*They got the theater tickets for us.*
—¿Conseguiste un aumento de sueldo?	*Did you get a raise?*
—¡Qué va! Ni conseguí hablar con el jefe.	*Are you kidding! I didn't even manage to speak with my boss.*
Consiguió doctorarse/el doctorado.	*He got/attained his doctorate.*
¿Buena nota en física? La doy por conseguida.	*A good grade in physics? I take it for granted.*

consentir   *to consent, allow, spoil*

consiento · consintieron · consentido · consintiendo

stem-changing *-ir* verb:
e > ie (present), *e > i* (preterit)

PRESENT

consiento	consentimos
consientes	consentís
consiente	consienten

PRETERIT

consentí	consentimos
consentiste	consentisteis
consintió	consintieron

IMPERFECT

consentía	consentíamos
consentías	consentíais
consentía	consentían

PRESENT PERFECT

he consentido	hemos consentido
has consentido	habéis consentido
ha consentido	han consentido

FUTURE

consentiré	consentiremos
consentirás	consentiréis
consentirá	consentirán

CONDITIONAL

consentiría	consentiríamos
consentirías	consentiríais
consentiría	consentirían

PLUPERFECT

había consentido	habíamos consentido
habías consentido	habíais consentido
había consentido	habían consentido

PRETERIT PERFECT

hube consentido	hubimos consentido
hubiste consentido	hubisteis consentido
hubo consentido	hubieron consentido

FUTURE PERFECT

habré consentido	habremos consentido
habrás consentido	habréis consentido
habrá consentido	habrán consentido

CONDITIONAL PERFECT

habría consentido	habríamos consentido
habrías consentido	habríais consentido
habría consentido	habrían consentido

PRESENT SUBJUNCTIVE

consienta	consintamos
consientas	consintáis
consienta	consientan

PRESENT PERFECT SUBJUNCTIVE

haya consentido	hayamos consentido
hayas consentido	hayáis consentido
haya consentido	hayan consentido

IMPERFECT SUBJUNCTIVE (-ra)

consintiera	consintiéramos
consintieras	consintierais
consintiera	consintieran

or   **IMPERFECT SUBJUNCTIVE (-se)**

consintiese	consintiésemos
consintieses	consintieseis
consintiese	consintiesen

PAST PERFECT SUBJUNCTIVE (-ra)

hubiera consentido	hubiéramos consentido
hubieras consentido	hubierais consentido
hubiera consentido	hubieran consentido

or   **PAST PERFECT SUBJUNCTIVE (-se)**

hubiese consentido	hubiésemos consentido
hubieses consentido	hubieseis consentido
hubiese consentido	hubiesen consentido

PROGRESSIVE TENSES

PRESENT	estoy, estás, está, estamos, estáis, están
PRETERIT	estuve, estuviste, estuvo, estuvimos, estuvisteis, estuvieron
IMPERFECT	estaba, estabas, estaba, estábamos, estabais, estaban
FUTURE	estaré, estarás, estará, estaremos, estaréis, estarán
CONDITIONAL	estaría, estarías, estaría, estaríamos, estaríais, estarían
SUBJUNCTIVE	que + *corresponding subjunctive tense of* estar *(see verb 252)*

} consintiendo

COMMANDS

	(nosotros) consintamos/no consintamos
(tú) consiente/no consientas	(vosotros) consentid/no consintáis
(Ud.) consienta/no consienta	(Uds.) consientan/no consientan

Usage

Consiento en apoyar su causa.	*I consent to support their cause.*
No consentimos que trates el asunto así.	*We can't allow you to deal with the matter like this.*
—¡Qué mocoso! Sus padres lo consienten.	*What a brat! His parents spoil him.*
—Su hermana también es una niña muy consentida.	*His sister is also a very spoiled child.*
Otorgó su consentimiento.	*He gave his consent.*

-ir verb; spelling change: adds *y* before *o, a, e*

construyo · construyeron · construido · construyendo

PRESENT

construyo	construimos
construyes	construís
construye	construyen

PRETERIT

construí	construimos
construiste	construisteis
construyó	construyeron

IMPERFECT

construía	construíamos
construías	construíais
construía	construían

PRESENT PERFECT

he construido	hemos construido
has construido	habéis construido
ha construido	han construido

FUTURE

construiré	construiremos
construirás	construiréis
construirá	construirán

CONDITIONAL

construiría	construiríamos
construirías	construiríais
construiría	construirían

PLUPERFECT

había construido	habíamos construido
habías construido	habíais construido
había construido	habían construido

PRETERIT PERFECT

hube construido	hubimos construido
hubiste construido	hubisteis construido
hubo construido	hubieron construido

FUTURE PERFECT

habré construido	habremos construido
habrás construido	habréis construido
habrá construido	habrán construido

CONDITIONAL PERFECT

habría construido	habríamos construido
habrías construido	habríais construido
habría construido	habrían construido

PRESENT SUBJUNCTIVE

construya	construyamos
construyas	construyáis
construya	construyan

PRESENT PERFECT SUBJUNCTIVE

haya construido	hayamos construido
hayas construido	hayáis construido
haya construido	hayan construido

IMPERFECT SUBJUNCTIVE (-ra)

construyera	construyéramos
construyeras	construyerais
construyera	construyeran

or **IMPERFECT SUBJUNCTIVE (-se)**

construyese	construyésemos
construyeses	construyeseis
construyese	construyesen

PAST PERFECT SUBJUNCTIVE (-ra)

hubiera construido	hubiéramos construido
hubieras construido	hubierais construido
hubiera construido	hubieran construido

or **PAST PERFECT SUBJUNCTIVE (-se)**

hubiese construido	hubiésemos construido
hubieses construido	hubieseis construido
hubiese construido	hubiesen construido

PROGRESSIVE TENSES

PRESENT	estoy, estás, está, estamos, estáis, están
PRETERIT	estuve, estuviste, estuvo, estuvimos, estuvisteis, estuvieron
IMPERFECT	estaba, estabas, estaba, estábamos, estabais, estaban
FUTURE	estaré, estarás, estará, estaremos, estaréis, estarán
CONDITIONAL	estaría, estarías, estaría, estaríamos, estaríais, estarían
SUBJUNCTIVE	que + *corresponding subjunctive tense of* estar (*see verb 252*)

construyendo

COMMANDS

	(nosotros) construyamos/no construyamos
(tú) construye/no construyas	(vosotros) construid/no construyáis
(Ud.) construya/no construya	(Uds.) construyan/no construyan

Usage

Se está construyendo un centro comercial en la carretera.	*They're building a mall on the highway.*
Se construían edificios en el centro.	*They were constructing buildings downtown.*
Hicimos construir una casa de campo.	*We had a country house built.*
Trabajo para una empresa constructora.	*I work for a construction company.*
Se dedica a la construcción de casas.	*His line of work is/He earns a living building houses.*
El hotel está en vías de construcción.	*The hotel is under construction.*

cuento · contaron · contado · contando   stem-changing -ar verb: o > ue

PRESENT		PRETERIT	
cuento	contamos	conté	contamos
cuentas	contáis	contaste	contasteis
cuenta	cuentan	contó	contaron

IMPERFECT		PRESENT PERFECT	
contaba	contábamos	he contado	hemos contado
contabas	contabais	has contado	habéis contado
contaba	contaban	ha contado	han contado

FUTURE		CONDITIONAL	
contaré	contaremos	contaría	contaríamos
contarás	contaréis	contarías	contaríais
contará	contarán	contaría	contarían

PLUPERFECT		PRETERIT PERFECT	
había contado	habíamos contado	hube contado	hubimos contado
habías contado	habíais contado	hubiste contado	hubisteis contado
había contado	habían contado	hubo contado	hubieron contado

FUTURE PERFECT		CONDITIONAL PERFECT	
habré contado	habremos contado	habría contado	habríamos contado
habrás contado	habréis contado	habrías contado	habríais contado
habrá contado	habrán contado	habría contado	habrían contado

PRESENT SUBJUNCTIVE		PRESENT PERFECT SUBJUNCTIVE	
cuente	contemos	haya contado	hayamos contado
cuentes	contéis	hayas contado	hayáis contado
cuente	cuenten	haya contado	hayan contado

IMPERFECT SUBJUNCTIVE (-ra)		or IMPERFECT SUBJUNCTIVE (-se)	
contara	contáramos	contase	contásemos
contaras	contarais	contases	contaseis
contara	contaran	contase	contasen

PAST PERFECT SUBJUNCTIVE (-ra)		or PAST PERFECT SUBJUNCTIVE (-se)	
hubiera contado	hubiéramos contado	hubiese contado	hubiésemos contado
hubieras contado	hubierais contado	hubieses contado	hubieseis contado
hubiera contado	hubieran contado	hubiese contado	hubiesen contado

PROGRESSIVE TENSES

PRESENT	estoy, estás, está, estamos, estáis, están	
PRETERIT	estuve, estuviste, estuvo, estuvimos, estuvisteis, estuvieron	
IMPERFECT	estaba, estabas, estaba, estábamos, estabais, estaban	contando
FUTURE	estaré, estarás, estará, estaremos, estaréis, estarán	
CONDITIONAL	estaría, estarías, estaría, estaríamos, estaríais, estarían	
SUBJUNCTIVE	que + *corresponding subjunctive tense of* estar (*see verb 252*)	

COMMANDS

	(nosotros) contemos/no contemos
(tú) cuenta/no cuentes	(vosotros) contad/no contéis
(Ud.) cuente/no cuente	(Uds.) cuenten/no cuenten

Usage

El niño cuenta hasta veinte.	*The child counts up to 20.*
Cuéntanos lo que pasó.	*Tell us what happened.*
Cuenten con nosotros.	*Count on us.*
Mozo, la cuenta, por favor.	*Waiter, the bill/check, please.*
Se abrió una cuenta corriente/de ahorros.	*They opened a checking/savings account.*
Tenga en cuenta lo grave de la situación.	*Bear in mind/Consider the seriousness of the situation.*
No me di cuenta hasta ahora.	*I didn't realize until now.*

irregular verb (like **tener**)   **contengo · contuvieron · contenido · conteniendo**

PRESENT

contengo	contenemos
contienes	contenéis
contiene	contienen

IMPERFECT

contenía	conteníamos
contenías	conteníais
contenía	contenían

FUTURE

contendré	contendremos
contendrás	contendréis
contendrá	contendrán

PLUPERFECT

había contenido	habíamos contenido
habías contenido	habíais contenido
había contenido	habían contenido

FUTURE PERFECT

habré contenido	habremos contenido
habrás contenido	habréis contenido
habrá contenido	habrán contenido

PRESENT SUBJUNCTIVE

contenga	contengamos
contengas	contengáis
contenga	contengan

IMPERFECT SUBJUNCTIVE (-ra)

contuviera	contuviéramos
contuvieras	contuvierais
contuviera	contuvieran

PAST PERFECT SUBJUNCTIVE (-ra)

hubiera contenido	hubiéramos contenido
hubieras contenido	hubierais contenido
hubiera contenido	hubieran contenido

PRETERIT

contuve	contuvimos
contuviste	contuvisteis
contuvo	contuvieron

PRESENT PERFECT

he contenido	hemos contenido
has contenido	habéis contenido
ha contenido	han contenido

CONDITIONAL

contendría	contendríamos
contendrías	contendríais
contendría	contendrían

PRETERIT PERFECT

hube contenido	hubimos contenido
hubiste contenido	hubisteis contenido
hubo contenido	hubieron contenido

CONDITIONAL PERFECT

habría contenido	habríamos contenido
habrías contenido	habríais contenido
habría contenido	habrían contenido

PRESENT PERFECT SUBJUNCTIVE

haya contenido	hayamos contenido
hayas contenido	hayáis contenido
haya contenido	hayan contenido

or **IMPERFECT SUBJUNCTIVE (-se)**

contuviese	contuviésemos
contuvieses	contuvieseis
contuviese	contuviesen

or **PAST PERFECT SUBJUNCTIVE (-se)**

hubiese contenido	hubiésemos contenido
hubieses contenido	hubieseis contenido
hubiese contenido	hubiesen contenido

PROGRESSIVE TENSES

PRESENT	estoy, estás, está, estamos, estáis, están
PRETERIT	estuve, estuviste, estuvo, estuvimos, estuvisteis, estuvieron
IMPERFECT	estaba, estabas, estaba, estábamos, estabais, estaban
FUTURE	estaré, estarás, estará, estaremos, estaréis, estarán
CONDITIONAL	estaría, estarías, estaría, estaríamos, estaríais, estarían
SUBJUNCTIVE	que + *corresponding subjunctive tense of* estar (*see verb 252*)

} conteniendo

COMMANDS

	(nosotros) contengamos/no contengamos
(tú) contén/no contengas	(vosotros) contened/no contengáis
(Ud.) contenga/no contenga	(Uds.) contengan/no contengan

Usage

¿Qué contiene aquella bolsa?	*What does that bag contain?*
No pudo contener la risa/las lágrimas.	*She couldn't restrain/hold back her laughter/tears.*
¡Qué hemorragia nasal tuvo! Nos fue difícil contener la sangre.	*What a nosebleed he had! We had a hard time stopping the blood.*
El contenido del informe nos interesa.	*We're interested in the contents of the report.*
El gobierno sigue una política de contención.	*The government follows a policy of containment.*

contestar *to answer, reply*

contesto · contestaron · contestado · contestando   regular -ar verb

PRESENT

		PRETERIT	
contesto	contestamos	contesté	contestamos
contestas	contestáis	contestaste	contestasteis
contesta	contestan	contestó	contestaron

IMPERFECT

		PRESENT PERFECT	
contestaba	contestábamos	he contestado	hemos contestado
contestabas	contestabais	has contestado	habéis contestado
contestaba	contestaban	ha contestado	han contestado

FUTURE

		CONDITIONAL	
contestaré	contestaremos	contestaría	contestaríamos
contestarás	contestaréis	contestarías	contestaríais
contestará	contestarán	contestaría	contestarían

PLUPERFECT

		PRETERIT PERFECT	
había contestado	habíamos contestado	hube contestado	hubimos contestado
habías contestado	habíais contestado	hubiste contestado	hubisteis contestado
había contestado	habían contestado	hubo contestado	hubieron contestado

FUTURE PERFECT

		CONDITIONAL PERFECT	
habré contestado	habremos contestado	habría contestado	habríamos contestado
habrás contestado	habréis contestado	habrías contestado	habríais contestado
habrá contestado	habrán contestado	habría contestado	habrían contestado

PRESENT SUBJUNCTIVE

		PRESENT PERFECT SUBJUNCTIVE	
conteste	contestemos	haya contestado	hayamos contestado
contestes	contestéis	hayas contestado	hayáis contestado
conteste	contesten	haya contestado	hayan contestado

IMPERFECT SUBJUNCTIVE (-ra)   *or*   **IMPERFECT SUBJUNCTIVE (-se)**

contestara	contestáramos		contestase	contestásemos
contestaras	contestarais		contestases	contestaseis
contestara	contestaran		contestase	contestasen

PAST PERFECT SUBJUNCTIVE (-ra)   *or*   **PAST PERFECT SUBJUNCTIVE (-se)**

hubiera contestado	hubiéramos contestado		hubiese contestado	hubiésemos contestado
hubieras contestado	hubierais contestado		hubieses contestado	hubieseis contestado
hubiera contestado	hubieran contestado		hubiese contestado	hubiesen contestado

PROGRESSIVE TENSES

PRESENT	estoy, estás, está, estamos, estáis, están
PRETERIT	estuve, estuviste, estuvo, estuvimos, estuvisteis, estuvieron
IMPERFECT	estaba, estabas, estaba, estábamos, estabais, estaban
FUTURE	estaré, estarás, estará, estaremos, estaréis, estarán
CONDITIONAL	estaría, estarías, estaría, estaríamos, estaríais, estarían
SUBJUNCTIVE	que + *corresponding subjunctive tense of* estar (*see verb 252*)

} contestando

COMMANDS

	(nosotros) contestemos/no contestemos
(tú) contesta/no contestes	(vosotros) contestad/no contestéis
(Ud.) conteste/no conteste	(Uds.) contesten/no contesten

Usage

Contesta el mensaje electrónico.	*He's answering the e-mail message.*
Contesta la pregunta.	*Answer the question.*
¿Has contestado el teléfono?	*Have you answered the telephone?*
¡No nos contestes así!	*Don't talk back to us like that!*
¿Qué te contestaron?	*What did they reply to you?*
Dejaron las cartas sin contestación.	*They left the letters unanswered.*
Casi todos tienen un contestador automático.	*Almost everybody has an answering machine.*

-ar verb; spelling change:
u > ú when stressed

continúo · continuaron · continuado · continuando

PRESENT

continúo	continuamos
continúas	continuáis
continúa	continúan

PRETERIT

continué	continuamos
continuaste	continuasteis
continuó	continuaron

IMPERFECT

continuaba	continuábamos
continuabas	continuabais
continuaba	continuaban

PRESENT PERFECT

he continuado	hemos continuado
has continuado	habéis continuado
ha continuado	han continuado

FUTURE

continuaré	continuaremos
continuarás	continuaréis
continuará	continuarán

CONDITIONAL

continuaría	continuaríamos
continuarías	continuaríais
continuaría	continuarían

PLUPERFECT

había continuado	habíamos continuado
habías continuado	habíais continuado
había continuado	habían continuado

PRETERIT PERFECT

hube continuado	hubimos continuado
hubiste continuado	hubisteis continuado
hubo continuado	hubieron continuado

FUTURE PERFECT

habré continuado	habremos continuado
habrás continuado	habréis continuado
habrá continuado	habrán continuado

CONDITIONAL PERFECT

habría continuado	habríamos continuado
habrías continuado	habríais continuado
habría continuado	habrían continuado

PRESENT SUBJUNCTIVE

continúe	continuemos
continúes	continuéis
continúe	continúen

PRESENT PERFECT SUBJUNCTIVE

haya continuado	hayamos continuado
hayas continuado	hayáis continuado
haya continuado	hayan continuado

IMPERFECT SUBJUNCTIVE (-ra)

continuara	continuáramos
continuaras	continuarais
continuara	continuaran

or **IMPERFECT SUBJUNCTIVE (-se)**

continuase	continuásemos
continuases	continuaseis
continuase	continuasen

PAST PERFECT SUBJUNCTIVE (-ra)

hubiera continuado	hubiéramos continuado
hubieras continuado	hubierais continuado
hubiera continuado	hubieran continuado

or **PAST PERFECT SUBJUNCTIVE (-se)**

hubiese continuado	hubiésemos continuado
hubieses continuado	hubieseis continuado
hubiese continuado	hubiesen continuado

PROGRESSIVE TENSES

PRESENT	estoy, estás, está, estamos, estáis, están
PRETERIT	estuve, estuviste, estuvo, estuvimos, estuvisteis, estuvieron
IMPERFECT	estaba, estabas, estaba, estábamos, estabais, estaban
FUTURE	estaré, estarás, estará, estaremos, estaréis, estarán
CONDITIONAL	estaría, estarías, estaría, estaríamos, estaríais, estarían
SUBJUNCTIVE	que + *corresponding subjunctive tense of* estar (*see verb 252*)

} continuando

COMMANDS

	(nosotros) continuemos/no continuemos
(tú) continúa/no continúes	(vosotros) continuad/no continuéis
(Ud.) continúe/no continúe	(Uds.) continúen/no continúen

Usage

Continúan discutiendo.	*They keep on arguing.*
Continúo con mis investigaciones.	*I'm going on with my research.*
Las reglas continúan en vigor.	*The rules are still in force.*
Las notas se encuentran a continuación.	*The notes can be found below.*
Se oye un torrente de palabras continuo.	*You can hear a continuous stream of words.*
Se busca continuidad en la dirección de la compañía.	*We're looking for continuity in the leadership of the company.*

contribuir   *to contribute*

contribuyo · contribuyeron · contribuido · contribuyendo

-ir verb; spelling change:
adds *y* before *o, a, e*

PRESENT

contribuyo	contribuimos
contribuyes	contribuís
contribuye	contribuyen

PRETERIT

contribuí	contribuimos
contribuiste	contribuisteis
contribuyó	contribuyeron

IMPERFECT

contribuía	contribuíamos
contribuías	contribuíais
contribuía	contribuían

PRESENT PERFECT

he contribuido	hemos contribuido
has contribuido	habéis contribuido
ha contribuido	han contribuido

FUTURE

contribuiré	contribuiremos
contribuirás	contribuiréis
contribuirá	contribuirán

CONDITIONAL

contribuiría	contribuiríamos
contribuirías	contribuiríais
contribuiría	contribuirían

PLUPERFECT

había contribuido	habíamos contribuido
habías contribuido	habíais contribuido
había contribuido	habían contribuido

PRETERIT PERFECT

hube contribuido	hubimos contribuido
hubiste contribuido	hubisteis contribuido
hubo contribuido	hubieron contribuido

FUTURE PERFECT

habré contribuido	habremos contribuido
habrás contribuido	habréis contribuido
habrá contribuido	habrán contribuido

CONDITIONAL PERFECT

habría contribuido	habríamos contribuido
habrías contribuido	habríais contribuido
habría contribuido	habrían contribuido

PRESENT SUBJUNCTIVE

contribuya	contribuyamos
contribuyas	contribuyáis
contribuya	contribuyan

PRESENT PERFECT SUBJUNCTIVE

haya contribuido	hayamos contribuido
hayas contribuido	hayáis contribuido
haya contribuido	hayan contribuido

IMPERFECT SUBJUNCTIVE (-ra)

contribuyera	contribuyéramos
contribuyeras	contribuyerais
contribuyera	contribuyeran

or **IMPERFECT SUBJUNCTIVE (-se)**

contribuyese	contribuyésemos
contribuyeses	contribuyeseis
contribuyese	contribuyesen

PAST PERFECT SUBJUNCTIVE (-ra)

hubiera contribuido	hubiéramos contribuido
hubieras contribuido	hubierais contribuido
hubiera contribuido	hubieran contribuido

or **PAST PERFECT SUBJUNCTIVE (-se)**

hubiese contribuido	hubiésemos contribuido
hubieses contribuido	hubieseis contribuido
hubiese contribuido	hubiesen contribuido

PROGRESSIVE TENSES

PRESENT	estoy, estás, está, estamos, estáis, están
PRETERIT	estuve, estuviste, estuvo, estuvimos, estuvisteis, estuvieron
IMPERFECT	estaba, estabas, estaba, estábamos, estabais, estaban
FUTURE	estaré, estarás, estará, estaremos, estaréis, estarán
CONDITIONAL	estaría, estarías, estaría, estaríamos, estaríais, estarían
SUBJUNCTIVE	que + *corresponding subjunctive tense of* estar (*see verb 252*)

} contribuyendo

COMMANDS

	(nosotros) contribuyamos/no contribuyamos
(tú) contribuye/no contribuyas	(vosotros) contribuid/no contribuyáis
(Ud.) contribuya/no contribuya	(Uds.) contribuyan/no contribuyan

Usage

Contribuyeron mucho dinero a la caridad.	*They contributed a lot of money to charity.*
No es necesario que contribuyan más.	*It's not necessary for them to contribute more.*
Ojalá nosotros los contribuyentes pagáramos menos impuestos.	*I wish we taxpayers would pay less in taxes.*
Las contribuciones fueron recaudadas por el recaudador.	*Taxes were collected by the tax collector.*

regular -*ar* verb | **controlo · controlaron · controlado · controlando**

PRESENT

controlo	controlamos		
controlas	controláis		
controla	controlan		

PRETERIT

controlé	controlamos
controlaste	controlasteis
controló	controlaron

IMPERFECT

controlaba	controlábamos
controlabas	controlabais
controlaba	controlaban

PRESENT PERFECT

he controlado	hemos controlado
has controlado	habéis controlado
ha controlado	han controlado

FUTURE

controlaré	controlaremos
controlarás	controlaréis
controlará	controlarán

CONDITIONAL

controlaría	controlaríamos
controlarías	controlaríais
controlaría	controlarían

PLUPERFECT

había controlado	habíamos controlado
habías controlado	habíais controlado
había controlado	habían controlado

PRETERIT PERFECT

hube controlado	hubimos controlado
hubiste controlado	hubisteis controlado
hubo controlado	hubieron controlado

FUTURE PERFECT

habré controlado	habremos controlado
habrás controlado	habréis controlado
habrá controlado	habrán controlado

CONDITIONAL PERFECT

habría controlado	habríamos controlado
habrías controlado	habríais controlado
habría controlado	habrían controlado

PRESENT SUBJUNCTIVE

controle	controlemos
controles	controléis
controle	controlen

PRESENT PERFECT SUBJUNCTIVE

haya controlado	hayamos controlado
hayas controlado	hayáis controlado
haya controlado	hayan controlado

IMPERFECT SUBJUNCTIVE (-ra)

controlara	controláramos
controlaras	controlarais
controlara	controlaran

or **IMPERFECT SUBJUNCTIVE (-se)**

controlase	controlásemos
controlases	controlaseis
controlase	controlasen

PAST PERFECT SUBJUNCTIVE (-ra)

hubiera controlado	hubiéramos controlado
hubieras controlado	hubierais controlado
hubiera controlado	hubieran controlado

or **PAST PERFECT SUBJUNCTIVE (-se)**

hubiese controlado	hubiésemos controlado
hubieses controlado	hubieseis controlado
hubiese controlado	hubiesen controlado

PROGRESSIVE TENSES

PRESENT	estoy, estás, está, estamos, estáis, están
PRETERIT	estuve, estuviste, estuvo, estuvimos, estuvisteis, estuvieron
IMPERFECT	estaba, estabas, estaba, estábamos, estabais, estaban
FUTURE	estaré, estarás, estará, estaremos, estaréis, estarán
CONDITIONAL	estaría, estarías, estaría, estaríamos, estaríais, estarían
SUBJUNCTIVE	que + *corresponding subjunctive tense of* estar (*see verb 252*)

} controlando

COMMANDS

	(nosotros) controlemos/no controlemos
(tú) controla/no controles	(vosotros) controlad/no controléis
(Ud.) controle/no controle	(Uds.) controlen/no controlen

Usage

¡Controla tu mal humor!	*Control your bad temper!*
Estos ejecutivos controlan el ramo.	*These executives dominate the industry.*
Es importante que haya un estricto control de seguridad en los aeropuertos.	*It's important that there's tight security at the airports.*
Renovaron la torre de control.	*They renovated the control tower.*
¡Qué caos! Todo está fuera de control.	*What chaos! Everything's out of control.*

convencer *to convince*

convenzo · convencieron · convencido · convenciendo

-er verb; spelling change:
c > z/o, a

PRESENT

convenzo	convencemos
convences	convencéis
convence	convencen

IMPERFECT

convencía	convencíamos
convencías	convencíais
convencía	convencían

FUTURE

convenceré	convenceremos
convencerás	convenceréis
convencerá	convencerán

PLUPERFECT

había convencido	habíamos convencido
habías convencido	habíais convencido
había convencido	habían convencido

FUTURE PERFECT

habré convencido	habremos convencido
habrás convencido	habréis convencido
habrá convencido	habrán convencido

PRESENT SUBJUNCTIVE

convenza	convenzamos
convenzas	convenzáis
convenza	convenzan

IMPERFECT SUBJUNCTIVE (-ra)

convenciera	convenciéramos
convencieras	convencierais
convenciera	convencieran

PAST PERFECT SUBJUNCTIVE (-ra)

hubiera convencido	hubiéramos convencido
hubieras convencido	hubierais convencido
hubiera convencido	hubieran convencido

PRETERIT

convencí	convencimos
convenciste	convencisteis
convenció	convencieron

PRESENT PERFECT

he convencido	hemos convencido
has convencido	habéis convencido
ha convencido	han convencido

CONDITIONAL

convencería	convenceríamos
convencerías	convenceríais
convencería	convencerían

PRETERIT PERFECT

hube convencido	hubimos convencido
hubiste convencido	hubisteis convencido
hubo convencido	hubieron convencido

CONDITIONAL PERFECT

habría convencido	habríamos convencido
habrías convencido	habríais convencido
habría convencido	habrían convencido

PRESENT PERFECT SUBJUNCTIVE

haya convencido	hayamos convencido
hayas convencido	hayáis convencido
haya convencido	hayan convencido

or **IMPERFECT SUBJUNCTIVE (-se)**

convenciese	convenciésemos
convencieses	convencieseis
convenciese	convenciesen

or **PAST PERFECT SUBJUNCTIVE (-se)**

hubiese convencido	hubiésemos convencido
hubieses convencido	hubieseis convencido
hubiese convencido	hubiesen convencido

PROGRESSIVE TENSES

PRESENT	estoy, estás, está, estamos, estáis, están
PRETERIT	estuve, estuviste, estuvo, estuvimos, estuvisteis, estuvieron
IMPERFECT	estaba, estabas, estaba, estábamos, estabais, estaban
FUTURE	estaré, estarás, estará, estaremos, estaréis, estarán
CONDITIONAL	estaría, estarías, estaría, estaríamos, estaríais, estarían
SUBJUNCTIVE	que + *corresponding subjunctive tense of* estar (*see verb 252*)

} convenciendo

COMMANDS

	(nosotros) convenzamos/no convenzamos
(tú) convence/no convenzas	(vosotros) convenced/no convenzáis
(Ud.) convenza/no convenza	(Uds.) convenzan/no convenzan

Usage

Trata de convencerles para que nos acompañen.	*Try to convince them to go with us.*
¿Los convenciste?	*Did you convince them?*
Es importante que la convenzáis.	*It's important you convince her.*
Ese abogado no me convence.	*I don't like that lawyer.*
Son testimonios convincentes.	*This is conclusive evidence.*
Tenemos el convencimiento de que nuestro candidato ganará las elecciones.	*We're convinced that our candidate will win the election.*

PRESENT

convengo	convenimos
convienes	convenís
conviene	convienen

PRETERIT

convine	convinimos
conviniste	convinisteis
convino	convinieron

IMPERFECT

convenía	conveníamos
convenías	conveníais
convenía	convenían

PRESENT PERFECT

he convenido	hemos convenido
has convenido	habéis convenido
ha convenido	han convenido

FUTURE

convendré	convendremos
convendrás	convendréis
convendrá	convendrán

CONDITIONAL

convendría	convendríamos
convendrías	convendríais
convendría	convendrían

PLUPERFECT

había convenido	habíamos convenido
habías convenido	habíais convenido
había convenido	habían convenido

PRETERIT PERFECT

hube convenido	hubimos convenido
hubiste convenido	hubisteis convenido
hubo convenido	hubieron convenido

FUTURE PERFECT

habré convenido	habremos convenido
habrás convenido	habréis convenido
habrá convenido	habrán convenido

CONDITIONAL PERFECT

habría convenido	habríamos convenido
habrías convenido	habríais convenido
habría convenido	habrían convenido

PRESENT SUBJUNCTIVE

convenga	convengamos
convengas	convengáis
convenga	convengan

PRESENT PERFECT SUBJUNCTIVE

haya convenido	hayamos convenido
hayas convenido	hayáis convenido
haya convenido	hayan convenido

IMPERFECT SUBJUNCTIVE (-ra) *or* **IMPERFECT SUBJUNCTIVE (-se)**

conviniera	conviniéramos	conviniese	conviniésemos
convinieras	convinierais	convinieses	convinieseis
conviniera	convinieran	conviniese	conviniesen

PAST PERFECT SUBJUNCTIVE (-ra) *or* **PAST PERFECT SUBJUNCTIVE (-se)**

hubiera convenido	hubiéramos convenido	hubiese convenido	hubiésemos convenido
hubieras convenido	hubierais convenido	hubieses convenido	hubieseis convenido
hubiera convenido	hubieran convenido	hubiese convenido	hubiesen convenido

PROGRESSIVE TENSES

PRESENT	estoy, estás, está, estamos, estáis, están
PRETERIT	estuve, estuviste, estuvo, estuvimos, estuvisteis, estuvieron
IMPERFECT	estaba, estabas, estaba, estábamos, estabais, estaban
FUTURE	estaré, estarás, estará, estaremos, estaréis, estarán
CONDITIONAL	estaría, estarías, estaría, estaríamos, estaríais, estarían
SUBJUNCTIVE	que + *corresponding subjunctive tense of* estar (*see verb 252*)

} conviniendo

COMMANDS

	(nosotros) convengamos/no convengamos
(tú) convén/no convengas	(vosotros) convenid/no convengáis
(Ud.) convenga/no convenga	(Uds.) convengan/no convengan

Usage

Todos convinieron en el asunto.	*Everyone agreed about the matter.*
Haz el trabajo cuando te convenga.	*Do the work when it's convenient for you.*
Nos conviene asistir a la reunión.	*It's advisable for us to attend the meeting.*
Te conviene tomar las vacaciones este mes.	*It's better for you to take your vacation this month.*
Los representantes firmaron el convenio.	*The representatives signed the agreement.*

153 convertir *to convert, transform*

convierto · convirtieron · convertido · convirtiendo

stem-changing *-ir* verb:
e > ie (present), *e > i* (preterit)

PRESENT

convierto	convertimos
conviertes	convertís
convierte	convierten

PRETERIT

convertí	convertimos
convertiste	convertisteis
convirtió	convirtieron

IMPERFECT

convertía	convertíamos
convertías	convertíais
convertía	convertían

PRESENT PERFECT

he convertido	hemos convertido
has convertido	habéis convertido
ha convertido	han convertido

FUTURE

convertiré	convertiremos
convertirás	convertiréis
convertirá	convertirán

CONDITIONAL

convertiría	convertiríamos
convertirías	convertiríais
convertiría	convertirían

PLUPERFECT

había convertido	habíamos convertido
habías convertido	habíais convertido
había convertido	habían convertido

PRETERIT PERFECT

hube convertido	hubimos convertido
hubiste convertido	hubisteis convertido
hubo convertido	hubieron convertido

FUTURE PERFECT

habré convertido	habremos convertido
habrás convertido	habréis convertido
habrá convertido	habrán convertido

CONDITIONAL PERFECT

habría convertido	habríamos convertido
habrías convertido	habríais convertido
habría convertido	habrían convertido

PRESENT SUBJUNCTIVE

convierta	convirtamos
conviertas	convirtáis
convierta	conviertan

PRESENT PERFECT SUBJUNCTIVE

haya convertido	hayamos convertido
hayas convertido	hayáis convertido
haya convertido	hayan convertido

IMPERFECT SUBJUNCTIVE (-ra)   *or*   **IMPERFECT SUBJUNCTIVE (-se)**

convirtiera	convirtiéramos	convirtiese	convirtiésemos
convirtieras	convirtierais	convirtieses	convirtieseis
convirtiera	convirtieran	convirtiese	convirtiesen

PAST PERFECT SUBJUNCTIVE (-ra)   *or*   **PAST PERFECT SUBJUNCTIVE (-se)**

hubiera convertido	hubiéramos convertido	hubiese convertido	hubiésemos convertido
hubieras convertido	hubierais convertido	hubieses convertido	hubieseis convertido
hubiera convertido	hubieran convertido	hubiese convertido	hubiesen convertido

PROGRESSIVE TENSES

PRESENT	estoy, estás, está, estamos, estáis, están
PRETERIT	estuve, estuviste, estuvo, estuvimos, estuvisteis, estuvieron
IMPERFECT	estaba, estabas, estaba, estábamos, estabais, estaban
FUTURE	estaré, estarás, estará, estaremos, estaréis, estarán
CONDITIONAL	estaría, estarías, estaría, estaríamos, estaríais, estarían
SUBJUNCTIVE	que + *corresponding subjunctive tense of* estar (*see verb 252*)

} convirtiendo

COMMANDS

	(nosotros) convirtamos/no convirtamos
(tú) convierte/no conviertas	(vosotros) convertid/no convirtáis
(Ud.) convierta/no convierta	(Uds.) conviertan/no conviertan

Usage

Convirtieron dólares en euros.	*They changed their dollars into euros.*
El alquimista intentaba convertir los metales en oro.	*The alchemist tried to transform metals into gold.*
El pueblo se convirtió en una gran ciudad.	*The town became a great city.*
Son conversos al catolicismo.	*They're converts to Catholicism.*
Nos compramos un coche convertible.	*We bought a convertible.*

-ar verb; spelling change: *c > qu/e*   **convoco · convocaron · convocado · convocando**

PRESENT

convoco	convocamos
convocas	convocáis
convoca	convocan

PRETERIT

convoqué	convocamos
convocaste	convocasteis
convocó	convocaron

IMPERFECT

convocaba	convocábamos
convocabas	convocabais
convocaba	convocaban

PRESENT PERFECT

he convocado	hemos convocado
has convocado	habéis convocado
ha convocado	han convocado

FUTURE

convocaré	convocaremos
convocarás	convocaréis
convocará	convocarán

CONDITIONAL

convocaría	convocaríamos
convocarías	convocaríais
convocaría	convocarían

PLUPERFECT

había convocado	habíamos convocado
habías convocado	habíais convocado
había convocado	habían convocado

PRETERIT PERFECT

hube convocado	hubimos convocado
hubiste convocado	hubisteis convocado
hubo convocado	hubieron convocado

FUTURE PERFECT

habré convocado	habremos convocado
habrás convocado	habréis convocado
habrá convocado	habrán convocado

CONDITIONAL PERFECT

habría convocado	habríamos convocado
habrías convocado	habríais convocado
habría convocado	habrían convocado

PRESENT SUBJUNCTIVE

convoque	convoquemos
convoques	convoquéis
convoque	convoquen

PRESENT PERFECT SUBJUNCTIVE

haya convocado	hayamos convocado
hayas convocado	hayáis convocado
haya convocado	hayan convocado

IMPERFECT SUBJUNCTIVE (-ra)

convocara	convocáramos
convocaras	convocarais
convocara	convocaran

or **IMPERFECT SUBJUNCTIVE (-se)**

convocase	convocásemos
convocases	convocaseis
convocase	convocasen

PAST PERFECT SUBJUNCTIVE (-ra)

hubiera convocado	hubiéramos convocado
hubieras convocado	hubierais convocado
hubiera convocado	hubieran convocado

or **PAST PERFECT SUBJUNCTIVE (-se)**

hubiese convocado	hubiésemos convocado
hubieses convocado	hubieseis convocado
hubiese convocado	hubiesen convocado

PROGRESSIVE TENSES

PRESENT	estoy, estás, está, estamos, estáis, están
PRETERIT	estuve, estuviste, estuvo, estuvimos, estuvisteis, estuvieron
IMPERFECT	estaba, estabas, estaba, estábamos, estabais, estaban
FUTURE	estaré, estarás, estará, estaremos, estaréis, estarán
CONDITIONAL	estaría, estarías, estaría, estaríamos, estaríais, estarían
SUBJUNCTIVE	que + *corresponding subjunctive tense of* estar *(see verb 252)*

> convocando

COMMANDS

	(nosotros) convoquemos/no convoquemos
(tú) convoca/no convoques	(vosotros) convocad/no convoquéis
(Ud.) convoque/no convoque	(Uds.) convoquen/no convoquen

Usage

El congreso fue convocado.	*The conference was convened.*
El sindicato convocará una huelga.	*The union will call a strike.*
Convoquen la reunión.	*Convene the meeting.*
Los estudiantes se preparan para la convocatoria.	*The students are preparing for the examination period.*
Hubo una convocatoria de los miembros de la junta.	*There was a convocation/calling together of the board members.*

corregir   *to correct*

corrijo · corrigieron · corregido · corrigiendo

stem-changing *-ir* verb: *e > i*;
spelling change: *g > j/o, a*

PRESENT		PRETERIT	
corrijo	corregimos	corregí	corregimos
corriges	corregís	corregiste	corregisteis
corrige	corrigen	corrigió	corrigieron

IMPERFECT		PRESENT PERFECT	
corregía	corregíamos	he corregido	hemos corregido
corregías	corregíais	has corregido	habéis corregido
corregía	corregían	ha corregido	han corregido

FUTURE		CONDITIONAL	
corregiré	corregiremos	corregiría	corregiríamos
corregirás	corregiréis	corregirías	corregiríais
corregirá	corregirán	corregiría	corregirían

PLUPERFECT		PRETERIT PERFECT	
había corregido	habíamos corregido	hube corregido	hubimos corregido
habías corregido	habíais corregido	hubiste corregido	hubisteis corregido
había corregido	habían corregido	hubo corregido	hubieron corregido

FUTURE PERFECT		CONDITIONAL PERFECT	
habré corregido	habremos corregido	habría corregido	habríamos corregido
habrás corregido	habréis corregido	habrías corregido	habríais corregido
habrá corregido	habrán corregido	habría corregido	habrían corregido

PRESENT SUBJUNCTIVE		PRESENT PERFECT SUBJUNCTIVE	
corrija	corrijamos	haya corregido	hayamos corregido
corrijas	corrijáis	hayas corregido	hayáis corregido
corrija	corrijan	haya corregido	hayan corregido

IMPERFECT SUBJUNCTIVE (-ra)		*or*	IMPERFECT SUBJUNCTIVE (-se)	
corrigiera	corrigiéramos		corrigiese	corrigiésemos
corrigieras	corrigierais		corrigieses	corrigieseis
corrigiera	corrigieran		corrigiese	corrigiesen

PAST PERFECT SUBJUNCTIVE (-ra)		*or*	PAST PERFECT SUBJUNCTIVE (-se)	
hubiera corregido	hubiéramos corregido		hubiese corregido	hubiésemos corregido
hubieras corregido	hubierais corregido		hubieses corregido	hubieseis corregido
hubiera corregido	hubieran corregido		hubiese corregido	hubiesen corregido

PROGRESSIVE TENSES

PRESENT	estoy, estás, está, estamos, estáis, están
PRETERIT	estuve, estuviste, estuvo, estuvimos, estuvisteis, estuvieron
IMPERFECT	estaba, estabas, estaba, estábamos, estabais, estaban
FUTURE	estaré, estarás, estará, estaremos, estaréis, estarán
CONDITIONAL	estaría, estarías, estaría, estaríamos, estaríais, estarían
SUBJUNCTIVE	que + *corresponding subjunctive tense of* estar (*see verb* 252)

⎫ corrigiendo

COMMANDS

	(nosotros) corrijamos/no corrijamos
(tú) corrige/no corrijas	(vosotros) corregid/no corrijáis
(Ud.) corrija/no corrija	(Uds.) corrijan/no corrijan

Usage

Corrija las faltas en el examen.	*Correct the errors on the exam.*
¿Corregiste a tu hijo por lo que hizo?	*Did you scold your child for what he did?*
Se corrigió de unas malas costumbres.	*She broke herself of some bad habits.*
Hice una corrección de las hojas de prueba.	*I proofread the galley proofs.*
¿La contestación es correcta o falsa?	*Is the answer right or wrong?*
Es un joven muy correcto.	*He's a very polite/well-mannered young man.*

regular *-er* verb   **corro · corrieron · corrido · corriendo**

PRESENT

corro	corremos
corres	corréis
corre	corren

PRETERIT

corrí	corrimos
corriste	corristeis
corrió	corrieron

IMPERFECT

corría	corríamos
corrías	corríais
corría	corrían

PRESENT PERFECT

he corrido	hemos corrido
has corrido	habéis corrido
ha corrido	han corrido

FUTURE

correré	correremos
correrás	correréis
correrá	correrán

CONDITIONAL

correría	correríamos
correrías	correríais
correría	correrían

PLUPERFECT

había corrido	habíamos corrido
habías corrido	habíais corrido
había corrido	habían corrido

PRETERIT PERFECT

hube corrido	hubimos corrido
hubiste corrido	hubisteis corrido
hubo corrido	hubieron corrido

FUTURE PERFECT

habré corrido	habremos corrido
habrás corrido	habréis corrido
habrá corrido	habrán corrido

CONDITIONAL PERFECT

habría corrido	habríamos corrido
habrías corrido	habríais corrido
habría corrido	habrían corrido

PRESENT SUBJUNCTIVE

corra	corramos
corras	corráis
corra	corran

PRESENT PERFECT SUBJUNCTIVE

haya corrido	hayamos corrido
hayas corrido	hayáis corrido
haya corrido	hayan corrido

IMPERFECT SUBJUNCTIVE (-ra)

corriera	corriéramos
corrieras	corrierais
corriera	corrieran

or **IMPERFECT SUBJUNCTIVE (-se)**

corriese	corriésemos
corrieses	corrieseis
corriese	corriesen

PAST PERFECT SUBJUNCTIVE (-ra)

hubiera corrido	hubiéramos corrido
hubieras corrido	hubierais corrido
hubiera corrido	hubieran corrido

or **PAST PERFECT SUBJUNCTIVE (-se)**

hubiese corrido	hubiésemos corrido
hubieses corrido	hubieseis corrido
hubiese corrido	hubiesen corrido

PROGRESSIVE TENSES

PRESENT	estoy, estás, está, estamos, estáis, están	
PRETERIT	estuve, estuviste, estuvo, estuvimos, estuvisteis, estuvieron	
IMPERFECT	estaba, estabas, estaba, estábamos, estabais, estaban	corriendo
FUTURE	estaré, estarás, estará, estaremos, estaréis, estarán	
CONDITIONAL	estaría, estarías, estaría, estaríamos, estaríais, estarían	
SUBJUNCTIVE	que + *corresponding subjunctive tense of* estar (*see verb 252*)	

COMMANDS

	(nosotros) corramos/no corramos
(tú) corre/no corras	(vosotros) corred/no corráis
(Ud.) corra/no corra	(Uds.) corran/no corran

Usage

Corrió la milla/en la carrera.	*He ran the mile/in the race.*
¡Cómo corre el tiempo!	*How time flies!*
Corre tu silla.	*Move your chair.*
Córrete un poco.	*Move over a little.*
Hemos corrido mundo.	*We've traveled a lot/seen the world.*
Corrían el peligro de perder el avión.	*They were running the risk of missing the plane.*
Te mantengo al corriente.	*I'll keep you posted/up to date.*

cortar *to cut, cut out/off/up/through*

corto · cortaron · cortado · cortando   regular -*ar* verb

PRESENT		PRETERIT	
corto	cortamos	corté	cortamos
cortas	cortáis	cortaste	cortasteis
corta	cortan	cortó	cortaron

IMPERFECT		PRESENT PERFECT	
cortaba	cortábamos	he cortado	hemos cortado
cortabas	cortabais	has cortado	habéis cortado
cortaba	cortaban	ha cortado	han cortado

FUTURE		CONDITIONAL	
cortaré	cortaremos	cortaría	cortaríamos
cortarás	cortaréis	cortarías	cortaríais
cortará	cortarán	cortaría	cortarían

PLUPERFECT		PRETERIT PERFECT	
había cortado	habíamos cortado	hube cortado	hubimos cortado
habías cortado	habíais cortado	hubiste cortado	hubisteis cortado
había cortado	habían cortado	hubo cortado	hubieron cortado

FUTURE PERFECT		CONDITIONAL PERFECT	
habré cortado	habremos cortado	habría cortado	habríamos cortado
habrás cortado	habréis cortado	habrías cortado	habríais cortado
habrá cortado	habrán cortado	habría cortado	habrían cortado

PRESENT SUBJUNCTIVE		PRESENT PERFECT SUBJUNCTIVE	
corte	cortemos	haya cortado	hayamos cortado
cortes	cortéis	hayas cortado	hayáis cortado
corte	corten	haya cortado	hayan cortado

IMPERFECT SUBJUNCTIVE (-ra)		*or* IMPERFECT SUBJUNCTIVE (-se)	
cortara	cortáramos	cortase	cortásemos
cortaras	cortarais	cortases	cortaseis
cortara	cortaran	cortase	cortasen

PAST PERFECT SUBJUNCTIVE (-ra)		*or* PAST PERFECT SUBJUNCTIVE (-se)	
hubiera cortado	hubiéramos cortado	hubiese cortado	hubiésemos cortado
hubieras cortado	hubierais cortado	hubieses cortado	hubieseis cortado
hubiera cortado	hubieran cortado	hubiese cortado	hubiesen cortado

PROGRESSIVE TENSES

PRESENT	estoy, estás, está, estamos, estáis, están	
PRETERIT	estuve, estuviste, estuvo, estuvimos, estuvisteis, estuvieron	
IMPERFECT	estaba, estabas, estaba, estábamos, estabais, estaban	cortando
FUTURE	estaré, estarás, estará, estaremos, estaréis, estarán	
CONDITIONAL	estaría, estarías, estaría, estaríamos, estaríais, estarían	
SUBJUNCTIVE	que + *corresponding subjunctive tense of* estar (*see verb 252*)	

COMMANDS

	(nosotros) cortemos/no cortemos
(tú) corta/no cortes	(vosotros) cortad/no cortéis
(Ud.) corte/no corte	(Uds.) corten/no corten

Usage

Corta las legumbres.	*Cut the vegetables.*
Este cuchillo no corta bien.	*This knife doesn't cut well.*
¿Le cortaste el pelo a tu hija?	*Did you cut your daughter's hair?*
—Me corté el pelo ayer.	*I had my hair cut yesterday.*
—Me gusta el corte.	*I like your (hair) cut.*
No te cortes con las tijeras.	*Don't cut yourself with the scissors.*
Hablábamos cuando se cortó la línea.	*We were talking when we were cut off.* (telephone)

stem-changing *-ar* verb: *o > ue*; verb used
in third-person singular and plural only

PRESENT		PRETERIT	
cuesta	cuestan	costó	costaron

IMPERFECT		PRESENT PERFECT	
costaba	costaban	ha costado	han costado

FUTURE		CONDITIONAL	
costará	costarán	costaría	costarían

PLUPERFECT		PRETERIT PERFECT	
había costado	habían costado	hubo costado	hubieron costado

FUTURE PERFECT		CONDITIONAL PERFECT	
habrá costado	habrán costado	habría costado	habrían costado

PRESENT SUBJUNCTIVE		PRESENT PERFECT SUBJUNCTIVE	
cueste	cuesten	haya costado	hayan costado

IMPERFECT SUBJUNCTIVE (-ra)		*or*	IMPERFECT SUBJUNCTIVE (-se)	
costara	costaran		costase	costasen

PAST PERFECT SUBJUNCTIVE (-ra)		*or*	PAST PERFECT SUBJUNCTIVE (-se)	
hubiera costado	hubieran costado		hubiese costado	hubiesen costado

PROGRESSIVE TENSES

PRESENT	está, están	
PRETERIT	estuvo, estuvieron	
IMPERFECT	estaba, estaban	
FUTURE	estará, estarán	} costando
CONDITIONAL	estaría, estarían	
SUBJUNCTIVE	que + *corresponding subjunctive tense of* estar (*see verb 252*)	

COMMANDS

¡Que cueste!   ¡Que cuesten!

Usage

—¿Cuánto cuesta?	*How much does it cost?/How much is it?*
—No creo que cueste mucho.	*I don't think it costs a lot.*
—¿Cuánto cuestan?	*How much do they cost?/How much are they?*
—Cuestan un ojo de la cara.	*They cost an arm and a leg.*
Cómprenlo cueste lo que cueste.	*Buy it at any cost/whatever the cost.*
Cuesta creer lo que pasó.	*It's difficult to believe what happened.*
Me cuesta entender su motivo.	*I find it hard/It's hard for me to understand his motive.*
—La impresora les habrá costado una fortuna.	*The printer must have cost them a lot.*
—Dudo que haya sido muy costosa.	*I doubt that it was very expensive.*
Me costó mucho trabajo convencerles.	*It took a lot for me to convince them.*
¿Qué tal el costo de la vida en la capital?	*How's the cost of living in the capital city?*
Ninguna empresa está dispuesta a costear el proyecto.	*No firm is willing to finance the project.*

crear   *to create, make, invent*

regular *-ar* verb

PRESENT		PRETERIT	
creo	creamos	creé	creamos
creas	creáis	creaste	creasteis
crea	crean	creó	crearon

IMPERFECT		PRESENT PERFECT	
creaba	creábamos	he creado	hemos creado
creabas	creabais	has creado	habéis creado
creaba	creaban	ha creado	han creado

FUTURE		CONDITIONAL	
crearé	crearemos	crearía	crearíamos
crearás	crearéis	crearías	crearíais
creará	crearán	crearía	crearían

PLUPERFECT		PRETERIT PERFECT	
había creado	habíamos creado	hube creado	hubimos creado
habías creado	habíais creado	hubiste creado	hubisteis creado
había creado	habían creado	hubo creado	hubieron creado

FUTURE PERFECT		CONDITIONAL PERFECT	
habré creado	habremos creado	habría creado	habríamos creado
habrás creado	habréis creado	habrías creado	habríais creado
habrá creado	habrán creado	habría creado	habrían creado

PRESENT SUBJUNCTIVE		PRESENT PERFECT SUBJUNCTIVE	
cree	creemos	haya creado	hayamos creado
crees	creéis	hayas creado	hayáis creado
cree	creen	haya creado	hayan creado

IMPERFECT SUBJUNCTIVE (-ra)		*or* IMPERFECT SUBJUNCTIVE (-se)	
creara	creáramos	crease	creásemos
crearas	crearais	creases	creaseis
creara	crearan	crease	creasen

PAST PERFECT SUBJUNCTIVE (-ra)		*or* PAST PERFECT SUBJUNCTIVE (-se)	
hubiera creado	hubiéramos creado	hubiese creado	hubiésemos creado
hubieras creado	hubierais creado	hubieses creado	hubieseis creado
hubiera creado	hubieran creado	hubiese creado	hubiesen creado

PROGRESSIVE TENSES

PRESENT	estoy, estás, está, estamos, estáis, están	
PRETERIT	estuve, estuviste, estuvo, estuvimos, estuvisteis, estuvieron	
IMPERFECT	estaba, estabas, estaba, estábamos, estabais, estaban	creando
FUTURE	estaré, estarás, estará, estaremos, estaréis, estarán	
CONDITIONAL	estaría, estarías, estaría, estaríamos, estaríais, estarían	
SUBJUNCTIVE	que + *corresponding subjunctive tense of* estar (*see verb 252*)	

COMMANDS

	(nosotros) creemos/no creemos
(tú) crea/no crees	(vosotros) cread/no creéis
(Ud.) cree/no cree	(Uds.) creen/no creen

Usage

Crea un fichero.	*Create a file.*
Ha creado magníficas obras de arte.	*He has created magnificent works of art.*
No te crees problemas.	*Don't make problems for yourself.*
Se conoce por sus ideas creadoras.	*She's known for her creative ideas.*

-*er* verb; spelling change: *z > zc/o, a*   **crezco · crecieron · crecido · creciendo**

PRESENT

crezco	crecemos
creces	crecéis
crece	crecen

IMPERFECT

crecía	crecíamos
crecías	crecíais
crecía	crecían

FUTURE

creceré	creceremos
crecerás	creceréis
crecerá	crecerán

PLUPERFECT

había crecido	habíamos crecido
habías crecido	habíais crecido
había crecido	habían crecido

FUTURE PERFECT

habré crecido	habremos crecido
habrás crecido	habréis crecido
habrá crecido	habrán crecido

PRESENT SUBJUNCTIVE

crezca	crezcamos
crezcas	crezcáis
crezca	crezcan

IMPERFECT SUBJUNCTIVE (-ra)

creciera	creciéramos
crecieras	crecierais
creciera	crecieran

PAST PERFECT SUBJUNCTIVE (-ra)

hubiera crecido	hubiéramos crecido
hubieras crecido	hubierais crecido
hubiera crecido	hubieran crecido

PRETERIT

crecí	crecimos
creciste	crecisteis
creció	crecieron

PRESENT PERFECT

he crecido	hemos crecido
has crecido	habéis crecido
ha crecido	han crecido

CONDITIONAL

crecería	creceríamos
crecerías	creceríais
crecería	crecerían

PRETERIT PERFECT

hube crecido	hubimos crecido
hubiste crecido	hubisteis crecido
hubo crecido	hubieron crecido

CONDITIONAL PERFECT

habría crecido	habríamos crecido
habrías crecido	habríais crecido
habría crecido	habrían crecido

PRESENT PERFECT SUBJUNCTIVE

haya crecido	hayamos crecido
hayas crecido	hayáis crecido
haya crecido	hayan crecido

or   **IMPERFECT SUBJUNCTIVE (-se)**

creciese	creciésemos
crecieses	crecieseis
creciese	creciesen

or   **PAST PERFECT SUBJUNCTIVE (-se)**

hubiese crecido	hubiésemos crecido
hubieses crecido	hubieseis crecido
hubiese crecido	hubiesen crecido

PROGRESSIVE TENSES

PRESENT	estoy, estás, está, estamos, estáis, están
PRETERIT	estuve, estuviste, estuvo, estuvimos, estuvisteis, estuvieron
IMPERFECT	estaba, estabas, estaba, estábamos, estabais, estaban
FUTURE	estaré, estarás, estará, estaremos, estaréis, estarán
CONDITIONAL	estaría, estarías, estaría, estaríamos, estaríais, estarían
SUBJUNCTIVE	que + *corresponding subjunctive tense of* estar (*see verb 252*)

} creciendo

COMMANDS

	(nosotros) crezcamos/no crezcamos
(tú) crece/no crezcas	(vosotros) creced/no crezcáis
(Ud.) crezca/no crezca	(Uds.) crezcan/no crezcan

Usage

¡Cuánto han crecido sus hijos!	*How much your children have grown!*
Su angustia crecía todos los días.	*Their anguish/distress increased each day.*
¿Por qué no dejas crecer tu pelo?	*Why don't you let your hair grow?*
Gozamos de un impresionante crecimiento económico.	*We enjoy impressive economic growth.*
Hay una demanda creciente de teléfonos celulares.	*There's a growing demand for cell phones.*

creer   *to believe, think*

creo · creyeron · creído · creyendo

-er verb with stem ending in a vowel: third-person singular *-ió* > *-yó* and third-person plural *-ieron* > *-yeron* in the preterit

PRESENT		PRETERIT	
creo	creemos	creí	creímos
crees	creéis	creíste	creísteis
cree	creen	creyó	creyeron

IMPERFECT		PRESENT PERFECT	
creía	creíamos	he creído	hemos creído
creías	creíais	has creído	habéis creído
creía	creían	ha creído	han creído

FUTURE		CONDITIONAL	
creeré	creeremos	creería	creeríamos
creerás	creeréis	creerías	creeríais
creerá	creerán	creería	creerían

PLUPERFECT		PRETERIT PERFECT	
había creído	habíamos creído	hube creído	hubimos creído
habías creído	habíais creído	hubiste creído	hubisteis creído
había creído	habían creído	hubo creído	hubieron creído

FUTURE PERFECT		CONDITIONAL PERFECT	
habré creído	habremos creído	habría creído	habríamos creído
habrás creído	habréis creído	habrías creído	habríais creído
habrá creído	habrán creído	habría creído	habrían creído

PRESENT SUBJUNCTIVE		PRESENT PERFECT SUBJUNCTIVE	
crea	creamos	haya creído	hayamos creído
creas	creáis	hayas creído	hayáis creído
crea	crean	haya creído	hayan creído

IMPERFECT SUBJUNCTIVE (-ra)		*or* IMPERFECT SUBJUNCTIVE (-se)	
creyera	creyéramos	creyese	creyésemos
creyeras	creyerais	creyeses	creyeseis
creyera	creyeran	creyese	creyesen

PAST PERFECT SUBJUNCTIVE (-ra)		*or* PAST PERFECT SUBJUNCTIVE (-se)	
hubiera creído	hubiéramos creído	hubiese creído	hubiésemos creído
hubieras creído	hubierais creído	hubieses creído	hubieseis creído
hubiera creído	hubieran creído	hubiese creído	hubiesen creído

PROGRESSIVE TENSES

PRESENT	estoy, estás, está, estamos, estáis, están	
PRETERIT	estuve, estuviste, estuvo, estuvimos, estuvisteis, estuvieron	
IMPERFECT	estaba, estabas, estaba, estábamos, estabais, estaban	creyendo
FUTURE	estaré, estarás, estará, estaremos, estaréis, estarán	
CONDITIONAL	estaría, estarías, estaría, estaríamos, estaríais, estarían	
SUBJUNCTIVE	que + *corresponding subjunctive tense of* estar (*see verb 252*)	

COMMANDS

	(nosotros) creamos/no creamos
(tú) cree/no creas	(vosotros) creed/no creáis
(Ud.) crea/no crea	(Uds.) crean/no crean

Usage

—¿Crees que el almacén está abierto?	*Do you think the department store is open?*
—Creo que sí./Creo que no.	*I think so./I don't think so.*
No creo que tenga razón.	*I don't think he's right.*
Creen en Dios.	*They believe in God.*
Ya lo creo.	*Of course., I should say so.*
No me lo creo.	*I can't believe it.*
Ver y creer.	*Seeing is believing.*

-ar verb; spelling change: *i* > *í* when stressed   **crío · criaron · criado · criando**

PRESENT

crío	criamos
crías	criáis
cría	crían

IMPERFECT

criaba	criábamos
criabas	criabais
criaba	criaban

FUTURE

criaré	criaremos
criarás	criaréis
criará	criarán

PLUPERFECT

había criado	habíamos criado
habías criado	habíais criado
había criado	habían criado

FUTURE PERFECT

habré criado	habremos criado
habrás criado	habréis criado
habrá criado	habrán criado

PRESENT SUBJUNCTIVE

críe	criemos
críes	criéis
críe	críen

IMPERFECT SUBJUNCTIVE (-ra)

criara	criáramos
criaras	criarais
criara	criaran

PAST PERFECT SUBJUNCTIVE (-ra)

hubiera criado	hubiéramos criado
hubieras criado	hubierais criado
hubiera criado	hubieran criado

PRETERIT

crié	criamos
criaste	criasteis
crió	criaron

PRESENT PERFECT

he criado	hemos criado
has criado	habéis criado
ha criado	han criado

CONDITIONAL

criaría	criaríamos
criarías	criaríais
criaría	criarían

PRETERIT PERFECT

hube criado	hubimos criado
hubiste criado	hubisteis criado
hubo criado	hubieron criado

CONDITIONAL PERFECT

habría criado	habríamos criado
habrías criado	habríais criado
habría criado	habrían criado

PRESENT PERFECT SUBJUNCTIVE

haya criado	hayamos criado
hayas criado	hayáis criado
haya criado	hayan criado

or **IMPERFECT SUBJUNCTIVE (-se)**

criase	criásemos
criases	criaseis
criase	criasen

or **PAST PERFECT SUBJUNCTIVE (-se)**

hubiese criado	hubiésemos criado
hubieses criado	hubieseis criado
hubiese criado	hubiesen criado

PROGRESSIVE TENSES

PRESENT	estoy, estás, está, estamos, estáis, están
PRETERIT	estuve, estuviste, estuvo, estuvimos, estuvisteis, estuvieron
IMPERFECT	estaba, estabas, estaba, estábamos, estabais, estaban
FUTURE	estaré, estarás, estará, estaremos, estaréis, estarán
CONDITIONAL	estaría, estarías, estaría, estaríamos, estaríais, estarían
SUBJUNCTIVE	que + *corresponding subjunctive tense of* estar (*see verb 252*)

} criando

COMMANDS

	(nosotros) criemos/no criemos
(tú) cría/no críes	(vosotros) criad/no criéis
(Ud.) críe/no críe	(Uds.) críen/no críen

Usage

Estos niños se crían con mucho cariño. / *These children are brought up with a lot of loving care.*
Se cría ganado en la hacienda. / *They raise cattle on the ranch.*
Se crían ostras/gusanos de seda. / *Oysters/Silkworms are cultivated.*
Dios los cría y ellos se juntan. / *Birds of a feather flock together.*
Cría cuervos y te sacarán los ojos. / *The dog bites the hand that feeds it.*
Son niños muy bien criados. / *They're very well brought up kids.*
¡Qué adorable criatura! / *What an adorable baby/child!*

cruzar *to cross*

cruzo · cruzaron · cruzado · cruzando   *-ar* verb; spelling change: *z > c/e*

PRESENT		PRETERIT	
cruzo	cruzamos	crucé	cruzamos
cruzas	cruzáis	cruzaste	cruzasteis
cruza	cruzan	cruzó	cruzaron

IMPERFECT		PRESENT PERFECT	
cruzaba	cruzábamos	he cruzado	hemos cruzado
cruzabas	cruzabais	has cruzado	habéis cruzado
cruzaba	cruzaban	ha cruzado	han cruzado

FUTURE		CONDITIONAL	
cruzaré	cruzaremos	cruzaría	cruzaríamos
cruzarás	cruzaréis	cruzarías	cruzaríais
cruzará	cruzarán	cruzaría	cruzarían

PLUPERFECT		PRETERIT PERFECT	
había cruzado	habíamos cruzado	hube cruzado	hubimos cruzado
habías cruzado	habíais cruzado	hubiste cruzado	hubisteis cruzado
había cruzado	habían cruzado	hubo cruzado	hubieron cruzado

FUTURE PERFECT		CONDITIONAL PERFECT	
habré cruzado	habremos cruzado	habría cruzado	habríamos cruzado
habrás cruzado	habréis cruzado	habrías cruzado	habríais cruzado
habrá cruzado	habrán cruzado	habría cruzado	habrían cruzado

PRESENT SUBJUNCTIVE		PRESENT PERFECT SUBJUNCTIVE	
cruce	crucemos	haya cruzado	hayamos cruzado
cruces	crucéis	hayas cruzado	hayáis cruzado
cruce	crucen	haya cruzado	hayan cruzado

IMPERFECT SUBJUNCTIVE (-ra)		*or* IMPERFECT SUBJUNCTIVE (-se)	
cruzara	cruzáramos	cruzase	cruzásemos
cruzaras	cruzarais	cruzases	cruzaseis
cruzara	cruzaran	cruzase	cruzasen

PAST PERFECT SUBJUNCTIVE (-ra)		*or* PAST PERFECT SUBJUNCTIVE (-se)	
hubiera cruzado	hubiéramos cruzado	hubiese cruzado	hubiésemos cruzado
hubieras cruzado	hubierais cruzado	hubieses cruzado	hubieseis cruzado
hubiera cruzado	hubieran cruzado	hubiese cruzado	hubiesen cruzado

PROGRESSIVE TENSES

PRESENT	estoy, estás, está, estamos, estáis, están	
PRETERIT	estuve, estuviste, estuvo, estuvimos, estuvisteis, estuvieron	
IMPERFECT	estaba, estabas, estaba, estábamos, estabais, estaban	cruzando
FUTURE	estaré, estarás, estará, estaremos, estaréis, estarán	
CONDITIONAL	estaría, estarías, estaría, estaríamos, estaríais, estarían	
SUBJUNCTIVE	que + *corresponding subjunctive tense of* estar (*see verb 252*)	

COMMANDS

	(nosotros) crucemos/no crucemos
(tú) cruza/no cruces	(vosotros) cruzad/no crucéis
(Ud.) cruce/no cruce	(Uds.) crucen/no crucen

Usage

Crucen la calle con cuidado.	*Cross the street carefully.*
El puente George Washington cruza el río Hudson.	*The George Washington Bridge crosses the Hudson River.*
Se cruzaron de palabras.	*They quarreled.*
No nos quedamos con los brazos cruzados.	*We'll not just stand around doing nothing.*
Hay una campaña para ayudar a la Cruz Roja.	*There's a campaign to help the Red Cross.*
Hizo investigaciones sobre las Cruzadas.	*He did research on the Crusades.*

-ir verb; irregular past participle

cubro · cubrieron · cubierto · cubriendo

PRESENT

cubro	cubrimos
cubres	cubrís
cubre	cubren

IMPERFECT

cubría	cubríamos
cubrías	cubríais
cubría	cubrían

FUTURE

cubriré	cubriremos
cubrirás	cubriréis
cubrirá	cubrirán

PLUPERFECT

había cubierto	habíamos cubierto
habías cubierto	habíais cubierto
había cubierto	habían cubierto

FUTURE PERFECT

habré cubierto	habremos cubierto
habrás cubierto	habréis cubierto
habrá cubierto	habrán cubierto

PRESENT SUBJUNCTIVE

cubra	cubramos
cubras	cubráis
cubra	cubran

IMPERFECT SUBJUNCTIVE (-ra)

cubriera	cubriéramos
cubrieras	cubrierais
cubriera	cubrieran

PAST PERFECT SUBJUNCTIVE (-ra)

hubiera cubierto	hubiéramos cubierto
hubieras cubierto	hubierais cubierto
hubiera cubierto	hubieran cubierto

PRETERIT

cubrí	cubrimos
cubriste	cubristeis
cubrió	cubrieron

PRESENT PERFECT

he cubierto	hemos cubierto
has cubierto	habéis cubierto
ha cubierto	han cubierto

CONDITIONAL

cubriría	cubriríamos
cubrirías	cubriríais
cubriría	cubrirían

PRETERIT PERFECT

hube cubierto	hubimos cubierto
hubiste cubierto	hubisteis cubierto
hubo cubierto	hubieron cubierto

CONDITIONAL PERFECT

habría cubierto	habríamos cubierto
habrías cubierto	habríais cubierto
habría cubierto	habrían cubierto

PRESENT PERFECT SUBJUNCTIVE

haya cubierto	hayamos cubierto
hayas cubierto	hayáis cubierto
haya cubierto	hayan cubierto

or **IMPERFECT SUBJUNCTIVE (-se)**

cubriese	cubriésemos
cubrieses	cubrieseis
cubriese	cubriesen

or **PAST PERFECT SUBJUNCTIVE (-se)**

hubiese cubierto	hubiésemos cubierto
hubieses cubierto	hubieseis cubierto
hubiese cubierto	hubiesen cubierto

PROGRESSIVE TENSES

PRESENT	estoy, estás, está, estamos, estáis, están
PRETERIT	estuve, estuviste, estuvo, estuvimos, estuvisteis, estuvieron
IMPERFECT	estaba, estabas, estaba, estábamos, estabais, estaban
FUTURE	estaré, estarás, estará, estaremos, estaréis, estarán
CONDITIONAL	estaría, estarías, estaría, estaríamos, estaríais, estarían
SUBJUNCTIVE	que + *corresponding subjunctive tense of* estar *(see verb 252)*

} cubriendo

COMMANDS

	(nosotros) cubramos/no cubramos
(tú) cubre/no cubras	(vosotros) cubrid/no cubráis
(Ud.) cubra/no cubra	(Uds.) cubran/no cubran

Usage

Cubrió la mesa con un mantel.	*She covered the table with a tablecloth.*
Cubre la cama con el cubrecama.	*Cover the bed with the bedspread.*
Hemos cubierto los gastos.	*We've covered/met expenses.*
Cúbrete la cabeza.	*Put on your hat.*
El cielo está cubierto.	*The sky is overcast.*
Mozo, falta un cubierto.	*Waiter, a place setting is missing.*

cuidar   *to look after, care for*

PRESENT

		PRETERIT	
cuido	cuidamos	cuidé	cuidamos
cuidas	cuidáis	cuidaste	cuidasteis
cuida	cuidan	cuidó	cuidaron

IMPERFECT

		PRESENT PERFECT	
cuidaba	cuidábamos	he cuidado	hemos cuidado
cuidabas	cuidabais	has cuidado	habéis cuidado
cuidaba	cuidaban	ha cuidado	han cuidado

FUTURE

		CONDITIONAL	
cuidaré	cuidaremos	cuidaría	cuidaríamos
cuidarás	cuidaréis	cuidarías	cuidaríais
cuidará	cuidarán	cuidaría	cuidarían

PLUPERFECT

		PRETERIT PERFECT	
había cuidado	habíamos cuidado	hube cuidado	hubimos cuidado
habías cuidado	habíais cuidado	hubiste cuidado	hubisteis cuidado
había cuidado	habían cuidado	hubo cuidado	hubieron cuidado

FUTURE PERFECT

		CONDITIONAL PERFECT	
habré cuidado	habremos cuidado	habría cuidado	habríamos cuidado
habrás cuidado	habréis cuidado	habrías cuidado	habríais cuidado
habrá cuidado	habrán cuidado	habría cuidado	habrían cuidado

PRESENT SUBJUNCTIVE

		PRESENT PERFECT SUBJUNCTIVE	
cuide	cuidemos	haya cuidado	hayamos cuidado
cuides	cuidéis	hayas cuidado	hayáis cuidado
cuide	cuiden	haya cuidado	hayan cuidado

IMPERFECT SUBJUNCTIVE (-ra)   *or*   **IMPERFECT SUBJUNCTIVE (-se)**

cuidara	cuidáramos		cuidase	cuidásemos
cuidaras	cuidarais		cuidases	cuidaseis
cuidara	cuidaran		cuidase	cuidasen

PAST PERFECT SUBJUNCTIVE (-ra)   *or*   **PAST PERFECT SUBJUNCTIVE (-se)**

hubiera cuidado	hubiéramos cuidado		hubiese cuidado	hubiésemos cuidado
hubieras cuidado	hubierais cuidado		hubieses cuidado	hubieseis cuidado
hubiera cuidado	hubieran cuidado		hubiese cuidado	hubiesen cuidado

PROGRESSIVE TENSES

PRESENT	estoy, estás, está, estamos, estáis, están
PRETERIT	estuve, estuviste, estuvo, estuvimos, estuvisteis, estuvieron
IMPERFECT	estaba, estabas, estaba, estábamos, estabais, estaban
FUTURE	estaré, estarás, estará, estaremos, estaréis, estarán
CONDITIONAL	estaría, estarías, estaría, estaríamos, estaríais, estarían
SUBJUNCTIVE	que + *corresponding subjunctive tense of* estar (*see verb 252*)

} cuidando

COMMANDS

	(nosotros) cuidemos/no cuidemos
(tú) cuida/no cuides	(vosotros) cuidad/no cuidéis
(Ud.) cuide/no cuide	(Uds.) cuiden/no cuiden

Usage

Cuida bien a los niños.	*Take good care of the children.*
Es importante que cuidéis los detalles.	*It's important that you pay attention to the details.*
Cuídate mucho.	*Take good care of yourself.*
No se cuidan de los demás.	*They don't worry about other people.*
¡Tengan cuidado!/¡Cuidado!	*Be careful!*
Lo hace todo con cuidado/cuidadosamente.	*She does everything carefully.*

regular -ar verb

cultivo · cultivaron · cultivado · cultivando

PRESENT

cultivo	cultivamos
cultivas	cultiváis
cultiva	cultivan

PRETERIT

cultivé	cultivamos
cultivaste	cultivasteis
cultivó	cultivaron

IMPERFECT

cultivaba	cultivábamos
cultivabas	cultivabais
cultivaba	cultivaban

PRESENT PERFECT

he cultivado	hemos cultivado
has cultivado	habéis cultivado
ha cultivado	han cultivado

FUTURE

cultivaré	cultivaremos
cultivarás	cultivaréis
cultivará	cultivarán

CONDITIONAL

cultivaría	cultivaríamos
cultivarías	cultivaríais
cultivaría	cultivarían

PLUPERFECT

había cultivado	habíamos cultivado
habías cultivado	habíais cultivado
había cultivado	habían cultivado

PRETERIT PERFECT

hube cultivado	hubimos cultivado
hubiste cultivado	hubisteis cultivado
hubo cultivado	hubieron cultivado

FUTURE PERFECT

habré cultivado	habremos cultivado
habrás cultivado	habréis cultivado
habrá cultivado	habrán cultivado

CONDITIONAL PERFECT

habría cultivado	habríamos cultivado
habrías cultivado	habríais cultivado
habría cultivado	habrían cultivado

PRESENT SUBJUNCTIVE

cultive	cultivemos
cultives	cultivéis
cultive	cultiven

PRESENT PERFECT SUBJUNCTIVE

haya cultivado	hayamos cultivado
hayas cultivado	hayáis cultivado
haya cultivado	hayan cultivado

IMPERFECT SUBJUNCTIVE (-ra)

cultivara	cultiváramos
cultivaras	cultivarais
cultivara	cultivaran

or **IMPERFECT SUBJUNCTIVE (-se)**

cultivase	cultivásemos
cultivases	cultivaseis
cultivase	cultivasen

PAST PERFECT SUBJUNCTIVE (-ra)

hubiera cultivado	hubiéramos cultivado
hubieras cultivado	hubierais cultivado
hubiera cultivado	hubieran cultivado

or **PAST PERFECT SUBJUNCTIVE (-se)**

hubiese cultivado	hubiésemos cultivado
hubieses cultivado	hubieseis cultivado
hubiese cultivado	hubiesen cultivado

PROGRESSIVE TENSES

PRESENT	estoy, estás, está, estamos, estáis, están	
PRETERIT	estuve, estuviste, estuvo, estuvimos, estuvisteis, estuvieron	
IMPERFECT	estaba, estabas, estaba, estábamos, estabais, estaban	cultivando
FUTURE	estaré, estarás, estará, estaremos, estaréis, estarán	
CONDITIONAL	estaría, estarías, estaría, estaríamos, estaríais, estarían	
SUBJUNCTIVE	que + *corresponding subjunctive tense of* estar (*see verb 252*)	

COMMANDS

	(nosotros) cultivemos/no cultivemos
(tú) cultiva/no cultives	(vosotros) cultivad/no cultivéis
(Ud.) cultive/no cultive	(Uds.) cultiven/no cultiven

Usage

Se cultiva toda clase de hortalizas en la huerta.	*All kinds of vegetables grow in the garden.*
¿Cultivas la amistad con ellos?	*Are you cultivating a friendship with them?*
Espero que se cultiven flores.	*I hope they'll grow flowers.*
El cultivo de la vid es importante en España.	*Wine growing is important in Spain.*
Es una mujer muy culta.	*She's a very cultured/educated woman.*
Piensa especializarse en cultura clásica.	*He intends to specialize/major in classical culture.*

cumplir   *to fulfill, carry out, keep one's word, be __ years old* (birthday)

cumplo · cumplieron · cumplido · cumpliendo   regular *-ir* verb

PRESENT

cumplo	cumplimos		
cumples	cumplís		
cumple	cumplen		

PRETERIT

cumplí	cumplimos
cumpliste	cumplisteis
cumplió	cumplieron

IMPERFECT

cumplía	cumplíamos
cumplías	cumplíais
cumplía	cumplían

PRESENT PERFECT

he cumplido	hemos cumplido
has cumplido	habéis cumplido
ha cumplido	han cumplido

FUTURE

cumpliré	cumpliremos
cumplirás	cumpliréis
cumplirá	cumplirán

CONDITIONAL

cumpliría	cumpliríamos
cumplirías	cumpliríais
cumpliría	cumplirían

PLUPERFECT

había cumplido	habíamos cumplido
habías cumplido	habíais cumplido
había cumplido	habían cumplido

PRETERIT PERFECT

hube cumplido	hubimos cumplido
hubiste cumplido	hubisteis cumplido
hubo cumplido	hubieron cumplido

FUTURE PERFECT

habré cumplido	habremos cumplido
habrás cumplido	habréis cumplido
habrá cumplido	habrán cumplido

CONDITIONAL PERFECT

habría cumplido	habríamos cumplido
habrías cumplido	habríais cumplido
habría cumplido	habrían cumplido

PRESENT SUBJUNCTIVE

cumpla	cumplamos
cumplas	cumpláis
cumpla	cumplan

PRESENT PERFECT SUBJUNCTIVE

haya cumplido	hayamos cumplido
hayas cumplido	hayáis cumplido
haya cumplido	hayan cumplido

IMPERFECT SUBJUNCTIVE (-ra)   *or*   **IMPERFECT SUBJUNCTIVE (-se)**

cumpliera	cumpliéramos	cumpliese	cumpliésemos
cumplieras	cumplierais	cumplieses	cumplieseis
cumpliera	cumplieran	cumpliese	cumpliesen

PAST PERFECT SUBJUNCTIVE (-ra)   *or*   **PAST PERFECT SUBJUNCTIVE (-se)**

hubiera cumplido	hubiéramos cumplido	hubiese cumplido	hubiésemos cumplido
hubieras cumplido	hubierais cumplido	hubieses cumplido	hubieseis cumplido
hubiera cumplido	hubieran cumplido	hubiese cumplido	hubiesen cumplido

PROGRESSIVE TENSES

PRESENT	estoy, estás, está, estamos, estáis, están
PRETERIT	estuve, estuviste, estuvo, estuvimos, estuvisteis, estuvieron
IMPERFECT	estaba, estabas, estaba, estábamos, estabais, estaban
FUTURE	estaré, estarás, estará, estaremos, estaréis, estarán
CONDITIONAL	estaría, estarías, estaría, estaríamos, estaríais, estarían
SUBJUNCTIVE	que + *corresponding subjunctive tense of* estar (*see verb 252*)

} cumpliendo

COMMANDS

	(nosotros) cumplamos/no cumplamos
(tú) cumple/no cumplas	(vosotros) cumplid/no cumpláis
(Ud.) cumpla/no cumpla	(Uds.) cumplan/no cumplan

Usage

Siempre cumple sus promesas.	*He always keeps his promises.*
Cumplió sus compromisos con todos.	*She fulfilled her commitments to everyone.*
Cumplo 27 años el sábado.	*I'll be/turn 27 on Saturday.*
¡Feliz cumpleaños!	*Happy birthday!*
¡Qué chicos más cumplidores!	*What trustworthy/reliable kids!*
Son jóvenes muy cumplidos.	*They're very polite young people.*

irregular verb

PRESENT		PRETERIT	
doy	damos	di	dimos
das	dais	diste	disteis
da	dan	dio	dieron

IMPERFECT		PRESENT PERFECT	
daba	dábamos	he dado	hemos dado
dabas	dabais	has dado	habéis dado
daba	daban	ha dado	han dado

FUTURE		CONDITIONAL	
daré	daremos	daría	daríamos
darás	daréis	darías	daríais
dará	darán	daría	darían

PLUPERFECT		PRETERIT PERFECT	
había dado	habíamos dado	hube dado	hubimos dado
habías dado	habíais dado	hubiste dado	hubisteis dado
había dado	habían dado	hubo dado	hubieron dado

FUTURE PERFECT		CONDITIONAL PERFECT	
habré dado	habremos dado	habría dado	habríamos dado
habrás dado	habréis dado	habrías dado	habríais dado
habrá dado	habrán dado	habría dado	habrían dado

PRESENT SUBJUNCTIVE		PRESENT PERFECT SUBJUNCTIVE	
dé	demos	haya dado	hayamos dado
des	deis	hayas dado	hayáis dado
dé	den	haya dado	hayan dado

IMPERFECT SUBJUNCTIVE (-ra)		*or*	IMPERFECT SUBJUNCTIVE (-se)	
diera	diéramos		diese	diésemos
dieras	dierais		dieses	dieseis
diera	dieran		diese	diesen

PAST PERFECT SUBJUNCTIVE (-ra)		*or*	PAST PERFECT SUBJUNCTIVE (-se)	
hubiera dado	hubiéramos dado		hubiese dado	hubiésemos dado
hubieras dado	hubierais dado		hubieses dado	hubieseis dado
hubiera dado	hubieran dado		hubiese dado	hubiesen dado

PROGRESSIVE TENSES

PRESENT	estoy, estás, está, estamos, estáis, están	
PRETERIT	estuve, estuviste, estuvo, estuvimos, estuvisteis, estuvieron	
IMPERFECT	estaba, estabas, estaba, estábamos, estabais, estaban	} dando
FUTURE	estaré, estarás, estará, estaremos, estaréis, estarán	
CONDITIONAL	estaría, estarías, estaría, estaríamos, estaríais, estarían	
SUBJUNCTIVE	que + *corresponding subjunctive tense of* estar *(see verb 252)*	

COMMANDS

	(nosotros) demos/no demos
(tú) da/no des	(vosotros) dad/no deis
(Ud.) dé/no dé	(Uds.) den/no den

Usage

Siempre da consejos.	*She always gives advice.*
Nos dieron las gracias.	*They thanked us.*
Les dio miedo/celos.	*It frightened them/made them jealous.*
Dales recuerdos de mi parte.	*Give them my regards.*
Demos un paseo/una vuelta.	*Let's take a walk.*
¡Dale a la pelota!	*Hit the ball!*

TOP 50 VERB ☞

doy · dieron · dado · dando   irregular verb

Nos daba pena verlos así.	*We were sorry to see them like that.*
Ya han dado el visto bueno al esquema.	*They've already approved the plan/outline.*
Ve a darles la bienvenida.	*Go ahead and welcome them.*
Da gusto pasar unos días aquí.	*It's nice to spend a few days here.*
Dan un concierto hoy a las tres.	*They're giving a concert at 3:00 today.*
Están dando una película de aventuras.	*They're showing an adventure film.*
—¿Qué más da?	*What difference does it make?*
—Da lo mismo/igual.	*It doesn't matter./It's all the same.*
Ese árbol da manzanas.	*That tree gives/produces apples.*
Nos estás dando mucho trabajo.	*You're giving us a lot of work.*
Lo que dijo nos dio que pensar.	*What he said made us think.*
Su esposa dio a luz anoche.	*His wife gave birth last night.*
El hotel da al mar/a las montañas.	*The hotel faces the sea/the mountains.*
¿Dónde diste con ellas?	*Where did you run/bump into them?*
El reloj dio las nueve.	*The clock struck nine.*
Da de comer/de beber al perro.	*Feed/Give water (a drink) to the dog.*
A mí me da igual.	*It's all the same to me.*
Le dio un catarro.	*She caught a cold.*
Le dio un ataque de risa/tos.	*He had a fit of laughter/coughing fit.*
El sol/el viento me daba en la cara.	*The sun/wind was shining/blowing in my face.*

darse

Nos dimos la mano/los buenos días.	*We shook hands/said hello.*
¡Date prisa!	*Hurry up!*
Se dio cuenta que había un problema.	*She realized there was a problem.*
Se dio por vencido.	*He gave in/up.*
Es dado a trasnochar.	*He's given to/fond of staying up late.*
Dada la hora, hay que suspender la sesión.	*Given the time, we should adjourn the meeting.*

regular *-er* verb   **debo · debieron · debido · debiendo**

PRESENT

debo	debemos
debes	debéis
debe	deben

IMPERFECT

debía	debíamos
debías	debíais
debía	debían

FUTURE

deberé	deberemos
deberás	deberéis
deberá	deberán

PLUPERFECT

había debido	habíamos debido
habías debido	habíais debido
había debido	habían debido

FUTURE PERFECT

habré debido	habremos debido
habrás debido	habréis debido
habrá debido	habrán debido

PRESENT SUBJUNCTIVE

deba	debamos
debas	debáis
deba	deban

IMPERFECT SUBJUNCTIVE (-ra)

debiera	debiéramos
debieras	debierais
debiera	debieran

PAST PERFECT SUBJUNCTIVE (-ra)

hubiera debido	hubiéramos debido
hubieras debido	hubierais debido
hubiera debido	hubieran debido

PRETERIT

debí	debimos
debiste	debisteis
debió	debieron

PRESENT PERFECT

he debido	hemos debido
has debido	habéis debido
ha debido	han debido

CONDITIONAL

debería	deberíamos
deberías	deberíais
debería	deberían

PRETERIT PERFECT

hube debido	hubimos debido
hubiste debido	hubisteis debido
hubo debido	hubieron debido

CONDITIONAL PERFECT

habría debido	habríamos debido
habrías debido	habríais debido
habría debido	habrían debido

PRESENT PERFECT SUBJUNCTIVE

haya debido	hayamos debido
hayas debido	hayáis debido
haya debido	hayan debido

or **IMPERFECT SUBJUNCTIVE (-se)**

debiese	debiésemos
debieses	debieseis
debiese	debiesen

or **PAST PERFECT SUBJUNCTIVE (-se)**

hubiese debido	hubiésemos debido
hubieses debido	hubieseis debido
hubiese debido	hubiesen debido

PROGRESSIVE TENSES

PRESENT	estoy, estás, está, estamos, estáis, están	
PRETERIT	estuve, estuviste, estuvo, estuvimos, estuvisteis, estuvieron	
IMPERFECT	estaba, estabas, estaba, estábamos, estabais, estaban	debiendo
FUTURE	estaré, estarás, estará, estaremos, estaréis, estarán	
CONDITIONAL	estaría, estarías, estaría, estaríamos, estaríais, estarían	
SUBJUNCTIVE	que + *corresponding subjunctive tense of* estar (*see verb 252*)	

COMMANDS

	(nosotros) debamos/no debamos
(tú) debe/no debas	(vosotros) debed/no debáis
(Ud.) deba/no deba	(Uds.) deban/no deban

Usage

Me debes cincuenta dólares.	*You owe me fifty dollars.*
Debían haber llegado para las dos.	*They should have arrived by 2:00.*
Debo comprar un nuevo módem.	*I must buy a new modem.*
¿A qué se debe todo esto?	*What's the reason for all of this?*
Debe de haber dejado un recado.	*She must have left a message.*
¿Cuál es la suma debida?	*What's the sum due/owed?*
Terminó de pagar su deuda.	*He finished paying off his debt.*

TOP 50 VERB ☞

Debe dinero a medio mundo.	*He owes everybody money.*
¿No le debes una carta?	*Don't you owe her a letter?*
Nos debéis una explicación.	*You owe us an explanation.*

deber + **infinitive** *should*

Debe recogerlos.	*He should pick them up.*
Debías haber llamado ayer.	*You should have called yesterday.*
Deberías acompañarlos.	*You should/ought to go with them.*
Deberíamos haber cogido el tren de las siete.	*We should have caught the 7:00 o'clock train.*

deber de + **infinitive** *must* (probability)

Mi paraguas debe de estar en la oficina.	*My umbrella is probably/must be in the office.*
Debe de ser muy inteligente.	*He must be very intelligent.*

Other Uses

—¿A qué se debe el enredo?	*What's the reason for the mess/confusion?*
—Creo que es debido a su incapacidad.	*I think it's due to their incompetence.*
Todo se resuelve a su debido tiempo.	*Everything is resolved in due time/in due course.*
No pudimos jugar al tenis debido a la niebla.	*We couldn't play tennis due to/because of the fog.*
Saluda a tus invitados como es debido.	*Greet your guests properly/as is proper.*
Tú has trabajado más de lo debido.	*You've worked more than you should.*
Lo han hecho todo debidamente.	*They've done everything properly.*
Cumplieron con su deber.	*They did their duty.*
Nuestro deber es servir a la patria.	*Our duty is to serve our country.*
Hijos, hagan sus deberes antes de cenar.	*Children, do your homework before dinner.*
Al graduarse empezará a pagar sus deudas.	*When she graduates, she'll begin to pay off her debts.*
Está en deuda con su benefactor.	*He's indebted to his benefactor.*
Lo prometido es deuda.	*A promise is a promise. (lit., What's promised is a debt.)*
Hay que calcular el debe y el haber.	*We must calculate the debits and credits.*

TOP 50 VERBS

regular *-ir* verb

decido · decidieron · decidido · decidiendo

PRESENT

decido	decidimos
decides	decidís
decide	deciden

PRETERIT

decidí	decidimos
decidiste	decidisteis
decidió	decidieron

IMPERFECT

decidía	decidíamos
decidías	decidíais
decidía	decidían

PRESENT PERFECT

he decidido	hemos decidido
has decidido	habéis decidido
ha decidido	han decidido

FUTURE

decidiré	decidiremos
decidirás	decidiréis
decidirá	decidirán

CONDITIONAL

decidiría	decidiríamos
decidirías	decidiríais
decidiría	decidirían

PLUPERFECT

había decidido	habíamos decidido
habías decidido	habíais decidido
había decidido	habían decidido

PRETERIT PERFECT

hube decidido	hubimos decidido
hubiste decidido	hubisteis decidido
hubo decidido	hubieron decidido

FUTURE PERFECT

habré decidido	habremos decidido
habrás decidido	habréis decidido
habrá decidido	habrán decidido

CONDITIONAL PERFECT

habría decidido	habríamos decidido
habrías decidido	habríais decidido
habría decidido	habrían decidido

PRESENT SUBJUNCTIVE

decida	decidamos
decidas	decidáis
decida	decidan

PRESENT PERFECT SUBJUNCTIVE

haya decidido	hayamos decidido
hayas decidido	hayáis decidido
haya decidido	hayan decidido

IMPERFECT SUBJUNCTIVE (-ra)

decidiera	decidiéramos
decidieras	decidierais
decidiera	decidieran

or **IMPERFECT SUBJUNCTIVE (-se)**

decidiese	decidiésemos
decidieses	decidieseis
decidiese	decidiesen

PAST PERFECT SUBJUNCTIVE (-ra)

hubiera decidido	hubiéramos decidido
hubieras decidido	hubierais decidido
hubiera decidido	hubieran decidido

or **PAST PERFECT SUBJUNCTIVE (-se)**

hubiese decidido	hubiésemos decidido
hubieses decidido	hubieseis decidido
hubiese decidido	hubiesen decidido

PROGRESSIVE TENSES

PRESENT	estoy, estás, está, estamos, estáis, están
PRETERIT	estuve, estuviste, estuvo, estuvimos, estuvisteis, estuvieron
IMPERFECT	estaba, estabas, estaba, estábamos, estabais, estaban
FUTURE	estaré, estarás, estará, estaremos, estaréis, estarán
CONDITIONAL	estaría, estarías, estaría, estaríamos, estaríais, estarían
SUBJUNCTIVE	que + *corresponding subjunctive tense of* estar (*see verb 252*)

} decidiendo

COMMANDS

	(nosotros) decidamos/no decidamos
(tú) decide/no decidas	(vosotros) decidid/no decidáis
(Ud.) decida/no decida	(Uds.) decidan/no decidan

Usage

Decidí quedarme con la empresa.	*I decided to stay with the company.*
Se decidió a renunciar a su puesto.	*He made up his mind to resign his position.*
Nos decidimos por el otro plan.	*We decided on/chose the other plan.*
Están decididos a compensar sus errores.	*They're determined to make amends for their mistakes.*
Me alegro que hayan tomado una decisión.	*I'm glad they made a decision.*
Fue un momento decisivo para todos nosotros.	*It was a decisive moment for all of us.*
Se puso a trabajar decididamente.	*She began to work resolutely.*

decir *to say, tell*

Di que sí/que no.	*Say yes/no.*
Les dije que no volvieran tarde.	*I told them not to come back late.*
¿Qué dices de esta canción?	*What do you think of this song?*
Le dicen Daniel.	*They call him Daniel.*
¡Yo voy a decirles sus cuatro verdades!	*I'm going to give them a piece of my mind!*
¡Diga!/¡Dígame!	*Hello. (telephone)*
Digan lo que digan.	*Whatever they say.*
Es un decir.	*It's a saying.*
¿Qué quiere decir todo eso?	*What does all that mean?*
Es decir...	*That's to say . . .*
Lo dije sin querer.	*I didn't mean to say it.*
Lo que tú digas.	*Whatever you say./It's up to you.*
A mí no me importa el qué dirán.	*I don't care what others say/think.*

tú dirás

—¿Me sirves más vino/ensalada, por favor?	*Would you please serve me more wine/salad?*
—Claro. Tú dirás.	*Of course. Say when. (to indicate enough food or drink)*
—¿Para cuándo quieres los billetes?	*When do you want the tickets for?*
—Tú dirás.	*It's up to you.*

dicho

Dicho de otro modo...	*In other words . . .*
Lo dicho, dicho está.	*What was said still stands.*
Este problema es difícil, o mejor dicho, imposible.	*This problem is difficult, or rather, impossible.*
Del dicho al hecho hay mucho (un gran) trecho.	*There's many a slip twixt the cup and the lip.*
Dicho y hecho.	*No sooner said than done.*

Other Uses

No dije esta boca es mía.	*I didn't open my mouth./I didn't say a word.*
Se dice que...	*It's said/They say that . . .*
Lo dijo para sí.	*She said it to herself.*
¡Dígamelo a mí!	*You're telling me!*

irregular verb

PRESENT		PRETERIT	
digo	decimos	dije	dijimos
dices	decís	dijiste	dijisteis
dice	dicen	dijo	dijeron

IMPERFECT		PRESENT PERFECT	
decía	decíamos	he dicho	hemos dicho
decías	decíais	has dicho	habéis dicho
decía	decían	ha dicho	han dicho

FUTURE		CONDITIONAL	
diré	diremos	diría	diríamos
dirás	diréis	dirías	diríais
dirá	dirán	diría	dirían

PLUPERFECT		PRETERIT PERFECT	
había dicho	habíamos dicho	hube dicho	hubimos dicho
habías dicho	habíais dicho	hubiste dicho	hubisteis dicho
había dicho	habían dicho	hubo dicho	hubieron dicho

FUTURE PERFECT		CONDITIONAL PERFECT	
habré dicho	habremos dicho	habría dicho	habríamos dicho
habrás dicho	habréis dicho	habrías dicho	habríais dicho
habrá dicho	habrán dicho	habría dicho	habrían dicho

PRESENT SUBJUNCTIVE		PRESENT PERFECT SUBJUNCTIVE	
diga	digamos	haya dicho	hayamos dicho
digas	digáis	hayas dicho	hayáis dicho
diga	digan	haya dicho	hayan dicho

IMPERFECT SUBJUNCTIVE (-ra)		*or* IMPERFECT SUBJUNCTIVE (-se)	
dijera	dijéramos	dijese	dijésemos
dijeras	dijerais	dijeses	dijeseis
dijera	dijeran	dijese	dijesen

PAST PERFECT SUBJUNCTIVE (-ra)		*or* PAST PERFECT SUBJUNCTIVE (-se)	
hubiera dicho	hubiéramos dicho	hubiese dicho	hubiésemos dicho
hubieras dicho	hubierais dicho	hubieses dicho	hubieseis dicho
hubiera dicho	hubieran dicho	hubiese dicho	hubiesen dicho

PROGRESSIVE TENSES

PRESENT	estoy, estás, está, estamos, estáis, están	
PRETERIT	estuve, estuviste, estuvo, estuvimos, estuvisteis, estuvieron	
IMPERFECT	estaba, estabas, estaba, estábamos, estabais, estaban	diciendo
FUTURE	estaré, estarás, estará, estaremos, estaréis, estarán	
CONDITIONAL	estaría, estarías, estaría, estaríamos, estaríais, estarían	
SUBJUNCTIVE	que + *corresponding subjunctive tense of* estar (*see verb 252*)	

COMMANDS

	(nosotros) digamos/no digamos
(tú) di/no digas	(vosotros) decid/no digáis
(Ud.) diga/no diga	(Uds.) digan/no digan

Usage

Dijo la verdad/una mentira.	*She told the truth/a lie.*
Dicen que va a nevar.	*They say it's going to snow.*
Di adiós a todos.	*Say good-bye to everyone.*
¿Cómo se dice esto en inglés?	*How do you say this in English?*
Dime con quién andas y te diré quién eres.	*A man is known by the company he keeps.*
¡No me digas!	*You don't say!/Go on!*
Te lo dije bien claro.	*I told you so.*

dedicar *to dedicate, devote*

dedico · dedicaron · dedicado · dedicando   *-ar verb; spelling change: c > qu/e*

PRESENT

dedico	dedicamos
dedicas	dedicáis
dedica	dedican

PRETERIT

dediqué	dedicamos
dedicaste	dedicasteis
dedicó	dedicaron

IMPERFECT

dedicaba	dedicábamos
dedicabas	dedicabais
dedicaba	dedicaban

PRESENT PERFECT

he dedicado	hemos dedicado
has dedicado	habéis dedicado
ha dedicado	han dedicado

FUTURE

dedicaré	dedicaremos
dedicarás	dedicaréis
dedicará	dedicarán

CONDITIONAL

dedicaría	dedicaríamos
dedicarías	dedicaríais
dedicaría	dedicarían

PLUPERFECT

había dedicado	habíamos dedicado
habías dedicado	habíais dedicado
había dedicado	habían dedicado

PRETERIT PERFECT

hube dedicado	hubimos dedicado
hubiste dedicado	hubisteis dedicado
hubo dedicado	hubieron dedicado

FUTURE PERFECT

habré dedicado	habremos dedicado
habrás dedicado	habréis dedicado
habrá dedicado	habrán dedicado

CONDITIONAL PERFECT

habría dedicado	habríamos dedicado
habrías dedicado	habríais dedicado
habría dedicado	habrían dedicado

PRESENT SUBJUNCTIVE

dedique	dediquemos
dediques	dediquéis
dedique	dediquen

PRESENT PERFECT SUBJUNCTIVE

haya dedicado	hayamos dedicado
hayas dedicado	hayáis dedicado
haya dedicado	hayan dedicado

IMPERFECT SUBJUNCTIVE (-ra)

dedicara	dedicáramos
dedicaras	dedicarais
dedicara	dedicaran

or **IMPERFECT SUBJUNCTIVE (-se)**

dedicase	dedicásemos
dedicases	dedicaseis
dedicase	dedicasen

PAST PERFECT SUBJUNCTIVE (-ra)

hubiera dedicado	hubiéramos dedicado
hubieras dedicado	hubierais dedicado
hubiera dedicado	hubieran dedicado

or **PAST PERFECT SUBJUNCTIVE (-se)**

hubiese dedicado	hubiésemos dedicado
hubieses dedicado	hubieseis dedicado
hubiese dedicado	hubiesen dedicado

PROGRESSIVE TENSES

PRESENT	estoy, estás, está, estamos, estáis, están
PRETERIT	estuve, estuviste, estuvo, estuvimos, estuvisteis, estuvieron
IMPERFECT	estaba, estabas, estaba, estábamos, estabais, estaban
FUTURE	estaré, estarás, estará, estaremos, estaréis, estarán
CONDITIONAL	estaría, estarías, estaría, estaríamos, estaríais, estarían
SUBJUNCTIVE	que + *corresponding subjunctive tense of* estar (*see verb 252*)

} dedicando

COMMANDS

	(nosotros) dediquemos/no dediquemos
(tú) dedica/no dediques	(vosotros) dedicad/no dediquéis
(Ud.) dedique/no dedique	(Uds.) dediquen/no dediquen

Usage

Dediqué mi libro a mis padres.	*I dedicated my book to my parents.*
Dedica más tiempo a tus estudios.	*Devote more time to your studies.*
Se dedican a sus hijos.	*They devote themselves to their children.*
Se dedicará a pintar.	*She'll spend her time painting.*
¿A qué se dedica Ud.?	*What do you do for a living?*
Preferimos ver un programa dedicado a la historia.	*We prefer to watch a program about history.*
Escribiste una linda dedicatoria.	*You wrote a lovely dedication/inscription.*

stem-changing *-er* verb: *e > ie* | **defiendo · defendieron · defendido · defendiendo**

PRESENT

defiendo	defendemos
defiendes	defendéis
defiende	defienden

PRETERIT

defendí	defendimos
defendiste	defendisteis
defendió	defendieron

IMPERFECT

defendía	defendíamos
defendías	defendíais
defendía	defendían

PRESENT PERFECT

he defendido	hemos defendido
has defendido	habéis defendido
ha defendido	han defendido

FUTURE

defenderé	defenderemos
defenderás	defenderéis
defenderá	defenderán

CONDITIONAL

defendería	defenderíamos
defenderías	defenderíais
defendería	defenderían

PLUPERFECT

había defendido	habíamos defendido
habías defendido	habíais defendido
había defendido	habían defendido

PRETERIT PERFECT

hube defendido	hubimos defendido
hubiste defendido	hubisteis defendido
hubo defendido	hubieron defendido

FUTURE PERFECT

habré defendido	habremos defendido
habrás defendido	habréis defendido
habrá defendido	habrán defendido

CONDITIONAL PERFECT

habría defendido	habríamos defendido
habrías defendido	habríais defendido
habría defendido	habrían defendido

PRESENT SUBJUNCTIVE

defienda	defendamos
defiendas	defendáis
defienda	defiendan

PRESENT PERFECT SUBJUNCTIVE

haya defendido	hayamos defendido
hayas defendido	hayáis defendido
haya defendido	hayan defendido

IMPERFECT SUBJUNCTIVE (-ra)

defendiera	defendiéramos
defendieras	defendierais
defendiera	defendieran

or **IMPERFECT SUBJUNCTIVE (-se)**

defendiese	defendiésemos
defendieses	defendieseis
defendiese	defendiesen

PAST PERFECT SUBJUNCTIVE (-ra)

hubiera defendido	hubiéramos defendido
hubieras defendido	hubierais defendido
hubiera defendido	hubieran defendido

or **PAST PERFECT SUBJUNCTIVE (-se)**

hubiese defendido	hubiésemos defendido
hubieses defendido	hubieseis defendido
hubiese defendido	hubiesen defendido

PROGRESSIVE TENSES

PRESENT	estoy, estás, está, estamos, estáis, están
PRETERIT	estuve, estuviste, estuvo, estuvimos, estuvisteis, estuvieron
IMPERFECT	estaba, estabas, estaba, estábamos, estabais, estaban
FUTURE	estaré, estarás, estará, estaremos, estaréis, estarán
CONDITIONAL	estaría, estarías, estaría, estaríamos, estaríais, estarían
SUBJUNCTIVE	que + *corresponding subjunctive tense of* estar (*see verb 252*)

} defendiendo

COMMANDS

	(nosotros) defendamos/no defendamos
(tú) defiende/no defiendas	(vosotros) defended/no defendáis
(Ud.) defienda/no defienda	(Uds.) defiendan/no defiendan

Usage

Los soldados defendían la frontera.	*The soldiers defended the border.*
Defendió a su patria contra sus enemigos.	*He defended his country against its enemies.*
¿Te defiendes en japonés?	*Do you get along in Japanese?*
Salieron en defensa de su colega.	*They came out in defense of their colleague.*
Le toca al abogado defensor interrogar a los testigos.	*It's the defense attorney's turn to cross-examine the witnesses.*

Le dejé un recado.	*I left him a message.*
Dejemos esta conversación.	*Let's drop this conversation.*
Deja tu libro y duérmete.	*Put down your book and go to sleep.*
Deje que se abra la tienda.	*Wait for the store to open.*
¡Déjalo!	*Stop it!/Forget it!*
—¿Dónde quieres que yo deje estas cosas?	*Where do you want me to leave/put these things?*
—Déjalas aparte por ahora.	*Put them aside for now.*
—Su idea deja mucho que desear.	*Her idea leaves a lot to be desired.*
—A mí me deja fresco.	*It leaves me cold.*
Dejen el paso libre a la policía.	*Get out of the way of the police.*
Te dejamos el postre por hacer.	*We left you the dessert to make.*
No dejen de venir el sábado.	*Don't fail to come on Saturday.*
Dejó a su novia plantada.	*He stood his girlfriend up/walked out on his girlfriend.*
¿Lo dejé claro?	*Did I make it clear?*

dejar + infinitive

Déjalos dormir.	*Let them sleep.*
No me dejaron ayudar.	*They didn't let me help.*
Es malo que se deje convencer tan fácilmente.	*It's bad that she's so easily convinced.*

Other Uses

¡No te dejes llevar por la imaginación!	*Don't let your imagination run away with you!/ Don't get carried away by your imagination!*
Habla inglés con un dejo de español.	*She speaks English with a slight Spanish accent.*
Es un lugar dejado de la mano de Dios.	*It's a God-forsaken place.*
No dejes para mañana lo que puedes hacer hoy.	*Don't leave for tomorrow what you can do today.*
No han dejado piedra por mover.	*They've left no stone unturned.*
¡Déjate de bromas!	*Stop joking around!*

TOP 50
VERBS

regular *-ar* verb | **dejo · dejaron · dejado · dejando**

PRESENT

dejo	dejamos
dejas	dejáis
deja	dejan

PRETERIT

dejé	dejamos
dejaste	dejasteis
dejó	dejaron

IMPERFECT

dejaba	dejábamos
dejabas	dejabais
dejaba	dejaban

PRESENT PERFECT

he dejado	hemos dejado
has dejado	habéis dejado
ha dejado	han dejado

FUTURE

dejaré	dejaremos
dejarás	dejaréis
dejará	dejarán

CONDITIONAL

dejaría	dejaríamos
dejarías	dejaríais
dejaría	dejarían

PLUPERFECT

había dejado	habíamos dejado
habías dejado	habíais dejado
había dejado	habían dejado

PRETERIT PERFECT

hube dejado	hubimos dejado
hubiste dejado	hubisteis dejado
hubo dejado	hubieron dejado

FUTURE PERFECT

habré dejado	habremos dejado
habrás dejado	habréis dejado
habrá dejado	habrán dejado

CONDITIONAL PERFECT

habría dejado	habríamos dejado
habrías dejado	habríais dejado
habría dejado	habrían dejado

PRESENT SUBJUNCTIVE

deje	dejemos
dejes	dejéis
deje	dejen

PRESENT PERFECT SUBJUNCTIVE

haya dejado	hayamos dejado
hayas dejado	hayáis dejado
haya dejado	hayan dejado

IMPERFECT SUBJUNCTIVE (-ra)

dejara	dejáramos
dejaras	dejarais
dejara	dejaran

or **IMPERFECT SUBJUNCTIVE (-se)**

dejase	dejásemos
dejases	dejaseis
dejase	dejasen

PAST PERFECT SUBJUNCTIVE (-ra)

hubiera dejado	hubiéramos dejado
hubieras dejado	hubierais dejado
hubiera dejado	hubieran dejado

or **PAST PERFECT SUBJUNCTIVE (-se)**

hubiese dejado	hubiésemos dejado
hubieses dejado	hubieseis dejado
hubiese dejado	hubiesen dejado

PROGRESSIVE TENSES

PRESENT	estoy, estás, está, estamos, estáis, están
PRETERIT	estuve, estuviste, estuvo, estuvimos, estuvisteis, estuvieron
IMPERFECT	estaba, estabas, estaba, estábamos, estabais, estaban
FUTURE	estaré, estarás, estará, estaremos, estaréis, estarán
CONDITIONAL	estaría, estarías, estaría, estaríamos, estaríais, estarían
SUBJUNCTIVE	que + *corresponding subjunctive tense of* estar (*see verb 252*)

} dejando

COMMANDS

	(nosotros) dejemos/no dejemos
(tú) deja/no dejes	(vosotros) dejad/no dejéis
(Ud.) deje/no deje	(Uds.) dejen/no dejen

Usage

Dejé los papeles en la oficina.	*I left the papers at the office.*
Déjame en paz.	*Leave me alone.*
Dejamos de jugar tenis.	*We stopped playing tennis.*
—Déjelos leer el informe.	*Let them read the report.*
—No dejo que nadie lo lea todavía.	*I'm not letting anyone read it yet.*
Dejó caer los disquetes.	*She dropped the diskettes.*
¡Déjate de rodeos!	*Stop beating around the bush!*

demostrar   *to show, demonstrate, prove*

demuestro · demostraron · demostrado · demostrando   stem-changing -*ar* verb: *o > ue*

PRESENT

demuestro	demostramos
demuestras	demostráis
demuestra	demuestran

PRETERIT

demostré	demostramos
demostraste	demostrasteis
demostró	demostraron

IMPERFECT

demostraba	demostrábamos
demostrabas	demostrabais
demostraba	demostraban

PRESENT PERFECT

he demostrado	hemos demostrado
has demostrado	habéis demostrado
ha demostrado	han demostrado

FUTURE

demostraré	demostraremos
demostrarás	demostraréis
demostrará	demostrarán

CONDITIONAL

demostraría	demostraríamos
demostrarías	demostraríais
demostraría	demostrarían

PLUPERFECT

había demostrado	habíamos demostrado
habías demostrado	habíais demostrado
había demostrado	habían demostrado

PRETERIT PERFECT

hube demostrado	hubimos demostrado
hubiste demostrado	hubisteis demostrado
hubo demostrado	hubieron demostrado

FUTURE PERFECT

habré demostrado	habremos demostrado
habrás demostrado	habréis demostrado
habrá demostrado	habrán demostrado

CONDITIONAL PERFECT

habría demostrado	habríamos demostrado
habrías demostrado	habríais demostrado
habría demostrado	habrían demostrado

PRESENT SUBJUNCTIVE

demuestre	demostremos
demuestres	demostréis
demuestre	demuestren

PRESENT PERFECT SUBJUNCTIVE

haya demostrado	hayamos demostrado
hayas demostrado	hayáis demostrado
haya demostrado	hayan demostrado

IMPERFECT SUBJUNCTIVE (-ra)   *or*   **IMPERFECT SUBJUNCTIVE (-se)**

demostrara	demostráramos	demostrase	demostrásemos
demostraras	demostrarais	demostrases	demostraseis
demostrara	demostraran	demostrase	demostrasen

PAST PERFECT SUBJUNCTIVE (-ra)   *or*   **PAST PERFECT SUBJUNCTIVE (-se)**

hubiera demostrado	hubiéramos demostrado	hubiese demostrado	hubiésemos demostrado
hubieras demostrado	hubierais demostrado	hubieses demostrado	hubieseis demostrado
hubiera demostrado	hubieran demostrado	hubiese demostrado	hubiesen demostrado

PROGRESSIVE TENSES

PRESENT	estoy, estás, está, estamos, estáis, están
PRETERIT	estuve, estuviste, estuvo, estuvimos, estuvisteis, estuvieron
IMPERFECT	estaba, estabas, estaba, estábamos, estabais, estaban
FUTURE	estaré, estarás, estará, estaremos, estaréis, estarán
CONDITIONAL	estaría, estarías, estaría, estaríamos, estaríais, estarían
SUBJUNCTIVE	que + *corresponding subjunctive tense of* estar (*see verb 252*)

⎫ demostrando

COMMANDS

	(nosotros) demostremos/no demostremos
(tú) demuestra/no demuestres	(vosotros) demostrad/no demostréis
(Ud.) demuestre/no demuestre	(Uds.) demuestren/no demuestren

Usage

Demuestran mucho interés en el producto.	*They show a lot of interest in the product.*
¿Cómo demostraron su proposición?	*How did they prove their proposition?*
Demuéstranos cómo funciona.	*Show us how it works.*
Han demostrado su ignorancia en el campo.	*They've demonstrated their ignorance in the field.*
Fue una demostración de su lealtad.	*It was a show/demonstration of his loyalty.*

regular *-er* verb | dependo · dependieron · dependido · dependiendo

PRESENT

dependo	dependemos
dependes	dependéis
depende	dependen

IMPERFECT

dependía	dependíamos
dependías	dependíais
dependía	dependían

FUTURE

dependeré	dependeremos
dependerás	dependeréis
dependerá	dependerán

PLUPERFECT

había dependido	habíamos dependido
habías dependido	habíais dependido
había dependido	habían dependido

FUTURE PERFECT

habré dependido	habremos dependido
habrás dependido	habréis dependido
habrá dependido	habrán dependido

PRESENT SUBJUNCTIVE

dependa	dependamos
dependas	dependáis
dependa	dependan

IMPERFECT SUBJUNCTIVE (-ra)

dependiera	dependiéramos
dependieras	dependierais
dependiera	dependieran

PAST PERFECT SUBJUNCTIVE (-ra)

hubiera dependido	hubiéramos dependido
hubieras dependido	hubierais dependido
hubiera dependido	hubieran dependido

PRETERIT

dependí	dependimos
dependiste	dependisteis
dependió	dependieron

PRESENT PERFECT

he dependido	hemos dependido
has dependido	habéis dependido
ha dependido	han dependido

CONDITIONAL

dependería	dependeríamos
dependerías	dependeríais
dependería	dependerían

PRETERIT PERFECT

hube dependido	hubimos dependido
hubiste dependido	hubisteis dependido
hubo dependido	hubieron dependido

CONDITIONAL PERFECT

habría dependido	habríamos dependido
habrías dependido	habríais dependido
habría dependido	habrían dependido

PRESENT PERFECT SUBJUNCTIVE

haya dependido	hayamos dependido
hayas dependido	hayáis dependido
haya dependido	hayan dependido

or **IMPERFECT SUBJUNCTIVE (-se)**

dependiese	dependiésemos
dependieses	dependieseis
dependiese	dependiesen

or **PAST PERFECT SUBJUNCTIVE (-se)**

hubiese dependido	hubiésemos dependido
hubieses dependido	hubieseis dependido
hubiese dependido	hubiesen dependido

PROGRESSIVE TENSES

PRESENT	estoy, estás, está, estamos, estáis, están
PRETERIT	estuve, estuviste, estuvo, estuvimos, estuvisteis, estuvieron
IMPERFECT	estaba, estabas, estaba, estábamos, estabais, estaban
FUTURE	estaré, estarás, estará, estaremos, estaréis, estarán
CONDITIONAL	estaría, estarías, estaría, estaríamos, estaríais, estarían
SUBJUNCTIVE	que + *corresponding subjunctive tense of* estar (*see verb 252*)

} dependiendo

COMMANDS

	(nosotros) dependamos/no dependamos
(tú) depende/no dependas	(vosotros) depended/no dependáis
(Ud.) dependa/no dependa	(Uds.) dependan/no dependan

Usage

Depende de ellos.	*It depends on them./It's up to them.*
Los niños dependen de sus padres.	*The children are dependent on their parents.*
Lo que pasa depende de lo que nos dicen.	*What happens depends on what they tell us.*
El futuro de la empresa depende de nosotros.	*The future of the company depends on us.*
Llama al dependiente.	*Call over the salesman/clerk.*
Dependiente/Independiente de lo que dijeron...	*Dependent on/Independent of what they said . . .*

derribar *to knock down/over, overthrow, demolish*

derribo · derribaron · derribado · derribando   regular -*ar* verb

PRESENT

derribo	derribamos
derribas	derribáis
derriba	derriban

PRETERIT

derribé	derribamos
derribaste	derribasteis
derribó	derribaron

IMPERFECT

derribaba	derribábamos
derribabas	derribabais
derribaba	derribaban

PRESENT PERFECT

he derribado	hemos derribado
has derribado	habéis derribado
ha derribado	han derribado

FUTURE

derribaré	derribaremos
derribarás	derribaréis
derribará	derribarán

CONDITIONAL

derribaría	derribaríamos
derribarías	derribaríais
derribaría	derribarían

PLUPERFECT

había derribado	habíamos derribado
habías derribado	habíais derribado
había derribado	habían derribado

PRETERIT PERFECT

hube derribado	hubimos derribado
hubiste derribado	hubisteis derribado
hubo derribado	hubieron derribado

FUTURE PERFECT

habré derribado	habremos derribado
habrás derribado	habréis derribado
habrá derribado	habrán derribado

CONDITIONAL PERFECT

habría derribado	habríamos derribado
habrías derribado	habríais derribado
habría derribado	habrían derribado

PRESENT SUBJUNCTIVE

derribe	derribemos
derribes	derribéis
derribe	derriben

PRESENT PERFECT SUBJUNCTIVE

haya derribado	hayamos derribado
hayas derribado	hayáis derribado
haya derribado	hayan derribado

IMPERFECT SUBJUNCTIVE (-ra)   *or*   **IMPERFECT SUBJUNCTIVE (-se)**

derribara	derribáramos
derribaras	derribarais
derribara	derribaran

derribase	derribásemos
derribases	derribaseis
derribase	derribasen

PAST PERFECT SUBJUNCTIVE (-ra)   *or*   **PAST PERFECT SUBJUNCTIVE (-se)**

hubiera derribado	hubiéramos derribado
hubieras derribado	hubierais derribado
hubiera derribado	hubieran derribado

hubiese derribado	hubiésemos derribado
hubieses derribado	hubieseis derribado
hubiese derribado	hubiesen derribado

PROGRESSIVE TENSES

PRESENT	estoy, estás, está, estamos, estáis, están
PRETERIT	estuve, estuviste, estuvo, estuvimos, estuvisteis, estuvieron
IMPERFECT	estaba, estabas, estaba, estábamos, estabais, estaban
FUTURE	estaré, estarás, estará, estaremos, estaréis, estarán
CONDITIONAL	estaría, estarías, estaría, estaríamos, estaríais, estarían
SUBJUNCTIVE	que + *corresponding subjunctive tense of* estar (*see verb 252*)

derribando

COMMANDS

	(nosotros) derribemos/no derribemos
(tú) derriba/no derribes	(vosotros) derribad/no derribéis
(Ud.) derribe/no derribe	(Uds.) derriben/no derriben

Usage

El futbolista derribó al portero.	*The soccer player knocked the goalie down.*
Derribaron al dictador.	*They overthrew/toppled the dictator.*
El policía derribó al ladrón.	*The policeman brought the thief down.*
El edificio fue derribado.	*The building was demolished.*
Sólo quedan los derribos de la explosión.	*Only rubble remains from the explosion.*

-er verb; spelling change: **desaparezco · desaparecieron · desaparecido · desapareciendo**
c > zc/o, a

PRESENT

desaparezco	desaparecemos
desapareces	desaparecéis
desaparece	desaparecen

IMPERFECT

desaparecía	desaparecíamos
desaparecías	desaparecíais
desaparecía	desaparecían

FUTURE

desapareceré	desapareceremos
desaparecerás	desapareceréis
desaparecerá	desaparecerán

PLUPERFECT

había desaparecido	habíamos desaparecido
habías desaparecido	habíais desaparecido
había desaparecido	habían desaparecido

FUTURE PERFECT

habré desaparecido	habremos desaparecido
habrás desaparecido	habréis desaparecido
habrá desaparecido	habrán desaparecido

PRESENT SUBJUNCTIVE

desaparezca	desaparezcamos
desaparezcas	desaparezcáis
desaparezca	desaparezcan

IMPERFECT SUBJUNCTIVE (-ra)

desapareciera	desapareciéramos
desaparecieras	desaparecierais
desapareciera	desaparecieran

PAST PERFECT SUBJUNCTIVE (-ra)

hubiera desaparecido	hubiéramos desaparecido
hubieras desaparecido	hubierais desaparecido
hubiera desaparecido	hubieran desaparecido

PRETERIT

desaparecí	desaparecimos
desapareciste	desaparecisteis
desapareció	desaparecieron

PRESENT PERFECT

he desaparecido	hemos desaparecido
has desaparecido	habéis desaparecido
ha desaparecido	han desaparecido

CONDITIONAL

desaparecería	desapareceríamos
desaparecerías	desapareceríais
desaparecería	desaparecerían

PRETERIT PERFECT

hube desaparecido	hubimos desaparecido
hubiste desaparecido	hubisteis desaparecido
hubo desaparecido	hubieron desaparecido

CONDITIONAL PERFECT

habría desaparecido	habríamos desaparecido
habrías desaparecido	habríais desaparecido
habría desaparecido	habrían desaparecido

PRESENT PERFECT SUBJUNCTIVE

haya desaparecido	hayamos desaparecido
hayas desaparecido	hayáis desaparecido
haya desaparecido	hayan desaparecido

or **IMPERFECT SUBJUNCTIVE (-se)**

desapareciese	desapareciésemos
desaparecieses	desaparecieseis
desapareciese	desapareciesen

or **PAST PERFECT SUBJUNCTIVE (-se)**

hubiese desaparecido	hubiésemos desaparecido
hubieses desaparecido	hubieseis desaparecido
hubiese desaparecido	hubiesen desaparecido

PROGRESSIVE TENSES

PRESENT	estoy, estás, está, estamos, estáis, están
PRETERIT	estuve, estuviste, estuvo, estuvimos, estuvisteis, estuvieron
IMPERFECT	estaba, estabas, estaba, estábamos, estabais, estaban
FUTURE	estaré, estarás, estará, estaremos, estaréis, estarán
CONDITIONAL	estaría, estarías, estaría, estaríamos, estaríais, estarían
SUBJUNCTIVE	que + *corresponding subjunctive tense of* estar (*see verb 252*)

} desapareciendo

COMMANDS

	(nosotros) desaparezcamos/no desaparezcamos
(tú) desaparece/no desaparezcas	(vosotros) desapareced/no desaparezcáis
(Ud.) desaparezca/no desaparezca	(Uds.) desaparezcan/no desaparezcan

Usage

Desaparecieron sin dejar rastro.	*They disappeared without leaving a trace.*
El aroma ha desaparecido.	*The aroma is gone/has worn off.*
Desapareció del mapa.	*He disappeared from the face of the earth.*
Hizo desaparecer los bombones.	*She hid/made off with the candy.*
Hubo miles de desaparecidos después de la guerra.	*There were thousands of missing people after the war.*

desarrollar   *to develop, explain*

desarrollo · desarrollaron · desarrollado · desarrollando   regular *-ar* verb

PRESENT		PRETERIT	
desarrollo	desarrollamos	desarrollé	desarrollamos
desarrollas	desarrolláis	desarrollaste	desarrollasteis
desarrolla	desarrollan	desarrolló	desarrollaron

IMPERFECT		PRESENT PERFECT	
desarrollaba	desarrollábamos	he desarrollado	hemos desarrollado
desarrollabas	desarrollabais	has desarrollado	habéis desarrollado
desarrollaba	desarrollaban	ha desarrollado	han desarrollado

FUTURE		CONDITIONAL	
desarrollaré	desarrollaremos	desarrollaría	desarrollaríamos
desarrollarás	desarrollaréis	desarrollarías	desarrollaríais
desarrollará	desarrollarán	desarrollaría	desarrollarían

PLUPERFECT		PRETERIT PERFECT	
había desarrollado	habíamos desarrollado	hube desarrollado	hubimos desarrollado
habías desarrollado	habíais desarrollado	hubiste desarrollado	hubisteis desarrollado
había desarrollado	habían desarrollado	hubo desarrollado	hubieron desarrollado

FUTURE PERFECT		CONDITIONAL PERFECT	
habré desarrollado	habremos desarrollado	habría desarrollado	habríamos desarrollado
habrás desarrollado	habréis desarrollado	habrías desarrollado	habríais desarrollado
habrá desarrollado	habrán desarrollado	habría desarrollado	habrían desarrollado

PRESENT SUBJUNCTIVE		PRESENT PERFECT SUBJUNCTIVE	
desarrolle	desarrollemos	haya desarrollado	hayamos desarrollado
desarrolles	desarrolléis	hayas desarrollado	hayáis desarrollado
desarrolle	desarrollen	haya desarrollado	hayan desarrollado

IMPERFECT SUBJUNCTIVE (-ra)		*or* IMPERFECT SUBJUNCTIVE (-se)	
desarrollara	desarrolláramos	desarrollase	desarrollásemos
desarrollaras	desarrollarais	desarrollases	desarrollaseis
desarrollara	desarrollaran	desarrollase	desarrollasen

PAST PERFECT SUBJUNCTIVE (-ra)		*or* PAST PERFECT SUBJUNCTIVE (-se)	
hubiera desarrollado	hubiéramos desarrollado	hubiese desarrollado	hubiésemos desarrollado
hubieras desarrollado	hubierais desarrollado	hubieses desarrollado	hubieseis desarrollado
hubiera desarrollado	hubieran desarrollado	hubiese desarrollado	hubiesen desarrollado

PROGRESSIVE TENSES

PRESENT	estoy, estás, está, estamos, estáis, están	
PRETERIT	estuve, estuviste, estuvo, estuvimos, estuvisteis, estuvieron	
IMPERFECT	estaba, estabas, estaba, estábamos, estabais, estaban	desarrollando
FUTURE	estaré, estarás, estará, estaremos, estaréis, estarán	
CONDITIONAL	estaría, estarías, estaría, estaríamos, estaríais, estarían	
SUBJUNCTIVE	que + *corresponding subjunctive tense of* estar (*see verb 252*)	

COMMANDS

	(nosotros) desarrollemos/no desarrollemos
(tú) desarrolla/no desarrolles	(vosotros) desarrollad/no desarrolléis
(Ud.) desarrolle/no desarrolle	(Uds.) desarrollen/no desarrollen

Usage

Han desarrollado la idea.	*They have developed/explained the idea.*
El profesor desarrolló su teoría.	*The teacher explained his theory.*
Los polígonos industriales se están desarrollando en las afueras.	*Industrial parks are being developed in the suburbs.*
La tecnología está en pleno desarrollo.	*Technology is developing rapidly.*
El desarrollo de los acontecimientos es muy curioso.	*The course/unfolding of events is very strange.*

regular *-ar* verb   **desayuno · desayunaron · desayunado · desayunando**

PRESENT

desayuno	desayunamos
desayunas	desayunáis
desayuna	desayunan

IMPERFECT

desayunaba	desayunábamos
desayunabas	desayunabais
desayunaba	desayunaban

FUTURE

desayunaré	desayunaremos
desayunarás	desayunaréis
desayunará	desayunarán

PLUPERFECT

había desayunado	habíamos desayunado
habías desayunado	habíais desayunado
había desayunado	habían desayunado

FUTURE PERFECT

habré desayunado	habremos desayunado
habrás desayunado	habréis desayunado
habrá desayunado	habrán desayunado

PRESENT SUBJUNCTIVE

desayune	desayunemos
desayunes	desayunéis
desayune	desayunen

IMPERFECT SUBJUNCTIVE (-ra)

desayunara	desayunáramos
desayunaras	desayunarais
desayunara	desayunaran

PAST PERFECT SUBJUNCTIVE (-ra)

hubiera desayunado	hubiéramos desayunado
hubieras desayunado	hubierais desayunado
hubiera desayunado	hubieran desayunado

PRETERIT

desayuné	desayunamos
desayunaste	desayunasteis
desayunó	desayunaron

PRESENT PERFECT

he desayunado	hemos desayunado
has desayunado	habéis desayunado
ha desayunado	han desayunado

CONDITIONAL

desayunaría	desayunaríamos
desayunarías	desayunaríais
desayunaría	desayunarían

PRETERIT PERFECT

hube desayunado	hubimos desayunado
hubiste desayunado	hubisteis desayunado
hubo desayunado	hubieron desayunado

CONDITIONAL PERFECT

habría desayunado	habríamos desayunado
habrías desayunado	habríais desayunado
habría desayunado	habrían desayunado

PRESENT PERFECT SUBJUNCTIVE

haya desayunado	hayamos desayunado
hayas desayunado	hayáis desayunado
haya desayunado	hayan desayunado

or **IMPERFECT SUBJUNCTIVE (-se)**

desayunase	desayunásemos
desayunases	desayunaseis
desayunase	desayunasen

or **PAST PERFECT SUBJUNCTIVE (-se)**

hubiese desayunado	hubiésemos desayunado
hubieses desayunado	hubieseis desayunado
hubiese desayunado	hubiesen desayunado

PROGRESSIVE TENSES

PRESENT	estoy, estás, está, estamos, estáis, están
PRETERIT	estuve, estuviste, estuvo, estuvimos, estuvisteis, estuvieron
IMPERFECT	estaba, estabas, estaba, estábamos, estabais, estaban
FUTURE	estaré, estarás, estará, estaremos, estaréis, estarán
CONDITIONAL	estaría, estarías, estaría, estaríamos, estaríais, estarían
SUBJUNCTIVE	que + *corresponding subjunctive tense of* estar (*see verb 252*)

} desayunando

COMMANDS

	(nosotros) desayunemos/no desayunemos
(tú) desayuna/no desayunes	(vosotros) desayunad/no desayunéis
(Ud.) desayune/no desayune	(Uds.) desayunen/no desayunen

Usage

—¿Desayunas conmigo?   *Will you have breakfast with me?*
—Me desayuné hace poco.   *I had breakfast a little while ago.*
—Tomaron el desayuno, ¿verdad?   *You had breakfast, didn't you?*
—Sí. Comimos panqueques.   *Yes, we ate pancakes.*

PRESENT

descanso	descansamos
descansas	descansáis
descansa	descansan

PRETERIT

descansé	descansamos
descansaste	descansasteis
descansó	descansaron

IMPERFECT

descansaba	descansábamos
descansabas	descansabais
descansaba	descansaban

PRESENT PERFECT

he descansado	hemos descansado
has descansado	habéis descansado
ha descansado	han descansado

FUTURE

descansaré	descansaremos
descansarás	descansaréis
descansará	descansarán

CONDITIONAL

descansaría	descansaríamos
descansarías	descansaríais
descansaría	descansarían

PLUPERFECT

había descansado	habíamos descansado
habías descansado	habíais descansado
había descansado	habían descansado

PRETERIT PERFECT

hube descansado	hubimos descansado
hubiste descansado	hubisteis descansado
hubo descansado	hubieron descansado

FUTURE PERFECT

habré descansado	habremos descansado
habrás descansado	habréis descansado
habrá descansado	habrán descansado

CONDITIONAL PERFECT

habría descansado	habríamos descansado
habrías descansado	habríais descansado
habría descansado	habrían descansado

PRESENT SUBJUNCTIVE

descanse	descansemos
descanses	descanséis
descanse	descansen

PRESENT PERFECT SUBJUNCTIVE

haya descansado	hayamos descansado
hayas descansado	hayáis descansado
haya descansado	hayan descansado

IMPERFECT SUBJUNCTIVE (-ra)

descansara	descansáramos
descansaras	descansarais
descansara	descansaran

or **IMPERFECT SUBJUNCTIVE (-se)**

descansase	descansásemos
descansases	descansaseis
descansase	descansasen

PAST PERFECT SUBJUNCTIVE (-ra)

hubiera descansado	hubiéramos descansado
hubieras descansado	hubierais descansado
hubiera descansado	hubieran descansado

or **PAST PERFECT SUBJUNCTIVE (-se)**

hubiese descansado	hubiésemos descansado
hubieses descansado	hubieseis descansado
hubiese descansado	hubiesen descansado

PROGRESSIVE TENSES

PRESENT	estoy, estás, está, estamos, estáis, están
PRETERIT	estuve, estuviste, estuvo, estuvimos, estuvisteis, estuvieron
IMPERFECT	estaba, estabas, estaba, estábamos, estabais, estaban
FUTURE	estaré, estarás, estará, estaremos, estaréis, estarán
CONDITIONAL	estaría, estarías, estaría, estaríamos, estaríais, estarían
SUBJUNCTIVE	que + *corresponding subjunctive tense of* estar (*see verb 252*)

} descansando

COMMANDS

	(nosotros) descansemos/no descansemos
(tú) descansa/no descanses	(vosotros) descansad/no descanséis
(Ud.) descanse/no descanse	(Uds.) descansen/no descansen

Usage

No descansaron en todo el día.	*They didn't rest all day.*
Descansen antes de volver a trabajar.	*Rest before you go back to work.*
Hijo, deja el libro y descansa la vista.	*Put the book down and rest your eyes.*
Que en paz descanse.	*May he rest in peace.*
¡Que descanses!	*Sleep well!*
Nos hace falta un descanso.	*We need a break.*
Tiene una vida descansada/un trabajo descansado.	*She has an easy life/an easy job.*

stem-changing *-er* verb: *e > ie*   **desciendo · descendieron · descendido · descendiendo**

PRESENT		PRETERIT	
desciendo	descendimos	descendí	descendimos
desciendes	descendéis	descendiste	descendisteis
desciende	descienden	descendió	descendieron

IMPERFECT		PRESENT PERFECT	
descendía	descendíamos	he descendido	hemos descendido
descendías	descendíais	has descendido	habéis descendido
descendía	descendían	ha descendido	han descendido

FUTURE		CONDITIONAL	
descenderé	descenderemos	descendería	descenderíamos
descenderás	descenderéis	descenderías	descenderíais
descenderá	descenderán	descendería	descenderían

PLUPERFECT		PRETERIT PERFECT	
había descendido	habíamos descendido	hube descendido	hubimos descendido
habías descendido	habíais descendido	hubiste descendido	hubisteis descendido
había descendido	habían descendido	hubo descendido	hubieron descendido

FUTURE PERFECT		CONDITIONAL PERFECT	
habré descendido	habremos descendido	habría descendido	habríamos descendido
habrás descendido	habréis descendido	habrías descendido	habríais descendido
habrá descendido	habrán descendido	habría descendido	habrían descendido

PRESENT SUBJUNCTIVE		PRESENT PERFECT SUBJUNCTIVE	
descienda	descendamos	haya descendido	hayamos descendido
desciendas	descendáis	hayas descendido	hayáis descendido
descienda	desciendan	haya descendido	hayan descendido

IMPERFECT SUBJUNCTIVE (-ra)		*or* IMPERFECT SUBJUNCTIVE (-se)	
descendiera	descendiéramos	descendiese	descendiésemos
descendieras	descendierais	descendieses	descendieseis
descendiera	descendieran	descendiese	descendiesen

PAST PERFECT SUBJUNCTIVE (-ra)		*or* PAST PERFECT SUBJUNCTIVE (-se)	
hubiera descendido	hubiéramos descendido	hubiese descendido	hubiésemos descendido
hubieras descendido	hubierais descendido	hubieses descendido	hubieseis descendido
hubiera descendido	hubieran descendido	hubiese descendido	hubiesen descendido

PROGRESSIVE TENSES

PRESENT	estoy, estás, está, estamos, estáis, están	
PRETERIT	estuve, estuviste, estuvo, estuvimos, estuvisteis, estuvieron	
IMPERFECT	estaba, estabas, estaba, estábamos, estabais, estaban	descendiendo
FUTURE	estaré, estarás, estará, estaremos, estaréis, estarán	
CONDITIONAL	estaría, estarías, estaría, estaríamos, estaríais, estarían	
SUBJUNCTIVE	que + *corresponding subjunctive tense of* estar (*see verb 252*)	

COMMANDS

	(nosotros) descendamos/no descendamos
(tú) desciende/no desciendas	(vosotros) descended/no descendáis
(Ud.) descienda/no descienda	(Uds.) desciendan/no desciendan

Usage

Los obreros han descendido del techo.	*The workers have come down from the roof.*
Descenderán al sótano.	*They'll go down to the basement.*
El índice de precios al consumo descendió el mes pasado.	*The consumer price index declined last month.*
Descienden de la nobleza inglesa.	*They're descended from English nobility.*
Ha habido un descenso en la producción.	*There's been a drop in production.*

describo · describieron · descrito · describiendo — *-ir* verb; irregular past participle

PRESENT		PRETERIT	
describo	describimos	describí	describimos
describes	describís	describiste	describisteis
describe	describen	describió	describieron

IMPERFECT		PRESENT PERFECT	
describía	describíamos	he descrito	hemos descrito
describías	describíais	has descrito	habéis descrito
describía	describían	ha descrito	han descrito

FUTURE		CONDITIONAL	
describiré	describiremos	describiría	describiríamos
describirás	describiréis	describirías	describiríais
describirá	describirán	describiría	describirían

PLUPERFECT		PRETERIT PERFECT	
había descrito	habíamos descrito	hube descrito	hubimos descrito
habías descrito	habíais descrito	hubiste descrito	hubisteis descrito
había descrito	habían descrito	hubo descrito	hubieron descrito

FUTURE PERFECT		CONDITIONAL PERFECT	
habré descrito	habremos descrito	habría descrito	habríamos descrito
habrás descrito	habréis descrito	habrías descrito	habríais descrito
habrá descrito	habrán descrito	habría descrito	habrían descrito

PRESENT SUBJUNCTIVE		PRESENT PERFECT SUBJUNCTIVE	
describa	describamos	haya descrito	hayamos descrito
describas	describáis	hayas descrito	hayáis descrito
describa	describan	haya descrito	hayan descrito

IMPERFECT SUBJUNCTIVE (-ra)		*or* IMPERFECT SUBJUNCTIVE (-se)	
describiera	describiéramos	describiese	describiésemos
describieras	describierais	describieses	describieseis
describiera	describieran	describiese	describiesen

PAST PERFECT SUBJUNCTIVE (-ra)		*or* PAST PERFECT SUBJUNCTIVE (-se)	
hubiera descrito	hubiéramos descrito	hubiese descrito	hubiésemos descrito
hubieras descrito	hubierais descrito	hubieses descrito	hubieseis descrito
hubiera descrito	hubieran descrito	hubiese descrito	hubiesen descrito

PROGRESSIVE TENSES

PRESENT	estoy, estás, está, estamos, estáis, están	
PRETERIT	estuve, estuviste, estuvo, estuvimos, estuvisteis, estuvieron	
IMPERFECT	estaba, estabas, estaba, estábamos, estabais, estaban	describiendo
FUTURE	estaré, estarás, estará, estaremos, estaréis, estarán	
CONDITIONAL	estaría, estarías, estaría, estaríamos, estaríais, estarían	
SUBJUNCTIVE	que + *corresponding subjunctive tense of* estar (*see verb 252*)	

COMMANDS

	(nosotros) describamos/no describamos
(tú) describe/no describas	(vosotros) describid/no describáis
(Ud.) describa/no describa	(Uds.) describan/no describan

Usage

Describa lo que vio.	*Describe what you saw.*
Han descrito el suceso detalladamente.	*They've described the event in great detail.*
Describe el contorno del país.	*Trace the outline/contour of the country.*
La nave espacial describió una órbita.	*The spaceship traced an orbit.*
La novela destaca por su descripción.	*The novel stands out because of its description.*

-ir verb; irregular past participle   **descubro · descubrieron · descubierto · descubriendo**

PRESENT

descubro	descubrimos
descubres	descubrís
descubre	descubren

IMPERFECT

descubría	descubríamos
descubrías	descubríais
descubría	descubrían

FUTURE

descubriré	descubriremos
descubrirás	descubriréis
descubrirá	descubrirán

PLUPERFECT

había descubierto	habíamos descubierto
habías descubierto	habíais descubierto
había descubierto	habían descubierto

FUTURE PERFECT

habré descubierto	habremos descubierto
habrás descubierto	habréis descubierto
habrá descubierto	habrán descubierto

PRESENT SUBJUNCTIVE

descubra	descubramos
descubras	descubráis
descubra	descubran

IMPERFECT SUBJUNCTIVE (-ra)

descubriera	descubriéramos
descubrieras	descubrierais
descubriera	descubrieran

PAST PERFECT SUBJUNCTIVE (-ra)

hubiera descubierto	hubiéramos descubierto
hubieras descubierto	hubierais descubierto
hubiera descubierto	hubieran descubierto

PRETERIT

descubrí	descubrimos
descubriste	descubristeis
descubrió	descubrieron

PRESENT PERFECT

he descubierto	hemos descubierto
has descubierto	habéis descubierto
ha descubierto	han descubierto

CONDITIONAL

descubriría	descubriríamos
descubrirías	descubriríais
descubriría	descubrirían

PRETERIT PERFECT

hube descubierto	hubimos descubierto
hubiste descubierto	hubisteis descubierto
hubo descubierto	hubieron descubierto

CONDITIONAL PERFECT

habría descubierto	habríamos descubierto
habrías descubierto	habríais descubierto
habría descubierto	habrían descubierto

PRESENT PERFECT SUBJUNCTIVE

haya descubierto	hayamos descubierto
hayas descubierto	hayáis descubierto
haya descubierto	hayan descubierto

or **IMPERFECT SUBJUNCTIVE (-se)**

descubriese	descubriésemos
descubrieses	descubrieseis
descubriese	descubriesen

or **PAST PERFECT SUBJUNCTIVE (-se)**

hubiese descubierto	hubiésemos descubierto
hubieses descubierto	hubieseis descubierto
hubiese descubierto	hubiesen descubierto

PROGRESSIVE TENSES

PRESENT	estoy, estás, está, estamos, estáis, están
PRETERIT	estuve, estuviste, estuvo, estuvimos, estuvisteis, estuvieron
IMPERFECT	estaba, estabas, estaba, estábamos, estabais, estaban
FUTURE	estaré, estarás, estará, estaremos, estaréis, estarán
CONDITIONAL	estaría, estarías, estaría, estaríamos, estaríais, estarían
SUBJUNCTIVE	que + *corresponding subjunctive tense of* estar (*see verb 252*)

} descubriendo

COMMANDS

	(nosotros) descubramos/no descubramos
(tú) descubre/no descubras	(vosotros) descubrid/no descubráis
(Ud.) descubra/no descubra	(Uds.) descubran/no descubran

Usage

Fleming descubrió la penicilina en 1928.	*Fleming discovered penicillin in 1928.*
Descubrieron el tesoro de la Sierra Madre.	*They found the treasure of the Sierra Madre.*
Han descubierto el cuadro.	*They've unveiled the painting.*
Se descubrió la verdad.	*The truth came out.*
Estudiamos la Época de los Descubrimientos.	*We studied the Age of Discovery.*
Había grandes descubridores.	*There were great discoverers.*

desear   *to want, wish, desire*

deseo · desearon · deseado · deseando

regular -ar verb

PRESENT		PRETERIT	
deseo	deseamos	deseé	deseamos
deseas	deseáis	deseaste	deseasteis
desea	desean	deseó	desearon

IMPERFECT		PRESENT PERFECT	
deseaba	deseábamos	he deseado	hemos deseado
deseabas	deseabais	has deseado	habéis deseado
deseaba	deseaban	ha deseado	han deseado

FUTURE		CONDITIONAL	
desearé	desearemos	desearía	desearíamos
desearás	desearéis	desearías	desearíais
deseará	desearán	desearía	desearían

PLUPERFECT		PRETERIT PERFECT	
había deseado	habíamos deseado	hube deseado	hubimos deseado
habías deseado	habíais deseado	hubiste deseado	hubisteis deseado
había deseado	habían deseado	hubo deseado	hubieron deseado

FUTURE PERFECT		CONDITIONAL PERFECT	
habré deseado	habremos deseado	habría deseado	habríamos deseado
habrás deseado	habréis deseado	habrías deseado	habríais deseado
habrá deseado	habrán deseado	habría deseado	habrían deseado

PRESENT SUBJUNCTIVE		PRESENT PERFECT SUBJUNCTIVE	
desee	deseemos	haya deseado	hayamos deseado
desees	deseéis	hayas deseado	hayáis deseado
desee	deseen	haya deseado	hayan deseado

IMPERFECT SUBJUNCTIVE (-ra)		*or* IMPERFECT SUBJUNCTIVE (-se)	
deseara	deseáramos	desease	deseásemos
desearas	desearais	deseases	deseaseis
deseara	desearan	desease	deseasen

PAST PERFECT SUBJUNCTIVE (-ra)		*or* PAST PERFECT SUBJUNCTIVE (-se)	
hubiera deseado	hubiéramos deseado	hubiese deseado	hubiésemos deseado
hubieras deseado	hubierais deseado	hubieses deseado	hubieseis deseado
hubiera deseado	hubieran deseado	hubiese deseado	hubiesen deseado

PROGRESSIVE TENSES

PRESENT	estoy, estás, está, estamos, estáis, están	
PRETERIT	estuve, estuviste, estuvo, estuvimos, estuvisteis, estuvieron	
IMPERFECT	estaba, estabas, estaba, estábamos, estabais, estaban	deseando
FUTURE	estaré, estarás, estará, estaremos, estaréis, estarán	
CONDITIONAL	estaría, estarías, estaría, estaríamos, estaríais, estarían	
SUBJUNCTIVE	que + *corresponding subjunctive tense of* estar (*see verb 252*)	

COMMANDS

	(nosotros) deseemos/no deseemos
(tú) desea/no desees	(vosotros) desead/no deseéis
(Ud.) desee/no desee	(Uds.) deseen/no deseen

Usage

—¿Qué desean para la cena?   *What do you want for dinner?*
—No deseamos nada en particular.   *We don't want anything special.*

—¿Qué desea Ud.?   *What can I do for you?/How might I help you? (store)*
—Desearía ver las blusas de seda.   *I'd like to see the silk blouses.*

¿Deseáis quedaros?   *Do you want to stay?*
Le deseo mucha felicidad.   *I wish you a lot of happiness.*
Es nuestro mayor deseo.   *It's our greatest wish.*

regular -*ar* verb | **desempeño · desempeñaron · desempeñado · desempeñando**

PRESENT

desempeño	desempeñamos
desempeñas	desempeñáis
desempeña	desempeñan

IMPERFECT

desempeñaba	desempeñábamos
desempeñabas	desempeñabais
desempeñaba	desempeñaban

FUTURE

desempeñaré	desempeñaremos
desempeñarás	desempeñaréis
desempeñará	desempeñarán

PLUPERFECT

había desempeñado	habíamos desempeñado
habías desempeñado	habíais desempeñado
había desempeñado	habían desempeñado

FUTURE PERFECT

habré desempeñado	habremos desempeñado
habrás desempeñado	habréis desempeñado
habrá desempeñado	habrán desempeñado

PRESENT SUBJUNCTIVE

desempeñe	desempeñemos
desempeñes	desempeñéis
desempeñe	desempeñen

IMPERFECT SUBJUNCTIVE (-ra)

desempeñara	desempeñáramos
desempeñaras	desempeñarais
desempeñara	desempeñaran

PAST PERFECT SUBJUNCTIVE (-ra)

hubiera desempeñado	hubiéramos desempeñado
hubieras desempeñado	hubierais desempeñado
hubiera desempeñado	hubieran desempeñado

PRETERIT

desempeñé	desempeñamos
desempeñaste	desempeñasteis
desempeñó	desempeñaron

PRESENT PERFECT

he desempeñado	hemos desempeñado
has desempeñado	habéis desempeñado
ha desempeñado	han desempeñado

CONDITIONAL

desempeñaría	desempeñaríamos
desempeñarías	desempeñaríais
desempeñaría	desempeñarían

PRETERIT PERFECT

hube desempeñado	hubimos desempeñado
hubiste desempeñado	hubisteis desempeñado
hubo desempeñado	hubieron desempeñado

CONDITIONAL PERFECT

habría desempeñado	habríamos desempeñado
habrías desempeñado	habríais desempeñado
habría desempeñado	habrían desempeñado

PRESENT PERFECT SUBJUNCTIVE

haya desempeñado	hayamos desempeñado
hayas desempeñado	hayáis desempeñado
haya desempeñado	hayan desempeñado

or **IMPERFECT SUBJUNCTIVE (-se)**

desempeñase	desempeñásemos
desempeñases	desempeñaseis
desempeñase	desempeñasen

or **PAST PERFECT SUBJUNCTIVE (-se)**

hubiese desempeñado	hubiésemos desempeñado
hubieses desempeñado	hubieseis desempeñado
hubiese desempeñado	hubiesen desempeñado

PROGRESSIVE TENSES

PRESENT	estoy, estás, está, estamos, estáis, están
PRETERIT	estuve, estuviste, estuvo, estuvimos, estuvisteis, estuvieron
IMPERFECT	estaba, estabas, estaba, estábamos, estabais, estaban
FUTURE	estaré, estarás, estará, estaremos, estaréis, estarán
CONDITIONAL	estaría, estarías, estaría, estaríamos, estaríais, estarían
SUBJUNCTIVE	que + *corresponding subjunctive tense of* estar (*see verb 252*)

desempeñando

COMMANDS

	(nosotros) desempeñemos/no desempeñemos
(tú) desempeña/no desempeñes	(vosotros) desempeñad/no desempeñéis
(Ud.) desempeñe/no desempeñe	(Uds.) desempeñen/no desempeñen

Usage

Desempeña toda clase de tareas.	*He carries out/performs all kinds of duties.*
Desempeñaba papeles muy importantes.	*She used to play very important roles.*
Desempeñó su collar de la casa de empeños.	*She redeemed her necklace from the pawn shop.*
Laurence Olivier es célebre por su desempeño del papel de Hamlet.	*Laurence Olivier is famous for his performance of the role of Hamlet.*

despedir *to give off, send/throw out, fire, say good-bye*

despido · despidieron · despedido · despidiendo

stem-changing *-ir* verb (like **pedir**):
e > *i* (present), *e* > *i* (preterit)

PRESENT		PRETERIT	
despido	despedimos	despedí	despedimos
despides	despedís	despediste	despedisteis
despide	despiden	despidió	despidieron

IMPERFECT		PRESENT PERFECT	
despedía	despedíamos	he despedido	hemos despedido
despedías	despedíais	has despedido	habéis despedido
despedía	despedían	ha despedido	han despedido

FUTURE		CONDITIONAL	
despediré	despediremos	despediría	despediríamos
despedirás	despediréis	despedirías	despediríais
despedirá	despedirán	despediría	despedirían

PLUPERFECT		PRETERIT PERFECT	
había despedido	habíamos despedido	hube despedido	hubimos despedido
habías despedido	habíais despedido	hubiste despedido	hubisteis despedido
había despedido	habían despedido	hubo despedido	hubieron despedido

FUTURE PERFECT		CONDITIONAL PERFECT	
habré despedido	habremos despedido	habría despedido	habríamos despedido
habrás despedido	habréis despedido	habrías despedido	habríais despedido
habrá despedido	habrán despedido	habría despedido	habrían despedido

PRESENT SUBJUNCTIVE		PRESENT PERFECT SUBJUNCTIVE	
despida	despidamos	haya despedido	hayamos despedido
despidas	despidáis	hayas despedido	hayáis despedido
despida	despidan	haya despedido	hayan despedido

IMPERFECT SUBJUNCTIVE (-ra)		*or* IMPERFECT SUBJUNCTIVE (-se)	
despidiera	despidiéramos	despidiese	despidiésemos
despidieras	despidierais	despidieses	despidieseis
despidiera	despidieran	despidiese	despidiesen

PAST PERFECT SUBJUNCTIVE (-ra)		*or* PAST PERFECT SUBJUNCTIVE (-se)	
hubiera despedido	hubiéramos despedido	hubiese despedido	hubiésemos despedido
hubieras despedido	hubierais despedido	hubieses despedido	hubieseis despedido
hubiera despedido	hubieran despedido	hubiese despedido	hubiesen despedido

PROGRESSIVE TENSES

PRESENT	estoy, estás, está, estamos, estáis, están
PRETERIT	estuve, estuviste, estuvo, estuvimos, estuvisteis, estuvieron
IMPERFECT	estaba, estabas, estaba, estábamos, estabais, estaban
FUTURE	estaré, estarás, estará, estaremos, estaréis, estarán
CONDITIONAL	estaría, estarías, estaría, estaríamos, estaríais, estarían
SUBJUNCTIVE	que + *corresponding subjunctive tense of* estar (*see verb 252*)

} despidiendo

COMMANDS

	(nosotros) despidamos/no despidamos
(tú) despide/no despidas	(vosotros) despedid/no despidáis
(Ud.) despida/no despida	(Uds.) despidan/no despidan

Usage

El microondas despide rayos.	*The microwave oven emits/gives off rays.*
El jefe despidió a dos empleados.	*The boss fired two employees.*
El inquilino fue despedido.	*The tenant was evicted.*
Se despidieron de nosotros.	*They said good-bye to us.*
Le hicieron una cena de despedida/despedida de soltero.	*They made him a farewell dinner/bachelor party.*
Se termina la carta con la despedida.	*The letter ends with the closing formula.*

-ar verb; spelling change: *g > gu/e*   **despego · despegaron · despegado · despegando**

PRESENT

despego	despegamos
despegas	despegáis
despega	despegan

IMPERFECT

despegaba	despegábamos
despegabas	despegabais
despegaba	despegaban

FUTURE

despegaré	despegaremos
despegarás	despegaréis
despegará	despegarán

PLUPERFECT

había despegado	habíamos despegado
habías despegado	habíais despegado
había despegado	habían despegado

FUTURE PERFECT

habré despegado	habremos despegado
habrás despegado	habréis despegado
habrá despegado	habrán despegado

PRESENT SUBJUNCTIVE

despegue	despeguemos
despegues	despeguéis
despegue	despeguen

IMPERFECT SUBJUNCTIVE (-ra)

despegara	despegáramos
despegaras	despegarais
despegara	despegaran

PAST PERFECT SUBJUNCTIVE (-ra)

hubiera despegado	hubiéramos despegado
hubieras despegado	hubierais despegado
hubiera despegado	hubieran despegado

PRETERIT

despegué	despegamos
despegaste	despegasteis
despegó	despegaron

PRESENT PERFECT

he despegado	hemos despegado
has despegado	habéis despegado
ha despegado	han despegado

CONDITIONAL

despegaría	despegaríamos
despegarías	despegaríais
despegaría	despegarían

PRETERIT PERFECT

hube despegado	hubimos despegado
hubiste despegado	hubisteis despegado
hubo despegado	hubieron despegado

CONDITIONAL PERFECT

habría despegado	habríamos despegado
habrías despegado	habríais despegado
habría despegado	habrían despegado

PRESENT PERFECT SUBJUNCTIVE

haya despegado	hayamos despegado
hayas despegado	hayáis despegado
haya despegado	hayan despegado

or ### IMPERFECT SUBJUNCTIVE (-se)

despegase	despegásemos
despegases	despegaseis
despegase	despegasen

or ### PAST PERFECT SUBJUNCTIVE (-se)

hubiese despegado	hubiésemos despegado
hubieses despegado	hubieseis despegado
hubiese despegado	hubiesen despegado

PROGRESSIVE TENSES

PRESENT	estoy, estás, está, estamos, estáis, están
PRETERIT	estuve, estuviste, estuvo, estuvimos, estuvisteis, estuvieron
IMPERFECT	estaba, estabas, estaba, estábamos, estabais, estaban
FUTURE	estaré, estarás, estará, estaremos, estaréis, estarán
CONDITIONAL	estaría, estarías, estaría, estaríamos, estaríais, estarían
SUBJUNCTIVE	que + *corresponding subjunctive tense of* estar (*see verb 252*)

} despegando

COMMANDS

	(nosotros) despeguemos/no despeguemos
(tú) despega/no despegues	(vosotros) despegad/no despeguéis
(Ud.) despegue/no despegue	(Uds.) despeguen/no despeguen

Usage

—¿Despega el avión pronto?	*Will the airplane take off soon?*
—Dudo que despegue antes de las nueve.	*I doubt it will take off before 9:00.*
Despega el sobre y saca el papel.	*Unstick the envelope and take the paper out.*
Ha despegado el cupón.	*She has detached the coupon.*
No despegó los labios en toda la noche.	*She didn't say a word the whole evening.*
¿A qué hora es el despegue?	*At what time is the takeoff?*

despierto · despertaron · despertado · despertándose

stem-changing *-ar*
reflexive verb: *e > ie*

PRESENT

me despierto	nos despertamos
te despiertas	os despertáis
se despierta	se despiertan

PRETERIT

me desperté	nos despertamos
te despertaste	os despertasteis
se despertó	se despertaron

IMPERFECT

me despertaba	nos despertábamos
te despertabas	os despertabais
se despertaba	se despertaban

PRESENT PERFECT

me he despertado	nos hemos despertado
te has despertado	os habéis despertado
se ha despertado	se han despertado

FUTURE

me despertaré	nos despertaremos
te despertarás	os despertaréis
se despertará	se despertarán

CONDITIONAL

me despertaría	nos despertaríamos
te despertarías	os despertaríais
se despertaría	se despertarían

PLUPERFECT

me había despertado	nos habíamos despertado
te habías despertado	os habíais despertado
se había despertado	se habían despertado

PRETERIT PERFECT

me hube despertado	nos hubimos despertado
te hubiste despertado	os hubisteis despertado
se hubo despertado	se hubieron despertado

FUTURE PERFECT

me habré despertado	nos habremos despertado
te habrás despertado	os habréis despertado
se habrá despertado	se habrán despertado

CONDITIONAL PERFECT

me habría despertado	nos habríamos despertado
te habrías despertado	os habríais despertado
se habría despertado	se habrían despertado

PRESENT SUBJUNCTIVE

me despierte	nos despertemos
te despiertes	os despertéis
se despierte	se despierten

PRESENT PERFECT SUBJUNCTIVE

me haya despertado	nos hayamos despertado
te hayas despertado	os hayáis despertado
se haya despertado	se hayan despertado

IMPERFECT SUBJUNCTIVE (-ra)   *or*   IMPERFECT SUBJUNCTIVE (-se)

me despertara	nos despertáramos	me despertase	nos despertásemos
te despertaras	os despertarais	te despertases	os despertaseis
se despertara	se despertaran	se despertase	se despertasen

PAST PERFECT SUBJUNCTIVE (-ra)   *or*   PAST PERFECT SUBJUNCTIVE (-se)

me hubiera despertado	nos hubiéramos despertado	me hubiese despertado	nos hubiésemos despertado
te hubieras despertado	os hubierais despertado	te hubieses despertado	os hubieseis despertado
se hubiera despertado	se hubieran despertado	se hubiese despertado	se hubiesen despertado

PROGRESSIVE TENSES

PRESENT	estoy, estás, está, estamos, estáis, están
PRETERIT	estuve, estuviste, estuvo, estuvimos, estuvisteis, estuvieron
IMPERFECT	estaba, estabas, estaba, estábamos, estabais, estaban
FUTURE	estaré, estarás, estará, estaremos, estaréis, estarán
CONDITIONAL	estaría, estarías, estaría, estaríamos, estaríais, estarían
SUBJUNCTIVE	que + *corresponding subjunctive tense of* estar (*see verb 252*)

} despertando (*see page 31*)

COMMANDS

	(nosotros) despertémonos/no nos despertemos
(tú) despiértate/no te despiertes	(vosotros) despertaos/no os despertéis
(Ud.) despiértese/no se despierte	(Uds.) despiértense/no se despierten

Usage

Cuando yo me despierte a las siete, te despertaré.	*When I wake up at 7:00, I'll wake you up.*
—¡Despiértate! ¿No oíste el despertador?	*Wake up! Didn't you hear the alarm clock?*
—Ya estaba despierto cuando sonó.	*I was already awake when it rang.*
El tema no ha despertado ningún interés.	*The subject hasn't aroused any interest.*
Los magníficos aromas de la cocina despiertan el apetito.	*Wonderful cooking smells give you an appetite.*
Es un niño muy despierto.	*He's a very bright/lively little boy.*

-ir verb; spelling change:
adds *y* before *o, a, e*

destruyo · destruyeron · destruido · destruyendo

PRESENT		PRETERIT	
destruyo	destruimos	destruí	destruimos
destruyes	destruís	destruiste	destruisteis
destruye	destruyen	destruyó	destruyeron

IMPERFECT		PRESENT PERFECT	
destruía	destruíamos	he destruido	hemos destruido
destruías	destruíais	has destruido	habéis destruido
destruía	destruían	ha destruido	han destruido

FUTURE		CONDITIONAL	
destruiré	destruiremos	destruiría	destruiríamos
destruirás	destruiréis	destruirías	destruiríais
destruirá	destruirán	destruiría	destruirían

PLUPERFECT		PRETERIT PERFECT	
había destruido	habíamos destruido	hube destruido	hubimos destruido
habías destruido	habíais destruido	hubiste destruido	hubisteis destruido
había destruido	habían destruido	hubo destruido	hubieron destruido

FUTURE PERFECT		CONDITIONAL PERFECT	
habré destruido	habremos destruido	habría destruido	habríamos destruido
habrás destruido	habréis destruido	habrías destruido	habríais destruido
habrá destruido	habrán destruido	habría destruido	habrían destruido

PRESENT SUBJUNCTIVE		PRESENT PERFECT SUBJUNCTIVE	
destruya	destruyamos	haya destruido	hayamos destruido
destruyas	destruyáis	hayas destruido	hayáis destruido
destruya	destruyan	haya destruido	hayan destruido

IMPERFECT SUBJUNCTIVE (-ra)		*or* IMPERFECT SUBJUNCTIVE (-se)	
destruyera	destruyéramos	destruyese	destruyésemos
destruyeras	destruyerais	destruyeses	destruyeseis
destruyera	destruyeran	destruyese	destruyesen

PAST PERFECT SUBJUNCTIVE (-ra)		*or* PAST PERFECT SUBJUNCTIVE (-se)	
hubiera destruido	hubiéramos destruido	hubiese destruido	hubiésemos destruido
hubieras destruido	hubierais destruido	hubieses destruido	hubieseis destruido
hubiera destruido	hubieran destruido	hubiese destruido	hubiesen destruido

PROGRESSIVE TENSES

PRESENT	estoy, estás, está, estamos, estáis, están
PRETERIT	estuve, estuviste, estuvo, estuvimos, estuvisteis, estuvieron
IMPERFECT	estaba, estabas, estaba, estábamos, estabais, estaban
FUTURE	estaré, estarás, estará, estaremos, estaréis, estarán
CONDITIONAL	estaría, estarías, estaría, estaríamos, estaríais, estarían
SUBJUNCTIVE	que + *corresponding subjunctive tense of* estar (*see verb 252*)

\} destruyendo

COMMANDS

	(nosotros) destruyamos/no destruyamos
(tú) destruye/no destruyas	(vosotros) destruid/no destruyáis
(Ud.) destruya/no destruya	(Uds.) destruyan/no destruyan

Usage

¿Quiénes destruyeron la casa?	*Who destroyed/demolished the house?*
Muchos edificios fueron destruidos por el huracán.	*Many buildings were demolished by the hurricane.*
Se destruyó su razonamiento.	*Her reasoning was refuted.*
No destruyas su plan.	*Don't wreck their plan.*
Hubo destrucción por todo el Caribe.	*There was destruction throughout the Caribbean.*
No será difícil destruir su hipótesis.	*It won't be difficult to refute their hypothesis.*
Son fuerzas muy destructoras.	*They're very destructive forces.*

detener *to stop, detain*

detengo · detuvieron · detenido · deteniendo   irregular verb (like **tener**)

PRESENT

detengo	detenemos		
detienes	detenéis		
detiene	detienen		

PRETERIT

detuve	detuvimos
detuviste	detuvisteis
detuvo	detuvieron

IMPERFECT

detenía	deteníamos
detenías	deteníais
detenía	detenían

PRESENT PERFECT

he detenido	hemos detenido
has detenido	habéis detenido
ha detenido	han detenido

FUTURE

detendré	detendremos
detendrás	detendréis
detendrá	detendrán

CONDITIONAL

detendría	detendríamos
detendrías	detendríais
detendría	detendrían

PLUPERFECT

había detenido	habíamos detenido
habías detenido	habíais detenido
había detenido	habían detenido

PRETERIT PERFECT

hube detenido	hubimos detenido
hubiste detenido	hubisteis detenido
hubo detenido	hubieron detenido

FUTURE PERFECT

habré detenido	habremos detenido
habrás detenido	habréis detenido
habrá detenido	habrán detenido

CONDITIONAL PERFECT

habría detenido	habríamos detenido
habrías detenido	habríais detenido
habría detenido	habrían detenido

PRESENT SUBJUNCTIVE

detenga	detengamos
detengas	detengáis
detenga	detengan

PRESENT PERFECT SUBJUNCTIVE

haya detenido	hayamos detenido
hayas detenido	hayáis detenido
haya detenido	hayan detenido

IMPERFECT SUBJUNCTIVE (-ra)   *or* **IMPERFECT SUBJUNCTIVE (-se)**

detuviera	detuviéramos	detuviese	detuviésemos
detuvieras	detuvierais	detuvieses	detuvieseis
detuviera	detuvieran	detuviese	detuviesen

PAST PERFECT SUBJUNCTIVE (-ra)   *or* **PAST PERFECT SUBJUNCTIVE (-se)**

hubiera detenido	hubiéramos detenido	hubiese detenido	hubiésemos detenido
hubieras detenido	hubierais detenido	hubieses detenido	hubieseis detenido
hubiera detenido	hubieran detenido	hubiese detenido	hubiesen detenido

PROGRESSIVE TENSES

PRESENT	estoy, estás, está, estamos, estáis, están
PRETERIT	estuve, estuviste, estuvo, estuvimos, estuvisteis, estuvieron
IMPERFECT	estaba, estabas, estaba, estábamos, estabais, estaban
FUTURE	estaré, estarás, estará, estaremos, estaréis, estarán
CONDITIONAL	estaría, estarías, estaría, estaríamos, estaríais, estarían
SUBJUNCTIVE	que + *corresponding subjunctive tense of* estar (*see verb 252*)

} deteniendo

COMMANDS

	(nosotros) detengamos/no detengamos
(tú) detén/no detengas	(vosotros) detened/no detengáis
(Ud.) detenga/no detenga	(Uds.) detengan/no detengan

Usage

Detuvo la bicicleta repentinamente.	*He stopped the bicycle suddenly.*
Siento detenerlos por tanto tiempo.	*I'm sorry to keep you so long.*
El policía detuvo al ratero.	*The policeman arrested the pickpocket.*
Se detuvieron para conocer el centro histórico.	*They stopped to get to know the historic center.*
Hicieron unas investigaciones muy detenidas.	*They did very careful/detailed research.*
Haz la encuesta con detenimiento/detención.	*Do the survey carefully/thoroughly.*

stem-changing -er verb:
o > ue (like **volver**)

devuelvo · devolvieron · devuelto · devolviendo

PRESENT

devuelvo	devolvemos
devuelves	devolvéis
devuelve	devuelven

PRETERIT

devolví	devolvimos
devolviste	devolvisteis
devolvió	devolvieron

IMPERFECT

devolvía	devolvíamos
devolvías	devolvíais
devolvía	devolvían

PRESENT PERFECT

he devuelto	hemos devuelto
has devuelto	habéis devuelto
ha devuelto	han devuelto

FUTURE

devolveré	devolveremos
devolverás	devolveréis
devolverá	devolverán

CONDITIONAL

devolvería	devolveríamos
devolverías	devolveríais
devolvería	devolverían

PLUPERFECT

había devuelto	habíamos devuelto
habías devuelto	habíais devuelto
había devuelto	habían devuelto

PRETERIT PERFECT

hube devuelto	hubimos devuelto
hubiste devuelto	hubisteis devuelto
hubo devuelto	hubieron devuelto

FUTURE PERFECT

habré devuelto	habremos devuelto
habrás devuelto	habréis devuelto
habrá devuelto	habrán devuelto

CONDITIONAL PERFECT

habría devuelto	habríamos devuelto
habrías devuelto	habríais devuelto
habría devuelto	habrían devuelto

PRESENT SUBJUNCTIVE

devuelva	devolvamos
devuelvas	devolváis
devuelva	devuelvan

PRESENT PERFECT SUBJUNCTIVE

haya devuelto	hayamos devuelto
hayas devuelto	hayáis devuelto
haya devuelto	hayan devuelto

IMPERFECT SUBJUNCTIVE (-ra)

devolviera	devolviéramos
devolvieras	devolvierais
devolviera	devolvieran

or **IMPERFECT SUBJUNCTIVE (-se)**

devolviese	devolviésemos
devolvieses	devolvieseis
devolviese	devolviesen

PAST PERFECT SUBJUNCTIVE (-ra)

hubiera devuelto	hubiéramos devuelto
hubieras devuelto	hubierais devuelto
hubiera devuelto	hubieran devuelto

or **PAST PERFECT SUBJUNCTIVE (-se)**

hubiese devuelto	hubiésemos devuelto
hubieses devuelto	hubieseis devuelto
hubiese devuelto	hubiesen devuelto

PROGRESSIVE TENSES

PRESENT	estoy, estás, está, estamos, estáis, están
PRETERIT	estuve, estuviste, estuvo, estuvimos, estuvisteis, estuvieron
IMPERFECT	estaba, estabas, estaba, estábamos, estabais, estaban
FUTURE	estaré, estarás, estará, estaremos, estaréis, estarán
CONDITIONAL	estaría, estarías, estaría, estaríamos, estaríais, estarían
SUBJUNCTIVE	que + *corresponding subjunctive tense of* estar *(see verb 252)*

} devolviendo

COMMANDS

	(nosotros) devolvamos/no devolvamos
(tú) devuelve/no devuelvas	(vosotros) devolved/no devolváis
(Ud.) devuelva/no devuelva	(Uds.) devuelvan/no devuelvan

Usage

¿Le devolviste el dinero?	*Did you return the money to him?*
Devuelve los libros a la biblioteca.	*Return the books to the library.*
Me han devuelto el favor.	*They've returned the favor to me/paid me back.*
Devuelva lo que pidió prestado.	*Return what you borrowed.*
No se permite la devolución de artículos sin el recibo.	*You can't return items without the receipt.*

dibujar *to draw, design, sketch*

dibujo · dibujaron · dibujado · dibujando   regular -*ar* verb

PRESENT		PRETERIT	
dibujo	dibujamos	dibujé	dibujamos
dibujas	dibujáis	dibujaste	dibujasteis
dibuja	dibujan	dibujó	dibujaron

IMPERFECT		PRESENT PERFECT	
dibujaba	dibujábamos	he dibujado	hemos dibujado
dibujabas	dibujabais	has dibujado	habéis dibujado
dibujaba	dibujaban	ha dibujado	han dibujado

FUTURE		CONDITIONAL	
dibujaré	dibujaremos	dibujaría	dibujaríamos
dibujarás	dibujaréis	dibujarías	dibujaríais
dibujará	dibujarán	dibujaría	dibujarían

PLUPERFECT		PRETERIT PERFECT	
había dibujado	habíamos dibujado	hube dibujado	hubimos dibujado
habías dibujado	habíais dibujado	hubiste dibujado	hubisteis dibujado
había dibujado	habían dibujado	hubo dibujado	hubieron dibujado

FUTURE PERFECT		CONDITIONAL PERFECT	
habré dibujado	habremos dibujado	habría dibujado	habríamos dibujado
habrás dibujado	habréis dibujado	habrías dibujado	habríais dibujado
habrá dibujado	habrán dibujado	habría dibujado	habrían dibujado

PRESENT SUBJUNCTIVE		PRESENT PERFECT SUBJUNCTIVE	
dibuje	dibujemos	haya dibujado	hayamos dibujado
dibujes	dibujéis	hayas dibujado	hayáis dibujado
dibuje	dibujen	haya dibujado	hayan dibujado

IMPERFECT SUBJUNCTIVE (-ra)		*or*	IMPERFECT SUBJUNCTIVE (-se)	
dibujara	dibujáramos		dibujase	dibujásemos
dibujaras	dibujarais		dibujases	dibujaseis
dibujara	dibujaran		dibujase	dibujasen

PAST PERFECT SUBJUNCTIVE (-ra)		*or*	PAST PERFECT SUBJUNCTIVE (-se)	
hubiera dibujado	hubiéramos dibujado		hubiese dibujado	hubiésemos dibujado
hubieras dibujado	hubierais dibujado		hubieses dibujado	hubieseis dibujado
hubiera dibujado	hubieran dibujado		hubiese dibujado	hubiesen dibujado

PROGRESSIVE TENSES

PRESENT	estoy, estás, está, estamos, estáis, están
PRETERIT	estuve, estuviste, estuvo, estuvimos, estuvisteis, estuvieron
IMPERFECT	estaba, estabas, estaba, estábamos, estabais, estaban
FUTURE	estaré, estarás, estará, estaremos, estaréis, estarán
CONDITIONAL	estaría, estarías, estaría, estaríamos, estaríais, estarían
SUBJUNCTIVE	que + *corresponding subjunctive tense of* estar (*see verb 252*)

} dibujando

COMMANDS

	(nosotros) dibujemos/no dibujemos
(tú) dibuja/no dibujes	(vosotros) dibujad/no dibujéis
(Ud.) dibuje/no dibuje	(Uds.) dibujen/no dibujen

Usage

Dibujo con pluma.	*I draw with ink.*
El escritor dibuja los personajes muy bien.	*The writer sketches the characters very well.*
Me encantan los dibujos al carbón.	*I love charcoal drawings.*
Hay una exposición de dibujos en Galería 39.	*There's an exhibit of drawings in Gallery 39.*
Se especializa en dibujo asistido por computadora.	*Her specialty is computer-assisted drafting.*
Los dibujos animados son muy graciosos.	*The cartoons are witty.*
Es un dibujante de primera.	*He's a first-rate drawer/cartoonist.*

-ir verb; spelling change: *g > j/o, a*   **dirijo · dirigieron · dirigido · dirigiendo**

PRESENT		PRETERIT	
dirijo	dirigimos	dirigí	dirigimos
diriges	dirigís	dirigiste	dirigisteis
dirige	dirigen	dirigió	dirigieron

IMPERFECT		PRESENT PERFECT	
dirigía	dirigíamos	he dirigido	hemos dirigido
dirigías	dirigíais	has dirigido	habéis dirigido
dirigía	dirigían	ha dirigido	han dirigido

FUTURE		CONDITIONAL	
dirigiré	dirigiremos	dirigiría	dirigiríamos
dirigirás	dirigiréis	dirigirías	dirigiríais
dirigirá	dirigirán	dirigiría	dirigirían

PLUPERFECT		PRETERIT PERFECT	
había dirigido	habíamos dirigido	hube dirigido	hubimos dirigido
habías dirigido	habíais dirigido	hubiste dirigido	hubisteis dirigido
había dirigido	habían dirigido	hubo dirigido	hubieron dirigido

FUTURE PERFECT		CONDITIONAL PERFECT	
habré dirigido	habremos dirigido	habría dirigido	habríamos dirigido
habrás dirigido	habréis dirigido	habrías dirigido	habríais dirigido
habrá dirigido	habrán dirigido	habría dirigido	habrían dirigido

PRESENT SUBJUNCTIVE		PRESENT PERFECT SUBJUNCTIVE	
dirija	dirijamos	haya dirigido	hayamos dirigido
dirijas	dirijáis	hayas dirigido	hayáis dirigido
dirija	dirijan	haya dirigido	hayan dirigido

IMPERFECT SUBJUNCTIVE (-ra)		*or* IMPERFECT SUBJUNCTIVE (-se)	
dirigiera	dirigiéramos	dirigiese	dirigiésemos
dirigieras	dirigierais	dirigieses	dirigieseis
dirigiera	dirigieran	dirigiese	dirigiesen

PAST PERFECT SUBJUNCTIVE (-ra)		*or* PAST PERFECT SUBJUNCTIVE (-se)	
hubiera dirigido	hubiéramos dirigido	hubiese dirigido	hubiésemos dirigido
hubieras dirigido	hubierais dirigido	hubieses dirigido	hubieseis dirigido
hubiera dirigido	hubieran dirigido	hubiese dirigido	hubiesen dirigido

PROGRESSIVE TENSES

PRESENT	estoy, estás, está, estamos, estáis, están	
PRETERIT	estuve, estuviste, estuvo, estuvimos, estuvisteis, estuvieron	
IMPERFECT	estaba, estabas, estaba, estábamos, estabais, estaban	dirigiendo
FUTURE	estaré, estarás, estará, estaremos, estaréis, estarán	
CONDITIONAL	estaría, estarías, estaría, estaríamos, estaríais, estarían	
SUBJUNCTIVE	que + *corresponding subjunctive tense of* estar (*see verb 252*)	

COMMANDS

	(nosotros) dirijamos/no dirijamos
(tú) dirige/no dirijas	(vosotros) dirigid/no dirijáis
(Ud.) dirija/no dirija	(Uds.) dirijan/no dirijan

Usage

Dirigió la cámara hacia la cumbre.	*He directed/aimed the camera at the mountain top.*
Nos dirigió al hotel.	*She directed us to the hotel.*
¿Quiénes dirigen la empresa?	*Who is managing/running the business?*
No le dirijas la palabra.	*Don't address him.*
Se dirigieron a casa.	*They headed home/made their way home.*
Ese director dirigirá la orquesta en enero.	*That conductor will lead the orchestra in January.*
Es un excelente director de cine.	*He's an excellent film director.*

disculparse *to apologize, excuse, forgive*

disculpo · disculparon · disculpado · disculpándose   regular *-ar* reflexive verb

PRESENT

me disculpo	nos disculpamos
te disculpas	os disculpáis
se disculpa	se disculpan

PRETERIT

me disculpé	nos disculpamos
te disculpaste	os disculpasteis
se disculpó	se disculparon

IMPERFECT

me disculpaba	nos disculpábamos
te disculpabas	os disculpabais
se disculpaba	se disculpaban

PRESENT PERFECT

me he disculpado	nos hemos disculpado
te has disculpado	os habéis disculpado
se ha disculpado	se han disculpado

FUTURE

me disculparé	nos disculparemos
te disculparás	os disculparéis
se disculpará	se disculparán

CONDITIONAL

me disculparía	nos disculparíamos
te disculparías	os disculparíais
se disculparía	se disculparían

PLUPERFECT

me había disculpado	nos habíamos disculpado
te habías disculpado	os habíais disculpado
se había disculpado	se habían disculpado

PRETERIT PERFECT

me hube disculpado	nos hubimos disculpado
te hubiste disculpado	os hubisteis disculpado
se hubo disculpado	se hubieron disculpado

FUTURE PERFECT

me habré disculpado	nos habremos disculpado
te habrás disculpado	os habréis disculpado
se habrá disculpado	se habrán disculpado

CONDITIONAL PERFECT

me habría disculpado	nos habríamos disculpado
te habrías disculpado	os habríais disculpado
se habría disculpado	se habrían disculpado

PRESENT SUBJUNCTIVE

me disculpe	nos disculpemos
te disculpes	os disculpéis
se disculpe	se disculpen

PRESENT PERFECT SUBJUNCTIVE

me haya disculpado	nos hayamos disculpado
te hayas disculpado	os hayáis disculpado
se haya disculpado	se hayan disculpado

IMPERFECT SUBJUNCTIVE (-ra)

me disculpara	nos disculpáramos
te disculparas	os disculparais
se disculpara	se disculparan

or **IMPERFECT SUBJUNCTIVE (-se)**

me disculpase	nos disculpásemos
te disculpases	os disculpaseis
se disculpase	se disculpasen

PAST PERFECT SUBJUNCTIVE (-ra)

me hubiera disculpado	nos hubiéramos disculpado
te hubieras disculpado	os hubierais disculpado
se hubiera disculpado	se hubieran disculpado

or **PAST PERFECT SUBJUNCTIVE (-se)**

me hubiese disculpado	nos hubiésemos disculpado
te hubieses disculpado	os hubieseis disculpado
se hubiese disculpado	se hubiesen disculpado

PROGRESSIVE TENSES

PRESENT	estoy, estás, está, estamos, estáis, están
PRETERIT	estuve, estuviste, estuvo, estuvimos, estuvisteis, estuvieron
IMPERFECT	estaba, estabas, estaba, estábamos, estabais, estaban
FUTURE	estaré, estarás, estará, estaremos, estaréis, estarán
CONDITIONAL	estaría, estarías, estaría, estaríamos, estaríais, estarían
SUBJUNCTIVE	que + *corresponding subjunctive tense of* estar (*see verb 252*)

} disculpando (*see page 31*)

COMMANDS

	(nosotros) disculpémonos/no nos disculpemos
(tú) discúlpate/no te disculpes	(vosotros) disculpaos/no os disculpéis
(Ud.) discúlpese/no se disculpe	(Uds.) discúlpense/no se disculpen

Usage

Discúlpenme por hacerlos esperar.	*I apologize for making you wait.*
Se disculpó con ellos por el fracaso.	*He apologized to them for the failure.*
Su enfermedad le disculpa su distracción.	*Her illness excuses her absentmindedness.*
—¿Quién tiene la culpa de lo ocurrido?	*Who's to blame for what happened?*
—Creo que la culpa es del abogado.	*I think the lawyer is to blame.*
No des disculpas.	*Don't make excuses.*

regular -*ir* verb · · · · · · **discuto · discutieron · discutido · discutiendo**

PRESENT

discuto	discutimos
discutes	discutís
discute	discuten

PRETERIT

discutí	discutimos
discutiste	discutisteis
discutió	discutieron

IMPERFECT

discutía	discutíamos
discutías	discutíais
discutía	discutían

PRESENT PERFECT

he discutido	hemos discutido
has discutido	habéis discutido
ha discutido	han discutido

FUTURE

discutiré	discutiremos
discutirás	discutiréis
discutirá	discutirán

CONDITIONAL

discutiría	discutiríamos
discutirías	discutiríais
discutiría	discutirían

PLUPERFECT

había discutido	habíamos discutido
habías discutido	habíais discutido
había discutido	habían discutido

PRETERIT PERFECT

hube discutido	hubimos discutido
hubiste discutido	hubisteis discutido
hubo discutido	hubieron discutido

FUTURE PERFECT

habré discutido	habremos discutido
habrás discutido	habréis discutido
habrá discutido	habrán discutido

CONDITIONAL PERFECT

habría discutido	habríamos discutido
habrías discutido	habríais discutido
habría discutido	habrían discutido

PRESENT SUBJUNCTIVE

discuta	discutamos
discutas	discutáis
discuta	discutan

PRESENT PERFECT SUBJUNCTIVE

haya discutido	hayamos discutido
hayas discutido	hayáis discutido
haya discutido	hayan discutido

IMPERFECT SUBJUNCTIVE (-ra)

discutiera	discutiéramos
discutieras	discutierais
discutiera	discutieran

or **IMPERFECT SUBJUNCTIVE (-se)**

discutiese	discutiésemos
discutieses	discutieseis
discutiese	discutiesen

PAST PERFECT SUBJUNCTIVE (-ra)

hubiera discutido	hubiéramos discutido
hubieras discutido	hubierais discutido
hubiera discutido	hubieran discutido

or **PAST PERFECT SUBJUNCTIVE (-se)**

hubiese discutido	hubiésemos discutido
hubieses discutido	hubieseis discutido
hubiese discutido	hubiesen discutido

PROGRESSIVE TENSES

PRESENT	estoy, estás, está, estamos, estáis, están	
PRETERIT	estuve, estuviste, estuvo, estuvimos, estuvisteis, estuvieron	
IMPERFECT	estaba, estabas, estaba, estábamos, estabais, estaban	discutiendo
FUTURE	estaré, estarás, estará, estaremos, estaréis, estarán	
CONDITIONAL	estaría, estarías, estaría, estaríamos, estaríais, estarían	
SUBJUNCTIVE	que + *corresponding subjunctive tense of* estar (*see verb 252*)	

COMMANDS

	(nosotros) discutamos/no discutamos
(tú) discute/no discutas	(vosotros) discutid/no discutáis
(Ud.) discuta/no discuta	(Uds.) discutan/no discutan

Usage

Discutamos la idea detenidamente.	*Let's discuss the idea thoroughly.*
¿Discutís sobre política?	*Are you discussing/debating politics?*
Seguían discutiendo por una estupidez.	*They went on arguing about some stupid thing.*
¡Niños, no discutan!	*Children, don't argue!*
Es una película muy discutida.	*It's a very controversial/much-discussed film.*
No entres en discusiones con él.	*Don't get into an argument/a dispute with him.*
El asunto está en discusión.	*The matter is under discussion/debate.*

PRESENT		PRETERIT	
disfruto	disfrutamos	disfruté	disfrutamos
disfrutas	disfrutáis	disfrutaste	disfrutasteis
disfruta	disfrutan	disfrutó	disfrutaron

IMPERFECT		PRESENT PERFECT	
disfrutaba	disfrutábamos	he disfrutado	hemos disfrutado
disfrutabas	disfrutabais	has disfrutado	habéis disfrutado
disfrutaba	disfrutaban	ha disfrutado	han disfrutado

FUTURE		CONDITIONAL	
disfrutaré	disfrutaremos	disfrutaría	disfrutaríamos
disfrutarás	disfrutaréis	disfrutarías	disfrutaríais
disfrutará	disfrutarán	disfrutaría	disfrutarían

PLUPERFECT		PRETERIT PERFECT	
había disfrutado	habíamos disfrutado	hube disfrutado	hubimos disfrutado
habías disfrutado	habíais disfrutado	hubiste disfrutado	hubisteis disfrutado
había disfrutado	habían disfrutado	hubo disfrutado	hubieron disfrutado

FUTURE PERFECT		CONDITIONAL PERFECT	
habré disfrutado	habremos disfrutado	habría disfrutado	habríamos disfrutado
habrás disfrutado	habréis disfrutado	habrías disfrutado	habríais disfrutado
habrá disfrutado	habrán disfrutado	habría disfrutado	habrían disfrutado

PRESENT SUBJUNCTIVE		PRESENT PERFECT SUBJUNCTIVE	
disfrute	disfrutemos	haya disfrutado	hayamos disfrutado
disfrutes	disfrutéis	hayas disfrutado	hayáis disfrutado
disfrute	disfruten	haya disfrutado	hayan disfrutado

IMPERFECT SUBJUNCTIVE (-ra)		*or* IMPERFECT SUBJUNCTIVE (-se)	
disfrutara	disfrutáramos	disfrutase	disfrutásemos
disfrutaras	disfrutarais	disfrutases	disfrutaseis
disfrutara	disfrutaran	disfrutase	disfrutasen

PAST PERFECT SUBJUNCTIVE (-ra)		*or* PAST PERFECT SUBJUNCTIVE (-se)	
hubiera disfrutado	hubiéramos disfrutado	hubiese disfrutado	hubiésemos disfrutado
hubieras disfrutado	hubierais disfrutado	hubieses disfrutado	hubieseis disfrutado
hubiera disfrutado	hubieran disfrutado	hubiese disfrutado	hubiesen disfrutado

PROGRESSIVE TENSES

PRESENT	estoy, estás, está, estamos, estáis, están	
PRETERIT	estuve, estuviste, estuvo, estuvimos, estuvisteis, estuvieron	
IMPERFECT	estaba, estabas, estaba, estábamos, estabais, estaban	disfrutando
FUTURE	estaré, estarás, estará, estaremos, estaréis, estarán	
CONDITIONAL	estaría, estarías, estaría, estaríamos, estaríais, estarían	
SUBJUNCTIVE	que + *corresponding subjunctive tense of* estar (*see verb 252*)	

COMMANDS

	(nosotros) disfrutemos/no disfrutemos
(tú) disfruta/no disfrutes	(vosotros) disfrutad/no disfrutéis
(Ud.) disfrute/no disfrute	(Uds.) disfruten/no disfruten

Usage

¡Que disfruten viajando!	*Have a great time traveling!*
Disfrutan de un bienestar.	*They have a sense of well-being.*
Disfrutamos de la vida.	*We enjoy life/take pleasure in living.*
Disfruta con las sinfonías de Beethoven.	*She enjoys listening to Beethoven's symphonies.*
Nos disfrutamos en la fiesta.	*We enjoyed ourselves/had a great time at the party.*

-ir verb; spelling change:
gu > g/o, a

distingo · distinguieron · distinguido · distinguiendo

PRESENT

distingo	distinguimos
distingues	distinguís
distingue	distinguen

PRETERIT

distinguí	distinguimos
distinguiste	distinguisteis
distinguió	distinguieron

IMPERFECT

distinguía	distinguíamos
distinguías	distinguíais
distinguía	distinguían

PRESENT PERFECT

he distinguido	hemos distinguido
has distinguido	habéis distinguido
ha distinguido	han distinguido

FUTURE

distinguiré	distinguiremos
distinguirás	distinguiréis
distinguirá	distinguirán

CONDITIONAL

distinguiría	distinguiríamos
distinguirías	distinguiríais
distinguiría	distinguirían

PLUPERFECT

había distinguido	habíamos distinguido
habías distinguido	habíais distinguido
había distinguido	habían distinguido

PRETERIT PERFECT

hube distinguido	hubimos distinguido
hubiste distinguido	hubisteis distinguido
hubo distinguido	hubieron distinguido

FUTURE PERFECT

habré distinguido	habremos distinguido
habrás distinguido	habréis distinguido
habrá distinguido	habrán distinguido

CONDITIONAL PERFECT

habría distinguido	habríamos distinguido
habrías distinguido	habríais distinguido
habría distinguido	habrían distinguido

PRESENT SUBJUNCTIVE

distinga	distingamos
distingas	distingáis
distinga	distingan

PRESENT PERFECT SUBJUNCTIVE

haya distinguido	hayamos distinguido
hayas distinguido	hayáis distinguido
haya distinguido	hayan distinguido

IMPERFECT SUBJUNCTIVE (-ra)

distinguiera	distinguiéramos
distinguieras	distinguierais
distinguiera	distinguieran

or **IMPERFECT SUBJUNCTIVE (-se)**

distinguiese	distinguiésemos
distinguieses	distinguieseis
distinguiese	distinguiesen

PAST PERFECT SUBJUNCTIVE (-ra)

hubiera distinguido	hubiéramos distinguido
hubieras distinguido	hubierais distinguido
hubiera distinguido	hubieran distinguido

or **PAST PERFECT SUBJUNCTIVE (-se)**

hubiese distinguido	hubiésemos distinguido
hubieses distinguido	hubieseis distinguido
hubiese distinguido	hubiesen distinguido

PROGRESSIVE TENSES

PRESENT	estoy, estás, está, estamos, estáis, están
PRETERIT	estuve, estuviste, estuvo, estuvimos, estuvisteis, estuvieron
IMPERFECT	estaba, estabas, estaba, estábamos, estabais, estaban
FUTURE	estaré, estarás, estará, estaremos, estaréis, estarán
CONDITIONAL	estaría, estarías, estaría, estaríamos, estaríais, estarían
SUBJUNCTIVE	que + *corresponding subjunctive tense of* estar (*see verb 252*)

} distinguiendo

COMMANDS

	(nosotros) distingamos/no distingamos
(tú) distingue/no distingas	(vosotros) distinguid/no distingáis
(Ud.) distinga/no distinga	(Uds.) distingan/no distingan

Usage

No se distingue nada por la niebla.	*You can't see anything because of the fog.*
Se distinguen por su porte.	*They're noticeable for their bearing.*
No distinguió entre las dos marcas.	*She didn't distinguish between the two brands.*
No han hecho una distinción entre los dos grupos.	*They haven't made a distinction between the two groups.*
Es una profesora muy distinguida.	*She's a very distinguished professor.*

divertirse *to have a good time*

divierto · divirtieron · divertido · divirtiéndose

stem-changing -*ir* reflexive verb:
e > *ie* (present), *e* > *i* (preterit)

PRESENT

me divierto	nos divertimos
te diviertes	os divertís
se divierte	se divierten

PRETERIT

me divertí	nos divertimos
te divertiste	os divertisteis
se divirtió	se divirtieron

IMPERFECT

me divertía	nos divertíamos
te divertías	os divertíais
se divertía	se divertían

PRESENT PERFECT

me he divertido	nos hemos divertido
te has divertido	os habéis divertido
se ha divertido	se han divertido

FUTURE

me divertiré	nos divertiremos
te divertirás	os divertiréis
se divertirá	se divertirán

CONDITIONAL

me divertiría	nos divertiríamos
te divertirías	os divertiríais
se divertiría	se divertirían

PLUPERFECT

me había divertido	nos habíamos divertido
te habías divertido	os habíais divertido
se había divertido	se habían divertido

PRETERIT PERFECT

me hube divertido	nos hubimos divertido
te hubiste divertido	os hubisteis divertido
se hubo divertido	se hubieron divertido

FUTURE PERFECT

me habré divertido	nos habremos divertido
te habrás divertido	os habréis divertido
se habrá divertido	se habrán divertido

CONDITIONAL PERFECT

me habría divertido	nos habríamos divertido
te habrías divertido	os habríais divertido
se habría divertido	se habrían divertido

PRESENT SUBJUNCTIVE

me divierta	nos divirtamos
te diviertas	os divirtáis
se divierta	se diviertan

PRESENT PERFECT SUBJUNCTIVE

me haya divertido	nos hayamos divertido
te hayas divertido	os hayáis divertido
se haya divertido	se hayan divertido

IMPERFECT SUBJUNCTIVE (-ra)

me divirtiera	nos divirtiéramos
te divirtieras	os divirtierais
se divirtiera	se divirtieran

or **IMPERFECT SUBJUNCTIVE (-se)**

me divirtiese	nos divirtiésemos
te divirtieses	os divirtieseis
se divirtiese	se divirtiesen

PAST PERFECT SUBJUNCTIVE (-ra)

me hubiera divertido	nos hubiéramos divertido
te hubieras divertido	os hubierais divertido
se hubiera divertido	se hubieran divertido

or **PAST PERFECT SUBJUNCTIVE (-se)**

me hubiese divertido	nos hubiésemos divertido
te hubieses divertido	os hubieseis divertido
se hubiese divertido	se hubiesen divertido

PROGRESSIVE TENSES

PRESENT	estoy, estás, está, estamos, estáis, están
PRETERIT	estuve, estuviste, estuvo, estuvimos, estuvisteis, estuvieron
IMPERFECT	estaba, estabas, estaba, estábamos, estabais, estaban
FUTURE	estaré, estarás, estará, estaremos, estaréis, estarán
CONDITIONAL	estaría, estarías, estaría, estaríamos, estaríais, estarían
SUBJUNCTIVE	que + *corresponding subjunctive tense of* estar (*see verb 252*)

} divirtiendo (*see page 31*)

COMMANDS

	(nosotros) divirtámonos/no nos divirtamos
(tú) diviértete/no te diviertas	(vosotros) divertíos/no os divirtáis
(Ud.) diviértase/no se divierta	(Uds.) diviértanse/no se diviertan

Usage

Me divertí muchísimo.	*I had a great time.*
Se divierte tocando el piano.	*She amuses herself playing the piano.*
—La película no me divirtió para nada.	*The film didn't amuse me at all.*
—Yo al contrario la encontré muy divertida.	*I, on the other hand, found it very entertaining.*
La cocina es su diversión favorita.	*Cooking is her favorite pastime.*

regular -*ir* verb   **divido · dividieron · dividido · dividiendo**

PRESENT

divido	dividimos
divides	dividís
divide	dividen

PRETERIT

dividí	dividimos
dividiste	dividisteis
dividió	dividieron

IMPERFECT

dividía	dividíamos
dividías	dividíais
dividía	dividían

PRESENT PERFECT

he dividido	hemos dividido
has dividido	habéis dividido
ha dividido	han dividido

FUTURE

dividiré	dividiremos
dividirás	dividiréis
dividirá	dividirán

CONDITIONAL

dividiría	dividiríamos
dividirías	dividiríais
dividiría	dividirían

PLUPERFECT

había dividido	habíamos dividido
habías dividido	habíais dividido
había dividido	habían dividido

PRETERIT PERFECT

hube dividido	hubimos dividido
hubiste dividido	hubisteis dividido
hubo dividido	hubieron dividido

FUTURE PERFECT

habré dividido	habremos dividido
habrás dividido	habréis dividido
habrá dividido	habrán dividido

CONDITIONAL PERFECT

habría dividido	habríamos dividido
habrías dividido	habríais dividido
habría dividido	habrían dividido

PRESENT SUBJUNCTIVE

divida	dividamos
dividas	dividáis
divida	dividan

PRESENT PERFECT SUBJUNCTIVE

haya dividido	hayamos dividido
hayas dividido	hayáis dividido
haya dividido	hayan dividido

IMPERFECT SUBJUNCTIVE (-ra)

dividiera	dividiéramos
dividieras	dividierais
dividiera	dividieran

or **IMPERFECT SUBJUNCTIVE (-se)**

dividiese	dividiésemos
dividieses	dividieseis
dividiese	dividiesen

PAST PERFECT SUBJUNCTIVE (-ra)

hubiera dividido	hubiéramos dividido
hubieras dividido	hubierais dividido
hubiera dividido	hubieran dividido

or **PAST PERFECT SUBJUNCTIVE (-se)**

hubiese dividido	hubiésemos dividido
hubieses dividido	hubieseis dividido
hubiese dividido	hubiesen dividido

PROGRESSIVE TENSES

PRESENT	estoy, estás, está, estamos, estáis, están	
PRETERIT	estuve, estuviste, estuvo, estuvimos, estuvisteis, estuvieron	
IMPERFECT	estaba, estabas, estaba, estábamos, estabais, estaban	dividiendo
FUTURE	estaré, estarás, estará, estaremos, estaréis, estarán	
CONDITIONAL	estaría, estarías, estaría, estaríamos, estaríais, estarían	
SUBJUNCTIVE	que + *corresponding subjunctive tense of* estar (*see verb 252*)	

COMMANDS

	(nosotros) dividamos/no dividamos
(tú) divide/no dividas	(vosotros) dividid/no dividáis
(Ud.) divida/no divida	(Uds.) dividan/no dividan

Usage

Divide la pizza en ocho pedazos.	*Divide the pizza into eight pieces.*
Divide y vencerás.	*Divide and conquer.*
Una cerca divide los terrenos.	*A fence separates the pieces of land.*
36 dividido por 4 son 9.	*36 divided by 4 is 9.*
Los alumnos practican problemas de división.	*The students are practicing division problems.*

divorcio · divorciaron · divorciado · divorciándose   regular *-ar* reflexive verb

---

PRESENT

me divorcio	nos divorciamos
te divorcias	os divorciáis
se divorcia	se divorcian

PRETERIT

me divorcié	nos divorciamos
te divorciaste	os divorciasteis
se divorció	se divorciaron

IMPERFECT

me divorciaba	nos divorciábamos
te divorciabas	os divorciabais
se divorciaba	se divorciaban

PRESENT PERFECT

me he divorciado	nos hemos divorciado
te has divorciado	os habéis divorciado
se ha divorciado	se han divorciado

FUTURE

me divorciaré	nos divorciaremos
te divorciarás	os divorciaréis
se divorciará	se divorciarán

CONDITIONAL

me divorciaría	nos divorciaríamos
te divorciarías	os divorciaríais
se divorciaría	se divorciarían

PLUPERFECT

me había divorciado	nos habíamos divorciado
te habías divorciado	os habíais divorciado
se había divorciado	se habían divorciado

PRETERIT PERFECT

me hube divorciado	nos hubimos divorciado
te hubiste divorciado	os hubisteis divorciado
se hubo divorciado	se hubieron divorciado

FUTURE PERFECT

me habré divorciado	nos habremos divorciado
te habrás divorciado	os habréis divorciado
se habrá divorciado	se habrán divorciado

CONDITIONAL PERFECT

me habría divorciado	nos habríamos divorciado
te habrías divorciado	os habríais divorciado
se habría divorciado	se habrían divorciado

PRESENT SUBJUNCTIVE

me divorcie	nos divorciemos
te divorcies	os divorciéis
se divorcie	se divorcien

PRESENT PERFECT SUBJUNCTIVE

me haya divorciado	nos hayamos divorciado
te hayas divorciado	os hayáis divorciado
se haya divorciado	se hayan divorciado

IMPERFECT SUBJUNCTIVE (-ra)   *or*   **IMPERFECT SUBJUNCTIVE (-se)**

me divorciara	nos divorciáramos
te divorciaras	os divorciarais
se divorciara	se divorciaran

me divorciase	nos divorciásemos
te divorciases	os divorciaseis
se divorciase	se divorciasen

PAST PERFECT SUBJUNCTIVE (-ra)   *or*   **PAST PERFECT SUBJUNCTIVE (-se)**

me hubiera divorciado	nos hubiéramos divorciado
te hubieras divorciado	os hubierais divorciado
se hubiera divorciado	se hubieran divorciado

me hubiese divorciado	nos hubiésemos divorciado
te hubieses divorciado	os hubieseis divorciado
se hubiese divorciado	se hubiesen divorciado

PROGRESSIVE TENSES

PRESENT	estoy, estás, está, estamos, estáis, están
PRETERIT	estuve, estuviste, estuvo, estuvimos, estuvisteis, estuvieron
IMPERFECT	estaba, estabas, estaba, estábamos, estabais, estaban
FUTURE	estaré, estarás, estará, estaremos, estaréis, estarán
CONDITIONAL	estaría, estarías, estaría, estaríamos, estaríais, estarían
SUBJUNCTIVE	que + *corresponding subjunctive tense of* estar (*see verb 252*)

} divorciando (*see page 31*)

COMMANDS

	(nosotros) divorciémonos/no nos divorciemos
(tú) divórciate/no te divorcies	(vosotros) divorciaos/no os divorciéis
(Ud.) divórciese/no se divorcie	(Uds.) divórciense/no se divorcien

Usage

Se divorciaron el año pasado.	*They were divorced a year ago.*
No se divorció de su marido.	*She didn't get a divorce from her husband.*
Sus hijos no quieren que sus padres se divorcien.	*The children don't want their parents to get a divorce.*
No se permite el divorcio según su religión.	*Divorce is not allowed according to their religion.*
Tiene ideas divorciadas de la realidad.	*She has ideas that are separated/divorced from reality.*

regular *-ar* verb

doblo · doblaron · doblado · doblando

PRESENT

doblo	doblamos
doblas	dobláis
dobla	doblan

IMPERFECT

doblaba	doblábamos
doblabas	doblabais
doblaba	doblaban

FUTURE

doblaré	doblaremos
doblarás	doblaréis
doblará	doblarán

PLUPERFECT

había doblado	habíamos doblado
habías doblado	habíais doblado
había doblado	habían doblado

FUTURE PERFECT

habré doblado	habremos doblado
habrás doblado	habréis doblado
habrá doblado	habrán doblado

PRESENT SUBJUNCTIVE

doble	doblemos
dobles	dobléis
doble	doblen

IMPERFECT SUBJUNCTIVE (-ra)

doblara	dobláramos
doblaras	doblarais
doblara	doblaran

PAST PERFECT SUBJUNCTIVE (-ra)

hubiera doblado	hubiéramos doblado
hubieras doblado	hubierais doblado
hubiera doblado	hubieran doblado

PRETERIT

doblé	doblamos
doblaste	doblasteis
dobló	doblaron

PRESENT PERFECT

he doblado	hemos doblado
has doblado	habéis doblado
ha doblado	han doblado

CONDITIONAL

doblaría	doblaríamos
doblarías	doblaríais
doblaría	doblarían

PRETERIT PERFECT

hube doblado	hubimos doblado
hubiste doblado	hubisteis doblado
hubo doblado	hubieron doblado

CONDITIONAL PERFECT

habría doblado	habríamos doblado
habrías doblado	habríais doblado
habría doblado	habrían doblado

PRESENT PERFECT SUBJUNCTIVE

haya doblado	hayamos doblado
hayas doblado	hayáis doblado
haya doblado	hayan doblado

or **IMPERFECT SUBJUNCTIVE (-se)**

doblase	doblásemos
doblases	doblaseis
doblase	doblasen

or **PAST PERFECT SUBJUNCTIVE (-se)**

hubiese doblado	hubiésemos doblado
hubieses doblado	hubieseis doblado
hubiese doblado	hubiesen doblado

PROGRESSIVE TENSES

PRESENT	estoy, estás, está, estamos, estáis, están
PRETERIT	estuve, estuviste, estuvo, estuvimos, estuvisteis, estuvieron
IMPERFECT	estaba, estabas, estaba, estábamos, estabais, estaban
FUTURE	estaré, estarás, estará, estaremos, estaréis, estarán
CONDITIONAL	estaría, estarías, estaría, estaríamos, estaríais, estarían
SUBJUNCTIVE	que + *corresponding subjunctive tense of* estar (*see verb 252*)

} doblando

COMMANDS

	(nosotros) doblemos/no doblemos
(tú) dobla/no dobles	(vosotros) doblad/no dobléis
(Ud.) doble/no doble	(Uds.) doblen/no doblen

Usage

Doble el papel en cuatro.	*Fold the paper in four.*
Se ha doblado el precio.	*The price has doubled.*
Dobla a la derecha al llegar a la esquina.	*Turn right when you get to the corner.*
—No me gustan las películas dobladas.	*I don't like dubbed films.*
—Yo prefiero los títulos al doblaje.	*I prefer subtitles to dubbing.*
El sastre cose el dobladillo.	*The tailor is sewing the hem/cuff.*

203 | **doler** *to hurt, distress*

duele · dolieron · dolido · doliendo

stem-changing *-er* verb: *o > ue*;
used in third-person singular and plural only

PRESENT		PRETERIT	
duele	duelen	dolió	dolieron

IMPERFECT		PRESENT PERFECT	
dolía	dolían	ha dolido	han dolido

FUTURE		CONDITIONAL	
dolerá	dolerán	dolería	dolerían

PLUPERFECT		PRETERIT PERFECT	
había dolido	habían dolido	hubo dolido	hubieron dolido

FUTURE PERFECT		CONDITIONAL PERFECT	
habrá dolido	habrán dolido	habría dolido	habrían dolido

PRESENT SUBJUNCTIVE		PRESENT PERFECT SUBJUNCTIVE	
duela	duelan	haya dolido	hayan dolido

IMPERFECT SUBJUNCTIVE (-ra)		*or*	IMPERFECT SUBJUNCTIVE (-se)	
doliera	dolieran		doliese	doliesen

PAST PERFECT SUBJUNCTIVE (-ra)		*or*	PAST PERFECT SUBJUNCTIVE (-se)	
hubiera dolido	hubieran dolido		hubiese dolido	hubiesen dolido

PROGRESSIVE TENSES

PRESENT	está, están	
PRETERIT	estuvo, estuvieron	
IMPERFECT	estaba, estaban	} doliendo
FUTURE	estará, estarán	
CONDITIONAL	estaría, estarían	
SUBJUNCTIVE	que + *corresponding subjunctive tense of* estar (*see verb 252*)	

COMMANDS

¡Que no duela!   ¡Que no duelan!

Usage

—¿Qué te duele?	*What's hurting you?*
—Tengo dolor de cabeza/estómago.	*I have a headache/stomachache.*
¿Le duele algo?	*Is something hurting her?*
Le duele la cabeza.	*She has a headache.*
Le duele el codo.	*His elbow hurts.*
Me duelen los pies.	*My feet hurt.*
—¿Te sigue doliendo la muela?	*Is your tooth still aching?*
—Sí, es un dolor sordo.	*Yes, it's a dull ache.*
Después de caerse le dolían las rodillas.	*After he fell his knees hurt.*
Nos duele su actitud hostil.	*We're distressed by their hostile attitude.*
Os dolía su comportamiento.	*You were distressed by their behavior.*
¿No le duele tener que hablarles así?	*Aren't you sorry to have to speak to them like that?*
Están dolidos.	*They're hurt/distressed.*
El tenista tiene las manos adoloridas.	*The tennis player has sore hands.*
La gente está dolorida por el accidente.	*The people are pained/grief-stricken because of the accident.*
Para nosotros, fue una decisión muy dolorosa.	*For us it was a very painful decision.*

stem-changing *-ir* verb: *o > ue; o > u*   **duermo · durmieron · dormido · durmiendo**

PRESENT

duermo	dormimos
duermes	dormís
duerme	duermen

IMPERFECT

dormía	dormíamos
dormías	dormíais
dormía	dormían

FUTURE

dormiré	dormiremos
dormirás	dormiréis
dormirá	dormirán

PLUPERFECT

había dormido	habíamos dormido
habías dormido	habíais dormido
había dormido	habían dormido

FUTURE PERFECT

habré dormido	habremos dormido
habrás dormido	habréis dormido
habrá dormido	habrán dormido

PRESENT SUBJUNCTIVE

duerma	durmamos
duermas	durmáis
duerma	duerman

IMPERFECT SUBJUNCTIVE (-ra)

durmiera	durmiéramos
durmieras	durmierais
durmiera	durmieran

PAST PERFECT SUBJUNCTIVE (-ra)

hubiera dormido	hubiéramos dormido
hubieras dormido	hubierais dormido
hubiera dormido	hubieran dormido

PRETERIT

dormí	dormimos
dormiste	dormisteis
durmió	durmieron

PRESENT PERFECT

he dormido	hemos dormido
has dormido	habéis dormido
ha dormido	han dormido

CONDITIONAL

dormiría	dormiríamos
dormirías	dormiríais
dormiría	dormirían

PRETERIT PERFECT

hube dormido	hubimos dormido
hubiste dormido	hubisteis dormido
hubo dormido	hubieron dormido

CONDITIONAL PERFECT

habría dormido	habríamos dormido
habrías dormido	habríais dormido
habría dormido	habrían dormido

PRESENT PERFECT SUBJUNCTIVE

haya dormido	hayamos dormido
hayas dormido	hayáis dormido
haya dormido	hayan dormido

or **IMPERFECT SUBJUNCTIVE (-se)**

durmiese	durmiésemos
durmieses	durmieseis
durmiese	durmiesen

or **PAST PERFECT SUBJUNCTIVE (-se)**

hubiese dormido	hubiésemos dormido
hubieses dormido	hubieseis dormido
hubiese dormido	hubiesen dormido

PROGRESSIVE TENSES

PRESENT	estoy, estás, está, estamos, estáis, están
PRETERIT	estuve, estuviste, estuvo, estuvimos, estuvisteis, estuvieron
IMPERFECT	estaba, estabas, estaba, estábamos, estabais, estaban
FUTURE	estaré, estarás, estará, estaremos, estaréis, estarán
CONDITIONAL	estaría, estarías, estaría, estaríamos, estaríais, estarían
SUBJUNCTIVE	que + *corresponding subjunctive tense of* estar (*see verb 252*)

} durmiendo

COMMANDS

	(nosotros) durmamos/no durmamos
(tú) duerme/no duermas	(vosotros) dormid/no durmáis
(Ud.) duerma/no duerma	(Uds.) duerman/no duerman

Usage

Durmió muy bien.	*She slept very well.*
Duermen siete horas todas las noches.	*They sleep seven hours every night.*
¿Dormisteis la siesta?	*Did you take a nap?*
Nos dormimos a las once.	*We fell asleep at 11:00.*
La casa tiene cinco dormitorios.	*The house has five bedrooms.*
Están dormidos.	*They're sleepy.*

TOP 50 VERB ☞

Durmió como un tronco.	*He slept like a log.*
—Tengo sueño. Me voy a dormir.	*I'm sleepy. I'm going to bed.*
—Yo no tengo ganas de dormir. ¡Duérmete tú!	*I don't feel like sleeping. You go to bed!*
—Ella duerme profundamente.	*She sleeps soundly/deeply.*
—Pero él es de mal dormir.	*But he sleeps badly./He's a light sleeper.*
La mala ventilación de la sala nos dormía.	*The stuffiness of the room was putting us to sleep.*
Pasan los días durmiendo.	*They sleep away the days.*
Nos pasamos toda la obra de teatro durmiendo.	*We slept through the entire play.*
—Me alegro de que vayamos a dormir al aire libre.	*I'm happy we're going to sleep outdoors.*
—Yo no voy porque no tengo saco de dormir.	*I'm not going because I don't have a sleeping bag.*
—¡Qué dormilón! ¡Levántate!	*What a sleepyhead/lazybones! Get up!*
—No todavía. Estoy medio dormido.	*Not yet. I'm half-asleep.*
Se quedó dormido leyendo.	*He fell asleep reading.*

dormirse *to go to sleep, fall asleep, go dead*

Duérmete, niño.	*Go to sleep, little one.*
¿A qué hora te dormiste?	*At what time did you fall asleep?*
Se duerme sobre los laureles.	*She's resting on her laurels.*
La pierna se me ha dormido.	*My leg has gone to sleep.*

Other Uses

Mi cuento de hadas preferido es la Bella Durmiente del bosque.	*My favorite fairy tale is Sleeping Beauty.*
Están durmiendo la mona porque tomaron mucho anoche.	*They're sleeping it off because they had a lot to drink last night.*
El secretario dormitaba durante la reunión aburrida.	*The secretary was dozing off during the boring meeting.*
Sus abuelos ya duermen el último sueño.	*Their grandparents are dead.*

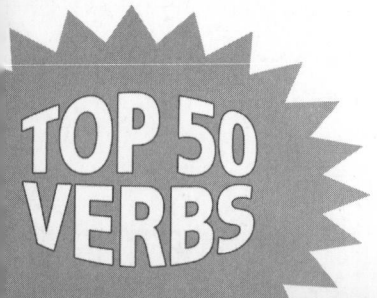

TOP 50 VERBS

regular -ar reflexive verb

ducho · ducharon · duchado · duchándose

PRESENT

me ducho	nos duchamos
te duchas	os ducháis
se ducha	se duchan

IMPERFECT

me duchaba	nos duchábamos
te duchabas	os duchabais
se duchaba	se duchaban

FUTURE

me ducharé	nos ducharemos
te ducharás	os ducharéis
se duchará	se ducharán

PLUPERFECT

me había duchado	nos habíamos duchado
te habías duchado	os habíais duchado
se había duchado	se habían duchado

FUTURE PERFECT

me habré duchado	nos habremos duchado
te habrás duchado	os habréis duchado
se habrá duchado	se habrán duchado

PRESENT SUBJUNCTIVE

me duche	nos duchemos
te duches	os duchéis
se duche	se duchen

IMPERFECT SUBJUNCTIVE (-ra)

me duchara	nos ducháramos
te ducharas	os ducharais
se duchara	se ducharan

PAST PERFECT SUBJUNCTIVE (-ra)

me hubiera duchado	nos hubiéramos duchado
te hubieras duchado	os hubierais duchado
se hubiera duchado	se hubieran duchado

PRETERIT

me duché	nos duchamos
te duchaste	os duchasteis
se duchó	se ducharon

PRESENT PERFECT

me he duchado	nos hemos duchado
te has duchado	os habéis duchado
se ha duchado	se han duchado

CONDITIONAL

me ducharía	nos ducharíamos
te ducharías	os ducharíais
se ducharía	se ducharían

PRETERIT PERFECT

me hube duchado	nos hubimos duchado
te hubiste duchado	os hubisteis duchado
se hubo duchado	se hubieron duchado

CONDITIONAL PERFECT

me habría duchado	nos habríamos duchado
te habrías duchado	os habríais duchado
se habría duchado	se habrían duchado

PRESENT PERFECT SUBJUNCTIVE

me haya duchado	nos hayamos duchado
te hayas duchado	os hayáis duchado
se haya duchado	se hayan duchado

or **IMPERFECT SUBJUNCTIVE (-se)**

me duchase	nos duchásemos
te duchases	os duchaseis
se duchase	se duchasen

or **PAST PERFECT SUBJUNCTIVE (-se)**

me hubiese duchado	nos hubiésemos duchado
te hubieses duchado	os hubieseis duchado
se hubiese duchado	se hubiesen duchado

PROGRESSIVE TENSES

PRESENT	estoy, estás, está, estamos, estáis, están
PRETERIT	estuve, estuviste, estuvo, estuvimos, estuvisteis, estuvieron
IMPERFECT	estaba, estabas, estaba, estábamos, estabais, estaban
FUTURE	estaré, estarás, estará, estaremos, estaréis, estarán
CONDITIONAL	estaría, estarías, estaría, estaríamos, estaríais, estarían
SUBJUNCTIVE	que + *corresponding subjunctive tense of* estar (*see verb 252*)

} duchando (*see page 31*)

COMMANDS

	(nosotros) duchémonos/no nos duchemos
(tú) dúchate/no te duches	(vosotros) duchaos/no os duchéis
(Ud.) dúchese/no se duche	(Uds.) dúchense/no se duchen

Usage

—¿Te duchas ahora?
—No. Me doy una ducha más tarde.
¿Te duchaste o te bañaste?
Los jugadores se ducharon después del partido.

Are you going to take a shower now?
No, I'll shower later.
Did you shower or bathe?
The players showered after the game.

dudo · dudaron · dudado · dudando

regular *-ar* verb

PRESENT

dudo	dudamos
dudas	dudáis
duda	dudan

PRETERIT

dudé	dudamos
dudaste	dudasteis
dudó	dudaron

IMPERFECT

dudaba	dudábamos
dudabas	dudabais
dudaba	dudaban

PRESENT PERFECT

he dudado	hemos dudado
has dudado	habéis dudado
ha dudado	han dudado

FUTURE

dudaré	dudaremos
dudarás	dudaréis
dudará	dudarán

CONDITIONAL

dudaría	dudaríamos
dudarías	dudaríais
dudaría	dudarían

PLUPERFECT

había dudado	habíamos dudado
habías dudado	habíais dudado
había dudado	habían dudado

PRETERIT PERFECT

hube dudado	hubimos dudado
hubiste dudado	hubisteis dudado
hubo dudado	hubieron dudado

FUTURE PERFECT

habré dudado	habremos dudado
habrás dudado	habréis dudado
habrá dudado	habrán dudado

CONDITIONAL PERFECT

habría dudado	habríamos dudado
habrías dudado	habríais dudado
habría dudado	habrían dudado

PRESENT SUBJUNCTIVE

dude	dudemos
dudes	dudéis
dude	duden

PRESENT PERFECT SUBJUNCTIVE

haya dudado	hayamos dudado
hayas dudado	hayáis dudado
haya dudado	hayan dudado

IMPERFECT SUBJUNCTIVE (-ra)

dudara	dudáramos
dudaras	dudarais
dudara	dudaran

or **IMPERFECT SUBJUNCTIVE (-se)**

dudase	dudásemos
dudases	dudaseis
dudase	dudasen

PAST PERFECT SUBJUNCTIVE (-ra)

hubiera dudado	hubiéramos dudado
hubieras dudado	hubierais dudado
hubiera dudado	hubieran dudado

or **PAST PERFECT SUBJUNCTIVE (-se)**

hubiese dudado	hubiésemos dudado
hubieses dudado	hubieseis dudado
hubiese dudado	hubiesen dudado

PROGRESSIVE TENSES

PRESENT	estoy, estás, está, estamos, estáis, están
PRETERIT	estuve, estuviste, estuvo, estuvimos, estuvisteis, estuvieron
IMPERFECT	estaba, estabas, estaba, estábamos, estabais, estaban
FUTURE	estaré, estarás, estará, estaremos, estaréis, estarán
CONDITIONAL	estaría, estarías, estaría, estaríamos, estaríais, estarían
SUBJUNCTIVE	que + *corresponding subjunctive tense of* estar (*see verb 252*)

} dudando

COMMANDS

	(nosotros) dudemos/no dudemos
(tú) duda/no dudes	(vosotros) dudad/no dudéis
(Ud.) dude/no dude	(Uds.) duden/no duden

Usage

Dudamos que lleguen hoy.	*We doubt that they'll arrive today.*
No dudo que nos invite.	*I don't doubt she'll invite us.*
Ponen en duda lo que dijiste.	*They doubt/question what you said.*
No cabe duda./Sin lugar a dudas.	*There's no doubt.*
El asunto queda dudoso.	*The matter is uncertain.*
Nos lo contaron dudosamente.	*They told us about it hesitantly.*
No dudes en llamarme.	*Don't hesitate to call me.*

regular -*ar* verb

duro · duraron · durado · durando

PRESENT

duro	duramos
duras	duráis
dura	duran

IMPERFECT

duraba	durábamos
durabas	durabais
duraba	duraban

FUTURE

duraré	duraremos
durarás	duraréis
durará	durarán

PLUPERFECT

había durado	habíamos durado
habías durado	habíais durado
había durado	habían durado

FUTURE PERFECT

habré durado	habremos durado
habrás durado	habréis durado
habrá durado	habrán durado

PRESENT SUBJUNCTIVE

dure	duremos
dures	duréis
dure	duren

IMPERFECT SUBJUNCTIVE (-ra)

durara	duráramos
duraras	durarais
durara	duraran

PAST PERFECT SUBJUNCTIVE (-ra)

hubiera durado	hubiéramos durado
hubieras durado	hubierais durado
hubiera durado	hubieran durado

PRETERIT

duré	duramos
duraste	durasteis
duró	duraron

PRESENT PERFECT

he durado	hemos durado
has durado	habéis durado
ha durado	han durado

CONDITIONAL

duraría	duraríamos
durarías	duraríais
duraría	durarían

PRETERIT PERFECT

hube durado	hubimos durado
hubiste durado	hubisteis durado
hubo durado	hubieron durado

CONDITIONAL PERFECT

habría durado	habríamos durado
habrías durado	habríais durado
habría durado	habrían durado

PRESENT PERFECT SUBJUNCTIVE

haya durado	hayamos durado
hayas durado	hayáis durado
haya durado	hayan durado

or **IMPERFECT SUBJUNCTIVE (-se)**

durase	durásemos
durases	duraseis
durase	durasen

or **PAST PERFECT SUBJUNCTIVE (-se)**

hubiese durado	hubiésemos durado
hubieses durado	hubieseis durado
hubiese durado	hubiesen durado

PROGRESSIVE TENSES

PRESENT	estoy, estás, está, estamos, estáis, están
PRETERIT	estuve, estuviste, estuvo, estuvimos, estuvisteis, estuvieron
IMPERFECT	estaba, estabas, estaba, estábamos, estabais, estaban
FUTURE	estaré, estarás, estará, estaremos, estaréis, estarán
CONDITIONAL	estaría, estarías, estaría, estaríamos, estaríais, estarían
SUBJUNCTIVE	que + *corresponding subjunctive tense of* estar (*see verb 252*)

} durando

COMMANDS

	(nosotros) duremos/no duremos
(tú) dura/no dures	(vosotros) durad/no duréis
(Ud.) dure/no dure	(Uds.) duren/no duren

Usage

Este reloj te durará muchos años.	*This watch will last you for many years.*
La Primera Guerra Mundial duró cuatro años.	*World War I went on for four years.*
Su soledad duró por muchos años.	*Her loneliness continued for many years.*
Nos reunimos durante las vacaciones.	*We'll get together during our vacation.*
La duración del contrato es de tres años.	*The duration of the contract is three years.*

Echaron al director comercial por mala administración.	*They fired/threw out the business manager because of mismanagement.*
Echen jugo en los vasos.	*Pour juice into the glasses.*
Echa una mirada a los niños hasta que yo vuelva.	*Keep an eye on the kids until I come back.*
¿Echáis de menos a vuestros amigos?	*Do you miss your friends?*
Voy a echar estas cartas al buzón.	*I'm going to mail these letters.*
Echemos más sal/cilantro al guisado.	*Let's add more salt/coriander to the stew.*
La familia ha echado raíces en su nuevo pueblo.	*The family has put down roots in their new town.*
Oye, no me eches la culpa a mí.	*Hey, don't put the blame on me.*

echar a + infinitive

Echó a reír/gritar/correr.	*She started to laugh/shout/run.*

echarse

Se echó a perder una gran oportunidad.	*A great opportunity was lost/wasted.*
Se echaron atrás para evitar una confrontación.	*They backed down to avoid a confrontation.*
Échate en el sofá.	*Lie down/Stretch out on the sofa.*
Se las echa de don Juan.	*He boasts about being/fancies himself a don Juan.*
La nata batida se echó a perder.	*The whipped cream spoiled/went bad.*

Other Uses

Nos echó en cara lo que habíamos hecho.	*He threw it up to us what we had done.*
Hay discordia porque siguen echando leña al fuego.	*There's discord because they continue to add fuel to the fire/fan the flames.*
Está echando mano al helado.	*She's reaching for the ice cream.*
Siempre echaba una mano a sus vecinos.	*He always gave his neighbors a helping hand.*
Es como echar agua en el mar.	*It's like carrying coals to Newcastle.*
Estaba tan furiosa que echaba humo por los ojos.	*She was so furious that her eyes flashed with rage.*
La chimenea está echando humo.	*The fireplace is smoking.*

TOP 50 VERBS

regular -ar verb

echo · echaron · echado · echando

PRESENT

echo	echamos
echas	echáis
echa	echan

IMPERFECT

echaba	echábamos
echabas	echabais
echaba	echaban

FUTURE

echaré	echaremos
echarás	echaréis
echará	echarán

PLUPERFECT

había echado	habíamos echado
habías echado	habíais echado
había echado	habían echado

FUTURE PERFECT

habré echado	habremos echado
habrás echado	habréis echado
habrá echado	habrán echado

PRESENT SUBJUNCTIVE

eche	echemos
eches	echéis
eche	echen

IMPERFECT SUBJUNCTIVE (-ra)

echara	echáramos
echaras	echarais
echara	echaran

PAST PERFECT SUBJUNCTIVE (-ra)

hubiera echado	hubiéramos echado
hubieras echado	hubierais echado
hubiera echado	hubieran echado

PRETERIT

eché	echamos
echaste	echasteis
echó	echaron

PRESENT PERFECT

he echado	hemos echado
has echado	habéis echado
ha echado	han echado

CONDITIONAL

echaría	echaríamos
echarías	echaríais
echaría	echarían

PRETERIT PERFECT

hube echado	hubimos echado
hubiste echado	hubisteis echado
hubo echado	hubieron echado

CONDITIONAL PERFECT

habría echado	habríamos echado
habrías echado	habríais echado
habría echado	habrían echado

PRESENT PERFECT SUBJUNCTIVE

haya echado	hayamos echado
hayas echado	hayáis echado
haya echado	hayan echado

or **IMPERFECT SUBJUNCTIVE (-se)**

echase	echásemos
echases	echaseis
echase	echasen

or **PAST PERFECT SUBJUNCTIVE (-se)**

hubiese echado	hubiésemos echado
hubieses echado	hubieseis echado
hubiese echado	hubiesen echado

PROGRESSIVE TENSES

PRESENT	estoy, estás, está, estamos, estáis, están
PRETERIT	estuve, estuviste, estuvo, estuvimos, estuvisteis, estuvieron
IMPERFECT	estaba, estabas, estaba, estábamos, estabais, estaban
FUTURE	estaré, estarás, estará, estaremos, estaréis, estarán
CONDITIONAL	estaría, estarías, estaría, estaríamos, estaríais, estarían
SUBJUNCTIVE	que + *corresponding subjunctive tense of* estar (*see verb 252*)

} echando

COMMANDS

	(nosotros) echemos/no echemos
(tú) echa/no eches	(vosotros) echad/no echéis
(Ud.) eche/no eche	(Uds.) echen/no echen

Usage

No eches la basura allí.	*Don't throw the garbage there.*
Echa la moneda. ¿Cara o cruz?	*Toss the coin. Heads or tails?*
Echaron al jugador del partido.	*They threw the player out of the game.*
Las azucenas echan un hermoso olor.	*The lilies give off a beautiful smell.*

efectuar   *to effect, carry out, do, execute, perform*

efectúo · efectuaron · efectuado · efectuando

-ar verb; spelling change:
u > ú when stressed

PRESENT

efectúo	efectuamos
efectúas	efectuáis
efectúa	efectúan

PRETERIT

efectué	efectuamos
efectuaste	efectuasteis
efectuó	efectuaron

IMPERFECT

efectuaba	efectuábamos
efectuabas	efectuabais
efectuaba	efectuaban

PRESENT PERFECT

he efectuado	hemos efectuado
has efectuado	habéis efectuado
ha efectuado	han efectuado

FUTURE

efectuaré	efectuaremos
efectuarás	efectuaréis
efectuará	efectuarán

CONDITIONAL

efectuaría	efectuaríamos
efectuarías	efectuaríais
efectuaría	efectuarían

PLUPERFECT

había efectuado	habíamos efectuado
habías efectuado	habíais efectuado
había efectuado	habían efectuado

PRETERIT PERFECT

hube efectuado	hubimos efectuado
hubiste efectuado	hubisteis efectuado
hubo efectuado	hubieron efectuado

FUTURE PERFECT

habré efectuado	habremos efectuado
habrás efectuado	habréis efectuado
habrá efectuado	habrán efectuado

CONDITIONAL PERFECT

habría efectuado	habríamos efectuado
habrías efectuado	habríais efectuado
habría efectuado	habrían efectuado

PRESENT SUBJUNCTIVE

efectúe	efectuemos
efectúes	efectuéis
efectúe	efectúen

PRESENT PERFECT SUBJUNCTIVE

haya efectuado	hayamos efectuado
hayas efectuado	hayáis efectuado
haya efectuado	hayan efectuado

IMPERFECT SUBJUNCTIVE (-ra)

efectuara	efectuáramos
efectuaras	efectuarais
efectuara	efectuaran

or **IMPERFECT SUBJUNCTIVE (-se)**

efectuase	efectuásemos
efectuases	efectuaseis
efectuase	efectuasen

PAST PERFECT SUBJUNCTIVE (-ra)

hubiera efectuado	hubiéramos efectuado
hubieras efectuado	hubierais efectuado
hubiera efectuado	hubieran efectuado

or **PAST PERFECT SUBJUNCTIVE (-se)**

hubiese efectuado	hubiésemos efectuado
hubieses efectuado	hubieseis efectuado
hubiese efectuado	hubiesen efectuado

PROGRESSIVE TENSES

PRESENT	estoy, estás, está, estamos, estáis, están
PRETERIT	estuve, estuviste, estuvo, estuvimos, estuvisteis, estuvieron
IMPERFECT	estaba, estabas, estaba, estábamos, estabais, estaban
FUTURE	estaré, estarás, estará, estaremos, estaréis, estarán
CONDITIONAL	estaría, estarías, estaría, estaríamos, estaríais, estarían
SUBJUNCTIVE	que + *corresponding subjunctive tense of* estar (*see verb 252*)

} efectuando

COMMANDS

	(nosotros) efectuemos/no efectuemos
(tú) efectúa/no efectúes	(vosotros) efectuad/no efectuéis
(Ud.) efectúe/no efectúe	(Uds.) efectúen/no efectúen

Usage

Se efectúan las compras por teléfono.	*You can make purchases by telephone.*
La compañía está efectuando cambios.	*The company is carrying out/executing changes.*
Ya se efectuaron todas las operaciones necesarias.	*All the necessary operations have been performed.*
¿Cuáles son los efectos?	*What are the effects?*

-er verb; spelling change: c > z/o, a   **ejerzo · ejercieron · ejercido · ejerciendo**

PRESENT

ejerzo	ejercemos
ejerces	ejercéis
ejerce	ejercen

IMPERFECT

ejercía	ejercíamos
ejercías	ejercíais
ejercía	ejercían

FUTURE

ejerceré	ejerceremos
ejercerás	ejerceréis
ejercerá	ejercerán

PLUPERFECT

había ejercido	habíamos ejercido
habías ejercido	habíais ejercido
había ejercido	habían ejercido

FUTURE PERFECT

habré ejercido	habremos ejercido
habrás ejercido	habréis ejercido
habrá ejercido	habrán ejercido

PRESENT SUBJUNCTIVE

ejerza	ejerzamos
ejerzas	ejerzáis
ejerza	ejerzan

IMPERFECT SUBJUNCTIVE (-ra)

ejerciera	ejerciéramos
ejercieras	ejercierais
ejerciera	ejercieran

PAST PERFECT SUBJUNCTIVE (-ra)

hubiera ejercido	hubiéramos ejercido
hubieras ejercido	hubierais ejercido
hubiera ejercido	hubieran ejercido

PRETERIT

ejercí	ejercimos
ejerciste	ejercisteis
ejerció	ejercieron

PRESENT PERFECT

he ejercido	hemos ejercido
has ejercido	habéis ejercido
ha ejercido	han ejercido

CONDITIONAL

ejercería	ejerceríamos
ejercerías	ejerceríais
ejercería	ejercerían

PRETERIT PERFECT

hube ejercido	hubimos ejercido
hubiste ejercido	hubisteis ejercido
hubo ejercido	hubieron ejercido

CONDITIONAL PERFECT

habría ejercido	habríamos ejercido
habrías ejercido	habríais ejercido
habría ejercido	habrían ejercido

PRESENT PERFECT SUBJUNCTIVE

haya ejercido	hayamos ejercido
hayas ejercido	hayáis ejercido
haya ejercido	hayan ejercido

or **IMPERFECT SUBJUNCTIVE (-se)**

ejerciese	ejerciésemos
ejercieses	ejercieseis
ejerciese	ejerciesen

or **PAST PERFECT SUBJUNCTIVE (-se)**

hubiese ejercido	hubiésemos ejercido
hubieses ejercido	hubieseis ejercido
hubiese ejercido	hubiesen ejercido

PROGRESSIVE TENSES

PRESENT	estoy, estás, está, estamos, estáis, están
PRETERIT	estuve, estuviste, estuvo, estuvimos, estuvisteis, estuvieron
IMPERFECT	estaba, estabas, estaba, estábamos, estabais, estaban
FUTURE	estaré, estarás, estará, estaremos, estaréis, estarán
CONDITIONAL	estaría, estarías, estaría, estaríamos, estaríais, estarían
SUBJUNCTIVE	que + *corresponding subjunctive tense of* estar (*see verb 252*)

} ejerciendo

COMMANDS

	(nosotros) ejerzamos/no ejerzamos
(tú) ejerce/no ejerzas	(vosotros) ejerced/no ejerzáis
(Ud.) ejerza/no ejerza	(Uds.) ejerzan/no ejerzan

Usage

Benjamín Sandoval ejerce de abogado.	*Benjamín Sandoval practices law.*
El pueblo ejerce el derecho al voto.	*The people exercise the right to vote.*
El presidente en ejercicio ejercía su influencia.	*The acting chairman exerted his influence.*
Hacemos ejercicios en el gimnasio.	*We do exercises at the gymnasium.*
Julieta Valderrama ejercita la medicina.	*Julieta Valderrama practices medicine.*
Los soldados ejercitan mucho en el ejército.	*The soldiers drill/train a lot in the army.*

elegir *to choose, select, elect*

elijo · eligieron · elegido · eligiendo

stem-changing -*ir* verb: *e* > *i*;
spelling change: *g* > *j/o, a*

PRESENT

elijo	elegimos
eliges	elegís
elige	eligen

PRETERIT

elegí	elegimos
elegiste	elegisteis
eligió	eligieron

IMPERFECT

elegía	elegíamos
elegías	elegíais
elegía	elegían

PRESENT PERFECT

he elegido	hemos elegido
has elegido	habéis elegido
ha elegido	han elegido

FUTURE

elegiré	elegiremos
elegirás	elegiréis
elegirá	elegirán

CONDITIONAL

elegiría	elegiríamos
elegirías	elegiríais
elegiría	elegirían

PLUPERFECT

había elegido	habíamos elegido
habías elegido	habíais elegido
había elegido	habían elegido

PRETERIT PERFECT

hube elegido	hubimos elegido
hubiste elegido	hubisteis elegido
hubo elegido	hubieron elegido

FUTURE PERFECT

habré elegido	habremos elegido
habrás elegido	habréis elegido
habrá elegido	habrán elegido

CONDITIONAL PERFECT

habría elegido	habríamos elegido
habrías elegido	habríais elegido
habría elegido	habrían elegido

PRESENT SUBJUNCTIVE

elija	elijamos
elijas	elijáis
elija	elijan

PRESENT PERFECT SUBJUNCTIVE

haya elegido	hayamos elegido
hayas elegido	hayáis elegido
haya elegido	hayan elegido

IMPERFECT SUBJUNCTIVE (-ra)

eligiera	eligiéramos
eligieras	eligierais
eligiera	eligieran

or **IMPERFECT SUBJUNCTIVE (-se)**

eligiese	eligiésemos
eligieses	eligieseis
eligiese	eligiesen

PAST PERFECT SUBJUNCTIVE (-ra)

hubiera elegido	hubiéramos elegido
hubieras elegido	hubierais elegido
hubiera elegido	hubieran elegido

or **PAST PERFECT SUBJUNCTIVE (-se)**

hubiese elegido	hubiésemos elegido
hubieses elegido	hubieseis elegido
hubiese elegido	hubiesen elegido

PROGRESSIVE TENSES

PRESENT	estoy, estás, está, estamos, estáis, están
PRETERIT	estuve, estuviste, estuvo, estuvimos, estuvisteis, estuvieron
IMPERFECT	estaba, estabas, estaba, estábamos, estabais, estaban
FUTURE	estaré, estarás, estará, estaremos, estaréis, estarán
CONDITIONAL	estaría, estarías, estaría, estaríamos, estaríais, estarían
SUBJUNCTIVE	que + *corresponding subjunctive tense of* estar (*see verb 252*)

} eligiendo

COMMANDS

	(nosotros) elijamos/no elijamos
(tú) elige/no elijas	(vosotros) elegid/no elijáis
(Ud.) elija/no elija	(Uds.) elijan/no elijan

Usage

—Elige el color.	*Choose the color.*
—Prefiero que lo elijas tú.	*I prefer that you select it.*
El gobernador fue elegido Presidente de los Estados Unidos.	*The governor was elected President of the United States.*
Eligieron un plato de pollo.	*They chose a chicken dish.*
Hay elecciones generales en los Estados Unidos cada cuatro años.	*There's a general election in the United States every four years.*

PRESENT		PRETERIT	
embarco	embarcamos	embarqué	embarcamos
embarcas	embarcáis	embarcaste	embarcasteis
embarca	embarcan	embarcó	embarcaron

IMPERFECT		PRESENT PERFECT	
embarcaba	embarcábamos	he embarcado	hemos embarcado
embarcabas	embarcabais	has embarcado	habéis embarcado
embarcaba	embarcaban	ha embarcado	han embarcado

FUTURE		CONDITIONAL	
embarcaré	embarcaremos	embarcaría	embarcaríamos
embarcarás	embarcaréis	embarcarías	embarcaríais
embarcará	embarcarán	embarcaría	embarcarían

PLUPERFECT		PRETERIT PERFECT	
había embarcado	habíamos embarcado	hube embarcado	hubimos embarcado
habías embarcado	habíais embarcado	hubiste embarcado	hubisteis embarcado
había embarcado	habían embarcado	hubo embarcado	hubieron embarcado

FUTURE PERFECT		CONDITIONAL PERFECT	
habré embarcado	habremos embarcado	habría embarcado	habríamos embarcado
habrás embarcado	habréis embarcado	habrías embarcado	habríais embarcado
habrá embarcado	habrán embarcado	habría embarcado	habrían embarcado

PRESENT SUBJUNCTIVE		PRESENT PERFECT SUBJUNCTIVE	
embarque	embarquemos	haya embarcado	hayamos embarcado
embarques	embarquéis	hayas embarcado	hayáis embarcado
embarque	embarquen	haya embarcado	hayan embarcado

IMPERFECT SUBJUNCTIVE (-ra)		or IMPERFECT SUBJUNCTIVE (-se)	
embarcara	embarcáramos	embarcase	embarcásemos
embarcaras	embarcarais	embarcases	embarcaseis
embarcara	embarcaran	embarcase	embarcasen

PAST PERFECT SUBJUNCTIVE (-ra)		or PAST PERFECT SUBJUNCTIVE (-se)	
hubiera embarcado	hubiéramos embarcado	hubiese embarcado	hubiésemos embarcado
hubieras embarcado	hubierais embarcado	hubieses embarcado	hubieseis embarcado
hubiera embarcado	hubieran embarcado	hubiese embarcado	hubiesen embarcado

PROGRESSIVE TENSES

PRESENT	estoy, estás, está, estamos, estáis, están	
PRETERIT	estuve, estuviste, estuvo, estuvimos, estuvisteis, estuvieron	
IMPERFECT	estaba, estabas, estaba, estábamos, estabais, estaban	embarcando
FUTURE	estaré, estarás, estará, estaremos, estaréis, estarán	
CONDITIONAL	estaría, estarías, estaría, estaríamos, estaríais, estarían	
SUBJUNCTIVE	que + *corresponding subjunctive tense of* estar (*see verb 252*)	

COMMANDS

	(nosotros) embarquemos/no embarquemos
(tú) embarca/no embarques	(vosotros) embarcad/no embarquéis
(Ud.) embarque/no embarque	(Uds.) embarquen/no embarquen

Usage

Embarcaron las mercancías.	*They put the merchandise aboard.*
El barco está aquí. Embarquemos.	*The boat is here. Let's go aboard.*
Se han embarcado en otra enorme empresa.	*They're launched into another huge undertaking.*
Nos encanta pasearnos por el embarcadero.	*We love to stroll along the dock/jetty.*

emocionarse
to be moved/touched, get excited/thrilled/upset

emociono · emocionaron · emocionado · emocionándose   regular *-ar* reflexive verb

PRESENT

me emociono	nos emocionamos
te emocionas	os emocionáis
se emociona	se emocionan

PRETERIT

me emocioné	nos emocionamos
te emocionaste	os emocionasteis
se emocionó	se emocionaron

IMPERFECT

me emocionaba	nos emocionábamos
te emocionabas	os emocionabais
se emocionaba	se emocionaban

PRESENT PERFECT

me he emocionado	nos hemos emocionado
te has emocionado	os habéis emocionado
se ha emocionado	se han emocionado

FUTURE

me emocionaré	nos emocionaremos
te emocionarás	os emocionaréis
se emocionará	se emocionarán

CONDITIONAL

me emocionaría	nos emocionaríamos
te emocionarías	os emocionaríais
se emocionaría	se emocionarían

PLUPERFECT

me había emocionado	nos habíamos emocionado
te habías emocionado	os habíais emocionado
se había emocionado	se habían emocionado

PRETERIT PERFECT

me hube emocionado	nos hubimos emocionado
te hubiste emocionado	os hubisteis emocionado
se hubo emocionado	se hubieron emocionado

FUTURE PERFECT

me habré emocionado	nos habremos emocionado
te habrás emocionado	os habréis emocionado
se habrá emocionado	se habrán emocionado

CONDITIONAL PERFECT

me habría emocionado	nos habríamos emocionado
te habrías emocionado	os habríais emocionado
se habría emocionado	se habrían emocionado

PRESENT SUBJUNCTIVE

me emocione	nos emocionemos
te emociones	os emocionéis
se emocione	se emocionen

PRESENT PERFECT SUBJUNCTIVE

me haya emocionado	nos hayamos emocionado
te hayas emocionado	os hayáis emocionado
se haya emocionado	se hayan emocionado

IMPERFECT SUBJUNCTIVE (-ra)   *or*   **IMPERFECT SUBJUNCTIVE (-se)**

me emocionara	nos emocionáramos	me emocionase	nos emocionásemos
te emocionaras	os emocionarais	te emocionases	os emocionaseis
se emocionara	se emocionaran	se emocionase	se emocionasen

PAST PERFECT SUBJUNCTIVE (-ra)   *or*   **PAST PERFECT SUBJUNCTIVE (-se)**

me hubiera emocionado	nos hubiéramos emocionado	me hubiese emocionado	nos hubiésemos emocionado
te hubieras emocionado	os hubierais emocionado	te hubieses emocionado	os hubieseis emocionado
se hubiera emocionado	se hubieran emocionado	se hubiese emocionado	se hubiesen emocionado

PROGRESSIVE TENSES

PRESENT	estoy, estás, está, estamos, estáis, están
PRETERIT	estuve, estuviste, estuvo, estuvimos, estuvisteis, estuvieron
IMPERFECT	estaba, estabas, estaba, estábamos, estabais, estaban
FUTURE	estaré, estarás, estará, estaremos, estaréis, estarán
CONDITIONAL	estaría, estarías, estaría, estaríamos, estaríais, estarían
SUBJUNCTIVE	que + *corresponding subjunctive tense of* estar (*see verb 252*)

emocionando (*see page 31*)

COMMANDS

	(nosotros) emocionémonos/no nos emocionemos
(tú) emociónate/no te emociones	(vosotros) emocionaos/no os emocionéis
(Ud.) emociónese/no se emocione	(Uds.) emociónense/no se emocionen

Usage

Se emocionó mucho al vernos.	*She got excited when she saw us.*
Su éxito en el teatro nos emociona.	*Their success in the theater is thrilling to us.*
Te emocionas cada vez que se van.	*You get upset each time they leave.*
Estaban muy emocionados.	*They were very moved/upset.*
Encontré el libro realmente emocionante.	*I found the book really exciting/moving.*

regular *-ar* reflexive verb   empeño · empeñaron · empeñado · empeñándose

PRESENT

me empeño	nos empeñamos
te empeñas	os empeñáis
se empeña	se empeñan

PRETERIT

me empeñé	nos empeñamos
te empeñaste	os empeñasteis
se empeñó	se empeñaron

IMPERFECT

me empeñaba	nos empeñábamos
te empeñabas	os empeñabais
se empeñaba	se empeñaban

PRESENT PERFECT

me he empeñado	nos hemos empeñado
te has empeñado	os habéis empeñado
se ha empeñado	se han empeñado

FUTURE

me empeñaré	nos empeñaremos
te empeñarás	os empeñaréis
se empeñará	se empeñarán

CONDITIONAL

me empeñaría	nos empeñaríamos
te empeñarías	os empeñaríais
se empeñaría	se empeñarían

PLUPERFECT

me había empeñado	nos habíamos empeñado
te habías empeñado	os habíais empeñado
se había empeñado	se habían empeñado

PRETERIT PERFECT

me hube empeñado	nos hubimos empeñado
te hubiste empeñado	os hubisteis empeñado
se hubo empeñado	se hubieron empeñado

FUTURE PERFECT

me habré empeñado	nos habremos empeñado
te habrás empeñado	os habréis empeñado
se habrá empeñado	se habrán empeñado

CONDITIONAL PERFECT

me habría empeñado	nos habríamos empeñado
te habrías empeñado	os habríais empeñado
se habría empeñado	se habrían empeñado

PRESENT SUBJUNCTIVE

me empeñe	nos empeñemos
te empeñes	os empeñéis
se empeñe	se empeñen

PRESENT PERFECT SUBJUNCTIVE

me haya empeñado	nos hayamos empeñado
te hayas empeñado	os hayáis empeñado
se haya empeñado	se hayan empeñado

IMPERFECT SUBJUNCTIVE (-ra)   *or* **IMPERFECT SUBJUNCTIVE (-se)**

me empeñara	nos empeñáramos	me empeñase	nos empeñásemos
te empeñaras	os empeñarais	te empeñases	os empeñaseis
se empeñara	se empeñaran	se empeñase	se empeñasen

PAST PERFECT SUBJUNCTIVE (-ra)   *or* **PAST PERFECT SUBJUNCTIVE (-se)**

me hubiera empeñado	nos hubiéramos empeñado	me hubiese empeñado	nos hubiésemos empeñado
te hubieras empeñado	os hubierais empeñado	te hubieses empeñado	os hubieseis empeñado
se hubiera empeñado	se hubieran empeñado	se hubiese empeñado	se hubiesen empeñado

PROGRESSIVE TENSES

PRESENT	estoy, estás, está, estamos, estáis, están
PRETERIT	estuve, estuviste, estuvo, estuvimos, estuvisteis, estuvieron
IMPERFECT	estaba, estabas, estaba, estábamos, estabais, estaban
FUTURE	estaré, estarás, estará, estaremos, estaréis, estarán
CONDITIONAL	estaría, estarías, estaría, estaríamos, estaríais, estarían
SUBJUNCTIVE	que + *corresponding subjunctive tense of* estar (*see verb 252*)

empeñando (*see page 31*)

COMMANDS

	(nosotros) empeñémonos/no nos empeñemos
(tú) empéñate/no te empeñes	(vosotros) empeñaos/no os empeñéis
(Ud.) empéñese/no se empeñe	(Uds.) empéñense/no se empeñen

Usage

Empeñó su sortija en la casa de empeños.	*She pawned her ring at the pawn shop.*
Se empeñaban en sus peticiones.	*They persisted in their requests.*
Nos empeñamos en terminar el informe para el jueves.	*We're endeavoring to finish the report by Thursday.*
Están empeñados en ganar el campeonato.	*They're determined to win the championship.*

empezar *to begin*

empiezo · empezaron · empezado · empezando

stem-changing *-ar* verb: *e > ie*;
spelling change: *z > c/e*

PRESENT		PRETERIT	
empiezo	empezamos	empecé	empezamos
empiezas	empezáis	empezaste	empezasteis
empieza	empiezan	empezó	empezaron

IMPERFECT		PRESENT PERFECT	
empezaba	empezábamos	he empezado	hemos empezado
empezabas	empezabais	has empezado	habéis empezado
empezaba	empezaban	ha empezado	han empezado

FUTURE		CONDITIONAL	
empezaré	empezaremos	empezaría	empezaríamos
empezarás	empezaréis	empezarías	empezaríais
empezará	empezarán	empezaría	empezarían

PLUPERFECT		PRETERIT PERFECT	
había empezado	habíamos empezado	hube empezado	hubimos empezado
habías empezado	habíais empezado	hubiste empezado	hubisteis empezado
había empezado	habían empezado	hubo empezado	hubieron empezado

FUTURE PERFECT		CONDITIONAL PERFECT	
habré empezado	habremos empezado	habría empezado	habríamos empezado
habrás empezado	habréis empezado	habrías empezado	habríais empezado
habrá empezado	habrán empezado	habría empezado	habrían empezado

PRESENT SUBJUNCTIVE		PRESENT PERFECT SUBJUNCTIVE	
empiece	empecemos	haya empezado	hayamos empezado
empieces	empecéis	hayas empezado	hayáis empezado
empiece	empiecen	haya empezado	hayan empezado

IMPERFECT SUBJUNCTIVE (-ra)		*or* IMPERFECT SUBJUNCTIVE (-se)	
empezara	empezáramos	empezase	empezásemos
empezaras	empezarais	empezases	empezaseis
empezara	empezaran	empezase	empezasen

PAST PERFECT SUBJUNCTIVE (-ra)		*or* PAST PERFECT SUBJUNCTIVE (-se)	
hubiera empezado	hubiéramos empezado	hubiese empezado	hubiésemos empezado
hubieras empezado	hubierais empezado	hubieses empezado	hubieseis empezado
hubiera empezado	hubieran empezado	hubiese empezado	hubiesen empezado

PROGRESSIVE TENSES

PRESENT	estoy, estás, está, estamos, estáis, están
PRETERIT	estuve, estuviste, estuvo, estuvimos, estuvisteis, estuvieron
IMPERFECT	estaba, estabas, estaba, estábamos, estabais, estaban
FUTURE	estaré, estarás, estará, estaremos, estaréis, estarán
CONDITIONAL	estaría, estarías, estaría, estaríamos, estaríais, estarían
SUBJUNCTIVE	que + *corresponding subjunctive tense of* estar (*see verb 252*)

} empezando

COMMANDS

	(nosotros) empecemos/no empecemos
(tú) empieza/no empieces	(vosotros) empezad/no empecéis
(Ud.) empiece/no empiece	(Uds.) empiecen/no empiecen

Usage

Empecé el libro ayer.	*I began the book yesterday.*
Empiecen a comer.	*Start to eat.*
Empezó por darnos la bienvenida.	*He began by welcoming us.*
Empiezan a las ocho.	*They'll begin at eight o'clock.*
Al empezar no había mucha gente.	*At the beginning there weren't many people.*

regular *-ar* verb   **empleo · emplearon · empleado · empleando**

PRESENT		PRETERIT	
empleo	empleamos	empleé	empleamos
empleas	empleáis	empleaste	empleasteis
emplea	emplean	empleó	emplearon

IMPERFECT		PRESENT PERFECT	
empleaba	empleábamos	he empleado	hemos empleado
empleabas	empleabais	has empleado	habéis empleado
empleaba	empleaban	ha empleado	han empleado

FUTURE		CONDITIONAL	
emplearé	emplearemos	emplearía	emplearíamos
emplearás	emplearéis	emplearías	emplearíais
empleará	emplearán	emplearía	emplearían

PLUPERFECT		PRETERIT PERFECT	
había empleado	habíamos empleado	hube empleado	hubimos empleado
habías empleado	habíais empleado	hubiste empleado	hubisteis empleado
había empleado	habían empleado	hubo empleado	hubieron empleado

FUTURE PERFECT		CONDITIONAL PERFECT	
habré empleado	habremos empleado	habría empleado	habríamos empleado
habrás empleado	habréis empleado	habrías empleado	habríais empleado
habrá empleado	habrán empleado	habría empleado	habrían empleado

PRESENT SUBJUNCTIVE		PRESENT PERFECT SUBJUNCTIVE	
emplee	empleemos	haya empleado	hayamos empleado
emplees	empleéis	hayas empleado	hayáis empleado
emplee	empleen	haya empleado	hayan empleado

IMPERFECT SUBJUNCTIVE (-ra)		*or*	IMPERFECT SUBJUNCTIVE (-se)	
empleara	empleáramos		emplease	empleásemos
emplearas	emplearais		empleases	empleaseis
empleara	emplearan		emplease	empleasen

PAST PERFECT SUBJUNCTIVE (-ra)		*or*	PAST PERFECT SUBJUNCTIVE (-se)	
hubiera empleado	hubiéramos empleado		hubiese empleado	hubiésemos empleado
hubieras empleado	hubierais empleado		hubieses empleado	hubieseis empleado
hubiera empleado	hubieran empleado		hubiese empleado	hubiesen empleado

PROGRESSIVE TENSES

PRESENT	estoy, estás, está, estamos, estáis, están
PRETERIT	estuve, estuviste, estuvo, estuvimos, estuvisteis, estuvieron
IMPERFECT	estaba, estabas, estaba, estábamos, estabais, estaban
FUTURE	estaré, estarás, estará, estaremos, estaréis, estarán
CONDITIONAL	estaría, estarías, estaría, estaríamos, estaríais, estarían
SUBJUNCTIVE	que + *corresponding subjunctive tense of* estar (*see verb 252*)

       } empleando

COMMANDS

	(nosotros) empleemos/no empleemos
(tú) emplea/no emplees	(vosotros) emplead/no empleéis
(Ud.) emplee/no emplee	(Uds.) empleen/no empleen

Usage

Emplea otra computadora.	*Use another computer.*
Empleaban un nuevo modelo.	*They used a new model.*
Los fondos fueron mal empleados.	*The funds were misused.*
—¿A cuántas personas emplea la compañía?	*How many people does the company employ?*
—Tiene 700 empleados.	*It has 700 employees.*
Está sin empleo. Busca empleo.	*She's unemployed. She's looking for a job.*
Hay casi pleno empleo.	*There's almost full employment.*

emprender *to undertake, embark upon, start*

emprendo · emprendieron · emprendido · emprendiendo   regular *-er* verb

PRESENT

emprendo	emprendemos
emprendes	emprendéis
emprende	emprenden

PRETERIT

emprendí	emprendimos
emprendiste	emprendisteis
emprendió	emprendieron

IMPERFECT

emprendía	emprendíamos
emprendías	emprendíais
emprendía	emprendían

PRESENT PERFECT

he emprendido	hemos emprendido
has emprendido	habéis emprendido
ha emprendido	han emprendido

FUTURE

emprenderé	emprenderemos
emprenderás	emprenderéis
emprenderá	emprenderán

CONDITIONAL

emprendería	emprenderíamos
emprenderías	emprenderíais
emprendería	emprenderían

PLUPERFECT

había emprendido	habíamos emprendido
habías emprendido	habíais emprendido
había emprendido	habían emprendido

PRETERIT PERFECT

hube emprendido	hubimos emprendido
hubiste emprendido	hubisteis emprendido
hubo emprendido	hubieron emprendido

FUTURE PERFECT

habré emprendido	habremos emprendido
habrás emprendido	habréis emprendido
habrá emprendido	habrán emprendido

CONDITIONAL PERFECT

habría emprendido	habríamos emprendido
habrías emprendido	habríais emprendido
habría emprendido	habrían emprendido

PRESENT SUBJUNCTIVE

emprenda	emprendamos
emprendas	emprendáis
emprenda	emprendan

PRESENT PERFECT SUBJUNCTIVE

haya emprendido	hayamos emprendido
hayas emprendido	hayáis emprendido
haya emprendido	hayan emprendido

IMPERFECT SUBJUNCTIVE (-ra)   *or* **IMPERFECT SUBJUNCTIVE (-se)**

emprendiera	emprendiéramos	emprendiese	emprendiésemos
emprendieras	emprendierais	emprendieses	emprendieseis
emprendiera	emprendieran	emprendiese	emprendiesen

PAST PERFECT SUBJUNCTIVE (-ra)   *or* **PAST PERFECT SUBJUNCTIVE (-se)**

hubiera emprendido	hubiéramos emprendido	hubiese emprendido	hubiésemos emprendido
hubieras emprendido	hubierais emprendido	hubieses emprendido	hubieseis emprendido
hubiera emprendido	hubieran emprendido	hubiese emprendido	hubiesen emprendido

PROGRESSIVE TENSES

PRESENT	estoy, estás, está, estamos, estáis, están
PRETERIT	estuve, estuviste, estuvo, estuvimos, estuvisteis, estuvieron
IMPERFECT	estaba, estabas, estaba, estábamos, estabais, estaban
FUTURE	estaré, estarás, estará, estaremos, estaréis, estarán
CONDITIONAL	estaría, estarías, estaría, estaríamos, estaríais, estarían
SUBJUNCTIVE	que + *corresponding subjunctive tense of* estar (*see verb 252*)

} emprendiendo

COMMANDS

	(nosotros) emprendamos/no emprendamos
(tú) emprende/no emprendas	(vosotros) emprended/no emprendáis
(Ud.) emprenda/no emprenda	(Uds.) emprendan/no emprendan

Usage

Emprendió un proyecto estimulante.	*He undertook a challenging project.*
Han emprendido su gran aventura.	*They've started their great adventure.*
Emprendamos el viaje.	*Let's set out on our trip.*
Es jefe de una empresa multinacional.	*He's head of a multinational company.*
Es una pequeña empresaria.	*She's a small-business woman.*

regular -*ar* verb | empujo · empujaron · empujado · empujando

PRESENT

empujo	empujamos
empujas	empujáis
empuja	empujan

PRETERIT

empujé	empujamos
empujaste	empujasteis
empujó	empujaron

IMPERFECT

empujaba	empujábamos
empujabas	empujabais
empujaba	empujaban

PRESENT PERFECT

he empujado	hemos empujado
has empujado	habéis empujado
ha empujado	han empujado

FUTURE

empujaré	empujaremos
empujarás	empujaréis
empujará	empujarán

CONDITIONAL

empujaría	empujaríamos
empujarías	empujaríais
empujaría	empujarían

PLUPERFECT

había empujado	habíamos empujado
habías empujado	habíais empujado
había empujado	habían empujado

PRETERIT PERFECT

hube empujado	hubimos empujado
hubiste empujado	hubisteis empujado
hubo empujado	hubieron empujado

FUTURE PERFECT

habré empujado	habremos empujado
habrás empujado	habréis empujado
habrá empujado	habrán empujado

CONDITIONAL PERFECT

habría empujado	habríamos empujado
habrías empujado	habríais empujado
habría empujado	habrían empujado

PRESENT SUBJUNCTIVE

empuje	empujemos
empujes	empujéis
empuje	empujen

PRESENT PERFECT SUBJUNCTIVE

haya empujado	hayamos empujado
hayas empujado	hayáis empujado
haya empujado	hayan empujado

IMPERFECT SUBJUNCTIVE (-ra)   *or*   **IMPERFECT SUBJUNCTIVE (-se)**

empujara	empujáramos	empujase	empujásemos
empujaras	empujarais	empujases	empujaseis
empujara	empujaran	empujase	empujasen

PAST PERFECT SUBJUNCTIVE (-ra)   *or*   **PAST PERFECT SUBJUNCTIVE (-se)**

hubiera empujado	hubiéramos empujado	hubiese empujado	hubiésemos empujado
hubieras empujado	hubierais empujado	hubieses empujado	hubieseis empujado
hubiera empujado	hubieran empujado	hubiese empujado	hubiesen empujado

PROGRESSIVE TENSES

PRESENT	estoy, estás, está, estamos, estáis, están
PRETERIT	estuve, estuviste, estuvo, estuvimos, estuvisteis, estuvieron
IMPERFECT	estaba, estabas, estaba, estábamos, estabais, estaban
FUTURE	estaré, estarás, estará, estaremos, estaréis, estarán
CONDITIONAL	estaría, estarías, estaría, estaríamos, estaríais, estarían
SUBJUNCTIVE	que + *corresponding subjunctive tense of* estar (*see verb 252*)

} empujando

COMMANDS

	(nosotros) empujemos/no empujemos
(tú) empuja/no empujes	(vosotros) empujad/no empujéis
(Ud.) empuje/no empuje	(Uds.) empujen/no empujen

Usage

Le empujaba para que terminara la tarea.	*I was pushing him to finish his homework.*
¡No los empujes!	*Don't push them!*
—¡Deja de empujarme!	*Stop shoving me!*
—No soy yo. Será otro que te está dando empujones.	*I'm not doing it. Someone else must be pushing you.*
Se entra en y se sale del metro a empujones.	*You push your way in and out of the subway.*
Es un hombre de empuje.	*He's a man of drive/action.*

enamorarse *to fall in love*

enamoro · enamoraron · enamorado · enamorándose   regular *-ar* reflexive verb

PRESENT

me enamoro	nos enamoramos
te enamoras	os enamoráis
se enamora	se enamoran

PRETERIT

me enamoré	nos enamoramos
te enamoraste	os enamorasteis
se enamoró	se enamoraron

IMPERFECT

me enamoraba	nos enamorábamos
te enamorabas	os enamorabais
se enamoraba	se enamoraban

PRESENT PERFECT

me he enamorado	nos hemos enamorado
te has enamorado	os habéis enamorado
se ha enamorado	se han enamorado

FUTURE

me enamoraré	nos enamoraremos
te enamorarás	os enamoraréis
se enamorará	se enamorarán

CONDITIONAL

me enamoraría	nos enamoraríamos
te enamorarías	os enamoraríais
se enamoraría	se enamorarían

PLUPERFECT

me había enamorado	nos habíamos enamorado
te habías enamorado	os habíais enamorado
se había enamorado	se habían enamorado

PRETERIT PERFECT

me hube enamorado	nos hubimos enamorado
te hubiste enamorado	os hubisteis enamorado
se hubo enamorado	se hubieron enamorado

FUTURE PERFECT

me habré enamorado	nos habremos enamorado
te habrás enamorado	os habréis enamorado
se habrá enamorado	se habrán enamorado

CONDITIONAL PERFECT

me habría enamorado	nos habríamos enamorado
te habrías enamorado	os habríais enamorado
se habría enamorado	se habrían enamorado

PRESENT SUBJUNCTIVE

me enamore	nos enamoremos
te enamores	os enamoréis
se enamore	se enamoren

PRESENT PERFECT SUBJUNCTIVE

me haya enamorado	nos hayamos enamorado
te hayas enamorado	os hayáis enamorado
se haya enamorado	se hayan enamorado

IMPERFECT SUBJUNCTIVE (-ra)

me enamorara	nos enamoráramos
te enamoraras	os enamorarais
se enamorara	se enamoraran

or **IMPERFECT SUBJUNCTIVE (-se)**

me enamorase	nos enamorásemos
te enamorases	os enamoraseis
se enamorase	se enamorasen

PAST PERFECT SUBJUNCTIVE (-ra)

me hubiera enamorado	nos hubiéramos enamorado
te hubieras enamorado	os hubierais enamorado
se hubiera enamorado	se hubieran enamorado

or **PAST PERFECT SUBJUNCTIVE (-se)**

me hubiese enamorado	nos hubiésemos enamorado
te hubieses enamorado	os hubieseis enamorado
se hubiese enamorado	se hubiesen enamorado

PROGRESSIVE TENSES

PRESENT	estoy, estás, está, estamos, estáis, están
PRETERIT	estuve, estuviste, estuvo, estuvimos, estuvisteis, estuvieron
IMPERFECT	estaba, estabas, estaba, estábamos, estabais, estaban
FUTURE	estaré, estarás, estará, estaremos, estaréis, estarán
CONDITIONAL	estaría, estarías, estaría, estaríamos, estaríais, estarían
SUBJUNCTIVE	que + *corresponding subjunctive tense of* estar (*see verb 252*)

} enamorando (*see page 31*)

COMMANDS

	(nosotros) enamorémonos/no nos enamoremos
(tú) enamórate/no te enamores	(vosotros) enamoraos/no os enamoréis
(Ud.) enamórese/no se enamore	(Uds.) enamórense/no se enamoren

Usage

Enamoraba a la chica.	*He was winning the girl's heart.*
Ella se enamoró de él.	*She fell in love with him.*
Se enamoraron.	*They fell in love.*
Está perdidamente enamorada de su novio.	*She's madly in love with her fiancé.*
Tenemos amor a la música.	*We have a love of music.*

regular *-ar* verb; used in third-person singular and plural with the indirect object pronoun

encanta · encantaron · encantado · encantando

PRESENT

me encanta(n)	nos encanta(n)
te encanta(n)	os encanta(n)
le encanta(n)	les encanta(n)

PRETERIT

me encantó(-aron)	nos encantó(-aron)
te encantó(-aron)	os encantó(-aron)
le encantó(-aron)	les encantó(-aron)

IMPERFECT

me encantaba(n)	nos encantaba(n)
te encantaba(n)	os encantaba(n)
le encantaba(n)	les encantaba(n)

PRESENT PERFECT

me ha(n) encantado	nos ha(n) encantado
te ha(n) encantado	os ha(n) encantado
le ha(n) encantado	les ha(n) encantado

FUTURE

me encantará(n)	nos encantará(n)
te encantará(n)	os encantará(n)
le encantará(n)	les encantará(n)

CONDITIONAL

me encantaría(n)	nos encantaría(n)
te encantaría(n)	os encantaría(n)
le encantaría(n)	les encantaría(n)

PLUPERFECT

me había(n) encantado	nos había(n) encantado
te había(n) encantado	os había(n) encantado
le había(n) encantado	les había(n) encantado

PRETERIT PERFECT

me hubo(-ieron) encantado	nos hubo(-ieron) encantado
te hubo(-ieron) encantado	os hubo(-ieron) encantado
le hubo(-ieron) encantado	les hubo(-ieron) encantado

FUTURE PERFECT

me habrá(n) encantado	nos habrá(n) encantado
te habrá(n) encantado	os habrá(n) encantado
le habrá(n) encantado	les habrá(n) encantado

CONDITIONAL PERFECT

me habría(n) encantado	nos habría(n) encantado
te habría(n) encantado	os habría(n) encantado
le habría(n) encantado	les habría(n) encantado

PRESENT SUBJUNCTIVE

me encante(n)	nos encante(n)
te encante(n)	os encante(n)
le encante(n)	les encante(n)

PRESENT PERFECT SUBJUNCTIVE

me haya(n) encantado	nos haya(n) encantado
te haya(n) encantado	os haya(n) encantado
le haya(n) encantado	les haya(n) encantado

IMPERFECT SUBJUNCTIVE (-ra)

me encantara(n)	nos encantara(n)
te encantara(n)	os encantara(n)
le encantara(n)	les encantara(n)

or **IMPERFECT SUBJUNCTIVE (-se)**

me encantase(n)	nos encantase(n)
te encantase(n)	os encantase(n)
le encantase(n)	les encantase(n)

PAST PERFECT SUBJUNCTIVE (-ra)

me hubiera(n) encantado	nos hubiera(n) encantado
te hubiera(n) encantado	os hubiera(n) encantado
le hubiera(n) encantado	les hubiera(n) encantado

or **PAST PERFECT SUBJUNCTIVE (-se)**

me hubiese(n) encantado	nos hubiese(n) encantado
te hubiese(n) encantado	os hubiese(n) encantado
le hubiese(n) encantado	les hubiese(n) encantado

PROGRESSIVE TENSES

PRESENT	me	está, están	
PRETERIT	te	estuvo, estuvieron	
IMPERFECT	le	estaba, estaban	
FUTURE	nos	estará, estarán	encantando
CONDITIONAL	os	estaría, estarían	
SUBJUNCTIVE	que les	*corresponding subjunctive tense of* estar (*see verb 252*)	

COMMANDS

¡Que te/le/os/les encante(n)!   ¡Que no te/le/os/les encante(n)!

Usage

Le encanta la comida mexicana.	*He loves Mexican food.*
Nos encanta este hotel.	*We love this hotel.*
Le encantan estos libros.	*She loves these books.*
Me encantó el concierto.	*I loved the concert.*
Nos encanta recorrer mundo.	*We love to travel the world over.*
Estamos encantados con tus sugerencias.	*We're delighted with your suggestions.*
Encantado de conocerlo.	*Pleased to meet you.*

encargar *to put in/take charge of, undertake, entrust, order*

encargo · encargaron · encargado · encargando   *-ar verb; spelling change: g > gu/e*

PRESENT

encargo	encargamos
encargas	encargáis
encarga	encargan

PRETERIT

encargué	encargamos
encargaste	encargasteis
encargó	encargaron

IMPERFECT

encargaba	encargábamos
encargabas	encargabais
encargaba	encargaban

PRESENT PERFECT

he encargado	hemos encargado
has encargado	habéis encargado
ha encargado	han encargado

FUTURE

encargaré	encargaremos
encargarás	encargaréis
encargará	encargarán

CONDITIONAL

encargaría	encargaríamos
encargarías	encargaríais
encargaría	encargarían

PLUPERFECT

había encargado	habíamos encargado
habías encargado	habíais encargado
había encargado	habían encargado

PRETERIT PERFECT

hube encargado	hubimos encargado
hubiste encargado	hubisteis encargado
hubo encargado	hubieron encargado

FUTURE PERFECT

habré encargado	habremos encargado
habrás encargado	habréis encargado
habrá encargado	habrán encargado

CONDITIONAL PERFECT

habría encargado	habríamos encargado
habrías encargado	habríais encargado
habría encargado	habrían encargado

PRESENT SUBJUNCTIVE

encargue	encarguemos
encargues	encarguéis
encargue	encarguen

PRESENT PERFECT SUBJUNCTIVE

haya encargado	hayamos encargado
hayas encargado	hayáis encargado
haya encargado	hayan encargado

IMPERFECT SUBJUNCTIVE (-ra)

encargara	encargáramos
encargaras	encargarais
encargara	encargaran

or **IMPERFECT SUBJUNCTIVE (-se)**

encargase	encargásemos
encargases	encargaseis
encargase	encargasen

PAST PERFECT SUBJUNCTIVE (-ra)

hubiera encargado	hubiéramos encargado
hubieras encargado	hubierais encargado
hubiera encargado	hubieran encargado

or **PAST PERFECT SUBJUNCTIVE (-se)**

hubiese encargado	hubiésemos encargado
hubieses encargado	hubieseis encargado
hubiese encargado	hubiesen encargado

PROGRESSIVE TENSES

PRESENT	estoy, estás, está, estamos, estáis, están
PRETERIT	estuve, estuviste, estuvo, estuvimos, estuvisteis, estuvieron
IMPERFECT	estaba, estabas, estaba, estábamos, estabais, estaban
FUTURE	estaré, estarás, estará, estaremos, estaréis, estarán
CONDITIONAL	estaría, estarías, estaría, estaríamos, estaríais, estarían
SUBJUNCTIVE	que + *corresponding subjunctive tense of* estar (*see verb 252*)

} encargando

COMMANDS

	(nosotros) encarguemos/no encarguemos
(tú) encarga/no encargues	(vosotros) encargad/no encarguéis
(Ud.) encargue/no encargue	(Uds.) encarguen/no encarguen

Usage

Nos encargó de los archivos.	*He put us in charge of the files.*
Encargué los discos compactos.	*I ordered the compact discs.*
¿Quién se ha encargado de la oficina?	*Who has taken charge of the office?*
Tú eras el encargado del evento, ¿verdad?	*You were the one in charge of the event, weren't you?*
Hay que cumplir el encargo.	*You have to carry out/fulfill the assignment.*

PRESENT

enciendo	encendemos
enciendes	encendéis
enciende	encienden

IMPERFECT

encendía	encendíamos
encendías	encendíais
encendía	encendían

FUTURE

encenderé	encenderemos
encenderás	encenderéis
encenderá	encenderán

PLUPERFECT

había encendido	habíamos encendido
habías encendido	habíais encendido
había encendido	habían encendido

FUTURE PERFECT

habré encendido	habremos encendido
habrás encendido	habréis encendido
habrá encendido	habrán encendido

PRESENT SUBJUNCTIVE

encienda	encendamos
enciendas	encendáis
encienda	enciendan

IMPERFECT SUBJUNCTIVE (-ra)

encendiera	encendiéramos
encendieras	encendierais
encendiera	encendieran

PAST PERFECT SUBJUNCTIVE (-ra)

hubiera encendido	hubiéramos encendido
hubieras encendido	hubierais encendido
hubiera encendido	hubieran encendido

PRETERIT

encendí	encendimos
encendiste	encendisteis
encendió	encendieron

PRESENT PERFECT

he encendido	hemos encendido
has encendido	habéis encendido
ha encendido	han encendido

CONDITIONAL

encendería	encenderíamos
encenderías	encenderíais
encendería	encenderían

PRETERIT PERFECT

hube encendido	hubimos encendido
hubiste encendido	hubisteis encendido
hubo encendido	hubieron encendido

CONDITIONAL PERFECT

habría encendido	habríamos encendido
habrías encendido	habríais encendido
habría encendido	habrían encendido

PRESENT PERFECT SUBJUNCTIVE

haya encendido	hayamos encendido
hayas encendido	hayáis encendido
haya encendido	hayan encendido

or **IMPERFECT SUBJUNCTIVE (-se)**

encendiese	encendiésemos
encendieses	encendieseis
encendiese	encendiesen

or **PAST PERFECT SUBJUNCTIVE (-se)**

hubiese encendido	hubiésemos encendido
hubieses encendido	hubieseis encendido
hubiese encendido	hubiesen encendido

PROGRESSIVE TENSES

PRESENT	estoy, estás, está, estamos, estáis, están
PRETERIT	estuve, estuviste, estuvo, estuvimos, estuvisteis, estuvieron
IMPERFECT	estaba, estabas, estaba, estábamos, estabais, estaban
FUTURE	estaré, estarás, estará, estaremos, estaréis, estarán
CONDITIONAL	estaría, estarías, estaría, estaríamos, estaríais, estarían
SUBJUNCTIVE	que + *corresponding subjunctive tense of* estar (*see verb 252*)

} encendiendo

COMMANDS

	(nosotros) encendamos/no encendamos
(tú) enciende/no enciendas	(vosotros) encended/no encendáis
(Ud.) encienda/no encienda	(Uds.) enciendan/no enciendan

Usage

¡No enciendas la cocina con los fósforos!	*Don't set the kitchen on fire with the matches!*
Se han encendido las velas.	*The candles have been lit.*
Enciende la luz.	*Turn/Put the light on.*
Están encendiendo el conflicto.	*They're inflaming the conflict.*

encerrar   *to enclose, shut in/up, contain, include*

encierro · encerraron · encerrado · encerrando   stem-changing -*ar* verb: *e > ie*

PRESENT		PRETERIT	
encierro	encerramos	encerré	encerramos
encierras	encerráis	encerraste	encerrasteis
encierra	encierran	encerró	encerraron

IMPERFECT		PRESENT PERFECT	
encerraba	encerrábamos	he encerrado	hemos encerrado
encerrabas	encerrabais	has encerrado	habéis encerrado
encerraba	encerraban	ha encerrado	han encerrado

FUTURE		CONDITIONAL	
encerraré	encerraremos	encerraría	encerraríamos
encerrarás	encerraréis	encerrarías	encerraríais
encerrará	encerrarán	encerraría	encerrarían

PLUPERFECT		PRETERIT PERFECT	
había encerrado	habíamos encerrado	hube encerrado	hubimos encerrado
habías encerrado	habíais encerrado	hubiste encerrado	hubisteis encerrado
había encerrado	habían encerrado	hubo encerrado	hubieron encerrado

FUTURE PERFECT		CONDITIONAL PERFECT	
habré encerrado	habremos encerrado	habría encerrado	habríamos encerrado
habrás encerrado	habréis encerrado	habrías encerrado	habríais encerrado
habrá encerrado	habrán encerrado	habría encerrado	habrían encerrado

PRESENT SUBJUNCTIVE		PRESENT PERFECT SUBJUNCTIVE	
encierre	encerremos	haya encerrado	hayamos encerrado
encierres	encerréis	hayas encerrado	hayáis encerrado
encierre	encierren	haya encerrado	hayan encerrado

IMPERFECT SUBJUNCTIVE (-ra)		*or*	IMPERFECT SUBJUNCTIVE (-se)	
encerrara	encerráramos		encerrase	encerrásemos
encerraras	encerrarais		encerrases	encerraseis
encerrara	encerraran		encerrase	encerrasen

PAST PERFECT SUBJUNCTIVE (-ra)		*or*	PAST PERFECT SUBJUNCTIVE (-se)	
hubiera encerrado	hubiéramos encerrado		hubiese encerrado	hubiésemos encerrado
hubieras encerrado	hubierais encerrado		hubieses encerrado	hubieseis encerrado
hubiera encerrado	hubieran encerrado		hubiese encerrado	hubiesen encerrado

PROGRESSIVE TENSES

PRESENT	estoy, estás, está, estamos, estáis, están	
PRETERIT	estuve, estuviste, estuvo, estuvimos, estuvisteis, estuvieron	
IMPERFECT	estaba, estabas, estaba, estábamos, estabais, estaban	encerrando
FUTURE	estaré, estarás, estará, estaremos, estaréis, estarán	
CONDITIONAL	estaría, estarías, estaría, estaríamos, estaríais, estarían	
SUBJUNCTIVE	que + *corresponding subjunctive tense of* estar (*see verb 252*)	

COMMANDS

	(nosotros) encerremos/no encerremos
(tú) encierra/no encierres	(vosotros) encerrad/no encerréis
(Ud.) encierre/no encierre	(Uds.) encierren/no encierren

Usage

Encerraron el patio con una cerca.	*They enclosed/shut in the patio with a fence.*
El proyecto encierra unas ideas problemáticas.	*The project contains some problematic ideas.*
Se debe encerrar esta oración en un paréntesis.	*This sentence should be put in parentheses.*
Los animales se encuentran en el encerradero.	*The animals are in the pen.*

stem-changing *-ar* verb: *o > ue*   **encuentro · encontraron · encontrado · encontrando**

PRESENT

encuentro	encontramos
encuentras	encontráis
encuentra	encuentran

PRETERIT

encontré	encontramos
encontraste	encontrasteis
encontró	encontraron

IMPERFECT

encontraba	encontrábamos
encontrabas	encontrabais
encontraba	encontraban

PRESENT PERFECT

he encontrado	hemos encontrado
has encontrado	habéis encontrado
ha encontrado	han encontrado

FUTURE

encontraré	encontraremos
encontrarás	encontraréis
encontrará	encontrarán

CONDITIONAL

encontraría	encontraríamos
encontrarías	encontraríais
encontraría	encontrarían

PLUPERFECT

había encontrado	habíamos encontrado
habías encontrado	habíais encontrado
había encontrado	habían encontrado

PRETERIT PERFECT

hube encontrado	hubimos encontrado
hubiste encontrado	hubisteis encontrado
hubo encontrado	hubieron encontrado

FUTURE PERFECT

habré encontrado	habremos encontrado
habrás encontrado	habréis encontrado
habrá encontrado	habrán encontrado

CONDITIONAL PERFECT

habría encontrado	habríamos encontrado
habrías encontrado	habríais encontrado
habría encontrado	habrían encontrado

PRESENT SUBJUNCTIVE

encuentre	encontremos
encuentres	encontréis
encuentre	encuentren

PRESENT PERFECT SUBJUNCTIVE

haya encontrado	hayamos encontrado
hayas encontrado	hayáis encontrado
haya encontrado	hayan encontrado

IMPERFECT SUBJUNCTIVE (-ra)

encontrara	encontráramos
encontraras	encontrarais
encontrara	encontraran

or   **IMPERFECT SUBJUNCTIVE (-se)**

encontrase	encontrásemos
encontrases	encontraseis
encontrase	encontrasen

PAST PERFECT SUBJUNCTIVE (-ra)

hubiera encontrado	hubiéramos encontrado
hubieras encontrado	hubierais encontrado
hubiera encontrado	hubieran encontrado

or   **PAST PERFECT SUBJUNCTIVE (-se)**

hubiese encontrado	hubiésemos encontrado
hubieses encontrado	hubieseis encontrado
hubiese encontrado	hubiesen encontrado

PROGRESSIVE TENSES

PRESENT	estoy, estás, está, estamos, estáis, están
PRETERIT	estuve, estuviste, estuvo, estuvimos, estuvisteis, estuvieron
IMPERFECT	estaba, estabas, estaba, estábamos, estabais, estaban
FUTURE	estaré, estarás, estará, estaremos, estaréis, estarán
CONDITIONAL	estaría, estarías, estaría, estaríamos, estaríais, estarían
SUBJUNCTIVE	que + *corresponding subjunctive tense of* estar (*see verb 252*)

} encontrando

COMMANDS

	(nosotros) encontremos/no encontremos
(tú) encuentra/no encuentres	(vosotros) encontrad/no encontréis
(Ud.) encuentre/no encuentre	(Uds.) encuentren/no encuentren

Usage

No encuentro mis anteojos.	*I can't find my eyeglasses.*
La encontré en la tienda de videos.	*I ran into her at the video store.*
¿Cómo encontraste la obra de teatro?	*What did you think of the play?*
¿Cómo se encuentran?	*How are you?/How are you feeling?*
¿Dónde se encuentra el departamento jurídico?	*Where is the legal department?*
Nos encontramos en el café.	*We met/bumped into each other at the café.*
Siento que te hayas encontrado con dificultades.	*I'm sorry you've had problems.*

enfadarse   *to get/become angry*

enfado · enfadaron · enfadado · enfadándose

regular *-ar* reflexive verb

PRESENT

me enfado	nos enfadamos
te enfadas	os enfadáis
se enfada	se enfadan

PRETERIT

me enfadé	nos enfadamos
te enfadaste	os enfadasteis
se enfadó	se enfadaron

IMPERFECT

me enfadaba	nos enfadábamos
te enfadabas	os enfadabais
se enfadaba	se enfadaban

PRESENT PERFECT

me he enfadado	nos hemos enfadado
te has enfadado	os habéis enfadado
se ha enfadado	se han enfadado

FUTURE

me enfadaré	nos enfadaremos
te enfadarás	os enfadaréis
se enfadará	se enfadarán

CONDITIONAL

me enfadaría	nos enfadaríamos
te enfadarías	os enfadaríais
se enfadaría	se enfadarían

PLUPERFECT

me había enfadado	nos habíamos enfadado
te habías enfadado	os habíais enfadado
se había enfadado	se habían enfadado

PRETERIT PERFECT

me hube enfadado	nos hubimos enfadado
te hubiste enfadado	os hubisteis enfadado
se hubo enfadado	se hubieron enfadado

FUTURE PERFECT

me habré enfadado	nos habremos enfadado
te habrás enfadado	os habréis enfadado
se habrá enfadado	se habrán enfadado

CONDITIONAL PERFECT

me habría enfadado	nos habríamos enfadado
te habrías enfadado	os habríais enfadado
se habría enfadado	se habrían enfadado

PRESENT SUBJUNCTIVE

me enfade	nos enfademos
te enfades	os enfadéis
se enfade	se enfaden

PRESENT PERFECT SUBJUNCTIVE

me haya enfadado	nos hayamos enfadado
te hayas enfadado	os hayáis enfadado
se haya enfadado	se hayan enfadado

IMPERFECT SUBJUNCTIVE (-ra)

me enfadara	nos enfadáramos
te enfadaras	os enfadarais
se enfadara	se enfadaran

or **IMPERFECT SUBJUNCTIVE (-se)**

me enfadase	nos enfadásemos
te enfadases	os enfadaseis
se enfadase	se enfadasen

PAST PERFECT SUBJUNCTIVE (-ra)

me hubiera enfadado	nos hubiéramos enfadado
te hubieras enfadado	os hubierais enfadado
se hubiera enfadado	se hubieran enfadado

or **PAST PERFECT SUBJUNCTIVE (-se)**

me hubiese enfadado	nos hubiésemos enfadado
te hubieses enfadado	os hubieseis enfadado
se hubiese enfadado	se hubiesen enfadado

PROGRESSIVE TENSES

PRESENT	estoy, estás, está, estamos, estáis, están
PRETERIT	estuve, estuviste, estuvo, estuvimos, estuvisteis, estuvieron
IMPERFECT	estaba, estabas, estaba, estábamos, estabais, estaban
FUTURE	estaré, estarás, estará, estaremos, estaréis, estarán
CONDITIONAL	estaría, estarías, estaría, estaríamos, estaríais, estarían
SUBJUNCTIVE	que + *corresponding subjunctive tense of* estar (*see verb 252*)

} enfadando (*see page 31*)

COMMANDS

	(nosotros) enfadémonos/no nos enfademos
(tú) enfádate/no te enfades	(vosotros) enfadaos/no os enfadéis
(Ud.) enfádese/no se enfade	(Uds.) enfádense/no se enfaden

Usage

—¿Por qué se enfadaron?	*Why did they get angry?*
—Se enfadan por cualquier cosa.	*They get angry over every little thing.*
Espero que no se enfade.	*I hope she doesn't get angry.*
Nos estás enfadando.	*You're making us angry.*
¿Por qué están enfadados?	*Why are they angry?*
Su comportamiento causó mucho enfado.	*Her behavior caused a lot of anger.*

regular -*ar* reflexive verb   **enfermo · enfermaron · enfermado · enfermándose**

PRESENT

me enfermo	nos enfermamos
te enfermas	os enfermáis
se enferma	se enferman

IMPERFECT

me enfermaba	nos enfermábamos
te enfermabas	os enfermabais
se enfermaba	se enfermaban

FUTURE

me enfermaré	nos enfermaremos
te enfermarás	os enfermaréis
se enfermará	se enfermarán

PLUPERFECT

me había enfermado	nos habíamos enfermado
te habías enfermado	os habíais enfermado
se había enfermado	se habían enfermado

FUTURE PERFECT

me habré enfermado	nos habremos enfermado
te habrás enfermado	os habréis enfermado
se habrá enfermado	se habrán enfermado

PRESENT SUBJUNCTIVE

me enferme	nos enfermemos
te enfermes	os enferméis
se enferme	se enfermen

IMPERFECT SUBJUNCTIVE (-ra)

me enfermara	nos enfermáramos
te enfermaras	os enfermarais
se enfermara	se enfermaran

PAST PERFECT SUBJUNCTIVE (-ra)

me hubiera enfermado	nos hubiéramos enfermado
te hubieras enfermado	os hubierais enfermado
se hubiera enfermado	se hubieran enfermado

PRETERIT

me enfermé	nos enfermamos
te enfermaste	os enfermasteis
se enfermó	se enfermaron

PRESENT PERFECT

me he enfermado	nos hemos enfermado
te has enfermado	os habéis enfermado
se ha enfermado	se han enfermado

CONDITIONAL

me enfermaría	nos enfermaríamos
te enfermarías	os enfermaríais
se enfermaría	se enfermarían

PRETERIT PERFECT

me hube enfermado	nos hubimos enfermado
te hubiste enfermado	os hubisteis enfermado
se hubo enfermado	se hubieron enfermado

CONDITIONAL PERFECT

me habría enfermado	nos habríamos enfermado
te habrías enfermado	os habríais enfermado
se habría enfermado	se habrían enfermado

PRESENT PERFECT SUBJUNCTIVE

me haya enfermado	nos hayamos enfermado
te hayas enfermado	os hayáis enfermado
se haya enfermado	se hayan enfermado

or **IMPERFECT SUBJUNCTIVE (-se)**

me enfermase	nos enfermásemos
te enfermases	os enfermaseis
se enfermase	se enfermasen

or **PAST PERFECT SUBJUNCTIVE (-se)**

me hubiese enfermado	nos hubiésemos enfermado
te hubieses enfermado	os hubieseis enfermado
se hubiese enfermado	se hubiesen enfermado

PROGRESSIVE TENSES

PRESENT	estoy, estás, está, estamos, estáis, están
PRETERIT	estuve, estuviste, estuvo, estuvimos, estuvisteis, estuvieron
IMPERFECT	estaba, estabas, estaba, estábamos, estabais, estaban
FUTURE	estaré, estarás, estará, estaremos, estaréis, estarán
CONDITIONAL	estaría, estarías, estaría, estaríamos, estaríais, estarían
SUBJUNCTIVE	que + *corresponding subjunctive tense of* estar (*see verb 252*)

} enfermando (*see page 31*)

COMMANDS

	(nosotros) enfermémonos/no nos enfermemos
(tú) enférmate/no te enfermes	(vosotros) enfermaos/no os enferméis
(Ud.) enférmese/no se enferme	(Uds.) enférmense/no se enfermen

Usage

—Me enfermé durante el viaje.	*I got sick during the trip.*
—¿La comida te enfermó?	*Did the food make you sick?*
Cuando era niño se enfermaba mucho.	*When he was a child, he got sick a lot.*
Están enfermas.	*They're sick.*
Sufren de una enfermedad.	*They have an illness.*
Siempre era una niña enfermiza.	*She was always a sickly child.*
El enfermero atiende a sus pacientes.	*The nurse is taking care of/attending to his patients.*

enfoco · enfocaron · enfocado · enfocando · *-ar* verb; spelling change: *c > qu/e*

PRESENT

enfoco	enfocamos
enfocas	enfocáis
enfoca	enfocan

IMPERFECT

enfocaba	enfocábamos
enfocabas	enfocabais
enfocaba	enfocaban

FUTURE

enfocaré	enfocaremos
enfocarás	enfocaréis
enfocará	enfocarán

PLUPERFECT

había enfocado	habíamos enfocado
habías enfocado	habíais enfocado
había enfocado	habían enfocado

FUTURE PERFECT

habré enfocado	habremos enfocado
habrás enfocado	habréis enfocado
habrá enfocado	habrán enfocado

PRESENT SUBJUNCTIVE

enfoque	enfoquemos
enfoques	enfoquéis
enfoque	enfoquen

IMPERFECT SUBJUNCTIVE (-ra)

enfocara	enfocáramos
enfocaras	enfocarais
enfocara	enfocaran

PAST PERFECT SUBJUNCTIVE (-ra)

hubiera enfocado	hubiéramos enfocado
hubieras enfocado	hubierais enfocado
hubiera enfocado	hubieran enfocado

PRETERIT

enfoqué	enfocamos
enfocaste	enfocasteis
enfocó	enfocaron

PRESENT PERFECT

he enfocado	hemos enfocado
has enfocado	habéis enfocado
ha enfocado	han enfocado

CONDITIONAL

enfocaría	enfocaríamos
enfocarías	enfocaríais
enfocaría	enfocarían

PRETERIT PERFECT

hube enfocado	hubimos enfocado
hubiste enfocado	hubisteis enfocado
hubo enfocado	hubieron enfocado

CONDITIONAL PERFECT

habría enfocado	habríamos enfocado
habrías enfocado	habríais enfocado
habría enfocado	habrían enfocado

PRESENT PERFECT SUBJUNCTIVE

haya enfocado	hayamos enfocado
hayas enfocado	hayáis enfocado
haya enfocado	hayan enfocado

or **IMPERFECT SUBJUNCTIVE (-se)**

enfocase	enfocásemos
enfocases	enfocaseis
enfocase	enfocasen

or **PAST PERFECT SUBJUNCTIVE (-se)**

hubiese enfocado	hubiésemos enfocado
hubieses enfocado	hubieseis enfocado
hubiese enfocado	hubiesen enfocado

PROGRESSIVE TENSES

PRESENT	estoy, estás, está, estamos, estáis, están
PRETERIT	estuve, estuviste, estuvo, estuvimos, estuvisteis, estuvieron
IMPERFECT	estaba, estabas, estaba, estábamos, estabais, estaban
FUTURE	estaré, estarás, estará, estaremos, estaréis, estarán
CONDITIONAL	estaría, estarías, estaría, estaríamos, estaríais, estarían
SUBJUNCTIVE	que + *corresponding subjunctive tense of* estar (*see verb 252*)

} enfocando

COMMANDS

	(nosotros) enfoquemos/no enfoquemos
(tú) enfoca/no enfoques	(vosotros) enfocad/no enfoquéis
(Ud.) enfoque/no enfoque	(Uds.) enfoquen/no enfoquen

Usage

Se enfoca la imagen con esta lente. — *You can focus on the image with this lens.*
Enfoquen bien el asunto. — *Consider/Analyze the matter well.*
Enfoca los gemelos de teatro hacia allá. — *Point/Train your opera glasses over there.*
El departamento de historia tiene un enfoque europeo. — *The history department has a European focus.*

regular -ar verb

engaño · engañaron · engañado · engañando

PRESENT		PRETERIT	
engaño	engañamos	engañé	engañamos
engañas	engañáis	engañaste	engañasteis
engaña	engañan	engañó	engañaron

IMPERFECT		PRESENT PERFECT	
engañaba	engañábamos	he engañado	hemos engañado
engañabas	engañabais	has engañado	habéis engañado
engañaba	engañaban	ha engañado	han engañado

FUTURE		CONDITIONAL	
engañaré	engañaremos	engañaría	engañaríamos
engañarás	engañaréis	engañarías	engañaríais
engañará	engañarán	engañaría	engañarían

PLUPERFECT		PRETERIT PERFECT	
había engañado	habíamos engañado	hube engañado	hubimos engañado
habías engañado	habíais engañado	hubiste engañado	hubisteis engañado
había engañado	habían engañado	hubo engañado	hubieron engañado

FUTURE PERFECT		CONDITIONAL PERFECT	
habré engañado	habremos engañado	habría engañado	habríamos engañado
habrás engañado	habréis engañado	habrías engañado	habríais engañado
habrá engañado	habrán engañado	habría engañado	habrían engañado

PRESENT SUBJUNCTIVE		PRESENT PERFECT SUBJUNCTIVE	
engañe	engañemos	haya engañado	hayamos engañado
engañes	engañéis	hayas engañado	hayáis engañado
engañe	engañen	haya engañado	hayan engañado

IMPERFECT SUBJUNCTIVE (-ra)		or IMPERFECT SUBJUNCTIVE (-se)	
engañara	engañáramos	engañase	engañásemos
engañaras	engañarais	engañases	engañaseis
engañara	engañaran	engañase	engañasen

PAST PERFECT SUBJUNCTIVE (-ra)		or PAST PERFECT SUBJUNCTIVE (-se)	
hubiera engañado	hubiéramos engañado	hubiese engañado	hubiésemos engañado
hubieras engañado	hubierais engañado	hubieses engañado	hubieseis engañado
hubiera engañado	hubieran engañado	hubiese engañado	hubiesen engañado

PROGRESSIVE TENSES

PRESENT	estoy, estás, está, estamos, estáis, están
PRETERIT	estuve, estuviste, estuvo, estuvimos, estuvisteis, estuvieron
IMPERFECT	estaba, estabas, estaba, estábamos, estabais, estaban
FUTURE	estaré, estarás, estará, estaremos, estaréis, estarán
CONDITIONAL	estaría, estarías, estaría, estaríamos, estaríais, estarían
SUBJUNCTIVE	que + *corresponding subjunctive tense of* estar (*see verb 252*)

engañando

COMMANDS

	(nosotros) engañemos/no engañemos
(tú) engaña/no engañes	(vosotros) engañad/no engañéis
(Ud.) engañe/no engañe	(Uds.) engañen/no engañen

Usage

Nos engañó con sus palabras halagadoras.
A veces la vista engaña.

—Se engañaron.
—Es que se dejaron engañar.

Engañó a su marido/mujer.
Los dos son engañosos.

She deceived us with her flattering words.
Sometimes you can be fooled by what you see.

They were deceived.
The fact is that they let themselves be fooled.

She betrayed her husband./He betrayed his wife.
The two of them are deceitful/adulterous.

engordar *to make/get fat, put on weight*

engordo · engordaron · engordado · engordando

regular -ar verb

PRESENT

engordo	engordamos
engordas	engordáis
engorda	engordan

PRETERIT

engordé	engordamos
engordaste	engordasteis
engordó	engordaron

IMPERFECT

engordaba	engordábamos
engordabas	engordabais
engordaba	engordaban

PRESENT PERFECT

he engordado	hemos engordado
has engordado	habéis engordado
ha engordado	han engordado

FUTURE

engordaré	engordaremos
engordarás	engordaréis
engordará	engordarán

CONDITIONAL

engordaría	engordaríamos
engordarías	engordaríais
engordaría	engordarían

PLUPERFECT

había engordado	habíamos engordado
habías engordado	habíais engordado
había engordado	habían engordado

PRETERIT PERFECT

hube engordado	hubimos engordado
hubiste engordado	hubisteis engordado
hubo engordado	hubieron engordado

FUTURE PERFECT

habré engordado	habremos engordado
habrás engordado	habréis engordado
habrá engordado	habrán engordado

CONDITIONAL PERFECT

habría engordado	habríamos engordado
habrías engordado	habríais engordado
habría engordado	habrían engordado

PRESENT SUBJUNCTIVE

engorde	engordemos
engordes	engordéis
engorde	engorden

PRESENT PERFECT SUBJUNCTIVE

haya engordado	hayamos engordado
hayas engordado	hayáis engordado
haya engordado	hayan engordado

IMPERFECT SUBJUNCTIVE (-ra)

engordara	engordáramos
engordaras	engordarais
engordara	engordaran

or **IMPERFECT SUBJUNCTIVE (-se)**

engordase	engordásemos
engordases	engordaseis
engordase	engordasen

PAST PERFECT SUBJUNCTIVE (-ra)

hubiera engordado	hubiéramos engordado
hubieras engordado	hubierais engordado
hubiera engordado	hubieran engordado

or **PAST PERFECT SUBJUNCTIVE (-se)**

hubiese engordado	hubiésemos engordado
hubieses engordado	hubieseis engordado
hubiese engordado	hubiesen engordado

PROGRESSIVE TENSES

PRESENT	estoy, estás, está, estamos, estáis, están
PRETERIT	estuve, estuviste, estuvo, estuvimos, estuvisteis, estuvieron
IMPERFECT	estaba, estabas, estaba, estábamos, estabais, estaban
FUTURE	estaré, estarás, estará, estaremos, estaréis, estarán
CONDITIONAL	estaría, estarías, estaría, estaríamos, estaríais, estarían
SUBJUNCTIVE	que + *corresponding subjunctive tense of* estar (*see verb 252*)

engordando

COMMANDS

	(nosotros) engordemos/no engordemos
(tú) engorda/no engordes	(vosotros) engordad/no engordéis
(Ud.) engorde/no engorde	(Uds.) engorden/no engorden

Usage

Han engordado.	*They've gotten fat/put on weight.*
El helado engorda.	*Ice cream is fattening.*
Siempre fueron gordos.	*They were always fat.*
Me cae gordo.	*I can't stand him.*
Son los peces gordos de la compañía.	*They're the company's VIPs.*
Ganó el premio gordo.	*She won first prize.*
Engordaron las vacas flacas.	*The skinny cows got fat.*

-ar verb; spelling change: z > c/e   **enlazo · enlazaron · enlazado · enlazando**

PRESENT		PRETERIT	
enlazo	enlazamos	enlacé	enlazamos
enlazas	enlazáis	enlazaste	enlazasteis
enlaza	enlazan	enlazó	enlazaron

IMPERFECT		PRESENT PERFECT	
enlazaba	enlazábamos	he enlazado	hemos enlazado
enlazabas	enlazabais	has enlazado	habéis enlazado
enlazaba	enlazaban	ha enlazado	han enlazado

FUTURE		CONDITIONAL	
enlazaré	enlazaremos	enlazaría	enlazaríamos
enlazarás	enlazaréis	enlazarías	enlazaríais
enlazará	enlazarán	enlazaría	enlazarían

PLUPERFECT		PRETERIT PERFECT	
había enlazado	habíamos enlazado	hube enlazado	hubimos enlazado
habías enlazado	habíais enlazado	hubiste enlazado	hubisteis enlazado
había enlazado	habían enlazado	hubo enlazado	hubieron enlazado

FUTURE PERFECT		CONDITIONAL PERFECT	
habré enlazado	habremos enlazado	habría enlazado	habríamos enlazado
habrás enlazado	habréis enlazado	habrías enlazado	habríais enlazado
habrá enlazado	habrán enlazado	habría enlazado	habrían enlazado

PRESENT SUBJUNCTIVE		PRESENT PERFECT SUBJUNCTIVE	
enlace	enlacemos	haya enlazado	hayamos enlazado
enlaces	enlacéis	hayas enlazado	hayáis enlazado
enlace	enlacen	haya enlazado	hayan enlazado

IMPERFECT SUBJUNCTIVE (-ra)		or IMPERFECT SUBJUNCTIVE (-se)	
enlazara	enlazáramos	enlazase	enlazásemos
enlazaras	enlazarais	enlazases	enlazaseis
enlazara	enlazaran	enlazase	enlazasen

PAST PERFECT SUBJUNCTIVE (-ra)		or PAST PERFECT SUBJUNCTIVE (-se)	
hubiera enlazado	hubiéramos enlazado	hubiese enlazado	hubiésemos enlazado
hubieras enlazado	hubierais enlazado	hubieses enlazado	hubieseis enlazado
hubiera enlazado	hubieran enlazado	hubiese enlazado	hubiesen enlazado

PROGRESSIVE TENSES

PRESENT	estoy, estás, está, estamos, estáis, están
PRETERIT	estuve, estuviste, estuvo, estuvimos, estuvisteis, estuvieron
IMPERFECT	estaba, estabas, estaba, estábamos, estabais, estaban
FUTURE	estaré, estarás, estará, estaremos, estaréis, estarán
CONDITIONAL	estaría, estarías, estaría, estaríamos, estaríais, estarían
SUBJUNCTIVE	que + *corresponding subjunctive tense of* estar (*see verb 252*)

} enlazando

COMMANDS

	(nosotros) enlacemos/no enlacemos
(tú) enlaza/no enlaces	(vosotros) enlazad/no enlacéis
(Ud.) enlace/no enlace	(Uds.) enlacen/no enlacen

Usage

Enlaza las dos ideas.	*Tie the two ideas together.*
El ferrocarril enlaza las dos ciudades.	*The railroad connects the two cities.*
Los vaqueros usan lazo.	*Cowboys use a lasso.*
—Ata el lazo (de zapato).	*Tie your shoelace.*
—Ya lo enlacé.	*I tied it.*
Trabaja en el lazo de iteración.	*He's working on the iteration loop.*

enloquecerse *to go crazy/mad*

enloquezco · enloquecieron · enloquecido · enloqueciéndose

-er reflexive verb;
spelling change: *c > zc/o, a*

PRESENT		PRETERIT	
me enloquezco	nos enloquecemos	me enloquecí	nos enloquecimos
te enloqueces	os enloquecéis	te enloqueciste	os enloquecisteis
se enloquece	se enloquecen	se enloqueció	se enloquecieron

IMPERFECT		PRESENT PERFECT	
me enloquecía	nos enloquecíamos	me he enloquecido	nos hemos enloquecido
te enloquecías	os enloquecíais	te has enloquecido	os habéis enloquecido
se enloquecía	se enloquecían	se ha enloquecido	se han enloquecido

FUTURE		CONDITIONAL	
me enloqueceré	nos enloqueceremos	me enloquecería	nos enloqueceríamos
te enloquecerás	os enloqueceréis	te enloquecerías	os enloqueceríais
se enloquecerá	se enloquecerán	se enloquecería	se enloquecerían

PLUPERFECT		PRETERIT PERFECT	
me había enloquecido	nos habíamos enloquecido	me hube enloquecido	nos hubimos enloquecido
te habías enloquecido	os habíais enloquecido	te hubiste enloquecido	os hubisteis enloquecido
se había enloquecido	se habían enloquecido	se hubo enloquecido	se hubieron enloquecido

FUTURE PERFECT		CONDITIONAL PERFECT	
me habré enloquecido	nos habremos enloquecido	me habría enloquecido	nos habríamos enloquecido
te habrás enloquecido	os habréis enloquecido	te habrías enloquecido	os habríais enloquecido
se habrá enloquecido	se habrán enloquecido	se habría enloquecido	se habrían enloquecido

PRESENT SUBJUNCTIVE		PRESENT PERFECT SUBJUNCTIVE	
me enloquezca	nos enloquezcamos	me haya enloquecido	nos hayamos enloquecido
te enloquezcas	os enloquezcáis	te hayas enloquecido	os hayáis enloquecido
se enloquezca	se enloquezcan	se haya enloquecido	se hayan enloquecido

IMPERFECT SUBJUNCTIVE (-ra)		*or* IMPERFECT SUBJUNCTIVE (-se)	
me enloqueciera	nos enloqueciéramos	me enloqueciese	nos enloqueciésemos
te enloquecieras	os enloquecierais	te enloquecieses	os enloquecieseis
se enloqueciera	se enloquecieran	se enloqueciese	se enloqueciesen

PAST PERFECT SUBJUNCTIVE (-ra)		*or* PAST PERFECT SUBJUNCTIVE (-se)	
me hubiera enloquecido	nos hubiéramos enloquecido	me hubiese enloquecido	nos hubiésemos enloquecido
te hubieras enloquecido	os hubierais enloquecido	te hubieses enloquecido	os hubieseis enloquecido
se hubiera enloquecido	se hubieran enloquecido	se hubiese enloquecido	se hubiesen enloquecido

PROGRESSIVE TENSES

PRESENT	estoy, estás, está, estamos, estáis, están	
PRETERIT	estuve, estuviste, estuvo, estuvimos, estuvisteis, estuvieron	
IMPERFECT	estaba, estabas, estaba, estábamos, estabais, estaban	enloqueciendo *(see page 31)*
FUTURE	estaré, estarás, estará, estaremos, estaréis, estarán	
CONDITIONAL	estaría, estarías, estaría, estaríamos, estaríais, estarían	
SUBJUNCTIVE	que + *corresponding subjunctive tense of* estar *(see verb 252)*	

COMMANDS

	(nosotros) enloquezcámonos/no nos enloquezcamos
(tú) enloquécete/no te enloquezcas	(vosotros) enloqueceos/no os enloquezcáis
(Ud.) enloquézcase/no se enloquezca	(Uds.) enloquezcan/no se enloquezcan

Usage

Nos enloquece con sus manías.	*She drives us crazy with her eccentricities.*
—Me enloquecen las novelas policíacas.	*I'm mad about detective novels.*
—Yo también estoy loco por ellas.	*I'm also crazy about them.*
Se enloquecieron.	*They went mad/crazy.*
Es para volverse loco.	*It's enough to drive you crazy.*
¡Qué locura!	*It's/What madness!*

regular -*ar* reflexive verb

enojo · enojaron · enojado · enojándose

PRESENT

me enojo	nos enojamos
te enojas	os enojáis
se enoja	se enojan

PRETERIT

me enojé	nos enojamos
te enojaste	os enojasteis
se enojó	se enojaron

IMPERFECT

me enojaba	nos enojábamos
te enojabas	os enojabais
se enojaba	se enojaban

PRESENT PERFECT

me he enojado	nos hemos enojado
te has enojado	os habéis enojado
se ha enojado	se han enojado

FUTURE

me enojaré	nos enojaremos
te enojarás	os enojaréis
se enojará	se enojarán

CONDITIONAL

me enojaría	nos enojaríamos
te enojarías	os enojaríais
se enojaría	se enojarían

PLUPERFECT

me había enojado	nos habíamos enojado
te habías enojado	os habíais enojado
se había enojado	se habían enojado

PRETERIT PERFECT

me hube enojado	nos hubimos enojado
te hubiste enojado	os hubisteis enojado
se hubo enojado	se hubieron enojado

FUTURE PERFECT

me habré enojado	nos habremos enojado
te habrás enojado	os habréis enojado
se habrá enojado	se habrán enojado

CONDITIONAL PERFECT

me habría enojado	nos habríamos enojado
te habrías enojado	os habríais enojado
se habría enojado	se habrían enojado

PRESENT SUBJUNCTIVE

me enoje	nos enojemos
te enojes	os enojéis
se enoje	se enojen

PRESENT PERFECT SUBJUNCTIVE

me haya enojado	nos hayamos enojado
te hayas enojado	os hayáis enojado
se haya enojado	se hayan enojado

IMPERFECT SUBJUNCTIVE (-ra)

me enojara	nos enojáramos
te enojaras	os enojarais
se enojara	se enojaran

or **IMPERFECT SUBJUNCTIVE (-se)**

me enojase	nos enojásemos
te enojases	os enojaseis
se enojase	se enojasen

PAST PERFECT SUBJUNCTIVE (-ra)

me hubiera enojado	nos hubiéramos enojado
te hubieras enojado	os hubierais enojado
se hubiera enojado	se hubieran enojado

or **PAST PERFECT SUBJUNCTIVE (-se)**

me hubiese enojado	nos hubiésemos enojado
te hubieses enojado	os hubieseis enojado
se hubiese enojado	se hubiesen enojado

PROGRESSIVE TENSES

PRESENT	estoy, estás, está, estamos, estáis, están
PRETERIT	estuve, estuviste, estuvo, estuvimos, estuvisteis, estuvieron
IMPERFECT	estaba, estabas, estaba, estábamos, estabais, estaban
FUTURE	estaré, estarás, estará, estaremos, estaréis, estarán
CONDITIONAL	estaría, estarías, estaría, estaríamos, estaríais, estarían
SUBJUNCTIVE	que + *corresponding subjunctive tense of* estar (*see verb 252*)

} enojando (*see page 31*)

COMMANDS

	(nosotros) enojémonos/no nos enojemos
(tú) enójate/no te enojes	(vosotros) enojaos/no os enojéis
(Ud.) enójese/no se enoje	(Uds.) enójense/no se enojen

Usage

Se enojaban.	*They got angry.*
Los enojaste.	*You made them angry.*
Se enojó con sus amigos.	*He got angry with his friends.*
Nos enojamos al ver tal desorden.	*We get annoyed when we see such disorder.*
Están enojados.	*They're angry.*
Les causó mucho enojo.	*It made them very angry.*

enredar   to tangle, entangle, confuse, complicate

PRESENT

enredo	enredamos
enredas	enredáis
enreda	enredan

PRETERIT

enredé	enredamos
enredaste	enredasteis
enredó	enredaron

IMPERFECT

enredaba	enredábamos
enredabas	enredabais
enredaba	enredaban

PRESENT PERFECT

he enredado	hemos enredado
has enredado	habéis enredado
ha enredado	han enredado

FUTURE

enredaré	enredaremos
enredarás	enredaréis
enredará	enredarán

CONDITIONAL

enredaría	enredaríamos
enredarías	enredaríais
enredaría	enredarían

PLUPERFECT

había enredado	habíamos enredado
habías enredado	habíais enredado
había enredado	habían enredado

PRETERIT PERFECT

hube enredado	hubimos enredado
hubiste enredado	hubisteis enredado
hubo enredado	hubieron enredado

FUTURE PERFECT

habré enredado	habremos enredado
habrás enredado	habréis enredado
habrá enredado	habrán enredado

CONDITIONAL PERFECT

habría enredado	habríamos enredado
habrías enredado	habríais enredado
habría enredado	habrían enredado

PRESENT SUBJUNCTIVE

enrede	enredemos
enredes	enredéis
enrede	enreden

PRESENT PERFECT SUBJUNCTIVE

haya enredado	hayamos enredado
hayas enredado	hayáis enredado
haya enredado	hayan enredado

IMPERFECT SUBJUNCTIVE (-ra)

enredara	enredáramos
enredaras	enredarais
enredara	enredaran

or **IMPERFECT SUBJUNCTIVE (-se)**

enredase	enredásemos
enredases	enredaseis
enredase	enredasen

PAST PERFECT SUBJUNCTIVE (-ra)

hubiera enredado	hubiéramos enredado
hubieras enredado	hubierais enredado
hubiera enredado	hubieran enredado

or **PAST PERFECT SUBJUNCTIVE (-se)**

hubiese enredado	hubiésemos enredado
hubieses enredado	hubieseis enredado
hubiese enredado	hubiesen enredado

PROGRESSIVE TENSES

PRESENT	estoy, estás, está, estamos, estáis, están
PRETERIT	estuve, estuviste, estuvo, estuvimos, estuvisteis, estuvieron
IMPERFECT	estaba, estabas, estaba, estábamos, estabais, estaban
FUTURE	estaré, estarás, estará, estaremos, estaréis, estarán
CONDITIONAL	estaría, estarías, estaría, estaríamos, estaríais, estarían
SUBJUNCTIVE	que + *corresponding subjunctive tense of* estar (*see verb 252*)

} enredando

COMMANDS

	(nosotros) enredemos/no enredemos
(tú) enreda/no enredes	(vosotros) enredad/no enredéis
(Ud.) enrede/no enrede	(Uds.) enreden/no enreden

Usage

Enredó a su colega en el lío.	*He got his colleague tangled up in the mess.*
No te enredes en ese asunto.	*Don't get involved/mixed up in that business.*
Se estudia la red ferroviaria.	*They're studying the railroad network/system.*
Hay una gran capacidad de trabajar en red.	*There's a great networking capacity.*
Es una persona enredadora.	*She's a busybody.*

regular *-ar* verb | **enseño · enseñaron · enseñado · enseñando**

PRESENT

enseño	enseñamos
enseñas	enseñáis
enseña	enseñan

PRETERIT

enseñé	enseñamos
enseñaste	enseñasteis
enseñó	enseñaron

IMPERFECT

enseñaba	enseñábamos
enseñabas	enseñabais
enseñaba	enseñaban

PRESENT PERFECT

he enseñado	hemos enseñado
has enseñado	habéis enseñado
ha enseñado	han enseñado

FUTURE

enseñaré	enseñaremos
enseñarás	enseñaréis
enseñará	enseñarán

CONDITIONAL

enseñaría	enseñaríamos
enseñarías	enseñaríais
enseñaría	enseñarían

PLUPERFECT

había enseñado	habíamos enseñado
habías enseñado	habíais enseñado
había enseñado	habían enseñado

PRETERIT PERFECT

hube enseñado	hubimos enseñado
hubiste enseñado	hubisteis enseñado
hubo enseñado	hubieron enseñado

FUTURE PERFECT

habré enseñado	habremos enseñado
habrás enseñado	habréis enseñado
habrá enseñado	habrán enseñado

CONDITIONAL PERFECT

habría enseñado	habríamos enseñado
habrías enseñado	habríais enseñado
habría enseñado	habrían enseñado

PRESENT SUBJUNCTIVE

enseñe	enseñemos
enseñes	enseñéis
enseñe	enseñen

PRESENT PERFECT SUBJUNCTIVE

haya enseñado	hayamos enseñado
hayas enseñado	hayáis enseñado
haya enseñado	hayan enseñado

IMPERFECT SUBJUNCTIVE (-ra)

enseñara	enseñáramos
enseñaras	enseñarais
enseñara	enseñaran

or **IMPERFECT SUBJUNCTIVE (-se)**

enseñase	enseñásemos
enseñases	enseñaseis
enseñase	enseñasen

PAST PERFECT SUBJUNCTIVE (-ra)

hubiera enseñado	hubiéramos enseñado
hubieras enseñado	hubierais enseñado
hubiera enseñado	hubieran enseñado

or **PAST PERFECT SUBJUNCTIVE (-se)**

hubiese enseñado	hubiésemos enseñado
hubieses enseñado	hubieseis enseñado
hubiese enseñado	hubiesen enseñado

PROGRESSIVE TENSES

PRESENT	estoy, estás, está, estamos, estáis, están	
PRETERIT	estuve, estuviste, estuvo, estuvimos, estuvisteis, estuvieron	
IMPERFECT	estaba, estabas, estaba, estábamos, estabais, estaban	enseñando
FUTURE	estaré, estarás, estará, estaremos, estaréis, estarán	
CONDITIONAL	estaría, estarías, estaría, estaríamos, estaríais, estarían	
SUBJUNCTIVE	que + *corresponding subjunctive tense of* estar (*see verb 252*)	

COMMANDS

	(nosotros) enseñemos/no enseñemos
(tú) enseña/no enseñes	(vosotros) enseñad/no enseñéis
(Ud.) enseñe/no enseñe	(Uds.) enseñen/no enseñen

Usage

Enseñaban español en la universidad.	*They taught Spanish at the university.*
Nos enseñó su nueva computadora.	*He showed us his new computer.*
Le enseñé a usar el programa.	*I taught him how to use the program.*
Nos importa mucho la enseñanza.	*Teaching/Education is very important to us.*
Son niños bien/mal enseñados.	*They're well/badly brought up children.*

entender *to understand*

entiendo · entendieron · entendido · entendiendo   stem-changing *-er* verb: *e > ie*

PRESENT

entiendo	entendemos
entiendes	entendéis
entiende	entienden

PRETERIT

entendí	entendimos
entendiste	entendisteis
entendió	entendieron

IMPERFECT

entendía	entendíamos
entendías	entendíais
entendía	entendían

PRESENT PERFECT

he entendido	hemos entendido
has entendido	habéis entendido
ha entendido	han entendido

FUTURE

entenderé	entenderemos
entenderás	entenderéis
entenderá	entenderán

CONDITIONAL

entendería	entenderíamos
entenderías	entenderíais
entendería	entenderían

PLUPERFECT

había entendido	habíamos entendido
habías entendido	habíais entendido
había entendido	habían entendido

PRETERIT PERFECT

hube entendido	hubimos entendido
hubiste entendido	hubisteis entendido
hubo entendido	hubieron entendido

FUTURE PERFECT

habré entendido	habremos entendido
habrás entendido	habréis entendido
habrá entendido	habrán entendido

CONDITIONAL PERFECT

habría entendido	habríamos entendido
habrías entendido	habríais entendido
habría entendido	habrían entendido

PRESENT SUBJUNCTIVE

entienda	entendamos
entiendas	entendáis
entienda	entiendan

PRESENT PERFECT SUBJUNCTIVE

haya entendido	hayamos entendido
hayas entendido	hayáis entendido
haya entendido	hayan entendido

IMPERFECT SUBJUNCTIVE (-ra)

entendiera	entendiéramos
entendieras	entendierais
entendiera	entendieran

or **IMPERFECT SUBJUNCTIVE (-se)**

entendiese	entendiésemos
entendieses	entendieseis
entendiese	entendiesen

PAST PERFECT SUBJUNCTIVE (-ra)

hubiera entendido	hubiéramos entendido
hubieras entendido	hubierais entendido
hubiera entendido	hubieran entendido

or **PAST PERFECT SUBJUNCTIVE (-se)**

hubiese entendido	hubiésemos entendido
hubieses entendido	hubieseis entendido
hubiese entendido	hubiesen entendido

PROGRESSIVE TENSES

PRESENT	estoy, estás, está, estamos, estáis, están
PRETERIT	estuve, estuviste, estuvo, estuvimos, estuvisteis, estuvieron
IMPERFECT	estaba, estabas, estaba, estábamos, estabais, estaban
FUTURE	estaré, estarás, estará, estaremos, estaréis, estarán
CONDITIONAL	estaría, estarías, estaría, estaríamos, estaríais, estarían
SUBJUNCTIVE	que + *corresponding subjunctive tense of* estar (*see verb 252*)

} entendiendo

COMMANDS

	(nosotros) entendamos/no entendamos
(tú) entiende/no entiendas	(vosotros) entended/no entendáis
(Ud.) entienda/no entienda	(Uds.) entiendan/no entiendan

Usage

No entiendo el problema.	*I don't understand the problem.*
¿Entiendes francés?	*Do you understand French?*
Me hago entender en inglés.	*I make myself understood in English.*
Demostró su entendimiento del tema.	*She showed her understanding of the topic.*
Entendido.	*All right./Okay./Understood.*

regular *-ar* verb   entro · entraron · entrado · entrando

PRESENT

entro	entramos
entras	entráis
entra	entran

PRETERIT

entré	entramos
entraste	entrasteis
entró	entraron

IMPERFECT

entraba	entrábamos
entrabas	entrabais
entraba	entraban

PRESENT PERFECT

he entrado	hemos entrado
has entrado	habéis entrado
ha entrado	han entrado

FUTURE

entraré	entraremos
entrarás	entraréis
entrará	entrarán

CONDITIONAL

entraría	entraríamos
entrarías	entraríais
entraría	entrarían

PLUPERFECT

había entrado	habíamos entrado
habías entrado	habíais entrado
había entrado	habían entrado

PRETERIT PERFECT

hube entrado	hubimos entrado
hubiste entrado	hubisteis entrado
hubo entrado	hubieron entrado

FUTURE PERFECT

habré entrado	habremos entrado
habrás entrado	habréis entrado
habrá entrado	habrán entrado

CONDITIONAL PERFECT

habría entrado	habríamos entrado
habrías entrado	habríais entrado
habría entrado	habrían entrado

PRESENT SUBJUNCTIVE

entre	entremos
entres	entréis
entre	entren

PRESENT PERFECT SUBJUNCTIVE

haya entrado	hayamos entrado
hayas entrado	hayáis entrado
haya entrado	hayan entrado

IMPERFECT SUBJUNCTIVE (-ra)

entrara	entráramos
entraras	entrarais
entrara	entraran

or **IMPERFECT SUBJUNCTIVE (-se)**

entrase	entrásemos
entrases	entraseis
entrase	entrasen

PAST PERFECT SUBJUNCTIVE (-ra)

hubiera entrado	hubiéramos entrado
hubieras entrado	hubierais entrado
hubiera entrado	hubieran entrado

or **PAST PERFECT SUBJUNCTIVE (-se)**

hubiese entrado	hubiésemos entrado
hubieses entrado	hubieseis entrado
hubiese entrado	hubiesen entrado

PROGRESSIVE TENSES

PRESENT	estoy, estás, está, estamos, estáis, están
PRETERIT	estuve, estuviste, estuvo, estuvimos, estuvisteis, estuvieron
IMPERFECT	estaba, estabas, estaba, estábamos, estabais, estaban
FUTURE	estaré, estarás, estará, estaremos, estaréis, estarán
CONDITIONAL	estaría, estarías, estaría, estaríamos, estaríais, estarían
SUBJUNCTIVE	que + *corresponding subjunctive tense of* estar (*see verb 252*)

} entrando

COMMANDS

	(nosotros) entremos/no entremos
(tú) entra/no entres	(vosotros) entrad/no entréis
(Ud.) entre/no entre	(Uds.) entren/no entren

Usage

Entraron en el museo/al museo.	*They went into the museum.*
Entramos en detalles más tarde.	*We'll go into details later.*
Los disquetes no entran en la caja.	*The floppy disks don't fit in the box.*
Se entra por la entrada principal.	*You go in through the main entrance.*
Entrad en la casa.	*Go into the house.*
Se terminó la entrada de datos.	*They finished the data entry/input.*

entregar *to hand in/over, deliver*

entrego · entregaron · entregado · entregando   *-ar* verb; spelling change: *g > gu/e*

PRESENT

entrego	entregamos
entregas	entregáis
entrega	entregan

PRETERIT

entregué	entregamos
entregaste	entregasteis
entregó	entregaron

IMPERFECT

entregaba	entregábamos
entregabas	entregabais
entregaba	entregaban

PRESENT PERFECT

he entregado	hemos entregado
has entregado	habéis entregado
ha entregado	han entregado

FUTURE

entregaré	entregaremos
entregarás	entregaréis
entregará	entregarán

CONDITIONAL

entregaría	entregaríamos
entregarías	entregaríais
entregaría	entregarían

PLUPERFECT

había entregado	habíamos entregado
habías entregado	habíais entregado
había entregado	habían entregado

PRETERIT PERFECT

hube entregado	hubimos entregado
hubiste entregado	hubisteis entregado
hubo entregado	hubieron entregado

FUTURE PERFECT

habré entregado	habremos entregado
habrás entregado	habréis entregado
habrá entregado	habrán entregado

CONDITIONAL PERFECT

habría entregado	habríamos entregado
habrías entregado	habríais entregado
habría entregado	habrían entregado

PRESENT SUBJUNCTIVE

entregue	entreguemos
entregues	entreguéis
entregue	entreguen

PRESENT PERFECT SUBJUNCTIVE

haya entregado	hayamos entregado
hayas entregado	hayáis entregado
haya entregado	hayan entregado

IMPERFECT SUBJUNCTIVE (-ra)

entregara	entregáramos
entregaras	entregarais
entregara	entregaran

or ### IMPERFECT SUBJUNCTIVE (-se)

entregase	entregásemos
entregases	entregaseis
entregase	entregasen

PAST PERFECT SUBJUNCTIVE (-ra)

hubiera entregado	hubiéramos entregado
hubieras entregado	hubierais entregado
hubiera entregado	hubieran entregado

or ### PAST PERFECT SUBJUNCTIVE (-se)

hubiese entregado	hubiésemos entregado
hubieses entregado	hubieseis entregado
hubiese entregado	hubiesen entregado

PROGRESSIVE TENSES

PRESENT	estoy, estás, está, estamos, estáis, están
PRETERIT	estuve, estuviste, estuvo, estuvimos, estuvisteis, estuvieron
IMPERFECT	estaba, estabas, estaba, estábamos, estabais, estaban
FUTURE	estaré, estarás, estará, estaremos, estaréis, estarán
CONDITIONAL	estaría, estarías, estaría, estaríamos, estaríais, estarían
SUBJUNCTIVE	que + *corresponding subjunctive tense of* estar (*see verb 252*)

} entregando

COMMANDS

	(nosotros) entreguemos/no entreguemos
(tú) entrega/no entregues	(vosotros) entregad/no entreguéis
(Ud.) entregue/no entregue	(Uds.) entreguen/no entreguen

Usage

Hace una semana que entregué el informe.	*I handed in the report a week ago.*
Nos entregaron los paquetes.	*They delivered the packages to us.*
Dile que me entregue la tarea mañana.	*Tell her to turn in her homework (to me) tomorrow.*
Prefieren la entrega a domicilio.	*They prefer home delivery.*
La revista publica una novela por entregas.	*The magazine publishes a serialized novel.*

regular *-ar* reflexive verb   **entusiasmo · entusiasmaron · entusiasmado · entusiasmándose**

PRESENT

me entusiasmo	nos entusiasmamos
te entusiasmas	os entusiasmáis
se entusiasma	se entusiasman

PRETERIT

me entusiasmé	nos entusiasmamos
te entusiasmaste	os entusiasmasteis
se entusiasmó	se entusiasmaron

IMPERFECT

me entusiasmaba	nos entusiasmábamos
te entusiasmabas	os entusiasmabais
se entusiasmaba	se entusiasmaban

PRESENT PERFECT

me he entusiasmado	nos hemos entusiasmado
te has entusiasmado	os habéis entusiasmado
se ha entusiasmado	se han entusiasmado

FUTURE

me entusiasmaré	nos entusiasmaremos
te entusiasmarás	os entusiasmaréis
se entusiasmará	se entusiasmarán

CONDITIONAL

me entusiasmaría	nos entusiasmaríamos
te entusiasmarías	os entusiasmaríais
se entusiasmaría	se entusiasmarían

PLUPERFECT

me había entusiasmado	nos habíamos entusiasmado
te habías entusiasmado	os habíais entusiasmado
se había entusiasmado	se habían entusiasmado

PRETERIT PERFECT

me hube entusiasmado	nos hubimos entusiasmado
te hubiste entusiasmado	os hubisteis entusiasmado
se hubo entusiasmado	se hubieron entusiasmado

FUTURE PERFECT

me habré entusiasmado	nos habremos entusiasmado
te habrás entusiasmado	os habréis entusiasmado
se habrá entusiasmado	se habrán entusiasmado

CONDITIONAL PERFECT

me habría entusiasmado	nos habríamos entusiasmado
te habrías entusiasmado	os habríais entusiasmado
se habría entusiasmado	se habrían entusiasmado

PRESENT SUBJUNCTIVE

me entusiasme	nos entusiasmemos
te entusiasmes	os entusiasméis
se entusiasme	se entusiasmen

PRESENT PERFECT SUBJUNCTIVE

me haya entusiasmado	nos hayamos entusiasmado
te hayas entusiasmado	os hayáis entusiasmado
se haya entusiasmado	se hayan entusiasmado

IMPERFECT SUBJUNCTIVE (-ra)   *or*   **IMPERFECT SUBJUNCTIVE (-se)**

me entusiasmara	nos entusiasmáramos	me entusiasmase	nos entusiasmásemos
te entusiasmaras	os entusiasmarais	te entusiasmases	os entusiasmaseis
se entusiasmara	se entusiasmaran	se entusiasmase	se entusiasmasen

PAST PERFECT SUBJUNCTIVE (-ra)   *or*   **PAST PERFECT SUBJUNCTIVE (-se)**

me hubiera entusiasmado	nos hubiéramos entusiasmado	me hubiese entusiasmado	nos hubiésemos entusiasmado
te hubieras entusiasmado	os hubierais entusiasmado	te hubieses entusiasmado	os hubieseis entusiasmado
se hubiera entusiasmado	se hubieran entusiasmado	se hubiese entusiasmado	se hubiesen entusiasmado

PROGRESSIVE TENSES

PRESENT	estoy, estás, está, estamos, estáis, están
PRETERIT	estuve, estuviste, estuvo, estuvimos, estuvisteis, estuvieron
IMPERFECT	estaba, estabas, estaba, estábamos, estabais, estaban
FUTURE	estaré, estarás, estará, estaremos, estaréis, estarán
CONDITIONAL	estaría, estarías, estaría, estaríamos, estaríais, estarían
SUBJUNCTIVE	que + *corresponding subjunctive tense of* estar (*see verb 252*)

entusiasmando (*see page 31*)

COMMANDS

	(nosotros) entusiasmémonos/no nos entusiasmemos
(tú) entusiásmate/no te entusiasmes	(vosotros) entusiasmaos/no os entusiasméis
(Ud.) entusiásmese/no se entusiasme	(Uds.) entusiásmense/no se entusiasmen

Usage

Se entusiasmó al oír la noticia.	*She got excited when she heard the news.*
Se entusiasman con la música.	*They love music.*
Te entusiasmaste mucho.	*You got very excited.*
Lo hace todo con entusiasmo.	*He does everything enthusiastically.*
Estamos muy entusiasmados.	*We're very excited/enthusiastic.*
A los artistas les encanta un público entusiasta.	*Performers love an enthusiastic audience.*

envío · enviaron · enviado · enviando

-ar verb; spelling change:
i > í when stressed

PRESENT		PRETERIT	
envío	enviamos	envié	enviamos
envías	enviáis	enviaste	enviasteis
envía	envían	envió	enviaron

IMPERFECT		PRESENT PERFECT	
enviaba	enviábamos	he enviado	hemos enviado
enviabas	enviabais	has enviado	habéis enviado
enviaba	enviaban	ha enviado	han enviado

FUTURE		CONDITIONAL	
enviaré	enviaremos	enviaría	enviaríamos
enviarás	enviaréis	enviarías	enviaríais
enviará	enviarán	enviaría	enviarían

PLUPERFECT		PRETERIT PERFECT	
había enviado	habíamos enviado	hube enviado	hubimos enviado
habías enviado	habíais enviado	hubiste enviado	hubisteis enviado
había enviado	habían enviado	hubo enviado	hubieron enviado

FUTURE PERFECT		CONDITIONAL PERFECT	
habré enviado	habremos enviado	habría enviado	habríamos enviado
habrás enviado	habréis enviado	habrías enviado	habríais enviado
habrá enviado	habrán enviado	habría enviado	habrían enviado

PRESENT SUBJUNCTIVE		PRESENT PERFECT SUBJUNCTIVE	
envíe	enviemos	haya enviado	hayamos enviado
envíes	enviéis	hayas enviado	hayáis enviado
envíe	envíen	haya enviado	hayan enviado

IMPERFECT SUBJUNCTIVE (-ra)		*or*	IMPERFECT SUBJUNCTIVE (-se)	
enviara	enviáramos		enviase	enviásemos
enviaras	enviarais		enviases	enviaseis
enviara	enviaran		enviase	enviasen

PAST PERFECT SUBJUNCTIVE (-ra)		*or*	PAST PERFECT SUBJUNCTIVE (-se)	
hubiera enviado	hubiéramos enviado		hubiese enviado	hubiésemos enviado
hubieras enviado	hubierais enviado		hubieses enviado	hubieseis enviado
hubiera enviado	hubieran enviado		hubiese enviado	hubiesen enviado

PROGRESSIVE TENSES

PRESENT	estoy, estás, está, estamos, estáis, están
PRETERIT	estuve, estuviste, estuvo, estuvimos, estuvisteis, estuvieron
IMPERFECT	estaba, estabas, estaba, estábamos, estabais, estaban
FUTURE	estaré, estarás, estará, estaremos, estaréis, estarán
CONDITIONAL	estaría, estarías, estaría, estaríamos, estaríais, estarían
SUBJUNCTIVE	que + *corresponding subjunctive tense of* estar (*see verb 252*)

} enviando

COMMANDS

	(nosotros) enviemos/no enviemos
(tú) envía/no envíes	(vosotros) enviad/no enviéis
(Ud.) envíe/no envíe	(Uds.) envíen/no envíen

Usage

Envié varios mensajes por correo electrónico.	*I sent several e-mail messages.*
Les enviábamos unas tarjetas postales.	*We sent them some postcards.*
Le enviaron al diablo/a paseo.	*They sent him to hell/packing.*
¿Qué te habrán enviado?	*What might they have sent you?*
Hay un envío para Ud.	*There's a shipment/letter/package for you.*
El gobierno envió a su enviado a Inglaterra.	*The government sent its envoy to England.*

stem-changing *-er* verb:
o > *ue* (like **volver**)

envuelvo · envolvieron · envuelto · envolviendo

PRESENT

envuelvo	envolvemos
envuelves	envolvéis
envuelve	envuelven

PRETERIT

envolví	envolvimos
envolviste	envolvisteis
envolvió	envolvieron

IMPERFECT

envolvía	envolvíamos
envolvías	envolvíais
envolvía	envolvían

PRESENT PERFECT

he envuelto	hemos envuelto
has envuelto	habéis envuelto
ha envuelto	han envuelto

FUTURE

envolveré	envolveremos
envolverás	envolveréis
envolverá	envolverán

CONDITIONAL

envolvería	envolveríamos
envolverías	envolveríais
envolvería	envolverían

PLUPERFECT

había envuelto	habíamos envuelto
habías envuelto	habíais envuelto
había envuelto	habían envuelto

PRETERIT PERFECT

hube envuelto	hubimos envuelto
hubiste envuelto	hubisteis envuelto
hubo envuelto	hubieron envuelto

FUTURE PERFECT

habré envuelto	habremos envuelto
habrás envuelto	habréis envuelto
habrá envuelto	habrán envuelto

CONDITIONAL PERFECT

habría envuelto	habríamos envuelto
habrías envuelto	habríais envuelto
habría envuelto	habrían envuelto

PRESENT SUBJUNCTIVE

envuelva	envolvamos
envuelvas	envolváis
envuelva	envuelvan

PRESENT PERFECT SUBJUNCTIVE

haya envuelto	hayamos envuelto
hayas envuelto	hayáis envuelto
haya envuelto	hayan envuelto

IMPERFECT SUBJUNCTIVE (-ra)

envolviera	envolviéramos
envolvieras	envolvierais
envolviera	envolvieran

or **IMPERFECT SUBJUNCTIVE (-se)**

envolviese	envolviésemos
envolvieses	envolvieseis
envolviese	envolviesen

PAST PERFECT SUBJUNCTIVE (-ra)

hubiera envuelto	hubiéramos envuelto
hubieras envuelto	hubierais envuelto
hubiera envuelto	hubieran envuelto

or **PAST PERFECT SUBJUNCTIVE (-se)**

hubiese envuelto	hubiésemos envuelto
hubieses envuelto	hubieseis envuelto
hubiese envuelto	hubiesen envuelto

PROGRESSIVE TENSES

PRESENT	estoy, estás, está, estamos, estáis, están
PRETERIT	estuve, estuviste, estuvo, estuvimos, estuvisteis, estuvieron
IMPERFECT	estaba, estabas, estaba, estábamos, estabais, estaban
FUTURE	estaré, estarás, estará, estaremos, estaréis, estarán
CONDITIONAL	estaría, estarías, estaría, estaríamos, estaríais, estarían
SUBJUNCTIVE	que + *corresponding subjunctive tense of* estar (*see verb 252*)

} envolviendo

COMMANDS

	(nosotros) envolvamos/no envolvamos
(tú) envuelve/no envuelvas	(vosotros) envolved/no envolváis
(Ud.) envuelva/no envuelva	(Uds.) envuelvan/no envuelvan

Usage

Envuelve el paquete en este papel.	*Wrap the package up in this paper.*
No nos envuelva en las intrigas palaciegas.	*Don't involve us in court/palace intrigues.*
¿Has envuelto los regalos?	*Have you wrapped up the gifts?*
Sus palabras están envueltas en confusión.	*Their words are enveloped in confusion.*
La envoltura está rota.	*The wrapping/cover is ripped.*

equivocarse   *to be mistaken, get wrong, make a mistake*

equivoco · equivocaron · equivocado · equivocándose

-ar reflexive verb;
spelling change: *c > qu/e*

PRESENT

me equivoco	nos equivocamos
te equivocas	os equivocáis
se equivoca	se equivocan

PRETERIT

me equivoqué	nos equivocamos
te equivocaste	os equivocasteis
se equivocó	se equivocaron

IMPERFECT

me equivocaba	nos equivocábamos
te equivocabas	os equivocabais
se equivocaba	se equivocaban

PRESENT PERFECT

me he equivocado	nos hemos equivocado
te has equivocado	os habéis equivocado
se ha equivocado	se han equivocado

FUTURE

me equivocaré	nos equivocaremos
te equivocarás	os equivocaréis
se equivocará	se equivocarán

CONDITIONAL

me equivocaría	nos equivocaríamos
te equivocarías	os equivocaríais
se equivocaría	se equivocarían

PLUPERFECT

me había equivocado	nos habíamos equivocado
te habías equivocado	os habíais equivocado
se había equivocado	se habían equivocado

PRETERIT PERFECT

me hube equivocado	nos hubimos equivocado
te hubiste equivocado	os hubisteis equivocado
se hubo equivocado	se hubieron equivocado

FUTURE PERFECT

me habré equivocado	nos habremos equivocado
te habrás equivocado	os habréis equivocado
se habrá equivocado	se habrán equivocado

CONDITIONAL PERFECT

me habría equivocado	nos habríamos equivocado
te habrías equivocado	os habríais equivocado
se habría equivocado	se habrían equivocado

PRESENT SUBJUNCTIVE

me equivoque	nos equivoquemos
te equivoques	os equivoquéis
se equivoque	se equivoquen

PRESENT PERFECT SUBJUNCTIVE

me haya equivocado	nos hayamos equivocado
te hayas equivocado	os hayáis equivocado
se haya equivocado	se hayan equivocado

IMPERFECT SUBJUNCTIVE (-ra)   *or*   **IMPERFECT SUBJUNCTIVE (-se)**

me equivocara	nos equivocáramos	me equivocase	nos equivocásemos
te equivocaras	os equivocarais	te equivocases	os equivocaseis
se equivocara	se equivocaran	se equivocase	se equivocasen

PAST PERFECT SUBJUNCTIVE (-ra)   *or*   **PAST PERFECT SUBJUNCTIVE (-se)**

me hubiera equivocado	nos hubiéramos equivocado	me hubiese equivocado	nos hubiésemos equivocado
te hubieras equivocado	os hubierais equivocado	te hubieses equivocado	os hubieseis equivocado
se hubiera equivocado	se hubieran equivocado	se hubiese equivocado	se hubiesen equivocado

PROGRESSIVE TENSES

PRESENT	estoy, estás, está, estamos, estáis, están	
PRETERIT	estuve, estuviste, estuvo, estuvimos, estuvisteis, estuvieron	
IMPERFECT	estaba, estabas, estaba, estábamos, estabais, estaban	equivocando (*see page 31*)
FUTURE	estaré, estarás, estará, estaremos, estaréis, estarán	
CONDITIONAL	estaría, estarías, estaría, estaríamos, estaríais, estarían	
SUBJUNCTIVE	que + *corresponding subjunctive tense of* estar (*see verb 252*)	

COMMANDS

	(nosotros) equivoquémonos/no nos equivoquemos
(tú) equivócate/no te equivoques	(vosotros) equivocaos/no os equivoquéis
(Ud.) equivóquese/no se equivoque	(Uds.) equivóquense/no se equivoquen

Usage

Se han equivocado.	*They've made a mistake.*
No te equivoques de carretera.	*Don't get on the wrong highway.*
—Llegan el martes si no me equivoco.	*They'll arrive on Tuesday, if I'm not mistaken.*
—Estás equivocado. Será el jueves.	*You're wrong. It's Thursday.*
Son palabras equívocas.	*They're ambiguous/equivocal words.*
Pasó por equívoco.	*It happened because of a misunderstanding.*

-er verb; spelling change: *g > j/o, a*   **escojo · escogieron · escogido · escogiendo**

PRESENT		PRETERIT	
escojo	escogemos	escogí	escogimos
escoges	escogéis	escogiste	escogisteis
escoge	escogen	escogió	escogieron

IMPERFECT		PRESENT PERFECT	
escogía	escogíamos	he escogido	hemos escogido
escogías	escogíais	has escogido	habéis escogido
escogía	escogían	ha escogido	han escogido

FUTURE		CONDITIONAL	
escogeré	escogeremos	escogería	escogeríamos
escogerás	escogeréis	escogerías	escogeríais
escogerá	escogerán	escogería	escogerían

PLUPERFECT		PRETERIT PERFECT	
había escogido	habíamos escogido	hube escogido	hubimos escogido
habías escogido	habíais escogido	hubiste escogido	hubisteis escogido
había escogido	habían escogido	hubo escogido	hubieron escogido

FUTURE PERFECT		CONDITIONAL PERFECT	
habré escogido	habremos escogido	habría escogido	habríamos escogido
habrás escogido	habréis escogido	habrías escogido	habríais escogido
habrá escogido	habrán escogido	habría escogido	habrían escogido

PRESENT SUBJUNCTIVE		PRESENT PERFECT SUBJUNCTIVE	
escoja	escojamos	haya escogido	hayamos escogido
escojas	escojáis	hayas escogido	hayáis escogido
escoja	escojan	haya escogido	hayan escogido

IMPERFECT SUBJUNCTIVE (-ra)		*or*	IMPERFECT SUBJUNCTIVE (-se)	
escogiera	escogiéramos		escogiese	escogiésemos
escogieras	escogierais		escogieses	escogieseis
escogiera	escogieran		escogiese	escogiesen

PAST PERFECT SUBJUNCTIVE (-ra)		*or*	PAST PERFECT SUBJUNCTIVE (-se)	
hubiera escogido	hubiéramos escogido		hubiese escogido	hubiésemos escogido
hubieras escogido	hubierais escogido		hubieses escogido	hubieseis escogido
hubiera escogido	hubieran escogido		hubiese escogido	hubiesen escogido

PROGRESSIVE TENSES

PRESENT	estoy, estás, está, estamos, estáis, están	
PRETERIT	estuve, estuviste, estuvo, estuvimos, estuvisteis, estuvieron	
IMPERFECT	estaba, estabas, estaba, estábamos, estabais, estaban	escogiendo
FUTURE	estaré, estarás, estará, estaremos, estaréis, estarán	
CONDITIONAL	estaría, estarías, estaría, estaríamos, estaríais, estarían	
SUBJUNCTIVE	que + *corresponding subjunctive tense of* estar (*see verb 252*)	

COMMANDS

	(nosotros) escojamos/no escojamos
(tú) escoge/no escojas	(vosotros) escoged/no escojáis
(Ud.) escoja/no escoja	(Uds.) escojan/no escojan

Usage

Escogió los muebles de pino.	*She chose the furniture made of pine.*
Lo escogieron como su representante.	*They chose him as their representative.*
Escoge uno de los platos acompañantes.	*Choose one of the side dishes.*
Hay muchas cosas que escoger.	*There are many things to choose from.*
Leímos las obras escogidas del autor.	*We read selected works by the author.*
Son productos escogidos.	*They're choice/select products.*

esconder *to hide, conceal*

escondo · escondieron · escondido · escondiendo

regular -er verb

PRESENT

escondo	escondemos
escondes	escondéis
esconde	esconden

PRETERIT

escondí	escondimos
escondiste	escondisteis
escondió	escondieron

IMPERFECT

escondía	escondíamos
escondías	escondíais
escondía	escondían

PRESENT PERFECT

he escondido	hemos escondido
has escondido	habéis escondido
ha escondido	han escondido

FUTURE

esconderé	esconderemos
esconderás	esconderéis
esconderá	esconderán

CONDITIONAL

escondería	esconderíamos
esconderías	esconderíais
escondería	esconderían

PLUPERFECT

había escondido	habíamos escondido
habías escondido	habíais escondido
había escondido	habían escondido

PRETERIT PERFECT

hube escondido	hubimos escondido
hubiste escondido	hubisteis escondido
hubo escondido	hubieron escondido

FUTURE PERFECT

habré escondido	habremos escondido
habrás escondido	habréis escondido
habrá escondido	habrán escondido

CONDITIONAL PERFECT

habría escondido	habríamos escondido
habrías escondido	habríais escondido
habría escondido	habrían escondido

PRESENT SUBJUNCTIVE

esconda	escondamos
escondas	escondáis
esconda	escondan

PRESENT PERFECT SUBJUNCTIVE

haya escondido	hayamos escondido
hayas escondido	hayáis escondido
haya escondido	hayan escondido

IMPERFECT SUBJUNCTIVE (-ra)

escondiera	escondiéramos
escondieras	escondierais
escondiera	escondieran

or **IMPERFECT SUBJUNCTIVE (-se)**

escondiese	escondiésemos
escondieses	escondieseis
escondiese	escondiesen

PAST PERFECT SUBJUNCTIVE (-ra)

hubiera escondido	hubiéramos escondido
hubieras escondido	hubierais escondido
hubiera escondido	hubieran escondido

or **PAST PERFECT SUBJUNCTIVE (-se)**

hubiese escondido	hubiésemos escondido
hubieses escondido	hubieseis escondido
hubiese escondido	hubiesen escondido

PROGRESSIVE TENSES

PRESENT	estoy, estás, está, estamos, estáis, están
PRETERIT	estuve, estuviste, estuvo, estuvimos, estuvisteis, estuvieron
IMPERFECT	estaba, estabas, estaba, estábamos, estabais, estaban
FUTURE	estaré, estarás, estará, estaremos, estaréis, estarán
CONDITIONAL	estaría, estarías, estaría, estaríamos, estaríais, estarían
SUBJUNCTIVE	que + *corresponding subjunctive tense of* estar (*see verb 252*)

escondiendo

COMMANDS

	(nosotros) escondamos/no escondamos
(tú) esconde/no escondas	(vosotros) esconded/no escondáis
(Ud.) esconda/no esconda	(Uds.) escondan/no escondan

Usage

Escondieron el dinero en la caja fuerte.	*They hid the money in the strong box.*
Se escondió en la buhardilla.	*He hid in the attic.*
Su cara esconde su envidia.	*Her face conceals her jealousy.*
Guardó los documentos a escondidas.	*He put away the papers secretly.*
Los niños están jugando al escondite.	*The kids are playing hide-and-seek.*

-ir verb; irregular past participle

escribo · escribieron · escrito · escribiendo

PRESENT		PRETERIT	
escribo	escribimos	escribí	escribimos
escribes	escribís	escribiste	escribisteis
escribe	escriben	escribió	escribieron

IMPERFECT		PRESENT PERFECT	
escribía	escribíamos	he escrito	hemos escrito
escribías	escribíais	has escrito	habéis escrito
escribía	escribían	ha escrito	han escrito

FUTURE		CONDITIONAL	
escribiré	escribiremos	escribiría	escribiríamos
escribirás	escribiréis	escribirías	escribiríais
escribirá	escribirán	escribiría	escribirían

PLUPERFECT		PRETERIT PERFECT	
había escrito	habíamos escrito	hube escrito	hubimos escrito
habías escrito	habíais escrito	hubiste escrito	hubisteis escrito
había escrito	habían escrito	hubo escrito	hubieron escrito

FUTURE PERFECT		CONDITIONAL PERFECT	
habré escrito	habremos escrito	habría escrito	habríamos escrito
habrás escrito	habréis escrito	habrías escrito	habríais escrito
habrá escrito	habrán escrito	habría escrito	habrían escrito

PRESENT SUBJUNCTIVE		PRESENT PERFECT SUBJUNCTIVE	
escriba	escribamos	haya escrito	hayamos escrito
escribas	escribáis	hayas escrito	hayáis escrito
escriba	escriban	haya escrito	hayan escrito

IMPERFECT SUBJUNCTIVE (-ra)		*or*	IMPERFECT SUBJUNCTIVE (-se)	
escribiera	escribiéramos		escribiese	escribiésemos
escribieras	escribierais		escribieses	escribieseis
escribiera	escribieran		escribiese	escribiesen

PAST PERFECT SUBJUNCTIVE (-ra)		*or*	PAST PERFECT SUBJUNCTIVE (-se)	
hubiera escrito	hubiéramos escrito		hubiese escrito	hubiésemos escrito
hubieras escrito	hubierais escrito		hubieses escrito	hubieseis escrito
hubiera escrito	hubieran escrito		hubiese escrito	hubiesen escrito

PROGRESSIVE TENSES

PRESENT	estoy, estás, está, estamos, estáis, están	
PRETERIT	estuve, estuviste, estuvo, estuvimos, estuvisteis, estuvieron	
IMPERFECT	estaba, estabas, estaba, estábamos, estabais, estaban	escribiendo
FUTURE	estaré, estarás, estará, estaremos, estaréis, estarán	
CONDITIONAL	estaría, estarías, estaría, estaríamos, estaríais, estarían	
SUBJUNCTIVE	que + *corresponding subjunctive tense of* estar (*see verb 252*)	

COMMANDS

	(nosotros) escribamos/no escribamos
(tú) escribe/no escribas	(vosotros) escribid/no escribáis
(Ud.) escriba/no escriba	(Uds.) escriban/no escriban

Usage

Ha escrito mensajes por correo electrónico.	*He has written email messages.*
Escríbenos.	*Write to us.*
Escribía novelas policíacas.	*He wrote detective novels.*
¿Cómo se escribe la palabra?	*How do you spell the word?*
Lo escrito escrito está.	*We have it in writing/in black and white.*
Es escritor.	*He's a writer.*
¿Sabes leer la escritura hebrea?	*Do you know how to read Hebrew writing?*

escuchar *to listen, hear*

regular *-ar* verb

PRESENT

escucho	escuchamos
escuchas	escucháis
escucha	escuchan

PRETERIT

escuché	escuchamos
escuchaste	escuchasteis
escuchó	escucharon

IMPERFECT

escuchaba	escuchábamos
escuchabas	escuchabais
escuchaba	escuchaban

PRESENT PERFECT

he escuchado	hemos escuchado
has escuchado	habéis escuchado
ha escuchado	han escuchado

FUTURE

escucharé	escucharemos
escucharás	escucharéis
escuchará	escucharán

CONDITIONAL

escucharía	escucharíamos
escucharías	escucharíais
escucharía	escucharían

PLUPERFECT

había escuchado	habíamos escuchado
habías escuchado	habíais escuchado
había escuchado	habían escuchado

PRETERIT PERFECT

hube escuchado	hubimos escuchado
hubiste escuchado	hubisteis escuchado
hubo escuchado	hubieron escuchado

FUTURE PERFECT

habré escuchado	habremos escuchado
habrás escuchado	habréis escuchado
habrá escuchado	habrán escuchado

CONDITIONAL PERFECT

habría escuchado	habríamos escuchado
habrías escuchado	habríais escuchado
habría escuchado	habrían escuchado

PRESENT SUBJUNCTIVE

escuche	escuchemos
escuches	escuchéis
escuche	escuchen

PRESENT PERFECT SUBJUNCTIVE

haya escuchado	hayamos escuchado
hayas escuchado	hayáis escuchado
haya escuchado	hayan escuchado

IMPERFECT SUBJUNCTIVE (-ra)

escuchara	escucháramos
escucharas	escucharais
escuchara	escucharan

or **IMPERFECT SUBJUNCTIVE (-se)**

escuchase	escuchásemos
escuchases	escuchaseis
escuchase	escuchasen

PAST PERFECT SUBJUNCTIVE (-ra)

hubiera escuchado	hubiéramos escuchado
hubieras escuchado	hubierais escuchado
hubiera escuchado	hubieran escuchado

or **PAST PERFECT SUBJUNCTIVE (-se)**

hubiese escuchado	hubiésemos escuchado
hubieses escuchado	hubieseis escuchado
hubiese escuchado	hubiesen escuchado

PROGRESSIVE TENSES

PRESENT	estoy, estás, está, estamos, estáis, están
PRETERIT	estuve, estuviste, estuvo, estuvimos, estuvisteis, estuvieron
IMPERFECT	estaba, estabas, estaba, estábamos, estabais, estaban
FUTURE	estaré, estarás, estará, estaremos, estaréis, estarán
CONDITIONAL	estaría, estarías, estaría, estaríamos, estaríais, estarían
SUBJUNCTIVE	que + *corresponding subjunctive tense of* estar (*see verb 252*)

} escuchando

COMMANDS

	(nosotros) escuchemos/no escuchemos
(tú) escucha/no escuches	(vosotros) escuchad/no escuchéis
(Ud.) escuche/no escuche	(Uds.) escuchen/no escuchen

Usage

Escuchemos música.	*Let's listen to music.*
Escuché un ruido.	*I heard a noise.*
Escuchaban un disco compacto.	*They were listening to a compact disc.*
Te di un consejo. Espero que me hayas escuchado.	*I gave you a piece of advice. I hope you listened to me.*

stem-changing -*ar* reflexive verb:
o > *ue*; spelling change: *z* > *c/e*

esfuerzo · esforzaron · esforzado · esforzándose

PRESENT

me esfuerzo	nos esforzamos
te esfuerzas	os esforzáis
se esfuerza	se esfuerzan

IMPERFECT

me esforzaba	nos esforzábamos
te esforzabas	os esforzabais
se esforzaba	se esforzaban

FUTURE

me esforzaré	nos esforzaremos
te esforzarás	os esforzaréis
se esforzará	se esforzarán

PLUPERFECT

me había esforzado	nos habíamos esforzado
te habías esforzado	os habíais esforzado
se había esforzado	se habían esforzado

FUTURE PERFECT

me habré esforzado	nos habremos esforzado
te habrás esforzado	os habréis esforzado
se habrá esforzado	se habrán esforzado

PRESENT SUBJUNCTIVE

me esfuerce	nos esforcemos
te esfuerces	os esforcéis
se esfuerce	se esfuercen

IMPERFECT SUBJUNCTIVE (-ra)

me esforzara	nos esforzáramos
te esforzaras	os esforzarais
se esforzara	se esforzaran

PAST PERFECT SUBJUNCTIVE (-ra)

me hubiera esforzado	nos hubiéramos esforzado
te hubieras esforzado	os hubierais esforzado
se hubiera esforzado	se hubieran esforzado

PRETERIT

me esforcé	nos esforzamos
te esforzaste	os esforzasteis
se esforzó	se esforzaron

PRESENT PERFECT

me he esforzado	nos hemos esforzado
te has esforzado	os habéis esforzado
se ha esforzado	se han esforzado

CONDITIONAL

me esforzaría	nos esforzaríamos
te esforzarías	os esforzaríais
se esforzaría	se esforzarían

PRETERIT PERFECT

me hube esforzado	nos hubimos esforzado
te hubiste esforzado	os hubisteis esforzado
se hubo esforzado	se hubieron esforzado

CONDITIONAL PERFECT

me habría esforzado	nos habríamos esforzado
te habrías esforzado	os habríais esforzado
se habría esforzado	se habrían esforzado

PRESENT PERFECT SUBJUNCTIVE

me haya esforzado	nos hayamos esforzado
te hayas esforzado	os hayáis esforzado
se haya esforzado	se hayan esforzado

or **IMPERFECT SUBJUNCTIVE (-se)**

me esforzase	nos esforzásemos
te esforzases	os esforzaseis
se esforzase	se esforzasen

or **PAST PERFECT SUBJUNCTIVE (-se)**

me hubiese esforzado	nos hubiésemos esforzado
te hubieses esforzado	os hubieseis esforzado
se hubiese esforzado	se hubiesen esforzado

PROGRESSIVE TENSES

PRESENT	estoy, estás, está, estamos, estáis, están
PRETERIT	estuve, estuviste, estuvo, estuvimos, estuvisteis, estuvieron
IMPERFECT	estaba, estabas, estaba, estábamos, estabais, estaban
FUTURE	estaré, estarás, estará, estaremos, estaréis, estarán
CONDITIONAL	estaría, estarías, estaría, estaríamos, estaríais, estarían
SUBJUNCTIVE	que + *corresponding subjunctive tense of* estar (*see verb 252*)

} esforzando (*see page 31*)

COMMANDS

	(nosotros) esforcémonos/no nos esforcemos
(tú) esfuérzate/no te esfuerces	(vosotros) esforzaos/no os esforcéis
(Ud.) esfuércese/no se esfuerce	(Uds.) esfuércense/no se esfuercen

Usage

Se esfuerza por triunfar en la vida.	*He's striving to succeed in life.*
Esfuérzate por terminar el trabajo hoy.	*Try hard to finish the work today.*
Se han esforzado lo más posible.	*They've tried as much as possible.*
Haz un esfuerzo por venir.	*Make an effort to/Try to/Do your best to come.*
Luchó con todas sus fuerzas.	*She fought with all her might.*
Corren sin esfuerzo.	*They run effortlessly.*

espantar *to frighten, scare, terrify*

PRESENT		PRETERIT	
espanto	espantamos	espanté	espantamos
espantas	espantáis	espantaste	espantasteis
espanta	espantan	espantó	espantaron

IMPERFECT		PRESENT PERFECT	
espantaba	espantábamos	he espantado	hemos espantado
espantabas	espantabais	has espantado	habéis espantado
espantaba	espantaban	ha espantado	han espantado

FUTURE		CONDITIONAL	
espantaré	espantaremos	espantaría	espantaríamos
espantarás	espantaréis	espantarías	espantaríais
espantará	espantarán	espantaría	espantarían

PLUPERFECT		PRETERIT PERFECT	
había espantado	habíamos espantado	hube espantado	hubimos espantado
habías espantado	habíais espantado	hubiste espantado	hubisteis espantado
había espantado	habían espantado	hubo espantado	hubieron espantado

FUTURE PERFECT		CONDITIONAL PERFECT	
habré espantado	habremos espantado	habría espantado	habríamos espantado
habrás espantado	habréis espantado	habrías espantado	habríais espantado
habrá espantado	habrán espantado	habría espantado	habrían espantado

PRESENT SUBJUNCTIVE		PRESENT PERFECT SUBJUNCTIVE	
espante	espantemos	haya espantado	hayamos espantado
espantes	espantéis	hayas espantado	hayáis espantado
espante	espanten	haya espantado	hayan espantado

IMPERFECT SUBJUNCTIVE (-ra)		*or* IMPERFECT SUBJUNCTIVE (-se)	
espantara	espantáramos	espantase	espantásemos
espantaras	espantarais	espantases	espantaseis
espantara	espantaran	espantase	espantasen

PAST PERFECT SUBJUNCTIVE (-ra)		*or* PAST PERFECT SUBJUNCTIVE (-se)	
hubiera espantado	hubiéramos espantado	hubiese espantado	hubiésemos espantado
hubieras espantado	hubierais espantado	hubieses espantado	hubieseis espantado
hubiera espantado	hubieran espantado	hubiese espantado	hubiesen espantado

PROGRESSIVE TENSES

PRESENT	estoy, estás, está, estamos, estáis, están
PRETERIT	estuve, estuviste, estuvo, estuvimos, estuvisteis, estuvieron
IMPERFECT	estaba, estabas, estaba, estábamos, estabais, estaban
FUTURE	estaré, estarás, estará, estaremos, estaréis, estarán
CONDITIONAL	estaría, estarías, estaría, estaríamos, estaríais, estarían
SUBJUNCTIVE	que + *corresponding subjunctive tense of* estar (*see verb 252*)

espantando

COMMANDS

	(nosotros) espantemos/no espantemos
(tú) espanta/no espantes	(vosotros) espantad/no espantéis
(Ud.) espante/no espante	(Uds.) espanten/no espanten

Usage

Su pesadilla le espantó.	*Her nightmare frightened her.*
No te espantes.	*Don't get scared.*
Nos espantamos al oír los tiros.	*We got scared (away) when we heard the shots.*
Estaban espantados.	*They were terrified.*
El precio de la gasolina es un espanto.	*The price of gas is appalling.*
¡Qué espantapájaros más gracioso!	*What a comical scarecrow!*

regular -ar reflexive verb; **especializo · especializaron · especializado · especializándose**
spelling change: z > c/e

PRESENT

me especializo	nos especializamos
te especializas	os especializáis
se especializa	se especializan

IMPERFECT

me especializaba	nos especializábamos
te especializabas	os especializabais
se especializaba	se especializaban

FUTURE

me especializaré	nos especializaremos
te especializarás	os especializaréis
se especializará	se especializarán

PLUPERFECT

me había especializado	nos habíamos especializado
te habías especializado	os habíais especializado
se había especializado	se habían especializado

FUTURE PERFECT

me habré especializado	nos habremos especializado
te habrás especializado	os habréis especializado
se habrá especializado	se habrán especializado

PRESENT SUBJUNCTIVE

me especialice	nos especialicemos
te especialices	os especialicéis
se especialice	se especialicen

IMPERFECT SUBJUNCTIVE (-ra)

me especializara	nos especializáramos
te especializaras	os especializarais
se especializara	se especializaran

PAST PERFECT SUBJUNCTIVE (-ra)

me hubiera especializado	nos hubiéramos especializado
te hubieras especializado	os hubierais especializado
se hubiera especializado	se hubieran especializado

PRETERIT

me especialicé	nos especializamos
te especializaste	os especializasteis
se especializó	se especializaron

PRESENT PERFECT

me he especializado	nos hemos especializado
te has especializado	os habéis especializado
se ha especializado	se han especializado

CONDITIONAL

me especializaría	nos especializaríamos
te especializarías	os especializaríais
se especializaría	se especializarían

PRETERIT PERFECT

me hube especializado	nos hubimos especializado
te hubiste especializado	os hubisteis especializado
se hubo especializado	se hubieron especializado

CONDITIONAL PERFECT

me habría especializado	nos habríamos especializado
te habrías especializado	os habríais especializado
se habría especializado	se habrían especializado

PRESENT PERFECT SUBJUNCTIVE

me haya especializado	nos hayamos especializado
te hayas especializado	os hayáis especializado
se haya especializado	se hayan especializado

or **IMPERFECT SUBJUNCTIVE (-se)**

me especializase	nos especializásemos
te especializases	os especializaseis
se especializase	se especializasen

or **PAST PERFECT SUBJUNCTIVE (-se)**

me hubiese especializado	nos hubiésemos especializado
te hubieses especializado	os hubieseis especializado
se hubiese especializado	se hubiesen especializado

PROGRESSIVE TENSES

PRESENT	estoy, estás, está, estamos, estáis, están
PRETERIT	estuve, estuviste, estuvo, estuvimos, estuvisteis, estuvieron
IMPERFECT	estaba, estabas, estaba, estábamos, estabais, estaban
FUTURE	estaré, estarás, estará, estaremos, estaréis, estarán
CONDITIONAL	estaría, estarías, estaría, estaríamos, estaríais, estarían
SUBJUNCTIVE	que + *corresponding subjunctive tense of* estar (*see verb 252*)

especializando (*see page 31*)

COMMANDS

	(nosotros) especialicémonos/no nos especialicemos
(tú) especialízate/no te especialices	(vosotros) especializaos/no os especialicéis
(Ud.) especialícese/no se especialice	(Uds.) especialícense/no se especialicen

Usage

—¿En qué te especializas?	*What are you specializing in?*
—Mi especialización es economía.	*My major is economics.*
Su padre quiere que se especialice en medicina.	*Her father wants her to specialize in medicine.*
Es médico especialista.	*He's a specialist.*
La paella es la especialidad de la casa.	*Paella is the specialty of the house.*

Esperaré hasta que vuelvan.	*I'll wait until they come back.*
No las hagas esperar.	*Don't make them wait.*
¡Espérate!	*Wait up!*
Espera una llamada.	*He's waiting for a phone call.*
¡Espérate sentado!	*Don't hold your breath!/You could wait forever!*
Espera sacar buenas notas.	*She hopes to get good grades.*
Esperan que lleguemos puntualmente.	*They hope we'll arrive punctually.*
Esperaba que no lloviera.	*I hoped it wouldn't rain.*
Espero que sí/no.	*I hope so/not.*
Esperamos en Dios.	*We put our faith in God.*
Tienen sus esperanzas en Ud.	*They place their trust in you.*
Esperan a mucha gente.	*They expect a lot of people.*
No me esperaba tantos regalos.	*I didn't expect so many gifts.*
Regina está esperando familia/un bebé.	*Regina is expecting (a baby).*

Other Uses

Estamos en espera de su contestación.	*We're awaiting your reply.*
—Esperen Uds. en la sala de espera.	*Please wait in the waiting room.*
—¿Será larga la espera?	*Will there be a long wait?*
Tenemos esperanzas de éxito.	*We have hopes of success.*
La esperanza de vida ha aumentado mucho.	*Life expectancy has increased a lot.*
La esperanza es lo último que se pierde.	*Hope is the last thing to go.*
Mientras hay vida, hay esperanza.	*Where there's life, there's hope.*
Recibió una carta esperanzadora.	*He received an encouraging letter.*
Quien espera desespera.	*A watched pot never boils.*

TOP 50 VERBS

regular *-ar* verb | **espero · esperaron · esperado · esperando**

PRESENT

espero	esperamos
esperas	esperáis
espera	esperan

IMPERFECT

esperaba	esperábamos
esperabas	esperabais
esperaba	esperaban

FUTURE

esperaré	esperaremos
esperarás	esperaréis
esperará	esperarán

PLUPERFECT

había esperado	habíamos esperado
habías esperado	habíais esperado
había esperado	habían esperado

FUTURE PERFECT

habré esperado	habremos esperado
habrás esperado	habréis esperado
habrá esperado	habrán esperado

PRESENT SUBJUNCTIVE

espere	esperemos
esperes	esperéis
espere	esperen

IMPERFECT SUBJUNCTIVE (-ra)

esperara	esperáramos
esperaras	esperarais
esperara	esperaran

PAST PERFECT SUBJUNCTIVE (-ra)

hubiera esperado	hubiéramos esperado
hubieras esperado	hubierais esperado
hubiera esperado	hubieran esperado

PRETERIT

esperé	esperamos
esperaste	esperasteis
esperó	esperaron

PRESENT PERFECT

he esperado	hemos esperado
has esperado	habéis esperado
ha esperado	han esperado

CONDITIONAL

esperaría	esperaríamos
esperarías	esperaríais
esperaría	esperarían

PRETERIT PERFECT

hube esperado	hubimos esperado
hubiste esperado	hubisteis esperado
hubo esperado	hubieron esperado

CONDITIONAL PERFECT

habría esperado	habríamos esperado
habrías esperado	habríais esperado
habría esperado	habrían esperado

PRESENT PERFECT SUBJUNCTIVE

haya esperado	hayamos esperado
hayas esperado	hayáis esperado
haya esperado	hayan esperado

or **IMPERFECT SUBJUNCTIVE (-se)**

esperase	esperásemos
esperases	esperaseis
esperase	esperasen

or **PAST PERFECT SUBJUNCTIVE (-se)**

hubiese esperado	hubiésemos esperado
hubieses esperado	hubieseis esperado
hubiese esperado	hubiesen esperado

PROGRESSIVE TENSES

PRESENT	estoy, estás, está, estamos, estáis, están
PRETERIT	estuve, estuviste, estuvo, estuvimos, estuvisteis, estuvieron
IMPERFECT	estaba, estabas, estaba, estábamos, estabais, estaban
FUTURE	estaré, estarás, estará, estaremos, estaréis, estarán
CONDITIONAL	estaría, estarías, estaría, estaríamos, estaríais, estarían
SUBJUNCTIVE	que + *corresponding subjunctive tense of* estar (*see verb 252*)

} esperando

COMMANDS

	(nosotros) esperemos/no esperemos
(tú) espera/no esperes	(vosotros) esperad/no esperéis
(Ud.) espere/no espere	(Uds.) esperen/no esperen

Usage

Te esperaremos delante de la tienda.	*We'll wait for you in front of the store.*
—Esperémoslos un poco más.	*Let's wait for them a little while longer.*
—Bueno, pero espero que aparezcan pronto.	*All right, but I hope they appear soon.*
No esperaba encontrarte allí.	*I didn't expect that you'd be there.*
¡Espérense!	*Wait up!*

esquiar *to ski*

esquío · esquiaron · esquiado · esquiando   *-ar* verb; spelling change: *i* > *í* when stressed

PRESENT

esquío	esquiamos
esquías	esquiáis
esquía	esquían

PRETERIT

esquié	esquiamos
esquiaste	esquiasteis
esquió	esquiaron

IMPERFECT

esquiaba	esquiábamos
esquiabas	esquiabais
esquiaba	esquiaban

PRESENT PERFECT

he esquiado	hemos esquiado
has esquiado	habéis esquiado
ha esquiado	han esquiado

FUTURE

esquiaré	esquiaremos
esquiarás	esquiaréis
esquiará	esquiarán

CONDITIONAL

esquiaría	esquiaríamos
esquiarías	esquiaríais
esquiaría	esquiarían

PLUPERFECT

había esquiado	habíamos esquiado
habías esquiado	habíais esquiado
había esquiado	habían esquiado

PRETERIT PERFECT

hube esquiado	hubimos esquiado
hubiste esquiado	hubisteis esquiado
hubo esquiado	hubieron esquiado

FUTURE PERFECT

habré esquiado	habremos esquiado
habrás esquiado	habréis esquiado
habrá esquiado	habrán esquiado

CONDITIONAL PERFECT

habría esquiado	habríamos esquiado
habrías esquiado	habríais esquiado
habría esquiado	habrían esquiado

PRESENT SUBJUNCTIVE

esquíe	esquiemos
esquíes	esquiéis
esquíe	esquíen

PRESENT PERFECT SUBJUNCTIVE

haya esquiado	hayamos esquiado
hayas esquiado	hayáis esquiado
haya esquiado	hayan esquiado

IMPERFECT SUBJUNCTIVE (-ra)

esquiara	esquiáramos
esquiaras	esquiarais
esquiara	esquiaran

or **IMPERFECT SUBJUNCTIVE (-se)**

esquiase	esquiásemos
esquiases	esquiaseis
esquiase	esquiasen

PAST PERFECT SUBJUNCTIVE (-ra)

hubiera esquiado	hubiéramos esquiado
hubieras esquiado	hubierais esquiado
hubiera esquiado	hubieran esquiado

or **PAST PERFECT SUBJUNCTIVE (-se)**

hubiese esquiado	hubiésemos esquiado
hubieses esquiado	hubieseis esquiado
hubiese esquiado	hubiesen esquiado

PROGRESSIVE TENSES

PRESENT	estoy, estás, está, estamos, estáis, están
PRETERIT	estuve, estuviste, estuvo, estuvimos, estuvisteis, estuvieron
IMPERFECT	estaba, estabas, estaba, estábamos, estabais, estaban
FUTURE	estaré, estarás, estará, estaremos, estaréis, estarán
CONDITIONAL	estaría, estarías, estaría, estaríamos, estaríais, estarían
SUBJUNCTIVE	que + *corresponding subjunctive tense of* estar (*see verb 252*)

\} esquiando

COMMANDS

	(nosotros) esquiemos/no esquiemos
(tú) esquía/no esquíes	(vosotros) esquiad/no esquiéis
(Ud.) esquíe/no esquíe	(Uds.) esquíen/no esquíen

Usage

Esquiaban en los Alpes.	*They used to ski in the Alps.*
Ahora esquían en las Montañas Rocosas.	*Now they ski in the Rockies.*
Esquíen con nosotros.	*Ski with us.*
Nos gusta el esquí nórdico.	*We like cross-country skiing.*
Subieron en el telesquí.	*They went up on the ski lift.*
Bajaron en la pista de esquí.	*They went down the ski slope.*
Se compró esquíes y botas de esquiar.	*He bought skis and ski boots.*

-er verb; spelling change:
c > zc/o, a

establezco · establecieron · establecido · estableciendo

PRESENT

establezco	establecemos
estableces	establecéis
establece	establecen

IMPERFECT

establecía	establecíamos
establecías	establecíais
establecía	establecían

FUTURE

estableceré	estableceremos
establecerás	estableceréis
establecerá	establecerán

PLUPERFECT

había establecido	habíamos establecido
habías establecido	habíais establecido
había establecido	habían establecido

FUTURE PERFECT

habré establecido	habremos establecido
habrás establecido	habréis establecido
habrá establecido	habrán establecido

PRESENT SUBJUNCTIVE

establezca	establezcamos
establezcas	establezcáis
establezca	establezcan

IMPERFECT SUBJUNCTIVE (-ra)

estableciera	estableciéramos
establecieras	establecierais
estableciera	establecieran

PAST PERFECT SUBJUNCTIVE (-ra)

hubiera establecido	hubiéramos establecido
hubieras establecido	hubierais establecido
hubiera establecido	hubieran establecido

PRETERIT

establecí	establecimos
estableciste	establecisteis
estableció	establecieron

PRESENT PERFECT

he establecido	hemos establecido
has establecido	habéis establecido
ha establecido	han establecido

CONDITIONAL

establecería	estableceríamos
establecerías	estableceríais
establecería	establecerían

PRETERIT PERFECT

hube establecido	hubimos establecido
hubiste establecido	hubisteis establecido
hubo establecido	hubieron establecido

CONDITIONAL PERFECT

habría establecido	habríamos establecido
habrías establecido	habríais establecido
habría establecido	habrían establecido

PRESENT PERFECT SUBJUNCTIVE

haya establecido	hayamos establecido
hayas establecido	hayáis establecido
haya establecido	hayan establecido

or **IMPERFECT SUBJUNCTIVE (-se)**

estableciese	estableciésemos
establecieses	establecieseis
estableciese	estableciesen

or **PAST PERFECT SUBJUNCTIVE (-se)**

hubiese establecido	hubiésemos establecido
hubieses establecido	hubieseis establecido
hubiese establecido	hubiesen establecido

PROGRESSIVE TENSES

PRESENT	estoy, estás, está, estamos, estáis, están
PRETERIT	estuve, estuviste, estuvo, estuvimos, estuvisteis, estuvieron
IMPERFECT	estaba, estabas, estaba, estábamos, estabais, estaban
FUTURE	estaré, estarás, estará, estaremos, estaréis, estarán
CONDITIONAL	estaría, estarías, estaría, estaríamos, estaríais, estarían
SUBJUNCTIVE	que + *corresponding subjunctive tense of* estar (*see verb 252*)

estableciendo

COMMANDS

	(nosotros) establezcamos/no establezcamos
(tú) establece/no establezcas	(vosotros) estableced/no establezcáis
(Ud.) establezca/no establezca	(Uds.) establezcan/no establezcan

Usage

Se estableció la empresa en 1900.	*The company was established/founded in 1900.*
¿Dónde fue establecida?	*Where was it set up?*
Es bueno que se establezca de ingeniero.	*It's good that he set himself up as an engineer.*
El establecimiento ha tenido mucho éxito.	*The business has been very successful.*

¿Dónde están?

Están en Roma.   *They're in Rome.*
Estamos en otoño.   *It's fall.*

¿Cómo están?

—¿Cómo están?   *How are they?*
—Están bien/de buen humor.   *They're well/in a good mood.*
¿Quién está encargado/al cargo del proyecto?   *Who's responsible for/in charge of the project?*
Estás muy guapo hoy.   *You're looking very handsome today.*
¡Niños, esténse quietos!   *Children, stay still (don't move around)!*
Estuvieron arreglándose/vistiéndose.   *They were getting ready/dressed.*

estar a

Las manzanas están a un dólar la libra.   *Apples are/cost one dollar a pound.*
—¿A cuánto(s) estamos?   *What's the date?*
—Estamos a 25 de noviembre.   *It's November 25.*

estar de

Está de instructor de béisbol.   *He's working as a baseball coach.*

estar en

La sociedad anónima está en sus comienzos.   *The corporation is just starting.*
Está en pañales.   *It's in its infancy (lit., diapers).*

estar para

El avión está listo para despegar/aterrizar.   *The plane is about to take off/land.*
Nadie está para fiestas.   *Nobody feels like/is in the mood for a party.*

estar por

Está por verse cómo saldrá.   *It remains to be seen how it will turn out.*
¿Estáis por empezar?   *You're about to begin?*

El tiempo

—¿Está nublado?   *Is it cloudy?*
—No, está despejado.   *No, it's clear.*

Other Uses

La comida estuvo rica/sabrosa.   *The food was good/tasty.*
Estaba ocupado.   *The line was busy.*
Los chicos están en la luna.   *The kids have their heads in the clouds.*
¡Qué aguacero! Estoy hecho una sopa.   *What a downpour! I'm soaked.*
Parece que están a sus anchas.   *You seem comfortable/at ease.*

TOP 50 VERBS

irregular verb

estoy · estuvieron · estado · estando

PRESENT

estoy	estamos
estás	estáis
está	están

IMPERFECT

estaba	estábamos
estabas	estabais
estaba	estaban

FUTURE

estaré	estaremos
estarás	estaréis
estará	estarán

PLUPERFECT

había estado	habíamos estado
habías estado	habíais estado
había estado	habían estado

FUTURE PERFECT

habré estado	habremos estado
habrás estado	habréis estado
habrá estado	habrán estado

PRESENT SUBJUNCTIVE

esté	estemos
estés	estéis
esté	estén

IMPERFECT SUBJUNCTIVE (-ra)

estuviera	estuviéramos
estuvieras	estuvierais
estuviera	estuvieran

PAST PERFECT SUBJUNCTIVE (-ra)

hubiera estado	hubiéramos estado
hubieras estado	hubierais estado
hubiera estado	hubieran estado

PRETERIT

estuve	estuvimos
estuviste	estuvisteis
estuvo	estuvieron

PRESENT PERFECT

he estado	hemos estado
has estado	habéis estado
ha estado	han estado

CONDITIONAL

estaría	estaríamos
estarías	estaríais
estaría	estarían

PRETERIT PERFECT

hube estado	hubimos estado
hubiste estado	hubisteis estado
hubo estado	hubieron estado

CONDITIONAL PERFECT

habría estado	habríamos estado
habrías estado	habríais estado
habría estado	habrían estado

PRESENT PERFECT SUBJUNCTIVE

haya estado	hayamos estado
hayas estado	hayáis estado
haya estado	hayan estado

or **IMPERFECT SUBJUNCTIVE (-se)**

estuviese	estuviésemos
estuvieses	estuvieseis
estuviese	estuviesen

or **PAST PERFECT SUBJUNCTIVE (-se)**

hubiese estado	hubiésemos estado
hubieses estado	hubieseis estado
hubiese estado	hubiesen estado

PROGRESSIVE TENSES

PRESENT	estoy, estás, está, estamos, estáis, están	
PRETERIT	estuve, estuviste, estuvo, estuvimos, estuvisteis, estuvieron	
IMPERFECT	estaba, estabas, estaba, estábamos, estabais, estaban	estando
FUTURE	estaré, estarás, estará, estaremos, estaréis, estarán	
CONDITIONAL	estaría, estarías, estaría, estaríamos, estaríais, estarían	
SUBJUNCTIVE	que + *corresponding subjunctive tense of* estar (*see verb 252*)	

COMMANDS

	(nosotros) estemos/no estemos
(tú) está/no estés	(vosotros) estad/no estéis
(Ud.) esté/no esté	(Uds.) estén/no estén

Usage

—¿Cómo están Uds.?	*How are you?*
—Estamos contentos/ocupados.	*We're happy/busy.*
Estaban en el centro.	*They were downtown.*
El museo está abierto/cerrado los lunes.	*The museum is open/closed on Mondays.*
Estarán de vacaciones.	*They're probably on vacation.*
Están leyendo.	*They're reading.*
Están reunidos/en una reunión.	*They're in a meeting.*

estudio · estudiaron · estudiado · estudiando | regular *-ar* verb

PRESENT		PRETERIT	
estudio	estudiamos	estudié	estudiamos
estudias	estudiáis	estudiaste	estudiasteis
estudia	estudian	estudió	estudiaron

IMPERFECT		PRESENT PERFECT	
estudiaba	estudiábamos	he estudiado	hemos estudiado
estudiabas	estudiabais	has estudiado	habéis estudiado
estudiaba	estudiaban	ha estudiado	han estudiado

FUTURE		CONDITIONAL	
estudiaré	estudiaremos	estudiaría	estudiaríamos
estudiarás	estudiaréis	estudiarías	estudiaríais
estudiará	estudiarán	estudiaría	estudiarían

PLUPERFECT		PRETERIT PERFECT	
había estudiado	habíamos estudiado	hube estudiado	hubimos estudiado
habías estudiado	habíais estudiado	hubiste estudiado	hubisteis estudiado
había estudiado	habían estudiado	hubo estudiado	hubieron estudiado

FUTURE PERFECT		CONDITIONAL PERFECT	
habré estudiado	habremos estudiado	habría estudiado	habríamos estudiado
habrás estudiado	habréis estudiado	habrías estudiado	habríais estudiado
habrá estudiado	habrán estudiado	habría estudiado	habrían estudiado

PRESENT SUBJUNCTIVE		PRESENT PERFECT SUBJUNCTIVE	
estudie	estudiemos	haya estudiado	hayamos estudiado
estudies	estudiéis	hayas estudiado	hayáis estudiado
estudie	estudien	haya estudiado	hayan estudiado

IMPERFECT SUBJUNCTIVE (-ra)		*or*	IMPERFECT SUBJUNCTIVE (-se)	
estudiara	estudiáramos		estudiase	estudiásemos
estudiaras	estudiarais		estudiases	estudiaseis
estudiara	estudiaran		estudiase	estudiasen

PAST PERFECT SUBJUNCTIVE (-ra)		*or*	PAST PERFECT SUBJUNCTIVE (-se)	
hubiera estudiado	hubiéramos estudiado		hubiese estudiado	hubiésemos estudiado
hubieras estudiado	hubierais estudiado		hubieses estudiado	hubieseis estudiado
hubiera estudiado	hubieran estudiado		hubiese estudiado	hubiesen estudiado

PROGRESSIVE TENSES

PRESENT	estoy, estás, está, estamos, estáis, están	
PRETERIT	estuve, estuviste, estuvo, estuvimos, estuvisteis, estuvieron	
IMPERFECT	estaba, estabas, estaba, estábamos, estabais, estaban	estudiando
FUTURE	estaré, estarás, estará, estaremos, estaréis, estarán	
CONDITIONAL	estaría, estarías, estaría, estaríamos, estaríais, estarían	
SUBJUNCTIVE	que + *corresponding subjunctive tense of* estar (*see verb 252*)	

COMMANDS

	(nosotros) estudiemos/no estudiemos
(tú) estudia/no estudies	(vosotros) estudiad/no estudiéis
(Ud.) estudie/no estudie	(Uds.) estudien/no estudien

Usage

Estudió administración de empresas.	_He studied business administration._
Estudia para programadora.	_She's studying to be a computer programmer._
El comité está estudiando el plan.	_The committee is considering the plan._
Hicieron un estudio del mercado.	_They did a market survey._
—¿Es grande el estudiantado?	_Is the student body large?_
—Habrá 5.000 estudiantes.	_There are probably 5,000 students._

regular -*ar* verb · · · · · **exagero · exageraron · exagerado · exagerando**

PRESENT

exagero	exageramos
exageras	exageráis
exagera	exageran

IMPERFECT

exageraba	exagerábamos
exagerabas	exagerabais
exageraba	exageraban

FUTURE

exageraré	exageraremos
exagerarás	exageraréis
exagerará	exagerarán

PLUPERFECT

había exagerado	habíamos exagerado
habías exagerado	habíais exagerado
había exagerado	habían exagerado

FUTURE PERFECT

habré exagerado	habremos exagerado
habrás exagerado	habréis exagerado
habrá exagerado	habrán exagerado

PRESENT SUBJUNCTIVE

exagere	exageremos
exageres	exageréis
exagere	exageren

IMPERFECT SUBJUNCTIVE (-ra)

exagerara	exageráramos
exageraras	exagerarais
exagerara	exageraran

PAST PERFECT SUBJUNCTIVE (-ra)

hubiera exagerado	hubiéramos exagerado
hubieras exagerado	hubierais exagerado
hubiera exagerado	hubieran exagerado

PRETERIT

exageré	exageramos
exageraste	exagerasteis
exageró	exageraron

PRESENT PERFECT

he exagerado	hemos exagerado
has exagerado	habéis exagerado
ha exagerado	han exagerado

CONDITIONAL

exageraría	exageraríamos
exagerarías	exageraríais
exageraría	exagerarían

PRETERIT PERFECT

hube exagerado	hubimos exagerado
hubiste exagerado	hubisteis exagerado
hubo exagerado	hubieron exagerado

CONDITIONAL PERFECT

habría exagerado	habríamos exagerado
habrías exagerado	habríais exagerado
habría exagerado	habrían exagerado

PRESENT PERFECT SUBJUNCTIVE

haya exagerado	hayamos exagerado
hayas exagerado	hayáis exagerado
haya exagerado	hayan exagerado

or **IMPERFECT SUBJUNCTIVE (-se)**

exagerase	exagerásemos
exagerases	exageraseis
exagerase	exagerasen

or **PAST PERFECT SUBJUNCTIVE (-se)**

hubiese exagerado	hubiésemos exagerado
hubieses exagerado	hubieseis exagerado
hubiese exagerado	hubiesen exagerado

PROGRESSIVE TENSES

PRESENT	estoy, estás, está, estamos, estáis, están
PRETERIT	estuve, estuviste, estuvo, estuvimos, estuvisteis, estuvieron
IMPERFECT	estaba, estabas, estaba, estábamos, estabais, estaban
FUTURE	estaré, estarás, estará, estaremos, estaréis, estarán
CONDITIONAL	estaría, estarías, estaría, estaríamos, estaríais, estarían
SUBJUNCTIVE	que + *corresponding subjunctive tense of* estar (*see verb 252*)

} exagerando

COMMANDS

	(nosotros) exageremos/no exageremos
(tú) exagera/no exageres	(vosotros) exagerad/no exageréis
(Ud.) exagere/no exagere	(Uds.) exageren/no exageren

Usage

No exageres lo que dijo.	*Don't exaggerate what she said.*
Creo que estás exagerando.	*I think you're overdoing it.*
Sus ideas son exageradas.	*Their ideas are farfetched/outrageous.*
No seas exagerado.	*Don't exaggerate/overdo it.*
Eso es una exageración.	*That's overdoing it/going too far.*

exigir *to demand, insist upon, require*

exijo · exigieron · exigido · exigiendo

-ir verb; spelling change: *g* > *j/o, a*

PRESENT		PRETERIT	
exijo	exigimos	exigí	exigimos
exiges	exigís	exigiste	exigisteis
exige	exigen	exigió	exigieron

IMPERFECT		PRESENT PERFECT	
exigía	exigíamos	he exigido	hemos exigido
exigías	exigíais	has exigido	habéis exigido
exigía	exigían	ha exigido	han exigido

FUTURE		CONDITIONAL	
exigiré	exigiremos	exigiría	exigiríamos
exigirás	exigiréis	exigirías	exigiríais
exigirá	exigirán	exigiría	exigirían

PLUPERFECT		PRETERIT PERFECT	
había exigido	habíamos exigido	hube exigido	hubimos exigido
habías exigido	habíais exigido	hubiste exigido	hubisteis exigido
había exigido	habían exigido	hubo exigido	hubieron exigido

FUTURE PERFECT		CONDITIONAL PERFECT	
habré exigido	habremos exigido	habría exigido	habríamos exigido
habrás exigido	habréis exigido	habrías exigido	habríais exigido
habrá exigido	habrán exigido	habría exigido	habrían exigido

PRESENT SUBJUNCTIVE		PRESENT PERFECT SUBJUNCTIVE	
exija	exijamos	haya exigido	hayamos exigido
exijas	exijáis	hayas exigido	hayáis exigido
exija	exijan	haya exigido	hayan exigido

IMPERFECT SUBJUNCTIVE (-ra)		*or* IMPERFECT SUBJUNCTIVE (-se)	
exigiera	exigiéramos	exigiese	exigiésemos
exigieras	exigierais	exigieses	exigieseis
exigiera	exigieran	exigiese	exigiesen

PAST PERFECT SUBJUNCTIVE (-ra)		*or* PAST PERFECT SUBJUNCTIVE (-se)	
hubiera exigido	hubiéramos exigido	hubiese exigido	hubiésemos exigido
hubieras exigido	hubierais exigido	hubieses exigido	hubieseis exigido
hubiera exigido	hubieran exigido	hubiese exigido	hubiesen exigido

PROGRESSIVE TENSES

PRESENT	estoy, estás, está, estamos, estáis, están	
PRETERIT	estuve, estuviste, estuvo, estuvimos, estuvisteis, estuvieron	
IMPERFECT	estaba, estabas, estaba, estábamos, estabais, estaban	exigiendo
FUTURE	estaré, estarás, estará, estaremos, estaréis, estarán	
CONDITIONAL	estaría, estarías, estaría, estaríamos, estaríais, estarían	
SUBJUNCTIVE	que + *corresponding subjunctive tense of* estar *(see verb 252)*	

COMMANDS

	(nosotros) exijamos/no exijamos
(tú) exige/no exijas	(vosotros) exigid/no exijáis
(Ud.) exija/no exija	(Uds.) exijan/no exijan

Usage

No exijo demasiado.	*I'm not demanding too much.*
Le exigen que pague la deuda.	*They insist that he pay off his debt.*
Es muy exigente con todo el mundo.	*He's very demanding with everybody.*
¡Cuántas exigencias tienen!	*They have so many demands/requirements!*

regular *-ar* verb   **experimento · experimentaron · experimentado · experimentando**

PRESENT

experimento	experimentamos
experimentas	experimentáis
experimenta	experimentan

IMPERFECT

experimentaba	experimentábamos
experimentabas	experimentabais
experimentaba	experimentaban

FUTURE

experimentaré	experimentaremos
experimentarás	experimentaréis
experimentará	experimentarán

PLUPERFECT

había experimentado	habíamos experimentado
habías experimentado	habíais experimentado
había experimentado	habían experimentado

FUTURE PERFECT

habré experimentado	habremos experimentado
habrás experimentado	habréis experimentado
habrá experimentado	habrán experimentado

PRESENT SUBJUNCTIVE

experimente	experimentemos
experimentes	experimentéis
experimente	experimenten

IMPERFECT SUBJUNCTIVE (-ra)

experimentara	experimentáramos
experimentaras	experimentarais
experimentara	experimentaran

PAST PERFECT SUBJUNCTIVE (-ra)

hubiera experimentado	hubiéramos experimentado
hubieras experimentado	hubierais experimentado
hubiera experimentado	hubieran experimentado

PRETERIT

experimenté	experimentamos
experimentaste	experimentasteis
experimentó	experimentaron

PRESENT PERFECT

he experimentado	hemos experimentado
has experimentado	habéis experimentado
ha experimentado	han experimentado

CONDITIONAL

experimentaría	experimentaríamos
experimentarías	experimentaríais
experimentaría	experimentarían

PRETERIT PERFECT

hube experimentado	hubimos experimentado
hubiste experimentado	hubisteis experimentado
hubo experimentado	hubieron experimentado

CONDITIONAL PERFECT

habría experimentado	habríamos experimentado
habrías experimentado	habríais experimentado
habría experimentado	habrían experimentado

PRESENT PERFECT SUBJUNCTIVE

haya experimentado	hayamos experimentado
hayas experimentado	hayáis experimentado
haya experimentado	hayan experimentado

or **IMPERFECT SUBJUNCTIVE (-se)**

experimentase	experimentásemos
experimentases	experimentaseis
experimentase	experimentasen

or **PAST PERFECT SUBJUNCTIVE (-se)**

hubiese experimentado	hubiésemos experimentado
hubieses experimentado	hubieseis experimentado
hubiese experimentado	hubiesen experimentado

PROGRESSIVE TENSES

PRESENT	estoy, estás, está, estamos, estáis, están	
PRETERIT	estuve, estuviste, estuvo, estuvimos, estuvisteis, estuvieron	
IMPERFECT	estaba, estabas, estaba, estábamos, estabais, estaban	experimentando
FUTURE	estaré, estarás, estará, estaremos, estaréis, estarán	
CONDITIONAL	estaría, estarías, estaría, estaríamos, estaríais, estarían	
SUBJUNCTIVE	que + *corresponding subjunctive tense of* estar (*see verb 252*)	

COMMANDS

	(nosotros) experimentemos/no experimentemos
(tú) experimenta/no experimentes	(vosotros) experimentad/no experimentéis
(Ud.) experimente/no experimente	(Uds.) experimenten/no experimenten

Usage

Está experimentando un malestar.	*She's experiencing a feeling of uneasiness.*
Experimentaron una nueva droga.	*They tested a new drug.*
Hizo el experimento en este laboratorio.	*He carried out the experiment in this laboratory.*
Es un investigador experimentado.	*He's an experienced researcher.*

explicar   *to explain, teach, comment upon*

explico · explicaron · explicado · explicando   *-ar* verb; spelling change: *c > qu/e*

PRESENT

explico	explicamos
explicas	explicáis
explica	explican

PRETERIT

expliqué	explicamos
explicaste	explicasteis
explicó	explicaron

IMPERFECT

explicaba	explicábamos
explicabas	explicabais
explicaba	explicaban

PRESENT PERFECT

he explicado	hemos explicado
has explicado	habéis explicado
ha explicado	han explicado

FUTURE

explicaré	explicaremos
explicarás	explicaréis
explicará	explicarán

CONDITIONAL

explicaría	explicaríamos
explicarías	explicaríais
explicaría	explicarían

PLUPERFECT

había explicado	habíamos explicado
habías explicado	habíais explicado
había explicado	habían explicado

PRETERIT PERFECT

hube explicado	hubimos explicado
hubiste explicado	hubisteis explicado
hubo explicado	hubieron explicado

FUTURE PERFECT

habré explicado	habremos explicado
habrás explicado	habréis explicado
habrá explicado	habrán explicado

CONDITIONAL PERFECT

habría explicado	habríamos explicado
habrías explicado	habríais explicado
habría explicado	habrían explicado

PRESENT SUBJUNCTIVE

explique	expliquemos
expliques	expliquéis
explique	expliquen

PRESENT PERFECT SUBJUNCTIVE

haya explicado	hayamos explicado
hayas explicado	hayáis explicado
haya explicado	hayan explicado

IMPERFECT SUBJUNCTIVE (-ra)   *or*   **IMPERFECT SUBJUNCTIVE (-se)**

explicara	explicáramos	explicase	explicásemos
explicaras	explicarais	explicases	explicaseis
explicara	explicaran	explicase	explicasen

PAST PERFECT SUBJUNCTIVE (-ra)   *or*   **PAST PERFECT SUBJUNCTIVE (-se)**

hubiera explicado	hubiéramos explicado	hubiese explicado	hubiésemos explicado
hubieras explicado	hubierais explicado	hubieses explicado	hubieseis explicado
hubiera explicado	hubieran explicado	hubiese explicado	hubiesen explicado

PROGRESSIVE TENSES

PRESENT	estoy, estás, está, estamos, estáis, están
PRETERIT	estuve, estuviste, estuvo, estuvimos, estuvisteis, estuvieron
IMPERFECT	estaba, estabas, estaba, estábamos, estabais, estaban
FUTURE	estaré, estarás, estará, estaremos, estaréis, estarán
CONDITIONAL	estaría, estarías, estaría, estaríamos, estaríais, estarían
SUBJUNCTIVE	que + *corresponding subjunctive tense of* estar (*see verb 252*)

} explicando

COMMANDS

	(nosotros) expliquemos/no expliquemos
(tú) explica/no expliques	(vosotros) explicad/no expliquéis
(Ud.) explique/no explique	(Uds.) expliquen/no expliquen

Usage

Les expliqué mi idea.	*I explained my idea to them.*
¿Quieres explicarme lo que viste?	*Do you want to comment on what you saw?*
Hace muchos años que explica álgebra.	*She's been teaching algebra for many years.*
No me explico cómo pasó.	*I can't understand how it happened.*
No podemos aceptar su explicación.	*We can't accept his explanation/reason.*

regular -ar verb

expreso · expresaron · expresado · expresando

PRESENT

expreso	expresamos
expresas	expresáis
expresa	expresan

IMPERFECT

expresaba	expresábamos
expresabas	expresabais
expresaba	expresaban

FUTURE

expresaré	expresaremos
expresarás	expresaréis
expresará	expresarán

PLUPERFECT

había expresado	habíamos expresado
habías expresado	habíais expresado
había expresado	habían expresado

FUTURE PERFECT

habré expresado	habremos expresado
habrás expresado	habréis expresado
habrá expresado	habrán expresado

PRESENT SUBJUNCTIVE

exprese	expresemos
expreses	expreséis
exprese	expresen

IMPERFECT SUBJUNCTIVE (-ra)

expresara	expresáramos
expresaras	expresarais
expresara	expresaran

PAST PERFECT SUBJUNCTIVE (-ra)

hubiera expresado	hubiéramos expresado
hubieras expresado	hubierais expresado
hubiera expresado	hubieran expresado

PRETERIT

expresé	expresamos
expresaste	expresasteis
expresó	expresaron

PRESENT PERFECT

he expresado	hemos expresado
has expresado	habéis expresado
ha expresado	han expresado

CONDITIONAL

expresaría	expresaríamos
expresarías	expresaríais
expresaría	expresarían

PRETERIT PERFECT

hube expresado	hubimos expresado
hubiste expresado	hubisteis expresado
hubo expresado	hubieron expresado

CONDITIONAL PERFECT

habría expresado	habríamos expresado
habrías expresado	habríais expresado
habría expresado	habrían expresado

PRESENT PERFECT SUBJUNCTIVE

haya expresado	hayamos expresado
hayas expresado	hayáis expresado
haya expresado	hayan expresado

or **IMPERFECT SUBJUNCTIVE (-se)**

expresase	expresásemos
expresases	expresaseis
expresase	expresasen

or **PAST PERFECT SUBJUNCTIVE (-se)**

hubiese expresado	hubiésemos expresado
hubieses expresado	hubieseis expresado
hubiese expresado	hubiesen expresado

PROGRESSIVE TENSES

PRESENT	estoy, estás, está, estamos, estáis, están
PRETERIT	estuve, estuviste, estuvo, estuvimos, estuvisteis, estuvieron
IMPERFECT	estaba, estabas, estaba, estábamos, estabais, estaban
FUTURE	estaré, estarás, estará, estaremos, estaréis, estarán
CONDITIONAL	estaría, estarías, estaría, estaríamos, estaríais, estarían
SUBJUNCTIVE	que + corresponding subjunctive tense of estar (see verb 252)

> expresando

COMMANDS

	(nosotros) expresemos/no expresemos
(tú) expresa/no expreses	(vosotros) expresad/no expreséis
(Ud.) exprese/no exprese	(Uds.) expresen/no expresen

Usage

No expresó su idea muy claramente.	*He didn't express his idea very clearly.*
Expresa su inquietud últimamente.	*She's showing/conveying her worry lately.*
No se expresan bien en inglés.	*They don't express themselves well in English.*
Tiene un estilo muy expresivo.	*He has a very expressive style.*
¿Qué expresión se usa en español?	*What expression is used in Spanish?*

259 extinguir   to extinguish, put out, wipe out

extingo · extinguieron · extinguido · extinguiendo   *-ir* verb; spelling change: *gu > g/o, a*

PRESENT

extingo	extinguimos
extingues	extinguís
extingue	extinguen

PRETERIT

extinguí	extinguimos
extinguiste	extinguisteis
extinguió	extinguieron

IMPERFECT

extinguía	extinguíamos
extinguías	extinguíais
extinguía	extinguían

PRESENT PERFECT

he extinguido	hemos extinguido
has extinguido	habéis extinguido
ha extinguido	han extinguido

FUTURE

extinguiré	extinguiremos
extinguirás	extinguiréis
extinguirá	extinguirán

CONDITIONAL

extinguiría	extinguiríamos
extinguirías	extinguiríais
extinguiría	extinguirían

PLUPERFECT

había extinguido	habíamos extinguido
habías extinguido	habíais extinguido
había extinguido	habían extinguido

PRETERIT PERFECT

hube extinguido	hubimos extinguido
hubiste extinguido	hubisteis extinguido
hubo extinguido	hubieron extinguido

FUTURE PERFECT

habré extinguido	habremos extinguido
habrás extinguido	habréis extinguido
habrá extinguido	habrán extinguido

CONDITIONAL PERFECT

habría extinguido	habríamos extinguido
habrías extinguido	habríais extinguido
habría extinguido	habrían extinguido

PRESENT SUBJUNCTIVE

extinga	extingamos
extingas	extingáis
extinga	extingan

PRESENT PERFECT SUBJUNCTIVE

haya extinguido	hayamos extinguido
hayas extinguido	hayáis extinguido
haya extinguido	hayan extinguido

IMPERFECT SUBJUNCTIVE (-ra)

extinguiera	extinguiéramos
extinguieras	extinguierais
extinguiera	extinguieran

or **IMPERFECT SUBJUNCTIVE (-se)**

extinguiese	extinguiésemos
extinguieses	extinguieseis
extinguiese	extinguiesen

PAST PERFECT SUBJUNCTIVE (-ra)

hubiera extinguido	hubiéramos extinguido
hubieras extinguido	hubierais extinguido
hubiera extinguido	hubieran extinguido

or **PAST PERFECT SUBJUNCTIVE (-se)**

hubiese extinguido	hubiésemos extinguido
hubieses extinguido	hubieseis extinguido
hubiese extinguido	hubiesen extinguido

PROGRESSIVE TENSES

PRESENT	estoy, estás, está, estamos, estáis, están
PRETERIT	estuve, estuviste, estuvo, estuvimos, estuvisteis, estuvieron
IMPERFECT	estaba, estabas, estaba, estábamos, estabais, estaban
FUTURE	estaré, estarás, estará, estaremos, estaréis, estarán
CONDITIONAL	estaría, estarías, estaría, estaríamos, estaríais, estarían
SUBJUNCTIVE	que + *corresponding subjunctive tense of* estar (*see verb 252*)

} extinguiendo

COMMANDS

	(nosotros) extingamos/no extingamos
(tú) extingue/no extingas	(vosotros) extinguid/no extingáis
(Ud.) extinga/no extinga	(Uds.) extingan/no extingan

Usage

Extingue el fuego de campamento.	*Extinguish/Put out the campfire.*
Las vacunas han extinguido ciertas enfermedades.	*Vaccines have wiped out some diseases.*
Es una especie extinta.	*It's an extinct species.*
Hay un extintor de incendios en la cocina.	*There's a fire extinguisher in the kitchen.*

regular -ar verb   extraño · extrañaron · extrañado · extrañando

PRESENT

extraño	extrañamos
extrañas	extrañáis
extraña	extrañan

PRETERIT

extrañé	extrañamos
extrañaste	extrañasteis
extrañó	extrañaron

IMPERFECT

extrañaba	extrañábamos
extrañabas	extrañabais
extrañaba	extrañaban

PRESENT PERFECT

he extrañado	hemos extrañado
has extrañado	habéis extrañado
ha extrañado	han extrañado

FUTURE

extrañaré	extrañaremos
extrañarás	extrañaréis
extrañará	extrañarán

CONDITIONAL

extrañaría	extrañaríamos
extrañarías	extrañaríais
extrañaría	extrañarían

PLUPERFECT

había extrañado	habíamos extrañado
habías extrañado	habíais extrañado
había extrañado	habían extrañado

PRETERIT PERFECT

hube extrañado	hubimos extrañado
hubiste extrañado	hubisteis extrañado
hubo extrañado	hubieron extrañado

FUTURE PERFECT

habré extrañado	habremos extrañado
habrás extrañado	habréis extrañado
habrá extrañado	habrán extrañado

CONDITIONAL PERFECT

habría extrañado	habríamos extrañado
habrías extrañado	habríais extrañado
habría extrañado	habrían extrañado

PRESENT SUBJUNCTIVE

extrañe	extrañemos
extrañes	extrañéis
extrañe	extrañen

PRESENT PERFECT SUBJUNCTIVE

haya extrañado	hayamos extrañado
hayas extrañado	hayáis extrañado
haya extrañado	hayan extrañado

IMPERFECT SUBJUNCTIVE (-ra)

extrañara	extrañáramos
extrañaras	extrañarais
extrañara	extrañaran

or **IMPERFECT SUBJUNCTIVE (-se)**

extrañase	extrañásemos
extrañases	extrañaseis
extrañase	extrañasen

PAST PERFECT SUBJUNCTIVE (-ra)

hubiera extrañado	hubiéramos extrañado
hubieras extrañado	hubierais extrañado
hubiera extrañado	hubieran extrañado

or **PAST PERFECT SUBJUNCTIVE (-se)**

hubiese extrañado	hubiésemos extrañado
hubieses extrañado	hubieseis extrañado
hubiese extrañado	hubiesen extrañado

PROGRESSIVE TENSES

PRESENT	estoy, estás, está, estamos, estáis, están
PRETERIT	estuve, estuviste, estuvo, estuvimos, estuvisteis, estuvieron
IMPERFECT	estaba, estabas, estaba, estábamos, estabais, estaban
FUTURE	estaré, estarás, estará, estaremos, estaréis, estarán
CONDITIONAL	estaría, estarías, estaría, estaríamos, estaríais, estarían
SUBJUNCTIVE	que + *corresponding subjunctive tense of* estar (*see verb 252*)

} extrañando

COMMANDS

	(nosotros) extrañemos/no extrañemos
(tú) extraña/no extrañes	(vosotros) extrañad/no extrañéis
(Ud.) extrañe/no extrañe	(Uds.) extrañen/no extrañen

Usage

Me extraña encontrarte aquí.	*I'm surprised to find you here.*
Extraña no conocer a nadie aquí.	*It's surprising not to know anyone here.*
Nos extrañamos que hayan salido.	*We're surprised they've gone out.*
Extraña a sus amigos.	*She misses her friends.*
Pasaron unas cosas muy extrañas.	*Some very strange/odd/peculiar things happened.*

261

fabricar *to manufacture, make, fabricate*

fabrico · fabricaron · fabricado · fabricando

-ar verb; spelling change: c > qu/e

PRESENT		PRETERIT	
fabrico	fabricamos	fabriqué	fabricamos
fabricas	fabricáis	fabricaste	fabricasteis
fabrica	fabrican	fabricó	fabricaron

IMPERFECT		PRESENT PERFECT	
fabricaba	fabricábamos	he fabricado	hemos fabricado
fabricabas	fabricabais	has fabricado	habéis fabricado
fabricaba	fabricaban	ha fabricado	han fabricado

FUTURE		CONDITIONAL	
fabricaré	fabricaremos	fabricaría	fabricaríamos
fabricarás	fabricaréis	fabricarías	fabricaríais
fabricará	fabricarán	fabricaría	fabricarían

PLUPERFECT		PRETERIT PERFECT	
había fabricado	habíamos fabricado	hube fabricado	hubimos fabricado
habías fabricado	habíais fabricado	hubiste fabricado	hubisteis fabricado
había fabricado	habían fabricado	hubo fabricado	hubieron fabricado

FUTURE PERFECT		CONDITIONAL PERFECT	
habré fabricado	habremos fabricado	habría fabricado	habríamos fabricado
habrás fabricado	habréis fabricado	habrías fabricado	habríais fabricado
habrá fabricado	habrán fabricado	habría fabricado	habrían fabricado

PRESENT SUBJUNCTIVE		PRESENT PERFECT SUBJUNCTIVE	
fabrique	fabriquemos	haya fabricado	hayamos fabricado
fabriques	fabriquéis	hayas fabricado	hayáis fabricado
fabrique	fabriquen	haya fabricado	hayan fabricado

IMPERFECT SUBJUNCTIVE (-ra)		*or* IMPERFECT SUBJUNCTIVE (-se)	
fabricara	fabricáramos	fabricase	fabricásemos
fabricaras	fabricarais	fabricases	fabricaseis
fabricara	fabricaran	fabricase	fabricasen

PAST PERFECT SUBJUNCTIVE (-ra)		*or* PAST PERFECT SUBJUNCTIVE (-se)	
hubiera fabricado	hubiéramos fabricado	hubiese fabricado	hubiésemos fabricado
hubieras fabricado	hubierais fabricado	hubieses fabricado	hubieseis fabricado
hubiera fabricado	hubieran fabricado	hubiese fabricado	hubiesen fabricado

PROGRESSIVE TENSES

PRESENT	estoy, estás, está, estamos, estáis, están
PRETERIT	estuve, estuviste, estuvo, estuvimos, estuvisteis, estuvieron
IMPERFECT	estaba, estabas, estaba, estábamos, estabais, estaban
FUTURE	estaré, estarás, estará, estaremos, estaréis, estarán
CONDITIONAL	estaría, estarías, estaría, estaríamos, estaríais, estarían
SUBJUNCTIVE	que + *corresponding subjunctive tense of* estar (*see verb 252*)

} fabricando

COMMANDS

	(nosotros) fabriquemos/no fabriquemos
(tú) fabrica/no fabriques	(vosotros) fabricad/no fabriquéis
(Ud.) fabrique/no fabrique	(Uds.) fabriquen/no fabriquen

Usage

Se fabricó esta computadora en Tejas.	*This computer was manufactured in Texas.*
El automóvil fue fabricado en Alemania.	*The car was manufactured in Germany.*
¡No fabriques mentiras!	*Don't fabricate/make up lies!*
Hay muchas fábricas en esta región.	*There are many factories/plants in this region.*
¿Cómo se llama el fabricante?	*What's the manufacturer's name?*
No encuentro la marca de fábrica.	*I can't find the trademark.*

regular -*ar* verb   **facilito · facilitaron · facilitado · facilitando**

PRESENT

facilito	facilitamos
facilitas	facilitáis
facilita	facilitan

IMPERFECT

facilitaba	facilitábamos
facilitabas	facilitabais
facilitaba	facilitaban

FUTURE

facilitaré	facilitaremos
facilitarás	facilitaréis
facilitará	facilitarán

PLUPERFECT

había facilitado	habíamos facilitado
habías facilitado	habíais facilitado
había facilitado	habían facilitado

FUTURE PERFECT

habré facilitado	habremos facilitado
habrás facilitado	habréis facilitado
habrá facilitado	habrán facilitado

PRESENT SUBJUNCTIVE

facilite	facilitemos
facilites	facilitéis
facilite	faciliten

IMPERFECT SUBJUNCTIVE (-ra)

facilitara	facilitáramos
facilitaras	facilitarais
facilitara	facilitaran

PAST PERFECT SUBJUNCTIVE (-ra)

hubiera facilitado	hubiéramos facilitado
hubieras facilitado	hubierais facilitado
hubiera facilitado	hubieran facilitado

PRETERIT

facilité	facilitamos
facilitaste	facilitasteis
facilitó	facilitaron

PRESENT PERFECT

he facilitado	hemos facilitado
has facilitado	habéis facilitado
ha facilitado	han facilitado

CONDITIONAL

facilitaría	facilitaríamos
facilitarías	facilitaríais
facilitaría	facilitarían

PRETERIT PERFECT

hube facilitado	hubimos facilitado
hubiste facilitado	hubisteis facilitado
hubo facilitado	hubieron facilitado

CONDITIONAL PERFECT

habría facilitado	habríamos facilitado
habrías facilitado	habríais facilitado
habría facilitado	habrían facilitado

PRESENT PERFECT SUBJUNCTIVE

haya facilitado	hayamos facilitado
hayas facilitado	hayáis facilitado
haya facilitado	hayan facilitado

or **IMPERFECT SUBJUNCTIVE (-se)**

facilitase	facilitásemos
facilitases	facilitaseis
facilitase	facilitasen

or **PAST PERFECT SUBJUNCTIVE (-se)**

hubiese facilitado	hubiésemos facilitado
hubieses facilitado	hubieseis facilitado
hubiese facilitado	hubiesen facilitado

PROGRESSIVE TENSES

PRESENT	estoy, estás, está, estamos, estáis, están
PRETERIT	estuve, estuviste, estuvo, estuvimos, estuvisteis, estuvieron
IMPERFECT	estaba, estabas, estaba, estábamos, estabais, estaban
FUTURE	estaré, estarás, estará, estaremos, estaréis, estarán
CONDITIONAL	estaría, estarías, estaría, estaríamos, estaríais, estarían
SUBJUNCTIVE	que + *corresponding subjunctive tense of* estar (*see verb 252*)

} facilitando

COMMANDS

	(nosotros) facilitemos/no facilitemos
(tú) facilita/no facilites	(vosotros) facilitad/no facilitéis
(Ud.) facilite/no facilite	(Uds.) faciliten/no faciliten

Usage

Facilitó los trámites.	*He facilitated/helped with the procedure.*
Nos facilitó todos los datos necesarios.	*He provided us with all the necessary information.*
Trato de facilitarle la entrevista.	*I'm trying to arrange the interview for you.*
Es fácil de hacer.	*It's easy to do.*
Ganó la carrera fácilmente.	*He won the race easily.*
Lo hace todo con gran facilidad.	*She does everything with great ease/so easily.*

¿Por qué faltaste a la cita?	*Why did you miss our appointment?*
Faltó a la reunión.	*She missed/was absent from the meeting.*
Sólo falta el último capítulo.	*Just the last chapter is left.*
Faltan cojines en el sofá.	*Pillows are missing/needed for the couch.*
Falta luz en el cuarto.	*There's not enough light in the room.*
Faltó a su palabra.	*She broke her word.*
Falta por ver si el vicepresidente se dé por vencido.	*It remains to be seen whether the vice president will concede.*
Falta que Uds. tomen una decisión.	*You still have to make a decision.*
¡No faltaba más!	*Not at all.*
Poco falta para que se termine el programa.	*The program is almost over.*

faltarle algo a alguien to be missing, lacking

Nos faltaba tiempo para ir de compras.	*We didn't have time to go shopping.*
¿Qué más les faltará?	*What more could they be missing?*

hacerle falta to need

Hace falta tener experiencia.	*You/One must have experience/be experienced.*
Hace falta que consideres el caso.	*You must consider the case.*
Me hace falta recogerlos.	*I need to pick them up.*
Le hacen mucha falta.	*He needs them very much.*

Other Uses

Por falta de capital se quebró la firma.	*The firm went bankrupt for lack of capital.*
Cometió faltas de ortografía en su artículo.	*She made spelling mistakes in her article.*
Fíjate en la falta de imprenta.	*Notice the misprint.*
¡Qué falta de educación!	*What bad manners!*
A falta de pan buenas son tortas.	*Half a loaf is better than none.*
Entregue los documentos mañana sin falta.	*Deliver the papers tomorrow without fail.*

TOP 50 VERBS

regular -*ar* verb (like **gustar**)   **falto · faltaron · faltado · faltando**

PRESENT

falto	faltamos
faltas	faltáis
falta	faltan

PRETERIT

falté	faltamos
faltaste	faltasteis
faltó	faltaron

IMPERFECT

faltaba	faltábamos
faltabas	faltabais
faltaba	faltaban

PRESENT PERFECT

he faltado	hemos faltado
has faltado	habéis faltado
ha faltado	han faltado

FUTURE

faltaré	faltaremos
faltarás	faltaréis
faltará	faltarán

CONDITIONAL

faltaría	faltaríamos
faltarías	faltaríais
faltaría	faltarían

PLUPERFECT

había faltado	habíamos faltado
habías faltado	habíais faltado
había faltado	habían faltado

PRETERIT PERFECT

hube faltado	hubimos faltado
hubiste faltado	hubisteis faltado
hubo faltado	hubieron faltado

FUTURE PERFECT

habré faltado	habremos faltado
habrás faltado	habréis faltado
habrá faltado	habrán faltado

CONDITIONAL PERFECT

habría faltado	habríamos faltado
habrías faltado	habríais faltado
habría faltado	habrían faltado

PRESENT SUBJUNCTIVE

falte	faltemos
faltes	faltéis
falte	falten

PRESENT PERFECT SUBJUNCTIVE

haya faltado	hayamos faltado
hayas faltado	hayáis faltado
haya faltado	hayan faltado

IMPERFECT SUBJUNCTIVE (-ra)

faltara	faltáramos
faltaras	faltarais
faltara	faltaran

or **IMPERFECT SUBJUNCTIVE (-se)**

faltase	faltásemos
faltases	faltaseis
faltase	faltasen

PAST PERFECT SUBJUNCTIVE (-ra)

hubiera faltado	hubiéramos faltado
hubieras faltado	hubierais faltado
hubiera faltado	hubieran faltado

or **PAST PERFECT SUBJUNCTIVE (-se)**

hubiese faltado	hubiésemos faltado
hubieses faltado	hubieseis faltado
hubiese faltado	hubiesen faltado

PROGRESSIVE TENSES

PRESENT	estoy, estás, está, estamos, estáis, están
PRETERIT	estuve, estuviste, estuvo, estuvimos, estuvisteis, estuvieron
IMPERFECT	estaba, estabas, estaba, estábamos, estabais, estaban
FUTURE	estaré, estarás, estará, estaremos, estaréis, estarán
CONDITIONAL	estaría, estarías, estaría, estaríamos, estaríais, estarían
SUBJUNCTIVE	que + *corresponding subjunctive tense of* estar (*see verb 252*)

} faltando

COMMANDS

	(nosotros) faltemos/no faltemos
(tú) falta/no faltes	(vosotros) faltad/no faltéis
(Ud.) falte/no falte	(Uds.) falten/no falten

Usage

Faltaron a clase.	*They missed school/were absent.*
Un jugador faltó al partido.	*One player missed the game.*
Faltó a sus compromisos.	*He failed to meet his obligations.*
—¿Cuánto dinero te falta?	*How much money are you short?*
—Me faltan 500 dólares.	*I'm short $500.*
Falta una semana para las vacaciones.	*Vacation is one week away.*

fascinar · *to fascinate, delight, attract attention, interest*

fascina · fascinaron · fascinado · fascinando   regular *-ar* verb (like **gustar**)

PRESENT

me fascina(n)	nos fascina(n)
te fascina(n)	os fascina(n)
le fascina(n)	les fascina(n)

PRETERIT

me fascinó(-aron)	nos fascinó(-aron)
te fascinó(-aron)	os fascinó(-aron)
le fascinó(-aron)	les fascinó(-aron)

IMPERFECT

me fascinaba(n)	nos fascinaba(n)
te fascinaba(n)	os fascinaba(n)
le fascinaba(n)	les fascinaba(n)

PRESENT PERFECT

me ha(n) fascinado	nos ha(n) fascinado
te ha(n) fascinado	os ha(n) fascinado
le ha(n) fascinado	les ha(n) fascinado

FUTURE

me fascinará(n)	nos fascinará(n)
te fascinará(n)	os fascinará(n)
le fascinará(n)	les fascinará(n)

CONDITIONAL

me fascinaría(n)	nos fascinaría(n)
te fascinaría(n)	os fascinaría(n)
le fascinaría(n)	les fascinaría(n)

PLUPERFECT

me había(n) fascinado	nos había(n) fascinado
te había(n) fascinado	os había(n) fascinado
le había(n) fascinado	les había(n) fascinado

PRETERIT PERFECT

me hubo(-ieron) fascinado	nos hubo(-ieron) fascinado
te hubo(-ieron) fascinado	os hubo(-ieron) fascinado
le hubo(-ieron) fascinado	les hubo(-ieron) fascinado

FUTURE PERFECT

me habrá(n) fascinado	nos habrá(n) fascinado
te habrá(n) fascinado	os habrá(n) fascinado
le habrá(n) fascinado	les habrá(n) fascinado

CONDITIONAL PERFECT

me habría(n) fascinado	nos habría(n) fascinado
te habría(n) fascinado	os habría(n) fascinado
le habría(n) fascinado	les habría(n) fascinado

PRESENT SUBJUNCTIVE

me fascine(n)	nos fascine(n)
te fascine(n)	os fascine(n)
le fascine(n)	les fascine(n)

PRESENT PERFECT SUBJUNCTIVE

me haya(n) fascinado	nos haya(n) fascinado
te haya(n) fascinado	os haya(n) fascinado
le haya(n) fascinado	les haya(n) fascinado

IMPERFECT SUBJUNCTIVE (-ra)

me fascinara(n)	nos fascinara(n)
te fascinara(n)	os fascinara(n)
le fascinara(n)	les fascinara(n)

or ### IMPERFECT SUBJUNCTIVE (-se)

me fascinase(n)	nos fascinase(n)
te fascinase(n)	os fascinase(n)
le fascinase(n)	les fascinase(n)

PAST PERFECT SUBJUNCTIVE (-ra)

me hubiera(n) fascinado	nos hubiera(n) fascinado
te hubiera(n) fascinado	os hubiera(n) fascinado
le hubiera(n) fascinado	les hubiera(n) fascinado

or ### PAST PERFECT SUBJUNCTIVE (-se)

me hubiese(n) fascinado	nos hubiese(n) fascinado
te hubiese(n) fascinado	os hubiese(n) fascinado
le hubiese(n) fascinado	les hubiese(n) fascinado

PROGRESSIVE TENSES

PRESENT	me	está, están	
PRETERIT	te	estuvo, estuvieron	
IMPERFECT	le	estaba, estaban	fascinando
FUTURE	nos	estará, estarán	
CONDITIONAL	os	estaría, estarían	
SUBJUNCTIVE	que · les	*corresponding subjunctive tense of* estar (*see verb 252*)	

COMMANDS

¡Que te/le/os/les fascine(n)!   ¡Que no te/le/os/les fascine(n)!

Usage

Los cuentos de hadas fascinan a los niños.	*Children love fairy tales.*
—¿Te gustó la obra de teatro?	*Did you like the play?*
—Me fascinó.	*I loved it.*
Me fascinan estas estatuillas.	*I find these figurines charming.*
No sé por qué te fascina esta novela.	*I don't know why you like this novel.*
Nos fascinan otras culturas.	*We're interested in other cultures.*
Esta música es fascinadora.	*This music is delightful.*

-*er* verb; spelling change:
c > *zc/o, a*

favorezco · favorecieron · favorecido · favoreciendo

PRESENT

favorezco	favorecemos
favoreces	favorecéis
favorece	favorecen

IMPERFECT

favorecía	favorecíamos
favorecías	favorecíais
favorecía	favorecían

FUTURE

favoreceré	favoreceremos
favorecerás	favoreceréis
favorecerá	favorecerán

PLUPERFECT

había favorecido	habíamos favorecido
habías favorecido	habíais favorecido
había favorecido	habían favorecido

FUTURE PERFECT

habré favorecido	habremos favorecido
habrás favorecido	habréis favorecido
habrá favorecido	habrán favorecido

PRESENT SUBJUNCTIVE

favorezca	favorezcamos
favorezcas	favorezcáis
favorezca	favorezcan

IMPERFECT SUBJUNCTIVE (-ra)

favoreciera	favoreciéramos
favorecieras	favorecierais
favoreciera	favorecieran

PAST PERFECT SUBJUNCTIVE (-ra)

hubiera favorecido	hubiéramos favorecido
hubieras favorecido	hubierais favorecido
hubiera favorecido	hubieran favorecido

PRETERIT

favorecí	favorecimos
favoreciste	favorecisteis
favoreció	favorecieron

PRESENT PERFECT

he favorecido	hemos favorecido
has favorecido	habéis favorecido
ha favorecido	han favorecido

CONDITIONAL

favorecería	favoreceríamos
favorecerías	favoreceríais
favorecería	favorecerían

PRETERIT PERFECT

hube favorecido	hubimos favorecido
hubiste favorecido	hubisteis favorecido
hubo favorecido	hubieron favorecido

CONDITIONAL PERFECT

habría favorecido	habríamos favorecido
habrías favorecido	habríais favorecido
habría favorecido	habrían favorecido

PRESENT PERFECT SUBJUNCTIVE

haya favorecido	hayamos favorecido
hayas favorecido	hayáis favorecido
haya favorecido	hayan favorecido

or **IMPERFECT SUBJUNCTIVE (-se)**

favoreciese	favoreciésemos
favorecieses	favorecieseis
favoreciese	favoreciesen

or **PAST PERFECT SUBJUNCTIVE (-se)**

hubiese favorecido	hubiésemos favorecido
hubieses favorecido	hubieseis favorecido
hubiese favorecido	hubiesen favorecido

PROGRESSIVE TENSES

PRESENT	estoy, estás, está, estamos, estáis, están
PRETERIT	estuve, estuviste, estuvo, estuvimos, estuvisteis, estuvieron
IMPERFECT	estaba, estabas, estaba, estábamos, estabais, estaban
FUTURE	estaré, estarás, estará, estaremos, estaréis, estarán
CONDITIONAL	estaría, estarías, estaría, estaríamos, estaríais, estarían
SUBJUNCTIVE	que + *corresponding subjunctive tense of* estar (*see verb 252*)

} favoreciendo

COMMANDS

	(nosotros) favorezcamos/no favorezcamos
(tú) favorece/no favorezcas	(vosotros) favoreced/no favorezcáis
(Ud.) favorezca/no favorezca	(Uds.) favorezcan/no favorezcan

Usage

Las condiciones actuales nos favorecen.	*Present conditions favor us.*
—El azul claro te favorece.	*Light blue looks good on you.*
—Pero el rosado es mi color favorito.	*But pink is my favorite color.*
¿Estás a favor de la pena de muerte?	*Are you in favor of capital punishment?*
Di *por favor* cuando le pidas el favor.	*Say "please" when you ask her for the favor.*

266

felicitar · *to congratulate, compliment*

felicito · felicitaron · felicitado · felicitando · regular -ar verb

PRESENT

felicito	felicitamos
felicitas	felicitáis
felicita	felicitan

PRETERIT

felicité	felicitamos
felicitaste	felicitasteis
felicitó	felicitaron

IMPERFECT

felicitaba	felicitábamos
felicitabas	felicitabais
felicitaba	felicitaban

PRESENT PERFECT

he felicitado	hemos felicitado
has felicitado	habéis felicitado
ha felicitado	han felicitado

FUTURE

felicitaré	felicitaremos
felicitarás	felicitaréis
felicitará	felicitarán

CONDITIONAL

felicitaría	felicitaríamos
felicitarías	felicitaríais
felicitaría	felicitarían

PLUPERFECT

había felicitado	habíamos felicitado
habías felicitado	habíais felicitado
había felicitado	habían felicitado

PRETERIT PERFECT

hube felicitado	hubimos felicitado
hubiste felicitado	hubisteis felicitado
hubo felicitado	hubieron felicitado

FUTURE PERFECT

habré felicitado	habremos felicitado
habrás felicitado	habréis felicitado
habrá felicitado	habrán felicitado

CONDITIONAL PERFECT

habría felicitado	habríamos felicitado
habrías felicitado	habríais felicitado
habría felicitado	habrían felicitado

PRESENT SUBJUNCTIVE

felicite	felicitemos
felicites	felicitéis
felicite	feliciten

PRESENT PERFECT SUBJUNCTIVE

haya felicitado	hayamos felicitado
hayas felicitado	hayáis felicitado
haya felicitado	hayan felicitado

IMPERFECT SUBJUNCTIVE (-ra)

felicitara	felicitáramos
felicitaras	felicitarais
felicitara	felicitaran

or **IMPERFECT SUBJUNCTIVE (-se)**

felicitase	felicitásemos
felicitases	felicitaseis
felicitase	felicitasen

PAST PERFECT SUBJUNCTIVE (-ra)

hubiera felicitado	hubiéramos felicitado
hubieras felicitado	hubierais felicitado
hubiera felicitado	hubieran felicitado

or **PAST PERFECT SUBJUNCTIVE (-se)**

hubiese felicitado	hubiésemos felicitado
hubieses felicitado	hubieseis felicitado
hubiese felicitado	hubiesen felicitado

PROGRESSIVE TENSES

PRESENT	estoy, estás, está, estamos, estáis, están	
PRETERIT	estuve, estuviste, estuvo, estuvimos, estuvisteis, estuvieron	
IMPERFECT	estaba, estabas, estaba, estábamos, estabais, estaban	felicitando
FUTURE	estaré, estarás, estará, estaremos, estaréis, estarán	
CONDITIONAL	estaría, estarías, estaría, estaríamos, estaríais, estarían	
SUBJUNCTIVE	que + *corresponding subjunctive tense of* estar (*see verb 252*)	

COMMANDS

	(nosotros) felicitemos/no felicitemos
(tú) felicita/no felicites	(vosotros) felicitad/no felicitéis
(Ud.) felicite/no felicite	(Uds.) feliciten/no feliciten

Usage

Lo felicitamos por su ascenso.	*We congratulated him on his promotion.*
La felicité por su moda tan original.	*I complimented her on her very original fashion/style.*
¡Feliz cumpleaños! ¡Feliz Año Nuevo!	*Happy Birthday! Happy New Year!*
¡Felicitaciones!/¡Felicidades!	*Congratulations!*
Felizmente despejó antes que nos fuéramos.	*Fortunately it cleared up before we left.*

regular -ar verb

festejo · festejaron · festejado · festejando

PRESENT

festejo	festejamos
festejas	festejáis
festeja	festejan

PRETERIT

festejé	festejamos
festejaste	festejasteis
festejó	festejaron

IMPERFECT

festejaba	festejábamos
festejabas	festejabais
festejaba	festejaban

PRESENT PERFECT

he festejado	hemos festejado
has festejado	habéis festejado
ha festejado	han festejado

FUTURE

festejaré	festejaremos
festejarás	festejaréis
festejará	festejarán

CONDITIONAL

festejaría	festejaríamos
festejarías	festejaríais
festejaría	festejarían

PLUPERFECT

había festejado	habíamos festejado
habías festejado	habíais festejado
había festejado	habían festejado

PRETERIT PERFECT

hube festejado	hubimos festejado
hubiste festejado	hubisteis festejado
hubo festejado	hubieron festejado

FUTURE PERFECT

habré festejado	habremos festejado
habrás festejado	habréis festejado
habrá festejado	habrán festejado

CONDITIONAL PERFECT

habría festejado	habríamos festejado
habrías festejado	habríais festejado
habría festejado	habrían festejado

PRESENT SUBJUNCTIVE

festeje	festejemos
festejes	festejéis
festeje	festejen

PRESENT PERFECT SUBJUNCTIVE

haya festejado	hayamos festejado
hayas festejado	hayáis festejado
haya festejado	hayan festejado

IMPERFECT SUBJUNCTIVE (-ra)

festejara	festejáramos
festejaras	festejarais
festejara	festejaran

or **IMPERFECT SUBJUNCTIVE (-se)**

festejase	festejásemos
festejases	festejaseis
festejase	festejasen

PAST PERFECT SUBJUNCTIVE (-ra)

hubiera festejado	hubiéramos festejado
hubieras festejado	hubierais festejado
hubiera festejado	hubieran festejado

or **PAST PERFECT SUBJUNCTIVE (-se)**

hubiese festejado	hubiésemos festejado
hubieses festejado	hubieseis festejado
hubiese festejado	hubiesen festejado

PROGRESSIVE TENSES

PRESENT	estoy, estás, está, estamos, estáis, están
PRETERIT	estuve, estuviste, estuvo, estuvimos, estuvisteis, estuvieron
IMPERFECT	estaba, estabas, estaba, estábamos, estabais, estaban
FUTURE	estaré, estarás, estará, estaremos, estaréis, estarán
CONDITIONAL	estaría, estarías, estaría, estaríamos, estaríais, estarían
SUBJUNCTIVE	que + *corresponding subjunctive tense of* estar (*see verb 252*)

festejando

COMMANDS

	(nosotros) festejemos/no festejemos
(tú) festeja/no festejes	(vosotros) festejad/no festejéis
(Ud.) festeje/no festeje	(Uds.) festejen/no festejen

Usage

—¿Cómo festejaste tu cumpleaños? · *How did you celebrate your birthday?*
—Con una fiesta. Soy muy fiestera. · *With a party. I love parties./I'm fun-loving.*
Se festejará Año Nuevo en un hotel. · *We'll celebrate New Year's at a hotel.*
Festejamos a 50 huéspedes anoche. · *We entertained 50 guests last night.*
¡Qué gran festejo! · *What a great celebration/feast!*
El sábado es un día festivo. · *Saturday is a holiday.*

fiarse *to trust (in), confide in*

fío · fiaron · fiado · fiándose   *-ar* reflexive verb; spelling change: *i* > *í* when stressed

PRESENT		PRETERIT	
me fío	nos fiamos	me fié	nos fiamos
te fías	os fiáis	te fiaste	os fiasteis
se fía	se fían	se fió	se fiaron

IMPERFECT		PRESENT PERFECT	
me fiaba	nos fiábamos	me he fiado	nos hemos fiado
te fiabas	os fiabais	te has fiado	os habéis fiado
se fiaba	se fiaban	se ha fiado	se han fiado

FUTURE		CONDITIONAL	
me fiaré	nos fiaremos	me fiaría	nos fiaríamos
te fiarás	os fiaréis	te fiarías	os fiaríais
se fiará	se fiarán	se fiaría	se fiarían

PLUPERFECT		PRETERIT PERFECT	
me había fiado	nos habíamos fiado	me hube fiado	nos hubimos fiado
te habías fiado	os habíais fiado	te hubiste fiado	os hubisteis fiado
se había fiado	se habían fiado	se hubo fiado	se hubieron fiado

FUTURE PERFECT		CONDITIONAL PERFECT	
me habré fiado	nos habremos fiado	me habría fiado	nos habríamos fiado
te habrás fiado	os habréis fiado	te habrías fiado	os habríais fiado
se habrá fiado	se habrán fiado	se habría fiado	se habrían fiado

PRESENT SUBJUNCTIVE		PRESENT PERFECT SUBJUNCTIVE	
me fíe	nos fiemos	me haya fiado	nos hayamos fiado
te fíes	os fiéis	te hayas fiado	os hayáis fiado
se fíe	se fíen	se haya fiado	se hayan fiado

IMPERFECT SUBJUNCTIVE (-ra)		*or*	IMPERFECT SUBJUNCTIVE (-se)	
me fiara	nos fiáramos		me fiase	nos fiásemos
te fiaras	os fiarais		te fiases	os fiaseis
se fiara	se fiaran		se fiase	se fiasen

PAST PERFECT SUBJUNCTIVE (-ra)		*or*	PAST PERFECT SUBJUNCTIVE (-se)	
me hubiera fiado	nos hubiéramos fiado		me hubiese fiado	nos hubiésemos fiado
te hubieras fiado	os hubierais fiado		te hubieses fiado	os hubieseis fiado
se hubiera fiado	se hubieran fiado		se hubiese fiado	se hubiesen fiado

PROGRESSIVE TENSES

PRESENT	estoy, estás, está, estamos, estáis, están
PRETERIT	estuve, estuviste, estuvo, estuvimos, estuvisteis, estuvieron
IMPERFECT	estaba, estabas, estaba, estábamos, estabais, estaban
FUTURE	estaré, estarás, estará, estaremos, estaréis, estarán
CONDITIONAL	estaría, estarías, estaría, estaríamos, estaríais, estarían
SUBJUNCTIVE	que + *corresponding subjunctive tense of* estar (*see verb 252*)

fiando (*see page 31*)

COMMANDS

	(nosotros) fiémonos/no nos fiemos
(tú) fíate/no te fíes	(vosotros) fiaos/no os fiéis
(Ud.) fíese/no se fíe	(Uds.) fíense/no se fíen

Usage

Me fío de él.	*I trust/trust in him.*
—Fíate de ellos.	*Trust in them.*
—¡Qué va! No son de fiar.	*Nonsense! They are not trustworthy.*
Siempre nos fiábamos de ellos.	*We always trusted in them.*
Confió el problema a su amiga.	*She confided her problem to her friend.*
Es mejor no comprar al fiado.	*It's better not to buy on credit.*

regular -*ar* verb | **figuro · figuraron · figurado · figurando**

PRESENT

figuro	figuramos
figuras	figuráis
figura	figuran

PRETERIT

figuré	figuramos
figuraste	figurasteis
figuró	figuraron

IMPERFECT

figuraba	figurábamos
figurabas	figurabais
figuraba	figuraban

PRESENT PERFECT

he figurado	hemos figurado
has figurado	habéis figurado
ha figurado	han figurado

FUTURE

figuraré	figuraremos
figurarás	figuraréis
figurará	figurarán

CONDITIONAL

figuraría	figuraríamos
figurarías	figuraríais
figuraría	figurarían

PLUPERFECT

había figurado	habíamos figurado
habías figurado	habíais figurado
había figurado	habían figurado

PRETERIT PERFECT

hube figurado	hubimos figurado
hubiste figurado	hubisteis figurado
hubo figurado	hubieron figurado

FUTURE PERFECT

habré figurado	habremos figurado
habrás figurado	habréis figurado
habrá figurado	habrán figurado

CONDITIONAL PERFECT

habría figurado	habríamos figurado
habrías figurado	habríais figurado
habría figurado	habrían figurado

PRESENT SUBJUNCTIVE

figure	figuremos
figures	figuréis
figure	figuren

PRESENT PERFECT SUBJUNCTIVE

haya figurado	hayamos figurado
hayas figurado	hayáis figurado
haya figurado	hayan figurado

IMPERFECT SUBJUNCTIVE (-ra)

figurara	figuráramos
figuraras	figurarais
figurara	figuraran

or **IMPERFECT SUBJUNCTIVE (-se)**

figurase	figurásemos
figurases	figuraseis
figurase	figurasen

PAST PERFECT SUBJUNCTIVE (-ra)

hubiera figurado	hubiéramos figurado
hubieras figurado	hubierais figurado
hubiera figurado	hubieran figurado

or **PAST PERFECT SUBJUNCTIVE (-se)**

hubiese figurado	hubiésemos figurado
hubieses figurado	hubieseis figurado
hubiese figurado	hubiesen figurado

PROGRESSIVE TENSES

PRESENT	estoy, estás, está, estamos, estáis, están	
PRETERIT	estuve, estuviste, estuvo, estuvimos, estuvisteis, estuvieron	
IMPERFECT	estaba, estabas, estaba, estábamos, estabais, estaban	figurando
FUTURE	estaré, estarás, estará, estaremos, estaréis, estarán	
CONDITIONAL	estaría, estarías, estaría, estaríamos, estaríais, estarían	
SUBJUNCTIVE	que + *corresponding subjunctive tense of* estar (*see verb 252*)	

COMMANDS

	(nosotros) figuremos/no figuremos
(tú) figura/no figures	(vosotros) figurad/no figuréis
(Ud.) figure/no figure	(Uds.) figuren/no figuren

Usage

Esos títulos no figuran en la lista.	*Those titles don't appear on the list.*
Es el personaje que más figura en la novela.	*This is the most important character in the novel.*
¿Por qué no figuraba tu nombre en el elenco?	*Why wasn't your name in the cast?*
Figúrate.	*Just think./Just imagine.*
Es una figura importante.	*She's an important figure.*

fijo · fijaron · fijado · fijándose

regular *-ar* reflexive verb

PRESENT	
me fijo	nos fijamos
te fijas	os fijáis
se fija	se fijan

PRETERIT	
me fijé	nos fijamos
te fijaste	os fijasteis
se fijó	se fijaron

IMPERFECT	
me fijaba	nos fiábamos
te fijabas	os fijabais
se fijaba	se fijaban

PRESENT PERFECT	
me he fijado	nos hemos fijado
te has fijado	os habéis fijado
se ha fijado	se han fijado

FUTURE	
me fijaré	nos fijaremos
te fijarás	os fijaréis
se fijará	se fijarán

CONDITIONAL	
me fijaría	nos fijaríamos
te fijarías	os fijaríais
se fijaría	se fijarían

PLUPERFECT	
me había fijado	nos habíamos fijado
te habías fijado	os habíais fijado
se había fijado	se habían fijado

PRETERIT PERFECT	
me hube fijado	nos hubimos fijado
te hubiste fijado	os hubisteis fijado
se hubo fijado	se hubieron fijado

FUTURE PERFECT	
me habré fijado	nos habremos fijado
te habrás fijado	os habréis fijado
se habrá fijado	se habrán fijado

CONDITIONAL PERFECT	
me habría fijado	nos habríamos fijado
te habrías fijado	os habríais fijado
se habría fijado	se habrían fijado

PRESENT SUBJUNCTIVE	
me fije	nos fijemos
te fijes	os fijéis
se fije	se fijen

PRESENT PERFECT SUBJUNCTIVE	
me haya fijado	nos hayamos fijado
te hayas fijado	os hayáis fijado
se haya fijado	se hayan fijado

IMPERFECT SUBJUNCTIVE (-ra)		*or*	IMPERFECT SUBJUNCTIVE (-se)	
me fijara	nos fijáramos		me fijase	nos fijásemos
te fijaras	os fijarais		te fijases	os fijaseis
se fijara	se fijaran		se fijase	se fijasen

PAST PERFECT SUBJUNCTIVE (-ra)		*or*	PAST PERFECT SUBJUNCTIVE (-se)	
me hubiera fijado	nos hubiéramos fijado		me hubiese fijado	nos hubiésemos fijado
te hubieras fijado	os hubierais fijado		te hubieses fijado	os hubieseis fijado
se hubiera fijado	se hubieran fijado		se hubiese fijado	se hubiesen fijado

PROGRESSIVE TENSES

PRESENT	estoy, estás, está, estamos, estáis, están
PRETERIT	estuve, estuviste, estuvo, estuvimos, estuvisteis, estuvieron
IMPERFECT	estaba, estabas, estaba, estábamos, estabais, estaban
FUTURE	estaré, estarás, estará, estaremos, estaréis, estarán
CONDITIONAL	estaría, estarías, estaría, estaríamos, estaríais, estarían
SUBJUNCTIVE	que + *corresponding subjunctive tense of* estar (*see verb 252*)

fijando (*see page 31*)

COMMANDS

	(nosotros) fijémonos/no nos fijemos
(tú) fíjate/no te fijes	(vosotros) fijaos/no os fijéis
(Ud.) fíjese/no se fije	(Uds.) fíjense/no se fijen

Usage

No se han fijado en sus alrededores.	*They haven't noticed their surroundings.*
Fíjese en lo que le dicen.	*Pay attention to what they tell you.*
Fíjate.	*Look./Imagine./Just think.*
—Que fijen la fecha.	*Have them fix/set the date.*
—La fecha ya está fija. Y hay hora fija.	*The date is already set. And there's a set time.*
Fijó la mirada en los cantantes.	*She stared at the singers.*

-ir verb; spelling change: *g > j/o, a*

finjo · fingieron · fingido · fingiendo

PRESENT

finjo	fingimos
finges	fingís
finge	fingen

PRETERIT

fingí	fingimos
fingiste	fingisteis
fingió	fingieron

IMPERFECT

fingía	fingíamos
fingías	fingíais
fingía	fingían

PRESENT PERFECT

he fingido	hemos fingido
has fingido	habéis fingido
ha fingido	han fingido

FUTURE

fingiré	fingiremos
fingirás	fingiréis
fingirá	fingirán

CONDITIONAL

fingiría	fingiríamos
fingirías	fingiríais
fingiría	fingirían

PLUPERFECT

había fingido	habíamos fingido
habías fingido	habíais fingido
había fingido	habían fingido

PRETERIT PERFECT

hube fingido	hubimos fingido
hubiste fingido	hubisteis fingido
hubo fingido	hubieron fingido

FUTURE PERFECT

habré fingido	habremos fingido
habrás fingido	habréis fingido
habrá fingido	habrán fingido

CONDITIONAL PERFECT

habría fingido	habríamos fingido
habrías fingido	habríais fingido
habría fingido	habrían fingido

PRESENT SUBJUNCTIVE

finja	finjamos
finjas	finjáis
finja	finjan

PRESENT PERFECT SUBJUNCTIVE

haya fingido	hayamos fingido
hayas fingido	hayáis fingido
haya fingido	hayan fingido

IMPERFECT SUBJUNCTIVE (-ra)

fingiera	fingiéramos
fingieras	fingierais
fingiera	fingieran

or **IMPERFECT SUBJUNCTIVE (-se)**

fingiese	fingiésemos
fingieses	fingieseis
fingiese	fingiesen

PAST PERFECT SUBJUNCTIVE (-ra)

hubiera fingido	hubiéramos fingido
hubieras fingido	hubierais fingido
hubiera fingido	hubieran fingido

or **PAST PERFECT SUBJUNCTIVE (-se)**

hubiese fingido	hubiésemos fingido
hubieses fingido	hubieseis fingido
hubiese fingido	hubiesen fingido

PROGRESSIVE TENSES

PRESENT	estoy, estás, está, estamos, estáis, están
PRETERIT	estuve, estuviste, estuvo, estuvimos, estuvisteis, estuvieron
IMPERFECT	estaba, estabas, estaba, estábamos, estabais, estaban
FUTURE	estaré, estarás, estará, estaremos, estaréis, estarán
CONDITIONAL	estaría, estarías, estaría, estaríamos, estaríais, estarían
SUBJUNCTIVE	que + *corresponding subjunctive tense of* estar (*see verb 252*)

} fingiendo

COMMANDS

	(nosotros) finjamos/no finjamos
(tú) finge/no finjas	(vosotros) fingid/no finjáis
(Ud.) finja/no finja	(Uds.) finjan/no finjan

Usage

Fingía tristeza.	*She was feigning sadness.*
Fingen que están tristes.	*They're pretending to be sad.*
Fingió no comprender.	*He pretended not to understand.*
Estamos hartos del fingimiento.	*We're fed up with the pretense.*

firmar *to sign*

regular *-ar* verb

PRESENT

firmo	firmamos
firmas	firmáis
firma	firman

PRETERIT

firmé	firmamos
firmaste	firmasteis
firmó	firmaron

IMPERFECT

firmaba	firmábamos
firmabas	firmabais
firmaba	firmaban

PRESENT PERFECT

he firmado	hemos firmado
has firmado	habéis firmado
ha firmado	han firmado

FUTURE

firmaré	firmaremos
firmarás	firmaréis
firmará	firmarán

CONDITIONAL

firmaría	firmaríamos
firmarías	firmaríais
firmaría	firmarían

PLUPERFECT

había firmado	habíamos firmado
habías firmado	habíais firmado
había firmado	habían firmado

PRETERIT PERFECT

hube firmado	hubimos firmado
hubiste firmado	hubisteis firmado
hubo firmado	hubieron firmado

FUTURE PERFECT

habré firmado	habremos firmado
habrás firmado	habréis firmado
habrá firmado	habrán firmado

CONDITIONAL PERFECT

habría firmado	habríamos firmado
habrías firmado	habríais firmado
habría firmado	habrían firmado

PRESENT SUBJUNCTIVE

firme	firmemos
firmes	firméis
firme	firmen

PRESENT PERFECT SUBJUNCTIVE

haya firmado	hayamos firmado
hayas firmado	hayáis firmado
haya firmado	hayan firmado

IMPERFECT SUBJUNCTIVE (-ra)

firmara	firmáramos
firmaras	firmarais
firmara	firmaran

or **IMPERFECT SUBJUNCTIVE (-se)**

firmase	firmásemos
firmases	firmaseis
firmase	firmasen

PAST PERFECT SUBJUNCTIVE (-ra)

hubiera firmado	hubiéramos firmado
hubieras firmado	hubierais firmado
hubiera firmado	hubieran firmado

or **PAST PERFECT SUBJUNCTIVE (-se)**

hubiese firmado	hubiésemos firmado
hubieses firmado	hubieseis firmado
hubiese firmado	hubiesen firmado

PROGRESSIVE TENSES

PRESENT	estoy, estás, está, estamos, estáis, están
PRETERIT	estuve, estuviste, estuvo, estuvimos, estuvisteis, estuvieron
IMPERFECT	estaba, estabas, estaba, estábamos, estabais, estaban
FUTURE	estaré, estarás, estará, estaremos, estaréis, estarán
CONDITIONAL	estaría, estarías, estaría, estaríamos, estaríais, estarían
SUBJUNCTIVE	que + *corresponding subjunctive tense of* estar *(see verb 252)*

firmando

COMMANDS

	(nosotros) firmemos/no firmemos
(tú) firma/no firmes	(vosotros) firmad/no firméis
(Ud.) firme/no firme	(Uds.) firmen/no firmen

Usage

Firme el cheque.	*Sign the check.*
Firmaron el contrato.	*They signed the contract.*
No se puede leer la firma en la carta.	*We can't read the signature on the letter.*
¿Quiénes son los firmantes del acuerdo?	*Who are the signatories to the agreement?*

regular *-ar* verb

formo · formaron · formado · formando

PRESENT

formo	formamos
formas	formáis
forma	forman

IMPERFECT

formaba	formábamos
formabas	formabais
formaba	formaban

FUTURE

formaré	formaremos
formarás	formaréis
formará	formarán

PLUPERFECT

había formado	habíamos formado
habías formado	habíais formado
había formado	habían formado

FUTURE PERFECT

habré formado	habremos formado
habrás formado	habréis formado
habrá formado	habrán formado

PRESENT SUBJUNCTIVE

forme	formemos
formes	forméis
forme	formen

IMPERFECT SUBJUNCTIVE (-ra)

formara	formáramos
formaras	formarais
formara	formaran

PAST PERFECT SUBJUNCTIVE (-ra)

hubiera formado	hubiéramos formado
hubieras formado	hubierais formado
hubiera formado	hubieran formado

PRETERIT

formé	formamos
formaste	formasteis
formó	formaron

PRESENT PERFECT

he formado	hemos formado
has formado	habéis formado
ha formado	han formado

CONDITIONAL

formaría	formaríamos
formarías	formaríais
formaría	formarían

PRETERIT PERFECT

hube formado	hubimos formado
hubiste formado	hubisteis formado
hubo formado	hubieron formado

CONDITIONAL PERFECT

habría formado	habríamos formado
habrías formado	habríais formado
habría formado	habrían formado

PRESENT PERFECT SUBJUNCTIVE

haya formado	hayamos formado
hayas formado	hayáis formado
haya formado	hayan formado

or **IMPERFECT SUBJUNCTIVE (-se)**

formase	formásemos
formases	formaseis
formase	formasen

or **PAST PERFECT SUBJUNCTIVE (-se)**

hubiese formado	hubiésemos formado
hubieses formado	hubieseis formado
hubiese formado	hubiesen formado

PROGRESSIVE TENSES

PRESENT	estoy, estás, está, estamos, estáis, están
PRETERIT	estuve, estuviste, estuvo, estuvimos, estuvisteis, estuvieron
IMPERFECT	estaba, estabas, estaba, estábamos, estabais, estaban
FUTURE	estaré, estarás, estará, estaremos, estaréis, estarán
CONDITIONAL	estaría, estarías, estaría, estaríamos, estaríais, estarían
SUBJUNCTIVE	que + *corresponding subjunctive tense of* estar (*see verb 252*)

} formando

COMMANDS

	(nosotros) formemos/no formemos
(tú) forma/no formes	(vosotros) formad/no forméis
(Ud.) forme/no forme	(Uds.) formen/no formen

Usage

Formaron un club de inversionistas.	*They formed an investors club.*
El escultor daba forma a su escultura.	*The sculptor shaped his piece of sculpture.*
Cincuenta estados forman los Estados Unidos.	*Fifty states make up the United States.*
El museo tiene una forma circular.	*The museum has a round shape.*
Su formación es de primera.	*His training/education is first-rate.*
No me interesa de todas formas.	*I'm not interested anyway.*

fracaso · fracasaron · fracasado · fracasando

regular -*ar* verb

PRESENT

fracaso	fracasamos
fracasas	fracasáis
fracasa	fracasan

PRETERIT

fracasé	fracasamos
fracasaste	fracasasteis
fracasó	fracasaron

IMPERFECT

fracasaba	fracasábamos
fracasabas	fracasabais
fracasaba	fracasaban

PRESENT PERFECT

he fracasado	hemos fracasado
has fracasado	habéis fracasado
ha fracasado	han fracasado

FUTURE

fracasaré	fracasaremos
fracasarás	fracasaréis
fracasará	fracasarán

CONDITIONAL

fracasaría	fracasaríamos
fracasarías	fracasaríais
fracasaría	fracasarían

PLUPERFECT

había fracasado	habíamos fracasado
habías fracasado	habíais fracasado
había fracasado	habían fracasado

PRETERIT PERFECT

hube fracasado	hubimos fracasado
hubiste fracasado	hubisteis fracasado
hubo fracasado	hubieron fracasado

FUTURE PERFECT

habré fracasado	habremos fracasado
habrás fracasado	habréis fracasado
habrá fracasado	habrán fracasado

CONDITIONAL PERFECT

habría fracasado	habríamos fracasado
habrías fracasado	habríais fracasado
habría fracasado	habrían fracasado

PRESENT SUBJUNCTIVE

fracase	fracasemos
fracases	fracaséis
fracase	fracasen

PRESENT PERFECT SUBJUNCTIVE

haya fracasado	hayamos fracasado
hayas fracasado	hayáis fracasado
haya fracasado	hayan fracasado

IMPERFECT SUBJUNCTIVE (-ra)

fracasara	fracasáramos
fracasaras	fracasarais
fracasara	fracasaran

or **IMPERFECT SUBJUNCTIVE (-se)**

fracasase	fracasásemos
fracasases	fracasaseis
fracasase	fracasasen

PAST PERFECT SUBJUNCTIVE (-ra)

hubiera fracasado	hubiéramos fracasado
hubieras fracasado	hubierais fracasado
hubiera fracasado	hubieran fracasado

or **PAST PERFECT SUBJUNCTIVE (-se)**

hubiese fracasado	hubiésemos fracasado
hubieses fracasado	hubieseis fracasado
hubiese fracasado	hubiesen fracasado

PROGRESSIVE TENSES

PRESENT	estoy, estás, está, estamos, estáis, están
PRETERIT	estuve, estuviste, estuvo, estuvimos, estuvisteis, estuvieron
IMPERFECT	estaba, estabas, estaba, estábamos, estabais, estaban
FUTURE	estaré, estarás, estará, estaremos, estaréis, estarán
CONDITIONAL	estaría, estarías, estaría, estaríamos, estaríais, estarían
SUBJUNCTIVE	que + *corresponding subjunctive tense of* estar (*see verb 252*)

} fracasando

COMMANDS

	(nosotros) fracasemos/no fracasemos
(tú) fracasa/no fracases	(vosotros) fracasad/no fracaséis
(Ud.) fracase/no fracase	(Uds.) fracasen/no fracasen

Usage

Sus tentativas han fracasado.	*Their attempts have failed.*
Su proyecto fracasó.	*Their project fell through.*
Fue un fracaso.	*It was a failure.*
Es un fracasado.	*He's a failure.*

stem-changing -ar verb: e > ie;
spelling change: g > gu/e

friego · fregaron · fregado · fregando

PRESENT

friego	fregamos
friegas	fregáis
friega	friegan

IMPERFECT

fregaba	fregábamos
fregabas	fregabais
fregaba	fregaban

FUTURE

fregaré	fregaremos
fregarás	fregaréis
fregará	fregarán

PLUPERFECT

había fregado	habíamos fregado
habías fregado	habíais fregado
había fregado	habían fregado

FUTURE PERFECT

habré fregado	habremos fregado
habrás fregado	habréis fregado
habrá fregado	habrán fregado

PRESENT SUBJUNCTIVE

friegue	freguemos
friegues	freguéis
friegue	frieguen

IMPERFECT SUBJUNCTIVE (-ra)

fregara	fregáramos
fregaras	fregarais
fregara	fregaran

PAST PERFECT SUBJUNCTIVE (-ra)

hubiera fregado	hubiéramos fregado
hubieras fregado	hubierais fregado
hubiera fregado	hubieran fregado

PRETERIT

fregué	fregamos
fregaste	fregasteis
fregó	fregaron

PRESENT PERFECT

he fregado	hemos fregado
has fregado	habéis fregado
ha fregado	han fregado

CONDITIONAL

fregaría	fregaríamos
fregarías	fregaríais
fregaría	fregarían

PRETERIT PERFECT

hube fregado	hubimos fregado
hubiste fregado	hubisteis fregado
hubo fregado	hubieron fregado

CONDITIONAL PERFECT

habría fregado	habríamos fregado
habrías fregado	habríais fregado
habría fregado	habrían fregado

PRESENT PERFECT SUBJUNCTIVE

haya fregado	hayamos fregado
hayas fregado	hayáis fregado
haya fregado	hayan fregado

or **IMPERFECT SUBJUNCTIVE (-se)**

fregase	fregásemos
fregases	fregaseis
fregase	fregasen

or **PAST PERFECT SUBJUNCTIVE (-se)**

hubiese fregado	hubiésemos fregado
hubieses fregado	hubieseis fregado
hubiese fregado	hubiesen fregado

PROGRESSIVE TENSES

PRESENT	estoy, estás, está, estamos, estáis, están
PRETERIT	estuve, estuviste, estuvo, estuvimos, estuvisteis, estuvieron
IMPERFECT	estaba, estabas, estaba, estábamos, estabais, estaban
FUTURE	estaré, estarás, estará, estaremos, estaréis, estarán
CONDITIONAL	estaría, estarías, estaría, estaríamos, estaríais, estarían
SUBJUNCTIVE	que + *corresponding subjunctive tense of* estar (*see verb 252*)

} fregando

COMMANDS

	(nosotros) freguemos/no freguemos
(tú) friega/no friegues	(vosotros) fregad/no freguéis
(Ud.) friegue/no friegue	(Uds.) frieguen/no frieguen

Usage

Friego la sartén.	*I'm scrubbing/scouring the frying pan.*
Frieguen los platos.	*Wash the dishes.*
¡Deja de fregarnos!	*Stop annoying/bothering us!* (Lat. Am. usage)
Hay utensilios en el fregadero.	*There are utensils in the sink.*

freír *to fry*

frío · frieron · frito · friendo   irregular verb

PRESENT		PRETERIT	
frío	freímos	freí	freímos
fríes	freís	freíste	freísteis
fríe	fríen	frió	frieron

IMPERFECT		PRESENT PERFECT	
freía	freíamos	he frito	hemos frito
freías	freíais	has frito	habéis frito
freía	freían	ha frito	han frito

FUTURE		CONDITIONAL	
freiré	freiremos	freiría	freiríamos
freirás	freiréis	freirías	freiríais
freirá	freirán	freiría	freirían

PLUPERFECT		PRETERIT PERFECT	
había frito	habíamos frito	hube frito	hubimos frito
habías frito	habíais frito	hubiste frito	hubisteis frito
había frito	habían frito	hubo frito	hubieron frito

FUTURE PERFECT		CONDITIONAL PERFECT	
habré frito	habremos frito	habría frito	habríamos frito
habrás frito	habréis frito	habrías frito	habríais frito
habrá frito	habrán frito	habría frito	habrían frito

PRESENT SUBJUNCTIVE		PRESENT PERFECT SUBJUNCTIVE	
fría	friamos	haya frito	hayamos frito
frías	friáis	hayas frito	hayáis frito
fría	frían	haya frito	hayan frito

IMPERFECT SUBJUNCTIVE (-ra)		*or* IMPERFECT SUBJUNCTIVE (-se)	
friera	friéramos	friese	friésemos
frieras	frierais	frieses	frieseis
friera	frieran	friese	friesen

PAST PERFECT SUBJUNCTIVE (-ra)		*or* PAST PERFECT SUBJUNCTIVE (-se)	
hubiera frito	hubiéramos frito	hubiese frito	hubiésemos frito
hubieras frito	hubierais frito	hubieses frito	hubieseis frito
hubiera frito	hubieran frito	hubiese frito	hubiesen frito

PROGRESSIVE TENSES

PRESENT	estoy, estás, está, estamos, estáis, están
PRETERIT	estuve, estuviste, estuvo, estuvimos, estuvisteis, estuvieron
IMPERFECT	estaba, estabas, estaba, estábamos, estabais, estaban
FUTURE	estaré, estarás, estará, estaremos, estaréis, estarán
CONDITIONAL	estaría, estarías, estaría, estaríamos, estaríais, estarían
SUBJUNCTIVE	que + *corresponding subjunctive tense of* estar (*see verb 252*)

\} friendo

COMMANDS

	(nosotros) friamos/no friamos
(tú) fríe/no frías	(vosotros) freíd/no friáis
(Ud.) fría/no fría	(Uds.) frían/no frían

Usage

Fríe el bacalao.	*Fry the codfish.*
La cocinera frió el pollo.	*The chef fried the chicken.*
¡Vete a freír espárragos!	*Go jump in the lake!*
Pedí huevos fritos y papas fritas.	*I ordered fried eggs and French fries.*
¡Estamos fritos!	*We're done for/all washed up!*

regular *-ar* verb

fumo · fumaron · fumado · fumando

PRESENT

fumo	fumamos
fumas	fumáis
fuma	fuman

IMPERFECT

fumaba	fumábamos
fumabas	fumabais
fumaba	fumaban

FUTURE

fumaré	fumaremos
fumarás	fumaréis
fumará	fumarán

PLUPERFECT

había fumado	habíamos fumado
habías fumado	habíais fumado
había fumado	habían fumado

FUTURE PERFECT

habré fumado	habremos fumado
habrás fumado	habréis fumado
habrá fumado	habrán fumado

PRESENT SUBJUNCTIVE

fume	fumemos
fumes	fuméis
fume	fumen

IMPERFECT SUBJUNCTIVE (-ra)

fumara	fumáramos
fumaras	fumarais
fumara	fumaran

PAST PERFECT SUBJUNCTIVE (-ra)

hubiera fumado	hubiéramos fumado
hubieras fumado	hubierais fumado
hubiera fumado	hubieran fumado

PRETERIT

fumé	fumamos
fumaste	fumasteis
fumó	fumaron

PRESENT PERFECT

he fumado	hemos fumado
has fumado	habéis fumado
ha fumado	han fumado

CONDITIONAL

fumaría	fumaríamos
fumarías	fumaríais
fumaría	fumarían

PRETERIT PERFECT

hube fumado	hubimos fumado
hubiste fumado	hubisteis fumado
hubo fumado	hubieron fumado

CONDITIONAL PERFECT

habría fumado	habríamos fumado
habrías fumado	habríais fumado
habría fumado	habrían fumado

PRESENT PERFECT SUBJUNCTIVE

haya fumado	hayamos fumado
hayas fumado	hayáis fumado
haya fumado	hayan fumado

or **IMPERFECT SUBJUNCTIVE (-se)**

fumase	fumásemos
fumases	fumaseis
fumase	fumasen

or **PAST PERFECT SUBJUNCTIVE (-se)**

hubiese fumado	hubiésemos fumado
hubieses fumado	hubieseis fumado
hubiese fumado	hubiesen fumado

PROGRESSIVE TENSES

PRESENT	estoy, estás, está, estamos, estáis, están	
PRETERIT	estuve, estuviste, estuvo, estuvimos, estuvisteis, estuvieron	
IMPERFECT	estaba, estabas, estaba, estábamos, estabais, estaban	fumando
FUTURE	estaré, estarás, estará, estaremos, estaréis, estarán	
CONDITIONAL	estaría, estarías, estaría, estaríamos, estaríais, estarían	
SUBJUNCTIVE	que + *corresponding subjunctive tense of* estar (*see verb 252*)	

COMMANDS

	(nosotros) fumemos/no fumemos
(tú) fuma/no fumes	(vosotros) fumad/no fuméis
(Ud.) fume/no fume	(Uds.) fumen/no fumen

Usage

Los fumadores fuman pitillos y puros.	*Smokers smoke cigarettes and cigars.*
¿Tú y tus amigos fumaban?	*Did you and your friends smoke?*
Dejó de fumar.	*She stopped smoking.*
Se prohíbe fumar.	*No smoking.*
Se fumaron su herencia.	*They squandered their inheritance.*
Se fumó la clase.	*She skipped the class.*

funcionar *to function, work* (machine)

regular *-ar* verb

PRESENT

funciono	funcionamos
funcionas	funcionáis
funciona	funcionan

PRETERIT

funcioné	funcionamos
funcionaste	funcionasteis
funcionó	funcionaron

IMPERFECT

funcionaba	funcionábamos
funcionabas	funcionabais
funcionaba	funcionaban

PRESENT PERFECT

he funcionado	hemos funcionado
has funcionado	habéis funcionado
ha funcionado	han funcionado

FUTURE

funcionaré	funcionaremos
funcionarás	funcionaréis
funcionará	funcionarán

CONDITIONAL

funcionaría	funcionaríamos
funcionarías	funcionaríais
funcionaría	funcionarían

PLUPERFECT

había funcionado	habíamos funcionado
habías funcionado	habíais funcionado
había funcionado	habían funcionado

PRETERIT PERFECT

hube funcionado	hubimos funcionado
hubiste funcionado	hubisteis funcionado
hubo funcionado	hubieron funcionado

FUTURE PERFECT

habré funcionado	habremos funcionado
habrás funcionado	habréis funcionado
habrá funcionado	habrán funcionado

CONDITIONAL PERFECT

habría funcionado	habríamos funcionado
habrías funcionado	habríais funcionado
habría funcionado	habrían funcionado

PRESENT SUBJUNCTIVE

funcione	funcionemos
funciones	funcionéis
funcione	funcionen

PRESENT PERFECT SUBJUNCTIVE

haya funcionado	hayamos funcionado
hayas funcionado	hayáis funcionado
haya funcionado	hayan funcionado

IMPERFECT SUBJUNCTIVE (-ra)

funcionara	funcionáramos
funcionaras	funcionarais
funcionara	funcionaran

or **IMPERFECT SUBJUNCTIVE (-se)**

funcionase	funcionásemos
funcionases	funcionaseis
funcionase	funcionasen

PAST PERFECT SUBJUNCTIVE (-ra)

hubiera funcionado	hubiéramos funcionado
hubieras funcionado	hubierais funcionado
hubiera funcionado	hubieran funcionado

or **PAST PERFECT SUBJUNCTIVE (-se)**

hubiese funcionado	hubiésemos funcionado
hubieses funcionado	hubieseis funcionado
hubiese funcionado	hubiesen funcionado

PROGRESSIVE TENSES

PRESENT	estoy, estás, está, estamos, estáis, están
PRETERIT	estuve, estuviste, estuvo, estuvimos, estuvisteis, estuvieron
IMPERFECT	estaba, estabas, estaba, estábamos, estabais, estaban
FUTURE	estaré, estarás, estará, estaremos, estaréis, estarán
CONDITIONAL	estaría, estarías, estaría, estaríamos, estaríais, estarían
SUBJUNCTIVE	que + *corresponding subjunctive tense of* estar (*see verb 252*)

} funcionando

COMMANDS

	(nosotros) funcionemos/no funcionemos
(tú) funciona/no funciones	(vosotros) funcionad/no funcionéis
(Ud.) funcione/no funcione	(Uds.) funcionen/no funcionen

Usage

La videocámara no funcionaba.	*The video camera wasn't working.*
¿Sabes hacer funcionar esta computadora?	*Do you know how to work this computer?*
El teléfono/El ascensor no funciona.	*The telephone/The elevator is out of order.*
Hay función a las ocho.	*There's a performance/show at 8:00.*
Hay un mal funcionamiento.	*There's a malfunction.*
Trabaja de funcionario.	*She's working as a civil servant.*

regular -ar verb

gano · ganaron · ganado · ganando

PRESENT

gano	ganamos
ganas	ganáis
gana	ganan

PRETERIT

gané	ganamos
ganaste	ganasteis
ganó	ganaron

IMPERFECT

ganaba	ganábamos
ganabas	ganabais
ganaba	ganaban

PRESENT PERFECT

he ganado	hemos ganado
has ganado	habéis ganado
ha ganado	han ganado

FUTURE

ganaré	ganaremos
ganarás	ganaréis
ganará	ganarán

CONDITIONAL

ganaría	ganaríamos
ganarías	ganaríais
ganaría	ganarían

PLUPERFECT

había ganado	habíamos ganado
habías ganado	habíais ganado
había ganado	habían ganado

PRETERIT PERFECT

hube ganado	hubimos ganado
hubiste ganado	hubisteis ganado
hubo ganado	hubieron ganado

FUTURE PERFECT

habré ganado	habremos ganado
habrás ganado	habréis ganado
habrá ganado	habrán ganado

CONDITIONAL PERFECT

habría ganado	habríamos ganado
habrías ganado	habríais ganado
habría ganado	habrían ganado

PRESENT SUBJUNCTIVE

gane	ganemos
ganes	ganéis
gane	ganen

PRESENT PERFECT SUBJUNCTIVE

haya ganado	hayamos ganado
hayas ganado	hayáis ganado
haya ganado	hayan ganado

IMPERFECT SUBJUNCTIVE (-ra)

ganara	ganáramos
ganaras	ganarais
ganara	ganaran

or **IMPERFECT SUBJUNCTIVE (-se)**

ganase	ganásemos
ganases	ganaseis
ganase	ganasen

PAST PERFECT SUBJUNCTIVE (-ra)

hubiera ganado	hubiéramos ganado
hubieras ganado	hubierais ganado
hubiera ganado	hubieran ganado

or **PAST PERFECT SUBJUNCTIVE (-se)**

hubiese ganado	hubiésemos ganado
hubieses ganado	hubieseis ganado
hubiese ganado	hubiesen ganado

PROGRESSIVE TENSES

PRESENT	estoy, estás, está, estamos, estáis, están
PRETERIT	estuve, estuviste, estuvo, estuvimos, estuvisteis, estuvieron
IMPERFECT	estaba, estabas, estaba, estábamos, estabais, estaban
FUTURE	estaré, estarás, estará, estaremos, estaréis, estarán
CONDITIONAL	estaría, estarías, estaría, estaríamos, estaríais, estarían
SUBJUNCTIVE	que + corresponding subjunctive tense of estar (see verb 252)

} ganando

COMMANDS

	(nosotros) ganemos/no ganemos
(tú) gana/no ganes	(vosotros) ganad/no ganéis
(Ud.) gane/no gane	(Uds.) ganen/no ganen

Usage

Ganan mucho dinero.	They earn a lot of money.
El general ganó la guerra.	The general won the war.
Ganó el respeto de todos.	He gained everyone's respect.
Se ganó la vida escribiendo.	He earned his living by writing.
La empresa tiene buenas ganancias.	The company has good earnings.

gastar *to spend, use up, waste, wear out*

gasto · gastaron · gastado · gastando

regular -ar verb

PRESENT

gasto	gastamos
gastas	gastáis
gasta	gastan

PRETERIT

gasté	gastamos
gastaste	gastasteis
gastó	gastaron

IMPERFECT

gastaba	gastábamos
gastabas	gastabais
gastaba	gastaban

PRESENT PERFECT

he gastado	hemos gastado
has gastado	habéis gastado
ha gastado	han gastado

FUTURE

gastaré	gastaremos
gastarás	gastaréis
gastará	gastarán

CONDITIONAL

gastaría	gastaríamos
gastarías	gastaríais
gastaría	gastarían

PLUPERFECT

había gastado	habíamos gastado
habías gastado	habíais gastado
había gastado	habían gastado

PRETERIT PERFECT

hube gastado	hubimos gastado
hubiste gastado	hubisteis gastado
hubo gastado	hubieron gastado

FUTURE PERFECT

habré gastado	habremos gastado
habrás gastado	habréis gastado
habrá gastado	habrán gastado

CONDITIONAL PERFECT

habría gastado	habríamos gastado
habrías gastado	habríais gastado
habría gastado	habrían gastado

PRESENT SUBJUNCTIVE

gaste	gastemos
gastes	gastéis
gaste	gasten

PRESENT PERFECT SUBJUNCTIVE

haya gastado	hayamos gastado
hayas gastado	hayáis gastado
haya gastado	hayan gastado

IMPERFECT SUBJUNCTIVE (-ra)

gastara	gastáramos
gastaras	gastarais
gastara	gastaran

or **IMPERFECT SUBJUNCTIVE (-se)**

gastase	gastásemos
gastases	gastaseis
gastase	gastasen

PAST PERFECT SUBJUNCTIVE (-ra)

hubiera gastado	hubiéramos gastado
hubieras gastado	hubierais gastado
hubiera gastado	hubieran gastado

or **PAST PERFECT SUBJUNCTIVE (-se)**

hubiese gastado	hubiésemos gastado
hubieses gastado	hubieseis gastado
hubiese gastado	hubiesen gastado

PROGRESSIVE TENSES

PRESENT	estoy, estás, está, estamos, estáis, están
PRETERIT	estuve, estuviste, estuvo, estuvimos, estuvisteis, estuvieron
IMPERFECT	estaba, estabas, estaba, estábamos, estabais, estaban
FUTURE	estaré, estarás, estará, estaremos, estaréis, estarán
CONDITIONAL	estaría, estarías, estaría, estaríamos, estaríais, estarían
SUBJUNCTIVE	que + *corresponding subjunctive tense of* estar (*see verb 252*)

} gastando

COMMANDS

	(nosotros) gastemos/no gastemos
(tú) gasta/no gastes	(vosotros) gastad/no gastéis
(Ud.) gaste/no gaste	(Uds.) gasten/no gasten

Usage

Gastaron mucho dinero.	*They spent a lot of money.*
¿Cuánto han gastado en lujos?	*How much have they spent on luxury items?*
No gastes tus palabras.	*Don't waste your words.*
Los zapatos están gastados.	*The shoes are worn out.*
Tenemos muchos gastos.	*We have many expenses.*
Les encanta gastar bromas.	*They love to play practical jokes.*

stem-changing *-ir* verb: *e > i* (like **pedir**)　　　**gimo · gimieron · gemido · gimiendo**

PRESENT		PRETERIT	
gimo	gemimos	gemí	gemimos
gimes	gemís	gemiste	gemisteis
gime	gimen	gimió	gimieron

IMPERFECT		PRESENT PERFECT	
gemía	gemíamos	he gemido	hemos gemido
gemías	gemíais	has gemido	habéis gemido
gemía	gemían	ha gemido	han gemido

FUTURE		CONDITIONAL	
gemiré	gemiremos	gemiría	gemiríamos
gemirás	gemiréis	gemirías	gemiríais
gemirá	gemirán	gemiría	gemirían

PLUPERFECT		PRETERIT PERFECT	
había gemido	habíamos gemido	hube gemido	hubimos gemido
habías gemido	habíais gemido	hubiste gemido	hubisteis gemido
había gemido	habían gemido	hubo gemido	hubieron gemido

FUTURE PERFECT		CONDITIONAL PERFECT	
habré gemido	habremos gemido	habría gemido	habríamos gemido
habrás gemido	habréis gemido	habrías gemido	habríais gemido
habrá gemido	habrán gemido	habría gemido	habrían gemido

PRESENT SUBJUNCTIVE		PRESENT PERFECT SUBJUNCTIVE	
gima	gimamos	haya gemido	hayamos gemido
gimas	gimáis	hayas gemido	hayáis gemido
gima	giman	haya gemido	hayan gemido

IMPERFECT SUBJUNCTIVE (-ra)		*or* IMPERFECT SUBJUNCTIVE (-se)	
gimiera	gimiéramos	gimiese	gimiésemos
gimieras	gimierais	gimieses	gimieseis
gimiera	gimieran	gimiese	gimiesen

PAST PERFECT SUBJUNCTIVE (-ra)		*or* PAST PERFECT SUBJUNCTIVE (-se)	
hubiera gemido	hubiéramos gemido	hubiese gemido	hubiésemos gemido
hubieras gemido	hubierais gemido	hubieses gemido	hubieseis gemido
hubiera gemido	hubieran gemido	hubiese gemido	hubiesen gemido

PROGRESSIVE TENSES

PRESENT	estoy, estás, está, estamos, estáis, están
PRETERIT	estuve, estuviste, estuvo, estuvimos, estuvisteis, estuvieron
IMPERFECT	estaba, estabas, estaba, estábamos, estabais, estaban
FUTURE	estaré, estarás, estará, estaremos, estaréis, estarán
CONDITIONAL	estaría, estarías, estaría, estaríamos, estaríais, estarían
SUBJUNCTIVE	que + *corresponding subjunctive tense of* estar (*see verb 252*)

gimiendo

COMMANDS

	(nosotros) gimamos/no gimamos
(tú) gime/no gimas	(vosotros) gemid/no gimáis
(Ud.) gima/no gima	(Uds.) giman/no giman

Usage

Gime por el dolor.	*He's groaning because of the pain.*
Oigo gemir el viento.	*I hear the wind howling.*
No gimas.	*Don't groan.*
Se puso a gemir al ver a su gato muerto.	*She began to wail when she saw her dead cat.*
¿De dónde vienen los gemidos?	*Where are the moans coming from?*

giro · giraron · girado · girando

regular -*ar* verb

PRESENT

giro	giramos
giras	giráis
gira	giran

PRETERIT

giré	giramos
giraste	girasteis
giró	giraron

IMPERFECT

giraba	girábamos
girabas	girabais
giraba	giraban

PRESENT PERFECT

he girado	hemos girado
has girado	habéis girado
ha girado	han girado

FUTURE

giraré	giraremos
girarás	giraréis
girará	girarán

CONDITIONAL

giraría	giraríamos
girarías	giraríais
giraría	girarían

PLUPERFECT

había girado	habíamos girado
habías girado	habíais girado
había girado	habían girado

PRETERIT PERFECT

hube girado	hubimos girado
hubiste girado	hubisteis girado
hubo girado	hubieron girado

FUTURE PERFECT

habré girado	habremos girado
habrás girado	habréis girado
habrá girado	habrán girado

CONDITIONAL PERFECT

habría girado	habríamos girado
habrías girado	habríais girado
habría girado	habrían girado

PRESENT SUBJUNCTIVE

gire	giremos
gires	giréis
gire	giren

PRESENT PERFECT SUBJUNCTIVE

haya girado	hayamos girado
hayas girado	hayáis girado
haya girado	hayan girado

IMPERFECT SUBJUNCTIVE (-ra)

girara	giráramos
giraras	girarais
girara	giraran

or **IMPERFECT SUBJUNCTIVE (-se)**

girase	girásemos
girases	giraseis
girase	girasen

PAST PERFECT SUBJUNCTIVE (-ra)

hubiera girado	hubiéramos girado
hubieras girado	hubierais girado
hubiera girado	hubieran girado

or **PAST PERFECT SUBJUNCTIVE (-se)**

hubiese girado	hubiésemos girado
hubieses girado	hubieseis girado
hubiese girado	hubiesen girado

PROGRESSIVE TENSES

PRESENT	estoy, estás, está, estamos, estáis, están
PRETERIT	estuve, estuviste, estuvo, estuvimos, estuvisteis, estuvieron
IMPERFECT	estaba, estabas, estaba, estábamos, estabais, estaban
FUTURE	estaré, estarás, estará, estaremos, estaréis, estarán
CONDITIONAL	estaría, estarías, estaría, estaríamos, estaríais, estarían
SUBJUNCTIVE	que + *corresponding subjunctive tense of* estar (*see verb 252*)

} girando

COMMANDS

	(nosotros) giremos/no giremos
(tú) gira/no gires	(vosotros) girad/no giréis
(Ud.) gire/no gire	(Uds.) giren/no giren

Usage

La Tierra gira alrededor del sol.	*The Earth revolves around the sun.*
La Tierra gira sobre su eje.	*The Earth rotates on its axis.*
Gira el volante.	*Turn the steering wheel.*
Haz girar el trompo.	*Spin the top.*
Se entra por la puerta giratoria.	*You go in through the revolving door.*
Siéntese en la silla giratoria.	*Sit down in the swivel chair.*

stem-changing *-ar* verb: *e > ie* | **gobierno · gobernaron · gobernado · gobernando**

PRESENT

gobierno	gobernamos
gobiernas	gobernáis
gobierna	gobiernan

PRETERIT

goberné	gobernamos
gobernaste	gobernasteis
gobernó	gobernaron

IMPERFECT

gobernaba	gobernábamos
gobernabas	gobernabais
gobernaba	gobernaban

PRESENT PERFECT

he gobernado	hemos gobernado
has gobernado	habéis gobernado
ha gobernado	han gobernado

FUTURE

gobernaré	gobernaremos
gobernarás	gobernaréis
gobernará	gobernarán

CONDITIONAL

gobernaría	gobernaríamos
gobernarías	gobernaríais
gobernaría	gobernarían

PLUPERFECT

había gobernado	habíamos gobernado
habías gobernado	habíais gobernado
había gobernado	habían gobernado

PRETERIT PERFECT

hube gobernado	hubimos gobernado
hubiste gobernado	hubisteis gobernado
hubo gobernado	hubieron gobernado

FUTURE PERFECT

habré gobernado	habremos gobernado
habrás gobernado	habréis gobernado
habrá gobernado	habrán gobernado

CONDITIONAL PERFECT

habría gobernado	habríamos gobernado
habrías gobernado	habríais gobernado
habría gobernado	habrían gobernado

PRESENT SUBJUNCTIVE

gobierne	gobernemos
gobiernes	gobernéis
gobierne	gobiernen

PRESENT PERFECT SUBJUNCTIVE

haya gobernado	hayamos gobernado
hayas gobernado	hayáis gobernado
haya gobernado	hayan gobernado

IMPERFECT SUBJUNCTIVE (-ra) *or* **IMPERFECT SUBJUNCTIVE (-se)**

gobernara	gobernáramos	gobernase	gobernásemos
gobernaras	gobernarais	gobernases	gobernaseis
gobernara	gobernaran	gobernase	gobernasen

PAST PERFECT SUBJUNCTIVE (-ra) *or* **PAST PERFECT SUBJUNCTIVE (-se)**

hubiera gobernado	hubiéramos gobernado	hubiese gobernado	hubiésemos gobernado
hubieras gobernado	hubierais gobernado	hubieses gobernado	hubieseis gobernado
hubiera gobernado	hubieran gobernado	hubiese gobernado	hubiesen gobernado

PROGRESSIVE TENSES

PRESENT	estoy, estás, está, estamos, estáis, están
PRETERIT	estuve, estuviste, estuvo, estuvimos, estuvisteis, estuvieron
IMPERFECT	estaba, estabas, estaba, estábamos, estabais, estaban
FUTURE	estaré, estarás, estará, estaremos, estaréis, estarán
CONDITIONAL	estaría, estarías, estaría, estaríamos, estaríais, estarían
SUBJUNCTIVE	que + *corresponding subjunctive tense of* estar (*see verb 252*)

} gobernando

COMMANDS

	(nosotros) gobernemos/no gobernemos
(tú) gobierna/no gobiernes	(vosotros) gobernad/no gobernéis
(Ud.) gobierne/no gobierne	(Uds.) gobiernen/no gobiernen

Usage

El presidente gobierna el país.	*The president governs the country.*
La junta directiva gobierna la empresa.	*The board of directors manages the company.*
La mejor forma de gobierno es la democracia.	*The best form of government is democracy.*
El gobernador es el jefe del estado.	*The governor is the head of the state.*

gozar *to enjoy*

gozo · gozaron · gozado · gozando   *-ar* verb; spelling change: *z* > *c/e*

PRESENT

gozo	gozamos		
gozas	gozáis		
goza	gozan		

PRETERIT

gocé	gozamos
gozaste	gozasteis
gozó	gozaron

IMPERFECT

gozaba	gozábamos
gozabas	gozabais
gozaba	gozaban

PRESENT PERFECT

he gozado	hemos gozado
has gozado	habéis gozado
ha gozado	han gozado

FUTURE

gozaré	gozaremos
gozarás	gozaréis
gozará	gozarán

CONDITIONAL

gozaría	gozaríamos
gozarías	gozaríais
gozaría	gozarían

PLUPERFECT

había gozado	habíamos gozado
habías gozado	habíais gozado
había gozado	habían gozado

PRETERIT PERFECT

hube gozado	hubimos gozado
hubiste gozado	hubisteis gozado
hubo gozado	hubieron gozado

FUTURE PERFECT

habré gozado	habremos gozado
habrás gozado	habréis gozado
habrá gozado	habrán gozado

CONDITIONAL PERFECT

habría gozado	habríamos gozado
habrías gozado	habríais gozado
habría gozado	habrían gozado

PRESENT SUBJUNCTIVE

goce	gocemos
goces	gocéis
goce	gocen

PRESENT PERFECT SUBJUNCTIVE

haya gozado	hayamos gozado
hayas gozado	hayáis gozado
haya gozado	hayan gozado

IMPERFECT SUBJUNCTIVE (-ra)   *or* **IMPERFECT SUBJUNCTIVE (-se)**

gozara	gozáramos	gozase	gozásemos
gozaras	gozarais	gozases	gozaseis
gozara	gozaran	gozase	gozasen

PAST PERFECT SUBJUNCTIVE (-ra)   *or* **PAST PERFECT SUBJUNCTIVE (-se)**

hubiera gozado	hubiéramos gozado	hubiese gozado	hubiésemos gozado
hubieras gozado	hubierais gozado	hubieses gozado	hubieseis gozado
hubiera gozado	hubieran gozado	hubiese gozado	hubiesen gozado

PROGRESSIVE TENSES

PRESENT	estoy, estás, está, estamos, estáis, están
PRETERIT	estuve, estuviste, estuvo, estuvimos, estuvisteis, estuvieron
IMPERFECT	estaba, estabas, estaba, estábamos, estabais, estaban
FUTURE	estaré, estarás, estará, estaremos, estaréis, estarán
CONDITIONAL	estaría, estarías, estaría, estaríamos, estaríais, estarían
SUBJUNCTIVE	que + *corresponding subjunctive tense of* estar (*see verb 252*)

} gozando

COMMANDS

	(nosotros) gocemos/no gocemos
(tú) goza/no goces	(vosotros) gozad/no gocéis
(Ud.) goce/no goce	(Uds.) gocen/no gocen

Usage

¡Que gocen mucho en la fiesta!	*Enjoy yourselves at the party!*
Goza de buena fama.	*He enjoys/has a good reputation.*
¿Gozasteis con su visita?	*Were you thrilled with their visit?*

regular -*ar* verb

grito · gritaron · gritado · gritando

PRESENT

grito	gritamos
gritas	gritáis
grita	gritan

PRETERIT

grité	gritamos
gritaste	gritasteis
gritó	gritaron

IMPERFECT

gritaba	gritábamos
gritabas	gritabais
gritaba	gritaban

PRESENT PERFECT

he gritado	hemos gritado
has gritado	habéis gritado
ha gritado	han gritado

FUTURE

gritaré	gritaremos
gritarás	gritaréis
gritará	gritarán

CONDITIONAL

gritaría	gritaríamos
gritarías	gritaríais
gritaría	gritarían

PLUPERFECT

había gritado	habíamos gritado
habías gritado	habíais gritado
había gritado	habían gritado

PRETERIT PERFECT

hube gritado	hubimos gritado
hubiste gritado	hubisteis gritado
hubo gritado	hubieron gritado

FUTURE PERFECT

habré gritado	habremos gritado
habrás gritado	habréis gritado
habrá gritado	habrán gritado

CONDITIONAL PERFECT

habría gritado	habríamos gritado
habrías gritado	habríais gritado
habría gritado	habrían gritado

PRESENT SUBJUNCTIVE

grite	gritemos
grites	gritéis
grite	griten

PRESENT PERFECT SUBJUNCTIVE

haya gritado	hayamos gritado
hayas gritado	hayáis gritado
haya gritado	hayan gritado

IMPERFECT SUBJUNCTIVE (-ra)

gritara	gritáramos
gritaras	gritarais
gritara	gritaran

or **IMPERFECT SUBJUNCTIVE (-se)**

gritase	gritásemos
gritases	gritaseis
gritase	gritasen

PAST PERFECT SUBJUNCTIVE (-ra)

hubiera gritado	hubiéramos gritado
hubieras gritado	hubierais gritado
hubiera gritado	hubieran gritado

or **PAST PERFECT SUBJUNCTIVE (-se)**

hubiese gritado	hubiésemos gritado
hubieses gritado	hubieseis gritado
hubiese gritado	hubiesen gritado

PROGRESSIVE TENSES

PRESENT	estoy, estás, está, estamos, estáis, están
PRETERIT	estuve, estuviste, estuvo, estuvimos, estuvisteis, estuvieron
IMPERFECT	estaba, estabas, estaba, estábamos, estabais, estaban
FUTURE	estaré, estarás, estará, estaremos, estaréis, estarán
CONDITIONAL	estaría, estarías, estaría, estaríamos, estaríais, estarían
SUBJUNCTIVE	que + *corresponding subjunctive tense of* estar (*see verb 252*)

gritando

COMMANDS

	(nosotros) gritemos/no gritemos
(tú) grita/no grites	(vosotros) gritad/no gritéis
(Ud.) grite/no grite	(Uds.) griten/no griten

Usage

¡No nos grites!	*Don't shout at us!*
Los hinchas están gritando al árbitro.	*The fans are booing the umpire.*
Gritaban desaforadamente.	*They yelled at the top of their lungs.*
Puso el grito en el cielo.	*He raised the roof./He made a big fuss.*
El último grito (de la moda) cambia rápidamente.	*The latest thing/craze* (Fr. *le dernier cri*) *changes quickly.*
¡Qué gritona es esa niña!	*What a screamer that little girl is!*

gruñir   to grunt, growl, grumble, creak

gruño · gruñeron · gruñido · gruñendo   regular -ir verb

PRESENT

gruño	gruñimos
gruñes	gruñís
gruñe	gruñen

PRETERIT

gruñí	gruñimos
gruñiste	gruñisteis
gruñó	gruñeron

IMPERFECT

gruñía	gruñíamos
gruñías	gruñíais
gruñía	gruñían

PRESENT PERFECT

he gruñido	hemos gruñido
has gruñido	habéis gruñido
ha gruñido	han gruñido

FUTURE

gruñiré	gruñiremos
gruñirás	gruñiréis
gruñirá	gruñirán

CONDITIONAL

gruñiría	gruñiríamos
gruñirías	gruñiríais
gruñiría	gruñirían

PLUPERFECT

había gruñido	habíamos gruñido
habías gruñido	habíais gruñido
había gruñido	habían gruñido

PRETERIT PERFECT

hube gruñido	hubimos gruñido
hubiste gruñido	hubisteis gruñido
hubo gruñido	hubieron gruñido

FUTURE PERFECT

habré gruñido	habremos gruñido
habrás gruñido	habréis gruñido
habrá gruñido	habrán gruñido

CONDITIONAL PERFECT

habría gruñido	habríamos gruñido
habrías gruñido	habríais gruñido
habría gruñido	habrían gruñido

PRESENT SUBJUNCTIVE

gruña	gruñamos
gruñas	gruñáis
gruña	gruñan

PRESENT PERFECT SUBJUNCTIVE

haya gruñido	hayamos gruñido
hayas gruñido	hayáis gruñido
haya gruñido	hayan gruñido

IMPERFECT SUBJUNCTIVE (-ra)

gruñera	gruñéramos
gruñeras	gruñerais
gruñera	gruñeran

or   **IMPERFECT SUBJUNCTIVE (-se)**

gruñese	gruñésemos
gruñeses	gruñeseis
gruñese	gruñesen

PAST PERFECT SUBJUNCTIVE (-ra)

hubiera gruñido	hubiéramos gruñido
hubieras gruñido	hubierais gruñido
hubiera gruñido	hubieran gruñido

or   **PAST PERFECT SUBJUNCTIVE (-se)**

hubiese gruñido	hubiésemos gruñido
hubieses gruñido	hubieseis gruñido
hubiese gruñido	hubiesen gruñido

PROGRESSIVE TENSES

PRESENT	estoy, estás, está, estamos, estáis, están
PRETERIT	estuve, estuviste, estuvo, estuvimos, estuvisteis, estuvieron
IMPERFECT	estaba, estabas, estaba, estábamos, estabais, estaban
FUTURE	estaré, estarás, estará, estaremos, estaréis, estarán
CONDITIONAL	estaría, estarías, estaría, estaríamos, estaríais, estarían
SUBJUNCTIVE	que + *corresponding subjunctive tense of* estar (*see verb 252*)

} gruñendo

COMMANDS

	(nosotros) gruñamos/no gruñamos
(tú) gruñe/no gruñas	(vosotros) gruñid/no gruñáis
(Ud.) gruña/no gruña	(Uds.) gruñan/no gruñan

Usage

Los cerdos gruñen.	*Pigs grunt.*
Oigo gruñir al perro.	*I hear the dog growling.*
¿Por qué gruñes?	*Why are you grumbling?*
Las tablas del suelo gruñen.	*The floorboards creak.*
El jefe está tan gruñón hoy.	*The boss is so grouchy today.*

regular *-ar* verb   **guardo · guardaron · guardado · guardando**

PRESENT

guardo	guardamos		
guardas	guardáis		
guarda	guardan		

PRETERIT

guardé	guardamos
guardaste	guardasteis
guardó	guardaron

IMPERFECT

guardaba	guardábamos
guardabas	guardabais
guardaba	guardaban

PRESENT PERFECT

he guardado	hemos guardado
has guardado	habéis guardado
ha guardado	han guardado

FUTURE

guardaré	guardaremos
guardarás	guardaréis
guardará	guardarán

CONDITIONAL

guardaría	guardaríamos
guardarías	guardaríais
guardaría	guardarían

PLUPERFECT

había guardado	habíamos guardado
habías guardado	habíais guardado
había guardado	habían guardado

PRETERIT PERFECT

hube guardado	hubimos guardado
hubiste guardado	hubisteis guardado
hubo guardado	hubieron guardado

FUTURE PERFECT

habré guardado	habremos guardado
habrás guardado	habréis guardado
habrá guardado	habrán guardado

CONDITIONAL PERFECT

habría guardado	habríamos guardado
habrías guardado	habríais guardado
habría guardado	habrían guardado

PRESENT SUBJUNCTIVE

guarde	guardemos
guardes	guardéis
guarde	guarden

PRESENT PERFECT SUBJUNCTIVE

haya guardado	hayamos guardado
hayas guardado	hayáis guardado
haya guardado	hayan guardado

IMPERFECT SUBJUNCTIVE (-ra)

guardara	guardáramos
guardaras	guardarais
guardara	guardaran

or **IMPERFECT SUBJUNCTIVE (-se)**

guardase	guardásemos
guardases	guardaseis
guardase	guardasen

PAST PERFECT SUBJUNCTIVE (-ra)

hubiera guardado	hubiéramos guardado
hubieras guardado	hubierais guardado
hubiera guardado	hubieran guardado

or **PAST PERFECT SUBJUNCTIVE (-se)**

hubiese guardado	hubiésemos guardado
hubieses guardado	hubieseis guardado
hubiese guardado	hubiesen guardado

PROGRESSIVE TENSES

PRESENT	estoy, estás, está, estamos, estáis, están
PRETERIT	estuve, estuviste, estuvo, estuvimos, estuvisteis, estuvieron
IMPERFECT	estaba, estabas, estaba, estábamos, estabais, estaban
FUTURE	estaré, estarás, estará, estaremos, estaréis, estarán
CONDITIONAL	estaría, estarías, estaría, estaríamos, estaríais, estarían
SUBJUNCTIVE	que + *corresponding subjunctive tense of* estar (*see verb 252*)

} guardando

COMMANDS

	(nosotros) guardemos/no guardemos
(tú) guarda/no guardes	(vosotros) guardad/no guardéis
(Ud.) guarde/no guarde	(Uds.) guarden/no guarden

Usage

Guardé los documentos en el archivo.	*I put the papers away in the file.*
Guardemos las joyas con llave.	*Let's keep the jewelry under lock and key.*
Guárdame una silla, por favor.	*Save me a seat, please.*
Guardará cama hasta recuperarse.	*She'll stay in bed until she recuperates.*
El médico está de guardia.	*The doctor is on call/on duty.*
el guardaespaldas/el guardabosque/el guardameta	*bodyguard/forest ranger/goalkeeper*

guío · guiaron · guiado · guiando   -ar verb; spelling change: *i* > *í* when stressed

PRESENT

guío	guiamos
guías	guiáis
guía	guían

PRETERIT

guié	guiamos
guiaste	guiasteis
guió	guiaron

IMPERFECT

guiaba	guiábamos
guiabas	guiabais
guiaba	guiaban

PRESENT PERFECT

he guiado	hemos guiado
has guiado	habéis guiado
ha guiado	han guiado

FUTURE

guiaré	guiaremos
guiarás	guiaréis
guiará	guiarán

CONDITIONAL

guiaría	guiaríamos
guiarías	guiaríais
guiaría	guiarían

PLUPERFECT

había guiado	habíamos guiado
habías guiado	habíais guiado
había guiado	habían guiado

PRETERIT PERFECT

hube guiado	hubimos guiado
hubiste guiado	hubisteis guiado
hubo guiado	hubieron guiado

FUTURE PERFECT

habré guiado	habremos guiado
habrás guiado	habréis guiado
habrá guiado	habrán guiado

CONDITIONAL PERFECT

habría guiado	habríamos guiado
habrías guiado	habríais guiado
habría guiado	habrían guiado

PRESENT SUBJUNCTIVE

guíe	guiemos
guíes	guiéis
guíe	guíen

PRESENT PERFECT SUBJUNCTIVE

haya guiado	hayamos guiado
hayas guiado	hayáis guiado
haya guiado	hayan guiado

IMPERFECT SUBJUNCTIVE (-ra)

guiara	guiáramos
guiaras	guiarais
guiara	guiaran

or **IMPERFECT SUBJUNCTIVE (-se)**

guiase	guiásemos
guiases	guiaseis
guiase	guiasen

PAST PERFECT SUBJUNCTIVE (-ra)

hubiera guiado	hubiéramos guiado
hubieras guiado	hubierais guiado
hubiera guiado	hubieran guiado

or **PAST PERFECT SUBJUNCTIVE (-se)**

hubiese guiado	hubiésemos guiado
hubieses guiado	hubieseis guiado
hubiese guiado	hubiesen guiado

PROGRESSIVE TENSES

PRESENT	estoy, estás, está, estamos, estáis, están
PRETERIT	estuve, estuviste, estuvo, estuvimos, estuvisteis, estuvieron
IMPERFECT	estaba, estabas, estaba, estábamos, estabais, estaban
FUTURE	estaré, estarás, estará, estaremos, estaréis, estarán
CONDITIONAL	estaría, estarías, estaría, estaríamos, estaríais, estarían
SUBJUNCTIVE	que + *corresponding subjunctive tense of* estar (*see verb 252*)

} guiando

COMMANDS

	(nosotros) guiemos/no guiemos
(tú) guía/no guíes	(vosotros) guiad/no guiéis
(Ud.) guíe/no guíe	(Uds.) guíen/no guíen

Usage

El agente de viajes guió a los turistas.	*The travel agent guided the tourists.*
El guía los llevará por el museo.	*The guide will take them through the museum.*
Guiábamos a los demás hasta salir de la cueva.	*We guided the others until we got out of the cave.*
¿No quieres guiar mi coche?	*Don't you want to drive my car?*
Necesitamos una guía turística.	*We need a guidebook.*

regular -*ar* verb; used in third-person singular and plural with the indirect object pronoun

gusta · gustaron · gustado · gustando

PRESENT

me gusta(n)	nos gusta(n)
te gusta(n)	os gusta(n)
le gusta(n)	les gusta(n)

PRETERIT

me gustó(-aron)	nos gustó(-aron)
te gustó(-aron)	os gustó(-aron)
le gustó(-aron)	les gustó(-aron)

IMPERFECT

me gustaba(n)	nos gustaba(n)
te gustaba(n)	os gustaba(n)
le gustaba(n)	les gustaba(n)

PRESENT PERFECT

me ha(n) gustado	nos ha(n) gustado
te ha(n) gustado	os ha(n) gustado
le ha(n) gustado	les ha(n) gustado

FUTURE

me gustará(n)	nos gustará(n)
te gustará(n)	os gustará(n)
le gustará(n)	les gustará(n)

CONDITIONAL

me gustaría(n)	nos gustaría(n)
te gustaría(n)	os gustaría(n)
le gustaría(n)	les gustaría(n)

PLUPERFECT

me había(n) gustado	nos había(n) gustado
te había(n) gustado	os había(n) gustado
le había(n) gustado	les había(n) gustado

PRETERIT PERFECT

me hubo(-ieron) gustado	nos hubo(-ieron) gustado
te hubo(-ieron) gustado	os hubo(-ieron) gustado
le hubo(-ieron) gustado	les hubo(-ieron) gustado

FUTURE PERFECT

me habrá(n) gustado	nos habrá(n) gustado
te habrá(n) gustado	os habrá(n) gustado
le habrá(n) gustado	les habrá(n) gustado

CONDITIONAL PERFECT

me habría(n) gustado	nos habría(n) gustado
te habría(n) gustado	os habría(n) gustado
le habría(n) gustado	les habría(n) gustado

PRESENT SUBJUNCTIVE

me guste(n)	nos guste(n)
te guste(n)	os guste(n)
le guste(n)	les guste(n)

PRESENT PERFECT SUBJUNCTIVE

me haya(n) gustado	nos haya(n) gustado
te haya(n) gustado	os haya(n) gustado
le haya(n) gustado	les haya(n) gustado

IMPERFECT SUBJUNCTIVE (-ra)

me gustara(n)	nos gustara(n)
te gustara(n)	os gustara(n)
le gustara(n)	les gustara(n)

or **IMPERFECT SUBJUNCTIVE (-se)**

me gustase(n)	nos gustase(n)
te gustase(n)	os gustase(n)
le gustase(n)	les gustase(n)

PAST PERFECT SUBJUNCTIVE (-ra)

me hubiera(n) gustado	nos hubiera(n) gustado
te hubiera(n) gustado	os hubiera(n) gustado
le hubiera(n) gustado	les hubiera(n) gustado

or **PAST PERFECT SUBJUNCTIVE (-se)**

me hubiese(n) gustado	nos hubiese(n) gustado
te hubiese(n) gustado	os hubiese(n) gustado
le hubiese(n) gustado	les hubiese(n) gustado

PROGRESSIVE TENSES

PRESENT		me	está, están	
PRETERIT		te	estuvo, estuvieron	
IMPERFECT		le	estaba, estaban	gustando
FUTURE		nos	estará, estarán	
CONDITIONAL		os	estaría, estarían	
SUBJUNCTIVE	que	les	*corresponding subjunctive tense of* estar (*see verb 252*)	

COMMANDS

¡Que te/le/os/les guste(n)!   ¡Que no te/le/os/les guste(n)!

Usage

—Me gusta leer sobre la historia.	*I like to read about history.*
—A mí también me gustan los libros de historia.	*I also like history books.*
—¿Les gustó la comedia?	*Did you like the play?*
—No. No nos gustan las comedias musicales.	*No. We don't like musicals.*
Les gustaría pasar más tiempo en París.	*They'd like to spend more time in Paris.*
Me hubiera gustado conocerlos.	*I would have liked to have met them.*
Como les guste.	*As you like./As you wish.*
El pan tiene gusto a ajo.	*The bread tastes of garlic.*

haber *to have*

he · hubieron · habido · habiendo

irregular verb; auxiliary verb
used to form the compound tenses

PRESENT

he	hemos
has	habéis
ha	han

PRETERIT

hube	hubimos
hubiste	hubisteis
hubo	hubieron

IMPERFECT

había	habíamos
habías	habíais
había	habían

PRESENT PERFECT

he habido	hemos habido
has habido	habéis habido
ha habido	han habido

FUTURE

habré	habremos
habrás	habréis
habrá	habrán

CONDITIONAL

habría	habríamos
habrías	habríais
habría	habrían

PLUPERFECT

había habido	habíamos habido
habías habido	habíais habido
había habido	habían habido

PRETERIT PERFECT

hube habido	hubimos habido
hubiste habido	hubisteis habido
hubo habido	hubieron habido

FUTURE PERFECT

habré habido	habremos habido
habrás habido	habréis habido
habrá habido	habrán habido

CONDITIONAL PERFECT

habría habido	habríamos habido
habrías habido	habríais habido
habría habido	habrían habido

PRESENT SUBJUNCTIVE

haya	hayamos
hayas	hayáis
haya	hayan

PRESENT PERFECT SUBJUNCTIVE

haya habido	hayamos habido
hayas habido	hayáis habido
haya habido	hayan habido

IMPERFECT SUBJUNCTIVE (-ra)

hubiera	hubiéramos
hubieras	hubierais
hubiera	hubieran

or **IMPERFECT SUBJUNCTIVE (-se)**

hubiese	hubiésemos
hubieses	hubieseis
hubiese	hubiesen

PAST PERFECT SUBJUNCTIVE (-ra)

hubiera habido	hubiéramos habido
hubieras habido	hubierais habido
hubiera habido	hubieran habido

or **PAST PERFECT SUBJUNCTIVE (-se)**

hubiese habido	hubiésemos habido
hubieses habido	hubieseis habido
hubiese habido	hubiesen habido

VERB NOT USED IN COMMANDS; VERY RARE IN THE PROGRESSIVE

Usage

As auxiliary verb

—¿No has visto al diseñador?	*Haven't you seen the designer?*
—Es que no ha venido a la oficina hoy.	*It's that he hasn't come into the office today.*
—Si hubiera venido lo habría visto.	*If he had come I would have seen him.*
No nos habían dicho nada.	*They hadn't told us anything.*

Expressions where *haber* has its original meaning of "to have"

Hemos de convocar al profesorado.	*We must convene a meeting of the faculty.*
La familia tiene mucho dinero en su haber.	*The family has a lot of money in its estate.*
Verifique el deber y haber.	*Check the liabilities and assets/debit and credit.*
¡Tenemos que habérselas con ese tipo!	*We have to have it out/deal with that guy!*

regular *-ar* verb

hablo · hablaron · hablado · hablando

PRESENT		PRETERIT	
hablo	hablamos	hablé	hablamos
hablas	habláis	hablaste	hablasteis
habla	hablan	habló	hablaron

IMPERFECT		PRESENT PERFECT	
hablaba	hablábamos	he hablado	hemos hablado
hablabas	hablabais	has hablado	habéis hablado
hablaba	hablaban	ha hablado	han hablado

FUTURE		CONDITIONAL	
hablaré	hablaremos	hablaría	hablaríamos
hablarás	hablaréis	hablarías	hablaríais
hablará	hablarán	hablaría	hablarían

PLUPERFECT		PRETERIT PERFECT	
había hablado	habíamos hablado	hube hablado	hubimos hablado
habías hablado	habíais hablado	hubiste hablado	hubisteis hablado
había hablado	habían hablado	hubo hablado	hubieron hablado

FUTURE PERFECT		CONDITIONAL PERFECT	
habré hablado	habremos hablado	habría hablado	habríamos hablado
habrás hablado	habréis hablado	habrías hablado	habríais hablado
habrá hablado	habrán hablado	habría hablado	habrían hablado

PRESENT SUBJUNCTIVE		PRESENT PERFECT SUBJUNCTIVE	
hable	hablemos	haya hablado	hayamos hablado
hables	habléis	hayas hablado	hayáis hablado
hable	hablen	haya hablado	hayan hablado

IMPERFECT SUBJUNCTIVE (-ra)		*or*	IMPERFECT SUBJUNCTIVE (-se)	
hablara	habláramos		hablase	hablásemos
hablaras	hablarais		hablases	hablaseis
hablara	hablaran		hablase	hablasen

PAST PERFECT SUBJUNCTIVE (-ra)		*or*	PAST PERFECT SUBJUNCTIVE (-se)	
hubiera hablado	hubiéramos hablado		hubiese hablado	hubiésemos hablado
hubieras hablado	hubierais hablado		hubieses hablado	hubieseis hablado
hubiera hablado	hubieran hablado		hubiese hablado	hubiesen hablado

PROGRESSIVE TENSES

PRESENT	estoy, estás, está, estamos, estáis, están	
PRETERIT	estuve, estuviste, estuvo, estuvimos, estuvisteis, estuvieron	
IMPERFECT	estaba, estabas, estaba, estábamos, estabais, estaban	} hablando
FUTURE	estaré, estarás, estará, estaremos, estaréis, estarán	
CONDITIONAL	estaría, estarías, estaría, estaríamos, estaríais, estarían	
SUBJUNCTIVE	que + *corresponding subjunctive tense of* estar (*see verb 252*)	

COMMANDS

	(nosotros) hablemos/no hablemos
(tú) habla/no hables	(vosotros) hablad/no habléis
(Ud.) hable/no hable	(Uds.) hablen/no hablen

Usage

—No hablo español muy bien.	*I don't speak Spanish very well.*
—¡Qué va! Hablas con soltura.	*Are you kidding! You speak fluently.*
Se habla inglés aquí.	*English is spoken here.*
Hablemos de las elecciones.	*Let's talk about the election.*
Hablan bien/mal de todos.	*They speak well/badly about everybody.*
—¿Hablaste con tu profesor?	*Did you talk with your professor?*
—Sí, nos hablamos por teléfono.	*Yes, we talked (to each other) by phone.*

TOP 50 VERB ☞

No hables disparates.	*Don't talk nonsense.*
El tipo habla por hablar.	*The guy talks just to talk/for the sake of talking.*
Háblame de tú./Hábleme de Ud.	*Address me familiarly/formally.*
Habla hasta por los codos.	*She talks your ear off.*
El cuento nos habló al alma.	*The story touched our hearts.*
Siempre habla en medias palabras.	*She always speaks cryptically.*
—Estás hablando en broma.	*You must be joking.*
—No, hablo en serio.	*No, I'm speaking seriously.*
Me gustaría que hablaras sin rodeos.	*I'd like you to speak without beating about the bush/frankly.*
Su actitud rencorosa habla por sí sola.	*Her rancorous attitude speaks for itself.*
¡Ni hablar!	*No way!/Out of the question!*
No hay más que hablar.	*There's no more to be said.*
Su situación da mucho que hablar.	*Their situation causes a lot of talk.*
Se pelearon y ya no se hablan.	*They fought and don't talk to each other any more.*
Hablando de inversiones...	*Speaking about investments . . .*

Other Uses

Se oye un inglés bien/mal hablado.	*You hear well-spoken/badly-spoken English.*
—Son unos mal hablados.	*They're rude/foulmouthed people.*
—Hablan a espaldas de todo el mundo.	*They talk behind everyone's back.*
Somos hispanohablantes.	*We're Spanish speakers.*
¡Cuánto nos interesa el habla española!	*We're so interested in the Spanish language!*
Muchos ciudadanos estadounidenses son de habla española.	*Many U.S. citizens are Spanish-speaking.*
¿Ves programas de habla francesa en la tele?	*Do you watch French-language TV shows?*
¡Basta de habladurías!	*Enough gossip/rumors!*
Son habladores.	*They're chatterboxes/gossips.*
Hablando del rey de Roma, por la puerta asoma.	*Speaking of the devil . . .*
—¿Quién habla?	*Who's speaking? (telephone)*
—Habla Anita.	*It's Anita.*

irregular verb

PRESENT

hago	hacemos
haces	hacéis
hace	hacen

IMPERFECT

hacía	hacíamos
hacías	hacíais
hacía	hacían

FUTURE

haré	haremos
harás	haréis
hará	harán

PLUPERFECT

había hecho	habíamos hecho
habías hecho	habíais hecho
había hecho	habían hecho

FUTURE PERFECT

habré hecho	habremos hecho
habrás hecho	habréis hecho
habrá hecho	habrán hecho

PRESENT SUBJUNCTIVE

haga	hagamos
hagas	hagáis
haga	hagan

IMPERFECT SUBJUNCTIVE (-ra)

hiciera	hiciéramos
hicieras	hicierais
hiciera	hicieran

PAST PERFECT SUBJUNCTIVE (-ra)

hubiera hecho	hubiéramos hecho
hubieras hecho	hubierais hecho
hubiera hecho	hubieran hecho

PRETERIT

hice	hicimos
hiciste	hicisteis
hizo	hicieron

PRESENT PERFECT

he hecho	hemos hecho
has hecho	habéis hecho
ha hecho	han hecho

CONDITIONAL

haría	haríamos
harías	haríais
haría	harían

PRETERIT PERFECT

hube hecho	hubimos hecho
hubiste hecho	hubisteis hecho
hubo hecho	hubieron hecho

CONDITIONAL PERFECT

habría hecho	habríamos hecho
habrías hecho	habríais hecho
habría hecho	habrían hecho

PRESENT PERFECT SUBJUNCTIVE

haya hecho	hayamos hecho
hayas hecho	hayáis hecho
haya hecho	hayan hecho

or **IMPERFECT SUBJUNCTIVE (-se)**

hiciese	hiciésemos
hicieses	hicieseis
hiciese	hiciesen

or **PAST PERFECT SUBJUNCTIVE (-se)**

hubiese hecho	hubiésemos hecho
hubieses hecho	hubieseis hecho
hubiese hecho	hubiesen hecho

PROGRESSIVE TENSES

PRESENT	estoy, estás, está, estamos, estáis, están
PRETERIT	estuve, estuviste, estuvo, estuvimos, estuvisteis, estuvieron
IMPERFECT	estaba, estabas, estaba, estábamos, estabais, estaban
FUTURE	estaré, estarás, estará, estaremos, estaréis, estarán
CONDITIONAL	estaría, estarías, estaría, estaríamos, estaríais, estarían
SUBJUNCTIVE	que + *corresponding subjunctive tense of* estar (*see verb 252*)

} haciendo

COMMANDS

	(nosotros) hagamos/no hagamos
(tú) haz/no hagas	(vosotros) haced/no hagáis
(Ud.) haga/no haga	(Uds.) hagan/no hagan

Usage

Hagamos planes para el fin de semana.	*Let's make plans for the weekend.*
Hizo que terminaran su trabajo.	*He made them finish their work.*
¿Qué estás haciendo?	*What are you doing?*
—Haz lo que te dije.	*Do what I told you.*
—Lo haré muy pronto.	*I'll do it very soon.*
—¿Que tiempo hace?	*What's the weather like?*
—Hace sol y calor.	*It's sunny and hot.*

TOP 50 VERB ☞

to do, make

—¿Haces las quesadillas?   *Are you making the quesadillas?*
—Mira. Ya están hechas.   *Look. They're already made.*
Hagan todo lo posible para triunfar.   *Do your best/everything possible to win.*

to cause

Su arranque hizo que nos enfadáramos.   *His outburst made us get angry.*

Impersonal Expressions

Hace buen/mal tiempo.   *The weather is good/bad.*
Hace fresco y viento. Hace 50 grados.   *It's cool and windy. It's 50 degrees.*

hace + time + que

—¿Cuánto (tiempo) hace que los viste?   *How long ago did you see them?*
—Hace un mes que los vi.   *I saw them a month ago.*
—¿Cuánto (tiempo) hace que viven aquí?   *How long have you been living here?*
—Hace siete años que vivimos aquí.   *We've been living here for seven years.*

hacer + infinitive *to make/have someone do something*

Sus payasadas nos hacían reír.   *Their antics made us laugh.*
Haz que las visitas pasen a la sala.   *Have the visitors go into the living room.*
Haga preguntas.   *Ask questions.*
Isabel hacía el papel de la reina.   *Isabel played the role of the queen.*
No tienen nada que hacer.   *They don't have anything to do.*
El florero está roto. ¿Quién lo hizo pedazos? *The vase is broken. Who smashed it to pieces?*

hacerse *to become, get*

Se hizo famoso/rico.   *He became famous/rich.*
Se hace tarde.   *It's getting late.*
El tesorero se hizo cargo/responsable.   *The treasurer took over/assumed responsibility.*
No te hagas daño.   *Don't hurt yourself.*

Other Uses

A lo hecho pecho.   *No use crying over spilt milk.*
Lo hecho hecho está.   *What's done is done.*
Dicho y hecho.   *No sooner said than done.*
Del dicho al hecho hay mucho trecho.   *Saying and doing are two different things.*

irregular verb

hay · hubo · habido · habiendo

PRESENT	PRETERIT
hay	hubo
IMPERFECT	PRESENT PERFECT
había	ha habido
FUTURE	CONDITIONAL
habrá	habría
PLUPERFECT	PRETERIT PERFECT
había habido	hubo habido
FUTURE PERFECT	CONDITIONAL PERFECT
habrá habido	habría habido
PRESENT SUBJUNCTIVE	PRESENT PERFECT SUBJUNCTIVE
haya	haya habido

IMPERFECT SUBJUNCTIVE (-ra)   *or*   IMPERFECT SUBJUNCTIVE (-se)
  hubiera   hubiese

PAST PERFECT SUBJUNCTIVE (-ra)   *or*   PAST PERFECT SUBJUNCTIVE (-se)
  hubiera habido   hubiese habido

VERB NOT USED IN COMMANDS; VERY RARE IN THE PROGRESSIVE

Usage

¿Qué hay?	*What's up?/How are you?*
¿Qué hay de nuevo?	*What's new?*
¿Qué hubo?/¿Qué húbole?	*What's up?/How are you? (Mex.)*
Hay mucho dinero en la cuenta.	*There's a lot of money in the account.*
Había mucho dinero hasta que lo retiré.	*There was a lot of money until I withdrew it.*
Hubo un congreso en Filadelfia.	*There was a conference in Philadelphia.*
Había mucha gente en el parque.	*There were many people in the park.*
Habrá entradas en la taquilla.	*There are probably tickets at the box office.*
Ha habido problemas con el módem.	*There have been/We've had problems with the modem.*
Esperamos que haya interés en el proyecto.	*We hope there will be interest in the project.*
Es posible que haya habido dificultades.	*It's possible there have been problems.*
No creían que hubiera suficiente tiempo.	*They didn't think there was enough time.*
Sentíamos que no hubiera habido sitio para todos.	*We were sorry there hadn't been room for everyone.*
Ojalá que no haya embotellamiento.	*I hope there won't be a traffic jam.*
Ojalá que hubiera piscina en el hotel.	*I wish there were a pool in the hotel.*
Hay que leer las obras clásicas.	*It's necessary to/One must read the classics.*
—¿Hay diccionarios bilingües?	*Are there/Do you have bilingual dictionaries?*
—Sí, los hay.	*Yes, there are/we have them.*
No hay de qué.	*You're welcome.*
No hay más que hacer.	*There's no more to be done.*
No hay para quejarse/enfadarse.	*There's no reason to complain/get angry.*

heredar *to inherit*

heredo · heredaron · heredado · heredando

regular *-ar* verb

PRESENT

heredo	heredamos
heredas	heredáis
hereda	heredan

PRETERIT

heredé	heredamos
heredaste	heredasteis
heredó	heredaron

IMPERFECT

heredaba	heredábamos
heredabas	heredabais
heredaba	heredaban

PRESENT PERFECT

he heredado	hemos heredado
has heredado	habéis heredado
ha heredado	han heredado

FUTURE

heredaré	heredaremos
heredarás	heredaréis
heredará	heredarán

CONDITIONAL

heredaría	heredaríamos
heredarías	heredaríais
heredaría	heredarían

PLUPERFECT

había heredado	habíamos heredado
habías heredado	habíais heredado
había heredado	habían heredado

PRETERIT PERFECT

hube heredado	hubimos heredado
hubiste heredado	hubisteis heredado
hubo heredado	hubieron heredado

FUTURE PERFECT

habré heredado	habremos heredado
habrás heredado	habréis heredado
habrá heredado	habrán heredado

CONDITIONAL PERFECT

habría heredado	habríamos heredado
habrías heredado	habríais heredado
habría heredado	habrían heredado

PRESENT SUBJUNCTIVE

herede	heredemos
heredes	heredéis
herede	hereden

PRESENT PERFECT SUBJUNCTIVE

haya heredado	hayamos heredado
hayas heredado	hayáis heredado
haya heredado	hayan heredado

IMPERFECT SUBJUNCTIVE (-ra)

heredara	heredáramos
heredaras	heredarais
heredara	heredaran

or **IMPERFECT SUBJUNCTIVE (-se)**

heredase	heredásemos
heredases	heredaseis
heredase	heredasen

PAST PERFECT SUBJUNCTIVE (-ra)

hubiera heredado	hubiéramos heredado
hubieras heredado	hubierais heredado
hubiera heredado	hubieran heredado

or **PAST PERFECT SUBJUNCTIVE (-se)**

hubiese heredado	hubiésemos heredado
hubieses heredado	hubieseis heredado
hubiese heredado	hubiesen heredado

PROGRESSIVE TENSES

PRESENT	estoy, estás, está, estamos, estáis, están
PRETERIT	estuve, estuviste, estuvo, estuvimos, estuvisteis, estuvieron
IMPERFECT	estaba, estabas, estaba, estábamos, estabais, estaban
FUTURE	estaré, estarás, estará, estaremos, estaréis, estarán
CONDITIONAL	estaría, estarías, estaría, estaríamos, estaríais, estarían
SUBJUNCTIVE	que + *corresponding subjunctive tense of* estar (*see verb 252*)

} heredando

COMMANDS

	(nosotros) heredemos/no heredemos
(tú) hereda/no heredes	(vosotros) heredad/no heredéis
(Ud.) herede/no herede	(Uds.) hereden/no hereden

Usage

Heredó una fortuna de sus abuelos.	*He inherited a fortune from his grandparents.*
Heredaron la inteligencia de sus padres.	*They inherited their parents' intelligence.*
Recibirá una herencia de su tío.	*She'll receive an inheritance from her uncle.*
¿Su sentido del humor? Lo tiene de herencia.	*His sense of humor? It runs in the family.*
La herencia fue repartida entre tres herederos.	*The inheritance was shared among three heirs.*
Tienen derechos hereditarios.	*They have hereditary rights.*

stem-changing *-ir* verb:
e > ie (present), *e > i* (preterit)

hiero · hirieron · herido · hiriendo

PRESENT

hiero	herimos
hieres	herís
hiere	hieren

IMPERFECT

hería	heríamos
herías	heríais
hería	herían

FUTURE

heriré	heriremos
herirás	heriréis
herirá	herirán

PLUPERFECT

había herido	habíamos herido
habías herido	habíais herido
había herido	habían herido

FUTURE PERFECT

habré herido	habremos herido
habrás herido	habréis herido
habrá herido	habrán herido

PRESENT SUBJUNCTIVE

hiera	hiramos
hieras	hiráis
hiera	hieran

IMPERFECT SUBJUNCTIVE (-ra)

hiriera	hiriéramos
hirieras	hirierais
hiriera	hirieran

PAST PERFECT SUBJUNCTIVE (-ra)

hubiera herido	hubiéramos herido
hubieras herido	hubierais herido
hubiera herido	hubieran herido

PRETERIT

herí	herimos
heriste	heristeis
hirió	hirieron

PRESENT PERFECT

he herido	hemos herido
has herido	habéis herido
ha herido	han herido

CONDITIONAL

heriría	heriríamos
herirías	heriríais
heriría	herirían

PRETERIT PERFECT

hube herido	hubimos herido
hubiste herido	hubisteis herido
hubo herido	hubieron herido

CONDITIONAL PERFECT

habría herido	habríamos herido
habrías herido	habríais herido
habría herido	habrían herido

PRESENT PERFECT SUBJUNCTIVE

haya herido	hayamos herido
hayas herido	hayáis herido
haya herido	hayan herido

or **IMPERFECT SUBJUNCTIVE (-se)**

hiriese	hiriésemos
hirieses	hirieseis
hiriese	hiriesen

or **PAST PERFECT SUBJUNCTIVE (-se)**

hubiese herido	hubiésemos herido
hubieses herido	hubieseis herido
hubiese herido	hubiesen herido

PROGRESSIVE TENSES

PRESENT	estoy, estás, está, estamos, estáis, están
PRETERIT	estuve, estuviste, estuvo, estuvimos, estuvisteis, estuvieron
IMPERFECT	estaba, estabas, estaba, estábamos, estabais, estaban
FUTURE	estaré, estarás, estará, estaremos, estaréis, estarán
CONDITIONAL	estaría, estarías, estaría, estaríamos, estaríais, estarían
SUBJUNCTIVE	que + *corresponding subjunctive tense of* estar (*see verb 252*)

} hiriendo

COMMANDS

	(nosotros) hiramos/no hiramos
(tú) hiere/no hieras	(vosotros) herid/no hiráis
(Ud.) hiera/no hiera	(Uds.) hieran/no hieran

Usage

¿Cómo se hirió?	*How did you injure yourself?*
Nos herimos jugando fútbol.	*We hurt ourselves playing soccer.*
Sus palabras nos han herido.	*Her words have offended us.*
Fue herido en la batalla.	*He was wounded in battle.*
Los accidentados tienen heridas.	*The accident victims have injuries.*

hiervo · hirvieron · hervido · hirviendo

stem-changing -*ir* verb:
e > *ie* (present), *e* > *i* (preterit)

PRESENT

hiervo	hervimos
hierves	hervís
hierve	hierven

PRETERIT

herví	hervimos
herviste	hervisteis
hirvió	hirvieron

IMPERFECT

hervía	hervíamos
hervías	hervíais
hervía	hervían

PRESENT PERFECT

he hervido	hemos hervido
has hervido	habéis hervido
ha hervido	han hervido

FUTURE

herviré	herviremos
hervirás	herviréis
hervirá	hervirán

CONDITIONAL

herviría	herviríamos
hervirías	herviríais
herviría	hervirían

PLUPERFECT

había hervido	habíamos hervido
habías hervido	habíais hervido
había hervido	habían hervido

PRETERIT PERFECT

hube hervido	hubimos hervido
hubiste hervido	hubisteis hervido
hubo hervido	hubieron hervido

FUTURE PERFECT

habré hervido	habremos hervido
habrás hervido	habréis hervido
habrá hervido	habrán hervido

CONDITIONAL PERFECT

habría hervido	habríamos hervido
habrías hervido	habríais hervido
habría hervido	habrían hervido

PRESENT SUBJUNCTIVE

hierva	hirvamos
hiervas	hirváis
hierva	hiervan

PRESENT PERFECT SUBJUNCTIVE

haya hervido	hayamos hervido
hayas hervido	hayáis hervido
haya hervido	hayan hervido

IMPERFECT SUBJUNCTIVE (-ra)

hirviera	hirviéramos
hirvieras	hirvierais
hirviera	hirvieran

or **IMPERFECT SUBJUNCTIVE (-se)**

hirviese	hirviésemos
hirvieses	hirvieseis
hirviese	hirviesen

PAST PERFECT SUBJUNCTIVE (-ra)

hubiera hervido	hubiéramos hervido
hubieras hervido	hubierais hervido
hubiera hervido	hubieran hervido

or **PAST PERFECT SUBJUNCTIVE (-se)**

hubiese hervido	hubiésemos hervido
hubieses hervido	hubieseis hervido
hubiese hervido	hubiesen hervido

PROGRESSIVE TENSES

PRESENT	estoy, estás, está, estamos, estáis, están
PRETERIT	estuve, estuviste, estuvo, estuvimos, estuvisteis, estuvieron
IMPERFECT	estaba, estabas, estaba, estábamos, estabais, estaban
FUTURE	estaré, estarás, estará, estaremos, estaréis, estarán
CONDITIONAL	estaría, estarías, estaría, estaríamos, estaríais, estarían
SUBJUNCTIVE	que + *corresponding subjunctive tense of* estar (*see verb 252*)

} hirviendo

COMMANDS

	(nosotros) hirvamos/no hirvamos
(tú) hierve/no hiervas	(vosotros) hervid/no hirváis
(Ud.) hierva/no hierva	(Uds.) hiervan/no hiervan

Usage

El agua está hirviendo.	*The water is boiling.*
La cazuela hierve a fuego lento.	*The stew is simmering.*
Es un hervidero de política extremista.	*It's a hotbed of extremist politics.*
¡Se les hierve la sangre!	*Their blood is boiling!*
Cuidado con el agua hirviente.	*Be careful with the boiling water.*

-ir verb; spelling change: adds *y* before *o, a, e*

huyo · huyeron · huido · huyendo

PRESENT		PRETERIT	
huyo	huimos	huí	huimos
huyes	huís	huiste	huisteis
huye	huyen	huyó	huyeron

IMPERFECT		PRESENT PERFECT	
huía	huíamos	he huido	hemos huido
huías	huíais	has huido	habéis huido
huía	huían	ha huido	han huido

FUTURE		CONDITIONAL	
huiré	huiremos	huiría	huiríamos
huirás	huiréis	huirías	huiríais
huirá	huirán	huiría	huirían

PLUPERFECT		PRETERIT PERFECT	
había huido	habíamos huido	hube huido	hubimos huido
habías huido	habíais huido	hubiste huido	hubisteis huido
había huido	habían huido	hubo huido	hubieron huido

FUTURE PERFECT		CONDITIONAL PERFECT	
habré huido	habremos huido	habría huido	habríamos huido
habrás huido	habréis huido	habrías huido	habríais huido
habrá huido	habrán huido	habría huido	habrían huido

PRESENT SUBJUNCTIVE		PRESENT PERFECT SUBJUNCTIVE	
huya	huyamos	haya huido	hayamos huido
huyas	huyáis	hayas huido	hayáis huido
huya	huyan	haya huido	hayan huido

IMPERFECT SUBJUNCTIVE (-ra)		*or* IMPERFECT SUBJUNCTIVE (-se)	
huyera	huyéramos	huyese	huyésemos
huyeras	huyerais	huyeses	huyeseis
huyera	huyeran	huyese	huyesen

PAST PERFECT SUBJUNCTIVE (-ra)		*or* PAST PERFECT SUBJUNCTIVE (-se)	
hubiera huido	hubiéramos huido	hubiese huido	hubiésemos huido
hubieras huido	hubierais huido	hubieses huido	hubieseis huido
hubiera huido	hubieran huido	hubiese huido	hubiesen huido

PROGRESSIVE TENSES

PRESENT	estoy, estás, está, estamos, estáis, están	
PRETERIT	estuve, estuviste, estuvo, estuvimos, estuvisteis, estuvieron	
IMPERFECT	estaba, estabas, estaba, estábamos, estabais, estaban	} huyendo
FUTURE	estaré, estarás, estará, estaremos, estaréis, estarán	
CONDITIONAL	estaría, estarías, estaría, estaríamos, estaríais, estarían	
SUBJUNCTIVE	que + *corresponding subjunctive tense of* estar (*see verb 252*)	

COMMANDS

	(nosotros) huyamos/no huyamos
(tú) huye/no huyas	(vosotros) huid/no huyáis
(Ud.) huya/no huya	(Uds.) huyan/no huyan

Usage

Huyeron del huracán.	*They fled from the hurricane.*
Huían de las amenazas del dictador.	*They were fleeing from the dictator's threats.*
El ladrón huyó de la policía.	*The thief escaped from the police.*
Huyeron de hacer la limpieza.	*They avoided cleaning up.*
Los minutos van huyendo.	*The minutes are flying by.*

identifico · identificaron · identificado · identificando *-ar* verb; spelling change: *c* > *qu/e*

PRESENT

identifico	identificamos
identificas	identificáis
identifica	identifican

PRETERIT

identifiqué	identificamos
identificaste	identificasteis
identificó	identificaron

IMPERFECT

identificaba	identificábamos
identificabas	identificabais
identificaba	identificaban

PRESENT PERFECT

he identificado	hemos identificado
has identificado	habéis identificado
ha identificado	han identificado

FUTURE

identificaré	identificaremos
identificarás	identificaréis
identificará	identificarán

CONDITIONAL

identificaría	identificaríamos
identificarías	identificaríais
identificaría	identificarían

PLUPERFECT

había identificado	habíamos identificado
habías identificado	habíais identificado
había identificado	habían identificado

PRETERIT PERFECT

hube identificado	hubimos identificado
hubiste identificado	hubisteis identificado
hubo identificado	hubieron identificado

FUTURE PERFECT

habré identificado	habremos identificado
habrás identificado	habréis identificado
habrá identificado	habrán identificado

CONDITIONAL PERFECT

habría identificado	habríamos identificado
habrías identificado	habríais identificado
habría identificado	habrían identificado

PRESENT SUBJUNCTIVE

identifique	identifiquemos
identifiques	identifiquéis
identifique	identifiquen

PRESENT PERFECT SUBJUNCTIVE

haya identificado	hayamos identificado
hayas identificado	hayáis identificado
haya identificado	hayan identificado

IMPERFECT SUBJUNCTIVE (-ra)

identificara	identificáramos
identificaras	identificarais
identificara	identificaran

or **IMPERFECT SUBJUNCTIVE (-se)**

identificase	identificásemos
identificases	identificaseis
identificase	identificasen

PAST PERFECT SUBJUNCTIVE (-ra)

hubiera identificado	hubiéramos identificado
hubieras identificado	hubierais identificado
hubiera identificado	hubieran identificado

or **PAST PERFECT SUBJUNCTIVE (-se)**

hubiese identificado	hubiésemos identificado
hubieses identificado	hubieseis identificado
hubiese identificado	hubiesen identificado

PROGRESSIVE TENSES

PRESENT	estoy, estás, está, estamos, estáis, están
PRETERIT	estuve, estuviste, estuvo, estuvimos, estuvisteis, estuvieron
IMPERFECT	estaba, estabas, estaba, estábamos, estabais, estaban
FUTURE	estaré, estarás, estará, estaremos, estaréis, estarán
CONDITIONAL	estaría, estarías, estaría, estaríamos, estaríais, estarían
SUBJUNCTIVE	que + *corresponding subjunctive tense of* estar (*see verb 252*)

} identificando

COMMANDS

	(nosotros) identifiquemos/no identifiquemos
(tú) identifica/no identifiques	(vosotros) identificad/no identifiquéis
(Ud.) identifique/no identifique	(Uds.) identifiquen/no identifiquen

Usage

Se han identificado unas fuentes bien informadas.	*We've identified some well-informed sources.*
No pueden identificar el origen del problema.	*They can't identify the source of the problem.*
Se identifica con el papel que hace.	*She identifies with the role she plays.*
Hay ejercicios de identificación.	*There are identification exercises.*
Los gemelos son idénticos.	*The twins are identical.*
Enséñame tu tarjeta de identidad.	*Show me your identification card.*

stem-changing *-ir* verb (like **pedir**): *e > i*   **impido · impidieron · impedido · impidiendo**

PRESENT

impido	impedimos
impides	impedís
impide	impiden

PRETERIT

impedí	impedimos
impediste	impedisteis
impidió	impidieron

IMPERFECT

impedía	impedíamos
impedías	impedíais
impedía	impedían

PRESENT PERFECT

he impedido	hemos impedido
has impedido	habéis impedido
ha impedido	han impedido

FUTURE

impediré	impediremos
impedirás	impediréis
impedirá	impedirán

CONDITIONAL

impediría	impediríamos
impedirías	impediríais
impediría	impedirían

PLUPERFECT

había impedido	habíamos impedido
habías impedido	habíais impedido
había impedido	habían impedido

PRETERIT PERFECT

hube impedido	hubimos impedido
hubiste impedido	hubisteis impedido
hubo impedido	hubieron impedido

FUTURE PERFECT

habré impedido	habremos impedido
habrás impedido	habréis impedido
habrá impedido	habrán impedido

CONDITIONAL PERFECT

habría impedido	habríamos impedido
habrías impedido	habríais impedido
habría impedido	habrían impedido

PRESENT SUBJUNCTIVE

impida	impidamos
impidas	impidáis
impida	impidan

PRESENT PERFECT SUBJUNCTIVE

haya impedido	hayamos impedido
hayas impedido	hayáis impedido
haya impedido	hayan impedido

IMPERFECT SUBJUNCTIVE (-ra)

impidiera	impidiéramos
impidieras	impidierais
impidiera	impidieran

or   **IMPERFECT SUBJUNCTIVE (-se)**

impidiese	impidiésemos
impidieses	impidieseis
impidiese	impidiesen

PAST PERFECT SUBJUNCTIVE (-ra)

hubiera impedido	hubiéramos impedido
hubieras impedido	hubierais impedido
hubiera impedido	hubieran impedido

or   **PAST PERFECT SUBJUNCTIVE (-se)**

hubiese impedido	hubiésemos impedido
hubieses impedido	hubieseis impedido
hubiese impedido	hubiesen impedido

PROGRESSIVE TENSES

PRESENT	estoy, estás, está, estamos, estáis, están
PRETERIT	estuve, estuviste, estuvo, estuvimos, estuvisteis, estuvieron
IMPERFECT	estaba, estabas, estaba, estábamos, estabais, estaban
FUTURE	estaré, estarás, estará, estaremos, estaréis, estarán
CONDITIONAL	estaría, estarías, estaría, estaríamos, estaríais, estarían
SUBJUNCTIVE	que + *corresponding subjunctive tense of* estar *(see verb 252)*

} impidiendo

COMMANDS

	(nosotros) impidamos/no impidamos
(tú) impide/no impidas	(vosotros) impedid/no impidáis
(Ud.) impida/no impida	(Uds.) impidan/no impidan

Usage

La ventisca les impidió que condujeran.	*The blizzard prevented them from driving.*
¿Qué impide el progreso en el proyecto?	*What's impeding progress on the project?*
Le impedimos que huyera.	*We kept her from running away.*
El trabajo fue impedido por la oscuridad.	*The work was hindered by darkness.*
Hay impedimentos.	*There are obstacles.*

importar *to be concerned about*

importa · importaron · importado · importando

regular -ar verb (like **gustar**)

PRESENT

me importa(n)	nos importa(n)
te importa(n)	os importa(n)
le importa(n)	les importa(n)

PRETERIT

me importó(-aron)	nos importó(-aron)
te importó(-aron)	os importó(-aron)
le importó(-aron)	les importó(-aron)

IMPERFECT

me importaba(n)	nos importaba(n)
te importaba(n)	os importaba(n)
le importaba(n)	les importaba(n)

PRESENT PERFECT

me ha(n) importado	nos ha(n) importado
te ha(n) importado	os ha(n) importado
le ha(n) importado	les ha(n) importado

FUTURE

me importará(n)	nos importará(n)
te importará(n)	os importará(n)
le importará(n)	les importará(n)

CONDITIONAL

me importaría(n)	nos importaría(n)
te importaría(n)	os importaría(n)
le importaría(n)	les importaría(n)

PLUPERFECT

me había(n) importado	nos había(n) importado
te había(n) importado	os había(n) importado
le había(n) importado	les había(n) importado

PRETERIT PERFECT

me hubo(-ieron) importado	nos hubo(-ieron) importado
te hubo(-ieron) importado	os hubo(-ieron) importado
le hubo(-ieron) importado	les hubo(-ieron) importado

FUTURE PERFECT

me habrá(n) importado	nos habrá(n) importado
te habrá(n) importado	os habrá(n) importado
le habrá(n) importado	les habrá(n) importado

CONDITIONAL PERFECT

me habría(n) importado	nos habría(n) importado
te habría(n) importado	os habría(n) importado
le habría(n) importado	les habría(n) importado

PRESENT SUBJUNCTIVE

me importe(n)	nos importe(n)
te importe(n)	os importe(n)
le importe(n)	les importe(n)

PRESENT PERFECT SUBJUNCTIVE

me haya(n) importado	nos haya(n) importado
te haya(n) importado	os haya(n) importado
le haya(n) importado	les haya(n) importado

IMPERFECT SUBJUNCTIVE (-ra)

me importara(n)	nos importara(n)
te importara(n)	os importara(n)
le importara(n)	les importara(n)

or **IMPERFECT SUBJUNCTIVE (-se)**

me importase(n)	nos importase(n)
te importase(n)	os importase(n)
le importase(n)	les importase(n)

PAST PERFECT SUBJUNCTIVE (-ra)

me hubiera(n) importado	nos hubiera(n) importado
te hubiera(n) importado	os hubiera(n) importado
le hubiera(n) importado	les hubiera(n) importado

or **PAST PERFECT SUBJUNCTIVE (-se)**

me hubiese(n) importado	nos hubiese(n) importado
te hubiese(n) importado	os hubiese(n) importado
le hubiese(n) importado	les hubiese(n) importado

PROGRESSIVE TENSES

PRESENT	me	está, están
PRETERIT	te	estuvo, estuvieron
IMPERFECT	le	estaba, estaban
FUTURE	nos	estará, estarán
CONDITIONAL	os	estaría, estarían
SUBJUNCTIVE que	les	*corresponding subjunctive tense of* estar (*see verb 252*)

importando

COMMANDS

¡Que te/le/os/les importe(n)!   ¡Que no te/le/os/les importe(n)!

Usage

—¿Les importan los resultados?	*Do you care about the results?*
—No, no nos importan.	*No, they don't matter to us.*
No le importaba nada.	*Nothing mattered to her.*
¡No te metas donde no te importa!	*Don't butt into things that don't concern you!*
Eso no os importaba.	*That didn't concern you.*
¡No me importa un comino/tres pepinos!	*I couldn't care less!/I don't give a damn!*
El país importa más de lo que exporta.	*The country imports more than it exports.*
Es un asunto importante/de importancia.	*It's an important matter.*

-ir verb; spelling change: adds *y* before *o, a, e*   **incluyo · incluyeron · incluido · incluyendo**

PRESENT		PRETERIT	
incluyo	incluimos	incluí	incluimos
incluyes	incluís	incluiste	incluisteis
incluye	incluyen	incluyó	incluyeron

IMPERFECT		PRESENT PERFECT	
incluía	incluíamos	he incluido	hemos incluido
incluías	incluíais	has incluido	habéis incluido
incluía	incluían	ha incluido	han incluido

FUTURE		CONDITIONAL	
incluiré	incluiremos	incluiría	incluiríamos
incluirás	incluiréis	incluirías	incluiríais
incluirá	incluirán	incluiría	incluirían

PLUPERFECT		PRETERIT PERFECT	
había incluido	habíamos incluido	hube incluido	hubimos incluido
habías incluido	habíais incluido	hubiste incluido	hubisteis incluido
había incluido	habían incluido	hubo incluido	hubieron incluido

FUTURE PERFECT		CONDITIONAL PERFECT	
habré incluido	habremos incluido	habría incluido	habríamos incluido
habrás incluido	habréis incluido	habrías incluido	habríais incluido
habrá incluido	habrán incluido	habría incluido	habrían incluido

PRESENT SUBJUNCTIVE		PRESENT PERFECT SUBJUNCTIVE	
incluya	incluyamos	haya incluido	hayamos incluido
incluyas	incluyáis	hayas incluido	hayáis incluido
incluya	incluyan	haya incluido	hayan incluido

IMPERFECT SUBJUNCTIVE (-ra)		*or* IMPERFECT SUBJUNCTIVE (-se)	
incluyera	incluyéramos	incluyese	incluyésemos
incluyeras	incluyerais	incluyeses	incluyeseis
incluyera	incluyeran	incluyese	incluyesen

PAST PERFECT SUBJUNCTIVE (-ra)		*or* PAST PERFECT SUBJUNCTIVE (-se)	
hubiera incluido	hubiéramos incluido	hubiese incluido	hubiésemos incluido
hubieras incluido	hubierais incluido	hubieses incluido	hubieseis incluido
hubiera incluido	hubieran incluido	hubiese incluido	hubiesen incluido

PROGRESSIVE TENSES

PRESENT	estoy, estás, está, estamos, estáis, están	
PRETERIT	estuve, estuviste, estuvo, estuvimos, estuvisteis, estuvieron	
IMPERFECT	estaba, estabas, estaba, estábamos, estabais, estaban	incluyendo
FUTURE	estaré, estarás, estará, estaremos, estaréis, estarán	
CONDITIONAL	estaría, estarías, estaría, estaríamos, estaríais, estarían	
SUBJUNCTIVE	que + *corresponding subjunctive tense of* estar (*see verb 252*)	

COMMANDS

	(nosotros) incluyamos/no incluyamos
(tú) incluye/no incluyas	(vosotros) incluid/no incluyáis
(Ud.) incluya/no incluya	(Uds.) incluyan/no incluyan

Usage

El precio lo incluía todo.	*The price included everything.*
Incluyo las fotos con mi carta.	*I've enclosed the photos with my letter.*
¿Qué incluye el plan?	*What does the plan comprise?*
Aquí tiene el contrato todo incluido.	*Here's the contract, everything included.*
Asistieron todos incluso varios turistas.	*Everyone attended, including several tourists.*

indicar   *to indicate, point out, show, suggest*

indico · indicaron · indicado · indicando   *-ar* verb; spelling change: *c > qu/e*

PRESENT		PRETERIT	
indico	indicamos	indiqué	indicamos
indicas	indicáis	indicaste	indicasteis
indica	indican	indicó	indicaron

IMPERFECT		PRESENT PERFECT	
indicaba	indicábamos	he indicado	hemos indicado
indicabas	indicabais	has indicado	habéis indicado
indicaba	indicaban	ha indicado	han indicado

FUTURE		CONDITIONAL	
indicaré	indicaremos	indicaría	indicaríamos
indicarás	indicaréis	indicarías	indicaríais
indicará	indicarán	indicaría	indicarían

PLUPERFECT		PRETERIT PERFECT	
había indicado	habíamos indicado	hube indicado	hubimos indicado
habías indicado	habíais indicado	hubiste indicado	hubisteis indicado
había indicado	habían indicado	hubo indicado	hubieron indicado

FUTURE PERFECT		CONDITIONAL PERFECT	
habré indicado	habremos indicado	habría indicado	habríamos indicado
habrás indicado	habréis indicado	habrías indicado	habríais indicado
habrá indicado	habrán indicado	habría indicado	habrían indicado

PRESENT SUBJUNCTIVE		PRESENT PERFECT SUBJUNCTIVE	
indique	indiquemos	haya indicado	hayamos indicado
indiques	indiquéis	hayas indicado	hayáis indicado
indique	indiquen	haya indicado	hayan indicado

IMPERFECT SUBJUNCTIVE (-ra)		*or* IMPERFECT SUBJUNCTIVE (-se)	
indicara	indicáramos	indicase	indicásemos
indicaras	indicarais	indicases	indicaseis
indicara	indicaran	indicase	indicasen

PAST PERFECT SUBJUNCTIVE (-ra)		*or* PAST PERFECT SUBJUNCTIVE (-se)	
hubiera indicado	hubiéramos indicado	hubiese indicado	hubiésemos indicado
hubieras indicado	hubierais indicado	hubieses indicado	hubieseis indicado
hubiera indicado	hubieran indicado	hubiese indicado	hubiesen indicado

PROGRESSIVE TENSES

PRESENT	estoy, estás, está, estamos, estáis, están	
PRETERIT	estuve, estuviste, estuvo, estuvimos, estuvisteis, estuvieron	
IMPERFECT	estaba, estabas, estaba, estábamos, estabais, estaban	⎫ indicando
FUTURE	estaré, estarás, estará, estaremos, estaréis, estarán	⎬
CONDITIONAL	estaría, estarías, estaría, estaríamos, estaríais, estarían	⎭
SUBJUNCTIVE	que + *corresponding subjunctive tense of* estar (*see verb 252*)	

COMMANDS

	(nosotros) indiquemos/no indiquemos
(tú) indica/no indiques	(vosotros) indicad/no indiquéis
(Ud.) indique/no indique	(Uds.) indiquen/no indiquen

Usage

Indique con el dedo el lugar en el mapa.	*Point out the place on the map.*
Han indicado su indiferencia.	*They've indicated their indifference.*
Nos indicó que no estaba contenta.	*She suggested to us she wasn't happy.*
Se indica algo con el índice.	*You point at something with your index finger.*
Nos veremos a la hora indicada.	*We'll see each other at the specified time.*
el índice de incremento/de precios/del coste de vida	*rate of increase/price index/cost of living index*

-ir verb; spelling change: adds *y* before *o, a, e* | **influyo · influyeron · influido · influyendo**

PRESENT
influyo	influimos
influyes	influís
influye	influyen

IMPERFECT
influía	influíamos
influías	influíais
influía	influían

FUTURE
influiré	influiremos
influirás	influiréis
influirá	influirán

PLUPERFECT
había influido	habíamos influido
habías influido	habíais influido
había influido	habían influido

FUTURE PERFECT
habré influido	habremos influido
habrás influido	habréis influido
habrá influido	habrán influido

PRESENT SUBJUNCTIVE
influya	influyamos
influyas	influyáis
influya	influyan

IMPERFECT SUBJUNCTIVE (-ra)
influyera	influyéramos
influyeras	influyerais
influyera	influyeran

PAST PERFECT SUBJUNCTIVE (-ra)
hubiera influido	hubiéramos influido
hubieras influido	hubierais influido
hubiera influido	hubieran influido

PRETERIT
influí	influimos
influiste	influisteis
influyó	influyeron

PRESENT PERFECT
he influido	hemos influido
has influido	habéis influido
ha influido	han influido

CONDITIONAL
influiría	influiríamos
influirías	influiríais
influiría	influirían

PRETERIT PERFECT
hube influido	hubimos influido
hubiste influido	hubisteis influido
hubo influido	hubieron influido

CONDITIONAL PERFECT
habría influido	habríamos influido
habrías influido	habríais influido
habría influido	habrían influido

PRESENT PERFECT SUBJUNCTIVE
haya influido	hayamos influido
hayas influido	hayáis influido
haya influido	hayan influido

or **IMPERFECT SUBJUNCTIVE (-se)**
influyese	influyésemos
influyeses	influyeseis
influyese	influyesen

or **PAST PERFECT SUBJUNCTIVE (-se)**
hubiese influido	hubiésemos influido
hubieses influido	hubieseis influido
hubiese influido	hubiesen influido

PROGRESSIVE TENSES

PRESENT	estoy, estás, está, estamos, estáis, están
PRETERIT	estuve, estuviste, estuvo, estuvimos, estuvisteis, estuvieron
IMPERFECT	estaba, estabas, estaba, estábamos, estabais, estaban
FUTURE	estaré, estarás, estará, estaremos, estaréis, estarán
CONDITIONAL	estaría, estarías, estaría, estaríamos, estaríais, estarían
SUBJUNCTIVE	que + *corresponding subjunctive tense of* estar (*see verb 252*)

} influyendo

COMMANDS

	(nosotros) influyamos/no influyamos
(tú) influye/no influyas	(vosotros) influid/no influyáis
(Ud.) influya/no influya	(Uds.) influyan/no influyan

Usage

Sus ideas han influido en sus alumnos.	*Her ideas have influenced her pupils.*
Su medio ambiente influye en el escritor.	*A writer is influenced by his environment.*
¿Quiénes influirán en la decisión?	*Who will influence the decision?*
Es una persona de mucha influencia.	*He's a very influential person.*
Se valieron de sus influencias.	*They used their influence.*

iniciar *to initiate, begin, start*

regular *-ar* verb

PRESENT		PRETERIT	
inicio	iniciamos	inicié	iniciamos
inicias	iniciáis	iniciaste	iniciasteis
inicia	inician	inició	iniciaron

IMPERFECT		PRESENT PERFECT	
iniciaba	iniciábamos	he iniciado	hemos iniciado
iniciabas	iniciabais	has iniciado	habéis iniciado
iniciaba	iniciaban	ha iniciado	han iniciado

FUTURE		CONDITIONAL	
iniciaré	iniciaremos	iniciaría	iniciaríamos
iniciarás	iniciaréis	iniciarías	iniciaríais
iniciará	iniciarán	iniciaría	iniciarían

PLUPERFECT		PRETERIT PERFECT	
había iniciado	habíamos iniciado	hube iniciado	hubimos iniciado
habías iniciado	habíais iniciado	hubiste iniciado	hubisteis iniciado
había iniciado	habían iniciado	hubo iniciado	hubieron iniciado

FUTURE PERFECT		CONDITIONAL PERFECT	
habré iniciado	habremos iniciado	habría iniciado	habríamos iniciado
habrás iniciado	habréis iniciado	habrías iniciado	habríais iniciado
habrá iniciado	habrán iniciado	habría iniciado	habrían iniciado

PRESENT SUBJUNCTIVE		PRESENT PERFECT SUBJUNCTIVE	
inicie	iniciemos	haya iniciado	hayamos iniciado
inicies	iniciéis	hayas iniciado	hayáis iniciado
inicie	inicien	haya iniciado	hayan iniciado

IMPERFECT SUBJUNCTIVE (-ra)		*or* IMPERFECT SUBJUNCTIVE (-se)	
iniciara	iniciáramos	iniciase	iniciásemos
iniciaras	iniciarais	iniciases	iniciaseis
iniciara	iniciaran	iniciase	iniciasen

PAST PERFECT SUBJUNCTIVE (-ra)		*or* PAST PERFECT SUBJUNCTIVE (-se)	
hubiera iniciado	hubiéramos iniciado	hubiese iniciado	hubiésemos iniciado
hubieras iniciado	hubierais iniciado	hubieses iniciado	hubieseis iniciado
hubiera iniciado	hubieran iniciado	hubiese iniciado	hubiesen iniciado

PROGRESSIVE TENSES

PRESENT	estoy, estás, está, estamos, estáis, están	
PRETERIT	estuve, estuviste, estuvo, estuvimos, estuvisteis, estuvieron	
IMPERFECT	estaba, estabas, estaba, estábamos, estabais, estaban	iniciando
FUTURE	estaré, estarás, estará, estaremos, estaréis, estarán	
CONDITIONAL	estaría, estarías, estaría, estaríamos, estaríais, estarían	
SUBJUNCTIVE	que + *corresponding subjunctive tense of* estar (*see verb 252*)	

COMMANDS

	(nosotros) iniciemos/no iniciemos
(tú) inicia/no inicies	(vosotros) iniciad/no iniciéis
(Ud.) inicie/no inicie	(Uds.) inicien/no inicien

Usage

Se inició la serie de conferencias.	*They started the lecture series.*
Le iniciarán en el club mañana.	*They'll initiate him into the club tomorrow.*
Lo estimamos por su iniciativa propia.	*We value him for his individual initiative.*
En español EE.UU. son las iniciales de los Estados Unidos.	*In Spanish, EE.UU. are the initials of the United States.*

regular *-ir* verb

insisto · insistieron · insistido · insistiendo

PRESENT

insisto	insistimos
insistes	insistís
insiste	insisten

PRETERIT

insistí	insistimos
insististe	insististeis
insistió	insistieron

IMPERFECT

insistía	insistíamos
insistías	insistíais
insistía	insistían

PRESENT PERFECT

he insistido	hemos insistido
has insistido	habéis insistido
ha insistido	han insistido

FUTURE

insistiré	insistiremos
insistirás	insistiréis
insistirá	insistirán

CONDITIONAL

insistiría	insistiríamos
insistirías	insistiríais
insistiría	insistirían

PLUPERFECT

había insistido	habíamos insistido
habías insistido	habíais insistido
había insistido	habían insistido

PRETERIT PERFECT

hube insistido	hubimos insistido
hubiste insistido	hubisteis insistido
hubo insistido	hubieron insistido

FUTURE PERFECT

habré insistido	habremos insistido
habrás insistido	habréis insistido
habrá insistido	habrán insistido

CONDITIONAL PERFECT

habría insistido	habríamos insistido
habrías insistido	habríais insistido
habría insistido	habrían insistido

PRESENT SUBJUNCTIVE

insista	insistamos
insistas	insistáis
insista	insistan

PRESENT PERFECT SUBJUNCTIVE

haya insistido	hayamos insistido
hayas insistido	hayáis insistido
haya insistido	hayan insistido

IMPERFECT SUBJUNCTIVE (-ra)

insistiera	insistiéramos
insistieras	insistierais
insistiera	insistieran

or **IMPERFECT SUBJUNCTIVE (-se)**

insistiese	insistiésemos
insistieses	insistieseis
insistiese	insistiesen

PAST PERFECT SUBJUNCTIVE (-ra)

hubiera insistido	hubiéramos insistido
hubieras insistido	hubierais insistido
hubiera insistido	hubieran insistido

or **PAST PERFECT SUBJUNCTIVE (-se)**

hubiese insistido	hubiésemos insistido
hubieses insistido	hubieseis insistido
hubiese insistido	hubiesen insistido

PROGRESSIVE TENSES

PRESENT	estoy, estás, está, estamos, estáis, están	
PRETERIT	estuve, estuviste, estuvo, estuvimos, estuvisteis, estuvieron	
IMPERFECT	estaba, estabas, estaba, estábamos, estabais, estaban	insistiendo
FUTURE	estaré, estarás, estará, estaremos, estaréis, estarán	
CONDITIONAL	estaría, estarías, estaría, estaríamos, estaríais, estarían	
SUBJUNCTIVE	que + *corresponding subjunctive tense of* estar (*see verb 252*)	

COMMANDS

	(nosotros) insistamos/no insistamos
(tú) insiste/no insistas	(vosotros) insistid/no insistáis
(Ud.) insista/no insista	(Uds.) insistan/no insistan

Usage

¡La muy pesada insiste en acompañarnos!	*The big bore insists on coming with us!*
Insisto en que me devuelvas el dinero.	*I insist that you return the money to me.*
Insistían en lo grave de la cuestión.	*They stressed the seriousness of the matter.*
Insistía en que almorzáramos con él.	*He insisted on our having lunch with him.*
¿Por qué insiste?	*Why does she persist?*

interesa · interesaron · interesado · interesando   regular *-ar* verb (like **gustar**)

PRESENT

me interesa(n)	nos interesa(n)
te interesa(n)	os interesa(n)
le interesa(n)	les interesa(n)

IMPERFECT

me interesaba(n)	nos interesaba(n)
te interesaba(n)	os interesaba(n)
le interesaba(n)	les interesaba(n)

FUTURE

me interesará(n)	nos interesará(n)
te interesará(n)	os interesará(n)
le interesará(n)	les interesará(n)

PLUPERFECT

me había(n) interesado	nos había(n) interesado
te había(n) interesado	os había(n) interesado
le había(n) interesado	les había(n) interesado

FUTURE PERFECT

me habrá(n) interesado	nos habrá(n) interesado
te habrá(n) interesado	os habrá(n) interesado
le habrá(n) interesado	les habrá(n) interesado

PRESENT SUBJUNCTIVE

me interese(n)	nos interese(n)
te interese(n)	os interese(n)
le interese(n)	les interese(n)

IMPERFECT SUBJUNCTIVE (-ra)

me interesara(n)	nos interesara(n)
te interesara(n)	os interesara(n)
le interesara(n)	les interesara(n)

PAST PERFECT SUBJUNCTIVE (-ra)

me hubiera(n) interesado	nos hubiera(n) interesado
te hubiera(n) interesado	os hubiera(n) interesado
le hubiera(n) interesado	les hubiera(n) interesado

PRETERIT

me interesó(-aron)	nos interesó(-aron)
te interesó(-aron)	os interesó(-aron)
le interesó(-aron)	les interesó(-aron)

PRESENT PERFECT

me ha(n) interesado	nos ha(n) interesado
te ha(n) interesado	os ha(n) interesado
le ha(n) interesado	les ha(n) interesado

CONDITIONAL

me interesaría(n)	nos interesaría(n)
te interesaría(n)	os interesaría(n)
le interesaría(n)	les interesaría(n)

PRETERIT PERFECT

me hubo(-ieron) interesado	nos hubo(-ieron) interesado
te hubo(-ieron) interesado	os hubo(-ieron) interesado
le hubo(-ieron) interesado	les hubo(-ieron) interesado

CONDITIONAL PERFECT

me habría(n) interesado	nos habría(n) interesado
te habría(n) interesado	os habría(n) interesado
le habría(n) interesado	les habría(n) interesado

PRESENT PERFECT SUBJUNCTIVE

me haya(n) interesado	nos haya(n) interesado
te haya(n) interesado	os haya(n) interesado
le haya(n) interesado	les haya(n) interesado

or ## IMPERFECT SUBJUNCTIVE (-se)

me interesase(n)	nos interesase(n)
te interesase(n)	os interesase(n)
le interesase(n)	les interesase(n)

or ## PAST PERFECT SUBJUNCTIVE (-se)

me hubiese(n) interesado	nos hubiese(n) interesado
te hubiese(n) interesado	os hubiese(n) interesado
le hubiese(n) interesado	les hubiese(n) interesado

PROGRESSIVE TENSES

PRESENT		está, están	
PRETERIT	me	estuvo, estuvieron	
IMPERFECT	te / le	estaba, estaban	interesando
FUTURE	nos	estará, estarán	
CONDITIONAL	os	estaría, estarían	
SUBJUNCTIVE	que / les	*corresponding subjunctive tense of* estar (*see verb 252*)	

COMMANDS

¡Que te/le/os/les interese(n)!   ¡Que no te/le/os/les interese(n)!

Usage

—¿Te interesa trabajar en el negocio?	*Are you interested in working in the business?*
—Me interesaría si pagaran más.	*I'd be interested if it were better paying.*
Nos interesan los métodos que usan.	*We're concerned about the methods they use.*
—¿En qué te interesas?	*What interests do you have?*
—Me intereso por la música y los deportes.	*I'm interested in music and sports.*
—Se interesan en la política, ¿verdad?	*You're interested in politics, aren't you?*
—Nos interesábamos por ella, pero ya no.	*We were interested in it, but not any more.*
Es un libro muy interesante.	*It's a very interesting book.*

regular -*ir* verb | **interrumpo · interrumpieron · interrumpido · interrumpiendo**

PRESENT

interrumpo	interrumpimos
interrumpes	interrumpís
interrumpe	interrumpen

PRETERIT

interrumpí	interrumpimos
interrumpiste	interrumpisteis
interrumpió	interrumpieron

IMPERFECT

interrumpía	interrumpíamos
interrumpías	interrumpíais
interrumpía	interrumpían

PRESENT PERFECT

he interrumpido	hemos interrumpido
has interrumpido	habéis interrumpido
ha interrumpido	han interrumpido

FUTURE

interrumpiré	interrumpiremos
interrumpirás	interrumpiréis
interrumpirá	interrumpirán

CONDITIONAL

interrumpiría	interrumpiríamos
interrumpirías	interrumpiríais
interrumpiría	interrumpirían

PLUPERFECT

había interrumpido	habíamos interrumpido
habías interrumpido	habíais interrumpido
había interrumpido	habían interrumpido

PRETERIT PERFECT

hube interrumpido	hubimos interrumpido
hubiste interrumpido	hubisteis interrumpido
hubo interrumpido	hubieron interrumpido

FUTURE PERFECT

habré interrumpido	habremos interrumpido
habrás interrumpido	habréis interrumpido
habrá interrumpido	habrán interrumpido

CONDITIONAL PERFECT

habría interrumpido	habríamos interrumpido
habrías interrumpido	habríais interrumpido
habría interrumpido	habrían interrumpido

PRESENT SUBJUNCTIVE

interrumpa	interrumpamos
interrumpas	interrumpáis
interrumpa	interrumpan

PRESENT PERFECT SUBJUNCTIVE

haya interrumpido	hayamos interrumpido
hayas interrumpido	hayáis interrumpido
haya interrumpido	hayan interrumpido

IMPERFECT SUBJUNCTIVE (-ra)

interrumpiera	interrumpiéramos
interrumpieras	interrumpierais
interrumpiera	interrumpieran

or **IMPERFECT SUBJUNCTIVE (-se)**

interrumpiese	interrumpiésemos
interrumpieses	interrumpieseis
interrumpiese	interrumpiesen

PAST PERFECT SUBJUNCTIVE (-ra)

hubiera interrumpido	hubiéramos interrumpido
hubieras interrumpido	hubierais interrumpido
hubiera interrumpido	hubieran interrumpido

or **PAST PERFECT SUBJUNCTIVE (-se)**

hubiese interrumpido	hubiésemos interrumpido
hubieses interrumpido	hubieseis interrumpido
hubiese interrumpido	hubiesen interrumpido

PROGRESSIVE TENSES

PRESENT	estoy, estás, está, estamos, estáis, están
PRETERIT	estuve, estuviste, estuvo, estuvimos, estuvisteis, estuvieron
IMPERFECT	estaba, estabas, estaba, estábamos, estabais, estaban
FUTURE	estaré, estarás, estará, estaremos, estaréis, estarán
CONDITIONAL	estaría, estarías, estaría, estaríamos, estaríais, estarían
SUBJUNCTIVE	que + *corresponding subjunctive tense of* estar (*see verb 252*)

} interrumpiendo

COMMANDS

	(nosotros) interrumpamos/no interrumpamos
(tú) interrumpe/no interrumpas	(vosotros) interrumpid/no interrumpáis
(Ud.) interrumpa/no interrumpa	(Uds.) interrumpan/no interrumpan

Usage

¡No nos interrumpas!	*Don't interrupt us!*
Se interrumpió la corriente eléctrica.	*The electricity was cut off.*
Su visita fue interrumpida por la tempestad.	*Her visit was cut short because of the storm.*
Sigamos sin interrupción.	*Let's continue without interruption.*
El electricista reparó los interruptores.	*The electrician repaired the switches.*

introducir   *to introduce, show in, cause*

introduzco · introdujeron · introducido · introduciendo

-ir verb; spelling change:
c > zc/o, a; irregular preterit

PRESENT

introduzco	introducimos
introduces	introducís
introduce	introducen

PRETERIT

introduje	introdujimos
introdujiste	introdujisteis
introdujo	introdujeron

IMPERFECT

introducía	introducíamos
introducías	introducíais
introducía	introducían

PRESENT PERFECT

he introducido	hemos introducido
has introducido	habéis introducido
ha introducido	han introducido

FUTURE

introduciré	introduciremos
introducirás	introduciréis
introducirá	introducirán

CONDITIONAL

introduciría	introduciríamos
introducirías	introduciríais
introduciría	introducirían

PLUPERFECT

había introducido	habíamos introducido
habías introducido	habíais introducido
había introducido	habían introducido

PRETERIT PERFECT

hube introducido	hubimos introducido
hubiste introducido	hubisteis introducido
hubo introducido	hubieron introducido

FUTURE PERFECT

habré introducido	habremos introducido
habrás introducido	habréis introducido
habrá introducido	habrán introducido

CONDITIONAL PERFECT

habría introducido	habríamos introducido
habrías introducido	habríais introducido
habría introducido	habrían introducido

PRESENT SUBJUNCTIVE

introduzca	introduzcamos
introduzcas	introduzcáis
introduzca	introduzcan

PRESENT PERFECT SUBJUNCTIVE

haya introducido	hayamos introducido
hayas introducido	hayáis introducido
haya introducido	hayan introducido

IMPERFECT SUBJUNCTIVE (-ra)

introdujera	introdujéramos
introdujeras	introdujerais
introdujera	introdujeran

or **IMPERFECT SUBJUNCTIVE (-se)**

introdujese	introdujésemos
introdujeses	introdujeseis
introdujese	introdujesen

PAST PERFECT SUBJUNCTIVE (-ra)

hubiera introducido	hubiéramos introducido
hubieras introducido	hubierais introducido
hubiera introducido	hubieran introducido

or **PAST PERFECT SUBJUNCTIVE (-se)**

hubiese introducido	hubiésemos introducido
hubieses introducido	hubieseis introducido
hubiese introducido	hubiesen introducido

PROGRESSIVE TENSES

PRESENT	estoy, estás, está, estamos, estáis, están
PRETERIT	estuve, estuviste, estuvo, estuvimos, estuvisteis, estuvieron
IMPERFECT	estaba, estabas, estaba, estábamos, estabais, estaban
FUTURE	estaré, estarás, estará, estaremos, estaréis, estarán
CONDITIONAL	estaría, estarías, estaría, estaríamos, estaríais, estarían
SUBJUNCTIVE	que + *corresponding subjunctive tense of* estar (*see verb 252*)

} introduciendo

COMMANDS

	(nosotros) introduzcamos/no introduzcamos
(tú) introduce/no introduzcas	(vosotros) introducid/no introduzcáis
(Ud.) introduzca/no introduzca	(Uds.) introduzcan/no introduzcan

Usage

Los introdujimos en el club.	*We introduced them into the club.*
Introdúzcala en la sala.	*Show her into the living room.*
Ese tipo introduce confusión en todo.	*That guy causes/creates confusion in everything.*
Es mejor que no se introduzcan en eso.	*It's better that you not interfere in that.*
La introducción lo explica todo.	*The introduction explains everything.*

stem-changing -*ir* verb:
e > *ie* (present), *e* > *i* (preterit)

invierto · invirtieron · invertido · invirtiendo

PRESENT

invierto	invertimos
inviertes	invertís
invierte	invierten

IMPERFECT

invertía	invertíamos
invertías	invertíais
invertía	invertían

FUTURE

invertiré	invertiremos
invertirás	invertiréis
invertirá	invertirán

PLUPERFECT

había invertido	habíamos invertido
habías invertido	habíais invertido
había invertido	habían invertido

FUTURE PERFECT

habré invertido	habremos invertido
habrás invertido	habréis invertido
habrá invertido	habrán invertido

PRESENT SUBJUNCTIVE

invierta	invirtamos
inviertas	invirtáis
invierta	inviertan

IMPERFECT SUBJUNCTIVE (-ra)

invirtiera	invirtiéramos
invirtieras	invirtierais
invirtiera	invirtieran

PAST PERFECT SUBJUNCTIVE (-ra)

hubiera invertido	hubiéramos invertido
hubieras invertido	hubierais invertido
hubiera invertido	hubieran invertido

PRETERIT

invertí	invertimos
invertiste	invertisteis
invirtió	invirtieron

PRESENT PERFECT

he invertido	hemos invertido
has invertido	habéis invertido
ha invertido	han invertido

CONDITIONAL

invertiría	invertiríamos
invertirías	invertiríais
invertiría	invertirían

PRETERIT PERFECT

hube invertido	hubimos invertido
hubiste invertido	hubisteis invertido
hubo invertido	hubieron invertido

CONDITIONAL PERFECT

habría invertido	habríamos invertido
habrías invertido	habríais invertido
habría invertido	habrían invertido

PRESENT PERFECT SUBJUNCTIVE

haya invertido	hayamos invertido
hayas invertido	hayáis invertido
haya invertido	hayan invertido

or **IMPERFECT SUBJUNCTIVE (-se)**

invirtiese	invirtiésemos
invirtieses	invirtieseis
invirtiese	invirtiesen

or **PAST PERFECT SUBJUNCTIVE (-se)**

hubiese invertido	hubiésemos invertido
hubieses invertido	hubieseis invertido
hubiese invertido	hubiesen invertido

PROGRESSIVE TENSES

PRESENT	estoy, estás, está, estamos, estáis, están
PRETERIT	estuve, estuviste, estuvo, estuvimos, estuvisteis, estuvieron
IMPERFECT	estaba, estabas, estaba, estábamos, estabais, estaban
FUTURE	estaré, estarás, estará, estaremos, estaréis, estarán
CONDITIONAL	estaría, estarías, estaría, estaríamos, estaríais, estarían
SUBJUNCTIVE	que + *corresponding subjunctive tense of* estar (*see verb 252*)

} invirtiendo

COMMANDS

	(nosotros) invirtamos/no invirtamos
(tú) invierte/no inviertas	(vosotros) invertid/no invirtáis
(Ud.) invierta/no invierta	(Uds.) inviertan/no inviertan

Usage

Invirtieron capital de riesgo en la firma.	*They invested venture capital in the company.*
Los actores invertirán sus papeles a partir de hoy.	*The actors will change their roles starting today.*
Ahora invierta el proceso químico.	*Now reverse the chemical process.*
Hay más inversionistas en la bolsa cada día.	*There are more investors in the stock market each day.*
Haga una lista en orden inverso.	*Make a list in reverse order.*
Y a la inversa.	*And vice versa.*

investigar *to investigate, find out, do research*

investigo · investigaron · investigado · investigando *-ar* verb; spelling change: *g* > *gu/e*

PRESENT

investigo	investigamos
investigas	investigáis
investiga	investigan

PRETERIT

investigué	investigamos
investigaste	investigasteis
investigó	investigaron

IMPERFECT

investigaba	investigábamos
investigabas	investigabais
investigaba	investigaban

PRESENT PERFECT

he investigado	hemos investigado
has investigado	habéis investigado
ha investigado	han investigado

FUTURE

investigaré	investigaremos
investigarás	investigaréis
investigará	investigarán

CONDITIONAL

investigaría	investigaríamos
investigarías	investigaríais
investigaría	investigarían

PLUPERFECT

había investigado	habíamos investigado
habías investigado	habíais investigado
había investigado	habían investigado

PRETERIT PERFECT

hube investigado	hubimos investigado
hubiste investigado	hubisteis investigado
hubo investigado	hubieron investigado

FUTURE PERFECT

habré investigado	habremos investigado
habrás investigado	habréis investigado
habrá investigado	habrán investigado

CONDITIONAL PERFECT

habría investigado	habríamos investigado
habrías investigado	habríais investigado
habría investigado	habrían investigado

PRESENT SUBJUNCTIVE

investigue	investiguemos
investigues	investiguéis
investigue	investiguen

PRESENT PERFECT SUBJUNCTIVE

haya investigado	hayamos investigado
hayas investigado	hayáis investigado
haya investigado	hayan investigado

IMPERFECT SUBJUNCTIVE (-ra)

investigara	investigáramos
investigaras	investigarais
investigara	investigaran

or ### IMPERFECT SUBJUNCTIVE (-se)

investigase	investigásemos
investigases	investigaseis
investigase	investigasen

PAST PERFECT SUBJUNCTIVE (-ra)

hubiera investigado	hubiéramos investigado
hubieras investigado	hubierais investigado
hubiera investigado	hubieran investigado

or ### PAST PERFECT SUBJUNCTIVE (-se)

hubiese investigado	hubiésemos investigado
hubieses investigado	hubieseis investigado
hubiese investigado	hubiesen investigado

PROGRESSIVE TENSES

PRESENT	estoy, estás, está, estamos, estáis, están
PRETERIT	estuve, estuviste, estuvo, estuvimos, estuvisteis, estuvieron
IMPERFECT	estaba, estabas, estaba, estábamos, estabais, estaban
FUTURE	estaré, estarás, estará, estaremos, estaréis, estarán
CONDITIONAL	estaría, estarías, estaría, estaríamos, estaríais, estarían
SUBJUNCTIVE	que + *corresponding subjunctive tense of* estar (*see verb 252*)

} investigando

COMMANDS

	(nosotros) investiguemos/no investiguemos
(tú) investiga/no investigues	(vosotros) investigad/no investiguéis
(Ud.) investigue/no investigue	(Uds.) investiguen/no investiguen

Usage

La policía va investigando el crimen.	*The police are investigating the crime.*
Investigan el móvil.	*They're finding out the motive.*
Investigo las causas de la guerra.	*I'm researching the causes of the war.*
La empresa gasta en investigación y desarrollo.	*The company spends on research and development.*
¿Cuándo se terminarán las investigaciones?	*When will the research be concluded?*

PRESENT

invito	invitamos
invitas	invitáis
invita	invitan

IMPERFECT

invitaba	invitábamos
invitabas	invitabais
invitaba	invitaban

FUTURE

invitaré	invitaremos
invitarás	invitaréis
invitará	invitarán

PLUPERFECT

había invitado	habíamos invitado
habías invitado	habíais invitado
había invitado	habían invitado

FUTURE PERFECT

habré invitado	habremos invitado
habrás invitado	habréis invitado
habrá invitado	habrán invitado

PRESENT SUBJUNCTIVE

invite	invitemos
invites	invitéis
invite	inviten

IMPERFECT SUBJUNCTIVE (-ra)

invitara	invitáramos
invitaras	invitarais
invitara	invitaran

PAST PERFECT SUBJUNCTIVE (-ra)

hubiera invitado	hubiéramos invitado
hubieras invitado	hubierais invitado
hubiera invitado	hubieran invitado

PRETERIT

invité	invitamos
invitaste	invitasteis
invitó	invitaron

PRESENT PERFECT

he invitado	hemos invitado
has invitado	habéis invitado
ha invitado	han invitado

CONDITIONAL

invitaría	invitaríamos
invitarías	invitaríais
invitaría	invitarían

PRETERIT PERFECT

hube invitado	hubimos invitado
hubiste invitado	hubisteis invitado
hubo invitado	hubieron invitado

CONDITIONAL PERFECT

habría invitado	habríamos invitado
habrías invitado	habríais invitado
habría invitado	habrían invitado

PRESENT PERFECT SUBJUNCTIVE

haya invitado	hayamos invitado
hayas invitado	hayáis invitado
haya invitado	hayan invitado

or **IMPERFECT SUBJUNCTIVE (-se)**

invitase	invitásemos
invitases	invitaseis
invitase	invitasen

or **PAST PERFECT SUBJUNCTIVE (-se)**

hubiese invitado	hubiésemos invitado
hubieses invitado	hubieseis invitado
hubiese invitado	hubiesen invitado

PROGRESSIVE TENSES

PRESENT	estoy, estás, está, estamos, estáis, están
PRETERIT	estuve, estuviste, estuvo, estuvimos, estuvisteis, estuvieron
IMPERFECT	estaba, estabas, estaba, estábamos, estabais, estaban
FUTURE	estaré, estarás, estará, estaremos, estaréis, estarán
CONDITIONAL	estaría, estarías, estaría, estaríamos, estaríais, estarían
SUBJUNCTIVE	que + *corresponding subjunctive tense of* estar (*see verb 252*)

} invitando

COMMANDS

	(nosotros) invitemos/no invitemos
(tú) invita/no invites	(vosotros) invitad/no invitéis
(Ud.) invite/no invite	(Uds.) inviten/no inviten

Usage

Nos invitaron al baile de etiqueta.	*We were invited to the dress ball.*
Te invito a tomar un café.	*I'll treat you to a cup of coffee.*
Su lenguaje incendiario invitaba debate.	*His inflammatory language invited debate.*
Tenemos muchos invitados.	*We have many guests.*
Recibimos una invitación a la cena.	*We received an invitation to the dinner.*

Han ido al centro comercial.	*They've gone to the mall.*
¿Cómo te va en la Marina de guerra?	*How's it going for you in the navy?*
El AVE va de Madrid a Sevilla en tres horas.	*The high-speed train goes from Madrid to Seville in three hours.*
El traje te va muy bien.	*The suit is very becoming to you/fits you very well.*

ir + gerund

Van paseándose por el jardín botánico.	*They're strolling through the botanical garden.*

ir + prepositions

Van al médico/al dentista.	*They're going to the doctor/dentist.*
Vamos a divertirnos mucho.	*We're going to have a great time.*
¿Fueron a pie/a caballo/en bicicleta?	*Did they walk/go on horseback/go by bicycle?*
La camisa va bien con este pantalón.	*The shirt goes well with these pants.*
Espero que vayan de viaje/de paseo.	*I hope they'll go on a trip/for a walk.*
Esto va en serio.	*This is getting serious.*
Va para 26 años.	*He's almost 26 years old.*
Voy por el periódico.	*I'm going out for the newspaper.*
—¿Las cosas van bien?	*Are things going well?*
—Por desgracia, van de mal en peor.	*Unfortunately, they're going from bad to worse.*
—Todo va sobre ruedas.	*Everything's going smoothly.*

Other Uses

¡Qué va!	*Nonsense!/Are you kidding?*
Vamos a ver.	*Let's see.*
¡Ya voy!	*I'm coming!*
¡Vámonos!	*Let's go!/Let's leave!*
¡Vete!/¡Váyase!	*Scram!/Go away!*
El edificio se fue abajo.	*The building collapsed.*
Por todas partes se va a Roma./Todos los caminos van a Roma.	*All roads lead to Rome.*
Su poder se le iba de las manos.	*His power was slipping through his fingers.*
Su nombre se me fue de la memoria.	*Their name slipped my mind.*

TOP 50
VERBS

irregular verb   voy · fueron · ido · yendo

PRESENT		PRETERIT	
voy	vamos	fui	fuimos
vas	vais	fuiste	fuisteis
va	van	fue	fueron

IMPERFECT		PRESENT PERFECT	
iba	íbamos	he ido	hemos ido
ibas	ibais	has ido	habéis ido
iba	iban	ha ido	han ido

FUTURE		CONDITIONAL	
iré	iremos	iría	iríamos
irás	iréis	irías	iríais
irá	irán	iría	irían

PLUPERFECT		PRETERIT PERFECT	
había ido	habíamos ido	hube ido	hubimos ido
habías ido	habíais ido	hubiste ido	hubisteis ido
había ido	habían ido	hubo ido	hubieron ido

FUTURE PERFECT		CONDITIONAL PERFECT	
habré ido	habremos ido	habría ido	habríamos ido
habrás ido	habréis ido	habrías ido	habríais ido
habrá ido	habrán ido	habría ido	habrían ido

PRESENT SUBJUNCTIVE		PRESENT PERFECT SUBJUNCTIVE	
vaya	vayamos	haya ido	hayamos ido
vayas	vayáis	hayas ido	hayáis ido
vaya	vayan	haya ido	hayan ido

IMPERFECT SUBJUNCTIVE (-ra)		*or*	IMPERFECT SUBJUNCTIVE (-se)	
fuera	fuéramos		fuese	fuésemos
fueras	fuerais		fueses	fueseis
fuera	fueran		fuese	fuesen

PAST PERFECT SUBJUNCTIVE (-ra)		*or*	PAST PERFECT SUBJUNCTIVE (-se)	
hubiera ido	hubiéramos ido		hubiese ido	hubiésemos ido
hubieras ido	hubierais ido		hubieses ido	hubieseis ido
hubiera ido	hubieran ido		hubiese ido	hubiesen ido

PROGRESSIVE TENSES

PRESENT	estoy, estás, está, estamos, estáis, están
PRETERIT	estuve, estuviste, estuvo, estuvimos, estuvisteis, estuvieron
IMPERFECT	estaba, estabas, estaba, estábamos, estabais, estaban
FUTURE	estaré, estarás, estará, estaremos, estaréis, estarán
CONDITIONAL	estaría, estarías, estaría, estaríamos, estaríais, estarían
SUBJUNCTIVE	que + *corresponding subjunctive tense of* estar (*see verb 252*)

} yendo

COMMANDS

	(nosotros) vamos/no vayamos
(tú) ve/no vayas	(vosotros) id/no vayáis
(Ud.) vaya/no vaya	(Uds.) vayan/no vayan

Usage

—¿Uds. van al museo de arte ahora?	*Are you going to the art museum now?*
—No, vamos a ir por la tarde.	*No, we're going to go in the afternoon.*
¿Cómo te va?	*How are you?/How are things?*
Iban andando al centro.	*They were walking downtown.*
Fueron en coche/tren/avión.	*They went by car/train/plane.*
Ve de compras con Paula.	*Go shopping with Paula.*
¡Vaya una idea!	*What an idea!*

jubilar *to retire*

jubilo · jubilaron · jubilado · jubilando

regular *-ar* verb

PRESENT		PRETERIT	
jubilo	jubilamos	jubilé	jubilamos
jubilas	jubiláis	jubilaste	jubilasteis
jubila	jubilan	jubiló	jubilaron

IMPERFECT		PRESENT PERFECT	
jubilaba	jubilábamos	he jubilado	hemos jubilado
jubilabas	jubilabais	has jubilado	habéis jubilado
jubilaba	jubilaban	ha jubilado	han jubilado

FUTURE		CONDITIONAL	
jubilaré	jubilaremos	jubilaría	jubilaríamos
jubilarás	jubilaréis	jubilarías	jubilaríais
jubilará	jubilarán	jubilaría	jubilarían

PLUPERFECT		PRETERIT PERFECT	
había jubilado	habíamos jubilado	hube jubilado	hubimos jubilado
habías jubilado	habíais jubilado	hubiste jubilado	hubisteis jubilado
había jubilado	habían jubilado	hubo jubilado	hubieron jubilado

FUTURE PERFECT		CONDITIONAL PERFECT	
habré jubilado	habremos jubilado	habría jubilado	habríamos jubilado
habrás jubilado	habréis jubilado	habrías jubilado	habríais jubilado
habrá jubilado	habrán jubilado	habría jubilado	habrían jubilado

PRESENT SUBJUNCTIVE		PRESENT PERFECT SUBJUNCTIVE	
jubile	jubilemos	haya jubilado	hayamos jubilado
jubiles	jubiléis	hayas jubilado	hayáis jubilado
jubile	jubilen	haya jubilado	hayan jubilado

IMPERFECT SUBJUNCTIVE (-ra)		*or*	IMPERFECT SUBJUNCTIVE (-se)	
jubilara	jubiláramos		jubilase	jubilásemos
jubilaras	jubilarais		jubilases	jubilaseis
jubilara	jubilaran		jubilase	jubilasen

PAST PERFECT SUBJUNCTIVE (-ra)		*or*	PAST PERFECT SUBJUNCTIVE (-se)	
hubiera jubilado	hubiéramos jubilado		hubiese jubilado	hubiésemos jubilado
hubieras jubilado	hubierais jubilado		hubieses jubilado	hubieseis jubilado
hubiera jubilado	hubieran jubilado		hubiese jubilado	hubiesen jubilado

PROGRESSIVE TENSES

PRESENT	estoy, estás, está, estamos, estáis, están
PRETERIT	estuve, estuviste, estuvo, estuvimos, estuvisteis, estuvieron
IMPERFECT	estaba, estabas, estaba, estábamos, estabais, estaban
FUTURE	estaré, estarás, estará, estaremos, estaréis, estarán
CONDITIONAL	estaría, estarías, estaría, estaríamos, estaríais, estarían
SUBJUNCTIVE	que + *corresponding subjunctive tense of* estar (*see verb 252*)

} jubilando

COMMANDS

	(nosotros) jubilemos/no jubilemos
(tú) jubila/no jubiles	(vosotros) jubilad/no jubiléis
(Ud.) jubile/no jubile	(Uds.) jubilen/no jubilen

Usage

Jubilaron a varios empleados.	*They retired/pensioned off several employees.*
El jefe se jubiló a los sesenta años.	*The boss retired at 60.*
Los jubilados reciben una pensión de retiro.	*The retired people receive a retirement pension.*
Se realizó su jubilación anticipada.	*He took his early retirement.*

stem-changing -ar verb: u > ue; spelling change: g > gu/e

juego · jugaron · jugado · jugando

PRESENT		PRETERIT	
juego	jugamos	jugué	jugamos
juegas	jugáis	jugaste	jugasteis
juega	juegan	jugó	jugaron

IMPERFECT		PRESENT PERFECT	
jugaba	jugábamos	he jugado	hemos jugado
jugabas	jugabais	has jugado	habéis jugado
jugaba	jugaban	ha jugado	han jugado

FUTURE		CONDITIONAL	
jugaré	jugaremos	jugaría	jugaríamos
jugarás	jugaréis	jugarías	jugaríais
jugará	jugarán	jugaría	jugarían

PLUPERFECT		PRETERIT PERFECT	
había jugado	habíamos jugado	hube jugado	hubimos jugado
habías jugado	habíais jugado	hubiste jugado	hubisteis jugado
había jugado	habían jugado	hubo jugado	hubieron jugado

FUTURE PERFECT		CONDITIONAL PERFECT	
habré jugado	habremos jugado	habría jugado	habríamos jugado
habrás jugado	habréis jugado	habrías jugado	habríais jugado
habrá jugado	habrán jugado	habría jugado	habrían jugado

PRESENT SUBJUNCTIVE		PRESENT PERFECT SUBJUNCTIVE	
juegue	juguemos	haya jugado	hayamos jugado
juegues	juguéis	hayas jugado	hayáis jugado
juegue	jueguen	haya jugado	hayan jugado

IMPERFECT SUBJUNCTIVE (-ra)		*or* IMPERFECT SUBJUNCTIVE (-se)	
jugara	jugáramos	jugase	jugásemos
jugaras	jugarais	jugases	jugaseis
jugara	jugaran	jugase	jugasen

PAST PERFECT SUBJUNCTIVE (-ra)		*or* PAST PERFECT SUBJUNCTIVE (-se)	
hubiera jugado	hubiéramos jugado	hubiese jugado	hubiésemos jugado
hubieras jugado	hubierais jugado	hubieses jugado	hubieseis jugado
hubiera jugado	hubieran jugado	hubiese jugado	hubiesen jugado

PROGRESSIVE TENSES

PRESENT	estoy, estás, está, estamos, estáis, están	
PRETERIT	estuve, estuviste, estuvo, estuvimos, estuvisteis, estuvieron	
IMPERFECT	estaba, estabas, estaba, estábamos, estabais, estaban	jugando
FUTURE	estaré, estarás, estará, estaremos, estaréis, estarán	
CONDITIONAL	estaría, estarías, estaría, estaríamos, estaríais, estarían	
SUBJUNCTIVE	que + *corresponding subjunctive tense of* estar (*see verb 252*)	

COMMANDS

	(nosotros) juguemos/no juguemos
(tú) juega/no juegues	(vosotros) jugad/no juguéis
(Ud.) juegue/no juegue	(Uds.) jueguen/no jueguen

Usage

Juego (al) tenis/(al) béisbol los sábados.	*I play tennis/baseball on Saturdays.*
Se jugará el partido la semana próxima.	*The match will be played next week.*
Jugaron limpio/sucio.	*They played fair/foul.*
Decidamos jugando a cara o cruz.	*Let's decide by tossing (a coin) for it.*
¿Dónde serán los Juegos Olímpicos?	*Where will the Olympic Games take place?*
Hay nueve jugadores en el equipo.	*There are nine players on the team.*

¡Cuidado! Estás jugando con fuego.	*Careful! You're playing with fire.*
Hiciste muy mal en jugar con ellos.	*You were very wrong to use them.*
¿Jugáis a la Bolsa?	*Are you playing the stock market?*
Juegan al alza/a la baja.	*They're playing the bull/bear market.*
Nos jugó una mala partida.	*She played a dirty trick on us.*
—¿Quién juega?	*Whose turn is it?*
—Te toca a ti jugar.	*It's your turn to go.*

jugarse

Se jugaba la vida.	*He risked his life.*
Se juega el éxito/la fama de la compañía.	*The success/reputation of the company is at stake.*

hacer juego to match

La chaqueta no hace juego con la falda.	*The jacket doesn't match the skirt.*

Other Uses

¿Os gustan los juegos de azar/de cartas?	*Do you like games of chance/card games?*
Me encantan los juegos de palabras.	*I love plays on words/puns.*
Afortunado en el juego, desgraciado en amores.	*Lucky at cards, unlucky in love.*
No es cosa de juego.	*This is no laughing matter.*
Es juego de niños.	*It's child's play.*
¿Cuántas tazas tiene el juego de té?	*How many cups are there in the tea set?*
El juego de dormitorio es de roble.	*The bedroom set is made of oak.*
Fue una buena jugada.	*It was a good/nice play/move/stroke/shot.*
¡Qué jugada/jugarreta nos hizo!	*What a dirty trick he played on us!*
Los jugadores abrieron el juego.	*The players started the game.*
—¿Dónde compró esos maravillosos juguetes?	*Where did you buy those wonderful toys?*
—En la juguetería de la avenida Sur.	*At the toy store on South Avenue.*
Deja de juguetear con sus sentimientos.	*Stop toying with her feelings.*
Es una niña muy juguetona.	*She's a very playful child.*

TOP 50
VERBS

regular -*ar* verb

junto · juntaron · juntado · juntando

PRESENT

junto	juntamos
juntas	juntáis
junta	juntan

IMPERFECT

juntaba	juntábamos
juntabas	juntabais
juntaba	juntaban

FUTURE

juntaré	juntaremos
juntarás	juntaréis
juntará	juntarán

PLUPERFECT

había juntado	habíamos juntado
habías juntado	habíais juntado
había juntado	habían juntado

FUTURE PERFECT

habré juntado	habremos juntado
habrás juntado	habréis juntado
habrá juntado	habrán juntado

PRESENT SUBJUNCTIVE

junte	juntemos
juntes	juntéis
junte	junten

IMPERFECT SUBJUNCTIVE (-ra)

juntara	juntáramos
juntaras	juntarais
juntara	juntaran

PAST PERFECT SUBJUNCTIVE (-ra)

hubiera juntado	hubiéramos juntado
hubieras juntado	hubierais juntado
hubiera juntado	hubieran juntado

PRETERIT

junté	juntamos
juntaste	juntasteis
juntó	juntaron

PRESENT PERFECT

he juntado	hemos juntado
has juntado	habéis juntado
ha juntado	han juntado

CONDITIONAL

juntaría	juntaríamos
juntarías	juntaríais
juntaría	juntarían

PRETERIT PERFECT

hube juntado	hubimos juntado
hubiste juntado	hubisteis juntado
hubo juntado	hubieron juntado

CONDITIONAL PERFECT

habría juntado	habríamos juntado
habrías juntado	habríais juntado
habría juntado	habrían juntado

PRESENT PERFECT SUBJUNCTIVE

haya juntado	hayamos juntado
hayas juntado	hayáis juntado
haya juntado	hayan juntado

or **IMPERFECT SUBJUNCTIVE (-se)**

juntase	juntásemos
juntases	juntaseis
juntase	juntasen

or **PAST PERFECT SUBJUNCTIVE (-se)**

hubiese juntado	hubiésemos juntado
hubieses juntado	hubieseis juntado
hubiese juntado	hubiesen juntado

PROGRESSIVE TENSES

PRESENT	estoy, estás, está, estamos, estáis, están
PRETERIT	estuve, estuviste, estuvo, estuvimos, estuvisteis, estuvieron
IMPERFECT	estaba, estabas, estaba, estábamos, estabais, estaban
FUTURE	estaré, estarás, estará, estaremos, estaréis, estarán
CONDITIONAL	estaría, estarías, estaría, estaríamos, estaríais, estarían
SUBJUNCTIVE	que + *corresponding subjunctive tense of* estar (*see verb 252*)

} juntando

COMMANDS

	(nosotros) juntemos/no juntemos
(tú) junta/no juntes	(vosotros) juntad/no juntéis
(Ud.) junte/no junte	(Uds.) junten/no junten

Usage

Junten estas dos piezas.	*Join these two pieces.*
Les junta su causa.	*They're united by their cause.*
Dios los cría y ellos se juntan.	*Birds of a feather flock together.*
Nos juntaremos en la rueda de prensa.	*We'll meet at the press conference.*
Trabajarían juntos.	*They would work together.*
Hay una farmacia junto al hotel.	*There's a drugstore next to/near the hotel.*
La junta general fue convocada.	*The general meeting was convened.*

juro · juraron · jurado · jurando

regular *-ar* verb

PRESENT

juro	juramos
juras	juráis
jura	juran

PRETERIT

juré	juramos
juraste	jurasteis
juró	juraron

IMPERFECT

juraba	jurábamos
jurabas	jurabais
juraba	juraban

PRESENT PERFECT

he jurado	hemos jurado
has jurado	habéis jurado
ha jurado	han jurado

FUTURE

juraré	juraremos
jurarás	juraréis
jurará	jurarán

CONDITIONAL

juraría	juraríamos
jurarías	juraríais
juraría	jurarían

PLUPERFECT

había jurado	habíamos jurado
habías jurado	habíais jurado
había jurado	habían jurado

PRETERIT PERFECT

hube jurado	hubimos jurado
hubiste jurado	hubisteis jurado
hubo jurado	hubieron jurado

FUTURE PERFECT

habré jurado	habremos jurado
habrás jurado	habréis jurado
habrá jurado	habrán jurado

CONDITIONAL PERFECT

habría jurado	habríamos jurado
habrías jurado	habríais jurado
habría jurado	habrían jurado

PRESENT SUBJUNCTIVE

jure	juremos
jures	juréis
jure	juren

PRESENT PERFECT SUBJUNCTIVE

haya jurado	hayamos jurado
hayas jurado	hayáis jurado
haya jurado	hayan jurado

IMPERFECT SUBJUNCTIVE (-ra)

jurara	juráramos
juraras	jurarais
jurara	juraran

or **IMPERFECT SUBJUNCTIVE (-se)**

jurase	jurásemos
jurases	juraseis
jurase	jurasen

PAST PERFECT SUBJUNCTIVE (-ra)

hubiera jurado	hubiéramos jurado
hubieras jurado	hubierais jurado
hubiera jurado	hubieran jurado

or **PAST PERFECT SUBJUNCTIVE (-se)**

hubiese jurado	hubiésemos jurado
hubieses jurado	hubieseis jurado
hubiese jurado	hubiesen jurado

PROGRESSIVE TENSES

PRESENT	estoy, estás, está, estamos, estáis, están
PRETERIT	estuve, estuviste, estuvo, estuvimos, estuvisteis, estuvieron
IMPERFECT	estaba, estabas, estaba, estábamos, estabais, estaban
FUTURE	estaré, estarás, estará, estaremos, estaréis, estarán
CONDITIONAL	estaría, estarías, estaría, estaríamos, estaríais, estarían
SUBJUNCTIVE	que + *corresponding subjunctive tense of* estar (*see verb 252*)

} jurando

COMMANDS

	(nosotros) juremos/no juremos
(tú) jura/no jures	(vosotros) jurad/no juréis
(Ud.) jure/no jure	(Uds.) juren/no juren

Usage

Te juro que dije la verdad.	*I swear to you I told the truth.*
El presidente jura el cargo en enero.	*The president takes the oath of office in January.*
Todos debemos jurar la bandera.	*We all should pledge allegiance to the flag.*
Jurar en falso es un crimen grave.	*To commit perjury is a serious crime.*
Se recitaba la jura de la bandera.	*They recited the pledge of allegiance to the flag.*
Los testigos declararon bajo juramento.	*The witnesses testified under oath.*
Doce personas forman el jurado.	*Twelve people make up the jury.*

-ar verb; spelling change: *c > qu/e*   **justifico · justificaron · justificado · justificando**

PRESENT

justifico · justificamos
justificas · justificáis
justifica · justifican

IMPERFECT

justificaba · justificábamos
justificabas · justificabais
justificaba · justificaban

FUTURE

justificaré · justificaremos
justificarás · justificaréis
justificará · justificarán

PLUPERFECT

había justificado · habíamos justificado
habías justificado · habíais justificado
había justificado · habían justificado

FUTURE PERFECT

habré justificado · habremos justificado
habrás justificado · habréis justificado
habrá justificado · habrán justificado

PRESENT SUBJUNCTIVE

justifique · justifiquemos
justifiques · justifiquéis
justifique · justifiquen

IMPERFECT SUBJUNCTIVE (-ra)

justificara · justificáramos
justificaras · justificarais
justificara · justificaran

PAST PERFECT SUBJUNCTIVE (-ra)

hubiera justificado · hubiéramos justificado
hubieras justificado · hubierais justificado
hubiera justificado · hubieran justificado

PRETERIT

justifiqué · justificamos
justificaste · justificasteis
justificó · justificaron

PRESENT PERFECT

he justificado · hemos justificado
has justificado · habéis justificado
ha justificado · han justificado

CONDITIONAL

justificaría · justificaríamos
justificarías · justificaríais
justificaría · justificarían

PRETERIT PERFECT

hube justificado · hubimos justificado
hubiste justificado · hubisteis justificado
hubo justificado · hubieron justificado

CONDITIONAL PERFECT

habría justificado · habríamos justificado
habrías justificado · habríais justificado
habría justificado · habrían justificado

PRESENT PERFECT SUBJUNCTIVE

haya justificado · hayamos justificado
hayas justificado · hayáis justificado
haya justificado · hayan justificado

or **IMPERFECT SUBJUNCTIVE (-se)**

justificase · justificásemos
justificases · justificaseis
justificase · justificasen

or **PAST PERFECT SUBJUNCTIVE (-se)**

hubiese justificado · hubiésemos justificado
hubieses justificado · hubieseis justificado
hubiese justificado · hubiesen justificado

PROGRESSIVE TENSES

PRESENT	estoy, estás, está, estamos, estáis, están
PRETERIT	estuve, estuviste, estuvo, estuvimos, estuvisteis, estuvieron
IMPERFECT	estaba, estabas, estaba, estábamos, estabais, estaban
FUTURE	estaré, estarás, estará, estaremos, estaréis, estarán
CONDITIONAL	estaría, estarías, estaría, estaríamos, estaríais, estarían
SUBJUNCTIVE	que + *corresponding subjunctive tense of* estar (*see verb 252*)

} justificando

COMMANDS

(nosotros) justifiquemos/no justifiquemos
(tú) justifica/no justifiques · (vosotros) justificad/no justifiquéis
(Ud.) justifique/no justifique · (Uds.) justifiquen/no justifiquen

Usage

No se puede justificar sus acciones. — *Their actions cannot be justified.*
Se porta así sin razón que lo justifique. — *He behaves like this without justifiable reason.*
Se justificó con la policía. — *He cleared himself with the police.*
Justifique los márgenes. — *Justify the margins.*
No puedes reclamar el dinero sin justificante de compra. — *You can't get your money back without proof of purchase.*

juzgar *to judge, consider, think*

juzgo · juzgaron · juzgado · juzgando   *-ar* verb; spelling change: *g > gu/e*

PRESENT

juzgo	juzgamos
juzgas	juzgáis
juzga	juzgan

PRETERIT

juzgué	juzgamos
juzgaste	juzgasteis
juzgó	juzgaron

IMPERFECT

juzgaba	juzgábamos
juzgabas	juzgabais
juzgaba	juzgaban

PRESENT PERFECT

he juzgado	hemos juzgado
has juzgado	habéis juzgado
ha juzgado	han juzgado

FUTURE

juzgaré	juzgaremos
juzgarás	juzgaréis
juzgará	juzgarán

CONDITIONAL

juzgaría	juzgaríamos
juzgarías	juzgaríais
juzgaría	juzgarían

PLUPERFECT

había juzgado	habíamos juzgado
habías juzgado	habíais juzgado
había juzgado	habían juzgado

PRETERIT PERFECT

hube juzgado	hubimos juzgado
hubiste juzgado	hubisteis juzgado
hubo juzgado	hubieron juzgado

FUTURE PERFECT

habré juzgado	habremos juzgado
habrás juzgado	habréis juzgado
habrá juzgado	habrán juzgado

CONDITIONAL PERFECT

habría juzgado	habríamos juzgado
habrías juzgado	habríais juzgado
habría juzgado	habrían juzgado

PRESENT SUBJUNCTIVE

juzgue	juzguemos
juzgues	juzguéis
juzgue	juzguen

PRESENT PERFECT SUBJUNCTIVE

haya juzgado	hayamos juzgado
hayas juzgado	hayáis juzgado
haya juzgado	hayan juzgado

IMPERFECT SUBJUNCTIVE (-ra)

juzgara	juzgáramos
juzgaras	juzgarais
juzgara	juzgaran

or **IMPERFECT SUBJUNCTIVE (-se)**

juzgase	juzgásemos
juzgases	juzgaseis
juzgase	juzgasen

PAST PERFECT SUBJUNCTIVE (-ra)

hubiera juzgado	hubiéramos juzgado
hubieras juzgado	hubierais juzgado
hubiera juzgado	hubieran juzgado

or **PAST PERFECT SUBJUNCTIVE (-se)**

hubiese juzgado	hubiésemos juzgado
hubieses juzgado	hubieseis juzgado
hubiese juzgado	hubiesen juzgado

PROGRESSIVE TENSES

PRESENT	estoy, estás, está, estamos, estáis, están
PRETERIT	estuve, estuviste, estuvo, estuvimos, estuvisteis, estuvieron
IMPERFECT	estaba, estabas, estaba, estábamos, estabais, estaban
FUTURE	estaré, estarás, estará, estaremos, estaréis, estarán
CONDITIONAL	estaría, estarías, estaría, estaríamos, estaríais, estarían
SUBJUNCTIVE	que + *corresponding subjunctive tense of* estar (*see verb 252*)

\} juzgando

COMMANDS

	(nosotros) juzguemos/no juzguemos
(tú) juzga/no juzgues	(vosotros) juzgad/no juzguéis
(Ud.) juzgue/no juzgue	(Uds.) juzguen/no juzguen

Usage

No se puede juzgar por las apariencias.	*You can't judge a book by its cover.*
No lo juzgué importante.	*I didn't think/consider it important.*
Juzgasteis mal a sus competidores.	*You misjudged their competitors.*
A juzgar por sus comentarios...	*Judging by her remarks . . .*
El juez sentenció al culpable.	*The judge sentenced the guilty man.*
Figuran nueve jueces en el juzgado.	*There are nine justices on the court.*

-ar verb; spelling change: *z > c/e*

lanzo · lanzaron · lanzado · lanzando

PRESENT		PRETERIT	
lanzo	lanzamos	lancé	lanzamos
lanzas	lanzáis	lanzaste	lanzasteis
lanza	lanzan	lanzó	lanzaron

IMPERFECT		PRESENT PERFECT	
lanzaba	lanzábamos	he lanzado	hemos lanzado
lanzabas	lanzabais	has lanzado	habéis lanzado
lanzaba	lanzaban	ha lanzado	han lanzado

FUTURE		CONDITIONAL	
lanzaré	lanzaremos	lanzaría	lanzaríamos
lanzarás	lanzaréis	lanzarías	lanzaríais
lanzará	lanzarán	lanzaría	lanzarían

PLUPERFECT		PRETERIT PERFECT	
había lanzado	habíamos lanzado	hube lanzado	hubimos lanzado
habías lanzado	habíais lanzado	hubiste lanzado	hubisteis lanzado
había lanzado	habían lanzado	hubo lanzado	hubieron lanzado

FUTURE PERFECT		CONDITIONAL PERFECT	
habré lanzado	habremos lanzado	habría lanzado	habríamos lanzado
habrás lanzado	habréis lanzado	habrías lanzado	habríais lanzado
habrá lanzado	habrán lanzado	habría lanzado	habrían lanzado

PRESENT SUBJUNCTIVE		PRESENT PERFECT SUBJUNCTIVE	
lance	lancemos	haya lanzado	hayamos lanzado
lances	lancéis	hayas lanzado	hayáis lanzado
lance	lancen	haya lanzado	hayan lanzado

IMPERFECT SUBJUNCTIVE (-ra)		*or* IMPERFECT SUBJUNCTIVE (-se)	
lanzara	lanzáramos	lanzase	lanzásemos
lanzaras	lanzarais	lanzases	lanzaseis
lanzara	lanzaran	lanzase	lanzasen

PAST PERFECT SUBJUNCTIVE (-ra)		*or* PAST PERFECT SUBJUNCTIVE (-se)	
hubiera lanzado	hubiéramos lanzado	hubiese lanzado	hubiésemos lanzado
hubieras lanzado	hubierais lanzado	hubieses lanzado	hubieseis lanzado
hubiera lanzado	hubieran lanzado	hubiese lanzado	hubiesen lanzado

PROGRESSIVE TENSES

PRESENT	estoy, estás, está, estamos, estáis, están	
PRETERIT	estuve, estuviste, estuvo, estuvimos, estuvisteis, estuvieron	
IMPERFECT	estaba, estabas, estaba, estábamos, estabais, estaban	lanzando
FUTURE	estaré, estarás, estará, estaremos, estaréis, estarán	
CONDITIONAL	estaría, estarías, estaría, estaríamos, estaríais, estarían	
SUBJUNCTIVE	que + *corresponding subjunctive tense of* estar (*see verb 252*)	

COMMANDS

	(nosotros) lancemos/no lancemos
(tú) lanza/no lances	(vosotros) lanzad/no lancéis
(Ud.) lance/no lance	(Uds.) lancen/no lancen

Usage

El lanzador lanzó la pelota.	*The pitcher threw the ball.*
Se lanzó el producto al mercado.	*The product was launched/went on the market.*
Lánzate al agua.	*Jump/Dive into the water.*
Aplazó el lanzamiento de la campaña.	*He postponed the launching of the campaign.*
Se luchaba con lanzas.	*They used to fight with lances/spears.*
Se lanzaron al ataque con el lanzagranadas.	*They rushed into the attack with the grenade launcher.*

lastimarse *to hurt/injure oneself*

lastimo · lastimaron · lastimado · lastimándose

regular -ar reflexive verb

PRESENT

me lastimo	nos lastimamos
te lastimas	os lastimáis
se lastima	se lastiman

PRETERIT

me lastimé	nos lastimamos
te lastimaste	os lastimasteis
se lastimó	se lastimaron

IMPERFECT

me lastimaba	nos lastimábamos
te lastimabas	os lastimabais
se lastimaba	se lastimaban

PRESENT PERFECT

me he lastimado	nos hemos lastimado
te has lastimado	os habéis lastimado
se ha lastimado	se han lastimado

FUTURE

me lastimaré	nos lastimaremos
te lastimarás	os lastimaréis
se lastimará	se lastimarán

CONDITIONAL

me lastimaría	nos lastimaríamos
te lastimarías	os lastimaríais
se lastimaría	se lastimarían

PLUPERFECT

me había lastimado	nos habíamos lastimado
te habías lastimado	os habíais lastimado
se había lastimado	se habían lastimado

PRETERIT PERFECT

me hube lastimado	nos hubimos lastimado
te hubiste lastimado	os hubisteis lastimado
se hubo lastimado	se hubieron lastimado

FUTURE PERFECT

me habré lastimado	nos habremos lastimado
te habrás lastimado	os habréis lastimado
se habrá lastimado	se habrán lastimado

CONDITIONAL PERFECT

me habría lastimado	nos habríamos lastimado
te habrías lastimado	os habríais lastimado
se habría lastimado	se habrían lastimado

PRESENT SUBJUNCTIVE

me lastime	nos lastimemos
te lastimes	os lastiméis
se lastime	se lastimen

PRESENT PERFECT SUBJUNCTIVE

me haya lastimado	nos hayamos lastimado
te hayas lastimado	os hayáis lastimado
se haya lastimado	se hayan lastimado

IMPERFECT SUBJUNCTIVE (-ra)   *or*   **IMPERFECT SUBJUNCTIVE (-se)**

me lastimara	nos lastimáramos	me lastimase	nos lastimásemos
te lastimaras	os lastimarais	te lastimases	os lastimaseis
se lastimara	se lastimaran	se lastimase	se lastimasen

PAST PERFECT SUBJUNCTIVE (-ra)   *or*   **PAST PERFECT SUBJUNCTIVE (-se)**

me hubiera lastimado	nos hubiéramos lastimado	me hubiese lastimado	nos hubiésemos lastimado
te hubieras lastimado	os hubierais lastimado	te hubieses lastimado	os hubieseis lastimado
se hubiera lastimado	se hubieran lastimado	se hubiese lastimado	se hubiesen lastimado

PROGRESSIVE TENSES

PRESENT	estoy, estás, está, estamos, estáis, están
PRETERIT	estuve, estuviste, estuvo, estuvimos, estuvisteis, estuvieron
IMPERFECT	estaba, estabas, estaba, estábamos, estabais, estaban
FUTURE	estaré, estarás, estará, estaremos, estaréis, estarán
CONDITIONAL	estaría, estarías, estaría, estaríamos, estaríais, estarían
SUBJUNCTIVE	que + *corresponding subjunctive tense of* estar *(see verb 252)*

} lastimando *(see page 31)*

COMMANDS

	(nosotros) lastimémonos/no nos lastimemos
(tú) lastímate/no te lastimes	(vosotros) lastimaos/no os lastiméis
(Ud.) lastímese/no se lastime	(Uds.) lastímense/no se lastimen

Usage

Se lastimó durante el partido.	*He got hurt/injured during the game.*
No te lastimes con el cuchillo.	*Don't hurt yourself with the knife.*
—¿No le siente lástima?	*Don't you feel sorry for her?*
—Claro que le tengo lástima.	*Of course I feel sorry for her.*
Me lastima el zapato.	*My shoe is hurting me.*
Le lastimaron en la pierna.	*His leg was injured.*
¡Qué lástima! Me dan lástima.	*What a pity/shame! I feel sorry for them.*

regular *-ar* verb

lavo · lavaron · lavado · lavando

PRESENT

lavo	lavamos
lavas	laváis
lava	lavan

IMPERFECT

lavaba	lavábamos
lavabas	lavabais
lavaba	lavaban

FUTURE

lavaré	lavaremos
lavarás	lavaréis
lavará	lavarán

PLUPERFECT

había lavado	habíamos lavado
habías lavado	habíais lavado
había lavado	habían lavado

FUTURE PERFECT

habré lavado	habremos lavado
habrás lavado	habréis lavado
habrá lavado	habrán lavado

PRESENT SUBJUNCTIVE

lave	lavemos
laves	lavéis
lave	laven

IMPERFECT SUBJUNCTIVE (-ra)

lavara	laváramos
lavaras	lavarais
lavara	lavaran

PAST PERFECT SUBJUNCTIVE (-ra)

hubiera lavado	hubiéramos lavado
hubieras lavado	hubierais lavado
hubiera lavado	hubieran lavado

PRETERIT

lavé	lavamos
lavaste	lavasteis
lavó	lavaron

PRESENT PERFECT

he lavado	hemos lavado
has lavado	habéis lavado
ha lavado	han lavado

CONDITIONAL

lavaría	lavaríamos
lavarías	lavaríais
lavaría	lavarían

PRETERIT PERFECT

hube lavado	hubimos lavado
hubiste lavado	hubisteis lavado
hubo lavado	hubieron lavado

CONDITIONAL PERFECT

habría lavado	habríamos lavado
habrías lavado	habríais lavado
habría lavado	habrían lavado

PRESENT PERFECT SUBJUNCTIVE

haya lavado	hayamos lavado
hayas lavado	hayáis lavado
haya lavado	hayan lavado

or **IMPERFECT SUBJUNCTIVE (-se)**

lavase	lavásemos
lavases	lavaseis
lavase	lavasen

or **PAST PERFECT SUBJUNCTIVE (-se)**

hubiese lavado	hubiésemos lavado
hubieses lavado	hubieseis lavado
hubiese lavado	hubiesen lavado

PROGRESSIVE TENSES

PRESENT	estoy, estás, está, estamos, estáis, están
PRETERIT	estuve, estuviste, estuvo, estuvimos, estuvisteis, estuvieron
IMPERFECT	estaba, estabas, estaba, estábamos, estabais, estaban
FUTURE	estaré, estarás, estará, estaremos, estaréis, estarán
CONDITIONAL	estaría, estarías, estaría, estaríamos, estaríais, estarían
SUBJUNCTIVE	que + *corresponding subjunctive tense of* estar (*see verb 252*)

} lavando

COMMANDS

	(nosotros) lavemos/no lavemos
(tú) lava/no laves	(vosotros) lavad/no lavéis
(Ud.) lave/no lave	(Uds.) laven/no laven

Usage

Lavamos el carro.	*We washed the car.*
Hicimos lavar en seco el traje de seda.	*We had the silk suit dry cleaned.*
¿Has lavado las legumbres?	*Have you cleaned the vegetables?*
Niños, lavaos las manos.	*Kids, wash your hands.*
¿El pelo? Me lo lavo por la mañana.	*My hair? I'll wash it in the morning.*
El apartamento tiene máquina de lavar.	*There's a washing machine in the apartment.*
Se nos descompuso el lavaplatos.	*Our dishwasher broke.*

322 | **leer** *to read*

leo · leyeron · leído · leyendo

-er verb with stem ending in a vowel: third-person singular *-ió* > *-yó* and third-person plural *-ieron* > *-yeron* in the preterit

PRESENT		PRETERIT	
leo	leemos	leí	leímos
lees	leéis	leíste	leísteis
lee	leen	leyó	leyeron

IMPERFECT		PRESENT PERFECT	
leía	leíamos	he leído	hemos leído
leías	leíais	has leído	habéis leído
leía	leían	ha leído	han leído

FUTURE		CONDITIONAL	
leeré	leeremos	leería	leeríamos
leerás	leeréis	leerías	leeríais
leerá	leerán	leería	leerían

PLUPERFECT		PRETERIT PERFECT	
había leído	habíamos leído	hube leído	hubimos leído
habías leído	habíais leído	hubiste leído	hubisteis leído
había leído	habían leído	hubo leído	hubieron leído

FUTURE PERFECT		CONDITIONAL PERFECT	
habré leído	habremos leído	habría leído	habríamos leído
habrás leído	habréis leído	habrías leído	habríais leído
habrá leído	habrán leído	habría leído	habrían leído

PRESENT SUBJUNCTIVE		PRESENT PERFECT SUBJUNCTIVE	
lea	leamos	haya leído	hayamos leído
leas	leáis	hayas leído	hayáis leído
lea	lean	haya leído	hayan leído

IMPERFECT SUBJUNCTIVE (-ra)		*or*	IMPERFECT SUBJUNCTIVE (-se)	
leyera	leyéramos		leyese	leyésemos
leyeras	leyerais		leyeses	leyeseis
leyera	leyeran		leyese	leyesen

PAST PERFECT SUBJUNCTIVE (-ra)		*or*	PAST PERFECT SUBJUNCTIVE (-se)	
hubiera leído	hubiéramos leído		hubiese leído	hubiésemos leído
hubieras leído	hubierais leído		hubieses leído	hubieseis leído
hubiera leído	hubieran leído		hubiese leído	hubiesen leído

PROGRESSIVE TENSES

PRESENT	estoy, estás, está, estamos, estáis, están	
PRETERIT	estuve, estuviste, estuvo, estuvimos, estuvisteis, estuvieron	
IMPERFECT	estaba, estabas, estaba, estábamos, estabais, estaban	leyendo
FUTURE	estaré, estarás, estará, estaremos, estaréis, estarán	
CONDITIONAL	estaría, estarías, estaría, estaríamos, estaríais, estarían	
SUBJUNCTIVE	que + *corresponding subjunctive tense of* estar (*see verb 252*)	

COMMANDS

	(nosotros) leamos/no leamos
(tú) lee/no leas	(vosotros) leed/no leáis
(Ud.) lea/no lea	(Uds.) lean/no lean

Usage

Lee el artículo.	*Read the article.*
¿Leen música?	*Do you read music?*
Se entiende leyendo entre líneas.	*You can understand by reading between the lines.*
Leímos el enojo en sus ojos.	*We read anger in her eyes.*
¡Qué lector más perspicaz!	*What a sharp/keen reader!*
Me encantan estas lecturas.	*I love these readings.*
La computadora tiene lectora de discos.	*The computer has a disk drive.*

regular *-ar* reflexive verb

levanto · levantaron · levantado · levantándose

PRESENT

me levanto	nos levantamos
te levantas	os levantáis
se levanta	se levantan

IMPERFECT

me levantaba	nos levantábamos
te levantabas	os levantabais
se levantaba	se levantaban

FUTURE

me levantaré	nos levantaremos
te levantarás	os levantaréis
se levantará	se levantarán

PLUPERFECT

me había levantado	nos habíamos levantado
te habías levantado	os habíais levantado
se había levantado	se habían levantado

FUTURE PERFECT

me habré levantado	nos habremos levantado
te habrás levantado	os habréis levantado
se habrá levantado	se habrán levantado

PRESENT SUBJUNCTIVE

me levante	nos levantemos
te levantes	os levantéis
se levante	se levanten

IMPERFECT SUBJUNCTIVE (-ra)

me levantara	nos levantáramos
te levantaras	os levantarais
se levantara	se levantaran

PAST PERFECT SUBJUNCTIVE (-ra)

me hubiera levantado	nos hubiéramos levantado
te hubieras levantado	os hubierais levantado
se hubiera levantado	se hubieran levantado

PRETERIT

me levanté	nos levantamos
te levantaste	os levantasteis
se levantó	se levantaron

PRESENT PERFECT

me he levantado	nos hemos levantado
te has levantado	os habéis levantado
se ha levantado	se han levantado

CONDITIONAL

me levantaría	nos levantaríamos
te levantarías	os levantaríais
se levantaría	se levantarían

PRETERIT PERFECT

me hube levantado	nos hubimos levantado
te hubiste levantado	os hubisteis levantado
se hubo levantado	se hubieron levantado

CONDITIONAL PERFECT

me habría levantado	nos habríamos levantado
te habrías levantado	os habríais levantado
se habría levantado	se habrían levantado

PRESENT PERFECT SUBJUNCTIVE

me haya levantado	nos hayamos levantado
te hayas levantado	os hayáis levantado
se haya levantado	se hayan levantado

or **IMPERFECT SUBJUNCTIVE (-se)**

me levantase	nos levantásemos
te levantases	os levantaseis
se levantase	se levantasen

or **PAST PERFECT SUBJUNCTIVE (-se)**

me hubiese levantado	nos hubiésemos levantado
te hubieses levantado	os hubieseis levantado
se hubiese levantado	se hubiesen levantado

PROGRESSIVE TENSES

PRESENT	estoy, estás, está, estamos, estáis, están
PRETERIT	estuve, estuviste, estuvo, estuvimos, estuvisteis, estuvieron
IMPERFECT	estaba, estabas, estaba, estábamos, estabais, estaban
FUTURE	estaré, estarás, estará, estaremos, estaréis, estarán
CONDITIONAL	estaría, estarías, estaría, estaríamos, estaríais, estarían
SUBJUNCTIVE	que + *corresponding subjunctive tense of* estar (*see verb 252*)

} levantando (*see page 31*)

COMMANDS

	(nosotros) levantémonos/no nos levantemos
(tú) levántate/no te levantes	(vosotros) levantaos/no os levantéis
(Ud.) levántese/no se levante	(Uds.) levántense/no se levanten

Usage

Se levantó de la cama/de la mesa.	*She got out of bed/up from the table.*
Te has levantado con el pie izquierdo.	*You've gotten up on the wrong side of the bed.*
El pueblo se levantó contra el dictador.	*The people rose up against the dictator.*
Levanten la mano si quieren hablar.	*Raise your hands if you want to speak.*
Tratemos de levantarle el ánimo.	*Let's try to cheer her up.*
El secretario levantó acta.	*The secretary took the minutes.*
Hacen levantamiento de pesos.	*They do weight-lifting.*

limpiar   *to clean*

limpio · limpiaron · limpiado · limpiando   regular *-ar* verb

PRESENT

limpio	limpiamos
limpias	limpiáis
limpia	limpian

IMPERFECT

limpiaba	limpiábamos
limpiabas	limpiabais
limpiaba	limpiaban

FUTURE

limpiaré	limpiaremos
limpiarás	limpiaréis
limpiará	limpiarán

PLUPERFECT

había limpiado	habíamos limpiado
habías limpiado	habíais limpiado
había limpiado	habían limpiado

FUTURE PERFECT

habré limpiado	habremos limpiado
habrás limpiado	habréis limpiado
habrá limpiado	habrán limpiado

PRESENT SUBJUNCTIVE

limpie	limpiemos
limpies	limpiéis
limpie	limpien

IMPERFECT SUBJUNCTIVE (-ra)

limpiara	limpiáramos
limpiaras	limpiarais
limpiara	limpiaran

PAST PERFECT SUBJUNCTIVE (-ra)

hubiera limpiado	hubiéramos limpiado
hubieras limpiado	hubierais limpiado
hubiera limpiado	hubieran limpiado

PRETERIT

limpié	limpiamos
limpiaste	limpiasteis
limpió	limpiaron

PRESENT PERFECT

he limpiado	hemos limpiado
has limpiado	habéis limpiado
ha limpiado	han limpiado

CONDITIONAL

limpiaría	limpiaríamos
limpiarías	limpiaríais
limpiaría	limpiarían

PRETERIT PERFECT

hube limpiado	hubimos limpiado
hubiste limpiado	hubisteis limpiado
hubo limpiado	hubieron limpiado

CONDITIONAL PERFECT

habría limpiado	habríamos limpiado
habrías limpiado	habríais limpiado
habría limpiado	habrían limpiado

PRESENT PERFECT SUBJUNCTIVE

haya limpiado	hayamos limpiado
hayas limpiado	hayáis limpiado
haya limpiado	hayan limpiado

or **IMPERFECT SUBJUNCTIVE (-se)**

limpiase	limpiásemos
limpiases	limpiaseis
limpiase	limpiasen

or **PAST PERFECT SUBJUNCTIVE (-se)**

hubiese limpiado	hubiésemos limpiado
hubieses limpiado	hubieseis limpiado
hubiese limpiado	hubiesen limpiado

PROGRESSIVE TENSES

PRESENT	estoy, estás, está, estamos, estáis, están
PRETERIT	estuve, estuviste, estuvo, estuvimos, estuvisteis, estuvieron
IMPERFECT	estaba, estabas, estaba, estábamos, estabais, estaban
FUTURE	estaré, estarás, estará, estaremos, estaréis, estarán
CONDITIONAL	estaría, estarías, estaría, estaríamos, estaríais, estarían
SUBJUNCTIVE	que + *corresponding subjunctive tense of* estar (*see verb 252*)

} limpiando

COMMANDS

	(nosotros) limpiemos/no limpiemos
(tú) limpia/no limpies	(vosotros) limpiad/no limpiéis
(Ud.) limpie/no limpie	(Uds.) limpien/no limpien

Usage

Limpiemos la casa ahora mismo.	*Let's clean the house right now.*
Limpiaron la avenida por el desfile.	*They cleared the avenue because of the parade.*
Los ladrones les limpiaron la casa.	*The burglars cleaned out their house.*
Hijo, límpiate las narices.	*Wipe your nose.*
El agua está limpia.	*The water is clean/pure.*
Ya hemos hecho la limpieza.	*We've already done the cleaning.*
Se conoce por su limpieza de corazón.	*He's known for his integrity/honesty.*

regular *-ar* verb

llamo · llamaron · llamado · llamando

PRESENT

llamo	llamamos
llamas	llamáis
llama	llaman

IMPERFECT

llamaba	llamábamos
llamabas	llamabais
llamaba	llamaban

FUTURE

llamaré	llamaremos
llamarás	llamaréis
llamará	llamarán

PLUPERFECT

había llamado	habíamos llamado
habías llamado	habíais llamado
había llamado	habían llamado

FUTURE PERFECT

habré llamado	habremos llamado
habrás llamado	habréis llamado
habrá llamado	habrán llamado

PRESENT SUBJUNCTIVE

llame	llamemos
llames	llaméis
llame	llamen

IMPERFECT SUBJUNCTIVE (-ra)

llamara	llamáramos
llamaras	llamarais
llamara	llamaran

PAST PERFECT SUBJUNCTIVE (-ra)

hubiera llamado	hubiéramos llamado
hubieras llamado	hubierais llamado
hubiera llamado	hubieran llamado

PRETERIT

llamé	llamamos
llamaste	llamasteis
llamó	llamaron

PRESENT PERFECT

he llamado	hemos llamado
has llamado	habéis llamado
ha llamado	han llamado

CONDITIONAL

llamaría	llamaríamos
llamarías	llamaríais
llamaría	llamarían

PRETERIT PERFECT

hube llamado	hubimos llamado
hubiste llamado	hubisteis llamado
hubo llamado	hubieron llamado

CONDITIONAL PERFECT

habría llamado	habríamos llamado
habrías llamado	habríais llamado
habría llamado	habrían llamado

PRESENT PERFECT SUBJUNCTIVE

haya llamado	hayamos llamado
hayas llamado	hayáis llamado
haya llamado	hayan llamado

or **IMPERFECT SUBJUNCTIVE (-se)**

llamase	llamásemos
llamases	llamaseis
llamase	llamasen

or **PAST PERFECT SUBJUNCTIVE (-se)**

hubiese llamado	hubiésemos llamado
hubieses llamado	hubieseis llamado
hubiese llamado	hubiesen llamado

PROGRESSIVE TENSES

PRESENT	estoy, estás, está, estamos, estáis, están
PRETERIT	estuve, estuviste, estuvo, estuvimos, estuvisteis, estuvieron
IMPERFECT	estaba, estabas, estaba, estábamos, estabais, estaban
FUTURE	estaré, estarás, estará, estaremos, estaréis, estarán
CONDITIONAL	estaría, estarías, estaría, estaríamos, estaríais, estarían
SUBJUNCTIVE	que + *corresponding subjunctive tense of* estar (*see verb 252*)

} llamando

COMMANDS

	(nosotros) llamemos/no llamemos
(tú) llama/no llames	(vosotros) llamad/no llaméis
(Ud.) llame/no llame	(Uds.) llamen/no llamen

Usage

Me llamaron desde el aeropuerto.	*They called me from the airport.*
Sus amigos lo llaman Paquito.	*His friends call him Paquito.*
Los cuadros nos llamaban la atención.	*We were attracted by the paintings.*
—¿Cómo se llama Ud.?	*What's your name?*
—Me llamo Gabriel Almada Valderrama.	*My name is Gabriel Almada Valderrama.*
Fue a hacer una llamada telefónica.	*She went to make a telephone call.*
Usa colores llamativos.	*She wears loud/showy colors.*

to arrive

—¿A qué hora llegarán? — *At what time will they arrive?*
—Habrán llegado ya. — *They must have arrived already.*

to come

Llegará el día en que pague los vidrios rotos. — *The day will come when he pays the piper.*
Llegó al poder. — *He came to power.*

to reach

No llega al interruptor. — *She can't reach the switch.*
Los documentos llegaron a mis manos. — *The papers reached me.*
Los expertos llegaron a una conclusión. — *The experts reached a conclusion.*
Llegó al extremo de mentir. — *She went so far as to lie.*

to find out

Espero que lleguéis a saber la verdad. — *I hope you'll find out the truth.*

to become

Llegó a ser jefe del ejecutivo. — *He became the chief executive.*

to attain, achieve

Esta actriz va a llegar a la fama. — *This actress is going to attain fame/be famous.*

to amount to, come to

Sus ingresos llegaban a cien mil dólares. — *Her income amounted to $100,000.*

to be enough

¿Te llega el dinero? — *Do you have enough money?*

to succeed in, manage to

Llegamos a coger el tren de la una. — *We managed to catch the 1:00 train.*
Llegó a recibirse de médico. — *He succeeded in getting his medical degree.*

to get to, end up

Llegaron a platicar de sus problemas. — *They got to talking about their problems.*
Llegó a estudiar en el extranjero. — *She ended up studying abroad.*

llegado—adjective and noun

—Dimos la bienvenida a los recién llegados. — *We welcomed the newcomers.*
—¿Los visteis a su llegada? — *Did you see them when they arrived?*
Eso fue llegar y besar al santo. — *It was a piece of cake/easy as pie.*

TOP 50 VERBS

-ar verb; spelling change: *g > gu/e*   **llego · llegaron · llegado · llegando**

PRESENT

llego	llegamos
llegas	llegáis
llega	llegan

PRETERIT

llegué	llegamos
llegaste	llegasteis
llegó	llegaron

IMPERFECT

llegaba	llegábamos
llegabas	llegabais
llegaba	llegaban

PRESENT PERFECT

he llegado	hemos llegado
has llegado	habéis llegado
ha llegado	han llegado

FUTURE

llegaré	llegaremos
llegarás	llegaréis
llegará	llegarán

CONDITIONAL

llegaría	llegaríamos
llegarías	llegaríais
llegaría	llegarían

PLUPERFECT

había llegado	habíamos llegado
habías llegado	habíais llegado
había llegado	habían llegado

PRETERIT PERFECT

hube llegado	hubimos llegado
hubiste llegado	hubisteis llegado
hubo llegado	hubieron llegado

FUTURE PERFECT

habré llegado	habremos llegado
habrás llegado	habréis llegado
habrá llegado	habrán llegado

CONDITIONAL PERFECT

habría llegado	habríamos llegado
habrías llegado	habríais llegado
habría llegado	habrían llegado

PRESENT SUBJUNCTIVE

llegue	lleguemos
llegues	lleguéis
llegue	lleguen

PRESENT PERFECT SUBJUNCTIVE

haya llegado	hayamos llegado
hayas llegado	hayáis llegado
haya llegado	hayan llegado

IMPERFECT SUBJUNCTIVE (-ra)

llegara	llegáramos
llegaras	llegarais
llegara	llegaran

or **IMPERFECT SUBJUNCTIVE (-se)**

llegase	llegásemos
llegases	llegaseis
llegase	llegasen

PAST PERFECT SUBJUNCTIVE (-ra)

hubiera llegado	hubiéramos llegado
hubieras llegado	hubierais llegado
hubiera llegado	hubieran llegado

or **PAST PERFECT SUBJUNCTIVE (-se)**

hubiese llegado	hubiésemos llegado
hubieses llegado	hubieseis llegado
hubiese llegado	hubiesen llegado

PROGRESSIVE TENSES

PRESENT	estoy, estás, está, estamos, estáis, están
PRETERIT	estuve, estuviste, estuvo, estuvimos, estuvisteis, estuvieron
IMPERFECT	estaba, estabas, estaba, estábamos, estabais, estaban
FUTURE	estaré, estarás, estará, estaremos, estaréis, estarán
CONDITIONAL	estaría, estarías, estaría, estaríamos, estaríais, estarían
SUBJUNCTIVE	que + *corresponding subjunctive tense of* estar *(see verb 252)*

} llegando

COMMANDS

	(nosotros) lleguemos/no lleguemos
(tú) llega/no llegues	(vosotros) llegad/no lleguéis
(Ud.) llegue/no llegue	(Uds.) lleguen/no lleguen

Usage

No llegaron hasta las cinco.	*They didn't arrive until 5:00.*
Por desgracia llegó tarde.	*Unfortunately she was late.*
Dudo que lleguen para las dos.	*I doubt that they'll come by two.*
No llego al cuarto estante.	*I can't reach the fourth shelf.*
El sueldo no les llega para el mes.	*They don't have enough money for the month.*
¿Adónde quieres llegar con eso?	*What are you driving at with that?*
Llegó a ser Secretario de Relaciones Exteriores.	*He became Secretary of State.*

llenar   *to fill, fill out/up/in*

lleno · llenaron · llenado · llenando   regular -*ar* verb

PRESENT

lleno	llenamos
llenas	llenáis
llena	llenan

PRETERIT

llené	llenamos
llenaste	llenasteis
llenó	llenaron

IMPERFECT

llenaba	llenábamos
llenabas	llenabais
llenaba	llenaban

PRESENT PERFECT

he llenado	hemos llenado
has llenado	habéis llenado
ha llenado	han llenado

FUTURE

llenaré	llenaremos
llenarás	llenaréis
llenará	llenarán

CONDITIONAL

llenaría	llenaríamos
llenarías	llenaríais
llenaría	llenarían

PLUPERFECT

había llenado	habíamos llenado
habías llenado	habíais llenado
había llenado	habían llenado

PRETERIT PERFECT

hube llenado	hubimos llenado
hubiste llenado	hubisteis llenado
hubo llenado	hubieron llenado

FUTURE PERFECT

habré llenado	habremos llenado
habrás llenado	habréis llenado
habrá llenado	habrán llenado

CONDITIONAL PERFECT

habría llenado	habríamos llenado
habrías llenado	habríais llenado
habría llenado	habrían llenado

PRESENT SUBJUNCTIVE

llene	llenemos
llenes	llenéis
llene	llenen

PRESENT PERFECT SUBJUNCTIVE

haya llenado	hayamos llenado
hayas llenado	hayáis llenado
haya llenado	hayan llenado

IMPERFECT SUBJUNCTIVE (-ra)

llenara	llenáramos
llenaras	llenarais
llenara	llenaran

or **IMPERFECT SUBJUNCTIVE (-se)**

llenase	llenásemos
llenases	llenaseis
llenase	llenasen

PAST PERFECT SUBJUNCTIVE (-ra)

hubiera llenado	hubiéramos llenado
hubieras llenado	hubierais llenado
hubiera llenado	hubieran llenado

or **PAST PERFECT SUBJUNCTIVE (-se)**

hubiese llenado	hubiésemos llenado
hubieses llenado	hubieseis llenado
hubiese llenado	hubiesen llenado

PROGRESSIVE TENSES

PRESENT	estoy, estás, está, estamos, estáis, están
PRETERIT	estuve, estuviste, estuvo, estuvimos, estuvisteis, estuvieron
IMPERFECT	estaba, estabas, estaba, estábamos, estabais, estaban
FUTURE	estaré, estarás, estará, estaremos, estaréis, estarán
CONDITIONAL	estaría, estarías, estaría, estaríamos, estaríais, estarían
SUBJUNCTIVE	que + *corresponding subjunctive tense of* estar (*see verb 252*)

} llenando

COMMANDS

	(nosotros) llenemos/no llenemos
(tú) llena/no llenes	(vosotros) llenad/no llenéis
(Ud.) llene/no llene	(Uds.) llenen/no llenen

Usage

Llene los dos formularios.	*Fill out/in the two forms.*
¿Llenasteis el depósito de gasolina?	*Did you fill the gas tank?*
Se llenó de orgullo al ver a su hijo.	*He became filled with pride when he saw his son.*
Los niños se llenaron de helado.	*The kids filled up on ice cream.*
Las copas no están llenas.	*The wine glasses aren't full.*
El teatro estaba lleno.	*The house was sold out.*
Se ve la luna llena esta noche.	*You can see a full moon tonight.*

regular -*ar* verb

llevo · llevaron · llevado · llevando

PRESENT		PRETERIT	
llevo	llevamos	llevé	llevamos
llevas	lleváis	llevaste	llevasteis
lleva	llevan	llevó	llevaron

IMPERFECT		PRESENT PERFECT	
llevaba	llevábamos	he llevado	hemos llevado
llevabas	llevabais	has llevado	habéis llevado
llevaba	llevaban	ha llevado	han llevado

FUTURE		CONDITIONAL	
llevaré	llevaremos	llevaría	llevaríamos
llevarás	llevaréis	llevarías	llevaríais
llevará	llevarán	llevaría	llevarían

PLUPERFECT		PRETERIT PERFECT	
había llevado	habíamos llevado	hube llevado	hubimos llevado
habías llevado	habíais llevado	hubiste llevado	hubisteis llevado
había llevado	habían llevado	hubo llevado	hubieron llevado

FUTURE PERFECT		CONDITIONAL PERFECT	
habré llevado	habremos llevado	habría llevado	habríamos llevado
habrás llevado	habréis llevado	habrías llevado	habríais llevado
habrá llevado	habrán llevado	habría llevado	habrían llevado

PRESENT SUBJUNCTIVE		PRESENT PERFECT SUBJUNCTIVE	
lleve	llevemos	haya llevado	hayamos llevado
lleves	llevéis	hayas llevado	hayáis llevado
lleve	lleven	haya llevado	hayan llevado

IMPERFECT SUBJUNCTIVE (-ra)		*or*	IMPERFECT SUBJUNCTIVE (-se)	
llevara	lleváramos		llevase	llevásemos
llevaras	llevarais		llevases	llevaseis
llevara	llevaran		llevase	llevasen

PAST PERFECT SUBJUNCTIVE (-ra)		*or*	PAST PERFECT SUBJUNCTIVE (-se)	
hubiera llevado	hubiéramos llevado		hubiese llevado	hubiésemos llevado
hubieras llevado	hubierais llevado		hubieses llevado	hubieseis llevado
hubiera llevado	hubieran llevado		hubiese llevado	hubiesen llevado

PROGRESSIVE TENSES

PRESENT	estoy, estás, está, estamos, estáis, están	
PRETERIT	estuve, estuviste, estuvo, estuvimos, estuvisteis, estuvieron	
IMPERFECT	estaba, estabas, estaba, estábamos, estabais, estaban	llevando
FUTURE	estaré, estarás, estará, estaremos, estaréis, estarán	
CONDITIONAL	estaría, estarías, estaría, estaríamos, estaríais, estarían	
SUBJUNCTIVE	que + *corresponding subjunctive tense of* estar (*see verb 252*)	

COMMANDS

	(nosotros) llevemos/no llevemos
(tú) lleva/no lleves	(vosotros) llevad/no llevéis
(Ud.) lleve/no lleve	(Uds.) lleven/no lleven

Usage

—¿Me llevas de compras?	*Will you take me shopping?*
—Si tú llevas todos los paquetes.	*If you carry all the packages.*
Llevabais corbata todos los días.	*You wore a tie every day.*
¿Lleva mucho tiempo estudiando?	*Has she been studying for a long time?*
Nos llevó a verlo de otra manera.	*He led us to see it in a different way.*
Esta torta lleva vainilla, ¿no?	*This cake has vanilla in it, doesn't it?*
La empresa lleva el nombre de la familia.	*The company bears the family's name.*

Los habían llevado al cine.	*They had taken them to the movies.*
Es importante que lo llevemos adelante.	*It's important that we go ahead with it.*

to bring

Llevabas la alegría a su casa.	*You brought happiness to their house.*

to take time

El proyecto llevará mucho tiempo.	*The project will take a lot of time.*

to have

Este candidato lleva ventaja a los demás.	*This candidate has an advantage over the others.*

llevar + gerund   to have been doing something

Llevan un mes haciendo la encuesta.	*They've been doing the survey for a month.*

to be

¿Cuánto tiempo llevan Uds. en la ciudad?	*How long have you been in the city?*

to be older, taller than, ahead of

Mi hermano me lleva seis años.	*My brother is six years older than I.*
Te llevo un año en la universidad.	*I'm a year ahead of you in college.*

to wear

Se lleva smoking.	*They wear tuxedos.*

to lead

Llevan una vida muy emocionante.	*They lead a very exciting life.*
Todos los caminos llevan a Roma.	*All roads lead to Rome.*

to run, manage

La junta lleva la empresa con gran éxito.	*The board runs the firm very successfully.*

to carry out, accomplish, conclude

Llevaron a cabo su objetivo.	*They accomplished their goal.*

llevarse   to take/carry off; to get along with

Lo que el viento se llevó es una gran película.	Gone with the Wind *is a great film.*
El ladrón se llevó nuestro equipaje.	*The thief made off with our luggage.*
¡Qué susto se llevó!	*What a fright she had!*
—¿Se llevan bien o mal?	*Do they get along well or badly?*
—Se llevan como perro y gato.	*They fight like cats and dogs.*

TOP 50 VERBS

regular -*ar* verb

lloro · lloraron · llorado · llorando

PRESENT

lloro	lloramos
lloras	lloráis
llora	lloran

PRETERIT

lloré	lloramos
lloraste	llorasteis
lloró	lloraron

IMPERFECT

lloraba	llorábamos
llorabas	llorabais
lloraba	lloraban

PRESENT PERFECT

he llorado	hemos llorado
has llorado	habéis llorado
ha llorado	han llorado

FUTURE

lloraré	lloraremos
llorarás	lloraréis
llorará	llorarán

CONDITIONAL

lloraría	lloraríamos
llorarías	lloraríais
lloraría	llorarían

PLUPERFECT

había llorado	habíamos llorado
habías llorado	habíais llorado
había llorado	habían llorado

PRETERIT PERFECT

hube llorado	hubimos llorado
hubiste llorado	hubisteis llorado
hubo llorado	hubieron llorado

FUTURE PERFECT

habré llorado	habremos llorado
habrás llorado	habréis llorado
habrá llorado	habrán llorado

CONDITIONAL PERFECT

habría llorado	habríamos llorado
habrías llorado	habríais llorado
habría llorado	habrían llorado

PRESENT SUBJUNCTIVE

llore	lloremos
llores	lloréis
llore	lloren

PRESENT PERFECT SUBJUNCTIVE

haya llorado	hayamos llorado
hayas llorado	hayáis llorado
haya llorado	hayan llorado

IMPERFECT SUBJUNCTIVE (-ra)

llorara	lloráramos
lloraras	llorarais
llorara	lloraran

or **IMPERFECT SUBJUNCTIVE (-se)**

llorase	llorásemos
llorases	lloraseis
llorase	llorasen

PAST PERFECT SUBJUNCTIVE (-ra)

hubiera llorado	hubiéramos llorado
hubieras llorado	hubierais llorado
hubiera llorado	hubieran llorado

or **PAST PERFECT SUBJUNCTIVE (-se)**

hubiese llorado	hubiésemos llorado
hubieses llorado	hubieseis llorado
hubiese llorado	hubiesen llorado

PROGRESSIVE TENSES

PRESENT	estoy, estás, está, estamos, estáis, están
PRETERIT	estuve, estuviste, estuvo, estuvimos, estuvisteis, estuvieron
IMPERFECT	estaba, estabas, estaba, estábamos, estabais, estaban
FUTURE	estaré, estarás, estará, estaremos, estaréis, estarán
CONDITIONAL	estaría, estarías, estaría, estaríamos, estaríais, estarían
SUBJUNCTIVE	que + *corresponding subjunctive tense of* estar (*see verb 252*)

} llorando

COMMANDS

	(nosotros) lloremos/no lloremos
(tú) llora/no llores	(vosotros) llorad/no lloréis
(Ud.) llore/no llore	(Uds.) lloren/no lloren

Usage

La niña llora por todo.	*The little girl cries over everything.*
Rompieron a llorar.	*They burst into tears.*
Algún día vas a llorar tu insolencia.	*Some day you'll be sorry for your insolence.*
Lloran la muerte de su abuelo.	*They're mourning for their grandfather.*
El que no llora no mama.	*You don't get if you don't ask.*
¡Qué llorón!	*What a crybaby!*
Sólo sabes llorar lágrimas de cocodrilo.	*You only know how to shed crocodile tears.*

llover *to rain*

llueve · llovió · llovido · lloviendo   stem-changing *-er* verb: *o > ue;* impersonal verb
used in third-person singular only

PRESENT	PRETERIT
llueve	llovió

IMPERFECT	PRESENT PERFECT
llovía	ha llovido

FUTURE	CONDITIONAL
lloverá	llovería

PLUPERFECT	PRETERIT PERFECT
había llovido	hubo llovido

FUTURE PERFECT	CONDITIONAL PERFECT
habrá llovido	habría llovido

PRESENT SUBJUNCTIVE	PRESENT PERFECT SUBJUNCTIVE
llueva	haya llovido

IMPERFECT SUBJUNCTIVE (-ra)	*or*	IMPERFECT SUBJUNCTIVE (-se)
lloviera		lloviese

PAST PERFECT SUBJUNCTIVE (-ra)	*or*	PAST PERFECT SUBJUNCTIVE (-se)
hubiera llovido		hubiese llovido

PROGRESSIVE TENSES

PRESENT	está	
PRETERIT	estuvo	
IMPERFECT	estaba	
FUTURE	estará	lloviendo
CONDITIONAL	estaría	
SUBJUNCTIVE	que + *corresponding subjunctive tense of* estar (*see verb 252*)	

COMMANDS

¡Que llueva!   ¡Que no llueva!

Usage

—¿Llueve?	*Is it raining?*
—Sí, está lloviendo a cántaros.	*Yes, it's raining cats and dogs/pouring.*
Nunca llueve a gusto de todos.	*You can't please everybody.*
Llueve sobre mojado.	*It never rains but it pours.*
El dinero llegó como llovido del cielo.	*The money came out of the blue.*
Hablar con ella es como quien oye llover.	*Talking to her is like talking to a brick wall.*
Me gusta caminar bajo la lluvia.	*I like to walk in the rain.*
La primavera es la estación de las lluvias.	*Spring is the rainy season.*
El mes más lluvioso por esta región es abril.	*The rainiest month in this region is April.*
El dióxido de azufre causa la lluvia ácida.	*Sulphur dioxide causes acid rain.*
Los novios salieron bajo una lluvia de arroz.	*The newlyweds left in a shower of rice.*
Los regalos les llovían.	*They were showered with gifts.*
Llovía a chorros/a mares.	*It was pouring.*
—Llovizna todos los días.	*It drizzles every day.*
—Nada de llovizna hoy sino una lluvia torrencial.	*No drizzle today, but rather torrential rain.*

regular -ar verb

logro · lograron · logrado · logrando

PRESENT

logro	logramos
logras	lográis
logra	logran

IMPERFECT

lograba	lográbamos
lograbas	lograbais
lograba	lograban

FUTURE

lograré	lograremos
lograrás	lograréis
logrará	lograrán

PLUPERFECT

había logrado	habíamos logrado
habías logrado	habíais logrado
había logrado	habían logrado

FUTURE PERFECT

habré logrado	habremos logrado
habrás logrado	habréis logrado
habrá logrado	habrán logrado

PRESENT SUBJUNCTIVE

logre	logremos
logres	logréis
logre	logren

IMPERFECT SUBJUNCTIVE (-ra)

lograra	lográramos
lograras	lograrais
lograra	lograran

PAST PERFECT SUBJUNCTIVE (-ra)

hubiera logrado	hubiéramos logrado
hubieras logrado	hubierais logrado
hubiera logrado	hubieran logrado

PRETERIT

logré	logramos
lograste	lograsteis
logró	lograron

PRESENT PERFECT

he logrado	hemos logrado
has logrado	habéis logrado
ha logrado	han logrado

CONDITIONAL

lograría	lograríamos
lograrías	lograríais
lograría	lograrían

PRETERIT PERFECT

hube logrado	hubimos logrado
hubiste logrado	hubisteis logrado
hubo logrado	hubieron logrado

CONDITIONAL PERFECT

habría logrado	habríamos logrado
habrías logrado	habríais logrado
habría logrado	habrían logrado

PRESENT PERFECT SUBJUNCTIVE

haya logrado	hayamos logrado
hayas logrado	hayáis logrado
haya logrado	hayan logrado

or **IMPERFECT SUBJUNCTIVE (-se)**

lograse	lográsemos
lograses	lograseis
lograse	lograsen

or **PAST PERFECT SUBJUNCTIVE (-se)**

hubiese logrado	hubiésemos logrado
hubieses logrado	hubieseis logrado
hubiese logrado	hubiesen logrado

PROGRESSIVE TENSES

PRESENT	estoy, estás, está, estamos, estáis, están
PRETERIT	estuve, estuviste, estuvo, estuvimos, estuvisteis, estuvieron
IMPERFECT	estaba, estabas, estaba, estábamos, estabais, estaban
FUTURE	estaré, estarás, estará, estaremos, estaréis, estarán
CONDITIONAL	estaría, estarías, estaría, estaríamos, estaríais, estarían
SUBJUNCTIVE	que + *corresponding subjunctive tense of* estar (*see verb 252*)

} logrando

COMMANDS

	(nosotros) logremos/no logremos
(tú) logra/no logres	(vosotros) lograd/no logréis
(Ud.) logre/no logre	(Uds.) logren/no logren

Usage

Logró el puesto.	*He got the position.*
Lograste mucha fama en el teatro.	*You achieved great fame in the theater.*
Logramos llegar al campeonato.	*We succeeded in reaching the championship.*
Espero que logréis vuestros objetivos.	*I hope you realize your goals.*
Es célebre por sus logros científicos.	*He's famous for his scientific achievements.*
Es un método muy logrado.	*It's a very successful method.*

luchar *to fight, struggle, dispute*

lucho · lucharon · luchado · luchando

regular -ar verb

PRESENT		PRETERIT	
lucho	luchamos	luché	luchamos
luchas	lucháis	luchaste	luchasteis
lucha	luchan	luchó	lucharon

IMPERFECT		PRESENT PERFECT	
luchaba	luchábamos	he luchado	hemos luchado
luchabas	luchabais	has luchado	habéis luchado
luchaba	luchaban	ha luchado	han luchado

FUTURE		CONDITIONAL	
lucharé	lucharemos	lucharía	lucharíamos
lucharás	lucharéis	lucharías	lucharíais
luchará	lucharán	lucharía	lucharían

PLUPERFECT		PRETERIT PERFECT	
había luchado	habíamos luchado	hube luchado	hubimos luchado
habías luchado	habíais luchado	hubiste luchado	hubisteis luchado
había luchado	habían luchado	hubo luchado	hubieron luchado

FUTURE PERFECT		CONDITIONAL PERFECT	
habré luchado	habremos luchado	habría luchado	habríamos luchado
habrás luchado	habréis luchado	habrías luchado	habríais luchado
habrá luchado	habrán luchado	habría luchado	habrían luchado

PRESENT SUBJUNCTIVE		PRESENT PERFECT SUBJUNCTIVE	
luche	luchemos	haya luchado	hayamos luchado
luches	luchéis	hayas luchado	hayáis luchado
luche	luchen	haya luchado	hayan luchado

IMPERFECT SUBJUNCTIVE (-ra)		*or*	IMPERFECT SUBJUNCTIVE (-se)	
luchara	lucháramos		luchase	luchásemos
lucharas	lucharais		luchases	luchaseis
luchara	lucharan		luchase	luchasen

PAST PERFECT SUBJUNCTIVE (-ra)		*or*	PAST PERFECT SUBJUNCTIVE (-se)	
hubiera luchado	hubiéramos luchado		hubiese luchado	hubiésemos luchado
hubieras luchado	hubierais luchado		hubieses luchado	hubieseis luchado
hubiera luchado	hubieran luchado		hubiese luchado	hubiesen luchado

PROGRESSIVE TENSES

PRESENT	estoy, estás, está, estamos, estáis, están	
PRETERIT	estuve, estuviste, estuvo, estuvimos, estuvisteis, estuvieron	
IMPERFECT	estaba, estabas, estaba, estábamos, estabais, estaban	luchando
FUTURE	estaré, estarás, estará, estaremos, estaréis, estarán	
CONDITIONAL	estaría, estarías, estaría, estaríamos, estaríais, estarían	
SUBJUNCTIVE	que + *corresponding subjunctive tense of* estar (*see verb 252*)	

COMMANDS

	(nosotros) luchemos/no luchemos
(tú) lucha/no luches	(vosotros) luchad/no luchéis
(Ud.) luche/no luche	(Uds.) luchen/no luchen

Usage

Se luchaba por la democracia.	*They were fighting for democracy.*
Luchan por la existencia.	*They're struggling to survive.*
Es bueno que ya no se luche cuerpo a cuerpo.	*It's good there's no more hand to hand combat.*
El tratado puso fin a la lucha.	*The treaty put an end to the war/conflict.*
Hay programas de lucha libre en la tele.	*There are wrestling shows on TV.*
Entablaron una lucha muy reñida.	*They engaged in a bitter conflict.*
¿Qué te parecen estos luchadores?	*What do you think of these wrestlers?*

-ir verb; spelling change: *c* > *zc/o, a*

luzco · lucieron · lucido · luciendo

PRESENT

luzco	lucimos
luces	lucís
luce	lucen

IMPERFECT

lucía	lucíamos
lucías	lucíais
lucía	lucían

FUTURE

luciré	luciremos
lucirás	luciréis
lucirá	lucirán

PLUPERFECT

había lucido	habíamos lucido
habías lucido	habíais lucido
había lucido	habían lucido

FUTURE PERFECT

habré lucido	habremos lucido
habrás lucido	habréis lucido
habrá lucido	habrán lucido

PRESENT SUBJUNCTIVE

luzca	luzcamos
luzcas	luzcáis
luzca	luzcan

IMPERFECT SUBJUNCTIVE (-ra)

luciera	luciéramos
lucieras	lucierais
luciera	lucieran

PAST PERFECT SUBJUNCTIVE (-ra)

hubiera lucido	hubiéramos lucido
hubieras lucido	hubierais lucido
hubiera lucido	hubieran lucido

PRETERIT

lucí	lucimos
luciste	lucisteis
lució	lucieron

PRESENT PERFECT

he lucido	hemos lucido
has lucido	habéis lucido
ha lucido	han lucido

CONDITIONAL

luciría	luciríamos
lucirías	luciríais
luciría	lucirían

PRETERIT PERFECT

hube lucido	hubimos lucido
hubiste lucido	hubisteis lucido
hubo lucido	hubieron lucido

CONDITIONAL PERFECT

habría lucido	habríamos lucido
habrías lucido	habríais lucido
habría lucido	habrían lucido

PRESENT PERFECT SUBJUNCTIVE

haya lucido	hayamos lucido
hayas lucido	hayáis lucido
haya lucido	hayan lucido

or **IMPERFECT SUBJUNCTIVE (-se)**

luciese	luciésemos
lucieses	lucieseis
luciese	luciesen

or **PAST PERFECT SUBJUNCTIVE (-se)**

hubiese lucido	hubiésemos lucido
hubieses lucido	hubieseis lucido
hubiese lucido	hubiesen lucido

PROGRESSIVE TENSES

PRESENT	estoy, estás, está, estamos, estáis, están
PRETERIT	estuve, estuviste, estuvo, estuvimos, estuvisteis, estuvieron
IMPERFECT	estaba, estabas, estaba, estábamos, estabais, estaban
FUTURE	estaré, estarás, estará, estaremos, estaréis, estarán
CONDITIONAL	estaría, estarías, estaría, estaríamos, estaríais, estarían
SUBJUNCTIVE	que + *corresponding subjunctive tense of* estar (*see verb 252*)

} luciendo

COMMANDS

	(nosotros) luzcamos/no luzcamos
(tú) luce/no luzcas	(vosotros) lucid/no luzcáis
(Ud.) luzca/no luzca	(Uds.) luzcan/no luzcan

Usage

El sol y las estrellas lucen.	*The sun and the stars shine.*
¡Cómo lucen estos diamantes!	*How these diamonds sparkle/give off light!*
Lucen muy guapos.	*You look very handsome.*
Lucía un traje muy de moda.	*She sported a very fashionable suit.*
Se lucieron en todos los exámenes.	*They excelled/came out with flying colors in all the exams.*
Entra mucha luz en la cocina.	*There's a lot of light in the kitchen.*
Miren el lucero del alba.	*Look at the morning star.*

madrugo · madrugaron · madrugado · madrugando   *-ar* verb; spelling change: *g > gu/e*

PRESENT		PRETERIT	
madrugo	madrugamos	madrugué	madrugamos
madrugas	madrugáis	madrugaste	madrugasteis
madruga	madrugan	madrugó	madrugaron

IMPERFECT		PRESENT PERFECT	
madrugaba	madrugábamos	he madrugado	hemos madrugado
madrugabas	madrugabais	has madrugado	habéis madrugado
madrugaba	madrugaban	ha madrugado	han madrugado

FUTURE		CONDITIONAL	
madrugaré	madrugaremos	madrugaría	madrugaríamos
madrugarás	madrugaréis	madrugarías	madrugaríais
madrugará	madrugarán	madrugaría	madrugarían

PLUPERFECT		PRETERIT PERFECT	
había madrugado	habíamos madrugado	hube madrugado	hubimos madrugado
habías madrugado	habíais madrugado	hubiste madrugado	hubisteis madrugado
había madrugado	habían madrugado	hubo madrugado	hubieron madrugado

FUTURE PERFECT		CONDITIONAL PERFECT	
habré madrugado	habremos madrugado	habría madrugado	habríamos madrugado
habrás madrugado	habréis madrugado	habrías madrugado	habríais madrugado
habrá madrugado	habrán madrugado	habría madrugado	habrían madrugado

PRESENT SUBJUNCTIVE		PRESENT PERFECT SUBJUNCTIVE	
madrugue	madruguemos	haya madrugado	hayamos madrugado
madrugues	madruguéis	hayas madrugado	hayáis madrugado
madrugue	madruguen	haya madrugado	hayan madrugado

IMPERFECT SUBJUNCTIVE (-ra)		*or*	IMPERFECT SUBJUNCTIVE (-se)	
madrugara	madrugáramos		madrugase	madrugásemos
madrugaras	madrugarais		madrugases	madrugaseis
madrugara	madrugaran		madrugase	madrugasen

PAST PERFECT SUBJUNCTIVE (-ra)		*or*	PAST PERFECT SUBJUNCTIVE (-se)	
hubiera madrugado	hubiéramos madrugado		hubiese madrugado	hubiésemos madrugado
hubieras madrugado	hubierais madrugado		hubieses madrugado	hubieseis madrugado
hubiera madrugado	hubieran madrugado		hubiese madrugado	hubiesen madrugado

PROGRESSIVE TENSES

PRESENT	estoy, estás, está, estamos, estáis, están
PRETERIT	estuve, estuviste, estuvo, estuvimos, estuvisteis, estuvieron
IMPERFECT	estaba, estabas, estaba, estábamos, estabais, estaban
FUTURE	estaré, estarás, estará, estaremos, estaréis, estarán
CONDITIONAL	estaría, estarías, estaría, estaríamos, estaríais, estarían
SUBJUNCTIVE	que + *corresponding subjunctive tense of* estar (*see verb 252*)

} madrugando

COMMANDS

	(nosotros) madruguemos/no madruguemos
(tú) madruga/no madrugues	(vosotros) madrugad/no madruguéis
(Ud.) madrugue/no madrugue	(Uds.) madruguen/no madruguen

Usage

Es necesario que madruguemos.	*It's necessary that we get up early.*
Se levantó de madrugada.	*She got up very early.*
¡Qué hermosa es la luz de madrugada!	*How beautiful is daybreak/dawn's early light!*
El niño es muy madrugador.	*The child is an early riser.*
Al que/A quien madruga Dios le ayuda.	*The early bird catches the worm.*

regular *-ar* verb | **mando · mandaron · mandado · mandando**

PRESENT

mando	mandamos
mandas	mandáis
manda	mandan

PRETERIT

mandé	mandamos
mandaste	mandasteis
mandó	mandaron

IMPERFECT

mandaba	mandábamos
mandabas	mandabais
mandaba	mandaban

PRESENT PERFECT

he mandado	hemos mandado
has mandado	habéis mandado
ha mandado	han mandado

FUTURE

mandaré	mandaremos
mandarás	mandaréis
mandará	mandarán

CONDITIONAL

mandaría	mandaríamos
mandarías	mandaríais
mandaría	mandarían

PLUPERFECT

había mandado	habíamos mandado
habías mandado	habíais mandado
había mandado	habían mandado

PRETERIT PERFECT

hube mandado	hubimos mandado
hubiste mandado	hubisteis mandado
hubo mandado	hubieron mandado

FUTURE PERFECT

habré mandado	habremos mandado
habrás mandado	habréis mandado
habrá mandado	habrán mandado

CONDITIONAL PERFECT

habría mandado	habríamos mandado
habrías mandado	habríais mandado
habría mandado	habrían mandado

PRESENT SUBJUNCTIVE

mande	mandemos
mandes	mandéis
mande	manden

PRESENT PERFECT SUBJUNCTIVE

haya mandado	hayamos mandado
hayas mandado	hayáis mandado
haya mandado	hayan mandado

IMPERFECT SUBJUNCTIVE (-ra)

mandara	mandáramos
mandaras	mandarais
mandara	mandaran

or **IMPERFECT SUBJUNCTIVE (-se)**

mandase	mandásemos
mandases	mandaseis
mandase	mandasen

PAST PERFECT SUBJUNCTIVE (-ra)

hubiera mandado	hubiéramos mandado
hubieras mandado	hubierais mandado
hubiera mandado	hubieran mandado

or **PAST PERFECT SUBJUNCTIVE (-se)**

hubiese mandado	hubiésemos mandado
hubieses mandado	hubieseis mandado
hubiese mandado	hubiesen mandado

PROGRESSIVE TENSES

PRESENT	estoy, estás, está, estamos, estáis, están
PRETERIT	estuve, estuviste, estuvo, estuvimos, estuvisteis, estuvieron
IMPERFECT	estaba, estabas, estaba, estábamos, estabais, estaban
FUTURE	estaré, estarás, estará, estaremos, estaréis, estarán
CONDITIONAL	estaría, estarías, estaría, estaríamos, estaríais, estarían
SUBJUNCTIVE	que + *corresponding subjunctive tense of* estar (*see verb 252*)

} mandando

COMMANDS

	(nosotros) mandemos/no mandemos
(tú) manda/no mandes	(vosotros) mandad/no mandéis
(Ud.) mande/no mande	(Uds.) manden/no manden

Usage

Le mandé que hiciera los mandados.	*I ordered him to run the errands.*
Les mando encargarse de la campaña.	*I'm having them take charge of the campaign.*
Hemos mandado los documentos/el fax.	*We've sent the papers/the fax.*
El general Patton mandó el ejército norteamericano.	*General Patton commanded the United States Army.*
¡Aquí mando yo!	*I give the orders here!*
¡Las mandó al infierno!	*She told them to go to hell!*
Haz el trabajo como Dios manda.	*Do the job properly.*

manejar   *to manage, handle, drive*

PRESENT

manejo	manejamos
manejas	manejáis
maneja	manejan

PRETERIT

manejé	manejamos
manejaste	manejasteis
manejó	manejaron

IMPERFECT

manejaba	manejábamos
manejabas	manejabais
manejaba	manejaban

PRESENT PERFECT

he manejado	hemos manejado
has manejado	habéis manejado
ha manejado	han manejado

FUTURE

manejaré	manejaremos
manejarás	manejaréis
manejará	manejarán

CONDITIONAL

manejaría	manejaríamos
manejarías	manejaríais
manejaría	manejarían

PLUPERFECT

había manejado	habíamos manejado
habías manejado	habíais manejado
había manejado	habían manejado

PRETERIT PERFECT

hube manejado	hubimos manejado
hubiste manejado	hubisteis manejado
hubo manejado	hubieron manejado

FUTURE PERFECT

habré manejado	habremos manejado
habrás manejado	habréis manejado
habrá manejado	habrán manejado

CONDITIONAL PERFECT

habría manejado	habríamos manejado
habrías manejado	habríais manejado
habría manejado	habrían manejado

PRESENT SUBJUNCTIVE

maneje	manejemos
manejes	manejéis
maneje	manejen

PRESENT PERFECT SUBJUNCTIVE

haya manejado	hayamos manejado
hayas manejado	hayáis manejado
haya manejado	hayan manejado

IMPERFECT SUBJUNCTIVE (-ra)

manejara	manejáramos
manejaras	manejarais
manejara	manejaran

or   **IMPERFECT SUBJUNCTIVE (-se)**

manejase	manejásemos
manejases	manejaseis
manejase	manejasen

PAST PERFECT SUBJUNCTIVE (-ra)

hubiera manejado	hubiéramos manejado
hubieras manejado	hubierais manejado
hubiera manejado	hubieran manejado

or   **PAST PERFECT SUBJUNCTIVE (-se)**

hubiese manejado	hubiésemos manejado
hubieses manejado	hubieseis manejado
hubiese manejado	hubiesen manejado

PROGRESSIVE TENSES

PRESENT	estoy, estás, está, estamos, estáis, están	
PRETERIT	estuve, estuviste, estuvo, estuvimos, estuvisteis, estuvieron	
IMPERFECT	estaba, estabas, estaba, estábamos, estabais, estaban	manejando
FUTURE	estaré, estarás, estará, estaremos, estaréis, estarán	
CONDITIONAL	estaría, estarías, estaría, estaríamos, estaríais, estarían	
SUBJUNCTIVE	que + *corresponding subjunctive tense of* estar (*see verb 252*)	

COMMANDS

	(nosotros) manejemos/no manejemos
(tú) maneja/no manejes	(vosotros) manejad/no manejéis
(Ud.) maneje/no maneje	(Uds.) manejen/no manejen

Usage

El jefe del ejecutivo maneja los negocios.	*The chief executive runs the business.*
No se puede manejar tantas cosas a la vez.	*You can't handle so many things at once.*
No hables por teléfono celular mientras manejas.	*Don't talk on your cell phone while you drive.*
Aprendieron a manejar la máquina.	*They learned to operate the machine.*
La computadora es de fácil manejo.	*The computer is easy to use.*
Vuelve a leer las instrucciones de manejo.	*Read the instructions/directions again.*

irregular verb (like **tener**) | **mantengo · mantuvieron · mantenido · manteniendo**

PRESENT

mantengo	mantenemos
mantienes	mantenéis
mantiene	mantienen

IMPERFECT

mantenía	manteníamos
mantenías	manteníais
mantenía	mantenían

FUTURE

mantendré	mantendremos
mantendrás	mantendréis
mantendrá	mantendrán

PLUPERFECT

había mantenido	habíamos mantenido
habías mantenido	habíais mantenido
había mantenido	habían mantenido

FUTURE PERFECT

habré mantenido	habremos mantenido
habrás mantenido	habréis mantenido
habrá mantenido	habrán mantenido

PRESENT SUBJUNCTIVE

mantenga	mantengamos
mantengas	mantengáis
mantenga	mantengan

IMPERFECT SUBJUNCTIVE (-ra)

mantuviera	mantuviéramos
mantuvieras	mantuvierais
mantuviera	mantuvieran

PAST PERFECT SUBJUNCTIVE (-ra)

hubiera mantenido	hubiéramos mantenido
hubieras mantenido	hubierais mantenido
hubiera mantenido	hubieran mantenido

PRETERIT

mantuve	mantuvimos
mantuviste	mantuvisteis
mantuvo	mantuvieron

PRESENT PERFECT

he mantenido	hemos mantenido
has mantenido	habéis mantenido
ha mantenido	han mantenido

CONDITIONAL

mantendría	mantendríamos
mantendrías	mantendríais
mantendría	mantendrían

PRETERIT PERFECT

hube mantenido	hubimos mantenido
hubiste mantenido	hubisteis mantenido
hubo mantenido	hubieron mantenido

CONDITIONAL PERFECT

habría mantenido	habríamos mantenido
habrías mantenido	habríais mantenido
habría mantenido	habrían mantenido

PRESENT PERFECT SUBJUNCTIVE

haya mantenido	hayamos mantenido
hayas mantenido	hayáis mantenido
haya mantenido	hayan mantenido

or ### IMPERFECT SUBJUNCTIVE (-se)

mantuviese	mantuviésemos
mantuvieses	mantuvieseis
mantuviese	mantuviesen

or ### PAST PERFECT SUBJUNCTIVE (-se)

hubiese mantenido	hubiésemos mantenido
hubieses mantenido	hubieseis mantenido
hubiese mantenido	hubiesen mantenido

PROGRESSIVE TENSES

PRESENT	estoy, estás, está, estamos, estáis, están
PRETERIT	estuve, estuviste, estuvo, estuvimos, estuvisteis, estuvieron
IMPERFECT	estaba, estabas, estaba, estábamos, estabais, estaban
FUTURE	estaré, estarás, estará, estaremos, estaréis, estarán
CONDITIONAL	estaría, estarías, estaría, estaríamos, estaríais, estarían
SUBJUNCTIVE	que + *corresponding subjunctive tense of* estar (*see verb 252*)

} manteniendo

COMMANDS

	(nosotros) mantengamos/mantengamos
(tú) mantén/no mantengas	(vosotros) mantened/no mantengáis
(Ud.) mantenga/no mantenga	(Uds.) mantengan/no mantengan

Usage

Mantiene a su familia numerosa.	*He supports his large family.*
Mantengan la casa en buen estado.	*Keep the house in good condition.*
—Le pido que me mantenga al día.	*I'm asking you to keep me up to date.*
—Nos mantenemos en contacto entonces.	*Then we'll keep in touch.*
La sociedad se basa en el mantenimiento del orden.	*Society is based on the maintenance of order.*

maquillarse *to put on makeup, cover up, falsify*

maquillo · maquillaron · maquillado · maquillándose   regular *-ar* reflexive verb

PRESENT

me maquillo	nos maquillamos
te maquillas	os maquilláis
se maquilla	se maquillan

IMPERFECT

me maquillaba	nos maquillábamos
te maquillabas	os maquillabais
se maquillaba	se maquillaban

FUTURE

me maquillaré	nos maquillaremos
te maquillarás	os maquillaréis
se maquillará	se maquillarán

PLUPERFECT

me había maquillado	nos habíamos maquillado
te habías maquillado	os habíais maquillado
se había maquillado	se habían maquillado

FUTURE PERFECT

me habré maquillado	nos habremos maquillado
te habrás maquillado	os habréis maquillado
se habrá maquillado	se habrán maquillado

PRESENT SUBJUNCTIVE

me maquille	nos maquillemos
te maquilles	os maquilléis
se maquille	se maquillen

IMPERFECT SUBJUNCTIVE (-ra)

me maquillara	nos maquilláramos
te maquillaras	os maquillarais
se maquillara	se maquillaran

PAST PERFECT SUBJUNCTIVE (-ra)

me hubiera maquillado	nos hubiéramos maquillado
te hubieras maquillado	os hubierais maquillado
se hubiera maquillado	se hubieran maquillado

PRETERIT

me maquillé	nos maquillamos
te maquillaste	os maquillasteis
se maquilló	se maquillaron

PRESENT PERFECT

me he maquillado	nos hemos maquillado
te has maquillado	os habéis maquillado
se ha maquillado	se han maquillado

CONDITIONAL

me maquillaría	nos maquillaríamos
te maquillarías	os maquillaríais
se maquillaría	se maquillarían

PRETERIT PERFECT

me hube maquillado	nos hubimos maquillado
te hubiste maquillado	os hubisteis maquillado
se hubo maquillado	se hubieron maquillado

CONDITIONAL PERFECT

me habría maquillado	nos habríamos maquillado
te habrías maquillado	os habríais maquillado
se habría maquillado	se habrían maquillado

PRESENT PERFECT SUBJUNCTIVE

me haya maquillado	nos hayamos maquillado
te hayas maquillado	os hayáis maquillado
se haya maquillado	se hayan maquillado

or **IMPERFECT SUBJUNCTIVE (-se)**

me maquillase	nos maquillásemos
te maquillases	os maquillaseis
se maquillase	se maquillasen

or **PAST PERFECT SUBJUNCTIVE (-se)**

me hubiese maquillado	nos hubiésemos maquillado
te hubieses maquillado	os hubieseis maquillado
se hubiese maquillado	se hubiesen maquillado

PROGRESSIVE TENSES

PRESENT	estoy, estás, está, estamos, estáis, están
PRETERIT	estuve, estuviste, estuvo, estuvimos, estuvisteis, estuvieron
IMPERFECT	estaba, estabas, estaba, estábamos, estabais, estaban
FUTURE	estaré, estarás, estará, estaremos, estaréis, estarán
CONDITIONAL	estaría, estarías, estaría, estaríamos, estaríais, estarían
SUBJUNCTIVE	que + *corresponding subjunctive tense of* estar (*see verb 252*)

} maquillando (*see page 31*)

COMMANDS

	(nosotros) maquillémonos/no nos maquillemos
(tú) maquíllate/no te maquilles	(vosotros) maquillaos/no os maquilléis
(Ud.) maquíllese/no se maquille	(Uds.) maquíllense/no se maquillen

Usage

Me maquillo antes de vestirme.	*I put on makeup before I get dressed.*
El maquillador está maquillando a los actores.	*The makeup man is putting makeup on the actors.*
Maquilló las pruebas para no incriminarse.	*She covered up/falsified the evidence so she wouldn't incriminate herself.*
Esta marca de maquillaje es hipoalergénica.	*This brand of makeup is hypoallergenic.*

-*ar* verb; spelling change: *c > qu/e*

marco · marcaron · marcado · marcando

PRESENT

marco	marcamos
marcas	marcáis
marca	marcan

IMPERFECT

marcaba	marcábamos
marcabas	marcabais
marcaba	marcaban

FUTURE

marcaré	marcaremos
marcarás	marcaréis
marcará	marcarán

PLUPERFECT

había marcado	habíamos marcado
habías marcado	habíais marcado
había marcado	habían marcado

FUTURE PERFECT

habré marcado	habremos marcado
habrás marcado	habréis marcado
habrá marcado	habrán marcado

PRESENT SUBJUNCTIVE

marque	marquemos
marques	marquéis
marque	marquen

IMPERFECT SUBJUNCTIVE (-ra)

marcara	marcáramos
marcaras	marcarais
marcara	marcaran

PAST PERFECT SUBJUNCTIVE (-ra)

hubiera marcado	hubiéramos marcado
hubieras marcado	hubierais marcado
hubiera marcado	hubieran marcado

PRETERIT

marqué	marcamos
marcaste	marcasteis
marcó	marcaron

PRESENT PERFECT

he marcado	hemos marcado
has marcado	habéis marcado
ha marcado	han marcado

CONDITIONAL

marcaría	marcaríamos
marcarías	marcaríais
marcaría	marcarían

PRETERIT PERFECT

hube marcado	hubimos marcado
hubiste marcado	hubisteis marcado
hubo marcado	hubieron marcado

CONDITIONAL PERFECT

habría marcado	habríamos marcado
habrías marcado	habríais marcado
habría marcado	habrían marcado

PRESENT PERFECT SUBJUNCTIVE

haya marcado	hayamos marcado
hayas marcado	hayáis marcado
haya marcado	hayan marcado

or **IMPERFECT SUBJUNCTIVE (-se)**

marcase	marcásemos
marcases	marcaseis
marcase	marcasen

or **PAST PERFECT SUBJUNCTIVE (-se)**

hubiese marcado	hubiésemos marcado
hubieses marcado	hubieseis marcado
hubiese marcado	hubiesen marcado

PROGRESSIVE TENSES

PRESENT	estoy, estás, está, estamos, estáis, están
PRETERIT	estuve, estuviste, estuvo, estuvimos, estuvisteis, estuvieron
IMPERFECT	estaba, estabas, estaba, estábamos, estabais, estaban
FUTURE	estaré, estarás, estará, estaremos, estaréis, estarán
CONDITIONAL	estaría, estarías, estaría, estaríamos, estaríais, estarían
SUBJUNCTIVE	que + *corresponding subjunctive tense of* estar (*see verb 252*)

\} marcando

COMMANDS

	(nosotros) marquemos/no marquemos
(tú) marca/no marques	(vosotros) marcad/no marquéis
(Ud.) marque/no marque	(Uds.) marquen/no marquen

Usage

El año 2001 marcó el comienzo de un nuevo milenio.	*The year 2001 marked the beginning of a new millennium.*
El jugador marcó un gol/una canasta.	*The player scored a goal/a basket.*
Marcaste el código equivocado.	*You dialed with the wrong area code.*
El termómetro marca setenta grados.	*The thermometer is registering 70 degrees.*
El director marca el compás con la batuta.	*The conductor beats time with his baton.*
¿De qué marca es la copiadora?	*What make of photocopier is it?*

marcharse *to go away, leave*

marcho · marcharon · marchado · marchándose   regular -ar reflexive verb

PRESENT		PRETERIT	
me marcho	nos marchamos	me marché	nos marchamos
te marchas	os marcháis	te marchaste	os marchasteis
se marcha	se marchan	se marchó	se marcharon

IMPERFECT		PRESENT PERFECT	
me marchaba	nos marchábamos	me he marchado	nos hemos marchado
te marchabas	os marchabais	te has marchado	os habéis marchado
se marchaba	se marchaban	se ha marchado	se han marchado

FUTURE		CONDITIONAL	
me marcharé	nos marcharemos	me marcharía	nos marcharíamos
te marcharás	os marcharéis	te marcharías	os marcharíais
se marchará	se marcharán	se marcharía	se marcharían

PLUPERFECT		PRETERIT PERFECT	
me había marchado	nos habíamos marchado	me hube marchado	nos hubimos marchado
te habías marchado	os habíais marchado	te hubiste marchado	os hubisteis marchado
se había marchado	se habían marchado	se hubo marchado	se hubieron marchado

FUTURE PERFECT		CONDITIONAL PERFECT	
me habré marchado	nos habremos marchado	me habría marchado	nos habríamos marchado
te habrás marchado	os habréis marchado	te habrías marchado	os habríais marchado
se habrá marchado	se habrán marchado	se habría marchado	se habrían marchado

PRESENT SUBJUNCTIVE		PRESENT PERFECT SUBJUNCTIVE	
me marche	nos marchemos	me haya marchado	nos hayamos marchado
te marches	os marchéis	te hayas marchado	os hayáis marchado
se marche	se marchen	se haya marchado	se hayan marchado

IMPERFECT SUBJUNCTIVE (-ra)		*or* IMPERFECT SUBJUNCTIVE (-se)	
me marchara	nos marcháramos	me marchase	nos marchásemos
te marcharas	os marcharais	te marchases	os marchaseis
se marchara	se marcharan	se marchase	se marchasen

PAST PERFECT SUBJUNCTIVE (-ra)		*or* PAST PERFECT SUBJUNCTIVE (-se)	
me hubiera marchado	nos hubiéramos marchado	me hubiese marchado	nos hubiésemos marchado
te hubieras marchado	os hubierais marchado	te hubieses marchado	os hubieseis marchado
se hubiera marchado	se hubieran marchado	se hubiese marchado	se hubiesen marchado

PROGRESSIVE TENSES

PRESENT	estoy, estás, está, estamos, estáis, están
PRETERIT	estuve, estuviste, estuvo, estuvimos, estuvisteis, estuvieron
IMPERFECT	estaba, estabas, estaba, estábamos, estabais, estaban
FUTURE	estaré, estarás, estará, estaremos, estaréis, estarán
CONDITIONAL	estaría, estarías, estaría, estaríamos, estaríais, estarían
SUBJUNCTIVE	que + *corresponding subjunctive tense of* estar (*see verb 252*)

} marchando (*see page 31*)

COMMANDS

	(nosotros) marchémonos/no nos marchemos
(tú) márchate/no te marches	(vosotros) marchaos/no os marchéis
(Ud.) márchese/no se marche	(Uds.) márchense /no se marchen

Usage

Se marcharon sin despedirse de nosotros.	*They left without saying good-bye to us.*
¿Os marcháis a mediados del mes?	*Are you going away in the middle of the month?*
Me alegro que todo marche bien.	*I'm glad that everything is going well.*
Mi reloj no marcha.	*My watch isn't working.*
Los soldados están marchando/en marcha.	*The soldiers are marching/on the march.*
Se tocó la *Marcha Nupcial* de Mendelssohn.	*They played "The Wedding March" by Mendelssohn.*
Mete la marcha atrás.	*Change the gear to reverse.*

regular -*ar* reflexive verb   **mareo · marearon · mareado · mareándose**

PRESENT

me mareo	nos mareamos
te mareas	os mareáis
se marea	se marean

IMPERFECT

me mareaba	nos mareábamos
te mareabas	os mareabais
se mareaba	se mareaban

FUTURE

me marearé	nos marearemos
te marearás	os mareareis
se mareará	se marearán

PLUPERFECT

me había mareado	nos habíamos mareado
te habías mareado	os habíais mareado
se había mareado	se habían mareado

FUTURE PERFECT

me habré mareado	nos habremos mareado
te habrás mareado	os habréis mareado
se habrá mareado	se habrán mareado

PRESENT SUBJUNCTIVE

me maree	nos mareemos
te marees	os mareéis
se maree	se mareen

IMPERFECT SUBJUNCTIVE (-ra)

me mareara	nos mareáramos
te marearas	os marearais
se mareara	se marearan

PAST PERFECT SUBJUNCTIVE (-ra)

me hubiera mareado	nos hubiéramos mareado
te hubieras mareado	os hubierais mareado
se hubiera mareado	se hubieran mareado

PRETERIT

me mareé	nos mareamos
te mareaste	os mareasteis
se mareó	se marearon

PRESENT PERFECT

me he mareado	nos hemos mareado
te has mareado	os habéis mareado
se ha mareado	se han mareado

CONDITIONAL

me marearía	nos marearíamos
te marearías	os mareraríais
se marearía	se marearían

PRETERIT PERFECT

me hube mareado	nos hubimos mareado
te hubiste mareado	os hubisteis mareado
se hubo mareado	se hubieron mareado

CONDITIONAL PERFECT

me habría mareado	nos habríamos mareado
te habrías mareado	os habríais mareado
se habría mareado	se habrían mareado

PRESENT PERFECT SUBJUNCTIVE

me haya mareado	nos hayamos mareado
te hayas mareado	os hayáis mareado
se haya mareado	se hayan mareado

or **IMPERFECT SUBJUNCTIVE (-se)**

me marease	nos mareásemos
te mareases	os mareaseis
se marease	se mareasen

or **PAST PERFECT SUBJUNCTIVE (-se)**

me hubiese mareado	nos hubiésemos mareado
te hubieses mareado	os hubieseis mareado
se hubiese mareado	se hubiesen mareado

PROGRESSIVE TENSES

PRESENT	estoy, estás, está, estamos, estáis, están
PRETERIT	estuve, estuviste, estuvo, estuvimos, estuvisteis, estuvieron
IMPERFECT	estaba, estabas, estaba, estábamos, estabais, estaban
FUTURE	estaré, estarás, estará, estaremos, estaréis, estarán
CONDITIONAL	estaría, estarías, estaría, estaríamos, estaríais, estarían
SUBJUNCTIVE	que + *corresponding subjunctive tense of* estar (*see verb 252*)

mareando (*see page 31*)

COMMANDS

	(nosotros) mareémonos/no nos mareemos
(tú) maréate/no te marees	(vosotros) mareaos/no os mareéis
(Ud.) maréese/no se maree	(Uds.) maréense/no se mareen

Usage

Me mareaba por el mar picado.	*I felt seasick because of the choppy sea.*
Se mareaban en el avión.	*They were nauseous on the airplane.*
Nos marea con sus historias interminables.	*She makes us dizzy/annoys us with her never-ending stories.*
Triunfaré contra viento y marea.	*I'll succeed come hell or high water.*
Está alta/baja la marea.	*It's high/low tide.*
Están mareados de tanto tomar.	*They're dizzy from drinking so much.*

masco · mascaron · mascado · mascando   *-ar* verb; spelling change: *c > qu/e*

PRESENT		PRETERIT	
masco	mascamos	masqué	mascamos
mascas	mascáis	mascaste	mascasteis
masca	mascan	mascó	mascaron

IMPERFECT		PRESENT PERFECT	
mascaba	mascábamos	he mascado	hemos mascado
mascabas	mascabais	has mascado	habéis mascado
mascaba	mascaban	ha mascado	han mascado

FUTURE		CONDITIONAL	
mascaré	mascaremos	mascaría	mascaríamos
mascarás	mascaréis	mascarías	mascaríais
mascará	mascarán	mascaría	mascarían

PLUPERFECT		PRETERIT PERFECT	
había mascado	habíamos mascado	hube mascado	hubimos mascado
habías mascado	habíais mascado	hubiste mascado	hubisteis mascado
había mascado	habían mascado	hubo mascado	hubieron mascado

FUTURE PERFECT		CONDITIONAL PERFECT	
habré mascado	habremos mascado	habría mascado	habríamos mascado
habrás mascado	habréis mascado	habrías mascado	habríais mascado
habrá mascado	habrán mascado	habría mascado	habrían mascado

PRESENT SUBJUNCTIVE		PRESENT PERFECT SUBJUNCTIVE	
masque	masquemos	haya mascado	hayamos mascado
masques	masquéis	hayas mascado	hayáis mascado
masque	masquen	haya mascado	hayan mascado

IMPERFECT SUBJUNCTIVE (-ra)		*or* IMPERFECT SUBJUNCTIVE (-se)	
mascara	mascáramos	mascase	mascásemos
mascaras	mascarais	mascases	mascaseis
mascara	mascaran	mascase	mascasen

PAST PERFECT SUBJUNCTIVE (-ra)		*or* PAST PERFECT SUBJUNCTIVE (-se)	
hubiera mascado	hubiéramos mascado	hubiese mascado	hubiésemos mascado
hubieras mascado	hubierais mascado	hubieses mascado	hubieseis mascado
hubiera mascado	hubieran mascado	hubiese mascado	hubiesen mascado

PROGRESSIVE TENSES

PRESENT	estoy, estás, está, estamos, estáis, están	
PRETERIT	estuve, estuviste, estuvo, estuvimos, estuvisteis, estuvieron	
IMPERFECT	estaba, estabas, estaba, estábamos, estabais, estaban	mascando
FUTURE	estaré, estarás, estará, estaremos, estaréis, estarán	
CONDITIONAL	estaría, estarías, estaría, estaríamos, estaríais, estarían	
SUBJUNCTIVE	que + *corresponding subjunctive tense of* estar (*see verb 252*)	

COMMANDS

	(nosotros) masquemos/no masquemos
(tú) masca/no masques	(vosotros) mascad/no masquéis
(Ud.) masque/no masque	(Uds.) masquen/no masquen

Usage

Niños, masquen bien las nueces. — *Children, chew the nuts well.*
No la entendemos porque masca sus palabras. — *We don't understand her because she mumbles.*
Mascar y *masticar* son sinónimos. — *Mascar and masticar are synonyms.*
—Se lo dieron todo mascado. — *They gave it to him all done. (lit., all chewed)*
—Así es que no tiene por qué trabajar. — *So he has no reason to do any work.*

regular *-ar* verb

mato · mataron · matado · matando

PRESENT

mato	matamos
matas	matáis
mata	matan

PRETERIT

maté	matamos
mataste	matasteis
mató	mataron

IMPERFECT

mataba	matábamos
matabas	matabais
mataba	mataban

PRESENT PERFECT

he matado	hemos matado
has matado	habéis matado
ha matado	han matado

FUTURE

mataré	mataremos
matarás	mataréis
matará	matarán

CONDITIONAL

mataría	mataríamos
matarías	mataríais
mataría	matarían

PLUPERFECT

había matado	habíamos matado
habías matado	habíais matado
había matado	habían matado

PRETERIT PERFECT

hube matado	hubimos matado
hubiste matado	hubisteis matado
hubo matado	hubieron matado

FUTURE PERFECT

habré matado	habremos matado
habrás matado	habréis matado
habrá matado	habrán matado

CONDITIONAL PERFECT

habría matado	habríamos matado
habrías matado	habríais matado
habría matado	habrían matado

PRESENT SUBJUNCTIVE

mate	matemos
mates	matéis
mate	maten

PRESENT PERFECT SUBJUNCTIVE

haya matado	hayamos matado
hayas matado	hayáis matado
haya matado	hayan matado

IMPERFECT SUBJUNCTIVE (-ra)

matara	matáramos
mataras	matarais
matara	mataran

or **IMPERFECT SUBJUNCTIVE (-se)**

matase	matásemos
matases	mataseis
matase	matasen

PAST PERFECT SUBJUNCTIVE (-ra)

hubiera matado	hubiéramos matado
hubieras matado	hubierais matado
hubiera matado	hubieran matado

or **PAST PERFECT SUBJUNCTIVE (-se)**

hubiese matado	hubiésemos matado
hubieses matado	hubieseis matado
hubiese matado	hubiesen matado

PROGRESSIVE TENSES

PRESENT	estoy, estás, está, estamos, estáis, están	
PRETERIT	estuve, estuviste, estuvo, estuvimos, estuvisteis, estuvieron	
IMPERFECT	estaba, estabas, estaba, estábamos, estabais, estaban	matando
FUTURE	estaré, estarás, estará, estaremos, estaréis, estarán	
CONDITIONAL	estaría, estarías, estaría, estaríamos, estaríais, estarían	
SUBJUNCTIVE	que + *corresponding subjunctive tense of* estar (*see verb 252*)	

COMMANDS

	(nosotros) matemos/no matemos
(tú) mata/no mates	(vosotros) matad/no matéis
(Ud.) mate/no mate	(Uds.) maten/no maten

Usage

Stalin y Hitler mataron a millones de personas.	*Stalin and Hitler murdered millions of people.*
Se matan reses en el matadero.	*Animals are killed at the slaughterhouse.*
¿Cómo matamos el tiempo hasta despegar?	*How shall we kill time until we take off?*
Se mataba cultivando la tierra.	*He killed/tired himself cultivating the land.*
—Lo mataron, ¿verdad?	*They killed him, didn't they?*
—Sí, se mató en un accidente de coche.	*Yes, he was killed in a car accident.*
El matador torea.	*The bullfighter fights bulls.*

mecer *to rock, swing, shake*

mezo · mecieron · mecido · meciendo   -*er* verb; spelling change: *c > z/o, a*

PRESENT

mezo	mecemos		
meces	mecéis		
mece	mecen		

PRETERIT

mecí	mecimos
meciste	mecisteis
meció	mecieron

IMPERFECT

mecía	mecíamos
mecías	mecíais
mecía	mecían

PRESENT PERFECT

he mecido	hemos mecido
has mecido	habéis mecido
ha mecido	han mecido

FUTURE

meceré	meceremos
mecerás	meceréis
mecerá	mecerán

CONDITIONAL

mecería	meceríamos
mecerías	meceríais
mecería	mecerían

PLUPERFECT

había mecido	habíamos mecido
habías mecido	habíais mecido
había mecido	habían mecido

PRETERIT PERFECT

hube mecido	hubimos mecido
hubiste mecido	hubisteis mecido
hubo mecido	hubieron mecido

FUTURE PERFECT

habré mecido	habremos mecido
habrás mecido	habréis mecido
habrá mecido	habrán mecido

CONDITIONAL PERFECT

habría mecido	habríamos mecido
habrías mecido	habríais mecido
habría mecido	habrían mecido

PRESENT SUBJUNCTIVE

meza	mezamos
mezas	mezáis
meza	mezan

PRESENT PERFECT SUBJUNCTIVE

haya mecido	hayamos mecido
hayas mecido	hayáis mecido
haya mecido	hayan mecido

IMPERFECT SUBJUNCTIVE (-ra)   *or* **IMPERFECT SUBJUNCTIVE (-se)**

meciera	meciéramos	meciese	meciésemos
mecieras	mecierais	mecieses	mecieseis
meciera	mecieran	meciese	meciesen

PAST PERFECT SUBJUNCTIVE (-ra)   *or* **PAST PERFECT SUBJUNCTIVE (-se)**

hubiera mecido	hubiéramos mecido	hubiese mecido	hubiésemos mecido
hubieras mecido	hubierais mecido	hubieses mecido	hubieseis mecido
hubiera mecido	hubieran mecido	hubiese mecido	hubiesen mecido

PROGRESSIVE TENSES

PRESENT	estoy, estás, está, estamos, estáis, están
PRETERIT	estuve, estuviste, estuvo, estuvimos, estuvisteis, estuvieron
IMPERFECT	estaba, estabas, estaba, estábamos, estabais, estaban
FUTURE	estaré, estarás, estará, estaremos, estaréis, estarán
CONDITIONAL	estaría, estarías, estaría, estaríamos, estaríais, estarían
SUBJUNCTIVE	que + *corresponding subjunctive tense of* estar (*see verb 252*)

} meciendo

COMMANDS

	(nosotros) mezamos/no mezamos
(tú) mece/no mezas	(vosotros) meced/no mezáis
(Ud.) meza/no meza	(Uds.) mezan/no mezan

Usage

Se mecía en la mecedora.	*She was rocking in the rocking chair.*
Mece al bebé.	*Rock the baby.*
Estoy meciendo la cuna.	*I'm rocking the cradle.*
Mezo a la niña en el columpio.	*I'm swinging the child on the swing.*
El movimiento mecedor del mar es agradable.	*The rocking motion of the sea is pleasant.*

stem-changing *-ir* verb (like **pedir**): *e > i* | **mido · midieron · medido · midiendo**

PRESENT

mido	medimos
mides	medís
mide	miden

IMPERFECT

medía	medíamos
medías	medíais
medía	medían

FUTURE

mediré	mediremos
medirás	mediréis
medirá	medirán

PLUPERFECT

había medido	habíamos medido
habías medido	habíais medido
había medido	habían medido

FUTURE PERFECT

habré medido	habremos medido
habrás medido	habréis medido
habrá medido	habrán medido

PRESENT SUBJUNCTIVE

mida	midamos
midas	midáis
mida	midan

IMPERFECT SUBJUNCTIVE (-ra)

midiera	midiéramos
midieras	midierais
midiera	midieran

PAST PERFECT SUBJUNCTIVE (-ra)

hubiera medido	hubiéramos medido
hubieras medido	hubierais medido
hubiera medido	hubieran medido

PRETERIT

medí	medimos
mediste	medisteis
midió	midieron

PRESENT PERFECT

he medido	hemos medido
has medido	habéis medido
ha medido	han medido

CONDITIONAL

mediría	mediríamos
medirías	mediríais
mediría	medirían

PRETERIT PERFECT

hube medido	hubimos medido
hubiste medido	hubisteis medido
hubo medido	hubieron medido

CONDITIONAL PERFECT

habría medido	habríamos medido
habrías medido	habríais medido
habría medido	habrían medido

PRESENT PERFECT SUBJUNCTIVE

haya medido	hayamos medido
hayas medido	hayáis medido
haya medido	hayan medido

or **IMPERFECT SUBJUNCTIVE (-se)**

midiese	midiésemos
midieses	midieseis
midiese	midiesen

or **PAST PERFECT SUBJUNCTIVE (-se)**

hubiese medido	hubiésemos medido
hubieses medido	hubieseis medido
hubiese medido	hubiesen medido

PROGRESSIVE TENSES

PRESENT	estoy, estás, está, estamos, estáis, están	
PRETERIT	estuve, estuviste, estuvo, estuvimos, estuvisteis, estuvieron	
IMPERFECT	estaba, estabas, estaba, estábamos, estabais, estaban	} midiendo
FUTURE	estaré, estarás, estará, estaremos, estaréis, estarán	
CONDITIONAL	estaría, estarías, estaría, estaríamos, estaríais, estarían	
SUBJUNCTIVE	que + *corresponding subjunctive tense of* estar (*see verb 252*)	

COMMANDS

	(nosotros) midamos/no midamos
(tú) mide/no midas	(vosotros) medid/no midáis
(Ud.) mida/no mida	(Uds.) midan/no midan

Usage

Midieron la alfombra con cinta métrica.	*They measured the rug with a tape measure.*
Hay que medir las consecuencias/palabras.	*You have to weigh the consequences/your words.*
¿Cuánto mides?	*How tall are you?*
Tomamos todas las medidas necesarias.	*We're taking all the necessary steps.*
Uso ropa hecha a medida.	*I wear custom-made clothing.*

mejorar   *to improve, better, ameliorate*

mejoro · mejoraron · mejorado · mejorando   regular *-ar* verb

PRESENT		PRETERIT	
mejoro	mejoramos	mejoré	mejoramos
mejoras	mejoráis	mejoraste	mejorasteis
mejora	mejoran	mejoró	mejoraron

IMPERFECT		PRESENT PERFECT	
mejoraba	mejorábamos	he mejorado	hemos mejorado
mejorabas	mejorabais	has mejorado	habéis mejorado
mejoraba	mejoraban	ha mejorado	han mejorado

FUTURE		CONDITIONAL	
mejoraré	mejoraremos	mejoraría	mejoraríamos
mejorarás	mejoraréis	mejorarías	mejoraríais
mejorará	mejorarán	mejoraría	mejorarían

PLUPERFECT		PRETERIT PERFECT	
había mejorado	habíamos mejorado	hube mejorado	hubimos mejorado
habías mejorado	habíais mejorado	hubiste mejorado	hubisteis mejorado
había mejorado	habían mejorado	hubo mejorado	hubieron mejorado

FUTURE PERFECT		CONDITIONAL PERFECT	
habré mejorado	habremos mejorado	habría mejorado	habríamos mejorado
habrás mejorado	habréis mejorado	habrías mejorado	habríais mejorado
habrá mejorado	habrán mejorado	habría mejorado	habrían mejorado

PRESENT SUBJUNCTIVE		PRESENT PERFECT SUBJUNCTIVE	
mejore	mejoremos	haya mejorado	hayamos mejorado
mejores	mejoréis	hayas mejorado	hayáis mejorado
mejore	mejoren	haya mejorado	hayan mejorado

IMPERFECT SUBJUNCTIVE (-ra)		*or* IMPERFECT SUBJUNCTIVE (-se)	
mejorara	mejoráramos	mejorase	mejorásemos
mejoraras	mejorarais	mejorases	mejoraseis
mejorara	mejoraran	mejorase	mejorasen

PAST PERFECT SUBJUNCTIVE (-ra)		*or* PAST PERFECT SUBJUNCTIVE (-se)	
hubiera mejorado	hubiéramos mejorado	hubiese mejorado	hubiésemos mejorado
hubieras mejorado	hubierais mejorado	hubieses mejorado	hubieseis mejorado
hubiera mejorado	hubieran mejorado	hubiese mejorado	hubiesen mejorado

PROGRESSIVE TENSES

PRESENT	estoy, estás, está, estamos, estáis, están
PRETERIT	estuve, estuviste, estuvo, estuvimos, estuvisteis, estuvieron
IMPERFECT	estaba, estabas, estaba, estábamos, estabais, estaban
FUTURE	estaré, estarás, estará, estaremos, estaréis, estarán
CONDITIONAL	estaría, estarías, estaría, estaríamos, estaríais, estarían
SUBJUNCTIVE	que + *corresponding subjunctive tense of* estar (*see verb 252*)

mejorando

COMMANDS

	(nosotros) mejoremos/no mejoremos
(tú) mejora/no mejores	(vosotros) mejorad/no mejoréis
(Ud.) mejore/no mejore	(Uds.) mejoren/no mejoren

Usage

Su situación económica mejoró mucho.	*Their economic situation improved a lot.*
Sigue acatarrado pero va mejorando.	*He still has a cold but is getting better.*
Ha mejorado el tiempo.	*The weather has cleared up.*
¡Que te mejores!	*Get well soon.*
Este programa es mejor./Es el mejor programa.	*This program is better./It's the best program.*
Está mejor ensamblado.	*It's assembled better.*
Arréglalo lo mejor que puedas.	*Arrange it the best you can.*

stem-changing *-ir* verb:
e > ie (present), *e > i* (preterit)

PRESENT

miento	mentimos
mientes	mentís
miente	mienten

PRETERIT

mentí	mentimos
mentiste	mentisteis
mintió	mintieron

IMPERFECT

mentía	mentíamos
mentías	mentíais
mentía	mentían

PRESENT PERFECT

he mentido	hemos mentido
has mentido	habéis mentido
ha mentido	han mentido

FUTURE

mentiré	mentiremos
mentirás	mentiréis
mentirá	mentirán

CONDITIONAL

mentiría	mentiríamos
mentirías	mentiríais
mentiría	mentirían

PLUPERFECT

había mentido	habíamos mentido
habías mentido	habíais mentido
había mentido	habían mentido

PRETERIT PERFECT

hube mentido	hubimos mentido
hubiste mentido	hubisteis mentido
hubo mentido	hubieron mentido

FUTURE PERFECT

habré mentido	habremos mentido
habrás mentido	habréis mentido
habrá mentido	habrán mentido

CONDITIONAL PERFECT

habría mentido	habríamos mentido
habrías mentido	habríais mentido
habría mentido	habrían mentido

PRESENT SUBJUNCTIVE

mienta	mintamos
mientas	mintáis
mienta	mientan

PRESENT PERFECT SUBJUNCTIVE

haya mentido	hayamos mentido
hayas mentido	hayáis mentido
haya mentido	hayan mentido

IMPERFECT SUBJUNCTIVE (-ra)

mintiera	mintiéramos
mintieras	mintierais
mintiera	mintieran

or **IMPERFECT SUBJUNCTIVE (-se)**

mintiese	mintiésemos
mintieses	mintieseis
mintiese	mintiesen

PAST PERFECT SUBJUNCTIVE (-ra)

hubiera mentido	hubiéramos mentido
hubieras mentido	hubierais mentido
hubiera mentido	hubieran mentido

or **PAST PERFECT SUBJUNCTIVE (-se)**

hubiese mentido	hubiésemos mentido
hubieses mentido	hubieseis mentido
hubiese mentido	hubiesen mentido

PROGRESSIVE TENSES

PRESENT	estoy, estás, está, estamos, estáis, están
PRETERIT	estuve, estuviste, estuvo, estuvimos, estuvisteis, estuvieron
IMPERFECT	estaba, estabas, estaba, estábamos, estabais, estaban
FUTURE	estaré, estarás, estará, estaremos, estaréis, estarán
CONDITIONAL	estaría, estarías, estaría, estaríamos, estaríais, estarían
SUBJUNCTIVE	que + *corresponding subjunctive tense of* estar (*see verb 252*)

} mintiendo

COMMANDS

	(nosotros) mintamos/no mintamos
(tú) miente/no mientas	(vosotros) mentid/no mintáis
(Ud.) mienta/no mienta	(Uds.) mientan/no mientan

Usage

Mintió para que no le echaran la culpa a él.	*He lied so that they wouldn't blame him.*
Las apariencias mienten.	*Appearances deceive.*
¡No mientas más!	*No more lies!*
Decían una sarta de mentiras.	*They told a pack of lies.*
Lo cogimos en una mentira.	*We caught him in a lie.*
Lo que nos contó parece mentira.	*What she told us seems unbelievable/impossible.*
¡Qué mentiroso es!	*What a liar he is!*

merezco · merecieron · merecido · mereciendo   *-er* verb; spelling change: *c > zc/o, a*

PRESENT

merezco	merecemos
mereces	merecéis
merece	merecen

PRETERIT

merecí	merecimos
mereciste	merecisteis
mereció	merecieron

IMPERFECT

merecía	merecíamos
merecías	merecíais
merecía	merecían

PRESENT PERFECT

he merecido	hemos merecido
has merecido	habéis merecido
ha merecido	han merecido

FUTURE

mereceré	mereceremos
merecerás	mereceréis
merecerá	merecerán

CONDITIONAL

merecería	mereceríamos
merecerías	mereceríais
merecería	merecerían

PLUPERFECT

había merecido	habíamos merecido
habías merecido	habíais merecido
había merecido	habían merecido

PRETERIT PERFECT

hube merecido	hubimos merecido
hubiste merecido	hubisteis merecido
hubo merecido	hubieron merecido

FUTURE PERFECT

habré merecido	habremos merecido
habrás merecido	habréis merecido
habrá merecido	habrán merecido

CONDITIONAL PERFECT

habría merecido	habríamos merecido
habrías merecido	habríais merecido
habría merecido	habrían merecido

PRESENT SUBJUNCTIVE

merezca	merezcamos
merezcas	merezcáis
merezca	merezcan

PRESENT PERFECT SUBJUNCTIVE

haya merecido	hayamos merecido
hayas merecido	hayáis merecido
haya merecido	hayan merecido

IMPERFECT SUBJUNCTIVE (-ra)

mereciera	mereciéramos
merecieras	merecierais
mereciera	merecieran

or ### IMPERFECT SUBJUNCTIVE (-se)

mereciese	mereciésemos
merecieses	merecieseis
mereciese	mereciesen

PAST PERFECT SUBJUNCTIVE (-ra)

hubiera merecido	hubiéramos merecido
hubieras merecido	hubierais merecido
hubiera merecido	hubieran merecido

or ### PAST PERFECT SUBJUNCTIVE (-se)

hubiese merecido	hubiésemos merecido
hubieses merecido	hubieseis merecido
hubiese merecido	hubiesen merecido

PROGRESSIVE TENSES

PRESENT	estoy, estás, está, estamos, estáis, están
PRETERIT	estuve, estuviste, estuvo, estuvimos, estuvisteis, estuvieron
IMPERFECT	estaba, estabas, estaba, estábamos, estabais, estaban
FUTURE	estaré, estarás, estará, estaremos, estaréis, estarán
CONDITIONAL	estaría, estarías, estaría, estaríamos, estaríais, estarían
SUBJUNCTIVE	que + *corresponding subjunctive tense of* estar (*see verb 252*)

} mereciendo

COMMANDS

	(nosotros) merezcamos/no merezcamos
(tú) merece/no merezcas	(vosotros) mereced/no merezcáis
(Ud.) merezca/no merezca	(Uds.) merezcan/no merezcan

Usage

Su invención merece atención.	*His invention deserves attention.*
Su obra merece ser galardonada.	*His work is prize-worthy.*
Tenían lo que se merecían.	*They got their due/what was coming to them.*
Lo tiene bien merecido.	*She deserves it (a prize)./It serves her right!*
La propuesta merece de consideración.	*The proposal merits consideration.*
Tiene mucho/poco mérito.	*It has much/little merit.*

stem-changing *-ar* verb: *e > ie*   **meriendo · merendaron · merendado · merendando**

PRESENT

meriendo	merendamos
meriendas	merendáis
merienda	meriendan

PRETERIT

merendé	merendamos
merendaste	merendasteis
merendó	merendaron

IMPERFECT

merendaba	merendábamos
merendabas	merendabais
merendaba	merendaban

PRESENT PERFECT

he merendado	hemos merendado
has merendado	habéis merendado
ha merendado	han merendado

FUTURE

merendaré	merendaremos
merendarás	merendaréis
merendará	merendarán

CONDITIONAL

merendaría	merendaríamos
merendarías	merendaríais
merendaría	merendarían

PLUPERFECT

había merendado	habíamos merendado
habías merendado	habíais merendado
había merendado	habían merendado

PRETERIT PERFECT

hube merendado	hubimos merendado
hubiste merendado	hubisteis merendado
hubo merendado	hubieron merendado

FUTURE PERFECT

habré merendado	habremos merendado
habrás merendado	habréis merendado
habrá merendado	habrán merendado

CONDITIONAL PERFECT

habría merendado	habríamos merendado
habrías merendado	habríais merendado
habría merendado	habrían merendado

PRESENT SUBJUNCTIVE

meriende	merendemos
meriendes	merendéis
meriende	merienden

PRESENT PERFECT SUBJUNCTIVE

haya merendado	hayamos merendado
hayas merendado	hayáis merendado
haya merendado	hayan merendado

IMPERFECT SUBJUNCTIVE (-ra)   *or*   **IMPERFECT SUBJUNCTIVE (-se)**

merendara	merendáramos	merendase	merendásemos
merendaras	merendarais	merendases	merendaseis
merendara	merendaran	merendase	merendasen

PAST PERFECT SUBJUNCTIVE (-ra)   *or*   **PAST PERFECT SUBJUNCTIVE (-se)**

hubiera merendado	hubiéramos merendado	hubiese merendado	hubiésemos merendado
hubieras merendado	hubierais merendado	hubieses merendado	hubieseis merendado
hubiera merendado	hubieran merendado	hubiese merendado	hubiesen merendado

PROGRESSIVE TENSES

PRESENT	estoy, estás, está, estamos, estáis, están
PRETERIT	estuve, estuviste, estuvo, estuvimos, estuvisteis, estuvieron
IMPERFECT	estaba, estabas, estaba, estábamos, estabais, estaban
FUTURE	estaré, estarás, estará, estaremos, estaréis, estarán
CONDITIONAL	estaría, estarías, estaría, estaríamos, estaríais, estarían
SUBJUNCTIVE	que + *corresponding subjunctive tense of* estar (*see verb 252*)

} merendando

COMMANDS

	(nosotros) merendemos/no merendemos
(tú) merienda/no meriendes	(vosotros) merendad/no merendéis
(Ud.) meriende/no meriende	(Uds.) merienden/no merienden

Usage

¿Meriendas todos los días?	*Do you have an afternoon snack every day?*
—¿Ya merendasteis?	*Did you have your snack already?*
—Sí, merendamos tartas de manzana.	*Yes, we had apple tarts.*
Tomaron la merienda.	*They had a snack.*
Ése está un merendero bonito.	*This is a pretty picnic spot.*

Metió a sus hijos en la cama.	*She put her children to bed.*
El jugador metió el balón en la cesta.	*The player made a basket.*
No puedes meter ni una sola cosa más en el maletín.	*You can't squeeze even one more thing in the little suitcase.*
Cada vez que abre la boca mete la pata.	*Every time she opens her mouth she puts her foot in it.*
Están muy metidos en política.	*They're very involved in politics.*
Te aconsejo que no te metas en un lío.	*I advise you not to get yourself into a jam.*
Siempre andas metido en líos.	*You're always getting into trouble.*

to start

Se metieron a correr.	*They started to run.*

to become

Se metió a diseñadora.	*She became a designer.*
Se metió a abogado.	*He became a lawyer.*

to annoy, tease, pick on

Se metía con los otros niños.	*He was teasing/picking on the other children.*

to meddle

Se mete en todo.	*He interferes in everything.*
No te metas en lo que no te importa.	*Don't go butting into what is none of your business.*
Se mete donde no la llaman.	*She gets into things that are none of her business.*
Metes la nariz (las narices) en todo.	*You stick your nose into everything.*
¡Métete en lo tuyo!	*Mind your own business!*

to get into, go into, enter

Se metieron en dificultades.	*They ran into difficulties.*
—¿Dónde se han metido?	*Where have they gone?*
—Se habrán metido en una tienda.	*They probably went into a store.*
Se metió en sí misma.	*She withdrew into herself.*
Se le metió en la cabeza seguir la pista de los ladrones.	*He got it into his head to track down the thieves.*

TOP 50 VERBS

regular -*er* verb

meto · metieron · metido · metiendo

PRESENT

meto	metemos
metes	metéis
mete	meten

PRETERIT

metí	metimos
metiste	metisteis
metió	metieron

IMPERFECT

metía	metíamos
metías	metíais
metía	metían

PRESENT PERFECT

he metido	hemos metido
has metido	habéis metido
ha metido	han metido

FUTURE

meteré	meteremos
meterás	meteréis
meterá	meterán

CONDITIONAL

metería	meteríamos
meterías	meteríais
metería	meterían

PLUPERFECT

había metido	habíamos metido
habías metido	habíais metido
había metido	habían metido

PRETERIT PERFECT

hube metido	hubimos metido
hubiste metido	hubisteis metido
hubo metido	hubieron metido

FUTURE PERFECT

habré metido	habremos metido
habrás metido	habréis metido
habrá metido	habrán metido

CONDITIONAL PERFECT

habría metido	habríamos metido
habrías metido	habríais metido
habría metido	habrían metido

PRESENT SUBJUNCTIVE

meta	metamos
metas	metáis
meta	metan

PRESENT PERFECT SUBJUNCTIVE

haya metido	hayamos metido
hayas metido	hayáis metido
haya metido	hayan metido

IMPERFECT SUBJUNCTIVE (-ra)

metiera	metiéramos
metieras	metierais
metiera	metieran

or **IMPERFECT SUBJUNCTIVE (-se)**

metiese	metiésemos
metieses	metieseis
metiese	metiesen

PAST PERFECT SUBJUNCTIVE (-ra)

hubiera metido	hubiéramos metido
hubieras metido	hubierais metido
hubiera metido	hubieran metido

or **PAST PERFECT SUBJUNCTIVE (-se)**

hubiese metido	hubiésemos metido
hubieses metido	hubieseis metido
hubiese metido	hubiesen metido

PROGRESSIVE TENSES

PRESENT	estoy, estás, está, estamos, estáis, están
PRETERIT	estuve, estuviste, estuvo, estuvimos, estuvisteis, estuvieron
IMPERFECT	estaba, estabas, estaba, estábamos, estabais, estaban
FUTURE	estaré, estarás, estará, estaremos, estaréis, estarán
CONDITIONAL	estaría, estarías, estaría, estaríamos, estaríais, estarían
SUBJUNCTIVE	que + *corresponding subjunctive tense of* estar (*see verb 252*)

} metiendo

COMMANDS

	(nosotros) metamos/no metamos
(tú) mete/no metas	(vosotros) meted/no metáis
(Ud.) meta/no meta	(Uds.) metan/no metan

Usage

Mete la moneda en la ranura.	*Put the coin into the slot.*
Metieron a su hijo en una escuela preparatoria.	*They put their son into a prep school.*
¡No me metas en tu embrollo!	*Don't get me mixed up in your mess!*
Metí dinero en una sociedad anónima.	*I invested money in a corporation.*
Se metió en una confitería.	*She went into a candy store.*

mirar *to look at*

Mirábamos los escaparates.	We were looking in the store windows./ We were window-shopping.
Mi cuarto mira al jardín.	My room overlooks the garden.
Nuestra casa mira al oeste.	Our house faces the west.

how to look at something or someone

No mires atrás.	Don't look back.
Lo miró de arriba abajo.	She eyed him from head to foot.
Las mira de reojo/de soslayo.	He's looking at them out of the corner of his eye.
Miré por encima del contrato.	I glanced at/skimmed the contract.
Es lo mismo por donde se mire.	It's the same thing, whichever way you look at it.

to look after, take care of, tend to

Es preciso que mires por tu salud.	It's necessary that you look after your health.

to look out of, look through

Pasó la tarde mirando por la ventana.	She spent the afternoon looking out of the window.
Mire por los gemelos de campaña/de ópera.	Look through the field glasses/opera glasses.

to think about, consider

Mira las consecuencias antes de actuar.	Think about the consequences before you act.
Mire por su buena fama antes de meterse en los negocios.	Think of your reputation before you get involved in business.

to like/dislike

Nos miraban bien/mal.	They liked/disliked us.

Other Uses

Mírate en el espejo para maquillarte.	Look in the mirror when you put on makeup.
Se miraban a la cara.	They looked each other in the face.
Echa una mirada a los niños.	Keep an eye on the children.
Tiene la mirada pensativa.	He has a thoughtful look.
Ha puesto la mira en un escaño del Congreso.	He's set his sights on a Congressional seat.
El panorama es espléndido desde el mirador.	The view is gorgeous from the lookout.

TOP 50 VERBS

regular -*ar* verb · miro · miraron · mirado · mirando

PRESENT

miro	miramos
miras	miráis
mira	miran

PRETERIT

miré	miramos
miraste	mirasteis
miró	miraron

IMPERFECT

miraba	mirábamos
mirabas	mirabais
miraba	miraban

PRESENT PERFECT

he mirado	hemos mirado
has mirado	habéis mirado
ha mirado	han mirado

FUTURE

miraré	miraremos
mirarás	miraréis
mirará	mirarán

CONDITIONAL

miraría	miraríamos
mirarías	miraríais
miraría	mirarían

PLUPERFECT

había mirado	habíamos mirado
habías mirado	habíais mirado
había mirado	habían mirado

PRETERIT PERFECT

hube mirado	hubimos mirado
hubiste mirado	hubisteis mirado
hubo mirado	hubieron mirado

FUTURE PERFECT

habré mirado	habremos mirado
habrás mirado	habréis mirado
habrá mirado	habrán mirado

CONDITIONAL PERFECT

habría mirado	habríamos mirado
habrías mirado	habríais mirado
habría mirado	habrían mirado

PRESENT SUBJUNCTIVE

mire	miremos
mires	miréis
mire	miren

PRESENT PERFECT SUBJUNCTIVE

haya mirado	hayamos mirado
hayas mirado	hayáis mirado
haya mirado	hayan mirado

IMPERFECT SUBJUNCTIVE (-ra)

mirara	miráramos
miraras	mirarais
mirara	miraran

or **IMPERFECT SUBJUNCTIVE (-se)**

mirase	mirásemos
mirases	miraseis
mirase	mirasen

PAST PERFECT SUBJUNCTIVE (-ra)

hubiera mirado	hubiéramos mirado
hubieras mirado	hubierais mirado
hubiera mirado	hubieran mirado

or **PAST PERFECT SUBJUNCTIVE (-se)**

hubiese mirado	hubiésemos mirado
hubieses mirado	hubieseis mirado
hubiese mirado	hubiesen mirado

PROGRESSIVE TENSES

PRESENT	estoy, estás, está, estamos, estáis, están
PRETERIT	estuve, estuviste, estuvo, estuvimos, estuvisteis, estuvieron
IMPERFECT	estaba, estabas, estaba, estábamos, estabais, estaban
FUTURE	estaré, estarás, estará, estaremos, estaréis, estarán
CONDITIONAL	estaría, estarías, estaría, estaríamos, estaríais, estarían
SUBJUNCTIVE	que + *corresponding subjunctive tense of* estar (*see verb 252*)

} mirando

COMMANDS

	(nosotros) miremos/no miremos
(tú) mira/no mires	(vosotros) mirad/no miréis
(Ud.) mire/no mire	(Uds.) miren/no miren

Usage

Miremos la tele.	*Let's watch TV.*
Nos gusta mirar a los transeúntes.	*We like to watch the passersby.*
¡Mire lo que hace!	*Watch what you're doing!*
¡Mira!	*Look!/Look out!* (be careful)/*Look here!* (protesting)
Mira si están los invitados.	*Go and see if the guests are here.*
¡Antes que te cases, mira lo que haces!	*Look before you leap!*
Bien mirado, el problema no tiene salida.	*All things considered, the problem has no solution.*

modificar   *to modify, change, moderate*

modifico · modificaron · modificado · modificando   *-ar* verb; spelling change: *c > qu/e*

PRESENT

modifico	modificamos
modificas	modificáis
modifica	modifican

PRETERIT

modifiqué	modificamos
modificaste	modificasteis
modificó	modificaron

IMPERFECT

modificaba	modificábamos
modificabas	modificabais
modificaba	modificaban

PRESENT PERFECT

he modificado	hemos modificado
has modificado	habéis modificado
ha modificado	han modificado

FUTURE

modificaré	modificaremos
modificarás	modificaréis
modificará	modificarán

CONDITIONAL

modificaría	modificaríamos
modificarías	modificaríais
modificaría	modificarían

PLUPERFECT

había modificado	habíamos modificado
habías modificado	habíais modificado
había modificado	habían modificado

PRETERIT PERFECT

hube modificado	hubimos modificado
hubiste modificado	hubisteis modificado
hubo modificado	hubieron modificado

FUTURE PERFECT

habré modificado	habremos modificado
habrás modificado	habréis modificado
habrá modificado	habrán modificado

CONDITIONAL PERFECT

habría modificado	habríamos modificado
habrías modificado	habríais modificado
habría modificado	habrían modificado

PRESENT SUBJUNCTIVE

modifique	modifiquemos
modifiques	modifiquéis
modifique	modifiquen

PRESENT PERFECT SUBJUNCTIVE

haya modificado	hayamos modificado
hayas modificado	hayáis modificado
haya modificado	hayan modificado

IMPERFECT SUBJUNCTIVE (-ra)   *or*   **IMPERFECT SUBJUNCTIVE (-se)**

modificara	modificáramos	modificase	modificásemos
modificaras	modificarais	modificases	modificaseis
modificara	modificaran	modificase	modificasen

PAST PERFECT SUBJUNCTIVE (-ra)   *or*   **PAST PERFECT SUBJUNCTIVE (-se)**

hubiera modificado	hubiéramos modificado	hubiese modificado	hubiésemos modificado
hubieras modificado	hubierais modificado	hubieses modificado	hubieseis modificado
hubiera modificado	hubieran modificado	hubiese modificado	hubiesen modificado

PROGRESSIVE TENSES

PRESENT	estoy, estás, está, estamos, estáis, están
PRETERIT	estuve, estuviste, estuvo, estuvimos, estuvisteis, estuvieron
IMPERFECT	estaba, estabas, estaba, estábamos, estabais, estaban
FUTURE	estaré, estarás, estará, estaremos, estaréis, estarán
CONDITIONAL	estaría, estarías, estaría, estaríamos, estaríais, estarían
SUBJUNCTIVE	que + *corresponding subjunctive tense of* estar (*see verb 252*)

} modificando

COMMANDS

	(nosotros) modifiquemos/no modifiquemos
(tú) modifica/no modifiques	(vosotros) modificad/no modifiquéis
(Ud.) modifique/no modifique	(Uds.) modifiquen/no modifiquen

Usage

Modifiqué el plan original.	*I modified the blueprint.*
Modificaba sus palabras duras.	*He tempered his harsh words.*
El psicólogo investiga la modificación de conducta.	*The psychologist is researching behavior modification.*
Habrá una modificación en el itinerario.	*There'll be a change in the itinerary.*

regular -*ar* reflexive verb

mojo · mojaron · mojado · mojándose

PRESENT

me mojo	nos mojamos
te mojas	os mojáis
se moja	se mojan

IMPERFECT

me mojaba	nos mojábamos
te mojabas	os mojabais
se mojaba	se mojaban

FUTURE

me mojaré	nos mojaremos
te mojarás	os mojaréis
se mojará	se mojarán

PLUPERFECT

me había mojado	nos habíamos mojado
te habías mojado	os habíais mojado
se había mojado	se habían mojado

FUTURE PERFECT

me habré mojado	nos habremos mojado
te habrás mojado	os habréis mojado
se habrá mojado	se habrán mojado

PRESENT SUBJUNCTIVE

me moje	nos mojemos
te mojes	os mojéis
se moje	se mojen

IMPERFECT SUBJUNCTIVE (-ra)

me mojara	nos mojáramos
te mojaras	os mojarais
se mojara	se mojaran

PAST PERFECT SUBJUNCTIVE (-ra)

me hubiera mojado	nos hubiéramos mojado
te hubieras mojado	os hubierais mojado
se hubiera mojado	se hubieran mojado

PRETERIT

me mojé	nos mojamos
te mojaste	os mojasteis
se mojó	se mojaron

PRESENT PERFECT

me he mojado	nos hemos mojado
te has mojado	os habéis mojado
se ha mojado	se han mojado

CONDITIONAL

me mojaría	nos mojaríamos
te mojarías	os mojaríais
se mojaría	se mojarían

PRETERIT PERFECT

me hube mojado	nos hubimos mojado
te hubiste mojado	os hubisteis mojado
se hubo mojado	se hubieron mojado

CONDITIONAL PERFECT

me habría mojado	nos habríamos mojado
te habrías mojado	os habríais mojado
se habría mojado	se habrían mojado

PRESENT PERFECT SUBJUNCTIVE

me haya mojado	nos hayamos mojado
te hayas mojado	os hayáis mojado
se haya mojado	se hayan mojado

or **IMPERFECT SUBJUNCTIVE (-se)**

me mojase	nos mojásemos
te mojases	os mojaseis
se mojase	se mojasen

or **PAST PERFECT SUBJUNCTIVE (-se)**

me hubiese mojado	nos hubiésemos mojado
te hubieses mojado	os hubieseis mojado
se hubiese mojado	se hubiesen mojado

PROGRESSIVE TENSES

PRESENT	estoy, estás, está, estamos, estáis, están
PRETERIT	estuve, estuviste, estuvo, estuvimos, estuvisteis, estuvieron
IMPERFECT	estaba, estabas, estaba, estábamos, estabais, estaban
FUTURE	estaré, estarás, estará, estaremos, estaréis, estarán
CONDITIONAL	estaría, estarías, estaría, estaríamos, estaríais, estarían
SUBJUNCTIVE	que + *corresponding subjunctive tense of* estar (*see verb 252*)

} mojando (*see page 31*)

COMMANDS

	(nosotros) mojémonos/no nos mojemos
(tú) mójate/no te mojes	(vosotros) mojaos/no os mojéis
(Ud.) mójese/no se moje	(Uds.) mójense /no se mojen

Usage

Me mojé a pesar de usar paraguas.	*I got wet in spite of using my umbrella.*
Se mojaron caminando bajo la lluvia.	*They got wet walking in the rain.*
Moja el churro en el chocolate.	*Dip the cruller in the hot chocolate.*
Llueve sobre mojado.	*It never rains but it pours.*
¡Qué mojados estáis!	*You're soaking wet!*
Se remojan las sábanas.	*The sheets are soaking.*

moler   *to grind, pulverize, wear out, bore*

muelo · molieron · molido · moliendo   stem-changing -er verb: o > *ue* (like **volver**)

PRESENT		PRETERIT	
muelo	molemos	molí	molimos
mueles	moléis	moliste	molisteis
muele	muelen	molió	molieron

IMPERFECT		PRESENT PERFECT	
molía	molíamos	he molido	hemos molido
molías	molíais	has molido	habéis molido
molía	molían	ha molido	han molido

FUTURE		CONDITIONAL	
moleré	moleremos	molería	moleríamos
molerás	moleréis	molerías	moleríais
molerá	molerán	molería	molerían

PLUPERFECT		PRETERIT PERFECT	
había molido	habíamos molido	hube molido	hubimos molido
habías molido	habíais molido	hubiste molido	hubisteis molido
había molido	habían molido	hubo molido	hubieron molido

FUTURE PERFECT		CONDITIONAL PERFECT	
habré molido	habremos molido	habría molido	habríamos molido
habrás molido	habréis molido	habrías molido	habríais molido
habrá molido	habrán molido	habría molido	habrían molido

PRESENT SUBJUNCTIVE		PRESENT PERFECT SUBJUNCTIVE	
muela	molamos	haya molido	hayamos molido
muelas	moláis	hayas molido	hayáis molido
muela	muelan	haya molido	hayan molido

IMPERFECT SUBJUNCTIVE (-ra)		*or* IMPERFECT SUBJUNCTIVE (-se)	
moliera	moliéramos	moliese	moliésemos
molieras	molierais	molieses	molieseis
moliera	molieran	moliese	moliesen

PAST PERFECT SUBJUNCTIVE (-ra)		*or* PAST PERFECT SUBJUNCTIVE (-se)	
hubiera molido	hubiéramos molido	hubiese molido	hubiésemos molido
hubieras molido	hubierais molido	hubieses molido	hubieseis molido
hubiera molido	hubieran molido	hubiese molido	hubiesen molido

PROGRESSIVE TENSES

PRESENT	estoy, estás, está, estamos, estáis, están	
PRETERIT	estuve, estuviste, estuvo, estuvimos, estuvisteis, estuvieron	
IMPERFECT	estaba, estabas, estaba, estábamos, estabais, estaban	moliendo
FUTURE	estaré, estarás, estará, estaremos, estaréis, estarán	
CONDITIONAL	estaría, estarías, estaría, estaríamos, estaríais, estarían	
SUBJUNCTIVE	que + *corresponding subjunctive tense of* estar (*see verb 252*)	

COMMANDS

	(nosotros) molamos/no molamos
(tú) muele/no muelas	(vosotros) moled/no moláis
(Ud.) muela/no muela	(Uds.) muelan/no muelan

Usage

Muelan el maíz.	*Grind the corn.*
Se muelen los granos de café con el molinillo.	*Coffee beans are ground with the grinder.*
Las muelas muelen la comida.	*Teeth grind food.*
¡Cuánto nos muele!	*How she wears us out!*
¡Nos deja totalmente molidos!	*She leaves us all worn out!*
Los molieron a golpes/a palos.	*They beat them up.*
El moledor muele la caña de azúcar.	*The crusher crushes/grinds sugar cane.*

regular *-ar* verb

molesto · molestaron · molestado · molestando

PRESENT

molesto	molestamos
molestas	molestáis
molesta	molestan

PRETERIT

molesté	molestamos
molestaste	molestasteis
molestó	molestaron

IMPERFECT

molestaba	molestábamos
molestabas	molestabais
molestaba	molestaban

PRESENT PERFECT

he molestado	hemos molestado
has molestado	habéis molestado
ha molestado	han molestado

FUTURE

molestaré	molestaremos
molestarás	molestaréis
molestará	molestarán

CONDITIONAL

molestaría	molestaríamos
molestarías	molestaríais
molestaría	molestarían

PLUPERFECT

había molestado	habíamos molestado
habías molestado	habíais molestado
había molestado	habían molestado

PRETERIT PERFECT

hube molestado	hubimos molestado
hubiste molestado	hubisteis molestado
hubo molestado	hubieron molestado

FUTURE PERFECT

habré molestado	habremos molestado
habrás molestado	habréis molestado
habrá molestado	habrán molestado

CONDITIONAL PERFECT

habría molestado	habríamos molestado
habrías molestado	habríais molestado
habría molestado	habrían molestado

PRESENT SUBJUNCTIVE

moleste	molestemos
molestes	molestéis
moleste	molesten

PRESENT PERFECT SUBJUNCTIVE

haya molestado	hayamos molestado
hayas molestado	hayáis molestado
haya molestado	hayan molestado

IMPERFECT SUBJUNCTIVE (-ra)

molestara	molestáramos
molestaras	molestarais
molestara	molestaran

or **IMPERFECT SUBJUNCTIVE (-se)**

molestase	molestásemos
molestases	molestaseis
molestase	molestasen

PAST PERFECT SUBJUNCTIVE (-ra)

hubiera molestado	hubiéramos molestado
hubieras molestado	hubierais molestado
hubiera molestado	hubieran molestado

or **PAST PERFECT SUBJUNCTIVE (-se)**

hubiese molestado	hubiésemos molestado
hubieses molestado	hubieseis molestado
hubiese molestado	hubiesen molestado

PROGRESSIVE TENSES

PRESENT	estoy, estás, está, estamos, estáis, están
PRETERIT	estuve, estuviste, estuvo, estuvimos, estuvisteis, estuvieron
IMPERFECT	estaba, estabas, estaba, estábamos, estabais, estaban
FUTURE	estaré, estarás, estará, estaremos, estaréis, estarán
CONDITIONAL	estaría, estarías, estaría, estaríamos, estaríais, estarían
SUBJUNCTIVE	que + *corresponding subjunctive tense of* estar (*see verb 252*)

} molestando

COMMANDS

	(nosotros) molestemos/no molestemos
(tú) molesta/no molestes	(vosotros) molestad/no molestéis
(Ud.) moleste/no moleste	(Uds.) molesten/no molesten

Usage

Su modo de pensar me molesta.	*Their way of thinking annoys me.*
¿Te molestan los ruidos?	*Do you mind the noises?*
No se moleste.	*Don't worry./Don't bother.*
Son personas muy molestas.	*They're very trying people.*
Se encontraba molesto.	*He was uncomfortable.*
¡Qué molestia!	*What a nuisance!*
Se tomó la molestia de avisarnos.	*He took the trouble to warn us.*

PRESENT

monto	montamos
montas	montáis
monta	montan

IMPERFECT

montaba	montábamos
montabas	montabais
montaba	montaban

FUTURE

montaré	montaremos
montarás	montaréis
montará	montarán

PLUPERFECT

había montado	habíamos montado
habías montado	habíais montado
había montado	habían montado

FUTURE PERFECT

habré montado	habremos montado
habrás montado	habréis montado
habrá montado	habrán montado

PRESENT SUBJUNCTIVE

monte	montemos
montes	montéis
monte	monten

IMPERFECT SUBJUNCTIVE (-ra)

montara	montáramos
montaras	montarais
montara	montaran

PAST PERFECT SUBJUNCTIVE (-ra)

hubiera montado	hubiéramos montado
hubieras montado	hubierais montado
hubiera montado	hubieran montado

PRETERIT

monté	montamos
montaste	montasteis
montó	montaron

PRESENT PERFECT

he montado	hemos montado
has montado	habéis montado
ha montado	han montado

CONDITIONAL

montaría	montaríamos
montarías	montaríais
montaría	montarían

PRETERIT PERFECT

hube montado	hubimos montado
hubiste montado	hubisteis montado
hubo montado	hubieron montado

CONDITIONAL PERFECT

habría montado	habríamos montado
habrías montado	habríais montado
habría montado	habrían montado

PRESENT PERFECT SUBJUNCTIVE

haya montado	hayamos montado
hayas montado	hayáis montado
haya montado	hayan montado

or **IMPERFECT SUBJUNCTIVE (-se)**

montase	montásemos
montases	montaseis
montase	montasen

or **PAST PERFECT SUBJUNCTIVE (-se)**

hubiese montado	hubiésemos montado
hubieses montado	hubieseis montado
hubiese montado	hubiesen montado

PROGRESSIVE TENSES

PRESENT	estoy, estás, está, estamos, estáis, están
PRETERIT	estuve, estuviste, estuvo, estuvimos, estuvisteis, estuvieron
IMPERFECT	estaba, estabas, estaba, estábamos, estabais, estaban
FUTURE	estaré, estarás, estará, estaremos, estaréis, estarán
CONDITIONAL	estaría, estarías, estaría, estaríamos, estaríais, estarían
SUBJUNCTIVE	que + *corresponding subjunctive tense of* estar (*see verb 252*)

} montando

COMMANDS

	(nosotros) montemos/no montemos
(tú) monta/no montes	(vosotros) montad/no montéis
(Ud.) monte/no monte	(Uds.) monten/no monten

Usage

Montan en bicicleta.	*They ride a bicycle.*
Montabais a caballo, ¿no?	*You used to ride a horse, didn't you?*
Montó en el avión/en el tren.	*He got on the airplane/the train.*
El joyero montó los diamantes.	*The jeweler set the diamonds.*
Montarán una nueva fábrica.	*They'll set up a new factory.*
Es una industria de mucho monto.	*It's an industry of great importance/value.*

stem-changing *-er* verb: *o* > *ue* (like **volver**) · **muerdo** · **mordieron** · **mordido** · **mordiendo**

PRESENT

muerdo	mordemos
muerdes	mordéis
muerde	muerden

PRETERIT

mordí	mordimos
mordiste	mordisteis
mordió	mordieron

IMPERFECT

mordía	mordíamos
mordías	mordíais
mordía	mordían

PRESENT PERFECT

he mordido	hemos mordido
has mordido	habéis mordido
ha mordido	han mordido

FUTURE

morderé	morderemos
morderás	morderéis
morderá	morderán

CONDITIONAL

mordería	morderíamos
morderías	morderíais
mordería	morderían

PLUPERFECT

había mordido	habíamos mordido
habías mordido	habíais mordido
había mordido	habían mordido

PRETERIT PERFECT

hube mordido	hubimos mordido
hubiste mordido	hubisteis mordido
hubo mordido	hubieron mordido

FUTURE PERFECT

habré mordido	habremos mordido
habrás mordido	habréis mordido
habrá mordido	habrán mordido

CONDITIONAL PERFECT

habría mordido	habríamos mordido
habrías mordido	habríais mordido
habría mordido	habrían mordido

PRESENT SUBJUNCTIVE

muerda	mordamos
muerdas	mordáis
muerda	muerdan

PRESENT PERFECT SUBJUNCTIVE

haya mordido	hayamos mordido
hayas mordido	hayáis mordido
haya mordido	hayan mordido

IMPERFECT SUBJUNCTIVE (-ra)

mordiera	mordiéramos
mordieras	mordierais
mordiera	mordieran

or **IMPERFECT SUBJUNCTIVE (-se)**

mordiese	mordiésemos
mordieses	mordieseis
mordiese	mordiesen

PAST PERFECT SUBJUNCTIVE (-ra)

hubiera mordido	hubiéramos mordido
hubieras mordido	hubierais mordido
hubiera mordido	hubieran mordido

or **PAST PERFECT SUBJUNCTIVE (-se)**

hubiese mordido	hubiésemos mordido
hubieses mordido	hubieseis mordido
hubiese mordido	hubiesen mordido

PROGRESSIVE TENSES

PRESENT	estoy, estás, está, estamos, estáis, están
PRETERIT	estuve, estuviste, estuvo, estuvimos, estuvisteis, estuvieron
IMPERFECT	estaba, estabas, estaba, estábamos, estabais, estaban
FUTURE	estaré, estarás, estará, estaremos, estaréis, estarán
CONDITIONAL	estaría, estarías, estaría, estaríamos, estaríais, estarían
SUBJUNCTIVE	que + *corresponding subjunctive tense of* estar (*see verb 252*)

} mordiendo

COMMANDS

	(nosotros) mordamos/no mordamos
(tú) muerde/no muerdas	(vosotros) morded/no mordáis
(Ud.) muerda/no muerda	(Uds.) muerdan/no muerdan

Usage

El perro le mordió.	*The dog bit him.*
El niño muerde la galleta.	*The child is nibbling on the cracker.*
Mordió el polvo.	*He bit the dust.*
Muérdete la lengua.	*Hold your tongue.*
Se muerde las uñas.	*She bites her nails.*
Su sentido del humor es mordaz.	*His sense of humor is biting.*
Aceptó una mordida.	*He accepted a bribe.*

morir *to die*

muero · murieron · muerto · muriendo

stem-changing *-ir* verb: *o > ue* (present);
o > u (preterit) (like **dormir**)

PRESENT		PRETERIT	
muero	morimos	morí	morimos
mueres	morís	moriste	moristeis
muere	mueren	murió	murieron

IMPERFECT		PRESENT PERFECT	
moría	moríamos	he muerto	hemos muerto
morías	moríais	has muerto	habéis muerto
moría	morían	ha muerto	han muerto

FUTURE		CONDITIONAL	
moriré	moriremos	moriría	moriríamos
morirás	moriréis	morirías	moriríais
morirá	morirán	moriría	morirían

PLUPERFECT		PRETERIT PERFECT	
había muerto	habíamos muerto	hube muerto	hubimos muerto
habías muerto	habíais muerto	hubiste muerto	hubisteis muerto
había muerto	habían muerto	hubo muerto	hubieron muerto

FUTURE PERFECT		CONDITIONAL PERFECT	
habré muerto	habremos muerto	habría muerto	habríamos muerto
habrás muerto	habréis muerto	habrías muerto	habríais muerto
habrá muerto	habrán muerto	habría muerto	habrían muerto

PRESENT SUBJUNCTIVE		PRESENT PERFECT SUBJUNCTIVE	
muera	muramos	haya muerto	hayamos muerto
mueras	muráis	hayas muerto	hayáis muerto
muera	mueran	haya muerto	hayan muerto

IMPERFECT SUBJUNCTIVE (-ra)		*or*	IMPERFECT SUBJUNCTIVE (-se)	
muriera	muriéramos		muriese	muriésemos
murieras	murierais		murieses	murieseis
muriera	murieran		muriese	muriesen

PAST PERFECT SUBJUNCTIVE (-ra)		*or*	PAST PERFECT SUBJUNCTIVE (-se)	
hubiera muerto	hubiéramos muerto		hubiese muerto	hubiésemos muerto
hubieras muerto	hubierais muerto		hubieses muerto	hubieseis muerto
hubiera muerto	hubieran muerto		hubiese muerto	hubiesen muerto

PROGRESSIVE TENSES

PRESENT	estoy, estás, está, estamos, estáis, están	
PRETERIT	estuve, estuviste, estuvo, estuvimos, estuvisteis, estuvieron	
IMPERFECT	estaba, estabas, estaba, estábamos, estabais, estaban	muriendo
FUTURE	estaré, estarás, estará, estaremos, estaréis, estarán	
CONDITIONAL	estaría, estarías, estaría, estaríamos, estaríais, estarían	
SUBJUNCTIVE	que + *corresponding subjunctive tense of* estar (*see verb 252*)	

COMMANDS

	(nosotros) muramos/no muramos
(tú) muere/no mueras	(vosotros) morid/no muráis
(Ud.) muera/no muera	(Uds.) mueran/no mueran

Usage

Todos murieron en edad avanzada.	*They all died old.*
El proscrito murió ahorcado/fusilado.	*The outlaw was hanged/shot.*
Me muero por asistir al concierto.	*I'm dying to go to the concert.*
Se mueren de frío/de hambre/de aburrimiento.	*They're freezing/starving/bored to death.*
Murió de muerte natural.	*She died a natural death.*

stem-changing *-ar* verb: *o > ue* | **muestro · mostraron · mostrado · mostrando**

PRESENT

muestro	mostramos
muestras	mostráis
muestra	muestran

IMPERFECT

mostraba	mostrábamos
mostrabas	mostrabais
mostraba	mostraban

FUTURE

mostraré	mostraremos
mostrarás	mostraréis
mostrará	mostrarán

PLUPERFECT

había mostrado	habíamos mostrado
habías mostrado	habíais mostrado
había mostrado	habían mostrado

FUTURE PERFECT

habré mostrado	habremos mostrado
habrás mostrado	habréis mostrado
habrá mostrado	habrán mostrado

PRESENT SUBJUNCTIVE

muestre	mostremos
muestres	mostréis
muestre	muestren

IMPERFECT SUBJUNCTIVE (-ra)

mostrara	mostráramos
mostraras	mostrarais
mostrara	mostraran

PAST PERFECT SUBJUNCTIVE (-ra)

hubiera mostrado	hubiéramos mostrado
hubieras mostrado	hubierais mostrado
hubiera mostrado	hubieran mostrado

PRETERIT

mostré	mostramos
mostraste	mostrasteis
mostró	mostraron

PRESENT PERFECT

he mostrado	hemos mostrado
has mostrado	habéis mostrado
ha mostrado	han mostrado

CONDITIONAL

mostraría	mostraríamos
mostrarías	mostraríais
mostraría	mostrarían

PRETERIT PERFECT

hube mostrado	hubimos mostrado
hubiste mostrado	hubisteis mostrado
hubo mostrado	hubieron mostrado

CONDITIONAL PERFECT

habría mostrado	habríamos mostrado
habrías mostrado	habríais mostrado
habría mostrado	habrían mostrado

PRESENT PERFECT SUBJUNCTIVE

haya mostrado	hayamos mostrado
hayas mostrado	hayáis mostrado
haya mostrado	hayan mostrado

or **IMPERFECT SUBJUNCTIVE (-se)**

mostrase	mostrásemos
mostrases	mostraseis
mostrase	mostrasen

or **PAST PERFECT SUBJUNCTIVE (-se)**

hubiese mostrado	hubiésemos mostrado
hubieses mostrado	hubieseis mostrado
hubiese mostrado	hubiesen mostrado

PROGRESSIVE TENSES

PRESENT	estoy, estás, está, estamos, estáis, están	
PRETERIT	estuve, estuviste, estuvo, estuvimos, estuvisteis, estuvieron	
IMPERFECT	estaba, estabas, estaba, estábamos, estabais, estaban	mostrando
FUTURE	estaré, estarás, estará, estaremos, estaréis, estarán	
CONDITIONAL	estaría, estarías, estaría, estaríamos, estaríais, estarían	
SUBJUNCTIVE	que + *corresponding subjunctive tense of* estar (*see verb 252*)	

COMMANDS

	(nosotros) mostremos/no mostremos
(tú) muestra/no muestres	(vosotros) mostrad/no mostréis
(Ud.) muestre/no muestre	(Uds.) muestren/no muestren

Usage

Te muestro el programa de gráficas.	*I'll show you the graphics program.*
Muestra gran curiosidad por saber.	*He shows a great curiosity to learn.*
Se mostraban muy atentos con nosotros.	*They were very considerate to us.*
Se venden guantes en el otro mostrador.	*Gloves are sold at the other sales counter.*
Nos dieron una muestra gratuita del perfume.	*They gave us a free sample of the perfume.*

mover *to move, stir*

muevo · movieron · movido · moviendo   stem-changing *-er* verb: *o* > *ue* (like **volver**)

PRESENT		PRETERIT	
muevo	movemos	moví	movimos
mueves	movéis	moviste	movisteis
mueve	mueven	movió	movieron

IMPERFECT		PRESENT PERFECT	
movía	movíamos	he movido	hemos movido
movías	movíais	has movido	habéis movido
movía	movían	ha movido	han movido

FUTURE		CONDITIONAL	
moveré	moveremos	movería	moveríamos
moverás	moveréis	moverías	moveríais
moverá	moverán	movería	moverían

PLUPERFECT		PRETERIT PERFECT	
había movido	habíamos movido	hube movido	hubimos movido
habías movido	habíais movido	hubiste movido	hubisteis movido
había movido	habían movido	hubo movido	hubieron movido

FUTURE PERFECT		CONDITIONAL PERFECT	
habré movido	habremos movido	habría movido	habríamos movido
habrás movido	habréis movido	habrías movido	habríais movido
habrá movido	habrán movido	habría movido	habrían movido

PRESENT SUBJUNCTIVE		PRESENT PERFECT SUBJUNCTIVE	
mueva	movamos	haya movido	hayamos movido
muevas	mováis	hayas movido	hayáis movido
mueva	muevan	haya movido	hayan movido

IMPERFECT SUBJUNCTIVE (-ra)		*or* IMPERFECT SUBJUNCTIVE (-se)	
moviera	moviéramos	moviese	moviésemos
movieras	movierais	movieses	movieseis
moviera	movieran	moviese	moviesen

PAST PERFECT SUBJUNCTIVE (-ra)		*or* PAST PERFECT SUBJUNCTIVE (-se)	
hubiera movido	hubiéramos movido	hubiese movido	hubiésemos movido
hubieras movido	hubierais movido	hubieses movido	hubieseis movido
hubiera movido	hubieran movido	hubiese movido	hubiesen movido

PROGRESSIVE TENSES

PRESENT	estoy, estás, está, estamos, estáis, están
PRETERIT	estuve, estuviste, estuvo, estuvimos, estuvisteis, estuvieron
IMPERFECT	estaba, estabas, estaba, estábamos, estabais, estaban
FUTURE	estaré, estarás, estará, estaremos, estaréis, estarán
CONDITIONAL	estaría, estarías, estaría, estaríamos, estaríais, estarían
SUBJUNCTIVE	que + *corresponding subjunctive tense of* estar *(see verb 252)*

} moviendo

COMMANDS

	(nosotros) movamos/no movamos
(tú) mueve/no muevas	(vosotros) moved/no mováis
(Ud.) mueva/no mueva	(Uds.) muevan/no muevan

Usage

Movió la cabeza de arriba abajo.	*She nodded.*
Mueve la sopa.	*Stir the soup.*
¡Muévete!	*Get a move on!*
Niños, ¡no se muevan!	*Children, don't fidget!*
Fueron movidos por el interés.	*They were moved/motivated by self-interest.*
Pusimos el plan en movimiento.	*We put/set the plan in motion.*
La sinfonía tiene cuatro movimientos.	*The symphony has four movements.*

regular -ar reflexive verb   **mudo · mudaron · mudado · mudándose**

PRESENT

me mudo	nos mudamos
te mudas	os mudáis
se muda	se mudan

IMPERFECT

me mudaba	nos mudábamos
te mudabas	os mudabais
se mudaba	se mudaban

FUTURE

me mudaré	nos mudaremos
te mudarás	os mudaréis
se mudará	se mudarán

PLUPERFECT

me había mudado	nos habíamos mudado
te habías mudado	os habíais mudado
se había mudado	se habían mudado

FUTURE PERFECT

me habré mudado	nos habremos mudado
te habrás mudado	os habréis mudado
se habrá mudado	se habrán mudado

PRESENT SUBJUNCTIVE

me mude	nos mudemos
te mudes	os mudéis
se mude	se muden

IMPERFECT SUBJUNCTIVE (-ra)

me mudara	nos mudáramos
te mudaras	os mudarais
se mudara	se mudaran

PAST PERFECT SUBJUNCTIVE (-ra)

me hubiera mudado	nos hubiéramos mudado
te hubieras mudado	os hubierais mudado
se hubiera mudado	se hubieran mudado

PRETERIT

me mudé	nos mudamos
te mudaste	os mudasteis
se mudó	se mudaron

PRESENT PERFECT

me he mudado	nos hemos mudado
te has mudado	os habéis mudado
se ha mudado	se han mudado

CONDITIONAL

me mudaría	nos mudaríamos
te mudarías	os mudaríais
se mudaría	se mudarían

PRETERIT PERFECT

me hube mudado	nos hubimos mudado
te hubiste mudado	os hubisteis mudado
se hubo mudado	se hubieron mudado

CONDITIONAL PERFECT

me habría mudado	nos habríamos mudado
te habrías mudado	os habríais mudado
se habría mudado	se habrían mudado

PRESENT PERFECT SUBJUNCTIVE

me haya mudado	nos hayamos mudado
te hayas mudado	os hayáis mudado
se haya mudado	se hayan mudado

or **IMPERFECT SUBJUNCTIVE (-se)**

me mudase	nos mudásemos
te mudases	os mudaseis
se mudase	se mudasen

or **PAST PERFECT SUBJUNCTIVE (-se)**

me hubiese mudado	nos hubiésemos mudado
te hubieses mudado	os hubieseis mudado
se hubiese mudado	se hubiesen mudado

PROGRESSIVE TENSES

PRESENT	estoy, estás, está, estamos, estáis, están
PRETERIT	estuve, estuviste, estuvo, estuvimos, estuvisteis, estuvieron
IMPERFECT	estaba, estabas, estaba, estábamos, estabais, estaban
FUTURE	estaré, estarás, estará, estaremos, estaréis, estarán
CONDITIONAL	estaría, estarías, estaría, estaríamos, estaríais, estarían
SUBJUNCTIVE	que + *corresponding subjunctive tense of* estar (*see verb 252*)

} mudando (*see page 31*)

COMMANDS

	(nosotros) mudémonos/no nos mudemos
(tú) múdate/no te mudes	(vosotros) mudaos/no os mudéis
(Ud.) múdese/no se mude	(Uds.) múdense /no se muden

Usage

Se mudaron a un condominio.	*They moved to a condominium.*
Me mudo de ropa antes de salir.	*I'll change my clothing before I go out.*
Los niños están mudando dientes.	*The children are losing their baby teeth.*
Al adolescente se le muda la voz.	*The teenager's voice is breaking.*
Las aves mudan de pluma.	*Birds molt.*
Haremos la mudanza en la primavera.	*We'll move in the spring.*

PRESENT		PRETERIT	
nazco	nacemos	nací	nacimos
naces	nacéis	naciste	nacisteis
nace	nacen	nació	nacieron

IMPERFECT		PRESENT PERFECT	
nacía	nacíamos	he nacido	hemos nacido
nacías	nacíais	has nacido	habéis nacido
nacía	nacían	ha nacido	han nacido

FUTURE		CONDITIONAL	
naceré	naceremos	nacería	naceríamos
nacerás	naceréis	nacerías	naceríais
nacerá	nacerán	nacería	nacerían

PLUPERFECT		PRETERIT PERFECT	
había nacido	habíamos nacido	hube nacido	hubimos nacido
habías nacido	habíais nacido	hubiste nacido	hubisteis nacido
había nacido	habían nacido	hubo nacido	hubieron nacido

FUTURE PERFECT		CONDITIONAL PERFECT	
habré nacido	habremos nacido	habría nacido	habríamos nacido
habrás nacido	habréis nacido	habrías nacido	habríais nacido
habrá nacido	habrán nacido	habría nacido	habrían nacido

PRESENT SUBJUNCTIVE		PRESENT PERFECT SUBJUNCTIVE	
nazca	nazcamos	haya nacido	hayamos nacido
nazcas	nazcáis	hayas nacido	hayáis nacido
nazca	nazcan	haya nacido	hayan nacido

IMPERFECT SUBJUNCTIVE (-ra)		*or* IMPERFECT SUBJUNCTIVE (-se)	
naciera	naciéramos	naciese	naciésemos
nacieras	nacierais	nacieses	nacieseis
naciera	nacieran	naciese	naciesen

PAST PERFECT SUBJUNCTIVE (-ra)		*or* PAST PERFECT SUBJUNCTIVE (-se)	
hubiera nacido	hubiéramos nacido	hubiese nacido	hubiésemos nacido
hubieras nacido	hubierais nacido	hubieses nacido	hubieseis nacido
hubiera nacido	hubieran nacido	hubiese nacido	hubiesen nacido

PROGRESSIVE TENSES

PRESENT	estoy, estás, está, estamos, estáis, están	
PRETERIT	estuve, estuviste, estuvo, estuvimos, estuvisteis, estuvieron	
IMPERFECT	estaba, estabas, estaba, estábamos, estabais, estaban	naciendo
FUTURE	estaré, estarás, estará, estaremos, estaréis, estarán	
CONDITIONAL	estaría, estarías, estaría, estaríamos, estaríais, estarían	
SUBJUNCTIVE	que + *corresponding subjunctive tense of* estar (*see verb 252*)	

COMMANDS

	(nosotros) nazcamos/no nazcamos
(tú) nace/no nazcas	(vosotros) naced/no nazcáis
(Ud.) nazca/no nazca	(Uds.) nazcan/no nazcan

Usage

Los gemelos nacieron en marzo.	*The twins were born in March.*
Nace el día y el sol.	*The day is dawning and the sun is rising.*
El bebé tenía dos dientes al nacer.	*The baby had two teeth at birth.*
Nació para diplomático.	*He's a born diplomat.*
Nacía el amor/el rencor entre ellos.	*Love/Resentment was growing between them.*
Nació con buena estrella./Nació de pie.	*She was born under a lucky star.*
La pareja tiene un recién nacido.	*The couple has a newborn baby.*

regular *-ar* verb | **nado · nadaron · nadado · nadando**

PRESENT

nado	nadamos
nadas	nadáis
nada	nadan

PRETERIT

nadé	nadamos
nadaste	nadasteis
nadó	nadaron

IMPERFECT

nadaba	nadábamos
nadabas	nadabais
nadaba	nadaban

PRESENT PERFECT

he nadado	hemos nadado
has nadado	habéis nadado
ha nadado	han nadado

FUTURE

nadaré	nadaremos
nadarás	nadaréis
nadará	nadarán

CONDITIONAL

nadaría	nadaríamos
nadarías	nadaríais
nadaría	nadarían

PLUPERFECT

había nadado	habíamos nadado
habías nadado	habíais nadado
había nadado	habían nadado

PRETERIT PERFECT

hube nadado	hubimos nadado
hubiste nadado	hubisteis nadado
hubo nadado	hubieron nadado

FUTURE PERFECT

habré nadado	habremos nadado
habrás nadado	habréis nadado
habrá nadado	habrán nadado

CONDITIONAL PERFECT

habría nadado	habríamos nadado
habrías nadado	habríais nadado
habría nadado	habrían nadado

PRESENT SUBJUNCTIVE

nade	nademos
nades	nadéis
nade	naden

PRESENT PERFECT SUBJUNCTIVE

haya nadado	hayamos nadado
hayas nadado	hayáis nadado
haya nadado	hayan nadado

IMPERFECT SUBJUNCTIVE (-ra)

nadara	nadáramos
nadaras	nadarais
nadara	nadaran

or **IMPERFECT SUBJUNCTIVE (-se)**

nadase	nadásemos
nadases	nadaseis
nadase	nadasen

PAST PERFECT SUBJUNCTIVE (-ra)

hubiera nadado	hubiéramos nadado
hubieras nadado	hubierais nadado
hubiera nadado	hubieran nadado

or **PAST PERFECT SUBJUNCTIVE (-se)**

hubiese nadado	hubiésemos nadado
hubieses nadado	hubieseis nadado
hubiese nadado	hubiesen nadado

PROGRESSIVE TENSES

PRESENT	estoy, estás, está, estamos, estáis, están
PRETERIT	estuve, estuviste, estuvo, estuvimos, estuvisteis, estuvieron
IMPERFECT	estaba, estabas, estaba, estábamos, estabais, estaban
FUTURE	estaré, estarás, estará, estaremos, estaréis, estarán
CONDITIONAL	estaría, estarías, estaría, estaríamos, estaríais, estarían
SUBJUNCTIVE	que + *corresponding subjunctive tense of* estar (*see verb 252*)

} nadando

COMMANDS

	(nosotros) nademos/no nademos
(tú) nada/no nades	(vosotros) nadad/no nadéis
(Ud.) nade/no nade	(Uds.) naden/no naden

Usage

Nadas como un pez.	*You swim like a fish.*
Nadaba contra la corriente.	*He was swimming against the tide.*
—Nademos de espalda.	*Let's swim the backstroke.*
—Yo prefiero nadar el crawl.	*I prefer to swim the crawl stroke.*
Nadan en dinero.	*They're rolling in money.*
—Me encanta la natación.	*I love swimming.*
—Eres una nadadora maravillosa.	*You're a wonderful swimmer.*

navego · navegaron · navegado · navegando   *-ar* verb; spelling change: *g > gu/e*

PRESENT		PRETERIT	
navego	navegamos	navegué	navegamos
navegas	navegáis	navegaste	navegasteis
navega	navegan	navegó	navegaron

IMPERFECT		PRESENT PERFECT	
navegaba	navegábamos	he navegado	hemos navegado
navegabas	navegabais	has navegado	habéis navegado
navegaba	navegaban	ha navegado	han navegado

FUTURE		CONDITIONAL	
navegaré	navegaremos	navegaría	navegaríamos
navegarás	navegaréis	navegarías	navegaríais
navegará	navegarán	navegaría	navegarían

PLUPERFECT		PRETERIT PERFECT	
había navegado	habíamos navegado	hube navegado	hubimos navegado
habías navegado	habíais navegado	hubiste navegado	hubisteis navegado
había navegado	habían navegado	hubo navegado	hubieron navegado

FUTURE PERFECT		CONDITIONAL PERFECT	
habré navegado	habremos navegado	habría navegado	habríamos navegado
habrás navegado	habréis navegado	habrías navegado	habríais navegado
habrá navegado	habrán navegado	habría navegado	habrían navegado

PRESENT SUBJUNCTIVE		PRESENT PERFECT SUBJUNCTIVE	
navegue	naveguemos	haya navegado	hayamos navegado
navegues	naveguéis	hayas navegado	hayáis navegado
navegue	naveguen	haya navegado	hayan navegado

IMPERFECT SUBJUNCTIVE (-ra)		*or* IMPERFECT SUBJUNCTIVE (-se)	
navegara	navegáramos	navegase	navegásemos
navegaras	navegarais	navegases	navegaseis
navegara	navegaran	navegase	navegasen

PAST PERFECT SUBJUNCTIVE (-ra)		*or* PAST PERFECT SUBJUNCTIVE (-se)	
hubiera navegado	hubiéramos navegado	hubiese navegado	hubiésemos navegado
hubieras navegado	hubierais navegado	hubieses navegado	hubieseis navegado
hubiera navegado	hubieran navegado	hubiese navegado	hubiesen navegado

PROGRESSIVE TENSES

PRESENT	estoy, estás, está, estamos, estáis, están
PRETERIT	estuve, estuviste, estuvo, estuvimos, estuvisteis, estuvieron
IMPERFECT	estaba, estabas, estaba, estábamos, estabais, estaban
FUTURE	estaré, estarás, estará, estaremos, estaréis, estarán
CONDITIONAL	estaría, estarías, estaría, estaríamos, estaríais, estarían
SUBJUNCTIVE	que + *corresponding subjunctive tense of* estar (*see verb 252*)

} navegando

COMMANDS

	(nosotros) naveguemos/no naveguemos
(tú) navega/no navegues	(vosotros) navegad/no naveguéis
(Ud.) navegue/no navegue	(Uds.) naveguen/no naveguen

Usage

Las naves estadounidenses navegan en el golfo Pérsico.	*United States ships sail in the Persian Gulf.*
Navegó en el Web por dos horas.	*He surfed the Web for two hours.*
Inglaterra era importante por su navegación de alta mar.	*England was important because of its seafaring on the high seas.*
Se estudia la navegación costera y fluvial.	*They study coastal and river navigation.*
El río Misisipí es un río navegable.	*The Mississippi River is navigable.*

regular *-ar* verb | **necesito · necesitaron · necesitado · necesitando**

PRESENT

necesito	necesitamos
necesitas	necesitáis
necesita	necesitan

IMPERFECT

necesitaba	necesitábamos
necesitabas	necesitabais
necesitaba	necesitaban

FUTURE

necesitaré	necesitaremos
necesitarás	necesitaréis
necesitará	necesitarán

PLUPERFECT

había necesitado	habíamos necesitado
habías necesitado	habíais necesitado
había necesitado	habían necesitado

FUTURE PERFECT

habré necesitado	habremos necesitado
habrás necesitado	habréis necesitado
habrá necesitado	habrán necesitado

PRESENT SUBJUNCTIVE

necesite	necesitemos
necesites	necesitéis
necesite	necesiten

IMPERFECT SUBJUNCTIVE (-ra)

necesitara	necesitáramos
necesitaras	necesitarais
necesitara	necesitaran

PAST PERFECT SUBJUNCTIVE (-ra)

hubiera necesitado	hubiéramos necesitado
hubieras necesitado	hubierais necesitado
hubiera necesitado	hubieran necesitado

PRETERIT

necesité	necesitamos
necesitaste	necesitasteis
necesitó	necesitaron

PRESENT PERFECT

he necesitado	hemos necesitado
has necesitado	habéis necesitado
ha necesitado	han necesitado

CONDITIONAL

necesitaría	necesitaríamos
necesitarías	necesitaríais
necesitaría	necesitarían

PRETERIT PERFECT

hube necesitado	hubimos necesitado
hubiste necesitado	hubisteis necesitado
hubo necesitado	hubieron necesitado

CONDITIONAL PERFECT

habría necesitado	habríamos necesitado
habrías necesitado	habríais necesitado
habría necesitado	habrían necesitado

PRESENT PERFECT SUBJUNCTIVE

haya necesitado	hayamos necesitado
hayas necesitado	hayáis necesitado
haya necesitado	hayan necesitado

or **IMPERFECT SUBJUNCTIVE (-se)**

necesitase	necesitásemos
necesitases	necesitaseis
necesitase	necesitasen

or **PAST PERFECT SUBJUNCTIVE (-se)**

hubiese necesitado	hubiésemos necesitado
hubieses necesitado	hubieseis necesitado
hubiese necesitado	hubiesen necesitado

PROGRESSIVE TENSES

PRESENT	estoy, estás, está, estamos, estáis, están
PRETERIT	estuve, estuviste, estuvo, estuvimos, estuvisteis, estuvieron
IMPERFECT	estaba, estabas, estaba, estábamos, estabais, estaban
FUTURE	estaré, estarás, estará, estaremos, estaréis, estarán
CONDITIONAL	estaría, estarías, estaría, estaríamos, estaríais, estarían
SUBJUNCTIVE	que + *corresponding subjunctive tense of* estar (*see verb 252*)

} necesitando

COMMANDS

	(nosotros) necesitemos/no necesitemos
(tú) necesita/no necesites	(vosotros) necesitad/no necesitéis
(Ud.) necesite/no necesite	(Uds.) necesiten/no necesiten

Usage

Se necesita una tecnología de punta.	*They need cutting-edge technology.*
—¿Necesito tomar el tren de alta velocidad?	*Do I have to take the high speed train?*
—No, no es necesario que lo tomes.	*No, there's no need for you to take it.*
Se necesita analistas financieros.	*Financial analysts needed/wanted.*
La computadora es una necesidad.	*The computer is a necessity.*

niego · negaron · negado · negando

stem-changing *-ar* verb: *e > ie*;
spelling change: *g > gu/e*

PRESENT

niego	negamos
niegas	negáis
niega	niegan

PRETERIT

negué	negamos
negaste	negasteis
negó	negaron

IMPERFECT

negaba	negábamos
negabas	negabais
negaba	negaban

PRESENT PERFECT

he negado	hemos negado
has negado	habéis negado
ha negado	han negado

FUTURE

negaré	negaremos
negarás	negaréis
negará	negarán

CONDITIONAL

negaría	negaríamos
negarías	negaríais
negaría	negarían

PLUPERFECT

había negado	habíamos negado
habías negado	habíais negado
había negado	habían negado

PRETERIT PERFECT

hube negado	hubimos negado
hubiste negado	hubisteis negado
hubo negado	hubieron negado

FUTURE PERFECT

habré negado	habremos negado
habrás negado	habréis negado
habrá negado	habrán negado

CONDITIONAL PERFECT

habría negado	habríamos negado
habrías negado	habríais negado
habría negado	habrían negado

PRESENT SUBJUNCTIVE

niegue	neguemos
niegues	neguéis
niegue	nieguen

PRESENT PERFECT SUBJUNCTIVE

haya negado	hayamos negado
hayas negado	hayáis negado
haya negado	hayan negado

IMPERFECT SUBJUNCTIVE (-ra)

negara	negáramos
negaras	negarais
negara	negaran

or **IMPERFECT SUBJUNCTIVE (-se)**

negase	negásemos
negases	negaseis
negase	negasen

PAST PERFECT SUBJUNCTIVE (-ra)

hubiera negado	hubiéramos negado
hubieras negado	hubierais negado
hubiera negado	hubieran negado

or **PAST PERFECT SUBJUNCTIVE (-se)**

hubiese negado	hubiésemos negado
hubieses negado	hubieseis negado
hubiese negado	hubiesen negado

PROGRESSIVE TENSES

PRESENT	estoy, estás, está, estamos, estáis, están
PRETERIT	estuve, estuviste, estuvo, estuvimos, estuvisteis, estuvieron
IMPERFECT	estaba, estabas, estaba, estábamos, estabais, estaban
FUTURE	estaré, estarás, estará, estaremos, estaréis, estarán
CONDITIONAL	estaría, estarías, estaría, estaríamos, estaríais, estarían
SUBJUNCTIVE	que + *corresponding subjunctive tense of* estar (*see verb 252*)

} negando

COMMANDS

	(nosotros) neguemos/no neguemos
(tú) niega/no niegues	(vosotros) negad/no neguéis
(Ud.) niegue/no niegue	(Uds.) nieguen/no nieguen

Usage

Es difícil que nieguen los hechos.	*It's difficult for them to deny the facts.*
Les negó la entrada.	*She refused to let them go in.*
Niega haberos estafado.	*He denies having swindled/cheated you.*
¿Por qué te negaste a verlos?	*Why did you refuse to see them?*
Su negativa rotunda puso fin a las negociaciones.	*Their flat refusal put an end to the negotiations.*

stem-changing *-ar* verb: *e > ie*; impersonal verb used in third-person singular only

nieva · nevó · nevado · nevando

PRESENT
nieva

PRETERIT
nevó

IMPERFECT
nevaba

PRESENT PERFECT
ha nevado

FUTURE
nevará

CONDITIONAL
nevaría

PLUPERFECT
había nevado

PRETERIT PERFECT
hubo nevado

FUTURE PERFECT
habrá nevado

CONDITIONAL PERFECT
habría nevado

PRESENT SUBJUNCTIVE
nieve

PRESENT PERFECT SUBJUNCTIVE
haya nevado

IMPERFECT SUBJUNCTIVE (-ra)
nevara

or **IMPERFECT SUBJUNCTIVE (-se)**
nevase

PAST PERFECT SUBJUNCTIVE (-ra)
hubiera nevado

or **PAST PERFECT SUBJUNCTIVE (-se)**
hubiese nevado

PROGRESSIVE TENSES

PRESENT	está	
PRETERIT	estuvo	
IMPERFECT	estaba	} nevando
FUTURE	estará	
CONDITIONAL	estaría	
SUBJUNCTIVE	que + *corresponding subjunctive tense of* estar (*see verb 252*)	

COMMANDS

¡Que nieve!   ¡Que no nieve!

Usage

Nieva./Está nevando.	*It's snowing.*
Nevó mucho.	*It snowed heavily.*
Hubo una fuerte nevada.	*There was a heavy snowfall.*
El nombre de Nevada es de origen español.	*The name Nevada is of Spanish origin.*
Había grandes acumulaciones de nieve.	*There were snowdrifts.*
Habrá tormenta de nieve mañana.	*There will be a snowstorm tomorrow.*
Hubo aludes de nieve en las montañas.	*There were snowslides/avalanches in the mountains.*
Los niños se tiraban bolas de nieve.	*The children threw snowballs at each other.*
Hacían un muñeco de nieve.	*They made a snowman.*
El yeti, llamado el abominable hombre de las nieves, es del Himalaya.	*The yeti, known as the abominable snowman, is from the Himalayas.*
—¿Te gusta *Blancanieves y los siete enanitos*?	*Do you like* Snow White and the Seven Dwarfs?
—Ah sí. Blancanieves tiene la piel tan blanca como la nieve.	*Oh yes. Snow White's skin is as white as snow.*
¡Qué hermosos son los copos de nieve!	*How beautiful the snowflakes are!*
Las montañas Rocosas están siempre nevadas.	*The Rockies are snow-capped mountains.*
—Las carreteras están nevadas.	*The highways are covered with snow.*
—El quitanieves está limpiándolas.	*The snowplow is clearing them.*
Saca los quesos de la nevera.	*Take the cheeses out of the refrigerator.*
Nevisca.	*It's snowing lightly.*

368 | obedecer *to obey*

obedezco · obedecieron · obedecido · obedeciendo   *-er* verb; spelling change: *c > zc/o, a*

PRESENT

obedezco	obedecemos
obedeces	obedecéis
obedece	obedecen

PRETERIT

obedecí	obedecimos
obedeciste	obedecisteis
obedeció	obedecieron

IMPERFECT

obedecía	obedecíamos
obedecías	obedecíais
obedecía	obedecían

PRESENT PERFECT

he obedecido	hemos obedecido
has obedecido	habéis obedecido
ha obedecido	han obedecido

FUTURE

obedeceré	obedeceremos
obedecerás	obedeceréis
obedecerá	obedecerán

CONDITIONAL

obedecería	obedeceríamos
obedecerías	obedeceríais
obedecería	obedecerían

PLUPERFECT

había obedecido	habíamos obedecido
habías obedecido	habíais obedecido
había obedecido	habían obedecido

PRETERIT PERFECT

hube obedecido	hubimos obedecido
hubiste obedecido	hubisteis obedecido
hubo obedecido	hubieron obedecido

FUTURE PERFECT

habré obedecido	habremos obedecido
habrás obedecido	habréis obedecido
habrá obedecido	habrán obedecido

CONDITIONAL PERFECT

habría obedecido	habríamos obedecido
habrías obedecido	habríais obedecido
habría obedecido	habrían obedecido

PRESENT SUBJUNCTIVE

obedezca	obedezcamos
obedezcas	obedezcáis
obedezca	obedezcan

PRESENT PERFECT SUBJUNCTIVE

haya obedecido	hayamos obedecido
hayas obedecido	hayáis obedecido
haya obedecido	hayan obedecido

IMPERFECT SUBJUNCTIVE (-ra)   *or*   **IMPERFECT SUBJUNCTIVE (-se)**

obedeciera	obedeciéramos	obedeciese	obedeciésemos
obedecieras	obedecierais	obedecieses	obedecieseis
obedeciera	obedecieran	obedeciese	obedeciesen

PAST PERFECT SUBJUNCTIVE (-ra)   *or*   **PAST PERFECT SUBJUNCTIVE (-se)**

hubiera obedecido	hubiéramos obedecido	hubiese obedecido	hubiésemos obedecido
hubieras obedecido	hubierais obedecido	hubieses obedecido	hubieseis obedecido
hubiera obedecido	hubieran obedecido	hubiese obedecido	hubiesen obedecido

PROGRESSIVE TENSES

PRESENT	estoy, estás, está, estamos, estáis, están
PRETERIT	estuve, estuviste, estuvo, estuvimos, estuvisteis, estuvieron
IMPERFECT	estaba, estabas, estaba, estábamos, estabais, estaban
FUTURE	estaré, estarás, estará, estaremos, estaréis, estarán
CONDITIONAL	estaría, estarías, estaría, estaríamos, estaríais, estarían
SUBJUNCTIVE	que + *corresponding subjunctive tense of* estar (*see verb 252*)

} obedeciendo

COMMANDS

	(nosotros) obedezcamos/no obedezcamos
(tú) obedece/no obedezcas	(vosotros) obedeced/no obedezcáis
(Ud.) obedezca/no obedezca	(Uds.) obedezcan/no obedezcan

Usage

Obedezcan Uds. la ley. — *Obey the law.*

—Este chiquillo no obedece a sus papás. — *This kid doesn't obey his parents.*

—Su hermano mayor es obediente. — *His older brother is obedient.*

—La jefa se hace obedecer. — *The boss commands obedience.*

—Los empleados no se atreven a desobedecer sus órdenes. — *The workers don't dare disobey her orders.*

-*ar* verb; spelling change: *g > gu/e*

obligo · obligaron · obligado · obligando

PRESENT

obligo	obligamos
obligas	obligáis
obliga	obligan

IMPERFECT

obligaba	obligábamos
obligabas	obligabais
obligaba	obligaban

FUTURE

obligaré	obligaremos
obligarás	obligaréis
obligará	obligarán

PLUPERFECT

había obligado	habíamos obligado
habías obligado	habíais obligado
había obligado	habían obligado

FUTURE PERFECT

habré obligado	habremos obligado
habrás obligado	habréis obligado
habrá obligado	habrán obligado

PRESENT SUBJUNCTIVE

obligue	obliguemos
obligues	obliguéis
obligue	obliguen

IMPERFECT SUBJUNCTIVE (-ra)

obligara	obligáramos
obligaras	obligarais
obligara	obligaran

PAST PERFECT SUBJUNCTIVE (-ra)

hubiera obligado	hubiéramos obligado
hubieras obligado	hubierais obligado
hubiera obligado	hubieran obligado

PRETERIT

obligué	obligamos
obligaste	obligasteis
obligó	obligaron

PRESENT PERFECT

he obligado	hemos obligado
has obligado	habéis obligado
ha obligado	han obligado

CONDITIONAL

obligaría	obligaríamos
obligarías	obligaríais
obligaría	obligarían

PRETERIT PERFECT

hube obligado	hubimos obligado
hubiste obligado	hubisteis obligado
hubo obligado	hubieron obligado

CONDITIONAL PERFECT

habría obligado	habríamos obligado
habrías obligado	habríais obligado
habría obligado	habrían obligado

PRESENT PERFECT SUBJUNCTIVE

haya obligado	hayamos obligado
hayas obligado	hayáis obligado
haya obligado	hayan obligado

or **IMPERFECT SUBJUNCTIVE (-se)**

obligase	obligásemos
obligases	obligaseis
obligase	obligasen

or **PAST PERFECT SUBJUNCTIVE (-se)**

hubiese obligado	hubiésemos obligado
hubieses obligado	hubieseis obligado
hubiese obligado	hubiesen obligado

PROGRESSIVE TENSES

PRESENT	estoy, estás, está, estamos, estáis, están
PRETERIT	estuve, estuviste, estuvo, estuvimos, estuvisteis, estuvieron
IMPERFECT	estaba, estabas, estaba, estábamos, estabais, estaban
FUTURE	estaré, estarás, estará, estaremos, estaréis, estarán
CONDITIONAL	estaría, estarías, estaría, estaríamos, estaríais, estarían
SUBJUNCTIVE	que + *corresponding subjunctive tense of* estar (*see verb 252*)

obligando

COMMANDS

	(nosotros) obliguemos/no obliguemos
(tú) obliga/no obligues	(vosotros) obligad/no obliguéis
(Ud.) obligue/no obligue	(Uds.) obliguen/no obliguen

Usage

Te obligaron a cumplir tus compromisos.	*They forced you to honor your obligations.*
Es preciso que les obligue a cumplir su promesa.	*It's necessary that you force them to keep their promise.*
Nos obligamos a ceder el asiento a los ancianos.	*We're obliged to give up our seats to old people.*
Están obligados a costear los daños.	*They're obliged to pay for the damage.*
La asistencia es obligatoria.	*Attendance is obligatory.*

observar   *to observe, notice*

regular *-ar* verb

PRESENT

observo	observamos
observas	observáis
observa	observan

PRETERIT

observé	observamos
observaste	observasteis
observó	observaron

IMPERFECT

observaba	observábamos
observabas	observabais
observaba	observaban

PRESENT PERFECT

he observado	hemos observado
has observado	habéis observado
ha observado	han observado

FUTURE

observaré	observaremos
observarás	observaréis
observará	observarán

CONDITIONAL

observaría	observaríamos
observarías	observaríais
observaría	observarían

PLUPERFECT

había observado	habíamos observado
habías observado	habíais observado
había observado	habían observado

PRETERIT PERFECT

hube observado	hubimos observado
hubiste observado	hubisteis observado
hubo observado	hubieron observado

FUTURE PERFECT

habré observado	habremos observado
habrás observado	habréis observado
habrá observado	habrán observado

CONDITIONAL PERFECT

habría observado	habríamos observado
habrías observado	habríais observado
habría observado	habrían observado

PRESENT SUBJUNCTIVE

observe	observemos
observes	observéis
observe	observen

PRESENT PERFECT SUBJUNCTIVE

haya observado	hayamos observado
hayas observado	hayáis observado
haya observado	hayan observado

IMPERFECT SUBJUNCTIVE (-ra)

observara	observáramos
observaras	observarais
observara	observaran

or **IMPERFECT SUBJUNCTIVE (-se)**

observase	observásemos
observases	observaseis
observase	observasen

PAST PERFECT SUBJUNCTIVE (-ra)

hubiera observado	hubiéramos observado
hubieras observado	hubierais observado
hubiera observado	hubieran observado

or **PAST PERFECT SUBJUNCTIVE (-se)**

hubiese observado	hubiésemos observado
hubieses observado	hubieseis observado
hubiese observado	hubiesen observado

PROGRESSIVE TENSES

PRESENT	estoy, estás, está, estamos, estáis, están
PRETERIT	estuve, estuviste, estuvo, estuvimos, estuvisteis, estuvieron
IMPERFECT	estaba, estabas, estaba, estábamos, estabais, estaban
FUTURE	estaré, estarás, estará, estaremos, estaréis, estarán
CONDITIONAL	estaría, estarías, estaría, estaríamos, estaríais, estarían
SUBJUNCTIVE	que + *corresponding subjunctive tense of* estar (*see verb 252*)

} observando

COMMANDS

	(nosotros) observemos/no observemos
(tú) observa/no observes	(vosotros) observad/no observéis
(Ud.) observe/no observe	(Uds.) observen/no observen

Usage

Observa que está despejando.	*Notice that the weather is clearing up.*
Es importante que observemos la fecha tope.	*It's important we meet the deadline.*
Se ha observado una diferencia sutil.	*They've noted/commented on a subtle difference.*
Es una observante católica/judía/protestante.	*She's an observant Catholic/Jew/Protestant.*
Hizo unas observaciones al respecto.	*He made some remarks about the matter.*

PRESENT

obtengo	obtenemos
obtienes	obtenéis
obtiene	obtienen

PRETERIT

obtuve	obtuvimos
obtuviste	obtuvisteis
obtuvo	obtuvieron

IMPERFECT

obtenía	obteníamos
obtenías	obteníais
obtenía	obtenían

PRESENT PERFECT

he obtenido	hemos obtenido
has obtenido	habéis obtenido
ha obtenido	han obtenido

FUTURE

obtendré	obtendremos
obtendrás	obtendréis
obtendrá	obtendrán

CONDITIONAL

obtendría	obtendríamos
obtendrías	obtendríais
obtendría	obtendrían

PLUPERFECT

había obtenido	habíamos obtenido
habías obtenido	habíais obtenido
había obtenido	habían obtenido

PRETERIT PERFECT

hube obtenido	hubimos obtenido
hubiste obtenido	hubisteis obtenido
hubo obtenido	hubieron obtenido

FUTURE PERFECT

habré obtenido	habremos obtenido
habrás obtenido	habréis obtenido
habrá obtenido	habrán obtenido

CONDITIONAL PERFECT

habría obtenido	habríamos obtenido
habrías obtenido	habríais obtenido
habría obtenido	habrían obtenido

PRESENT SUBJUNCTIVE

obtenga	obtengamos
obtengas	obtengáis
obtenga	obtengan

PRESENT PERFECT SUBJUNCTIVE

haya obtenido	hayamos obtenido
hayas obtenido	hayáis obtenido
haya obtenido	hayan obtenido

IMPERFECT SUBJUNCTIVE (-ra)

obtuviera	obtuviéramos
obtuvieras	obtuvierais
obtuviera	obtuvieran

or **IMPERFECT SUBJUNCTIVE (-se)**

obtuviese	obtuviésemos
obtuvieses	obtuvieseis
obtuviese	obtuviesen

PAST PERFECT SUBJUNCTIVE (-ra)

hubiera obtenido	hubiéramos obtenido
hubieras obtenido	hubierais obtenido
hubiera obtenido	hubieran obtenido

or **PAST PERFECT SUBJUNCTIVE (-se)**

hubiese obtenido	hubiésemos obtenido
hubieses obtenido	hubieseis obtenido
hubiese obtenido	hubiesen obtenido

PROGRESSIVE TENSES

PRESENT	estoy, estás, está, estamos, estáis, están
PRETERIT	estuve, estuviste, estuvo, estuvimos, estuvisteis, estuvieron
IMPERFECT	estaba, estabas, estaba, estábamos, estabais, estaban
FUTURE	estaré, estarás, estará, estaremos, estaréis, estarán
CONDITIONAL	estaría, estarías, estaría, estaríamos, estaríais, estarían
SUBJUNCTIVE	que + *corresponding subjunctive tense of* estar (*see verb 252*)

obteniendo

COMMANDS

	(nosotros) obtengamos/no obtengamos
(tú) obtén/no obtengas	(vosotros) obtened/no obtengáis
(Ud.) obtenga/no obtenga	(Uds.) obtengan/no obtengan

Usage

Obtuvieron buenos resultados con la medicina.	*They obtained good results with the medicine.*
¿Dónde obtengo una tarjeta inteligente?	*Where can I get a smart card?*
Les urge la obtención de capital.	*The obtaining of capital is pressing for them.*
¿La placa de matrícula? Ya está obtenida.	*The license plate? We got it already.*

ocuparse *to look after, keep busy, see to, be in charge*

ocupo · ocuparon · ocupado · ocupándose   regular *-ar* reflexive verb

PRESENT

me ocupo	nos ocupamos
te ocupas	os ocupáis
se ocupa	se ocupan

PRETERIT

me ocupé	nos ocupamos
te ocupaste	os ocupasteis
se ocupó	se ocuparon

IMPERFECT

me ocupaba	nos ocupábamos
te ocupabas	os ocupabais
se ocupaba	se ocupaban

PRESENT PERFECT

me he ocupado	nos hemos ocupado
te has ocupado	os habéis ocupado
se ha ocupado	se han ocupado

FUTURE

me ocuparé	nos ocuparemos
te ocuparás	os ocuparéis
se ocupará	se ocuparán

CONDITIONAL

me ocuparía	nos ocuparíamos
te ocuparías	os ocuparíais
se ocuparía	se ocuparían

PLUPERFECT

me había ocupado	nos habíamos ocupado
te habías ocupado	os habíais ocupado
se había ocupado	se habían ocupado

PRETERIT PERFECT

me hube ocupado	nos hubimos ocupado
te hubiste ocupado	os hubisteis ocupado
se hubo ocupado	se hubieron ocupado

FUTURE PERFECT

me habré ocupado	nos habremos ocupado
te habrás ocupado	os habréis ocupado
se habrá ocupado	se habrán ocupado

CONDITIONAL PERFECT

me habría ocupado	nos habríamos ocupado
te habrías ocupado	os habríais ocupado
se habría ocupado	se habrían ocupado

PRESENT SUBJUNCTIVE

me ocupe	nos ocupemos
te ocupes	os ocupéis
se ocupe	se ocupen

PRESENT PERFECT SUBJUNCTIVE

me haya ocupado	nos hayamos ocupado
te hayas ocupado	os hayáis ocupado
se haya ocupado	se hayan ocupado

IMPERFECT SUBJUNCTIVE (-ra)

me ocupara	nos ocupáramos
te ocuparas	os ocuparais
se ocupara	se ocuparan

or **IMPERFECT SUBJUNCTIVE (-se)**

me ocupase	nos ocupásemos
te ocupases	os ocupaseis
se ocupase	se ocupasen

PAST PERFECT SUBJUNCTIVE (-ra)

me hubiera ocupado	nos hubiéramos ocupado
te hubieras ocupado	os hubierais ocupado
se hubiera ocupado	se hubieran ocupado

or **PAST PERFECT SUBJUNCTIVE (-se)**

me hubiese ocupado	nos hubiésemos ocupado
te hubieses ocupado	os hubieseis ocupado
se hubiese ocupado	se hubiesen ocupado

PROGRESSIVE TENSES

PRESENT	estoy, estás, está, estamos, estáis, están
PRETERIT	estuve, estuviste, estuvo, estuvimos, estuvisteis, estuvieron
IMPERFECT	estaba, estabas, estaba, estábamos, estabais, estaban
FUTURE	estaré, estarás, estará, estaremos, estaréis, estarán
CONDITIONAL	estaría, estarías, estaría, estaríamos, estaríais, estarían
SUBJUNCTIVE	que + *corresponding subjunctive tense of* estar (*see verb 252*)

ocupando (*see page 31*)

COMMANDS

	(nosotros) ocupémonos/no nos ocupemos
(tú) ocúpate/no te ocupes	(vosotros) ocupaos/no os ocupéis
(Ud.) ocúpese/no se ocupe	(Uds.) ocúpense/no se ocupen

Usage

Yo me ocupo de la niña.	*I'll look after the child.*
El director financiero se ocupa de las finanzas.	*The financial director is in charge of finances.*
¡Ocúpate de tus cosas!	*Mind your own business!*
Nos ocupaban las investigaciones.	*The research kept us busy.*
Estábamos ocupadísimos.	*We were very busy.*
Esta butaca está ocupada.	*This (theater) seat is taken.*
¿Cuál es su ocupación?	*What's your/occupation/profession?*

regular *-ir* verb; unplanned occurrences:
se + indirect object pronoun + verb
in third-person singular or plural

ocurre · ocurrieron · ocurrido · ocurriendo

PRESENT

se me ocurre(n)	se nos ocurre(n)
se te ocurre(n)	se os ocurre(n)
se le ocurre(n)	se les ocurre(n)

PRETERIT

se me ocurrió(-ieron)	se nos ocurrió(-ieron)
se te ocurrió(-ieron)	se os ocurrió(-ieron)
se le ocurrió(-ieron)	se les ocurrió(-ieron)

IMPERFECT

se me ocurría(n)	se nos ocurría(n)
se te ocurría(n)	se os ocurría(n)
se le ocurría(n)	se les ocurría(n)

PRESENT PERFECT

se me ha(n) ocurrido	se nos ha(n) ocurrido
se te ha(n) ocurrido	se os ha(n) ocurrido
se le ha(n) ocurrido	se les ha(n) ocurrido

FUTURE

se me ocurrirá(n)	se nos ocurrirá(n)
se te ocurrirá(n)	se os ocurrirá(n)
se le ocurrirá(n)	se les ocurrirá(n)

CONDITIONAL

se me ocurriría(n)	se nos ocurriría(n)
se te ocurriría(n)	se os ocurriría(n)
se le ocurriría(n)	se les ocurriría(n)

PLUPERFECT

se me había(n) ocurrido	se nos había(n) ocurrido
se te había(n) ocurrido	se os había(n) ocurrido
se le había(n) ocurrido	se les había(n) ocurrido

PRETERIT PERFECT

se me hubo(-ieron) ocurrido	se nos hubo(-ieron) ocurrido
se te hubo(-ieron) ocurrido	se os hubo(-ieron) ocurrido
se le hubo(-ieron) ocurrido	se les hubo(-ieron) ocurrido

FUTURE PERFECT

se me habrá(n) ocurrido	se nos habrá(n) ocurrido
se te habrá(n) ocurrido	se os habrá(n) ocurrido
se le habrá(n) ocurrido	se les habrá(n) ocurrido

CONDITIONAL PERFECT

se me habría(n) ocurrido	se nos habría(n) ocurrido
se te habría(n) ocurrido	se os habría(n) ocurrido
se le habría(n) ocurrido	se les habría(n) ocurrido

PRESENT SUBJUNCTIVE

se me ocurra(n)	se nos ocurra(n)
se te ocurra(n)	se os ocurra(n)
se le ocurra(n)	se les ocurra(n)

PRESENT PERFECT SUBJUNCTIVE

se me haya(n) ocurrido	se nos haya(n) ocurrido
se te haya(n) ocurrido	se os haya(n) ocurrido
se le haya(n) ocurrido	se les haya(n) ocurrido

IMPERFECT SUBJUNCTIVE (-ra)   *or*

se me ocurriera(n)	se nos ocurriera(n)
se te ocurriera(n)	se os ocurriera(n)
se le ocurriera(n)	se les ocurriera(n)

IMPERFECT SUBJUNCTIVE (-se)

se me ocurriese(n)	se nos ocurriese(n)
se te ocurriese(n)	se os ocurriese(n)
se le ocurriese(n)	se les ocurriese(n)

PAST PERFECT SUBJUNCTIVE (-ra)   *or*

se me hubiera(n) ocurrido	se nos hubiera(n) ocurrido
se te hubiera(n) ocurrido	se os hubiera(n) ocurrido
se le hubiera(n) ocurrido	se les hubiera(n) ocurrido

PAST PERFECT SUBJUNCTIVE (-se)

se me hubiese(n) ocurrido	se nos hubiese(n) ocurrido
se te hubiese(n) ocurrido	se os hubiese(n) ocurrido
se le hubiese(n) ocurrido	se les hubiese(n) ocurrido

PROGRESSIVE TENSES

PRESENT	estoy, estás, está, estamos, estáis, están	
PRETERIT	estuve, estuviste, estuvo, estuvimos, estuvisteis, estuvieron	
IMPERFECT	estaba, estabas, estaba, estábamos, estabais, estaban	ocurriendo
FUTURE	estaré, estarás, estará, estaremos, estaréis, estarán	
CONDITIONAL	estaría, estarías, estaría, estaríamos, estaríais, estarían	
SUBJUNCTIVE	que + *corresponding subjunctive tense of* estar (*see verb 252*)	

COMMANDS

¡Que se te/le/os/les ocurra(n)!   ¡Que no se te/le/os/les ocurra(n)!

Usage

Se me ocurrió la idea anoche.	*The idea popped into my head last night.*
Tus sospechas no se le ocurrieron a nadie más.	*Your suspicions didn't occur to anyone else.*
Se nos ocurrió que él había mentido.	*It dawned on us that he had lied.*
¿Cómo se te ocurre tal cosa?	*How could you think of such a thing?*
¡Que ni se te ocurra hacerlo!	*Don't even think about doing it!*
¿Qué ocurrió?	*What happened?*
Procederemos con el plan ocurra lo que ocurra.	*We'll go ahead with the plan whatever may happen.*
¿Qué ocurre?	*What's going on?/What's the matter?*

374 odiar _to hate, detest_

odio · odiaron · odiado · odiando   regular -ar verb

PRESENT

odio	odiamos
odias	odiáis
odia	odian

PRETERIT

odié	odiamos
odiaste	odiasteis
odió	odiaron

IMPERFECT

odiaba	odiábamos
odiabas	odiabais
odiaba	odiaban

PRESENT PERFECT

he odiado	hemos odiado
has odiado	habéis odiado
ha odiado	han odiado

FUTURE

odiaré	odiaremos
odiarás	odiaréis
odiará	odiarán

CONDITIONAL

odiaría	odiaríamos
odiarías	odiaríais
odiaría	odiarían

PLUPERFECT

había odiado	habíamos odiado
habías odiado	habíais odiado
había odiado	habían odiado

PRETERIT PERFECT

hube odiado	hubimos odiado
hubiste odiado	hubisteis odiado
hubo odiado	hubieron odiado

FUTURE PERFECT

habré odiado	habremos odiado
habrás odiado	habréis odiado
habrá odiado	habrán odiado

CONDITIONAL PERFECT

habría odiado	habríamos odiado
habrías odiado	habríais odiado
habría odiado	habrían odiado

PRESENT SUBJUNCTIVE

odie	odiemos
odies	odiéis
odie	odien

PRESENT PERFECT SUBJUNCTIVE

haya odiado	hayamos odiado
hayas odiado	hayáis odiado
haya odiado	hayan odiado

IMPERFECT SUBJUNCTIVE (-ra)

odiara	odiáramos
odiaras	odiarais
odiara	odiaran

_or_ **IMPERFECT SUBJUNCTIVE (-se)**

odiase	odiásemos
odiases	odiaseis
odiase	odiasen

PAST PERFECT SUBJUNCTIVE (-ra)

hubiera odiado	hubiéramos odiado
hubieras odiado	hubierais odiado
hubiera odiado	hubieran odiado

_or_ **PAST PERFECT SUBJUNCTIVE (-se)**

hubiese odiado	hubiésemos odiado
hubieses odiado	hubieseis odiado
hubiese odiado	hubiesen odiado

PROGRESSIVE TENSES

PRESENT	estoy, estás, está, estamos, estáis, están
PRETERIT	estuve, estuviste, estuvo, estuvimos, estuvisteis, estuvieron
IMPERFECT	estaba, estabas, estaba, estábamos, estabais, estaban
FUTURE	estaré, estarás, estará, estaremos, estaréis, estarán
CONDITIONAL	estaría, estarías, estaría, estaríamos, estaríais, estarían
SUBJUNCTIVE	que + _corresponding subjunctive tense of_ estar (_see verb 252_)

} odiando

COMMANDS

	(nosotros) odiemos/no odiemos
(tú) odia/no odies	(vosotros) odiad/no odiéis
(Ud.) odie/no odie	(Uds.) odien/no odien

Usage

—No sé por qué la odiáis.	_I don't know why you hate her._
—Le tenemos odio porque es perversa.	_We hate her because she's a bad person._
Siempre odiábamos despertarnos temprano.	_We always hated to wake up early._
Nos echó una mirada de odio.	_He gave us a hateful look._
Tomaban odio a la rutina.	_They were taking an extreme dislike to the routine._
Es una labor odiosa.	_It's a detestable job._

regular -er verb

ofendo · ofendieron · ofendido · ofendiendo

PRESENT		PRETERIT	
ofendo	ofendemos	ofendí	ofendimos
ofendes	ofendéis	ofendiste	ofendisteis
ofende	ofenden	ofendió	ofendieron

IMPERFECT		PRESENT PERFECT	
ofendía	ofendíamos	he ofendido	hemos ofendido
ofendías	ofendíais	has ofendido	habéis ofendido
ofendía	ofendían	ha ofendido	han ofendido

FUTURE		CONDITIONAL	
ofenderé	ofenderemos	ofendería	ofenderíamos
ofenderás	ofenderéis	ofenderías	ofenderíais
ofenderá	ofenderán	ofendería	ofenderían

PLUPERFECT		PRETERIT PERFECT	
había ofendido	habíamos ofendido	hube ofendido	hubimos ofendido
habías ofendido	habíais ofendido	hubiste ofendido	hubisteis ofendido
había ofendido	habían ofendido	hubo ofendido	hubieron ofendido

FUTURE PERFECT		CONDITIONAL PERFECT	
habré ofendido	habremos ofendido	habría ofendido	habríamos ofendido
habrás ofendido	habréis ofendido	habrías ofendido	habríais ofendido
habrá ofendido	habrán ofendido	habría ofendido	habrían ofendido

PRESENT SUBJUNCTIVE		PRESENT PERFECT SUBJUNCTIVE	
ofenda	ofendamos	haya ofendido	hayamos ofendido
ofendas	ofendáis	hayas ofendido	hayáis ofendido
ofenda	ofendan	haya ofendido	hayan ofendido

IMPERFECT SUBJUNCTIVE (-ra)		or	IMPERFECT SUBJUNCTIVE (-se)	
ofendiera	ofendiéramos		ofendiese	ofendiésemos
ofendieras	ofendierais		ofendieses	ofendieseis
ofendiera	ofendieran		ofendiese	ofendiesen

PAST PERFECT SUBJUNCTIVE (-ra)		or	PAST PERFECT SUBJUNCTIVE (-se)	
hubiera ofendido	hubiéramos ofendido		hubiese ofendido	hubiésemos ofendido
hubieras ofendido	hubierais ofendido		hubieses ofendido	hubieseis ofendido
hubiera ofendido	hubieran ofendido		hubiese ofendido	hubiesen ofendido

PROGRESSIVE TENSES

PRESENT	estoy, estás, está, estamos, estáis, están
PRETERIT	estuve, estuviste, estuvo, estuvimos, estuvisteis, estuvieron
IMPERFECT	estaba, estabas, estaba, estábamos, estabais, estaban
FUTURE	estaré, estarás, estará, estaremos, estaréis, estarán
CONDITIONAL	estaría, estarías, estaría, estaríamos, estaríais, estarían
SUBJUNCTIVE	que + *corresponding subjunctive tense of* estar (*see verb 252*)

} ofendiendo

COMMANDS

	(nosotros) ofendamos/no ofendamos
(tú) ofende/no ofendas	(vosotros) ofended/no ofendáis
(Ud.) ofenda/no ofenda	(Uds.) ofendan/no ofendan

Usage

—Tus palabras los ofendieron.	*Your words offended them.*
—Es que se ofenden por todo.	*The fact is that they take offense at everything.*
Se ofendió con sus colegas.	*He had a falling out with his colleagues.*
Lamento que se haya dado por ofendida.	*I'm sorry she took offense.*
Su comportamiento era ofensivo.	*Their conduct was offensive/rude.*
Se gana pasando a la ofensiva.	*You'll win if you take the offensive.*

PRESENT

ofrezco	ofrecemos
ofreces	ofrecéis
ofrece	ofrecen

PRETERIT

ofrecí	ofrecimos
ofreciste	ofrecisteis
ofreció	ofrecieron

IMPERFECT

ofrecía	ofrecíamos
ofrecías	ofrecíais
ofrecía	ofrecían

PRESENT PERFECT

he ofrecido	hemos ofrecido
has ofrecido	habéis ofrecido
ha ofrecido	han ofrecido

FUTURE

ofreceré	ofreceremos
ofrecerás	ofreceréis
ofrecerá	ofrecerán

CONDITIONAL

ofrecería	ofreceríamos
ofrecerías	ofreceríais
ofrecería	ofrecerían

PLUPERFECT

había ofrecido	habíamos ofrecido
habías ofrecido	habíais ofrecido
había ofrecido	habían ofrecido

PRETERIT PERFECT

hube ofrecido	hubimos ofrecido
hubiste ofrecido	hubisteis ofrecido
hubo ofrecido	hubieron ofrecido

FUTURE PERFECT

habré ofrecido	habremos ofrecido
habrás ofrecido	habréis ofrecido
habrá ofrecido	habrán ofrecido

CONDITIONAL PERFECT

habría ofrecido	habríamos ofrecido
habrías ofrecido	habríais ofrecido
habría ofrecido	habrían ofrecido

PRESENT SUBJUNCTIVE

ofrezca	ofrezcamos
ofrezcas	ofrezcáis
ofrezca	ofrezcan

PRESENT PERFECT SUBJUNCTIVE

haya ofrecido	hayamos ofrecido
hayas ofrecido	hayáis ofrecido
haya ofrecido	hayan ofrecido

IMPERFECT SUBJUNCTIVE (-ra)

ofreciera	ofreciéramos
ofrecieras	ofrecierais
ofreciera	ofrecieran

or **IMPERFECT SUBJUNCTIVE (-se)**

ofreciese	ofreciésemos
ofrecieses	ofrecieseis
ofreciese	ofreciesen

PAST PERFECT SUBJUNCTIVE (-ra)

hubiera ofrecido	hubiéramos ofrecido
hubieras ofrecido	hubierais ofrecido
hubiera ofrecido	hubieran ofrecido

or **PAST PERFECT SUBJUNCTIVE (-se)**

hubiese ofrecido	hubiésemos ofrecido
hubieses ofrecido	hubieseis ofrecido
hubiese ofrecido	hubiesen ofrecido

PROGRESSIVE TENSES

PRESENT	estoy, estás, está, estamos, estáis, están
PRETERIT	estuve, estuviste, estuvo, estuvimos, estuvisteis, estuvieron
IMPERFECT	estaba, estabas, estaba, estábamos, estabais, estaban
FUTURE	estaré, estarás, estará, estaremos, estaréis, estarán
CONDITIONAL	estaría, estarías, estaría, estaríamos, estaríais, estarían
SUBJUNCTIVE	que + *corresponding subjunctive tense of* estar (*see verb 252*)

ofreciendo

COMMANDS

	(nosotros) ofrezcamos/no ofrezcamos
(tú) ofrece/no ofrezcas	(vosotros) ofreced/no ofrezcáis
(Ud.) ofrezca/no ofrezca	(Uds.) ofrezcan/no ofrezcan

Usage

Ofréceles estos entremeses.	*Offer them these hors d'oeuvres.*
Te ofrezco mi ayuda.	*I'm offering you my help.*
Se ofreció para ir al correo.	*He offered to go to the post office.*
¿Qué se le ofrece?	*May I help you?* (salesperson to customer)
Aceptamos la oferta que nos habían hecho.	*We accepted the offer they had made to us.*

irregular verb

oigo · oyeron · oído · oyendo

PRESENT		**PRETERIT**	
oigo	oímos	oí	oímos
oyes	oís	oíste	oísteis
oye	oyen	oyó	oyeron

IMPERFECT		**PRESENT PERFECT**	
oía	oíamos	he oído	hemos oído
oías	oíais	has oído	habéis oído
oía	oían	ha oído	han oído

FUTURE		**CONDITIONAL**	
oiré	oiremos	oiría	oiríamos
oirás	oiréis	oirías	oiríais
oirá	oirán	oiría	oirían

PLUPERFECT		**PRETERIT PERFECT**	
había oído	habíamos oído	hube oído	hubimos oído
habías oído	habíais oído	hubiste oído	hubisteis oído
había oído	habían oído	hubo oído	hubieron oído

FUTURE PERFECT		**CONDITIONAL PERFECT**	
habré oído	habremos oído	habría oído	habríamos oído
habrás oído	habréis oído	habrías oído	habríais oído
habrá oído	habrán oído	habría oído	habrían oído

PRESENT SUBJUNCTIVE		**PRESENT PERFECT SUBJUNCTIVE**	
oiga	oigamos	haya oído	hayamos oído
oigas	oigáis	hayas oído	hayáis oído
oiga	oigan	haya oído	hayan oído

IMPERFECT SUBJUNCTIVE (-ra)		*or* **IMPERFECT SUBJUNCTIVE (-se)**	
oyera	oyéramos	oyese	oyésemos
oyeras	oyerais	oyeses	oyeseis
oyera	oyeran	oyese	oyesen

PAST PERFECT SUBJUNCTIVE (-ra)		*or* **PAST PERFECT SUBJUNCTIVE (-se)**	
hubiera oído	hubiéramos oído	hubiese oído	hubiésemos oído
hubieras oído	hubierais oído	hubieses oído	hubieseis oído
hubiera oído	hubieran oído	hubiese oído	hubiesen oído

PROGRESSIVE TENSES

PRESENT	estoy, estás, está, estamos, estáis, están
PRETERIT	estuve, estuviste, estuvo, estuvimos, estuvisteis, estuvieron
IMPERFECT	estaba, estabas, estaba, estábamos, estabais, estaban
FUTURE	estaré, estarás, estará, estaremos, estaréis, estarán
CONDITIONAL	estaría, estarías, estaría, estaríamos, estaríais, estarían
SUBJUNCTIVE	que + *corresponding subjunctive tense of* estar (*see verb 252*)

} oyendo

COMMANDS

	(nosotros) oigamos/no oigamos
(tú) oye/no oigas	(vosotros) oíd/no oigáis
(Ud.) oiga/no oiga	(Uds.) oigan/no oigan

Usage

¿No oyes el ruido?	*Don't you hear the noise?*
La oímos cantar el papel de Carmen.	*We heard her sing the role of Carmen.*
Están oyendo música.	*They're listening to music.*
No he oído hablar de esa marca.	*I haven't heard of that brand.*
¿Oíste decir que quebró la compañía?	*Did you hear that the company went bankrupt?*
¡Oye!	*Hey!*

TOP 50 VERB ☞

¡Cállate! Las paredes oyen.	*Be quiet! The walls have ears.*
Los fieles oían misa todos los domingos.	*The congregants heard mass every Sunday.*
He oído decir que solicitan un préstamo.	*I've heard that you're applying for a loan.*
Los oímos reír/gritar/caer/llorar.	*We heard them laugh/shout/fall/cry.*
¿No oyes al perro/gato ladrando/maullando?	*Don't you hear the dog/cat barking/meowing?*
No hay peor sordo que el que no quiere oír.	*There are none so deaf as those who don't want to hear.*
Me parece que lo has oído mal/al revés.	*I think you've misunderstood/heard wrong.*
—Óyeme bien.	*Hear me out./Listen carefully.*
—Soy todo oídos.	*I'm all ears.*

Other Uses

—Tienes buen oído.	*You have a good ear.*
—Todos mis familiares tienen el oído fino.	*All of my relatives have sharp hearing.*
Toca el piano de oído.	*He plays the piano by ear.*
—No quiero que nadie oiga la noticia.	*I don't want anyone to hear the news.*
—Pues háblame al oído.	*Then whisper it in my ear.*
—La música es muy agradable al oído, ¿no?	*The music is very pleasing to the ear, isn't it?*
—¡A mí me lastima el oído!	*It hurts my ears!*
—Entonces, tápate los oídos.	*Then cover your ears.*
Todo le entra por un oído y le sale por el otro.	*Everything goes in one ear and out the other.*
—Al niño le duelen los oídos.	*The child has an earache.*
—Tiene infección del oído interno.	*He has an inner ear infection.*
Todas sus solicitudes caían en oídos sordos.	*All their demands fell on deaf ears.*
Tiene el oído muy bueno.	*She has very good hearing.*
Me enteré de oídas.	*I found out by hearsay.*

irregular verb

huelo · olieron · olido · oliendo

PRESENT

huelo	olimos
hueles	oléis
huele	huelen

IMPERFECT

olía	olíamos
olías	olíais
olía	olían

FUTURE

oleré	oleremos
olerás	oleréis
olerá	olerán

PLUPERFECT

había olido	habíamos olido
habías olido	habíais olido
había olido	habían olido

FUTURE PERFECT

habré olido	habremos olido
habrás olido	habréis olido
habrá olido	habrán olido

PRESENT SUBJUNCTIVE

huela	olamos
huelas	oláis
huela	huelan

IMPERFECT SUBJUNCTIVE (-ra)

oliera	oliéramos
olieras	olierais
oliera	olieran

PAST PERFECT SUBJUNCTIVE (-ra)

hubiera olido	hubiéramos olido
hubieras olido	hubierais olido
hubiera olido	hubieran olido

PRETERIT

olí	olimos
oliste	olisteis
olió	olieron

PRESENT PERFECT

he olido	hemos olido
has olido	habéis olido
ha olido	han olido

CONDITIONAL

olería	oleríamos
olerías	oleríais
olería	olerían

PRETERIT PERFECT

hube olido	hubimos olido
hubiste olido	hubisteis olido
hubo olido	hubieron olido

CONDITIONAL PERFECT

habría olido	habríamos olido
habrías olido	habríais olido
habría olido	habrían olido

PRESENT PERFECT SUBJUNCTIVE

haya olido	hayamos olido
hayas olido	hayáis olido
haya olido	hayan olido

or **IMPERFECT SUBJUNCTIVE (-se)**

oliese	oliésemos
olieses	olieseis
oliese	oliesen

or **PAST PERFECT SUBJUNCTIVE (-se)**

hubiese olido	hubiésemos olido
hubieses olido	hubieseis olido
hubiese olido	hubiesen olido

PROGRESSIVE TENSES

PRESENT	estoy, estás, está, estamos, estáis, están
PRETERIT	estuve, estuviste, estuvo, estuvimos, estuvisteis, estuvieron
IMPERFECT	estaba, estabas, estaba, estábamos, estabais, estaban
FUTURE	estaré, estarás, estará, estaremos, estaréis, estarán
CONDITIONAL	estaría, estarías, estaría, estaríamos, estaríais, estarían
SUBJUNCTIVE	que + *corresponding subjunctive tense of* estar (*see verb 252*)

} oliendo

COMMANDS

	(nosotros) olamos/no olamos
(tú) huele/no huelas	(vosotros) oled/no oláis
(Ud.) huela/no huela	(Uds.) huelan/no huelan

Usage

El perfume huele muy bien.	*The perfume smells very nice.*
Huele a muguete.	*It smells like lily of the valley.*
—El negocio huele a fraude.	*The business deal smacks of fraud.*
—En efecto huele mal.	*Indeed it smells fishy/is suspicious.*
Su pretexto olía a mentira.	*His alibi sounded like a lie.*
Tienes el olfato muy fino.	*Your sense of smell is very sharp.*
¡Deja de olfatear donde no te importa!	*Stop nosing about in things that are none of your business!*

olvido · olvidaron · olvidado · olvidando   regular *-ar* verb

PRESENT

olvido	olvidamos
olvidas	olvidáis
olvida	olvidan

PRETERIT

olvidé	olvidamos
olvidaste	olvidasteis
olvidó	olvidaron

IMPERFECT

olvidaba	olvidábamos
olvidabas	olvidabais
olvidaba	olvidaban

PRESENT PERFECT

he olvidado	hemos olvidado
has olvidado	habéis olvidado
ha olvidado	han olvidado

FUTURE

olvidaré	olvidaremos
olvidarás	olvidaréis
olvidará	olvidarán

CONDITIONAL

olvidaría	olvidaríamos
olvidarías	olvidaríais
olvidaría	olvidarían

PLUPERFECT

había olvidado	habíamos olvidado
habías olvidado	habíais olvidado
había olvidado	habían olvidado

PRETERIT PERFECT

hube olvidado	hubimos olvidado
hubiste olvidado	hubisteis olvidado
hubo olvidado	hubieron olvidado

FUTURE PERFECT

habré olvidado	habremos olvidado
habrás olvidado	habréis olvidado
habrá olvidado	habrán olvidado

CONDITIONAL PERFECT

habría olvidado	habríamos olvidado
habrías olvidado	habríais olvidado
habría olvidado	habrían olvidado

PRESENT SUBJUNCTIVE

olvide	olvidemos
olvides	olvidéis
olvide	olviden

PRESENT PERFECT SUBJUNCTIVE

haya olvidado	hayamos olvidado
hayas olvidado	hayáis olvidado
haya olvidado	hayan olvidado

IMPERFECT SUBJUNCTIVE (-ra)

olvidara	olvidáramos
olvidaras	olvidarais
olvidara	olvidaran

or **IMPERFECT SUBJUNCTIVE (-se)**

olvidase	olvidásemos
olvidases	olvidaseis
olvidase	olvidasen

PAST PERFECT SUBJUNCTIVE (-ra)

hubiera olvidado	hubiéramos olvidado
hubieras olvidado	hubierais olvidado
hubiera olvidado	hubieran olvidado

or **PAST PERFECT SUBJUNCTIVE (-se)**

hubiese olvidado	hubiésemos olvidado
hubieses olvidado	hubieseis olvidado
hubiese olvidado	hubiesen olvidado

PROGRESSIVE TENSES

PRESENT	estoy, estás, está, estamos, estáis, están
PRETERIT	estuve, estuviste, estuvo, estuvimos, estuvisteis, estuvieron
IMPERFECT	estaba, estabas, estaba, estábamos, estabais, estaban
FUTURE	estaré, estarás, estará, estaremos, estaréis, estarán
CONDITIONAL	estaría, estarías, estaría, estaríamos, estaríais, estarían
SUBJUNCTIVE	que + *corresponding subjunctive tense of* estar (*see verb 252*)

} olvidando

COMMANDS

	(nosotros) olvidemos/no olvidemos
(tú) olvida/no olvides	(vosotros) olvidad/no olvidéis
(Ud.) olvide/no olvide	(Uds.) olviden/no olviden

Usage

—Uds. olvidaron la fecha.	*You forgot the date.*
—Desgraciadamente nos olvidamos de todo.	*Regrettably, we forget everything.*
Se me olvidaron los disquetes en casa.	*I forgot the disks at home.*
Se les ha olvidado la clave de acceso.	*The password slipped their minds.*
Son olvidadizos.	*They're forgetful.*
No me entregó la carta por olvido.	*She didn't give me the letter due to an oversight.*
Su legado cayó en el olvido.	*Their legacy fell into oblivion.*

irregular reflexive verb (like **poner**)   **opongo · opusieron · opuesto · oponiéndose**

PRESENT

me opongo	nos oponemos
te opones	os oponéis
se opone	se oponen

IMPERFECT

me oponía	nos oponíamos
te oponías	os oponíais
se oponía	se oponían

FUTURE

me opondré	nos opondremos
te opondrás	os opondréis
se opondrá	se opondrán

PLUPERFECT

me había opuesto	nos habíamos opuesto
te habías opuesto	os habíais opuesto
se había opuesto	se habían opuesto

FUTURE PERFECT

me habré opuesto	nos habremos opuesto
te habrás opuesto	os habréis opuesto
se habrá opuesto	se habrán opuesto

PRESENT SUBJUNCTIVE

me oponga	nos opongamos
te opongas	os opongáis
se oponga	se opongan

IMPERFECT SUBJUNCTIVE (-ra)

me opusiera	nos opusiéramos
te opusieras	os opusierais
se opusiera	se opusieran

PAST PERFECT SUBJUNCTIVE (-ra)

me hubiera opuesto	nos hubiéramos opuesto
te hubieras opuesto	os hubierais opuesto
se hubiera opuesto	se hubieran opuesto

PRETERIT

me opuse	nos opusimos
te opusiste	os opusisteis
se opuso	se opusieron

PRESENT PERFECT

me he opuesto	nos hemos opuesto
te has opuesto	os habéis opuesto
se ha opuesto	se han opuesto

CONDITIONAL

me opondría	nos opondríamos
te opondrías	os opondríais
se opondría	se opondrían

PRETERIT PERFECT

me hube opuesto	nos hubimos opuesto
te hubiste opuesto	os hubisteis opuesto
se hubo opuesto	se hubieron opuesto

CONDITIONAL PERFECT

me habría opuesto	nos habríamos opuesto
te habrías opuesto	os habríais opuesto
se habría opuesto	se habrían opuesto

PRESENT PERFECT SUBJUNCTIVE

me haya opuesto	nos hayamos opuesto
te hayas opuesto	os hayáis opuesto
se haya opuesto	se hayan opuesto

or **IMPERFECT SUBJUNCTIVE (-se)**

me opusiese	nos opusiésemos
te opusieses	os opusieseis
se opusiese	se opusiesen

or **PAST PERFECT SUBJUNCTIVE (-se)**

me hubiese opuesto	nos hubiésemos opuesto
te hubieses opuesto	os hubieseis opuesto
se hubiese opuesto	se hubiesen opuesto

PROGRESSIVE TENSES

PRESENT	estoy, estás, está, estamos, estáis, están
PRETERIT	estuve, estuviste, estuvo, estuvimos, estuvisteis, estuvieron
IMPERFECT	estaba, estabas, estaba, estábamos, estabais, estaban
FUTURE	estaré, estarás, estará, estaremos, estaréis, estarán
CONDITIONAL	estaría, estarías, estaría, estaríamos, estaríais, estarían
SUBJUNCTIVE	que + *corresponding subjunctive tense of* estar (*see verb 252*)

oponiendo (*see page 31*)

COMMANDS

	(nosotros) opongámonos/no nos opongamos
(tú) oponte/no te opongas	(vosotros) oponeos/no os opongáis
(Ud.) opóngase/no se oponga	(Uds.) opónganse/no se opongan

Usage

Me opongo a la propuesta.	*I oppose the proposal.*
Dudo que se opongan a nuestras recomendaciones.	*I doubt they'll object to our recommendations.*
Los candidatos se opusieron en el debate.	*The candidates opposed each other in the debate.*
¿Por qué os oponíais?	*Why did you oppose each other?*
Nuestro equipo opone al suyo.	*Our team is opposing yours.*
Se mantienen firmes en su oposición.	*They're unyielding in their opposition.*

ordenar *to put in order, arrange, straighten up, order; ordain*

ordeno · ordenaron · ordenado · ordenando   regular *-ar* verb

PRESENT

		PRETERIT	
ordeno	ordenamos	ordené	ordenamos
ordenas	ordenáis	ordenaste	ordenasteis
ordena	ordenan	ordenó	ordenaron

IMPERFECT

		PRESENT PERFECT	
ordenaba	ordenábamos	he ordenado	hemos ordenado
ordenabas	ordenabais	has ordenado	habéis ordenado
ordenaba	ordenaban	ha ordenado	han ordenado

FUTURE

		CONDITIONAL	
ordenaré	ordenaremos	ordenaría	ordenaríamos
ordenarás	ordenaréis	ordenarías	ordenaríais
ordenará	ordenarán	ordenaría	ordenarían

PLUPERFECT

		PRETERIT PERFECT	
había ordenado	habíamos ordenado	hube ordenado	hubimos ordenado
habías ordenado	habíais ordenado	hubiste ordenado	hubisteis ordenado
había ordenado	habían ordenado	hubo ordenado	hubieron ordenado

FUTURE PERFECT

		CONDITIONAL PERFECT	
habré ordenado	habremos ordenado	habría ordenado	habríamos ordenado
habrás ordenado	habréis ordenado	habrías ordenado	habríais ordenado
habrá ordenado	habrán ordenado	habría ordenado	habrían ordenado

PRESENT SUBJUNCTIVE

		PRESENT PERFECT SUBJUNCTIVE	
ordene	ordenemos	haya ordenado	hayamos ordenado
ordenes	ordenéis	hayas ordenado	hayáis ordenado
ordene	ordenen	haya ordenado	hayan ordenado

IMPERFECT SUBJUNCTIVE (-ra)   *or* **IMPERFECT SUBJUNCTIVE (-se)**

ordenara	ordenáramos		ordenase	ordenásemos
ordenaras	ordenarais		ordenases	ordenaseis
ordenara	ordenaran		ordenase	ordenasen

PAST PERFECT SUBJUNCTIVE (-ra)   *or* **PAST PERFECT SUBJUNCTIVE (-se)**

hubiera ordenado	hubiéramos ordenado		hubiese ordenado	hubiésemos ordenado
hubieras ordenado	hubierais ordenado		hubieses ordenado	hubieseis ordenado
hubiera ordenado	hubieran ordenado		hubiese ordenado	hubiesen ordenado

PROGRESSIVE TENSES

PRESENT	estoy, estás, está, estamos, estáis, están
PRETERIT	estuve, estuviste, estuvo, estuvimos, estuvisteis, estuvieron
IMPERFECT	estaba, estabas, estaba, estábamos, estabais, estaban
FUTURE	estaré, estarás, estará, estaremos, estaréis, estarán
CONDITIONAL	estaría, estarías, estaría, estaríamos, estaríais, estarían
SUBJUNCTIVE	que + *corresponding subjunctive tense of* estar (*see verb 252*)

} ordenando

COMMANDS

	(nosotros) ordenemos/no ordenemos
(tú) ordena/no ordenes	(vosotros) ordenad/no ordenéis
(Ud.) ordene/no ordene	(Uds.) ordenen/no ordenen

Usage

Pasé el día ordenando los ficheros.	*I spent the day putting the files in order.*
Hijo, ordena tu cuarto.	*Straighten up your room.*
No me gusta que me ordenen.	*I don't like to be ordered around.*
El sargento dio la orden.	*The sergeant gave the order/command.*
¿Qué hay en el orden del día?	*What's on the agenda?*
Fue ordenado de sacerdote.	*He was ordained as a priest.*
Viajo con mi ordenador (*Spain*) portátil.	*I travel with my laptop computer.*

-ar verb; spelling change: z > c/e   **organizo · organizaron · organizado · organizando**

PRESENT

organizo	organizamos
organizas	organizáis
organiza	organizan

IMPERFECT

organizaba	organizábamos
organizabas	organizabais
organizaba	organizaban

FUTURE

organizaré	organizaremos
organizarás	organizaréis
organizará	organizarán

PLUPERFECT

había organizado	habíamos organizado
habías organizado	habíais organizado
había organizado	habían organizado

FUTURE PERFECT

habré organizado	habremos organizado
habrás organizado	habréis organizado
habrá organizado	habrán organizado

PRESENT SUBJUNCTIVE

organice	organicemos
organices	organicéis
organice	organicen

IMPERFECT SUBJUNCTIVE (-ra)

organizara	organizáramos
organizaras	organizarais
organizara	organizaran

PAST PERFECT SUBJUNCTIVE (-ra)

hubiera organizado	hubiéramos organizado
hubieras organizado	hubierais organizado
hubiera organizado	hubieran organizado

PRETERIT

organicé	organizamos
organizaste	organizasteis
organizó	organizaron

PRESENT PERFECT

he organizado	hemos organizado
has organizado	habéis organizado
ha organizado	han organizado

CONDITIONAL

organizaría	organizaríamos
organizarías	organizaríais
organizaría	organizarían

PRETERIT PERFECT

hube organizado	hubimos organizado
hubiste organizado	hubisteis organizado
hubo organizado	hubieron organizado

CONDITIONAL PERFECT

habría organizado	habríamos organizado
habrías organizado	habríais organizado
habría organizado	habrían organizado

PRESENT PERFECT SUBJUNCTIVE

haya organizado	hayamos organizado
hayas organizado	hayáis organizado
haya organizado	hayan organizado

or **IMPERFECT SUBJUNCTIVE (-se)**

organizase	organizásemos
organizases	organizaseis
organizase	organizasen

or **PAST PERFECT SUBJUNCTIVE (-se)**

hubiese organizado	hubiésemos organizado
hubieses organizado	hubieseis organizado
hubiese organizado	hubiesen organizado

PROGRESSIVE TENSES

PRESENT	estoy, estás, está, estamos, estáis, están
PRETERIT	estuve, estuviste, estuvo, estuvimos, estuvisteis, estuvieron
IMPERFECT	estaba, estabas, estaba, estábamos, estabais, estaban
FUTURE	estaré, estarás, estará, estaremos, estaréis, estarán
CONDITIONAL	estaría, estarías, estaría, estaríamos, estaríais, estarían
SUBJUNCTIVE	que + *corresponding subjunctive tense of* estar (*see verb 252*)

} organizando

COMMANDS

	(nosotros) organicemos/no organicemos
(tú) organiza/no organices	(vosotros) organizad/no organicéis
(Ud.) organice/no organice	(Uds.) organicen/no organicen

Usage

Organicen la junta general para el martes.	*Organize the general meeting for Tuesday.*
Nos vamos organizando.	*We're getting ourselves set up.*
Se organizó una comida para 200 personas.	*They organized a dinner for 200 people.*
Todo está organizado.	*Everything is arranged.*
OTAN es la sigla de la Organización del Tratado Atlántico Norte.	*NATO is the abbreviation of the North Atlantic Treaty Organization.*
Son buenos organizadores.	*They're good organizers.*

otorgar *to grant, give, award, confer*

otorgo · otorgaron · otorgado · otorgando

-ar verb; spelling change: *g > gu/e*

PRESENT			PRETERIT	
otorgo	otorgamos		otorgué	otorgamos
otorgas	otorgáis		otorgaste	otorgasteis
otorga	otorgan		otorgó	otorgaron

IMPERFECT			PRESENT PERFECT	
otorgaba	otorgábamos		he otorgado	hemos otorgado
otorgabas	otorgabais		has otorgado	habéis otorgado
otorgaba	otorgaban		ha otorgado	han otorgado

FUTURE			CONDITIONAL	
otorgaré	otorgaremos		otorgaría	otorgaríamos
otorgarás	otorgaréis		otorgarías	otorgaríais
otorgará	otorgarán		otorgaría	otorgarían

PLUPERFECT			PRETERIT PERFECT	
había otorgado	habíamos otorgado		hube otorgado	hubimos otorgado
habías otorgado	habíais otorgado		hubiste otorgado	hubisteis otorgado
había otorgado	habían otorgado		hubo otorgado	hubieron otorgado

FUTURE PERFECT			CONDITIONAL PERFECT	
habré otorgado	habremos otorgado		habría otorgado	habríamos otorgado
habrás otorgado	habréis otorgado		habrías otorgado	habríais otorgado
habrá otorgado	habrán otorgado		habría otorgado	habrían otorgado

PRESENT SUBJUNCTIVE			PRESENT PERFECT SUBJUNCTIVE	
otorgue	otorguemos		haya otorgado	hayamos otorgado
otorgues	otorguéis		hayas otorgado	hayáis otorgado
otorgue	otorguen		haya otorgado	hayan otorgado

IMPERFECT SUBJUNCTIVE (-ra)		*or*	IMPERFECT SUBJUNCTIVE (-se)	
otorgara	otorgáramos		otorgase	otorgásemos
otorgaras	otorgarais		otorgases	otorgaseis
otorgara	otorgaran		otorgase	otorgasen

PAST PERFECT SUBJUNCTIVE (-ra)		*or*	PAST PERFECT SUBJUNCTIVE (-se)	
hubiera otorgado	hubiéramos otorgado		hubiese otorgado	hubiésemos otorgado
hubieras otorgado	hubierais otorgado		hubieses otorgado	hubieseis otorgado
hubiera otorgado	hubieran otorgado		hubiese otorgado	hubiesen otorgado

PROGRESSIVE TENSES

PRESENT	estoy, estás, está, estamos, estáis, están	
PRETERIT	estuve, estuviste, estuvo, estuvimos, estuvisteis, estuvieron	
IMPERFECT	estaba, estabas, estaba, estábamos, estabais, estaban	otorgando
FUTURE	estaré, estarás, estará, estaremos, estaréis, estarán	
CONDITIONAL	estaría, estarías, estaría, estaríamos, estaríais, estarían	
SUBJUNCTIVE	que + *corresponding subjunctive tense of* estar (*see verb 252*)	

COMMANDS

	(nosotros) otorguemos/no otorguemos
(tú) otorga/no otorgues	(vosotros) otorgad/no otorguéis
(Ud.) otorgue/no otorgue	(Uds.) otorguen/no otorguen

Usage

Le otorgaron un premio muy importante.	*They awarded him a very important prize.*
Nos otorgó licencia.	*He granted us permission.*
Su jefe le otorgó permiso.	*His boss gave him permission.*
Los honores fueron otorgados durante la ceremonia.	*The honors were conferred during the ceremony.*

-*ar* verb; spelling change: *g* > *gu/e*   **pago · pagaron · pagado · pagando**

PRESENT

pago	pagamos
pagas	pagáis
paga	pagan

IMPERFECT

pagaba	pagábamos
pagabas	pagabais
pagaba	pagaban

FUTURE

pagaré	pagaremos
pagarás	pagaréis
pagará	pagarán

PLUPERFECT

había pagado	habíamos pagado
habías pagado	habíais pagado
había pagado	habían pagado

FUTURE PERFECT

habré pagado	habremos pagado
habrás pagado	habréis pagado
habrá pagado	habrán pagado

PRESENT SUBJUNCTIVE

pague	paguemos
pagues	paguéis
pague	paguen

IMPERFECT SUBJUNCTIVE (-ra)

pagara	pagáramos
pagaras	pagarais
pagara	pagaran

PAST PERFECT SUBJUNCTIVE (-ra)

hubiera pagado	hubiéramos pagado
hubieras pagado	hubierais pagado
hubiera pagado	hubieran pagado

PRETERIT

pagué	pagamos
pagaste	pagasteis
pagó	pagaron

PRESENT PERFECT

he pagado	hemos pagado
has pagado	habéis pagado
ha pagado	han pagado

CONDITIONAL

pagaría	pagaríamos
pagarías	pagaríais
pagaría	pagarían

PRETERIT PERFECT

hube pagado	hubimos pagado
hubiste pagado	hubisteis pagado
hubo pagado	hubieron pagado

CONDITIONAL PERFECT

habría pagado	habríamos pagado
habrías pagado	habríais pagado
habría pagado	habrían pagado

PRESENT PERFECT SUBJUNCTIVE

haya pagado	hayamos pagado
hayas pagado	hayáis pagado
haya pagado	hayan pagado

or **IMPERFECT SUBJUNCTIVE (-se)**

pagase	pagásemos
pagases	pagaseis
pagase	pagasen

or **PAST PERFECT SUBJUNCTIVE (-se)**

hubiese pagado	hubiésemos pagado
hubieses pagado	hubieseis pagado
hubiese pagado	hubiesen pagado

PROGRESSIVE TENSES

PRESENT	estoy, estás, está, estamos, estáis, están	
PRETERIT	estuve, estuviste, estuvo, estuvimos, estuvisteis, estuvieron	
IMPERFECT	estaba, estabas, estaba, estábamos, estabais, estaban	pagando
FUTURE	estaré, estarás, estará, estaremos, estaréis, estarán	
CONDITIONAL	estaría, estarías, estaría, estaríamos, estaríais, estarían	
SUBJUNCTIVE	que + *corresponding subjunctive tense of* estar (*see verb 252*)	

COMMANDS

	(nosotros) paguemos/no paguemos
(tú) paga/no pagues	(vosotros) pagad/no paguéis
(Ud.) pague/no pague	(Uds.) paguen/no paguen

Usage

Pagué la matrícula.	*I paid the registration fee.*
Todo el mundo paga impuestos.	*Everyone pays taxes.*
Pagarás las consecuencias de tus acciones.	*You'll pay the consequences for your actions.*
Se paga al contado/a plazos.	*You can pay cash/in installments.*
Opté por el pago en cuotas.	*I chose payment in installments.*
¿Cobraste paga extraordinaria este mes?	*Did you receive extra pay this month?*
Está tremendamente pagada de sí misma.	*She's terribly conceited.*

palidecer *to turn pale, grow dim, be on the wane*

palidezco · palidecieron · palidecido · palideciendo   -er verb; spelling change: c > zc/o, a

PRESENT		PRETERIT	
palidezco	palidecemos	palidecí	palidecimos
palideces	palidecéis	palideciste	palidecisteis
palidece	palidecen	palideció	palidecieron

IMPERFECT		PRESENT PERFECT	
palidecía	palidecíamos	he palidecido	hemos palidecido
palidecías	palidecíais	has palidecido	habéis palidecido
palidecía	palidecían	ha palidecido	han palidecido

FUTURE		CONDITIONAL	
palideceré	palideceremos	palidecería	palideceríamos
palidecerás	palideceréis	palidecerías	palideceríais
palidecerá	palidecerán	palidecería	palidecerían

PLUPERFECT		PRETERIT PERFECT	
había palidecido	habíamos palidecido	hube palidecido	hubimos palidecido
habías palidecido	habíais palidecido	hubiste palidecido	hubisteis palidecido
había palidecido	habían palidecido	hubo palidecido	hubieron palidecido

FUTURE PERFECT		CONDITIONAL PERFECT	
habré palidecido	habremos palidecido	habría palidecido	habríamos palidecido
habrás palidecido	habréis palidecido	habrías palidecido	habríais palidecido
habrá palidecido	habrán palidecido	habría palidecido	habrían palidecido

PRESENT SUBJUNCTIVE		PRESENT PERFECT SUBJUNCTIVE	
palidezca	palidezcamos	haya palidecido	hayamos palidecido
palidezcas	palidezcáis	hayas palidecido	hayáis palidecido
palidezca	palidezcan	haya palidecido	hayan palidecido

IMPERFECT SUBJUNCTIVE (-ra)		*or* IMPERFECT SUBJUNCTIVE (-se)	
palideciera	palideciéramos	palideciese	palideciésemos
palidecieras	palidecierais	palidecieses	palidecieseis
palideciera	palidecieran	palideciese	palideciesen

PAST PERFECT SUBJUNCTIVE (-ra)		*or* PAST PERFECT SUBJUNCTIVE (-se)	
hubiera palidecido	hubiéramos palidecido	hubiese palidecido	hubiésemos palidecido
hubieras palidecido	hubierais palidecido	hubieses palidecido	hubieseis palidecido
hubiera palidecido	hubieran palidecido	hubiese palidecido	hubiesen palidecido

PROGRESSIVE TENSES

PRESENT	estoy, estás, está, estamos, estáis, están	
PRETERIT	estuve, estuviste, estuvo, estuvimos, estuvisteis, estuvieron	
IMPERFECT	estaba, estabas, estaba, estábamos, estabais, estaban	palideciendo
FUTURE	estaré, estarás, estará, estaremos, estaréis, estarán	
CONDITIONAL	estaría, estarías, estaría, estaríamos, estaríais, estarían	
SUBJUNCTIVE	que + *corresponding subjunctive tense of* estar (*see verb 252*)	

COMMANDS

	(nosotros) palidezcamos/no palidezcamos
(tú) palidece/no palidezcas	(vosotros) palideced/no palidezcáis
(Ud.) palidezca/no palidezca	(Uds.) palidezcan/no palidezcan

Usage

Palideció al ver el escorpión.	*She turned pale when she saw the scorpion.*
La luz palidecía.	*The light was growing dim.*
Su éxito empieza a palidecer.	*His success is beginning to wane.*
Los hermosos colores de la tela palidecían.	*The beautiful colors of the fabric were fading.*
Se puso pálido por el catarro.	*He turned pale because of his cold.*
Su piel tiene una palidez insólita.	*Their skin has an unusual pallor.*

regular *-ar* verb

paro · pararon · parado · parando

PRESENT

paro	paramos
paras	paráis
para	paran

IMPERFECT

paraba	parábamos
parabas	parabais
paraba	paraban

FUTURE

pararé	pararemos
pararás	pararéis
parará	pararán

PLUPERFECT

había parado	habíamos parado
habías parado	habíais parado
había parado	habían parado

FUTURE PERFECT

habré parado	habremos parado
habrás parado	habréis parado
habrá parado	habrán parado

PRESENT SUBJUNCTIVE

pare	paremos
pares	paréis
pare	paren

IMPERFECT SUBJUNCTIVE (-ra)

parara	paráramos
pararas	pararais
parara	pararan

PAST PERFECT SUBJUNCTIVE (-ra)

hubiera parado	hubiéramos parado
hubieras parado	hubierais parado
hubiera parado	hubieran parado

PRETERIT

paré	paramos
paraste	parasteis
paró	pararon

PRESENT PERFECT

he parado	hemos parado
has parado	habéis parado
ha parado	han parado

CONDITIONAL

pararía	pararíamos
pararías	pararíais
pararía	pararían

PRETERIT PERFECT

hube parado	hubimos parado
hubiste parado	hubisteis parado
hubo parado	hubieron parado

CONDITIONAL PERFECT

habría parado	habríamos parado
habrías parado	habríais parado
habría parado	habrían parado

PRESENT PERFECT SUBJUNCTIVE

haya parado	hayamos parado
hayas parado	hayáis parado
haya parado	hayan parado

or **IMPERFECT SUBJUNCTIVE (-se)**

parase	parásemos
parases	paraseis
parase	parasen

or **PAST PERFECT SUBJUNCTIVE (-se)**

hubiese parado	hubiésemos parado
hubieses parado	hubieseis parado
hubiese parado	hubiesen parado

PROGRESSIVE TENSES

PRESENT	estoy, estás, está, estamos, estáis, están
PRETERIT	estuve, estuviste, estuvo, estuvimos, estuvisteis, estuvieron
IMPERFECT	estaba, estabas, estaba, estábamos, estabais, estaban
FUTURE	estaré, estarás, estará, estaremos, estaréis, estarán
CONDITIONAL	estaría, estarías, estaría, estaríamos, estaríais, estarían
SUBJUNCTIVE	que + *corresponding subjunctive tense of* estar (*see verb 252*)

} parando

COMMANDS

	(nosotros) paremos/no paremos
(tú) para/no pares	(vosotros) parad/no paréis
(Ud.) pare/no pare	(Uds.) paren/no paren

Usage

Espero que la tempestad pare pronto.	*I hope the storm will stop soon.*
Pare el coche en el andén de la carretera.	*Stop the car at the shoulder of the road.*
Ensayamos sin parar.	*We rehearsed nonstop.*
Pararon en el parador en Toledo.	*They stayed at the parador* (Spanish national hotel) *in Toledo.*
Párate.	*Stand up.* (Amer.)
Nos paramos a pensar.	*We stopped to think.*
Hay pocos paros en estos días.	*There's little unemployment these days.*

parezco · parecieron · parecido · pareciendo   *-er verb; spelling change: c > zc/o, a*

PRESENT

parezco	parecemos
pareces	parecéis
parece	parecen

PRETERIT

parecí	parecimos
pareciste	parecisteis
pareció	parecieron

IMPERFECT

parecía	parecíamos
parecías	parecíais
parecía	parecían

PRESENT PERFECT

he parecido	hemos parecido
has parecido	habéis parecido
ha parecido	han parecido

FUTURE

pareceré	pareceremos
parecerás	pareceréis
parecerá	parecerán

CONDITIONAL

parecería	pareceríamos
parecerías	pareceríais
parecería	parecerían

PLUPERFECT

había parecido	habíamos parecido
habías parecido	habíais parecido
había parecido	habían parecido

PRETERIT PERFECT

hube parecido	hubimos parecido
hubiste parecido	hubisteis parecido
hubo parecido	hubieron parecido

FUTURE PERFECT

habré parecido	habremos parecido
habrás parecido	habréis parecido
habrá parecido	habrán parecido

CONDITIONAL PERFECT

habría parecido	habríamos parecido
habrías parecido	habríais parecido
habría parecido	habrían parecido

PRESENT SUBJUNCTIVE

parezca	parezcamos
parezcas	parezcáis
parezca	parezcan

PRESENT PERFECT SUBJUNCTIVE

haya parecido	hayamos parecido
hayas parecido	hayáis parecido
haya parecido	hayan parecido

IMPERFECT SUBJUNCTIVE (-ra)

pareciera	pareciéramos
parecieras	parecierais
pareciera	parecieran

or **IMPERFECT SUBJUNCTIVE (-se)**

pareciese	pareciésemos
parecieses	parecieseis
pareciese	pareciesen

PAST PERFECT SUBJUNCTIVE (-ra)

hubiera parecido	hubiéramos parecido
hubieras parecido	hubierais parecido
hubiera parecido	hubieran parecido

or **PAST PERFECT SUBJUNCTIVE (-se)**

hubiese parecido	hubiésemos parecido
hubieses parecido	hubieseis parecido
hubiese parecido	hubiesen parecido

PROGRESSIVE TENSES

PRESENT	estoy, estás, está, estamos, estáis, están
PRETERIT	estuve, estuviste, estuvo, estuvimos, estuvisteis, estuvieron
IMPERFECT	estaba, estabas, estaba, estábamos, estabais, estaban
FUTURE	estaré, estarás, estará, estaremos, estaréis, estarán
CONDITIONAL	estaría, estarías, estaría, estaríamos, estaríais, estarían
SUBJUNCTIVE	que + *corresponding subjunctive tense of* estar *(see verb 252)*

} pareciendo

COMMANDS

	(nosotros) parezcamos/no parezcamos
(tú) parece/no parezcas	(vosotros) pareced/no parezcáis
(Ud.) parezca/no parezca	(Uds.) parezcan/no parezcan

Usage

Parecen desanimados.	*They look dejected.*
Parece que va a llover.	*It looks as if it's going to rain.*
—¿Qué te parece su idea?	*What do you think of their idea?*
—Me parece genial pero difícil de realizar.	*I think it's brilliant but difficult to implement.*
Se parecen a sus padres.	*They look like/resemble their parents.*
La hermana es muy parecida a su hermano.	*The sister is a lot like her brother.*
A mi parecer, él es bien parecido.	*In my opinion, he's nice-looking.*

regular *-ir* verb

parto · partieron · partido · partiendo

PRESENT

parto	partimos
partes	partís
parte	parten

IMPERFECT

partía	partíamos
partías	partíais
partía	partían

FUTURE

partiré	partiremos
partirás	partiréis
partirá	partirán

PLUPERFECT

había partido	habíamos partido
habías partido	habíais partido
había partido	habían partido

FUTURE PERFECT

habré partido	habremos partido
habrás partido	habréis partido
habrá partido	habrán partido

PRESENT SUBJUNCTIVE

parta	partamos
partas	partáis
parta	partan

IMPERFECT SUBJUNCTIVE (-ra)

partiera	partiéramos
partieras	partierais
partiera	partieran

PAST PERFECT SUBJUNCTIVE (-ra)

hubiera partido	hubiéramos partido
hubieras partido	hubierais partido
hubiera partido	hubieran partido

PRETERIT

partí	partimos
partiste	partisteis
partió	partieron

PRESENT PERFECT

he partido	hemos partido
has partido	habéis partido
ha partido	han partido

CONDITIONAL

partiría	partiríamos
partirías	partiríais
partiría	partirían

PRETERIT PERFECT

hube partido	hubimos partido
hubiste partido	hubisteis partido
hubo partido	hubieron partido

CONDITIONAL PERFECT

habría partido	habríamos partido
habrías partido	habríais partido
habría partido	habrían partido

PRESENT PERFECT SUBJUNCTIVE

haya partido	hayamos partido
hayas partido	hayáis partido
haya partido	hayan partido

or **IMPERFECT SUBJUNCTIVE (-se)**

partiese	partiésemos
partieses	partieseis
partiese	partiesen

or **PAST PERFECT SUBJUNCTIVE (-se)**

hubiese partido	hubiésemos partido
hubieses partido	hubieseis partido
hubiese partido	hubiesen partido

PROGRESSIVE TENSES

PRESENT	estoy, estás, está, estamos, estáis, están
PRETERIT	estuve, estuviste, estuvo, estuvimos, estuvisteis, estuvieron
IMPERFECT	estaba, estabas, estaba, estábamos, estabais, estaban
FUTURE	estaré, estarás, estará, estaremos, estaréis, estarán
CONDITIONAL	estaría, estarías, estaría, estaríamos, estaríais, estarían
SUBJUNCTIVE	que + *corresponding subjunctive tense of* estar (*see verb 252*)

} partiendo

COMMANDS

	(nosotros) partamos/no partamos
(tú) parte/no partas	(vosotros) partid/no partáis
(Ud.) parta/no parta	(Uds.) partan/no partan

Usage

Parte la pera en dos.	*Split/Cut the pear into two.*
Partamos la pizza en cuatro.	*Let's share the pizza among the four of us.*
Me parte el alma verlo tan desconsolado.	*It breaks my heart to see him so distressed.*
Parten para la sierra mañana.	*They're leaving for the mountains tomorrow.*
Se partían de risa.	*They were dying laughing.*
A partir de ahora nada de pretextos.	*From now on, no excuses.*
Quedó con parte de la consultoría.	*He ended up with a share of the consulting firm.*

pasar *to pass, happen, spend time*

paso · pasaron · pasado · pasando

regular *-ar* verb

to spend time

Pasamos el día haciendo turismo.

We spent the day sightseeing.

to have a good/bad time

Pasamos un buen/mal rato.
¡Que lo pasen bien!
¿Qué tal lo pasaron anoche?

We had a good/bad time.
Have a good time!
How did you enjoy yourselves last night?

to go by, pass

¡Cómo pasa el tiempo!

How time passes!

to go on, proceed

Pasemos a otro tema.
Pase adelante.

Let's proceed/move on to another topic.
Go on.

to be more than/be over (number)

Pasan de los 100.
No pasa de los 30.

There are more than 100.
He's not over 30.

to go too far

Esta vez pasó de la raya/de los límites.

This time he went too far/overboard.

to happen

¿Qué pasa?

What's happening?

to be the matter

¿Qué te pasa?

What's the matter with you?

to be out of fashion

Este vestido ha pasado de moda.

This dress has gone out of fashion/style.

to leave out, omit, miss out

Me parece que han pasado por alto el índice.

I think they've omitted the index.

to pass for, be taken for

Él pasaba por el invitado de honor.

He was taken for the guest of honor.

to occur to someone, cross someone's mind

No le pasó por la cabeza regalarles algo
  a los anfitriones.

It didn't occur to her to bring a gift to the hosts.

Other Uses

Hay que recordar el pasado.
Lo pasado, pasado está.
Su pasatiempo favorito es el béisbol.
Compré los pasajes en la agencia de viajes.
Los pasajeros mostraron su pasaporte.

We must remember the past.
Let bygones be bygones.
His favorite hobby is baseball.
I bought the tickets at the travel agency.
The passengers showed their passports.

TOP 50 VERBS

regular *-ar* verb   paso · pasaron · pasado · pasando

PRESENT		PRETERIT	
paso	pasamos	pasé	pasamos
pasas	pasáis	pasaste	pasasteis
pasa	pasan	pasó	pasaron

IMPERFECT		PRESENT PERFECT	
pasaba	pasábamos	he pasado	hemos pasado
pasabas	pasabais	has pasado	habéis pasado
pasaba	pasaban	ha pasado	han pasado

FUTURE		CONDITIONAL	
pasaré	pasaremos	pasaría	pasaríamos
pasarás	pasaréis	pasarías	pasaríais
pasará	pasarán	pasaría	pasarían

PLUPERFECT		PRETERIT PERFECT	
había pasado	habíamos pasado	hube pasado	hubimos pasado
habías pasado	habíais pasado	hubiste pasado	hubisteis pasado
había pasado	habían pasado	hubo pasado	hubieron pasado

FUTURE PERFECT		CONDITIONAL PERFECT	
habré pasado	habremos pasado	habría pasado	habríamos pasado
habrás pasado	habréis pasado	habrías pasado	habríais pasado
habrá pasado	habrán pasado	habría pasado	habrían pasado

PRESENT SUBJUNCTIVE		PRESENT PERFECT SUBJUNCTIVE	
pase	pasemos	haya pasado	hayamos pasado
pases	paséis	hayas pasado	hayáis pasado
pase	pasen	haya pasado	hayan pasado

IMPERFECT SUBJUNCTIVE (-ra)		*or* IMPERFECT SUBJUNCTIVE (-se)	
pasara	pasáramos	pasase	pasásemos
pasaras	pasarais	pasases	pasaseis
pasara	pasaran	pasase	pasasen

PAST PERFECT SUBJUNCTIVE (-ra)		*or* PAST PERFECT SUBJUNCTIVE (-se)	
hubiera pasado	hubiéramos pasado	hubiese pasado	hubiésemos pasado
hubieras pasado	hubierais pasado	hubieses pasado	hubieseis pasado
hubiera pasado	hubieran pasado	hubiese pasado	hubiesen pasado

PROGRESSIVE TENSES

PRESENT	estoy, estás, está, estamos, estáis, están	
PRETERIT	estuve, estuviste, estuvo, estuvimos, estuvisteis, estuvieron	
IMPERFECT	estaba, estabas, estaba, estábamos, estabais, estaban	pasando
FUTURE	estaré, estarás, estará, estaremos, estaréis, estarán	
CONDITIONAL	estaría, estarías, estaría, estaríamos, estaríais, estarían	
SUBJUNCTIVE	que + *corresponding subjunctive tense of* estar (*see verb 252*)	

COMMANDS

	(nosotros) pasemos/no pasemos
(tú) pasa/no pases	(vosotros) pasad/no paséis
(Ud.) pase/no pase	(Uds.) pasen/no pasen

Usage

Pásame el pan.	*Pass me the bread.*
¿Qué pasó?	*What happened?*
Pasaron ocho días en San Francisco.	*They spent a week in San Francisco.*
Pasaremos por tu casa.	*We'll drop by to see you.*
El tren pasa por Valencia.	*The train goes through Valencia.*
¡Pase!	*Come in!*

390

pasearse *to go for a walk, take a ride*

paseo · pasearon · paseado · paseándose

regular *-ar* reflexive verb

PRESENT

me paseo	nos paseamos
te paseas	os paseáis
se pasea	se pasean

IMPERFECT

me paseaba	nos paseábamos
te paseabas	os paseabais
se paseaba	se paseaban

FUTURE

me pasearé	nos pasearemos
te pasearás	os pasearéis
se paseará	se pasearán

PLUPERFECT

me había paseado	nos habíamos paseado
te habías paseado	os habíais paseado
se había paseado	se habían paseado

FUTURE PERFECT

me habré paseado	nos habremos paseado
te habrás paseado	os habréis paseado
se habrá paseado	se habrán paseado

PRESENT SUBJUNCTIVE

me pasee	nos paseemos
te pasees	os paseéis
se pasee	se paseen

IMPERFECT SUBJUNCTIVE (-ra)

me paseara	nos paseáramos
te pasearas	os pasearais
se paseara	se pasearan

PAST PERFECT SUBJUNCTIVE (-ra)

me hubiera paseado	nos hubiéramos paseado
te hubieras paseado	os hubierais paseado
se hubiera paseado	se hubieran paseado

PRETERIT

me paseé	nos paseamos
te paseaste	os paseasteis
se paseó	se pasearon

PRESENT PERFECT

me he paseado	nos hemos paseado
te has paseado	os habéis paseado
se ha paseado	se han paseado

CONDITIONAL

me pasearía	nos pasearíamos
te pasearías	os pasearíais
se pasearía	se pasearían

PRETERIT PERFECT

me hube paseado	nos hubimos paseado
te hubiste paseado	os hubisteis paseado
se hubo paseado	se hubieron paseado

CONDITIONAL PERFECT

me habría paseado	nos habríamos paseado
te habrías paseado	os habríais paseado
se habría paseado	se habrían paseado

PRESENT PERFECT SUBJUNCTIVE

me haya paseado	nos hayamos paseado
te hayas paseado	os hayáis paseado
se haya paseado	se hayan paseado

or **IMPERFECT SUBJUNCTIVE (-se)**

me pasease	nos paseásemos
te paseases	os paseaseis
se pasease	se paseasen

or **PAST PERFECT SUBJUNCTIVE (-se)**

me hubiese paseado	nos hubiésemos paseado
te hubieses paseado	os hubieseis paseado
se hubiese paseado	se hubiesen paseado

PROGRESSIVE TENSES

PRESENT	estoy, estás, está, estamos, estáis, están	
PRETERIT	estuve, estuviste, estuvo, estuvimos, estuvisteis, estuvieron	
IMPERFECT	estaba, estabas, estaba, estábamos, estabais, estaban	paseando *(see page 31)*
FUTURE	estaré, estarás, estará, estaremos, estaréis, estarán	
CONDITIONAL	estaría, estarías, estaría, estaríamos, estaríais, estarían	
SUBJUNCTIVE	que + *corresponding subjunctive tense of* estar *(see verb 252)*	

COMMANDS

	(nosotros) paseémonos/no nos paseemos
(tú) paséate/no te pasees	(vosotros) paseaos/no os paseéis
(Ud.) paséese/no se pasee	(Uds.) paséense/no se paseen

Usage

Nos paseábamos por el Retiro.	We were taking a walk through the Retiro (Madrid park).
¿Os paseasteis por el barrio histórico?	Did you stroll through the historic quarter?
Pasearán al perro pronto.	They'll take the dog for a walk soon.
Están dando un paseo en bicicleta.	They're taking a bicycle ride.
¡Cuántos hermosos paseos tiene la ciudad!	How many beautiful avenues the city has!

regular *-ar* verb | **patino · patinaron · patinado · patinando**

PRESENT

patino	patinamos
patinas	patináis
patina	patinan

PRETERIT

patiné	patinamos
patinaste	patinasteis
patinó	patinaron

IMPERFECT

patinaba	patinábamos
patinabas	patinabais
patinaba	patinaban

PRESENT PERFECT

he patinado	hemos patinado
has patinado	habéis patinado
ha patinado	han patinado

FUTURE

patinaré	patinaremos
patinarás	patinaréis
patinará	patinarán

CONDITIONAL

patinaría	patinaríamos
patinarías	patinaríais
patinaría	patinarían

PLUPERFECT

había patinado	habíamos patinado
habías patinado	habíais patinado
había patinado	habían patinado

PRETERIT PERFECT

hube patinado	hubimos patinado
hubiste patinado	hubisteis patinado
hubo patinado	hubieron patinado

FUTURE PERFECT

habré patinado	habremos patinado
habrás patinado	habréis patinado
habrá patinado	habrán patinado

CONDITIONAL PERFECT

habría patinado	habríamos patinado
habrías patinado	habríais patinado
habría patinado	habrían patinado

PRESENT SUBJUNCTIVE

patine	patinemos
patines	patinéis
patine	patinen

PRESENT PERFECT SUBJUNCTIVE

haya patinado	hayamos patinado
hayas patinado	hayáis patinado
haya patinado	hayan patinado

IMPERFECT SUBJUNCTIVE (-ra)

patinara	patináramos
patinaras	patinarais
patinara	patinaran

or **IMPERFECT SUBJUNCTIVE (-se)**

patinase	patinásemos
patinases	patinaseis
patinase	patinasen

PAST PERFECT SUBJUNCTIVE (-ra)

hubiera patinado	hubiéramos patinado
hubieras patinado	hubierais patinado
hubiera patinado	hubieran patinado

or **PAST PERFECT SUBJUNCTIVE (-se)**

hubiese patinado	hubiésemos patinado
hubieses patinado	hubieseis patinado
hubiese patinado	hubiesen patinado

PROGRESSIVE TENSES

PRESENT	estoy, estás, está, estamos, estáis, están
PRETERIT	estuve, estuviste, estuvo, estuvimos, estuvisteis, estuvieron
IMPERFECT	estaba, estabas, estaba, estábamos, estabais, estaban
FUTURE	estaré, estarás, estará, estaremos, estaréis, estarán
CONDITIONAL	estaría, estarías, estaría, estaríamos, estaríais, estarían
SUBJUNCTIVE	que + *corresponding subjunctive tense of* estar (*see verb 252*)

} patinando

COMMANDS

	(nosotros) patinemos/no patinemos
(tú) patina/no patines	(vosotros) patinad/no patinéis
(Ud.) patine/no patine	(Uds.) patinen/no patinen

Usage

Patinábamos sobre hielo/sobre ruedas.	*We used to ice skate/roller skate.*
Niños, patinen con cuidado.	*Children, be careful as you skate.*
Los coches patinaban por el hielo.	*The cars were skidding because of the ice.*
Ponte los patines de cuchilla/de ruedas.	*Put on your ice/roller skates.*
El coche dio un patinazo.	*The car went into a skid.*
Sus patinazos nos hacen reír.	*Their slips/blunders make us laugh.*

pedir   *to ask for, request, order*

pido · pidieron · pedido · pidiendo   stem-changing *-ir* verb: *e > i*

PRESENT

pido	pedimos
pides	pedís
pide	piden

PRETERIT

pedí	pedimos
pediste	pedisteis
pidió	pidieron

IMPERFECT

pedía	pedíamos
pedías	pedíais
pedía	pedían

PRESENT PERFECT

he pedido	hemos pedido
has pedido	habéis pedido
ha pedido	han pedido

FUTURE

pediré	pediremos
pedirás	pediréis
pedirá	pedirán

CONDITIONAL

pediría	pediríamos
pedirías	pediríais
pediría	pedirían

PLUPERFECT

había pedido	habíamos pedido
habías pedido	habíais pedido
había pedido	habían pedido

PRETERIT PERFECT

hube pedido	hubimos pedido
hubiste pedido	hubisteis pedido
hubo pedido	hubieron pedido

FUTURE PERFECT

habré pedido	habremos pedido
habrás pedido	habréis pedido
habrá pedido	habrán pedido

CONDITIONAL PERFECT

habría pedido	habríamos pedido
habrías pedido	habríais pedido
habría pedido	habrían pedido

PRESENT SUBJUNCTIVE

pida	pidamos
pidas	pidáis
pida	pidan

PRESENT PERFECT SUBJUNCTIVE

haya pedido	hayamos pedido
hayas pedido	hayáis pedido
haya pedido	hayan pedido

IMPERFECT SUBJUNCTIVE (-ra)

pidiera	pidiéramos
pidieras	pidierais
pidiera	pidieran

or   **IMPERFECT SUBJUNCTIVE (-se)**

pidiese	pidiésemos
pidieses	pidieseis
pidiese	pidiesen

PAST PERFECT SUBJUNCTIVE (-ra)

hubiera pedido	hubiéramos pedido
hubieras pedido	hubierais pedido
hubiera pedido	hubieran pedido

or   **PAST PERFECT SUBJUNCTIVE (-se)**

hubiese pedido	hubiésemos pedido
hubieses pedido	hubieseis pedido
hubiese pedido	hubiesen pedido

PROGRESSIVE TENSES

PRESENT	estoy, estás, está, estamos, estáis, están
PRETERIT	estuve, estuviste, estuvo, estuvimos, estuvisteis, estuvieron
IMPERFECT	estaba, estabas, estaba, estábamos, estabais, estaban
FUTURE	estaré, estarás, estará, estaremos, estaréis, estarán
CONDITIONAL	estaría, estarías, estaría, estaríamos, estaríais, estarían
SUBJUNCTIVE	que + *corresponding subjunctive tense of* estar (*see verb 252*)

} pidiendo

COMMANDS

	(nosotros) pidamos/no pidamos
(tú) pide/no pidas	(vosotros) pedid/no pidáis
(Ud.) pida/no pida	(Uds.) pidan/no pidan

Usage

Pedían demasiado por el coche.	*They were asking too much for the car.*
Me pidió la hoja de pedido.	*He asked me for the order form.*
Le pidieron que les enviara el documento.	*They asked her to send them the document.*
Yo pedí la chuleta de ternera.	*I ordered the veal chop.*
Le pidió prestado el teléfono celular.	*She asked him to lend her his cell phone.*
Pides peras al olmo./Pides la luna.	*You're asking for the impossible.*

-ar verb; spelling change: *g > gu/e*   **pego · pegaron · pegado · pegando**

PRESENT		PRETERIT	
pego	pegamos	pegué	pegamos
pegas	pegáis	pegaste	pegasteis
pega	pegan	pegó	pegaron

IMPERFECT		PRESENT PERFECT	
pegaba	pegábamos	he pegado	hemos pegado
pegabas	pegabais	has pegado	habéis pegado
pegaba	pegaban	ha pegado	han pegado

FUTURE		CONDITIONAL	
pegaré	pegaremos	pegaría	pegaríamos
pegarás	pegaréis	pegarías	pegaríais
pegará	pegarán	pegaría	pegarían

PLUPERFECT		PRETERIT PERFECT	
había pegado	habíamos pegado	hube pegado	hubimos pegado
habías pegado	habíais pegado	hubiste pegado	hubisteis pegado
había pegado	habían pegado	hubo pegado	hubieron pegado

FUTURE PERFECT		CONDITIONAL PERFECT	
habré pegado	habremos pegado	habría pegado	habríamos pegado
habrás pegado	habréis pegado	habrías pegado	habríais pegado
habrá pegado	habrán pegado	habría pegado	habrían pegado

PRESENT SUBJUNCTIVE		PRESENT PERFECT SUBJUNCTIVE	
pegue	peguemos	haya pegado	hayamos pegado
pegues	peguéis	hayas pegado	hayáis pegado
pegue	peguen	haya pegado	hayan pegado

IMPERFECT SUBJUNCTIVE (-ra)		*or*	IMPERFECT SUBJUNCTIVE (-se)	
pegara	pegáramos		pegase	pegásemos
pegaras	pegarais		pegases	pegaseis
pegara	pegaran		pegase	pegasen

PAST PERFECT SUBJUNCTIVE (-ra)		*or*	PAST PERFECT SUBJUNCTIVE (-se)	
hubiera pegado	hubiéramos pegado		hubiese pegado	hubiésemos pegado
hubieras pegado	hubierais pegado		hubieses pegado	hubieseis pegado
hubiera pegado	hubieran pegado		hubiese pegado	hubiesen pegado

PROGRESSIVE TENSES

PRESENT	estoy, estás, está, estamos, estáis, están
PRETERIT	estuve, estuviste, estuvo, estuvimos, estuvisteis, estuvieron
IMPERFECT	estaba, estabas, estaba, estábamos, estabais, estaban
FUTURE	estaré, estarás, estará, estaremos, estaréis, estarán
CONDITIONAL	estaría, estarías, estaría, estaríamos, estaríais, estarían
SUBJUNCTIVE	que + *corresponding subjunctive tense of* estar (*see verb 252*)

} pegando

COMMANDS

	(nosotros) peguemos/no peguemos
(tú) pega/no pegues	(vosotros) pegad/no peguéis
(Ud.) pegue/no pegue	(Uds.) peguen/no peguen

Usage

Pega la etiqueta aquí.	*Stick/Paste the label here.*
¡No le pegues a tu hermanito!	*Don't hit your little brother!*
No pegué ojo en toda la noche.	*I didn't sleep a wink all night.*
¡Es para pegarse un tiro!	*It's enough to make you scream!*
Se le han pegado las sábanas.	*He has overslept.*
Corre la mesa para que esté pegada a la pared.	*Move the table so it's right against the wall.*
Se pegaba fácilmente la melodía/el acento.	*The melody/accent was very catchy.*

PRESENT

me peino	nos peinamos
te peinas	os peináis
se peina	se peinan

IMPERFECT

me peinaba	nos peinábamos
te peinabas	os peinabais
se peinaba	se peinaban

FUTURE

me peinaré	nos peinaremos
te peinarás	os peinaréis
se peinará	se peinarán

PLUPERFECT

me había peinado	nos habíamos peinado
te habías peinado	os habíais peinado
se había peinado	se habían peinado

FUTURE PERFECT

me habré peinado	nos habremos peinado
te habrás peinado	os habréis peinado
se habrá peinado	se habrán peinado

PRESENT SUBJUNCTIVE

me peine	nos peinemos
te peines	os peinéis
se peine	se peinen

IMPERFECT SUBJUNCTIVE (-ra)

me peinara	nos peináramos
te peinaras	os peinarais
se peinara	se peinaran

PAST PERFECT SUBJUNCTIVE (-ra)

me hubiera peinado	nos hubiéramos peinado
te hubieras peinado	os hubierais peinado
se hubiera peinado	se hubieran peinado

PRETERIT

me peiné	nos peinamos
te peinaste	os peinasteis
se peinó	se peinaron

PRESENT PERFECT

me he peinado	nos hemos peinado
te has peinado	os habéis peinado
se ha peinado	se han peinado

CONDITIONAL

me peinaría	nos peinaríamos
te peinarías	os peinaríais
se peinaría	se peinarían

PRETERIT PERFECT

me hube peinado	nos hubimos peinado
te hubiste peinado	os hubisteis peinado
se hubo peinado	se hubieron peinado

CONDITIONAL PERFECT

me habría peinado	nos habríamos peinado
te habrías peinado	os habríais peinado
se habría peinado	se habrían peinado

PRESENT PERFECT SUBJUNCTIVE

me haya peinado	nos hayamos peinado
te hayas peinado	os hayáis peinado
se haya peinado	se hayan peinado

or **IMPERFECT SUBJUNCTIVE (-se)**

me peinase	nos peinásemos
te peinases	os peinaseis
se peinase	se peinasen

or **PAST PERFECT SUBJUNCTIVE (-se)**

me hubiese peinado	nos hubiésemos peinado
te hubieses peinado	os hubieseis peinado
se hubiese peinado	se hubiesen peinado

PROGRESSIVE TENSES

PRESENT	estoy, estás, está, estamos, estáis, están
PRETERIT	estuve, estuviste, estuvo, estuvimos, estuvisteis, estuvieron
IMPERFECT	estaba, estabas, estaba, estábamos, estabais, estaban
FUTURE	estaré, estarás, estará, estaremos, estaréis, estarán
CONDITIONAL	estaría, estarías, estaría, estaríamos, estaríais, estarían
SUBJUNCTIVE	que + *corresponding subjunctive tense of* estar (*see verb 252*)

} peinando (*see page 31*)

COMMANDS

	(nosotros) peinémonos/no nos peinemos
(tú) péinate/no te peines	(vosotros) peinaos/no os peinéis
(Ud.) péinese/no se peine	(Uds.) péinense/no se peinen

Usage

Peino a las niñas.	*I'm combing the girls' hair.*
La peluquera me peinó.	*The hairdresser combed my hair.*
Se peinaban en el dormitorio.	*They combed their hair in the bedroom.*
Debes peinarte.	*You should comb your hair.*
Me encantan los peinados de los años 40.	*I love the forties hairstyles.*
Los peines de carey son más caros.	*Tortoiseshell combs are more expensive.*
Está bien peinada/despeinada.	*Her hair is nicely combed/disheveled.*

stem-changing -ar verb: e > ie   **pienso · pensaron · pensado · pensando**

PRESENT		PRETERIT	
pienso	pensamos	pensé	pensamos
piensas	pensáis	pensaste	pensasteis
piensa	piensan	pensó	pensaron

IMPERFECT		PRESENT PERFECT	
pensaba	pensábamos	he pensado	hemos pensado
pensabas	pensabais	has pensado	habéis pensado
pensaba	pensaban	ha pensado	han pensado

FUTURE		CONDITIONAL	
pensaré	pensaremos	pensaría	pensaríamos
pensarás	pensaréis	pensarías	pensaríais
pensará	pensarán	pensaría	pensarían

PLUPERFECT		PRETERIT PERFECT	
había pensado	habíamos pensado	hube pensado	hubimos pensado
habías pensado	habíais pensado	hubiste pensado	hubisteis pensado
había pensado	habían pensado	hubo pensado	hubieron pensado

FUTURE PERFECT		CONDITIONAL PERFECT	
habré pensado	habremos pensado	habría pensado	habríamos pensado
habrás pensado	habréis pensado	habrías pensado	habríais pensado
habrá pensado	habrán pensado	habría pensado	habrían pensado

PRESENT SUBJUNCTIVE		PRESENT PERFECT SUBJUNCTIVE	
piense	pensemos	haya pensado	hayamos pensado
pienses	penséis	hayas pensado	hayáis pensado
piense	piensen	haya pensado	hayan pensado

IMPERFECT SUBJUNCTIVE (-ra)		or IMPERFECT SUBJUNCTIVE (-se)	
pensara	pensáramos	pensase	pensásemos
pensaras	pensarais	pensases	pensaseis
pensara	pensaran	pensase	pensasen

PAST PERFECT SUBJUNCTIVE (-ra)		or PAST PERFECT SUBJUNCTIVE (-se)	
hubiera pensado	hubiéramos pensado	hubiese pensado	hubiésemos pensado
hubieras pensado	hubierais pensado	hubieses pensado	hubieseis pensado
hubiera pensado	hubieran pensado	hubiese pensado	hubiesen pensado

PROGRESSIVE TENSES

PRESENT	estoy, estás, está, estamos, estáis, están	
PRETERIT	estuve, estuviste, estuvo, estuvimos, estuvisteis, estuvieron	
IMPERFECT	estaba, estabas, estaba, estábamos, estabais, estaban	pensando
FUTURE	estaré, estarás, estará, estaremos, estaréis, estarán	
CONDITIONAL	estaría, estarías, estaría, estaríamos, estaríais, estarían	
SUBJUNCTIVE	que + *corresponding subjunctive tense of* estar (*see verb 252*)	

COMMANDS

	(nosotros) pensemos/no pensemos
(tú) piensa/no pienses	(vosotros) pensad/no penséis
(Ud.) piense/no piense	(Uds.) piensen/no piensen

Usage

Él piensa mucho.	*He thinks a lot.*
Pensaba que habían llegado.	*I thought they had arrived.*
Piensa en los arreglos para su boda.	*She's thinking about the arrangements for her wedding.*
¿Qué piensan del gabinete del presidente?	*What do you think of the president's cabinet?*
Piensan verse en Buenos Aires.	*They intend to meet in Buenos Aires.*
¡Ojalá que pensara más en sus estudios!	*We wish he would think more about his studies!*

TOP 50 VERB ☞

pienso · pensaron · pensado · pensando   stem-changing *-ar* verb: *e > ie*

pensar en to think of/about

—¿En qué piensas?	*What are you thinking about?*
—Pienso en lo mucho que tengo que hacer hoy.	*I'm thinking about how much I have to do today.*
Uds. pensaban en todo.	*You thought of everything.*
Siempre has pensado en los demás.	*You've always thought about other people.*

how to think about something

—Piensen mucho antes de hacerlo.	*Think hard before you do it.*
—Ya lo hemos pensado bien/dos veces.	*We've thought it over carefully/twice.*
Pensándolo bien, no vamos a ir.	*After thinking it over, we're not going to go.*
Se lanza sin pensar.	*He rushes into things without thinking.*
Piensa por ti mismo.	*Think for yourself.*
Está pensando en voz alta.	*She's thinking aloud.*

pensar de to think about (have an opinion about)

—¿Qué piensas del nuevo centro comercial?	*What do you think about the new mall?*
—Pienso que está bien pensado y situado.	*I think it's well thought out and well located.*

pensar + infinitive to intend to

—Piensas estudiar marketing, ¿verdad?	*You intend to study marketing, don't you?*
—Pensaba estudiarlo, pero ahora pienso en la contabilidad.	*I intended to study it, but now I'm thinking about accounting.*

Other Uses

Sólo el pensarlo me da grima.	*The mere thought of it disgusts me.*
¡Ni pensarlo!	*It's out of the question!*
Aristóteles era un gran pensador.	*Aristotle was a great thinker (philosopher).*
Se goza de la libertad de pensamiento en los Estados Unidos.	*We enjoy freedom of thought in the United States.*
No puedo adivinar sus pensamientos.	*I can't read their thoughts.*
El hombre es un animal pensante/que piensa.	*Man is a thinking animal.*
Se quedó pensativo oyendo las noticias.	*He was pensive/thoughtful listening to the news.*
¡No seas mal pensado!	*Don't be evil-minded!*
Pasará el día menos pensado.	*It will happen when least expected.*
Cuando menos se piensa ocurre algo bueno.	*When you least expect it, something good happens.*

TOP 50 VERBS

stem-changing *-er* verb: *e > ie* (present) | **pierdo · perdieron · perdido · perdiendo**

PRESENT

pierdo	perdemos
pierdes	perdéis
pierde	pierden

PRETERIT

perdí	perdimos
perdiste	perdisteis
perdió	perdieron

IMPERFECT

perdía	perdíamos
perdías	perdíais
perdía	perdían

PRESENT PERFECT

he perdido	hemos perdido
has perdido	habéis perdido
ha perdido	han perdido

FUTURE

perderé	perderemos
perderás	perderéis
perderá	perderán

CONDITIONAL

perdería	perderíamos
perderías	perderíais
perdería	perderían

PLUPERFECT

había perdido	habíamos perdido
habías perdido	habíais perdido
había perdido	habían perdido

PRETERIT PERFECT

hube perdido	hubimos perdido
hubiste perdido	hubisteis perdido
hubo perdido	hubieron perdido

FUTURE PERFECT

habré perdido	habremos perdido
habrás perdido	habréis perdido
habrá perdido	habrán perdido

CONDITIONAL PERFECT

habría perdido	habríamos perdido
habrías perdido	habríais perdido
habría perdido	habrían perdido

PRESENT SUBJUNCTIVE

pierda	perdamos
pierdas	perdáis
pierda	pierdan

PRESENT PERFECT SUBJUNCTIVE

haya perdido	hayamos perdido
hayas perdido	hayáis perdido
haya perdido	hayan perdido

IMPERFECT SUBJUNCTIVE (-ra)

perdiera	perdiéramos
perdieras	perdierais
perdiera	perdieran

or **IMPERFECT SUBJUNCTIVE (-se)**

perdiese	perdiésemos
perdieses	perdieseis
perdiese	perdiesen

PAST PERFECT SUBJUNCTIVE (-ra)

hubiera perdido	hubiéramos perdido
hubieras perdido	hubierais perdido
hubiera perdido	hubieran perdido

or **PAST PERFECT SUBJUNCTIVE (-se)**

hubiese perdido	hubiésemos perdido
hubieses perdido	hubieseis perdido
hubiese perdido	hubiesen perdido

PROGRESSIVE TENSES

PRESENT	estoy, estás, está, estamos, estáis, están
PRETERIT	estuve, estuviste, estuvo, estuvimos, estuvisteis, estuvieron
IMPERFECT	estaba, estabas, estaba, estábamos, estabais, estaban
FUTURE	estaré, estarás, estará, estaremos, estaréis, estarán
CONDITIONAL	estaría, estarías, estaría, estaríamos, estaríais, estarían
SUBJUNCTIVE	que + *corresponding subjunctive tense of* estar *(see verb 252)*

} perdiendo

COMMANDS

	(nosotros) perdamos/no perdamos
(tú) pierde/no pierdas	(vosotros) perded/no perdáis
(Ud.) pierda/no pierda	(Uds.) pierdan/no pierdan

Usage

Perdió dinero en inversiones equivocadas.	*He lost money in bad investments.*
No pierdas tiempo discutiendo.	*Don't waste time arguing.*
Perdisteis el tren.	*You missed the train.*
Nos perdimos en el bosque.	*We got lost/lost our way in the forest.*
No se pierdan el espectáculo.	*Don't miss the show.*
Se nos perdió un sobre importante.	*We lost/mislaid an important envelope.*
No pierdas de vista a la niña.	*Don't lose sight of the child.*

TOP 50 VERB ☞

perder   *to lose, waste, miss*

pierdo · perdieron · perdido · perdiendo   stem-changing -er verb: e > ie (present)

El almirante Nelson perdió su vida en la batalla de Trafalgar.	*Admiral Nelson lost his life at the Battle of Trafalgar.*
No pierdan la oportunidad de conocerlo.	*Don't miss the chance to meet him.*
Les perdimos el respeto al verlos borrachos.	*We lost respect for them seeing them drunk.*
No hay tiempo que perder.	*There's no time to lose.*
No tenían nada que perder.	*They had nothing to lose.*
Has perdido peso.	*You've lost weight.*
Salió perdiendo en el concurso de ortografía.	*She lost out in the spelling bee.*
Se van perdiendo ciertas costumbres.	*Certain customs are being lost.*
Las manzanas se echaron a perder por el calor.	*The apples spoiled because of the heat.*
El que todo lo quiere, todo lo pierde.	*The more you want, the less you get.*

perdérsele a alguien (unplanned occurrences) *to lose*

—Se me han perdido las carpetas.	*I've lost/misplaced the folders.*
—¡Se le pierde todo!	*You lose everything!*
—Se me perdió el paraguas.	*I lost my umbrella.*
—Búscalo en la oficina de objetos perdidos.	*Look for it in the lost and found office.*

Other Uses

He dado el paquete por perdido.	*I've given up the package as lost.*
—Anda perdido por su novia.	*He's head over heels in love with his fiancée.*
—Y ella está perdidamente enamorada de él.	*And she's madly in love with him.*
Son esfuerzos perdidos.	*They're wasted efforts.*
Aprovecha los ratos perdidos.	*Make the most of your spare moments.*
Se examinan las pérdidas y ganancias.	*They're reviewing profits and losses.*
El embarazo acabó en pérdida.	*The pregnancy ended in a miscarriage.*
Su compromiso en ese grupo será su perdición.	*Their involvement in that group will be their undoing.*
Es un buen/mal perdedor.	*He's a good/bad loser.*

TOP 50 VERBS

regular -*ar* verb | **perdono · perdonaron · perdonado · perdonando**

PRESENT

perdono	perdonamos
perdonas	perdonáis
perdona	perdonan

PRETERIT

perdoné	perdonamos
perdonaste	perdonasteis
perdonó	perdonaron

IMPERFECT

perdonaba	perdonábamos
perdonabas	perdonabais
perdonaba	perdonaban

PRESENT PERFECT

he perdonado	hemos perdonado
has perdonado	habéis perdonado
ha perdonado	han perdonado

FUTURE

perdonaré	perdonaremos
perdonarás	perdonaréis
perdonará	perdonarán

CONDITIONAL

perdonaría	perdonaríamos
perdonarías	perdonaríais
perdonaría	perdonarían

PLUPERFECT

había perdonado	habíamos perdonado
habías perdonado	habíais perdonado
había perdonado	habían perdonado

PRETERIT PERFECT

hube perdonado	hubimos perdonado
hubiste perdonado	hubisteis perdonado
hubo perdonado	hubieron perdonado

FUTURE PERFECT

habré perdonado	habremos perdonado
habrás perdonado	habréis perdonado
habrá perdonado	habrán perdonado

CONDITIONAL PERFECT

habría perdonado	habríamos perdonado
habrías perdonado	habríais perdonado
habría perdonado	habrían perdonado

PRESENT SUBJUNCTIVE

perdone	perdonemos
perdones	perdonéis
perdone	perdonen

PRESENT PERFECT SUBJUNCTIVE

haya perdonado	hayamos perdonado
hayas perdonado	hayáis perdonado
haya perdonado	hayan perdonado

IMPERFECT SUBJUNCTIVE (-ra)

perdonara	perdonáramos
perdonaras	perdonarais
perdonara	perdonaran

or **IMPERFECT SUBJUNCTIVE (-se)**

perdonase	perdonásemos
perdonases	perdonaseis
perdonase	perdonasen

PAST PERFECT SUBJUNCTIVE (-ra)

hubiera perdonado	hubiéramos perdonado
hubieras perdonado	hubierais perdonado
hubiera perdonado	hubieran perdonado

or **PAST PERFECT SUBJUNCTIVE (-se)**

hubiese perdonado	hubiésemos perdonado
hubieses perdonado	hubieseis perdonado
hubiese perdonado	hubiesen perdonado

PROGRESSIVE TENSES

PRESENT	estoy, estás, está, estamos, estáis, están
PRETERIT	estuve, estuviste, estuvo, estuvimos, estuvisteis, estuvieron
IMPERFECT	estaba, estabas, estaba, estábamos, estabais, estaban
FUTURE	estaré, estarás, estará, estaremos, estaréis, estarán
CONDITIONAL	estaría, estarías, estaría, estaríamos, estaríais, estarían
SUBJUNCTIVE	que + *corresponding subjunctive tense of* estar (*see verb 252*)

} perdonando

COMMANDS

	(nosotros) perdonemos/no perdonemos
(tú) perdona/no perdones	(vosotros) perdonad/no perdonéis
(Ud.) perdone/no perdone	(Uds.) perdonen/no perdonen

Usage

Perdone Ud.	*Pardon me./Sorry.*
Perdone la molestia.	*Excuse me for bothering you.*
Perdónenme.	*Forgive me (you all).*
Pídele perdón.	*Ask him to forgive you.*
La gente no quiere que le perdonen la vida al asesino.	*People don't want the murderer's life to be spared.*

permitir   _to permit, allow, let_

PRESENT		PRETERIT	
permito	permitimos	permití	permitimos
permites	permitís	permitiste	permitisteis
permite	permiten	permitió	permitieron

IMPERFECT		PRESENT PERFECT	
permitía	permitíamos	he permitido	hemos permitido
permitías	permitíais	has permitido	habéis permitido
permitía	permitían	ha permitido	han permitido

FUTURE		CONDITIONAL	
permitiré	permitiremos	permitiría	permitiríamos
permitirás	permitiréis	permitirías	permitiríais
permitirá	permitirán	permitiría	permitirían

PLUPERFECT		PRETERIT PERFECT	
había permitido	habíamos permitido	hube permitido	hubimos permitido
habías permitido	habíais permitido	hubiste permitido	hubisteis permitido
había permitido	habían permitido	hubo permitido	hubieron permitido

FUTURE PERFECT		CONDITIONAL PERFECT	
habré permitido	habremos permitido	habría permitido	habríamos permitido
habrás permitido	habréis permitido	habrías permitido	habríais permitido
habrá permitido	habrán permitido	habría permitido	habrían permitido

PRESENT SUBJUNCTIVE		PRESENT PERFECT SUBJUNCTIVE	
permita	permitamos	haya permitido	hayamos permitido
permitas	permitáis	hayas permitido	hayáis permitido
permita	permitan	haya permitido	hayan permitido

IMPERFECT SUBJUNCTIVE (-ra)		_or_ IMPERFECT SUBJUNCTIVE (-se)	
permitiera	permitiéramos	permitiese	permitiésemos
permitieras	permitierais	permitieses	permitieseis
permitiera	permitieran	permitiese	permitiesen

PAST PERFECT SUBJUNCTIVE (-ra)		_or_ PAST PERFECT SUBJUNCTIVE (-se)	
hubiera permitido	hubiéramos permitido	hubiese permitido	hubiésemos permitido
hubieras permitido	hubierais permitido	hubieses permitido	hubieseis permitido
hubiera permitido	hubieran permitido	hubiese permitido	hubiesen permitido

PROGRESSIVE TENSES

PRESENT	estoy, estás, está, estamos, estáis, están	
PRETERIT	estuve, estuviste, estuvo, estuvimos, estuvisteis, estuvieron	
IMPERFECT	estaba, estabas, estaba, estábamos, estabais, estaban	permitiendo
FUTURE	estaré, estarás, estará, estaremos, estaréis, estarán	
CONDITIONAL	estaría, estarías, estaría, estaríamos, estaríais, estarían	
SUBJUNCTIVE	que + _corresponding subjunctive tense of_ estar (_see verb 252_)	

COMMANDS

	(nosotros) permitamos/no permitamos
(tú) permite/no permitas	(vosotros) permitid/no permitáis
(Ud.) permita/no permita	(Uds.) permitan/no permitan

Usage

No permitían que los acompañáramos.	_They didn't permit/allow us to go with them._
Les permití entrar.	_I let them come in._
Me permito escribirle.	_I take the liberty of writing to you._
Permítanos pasar.	_Let us go by._
Pídeles permiso a tus papás.	_Ask your parents for permission._
No se permite comer aquí.	_Eating is not permitted here._
Con permiso.	_Excuse me._

stem-changing *-ir* verb: *e* > *i*; spelling change: *gu* > *g/o, a* (like **seguir**)

persigo · persiguieron · perseguido · persiguiendo

PRESENT		PRETERIT	
persigo	perseguimos	perseguí	perseguimos
persigues	perseguís	perseguiste	perseguisteis
persigue	persiguen	persiguió	persiguieron

IMPERFECT		PRESENT PERFECT	
perseguía	perseguíamos	he perseguido	hemos perseguido
perseguías	perseguíais	has perseguido	habéis perseguido
perseguía	perseguían	ha perseguido	han perseguido

FUTURE		CONDITIONAL	
perseguiré	perseguiremos	perseguiría	perseguiríamos
perseguirás	perseguiréis	perseguirías	perseguiríais
perseguirá	perseguirán	perseguiría	perseguirían

PLUPERFECT		PRETERIT PERFECT	
había perseguido	habíamos perseguido	hube perseguido	hubimos perseguido
habías perseguido	habíais perseguido	hubiste perseguido	hubisteis perseguido
había perseguido	habían perseguido	hubo perseguido	hubieron perseguido

FUTURE PERFECT		CONDITIONAL PERFECT	
habré perseguido	habremos perseguido	habría perseguido	habríamos perseguido
habrás perseguido	habréis perseguido	habrías perseguido	habríais perseguido
habrá perseguido	habrán perseguido	habría perseguido	habrían perseguido

PRESENT SUBJUNCTIVE		PRESENT PERFECT SUBJUNCTIVE	
persiga	persigamos	haya perseguido	hayamos perseguido
persigas	persigáis	hayas perseguido	hayáis perseguido
persiga	persigan	haya perseguido	hayan perseguido

IMPERFECT SUBJUNCTIVE (-ra)		*or* IMPERFECT SUBJUNCTIVE (-se)	
persiguiera	persiguiéramos	persiguiese	persiguiésemos
persiguieras	persiguierais	persiguieses	persiguieseis
persiguiera	persiguieran	persiguiese	persiguiesen

PAST PERFECT SUBJUNCTIVE (-ra)		*or* PAST PERFECT SUBJUNCTIVE (-se)	
hubiera perseguido	hubiéramos perseguido	hubiese perseguido	hubiésemos perseguido
hubieras perseguido	hubierais perseguido	hubieses perseguido	hubieseis perseguido
hubiera perseguido	hubieran perseguido	hubiese perseguido	hubiesen perseguido

PROGRESSIVE TENSES

PRESENT	estoy, estás, está, estamos, estáis, están	
PRETERIT	estuve, estuviste, estuvo, estuvimos, estuvisteis, estuvieron	
IMPERFECT	estaba, estabas, estaba, estábamos, estabais, estaban	persiguiendo
FUTURE	estaré, estarás, estará, estaremos, estaréis, estarán	
CONDITIONAL	estaría, estarías, estaría, estaríamos, estaríais, estarían	
SUBJUNCTIVE	que + *corresponding subjunctive tense of* estar (*see verb 252*)	

COMMANDS

	(nosotros) persigamos/no persigamos
(tú) persigue/no persigas	(vosotros) perseguid/no persigáis
(Ud.) persiga/no persiga	(Uds.) persigan/no persigan

Usage

Se perseguirán otros caminos. — *They'll pursue other avenues.*
La policía perseguía a los malhechores. — *The police chased after the bad guys.*
Persiga sus objetivos. — *Pursue your goals.*
Persigue el puesto de administrador. — *He's going after the position of chief executive.*
Todos fueron perseguidos. — *All of them were persecuted/prosecuted.*
Sufre de la manía persecutoria. — *She has a persecution complex.*

400 | **pertenecer** *to belong*

pertenezco · pertenecieron · pertenecido · perteneciendo

-er verb; spelling
change: *c > zc/o, a*

PRESENT		PRETERIT	
pertenezco	pertenecemos	pertenecí	pertenecimos
perteneces	pertenecéis	perteneciste	pertenecisteis
pertenece	pertenecen	perteneció	pertenecieron

IMPERFECT		PRESENT PERFECT	
pertenecía	pertenecíamos	he pertenecido	hemos pertenecido
pertenecías	pertenecíais	has pertenecido	habéis pertenecido
pertenecía	pertenecían	ha pertenecido	han pertenecido

FUTURE		CONDITIONAL	
perteneceré	perteneceremos	pertenecería	perteneceríamos
pertenecerás	perteneceréis	pertenecerías	perteneceríais
pertenecerá	pertenecerán	pertenecería	pertenecerían

PLUPERFECT		PRETERIT PERFECT	
había pertenecido	habíamos pertenecido	hube pertenecido	hubimos pertenecido
habías pertenecido	habíais pertenecido	hubiste pertenecido	hubisteis pertenecido
había pertenecido	habían pertenecido	hubo pertenecido	hubieron pertenecido

FUTURE PERFECT		CONDITIONAL PERFECT	
habré pertenecido	habremos pertenecido	habría pertenecido	habríamos pertenecido
habrás pertenecido	habréis pertenecido	habrías pertenecido	habríais pertenecido
habrá pertenecido	habrán pertenecido	habría pertenecido	habrían pertenecido

PRESENT SUBJUNCTIVE		PRESENT PERFECT SUBJUNCTIVE	
pertenezca	pertenezcamos	haya pertenecido	hayamos pertenecido
pertenezcas	pertenezcáis	hayas pertenecido	hayáis pertenecido
pertenezca	pertenezcan	haya pertenecido	hayan pertenecido

IMPERFECT SUBJUNCTIVE (-ra)		*or*	IMPERFECT SUBJUNCTIVE (-se)	
perteneciera	perteneciéramos		perteneciese	perteneciésemos
pertenecieras	pertenecierais		pertenecieses	pertenecieseis
perteneciera	pertenecieran		perteneciese	perteneciesen

PAST PERFECT SUBJUNCTIVE (-ra)		*or*	PAST PERFECT SUBJUNCTIVE (-se)	
hubiera pertenecido	hubiéramos pertenecido		hubiese pertenecido	hubiésemos pertenecido
hubieras pertenecido	hubierais pertenecido		hubieses pertenecido	hubieseis pertenecido
hubiera pertenecido	hubieran pertenecido		hubiese pertenecido	hubiesen pertenecido

PROGRESSIVE TENSES

PRESENT	estoy, estás, está, estamos, estáis, están
PRETERIT	estuve, estuviste, estuvo, estuvimos, estuvisteis, estuvieron
IMPERFECT	estaba, estabas, estaba, estábamos, estabais, estaban
FUTURE	estaré, estarás, estará, estaremos, estaréis, estarán
CONDITIONAL	estaría, estarías, estaría, estaríamos, estaríais, estarían
SUBJUNCTIVE	que + *corresponding subjunctive tense of* estar (*see verb 252*)

} perteneciendo

COMMANDS

	(nosotros) pertenezcamos/no pertenezcamos
(tú) pertenece/no pertenezcas	(vosotros) perteneced/no pertenezcáis
(Ud.) pertenezca/no pertenezca	(Uds.) pertenezcan/no pertenezcan

Usage

Estos terrenos pertenecen a una sociedad inmobiliaria.
¿A quién le pertenece esa mochila?
Me pertenece la propiedad intelectual.
Es propiedad perteneciente al estado de Virginia.

These plots of land belong to a real estate company.
To whom does that backpack belong?
The copyright belongs to me.
It's property belonging to the state of Virginia.

-ar verb; spelling change: c > qu/e   pesco · pescaron · pescado · pescando

PRESENT		PRETERIT	
pesco	pescamos	pesqué	pescamos
pescas	pescáis	pescaste	pescasteis
pesca	pescan	pescó	pescaron

IMPERFECT		PRESENT PERFECT	
pescaba	pescábamos	he pescado	hemos pescado
pescabas	pescabais	has pescado	habéis pescado
pescaba	pescaban	ha pescado	han pescado

FUTURE		CONDITIONAL	
pescaré	pescaremos	pescaría	pescaríamos
pescarás	pescaréis	pescarías	pescaríais
pescará	pescarán	pescaría	pescarían

PLUPERFECT		PRETERIT PERFECT	
había pescado	habíamos pescado	hube pescado	hubimos pescado
habías pescado	habíais pescado	hubiste pescado	hubisteis pescado
había pescado	habían pescado	hubo pescado	hubieron pescado

FUTURE PERFECT		CONDITIONAL PERFECT	
habré pescado	habremos pescado	habría pescado	habríamos pescado
habrás pescado	habréis pescado	habrías pescado	habríais pescado
habrá pescado	habrán pescado	habría pescado	habrían pescado

PRESENT SUBJUNCTIVE		PRESENT PERFECT SUBJUNCTIVE	
pesque	pesquemos	haya pescado	hayamos pescado
pesques	pesquéis	hayas pescado	hayáis pescado
pesque	pesquen	haya pescado	hayan pescado

IMPERFECT SUBJUNCTIVE (-ra)		*or* IMPERFECT SUBJUNCTIVE (-se)	
pescara	pescáramos	pescase	pescásemos
pescaras	pescarais	pescases	pescaseis
pescara	pescaran	pescase	pescasen

PAST PERFECT SUBJUNCTIVE (-ra)		*or* PAST PERFECT SUBJUNCTIVE (-se)	
hubiera pescado	hubiéramos pescado	hubiese pescado	hubiésemos pescado
hubieras pescado	hubierais pescado	hubieses pescado	hubieseis pescado
hubiera pescado	hubieran pescado	hubiese pescado	hubiesen pescado

PROGRESSIVE TENSES

PRESENT	estoy, estás, está, estamos, estáis, están	
PRETERIT	estuve, estuviste, estuvo, estuvimos, estuvisteis, estuvieron	
IMPERFECT	estaba, estabas, estaba, estábamos, estabais, estaban	pescando
FUTURE	estaré, estarás, estará, estaremos, estaréis, estarán	
CONDITIONAL	estaría, estarías, estaría, estaríamos, estaríais, estarían	
SUBJUNCTIVE	que + *corresponding subjunctive tense of* estar (*see verb 252*)	

COMMANDS

	(nosotros) pesquemos/no pesquemos
(tú) pesca/no pesques	(vosotros) pescad/no pesquéis
(Ud.) pesque/no pesque	(Uds.) pesquen/no pesquen

Usage

No pescar en el lago.	*No fishing in the lake.*
Fueron a pescar.	*They went fishing.*
Pescó un resfriado.	*She caught a cold.*
Ha pescado un excelente puesto.	*He has landed a terrific job.*
Les gusta la pesca de trucha.	*They like trout-fishing.*
Pesqué un pez espada.	*I caught a swordfish.*
Está como el pez en el agua.	*She's really feels at home.*

PRESENT

pinto	pintamos
pintas	pintáis
pinta	pintan

IMPERFECT

pintaba	pintábamos
pintabas	pintabais
pintaba	pintaban

FUTURE

pintaré	pintaremos
pintarás	pintaréis
pintará	pintarán

PLUPERFECT

había pintado	habíamos pintado
habías pintado	habíais pintado
había pintado	habían pintado

FUTURE PERFECT

habré pintado	habremos pintado
habrás pintado	habréis pintado
habrá pintado	habrán pintado

PRESENT SUBJUNCTIVE

pinte	pintemos
pintes	pintéis
pinte	pinten

IMPERFECT SUBJUNCTIVE (-ra)

pintara	pintáramos
pintaras	pintarais
pintara	pintaran

PAST PERFECT SUBJUNCTIVE (-ra)

hubiera pintado	hubiéramos pintado
hubieras pintado	hubierais pintado
hubiera pintado	hubieran pintado

PRETERIT

pinté	pintamos
pintaste	pintasteis
pintó	pintaron

PRESENT PERFECT

he pintado	hemos pintado
has pintado	habéis pintado
ha pintado	han pintado

CONDITIONAL

pintaría	pintaríamos
pintarías	pintaríais
pintaría	pintarían

PRETERIT PERFECT

hube pintado	hubimos pintado
hubiste pintado	hubisteis pintado
hubo pintado	hubieron pintado

CONDITIONAL PERFECT

habría pintado	habríamos pintado
habrías pintado	habríais pintado
habría pintado	habrían pintado

PRESENT PERFECT SUBJUNCTIVE

haya pintado	hayamos pintado
hayas pintado	hayáis pintado
haya pintado	hayan pintado

or **IMPERFECT SUBJUNCTIVE (-se)**

pintase	pintásemos
pintases	pintaseis
pintase	pintasen

or **PAST PERFECT SUBJUNCTIVE (-se)**

hubiese pintado	hubiésemos pintado
hubieses pintado	hubieseis pintado
hubiese pintado	hubiesen pintado

PROGRESSIVE TENSES

PRESENT	estoy, estás, está, estamos, estáis, están
PRETERIT	estuve, estuviste, estuvo, estuvimos, estuvisteis, estuvieron
IMPERFECT	estaba, estabas, estaba, estábamos, estabais, estaban
FUTURE	estaré, estarás, estará, estaremos, estaréis, estarán
CONDITIONAL	estaría, estarías, estaría, estaríamos, estaríais, estarían
SUBJUNCTIVE	que + *corresponding subjunctive tense of* estar (*see verb 252*)

\} pintando

COMMANDS

	(nosotros) pintemos/no pintemos
(tú) pinta/no pintes	(vosotros) pintad/no pintéis
(Ud.) pinte/no pinte	(Uds.) pinten/no pinten

Usage

El pintor pintó una naturaleza muerta al óleo.	*The artist painted a still life in oils.*
Píntales a los niños unos animales.	*Draw some animals for the children.*
Constable era un gran pintor paisajista.	*Constable was a great landscape painter.*
La pintura acuarela de la pintora se destaca.	*The artist's watercolor painting stands out.*
¿Pintaréis el dormitorio de azul?	*Will you paint the bedroom blue?*
—¿No vas a pintarte?	*Aren't you going to put your makeup on?*
—Ya me he pintado los labios.	*I've already put my lipstick on.*

regular *-ar* verb

piso · pisaron · pisado · pisando

PRESENT

piso	pisamos
pisas	pisáis
pisa	pisan

IMPERFECT

pisaba	pisábamos
pisabas	pisabais
pisaba	pisaban

FUTURE

pisaré	pisaremos
pisarás	pisaréis
pisará	pisarán

PLUPERFECT

había pisado	habíamos pisado
habías pisado	habíais pisado
había pisado	habían pisado

FUTURE PERFECT

habré pisado	habremos pisado
habrás pisado	habréis pisado
habrá pisado	habrán pisado

PRESENT SUBJUNCTIVE

pise	pisemos
pises	piséis
pise	pisen

IMPERFECT SUBJUNCTIVE (-ra)

pisara	pisáramos
pisaras	pisarais
pisara	pisaran

PAST PERFECT SUBJUNCTIVE (-ra)

hubiera pisado	hubiéramos pisado
hubieras pisado	hubierais pisado
hubiera pisado	hubieran pisado

PRETERIT

pisé	pisamos
pisaste	pisasteis
pisó	pisaron

PRESENT PERFECT

he pisado	hemos pisado
has pisado	habéis pisado
ha pisado	han pisado

CONDITIONAL

pisaría	pisaríamos
pisarías	pisaríais
pisaría	pisarían

PRETERIT PERFECT

hube pisado	hubimos pisado
hubiste pisado	hubisteis pisado
hubo pisado	hubieron pisado

CONDITIONAL PERFECT

habría pisado	habríamos pisado
habrías pisado	habríais pisado
habría pisado	habrían pisado

PRESENT PERFECT SUBJUNCTIVE

haya pisado	hayamos pisado
hayas pisado	hayáis pisado
haya pisado	hayan pisado

or **IMPERFECT SUBJUNCTIVE (-se)**

pisase	pisásemos
pisases	pisaseis
pisase	pisasen

or **PAST PERFECT SUBJUNCTIVE (-se)**

hubiese pisado	hubiésemos pisado
hubieses pisado	hubieseis pisado
hubiese pisado	hubiesen pisado

PROGRESSIVE TENSES

PRESENT	estoy, estás, está, estamos, estáis, están
PRETERIT	estuve, estuviste, estuvo, estuvimos, estuvisteis, estuvieron
IMPERFECT	estaba, estabas, estaba, estábamos, estabais, estaban
FUTURE	estaré, estarás, estará, estaremos, estaréis, estarán
CONDITIONAL	estaría, estarías, estaría, estaríamos, estaríais, estarían
SUBJUNCTIVE	que + *corresponding subjunctive tense of* estar (*see verb 252*)

} pisando

COMMANDS

	(nosotros) pisemos/no pisemos
(tú) pisa/no pises	(vosotros) pisad/no piséis
(Ud.) pise/no pise	(Uds.) pisen/no pisen

Usage

¡Ay! Me has pisado el pie.	*Ouch! You've stepped on my foot.*
No te dejes pisar.	*Don't let yourself be stepped on.*
Vamos pisando huevos para no ofenderle.	*We tread gently so that we don't offend him.*
Prohibido pisar el césped.	*Keep off the grass.*
El pisapapeles estará en el escritorio.	*The paperweight is probably on the desk.*
El hijo le sigue las pisadas a su padre.	*The son is following in his father's footsteps.*

planificar *to plan*

PRESENT

planifico	planificamos
planificas	planificáis
planifica	planifican

PRETERIT

planifiqué	planificamos
planificaste	planificasteis
planificó	planificaron

IMPERFECT

planificaba	planificábamos
planificabas	planificabais
planificaba	planificaban

PRESENT PERFECT

he planificado	hemos planificado
has planificado	habéis planificado
ha planificado	han planificado

FUTURE

planificaré	planificaremos
planificarás	planificaréis
planificará	planificarán

CONDITIONAL

planificaría	planificaríamos
planificarías	planificaríais
planificaría	planificarían

PLUPERFECT

había planificado	habíamos planificado
habías planificado	habíais planificado
había planificado	habían planificado

PRETERIT PERFECT

hube planificado	hubimos planificado
hubiste planificado	hubisteis planificado
hubo planificado	hubieron planificado

FUTURE PERFECT

habré planificado	habremos planificado
habrás planificado	habréis planificado
habrá planificado	habrán planificado

CONDITIONAL PERFECT

habría planificado	habríamos planificado
habrías planificado	habríais planificado
habría planificado	habrían planificado

PRESENT SUBJUNCTIVE

planifique	planifiquemos
planifiques	planifiquéis
planifique	planifiquen

PRESENT PERFECT SUBJUNCTIVE

haya planificado	hayamos planificado
hayas planificado	hayáis planificado
haya planificado	hayan planificado

IMPERFECT SUBJUNCTIVE (-ra)

planificara	planificáramos
planificaras	planificarais
planificara	planificaran

or **IMPERFECT SUBJUNCTIVE (-se)**

planificase	planificásemos
planificases	planificaseis
planificase	planificasen

PAST PERFECT SUBJUNCTIVE (-ra)

hubiera planificado	hubiéramos planificado
hubieras planificado	hubierais planificado
hubiera planificado	hubieran planificado

or **PAST PERFECT SUBJUNCTIVE (-se)**

hubiese planificado	hubiésemos planificado
hubieses planificado	hubieseis planificado
hubiese planificado	hubiesen planificado

PROGRESSIVE TENSES

PRESENT	estoy, estás, está, estamos, estáis, están	
PRETERIT	estuve, estuviste, estuvo, estuvimos, estuvisteis, estuvieron	
IMPERFECT	estaba, estabas, estaba, estábamos, estabais, estaban	planificando
FUTURE	estaré, estarás, estará, estaremos, estaréis, estarán	
CONDITIONAL	estaría, estarías, estaría, estaríamos, estaríais, estarían	
SUBJUNCTIVE	que + *corresponding subjunctive tense of* estar (*see verb 252*)	

COMMANDS

	(nosotros) planifiquemos/no planifiquemos
(tú) planifica/no planifiques	(vosotros) planificad/no planifiquéis
(Ud.) planifique/no planifique	(Uds.) planifiquen/no planifiquen

Usage

Los directores planificaban la estrategia.	*The directors planned the strategy.*
Se planifica el desarrollo económico.	*They're planning economic development.*
Se realizó la planificación a corto plazo.	*They carried out the short-term planning.*
El comité de planificadores se reúne los lunes.	*The planners' committee meets on Mondays.*

regular *-ar* verb

PRESENT

planto	plantamos
plantas	plantáis
planta	plantan

IMPERFECT

plantaba	plantábamos
plantabas	plantabais
plantaba	plantaban

FUTURE

plantaré	plantaremos
plantarás	plantaréis
plantará	plantarán

PLUPERFECT

había plantado	habíamos plantado
habías plantado	habíais plantado
había plantado	habían plantado

FUTURE PERFECT

habré plantado	habremos plantado
habrás plantado	habréis plantado
habrá plantado	habrán plantado

PRESENT SUBJUNCTIVE

plante	plantemos
plantes	plantéis
plante	planten

IMPERFECT SUBJUNCTIVE (-ra)

plantara	plantáramos
plantaras	plantarais
plantara	plantaran

PAST PERFECT SUBJUNCTIVE (-ra)

hubiera plantado	hubiéramos plantado
hubieras plantado	hubierais plantado
hubiera plantado	hubieran plantado

PRETERIT

planté	plantamos
plantaste	plantasteis
plantó	plantaron

PRESENT PERFECT

he plantado	hemos plantado
has plantado	habéis plantado
ha plantado	han plantado

CONDITIONAL

plantaría	plantaríamos
plantarías	plantaríais
plantaría	plantarían

PRETERIT PERFECT

hube plantado	hubimos plantado
hubiste plantado	hubisteis plantado
hubo plantado	hubieron plantado

CONDITIONAL PERFECT

habría plantado	habríamos plantado
habrías plantado	habríais plantado
habría plantado	habrían plantado

PRESENT PERFECT SUBJUNCTIVE

haya plantado	hayamos plantado
hayas plantado	hayáis plantado
haya plantado	hayan plantado

or **IMPERFECT SUBJUNCTIVE (-se)**

plantase	plantásemos
plantases	plantaseis
plantase	plantasen

or **PAST PERFECT SUBJUNCTIVE (-se)**

hubiese plantado	hubiésemos plantado
hubieses plantado	hubieseis plantado
hubiese plantado	hubiesen plantado

PROGRESSIVE TENSES

PRESENT	estoy, estás, está, estamos, estáis, están
PRETERIT	estuve, estuviste, estuvo, estuvimos, estuvisteis, estuvieron
IMPERFECT	estaba, estabas, estaba, estábamos, estabais, estaban
FUTURE	estaré, estarás, estará, estaremos, estaréis, estarán
CONDITIONAL	estaría, estarías, estaría, estaríamos, estaríais, estarían
SUBJUNCTIVE	que + *corresponding subjunctive tense of* estar (*see verb 252*)

} plantando

COMMANDS

	(nosotros) plantemos/no plantemos
(tú) planta/no plantes	(vosotros) plantad/no plantéis
(Ud.) plante/no plante	(Uds.) planten/no planten

Usage

Plantemos tulipanes y jacintos.	*Let's plant tulips and hyacinths.*
Le plantó un golpe en la cabeza de su enemigo.	*He landed a blow to his enemy's head.*
Los plantaron en la calle.	*They threw them out (into the street).*
Se plantó ante la puertaventana.	*She planted herself in front of the French doors.*
La dejó plantada.	*He stood her up.*

platicar *to chat, talk, tell*

platico · platicaron · platicado · platicando   *-ar* verb; spelling change: *c > qu/e*

PRESENT

platico	platicamos
platicas	platicáis
platica	platican

PRETERIT

platiqué	platicamos
platicaste	platicasteis
platicó	platicaron

IMPERFECT

platicaba	platicábamos
platicabas	platicabais
platicaba	platicaban

PRESENT PERFECT

he platicado	hemos platicado
has platicado	habéis platicado
ha platicado	han platicado

FUTURE

platicaré	platicaremos
platicarás	platicaréis
platicará	platicarán

CONDITIONAL

platicaría	platicaríamos
platicarías	platicaríais
platicaría	platicarían

PLUPERFECT

había platicado	habíamos platicado
habías platicado	habíais platicado
había platicado	habían platicado

PRETERIT PERFECT

hube platicado	hubimos platicado
hubiste platicado	hubisteis platicado
hubo platicado	hubieron platicado

FUTURE PERFECT

habré platicado	habremos platicado
habrás platicado	habréis platicado
habrá platicado	habrán platicado

CONDITIONAL PERFECT

habría platicado	habríamos platicado
habrías platicado	habríais platicado
habría platicado	habrían platicado

PRESENT SUBJUNCTIVE

platique	platiquemos
platiques	platiquéis
platique	platiquen

PRESENT PERFECT SUBJUNCTIVE

haya platicado	hayamos platicado
hayas platicado	hayáis platicado
haya platicado	hayan platicado

IMPERFECT SUBJUNCTIVE (-ra)   *or*   **IMPERFECT SUBJUNCTIVE (-se)**

platicara	platicáramos	platicase	platicásemos
platicaras	platicarais	platicases	platicaseis
platicara	platicaran	platicase	platicasen

PAST PERFECT SUBJUNCTIVE (-ra)   *or*   **PAST PERFECT SUBJUNCTIVE (-se)**

hubiera platicado	hubiéramos platicado	hubiese platicado	hubiésemos platicado
hubieras platicado	hubierais platicado	hubieses platicado	hubieseis platicado
hubiera platicado	hubieran platicado	hubiese platicado	hubiesen platicado

PROGRESSIVE TENSES

PRESENT	estoy, estás, está, estamos, estáis, están	
PRETERIT	estuve, estuviste, estuvo, estuvimos, estuvisteis, estuvieron	
IMPERFECT	estaba, estabas, estaba, estábamos, estabais, estaban	platicando
FUTURE	estaré, estarás, estará, estaremos, estaréis, estarán	
CONDITIONAL	estaría, estarías, estaría, estaríamos, estaríais, estarían	
SUBJUNCTIVE	que + *corresponding subjunctive tense of* estar (*see verb 252*)	

COMMANDS

	(nosotros) platiquemos/no platiquemos
(tú) platica/no platiques	(vosotros) platicad/no platiquéis
(Ud.) platique/no platique	(Uds.) platiquen/no platiquen

Usage

Platicaba con mis amigos.	*I was chatting with my friends.*
¿Con quién platicabas cuando te vi?	*Whom were you talking to when I saw you?*
¿Te da tiempo de platicar?	*Do you have time to talk?*
Platícame lo que pasó.	*Tell me what happened.*
Tuvieron una agradable plática.	*They had a nice chat.*

irregular verb

puedo · pudieron · podido · pudiendo

PRESENT

puedo	podemos
puedes	podéis
puede	pueden

IMPERFECT

podía	podíamos
podías	podíais
podía	podían

FUTURE

podré	podremos
podrás	podréis
podrá	podrán

PLUPERFECT

había podido	habíamos podido
habías podido	habíais podido
había podido	habían podido

FUTURE PERFECT

habré podido	habremos podido
habrás podido	habréis podido
habrá podido	habrán podido

PRESENT SUBJUNCTIVE

pueda	podamos
puedas	podáis
pueda	puedan

IMPERFECT SUBJUNCTIVE (-ra)

pudiera	pudiéramos
pudieras	pudierais
pudiera	pudieran

PAST PERFECT SUBJUNCTIVE (-ra)

hubiera podido	hubiéramos podido
hubieras podido	hubierais podido
hubiera podido	hubieran podido

PRETERIT

pude	pudimos
pudiste	pudisteis
pudo	pudieron

PRESENT PERFECT

he podido	hemos podido
has podido	habéis podido
ha podido	han podido

CONDITIONAL

podría	podríamos
podrías	podríais
podría	podrían

PRETERIT PERFECT

hube podido	hubimos podido
hubiste podido	hubisteis podido
hubo podido	hubieron podido

CONDITIONAL PERFECT

habría podido	habríamos podido
habrías podido	habríais podido
habría podido	habrían podido

PRESENT PERFECT SUBJUNCTIVE

haya podido	hayamos podido
hayas podido	hayáis podido
haya podido	hayan podido

or **IMPERFECT SUBJUNCTIVE (-se)**

pudiese	pudiésemos
pudieses	pudieseis
pudiese	pudiesen

or **PAST PERFECT SUBJUNCTIVE (-se)**

hubiese podido	hubiésemos podido
hubieses podido	hubieseis podido
hubiese podido	hubiesen podido

PROGRESSIVE TENSES

PRESENT	estoy, estás, está, estamos, estáis, están	
PRETERIT	estuve, estuviste, estuvo, estuvimos, estuvisteis, estuvieron	
IMPERFECT	estaba, estabas, estaba, estábamos, estabais, estaban	pudiendo
FUTURE	estaré, estarás, estará, estaremos, estaréis, estarán	
CONDITIONAL	estaría, estarías, estaría, estaríamos, estaríais, estarían	
SUBJUNCTIVE	que + *corresponding subjunctive tense of* estar *(see verb 252)*	

VERB NOT USED IN COMMANDS

Usage

No puedo encontrar mi reloj.	*I can't find my wristwatch.*
No pudo aprovechar las rebajas de enero.	*She couldn't take advantage of the winter clearance sales.*
¿Podemos hablar con el gerente?	*May we speak with the manager?*
Los chicos no podían tomar el metro.	*The children were not allowed to take the subway.*
No puede ser.	*That's impossible.*

TOP 50 VERB ☞

may (to ask for or give permission)

¿Puedo ir contigo?	*May I go with you?*
¿Se puede?	*May I come in?*
Las niñas no pueden salir solas.	*The girls are not permitted to go out alone.*

may, might (possibility)

Pueden llamar de un momento a otro.	*They may call at any moment.*
Pudo haber llamado.	*He might have called.*
Si tú puedes ir, yo iré también.	*If you can go, I'll go too.*
Si tú pudieras ir, yo iría también.	*If you could go, I would go too.*
Si tú hubieras podido ir, yo habría ido también.	*If you could have gone, I would have gone too.*
¡No puedo más!	*I can't stand/take it anymore!*
No puedo con ellas.	*I can't do anything with them.*
No puedo con las mentiras.	*I can't stand lies.*
Puede que eso pase.	*That might happen.*
Puede que sí./Puede que no.	*Maybe so./Maybe not.*
No podíamos ayudarlo.	*We were powerless to help him.*

Other Uses

Hicieron ejercicio a más no poder.	*They exercised as much as they could/until they reached their limits.*
El Congreso tiene el poder legislativo.	*Congress has legislative power.*
¿Cuál partido político está el en poder?	*Which political party is in power?*
Hay que identificar su base de poder.	*We have to identify your power base.*
Nuestro abogado tiene los poderes.	*Our lawyer has the powers of attorney.*
Hay separación/división de poderes bajo la Constitución.	*There's a separation of powers under the Constitution.*
El contrato fue firmado por poderes.	*The contract was signed by proxy.*
Me parece poderosa su razón.	*I think his argument is powerful.*
Es una familia muy poderosa.	*It's a very wealthy family.*
Querer es poder.	*Where there's a will, there's a way.*

TOP 50 VERBS

irregular verb

pongo · pusieron · puesto · poniendo

PRESENT

pongo	ponemos
pones	ponéis
pone	ponen

IMPERFECT

ponía	poníamos
ponías	poníais
ponía	ponían

FUTURE

pondré	pondremos
pondrás	pondréis
pondrá	pondrán

PLUPERFECT

había puesto	habíamos puesto
habías puesto	habíais puesto
había puesto	habían puesto

FUTURE PERFECT

habré puesto	habremos puesto
habrás puesto	habréis puesto
habrá puesto	habrán puesto

PRESENT SUBJUNCTIVE

ponga	pongamos
pongas	pongáis
ponga	pongan

IMPERFECT SUBJUNCTIVE (-ra)

pusiera	pusiéramos
pusieras	pusierais
pusiera	pusieran

PAST PERFECT SUBJUNCTIVE (-ra)

hubiera puesto	hubiéramos puesto
hubieras puesto	hubierais puesto
hubiera puesto	hubieran puesto

PRETERIT

puse	pusimos
pusiste	pusisteis
puso	pusieron

PRESENT PERFECT

he puesto	hemos puesto
has puesto	habéis puesto
ha puesto	han puesto

CONDITIONAL

pondría	pondríamos
pondrías	pondríais
pondría	pondrían

PRETERIT PERFECT

hube puesto	hubimos puesto
hubiste puesto	hubisteis puesto
hubo puesto	hubieron puesto

CONDITIONAL PERFECT

habría puesto	habríamos puesto
habrías puesto	habríais puesto
habría puesto	habrían puesto

PRESENT PERFECT SUBJUNCTIVE

haya puesto	hayamos puesto
hayas puesto	hayáis puesto
haya puesto	hayan puesto

or **IMPERFECT SUBJUNCTIVE (-se)**

pusiese	pusiésemos
pusieses	pusieseis
pusiese	pusiesen

or **PAST PERFECT SUBJUNCTIVE (-se)**

hubiese puesto	hubiésemos puesto
hubieses puesto	hubieseis puesto
hubiese puesto	hubiesen puesto

PROGRESSIVE TENSES

PRESENT	estoy, estás, está, estamos, estáis, están	
PRETERIT	estuve, estuviste, estuvo, estuvimos, estuvisteis, estuvieron	
IMPERFECT	estaba, estabas, estaba, estábamos, estabais, estaban	poniendo
FUTURE	estaré, estarás, estará, estaremos, estaréis, estarán	
CONDITIONAL	estaría, estarías, estaría, estaríamos, estaríais, estarían	
SUBJUNCTIVE	que + *corresponding subjunctive tense of* estar (*see verb 252*)	

COMMANDS

	(nosotros) pongamos/no pongamos
(tú) pon/no pongas	(vosotros) poned/no pongáis
(Ud.) ponga/no ponga	(Uds.) pongan/no pongan

Usage

¿Pongo las transparencias en la caja?	*Shall I put the slides in the box?*
Pon la mesa.	*Set the table.*
¿Qué película ponen?	*What film are they showing?*
¿Dónde pusiste los disquetes?	*Where did you put the diskettes?*
El médico lo puso a régimen/a dieta.	*The doctor put him on a diet.*
Pónganse un suéter.	*Put on a sweater (you all).*

TOP 50 VERB ☞

Pon la televisión.	*Put/Turn the television on.*
Quiero que nos pongan al día.	*I want them to bring us up to date.*
Favor de ponerme con el gerente de ventas.	*Please connect me with the sales manager.*
El plan puso en peligro la vida de todos.	*The plan endangered/jeopardized everyone's life.*
Pongamos un anuncio en el periódico.	*Let's run/take out an ad in the newspaper.*
Pone a su hermano por las nubes.	*She praises her brother to the skies.*
¡Hay que poner fin al chismorreo!	*We must put an end to the gossip!*

ponerse a + infinitive *to begin to*

¿Por qué te pusiste a reír?	*Why did you begin to laugh?*
Pónganse de acuerdo de una vez por todas.	*Come to an agreement once and for all.*
Nos pusimos/ponerse en contacto con el.	*We got in touch with/contacted him.*
¿Cuándo se ponen Uds. en marcha?	*When are you setting out?*

to become, get, turn

Están poniéndose tristes.	*They're becoming sad.*
Se puso furiosa.	*She got furious.*
No te pongas así.	*Don't get like that.*
Se puso pálida al ver el choque.	*She turned pale when she saw the crash.*
Se pusieron enfermos.	*They got sick.*
Se puso gordo/delgado.	*He got fat/thin.*

to put on (an article of clothing)

Me puso el abrigo.	*He helped me on with my coat.*
Hijo, ponte las botas.	*Son, put on your boots.*
Siempre se ponía prendas verdes.	*She always wore green.*

Other Uses

Se ve bien/mal puesto.	*He looks well/badly dressed.*
Llevaba puestos los nuevos zapatos.	*He was wearing his new shoes.*
Tiene un excelente puesto.	*He has an excellent position.*
Es una puesta del sol impresionante.	*It's a breathtaking sunset.*

TOP 50 VERBS

-er verb with stem ending in a vowel; third-person preterit forms in *-yó* and *-yeron*

poseo · poseyeron · poseído · poseyendo

PRESENT

poseo	poseemos
posees	poseéis
posee	poseen

PRETERIT

poseí	poseímos
poseíste	poseísteis
poseyó	poseyeron

IMPERFECT

poseía	poseíamos
poseías	poseíais
poseía	poseían

PRESENT PERFECT

he poseído	hemos poseído
has poseído	habéis poseído
ha poseído	han poseído

FUTURE

poseeré	poseeremos
poseerás	poseeréis
poseerá	poseerán

CONDITIONAL

poseería	poseeríamos
poseerías	poseeríais
poseería	poseerían

PLUPERFECT

había poseído	habíamos poseído
habías poseído	habíais poseído
había poseído	habían poseído

PRETERIT PERFECT

hube poseído	hubimos poseído
hubiste poseído	hubisteis poseído
hubo poseído	hubieron poseído

FUTURE PERFECT

habré poseído	habremos poseído
habrás poseído	habréis poseído
habrá poseído	habrán poseído

CONDITIONAL PERFECT

habría poseído	habríamos poseído
habrías poseído	habríais poseído
habría poseído	habrían poseído

PRESENT SUBJUNCTIVE

posea	poseamos
poseas	poseáis
posea	posean

PRESENT PERFECT SUBJUNCTIVE

haya poseído	hayamos poseído
hayas poseído	hayáis poseído
haya poseído	hayan poseído

IMPERFECT SUBJUNCTIVE (-ra)   *or*   **IMPERFECT SUBJUNCTIVE (-se)**

poseyera	poseyéramos	poseyese	poseyésemos
poseyeras	poseyerais	poseyeses	poseyeseis
poseyera	poseyeran	poseyese	poseyesen

PAST PERFECT SUBJUNCTIVE (-ra)   *or*   **PAST PERFECT SUBJUNCTIVE (-se)**

hubiera poseído	hubiéramos poseído	hubiese poseído	hubiésemos poseído
hubieras poseído	hubierais poseído	hubieses poseído	hubieseis poseído
hubiera poseído	hubieran poseído	hubiese poseído	hubiesen poseído

PROGRESSIVE TENSES

PRESENT	estoy, estás, está, estamos, estáis, están
PRETERIT	estuve, estuviste, estuvo, estuvimos, estuvisteis, estuvieron
IMPERFECT	estaba, estabas, estaba, estábamos, estabais, estaban
FUTURE	estaré, estarás, estará, estaremos, estaréis, estarán
CONDITIONAL	estaría, estarías, estaría, estaríamos, estaríais, estarían
SUBJUNCTIVE	que + *corresponding subjunctive tense of* estar *(see verb 252)*

} poseyendo

COMMANDS

	(nosotros) poseamos/no poseamos
(tú) posee/no poseas	(vosotros) poseed/no poseáis
(Ud.)posea/no posea	(Uds.) posean/no posean

Usage

¿Quiénes poseen la escritura de propiedad?	*Who possesses/has the title deed?*
La familia Ortega ya no posee la hacienda.	*The Ortega family no longer owns the ranch.*
Poseía el español.	*He mastered/knew Spanish perfectly.*
Fue poseída por el fantasma.	*She was possessed by the ghost.*
Esa atleta es la poseedora del récord.	*That athlete is the record holder.*

practicar   *to practice, perform, do*

practico · practicaron · practicado · practicando

-ar verb; spelling change: *c > qu/e*

PRESENT		PRETERIT	
practico	practicamos	practiqué	practicamos
practicas	practicáis	practicaste	practicasteis
practica	practican	practicó	practicaron

IMPERFECT		PRESENT PERFECT	
practicaba	practicábamos	he practicado	hemos practicado
practicabas	practicabais	has practicado	habéis practicado
practicaba	practicaban	ha practicado	han practicado

FUTURE		CONDITIONAL	
practicaré	practicaremos	practicaría	practicaríamos
practicarás	practicaréis	practicarías	practicaríais
practicará	practicarán	practicaría	practicarían

PLUPERFECT		PRETERIT PERFECT	
había practicado	habíamos practicado	hube practicado	hubimos practicado
habías practicado	habíais practicado	hubiste practicado	hubisteis practicado
había practicado	habían practicado	hubo practicado	hubieron practicado

FUTURE PERFECT		CONDITIONAL PERFECT	
habré practicado	habremos practicado	habría practicado	habríamos practicado
habrás practicado	habréis practicado	habrías practicado	habríais practicado
habrá practicado	habrán practicado	habría practicado	habrían practicado

PRESENT SUBJUNCTIVE		PRESENT PERFECT SUBJUNCTIVE	
practique	practiquemos	haya practicado	hayamos practicado
practiques	practiquéis	hayas practicado	hayáis practicado
practique	practiquen	haya practicado	hayan practicado

IMPERFECT SUBJUNCTIVE (-ra)		*or* IMPERFECT SUBJUNCTIVE (-se)	
practicara	practicáramos	practicase	practicásemos
practicaras	practicarais	practicases	practicaseis
practicara	practicaran	practicase	practicasen

PAST PERFECT SUBJUNCTIVE (-ra)		*or* PAST PERFECT SUBJUNCTIVE (-se)	
hubiera practicado	hubiéramos practicado	hubiese practicado	hubiésemos practicado
hubieras practicado	hubierais practicado	hubieses practicado	hubieseis practicado
hubiera practicado	hubieran practicado	hubiese practicado	hubiesen practicado

PROGRESSIVE TENSES

PRESENT	estoy, estás, está, estamos, estáis, están	
PRETERIT	estuve, estuviste, estuvo, estuvimos, estuvisteis, estuvieron	
IMPERFECT	estaba, estabas, estaba, estábamos, estabais, estaban	practicando
FUTURE	estaré, estarás, estará, estaremos, estaréis, estarán	
CONDITIONAL	estaría, estarías, estaría, estaríamos, estaríais, estarían	
SUBJUNCTIVE	que + *corresponding subjunctive tense of* estar (*see verb 252*)	

COMMANDS

	(nosotros) practiquemos/no practiquemos
(tú) practica/no practiques	(vosotros) practicad/no practiquéis
(Ud.) practique/no practique	(Uds.) practiquen/no practiquen

Usage

Practicaba el piano todos los días.	*She practiced the piano every day.*
Practican los deportes.	*They go in for sports.*
Practicábamos la natación.	*We used to swim.*
Se aprende un idioma con la práctica.	*You learn a language with practice.*
Fue una solución muy práctica.	*It was a very practical solution.*

stem-changing -ir verb:
e > ie (present), e > i (preterit)

prefiero · prefirieron · preferido · prefiriendo

PRESENT

prefiero	preferimos
prefieres	preferís
prefiere	prefieren

PRETERIT

preferí	preferimos
preferiste	preferisteis
prefirió	prefirieron

IMPERFECT

prefería	preferíamos
preferías	preferíais
prefería	preferían

PRESENT PERFECT

he preferido	hemos preferido
has preferido	habéis preferido
ha preferido	han preferido

FUTURE

preferiré	preferiremos
preferirás	preferiréis
preferirá	preferirán

CONDITIONAL

preferiría	preferiríamos
preferirías	preferiríais
preferiría	preferirían

PLUPERFECT

había preferido	habíamos preferido
habías preferido	habíais preferido
había preferido	habían preferido

PRETERIT PERFECT

hube preferido	hubimos preferido
hubiste preferido	hubisteis preferido
hubo preferido	hubieron preferido

FUTURE PERFECT

habré preferido	habremos preferido
habrás preferido	habréis preferido
habrá preferido	habrán preferido

CONDITIONAL PERFECT

habría preferido	habríamos preferido
habrías preferido	habríais preferido
habría preferido	habrían preferido

PRESENT SUBJUNCTIVE

prefiera	prefiramos
prefieras	prefiráis
prefiera	prefieran

PRESENT PERFECT SUBJUNCTIVE

haya preferido	hayamos preferido
hayas preferido	hayáis preferido
haya preferido	hayan preferido

IMPERFECT SUBJUNCTIVE (-ra)

prefiriera	prefiriéramos
prefirieras	prefirierais
prefiriera	prefirieran

or **IMPERFECT SUBJUNCTIVE (-se)**

prefiriese	prefiriésemos
prefirieses	prefirieseis
prefiriese	prefiriesen

PAST PERFECT SUBJUNCTIVE (-ra)

hubiera preferido	hubiéramos preferido
hubieras preferido	hubierais preferido
hubiera preferido	hubieran preferido

or **PAST PERFECT SUBJUNCTIVE (-se)**

hubiese preferido	hubiésemos preferido
hubieses preferido	hubieseis preferido
hubiese preferido	hubiesen preferido

PROGRESSIVE TENSES

PRESENT	estoy, estás, está, estamos, estáis, están
PRETERIT	estuve, estuviste, estuvo, estuvimos, estuvisteis, estuvieron
IMPERFECT	estaba, estabas, estaba, estábamos, estabais, estaban
FUTURE	estaré, estarás, estará, estaremos, estaréis, estarán
CONDITIONAL	estaría, estarías, estaría, estaríamos, estaríais, estarían
SUBJUNCTIVE	que + *corresponding subjunctive tense of* estar (*see verb 252*)

} prefiriendo

COMMANDS

	(nosotros) prefiramos/no prefiramos
(tú) prefiere/no prefieras	(vosotros) preferid/no prefiráis
(Ud.) prefiera/no prefiera	(Uds.) prefieran/no prefieran

Usage

Prefiero mucho más la furgoneta negra.	*I much prefer the black station wagon.*
Prefirieron alquilar la casa en julio.	*They preferred to rent the house in July.*
¿No prefieres que vayamos a un restaurante italiano?	*Don't you prefer we go to an Italian restaurant?*
El rótulo dice preferencia de paso.	*The sign says right of way.*
¿Cuáles son tus libros preferidos?	*Which are your favorite books?*
Me alegro que recibamos un trato preferente.	*I'm glad we get preferential treatment.*
Ninguna de las dos posibilidades es preferible.	*Neither of the two possibilities is preferable.*

preguntar *to ask, question, ask for*

regular -*ar* verb

PRESENT

pregunto	preguntamos
preguntas	preguntáis
pregunta	preguntan

PRETERIT

pregunté	preguntamos
preguntaste	preguntasteis
preguntó	preguntaron

IMPERFECT

preguntaba	preguntábamos
preguntabas	preguntabais
preguntaba	preguntaban

PRESENT PERFECT

he preguntado	hemos preguntado
has preguntado	habéis preguntado
ha preguntado	han preguntado

FUTURE

preguntaré	preguntaremos
preguntarás	preguntaréis
preguntará	preguntarán

CONDITIONAL

preguntaría	preguntaríamos
preguntarías	preguntaríais
preguntaría	preguntarían

PLUPERFECT

había preguntado	habíamos preguntado
habías preguntado	habíais preguntado
había preguntado	habían preguntado

PRETERIT PERFECT

hube preguntado	hubimos preguntado
hubiste preguntado	hubisteis preguntado
hubo preguntado	hubieron preguntado

FUTURE PERFECT

habré preguntado	habremos preguntado
habrás preguntado	habréis preguntado
habrá preguntado	habrán preguntado

CONDITIONAL PERFECT

habría preguntado	habríamos preguntado
habrías preguntado	habríais preguntado
habría preguntado	habrían preguntado

PRESENT SUBJUNCTIVE

pregunte	preguntemos
preguntes	preguntéis
pregunte	pregunten

PRESENT PERFECT SUBJUNCTIVE

haya preguntado	hayamos preguntado
hayas preguntado	hayáis preguntado
haya preguntado	hayan preguntado

IMPERFECT SUBJUNCTIVE (-ra)

preguntara	preguntáramos
preguntaras	preguntarais
preguntara	preguntaran

or **IMPERFECT SUBJUNCTIVE (-se)**

preguntase	preguntásemos
preguntases	preguntaseis
preguntase	preguntasen

PAST PERFECT SUBJUNCTIVE (-ra)

hubiera preguntado	hubiéramos preguntado
hubieras preguntado	hubierais preguntado
hubiera preguntado	hubieran preguntado

or **PAST PERFECT SUBJUNCTIVE (-se)**

hubiese preguntado	hubiésemos preguntado
hubieses preguntado	hubieseis preguntado
hubiese preguntado	hubiesen preguntado

PROGRESSIVE TENSES

PRESENT	estoy, estás, está, estamos, estáis, están
PRETERIT	estuve, estuviste, estuvo, estuvimos, estuvisteis, estuvieron
IMPERFECT	estaba, estabas, estaba, estábamos, estabais, estaban
FUTURE	estaré, estarás, estará, estaremos, estaréis, estarán
CONDITIONAL	estaría, estarías, estaría, estaríamos, estaríais, estarían
SUBJUNCTIVE	que + *corresponding subjunctive tense of* estar (*see verb 252*)

} preguntando

COMMANDS

	(nosotros) preguntemos/no preguntemos
(tú) pregunta/no preguntes	(vosotros) preguntad/no preguntéis
(Ud.) pregunte/no pregunte	(Uds.) pregunten/no pregunten

Usage

Pregúntale a él si no lo sabes.	*Ask him if you don't know.*
¿Preguntaste por su familia?	*Did you ask for their family?*
Preguntan por ti en el teléfono.	*Someone is asking for you on the telephone.*
Me pregunto cuándo llegarán.	*I wonder when they'll arrive.*
Les hice preguntas a los estudiantes.	*I asked the students questions.*
Es una persona preguntona.	*She's an inquisitive/a nosy person.*

regular -*ar* reflexive verb   **preocupo · preocuparon · preocupado · preocupándose**

PRESENT

me preocupo	nos preocupamos
te preocupas	os preocupáis
se preocupa	se preocupan

IMPERFECT

me preocupaba	nos preocupábamos
te preocupabas	os preocupabais
se preocupaba	se preocupaban

FUTURE

me preocuparé	nos preocuparemos
te preocuparás	os preocuparéis
se preocupará	se preocuparán

PLUPERFECT

me había preocupado	nos habíamos preocupado
te habías preocupado	os habíais preocupado
se había preocupado	se habían preocupado

FUTURE PERFECT

me habré preocupado	nos habremos preocupado
te habrás preocupado	os habréis preocupado
se habrá preocupado	se habrán preocupado

PRESENT SUBJUNCTIVE

me preocupe	nos preocupemos
te preocupes	os preocupéis
se preocupe	se preocupen

IMPERFECT SUBJUNCTIVE (-ra)

me preocupara	nos preocupáramos
te preocuparas	os preocuparais
se preocupara	se preocuparan

PAST PERFECT SUBJUNCTIVE (-ra)

me hubiera preocupado	nos hubiéramos preocupado
te hubieras preocupado	os hubierais preocupado
se hubiera preocupado	se hubieran preocupado

PRETERIT

me preocupé	nos preocupamos
te preocupaste	os preocupasteis
se preocupó	se preocuparon

PRESENT PERFECT

me he preocupado	nos hemos preocupado
te has preocupado	os habéis preocupado
se ha preocupado	se han preocupado

CONDITIONAL

me preocuparía	nos preocuparíamos
te preocuparías	os preocuparíais
se preocuparía	se preocuparían

PRETERIT PERFECT

me hube preocupado	nos hubimos preocupado
te hubiste preocupado	os hubisteis preocupado
se hubo preocupado	se hubieron preocupado

CONDITIONAL PERFECT

me habría preocupado	nos habríamos preocupado
te habrías preocupado	os habríais preocupado
se habría preocupado	se habrían preocupado

PRESENT PERFECT SUBJUNCTIVE

me haya preocupado	nos hayamos preocupado
te hayas preocupado	os hayáis preocupado
se haya preocupado	se hayan preocupado

or **IMPERFECT SUBJUNCTIVE (-se)**

me preocupase	nos preocupásemos
te preocupases	os preocupaseis
se preocupase	se preocupasen

or **PAST PERFECT SUBJUNCTIVE (-se)**

me hubiese preocupado	nos hubiésemos preocupado
te hubieses preocupado	os hubieseis preocupado
se hubiese preocupado	se hubiesen preocupado

PROGRESSIVE TENSES

PRESENT	estoy, estás, está, estamos, estáis, están	
PRETERIT	estuve, estuviste, estuvo, estuvimos, estuvisteis, estuvieron	
IMPERFECT	estaba, estabas, estaba, estábamos, estabais, estaban	preocupando (*see page 31*)
FUTURE	estaré, estarás, estará, estaremos, estaréis, estarán	
CONDITIONAL	estaría, estarías, estaría, estaríamos, estaríais, estarían	
SUBJUNCTIVE	que + *corresponding subjunctive tense of* estar (*see verb 252*)	

COMMANDS

	(nosotros) preocupémonos/no nos preocupemos
(tú) preocúpate/no te preocupes	(vosotros) preocupaos/no os preocupéis
(Ud.) preocúpese/no se preocupe	(Uds.) preocúpense/no se preocupen

Usage

No te preocupes.	*Don't worry.*
Yo no me preocupo por nada.	*I'm not worried about anything.*
Es lo que menos nos preocupa.	*It's the least of our worries.*
¿Te preocupan tus padres?	*Are you worried about your parents?*
Estaba preocupado/despreocupado por el proyecto.	*He was concerned/not concerned about the project.*
Tiene muchas preocupaciones últimamente.	*She has many worries lately.*

preparar   *to prepare, get ready*

preparo · prepararon · preparado · preparando   regular -*ar* verb

PRESENT		PRETERIT	
preparo	preparamos	preparé	preparamos
preparas	preparáis	preparaste	preparasteis
prepara	preparan	preparó	prepararon

IMPERFECT		PRESENT PERFECT	
preparaba	preparábamos	he preparado	hemos preparado
preparabas	preparabais	has preparado	habéis preparado
preparaba	preparaban	ha preparado	han preparado

FUTURE		CONDITIONAL	
prepararé	prepararemos	prepararía	prepararíamos
prepararás	prepararéis	prepararías	prepararíais
preparará	prepararán	prepararía	prepararían

PLUPERFECT		PRETERIT PERFECT	
había preparado	habíamos preparado	hube preparado	hubimos preparado
habías preparado	habíais preparado	hubiste preparado	hubisteis preparado
había preparado	habían preparado	hubo preparado	hubieron preparado

FUTURE PERFECT		CONDITIONAL PERFECT	
habré preparado	habremos preparado	habría preparado	habríamos preparado
habrás preparado	habréis preparado	habrías preparado	habríais preparado
habrá preparado	habrán preparado	habría preparado	habrían preparado

PRESENT SUBJUNCTIVE		PRESENT PERFECT SUBJUNCTIVE	
prepare	preparemos	haya preparado	hayamos preparado
prepares	preparéis	hayas preparado	hayáis preparado
prepare	preparen	haya preparado	hayan preparado

IMPERFECT SUBJUNCTIVE (-ra)		*or*	IMPERFECT SUBJUNCTIVE (-se)	
preparara	preparáramos		preparase	preparásemos
prepararas	prepararais		preparases	preparaseis
preparara	prepararan		preparase	preparasen

PAST PERFECT SUBJUNCTIVE (-ra)		*or*	PAST PERFECT SUBJUNCTIVE (-se)	
hubiera preparado	hubiéramos preparado		hubiese preparado	hubiésemos preparado
hubieras preparado	hubierais preparado		hubieses preparado	hubieseis preparado
hubiera preparado	hubieran preparado		hubiese preparado	hubiesen preparado

PROGRESSIVE TENSES

PRESENT	estoy, estás, está, estamos, estáis, están	
PRETERIT	estuve, estuviste, estuvo, estuvimos, estuvisteis, estuvieron	
IMPERFECT	estaba, estabas, estaba, estábamos, estabais, estaban	preparando
FUTURE	estaré, estarás, estará, estaremos, estaréis, estarán	
CONDITIONAL	estaría, estarías, estaría, estaríamos, estaríais, estarían	
SUBJUNCTIVE	que + *corresponding subjunctive tense of* estar (*see verb 252*)	

COMMANDS

	(nosotros) preparemos/no preparemos
(tú) prepara/no prepares	(vosotros) preparad/no preparéis
(Ud.) prepare/no prepare	(Uds.) preparen/no preparen

Usage

Preparo el almuerzo cuando tengas hambre.	*I'll prepare lunch when you're hungry.*
Preparémonos para salir.	*Let's get ready to go out.*
Tuvo una magnífica preparación.	*He had magnificent training.*
Lleva tiempo la preparación de la salsa.	*The preparation/cooking of the sauce takes time.*
¿Están preparados para el examen?	*Are you prepared/ready for the exam?*
Asistió a la escuela preparatoria.	*She attended preparatory school.*

regular *-ar* verb | **presento · presentaron · presentado · presentando**

PRESENT

presento	presentamos
presentas	presentáis
presenta	presentan

PRETERIT

presenté	presentamos
presentaste	presentasteis
presentó	presentaron

IMPERFECT

presentaba	presentábamos
presentabas	presentabais
presentaba	presentaban

PRESENT PERFECT

he presentado	hemos presentado
has presentado	habéis presentado
ha presentado	han presentado

FUTURE

presentaré	presentaremos
presentarás	presentaréis
presentará	presentarán

CONDITIONAL

presentaría	presentaríamos
presentarías	presentaríais
presentaría	presentarían

PLUPERFECT

había presentado	habíamos presentado
habías presentado	habíais presentado
había presentado	habían presentado

PRETERIT PERFECT

hube presentado	hubimos presentado
hubiste presentado	hubisteis presentado
hubo presentado	hubieron presentado

FUTURE PERFECT

habré presentado	habremos presentado
habrás presentado	habréis presentado
habrá presentado	habrán presentado

CONDITIONAL PERFECT

habría presentado	habríamos presentado
habrías presentado	habríais presentado
habría presentado	habrían presentado

PRESENT SUBJUNCTIVE

presente	presentemos
presentes	presentéis
presente	presenten

PRESENT PERFECT SUBJUNCTIVE

haya presentado	hayamos presentado
hayas presentado	hayáis presentado
haya presentado	hayan presentado

IMPERFECT SUBJUNCTIVE (-ra)

presentara	presentáramos
presentaras	presentarais
presentara	presentaran

or **IMPERFECT SUBJUNCTIVE (-se)**

presentase	presentásemos
presentases	presentaseis
presentase	presentasen

PAST PERFECT SUBJUNCTIVE (-ra)

hubiera presentado	hubiéramos presentado
hubieras presentado	hubierais presentado
hubiera presentado	hubieran presentado

or **PAST PERFECT SUBJUNCTIVE (-se)**

hubiese presentado	hubiésemos presentado
hubieses presentado	hubieseis presentado
hubiese presentado	hubiesen presentado

PROGRESSIVE TENSES

PRESENT	estoy, estás, está, estamos, estáis, están
PRETERIT	estuve, estuviste, estuvo, estuvimos, estuvisteis, estuvieron
IMPERFECT	estaba, estabas, estaba, estábamos, estabais, estaban
FUTURE	estaré, estarás, estará, estaremos, estaréis, estarán
CONDITIONAL	estaría, estarías, estaría, estaríamos, estaríais, estarían
SUBJUNCTIVE	que + *corresponding subjunctive tense of* estar (*see verb 252*)

} presentando

COMMANDS

	(nosotros) presentemos/no presentemos
(tú) presenta/no presentes	(vosotros) presentad/no presentéis
(Ud.) presente/no presente	(Uds.) presenten/no presenten

Usage

Presentaron el informe ayer.	*They presented/gave the report yesterday.*
Te presento a mi marido.	*I'll introduce you to my husband.*
Permitan que me presente.	*Allow me to introduce myself.*
Se presentaba la obra en el teatro Bis.	*The play was put on at the Bis Theater.*
Se presentó una oportunidad/una dificultad.	*An opportunity/A difficulty arose.*
La presentación en pantalla es clarísima.	*The on-screen display is very clear/bright.*
Tenga presente lo que le dije.	*Bear in mind what I told you.*

prestar *to lend, give*

regular *-ar* verb

PRESENT		PRETERIT	
presto	prestamos	presté	prestamos
prestas	prestáis	prestaste	prestasteis
presta	prestan	prestó	prestaron

IMPERFECT		PRESENT PERFECT	
prestaba	prestábamos	he prestado	hemos prestado
prestabas	prestabais	has prestado	habéis prestado
prestaba	prestaban	ha prestado	han prestado

FUTURE		CONDITIONAL	
prestaré	prestaremos	prestaría	prestaríamos
prestarás	prestaréis	prestarías	prestaríais
prestará	prestarán	prestaría	prestarían

PLUPERFECT		PRETERIT PERFECT	
había prestado	habíamos prestado	hube prestado	hubimos prestado
habías prestado	habíais prestado	hubiste prestado	hubisteis prestado
había prestado	habían prestado	hubo prestado	hubieron prestado

FUTURE PERFECT		CONDITIONAL PERFECT	
habré prestado	habremos prestado	habría prestado	habríamos prestado
habrás prestado	habréis prestado	habrías prestado	habríais prestado
habrá prestado	habrán prestado	habría prestado	habrían prestado

PRESENT SUBJUNCTIVE		PRESENT PERFECT SUBJUNCTIVE	
preste	prestemos	haya prestado	hayamos prestado
prestes	prestéis	hayas prestado	hayáis prestado
preste	presten	haya prestado	hayan prestado

IMPERFECT SUBJUNCTIVE (-ra)		*or*	IMPERFECT SUBJUNCTIVE (-se)	
prestara	prestáramos		prestase	prestásemos
prestaras	prestarais		prestases	prestaseis
prestara	prestaran		prestase	prestasen

PAST PERFECT SUBJUNCTIVE (-ra)		*or*	PAST PERFECT SUBJUNCTIVE (-se)	
hubiera prestado	hubiéramos prestado		hubiese prestado	hubiésemos prestado
hubieras prestado	hubierais prestado		hubieses prestado	hubieseis prestado
hubiera prestado	hubieran prestado		hubiese prestado	hubiesen prestado

PROGRESSIVE TENSES

PRESENT	estoy, estás, está, estamos, estáis, están
PRETERIT	estuve, estuviste, estuvo, estuvimos, estuvisteis, estuvieron
IMPERFECT	estaba, estabas, estaba, estábamos, estabais, estaban
FUTURE	estaré, estarás, estará, estaremos, estaréis, estarán
CONDITIONAL	estaría, estarías, estaría, estaríamos, estaríais, estarían
SUBJUNCTIVE	que + *corresponding subjunctive tense of* estar (*see verb 252*)

} prestando

COMMANDS

	(nosotros) prestemos/no prestemos
(tú) presta/no prestes	(vosotros) prestad/no prestéis
(Ud.) preste/no preste	(Uds.) presten/no presten

Usage

Préstame el paquete integrado.	*Lend me the integrated software package.*
¡Presten atención!	*Pay attention!*
¿Nos prestas un poco de ayuda?	*Will you give us a little help?*
¿El coche? Se lo pidió prestado a su amigo.	*The car? He borrowed it from his friend.*
Les pidió un préstamo.	*He asked them for a loan.*
El prestamista presta con interés.	*The moneylender lends with interest.*

irregular verb (like **venir**) **prevengo · previnieron · prevenido · previniendo**

PRESENT

prevengo	prevenimos
previenes	prevenís
previene	previenen

IMPERFECT

prevenía	preveníamos
prevenías	preveníais
prevenía	prevenían

FUTURE

prevendré	prevendremos
prevendrás	prevendréis
prevendrá	prevendrán

PLUPERFECT

había prevenido	habíamos prevenido
habías prevenido	habíais prevenido
había prevenido	habían prevenido

FUTURE PERFECT

habré prevenido	habremos prevenido
habrás prevenido	habréis prevenido
habrá prevenido	habrán prevenido

PRESENT SUBJUNCTIVE

prevenga	prevengamos
prevengas	prevengáis
prevenga	prevengan

IMPERFECT SUBJUNCTIVE (-ra)

previniera	previniéramos
previnieras	previnierais
previniera	previnieran

PAST PERFECT SUBJUNCTIVE (-ra)

hubiera prevenido	hubiéramos prevenido
hubieras prevenido	hubierais prevenido
hubiera prevenido	hubieran prevenido

PRETERIT

previne	previnimos
previniste	previnisteis
previno	previnieron

PRESENT PERFECT

he prevenido	hemos prevenido
has prevenido	habéis prevenido
ha prevenido	han prevenido

CONDITIONAL

prevendría	prevendríamos
prevendrías	prevendríais
prevendría	prevendrían

PRETERIT PERFECT

hube prevenido	hubimos prevenido
hubiste prevenido	hubisteis prevenido
hubo prevenido	hubieron prevenido

CONDITIONAL PERFECT

habría prevenido	habríamos prevenido
habrías prevenido	habríais prevenido
habría prevenido	habrían prevenido

PRESENT PERFECT SUBJUNCTIVE

haya prevenido	hayamos prevenido
hayas prevenido	hayáis prevenido
haya prevenido	hayan prevenido

or **IMPERFECT SUBJUNCTIVE (-se)**

previniese	previniésemos
previnieses	previnieseis
previniese	previniesen

or **PAST PERFECT SUBJUNCTIVE (-se)**

hubiese prevenido	hubiésemos prevenido
hubieses prevenido	hubieseis prevenido
hubiese prevenido	hubiesen prevenido

PROGRESSIVE TENSES

PRESENT	estoy, estás, está, estamos, estáis, están
PRETERIT	estuve, estuviste, estuvo, estuvimos, estuvisteis, estuvieron
IMPERFECT	estaba, estabas, estaba, estábamos, estabais, estaban
FUTURE	estaré, estarás, estará, estaremos, estaréis, estarán
CONDITIONAL	estaría, estarías, estaría, estaríamos, estaríais, estarían
SUBJUNCTIVE	que + *corresponding subjunctive tense of* estar (*see verb 252*)

} previniendo

COMMANDS

	(nosotros) prevengamos/no prevengamos
(tú) prevén/no prevengas	(vosotros) prevenid/no prevengáis
(Ud.) prevenga/no prevenga	(Uds.) prevengan/no prevengan

Usage

Previene que causen problemas.	*He's preventing them from causing problems.*
Te prevengo que tengas cuidado.	*I'm warning you to be careful.*
Más vale prevenir que curar.	*An ounce of prevention is worth a pound of cure.*
Se vacunan para prevenirse contra la enfermedad.	*They took precautions against the disease with the vaccination.*
Hombre prevenido vale por dos.	*Forewarned is forearmed.*

probar   *to test, prove, try, try on*

pruebo · probaron · probado · probando   stem-changing *-ar* verb: *o > ue*

PRESENT		PRETERIT	
pruebo	probamos	probé	probamos
pruebas	probáis	probaste	probasteis
prueba	prueban	probó	probaron

IMPERFECT		PRESENT PERFECT	
probaba	probábamos	he probado	hemos probado
probabas	probabais	has probado	habéis probado
probaba	probaban	ha probado	han probado

FUTURE		CONDITIONAL	
probaré	probaremos	probaría	probaríamos
probarás	probaréis	probarías	probaríais
probará	probarán	probaría	probarían

PLUPERFECT		PRETERIT PERFECT	
había probado	habíamos probado	hube probado	hubimos probado
habías probado	habíais probado	hubiste probado	hubisteis probado
había probado	habían probado	hubo probado	hubieron probado

FUTURE PERFECT		CONDITIONAL PERFECT	
habré probado	habremos probado	habría probado	habríamos probado
habrás probado	habréis probado	habrías probado	habríais probado
habrá probado	habrán probado	habría probado	habrían probado

PRESENT SUBJUNCTIVE		PRESENT PERFECT SUBJUNCTIVE	
pruebe	probemos	haya probado	hayamos probado
pruebes	probéis	hayas probado	hayáis probado
pruebe	prueben	haya probado	hayan probado

IMPERFECT SUBJUNCTIVE (-ra)		*or* IMPERFECT SUBJUNCTIVE (-se)	
probara	probáramos	probase	probásemos
probaras	probarais	probases	probaseis
probara	probaran	probase	probasen

PAST PERFECT SUBJUNCTIVE (-ra)		*or* PAST PERFECT SUBJUNCTIVE (-se)	
hubiera probado	hubiéramos probado	hubiese probado	hubiésemos probado
hubieras probado	hubierais probado	hubieses probado	hubieseis probado
hubiera probado	hubieran probado	hubiese probado	hubiesen probado

PROGRESSIVE TENSES

PRESENT	estoy, estás, está, estamos, estáis, están	
PRETERIT	estuve, estuviste, estuvo, estuvimos, estuvisteis, estuvieron	
IMPERFECT	estaba, estabas, estaba, estábamos, estabais, estaban	probando
FUTURE	estaré, estarás, estará, estaremos, estaréis, estarán	
CONDITIONAL	estaría, estarías, estaría, estaríamos, estaríais, estarían	
SUBJUNCTIVE	que + *corresponding subjunctive tense of* estar (*see verb 252*)	

COMMANDS

	(nosotros) probemos/no probemos
(tú) prueba/no pruebes	(vosotros) probad/no probéis
(Ud.) pruebe/no pruebe	(Uds.) prueben/no prueben

Usage

Probaba su fuerza levantando pesas.	*He tested his strength by weight lifting.*
Sus éxitos prueban sus talentos.	*Her successes prove her ability.*
Probemos un poco de todo.	*Let's try/taste a little of everything.*
Pruébate este impermeable.	*Try on this raincoat.*
Son métodos probados.	*They're proven methods.*
Tuvimos una prueba de química ayer.	*We had a chemistry test yesterday.*
¿Cuánto dura el período de prueba?	*How long is the trial period?*

regular *-ar* verb   **procuro · procuraron · procurado · procurando**

PRESENT

procuro	procuramos
procuras	procuráis
procura	procuran

IMPERFECT

procuraba	procurábamos
procurabas	procurabais
procuraba	procuraban

FUTURE

procuraré	procuraremos
procurarás	procuraréis
procurará	procurarán

PLUPERFECT

había procurado	habíamos procurado
habías procurado	habíais procurado
había procurado	habían procurado

FUTURE PERFECT

habré procurado	habremos procurado
habrás procurado	habréis procurado
habrá procurado	habrán procurado

PRESENT SUBJUNCTIVE

procure	procuremos
procures	procuréis
procure	procuren

IMPERFECT SUBJUNCTIVE (-ra)

procurara	procuráramos
procuraras	procurarais
procurara	procuraran

PAST PERFECT SUBJUNCTIVE (-ra)

hubiera procurado	hubiéramos procurado
hubieras procurado	hubierais procurado
hubiera procurado	hubieran procurado

PRETERIT

procuré	procuramos
procuraste	procurasteis
procuró	procuraron

PRESENT PERFECT

he procurado	hemos procurado
has procurado	habéis procurado
ha procurado	han procurado

CONDITIONAL

procuraría	procuraríamos
procurarías	procuraríais
procuraría	procurarían

PRETERIT PERFECT

hube procurado	hubimos procurado
hubiste procurado	hubisteis procurado
hubo procurado	hubieron procurado

CONDITIONAL PERFECT

habría procurado	habríamos procurado
habrías procurado	habríais procurado
habría procurado	habrían procurado

PRESENT PERFECT SUBJUNCTIVE

haya procurado	hayamos procurado
hayas procurado	hayáis procurado
haya procurado	hayan procurado

or **IMPERFECT SUBJUNCTIVE (-se)**

procurase	procurásemos
procurases	procuraseis
procurase	procurasen

or **PAST PERFECT SUBJUNCTIVE (-se)**

hubiese procurado	hubiésemos procurado
hubieses procurado	hubieseis procurado
hubiese procurado	hubiesen procurado

PROGRESSIVE TENSES

PRESENT	estoy, estás, está, estamos, estáis, están	
PRETERIT	estuve, estuviste, estuvo, estuvimos, estuvisteis, estuvieron	
IMPERFECT	estaba, estabas, estaba, estábamos, estabais, estaban	procurando
FUTURE	estaré, estarás, estará, estaremos, estaréis, estarán	
CONDITIONAL	estaría, estarías, estaría, estaríamos, estaríais, estarían	
SUBJUNCTIVE	que + *corresponding subjunctive tense of* estar *(see verb 252)*	

COMMANDS

	(nosotros) procuremos/no procuremos
(tú) procura/no procures	(vosotros) procurad/no procuréis
(Ud.) procure/no procure	(Uds.) procuren/no procuren

Usage

Procuren no impacientarse.	*Try not to get impatient.*
¿Pudo procurar la tarjeta verde?	*Was he able to get a green card?*
Les procuraron un apartamento.	*They got them an apartment.*
Su procurador tiene poder.	*Their lawyer has power of attorney.*

producir   *to produce*

produzco · produjeron · producido · produciendo

-ir verb; *c* > *zc/o, a*;
irregular preterit

PRESENT		PRETERIT	
produzco	producimos	produje	produjimos
produces	producís	produjiste	produjisteis
produce	producen	produjo	produjeron

IMPERFECT		PRESENT PERFECT	
producía	producíamos	he producido	hemos producido
producías	producíais	has producido	habéis producido
producía	producían	ha producido	han producido

FUTURE		CONDITIONAL	
produciré	produciremos	produciría	produciríamos
producirás	produciréis	producirías	produciríais
producirá	producirán	produciría	producirían

PLUPERFECT		PRETERIT PERFECT	
había producido	habíamos producido	hube producido	hubimos producido
habías producido	habíais producido	hubiste producido	hubisteis producido
había producido	habían producido	hubo producido	hubieron producido

FUTURE PERFECT		CONDITIONAL PERFECT	
habré producido	habremos producido	habría producido	habríamos producido
habrás producido	habréis producido	habrías producido	habríais producido
habrá producido	habrán producido	habría producido	habrían producido

PRESENT SUBJUNCTIVE		PRESENT PERFECT SUBJUNCTIVE	
produzca	produzcamos	haya producido	hayamos producido
produzcas	produzcáis	hayas producido	hayáis producido
produzca	produzcan	haya producido	hayan producido

IMPERFECT SUBJUNCTIVE (-ra)		*or*	IMPERFECT SUBJUNCTIVE (-se)	
produjera	produjéramos		produjese	produjésemos
produjeras	produjerais		produjeses	produjeseis
produjera	produjeran		produjese	produjesen

PAST PERFECT SUBJUNCTIVE (-ra)		*or*	PAST PERFECT SUBJUNCTIVE (-se)	
hubiera producido	hubiéramos producido		hubiese producido	hubiésemos producido
hubieras producido	hubierais producido		hubieses producido	hubieseis producido
hubiera producido	hubieran producido		hubiese producido	hubiesen producido

PROGRESSIVE TENSES

PRESENT	estoy, estás, está, estamos, estáis, están
PRETERIT	estuve, estuviste, estuvo, estuvimos, estuvisteis, estuvieron
IMPERFECT	estaba, estabas, estaba, estábamos, estabais, estaban
FUTURE	estaré, estarás, estará, estaremos, estaréis, estarán
CONDITIONAL	estaría, estarías, estaría, estaríamos, estaríais, estarían
SUBJUNCTIVE	que + *corresponding subjunctive tense of* estar (*see verb 252*)

} produciendo

COMMANDS

	(nosotros) produzcamos/no produzcamos
(tú) produce/no produzcas	(vosotros) producid/no produzcáis
(Ud.) produzca/no produzca	(Uds.) produzcan/no produzcan

Usage

Se producen coches.	*They manufacture cars.*
La compañía producía productos alimenticios.	*The company produced foodstuffs.*
El manzano no produjo manzanas este año.	*The apple tree didn't bear apples this year.*
Ojalá que la sociedad produzca beneficios.	*I hope the corporation will yield profits.*
El Producto Interior Bruto representa el valor de los bienes y servicios.	*The Gross Domestic Product represents the value of goods and services.*
¿Quién es el productor de esa película?	*Who is the producer of that film?*

-ir verb; spelling change:
i > *í* when stressed

prohíbo · prohibieron · prohibido · prohibiendo

PRESENT

prohíbo	prohibimos
prohíbes	prohibís
prohíbe	prohíben

IMPERFECT

prohibía	prohibíamos
prohibías	prohibíais
prohibía	prohibían

FUTURE

prohibiré	prohibiremos
prohibirás	prohibiréis
prohibirá	prohibirán

PLUPERFECT

había prohibido	habíamos prohibido
habías prohibido	habíais prohibido
había prohibido	habían prohibido

FUTURE PERFECT

habré prohibido	habremos prohibido
habrás prohibido	habréis prohibido
habrá prohibido	habrán prohibido

PRESENT SUBJUNCTIVE

prohíba	prohibamos
prohíbas	prohibáis
prohíba	prohíban

IMPERFECT SUBJUNCTIVE (-ra)

prohibiera	prohibiéramos
prohibieras	prohibierais
prohibiera	prohibieran

PAST PERFECT SUBJUNCTIVE (-ra)

hubiera prohibido	hubiéramos prohibido
hubieras prohibido	hubierais prohibido
hubiera prohibido	hubieran prohibido

PRETERIT

prohibí	prohibimos
prohibiste	prohibisteis
prohibió	prohibieron

PRESENT PERFECT

he prohibido	hemos prohibido
has prohibido	habéis prohibido
ha prohibido	han prohibido

CONDITIONAL

prohibiría	prohibiríamos
prohibirías	prohibiríais
prohibiría	prohibirían

PRETERIT PERFECT

hube prohibido	hubimos prohibido
hubiste prohibido	hubisteis prohibido
hubo prohibido	hubieron prohibido

CONDITIONAL PERFECT

habría prohibido	habríamos prohibido
habrías prohibido	habríais prohibido
habría prohibido	habrían prohibido

PRESENT PERFECT SUBJUNCTIVE

haya prohibido	hayamos prohibido
hayas prohibido	hayáis prohibido
haya prohibido	hayan prohibido

or **IMPERFECT SUBJUNCTIVE (-se)**

prohibiese	prohibiésemos
prohibieses	prohibieseis
prohibiese	prohibiesen

or **PAST PERFECT SUBJUNCTIVE (-se)**

hubiese prohibido	hubiésemos prohibido
hubieses prohibido	hubieseis prohibido
hubiese prohibido	hubiesen prohibido

PROGRESSIVE TENSES

PRESENT	estoy, estás, está, estamos, estáis, están
PRETERIT	estuve, estuviste, estuvo, estuvimos, estuvisteis, estuvieron
IMPERFECT	estaba, estabas, estaba, estábamos, estabais, estaban
FUTURE	estaré, estarás, estará, estaremos, estaréis, estarán
CONDITIONAL	estaría, estarías, estaría, estaríamos, estaríais, estarían
SUBJUNCTIVE	que + *corresponding subjunctive tense of* estar (*see verb 252*)

} prohibiendo

COMMANDS

	(nosotros) prohibamos/no prohibamos
(tú) prohíbe/no prohíbas	(vosotros) prohibid/no prohibáis
(Ud.) prohíba/no prohíba	(Uds.) prohíban/no prohíban

Usage

Hija, te prohibimos que vuelvas tan tarde.	*We forbid you to come back so late.*
Hija, te prohibimos volver tan tarde.	*We forbid you to come back so late.*
Se prohíbe entrar aquí por la seguridad nacional.	*We're forbidden from entering here because of national security.*
Prohibido adelantar.	*No passing.*
Prohibida la vuelta en U.	*No U-turn.*
Los precios son prohibitivos.	*The prices are prohibitive.*

promover *to promote, provoke, cause*

promuevo · promovieron · promovido · promoviendo   stem-changing -er verb: o > ue
(like **mover**)

PRESENT		PRETERIT	
promuevo	promovemos	promoví	promovimos
promueves	promovéis	promoviste	promovisteis
promueve	promueven	promovió	promovieron

IMPERFECT		PRESENT PERFECT	
promovía	promovíamos	he promovido	hemos promovido
promovías	promovíais	has promovido	habéis promovido
promovía	promovían	ha promovido	han promovido

FUTURE		CONDITIONAL	
promoveré	promoveremos	promovería	promoveríamos
promoverás	promoveréis	promoverías	promoveríais
promoverá	promoverán	promovería	promoverían

PLUPERFECT		PRETERIT PERFECT	
había promovido	habíamos promovido	hube promovido	hubimos promovido
habías promovido	habíais promovido	hubiste promovido	hubisteis promovido
había promovido	habían promovido	hubo promovido	hubieron promovido

FUTURE PERFECT		CONDITIONAL PERFECT	
habré promovido	habremos promovido	habría promovido	habríamos promovido
habrás promovido	habréis promovido	habrías promovido	habríais promovido
habrá promovido	habrán promovido	habría promovido	habrían promovido

PRESENT SUBJUNCTIVE		PRESENT PERFECT SUBJUNCTIVE	
promueva	promovamos	haya promovido	hayamos promovido
promuevas	promováis	hayas promovido	hayáis promovido
promueva	promuevan	haya promovido	hayan promovido

IMPERFECT SUBJUNCTIVE (-ra)		*or*	IMPERFECT SUBJUNCTIVE (-se)	
promoviera	promoviéramos		promoviese	promoviésemos
promovieras	promovierais		promovieses	promovieseis
promoviera	promovieran		promoviese	promoviesen

PAST PERFECT SUBJUNCTIVE (-ra)		*or*	PAST PERFECT SUBJUNCTIVE (-se)	
hubiera promovido	hubiéramos promovido		hubiese promovido	hubiésemos promovido
hubieras promovido	hubierais promovido		hubieses promovido	hubieseis promovido
hubiera promovido	hubieran promovido		hubiese promovido	hubiesen promovido

PROGRESSIVE TENSES

PRESENT	estoy, estás, está, estamos, estáis, están
PRETERIT	estuve, estuviste, estuvo, estuvimos, estuvisteis, estuvieron
IMPERFECT	estaba, estabas, estaba, estábamos, estabais, estaban
FUTURE	estaré, estarás, estará, estaremos, estaréis, estarán
CONDITIONAL	estaría, estarías, estaría, estaríamos, estaríais, estarían
SUBJUNCTIVE	que + *corresponding subjunctive tense of* estar (*see verb 252*)

} promoviendo

COMMANDS

	(nosotros) promovamos/no promovamos
(tú) promueve/no promuevas	(vosotros) promoved/no promováis
(Ud.) promueva/no promueva	(Uds.) promuevan/no promuevan

Usage

Se promueve el producto con la campaña publicitaria.
Promovieron la rebelión.
Espero que lo hayan promovido a gerente.

The advertising campaign promotes the product.
They caused/stirred up the rebellion.
I hope he was promoted to manager.

regular *-ar* verb   **pronuncio · pronunciaron · pronunciado · pronunciando**

PRESENT

pronuncio	pronunciamos
pronuncias	pronunciáis
pronuncia	pronuncian

IMPERFECT

pronunciaba	pronunciábamos
pronunciabas	pronunciabais
pronunciaba	pronunciaban

FUTURE

pronunciaré	pronunciaremos
pronunciarás	pronunciaréis
pronunciará	pronunciarán

PLUPERFECT

había pronunciado	habíamos pronunciado
habías pronunciado	habíais pronunciado
había pronunciado	habían pronunciado

FUTURE PERFECT

habré pronunciado	habremos pronunciado
habrás pronunciado	habréis pronunciado
habrá pronunciado	habrán pronunciado

PRESENT SUBJUNCTIVE

pronuncie	pronunciemos
pronuncies	pronunciéis
pronuncie	pronuncien

IMPERFECT SUBJUNCTIVE (-ra)

pronunciara	pronunciáramos
pronunciaras	pronunciarais
pronunciara	pronunciaran

PAST PERFECT SUBJUNCTIVE (-ra)

hubiera pronunciado	hubiéramos pronunciado
hubieras pronunciado	hubierais pronunciado
hubiera pronunciado	hubieran pronunciado

PRETERIT

pronuncié	pronunciamos
pronunciaste	pronunciasteis
pronunció	pronunciaron

PRESENT PERFECT

he pronunciado	hemos pronunciado
has pronunciado	habéis pronunciado
ha pronunciado	han pronunciado

CONDITIONAL

pronunciaría	pronunciaríamos
pronunciarías	pronunciaríais
pronunciaría	pronunciarían

PRETERIT PERFECT

hube pronunciado	hubimos pronunciado
hubiste pronunciado	hubisteis pronunciado
hubo pronunciado	hubieron pronunciado

CONDITIONAL PERFECT

habría pronunciado	habríamos pronunciado
habrías pronunciado	habríais pronunciado
habría pronunciado	habrían pronunciado

PRESENT PERFECT SUBJUNCTIVE

haya pronunciado	hayamos pronunciado
hayas pronunciado	hayáis pronunciado
haya pronunciado	hayan pronunciado

or **IMPERFECT SUBJUNCTIVE (-se)**

pronunciase	pronunciásemos
pronunciases	pronunciaseis
pronunciase	pronunciasen

or **PAST PERFECT SUBJUNCTIVE (-se)**

hubiese pronunciado	hubiésemos pronunciado
hubieses pronunciado	hubieseis pronunciado
hubiese pronunciado	hubiesen pronunciado

PROGRESSIVE TENSES

PRESENT	estoy, estás, está, estamos, estáis, están
PRETERIT	estuve, estuviste, estuvo, estuvimos, estuvisteis, estuvieron
IMPERFECT	estaba, estabas, estaba, estábamos, estabais, estaban
FUTURE	estaré, estarás, estará, estaremos, estaréis, estarán
CONDITIONAL	estaría, estarías, estaría, estaríamos, estaríais, estarían
SUBJUNCTIVE	que + *corresponding subjunctive tense of* estar (*see verb 252*)

pronunciando

COMMANDS

	(nosotros) pronunciemos/no pronunciemos
(tú) pronuncia/no pronuncies	(vosotros) pronunciad/no pronunciéis
(Ud.) pronuncie/no pronuncie	(Uds.) pronuncien/no pronuncien

Usage

Pronuncias el español muy bien.	*You pronounce Spanish very well.*
El Secretario de Estado pronunció un discurso.	*The Secretary of State delivered a speech.*
Son palabras difíciles de pronunciar.	*They're difficult words to pronounce.*
El juez pronunció el fallo.	*The judge pronounced sentence.*
La escritura fonética es útil para pronunciar el francés.	*Phonetic transcription is useful for pronouncing French.*
Tenían un acento muy pronunciado.	*They had a noticeable accent.*

proteger *to protect*

protejo · protegieron · protegido · protegiendo   *-er* verb; spelling change: *g > j/o, a*

PRESENT		PRETERIT	
protejo	protegemos	protegí	protegimos
proteges	protegéis	protegiste	protegisteis
protege	protegen	protegió	protegieron

IMPERFECT		PRESENT PERFECT	
protegía	protegíamos	he protegido	hemos protegido
protegías	protegíais	has protegido	habéis protegido
protegía	protegían	ha protegido	han protegido

FUTURE		CONDITIONAL	
protegeré	protegeremos	protegería	protegeríamos
protegerás	protegeréis	protegerías	protegeríais
protegerá	protegerán	protegería	protegerían

PLUPERFECT		PRETERIT PERFECT	
había protegido	habíamos protegido	hube protegido	hubimos protegido
habías protegido	habíais protegido	hubiste protegido	hubisteis protegido
había protegido	habían protegido	hubo protegido	hubieron protegido

FUTURE PERFECT		CONDITIONAL PERFECT	
habré protegido	habremos protegido	habría protegido	habríamos protegido
habrás protegido	habréis protegido	habrías protegido	habríais protegido
habrá protegido	habrán protegido	habría protegido	habrían protegido

PRESENT SUBJUNCTIVE		PRESENT PERFECT SUBJUNCTIVE	
proteja	protejamos	haya protegido	hayamos protegido
protejas	protejáis	hayas protegido	hayáis protegido
proteja	protejan	haya protegido	hayan protegido

IMPERFECT SUBJUNCTIVE (-ra)		*or* IMPERFECT SUBJUNCTIVE (-se)	
protegiera	protegiéramos	protegiese	protegiésemos
protegieras	protegierais	protegieses	protegieseis
protegiera	protegieran	protegiese	protegiesen

PAST PERFECT SUBJUNCTIVE (-ra)		*or* PAST PERFECT SUBJUNCTIVE (-se)	
hubiera protegido	hubiéramos protegido	hubiese protegido	hubiésemos protegido
hubieras protegido	hubierais protegido	hubieses protegido	hubieseis protegido
hubiera protegido	hubieran protegido	hubiese protegido	hubiesen protegido

PROGRESSIVE TENSES

PRESENT	estoy, estás, está, estamos, estáis, están
PRETERIT	estuve, estuviste, estuvo, estuvimos, estuvisteis, estuvieron
IMPERFECT	estaba, estabas, estaba, estábamos, estabais, estaban
FUTURE	estaré, estarás, estará, estaremos, estaréis, estarán
CONDITIONAL	estaría, estarías, estaría, estaríamos, estaríais, estarían
SUBJUNCTIVE	que + *corresponding subjunctive tense of* estar *(see verb 252)*

protegiendo

COMMANDS

	(nosotros) protejamos/no protejamos
(tú) protege/no protejas	(vosotros) proteged/no protejáis
(Ud.) proteja/no proteja	(Uds.) protejan/no protejan

Usage

El camuflaje protege a los soldados.	*Camouflage protects soldiers.*
Protéjanse del sol.	*Protect yourselves from the sun.*
¡Que Dios les proteja!	*May God protect you!*
Hay varias leyes de protección del medio ambiente.	*There are several environmental protection laws.*
Son los protegidos del Primer Ministro.	*They're the Prime Minister's protégés.*
Es una célebre protectora de la ópera.	*She's a noted patron of the opera.*

-*ar* verb; spelling change: *c > qu/e*   provoco · provocaron · provocado · provocando

PRESENT		PRETERIT	
provoco	provocamos	provoqué	provocamos
provocas	provocáis	provocaste	provocasteis
provoca	provocan	provocó	provocaron

IMPERFECT		PRESENT PERFECT	
provocaba	provocábamos	he provocado	hemos provocado
provocabas	provocabais	has provocado	habéis provocado
provocaba	provocaban	ha provocado	han provocado

FUTURE		CONDITIONAL	
provocaré	provocaremos	provocaría	provocaríamos
provocarás	provocaréis	provocarías	provocaríais
provocará	provocarán	provocaría	provocarían

PLUPERFECT		PRETERIT PERFECT	
había provocado	habíamos provocado	hube provocado	hubimos provocado
habías provocado	habíais provocado	hubiste provocado	hubisteis provocado
había provocado	habían provocado	hubo provocado	hubieron provocado

FUTURE PERFECT		CONDITIONAL PERFECT	
habré provocado	habremos provocado	habría provocado	habríamos provocado
habrás provocado	habréis provocado	habrías provocado	habríais provocado
habrá provocado	habrán provocado	habría provocado	habrían provocado

PRESENT SUBJUNCTIVE		PRESENT PERFECT SUBJUNCTIVE	
provoque	provoquemos	haya provocado	hayamos provocado
provoques	provoquéis	hayas provocado	hayáis provocado
provoque	provoquen	haya provocado	hayan provocado

IMPERFECT SUBJUNCTIVE (-ra)		*or* IMPERFECT SUBJUNCTIVE (-se)	
provocara	provocáramos	provocase	provocásemos
provocaras	provocarais	provocases	provocaseis
provocara	provocaran	provocase	provocasen

PAST PERFECT SUBJUNCTIVE (-ra)		*or* PAST PERFECT SUBJUNCTIVE (-se)	
hubiera provocado	hubiéramos provocado	hubiese provocado	hubiésemos provocado
hubieras provocado	hubierais provocado	hubieses provocado	hubieseis provocado
hubiera provocado	hubieran provocado	hubiese provocado	hubiesen provocado

PROGRESSIVE TENSES

PRESENT	estoy, estás, está, estamos, estáis, están	
PRETERIT	estuve, estuviste, estuvo, estuvimos, estuvisteis, estuvieron	
IMPERFECT	estaba, estabas, estaba, estábamos, estabais, estaban	provocando
FUTURE	estaré, estarás, estará, estaremos, estaréis, estarán	
CONDITIONAL	estaría, estarías, estaría, estaríamos, estaríais, estarían	
SUBJUNCTIVE	que + *corresponding subjunctive tense of* estar (*see verb 252*)	

COMMANDS

	(nosotros) provoquemos/no provoquemos
(tú) provoca/no provoques	(vosotros) provocad/no provoquéis
(Ud.) provoque/no provoque	(Uds.) provoquen/no provoquen

Usage

Provoca a todos con su descaro.	*She provokes everyone with her impudence.*
¿Qué provocó el ruido tan fuerte?	*What caused the very loud noise?*
El pacto violado provocó la guerra.	*The broken pact started the war.*
No me provoca comer ahora.	*I don't feel like eating now.*
El discurso que pronunció era provocador.	*The speech he delivered was provocative.*

publico · publicaron · publicado · publicando   *-ar* verb; spelling change: *c > qu/e*

PRESENT

publico	publicamos
publicas	publicáis
publica	publican

PRETERIT

publiqué	publicamos
publicaste	publicasteis
publicó	publicaron

IMPERFECT

publicaba	publicábamos
publicabas	publicabais
publicaba	publicaban

PRESENT PERFECT

he publicado	hemos publicado
has publicado	habéis publicado
ha publicado	han publicado

FUTURE

publicaré	publicaremos
publicarás	publicaréis
publicará	publicarán

CONDITIONAL

publicaría	publicaríamos
publicarías	publicaríais
publicaría	publicarían

PLUPERFECT

había publicado	habíamos publicado
habías publicado	habíais publicado
había publicado	habían publicado

PRETERIT PERFECT

hube publicado	hubimos publicado
hubiste publicado	hubisteis publicado
hubo publicado	hubieron publicado

FUTURE PERFECT

habré publicado	habremos publicado
habrás publicado	habréis publicado
habrá publicado	habrán publicado

CONDITIONAL PERFECT

habría publicado	habríamos publicado
habrías publicado	habríais publicado
habría publicado	habrían publicado

PRESENT SUBJUNCTIVE

publique	publiquemos
publiques	publiquéis
publique	publiquen

PRESENT PERFECT SUBJUNCTIVE

haya publicado	hayamos publicado
hayas publicado	hayáis publicado
haya publicado	hayan publicado

IMPERFECT SUBJUNCTIVE (-ra)

publicara	publicáramos
publicaras	publicarais
publicara	publicaran

or **IMPERFECT SUBJUNCTIVE (-se)**

publicase	publicásemos
publicases	publicaseis
publicase	publicasen

PAST PERFECT SUBJUNCTIVE (-ra)

hubiera publicado	hubiéramos publicado
hubieras publicado	hubierais publicado
hubiera publicado	hubieran publicado

or **PAST PERFECT SUBJUNCTIVE (-se)**

hubiese publicado	hubiésemos publicado
hubieses publicado	hubieseis publicado
hubiese publicado	hubiesen publicado

PROGRESSIVE TENSES

PRESENT	estoy, estás, está, estamos, estáis, están
PRETERIT	estuve, estuviste, estuvo, estuvimos, estuvisteis, estuvieron
IMPERFECT	estaba, estabas, estaba, estábamos, estabais, estaban
FUTURE	estaré, estarás, estará, estaremos, estaréis, estarán
CONDITIONAL	estaría, estarías, estaría, estaríamos, estaríais, estarían
SUBJUNCTIVE	que + *corresponding subjunctive tense of* estar (*see verb 252*)

} publicando

COMMANDS

	(nosotros) publiquemos/no publiquemos
(tú) publica/no publiques	(vosotros) publicad/no publiquéis
(Ud.) publique/no publique	(Uds.) publiquen/no publiquen

Usage

La editorial publica libros de historia.	*The publishing house publishes history books.*
Se publicó la antología en 2001.	*The anthology was published in 2001.*
Se ve mucha publicidad disimulada y subliminal.	*We see a lot of sneaky and subliminal advertising.*
Había mucho público en la sala.	*There was a big audience in the hall.*
El sondeo de la opinión pública no es muy fidedigno.	*Public opinion polls are not very reliable.*

stem-changing -ar verb: e > ie

quiebro · quebraron · quebrado · quebrando

PRESENT

quiebro	quebramos
quiebras	quebráis
quiebra	quiebran

IMPERFECT

quebraba	quebrábamos
quebrabas	quebrabais
quebraba	quebraban

FUTURE

quebraré	quebraremos
quebrarás	quebraréis
quebrará	quebrarán

PLUPERFECT

había quebrado	habíamos quebrado
habías quebrado	habíais quebrado
había quebrado	habían quebrado

FUTURE PERFECT

habré quebrado	habremos quebrado
habrás quebrado	habréis quebrado
habrá quebrado	habrán quebrado

PRESENT SUBJUNCTIVE

quiebre	quebremos
quiebres	quebréis
quiebre	quiebren

IMPERFECT SUBJUNCTIVE (-ra)

quebrara	quebráramos
quebraras	quebrarais
quebrara	quebraran

PAST PERFECT SUBJUNCTIVE (-ra)

hubiera quebrado	hubiéramos quebrado
hubieras quebrado	hubierais quebrado
hubiera quebrado	hubieran quebrado

PRETERIT

quebré	quebramos
quebraste	quebrasteis
quebró	quebraron

PRESENT PERFECT

he quebrado	hemos quebrado
has quebrado	habéis quebrado
ha quebrado	han quebrado

CONDITIONAL

quebraría	quebraríamos
quebrarías	quebraríais
quebraría	quebrarían

PRETERIT PERFECT

hube quebrado	hubimos quebrado
hubiste quebrado	hubisteis quebrado
hubo quebrado	hubieron quebrado

CONDITIONAL PERFECT

habría quebrado	habríamos quebrado
habrías quebrado	habríais quebrado
habría quebrado	habrían quebrado

PRESENT PERFECT SUBJUNCTIVE

haya quebrado	hayamos quebrado
hayas quebrado	hayáis quebrado
haya quebrado	hayan quebrado

or **IMPERFECT SUBJUNCTIVE (-se)**

quebrase	quebrásemos
quebrases	quebraseis
quebrase	quebrasen

or **PAST PERFECT SUBJUNCTIVE (-se)**

hubiese quebrado	hubiésemos quebrado
hubieses quebrado	hubieseis quebrado
hubiese quebrado	hubiesen quebrado

PROGRESSIVE TENSES

PRESENT	estoy, estás, está, estamos, estáis, están
PRETERIT	estuve, estuviste, estuvo, estuvimos, estuvisteis, estuvieron
IMPERFECT	estaba, estabas, estaba, estábamos, estabais, estaban
FUTURE	estaré, estarás, estará, estaremos, estaréis, estarán
CONDITIONAL	estaría, estarías, estaría, estaríamos, estaríais, estarían
SUBJUNCTIVE	que + *corresponding subjunctive tense of* estar (*see verb 252*)

} quebrando

COMMANDS

	(nosotros) quebremos/no quebremos
(tú) quiebra/no quiebres	(vosotros) quebrad/no quebréis
(Ud.) quiebre/no quiebre	(Uds.) quiebren/no quiebren

Usage

De repente alguien quebró el silencio.	*Suddenly someone broke the silence.*
Se quebró el dedo jugando baloncesto.	*He broke his finger playing basketball.*
Es improbable que la empresa quiebre.	*It's improbable the company will go bankrupt.*
Se nos quebraron las tazas y los platillos.	*We broke the cups and saucers.*
Tenía la voz quebrada.	*Her voice was hoarse/faltering.*
El vaquero pasó por la quebrada.	*The cowboy went through the mountain pass.*
Tiene quebradura en el brazo.	*She has a fracture/break in her arm.*

Se quedó boquiabierto al verlos.	*He stood agape/open-mouthed when he saw them.*
Se quedaron sin trabajo.	*They were left without work.*
Te quedaste plantada.	*You were stood up.*
Me quedé con la sortija.	*I kept the ring.*

quedar *to be* (only permanent location); *arrange to meet; end*

Quedaron escandalizados.	*They were shocked.*
—¿Dónde queda el monumento?	*Where is the monument?*
—Todos los monumentos quedan en la zona histórica.	*All the monuments are located in the historic area.*
Quedamos con ellos a las tres.	*We arranged to meet them/have a date with them at 3:00.*
Quedó bien/mal con su jefe.	*He made a good/bad impression on his boss.*

quedar en *to agree to, decide to*

—¿En qué quedamos?	*What have we decided?*
—Quedamos en vernos el sábado, ¿no?	*We've decided to see each other on Saturday, right?*
Nuestros planes quedaron en nada.	*Nothing came of our plans.*

quedar (reverse construction) *to have left, remain; be, look*

—¿Cuánto dinero te queda?	*How much money do you have left?*
—Me quedan quinientos dólares.	*I have $500 left.*
La falda te queda corta/grande.	*The skirt is/looks short/big on you.*
No nos quedó más remedio.	*There was nothing left for us to do.*

quedársele a alguien (unplanned occurrences) *to leave something behind*

—¿Se te quedaron las carpetas en la oficina?	*Did you leave the folders at the office?*
—¡Ojalá! Creo que se me quedaron en el taxi.	*I wish! I think I left them in the taxi.*

Other Uses

Habló en voz queda/quedo.	*She spoke in a soft voice/quietly.*
Queda mucho por hacer.	*There's still a lot to be done.*
Queda por ver.	*It remains to be seen.*

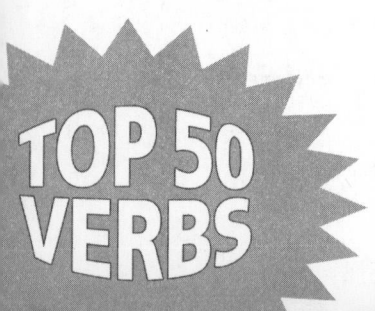

TOP 50 VERBS

regular *-ar* reflexive verb

quedo · quedaron · quedado · quedándose

PRESENT

me quedo	nos quedamos
te quedas	os quedáis
se queda	se quedan

IMPERFECT

me quedaba	nos quedábamos
te quedabas	os quedabais
se quedaba	se quedaban

FUTURE

me quedaré	nos quedaremos
te quedarás	os quedaréis
se quedará	se quedarán

PLUPERFECT

me había quedado	nos habíamos quedado
te habías quedado	os habíais quedado
se había quedado	se habían quedado

FUTURE PERFECT

me habré quedado	nos habremos quedado
te habrás quedado	os habréis quedado
se habrá quedado	se habrán quedado

PRESENT SUBJUNCTIVE

me quede	nos quedemos
te quedes	os quedéis
se quede	se queden

IMPERFECT SUBJUNCTIVE (-ra)

me quedara	nos quedáramos
te quedaras	os quedarais
se quedara	se quedaran

PAST PERFECT SUBJUNCTIVE (-ra)

me hubiera quedado	nos hubiéramos quedado
te hubieras quedado	os hubierais quedado
se hubiera quedado	se hubieran quedado

PRETERIT

me quedé	nos quedamos
te quedaste	os quedasteis
se quedó	se quedaron

PRESENT PERFECT

me he quedado	nos hemos quedado
te has quedado	os habéis quedado
se ha quedado	se han quedado

CONDITIONAL

me quedaría	nos quedaríamos
te quedarías	os quedaríais
se quedaría	se quedarían

PRETERIT PERFECT

me hube quedado	nos hubimos quedado
te hubiste quedado	os hubisteis quedado
se hubo quedado	se hubieron quedado

CONDITIONAL PERFECT

me habría quedado	nos habríamos quedado
te habrías quedado	os habríais quedado
se habría quedado	se habrían quedado

PRESENT PERFECT SUBJUNCTIVE

me haya quedado	nos hayamos quedado
te hayas quedado	os hayáis quedado
se haya quedado	se hayan quedado

or **IMPERFECT SUBJUNCTIVE (-se)**

me quedase	nos quedásemos
te quedases	os quedaseis
se quedase	se quedasen

or **PAST PERFECT SUBJUNCTIVE (-se)**

me hubiese quedado	nos hubiésemos quedado
te hubieses quedado	os hubieseis quedado
se hubiese quedado	se hubiesen quedado

PROGRESSIVE TENSES

PRESENT	estoy, estás, está, estamos, estáis, están	
PRETERIT	estuve, estuviste, estuvo, estuvimos, estuvisteis, estuvieron	
IMPERFECT	estaba, estabas, estaba, estábamos, estabais, estaban	quedando (*see page 31*)
FUTURE	estaré, estarás, estará, estaremos, estaréis, estarán	
CONDITIONAL	estaría, estarías, estaría, estaríamos, estaríais, estarían	
SUBJUNCTIVE	que + *corresponding subjunctive tense of* estar (*see verb 252*)	

COMMANDS

	(nosotros) quedémonos/no nos quedemos
(tú) quédate/no te quedes	(vosotros) quedaos/no os quedéis
(Ud.) quédese/no se quede	(Uds.) quédense/no se queden

Usage

Nos quedamos en el café un par de horas.	*We stayed at the café a couple of hours.*
Se quedaron pensativos.	*They remained pensive.*
Beethoven se quedó sordo.	*Beethoven became/went deaf.*
Me quedo con la bufanda azul, señorita.	*I'll take the blue scarf, Miss. (in a store)*
¡Niños, quédense quietos!	*Kids, keep quiet/still!*
¿Qué remedio me queda?	*What else can I do?*
Su casa queda en los suburbios.	*Their house is in the suburbs.*

quejarse *to complain, moan, groan*

quejo · quejaron · quejado · quejándose

regular *-ar* reflexive verb

PRESENT	
me quejo	nos quejamos
te quejas	os quejáis
se queja	se quejan

PRETERIT	
me quejé	nos quejamos
te quejaste	os quejasteis
se quejó	se quejaron

IMPERFECT	
me quejaba	nos quejábamos
te quejabas	os quejabais
se quejaba	se quejaban

PRESENT PERFECT	
me he quejado	nos hemos quejado
te has quejado	os habéis quejado
se ha quejado	se han quejado

FUTURE	
me quejaré	nos quejaremos
te quejarás	os quejaréis
se quejará	se quejarán

CONDITIONAL	
me quejaría	nos quejaríamos
te quejarías	os quejaríais
se quejaría	se quejarían

PLUPERFECT	
me había quejado	nos habíamos quejado
te habías quejado	os habíais quejado
se había quejado	se habían quejado

PRETERIT PERFECT	
me hube quejado	nos hubimos quejado
te hubiste quejado	os hubisteis quejado
se hubo quejado	se hubieron quejado

FUTURE PERFECT	
me habré quejado	nos habremos quejado
te habrás quejado	os habréis quejado
se habrá quejado	se habrán quejado

CONDITIONAL PERFECT	
me habría quejado	nos habríamos quejado
te habrías quejado	os habríais quejado
se habría quejado	se habrían quejado

PRESENT SUBJUNCTIVE	
me queje	nos quejemos
te quejes	os quejéis
se queje	se quejen

PRESENT PERFECT SUBJUNCTIVE	
me haya quejado	nos hayamos quejado
te hayas quejado	os hayáis quejado
se haya quejado	se hayan quejado

IMPERFECT SUBJUNCTIVE (-ra)		*or*	IMPERFECT SUBJUNCTIVE (-se)	
me quejara	nos quejáramos		me quejase	nos quejásemos
te quejaras	os quejarais		te quejases	os quejaseis
se quejara	se quejaran		se quejase	se quejasen

PAST PERFECT SUBJUNCTIVE (-ra)		*or*	PAST PERFECT SUBJUNCTIVE (-se)	
me hubiera quejado	nos hubiéramos quejado		me hubiese quejado	nos hubiésemos quejado
te hubieras quejado	os hubierais quejado		te hubieses quejado	os hubieseis quejado
se hubiera quejado	se hubieran quejado		se hubiese quejado	se hubiesen quejado

PROGRESSIVE TENSES

PRESENT	estoy, estás, está, estamos, estáis, están
PRETERIT	estuve, estuviste, estuvo, estuvimos, estuvisteis, estuvieron
IMPERFECT	estaba, estabas, estaba, estábamos, estabais, estaban
FUTURE	estaré, estarás, estará, estaremos, estaréis, estarán
CONDITIONAL	estaría, estarías, estaría, estaríamos, estaríais, estarían
SUBJUNCTIVE	que + *corresponding subjunctive tense of* estar (*see verb 252*)

quejando (*see page 31*)

COMMANDS

	(nosotros) quejémonos/no nos quejemos
(tú) quéjate/no te quejes	(vosotros) quejaos/no os quejéis
(Ud.) quéjese/no se queje	(Uds.) quéjense/no se quejen

Usage

No se quejaban de nada.	*They didn't complain about anything.*
Se queja de todo y de todos.	*She complains about everything and everyone.*
Los consumidores se han quejado.	*The consumers have complained.*
Tienen quejas del artículo defectuoso.	*They have complaints about the defective article.*
Oímos a los heridos quejándose.	*We heard the injured people moaning/groaning.*

regular *-ar* verb

PRESENT

quemo	quemamos
quemas	quemáis
quema	queman

IMPERFECT

quemaba	quemábamos
quemabas	quemabais
quemaba	quemaban

FUTURE

quemaré	quemaremos
quemarás	quemaréis
quemará	quemarán

PLUPERFECT

había quemado	habíamos quemado
habías quemado	habíais quemado
había quemado	habían quemado

FUTURE PERFECT

habré quemado	habremos quemado
habrás quemado	habréis quemado
habrá quemado	habrán quemado

PRESENT SUBJUNCTIVE

queme	quememos
quemes	queméis
queme	quemen

IMPERFECT SUBJUNCTIVE (-ra)

quemara	quemáramos
quemaras	quemarais
quemara	quemaran

PAST PERFECT SUBJUNCTIVE (-ra)

hubiera quemado	hubiéramos quemado
hubieras quemado	hubierais quemado
hubiera quemado	hubieran quemado

PRETERIT

quemé	quemamos
quemaste	quemasteis
quemó	quemaron

PRESENT PERFECT

he quemado	hemos quemado
has quemado	habéis quemado
ha quemado	han quemado

CONDITIONAL

quemaría	quemaríamos
quemarías	quemaríais
quemaría	quemarían

PRETERIT PERFECT

hube quemado	hubimos quemado
hubiste quemado	hubisteis quemado
hubo quemado	hubieron quemado

CONDITIONAL PERFECT

habría quemado	habríamos quemado
habrías quemado	habríais quemado
habría quemado	habrían quemado

PRESENT PERFECT SUBJUNCTIVE

haya quemado	hayamos quemado
hayas quemado	hayáis quemado
haya quemado	hayan quemado

or **IMPERFECT SUBJUNCTIVE (-se)**

quemase	quemásemos
quemases	quemaseis
quemase	quemasen

or **PAST PERFECT SUBJUNCTIVE (-se)**

hubiese quemado	hubiésemos quemado
hubieses quemado	hubieseis quemado
hubiese quemado	hubiesen quemado

PROGRESSIVE TENSES

PRESENT	estoy, estás, está, estamos, estáis, están	
PRETERIT	estuve, estuviste, estuvo, estuvimos, estuvisteis, estuvieron	
IMPERFECT	estaba, estabas, estaba, estábamos, estabais, estaban	quemando
FUTURE	estaré, estarás, estará, estaremos, estaréis, estarán	
CONDITIONAL	estaría, estarías, estaría, estaríamos, estaríais, estarían	
SUBJUNCTIVE	que + *corresponding subjunctive tense of* estar (*see verb 252*)	

COMMANDS

	(nosotros) quememos/no quememos
(tú) quema/no quemes	(vosotros) quemad/no queméis
(Ud.) queme/no queme	(Uds.) quemen/no quemen

Usage

Quemaron las hojas.	*They burned the leaves.*
El sol del trópico quema.	*The tropical sun burns/is very hot.*
Se quemó encendiendo un cigarrillo.	*He burned himself lighting a cigarette.*
Se quemó la casa.	*The house burned down.*
Me da pena verte quemada por el trabajo.	*I'm sorry to see you burned out from work.*
Huele a quemado.	*It smells as though something is burning.*
¿Te duele la quemadura de sol?	*Does your sunburn hurt?*

querer *to want, wish, love*

quiero · quisieron · querido · queriendo   irregular verb

¿Qué quieres que yo haga?	*What do you want me to do?*
Queríamos que fueran con nosotros.	*We wanted them to go with us.*
Haz lo que quieras.	*Do as you wish/like.*
Quisiéramos que regresaran de México.	*We wish they'd return from Mexico.*
¿Qué quieres de mí?	*What do you want from me?*
No quieren que se sepa todavía.	*They don't want it made known yet.*

querer decir *to mean*

¿Qué quieres decir con esto?	*What do you mean by this?*
No sé qué quiere decir.	*I don't know what it means.*
Como y cuando quieras.	*As you like and whenever you like.*
¡Por lo que más quieras!	*For heaven's sake!*

querer bien/mal *to like, be fond of/dislike, have it in for*

La queremos bien.	*We like her./We're fond of her.*
No sé por qué lo quieren mal.	*I don't know why they dislike him/have it in for him.*

Other Uses

Querer es poder.	*Where there's a will, there's a way.*
Quien bien te quiere te hará llorar.	*Spare the rod and spoil the child.*
La novia/El novio contesta *sí quiero.*	*The bride/The groom answers, "I do."*
Se quieren/nos queremos mucho.	*They love/We love each other dearly.*
Todos les tenemos mucho querer.	*We all have a lot of affection for them./ We're all very fond of them.*
Se dice *me quiere, no me quiere* arrancando los pétalos de una margarita.	*You say "He/She loves me, he/she loves me not" as you pull the petals off a daisy.*
Querido Felipe/Querida Laura	*Dear Felipe/Dear Laura* (salutation in letter)
Sí, querido/querida, te acompaño.	*Yes, dear/darling, I'll go with you.*
Quiere llover/nevar.	*It looks like (It's trying to) rain/snow.*
Lo hizo sin querer.	*He did it unintentionally.*

TOP 50 VERBS

irregular verb

quiero · quisieron · querido · queriendo

PRESENT

quiero	queremos
quieres	queréis
quiere	quieren

PRETERIT

quise	quisimos
quisiste	quisisteis
quiso	quisieron

IMPERFECT

quería	queríamos
querías	queríais
quería	querían

PRESENT PERFECT

he querido	hemos querido
has querido	habéis querido
ha querido	han querido

FUTURE

querré	querremos
querrás	querréis
querrá	querrán

CONDITIONAL

querría	querríamos
querrías	querríais
querría	querrían

PLUPERFECT

había querido	habíamos querido
habías querido	habíais querido
había querido	habían querido

PRETERIT PERFECT

hube querido	hubimos querido
hubiste querido	hubisteis querido
hubo querido	hubieron querido

FUTURE PERFECT

habré querido	habremos querido
habrás querido	habréis querido
habrá querido	habrán querido

CONDITIONAL PERFECT

habría querido	habríamos querido
habrías querido	habríais querido
habría querido	habrían querido

PRESENT SUBJUNCTIVE

quiera	queramos
quieras	queráis
quiera	quieran

PRESENT PERFECT SUBJUNCTIVE

haya querido	hayamos querido
hayas querido	hayáis querido
haya querido	hayan querido

IMPERFECT SUBJUNCTIVE (-ra)

quisiera	quisiéramos
quisieras	quisierais
quisiera	quisieran

or **IMPERFECT SUBJUNCTIVE (-se)**

quisiese	quisiésemos
quisieses	quisieseis
quisiese	quisiesen

PAST PERFECT SUBJUNCTIVE (-ra)

hubiera querido	hubiéramos querido
hubieras querido	hubierais querido
hubiera querido	hubieran querido

or **PAST PERFECT SUBJUNCTIVE (-se)**

hubiese querido	hubiésemos querido
hubieses querido	hubieseis querido
hubiese querido	hubiesen querido

PROGRESSIVE TENSES

PRESENT	estoy, estás, está, estamos, estáis, están
PRETERIT	estuve, estuviste, estuvo, estuvimos, estuvisteis, estuvieron
IMPERFECT	estaba, estabas, estaba, estábamos, estabais, estaban
FUTURE	estaré, estarás, estará, estaremos, estaréis, estarán
CONDITIONAL	estaría, estarías, estaría, estaríamos, estaríais, estarían
SUBJUNCTIVE	que + *corresponding subjunctive tense of* estar (*see verb 252*)

} queriendo

COMMANDS

	(nosotros) queramos/no queramos
(tú) quiere/no quieras	(vosotros) quered/no queráis
(Ud.) quiera/no quiera	(Uds.) quieran/no quieran

Usage

Quiero una tarjeta telefónica.	*I want a telephone card.*
¿Quiere Ud. dejar un recado?	*Do you want to leave a message?*
No quisieron aceptar la oferta.	*They refused to accept the offer.*
Quisiera hablar con el presidente, por favor.	*I would like to speak with the chairman, please.*
Queremos mucho a nuestros hijos.	*We love our children dearly.*

PRESENT

quito	quitamos
quitas	quitáis
quita	quitan

PRETERIT

quité	quitamos
quitaste	quitasteis
quitó	quitaron

IMPERFECT

quitaba	quitábamos
quitabas	quitabais
quitaba	quitaban

PRESENT PERFECT

he quitado	hemos quitado
has quitado	habéis quitado
ha quitado	han quitado

FUTURE

quitaré	quitaremos
quitarás	quitaréis
quitará	quitarán

CONDITIONAL

quitaría	quitaríamos
quitarías	quitaríais
quitaría	quitarían

PLUPERFECT

había quitado	habíamos quitado
habías quitado	habíais quitado
había quitado	habían quitado

PRETERIT PERFECT

hube quitado	hubimos quitado
hubiste quitado	hubisteis quitado
hubo quitado	hubieron quitado

FUTURE PERFECT

habré quitado	habremos quitado
habrás quitado	habréis quitado
habrá quitado	habrán quitado

CONDITIONAL PERFECT

habría quitado	habríamos quitado
habrías quitado	habríais quitado
habría quitado	habrían quitado

PRESENT SUBJUNCTIVE

quite	quitemos
quites	quitéis
quite	quiten

PRESENT PERFECT SUBJUNCTIVE

haya quitado	hayamos quitado
hayas quitado	hayáis quitado
haya quitado	hayan quitado

IMPERFECT SUBJUNCTIVE (-ra)

quitara	quitáramos
quitaras	quitarais
quitara	quitaran

or **IMPERFECT SUBJUNCTIVE (-se)**

quitase	quitásemos
quitases	quitaseis
quitase	quitasen

PAST PERFECT SUBJUNCTIVE (-ra)

hubiera quitado	hubiéramos quitado
hubieras quitado	hubierais quitado
hubiera quitado	hubieran quitado

or **PAST PERFECT SUBJUNCTIVE (-se)**

hubiese quitado	hubiésemos quitado
hubieses quitado	hubieseis quitado
hubiese quitado	hubiesen quitado

PROGRESSIVE TENSES

PRESENT	estoy, estás, está, estamos, estáis, están
PRETERIT	estuve, estuviste, estuvo, estuvimos, estuvisteis, estuvieron
IMPERFECT	estaba, estabas, estaba, estábamos, estabais, estaban
FUTURE	estaré, estarás, estará, estaremos, estaréis, estarán
CONDITIONAL	estaría, estarías, estaría, estaríamos, estaríais, estarían
SUBJUNCTIVE	que + *corresponding subjunctive tense of* estar (*see verb 252*)

} quitando

COMMANDS

	(nosotros) quitemos/no quitemos
(tú) quita/no quites	(vosotros) quitad/no quitéis
(Ud.) quite/no quite	(Uds.) quiten/no quiten

Usage

Quita la tapa de la cafetera.	*Take the top off the coffeepot.*
Les quitó el abrigo.	*She took off/helped them off with their coats.*
Le quitaron su tarjeta de crédito.	*They took away his credit card.*
No quiero quitarle más tiempo.	*I don't want to take up more of your time.*
Quítense los zapatos mojados.	*Take off your wet shoes.*
No podemos quitárnosla de encima.	*We can't get rid of her.*
el quitanieves/el quitamanchas/el quitaesmalte	*snowplow/stain remover/nail polish remover*

regular *-ar* verb | **reacciono · reaccionaron · reaccionado · reaccionando**

PRESENT

reacciono	reaccionamos
reaccionas	reaccionáis
reacciona	reaccionan

IMPERFECT

reaccionaba	reaccionábamos
reaccionabas	reaccionabais
reaccionaba	reaccionaban

FUTURE

reaccionaré	reaccionaremos
reaccionarás	reaccionaréis
reaccionará	reaccionarán

PLUPERFECT

había reaccionado	habíamos reaccionado
habías reaccionado	habíais reaccionado
había reaccionado	habían reaccionado

FUTURE PERFECT

habré reaccionado	habremos reaccionado
habrás reaccionado	habréis reaccionado
habrá reaccionado	habrán reaccionado

PRESENT SUBJUNCTIVE

reaccione	reaccionemos
reacciones	reaccionéis
reaccione	reaccionen

IMPERFECT SUBJUNCTIVE (-ra)

reaccionara	reaccionáramos
reaccionaras	reaccionarais
reaccionara	reaccionaran

PAST PERFECT SUBJUNCTIVE (-ra)

hubiera reaccionado	hubiéramos reaccionado
hubieras reaccionado	hubierais reaccionado
hubiera reaccionado	hubieran reaccionado

PRETERIT

reaccioné	reaccionamos
reaccionaste	reaccionasteis
reaccionó	reaccionaron

PRESENT PERFECT

he reaccionado	hemos reaccionado
has reaccionado	habéis reaccionado
ha reaccionado	han reaccionado

CONDITIONAL

reaccionaría	reaccionaríamos
reaccionarías	reaccionaríais
reaccionaría	reaccionarían

PRETERIT PERFECT

hube reaccionado	hubimos reaccionado
hubiste reaccionado	hubisteis reaccionado
hubo reaccionado	hubieron reaccionado

CONDITIONAL PERFECT

habría reaccionado	habríamos reaccionado
habrías reaccionado	habríais reaccionado
habría reaccionado	habrían reaccionado

PRESENT PERFECT SUBJUNCTIVE

haya reaccionado	hayamos reaccionado
hayas reaccionado	hayáis reaccionado
haya reaccionado	hayan reaccionado

or **IMPERFECT SUBJUNCTIVE (-se)**

reaccionase	reaccionásemos
reaccionases	reaccionaseis
reaccionase	reaccionasen

or **PAST PERFECT SUBJUNCTIVE (-se)**

hubiese reaccionado	hubiésemos reaccionado
hubieses reaccionado	hubieseis reaccionado
hubiese reaccionado	hubiesen reaccionado

PROGRESSIVE TENSES

PRESENT	estoy, estás, está, estamos, estáis, están
PRETERIT	estuve, estuviste, estuvo, estuvimos, estuvisteis, estuvieron
IMPERFECT	estaba, estabas, estaba, estábamos, estabais, estaban
FUTURE	estaré, estarás, estará, estaremos, estaréis, estarán
CONDITIONAL	estaría, estarías, estaría, estaríamos, estaríais, estarían
SUBJUNCTIVE	que + *corresponding subjunctive tense of* estar (*see verb 252*)

} reaccionando

COMMANDS

	(nosotros) reaccionemos/no reaccionemos
(tú) reacciona/no reacciones	(vosotros) reaccionad/no reaccionéis
(Ud.) reaccione/no reaccione	(Uds.) reaccionen/no reaccionen

Usage

Creo que reaccionaste exageradamente.	*I think you overreacted.*
El ácido sulfúrico está reaccionando con el cobre.	*The sulphuric acid is reacting with the copper.*
Me sorprende que no haya reaccionado a mi sugerencia.	*I'm surprised he didn't respond to my suggestion.*
Su reacción fue exagerada.	*Her reaction was excessive./She overreacted.*
Hubo una reacción en cadena.	*There was a chain reaction.*
Viajamos en un avión de reacción de gran capacidad.	*We flew in a jumbo jet.*

realizar   *to realize, carry out, accomplish*

realizo · realizaron · realizado · realizando   *-ar* verb; spelling change: *z* > *c/e*

PRESENT

realizo	realizamos		
realizas	realizáis		
realiza	realizan		

PRETERIT

realicé	realizamos
realizaste	realizasteis
realizó	realizaron

IMPERFECT

realizaba	realizábamos
realizabas	realizabais
realizaba	realizaban

PRESENT PERFECT

he realizado	hemos realizado
has realizado	habéis realizado
ha realizado	han realizado

FUTURE

realizaré	realizaremos
realizarás	realizaréis
realizará	realizarán

CONDITIONAL

realizaría	realizaríamos
realizarías	realizaríais
realizaría	realizarían

PLUPERFECT

había realizado	habíamos realizado
habías realizado	habíais realizado
había realizado	habían realizado

PRETERIT PERFECT

hube realizado	hubimos realizado
hubiste realizado	hubisteis realizado
hubo realizado	hubieron realizado

FUTURE PERFECT

habré realizado	habremos realizado
habrás realizado	habréis realizado
habrá realizado	habrán realizado

CONDITIONAL PERFECT

habría realizado	habríamos realizado
habrías realizado	habríais realizado
habría realizado	habrían realizado

PRESENT SUBJUNCTIVE

realice	realicemos
realices	realicéis
realice	realicen

PRESENT PERFECT SUBJUNCTIVE

haya realizado	hayamos realizado
hayas realizado	hayáis realizado
haya realizado	hayan realizado

IMPERFECT SUBJUNCTIVE (-ra)

realizara	realizáramos
realizaras	realizarais
realizara	realizaran

or **IMPERFECT SUBJUNCTIVE (-se)**

realizase	realizásemos
realizases	realizaseis
realizase	realizasen

PAST PERFECT SUBJUNCTIVE (-ra)

hubiera realizado	hubiéramos realizado
hubieras realizado	hubierais realizado
hubiera realizado	hubieran realizado

or **PAST PERFECT SUBJUNCTIVE (-se)**

hubiese realizado	hubiésemos realizado
hubieses realizado	hubieseis realizado
hubiese realizado	hubiesen realizado

PROGRESSIVE TENSES

PRESENT	estoy, estás, está, estamos, estáis, están
PRETERIT	estuve, estuviste, estuvo, estuvimos, estuvisteis, estuvieron
IMPERFECT	estaba, estabas, estaba, estábamos, estabais, estaban
FUTURE	estaré, estarás, estará, estaremos, estaréis, estarán
CONDITIONAL	estaría, estarías, estaría, estaríamos, estaríais, estarían
SUBJUNCTIVE	que + *corresponding subjunctive tense of* estar (*see verb 252*)

} realizando

COMMANDS

	(nosotros) realicemos/no realicemos
(tú) realiza/no realices	(vosotros) realizad/no realicéis
(Ud.) realice/no realice	(Uds.) realicen/no realicen

Usage

Espero que realices todas tus ambiciones.	*I hope you realize all your ambitions.*
Se realizó la encuesta.	*The survey was carried out/completed.*
Uds. ya han realizado mucho.	*You've already accomplished a lot.*
Realice las gestiones necesarias.	*Take the necessary steps.*
Representó la realización de sus sueños.	*It was the fulfillment of her dreams.*
Vimos la realización televisiva.	*We saw the television production.*

regular -*ar* verb | **rebajo · rebajaron · rebajado · rebajando**

PRESENT

rebajo	rebajamos
rebajas	rebajáis
rebaja	rebajan

IMPERFECT

rebajaba	rebajábamos
rebajabas	rebajabais
rebajaba	rebajaban

FUTURE

rebajaré	rebajaremos
rebajarás	rebajaréis
rebajará	rebajarán

PLUPERFECT

había rebajado	habíamos rebajado
habías rebajado	habíais rebajado
había rebajado	habían rebajado

FUTURE PERFECT

habré rebajado	habremos rebajado
habrás rebajado	habréis rebajado
habrá rebajado	habrán rebajado

PRESENT SUBJUNCTIVE

rebaje	rebajemos
rebajes	rebajéis
rebaje	rebajen

IMPERFECT SUBJUNCTIVE (-ra)

rebajara	rebajáramos
rebajaras	rebajarais
rebajara	rebajaran

PAST PERFECT SUBJUNCTIVE (-ra)

hubiera rebajado	hubiéramos rebajado
hubieras rebajado	hubierais rebajado
hubiera rebajado	hubieran rebajado

PRETERIT

rebajé	rebajamos
rebajaste	rebajasteis
rebajó	rebajaron

PRESENT PERFECT

he rebajado	hemos rebajado
has rebajado	habéis rebajado
ha rebajado	han rebajado

CONDITIONAL

rebajaría	rebajaríamos
rebajarías	rebajaríais
rebajaría	rebajarían

PRETERIT PERFECT

hube rebajado	hubimos rebajado
hubiste rebajado	hubisteis rebajado
hubo rebajado	hubieron rebajado

CONDITIONAL PERFECT

habría rebajado	habríamos rebajado
habrías rebajado	habríais rebajado
habría rebajado	habrían rebajado

PRESENT PERFECT SUBJUNCTIVE

haya rebajado	hayamos rebajado
hayas rebajado	hayáis rebajado
haya rebajado	hayan rebajado

or **IMPERFECT SUBJUNCTIVE (-se)**

rebajase	rebajásemos
rebajases	rebajaseis
rebajase	rebajasen

or **PAST PERFECT SUBJUNCTIVE (-se)**

hubiese rebajado	hubiésemos rebajado
hubieses rebajado	hubieseis rebajado
hubiese rebajado	hubiesen rebajado

PROGRESSIVE TENSES

PRESENT	estoy, estás, está, estamos, estáis, están
PRETERIT	estuve, estuviste, estuvo, estuvimos, estuvisteis, estuvieron
IMPERFECT	estaba, estabas, estaba, estábamos, estabais, estaban
FUTURE	estaré, estarás, estará, estaremos, estaréis, estarán
CONDITIONAL	estaría, estarías, estaría, estaríamos, estaríais, estarían
SUBJUNCTIVE	que + *corresponding subjunctive tense of* estar (*see verb 252*)

} rebajando

COMMANDS

	(nosotros) rebajemos/no rebajemos
(tú) rebaja/no rebajes	(vosotros) rebajad/no rebajéis
(Ud.) rebaje/no rebaje	(Uds.) rebajen/no rebajen

Usage

Se rebajaban los precios en los almacenes.	*Prices were reduced in the department stores.*
Le rebajaron el sueldo.	*They cut his salary.*
¿Aprovechas las grandes rebajas?	*Are you taking advantage of the big reductions?*
Hay gangas durante las rebajas de enero/agosto.	*There are bargains during the winter/summer clearance sales.*

436 rechazar *to reject, turn down, refuse, repel*

rechazo · rechazaron · rechazado · rechazando

-ar verb; spelling change: *z* > *c/e*

PRESENT

rechazo	rechazamos
rechazas	rechazáis
rechaza	rechazan

PRETERIT

rechacé	rechazamos
rechazaste	rechazasteis
rechazó	rechazaron

IMPERFECT

rechazaba	rechazábamos
rechazabas	rechazabais
rechazaba	rechazaban

PRESENT PERFECT

he rechazado	hemos rechazado
has rechazado	habéis rechazado
ha rechazado	han rechazado

FUTURE

rechazaré	rechazaremos
rechazarás	rechazaréis
rechazará	rechazarán

CONDITIONAL

rechazaría	rechazaríamos
rechazarías	rechazaríais
rechazaría	rechazarían

PLUPERFECT

había rechazado	habíamos rechazado
habías rechazado	habíais rechazado
había rechazado	habían rechazado

PRETERIT PERFECT

hube rechazado	hubimos rechazado
hubiste rechazado	hubisteis rechazado
hubo rechazado	hubieron rechazado

FUTURE PERFECT

habré rechazado	habremos rechazado
habrás rechazado	habréis rechazado
habrá rechazado	habrán rechazado

CONDITIONAL PERFECT

habría rechazado	habríamos rechazado
habrías rechazado	habríais rechazado
habría rechazado	habrían rechazado

PRESENT SUBJUNCTIVE

rechace	rechacemos
rechaces	rechacéis
rechace	rechacen

PRESENT PERFECT SUBJUNCTIVE

haya rechazado	hayamos rechazado
hayas rechazado	hayáis rechazado
haya rechazado	hayan rechazado

IMPERFECT SUBJUNCTIVE (-ra)

rechazara	rechazáramos
rechazaras	rechazarais
rechazara	rechazaran

or **IMPERFECT SUBJUNCTIVE (-se)**

rechazase	rechazásemos
rechazases	rechazaseis
rechazase	rechazasen

PAST PERFECT SUBJUNCTIVE (-ra)

hubiera rechazado	hubiéramos rechazado
hubieras rechazado	hubierais rechazado
hubiera rechazado	hubieran rechazado

or **PAST PERFECT SUBJUNCTIVE (-se)**

hubiese rechazado	hubiésemos rechazado
hubieses rechazado	hubieseis rechazado
hubiese rechazado	hubiesen rechazado

PROGRESSIVE TENSES

PRESENT	estoy, estás, está, estamos, estáis, están
PRETERIT	estuve, estuviste, estuvo, estuvimos, estuvisteis, estuvieron
IMPERFECT	estaba, estabas, estaba, estábamos, estabais, estaban
FUTURE	estaré, estarás, estará, estaremos, estaréis, estarán
CONDITIONAL	estaría, estarías, estaría, estaríamos, estaríais, estarían
SUBJUNCTIVE	que + *corresponding subjunctive tense of* estar (*see verb 252*)

} rechazando

COMMANDS

	(nosotros) rechacemos/no rechacemos
(tú) rechaza/no rechaces	(vosotros) rechazad/no rechacéis
(Ud.) rechace/no rechace	(Uds.) rechacen/no rechacen

Usage

¿Por qué rechazó Ud. la oferta?	*Why did you reject the offer?*
Rechacé su invitación.	*I refused their invitation.*
Los soldados rechazaron el ataque.	*The soldiers repelled the attack.*
Rechazó a sus dos pretendientes.	*She rejected her two suitors.*
¿Cómo se explica el rechazo del regalo?	*How can you explain the refusal of the gift?*

regular *-ir* verb

recibo · recibieron · recibido · recibiendo

PRESENT

recibo	recibimos
recibes	recibís
recibe	reciben

IMPERFECT

recibía	recibíamos
recibías	recibíais
recibía	recibían

FUTURE

recibiré	recibiremos
recibirás	recibiréis
recibirá	recibirán

PLUPERFECT

había recibido	habíamos recibido
habías recibido	habíais recibido
había recibido	habían recibido

FUTURE PERFECT

habré recibido	habremos recibido
habrás recibido	habréis recibido
habrá recibido	habrán recibido

PRESENT SUBJUNCTIVE

reciba	recibamos
recibas	recibáis
reciba	reciban

IMPERFECT SUBJUNCTIVE (-ra)

recibiera	recibiéramos
recibieras	recibierais
recibiera	recibieran

PAST PERFECT SUBJUNCTIVE (-ra)

hubiera recibido	hubiéramos recibido
hubieras recibido	hubierais recibido
hubiera recibido	hubieran recibido

PRETERIT

recibí	recibimos
recibiste	recibisteis
recibió	recibieron

PRESENT PERFECT

he recibido	hemos recibido
has recibido	habéis recibido
ha recibido	han recibido

CONDITIONAL

recibiría	recibiríamos
recibirías	recibiríais
recibiría	recibirían

PRETERIT PERFECT

hube recibido	hubimos recibido
hubiste recibido	hubisteis recibido
hubo recibido	hubieron recibido

CONDITIONAL PERFECT

habría recibido	habríamos recibido
habrías recibido	habríais recibido
habría recibido	habrían recibido

PRESENT PERFECT SUBJUNCTIVE

haya recibido	hayamos recibido
hayas recibido	hayáis recibido
haya recibido	hayan recibido

or **IMPERFECT SUBJUNCTIVE (-se)**

recibiese	recibiésemos
recibieses	recibieseis
recibiese	recibiesen

or **PAST PERFECT SUBJUNCTIVE (-se)**

hubiese recibido	hubiésemos recibido
hubieses recibido	hubieseis recibido
hubiese recibido	hubiesen recibido

PROGRESSIVE TENSES

PRESENT	estoy, estás, está, estamos, estáis, están	
PRETERIT	estuve, estuviste, estuvo, estuvimos, estuvisteis, estuvieron	
IMPERFECT	estaba, estabas, estaba, estábamos, estabais, estaban	recibiendo
FUTURE	estaré, estarás, estará, estaremos, estaréis, estarán	
CONDITIONAL	estaría, estarías, estaría, estaríamos, estaríais, estarían	
SUBJUNCTIVE	que + *corresponding subjunctive tense of* estar (*see verb 252*)	

COMMANDS

	(nosotros) recibamos/no recibamos
(tú) recibe/no recibas	(vosotros) recibid/no recibáis
(Ud.) reciba/no reciba	(Uds.) reciban/no reciban

Usage

¿Recibiste cartas?	*Did you get/receive letters?*
Siempre nos reciben muy calurosamente.	*They always receive us warmly.*
Los recibiremos con los brazos abiertos.	*We'll welcome them with open arms.*
Se recibió de ingeniero.	*He graduated as an engineer.*
Guarda el recibo por si acaso.	*Keep the receipt just in case.*
Pide la llave en la recepción.	*Request the key at the reception desk.*
Nos divertimos mucho en la recepción.	*We had a great time at the reception.*

reclamar *to claim, demand, clamor*

reclamo · reclamaron · reclamado · reclamando   regular *-ar* verb

PRESENT		PRETERIT	
reclamo	reclamamos	reclamé	reclamamos
reclamas	reclamáis	reclamaste	reclamasteis
reclama	reclaman	reclamó	reclamaron

IMPERFECT		PRESENT PERFECT	
reclamaba	reclamábamos	he reclamado	hemos reclamado
reclamabas	reclamabais	has reclamado	habéis reclamado
reclamaba	reclamaban	ha reclamado	han reclamado

FUTURE		CONDITIONAL	
reclamaré	reclamaremos	reclamaría	reclamaríamos
reclamarás	reclamaréis	reclamarías	reclamaríais
reclamará	reclamarán	reclamaría	reclamarían

PLUPERFECT		PRETERIT PERFECT	
había reclamado	habíamos reclamado	hube reclamado	hubimos reclamado
habías reclamado	habíais reclamado	hubiste reclamado	hubisteis reclamado
había reclamado	habían reclamado	hubo reclamado	hubieron reclamado

FUTURE PERFECT		CONDITIONAL PERFECT	
habré reclamado	habremos reclamado	habría reclamado	habríamos reclamado
habrás reclamado	habréis reclamado	habrías reclamado	habríais reclamado
habrá reclamado	habrán reclamado	habría reclamado	habrían reclamado

PRESENT SUBJUNCTIVE		PRESENT PERFECT SUBJUNCTIVE	
reclame	reclamemos	haya reclamado	hayamos reclamado
reclames	reclaméis	hayas reclamado	hayáis reclamado
reclame	reclamen	haya reclamado	hayan reclamado

IMPERFECT SUBJUNCTIVE (-ra)		*or*	IMPERFECT SUBJUNCTIVE (-se)	
reclamara	reclamáramos		reclamase	reclamásemos
reclamaras	reclamarais		reclamases	reclamaseis
reclamara	reclamaran		reclamase	reclamasen

PAST PERFECT SUBJUNCTIVE (-ra)		*or*	PAST PERFECT SUBJUNCTIVE (-se)	
hubiera reclamado	hubiéramos reclamado		hubiese reclamado	hubiésemos reclamado
hubieras reclamado	hubierais reclamado		hubieses reclamado	hubieseis reclamado
hubiera reclamado	hubieran reclamado		hubiese reclamado	hubiesen reclamado

PROGRESSIVE TENSES

PRESENT	estoy, estás, está, estamos, estáis, están	
PRETERIT	estuve, estuviste, estuvo, estuvimos, estuvisteis, estuvieron	
IMPERFECT	estaba, estabas, estaba, estábamos, estabais, estaban	reclamando
FUTURE	estaré, estarás, estará, estaremos, estaréis, estarán	
CONDITIONAL	estaría, estarías, estaría, estaríamos, estaríais, estarían	
SUBJUNCTIVE	que + *corresponding subjunctive tense of* estar (*see verb 252*)	

COMMANDS

	(nosotros) reclamemos/no reclamemos
(tú) reclama/no reclames	(vosotros) reclamad/no reclaméis
(Ud.) reclame/no reclame	(Uds.) reclamen/no reclamen

Usage

Reclama el dinero que le corresponde.	*She's claiming the money that belongs to her.*
Reclamaban sus derechos bajo la ley.	*They demanded their rights under the law.*
El público reclamaba que volvieran los actores al escenario.	*The audience clamored for the actors to come back on stage.*
Se hizo una reclamación.	*A complaint was lodged.*

-er verb; spelling change: g > j/o, a   recojo · recogieron · recogido · recogiendo

PRESENT

recojo	recogemos
recoges	recogéis
recoge	recogen

IMPERFECT

recogía	recogíamos
recogías	recogíais
recogía	recogían

FUTURE

recogeré	recogeremos
recogerás	recogeréis
recogerá	recogerán

PLUPERFECT

había recogido	habíamos recogido
habías recogido	habíais recogido
había recogido	habían recogido

FUTURE PERFECT

habré recogido	habremos recogido
habrás recogido	habréis recogido
habrá recogido	habrán recogido

PRESENT SUBJUNCTIVE

recoja	recojamos
recojas	recojáis
recoja	recojan

IMPERFECT SUBJUNCTIVE (-ra)

recogiera	recogiéramos
recogieras	recogierais
recogiera	recogieran

PAST PERFECT SUBJUNCTIVE (-ra)

hubiera recogido	hubiéramos recogido
hubieras recogido	hubierais recogido
hubiera recogido	hubieran recogido

PRETERIT

recogí	recogimos
recogiste	recogisteis
recogió	recogieron

PRESENT PERFECT

he recogido	hemos recogido
has recogido	habéis recogido
ha recogido	han recogido

CONDITIONAL

recogería	recogeríamos
recogerías	recogeríais
recogería	recogerían

PRETERIT PERFECT

hube recogido	hubimos recogido
hubiste recogido	hubisteis recogido
hubo recogido	hubieron recogido

CONDITIONAL PERFECT

habría recogido	habríamos recogido
habrías recogido	habríais recogido
habría recogido	habrían recogido

PRESENT PERFECT SUBJUNCTIVE

haya recogido	hayamos recogido
hayas recogido	hayáis recogido
haya recogido	hayan recogido

or **IMPERFECT SUBJUNCTIVE (-se)**

recogiese	recogiésemos
recogieses	recogieseis
recogiese	recogiesen

or **PAST PERFECT SUBJUNCTIVE (-se)**

hubiese recogido	hubiésemos recogido
hubieses recogido	hubieseis recogido
hubiese recogido	hubiesen recogido

PROGRESSIVE TENSES

PRESENT	estoy, estás, está, estamos, estáis, están
PRETERIT	estuve, estuviste, estuvo, estuvimos, estuvisteis, estuvieron
IMPERFECT	estaba, estabas, estaba, estábamos, estabais, estaban
FUTURE	estaré, estarás, estará, estaremos, estaréis, estarán
CONDITIONAL	estaría, estarías, estaría, estaríamos, estaríais, estarían
SUBJUNCTIVE	que + *corresponding subjunctive tense of* estar (*see verb 252*)

} recogiendo

COMMANDS

	(nosotros) recojamos/no recojamos
(tú) recoge/no recojas	(vosotros) recoged/no recojáis
(Ud.) recoja/no recoja	(Uds.) recojan/no recojan

Usage

Todavía recojo datos.	*I'm still collecting data.*
En otoño se recogen las hojas caídas.	*In the autumn we gather up the fallen leaves.*
Recojamos fresas.	*Let's pick strawberries.*
¿Quieres que te recoja a las dos?	*Do you want me to pick you up at two o'clock?*
Se recogía en sí misma.	*She withdrew within herself.*
Tiene el pelo recogido.	*Her hair is pulled back.*
Llevan una vida recogida.	*They lead a secluded/quiet life.*

recomiendo · recomendaron · recomendado · recomendando   stem-changing -*ar* verb:
$e > ie$

PRESENT		PRETERIT	
recomiendo	recomendamos	recomendé	recomendamos
recomiendas	recomendáis	recomendaste	recomendasteis
recomienda	recomiendan	recomendó	recomendaron

IMPERFECT		PRESENT PERFECT	
recomendaba	recomendábamos	he recomendado	hemos recomendado
recomendabas	recomendabais	has recomendado	habéis recomendado
recomendaba	recomendaban	ha recomendado	han recomendado

FUTURE		CONDITIONAL	
recomendaré	recomendaremos	recomendaría	recomendaríamos
recomendarás	recomendaréis	recomendarías	recomendaríais
recomendará	recomendarán	recomendaría	recomendarían

PLUPERFECT		PRETERIT PERFECT	
había recomendado	habíamos recomendado	hube recomendado	hubimos recomendado
habías recomendado	habíais recomendado	hubiste recomendado	hubisteis recomendado
había recomendado	habían recomendado	hubo recomendado	hubieron recomendado

FUTURE PERFECT		CONDITIONAL PERFECT	
habré recomendado	habremos recomendado	habría recomendado	habríamos recomendado
habrás recomendado	habréis recomendado	habrías recomendado	habríais recomendado
habrá recomendado	habrán recomendado	habría recomendado	habrían recomendado

PRESENT SUBJUNCTIVE		PRESENT PERFECT SUBJUNCTIVE	
recomiende	recomendemos	haya recomendado	hayamos recomendado
recomiendes	recomendéis	hayas recomendado	hayáis recomendado
recomiende	recomienden	haya recomendado	hayan recomendado

IMPERFECT SUBJUNCTIVE (-ra)		or	IMPERFECT SUBJUNCTIVE (-se)	
recomendara	recomendáramos		recomendase	recomendásemos
recomendaras	recomendarais		recomendases	recomendaseis
recomendara	recomendaran		recomendase	recomendasen

PAST PERFECT SUBJUNCTIVE (-ra)		or	PAST PERFECT SUBJUNCTIVE (-se)	
hubiera recomendado	hubiéramos recomendado		hubiese recomendado	hubiésemos recomendado
hubieras recomendado	hubierais recomendado		hubieses recomendado	hubieseis recomendado
hubiera recomendado	hubieran recomendado		hubiese recomendado	hubiesen recomendado

PROGRESSIVE TENSES

PRESENT	estoy, estás, está, estamos, estáis, están	
PRETERIT	estuve, estuviste, estuvo, estuvimos, estuvisteis, estuvieron	
IMPERFECT	estaba, estabas, estaba, estábamos, estabais, estaban	recomendando
FUTURE	estaré, estarás, estará, estaremos, estaréis, estarán	
CONDITIONAL	estaría, estarías, estaría, estaríamos, estaríais, estarían	
SUBJUNCTIVE	que + *corresponding subjunctive tense of* estar (*see verb 252*)	

COMMANDS

	(nosotros) recomendemos/no recomendemos
(tú) recomienda/no recomiendes	(vosotros) recomendad/no recomendéis
(Ud.) recomiende/no recomiende	(Uds.) recomienden/no recomienden

Usage

Recomiendo estos libros de consulta.	*I recommend these reference books.*
Les recomendé que visitaran la feria del libro.	*I advised them to visit the book fair.*
Me lo recomendaron.	*They recommended it to me.*
¿Tienes cartas de recomendación?	*Do you have references/letters of recommendation?*
¿Puedo valerme de su recomendación?	*May I give you as a reference?*
¡Ojalá yo fuera el recomendado del jefe!	*I wish I were the boss's protégé!*
No es recomendable meterse en eso.	*It's inadvisable to get involved in that.*

-*er* verb; spelling change:
c > zc/o, a

reconozco · reconocieron · reconocido · reconociendo

PRESENT

reconozco	reconocemos
reconoces	reconocéis
reconoce	reconocen

IMPERFECT

reconocía	reconocíamos
reconocías	reconocíais
reconocía	reconocían

FUTURE

reconoceré	reconoceremos
reconocerás	reconoceréis
reconocerá	reconocerán

PLUPERFECT

había reconocido	habíamos reconocido
habías reconocido	habíais reconocido
había reconocido	habían reconocido

FUTURE PERFECT

habré reconocido	habremos reconocido
habrás reconocido	habréis reconocido
habrá reconocido	habrán reconocido

PRESENT SUBJUNCTIVE

reconozca	reconozcamos
reconozcas	reconozcáis
reconozca	reconozcan

IMPERFECT SUBJUNCTIVE (-ra)

reconociera	reconociéramos
reconocieras	reconocierais
reconociera	reconocieran

PAST PERFECT SUBJUNCTIVE (-ra)

hubiera reconocido	hubiéramos reconocido
hubieras reconocido	hubierais reconocido
hubiera reconocido	hubieran reconocido

PRETERIT

reconocí	reconocimos
reconociste	reconocisteis
reconoció	reconocieron

PRESENT PERFECT

he reconocido	hemos reconocido
has reconocido	habéis reconocido
ha reconocido	han reconocido

CONDITIONAL

reconocería	reconoceríamos
reconocerías	reconoceríais
reconocería	reconocerían

PRETERIT PERFECT

hube reconocido	hubimos reconocido
hubiste reconocido	hubisteis reconocido
hubo reconocido	hubieron reconocido

CONDITIONAL PERFECT

habría reconocido	habríamos reconocido
habrías reconocido	habríais reconocido
habría reconocido	habrían reconocido

PRESENT PERFECT SUBJUNCTIVE

haya reconocido	hayamos reconocido
hayas reconocido	hayáis reconocido
haya reconocido	hayan reconocido

or **IMPERFECT SUBJUNCTIVE (-se)**

reconociese	reconociésemos
reconocieses	reconocieseis
reconociese	reconociesen

or **PAST PERFECT SUBJUNCTIVE (-se)**

hubiese reconocido	hubiésemos reconocido
hubieses reconocido	hubieseis reconocido
hubiese reconocido	hubiesen reconocido

PROGRESSIVE TENSES

PRESENT	estoy, estás, está, estamos, estáis, están	
PRETERIT	estuve, estuviste, estuvo, estuvimos, estuvisteis, estuvieron	
IMPERFECT	estaba, estabas, estaba, estábamos, estabais, estaban	reconociendo
FUTURE	estaré, estarás, estará, estaremos, estaréis, estarán	
CONDITIONAL	estaría, estarías, estaría, estaríamos, estaríais, estarían	
SUBJUNCTIVE	que + *corresponding subjunctive tense of* estar (*see verb 252*)	

COMMANDS

	(nosotros) reconozcamos/no reconozcamos
(tú) reconoce/no reconozcas	(vosotros) reconoced/no reconozcáis
(Ud.) reconozca/no reconozca	(Uds.) reconozcan/no reconozcan

Usage

No los reconocí.	*I didn't recognize them.*
Se ha reconocido el nuevo gobierno.	*The new government has been recognized.*
¡Reconozca sus equivocaciones!	*Acknowledge/Admit your mistakes!*
Los soldados reconocieron el área.	*The soldiers reconnoitered/made a reconnaissance of the area.*
Se usa el reconocimiento de la voz.	*They use voice/speech recognition.*
Tiene cita para un reconocimiento médico.	*He has an appointment for a checkup.*

recuerdo · recordaron · recordado · recordando stem-changing -ar verb: o > ue

PRESENT		PRETERIT	
recuerdo	recordamos	recordé	recordamos
recuerdas	recordáis	recordaste	recordasteis
recuerda	recuerdan	recordó	recordaron

IMPERFECT		PRESENT PERFECT	
recordaba	recordábamos	he recordado	hemos recordado
recordabas	recordabais	has recordado	habéis recordado
recordaba	recordaban	ha recordado	han recordado

FUTURE		CONDITIONAL	
recordaré	recordaremos	recordaría	recordaríamos
recordarás	recordaréis	recordarías	recordaríais
recordará	recordarán	recordaría	recordarían

PLUPERFECT		PRETERIT PERFECT	
había recordado	habíamos recordado	hube recordado	hubimos recordado
habías recordado	habíais recordado	hubiste recordado	hubisteis recordado
había recordado	habían recordado	hubo recordado	hubieron recordado

FUTURE PERFECT		CONDITIONAL PERFECT	
habré recordado	habremos recordado	habría recordado	habríamos recordado
habrás recordado	habréis recordado	habrías recordado	habríais recordado
habrá recordado	habrán recordado	habría recordado	habrían recordado

PRESENT SUBJUNCTIVE		PRESENT PERFECT SUBJUNCTIVE	
recuerde	recordemos	haya recordado	hayamos recordado
recuerdes	recordéis	hayas recordado	hayáis recordado
recuerde	recuerden	haya recordado	hayan recordado

IMPERFECT SUBJUNCTIVE (-ra)		*or* IMPERFECT SUBJUNCTIVE (-se)	
recordara	recordáramos	recordase	recordásemos
recordaras	recordarais	recordases	recordaseis
recordara	recordaran	recordase	recordasen

PAST PERFECT SUBJUNCTIVE (-ra)		*or* PAST PERFECT SUBJUNCTIVE (-se)	
hubiera recordado	hubiéramos recordado	hubiese recordado	hubiésemos recordado
hubieras recordado	hubierais recordado	hubieses recordado	hubieseis recordado
hubiera recordado	hubieran recordado	hubiese recordado	hubiesen recordado

PROGRESSIVE TENSES

PRESENT	estoy, estás, está, estamos, estáis, están	
PRETERIT	estuve, estuviste, estuvo, estuvimos, estuvisteis, estuvieron	
IMPERFECT	estaba, estabas, estaba, estábamos, estabais, estaban	recordando
FUTURE	estaré, estarás, estará, estaremos, estaréis, estarán	
CONDITIONAL	estaría, estarías, estaría, estaríamos, estaríais, estarían	
SUBJUNCTIVE	que + *corresponding subjunctive tense of* estar (*see verb 252*)	

COMMANDS

	(nosotros) recordemos/no recordemos
(tú) recuerda/no recuerdes	(vosotros) recordad/no recordéis
(Ud.) recuerde/no recuerde	(Uds.) recuerden/no recuerden

Usage

¿No recuerdas lo que pasó ese día?	*Don't you remember/recall what happened that day?*
Si no recuerdo mal...	*If I remember correctly . . .*
Me recuerdas a mi prima.	*You remind me of my cousin.*
Déjame recordarte.	*Let me remind you.*
Tenemos tan buenos recuerdos del día.	*We have such good memories of the day.*
Muchos recuerdos a todos Uds.	*Best regards to all of you.*

PRESENT

recorro	recorremos
recorres	recorréis
recorre	recorren

IMPERFECT

recorría	recorríamos
recorrías	recorríais
recorría	recorrían

FUTURE

recorreré	recorreremos
recorrerás	recorreréis
recorrerá	recorrerán

PLUPERFECT

había recorrido	habíamos recorrido
habías recorrido	habíais recorrido
había recorrido	habían recorrido

FUTURE PERFECT

habré recorrido	habremos recorrido
habrás recorrido	habréis recorrido
habrá recorrido	habrán recorrido

PRESENT SUBJUNCTIVE

recorra	recorramos
recorras	recorráis
recorra	recorran

IMPERFECT SUBJUNCTIVE (-ra)

recorriera	recorriéramos
recorrieras	recorrierais
recorriera	recorrieran

PAST PERFECT SUBJUNCTIVE (-ra)

hubiera recorrido	hubiéramos recorrido
hubieras recorrido	hubierais recorrido
hubiera recorrido	hubieran recorrido

PRETERIT

recorrí	recorrimos
recorriste	recorristeis
recorrió	recorrieron

PRESENT PERFECT

he recorrido	hemos recorrido
has recorrido	habéis recorrido
ha recorrido	han recorrido

CONDITIONAL

recorrería	recorreríamos
recorrerías	recorreríais
recorrería	recorrerían

PRETERIT PERFECT

hube recorrido	hubimos recorrido
hubiste recorrido	hubisteis recorrido
hubo recorrido	hubieron recorrido

CONDITIONAL PERFECT

habría recorrido	habríamos recorrido
habrías recorrido	habríais recorrido
habría recorrido	habrían recorrido

PRESENT PERFECT SUBJUNCTIVE

haya recorrido	hayamos recorrido
hayas recorrido	hayáis recorrido
haya recorrido	hayan recorrido

or **IMPERFECT SUBJUNCTIVE (-se)**

recorriese	recorriésemos
recorrieses	recorrieseis
recorriese	recorriesen

or **PAST PERFECT SUBJUNCTIVE (-se)**

hubiese recorrido	hubiésemos recorrido
hubieses recorrido	hubieseis recorrido
hubiese recorrido	hubiesen recorrido

PROGRESSIVE TENSES

PRESENT	estoy, estás, está, estamos, estáis, están
PRETERIT	estuve, estuviste, estuvo, estuvimos, estuvisteis, estuvieron
IMPERFECT	estaba, estabas, estaba, estábamos, estabais, estaban
FUTURE	estaré, estarás, estará, estaremos, estaréis, estarán
CONDITIONAL	estaría, estarías, estaría, estaríamos, estaríais, estarían
SUBJUNCTIVE	que + *corresponding subjunctive tense of* estar (*see verb 252*)

recorriendo

COMMANDS

	(nosotros) recorramos/no recorramos
(tú) recorre/no recorras	(vosotros) recorred/no recorráis
(Ud.) recorra/no recorra	(Uds.) recorran/no recorran

Usage

Recorrieron el país.	*They traveled around/toured the country.*
Recorrimos 500 millas ayer.	*We covered 500 miles yesterday.*
¿Recorréis la ciudad hoy?	*Are you going around the city today?*
Me encanta recorrer el mundo.	*I love to see the world.*
Haremos un recorrido por Italia.	*We'll take a trip through Italy.*
Sigan el recorrido del autobús.	*Follow the bus route.*

reducir *to reduce*

reduzco · redujeron · reducido · reduciendo

-ir verb; *c > zc/o, a;*
irregular preterit

PRESENT		PRETERIT	
reduzco	reducimos	reduje	redujimos
reduces	reducís	redujiste	redujisteis
reduce	reducen	redujo	redujeron

IMPERFECT		PRESENT PERFECT	
reducía	reducíamos	he reducido	hemos reducido
reducías	reducíais	has reducido	habéis reducido
reducía	reducían	ha reducido	han reducido

FUTURE		CONDITIONAL	
reduciré	reduciremos	reduciría	reduciríamos
reducirás	reduciréis	reducirías	reduciríais
reducirá	reducirán	reduciría	reducirían

PLUPERFECT		PRETERIT PERFECT	
había reducido	habíamos reducido	hube reducido	hubimos reducido
habías reducido	habíais reducido	hubiste reducido	hubisteis reducido
había reducido	habían reducido	hubo reducido	hubieron reducido

FUTURE PERFECT		CONDITIONAL PERFECT	
habré reducido	habremos reducido	habría reducido	habríamos reducido
habrás reducido	habréis reducido	habrías reducido	habríais reducido
habrá reducido	habrán reducido	habría reducido	habrían reducido

PRESENT SUBJUNCTIVE		PRESENT PERFECT SUBJUNCTIVE	
reduzca	reduzcamos	haya reducido	hayamos reducido
reduzcas	reduzcáis	hayas reducido	hayáis reducido
reduzca	reduzcan	haya reducido	hayan reducido

IMPERFECT SUBJUNCTIVE (-ra)		*or*	IMPERFECT SUBJUNCTIVE (-se)	
redujera	redujéramos		redujese	redujésemos
redujeras	redujerais		redujeses	redujeseis
redujera	redujeran		redujese	redujesen

PAST PERFECT SUBJUNCTIVE (-ra)		*or*	PAST PERFECT SUBJUNCTIVE (-se)	
hubiera reducido	hubiéramos reducido		hubiese reducido	hubiésemos reducido
hubieras reducido	hubierais reducido		hubieses reducido	hubieseis reducido
hubiera reducido	hubieran reducido		hubiese reducido	hubiesen reducido

PROGRESSIVE TENSES

PRESENT	estoy, estás, está, estamos, estáis, están
PRETERIT	estuve, estuviste, estuvo, estuvimos, estuvisteis, estuvieron
IMPERFECT	estaba, estabas, estaba, estábamos, estabais, estaban
FUTURE	estaré, estarás, estará, estaremos, estaréis, estarán
CONDITIONAL	estaría, estarías, estaría, estaríamos, estaríais, estarían
SUBJUNCTIVE	que + *corresponding subjunctive tense of* estar (*see verb 252*)

reduciendo

COMMANDS

	(nosotros) reduzcamos/no reduzcamos
(tú) reduce/no reduzcas	(vosotros) reducid/no reduzcáis
(Ud.) reduzca/no reduzca	(Uds.) reduzcan/no reduzcan

Usage

Es bueno que se reduzca la tasa de interés.	*It's good that the interest rate is being lowered.*
Reducían los gastos.	*They were reducing their expenses.*
Se reduce la cifra en una tercera parte.	*The number is reduced by a third.*
Todo lo que prometía se reduce a nada.	*Everything she was promising amounts to nothing.*
Cabe un número reducido de personas.	*A limited/small number of people can go in.*
Se compra a precios reducidos ahora.	*You can buy at low prices now.*

-ar verb; spelling change:
z > c/e

reemplazo · reemplazaron · reemplazado · reemplazando

PRESENT

reemplazo	reemplazamos
reemplazas	reemplazáis
reemplaza	reemplazan

PRETERIT

reemplacé	reemplazamos
reemplazaste	reemplazasteis
reemplazó	reemplazaron

IMPERFECT

reemplazaba	reemplazábamos
reemplazabas	reemplazabais
reemplazaba	reemplazaban

PRESENT PERFECT

he reemplazado	hemos reemplazado
has reemplazado	habéis reemplazado
ha reemplazado	han reemplazado

FUTURE

reemplazaré	reemplazaremos
reemplazarás	reemplazaréis
reemplazará	reemplazarán

CONDITIONAL

reemplazaría	reemplazaríamos
reemplazarías	reemplazaríais
reemplazaría	reemplazarían

PLUPERFECT

había reemplazado	habíamos reemplazado
habías reemplazado	habíais reemplazado
había reemplazado	habían reemplazado

PRETERIT PERFECT

hube reemplazado	hubimos reemplazado
hubiste reemplazado	hubisteis reemplazado
hubo reemplazado	hubieron reemplazado

FUTURE PERFECT

habré reemplazado	habremos reemplazado
habrás reemplazado	habréis reemplazado
habrá reemplazado	habrán reemplazado

CONDITIONAL PERFECT

habría reemplazado	habríamos reemplazado
habrías reemplazado	habríais reemplazado
habría reemplazado	habrían reemplazado

PRESENT SUBJUNCTIVE

reemplace	reemplacemos
reemplaces	reemplacéis
reemplace	reemplacen

PRESENT PERFECT SUBJUNCTIVE

haya reemplazado	hayamos reemplazado
hayas reemplazado	hayáis reemplazado
haya reemplazado	hayan reemplazado

IMPERFECT SUBJUNCTIVE (-ra)

reemplazara	reemplazáramos
reemplazaras	reemplazarais
reemplazara	reemplazaran

or **IMPERFECT SUBJUNCTIVE (-se)**

reemplazase	reemplazásemos
reemplazases	reemplazaseis
reemplazase	reemplazasen

PAST PERFECT SUBJUNCTIVE (-ra)

hubiera reemplazado	hubiéramos reemplazado
hubieras reemplazado	hubierais reemplazado
hubiera reemplazado	hubieran reemplazado

or **PAST PERFECT SUBJUNCTIVE (-se)**

hubiese reemplazado	hubiésemos reemplazado
hubieses reemplazado	hubieseis reemplazado
hubiese reemplazado	hubiesen reemplazado

PROGRESSIVE TENSES

PRESENT	estoy, estás, está, estamos, estáis, están
PRETERIT	estuve, estuviste, estuvo, estuvimos, estuvisteis, estuvieron
IMPERFECT	estaba, estabas, estaba, estábamos, estabais, estaban
FUTURE	estaré, estarás, estará, estaremos, estaréis, estarán
CONDITIONAL	estaría, estarías, estaría, estaríamos, estaríais, estarían
SUBJUNCTIVE	que + *corresponding subjunctive tense of* estar (*see verb 252*)

reemplazando

COMMANDS

	(nosotros) reemplacemos/no reemplacemos
(tú) reemplaza/no reemplaces	(vosotros) reemplazad/no reemplacéis
(Ud.) reemplace/no reemplace	(Uds.) reemplacen/no reemplacen

Usage

Reemplaza la bombilla quemada.	*Replace the burned-out bulb.*
Se reemplazan algunos empleados.	*Some employees are being replaced.*
Reemplacé los vasos que faltaban.	*I replaced the missing glasses.*
Los maestros incompetentes serán reemplazados.	*Incompetent teachers will be replaced.*
Llegan los soldados de reemplazo mañana.	*The reserve soldiers arrive tomorrow.*

refiero · refirieron · referido · refiriéndose

stem-changing -*ir* reflexive verb:
e > *ie* (present), *e* > *i* (preterit)

PRESENT		PRETERIT	
me refiero	nos referimos	me referí	nos referimos
te refieres	os referís	te referiste	os referisteis
se refiere	se refieren	se refirió	se refirieron

IMPERFECT		PRESENT PERFECT	
me refería	nos referíamos	me he referido	nos hemos referido
te referías	os referíais	te has referido	os habéis referido
se refería	se referían	se ha referido	se han referido

FUTURE		CONDITIONAL	
me referiré	nos referiremos	me referiría	nos referiríamos
te referirás	os referiréis	te referirías	os referiríais
se referirá	se referirán	se referiría	se referirían

PLUPERFECT		PRETERIT PERFECT	
me había referido	nos habíamos referido	me hube referido	nos hubimos referido
te habías referido	os habíais referido	te hubiste referido	os hubisteis referido
se había referido	se habían referido	se hubo referido	se hubieron referido

FUTURE PERFECT		CONDITIONAL PERFECT	
me habré referido	nos habremos referido	me habría referido	nos habríamos referido
te habrás referido	os habréis referido	te habrías referido	os habríais referido
se habrá referido	se habrán referido	se habría referido	se habrían referido

PRESENT SUBJUNCTIVE		PRESENT PERFECT SUBJUNCTIVE	
me refiera	nos refiramos	me haya referido	nos hayamos referido
te refieras	os refiráis	te hayas referido	os hayáis referido
se refiera	se refieran	se haya referido	se hayan referido

IMPERFECT SUBJUNCTIVE (-ra)		*or*	IMPERFECT SUBJUNCTIVE (-se)	
me refiriera	nos refiriéramos		me refiriese	nos refiriésemos
te refirieras	os refirierais		te refirieses	os refirieseis
se refiriera	se refirieran		se refiriese	se refiriesen

PAST PERFECT SUBJUNCTIVE (-ra)		*or*	PAST PERFECT SUBJUNCTIVE (-se)	
me hubiera referido	nos hubiéramos referido		me hubiese referido	nos hubiésemos referido
te hubieras referido	os hubierais referido		te hubieses referido	os hubieseis referido
se hubiera referido	se hubieran referido		se hubiese referido	se hubiesen referido

PROGRESSIVE TENSES

PRESENT	estoy, estás, está, estamos, estáis, están	
PRETERIT	estuve, estuviste, estuvo, estuvimos, estuvisteis, estuvieron	
IMPERFECT	estaba, estabas, estaba, estábamos, estabais, estaban	refiriendo (*see page 31*)
FUTURE	estaré, estarás, estará, estaremos, estaréis, estarán	
CONDITIONAL	estaría, estarías, estaría, estaríamos, estaríais, estarían	
SUBJUNCTIVE	que + *corresponding subjunctive tense of* estar (*see verb 252*)	

COMMANDS

	(nosotros) refirámonos/no nos refiramos
(tú) refiérete/no te refieras	(vosotros) referios/no os refiráis
(Ud.) refiérase/no se refiera	(Uds.) refiéranse/no se refieran

Usage

—¿A qué te refieres?	*What are you referring to?*
—Me refiero a lo que te expliqué ayer.	*I'm talking about what I explained to you yesterday.*
Se refería a sus notas.	*She referred to her notes.*
¿Estás refiriéndote al capítulo 18?	*You're referring to chapter 18?*
Por lo que se refiere al caso.	*As for/With regard to the case.*
Hizo referencia al acontecimiento.	*She made reference to the event.*
Con referencia a ese asunto...	*With reference to/Concerning that matter . . .*

regular -*ar* verb

reformo · reformaron · reformado · reformando

PRESENT

reformo	reformamos
reformas	reformáis
reforma	reforman

PRETERIT

reformé	reformamos
reformaste	reformasteis
reformó	reformaron

IMPERFECT

reformaba	reformábamos
reformabas	reformabais
reformaba	reformaban

PRESENT PERFECT

he reformado	hemos reformado
has reformado	habéis reformado
ha reformado	han reformado

FUTURE

reformaré	reformaremos
reformarás	reformaréis
reformará	reformarán

CONDITIONAL

reformaría	reformaríamos
reformarías	reformaríais
reformaría	reformarían

PLUPERFECT

había reformado	habíamos reformado
habías reformado	habíais reformado
había reformado	habían reformado

PRETERIT PERFECT

hube reformado	hubimos reformado
hubiste reformado	hubisteis reformado
hubo reformado	hubieron reformado

FUTURE PERFECT

habré reformado	habremos reformado
habrás reformado	habréis reformado
habrá reformado	habrán reformado

CONDITIONAL PERFECT

habría reformado	habríamos reformado
habrías reformado	habríais reformado
habría reformado	habrían reformado

PRESENT SUBJUNCTIVE

reforme	reformemos
reformes	reforméis
reforme	reformen

PRESENT PERFECT SUBJUNCTIVE

haya reformado	hayamos reformado
hayas reformado	hayáis reformado
haya reformado	hayan reformado

IMPERFECT SUBJUNCTIVE (-ra)

reformara	reformáramos
reformaras	reformarais
reformara	reformaran

or **IMPERFECT SUBJUNCTIVE (-se)**

reformase	reformásemos
reformases	reformaseis
reformase	reformasen

PAST PERFECT SUBJUNCTIVE (-ra)

hubiera reformado	hubiéramos reformado
hubieras reformado	hubierais reformado
hubiera reformado	hubieran reformado

or **PAST PERFECT SUBJUNCTIVE (-se)**

hubiese reformado	hubiésemos reformado
hubieses reformado	hubieseis reformado
hubiese reformado	hubiesen reformado

PROGRESSIVE TENSES

PRESENT	estoy, estás, está, estamos, estáis, están
PRETERIT	estuve, estuviste, estuvo, estuvimos, estuvisteis, estuvieron
IMPERFECT	estaba, estabas, estaba, estábamos, estabais, estaban
FUTURE	estaré, estarás, estará, estaremos, estaréis, estarán
CONDITIONAL	estaría, estarías, estaría, estaríamos, estaríais, estarían
SUBJUNCTIVE	que + *corresponding subjunctive tense of* estar (*see verb 252*)

} reformando

COMMANDS

	(nosotros) reformemos/no reformemos
(tú) reforma/no reformes	(vosotros) reformad/no reforméis
(Ud.) reforme/no reforme	(Uds.) reformen/no reformen

Usage

Se reformarán unas leyes.	*They'll reform some laws.*
Nos hace falta reformar la casa.	*We have to renovate the house.*
Se reformó la compañía.	*The company was reorganized.*
Hubo una reforma monetaria en Europa.	*There was monetary reform in Europe.*
La Reforma dio origen a las iglesias Protestantes.	*The Reformation gave rise to the Protestant churches.*

PRESENT		PRETERIT	
regalo	regalamos	regalé	regalamos
regalas	regaláis	regalaste	regalasteis
regala	regalan	regaló	regalaron

IMPERFECT		PRESENT PERFECT	
regalaba	regalábamos	he regalado	hemos regalado
regalabas	regalabais	has regalado	habéis regalado
regalaba	regalaban	ha regalado	han regalado

FUTURE		CONDITIONAL	
regalaré	regalaremos	regalaría	regalaríamos
regalarás	regalaréis	regalarías	regalaríais
regalará	regalarán	regalaría	regalarían

PLUPERFECT		PRETERIT PERFECT	
había regalado	habíamos regalado	hube regalado	hubimos regalado
habías regalado	habíais regalado	hubiste regalado	hubisteis regalado
había regalado	habían regalado	hubo regalado	hubieron regalado

FUTURE PERFECT		CONDITIONAL PERFECT	
habré regalado	habremos regalado	habría regalado	habríamos regalado
habrás regalado	habréis regalado	habrías regalado	habríais regalado
habrá regalado	habrán regalado	habría regalado	habrían regalado

PRESENT SUBJUNCTIVE		PRESENT PERFECT SUBJUNCTIVE	
regale	regalemos	haya regalado	hayamos regalado
regales	regaléis	hayas regalado	hayáis regalado
regale	regalen	haya regalado	hayan regalado

IMPERFECT SUBJUNCTIVE (-ra)		*or* IMPERFECT SUBJUNCTIVE (-se)	
regalara	regaláramos	regalase	regalásemos
regalaras	regalarais	regalases	regalaseis
regalara	regalaran	regalase	regalasen

PAST PERFECT SUBJUNCTIVE (-ra)		*or* PAST PERFECT SUBJUNCTIVE (-se)	
hubiera regalado	hubiéramos regalado	hubiese regalado	hubiésemos regalado
hubieras regalado	hubierais regalado	hubieses regalado	hubieseis regalado
hubiera regalado	hubieran regalado	hubiese regalado	hubiesen regalado

PROGRESSIVE TENSES

PRESENT	estoy, estás, está, estamos, estáis, están	
PRETERIT	estuve, estuviste, estuvo, estuvimos, estuvisteis, estuvieron	
IMPERFECT	estaba, estabas, estaba, estábamos, estabais, estaban	regalando
FUTURE	estaré, estarás, estará, estaremos, estaréis, estarán	
CONDITIONAL	estaría, estarías, estaría, estaríamos, estaríais, estarían	
SUBJUNCTIVE	que + *corresponding subjunctive tense of* estar (*see verb 252*)	

COMMANDS

	(nosotros) regalemos/no regalemos
(tú) regala/no regales	(vosotros) regalad/no regaléis
(Ud.) regale/no regale	(Uds.) regalen/no regalen

Usage

¿Qué te regalaron para tu cumpleaños?	*What (gifts) did you get for your birthday?*
Regaló su ropa usada al Ejército de Salvación.	*She gave away her old clothing to the Salvation Army.*
Esta música regala el oído.	*This music is a joy to the ear.*
Este cuadro regala la vista.	*This painting is a pleasure to behold.*
Nos regalamos con unas tortas.	*We feasted on cakes.*
Le di unos discos compactos de regalo.	*I gave him compact discs as a gift.*
¡Tienes una vida regalada!	*You lead a life of luxury/ease!*

stem-changing *-ar* verb: *e > ie*;
spelling change: *g > gu/e*

riego · regaron · regado · regando

PRESENT

riego	regamos
riegas	regáis
riega	riegan

IMPERFECT

regaba	regábamos
regabas	regabais
regaba	regaban

FUTURE

regaré	regaremos
regarás	regaréis
regará	regarán

PLUPERFECT

había regado	habíamos regado
habías regado	habíais regado
había regado	habían regado

FUTURE PERFECT

habré regado	habremos regado
habrás regado	habréis regado
habrá regado	habrán regado

PRESENT SUBJUNCTIVE

riegue	reguemos
riegues	reguéis
riegue	rieguen

IMPERFECT SUBJUNCTIVE (-ra)

regara	regáramos
regaras	regarais
regara	regaran

PAST PERFECT SUBJUNCTIVE (-ra)

hubiera regado	hubiéramos regado
hubieras regado	hubierais regado
hubiera regado	hubieran regado

PRETERIT

regué	regamos
regaste	regasteis
regó	regaron

PRESENT PERFECT

he regado	hemos regado
has regado	habéis regado
ha regado	han regado

CONDITIONAL

regaría	regaríamos
regarías	regaríais
regaría	regarían

PRETERIT PERFECT

hube regado	hubimos regado
hubiste regado	hubisteis regado
hubo regado	hubieron regado

CONDITIONAL PERFECT

habría regado	habríamos regado
habrías regado	habríais regado
habría regado	habrían regado

PRESENT PERFECT SUBJUNCTIVE

haya regado	hayamos regado
hayas regado	hayáis regado
haya regado	hayan regado

or **IMPERFECT SUBJUNCTIVE (-se)**

regase	regásemos
regases	regaseis
regase	regasen

or **PAST PERFECT SUBJUNCTIVE (-se)**

hubiese regado	hubiésemos regado
hubieses regado	hubieseis regado
hubiese regado	hubiesen regado

PROGRESSIVE TENSES

PRESENT	estoy, estás, está, estamos, estáis, están
PRETERIT	estuve, estuviste, estuvo, estuvimos, estuvisteis, estuvieron
IMPERFECT	estaba, estabas, estaba, estábamos, estabais, estaban
FUTURE	estaré, estarás, estará, estaremos, estaréis, estarán
CONDITIONAL	estaría, estarías, estaría, estaríamos, estaríais, estarían
SUBJUNCTIVE	que + *corresponding subjunctive tense of* estar *(see verb 252)*

⎫ regando

COMMANDS

	(nosotros) reguemos/no reguemos
(tú) riega/no riegues	(vosotros) regad/no reguéis
(Ud.) riegue/no riegue	(Uds.) rieguen/no rieguen

Usage

Riegue las flores cuando se ponga el sol.	*Water the flowers at sunset.*
Regaron los campos durante la sequía.	*They irrigated the fields during the drought.*
Es preciso que reguemos el césped mañana.	*It's necessary we water the lawn tomorrow.*
Se emplea el riego en esta región desértica.	*They use irrigation in this desert region.*
El riego agrícola es muy importante.	*Agricultural irrigation is very important.*
El huerto necesita un riego.	*The vegetable garden needs watering.*
Valencia tiene mucho cultivo de regadío.	*Valencia has a lot of irrigation farming.*

regreso · regresaron · regresado · regresando   regular *-ar* verb

PRESENT		PRETERIT	
regreso	regresamos	regresé	regresamos
regresas	regresáis	regresaste	regresasteis
regresa	regresan	regresó	regresaron

IMPERFECT		PRESENT PERFECT	
regresaba	regresábamos	he regresado	hemos regresado
regresabas	regresabais	has regresado	habéis regresado
regresaba	regresaban	ha regresado	han regresado

FUTURE		CONDITIONAL	
regresaré	regresaremos	regresaría	regresaríamos
regresarás	regresaréis	regresarías	regresaríais
regresará	regresarán	regresaría	regresarían

PLUPERFECT		PRETERIT PERFECT	
había regresado	habíamos regresado	hube regresado	hubimos regresado
habías regresado	habíais regresado	hubiste regresado	hubisteis regresado
había regresado	habían regresado	hubo regresado	hubieron regresado

FUTURE PERFECT		CONDITIONAL PERFECT	
habré regresado	habremos regresado	habría regresado	habríamos regresado
habrás regresado	habréis regresado	habrías regresado	habríais regresado
habrá regresado	habrán regresado	habría regresado	habrían regresado

PRESENT SUBJUNCTIVE		PRESENT PERFECT SUBJUNCTIVE	
regrese	regresemos	haya regresado	hayamos regresado
regreses	regreséis	hayas regresado	hayáis regresado
regrese	regresen	haya regresado	hayan regresado

IMPERFECT SUBJUNCTIVE (-ra)		*or* IMPERFECT SUBJUNCTIVE (-se)	
regresara	regresáramos	regresase	regresásemos
regresaras	regresarais	regresases	regresaseis
regresara	regresaran	regresase	regresasen

PAST PERFECT SUBJUNCTIVE (-ra)		*or* PAST PERFECT SUBJUNCTIVE (-se)	
hubiera regresado	hubiéramos regresado	hubiese regresado	hubiésemos regresado
hubieras regresado	hubierais regresado	hubieses regresado	hubieseis regresado
hubiera regresado	hubieran regresado	hubiese regresado	hubiesen regresado

PROGRESSIVE TENSES

PRESENT	estoy, estás, está, estamos, estáis, están	
PRETERIT	estuve, estuviste, estuvo, estuvimos, estuvisteis, estuvieron	
IMPERFECT	estaba, estabas, estaba, estábamos, estabais, estaban	regresando
FUTURE	estaré, estarás, estará, estaremos, estaréis, estarán	
CONDITIONAL	estaría, estarías, estaría, estaríamos, estaríais, estarían	
SUBJUNCTIVE	que + *corresponding subjunctive tense of* estar (*see verb 252*)	

COMMANDS

	(nosotros) regresemos/no regresemos
(tú) regresa/no regreses	(vosotros) regresad/no regreséis
(Ud.) regrese/no regrese	(Uds.) regresen/no regresen

Usage

Regresaron de Chile la semana pasada.	*They returned from Chile last week.*
¿Cuándo regresarás de tu viaje de negocios?	*When will you come back from your business trip?*
Me alegro que Uds. hayan regresado.	*I'm glad you've come back.*
Regrésame el libro lo antes posible.	*Give the book back to me as soon as possible.* (Amer.)
Diles que estamos de regreso.	*Tell them we're back home.*
Hubo una regresión de costos.	*There was a drop in prices.*

stem-changing *-ir* verb: *e > i*

río · rieron · reído · riendo

PRESENT

río	reímos
ríes	reís
ríe	ríen

PRETERIT

reí	reímos
reíste	reísteis
rió	rieron

IMPERFECT

reía	reíamos
reías	reíais
reía	reían

PRESENT PERFECT

he reído	hemos reído
has reído	habéis reído
ha reído	han reído

FUTURE

reiré	reiremos
reirás	reiréis
reirá	reirán

CONDITIONAL

reiría	reiríamos
reirías	reiríais
reiría	reirían

PLUPERFECT

había reído	habíamos reído
habías reído	habíais reído
había reído	habían reído

PRETERIT PERFECT

hube reído	hubimos reído
hubiste reído	hubisteis reído
hubo reído	hubieron reído

FUTURE PERFECT

habré reído	habremos reído
habrás reído	habréis reído
habrá reído	habrán reído

CONDITIONAL PERFECT

habría reído	habríamos reído
habrías reído	habríais reído
habría reído	habrían reído

PRESENT SUBJUNCTIVE

ría	riamos
rías	riáis
ría	rían

PRESENT PERFECT SUBJUNCTIVE

haya reído	hayamos reído
hayas reído	hayáis reído
haya reído	hayan reído

IMPERFECT SUBJUNCTIVE (-ra)

riera	riéramos
rieras	rierais
riera	rieran

or **IMPERFECT SUBJUNCTIVE (-se)**

riese	riésemos
rieses	rieseis
riese	riesen

PAST PERFECT SUBJUNCTIVE (-ra)

hubiera reído	hubiéramos reído
hubieras reído	hubierais reído
hubiera reído	hubieran reído

or **PAST PERFECT SUBJUNCTIVE (-se)**

hubiese reído	hubiésemos reído
hubieses reído	hubieseis reído
hubiese reído	hubiesen reído

PROGRESSIVE TENSES

PRESENT	estoy, estás, está, estamos, estáis, están
PRETERIT	estuve, estuviste, estuvo, estuvimos, estuvisteis, estuvieron
IMPERFECT	estaba, estabas, estaba, estábamos, estabais, estaban
FUTURE	estaré, estarás, estará, estaremos, estaréis, estarán
CONDITIONAL	estaría, estarías, estaría, estaríamos, estaríais, estarían
SUBJUNCTIVE	que + *corresponding subjunctive tense of* estar (*see verb 252*)

riendo

COMMANDS

	(nosotros) riamos/no riamos
(tú) ríe/no rías	(vosotros) reíd/no riáis
(Ud.) ría/no ría	(Uds.) rían/no rían

Usage

Se echó a reír.	*She started to laugh.*
Esa situación era irrisoria.	*That situation was laughable.*
Rieron a carcajadas.	*They split their sides laughing.*
Me reí mucho.	*I had a good laugh.*
Me dio risa.	*It made me laugh.*
Se murieron de risa.	*They fell down laughing.*
Quien ríe el último, ríe mejor.	*He who laughs last laughs best.*

PRESENT

relaciono	relacionamos
relacionas	relacionáis
relaciona	relacionan

PRETERIT

relacioné	relacionamos
relacionaste	relacionasteis
relacionó	relacionaron

IMPERFECT

relacionaba	relacionábamos
relacionabas	relacionabais
relacionaba	relacionaban

PRESENT PERFECT

he relacionado	hemos relacionado
has relacionado	habéis relacionado
ha relacionado	han relacionado

FUTURE

relacionaré	relacionaremos
relacionarás	relacionaréis
relacionará	relacionarán

CONDITIONAL

relacionaría	relacionaríamos
relacionarías	relacionaríais
relacionaría	relacionarían

PLUPERFECT

había relacionado	habíamos relacionado
habías relacionado	habíais relacionado
había relacionado	habían relacionado

PRETERIT PERFECT

hube relacionado	hubimos relacionado
hubiste relacionado	hubisteis relacionado
hubo relacionado	hubieron relacionado

FUTURE PERFECT

habré relacionado	habremos relacionado
habrás relacionado	habréis relacionado
habrá relacionado	habrán relacionado

CONDITIONAL PERFECT

habría relacionado	habríamos relacionado
habrías relacionado	habríais relacionado
habría relacionado	habrían relacionado

PRESENT SUBJUNCTIVE

relacione	relacionemos
relaciones	relacionéis
relacione	relacionen

PRESENT PERFECT SUBJUNCTIVE

haya relacionado	hayamos relacionado
hayas relacionado	hayáis relacionado
haya relacionado	hayan relacionado

IMPERFECT SUBJUNCTIVE (-ra)

relacionara	relacionáramos
relacionaras	relacionarais
relacionara	relacionaran

or **IMPERFECT SUBJUNCTIVE (-se)**

relacionase	relacionásemos
relacionases	relacionaseis
relacionase	relacionasen

PAST PERFECT SUBJUNCTIVE (-ra)

hubiera relacionado	hubiéramos relacionado
hubieras relacionado	hubierais relacionado
hubiera relacionado	hubieran relacionado

or **PAST PERFECT SUBJUNCTIVE (-se)**

hubiese relacionado	hubiésemos relacionado
hubieses relacionado	hubieseis relacionado
hubiese relacionado	hubiesen relacionado

PROGRESSIVE TENSES

PRESENT	estoy, estás, está, estamos, estáis, están	
PRETERIT	estuve, estuviste, estuvo, estuvimos, estuvisteis, estuvieron	
IMPERFECT	estaba, estabas, estaba, estábamos, estabais, estaban	relacionando
FUTURE	estaré, estarás, estará, estaremos, estaréis, estarán	
CONDITIONAL	estaría, estarías, estaría, estaríamos, estaríais, estarían	
SUBJUNCTIVE	que + *corresponding subjunctive tense of* estar (*see verb 252*)	

COMMANDS

	(nosotros) relacionemos/no relacionemos
(tú) relaciona/no relaciones	(vosotros) relacionad/no relacionéis
(Ud.) relacione/no relacione	(Uds.) relacionen/no relacionen

Usage

Relacione los dos sucesos.	*Relate the two incidents.*
No relacionó la causa con el efecto.	*He didn't connect the cause and effect.*
Me relacioné con ellas.	*I got in touch with them.*
Trabajo en el departamento de relaciones públicas.	*I work in the public relations department.*
Están en buenas relaciones.	*They're on good terms.*
Hizo relación a la competencia.	*She referred to the competition.*

stem-changing -ir verb: e > i

riño · riñeron · reñido · riñendo

PRESENT		PRETERIT	
riño	reñimos	reñí	reñimos
riñes	reñís	reñiste	reñisteis
riñe	riñen	riñó	riñeron

IMPERFECT		PRESENT PERFECT	
reñía	reñíamos	he reñido	hemos reñido
reñías	reñíais	has reñido	habéis reñido
reñía	reñían	ha reñido	han reñido

FUTURE		CONDITIONAL	
reñiré	reñiremos	reñiría	reñiríamos
reñirás	reñiréis	reñirías	reñiríais
reñirá	reñirán	reñiría	reñirían

PLUPERFECT		PRETERIT PERFECT	
había reñido	habíamos reñido	hube reñido	hubimos reñido
habías reñido	habíais reñido	hubiste reñido	hubisteis reñido
había reñido	habían reñido	hubo reñido	hubieron reñido

FUTURE PERFECT		CONDITIONAL PERFECT	
habré reñido	habremos reñido	habría reñido	habríamos reñido
habrás reñido	habréis reñido	habrías reñido	habríais reñido
habrá reñido	habrán reñido	habría reñido	habrían reñido

PRESENT SUBJUNCTIVE		PRESENT PERFECT SUBJUNCTIVE	
riña	riñamos	haya reñido	hayamos reñido
riñas	riñáis	hayas reñido	hayáis reñido
riña	riñan	haya reñido	hayan reñido

IMPERFECT SUBJUNCTIVE (-ra)		or	IMPERFECT SUBJUNCTIVE (-se)	
riñera	riñéramos		riñese	riñésemos
riñeras	riñerais		riñeses	riñeseis
riñera	riñeran		riñese	riñesen

PAST PERFECT SUBJUNCTIVE (-ra)		or	PAST PERFECT SUBJUNCTIVE (-se)	
hubiera reñido	hubiéramos reñido		hubiese reñido	hubiésemos reñido
hubieras reñido	hubierais reñido		hubieses reñido	hubieseis reñido
hubiera reñido	hubieran reñido		hubiese reñido	hubiesen reñido

PROGRESSIVE TENSES

PRESENT	estoy, estás, está, estamos, estáis, están	
PRETERIT	estuve, estuviste, estuvo, estuvimos, estuvisteis, estuvieron	
IMPERFECT	estaba, estabas, estaba, estábamos, estabais, estaban	riñendo
FUTURE	estaré, estarás, estará, estaremos, estaréis, estarán	
CONDITIONAL	estaría, estarías, estaría, estaríamos, estaríais, estarían	
SUBJUNCTIVE	que + corresponding subjunctive tense of estar (see verb 252)	

COMMANDS

	(nosotros) riñamos/no riñamos
(tú) riñe/no riñas	(vosotros) reñid/no riñáis
(Ud.) riña/no riña	(Uds.) riñan/no riñan

Usage

—¿Por qué reñiste con tu amiga? *Why did you quarrel with your friend?*
—Reñimos por una tontería. *We argued over a foolish thing.*

Seguían riñendo. *They kept on fighting.*
Lo riñes como si fuera un niño. *You're scolding him as if he were a child.*
¡Qué reñida fue la batalla de Gettysburg! *How hard fought was the Battle of Gettysburg!*
Hubo riña en el campo de deportes. *There was a brawl on the playing field.*

reparar   *to repair, fix, notice*

reparo · repararon · reparado · reparando   regular *-ar* verb

PRESENT		PRETERIT	
reparo	reparamos	reparé	reparamos
reparas	reparáis	reparaste	reparasteis
repara	reparan	reparó	repararon

IMPERFECT		PRESENT PERFECT	
reparaba	reparábamos	he reparado	hemos reparado
reparabas	reparabais	has reparado	habéis reparado
reparaba	reparaban	ha reparado	han reparado

FUTURE		CONDITIONAL	
repararé	repararemos	repararía	repararíamos
repararás	repararéis	repararías	repararíais
reparará	repararán	repararía	repararían

PLUPERFECT		PRETERIT PERFECT	
había reparado	habíamos reparado	hube reparado	hubimos reparado
habías reparado	habíais reparado	hubiste reparado	hubisteis reparado
había reparado	habían reparado	hubo reparado	hubieron reparado

FUTURE PERFECT		CONDITIONAL PERFECT	
habré reparado	habremos reparado	habría reparado	habríamos reparado
habrás reparado	habréis reparado	habrías reparado	habríais reparado
habrá reparado	habrán reparado	habría reparado	habrían reparado

PRESENT SUBJUNCTIVE		PRESENT PERFECT SUBJUNCTIVE	
repare	reparemos	haya reparado	hayamos reparado
repares	reparéis	hayas reparado	hayáis reparado
repare	reparen	haya reparado	hayan reparado

IMPERFECT SUBJUNCTIVE (-ra)		*or*	IMPERFECT SUBJUNCTIVE (-se)	
reparara	reparáramos		reparase	reparásemos
repararas	repararais		reparases	reparaseis
reparara	repararan		reparase	reparasen

PAST PERFECT SUBJUNCTIVE (-ra)		*or*	PAST PERFECT SUBJUNCTIVE (-se)	
hubiera reparado	hubiéramos reparado		hubiese reparado	hubiésemos reparado
hubieras reparado	hubierais reparado		hubieses reparado	hubieseis reparado
hubiera reparado	hubieran reparado		hubiese reparado	hubiesen reparado

PROGRESSIVE TENSES

PRESENT	estoy, estás, está, estamos, estáis, están	
PRETERIT	estuve, estuviste, estuvo, estuvimos, estuvisteis, estuvieron	
IMPERFECT	estaba, estabas, estaba, estábamos, estabais, estaban	reparando
FUTURE	estaré, estarás, estará, estaremos, estaréis, estarán	
CONDITIONAL	estaría, estarías, estaría, estaríamos, estaríais, estarían	
SUBJUNCTIVE	que + *corresponding subjunctive tense of* estar (*see verb 252*)	

COMMANDS

	(nosotros) reparemos/no reparemos
(tú) repara/no repares	(vosotros) reparad/no reparéis
(Ud.) repare/no repare	(Uds.) reparen/no reparen

Usage

Repararon mi computadora.	*My computer was repaired.*
¿No hay tienda que repare cámaras por aquí?	*Isn't there a store that fixes cameras around here?*
Reparamos en el embotellamiento de coches.	*We noticed the traffic jam.*
El carro está en el taller de reparaciones.	*The car is in the repair shop.*
¿Por qué pones reparos?	*Why are you raising objections/finding fault?*
Aceptamos con cierto reparo.	*We accept with some reservation.*

regular *-ir* verb

reparto · repartieron · repartido · repartiendo

PRESENT

reparto	repartimos
repartes	repartís
reparte	reparten

IMPERFECT

repartía	repartíamos
repartías	repartíais
repartía	repartían

FUTURE

repartiré	repartiremos
repartirás	repartiréis
repartirá	repartirán

PLUPERFECT

había repartido	habíamos repartido
habías repartido	habíais repartido
había repartido	habían repartido

FUTURE PERFECT

habré repartido	habremos repartido
habrás repartido	habréis repartido
habrá repartido	habrán repartido

PRESENT SUBJUNCTIVE

reparta	repartamos
repartas	repartáis
reparta	repartan

IMPERFECT SUBJUNCTIVE (-ra)

repartiera	repartiéramos
repartieras	repartierais
repartiera	repartieran

PAST PERFECT SUBJUNCTIVE (-ra)

hubiera repartido	hubiéramos repartido
hubieras repartido	hubierais repartido
hubiera repartido	hubieran repartido

PRETERIT

repartí	repartimos
repartiste	repartisteis
repartió	repartieron

PRESENT PERFECT

he repartido	hemos repartido
has repartido	habéis repartido
ha repartido	han repartido

CONDITIONAL

repartiría	repartiríamos
repartirías	repartiríais
repartiría	repartirían

PRETERIT PERFECT

hube repartido	hubimos repartido
hubiste repartido	hubisteis repartido
hubo repartido	hubieron repartido

CONDITIONAL PERFECT

habría repartido	habríamos repartido
habrías repartido	habríais repartido
habría repartido	habrían repartido

PRESENT PERFECT SUBJUNCTIVE

haya repartido	hayamos repartido
hayas repartido	hayáis repartido
haya repartido	hayan repartido

or **IMPERFECT SUBJUNCTIVE (-se)**

repartiese	repartiésemos
repartieses	repartieseis
repartiese	repartiesen

or **PAST PERFECT SUBJUNCTIVE (-se)**

hubiese repartido	hubiésemos repartido
hubieses repartido	hubieseis repartido
hubiese repartido	hubiesen repartido

PROGRESSIVE TENSES

PRESENT	estoy, estás, está, estamos, estáis, están	
PRETERIT	estuve, estuviste, estuvo, estuvimos, estuvisteis, estuvieron	
IMPERFECT	estaba, estabas, estaba, estábamos, estabais, estaban	repartiendo
FUTURE	estaré, estarás, estará, estaremos, estaréis, estarán	
CONDITIONAL	estaría, estarías, estaría, estaríamos, estaríais, estarían	
SUBJUNCTIVE	que + *corresponding subjunctive tense of* estar (*see verb 252*)	

COMMANDS

	(nosotros) repartamos/no repartamos
(tú) reparte/no repartas	(vosotros) repartid/no repartáis
(Ud.) reparta/no reparta	(Uds.) repartan/no repartan

Usage

Se reparten dividendos en marzo. — *They'll pay out dividends in March.*
Repartieron el dinero entre cuatro personas. — *The money was shared among four people.*
El cartero reparte el correo por la mañana. — *The mailman delivers mail in the morning.*
Reparte los panecillos, por favor. — *Serve/Give out the rolls, please.*
Figuran muchos actores buenos en el reparto. — *There are many good actors in the cast.*
El repartidor conduce el coche de reparto. — *The delivery man drives the delivery truck.*

repetir *to repeat, do again, recite*

repito · repitieron · repetido · repitiendo

stem-changing -*ir* verb: *e > i*

PRESENT		PRETERIT	
repito	repetimos	repetí	repetimos
repites	repetís	repetiste	repetisteis
repite	repiten	repitió	repitieron

IMPERFECT		PRESENT PERFECT	
repetía	repetíamos	he repetido	hemos repetido
repetías	repetíais	has repetido	habéis repetido
repetía	repetían	ha repetido	han repetido

FUTURE		CONDITIONAL	
repetiré	repetiremos	repetiría	repetiríamos
repetirás	repetiréis	repetirías	repetiríais
repetirá	repetirán	repetiría	repetirían

PLUPERFECT		PRETERIT PERFECT	
había repetido	habíamos repetido	hube repetido	hubimos repetido
habías repetido	habíais repetido	hubiste repetido	hubisteis repetido
había repetido	habían repetido	hubo repetido	hubieron repetido

FUTURE PERFECT		CONDITIONAL PERFECT	
habré repetido	habremos repetido	habría repetido	habríamos repetido
habrás repetido	habréis repetido	habrías repetido	habríais repetido
habrá repetido	habrán repetido	habría repetido	habrían repetido

PRESENT SUBJUNCTIVE		PRESENT PERFECT SUBJUNCTIVE	
repita	repitamos	haya repetido	hayamos repetido
repitas	repitáis	hayas repetido	hayáis repetido
repita	repitan	haya repetido	hayan repetido

IMPERFECT SUBJUNCTIVE (-ra)		*or* IMPERFECT SUBJUNCTIVE (-se)	
repitiera	repitiéramos	repitiese	repitiésemos
repitieras	repitierais	repitieses	repitieseis
repitiera	repitieran	repitiese	repitiesen

PAST PERFECT SUBJUNCTIVE (-ra)		*or* PAST PERFECT SUBJUNCTIVE (-se)	
hubiera repetido	hubiéramos repetido	hubiese repetido	hubiésemos repetido
hubieras repetido	hubierais repetido	hubieses repetido	hubieseis repetido
hubiera repetido	hubieran repetido	hubiese repetido	hubiesen repetido

PROGRESSIVE TENSES

PRESENT	estoy, estás, está, estamos, estáis, están	
PRETERIT	estuve, estuviste, estuvo, estuvimos, estuvisteis, estuvieron	
IMPERFECT	estaba, estabas, estaba, estábamos, estabais, estaban	repitiendo
FUTURE	estaré, estarás, estará, estaremos, estaréis, estarán	
CONDITIONAL	estaría, estarías, estaría, estaríamos, estaríais, estarían	
SUBJUNCTIVE	que + *corresponding subjunctive tense of* estar (*see verb 252*)	

COMMANDS

	(nosotros) repitamos/no repitamos
(tú) repite/no repitas	(vosotros) repetid/no repitáis
(Ud.) repita/no repita	(Uds.) repitan/no repitan

Usage

Repitan Uds. la oración.	*Repeat the sentence.*
Repitió el poema.	*She recited the poem.*
¡Qué rico está el flan! Voy a repetir.	*The custard is so delicious! I'll have another helping.*
¡Que se repita!	*Encore!*
¡Que no se repita!	*Don't let it happen again!*
Un entusiasmado público pedía la repetición.	*An enthusiastic audience asked for an encore.*
Nos lo mencionaba repetidas veces.	*He mentioned it to us repeatedly/again and again.*

-ar reflexive verb; spelling change:
i > í when stressed

resfrío · resfriaron · resfriado · resfriándose

PRESENT

me resfrío	nos resfriamos
te resfrías	os resfriáis
se resfría	se resfrían

IMPERFECT

me resfriaba	nos resfriábamos
te resfriabas	os resfriabais
se resfriaba	se resfriaban

FUTURE

me resfriaré	nos resfriaremos
te resfriarás	os resfriaréis
se resfriará	se resfriarán

PLUPERFECT

me había resfriado	nos habíamos resfriado
te habías resfriado	os habíais resfriado
se había resfriado	se habían resfriado

FUTURE PERFECT

me habré resfriado	nos habremos resfriado
te habrás resfriado	os habréis resfriado
se habrá resfriado	se habrán resfriado

PRESENT SUBJUNCTIVE

me resfríe	nos resfriemos
te resfríes	os resfriéis
se resfríe	se resfríen

IMPERFECT SUBJUNCTIVE (-ra)

me resfriara	nos resfriáramos
te resfriaras	os resfriarais
se resfriara	se resfriaran

PAST PERFECT SUBJUNCTIVE (-ra)

me hubiera resfriado	nos hubiéramos resfriado
te hubieras resfriado	os hubierais resfriado
se hubiera resfriado	se hubieran resfriado

PRETERIT

me resfrié	nos resfriamos
te resfriaste	os resfriasteis
se resfrió	se resfriaron

PRESENT PERFECT

me he resfriado	nos hemos resfriado
te has resfriado	os habéis resfriado
se ha resfriado	se han resfriado

CONDITIONAL

me resfriaría	nos resfriaríamos
te resfriarías	os resfriaríais
se resfriaría	se resfriarían

PRETERIT PERFECT

me hube resfriado	nos hubimos resfriado
te hubiste resfriado	os hubisteis resfriado
se hubo resfriado	se hubieron resfriado

CONDITIONAL PERFECT

me habría resfriado	nos habríamos resfriado
te habrías resfriado	os habríais resfriado
se habría resfriado	se habrían resfriado

PRESENT PERFECT SUBJUNCTIVE

me haya resfriado	nos hayamos resfriado
te hayas resfriado	os hayáis resfriado
se haya resfriado	se hayan resfriado

or **IMPERFECT SUBJUNCTIVE (-se)**

me resfriase	nos resfriásemos
te resfriases	os resfriaseis
se resfriase	se resfriasen

or **PAST PERFECT SUBJUNCTIVE (-se)**

me hubiese resfriado	nos hubiésemos resfriado
te hubieses resfriado	os hubieseis resfriado
se hubiese resfriado	se hubiesen resfriado

PROGRESSIVE TENSES

PRESENT	estoy, estás, está, estamos, estáis, están
PRETERIT	estuve, estuviste, estuvo, estuvimos, estuvisteis, estuvieron
IMPERFECT	estaba, estabas, estaba, estábamos, estabais, estaban
FUTURE	estaré, estarás, estará, estaremos, estaréis, estarán
CONDITIONAL	estaría, estarías, estaría, estaríamos, estaríais, estarían
SUBJUNCTIVE	que + *corresponding subjunctive tense of* estar (*see verb 252*)

} resfriando (*see page 31*)

COMMANDS

	(nosotros) resfriémonos/no nos resfriemos
(tú) resfríate/no te resfríes	(vosotros) resfriaos/no os resfriéis
(Ud.) resfríese/no se resfríe	(Uds.) resfríense/no se resfríen

Usage

Se resfrió.	*She caught a cold.*
Siento que se hayan resfriado.	*I'm sorry you've caught a cold.*
Cree que está resfriándose.	*She thinks she's catching a cold.*
Todos están resfriados por ella.	*Everyone has a cold because of her.*
—Parece que cogiste un resfrío.	*It appears you caught a cold.*
—Sí, tengo resfriado.	*Yes, I have a cold.*

resolver   *to solve, resolve, dissolve*

resuelvo · resolvieron · resuelto · resolviendo   stem-changing -er verb: *o > ue*

PRESENT

resuelvo	resolvemos
resuelves	resolvéis
resuelve	resuelven

PRETERIT

resolví	resolvimos
resolviste	resolvisteis
resolvió	resolvieron

IMPERFECT

resolvía	resolvíamos
resolvías	resolvíais
resolvía	resolvían

PRESENT PERFECT

he resuelto	hemos resuelto
has resuelto	habéis resuelto
ha resuelto	han resuelto

FUTURE

resolveré	resolveremos
resolverás	resolveréis
resolverá	resolverán

CONDITIONAL

resolvería	resolveríamos
resolverías	resolveríais
resolvería	resolverían

PLUPERFECT

había resuelto	habíamos resuelto
habías resuelto	habíais resuelto
había resuelto	habían resuelto

PRETERIT PERFECT

hube resuelto	hubimos resuelto
hubiste resuelto	hubisteis resuelto
hubo resuelto	hubieron resuelto

FUTURE PERFECT

habré resuelto	habremos resuelto
habrás resuelto	habréis resuelto
habrá resuelto	habrán resuelto

CONDITIONAL PERFECT

habría resuelto	habríamos resuelto
habrías resuelto	habríais resuelto
habría resuelto	habrían resuelto

PRESENT SUBJUNCTIVE

resuelva	resolvamos
resuelvas	resolváis
resuelva	resuelvan

PRESENT PERFECT SUBJUNCTIVE

haya resuelto	hayamos resuelto
hayas resuelto	hayáis resuelto
haya resuelto	hayan resuelto

IMPERFECT SUBJUNCTIVE (-ra)   *or*   IMPERFECT SUBJUNCTIVE (-se)

resolviera	resolviéramos	resolviese	resolviésemos
resolvieras	resolvierais	resolvieses	resolvieseis
resolviera	resolvieran	resolviese	resolviesen

PAST PERFECT SUBJUNCTIVE (-ra)   *or*   PAST PERFECT SUBJUNCTIVE (-se)

hubiera resuelto	hubiéramos resuelto	hubiese resuelto	hubiésemos resuelto
hubieras resuelto	hubierais resuelto	hubieses resuelto	hubieseis resuelto
hubiera resuelto	hubieran resuelto	hubiese resuelto	hubiesen resuelto

PROGRESSIVE TENSES

PRESENT	estoy, estás, está, estamos, estáis, están
PRETERIT	estuve, estuviste, estuvo, estuvimos, estuvisteis, estuvieron
IMPERFECT	estaba, estabas, estaba, estábamos, estabais, estaban
FUTURE	estaré, estarás, estará, estaremos, estaréis, estarán
CONDITIONAL	estaría, estarías, estaría, estaríamos, estaríais, estarían
SUBJUNCTIVE	que + *corresponding subjunctive tense of* estar (*see verb 252*)

resolviendo

COMMANDS

	(nosotros) resolvamos/no resolvamos
(tú) resuelve/no resuelvas	(vosotros) resolved/no resolváis
(Ud.) resuelva/no resuelva	(Uds.) resuelvan/no resuelvan

Usage

Resolvimos la cuestión.	*We resolved the question.*
¿Resolviste el problema?	*Did you solve the problem?*
No te preocupes. Todo se resolverá.	*Don't worry. Everything will work out.*
Se resolvió a aceptar las consecuencias.	*She made up her mind to accept the consequences.*
Tenían una actitud resuelta.	*They had a resolute/determined attitude.*
El problema queda sin resolver.	*The problem is still unsolved.*

regular -er verb | **respondo · respondieron · respondido · respondiendo**

PRESENT

respondo	respondemos
respondes	respondéis
responde	responden

IMPERFECT

respondía	respondíamos
respondías	respondíais
respondía	respondían

FUTURE

responderé	responderemos
responderás	responderéis
responderá	responderán

PLUPERFECT

había respondido	habíamos respondido
habías respondido	habíais respondido
había respondido	habían respondido

FUTURE PERFECT

habré respondido	habremos respondido
habrás respondido	habréis respondido
habrá respondido	habrán respondido

PRESENT SUBJUNCTIVE

responda	respondamos
respondas	respondáis
responda	respondan

IMPERFECT SUBJUNCTIVE (-ra)

respondiera	respondiéramos
respondieras	respondierais
respondiera	respondieran

PAST PERFECT SUBJUNCTIVE (-ra)

hubiera respondido	hubiéramos respondido
hubieras respondido	hubierais respondido
hubiera respondido	hubieran respondido

PRETERIT

respondí	respondimos
respondiste	respondisteis
respondió	respondieron

PRESENT PERFECT

he respondido	hemos respondido
has respondido	habéis respondido
ha respondido	han respondido

CONDITIONAL

respondería	responderíamos
responderías	responderíais
respondería	responderían

PRETERIT PERFECT

hube respondido	hubimos respondido
hubiste respondido	hubisteis respondido
hubo respondido	hubieron respondido

CONDITIONAL PERFECT

habría respondido	habríamos respondido
habrías respondido	habríais respondido
habría respondido	habrían respondido

PRESENT PERFECT SUBJUNCTIVE

haya respondido	hayamos respondido
hayas respondido	hayáis respondido
haya respondido	hayan respondido

or **IMPERFECT SUBJUNCTIVE (-se)**

respondiese	respondiésemos
respondieses	respondieseis
respondiese	respondiesen

or **PAST PERFECT SUBJUNCTIVE (-se)**

hubiese respondido	hubiésemos respondido
hubieses respondido	hubieseis respondido
hubiese respondido	hubiesen respondido

PROGRESSIVE TENSES

PRESENT	estoy, estás, está, estamos, estáis, están
PRETERIT	estuve, estuviste, estuvo, estuvimos, estuvisteis, estuvieron
IMPERFECT	estaba, estabas, estaba, estábamos, estabais, estaban
FUTURE	estaré, estarás, estará, estaremos, estaréis, estarán
CONDITIONAL	estaría, estarías, estaría, estaríamos, estaríais, estarían
SUBJUNCTIVE	que + *corresponding subjunctive tense of* estar (*see verb 252*)

} respondiendo

COMMANDS

	(nosotros) respondamos/no respondamos
(tú) responde/no respondas	(vosotros) responded/no respondáis
(Ud.) responda/no responda	(Uds.) respondan/no respondan

Usage

Respondí a su pregunta por correo electrónico.	*I answered his question by email.*
No respondieron a mi carta.	*They didn't reply to my letter.*
Los papás responden de la educación de sus hijos.	*Parents are responsible for their children's upbringing.*
Asumieron la responsabilidad de la derrota.	*They took responsibility for the defeat.*
Se ha hecho responsable del proyecto.	*He has assumed responsibility for the project.*
Dio la callada por respuesta.	*She said nothing in reply.*

resultar *to result, turn out, work out, be*

resulto · resultaron · resultado · resultando   regular -*ar* verb

PRESENT

resulto	resultamos
resultas	resultáis
resulta	resultan

PRETERIT

resulté	resultamos
resultaste	resultasteis
resultó	resultaron

IMPERFECT

resultaba	resultábamos
resultabas	resultabais
resultaba	resultaban

PRESENT PERFECT

he resultado	hemos resultado
has resultado	habéis resultado
ha resultado	han resultado

FUTURE

resultaré	resultaremos
resultarás	resultaréis
resultará	resultarán

CONDITIONAL

resultaría	resultaríamos
resultarías	resultaríais
resultaría	resultarían

PLUPERFECT

había resultado	habíamos resultado
habías resultado	habíais resultado
había resultado	habían resultado

PRETERIT PERFECT

hube resultado	hubimos resultado
hubiste resultado	hubisteis resultado
hubo resultado	hubieron resultado

FUTURE PERFECT

habré resultado	habremos resultado
habrás resultado	habréis resultado
habrá resultado	habrán resultado

CONDITIONAL PERFECT

habría resultado	habríamos resultado
habrías resultado	habríais resultado
habría resultado	habrían resultado

PRESENT SUBJUNCTIVE

resulte	resultemos
resultes	resultéis
resulte	resulten

PRESENT PERFECT SUBJUNCTIVE

haya resultado	hayamos resultado
hayas resultado	hayáis resultado
haya resultado	hayan resultado

IMPERFECT SUBJUNCTIVE (-ra)

resultara	resultáramos
resultaras	resultarais
resultara	resultaran

or **IMPERFECT SUBJUNCTIVE (-se)**

resultase	resultásemos
resultases	resultaseis
resultase	resultasen

PAST PERFECT SUBJUNCTIVE (-ra)

hubiera resultado	hubiéramos resultado
hubieras resultado	hubierais resultado
hubiera resultado	hubieran resultado

or **PAST PERFECT SUBJUNCTIVE (-se)**

hubiese resultado	hubiésemos resultado
hubieses resultado	hubieseis resultado
hubiese resultado	hubiesen resultado

PROGRESSIVE TENSES

PRESENT	estoy, estás, está, estamos, estáis, están
PRETERIT	estuve, estuviste, estuvo, estuvimos, estuvisteis, estuvieron
IMPERFECT	estaba, estabas, estaba, estábamos, estabais, estaban
FUTURE	estaré, estarás, estará, estaremos, estaréis, estarán
CONDITIONAL	estaría, estarías, estaría, estaríamos, estaríais, estarían
SUBJUNCTIVE	que + *corresponding subjunctive tense of* estar (*see verb 252*)

} resultando

COMMANDS

¡Que resulte(n)!   ¡Que no resulte(n)!

Usage

Resultó mucho desacuerdo.	*Much disagreement resulted.*
Las discusiones no resultaron en nada.	*The discussions didn't work out at all.*
Su política monetaria resultó ser un desastre.	*Their monetary policy turned out to be a disaster.*
Tus ideas me resultan estrafalarias.	*I find your ideas outlandish/strange.*
Resulta difícil creerlo.	*It's difficult to believe it.*
¿Qué tal los resultados de los exámenes?	*How are the results of the exams?*
Su estrategia dio buen resultado.	*His strategy worked.*

regular -*ar* verb

retiro · retiraron · retirado · retirando

PRESENT		**PRETERIT**	
retiro	retiramos	retiré	retiramos
retiras	retiráis	retiraste	retirasteis
retira	retiran	retiró	retiraron

IMPERFECT		**PRESENT PERFECT**	
retiraba	retirábamos	he retirado	hemos retirado
retirabas	retirabais	has retirado	habéis retirado
retiraba	retiraban	ha retirado	han retirado

FUTURE		**CONDITIONAL**	
retiraré	retiraremos	retiraría	retiraríamos
retirarás	retiraréis	retirarías	retiraríais
retirará	retirarán	retiraría	retirarían

PLUPERFECT		**PRETERIT PERFECT**	
había retirado	habíamos retirado	hube retirado	hubimos retirado
habías retirado	habíais retirado	hubiste retirado	hubisteis retirado
había retirado	habían retirado	hubo retirado	hubieron retirado

FUTURE PERFECT		**CONDITIONAL PERFECT**	
habré retirado	habremos retirado	habría retirado	habríamos retirado
habrás retirado	habréis retirado	habrías retirado	habríais retirado
habrá retirado	habrán retirado	habría retirado	habrían retirado

PRESENT SUBJUNCTIVE		**PRESENT PERFECT SUBJUNCTIVE**	
retire	retiremos	haya retirado	hayamos retirado
retires	retiréis	hayas retirado	hayáis retirado
retire	retiren	haya retirado	hayan retirado

IMPERFECT SUBJUNCTIVE (-ra)		*or* **IMPERFECT SUBJUNCTIVE (-se)**	
retirara	retiráramos	retirase	retirásemos
retiraras	retirarais	retirases	retiraseis
retirara	retiraran	retirase	retirasen

PAST PERFECT SUBJUNCTIVE (-ra)		*or* **PAST PERFECT SUBJUNCTIVE (-se)**	
hubiera retirado	hubiéramos retirado	hubiese retirado	hubiésemos retirado
hubieras retirado	hubierais retirado	hubieses retirado	hubieseis retirado
hubiera retirado	hubieran retirado	hubiese retirado	hubiesen retirado

PROGRESSIVE TENSES

PRESENT	estoy, estás, está, estamos, estáis, están	
PRETERIT	estuve, estuviste, estuvo, estuvimos, estuvisteis, estuvieron	
IMPERFECT	estaba, estabas, estaba, estábamos, estabais, estaban	retirando
FUTURE	estaré, estarás, estará, estaremos, estaréis, estarán	
CONDITIONAL	estaría, estarías, estaría, estaríamos, estaríais, estarían	
SUBJUNCTIVE	que + *corresponding subjunctive tense of* estar (*see verb 252*)	

COMMANDS

	(nosotros) retiremos/no retiremos
(tú) retira/no retires	(vosotros) retirad/no retiréis
(Ud.) retire/no retire	(Uds.) retiren/no retiren

Usage

Retira tus cosas del sofá.	*Remove your things from the couch.*
Retiré dinero de la cuenta de ahorros.	*I withdrew money from my savings account.*
El periódico retiró lo escrito.	*The newspaper retracted what it had written.*
Las tropas se retiraron del frente de batalla.	*The troops retreated from the battle front.*
Se retiró de la gestión de la sociedad.	*He retired from the management of the corporation.*
No se retire.	*Don't leave.*
La empresa exige que todos vayan de retiro.	*The company requires that everyone go on retreat.*

reunirse *to get together, meet*

reúno · reunieron · reunido · reuniéndose

-ir reflexive verb

PRESENT

me reúno	nos reunimos
te reúnes	os reunís
se reúne	se reúnen

IMPERFECT

me reunía	nos reuníamos
te reunías	os reuníais
se reunía	se reunían

FUTURE

me reuniré	nos reuniremos
te reunirás	os reuniréis
se reunirá	se reunirán

PLUPERFECT

me había reunido	nos habíamos reunido
te habías reunido	os habíais reunido
se había reunido	se habían reunido

FUTURE PERFECT

me habré reunido	nos habremos reunido
te habrás reunido	os habréis reunido
se habrá reunido	se habrán reunido

PRESENT SUBJUNCTIVE

me reúna	nos reunamos
te reúnas	os reunáis
se reúna	se reúnan

IMPERFECT SUBJUNCTIVE (-ra)

me reuniera	nos reuniéramos
te reunieras	os reunierais
se reuniera	se reunieran

PAST PERFECT SUBJUNCTIVE (-ra)

me hubiera reunido	nos hubiéramos reunido
te hubieras reunido	os hubierais reunido
se hubiera reunido	se hubieran reunido

PRETERIT

me reuní	nos reunimos
te reuniste	os reunisteis
se reunió	se reunieron

PRESENT PERFECT

me he reunido	nos hemos reunido
te has reunido	os habéis reunido
se ha reunido	se han reunido

CONDITIONAL

me reuniría	nos reuniríamos
te reunirías	os reuniríais
se reuniría	se reunirían

PRETERIT PERFECT

me hube reunido	nos hubimos reunido
te hubiste reunido	os hubisteis reunido
se hubo reunido	se hubieron reunido

CONDITIONAL PERFECT

me habría reunido	nos habríamos reunido
te habrías reunido	os habríais reunido
se habría reunido	se habrían reunido

PRESENT PERFECT SUBJUNCTIVE

me haya reunido	nos hayamos reunido
te hayas reunido	os hayáis reunido
se haya reunido	se hayan reunido

or **IMPERFECT SUBJUNCTIVE (-se)**

me reuniese	nos reuniésemos
te reunieses	os reunieseis
se reuniese	se reuniesen

or **PAST PERFECT SUBJUNCTIVE (-se)**

me hubiese reunido	nos hubiésemos reunido
te hubieses reunido	os hubieseis reunido
se hubiese reunido	se hubiesen reunido

PROGRESSIVE TENSES

PRESENT	estoy, estás, está, estamos, estáis, están
PRETERIT	estuve, estuviste, estuvo, estuvimos, estuvisteis, estuvieron
IMPERFECT	estaba, estabas, estaba, estábamos, estabais, estaban
FUTURE	estaré, estarás, estará, estaremos, estaréis, estarán
CONDITIONAL	estaría, estarías, estaría, estaríamos, estaríais, estarían
SUBJUNCTIVE	que + *corresponding subjunctive tense of* estar (*see verb 252*)

} reuniendo (*see page 31*)

COMMANDS

	(nosotros) reunámonos/no nos reunamos
(tú) reúnete/no te reúnas	(vosotros) reunios/no os reunáis
(Ud.) reúnase/no se reúna	(Uds.) reúnanse/no se reúnan

Usage

Nos reuniremos para cenar.	*We'll get together to have dinner.*
Me reúno contigo a las cuatro.	*I'll meet you at 4:00.*
Las dos cámaras se reunieron ayer.	*The two houses met/were in session yesterday.*
Reunamos fondos para esta caridad.	*Let's collect money for this charity.*
Reúna a todos los funcionarios.	*Assemble all the civil servants.*
Se celebra una reunión cada quince días.	*A meeting/session is held every two weeks.*
Conocí a mucha gente en la reunión.	*I met many people at the gathering.*

-ar verb; spelling change: *z > c/e*   **rezo · rezaron · rezado · rezando**

PRESENT			PRETERIT	
rezo	rezamos		recé	rezamos
rezas	rezáis		rezaste	rezasteis
reza	rezan		rezó	rezaron

IMPERFECT			PRESENT PERFECT	
rezaba	rezábamos		he rezado	hemos rezado
rezabas	rezabais		has rezado	habéis rezado
rezaba	rezaban		ha rezado	han rezado

FUTURE			CONDITIONAL	
rezaré	rezaremos		rezaría	rezaríamos
rezarás	rezaréis		rezarías	rezaríais
rezará	rezarán		rezaría	rezarían

PLUPERFECT			PRETERIT PERFECT	
había rezado	habíamos rezado		hube rezado	hubimos rezado
habías rezado	habíais rezado		hubiste rezado	hubisteis rezado
había rezado	habían rezado		hubo rezado	hubieron rezado

FUTURE PERFECT			CONDITIONAL PERFECT	
habré rezado	habremos rezado		habría rezado	habríamos rezado
habrás rezado	habréis rezado		habrías rezado	habríais rezado
habrá rezado	habrán rezado		habría rezado	habrían rezado

PRESENT SUBJUNCTIVE			PRESENT PERFECT SUBJUNCTIVE	
rece	recemos		haya rezado	hayamos rezado
reces	recéis		hayas rezado	hayáis rezado
rece	recen		haya rezado	hayan rezado

IMPERFECT SUBJUNCTIVE (-ra)		*or*	IMPERFECT SUBJUNCTIVE (-se)	
rezara	rezáramos		rezase	rezásemos
rezaras	rezarais		rezases	rezaseis
rezara	rezaran		rezase	rezasen

PAST PERFECT SUBJUNCTIVE (-ra)		*or*	PAST PERFECT SUBJUNCTIVE (-se)	
hubiera rezado	hubiéramos rezado		hubiese rezado	hubiésemos rezado
hubieras rezado	hubierais rezado		hubieses rezado	hubieseis rezado
hubiera rezado	hubieran rezado		hubiese rezado	hubiesen rezado

PROGRESSIVE TENSES

PRESENT	estoy, estás, está, estamos, estáis, están
PRETERIT	estuve, estuviste, estuvo, estuvimos, estuvisteis, estuvieron
IMPERFECT	estaba, estabas, estaba, estábamos, estabais, estaban
FUTURE	estaré, estarás, estará, estaremos, estaréis, estarán
CONDITIONAL	estaría, estarías, estaría, estaríamos, estaríais, estarían
SUBJUNCTIVE	que + *corresponding subjunctive tense of* estar (*see verb 252*)

} rezando

COMMANDS

	(nosotros) recemos/no recemos
(tú) reza/no reces	(vosotros) rezad/no recéis
(Ud.) rece/no rece	(Uds.) recen/no recen

Usage

Rezaban todas las mañanas.	*They said prayers every morning.*
Rezan a Dios.	*They pray to God.*
El cartel reza así.	*The poster says/goes/reads like this.*
La ley reza solamente con los ciudadanos.	*The law applies only to citizens.*
Se oyen los rezos de los feligreses.	*You can hear the prayers of the congregation.*

464

robar *to steal, rob*

regular -ar verb

PRESENT

robo	robamos
robas	robáis
roba	roban

PRETERIT

robé	robamos
robaste	robasteis
robó	robaron

IMPERFECT

robaba	robábamos
robabas	robabais
robaba	robaban

PRESENT PERFECT

he robado	hemos robado
has robado	habéis robado
ha robado	han robado

FUTURE

robaré	robaremos
robarás	robaréis
robará	robarán

CONDITIONAL

robaría	robaríamos
robarías	robaríais
robaría	robarían

PLUPERFECT

había robado	habíamos robado
habías robado	habíais robado
había robado	habían robado

PRETERIT PERFECT

hube robado	hubimos robado
hubiste robado	hubisteis robado
hubo robado	hubieron robado

FUTURE PERFECT

habré robado	habremos robado
habrás robado	habréis robado
habrá robado	habrán robado

CONDITIONAL PERFECT

habría robado	habríamos robado
habrías robado	habríais robado
habría robado	habrían robado

PRESENT SUBJUNCTIVE

robe	robemos
robes	robéis
robe	roben

PRESENT PERFECT SUBJUNCTIVE

haya robado	hayamos robado
hayas robado	hayáis robado
haya robado	hayan robado

IMPERFECT SUBJUNCTIVE (-ra)

robara	robáramos
robaras	robarais
robara	robaran

or **IMPERFECT SUBJUNCTIVE (-se)**

robase	robásemos
robases	robaseis
robase	robasen

PAST PERFECT SUBJUNCTIVE (-ra)

hubiera robado	hubiéramos robado
hubieras robado	hubierais robado
hubiera robado	hubieran robado

or **PAST PERFECT SUBJUNCTIVE (-se)**

hubiese robado	hubiésemos robado
hubieses robado	hubieseis robado
hubiese robado	hubiesen robado

PROGRESSIVE TENSES

PRESENT	estoy, estás, está, estamos, estáis, están
PRETERIT	estuve, estuviste, estuvo, estuvimos, estuvisteis, estuvieron
IMPERFECT	estaba, estabas, estaba, estábamos, estabais, estaban
FUTURE	estaré, estarás, estará, estaremos, estaréis, estarán
CONDITIONAL	estaría, estarías, estaría, estaríamos, estaríais, estarían
SUBJUNCTIVE	que + *corresponding subjunctive tense of* estar (*see verb 252*)

} robando

COMMANDS

	(nosotros) robemos/no robemos
(tú) roba/no robes	(vosotros) robad/no robéis
(Ud.) robe/no robe	(Uds.) roben/no roben

Usage

Los ladrones robaron unas antigüedades.	*The thieves stole some antiques.*
Robaron un banco.	*They broke into/robbed a bank.*
Les robaron el coche.	*Their car was stolen.*
Le robó el corazón.	*He stole her heart.*
Cometieron un robo a mano armada.	*They committed an armed robbery.*
El robo es un delito contra la propiedad.	*Theft is a crime against property.*
Instalaron un antirrobo en su casa.	*They installed a burglar alarm in their house.*

stem-changing *-ar* verb: *o* > *ue*   **ruedo · rodaron · rodado · rodando**

PRESENT

ruedo	rodamos
ruedas	rodáis
rueda	ruedan

PRETERIT

rodé	rodamos
rodaste	rodasteis
rodó	rodaron

IMPERFECT

rodaba	rodábamos
rodabas	rodabais
rodaba	rodaban

PRESENT PERFECT

he rodado	hemos rodado
has rodado	habéis rodado
ha rodado	han rodado

FUTURE

rodaré	rodaremos
rodarás	rodaréis
rodará	rodarán

CONDITIONAL

rodaría	rodaríamos
rodarías	rodaríais
rodaría	rodarían

PLUPERFECT

había rodado	habíamos rodado
habías rodado	habíais rodado
había rodado	habían rodado

PRETERIT PERFECT

hube rodado	hubimos rodado
hubiste rodado	hubisteis rodado
hubo rodado	hubieron rodado

FUTURE PERFECT

habré rodado	habremos rodado
habrás rodado	habréis rodado
habrá rodado	habrán rodado

CONDITIONAL PERFECT

habría rodado	habríamos rodado
habrías rodado	habríais rodado
habría rodado	habrían rodado

PRESENT SUBJUNCTIVE

ruede	rodemos
ruedes	rodéis
ruede	rueden

PRESENT PERFECT SUBJUNCTIVE

haya rodado	hayamos rodado
hayas rodado	hayáis rodado
haya rodado	hayan rodado

IMPERFECT SUBJUNCTIVE (-ra)

rodara	rodáramos
rodaras	rodarais
rodara	rodaran

or **IMPERFECT SUBJUNCTIVE (-se)**

rodase	rodásemos
rodases	rodaseis
rodase	rodasen

PAST PERFECT SUBJUNCTIVE (-ra)

hubiera rodado	hubiéramos rodado
hubieras rodado	hubierais rodado
hubiera rodado	hubieran rodado

or **PAST PERFECT SUBJUNCTIVE (-se)**

hubiese rodado	hubiésemos rodado
hubieses rodado	hubieseis rodado
hubiese rodado	hubiesen rodado

PROGRESSIVE TENSES

PRESENT	estoy, estás, está, estamos, estáis, están
PRETERIT	estuve, estuviste, estuvo, estuvimos, estuvisteis, estuvieron
IMPERFECT	estaba, estabas, estaba, estábamos, estabais, estaban
FUTURE	estaré, estarás, estará, estaremos, estaréis, estarán
CONDITIONAL	estaría, estarías, estaría, estaríamos, estaríais, estarían
SUBJUNCTIVE	que + *corresponding subjunctive tense of* estar (*see verb 252*)

⎫ rodando ⎬ ⎭

COMMANDS

	(nosotros) rodemos/no rodemos
(tú) rueda/no ruedes	(vosotros) rodad/no rodéis
(Ud.) ruede/no ruede	(Uds.) rueden/no rueden

Usage

La pelota rodaba por la calle.	*The ball was rolling in the street.*
Ruedan la película en Granada.	*They're shooting the film in Granada.*
Rodaron por el mundo.	*They roamed/traveled the world over.*
Pasa algo con la rueda delantera/trasera.	*Something's wrong with the front/back wheel.*
¿A qué hora será la rueda de prensa?	*At what time will the press conference take place?*
¡Me zampé muchas rodajas de chorizo!	*I gobbled up many slices of sausage!*
¿Terminaron el rodaje?	*Did they finish filming?*

rogar *to request, ask, beg, pray*

ruego · rogaron · rogado · rogando

stem-changing *-ar* verb: *o > ue*;
spelling change: *g > gu/e*

PRESENT

ruego	rogamos
ruegas	rogáis
ruega	ruegan

PRETERIT

rogué	rogamos
rogaste	rogasteis
rogó	rogaron

IMPERFECT

rogaba	rogábamos
rogabas	rogabais
rogaba	rogaban

PRESENT PERFECT

he rogado	hemos rogado
has rogado	habéis rogado
ha rogado	han rogado

FUTURE

rogaré	rogaremos
rogarás	rogaréis
rogará	rogarán

CONDITIONAL

rogaría	rogaríamos
rogarías	rogaríais
rogaría	rogarían

PLUPERFECT

había rogado	habíamos rogado
habías rogado	habíais rogado
había rogado	habían rogado

PRETERIT PERFECT

hube rogado	hubimos rogado
hubiste rogado	hubisteis rogado
hubo rogado	hubieron rogado

FUTURE PERFECT

habré rogado	habremos rogado
habrás rogado	habréis rogado
habrá rogado	habrán rogado

CONDITIONAL PERFECT

habría rogado	habríamos rogado
habrías rogado	habríais rogado
habría rogado	habrían rogado

PRESENT SUBJUNCTIVE

ruegue	roguemos
ruegues	roguéis
ruegue	rueguen

PRESENT PERFECT SUBJUNCTIVE

haya rogado	hayamos rogado
hayas rogado	hayáis rogado
haya rogado	hayan rogado

IMPERFECT SUBJUNCTIVE (-ra)

rogara	rogáramos
rogaras	rogarais
rogara	rogaran

or **IMPERFECT SUBJUNCTIVE (-se)**

rogase	rogásemos
rogases	rogaseis
rogase	rogasen

PAST PERFECT SUBJUNCTIVE (-ra)

hubiera rogado	hubiéramos rogado
hubieras rogado	hubierais rogado
hubiera rogado	hubieran rogado

or **PAST PERFECT SUBJUNCTIVE (-se)**

hubiese rogado	hubiésemos rogado
hubieses rogado	hubieseis rogado
hubiese rogado	hubiesen rogado

PROGRESSIVE TENSES

PRESENT	estoy, estás, está, estamos, estáis, están
PRETERIT	estuve, estuviste, estuvo, estuvimos, estuvisteis, estuvieron
IMPERFECT	estaba, estabas, estaba, estábamos, estabais, estaban
FUTURE	estaré, estarás, estará, estaremos, estaréis, estarán
CONDITIONAL	estaría, estarías, estaría, estaríamos, estaríais, estarían
SUBJUNCTIVE	que + *corresponding subjunctive tense of* estar (*see verb 252*)

rogando

COMMANDS

	(nosotros) roguemos/no roguemos
(tú) ruega/no ruegues	(vosotros) rogad/no roguéis
(Ud.) ruegue/no ruegue	(Uds.) rueguen/no rueguen

Usage

Les rogué que me mantuvieran al día.	*I requested that they keep me up to date.*
Te ruego más comprensión.	*I beg you to show more understanding.*
Ruegan a Dios.	*They pray to God.*
Se ruega no pisar el césped.	*Please don't walk on the grass.*
Siempre se hacía de rogar.	*She always played hard to get.*
Le entrego mi informe con el ruego que lo lea.	*I'm giving you my report with the hope that you'll read it.*

-er verb; irregular past participle | **rompo · rompieron · roto · rompiendo**

PRESENT

rompo	rompemos
rompes	rompéis
rompe	rompen

PRETERIT

rompí	rompimos
rompiste	rompisteis
rompió	rompieron

IMPERFECT

rompía	rompíamos
rompías	rompíais
rompía	rompían

PRESENT PERFECT

he roto	hemos roto
has roto	habéis roto
ha roto	han roto

FUTURE

romperé	romperemos
romperás	romperéis
romperá	romperán

CONDITIONAL

rompería	romperíamos
romperías	romperíais
rompería	romperían

PLUPERFECT

había roto	habíamos roto
habías roto	habíais roto
había roto	habían roto

PRETERIT PERFECT

hube roto	hubimos roto
hubiste roto	hubisteis roto
hubo roto	hubieron roto

FUTURE PERFECT

habré roto	habremos roto
habrás roto	habréis roto
habrá roto	habrán roto

CONDITIONAL PERFECT

habría roto	habríamos roto
habrías roto	habríais roto
habría roto	habrían roto

PRESENT SUBJUNCTIVE

rompa	rompamos
rompas	rompáis
rompa	rompan

PRESENT PERFECT SUBJUNCTIVE

haya roto	hayamos roto
hayas roto	hayáis roto
haya roto	hayan roto

IMPERFECT SUBJUNCTIVE (-ra)

rompiera	rompiéramos
rompieras	rompierais
rompiera	rompieran

or **IMPERFECT SUBJUNCTIVE (-se)**

rompiese	rompiésemos
rompieses	rompieseis
rompiese	rompiesen

PAST PERFECT SUBJUNCTIVE (-ra)

hubiera roto	hubiéramos roto
hubieras roto	hubierais roto
hubiera roto	hubieran roto

or **PAST PERFECT SUBJUNCTIVE (-se)**

hubiese roto	hubiésemos roto
hubieses roto	hubieseis roto
hubiese roto	hubiesen roto

PROGRESSIVE TENSES

PRESENT	estoy, estás, está, estamos, estáis, están
PRETERIT	estuve, estuviste, estuvo, estuvimos, estuvisteis, estuvieron
IMPERFECT	estaba, estabas, estaba, estábamos, estabais, estaban
FUTURE	estaré, estarás, estará, estaremos, estaréis, estarán
CONDITIONAL	estaría, estarías, estaría, estaríamos, estaríais, estarían
SUBJUNCTIVE	que + *corresponding subjunctive tense of* estar *(see verb 252)*

} rompiendo

COMMANDS

	(nosotros) rompamos/no rompamos
(tú) rompe/no rompas	(vosotros) romped/no rompáis
(Ud.) rompa/no rompa	(Uds.) rompan/no rompan

Usage

No rompas el papel.	*Don't rip the paper.*
La cortina se rompió.	*The curtain tore.*
Se rompió el silencio.	*The silence was broken.*
Rompió con su amiga.	*She broke with/had a falling out with her friend.*
Se rompió el codo.	*He broke his elbow.*
¿Cómo se le rompió?	*How did he break it?*
Hay que pagar los vidrios rotos.	*You have to pay the piper.*

TOP 50 VERB ☞

Los rompehuelgas han roto el piquete.	*The scabs have broken the picket line.*
¿Por qué rompió la cita/el compromiso?	*Why did she break the appointment/engagement?*
Rompimos el ayuno de 24 horas.	*We broke the 24-hour fast.*
Las olas comienzan a romper.	*The waves are beginning to break.*
¡Qué fiesta! Nadie rompe el hielo.	*What a party! Nobody is breaking the ice.*
Rompieron a reír.	*They burst out laughing.*
Es hora de que rompas con el pasado.	*It's time for you to break with the past.*
Rompió en carcajadas.	*She broke into fits of laughter.*

romperse

Se cayeron los vasos y se rompieron.	*The glasses fell and broke.*
Las olas rompían en la playa.	*The waves were breaking on the shore.*
Se rompió la relación.	*The relationship broke.*
Nos rompíamos la cabeza en vano.	*We racked our brains to no avail.*

rompérsele (unplanned occurrences) *to break*

Al receptor se le rompió el dedo.	*The catcher broke his finger.*
Se me cayeron los anteojos y se me rompieron.	*My glasses fell and broke.*

rompe + noun

Dejamos el aparejo de pescar en el rompeolas.	*We left our fishing gear on the breakwater/jetty.*
Me encantan los rompecabezas.	*I love puzzles.*
¡Qué rompelotodo es!	*What a destructive person he is!*

Other Uses

Fuimos de pesca al romper el día/el alba.	*We went out fishing at daybreak.*
Tememos que haya ruptura de relaciones comerciales.	*We fear there will be a break in their business/trade relationship.*
No hubo rompimiento del contrato.	*There was no breaking of the contract.*
Sentía que tenía la vida rota.	*She felt her life was shattered.*
La mudanza nos dejó con muchos objetos rotos.	*The move left us with many broken objects.*
Quien rompe paga.	*You have to pay the piper.*

TOP 50 VERBS

irregular verb

sé · supieron · sabido · sabiendo

PRESENT
sé	sabemos
sabes	sabéis
sabe	saben

IMPERFECT
sabía	sabíamos
sabías	sabíais
sabía	sabían

FUTURE
sabré	sabremos
sabrás	sabréis
sabrá	sabrán

PLUPERFECT
había sabido	habíamos sabido
habías sabido	habíais sabido
había sabido	habían sabido

FUTURE PERFECT
habré sabido	habremos sabido
habrás sabido	habréis sabido
habrá sabido	habrán sabido

PRESENT SUBJUNCTIVE
sepa	sepamos
sepas	sepáis
sepa	sepan

IMPERFECT SUBJUNCTIVE (-ra)
supiera	supiéramos
supieras	supierais
supiera	supieran

PAST PERFECT SUBJUNCTIVE (-ra)
hubiera sabido	hubiéramos sabido
hubieras sabido	hubierais sabido
hubiera sabido	hubieran sabido

PRETERIT
supe	supimos
supiste	supisteis
supo	supieron

PRESENT PERFECT
he sabido	hemos sabido
has sabido	habéis sabido
ha sabido	han sabido

CONDITIONAL
sabría	sabríamos
sabrías	sabríais
sabría	sabrían

PRETERIT PERFECT
hube sabido	hubimos sabido
hubiste sabido	hubisteis sabido
hubo sabido	hubieron sabido

CONDITIONAL PERFECT
habría sabido	habríamos sabido
habrías sabido	habríais sabido
habría sabido	habrían sabido

PRESENT PERFECT SUBJUNCTIVE
haya sabido	hayamos sabido
hayas sabido	hayáis sabido
haya sabido	hayan sabido

or ### IMPERFECT SUBJUNCTIVE (-se)
supiese	supiésemos
supieses	supieseis
supiese	supiesen

or ### PAST PERFECT SUBJUNCTIVE (-se)
hubiese sabido	hubiésemos sabido
hubieses sabido	hubieseis sabido
hubiese sabido	hubiesen sabido

PROGRESSIVE TENSES
PRESENT	estoy, estás, está, estamos, estáis, están
PRETERIT	estuve, estuviste, estuvo, estuvimos, estuvisteis, estuvieron
IMPERFECT	estaba, estabas, estaba, estábamos, estabais, estaban
FUTURE	estaré, estarás, estará, estaremos, estaréis, estarán
CONDITIONAL	estaría, estarías, estaría, estaríamos, estaríais, estarían
SUBJUNCTIVE	que + *corresponding subjunctive tense of* estar (*see verb 252*)

} sabiendo

COMMANDS
	(nosotros) sepamos/no sepamos
(tú) sabe/no sepas	(vosotros) sabed/no sepáis
(Ud.) sepa/no sepa	(Uds.) sepan/no sepan

Usage

Sé español e inglés.	*I know Spanish and English.*
Sabía muy bien la literatura inglesa.	*She knew English literature very well.*
No sé dónde ni con quién está.	*I don't know where nor with whom she is.*
Supe que habías trabajado con ellos.	*I found out/learned you had worked with them.*
¿Sabes hacer autoedición?	*Do you know how to do desktop publishing?*
La salsa sabe a frambuesas.	*The sauce tastes of/like raspberries.*
Háganos saber qué pasa.	*Let us know/Inform us what happens.*

TOP 50 VERB ☞

sé · supieron · sabido · sabiendo   irregular verb

¡Qué sé yo!/¡Yo qué sé!	*How do/should I know!*
¡Ya lo sé!	*I know!*
No ocurrió nada que yo sepa.	*Nothing happened as far as I know/to my knowledge.*
No sabes dónde te metes.	*You don't know what you're letting yourself in for.*
Este tipo no sabe nada de nada.	*This guy doesn't know anything about anything.*
¡Tú no sabes ni jota/ni papa de eso!	*You don't have a clue about that!*
¿Sabes el poema de memoria?	*Do you know the poem by heart?*
¿Sabe lo del aplazamiento?	*Do you know about the postponement?*
No se puede saber lo que sucederá.	*There's no way of knowing what will happen.*
Saben de sobra lo que yo pienso.	*You know only too well what I think.*
Uds. saben cuántas son cinco.	*You know what's up.*
Se quedaron en nuestro hotel sin saberlo nosotros.	*They stayed at our hotel without our knowing it.*
—Buscamos una persona que sepa mucho español.	*We're looking for someone who is very good in Spanish.*
—Sé de alguien que sabe hablar, leer y escribirlo.	*I know of someone who knows how to speak, read, and write it.*
No se sabe.	*Nobody knows.*
¿Se puede saber por qué lo hiciste?	*Might I ask why you did it?*

Other Uses

Son unos sabios.	*They're learned people/scholars.*
Poseen mucha sabiduría.	*They have a lot of knowledge/wisdom.*
¡Qué sabelotodo es!	*What a know-it-all he is!*
Es sabihondo.	*He's pedantic/a know-it-all.*
El arroz con pollo sabe bien.	*The chicken with rice tastes good.*
Hay que saborear el plato.	*You have to taste/savor the dish.*
Tiene sabor a canela.	*It has a cinnamon flavor.*
Es una cocina sin sabor.	*It's tasteless/insipid cuisine.*
Cada uno sabe dónde le aprieta el zapato.	*Everyone knows his own weakness.*

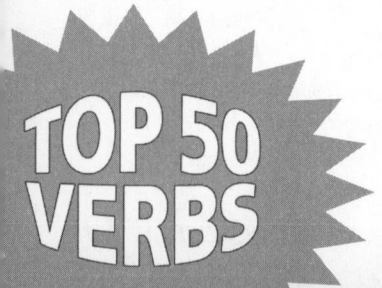
TOP 50 VERBS

-ar verb; spelling change: *c > qu/e*

saco · sacaron · sacado · sacando

PRESENT		PRETERIT	
saco	sacamos	saqué	sacamos
sacas	sacáis	sacaste	sacasteis
saca	sacan	sacó	sacaron

IMPERFECT		PRESENT PERFECT	
sacaba	sacábamos	he sacado	hemos sacado
sacabas	sacabais	has sacado	habéis sacado
sacaba	sacaban	ha sacado	han sacado

FUTURE		CONDITIONAL	
sacaré	sacaremos	sacaría	sacaríamos
sacarás	sacaréis	sacarías	sacaríais
sacará	sacarán	sacaría	sacarían

PLUPERFECT		PRETERIT PERFECT	
había sacado	habíamos sacado	hube sacado	hubimos sacado
habías sacado	habíais sacado	hubiste sacado	hubisteis sacado
había sacado	habían sacado	hubo sacado	hubieron sacado

FUTURE PERFECT		CONDITIONAL PERFECT	
habré sacado	habremos sacado	habría sacado	habríamos sacado
habrás sacado	habréis sacado	habrías sacado	habríais sacado
habrá sacado	habrán sacado	habría sacado	habrían sacado

PRESENT SUBJUNCTIVE		PRESENT PERFECT SUBJUNCTIVE	
saque	saquemos	haya sacado	hayamos sacado
saques	saquéis	hayas sacado	hayáis sacado
saque	saquen	haya sacado	hayan sacado

IMPERFECT SUBJUNCTIVE (-ra)		or IMPERFECT SUBJUNCTIVE (-se)	
sacara	sacáramos	sacase	sacásemos
sacaras	sacarais	sacases	sacaseis
sacara	sacaran	sacase	sacasen

PAST PERFECT SUBJUNCTIVE (-ra)		or PAST PERFECT SUBJUNCTIVE (-se)	
hubiera sacado	hubiéramos sacado	hubiese sacado	hubiésemos sacado
hubieras sacado	hubierais sacado	hubieses sacado	hubieseis sacado
hubiera sacado	hubieran sacado	hubiese sacado	hubiesen sacado

PROGRESSIVE TENSES

PRESENT	estoy, estás, está, estamos, estáis, están	
PRETERIT	estuve, estuviste, estuvo, estuvimos, estuvisteis, estuvieron	
IMPERFECT	estaba, estabas, estaba, estábamos, estabais, estaban	sacando
FUTURE	estaré, estarás, estará, estaremos, estaréis, estarán	
CONDITIONAL	estaría, estarías, estaría, estaríamos, estaríais, estarían	
SUBJUNCTIVE	que + *corresponding subjunctive tense of* estar (*see verb 252*)	

COMMANDS

	(nosotros) saquemos/no saquemos
(tú) saca/no saques	(vosotros) sacad/no saquéis
(Ud.) saque/no saque	(Uds.) saquen/no saquen

Usage

Lo saqué todo de mi mochila.	*I took everything out of my backpack.*
Saca unos títulos de la lista.	*Remove some titles from the list.*
Sacaremos las entradas.	*We'll get the tickets.*
Sacaste muy buenas notas.	*You got very good grades.*
Sacó dinero de la cuenta.	*He took money out of his account.*
Nos sacaron a cenar.	*They took us out to dinner.*
¿Te saco una foto?	*Shall I take a photo of you?*

saco · sacaron · sacado · sacando   -*ar* verb; spelling change: *c* > *qu/e*

Saca mi agenda de entrevistas de la gaveta.	*Take my appointment book out of the drawer.*
Sacó su permiso de conducir este año.	*She got her driver's license this year.*
El vino se saca de las uvas.	*Wine is made/extracted from grapes.*
La novela se sacará a luz muy pronto.	*The novel will be published very soon.*
Saqué una copia del contrato de alquiler.	*I made a copy of the lease agreement.*
Los alumnos sacaban apuntes.	*The students were taking notes.*
Tratan de sacar de raíz la corrupción.	*They're trying to root out corruption.*
El nuevo producto se sacó a la venta.	*The new product was offered for sale.*
Me alegro que hayan sacado adelante la empresa.	*I'm glad you've kept the firm going.*
Los padres sacan adelante a sus hijos.	*The parents give their children a good start.*
Es imposible sacarle la idea de la cabeza.	*It's impossible to get the idea out of his head.*
Sáquense las botas.	*Take off your boots.*

saca + noun

—Necesito sacar punta a mi lápiz.	*I have to sharpen my pencil.*
—Hay sacapuntas en el escritorio.	*There's a pencil sharpener on the desk.*
—¿Cómo quito la mancha de mi blusa?	*How can I get the stain out of my blouse?*
—¿Tienes sacamanchas?	*Do you have a spot remover?*
—Vamos a abrir el champaña.	*Let's open the champagne.*
—Aquí tienes el sacacorchos.	*Here's the corkscrew.*

Other Uses

Los bárbaros entraron a saco en el pueblo.	*The barbarians stormed in to sack the town.*
El saqueo de Roma fue en 1527.	*The sack of Rome took place in 1527.*
Se sacó el saco.	*He took off his jacket.*
Saca las cosas del saco.	*Take the things out of the bag/pocketbook.*
Lleva el saco de dormir cuando vayas de campamento.	*Take your sleeping bag when you go camping.*
Todo lo que le dices cae en saco roto.	*Everything you say to him goes in one ear and out the other.*

TOP 50 VERBS

regular -ir verb

sacudo · sacudieron · sacudido · sacudiendo

PRESENT

sacudo	sacudimos
sacudes	sacudís
sacude	sacuden

PRETERIT

sacudí	sacudimos
sacudiste	sacudisteis
sacudió	sacudieron

IMPERFECT

sacudía	sacudíamos
sacudías	sacudíais
sacudía	sacudían

PRESENT PERFECT

he sacudido	hemos sacudido
has sacudido	habéis sacudido
ha sacudido	han sacudido

FUTURE

sacudiré	sacudiremos
sacudirás	sacudiréis
sacudirá	sacudirán

CONDITIONAL

sacudiría	sacudiríamos
sacudirías	sacudiríais
sacudiría	sacudirían

PLUPERFECT

había sacudido	habíamos sacudido
habías sacudido	habíais sacudido
había sacudido	habían sacudido

PRETERIT PERFECT

hube sacudido	hubimos sacudido
hubiste sacudido	hubisteis sacudido
hubo sacudido	hubieron sacudido

FUTURE PERFECT

habré sacudido	habremos sacudido
habrás sacudido	habréis sacudido
habrá sacudido	habrán sacudido

CONDITIONAL PERFECT

habría sacudido	habríamos sacudido
habrías sacudido	habríais sacudido
habría sacudido	habrían sacudido

PRESENT SUBJUNCTIVE

sacuda	sacudamos
sacudas	sacudáis
sacuda	sacudan

PRESENT PERFECT SUBJUNCTIVE

haya sacudido	hayamos sacudido
hayas sacudido	hayáis sacudido
haya sacudido	hayan sacudido

IMPERFECT SUBJUNCTIVE (-ra)

sacudiera	sacudiéramos
sacudieras	sacudierais
sacudiera	sacudieran

or **IMPERFECT SUBJUNCTIVE (-se)**

sacudiese	sacudiésemos
sacudieses	sacudieseis
sacudiese	sacudiesen

PAST PERFECT SUBJUNCTIVE (-ra)

hubiera sacudido	hubiéramos sacudido
hubieras sacudido	hubierais sacudido
hubiera sacudido	hubieran sacudido

or **PAST PERFECT SUBJUNCTIVE (-se)**

hubiese sacudido	hubiésemos sacudido
hubieses sacudido	hubieseis sacudido
hubiese sacudido	hubiesen sacudido

PROGRESSIVE TENSES

PRESENT	estoy, estás, está, estamos, estáis, están
PRETERIT	estuve, estuviste, estuvo, estuvimos, estuvisteis, estuvieron
IMPERFECT	estaba, estabas, estaba, estábamos, estabais, estaban
FUTURE	estaré, estarás, estará, estaremos, estaréis, estarán
CONDITIONAL	estaría, estarías, estaría, estaríamos, estaríais, estarían
SUBJUNCTIVE	que + *corresponding subjunctive tense of* estar (*see verb 252*)

} sacudiendo

COMMANDS

	(nosotros) sacudamos/no sacudamos
(tú) sacude/no sacudas	(vosotros) sacudid/no sacudáis
(Ud.) sacuda/no sacuda	(Uds.) sacudan/no sacudan

Usage

El tren nos sacudía mucho.	*The train jolted/shook us.*
Se sacude la cuerda en el juego de la cuerda.	*The rope is tugged in the tug-of-war.*
Sacudió al matón.	*He beat up the bully.*
¿Has sacudido el polvo?	*Have you dusted?*
Se sacudieron del asaltante.	*They shook off/got rid of the assailant.*
Hubo fuertes sacudidas por el terremoto.	*There were strong shocks from the earthquake.*
Es una persona sacudida.	*She's a confident/surly person.*

Saldremos de viaje en mayo.	*We'll go on a trip in May.*
Salgo para la oficina.	*I'm leaving for the office.*
¿De dónde sales?	*Where are you coming from?*
Los gemelos salieron a su mamá.	*The twins take after their mother.*
Las flores ya están saliendo.	*The flowers are coming out now.*
Toma una decisión, salga lo que salga.	*Make a decision, come what may.*
Salió del compromiso.	*She broke the engagement.*
Siento que hayan salido perdiendo.	*I'm sorry you lost out.*
Al bebé le ha salido un diente.	*The baby has cut a tooth.*

to turn out, go

Me alegro de que la reunión haya salido bien.	*I'm glad the meeting went well.*
Salió encantadora.	*She turned out to be charming.*
¿Te salió bien el examen?	*Did you do well on the exam?*
—¿Les salió cara la comida?	*Did the meal cost you a lot?*
—No mucho. Nos salió a 100 dólares.	*Not much. It cost us/came to 100 dollars.*

salirse

Este producto se sale de lo corriente.	*This product is out of the ordinary.*
El agua/El gas se está saliendo.	*The water/The gas is leaking.*
Traten de no salirse del tema.	*Try not to digress/get off the topic.*

Other Uses

Bolivia y Paraguay no tienen salida al mar.	*Bolivia and Paraguay are landlocked/have no outlet to the sea.*
¡Se salió de sus casillas!	*He lost his temper!*
Los programadores tienen muchas salidas hoy en día.	*Programmers have many opportunities/openings today.*
Es una calle sin salida.	*It's a dead-end street.*
No tenemos otra salida que aguantarlos.	*We have no choice/alternative but to put up with them.*
Es un administrador sobresaliente.	*He's an outstanding manager.*
Tiene la mandíbula salida/los ojos salidos.	*He has a prominent jaw/bulging eyes.*

irregular verb

PRESENT

salgo	salimos
sales	salís
sale	salen

IMPERFECT

salía	salíamos
salías	salíais
salía	salían

FUTURE

saldré	saldremos
saldrás	saldréis
saldrá	saldrán

PLUPERFECT

había salido	habíamos salido
habías salido	habíais salido
había salido	habían salido

FUTURE PERFECT

habré salido	habremos salido
habrás salido	habréis salido
habrá salido	habrán salido

PRESENT SUBJUNCTIVE

salga	salgamos
salgas	salgáis
salga	salgan

IMPERFECT SUBJUNCTIVE (-ra)

saliera	saliéramos
salieras	salierais
saliera	salieran

PAST PERFECT SUBJUNCTIVE (-ra)

hubiera salido	hubiéramos salido
hubieras salido	hubierais salido
hubiera salido	hubieran salido

PRETERIT

salí	salimos
saliste	salisteis
salió	salieron

PRESENT PERFECT

he salido	hemos salido
has salido	habéis salido
ha salido	han salido

CONDITIONAL

saldría	saldríamos
saldrías	saldríais
saldría	saldrían

PRETERIT PERFECT

hube salido	hubimos salido
hubiste salido	hubisteis salido
hubo salido	hubieron salido

CONDITIONAL PERFECT

habría salido	habríamos salido
habrías salido	habríais salido
habría salido	habrían salido

PRESENT PERFECT SUBJUNCTIVE

haya salido	hayamos salido
hayas salido	hayáis salido
haya salido	hayan salido

or **IMPERFECT SUBJUNCTIVE (-se)**

saliese	saliésemos
salieses	salieseis
saliese	saliesen

or **PAST PERFECT SUBJUNCTIVE (-se)**

hubiese salido	hubiésemos salido
hubieses salido	hubieseis salido
hubiese salido	hubiesen salido

PROGRESSIVE TENSES

PRESENT	estoy, estás, está, estamos, estáis, están
PRETERIT	estuve, estuviste, estuvo, estuvimos, estuvisteis, estuvieron
IMPERFECT	estaba, estabas, estaba, estábamos, estabais, estaban
FUTURE	estaré, estarás, estará, estaremos, estaréis, estarán
CONDITIONAL	estaría, estarías, estaría, estaríamos, estaríais, estarían
SUBJUNCTIVE	que + *corresponding subjunctive tense of* estar (*see verb 252*)

} saliendo

COMMANDS

	(nosotros) salgamos/no salgamos
(tú) sal/no salgas	(vosotros) salid/no salgáis
(Ud.) salga/no salga	(Uds.) salgan/no salgan

Usage

Salgamos más tarde.	*Let's go out later.*
El tren sale a las 7:00.	*The train leaves at 7:00 A.M.*
El autor salió en la tele.	*The author appeared on TV.*
Salieron a pasear/de paseo.	*They went out for a walk.*
El proyecto salió bien/mal.	*The project worked/turned out well/badly.*
Siempre se sale con la suya.	*She always gets her own way.*
¡Te has salido de los límites!	*You've gone beyond the limits!*

saltar *to jump, leap*

salto · saltaron · saltado · saltando

regular -ar verb

PRESENT

salto	saltamos		
saltas	saltáis		
salta	saltan		

PRETERIT

salté	saltamos
saltaste	saltasteis
saltó	saltaron

IMPERFECT

saltaba	saltábamos
saltabas	saltabais
saltaba	saltaban

PRESENT PERFECT

he saltado	hemos saltado
has saltado	habéis saltado
ha saltado	han saltado

FUTURE

saltaré	saltaremos
saltarás	saltaréis
saltará	saltarán

CONDITIONAL

saltaría	saltaríamos
saltarías	saltaríais
saltaría	saltarían

PLUPERFECT

había saltado	habíamos saltado
habías saltado	habíais saltado
había saltado	habían saltado

PRETERIT PERFECT

hube saltado	hubimos saltado
hubiste saltado	hubisteis saltado
hubo saltado	hubieron saltado

FUTURE PERFECT

habré saltado	habremos saltado
habrás saltado	habréis saltado
habrá saltado	habrán saltado

CONDITIONAL PERFECT

habría saltado	habríamos saltado
habrías saltado	habríais saltado
habría saltado	habrían saltado

PRESENT SUBJUNCTIVE

salte	saltemos
saltes	saltéis
salte	salten

PRESENT PERFECT SUBJUNCTIVE

haya saltado	hayamos saltado
hayas saltado	hayáis saltado
haya saltado	hayan saltado

IMPERFECT SUBJUNCTIVE (-ra)

saltara	saltáramos
saltaras	saltarais
saltara	saltaran

or **IMPERFECT SUBJUNCTIVE (-se)**

saltase	saltásemos
saltases	saltaseis
saltase	saltasen

PAST PERFECT SUBJUNCTIVE (-ra)

hubiera saltado	hubiéramos saltado
hubieras saltado	hubierais saltado
hubiera saltado	hubieran saltado

or **PAST PERFECT SUBJUNCTIVE (-se)**

hubiese saltado	hubiésemos saltado
hubieses saltado	hubieseis saltado
hubiese saltado	hubiesen saltado

PROGRESSIVE TENSES

PRESENT	estoy, estás, está, estamos, estáis, están
PRETERIT	estuve, estuviste, estuvo, estuvimos, estuvisteis, estuvieron
IMPERFECT	estaba, estabas, estaba, estábamos, estabais, estaban
FUTURE	estaré, estarás, estará, estaremos, estaréis, estarán
CONDITIONAL	estaría, estarías, estaría, estaríamos, estaríais, estarían
SUBJUNCTIVE	que + *corresponding subjunctive tense of* estar (*see verb 252*)

} saltando

COMMANDS

	(nosotros) saltemos/no saltemos
(tú) salta/no saltes	(vosotros) saltad/no saltéis
(Ud.) salte/no salte	(Uds.) salten/no salten

Usage

Se salta jugando tejo.	*You jump playing hopscotch.*
Saltamos el riachuelo.	*We leapt over the stream.*
¿No te saltaste una página?	*Didn't you skip a page?*
Salta a la vista.	*It's obvious.*
Daban saltos de alegría.	*They jumped for joy.*
¡Qué salto más impresionante!	*What an impressive waterfall!*
Hacían saltos mortales.	*They were doing somersaults.*

regular -*ar* verb

saludo · saludaron · saludado · saludando

PRESENT

saludo	saludamos
saludas	saludáis
saluda	saludan

IMPERFECT

saludaba	saludábamos
saludabas	saludabais
saludaba	saludaban

FUTURE

saludaré	saludaremos
saludarás	saludaréis
saludará	saludarán

PLUPERFECT

había saludado	habíamos saludado
habías saludado	habíais saludado
había saludado	habían saludado

FUTURE PERFECT

habré saludado	habremos saludado
habrás saludado	habréis saludado
habrá saludado	habrán saludado

PRESENT SUBJUNCTIVE

salude	saludemos
saludes	saludéis
salude	saluden

IMPERFECT SUBJUNCTIVE (-ra)

saludara	saludáramos
saludaras	saludarais
saludara	saludaran

PAST PERFECT SUBJUNCTIVE (-ra)

hubiera saludado	hubiéramos saludado
hubieras saludado	hubierais saludado
hubiera saludado	hubieran saludado

PRETERIT

saludé	saludamos
saludaste	saludasteis
saludó	saludaron

PRESENT PERFECT

he saludado	hemos saludado
has saludado	habéis saludado
ha saludado	han saludado

CONDITIONAL

saludaría	saludaríamos
saludarías	saludaríais
saludaría	saludarían

PRETERIT PERFECT

hube saludado	hubimos saludado
hubiste saludado	hubisteis saludado
hubo saludado	hubieron saludado

CONDITIONAL PERFECT

habría saludado	habríamos saludado
habrías saludado	habríais saludado
habría saludado	habrían saludado

PRESENT PERFECT SUBJUNCTIVE

haya saludado	hayamos saludado
hayas saludado	hayáis saludado
haya saludado	hayan saludado

or **IMPERFECT SUBJUNCTIVE (-se)**

saludase	saludásemos
saludases	saludaseis
saludase	saludasen

or **PAST PERFECT SUBJUNCTIVE (-se)**

hubiese saludado	hubiésemos saludado
hubieses saludado	hubieseis saludado
hubiese saludado	hubiesen saludado

PROGRESSIVE TENSES

PRESENT	estoy, estás, está, estamos, estáis, están
PRETERIT	estuve, estuviste, estuvo, estuvimos, estuvisteis, estuvieron
IMPERFECT	estaba, estabas, estaba, estábamos, estabais, estaban
FUTURE	estaré, estarás, estará, estaremos, estaréis, estarán
CONDITIONAL	estaría, estarías, estaría, estaríamos, estaríais, estarían
SUBJUNCTIVE	que + *corresponding subjunctive tense of* estar (*see verb 252*)

} saludando

COMMANDS

	(nosotros) saludemos/no saludemos
(tú) saluda/no saludes	(vosotros) saludad/no saludéis
(Ud.) salude/no salude	(Uds.) saluden/no saluden

Usage

Saludamos a todos al entrar.	*We greeted everyone when we entered.*
Salúdalos de mi parte.	*Give them my best.*
Se saludaron.	*They greeted/said hello to each other.*
Los soldados saludaban al sargento.	*The soldiers saluted the sergeant.*
Muchos saludos de todos.	*Best regards from all of us.*
Está bien/mal de salud.	*He's in good/bad health.*
¡A su salud!	*Cheers!/Good health!*

satisfago · satisfacieron · satisfecho · satisfaciendo

irregular verb

PRESENT		PRETERIT	
satisfago	satisfacemos	satisfice	satisficimos
satisfaces	satisfacéis	satisficiste	satisficisteis
satisface	satisfacen	satisfizo	satisficieron

IMPERFECT		PRESENT PERFECT	
satisfacía	satisfacíamos	he satisfecho	hemos satisfecho
satisfacías	satisfacíais	has satisfecho	habéis satisfecho
satisfacía	satisfacían	ha satisfecho	han satisfecho

FUTURE		CONDITIONAL	
satisfaré	satisfaremos	satisfaría	satisfaríamos
satisfarás	satisfaréis	satisfarías	satisfaríais
satisfará	satisfarán	satisfaría	satisfarían

PLUPERFECT		PRETERIT PERFECT	
había satisfecho	habíamos satisfecho	hube satisfecho	hubimos satisfecho
habías satisfecho	habíais satisfecho	hubiste satisfecho	hubisteis satisfecho
había satisfecho	habían satisfecho	hubo satisfecho	hubieron satisfecho

FUTURE PERFECT		CONDITIONAL PERFECT	
habré satisfecho	habremos satisfecho	habría satisfecho	habríamos satisfecho
habrás satisfecho	habréis satisfecho	habrías satisfecho	habríais satisfecho
habrá satisfecho	habrán satisfecho	habría satisfecho	habrían satisfecho

PRESENT SUBJUNCTIVE		PRESENT PERFECT SUBJUNCTIVE	
satisfaga	satisfagamos	haya satisfecho	hayamos satisfecho
satisfagas	satisfagáis	hayas satisfecho	hayáis satisfecho
satisfaga	satisfagan	haya satisfecho	hayan satisfecho

IMPERFECT SUBJUNCTIVE (-ra)		*or*	IMPERFECT SUBJUNCTIVE (-se)	
satisficiera	satisficiéramos		satisficiese	satisficiésemos
satisficieras	satisficierais		satisficieses	satisficieseis
satisficiera	satisficieran		satisficiese	satisficiesen

PAST PERFECT SUBJUNCTIVE (-ra)		*or*	PAST PERFECT SUBJUNCTIVE (-se)	
hubiera satisfecho	hubiéramos satisfecho		hubiese satisfecho	hubiésemos satisfecho
hubieras satisfecho	hubierais satisfecho		hubieses satisfecho	hubieseis satisfecho
hubiera satisfecho	hubieran satisfecho		hubiese satisfecho	hubiesen satisfecho

PROGRESSIVE TENSES

PRESENT	estoy, estás, está, estamos, estáis, están
PRETERIT	estuve, estuviste, estuvo, estuvimos, estuvisteis, estuvieron
IMPERFECT	estaba, estabas, estaba, estábamos, estabais, estaban
FUTURE	estaré, estarás, estará, estaremos, estaréis, estarán
CONDITIONAL	estaría, estarías, estaría, estaríamos, estaríais, estarían
SUBJUNCTIVE	que + *corresponding subjunctive tense of* estar (*see verb 252*)

} satisfaciendo

COMMANDS

	(nosotros) satisfagamos/no satisfagamos
(tú) satisfaz (satisface)/no satisfagas	(vosotros) satisfaced/no satisfagáis
(Ud.) satisfaga/no satisfaga	(Uds.) satisfagan/no satisfagan

Usage

El candidato satisface todos los requisitos.	*The candidate satisfies all the requirements.*
Satisficieron los gastos.	*They met/covered expenses.*
Es importante que satisfaga la deuda pronto.	*It's important that you pay the debt soon.*
Comí mucho. Estoy satisfecho.	*I ate a lot. I'm full.*
¡Qué persona más satisfecha de sí misma!	*What a self-satisfied/smug person!*
Les importa la satisfacción del consumidor.	*They care about consumer satisfaction.*

-ar verb; spelling change: *c > qu/e*

PRESENT		PRETERIT	
seco	secamos	sequé	secamos
secas	secáis	secaste	secasteis
seca	secan	secó	secaron

IMPERFECT		PRESENT PERFECT	
secaba	secábamos	he secado	hemos secado
secabas	secabais	has secado	habéis secado
secaba	secaban	ha secado	han secado

FUTURE		CONDITIONAL	
secaré	secaremos	secaría	secaríamos
secarás	secaréis	secarías	secaríais
secará	secarán	secaría	secarían

PLUPERFECT		PRETERIT PERFECT	
había secado	habíamos secado	hube secado	hubimos secado
habías secado	habíais secado	hubiste secado	hubisteis secado
había secado	habían secado	hubo secado	hubieron secado

FUTURE PERFECT		CONDITIONAL PERFECT	
habré secado	habremos secado	habría secado	habríamos secado
habrás secado	habréis secado	habrías secado	habríais secado
habrá secado	habrán secado	habría secado	habrían secado

PRESENT SUBJUNCTIVE		PRESENT PERFECT SUBJUNCTIVE	
seque	sequemos	haya secado	hayamos secado
seques	sequéis	hayas secado	hayáis secado
seque	sequen	haya secado	hayan secado

IMPERFECT SUBJUNCTIVE (-ra)		*or*	IMPERFECT SUBJUNCTIVE (-se)	
secara	secáramos		secase	secásemos
secaras	secarais		secases	secaseis
secara	secaran		secase	secasen

PAST PERFECT SUBJUNCTIVE (-ra)		*or*	PAST PERFECT SUBJUNCTIVE (-se)	
hubiera secado	hubiéramos secado		hubiese secado	hubiésemos secado
hubieras secado	hubierais secado		hubieses secado	hubieseis secado
hubiera secado	hubieran secado		hubiese secado	hubiesen secado

PROGRESSIVE TENSES

PRESENT	estoy, estás, está, estamos, estáis, están	
PRETERIT	estuve, estuviste, estuvo, estuvimos, estuvisteis, estuvieron	
IMPERFECT	estaba, estabas, estaba, estábamos, estabais, estaban	secando
FUTURE	estaré, estarás, estará, estaremos, estaréis, estarán	
CONDITIONAL	estaría, estarías, estaría, estaríamos, estaríais, estarían	
SUBJUNCTIVE	que + *corresponding subjunctive tense of* estar (*see verb 252*)	

COMMANDS

	(nosotros) sequemos/no sequemos
(tú) seca/no seques	(vosotros) secad/no sequéis
(Ud.) seque/no seque	(Uds.) sequen/no sequen

Usage

Seque los platos.	*Dry the plates.*
Secó el agua.	*He wiped up the water.*
Nos secábamos al sol después de nadar.	*We dried ourselves in the sun after swimming.*
Se secó la tierra por falta de lluvia.	*The earth dried up for lack of rain.*
Sécate las lágrimas.	*Dry/Wipe away your tears.*
Madrid tiene un clima seco.	*Madrid has a dry climate.*
Hay una cosecha escasa por la sequía.	*There's a poor harvest because of the drought.*

sigo · siguieron · seguido · siguiendo

stem-changing *-ir* verb: *e > i*;
spelling change: *gu > g/o, a*

El sábado sigue al viernes.	*Saturday follows Friday.*
Siguió el buen ejemplo de su hermano.	*She followed the good example of her brother.*
Para una vista espléndida sigue la costa.	*Follow the coastline for a wonderful view.*
Dudo que la gente siga lo que dice.	*I doubt people are following what he's saying.*
A veces es mejor no seguir la corriente.	*Sometimes it's better not to follow the crowd.*
Sigue tu camino sin compararte con los demás.	*Follow your own path without comparing yourself to other people.*
Las notas siguen en la página 77.	*The notes are continued on page 77.*
Sigan Uds. por la autopista de peaje.	*Continue along the turnpike.*

take

Sigue cuatro cursos.	*She's taking four courses.*
Sigue la carrera de ingeniero.	*He's studying engineering.*
Su catarro sigue su curso.	*The cold is taking/following its course.*

seguir + present participle

—¿Sigo con mi informe?	*Shall I continue with my report?*
—Sí, sigue escribiéndolo.	*Yes, keep on writing.*
—Siguen en La Florida, ¿verdad?	*They're still in Florida, aren't they?*
—Sí, siguen viviendo en Miami.	*Yes, they're still living in Miami.*

Other Uses

Sigue.	*Continued./Turn over.* (letter, official paper)
Se trasladarán a Las Vegas el año siguiente.	*They'll move to Las Vegas next year.*
Para enterarse, lea lo siguiente.	*To find out, read the following.*
Nos pusimos en marcha al día siguiente.	*We set out the following day.*
Los vimos en seguida.	*We saw them right away/immediately.*
Son tres días seguidos de nieve.	*We've had three days in a row of snow.*
Sigan aquí derecho.	*Go straight ahead.*
Dio siete conciertos muy seguidos.	*She gave seven concerts, one right after the other.*
Iban en seguimiento de los culpables.	*They went in pursuit of the culprits.*
¡No faltan seguidores en el estadio!	*There's no shortage of supporters/fans in the stadium!*

TOP 50 VERBS

stem-changing *-ir* verb: *e > i*;
spelling change: *gu > g/o, a*

sigo · siguieron · seguido · siguiendo

PRESENT

sigo	seguimos
sigues	seguís
sigue	siguen

PRETERIT

seguí	seguimos
seguiste	seguisteis
siguió	siguieron

IMPERFECT

seguía	seguíamos
seguías	seguíais
seguía	seguían

PRESENT PERFECT

he seguido	hemos seguido
has seguido	habéis seguido
ha seguido	han seguido

FUTURE

seguiré	seguiremos
seguirás	seguiréis
seguirá	seguirán

CONDITIONAL

seguiría	seguiríamos
seguirías	seguiríais
seguiría	seguirían

PLUPERFECT

había seguido	habíamos seguido
habías seguido	habíais seguido
había seguido	habían seguido

PRETERIT PERFECT

hube seguido	hubimos seguido
hubiste seguido	hubisteis seguido
hubo seguido	hubieron seguido

FUTURE PERFECT

habré seguido	habremos seguido
habrás seguido	habréis seguido
habrá seguido	habrán seguido

CONDITIONAL PERFECT

habría seguido	habríamos seguido
habrías seguido	habríais seguido
habría seguido	habrían seguido

PRESENT SUBJUNCTIVE

siga	sigamos
sigas	sigáis
siga	sigan

PRESENT PERFECT SUBJUNCTIVE

haya seguido	hayamos seguido
hayas seguido	hayáis seguido
haya seguido	hayan seguido

IMPERFECT SUBJUNCTIVE (-ra)

siguiera	siguiéramos
siguieras	siguierais
siguiera	siguieran

or **IMPERFECT SUBJUNCTIVE (-se)**

siguiese	siguiésemos
siguieses	siguieseis
siguiese	siguiesen

PAST PERFECT SUBJUNCTIVE (-ra)

hubiera seguido	hubiéramos seguido
hubieras seguido	hubierais seguido
hubiera seguido	hubieran seguido

or **PAST PERFECT SUBJUNCTIVE (-se)**

hubiese seguido	hubiésemos seguido
hubieses seguido	hubieseis seguido
hubiese seguido	hubiesen seguido

PROGRESSIVE TENSES

PRESENT	estoy, estás, está, estamos, estáis, están
PRETERIT	estuve, estuviste, estuvo, estuvimos, estuvisteis, estuvieron
IMPERFECT	estaba, estabas, estaba, estábamos, estabais, estaban
FUTURE	estaré, estarás, estará, estaremos, estaréis, estarán
CONDITIONAL	estaría, estarías, estaría, estaríamos, estaríais, estarían
SUBJUNCTIVE	que + *corresponding subjunctive tense of* estar (*see verb 252*)

} siguiendo

COMMANDS

	(nosotros) sigamos/no sigamos
(tú) sigue/no sigas	(vosotros) seguid/no sigáis
(Ud.) siga/no siga	(Uds.) sigan/no sigan

Usage

Seguimos la pista.	*We followed the trail.*
Siguen con sus estudios.	*They're continuing their studies.*
¡Sigan Uds.!	*Continue!/Go on!*
¿Por qué no seguiste mis consejos?	*Why didn't you follow my advice?*
Sigo sin saber lo que pasó.	*I still don't know what happened.*
¿Seguís estudiando inglés?	*Are you still studying English?*
¡Siguen siendo muy monos!	*They continue to be/They're still very cute!*

sentarse *to sit down, seat, establish, set, suit, become*

siento · sentaron · sentado · sentándose   stem-changing -ar reflexive verb: e > ie

PRESENT

me siento	nos sentamos
te sientas	os sentáis
se sienta	se sientan

PRETERIT

me senté	nos sentamos
te sentaste	os sentasteis
se sentó	se sentaron

IMPERFECT

me sentaba	nos sentábamos
te sentabas	os sentabais
se sentaba	se sentaban

PRESENT PERFECT

me he sentado	nos hemos sentado
te has sentado	os habéis sentado
se ha sentado	se han sentado

FUTURE

me sentaré	nos sentaremos
te sentarás	os sentaréis
se sentará	se sentarán

CONDITIONAL

me sentaría	nos sentaríamos
te sentarías	os sentaríais
se sentaría	se sentarían

PLUPERFECT

me había sentado	nos habíamos sentado
te habías sentado	os habíais sentado
se había sentado	se habían sentado

PRETERIT PERFECT

me hube sentado	nos hubimos sentado
te hubiste sentado	os hubisteis sentado
se hubo sentado	se hubieron sentado

FUTURE PERFECT

me habré sentado	nos habremos sentado
te habrás sentado	os habréis sentado
se habrá sentado	se habrán sentado

CONDITIONAL PERFECT

me habría sentado	nos habríamos sentado
te habrías sentado	os habríais sentado
se habría sentado	se habrían sentado

PRESENT SUBJUNCTIVE

me siente	nos sentemos
te sientes	os sentéis
se siente	se sienten

PRESENT PERFECT SUBJUNCTIVE

me haya sentado	nos hayamos sentado
te hayas sentado	os hayáis sentado
se haya sentado	se hayan sentado

IMPERFECT SUBJUNCTIVE (-ra)

me sentara	nos sentáramos
te sentaras	os sentarais
se sentara	se sentaran

or **IMPERFECT SUBJUNCTIVE (-se)**

me sentase	nos sentásemos
te sentases	os sentaseis
se sentase	se sentasen

PAST PERFECT SUBJUNCTIVE (-ra)

me hubiera sentado	nos hubiéramos sentado
te hubieras sentado	os hubierais sentado
se hubiera sentado	se hubieran sentado

or **PAST PERFECT SUBJUNCTIVE (-se)**

me hubiese sentado	nos hubiésemos sentado
te hubieses sentado	os hubieseis sentado
se hubiese sentado	se hubiesen sentado

PROGRESSIVE TENSES

PRESENT	estoy, estás, está, estamos, estáis, están
PRETERIT	estuve, estuviste, estuvo, estuvimos, estuvisteis, estuvieron
IMPERFECT	estaba, estabas, estaba, estábamos, estabais, estaban
FUTURE	estaré, estarás, estará, estaremos, estaréis, estarán
CONDITIONAL	estaría, estarías, estaría, estaríamos, estaríais, estarían
SUBJUNCTIVE	que + *corresponding subjunctive tense of* estar (*see verb 252*)

⎫ sentando (*see page 31*)

COMMANDS

	(nosotros) sentémonos/no nos sentemos
(tú) siéntate/no te sientes	(vosotros) sentaos/no os sentéis
(Ud.) siéntese/no se siente	(Uds.) siéntense/no se sienten

Usage

Siéntate en la sala de actos.	*Sit down in the meeting room.*
La azafata nos sentó.	*The flight attendant seated us.*
Siéntense, por favor.	*Please take your seats.*
—¿Quieres que nos sentemos en el patio de butacas?	*Do you want us to sit in the orchestra?*
—Prefiero sentarme en el anfiteatro.	*I prefer to sit in the balcony.*
Hay que sentar las reglas de una vez.	*We must establish the rules once and for all.*
Esta moda no te sienta nada bien.	*This style doesn't suit/become you at all.*

stem-changing *-ir* reflexive verb:
e > ie (present), *e > i* (preterit)

siento · sintieron · sentido · sintiéndose

PRESENT

me siento	nos sentimos
te sientes	os sentís
se siente	se sienten

IMPERFECT

me sentía	nos sentíamos
te sentías	os sentíais
se sentía	se sentían

FUTURE

me sentiré	nos sentiremos
te sentirás	os sentiréis
se sentirá	se sentirán

PLUPERFECT

me había sentido	nos habíamos sentido
te habías sentido	os habíais sentido
se había sentido	se habían sentido

FUTURE PERFECT

me habré sentido	nos habremos sentido
te habrás sentido	os habréis sentido
se habrá sentido	se habrán sentido

PRESENT SUBJUNCTIVE

me sienta	nos sintamos
te sientas	os sintáis
se sienta	se sientan

IMPERFECT SUBJUNCTIVE (-ra)

me sintiera	nos sintiéramos
te sintieras	os sintierais
se sintiera	se sintieran

PAST PERFECT SUBJUNCTIVE (-ra)

me hubiera sentido	nos hubiéramos sentido
te hubieras sentido	os hubierais sentido
se hubiera sentido	se hubieran sentido

PRETERIT

me sentí	nos sentimos
te sentiste	os sentisteis
se sintió	se sintieron

PRESENT PERFECT

me he sentido	nos hemos sentido
te has sentido	os habéis sentido
se ha sentido	se han sentido

CONDITIONAL

me sentiría	nos sentiríamos
te sentirías	os sentiríais
se sentiría	se sentirían

PRETERIT PERFECT

me hube sentido	nos hubimos sentido
te hubiste sentido	os hubisteis sentido
se hubo sentido	se hubieron sentido

CONDITIONAL PERFECT

me habría sentido	nos habríamos sentido
te habrías sentido	os habríais sentido
se habría sentido	se habrían sentido

PRESENT PERFECT SUBJUNCTIVE

me haya sentido	nos hayamos sentido
te hayas sentido	os hayáis sentido
se haya sentido	se hayan sentido

or **IMPERFECT SUBJUNCTIVE (-se)**

me sintiese	nos sintiésemos
te sintieses	os sintieseis
se sintiese	se sintiesen

or **PAST PERFECT SUBJUNCTIVE (-se)**

me hubiese sentido	nos hubiésemos sentido
te hubieses sentido	os hubieseis sentido
se hubiese sentido	se hubiesen sentido

PROGRESSIVE TENSES

PRESENT	estoy, estás, está, estamos, estáis, están
PRETERIT	estuve, estuviste, estuvo, estuvimos, estuvisteis, estuvieron
IMPERFECT	estaba, estabas, estaba, estábamos, estabais, estaban
FUTURE	estaré, estarás, estará, estaremos, estaréis, estarán
CONDITIONAL	estaría, estarías, estaría, estaríamos, estaríais, estarían
SUBJUNCTIVE	que + *corresponding subjunctive tense of* estar (*see verb 252*)

} sintiendo (*see page 31*)

COMMANDS

	(nosotros) sintámonos/no nos sintamos
(tú) siéntete/no te sientas	(vosotros) sentíos/no os sintáis
(Ud.) siéntase/no se sienta	(Uds.) siéntanse/no se sientan

Usage

—¿Cómo te sientes?	*How do you feel?*
—Me siento bien.	*I feel well.*
Se sienten dispuestos a todo.	*They feel prepared/ready for everything.*
Se siente como un pez en el agua.	*She feels completely at home.*
Sienten que tengáis problemas.	*They're sorry you're having problems.*
No se siente una mosca.	*It's so quiet you could hear a pin drop.*
No sentíamos el calor.	*We didn't feel the heat.*

TOP 50 VERB ☞

478 | sentirse *to feel*

siento · sintieron · sentido · sintiéndose

stem-changing *-ir* reflexive verb:
e > *ie* (present), *e* > *i* (preterit)

Se sienten enfermos/melancólicos.	*They feel sick/despondent.*
Nos sentimos con ganas de ir a una discoteca.	*We feel like going to a nightclub.*
¿Te sientes cansada todavía?	*Do you still feel tired?*

to hear

¿No sentiste un fuerte ruido?	*Didn't you hear a loud noise?*

to sense

Siento que algo inesperado va a ocurrir.	*I sense something unexpected is going to happen.*

to feel sorry, regret

Lo siento (mucho).	*I'm (very) sorry.*
Siento no poder ir al concierto.	*I regret I can't go to the concert.*
Sentimos que no se hayan quedado.	*We're sorry they didn't stay.*
Sentían mucha pena.	*They felt very distressed.*

Other Uses

—Son personas sensibles.	*They are sensitive people.*
—De corazón sensible.	*With tender hearts.*
Tienen mucha sensibilidad.	*They are very sensitive/compassionate.*
Tiene los ojos sensibles a la luz.	*Her eyes are sensitive to light.*
La novela es acerca de la vida sentimental de los personajes.	*The novel deals with the love life of the characters.*
¡Qué sentimiento de alegría!	*What a feeling of happiness!*
Es una persona de sentimientos nobles.	*He's a person of noble sentiments.*
Tiene un gran sentido de responsabilidad.	*He has a great sense of responsibility.*
Falta el sentido común.	*Common sense is lacking/needed.*
Tiene buen sentido del olfato.	*She has a keen sense of smell.*
Es una frase sin sentido.	*It's a meaningless phrase.*
La palabra es de doble sentido.	*The word has double meaning.*
Mi más sentido pésame.	*My deepest sympathy/condolences.*

regular *-ar* verb | **señalo · señalaron · señalado · señalando**

PRESENT

señalo	señalamos
señalas	señaláis
señala	señalan

PRETERIT

señalé	señalamos
señalaste	señalasteis
señaló	señalaron

IMPERFECT

señalaba	señalábamos
señalabas	señalabais
señalaba	señalaban

PRESENT PERFECT

he señalado	hemos señalado
has señalado	habéis señalado
ha señalado	han señalado

FUTURE

señalaré	señalaremos
señalarás	señalaréis
señalará	señalarán

CONDITIONAL

señalaría	señalaríamos
señalarías	señalaríais
señalaría	señalarían

PLUPERFECT

había señalado	habíamos señalado
habías señalado	habíais señalado
había señalado	habían señalado

PRETERIT PERFECT

hube señalado	hubimos señalado
hubiste señalado	hubisteis señalado
hubo señalado	hubieron señalado

FUTURE PERFECT

habré señalado	habremos señalado
habrás señalado	habréis señalado
habrá señalado	habrán señalado

CONDITIONAL PERFECT

habría señalado	habríamos señalado
habrías señalado	habríais señalado
habría señalado	habrían señalado

PRESENT SUBJUNCTIVE

señale	señalemos
señales	señaléis
señale	señalen

PRESENT PERFECT SUBJUNCTIVE

haya señalado	hayamos señalado
hayas señalado	hayáis señalado
haya señalado	hayan señalado

IMPERFECT SUBJUNCTIVE (-ra)

señalara	señaláramos
señalaras	señalarais
señalara	señalaran

or **IMPERFECT SUBJUNCTIVE (-se)**

señalase	señalásemos
señalases	señalaseis
señalase	señalasen

PAST PERFECT SUBJUNCTIVE (-ra)

hubiera señalado	hubiéramos señalado
hubieras señalado	hubierais señalado
hubiera señalado	hubieran señalado

or **PAST PERFECT SUBJUNCTIVE (-se)**

hubiese señalado	hubiésemos señalado
hubieses señalado	hubieseis señalado
hubiese señalado	hubiesen señalado

PROGRESSIVE TENSES

PRESENT	estoy, estás, está, estamos, estáis, están
PRETERIT	estuve, estuviste, estuvo, estuvimos, estuvisteis, estuvieron
IMPERFECT	estaba, estabas, estaba, estábamos, estabais, estaban
FUTURE	estaré, estarás, estará, estaremos, estaréis, estarán
CONDITIONAL	estaría, estarías, estaría, estaríamos, estaríais, estarían
SUBJUNCTIVE	que + *corresponding subjunctive tense of* estar (*see verb 252*)

señalando

COMMANDS

	(nosotros) señalemos/no señalemos
(tú) señala/no señales	(vosotros) señalad/no señaléis
(Ud.) señale/no señale	(Uds.) señalen/no señalen

Usage

Nos señaló su edificio.	*He showed us/pointed out to us his building.*
Señala el lugar con el dedo.	*Point to the place.*
2001 señala el comienzo de su mandato.	*2001 marks the beginning of his term.*
Les señalé las faltas de ortografía.	*I indicated the spelling errors to them.*
Pon atención a las señales de tráfico.	*Pay attention to the traffic/road signs.*
Se oye la señal de ocupado.	*We hear a busy signal.*
El herido daba señales de vida.	*The injured man was showing signs of life.*

separar   *to separate, move away, set aside*

separo · separaron · separado · separando   regular *-ar* verb

PRESENT

separo	separamos
separas	separáis
separa	separan

PRETERIT

separé	separamos
separaste	separasteis
separó	separaron

IMPERFECT

separaba	separábamos
separabas	separabais
separaba	separaban

PRESENT PERFECT

he separado	hemos separado
has separado	habéis separado
ha separado	han separado

FUTURE

separaré	separaremos
separarás	separaréis
separará	separarán

CONDITIONAL

separaría	separaríamos
separarías	separaríais
separaría	separarían

PLUPERFECT

había separado	habíamos separado
habías separado	habíais separado
había separado	habían separado

PRETERIT PERFECT

hube separado	hubimos separado
hubiste separado	hubisteis separado
hubo separado	hubieron separado

FUTURE PERFECT

habré separado	habremos separado
habrás separado	habréis separado
habrá separado	habrán separado

CONDITIONAL PERFECT

habría separado	habríamos separado
habrías separado	habríais separado
habría separado	habrían separado

PRESENT SUBJUNCTIVE

separe	separemos
separes	separéis
separe	separen

PRESENT PERFECT SUBJUNCTIVE

haya separado	hayamos separado
hayas separado	hayáis separado
haya separado	hayan separado

IMPERFECT SUBJUNCTIVE (-ra)   *or*   **IMPERFECT SUBJUNCTIVE (-se)**

separara	separáramos	separase	separásemos
separaras	separarais	separases	separaseis
separara	separaran	separase	separasen

PAST PERFECT SUBJUNCTIVE (-ra)   *or*   **PAST PERFECT SUBJUNCTIVE (-se)**

hubiera separado	hubiéramos separado	hubiese separado	hubiésemos separado
hubieras separado	hubierais separado	hubieses separado	hubieseis separado
hubiera separado	hubieran separado	hubiese separado	hubiesen separado

PROGRESSIVE TENSES

PRESENT	estoy, estás, está, estamos, estáis, están
PRETERIT	estuve, estuviste, estuvo, estuvimos, estuvisteis, estuvieron
IMPERFECT	estaba, estabas, estaba, estábamos, estabais, estaban
FUTURE	estaré, estarás, estará, estaremos, estaréis, estarán
CONDITIONAL	estaría, estarías, estaría, estaríamos, estaríais, estarían
SUBJUNCTIVE	que + *corresponding subjunctive tense of* estar (*see verb 252*)

} separando

COMMANDS

	(nosotros) separemos/no separemos
(tú) separa/no separes	(vosotros) separad/no separéis
(Ud.) separe/no separe	(Uds.) separen/no separen

Usage

Separa al perro del gato.	*Separate the dog from the cat.*
Separa la cómoda de la cama.	*Move the chest of drawers away from the bed.*
Sepárame una rebanada de pizza.	*Set aside a piece of pizza for me.*
Se separó de su empresa.	*He left/retired from his company.*
Los esposos se separaron.	*The husband and wife separated.*
Le envío las fotos por separado.	*I'm sending you the photos under separate cover.*

irregular verb

soy · fueron · sido · siendo

PRESENT

soy	somos
eres	sois
es	son

IMPERFECT

era	éramos
eras	erais
era	eran

FUTURE

seré	seremos
serás	seréis
será	serán

PLUPERFECT

había sido	habíamos sido
habías sido	habíais sido
había sido	habían sido

FUTURE PERFECT

habré sido	habremos sido
habrás sido	habréis sido
habrá sido	habrán sido

PRESENT SUBJUNCTIVE

sea	seamos
seas	seáis
sea	sean

IMPERFECT SUBJUNCTIVE (-ra)

fuera	fuéramos
fueras	fuerais
fuera	fueran

PAST PERFECT SUBJUNCTIVE (-ra)

hubiera sido	hubiéramos sido
hubieras sido	hubierais sido
hubiera sido	hubieran sido

PRETERIT

fui	fuimos
fuiste	fuisteis
fue	fueron

PRESENT PERFECT

he sido	hemos sido
has sido	habéis sido
ha sido	han sido

CONDITIONAL

sería	seríamos
serías	seríais
sería	serían

PRETERIT PERFECT

hube sido	hubimos sido
hubiste sido	hubisteis sido
hubo sido	hubieron sido

CONDITIONAL PERFECT

habría sido	habríamos sido
habrías sido	habríais sido
habría sido	habrían sido

PRESENT PERFECT SUBJUNCTIVE

haya sido	hayamos sido
hayas sido	hayáis sido
haya sido	hayan sido

or **IMPERFECT SUBJUNCTIVE (-se)**

fuese	fuésemos
fueses	fueseis
fuese	fuesen

or **PAST PERFECT SUBJUNCTIVE (-se)**

hubiese sido	hubiésemos sido
hubieses sido	hubieseis sido
hubiese sido	hubiesen sido

PROGRESSIVE TENSES

PRESENT	estoy, estás, está, estamos, estáis, están
PRETERIT	estuve, estuviste, estuvo, estuvimos, estuvisteis, estuvieron
IMPERFECT	estaba, estabas, estaba, estábamos, estabais, estaban
FUTURE	estaré, estarás, estará, estaremos, estaréis, estarán
CONDITIONAL	estaría, estarías, estaría, estaríamos, estaríais, estarían
SUBJUNCTIVE	que + *corresponding subjunctive tense of* estar (*see verb 252*)

} siendo

COMMANDS

	(nosotros) seamos/no seamos
(tú) sé/no seas	(vosotros) sed/no seáis
(Ud.) sea/no sea	(Uds.) sean/no sean

Usage

El consultor es inteligente y simpático.	*The consultant is intelligent and nice.*
¿Uds. son ingleses?	*Are you English?*
Somos de los Estados Unidos.	*We're from the United States.*
La calculadora es de la ingeniera.	*The calculator is the engineer's.*
Esta ropa es de poliéster.	*This clothing is (made of) polyester.*
Son las dos y media.	*It's 2:30.*
Es lunes. Es el veintinueve de enero.	*It's Monday. It's January 29th.*

TOP 50 VERB ☞

ser + adjective

La directora adjunta era sagaz.	*The deputy director was shrewd.*
Sus amigos son protestantes/judíos/católicos.	*His friends are Protestant/Jewish/Catholic.*
—¿De qué colores son las flores que plantaste?	*What colors are the flowers you planted?*
—Los tulipanes son rojos y los narcisos amarillos.	*The tulips are red and the daffodils yellow.*
—¿Cómo son?	*What are they like?/What do they look like?*
—Son encantadores/guapos.	*They're charming/good-looking.*

ser de *from, belong to, to be, be made of*

—¿De dónde son tus colegas?	*Where are your co-workers from?*
—Son de Chile y la Argentina.	*They're from Chile and Argentina.*
—Son de origen francés e inglés.	*They're of French and English background/descent.*
—¿De quién son estas carpetas?	*Whose folders are these?*
—Son del programador.	*They're the programmer's.*
—¿De qué es la bolsa?	*What's the handbag made of?*
—Es de cuero.	*It's (made of) leather.*

ser para

—¿Para quién es esta caja de bombones?	*Whom is this box of chocolates for?*
—Es para los secretarios.	*It's for the secretaries.*

ser to express time, dates, days of the week

—¿Qué hora es?	*What time is it?*
—Es la una y cuarto.	*It's 1:15.*
—¿Cuál es la fecha de hoy?	*What's today's date?*
—Es el 22 de febrero.	*It's February 22nd.*
—¿Qué día es hoy?	*What day is today?*
—Es viernes.	*It's Friday.*

ser to express an event taking place

La reunión será en la sala de conferencias.	*The meeting will be in the conference room.*
Será a las diez de la mañana.	*It will take place at 10:00 A.M.*

ser to express future of probability

Los exámenes serán fáciles.	*The exams are probably easy.*

ser + past participle to express passive voice

El informe fue escrito por un estadístico.	*The report was written by a statistician.*

Other Uses

Si no fuera por Uds., no podríamos proceder.	*If it weren't for you, we couldn't carry on.*
Érase una vez... *(cuentos de hadas)*	*Once upon a time . . . (fairy tales)*

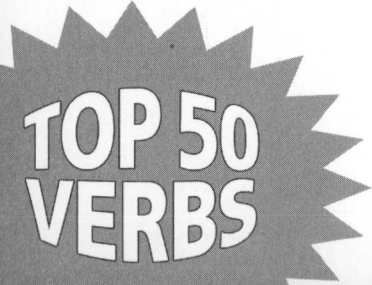

TOP 50 VERBS

stem-changing *-ir* verb: e > i

sirvo · sirvieron · servido · sirviendo

PRESENT

sirvo	servimos
sirves	servís
sirve	sirven

PRETERIT

serví	servimos
serviste	servisteis
sirvió	sirvieron

IMPERFECT

servía	servíamos
servías	servíais
servía	servían

PRESENT PERFECT

he servido	hemos servido
has servido	habéis servido
ha servido	han servido

FUTURE

serviré	serviremos
servirás	serviréis
servirá	servirán

CONDITIONAL

serviría	serviríamos
servirías	serviríais
serviría	servirían

PLUPERFECT

había servido	habíamos servido
habías servido	habíais servido
había servido	habían servido

PRETERIT PERFECT

hube servido	hubimos servido
hubiste servido	hubisteis servido
hubo servido	hubieron servido

FUTURE PERFECT

habré servido	habremos servido
habrás servido	habréis servido
habrá servido	habrán servido

CONDITIONAL PERFECT

habría servido	habríamos servido
habrías servido	habríais servido
habría servido	habrían servido

PRESENT SUBJUNCTIVE

sirva	sirvamos
sirvas	sirváis
sirva	sirvan

PRESENT PERFECT SUBJUNCTIVE

haya servido	hayamos servido
hayas servido	hayáis servido
haya servido	hayan servido

IMPERFECT SUBJUNCTIVE (-ra)

sirviera	sirviéramos
sirvieras	sirvierais
sirviera	sirvieran

or **IMPERFECT SUBJUNCTIVE (-se)**

sirviese	sirviésemos
sirvieses	sirvieseis
sirviese	sirviesen

PAST PERFECT SUBJUNCTIVE (-ra)

hubiera servido	hubiéramos servido
hubieras servido	hubierais servido
hubiera servido	hubieran servido

or **PAST PERFECT SUBJUNCTIVE (-se)**

hubiese servido	hubiésemos servido
hubieses servido	hubieseis servido
hubiese servido	hubiesen servido

PROGRESSIVE TENSES

PRESENT	estoy, estás, está, estamos, estáis, están
PRETERIT	estuve, estuviste, estuvo, estuvimos, estuvisteis, estuvieron
IMPERFECT	estaba, estabas, estaba, estábamos, estabais, estaban
FUTURE	estaré, estarás, estará, estaremos, estaréis, estarán
CONDITIONAL	estaría, estarías, estaría, estaríamos, estaríais, estarían
SUBJUNCTIVE	que + *corresponding subjunctive tense of* estar (*see verb 252*)

} sirviendo

COMMANDS

	(nosotros) sirvamos/no sirvamos
(tú) sirve/no sirvas	(vosotros) servid/no sirváis
(Ud.) sirva/no sirva	(Uds.) sirvan/no sirvan

Usage

Se sirve vino con la comida.	*Wine is served with the meal.*
Es importante servir a la patria.	*It's important to serve one's country.*
No sirve quejarse.	*There's no use in complaining.*
Eso no sirve para nada.	*That's no good at all., It's useless.*
¿En qué puedo servirle?	*What can I do for you?/May I help you? (in a store)*
Te toca a ti servir la pelota.	*It's your turn to serve the ball.*
El mozo nos sirvió con esmero.	*He was an attentive waiter. (The waiter served us with care.)*

TOP 50 VERB ☞

Sirvamos la cena a las ocho.	*Let's serve dinner at 8:00.*
Han servido muchas causas.	*They've served many causes.*
Eso no le sirve de mucho.	*That won't do him much good.*

servir de

Churchill sirvió de Primer Ministro durante la guerra.	*Churchill served as Prime Minister during the war.*
Servía de intérprete en la Organización de Naciones Unidas.	*She served as interpreter at the United Nations.*

servir para

Nunca he servido para tales cosas.	*I've never been good at such things.*
Coger un berrinche no te sirve para nada.	*It's no use for you to have a tantrum.*
¿Para qué sirve este aparato?	*What's this device for?*

servirse

Sírvanse Uds.	*Help yourselves.*
Me sirvo más pan.	*I'll help myself to more bread.*
Sírvase acomodarse.	*Please make yourself comfortable.*

servirse de

Nos servimos del correo electrónico.	*We use e-mail.*
Se servía de varios libros de consulta.	*He used several reference books.*

Other Uses

El pollo servido con una salsa picante estuvo rico.	*The chicken served with a spicy sauce was delicious.*
¿Estás contento con tu servidor?	*Are you happy with your server?*
Se ofrece servicio a domicilio.	*They offer home delivery service.*
Es miembro del Servicio Secreto.	*He's a member of the Secret Service.*
Hizo el servicio militar.	*He completed his military service.*
A la camarera se le olvidaron las servilletas.	*The waitress forgot the napkins.*
La familia tiene tres sirvientes.	*The family has three servants.*

TOP 50 VERBS

-*ar* verb; spelling change: *c* > *qu/e*   **significo · significaron · significado · significando**

PRESENT		PRETERIT	
significo	significamos	signifiqué	significamos
significas	significáis	significaste	significasteis
significa	significan	significó	significaron

IMPERFECT		PRESENT PERFECT	
significaba	significábamos	he significado	hemos significado
significabas	significabais	has significado	habéis significado
significaba	significaban	ha significado	han significado

FUTURE		CONDITIONAL	
significaré	significaremos	significaría	significaríamos
significarás	significaréis	significarías	significaríais
significará	significarán	significaría	significarían

PLUPERFECT		PRETERIT PERFECT	
había significado	habíamos significado	hube significado	hubimos significado
habías significado	habíais significado	hubiste significado	hubisteis significado
había significado	habían significado	hubo significado	hubieron significado

FUTURE PERFECT		CONDITIONAL PERFECT	
habré significado	habremos significado	habría significado	habríamos significado
habrás significado	habréis significado	habrías significado	habríais significado
habrá significado	habrán significado	habría significado	habrían significado

PRESENT SUBJUNCTIVE		PRESENT PERFECT SUBJUNCTIVE	
signifique	signifiquemos	haya significado	hayamos significado
signifiques	signifiquéis	hayas significado	hayáis significado
signifique	signifiquen	haya significado	hayan significado

IMPERFECT SUBJUNCTIVE (-ra)		*or*	IMPERFECT SUBJUNCTIVE (-se)	
significara	significáramos		significase	significásemos
significaras	significarais		significases	significaseis
significara	significaran		significase	significasen

PAST PERFECT SUBJUNCTIVE (-ra)		*or*	PAST PERFECT SUBJUNCTIVE (-se)	
hubiera significado	hubiéramos significado		hubiese significado	hubiésemos significado
hubieras significado	hubierais significado		hubieses significado	hubieseis significado
hubiera significado	hubieran significado		hubiese significado	hubiesen significado

PROGRESSIVE TENSES

PRESENT	estoy, estás, está, estamos, estáis, están
PRETERIT	estuve, estuviste, estuvo, estuvimos, estuvisteis, estuvieron
IMPERFECT	estaba, estabas, estaba, estábamos, estabais, estaban
FUTURE	estaré, estarás, estará, estaremos, estaréis, estarán
CONDITIONAL	estaría, estarías, estaría, estaríamos, estaríais, estarían
SUBJUNCTIVE	que + *corresponding subjunctive tense of* estar (*see verb 252*)

} significando

COMMANDS

¡Que signifique(n)!   ¡Que no signifique(n)!

Usage

La palabra española *superávit* significa surplus en inglés.

The Spanish word superávit *means surplus in English.*

Su cooperación significa mucho para nosotros.   *Their cooperation means a lot to us.*
¿Cuál es el significado de eso?   *What's the meaning/significance of that?*
Faltan unos signos de puntuación.   *Some punctuation marks are missing.*
Me parece que los signos son alentadores.   *I think the signs/tendencies are encouraging.*
Recibieron una cantidad significante de dinero.   *They received a significant amount of money.*

sobrar *to have left over, be left over, have more than enough*

sobra · sobraron · sobrado · sobrando

regular *-ar* verb (like **gustar**)

PRESENT

me sobra(n)	nos sobra(n)
te sobra(n)	os sobra(n)
le sobra(n)	les sobra(n)

PRETERIT

me sobró(-aron)	nos sobró(-aron)
te sobró(-aron)	os sobró(-aron)
le sobró(-aron)	les sobró(-aron)

IMPERFECT

me sobraba(n)	nos sobraba(n)
te sobraba(n)	os sobraba(n)
le sobraba(n)	les sobraba(n)

PRESENT PERFECT

me ha(n) sobrado	nos ha(n) sobrado
te ha(n) sobrado	os ha(n) sobrado
le ha(n) sobrado	les ha(n) sobrado

FUTURE

me sobrará(n)	nos sobrará(n)
te sobrará(n)	os sobrará(n)
le sobrará(n)	les sobrará(n)

CONDITIONAL

me sobraría(n)	nos sobraría(n)
te sobraría(n)	os sobraría(n)
le sobraría(n)	les sobraría(n)

PLUPERFECT

me había(n) sobrado	nos había(n) sobrado
te había(n) sobrado	os había(n) sobrado
le había(n) sobrado	les había(n) sobrado

PRETERIT PERFECT

me hubo(-ieron) sobrado	nos hubo(-ieron) sobrado
te hubo(-ieron) sobrado	os hubo(-ieron) sobrado
le hubo(-ieron) sobrado	les hubo(-ieron) sobrado

FUTURE PERFECT

me habrá(n) sobrado	nos habrá(n) sobrado
te habrá(n) sobrado	os habrá(n) sobrado
le habrá(n) sobrado	les habrá(n) sobrado

CONDITIONAL PERFECT

me habría(n) sobrado	nos habría(n) sobrado
te habría(n) sobrado	os habría(n) sobrado
le habría(n) sobrado	les habría(n) sobrado

PRESENT SUBJUNCTIVE

me sobre(n)	nos sobre(n)
te sobre(n)	os sobre(n)
le sobre(n)	les sobre(n)

PRESENT PERFECT SUBJUNCTIVE

me haya(n) sobrado	nos haya(n) sobrado
te haya(n) sobrado	os haya(n) sobrado
le haya(n) sobrado	les haya(n) sobrado

IMPERFECT SUBJUNCTIVE (-ra)

me sobrara(n)	nos sobrara(n)
te sobrara(n)	os sobrara(n)
le sobrara(n)	les sobrara(n)

or **IMPERFECT SUBJUNCTIVE (-se)**

me sobrase(n)	nos sobrase(n)
te sobrase(n)	os sobrase(n)
le sobrase(n)	les sobrase(n)

PAST PERFECT SUBJUNCTIVE (-ra)

me hubiera(n) sobrado	nos hubiera(n) sobrado
te hubiera(n) sobrado	os hubiera(n) sobrado
le hubiera(n) sobrado	les hubiera(n) sobrado

or **PAST PERFECT SUBJUNCTIVE (-se)**

me hubiese(n) sobrado	nos hubiese(n) sobrado
te hubiese(n) sobrado	os hubiese(n) sobrado
le hubiese(n) sobrado	les hubiese(n) sobrado

PROGRESSIVE TENSES

PRESENT		me	está, están	
PRETERIT		te	estuvo, estuvieron	
IMPERFECT		le	estaba, estaban	sobrando
FUTURE		nos	estará, estarán	
CONDITIONAL		os	estaría, estarían	
SUBJUNCTIVE	que	les	*corresponding subjunctive tense of* estar (*see verb 252*)	

COMMANDS

¡Que te/le/os/les sobre(n)!   ¡Que no te/le/os/les sobre(n)!

Usage

—¿Te sobra dinero?	*Do you have any money left over?*
—Sí, me sobran 78 dólares.	*Yes, I have 78 dollars left over.*
Le sobra el tiempo desde que se jubiló.	*He has plenty of time since he retired.*
Le sobra carisma/paciencia.	*She's very charismatic/patient.*
Les sobra entusiasmo.	*They have plenty of enthusiasm.*

stem-changing *-er* verb: *o > ue*

suelo · solieron · solido · soliendo

PRESENT

suelo	solemos
sueles	soléis
suele	suelen

IMPERFECT

solía	solíamos
solías	solíais
solía	solían

FUTURE NOT USED

PLUPERFECT NOT USED

FUTURE PERFECT NOT USED

PRETERIT NOT USED

PRESENT PERFECT NOT USED

CONDITIONAL NOT USED

PRETERIT PERFECT NOT USED

CONDITIONAL PERFECT NOT USED

PRESENT SUBJUNCTIVE

suela	solamos
suelas	soláis
suela	suelan

PRESENT PERFECT SUBJUNCTIVE

haya solido	hayamos solido
hayas solido	hayáis solido
haya solido	hayan solido

IMPERFECT SUBJUNCTIVE (-ra)

soliera	soliéramos
solieras	solierais
soliera	solieran

or **IMPERFECT SUBJUNCTIVE (-se)**

soliese	soliésemos
solieses	solieseis
soliese	soliesen

PAST PERFECT SUBJUNCTIVE (-ra)

hubiera solido	hubiéramos solido
hubieras solido	hubierais solido
hubiera solido	hubieran solido

or **PAST PERFECT SUBJUNCTIVE (-se)**

hubiese solido	hubiésemos solido
hubieses solido	hubieseis solido
hubiese solido	hubiesen solido

PROGRESSIVE TENSES

PRESENT	estoy, estás, está, estamos, estáis, están
PRETERIT	estuve, estuviste, estuvo, estuvimos, estuvisteis, estuvieron
IMPERFECT	estaba, estabas, estaba, estábamos, estabais, estaban
FUTURE	estaré, estarás, estará, estaremos, estaréis, estarán
CONDITIONAL	estaría, estarías, estaría, estaríamos, estaríais, estarían
SUBJUNCTIVE	que + *corresponding subjunctive tense of* estar (*see verb 252*)

⎫
⎬ soliendo
⎭

VERB NOT USED IN COMMANDS

Usage

Suelo viajar en verano.	*I usually travel in summer.*
Solía tomar el tren de las ocho.	*She was accustomed to taking the 8:00 train.*
Suelen trasnochar.	*They frequently stay up very late/all night.*
No suele haber problemas con esta marca.	*There are generally no problems with this brand.*
Solían ver tele por la tarde.	*They used to watch TV in the afternoon.*
Suele nevar mucho en la sierra.	*It often snows/It tends to snow a lot in the mountains.*

sollozar   *to sob*

-ar verb; spelling change: *z* > *c/e*

PRESENT

sollozo	sollozamos
sollozas	sollozáis
solloza	sollozan

PRETERIT

sollocé	sollozamos
sollozaste	sollozasteis
sollozó	sollozaron

IMPERFECT

sollozaba	sollozábamos
sollozabas	sollozabais
sollozaba	sollozaban

PRESENT PERFECT

he sollozado	hemos sollozado
has sollozado	habéis sollozado
ha sollozado	han sollozado

FUTURE

sollozaré	sollozaremos
sollozarás	sollozaréis
sollozará	sollozarán

CONDITIONAL

sollozaría	sollozaríamos
sollozarías	sollozaríais
sollozaría	sollozarían

PLUPERFECT

había sollozado	habíamos sollozado
habías sollozado	habíais sollozado
había sollozado	habían sollozado

PRETERIT PERFECT

hube sollozado	hubimos sollozado
hubiste sollozado	hubisteis sollozado
hubo sollozado	hubieron sollozado

FUTURE PERFECT

habré sollozado	habremos sollozado
habrás sollozado	habréis sollozado
habrá sollozado	habrán sollozado

CONDITIONAL PERFECT

habría sollozado	habríamos sollozado
habrías sollozado	habríais sollozado
habría sollozado	habrían sollozado

PRESENT SUBJUNCTIVE

solloce	sollocemos
solloces	sollocéis
solloce	sollocen

PRESENT PERFECT SUBJUNCTIVE

haya sollozado	hayamos sollozado
hayas sollozado	hayáis sollozado
haya sollozado	hayan sollozado

IMPERFECT SUBJUNCTIVE (-ra)

sollozara	sollozáramos
sollozaras	sollozarais
sollozara	sollozaran

or **IMPERFECT SUBJUNCTIVE (-se)**

sollozase	sollozásemos
sollozases	sollozaseis
sollozase	sollozasen

PAST PERFECT SUBJUNCTIVE (-ra)

hubiera sollozado	hubiéramos sollozado
hubieras sollozado	hubierais sollozado
hubiera sollozado	hubieran sollozado

or **PAST PERFECT SUBJUNCTIVE (-se)**

hubiese sollozado	hubiésemos sollozado
hubieses sollozado	hubieseis sollozado
hubiese sollozado	hubiesen sollozado

PROGRESSIVE TENSES

PRESENT	estoy, estás, está, estamos, estáis, están
PRETERIT	estuve, estuviste, estuvo, estuvimos, estuvisteis, estuvieron
IMPERFECT	estaba, estabas, estaba, estábamos, estabais, estaban
FUTURE	estaré, estarás, estará, estaremos, estaréis, estarán
CONDITIONAL	estaría, estarías, estaría, estaríamos, estaríais, estarían
SUBJUNCTIVE	que + *corresponding subjunctive tense of* estar (*see verb 252*)

sollozando

COMMANDS

	(nosotros) sollocemos/no sollocemos
(tú) solloza/no solloces	(vosotros) sollozad/no sollocéis
(Ud.) solloce/no solloce	(Uds.) sollocen/no sollocen

Usage

El pobre niño se durmió sollozando.	*The poor child sobbed himself to sleep.*
Deja de sollozar.	*Stop sobbing.*
No sé por qué estalló en sollozos.	*I don't know why he burst into sobs.*
Nos hablaba entre sollozos.	*He talked to us while sobbing.*

stem-changing *-ar* verb: *o > ue*   **suelto · soltaron · soltado · soltando**

PRESENT
suelto	soltamos
sueltas	soltáis
suelta	sueltan

PRETERIT
solté	soltamos
soltaste	soltasteis
soltó	soltaron

IMPERFECT
soltaba	soltábamos
soltabas	soltabais
soltaba	soltaban

PRESENT PERFECT
he soltado	hemos soltado
has soltado	habéis soltado
ha soltado	han soltado

FUTURE
soltaré	soltaremos
soltarás	soltaréis
soltará	soltarán

CONDITIONAL
soltaría	soltaríamos
soltarías	soltaríais
soltaría	soltarían

PLUPERFECT
había soltado	habíamos soltado
habías soltado	habíais soltado
había soltado	habían soltado

PRETERIT PERFECT
hube soltado	hubimos soltado
hubiste soltado	hubisteis soltado
hubo soltado	hubieron soltado

FUTURE PERFECT
habré soltado	habremos soltado
habrás soltado	habréis soltado
habrá soltado	habrán soltado

CONDITIONAL PERFECT
habría soltado	habríamos soltado
habrías soltado	habríais soltado
habría soltado	habrían soltado

PRESENT SUBJUNCTIVE
suelte	soltemos
sueltes	soltéis
suelte	suelten

PRESENT PERFECT SUBJUNCTIVE
haya soltado	hayamos soltado
hayas soltado	hayáis soltado
haya soltado	hayan soltado

IMPERFECT SUBJUNCTIVE (-ra)
soltara	soltáramos
soltaras	soltarais
soltara	soltaran

or **IMPERFECT SUBJUNCTIVE (-se)**
soltase	soltásemos
soltases	soltaseis
soltase	soltasen

PAST PERFECT SUBJUNCTIVE (-ra)
hubiera soltado	hubiéramos soltado
hubieras soltado	hubierais soltado
hubiera soltado	hubieran soltado

or **PAST PERFECT SUBJUNCTIVE (-se)**
hubiese soltado	hubiésemos soltado
hubieses soltado	hubieseis soltado
hubiese soltado	hubiesen soltado

PROGRESSIVE TENSES

PRESENT	estoy, estás, está, estamos, estáis, están
PRETERIT	estuve, estuviste, estuvo, estuvimos, estuvisteis, estuvieron
IMPERFECT	estaba, estabas, estaba, estábamos, estabais, estaban
FUTURE	estaré, estarás, estará, estaremos, estaréis, estarán
CONDITIONAL	estaría, estarías, estaría, estaríamos, estaríais, estarían
SUBJUNCTIVE	que + *corresponding subjunctive tense of* estar (*see verb 252*)

} soltando

COMMANDS

	(nosotros) soltemos/no soltemos
(tú) suelta/no sueltes	(vosotros) soltad/no soltéis
(Ud.) suelte/no suelte	(Uds.) suelten/no suelten

Usage

Suéltame el nudo.	*Undo/Loosen the knot for me.*
Por fin soltaron a los rehenes.	*They finally released the hostages.*
Se te ha soltado la lengua.	*You've become very talkative.*
Habla español con soltura.	*He speaks Spanish fluently.*
Hay que atar los cabos sueltos.	*We must tie up the loose ends.*

NOTE: *Suelto* is an alternate form of the past participle.

someto · sometieron · sometido · sometiendo   regular -*er* verb

PRESENT		PRETERIT	
someto	sometemos	sometí	sometimos
sometes	sometéis	sometiste	sometisteis
somete	someten	sometió	sometieron

IMPERFECT		PRESENT PERFECT	
sometía	sometíamos	he sometido	hemos sometido
sometías	sometíais	has sometido	habéis sometido
sometía	sometían	ha sometido	han sometido

FUTURE		CONDITIONAL	
someteré	someteremos	sometería	someteríamos
someterás	someteréis	someterías	someteríais
someterá	someterán	sometería	someterían

PLUPERFECT		PRETERIT PERFECT	
había sometido	habíamos sometido	hube sometido	hubimos sometido
habías sometido	habíais sometido	hubiste sometido	hubisteis sometido
había sometido	habían sometido	hubo sometido	hubieron sometido

FUTURE PERFECT		CONDITIONAL PERFECT	
habré sometido	habremos sometido	habría sometido	habríamos sometido
habrás sometido	habréis sometido	habrías sometido	habríais sometido
habrá sometido	habrán sometido	habría sometido	habrían sometido

PRESENT SUBJUNCTIVE		PRESENT PERFECT SUBJUNCTIVE	
someta	sometamos	haya sometido	hayamos sometido
sometas	sometáis	hayas sometido	hayáis sometido
someta	sometan	haya sometido	hayan sometido

IMPERFECT SUBJUNCTIVE (-ra)		*or*	IMPERFECT SUBJUNCTIVE (-se)	
sometiera	sometiéramos		sometiese	sometiésemos
sometieras	sometierais		sometieses	sometieseis
sometiera	sometieran		sometiese	sometiesen

PAST PERFECT SUBJUNCTIVE (-ra)		*or*	PAST PERFECT SUBJUNCTIVE (-se)	
hubiera sometido	hubiéramos sometido		hubiese sometido	hubiésemos sometido
hubieras sometido	hubierais sometido		hubieses sometido	hubieseis sometido
hubiera sometido	hubieran sometido		hubiese sometido	hubiesen sometido

PROGRESSIVE TENSES

PRESENT	estoy, estás, está, estamos, estáis, están
PRETERIT	estuve, estuviste, estuvo, estuvimos, estuvisteis, estuvieron
IMPERFECT	estaba, estabas, estaba, estábamos, estabais, estaban
FUTURE	estaré, estarás, estará, estaremos, estaréis, estarán
CONDITIONAL	estaría, estarías, estaría, estaríamos, estaríais, estarían
SUBJUNCTIVE	que + *corresponding subjunctive tense of* estar (*see verb 252*)

} sometiendo

COMMANDS

	(nosotros) sometamos/no sometamos
(tú) somete/no sometas	(vosotros) someted/no sometáis
(Ud.) someta/no someta	(Uds.) sometan/no sometan

Usage

Sometieron a los guerrilleros.	*They subdued/put down the guerrilla fighters.*
El medicamento se somete a prueba.	*They're testing the drug.*
Sometan su propuesta a la junta.	*Submit your proposal to the board.*
Las tropas se sometieron al enemigo.	*The troops surrendered to the enemy.*
¿Se someterá a un tratamiento dental?	*You'll undergo a dental treatment?*
Su sometimiento es excesivo.	*Their submissiveness is excessive.*

stem-changing *-ar* verb: *o* > *ue*

sueno · sonaron · sonado · sonando

PRESENT		PRETERIT	
sueno	sonamos	soné	sonamos
suenas	sonáis	sonaste	sonasteis
suena	suenan	sonó	sonaron

IMPERFECT		PRESENT PERFECT	
sonaba	sonábamos	he sonado	hemos sonado
sonabas	sonabais	has sonado	habéis sonado
sonaba	sonaban	ha sonado	han sonado

FUTURE		CONDITIONAL	
sonaré	sonaremos	sonaría	sonaríamos
sonarás	sonaréis	sonarías	sonaríais
sonará	sonarán	sonaría	sonarían

PLUPERFECT		PRETERIT PERFECT	
había sonado	habíamos sonado	hube sonado	hubimos sonado
habías sonado	habíais sonado	hubiste sonado	hubisteis sonado
había sonado	habían sonado	hubo sonado	hubieron sonado

FUTURE PERFECT		CONDITIONAL PERFECT	
habré sonado	habremos sonado	habría sonado	habríamos sonado
habrás sonado	habréis sonado	habrías sonado	habríais sonado
habrá sonado	habrán sonado	habría sonado	habrían sonado

PRESENT SUBJUNCTIVE		PRESENT PERFECT SUBJUNCTIVE	
suene	sonemos	haya sonado	hayamos sonado
suenes	sonéis	hayas sonado	hayáis sonado
suene	suenen	haya sonado	hayan sonado

IMPERFECT SUBJUNCTIVE (-ra)		*or* IMPERFECT SUBJUNCTIVE (-se)	
sonara	sonáramos	sonase	sonásemos
sonaras	sonarais	sonases	sonaseis
sonara	sonaran	sonase	sonasen

PAST PERFECT SUBJUNCTIVE (-ra)		*or* PAST PERFECT SUBJUNCTIVE (-se)	
hubiera sonado	hubiéramos sonado	hubiese sonado	hubiésemos sonado
hubieras sonado	hubierais sonado	hubieses sonado	hubieseis sonado
hubiera sonado	hubieran sonado	hubiese sonado	hubiesen sonado

PROGRESSIVE TENSES

PRESENT	estoy, estás, está, estamos, estáis, están	
PRETERIT	estuve, estuviste, estuvo, estuvimos, estuvisteis, estuvieron	
IMPERFECT	estaba, estabas, estaba, estábamos, estabais, estaban	sonando
FUTURE	estaré, estarás, estará, estaremos, estaréis, estarán	
CONDITIONAL	estaría, estarías, estaría, estaríamos, estaríais, estarían	
SUBJUNCTIVE	que + *corresponding subjunctive tense of* estar (*see verb 252*)	

COMMANDS

	(nosotros) sonemos/no sonemos
(tú) suena/no suenes	(vosotros) sonad/no sonéis
(Ud.) suene/no suene	(Uds.) suenen/no suenen

Usage

La flauta suena brillante.	*The flute sounds brilliant.*
La letra hache no suena en español.	*The letter "h" isn't sounded/pronounced in Spanish.*
¿No oyes sonar el celular?	*Don't you hear the cell phone ringing?*
Las campanas suenan al mediodía.	*The bells ring at noon.*
No me suena ese título.	*That title doesn't sound familiar to me/ring a bell.*
Sigue sonándose las narices.	*She keeps on blowing her nose.*
Nos encanta el sonido de la orquesta.	*We love the sound of the orchestra.*

sonreír *to smile*

sonrío · sonrieron · sonreído · sonriendo

stem-changing -*ir* verb: *e > i*

PRESENT

sonrío	sonreímos
sonríes	sonreís
sonríe	sonríen

PRETERIT

sonreí	sonreímos
sonreíste	sonreísteis
sonrió	sonrieron

IMPERFECT

sonreía	sonreíamos
sonreías	sonreíais
sonreía	sonreían

PRESENT PERFECT

he sonreído	hemos sonreído
has sonreído	habéis sonreído
ha sonreído	han sonreído

FUTURE

sonreiré	sonreiremos
sonreirás	sonreiréis
sonreirá	sonreirán

CONDITIONAL

sonreiría	sonreiríamos
sonreirías	sonreiríais
sonreiría	sonreirían

PLUPERFECT

había sonreído	habíamos sonreído
habías sonreído	habíais sonreído
había sonreído	habían sonreído

PRETERIT PERFECT

hube sonreído	hubimos sonreído
hubiste sonreído	hubisteis sonreído
hubo sonreído	hubieron sonreído

FUTURE PERFECT

habré sonreído	habremos sonreído
habrás sonreído	habréis sonreído
habrá sonreído	habrán sonreído

CONDITIONAL PERFECT

habría sonreído	habríamos sonreído
habrías sonreído	habríais sonreído
habría sonreído	habrían sonreído

PRESENT SUBJUNCTIVE

sonría	sonriamos
sonrías	sonriáis
sonría	sonrían

PRESENT PERFECT SUBJUNCTIVE

haya sonreído	hayamos sonreído
hayas sonreído	hayáis sonreído
haya sonreído	hayan sonreído

IMPERFECT SUBJUNCTIVE (-ra)

sonriera	sonriéramos
sonrieras	sonrierais
sonriera	sonrieran

or ### IMPERFECT SUBJUNCTIVE (-se)

sonriese	sonriésemos
sonrieses	sonrieseis
sonriese	sonriesen

PAST PERFECT SUBJUNCTIVE (-ra)

hubiera sonreído	hubiéramos sonreído
hubieras sonreído	hubierais sonreído
hubiera sonreído	hubieran sonreído

or ### PAST PERFECT SUBJUNCTIVE (-se)

hubiese sonreído	hubiésemos sonreído
hubieses sonreído	hubieseis sonreído
hubiese sonreído	hubiesen sonreído

PROGRESSIVE TENSES

PRESENT	estoy, estás, está, estamos, estáis, están
PRETERIT	estuve, estuviste, estuvo, estuvimos, estuvisteis, estuvieron
IMPERFECT	estaba, estabas, estaba, estábamos, estabais, estaban
FUTURE	estaré, estarás, estará, estaremos, estaréis, estarán
CONDITIONAL	estaría, estarías, estaría, estaríamos, estaríais, estarían
SUBJUNCTIVE	que + *corresponding subjunctive tense of* estar (*see verb 252*)

} sonriendo

COMMANDS

	(nosotros) sonriamos/no sonriamos
(tú) sonríe/no sonrías	(vosotros) sonreíd/no sonriáis
(Ud.) sonría/no sonría	(Uds.) sonrían/no sonrían

Usage

Sus payasadas nos hacían sonreír.	*Their antics made us smile.*
Ojalá que la vida/la fortuna nos sonría.	*We hope life/fortune will smile on us.*
Nos sonrieron.	*They smiled at us.*
¡Te sonríes de contento!	*You're beaming with joy!*
Tiene una sonrisa abierta y hermosa.	*She has a broad and beautiful smile.*
¿Por qué la sonrisa forzada/amarga?	*Why the forced/bitter smile?*
Nos da gusto ver su cara sonriente.	*It pleases us to see his smiling face.*

stem-changing *-ar* verb: *o > ue* | **sueño · soñaron · soñado · soñando**

PRESENT
sueño	soñamos
sueñas	soñáis
sueña	sueñan

IMPERFECT
soñaba	soñábamos
soñabas	soñabais
soñaba	soñaban

FUTURE
soñaré	soñaremos
soñarás	soñaréis
soñará	soñarán

PLUPERFECT
había soñado	habíamos soñado
habías soñado	habíais soñado
había soñado	habían soñado

FUTURE PERFECT
habré soñado	habremos soñado
habrás soñado	habréis soñado
habrá soñado	habrán soñado

PRESENT SUBJUNCTIVE
sueñe	soñemos
sueñes	soñéis
sueñe	sueñen

IMPERFECT SUBJUNCTIVE (-ra)
soñara	soñáramos
soñaras	soñarais
soñara	soñaran

PAST PERFECT SUBJUNCTIVE (-ra)
hubiera soñado	hubiéramos soñado
hubieras soñado	hubierais soñado
hubiera soñado	hubieran soñado

PRETERIT
soñé	soñamos
soñaste	soñasteis
soñó	soñaron

PRESENT PERFECT
he soñado	hemos soñado
has soñado	habéis soñado
ha soñado	han soñado

CONDITIONAL
soñaría	soñaríamos
soñarías	soñaríais
soñaría	soñarían

PRETERIT PERFECT
hube soñado	hubimos soñado
hubiste soñado	hubisteis soñado
hubo soñado	hubieron soñado

CONDITIONAL PERFECT
habría soñado	habríamos soñado
habrías soñado	habríais soñado
habría soñado	habrían soñado

PRESENT PERFECT SUBJUNCTIVE
haya soñado	hayamos soñado
hayas soñado	hayáis soñado
haya soñado	hayan soñado

or ### IMPERFECT SUBJUNCTIVE (-se)
soñase	soñásemos
soñases	soñaseis
soñase	soñasen

or ### PAST PERFECT SUBJUNCTIVE (-se)
hubiese soñado	hubiésemos soñado
hubieses soñado	hubieseis soñado
hubiese soñado	hubiesen soñado

PROGRESSIVE TENSES
PRESENT	estoy, estás, está, estamos, estáis, están
PRETERIT	estuve, estuviste, estuvo, estuvimos, estuvisteis, estuvieron
IMPERFECT	estaba, estabas, estaba, estábamos, estabais, estaban
FUTURE	estaré, estarás, estará, estaremos, estaréis, estarán
CONDITIONAL	estaría, estarías, estaría, estaríamos, estaríais, estarían
SUBJUNCTIVE	que + *corresponding subjunctive tense of* estar (*see verb 252*)

soñando

COMMANDS
	(nosotros) soñemos/no soñemos
(tú) sueña/no sueñes	(vosotros) soñad/no soñéis
(Ud.) sueñe/no sueñe	(Uds.) sueñen/no sueñen

Usage
Sueñan todas las noches.	*They have dreams every night.*
Soñó que estaba en Sevilla.	*She dreamed she was in Seville.*
¿Sueñas conmigo?	*Do you dream about me?*
¡Ni lo sueñes!, ¡Ni en sueños!	*Not on your life!*
Esta niña sueña despierta.	*This girl daydreams.*
El café le quitaba el sueño.	*Coffee used to keep him awake.*
Tienen sueño.	*They're sleepy.*

PRESENT		PRETERIT	
soplo	soplamos	soplé	soplamos
soplas	sopláis	soplaste	soplasteis
sopla	soplan	sopló	soplaron

IMPERFECT		PRESENT PERFECT	
soplaba	soplábamos	he soplado	hemos soplado
soplabas	soplabais	has soplado	habéis soplado
soplaba	soplaban	ha soplado	han soplado

FUTURE		CONDITIONAL	
soplaré	soplaremos	soplaría	soplaríamos
soplarás	soplaréis	soplarías	soplaríais
soplará	soplarán	soplaría	soplarían

PLUPERFECT		PRETERIT PERFECT	
había soplado	habíamos soplado	hube soplado	hubimos soplado
habías soplado	habíais soplado	hubiste soplado	hubisteis soplado
había soplado	habían soplado	hubo soplado	hubieron soplado

FUTURE PERFECT		CONDITIONAL PERFECT	
habré soplado	habremos soplado	habría soplado	habríamos soplado
habrás soplado	habréis soplado	habrías soplado	habríais soplado
habrá soplado	habrán soplado	habría soplado	habrían soplado

PRESENT SUBJUNCTIVE		PRESENT PERFECT SUBJUNCTIVE	
sople	soplemos	haya soplado	hayamos soplado
soples	sopléis	hayas soplado	hayáis soplado
sople	soplen	haya soplado	hayan soplado

IMPERFECT SUBJUNCTIVE (-ra)		*or* IMPERFECT SUBJUNCTIVE (-se)	
soplara	sopláramos	soplase	soplásemos
soplaras	soplarais	soplases	soplaseis
soplara	soplaran	soplase	soplasen

PAST PERFECT SUBJUNCTIVE (-ra)		*or* PAST PERFECT SUBJUNCTIVE (-se)	
hubiera soplado	hubiéramos soplado	hubiese soplado	hubiésemos soplado
hubieras soplado	hubierais soplado	hubieses soplado	hubieseis soplado
hubiera soplado	hubieran soplado	hubiese soplado	hubiesen soplado

PROGRESSIVE TENSES

PRESENT	estoy, estás, está, estamos, estáis, están	
PRETERIT	estuve, estuviste, estuvo, estuvimos, estuvisteis, estuvieron	
IMPERFECT	estaba, estabas, estaba, estábamos, estabais, estaban	soplando
FUTURE	estaré, estarás, estará, estaremos, estaréis, estarán	
CONDITIONAL	estaría, estarías, estaría, estaríamos, estaríais, estarían	
SUBJUNCTIVE	que + *corresponding subjunctive tense of* estar (*see verb 252*)	

COMMANDS

	(nosotros) soplemos/no soplemos
(tú) sopla/no soples	(vosotros) soplad/no sopléis
(Ud.) sople/no sople	(Uds.) soplen/no soplen

Usage

El viento sopla.	The wind is blowing.
Sopla en la boquilla del clarinete.	Blow into the mouthpiece of the clarinet.
Ha soplado todas las velas en la torta.	She has blown out all the candles on the cake.
Hay que saber de qué lado sopla el viento.	You have to know which way the wind blows.
Le sopló la respuesta a su amiga.	She whispered the answer to her friend.
Dio el soplo.	He informed/squealed.

regular -ar verb

soporto · soportaron · soportado · soportando

PRESENT

soporto soportamos
soportas soportáis
soporta soportan

IMPERFECT

soportaba soportábamos
soportabas soportabais
soportaba soportaban

FUTURE

soportaré soportaremos
soportarás soportaréis
soportará soportarán

PLUPERFECT

había soportado habíamos soportado
habías soportado habíais soportado
había soportado habían soportado

FUTURE PERFECT

habré soportado habremos soportado
habrás soportado habréis soportado
habrá soportado habrán soportado

PRESENT SUBJUNCTIVE

soporte soportemos
soportes soportéis
soporte soporten

IMPERFECT SUBJUNCTIVE (-ra)

soportara soportáramos
soportaras soportarais
soportara soportaran

PAST PERFECT SUBJUNCTIVE (-ra)

hubiera soportado hubiéramos soportado
hubieras soportado hubierais soportado
hubiera soportado hubieran soportado

PRETERIT

soporté soportamos
soportaste soportasteis
soportó soportaron

PRESENT PERFECT

he soportado hemos soportado
has soportado habéis soportado
ha soportado han soportado

CONDITIONAL

soportaría soportaríamos
soportarías soportaríais
soportaría soportarían

PRETERIT PERFECT

hube soportado hubimos soportado
hubiste soportado hubisteis soportado
hubo soportado hubieron soportado

CONDITIONAL PERFECT

habría soportado habríamos soportado
habrías soportado habríais soportado
habría soportado habrían soportado

PRESENT PERFECT SUBJUNCTIVE

haya soportado hayamos soportado
hayas soportado hayáis soportado
haya soportado hayan soportado

or **IMPERFECT SUBJUNCTIVE (-se)**

soportase soportásemos
soportases soportaseis
soportase soportasen

or **PAST PERFECT SUBJUNCTIVE (-se)**

hubiese soportado hubiésemos soportado
hubieses soportado hubieseis soportado
hubiese soportado hubiesen soportado

PROGRESSIVE TENSES

PRESENT estoy, estás, está, estamos, estáis, están
PRETERIT estuve, estuviste, estuvo, estuvimos, estuvisteis, estuvieron
IMPERFECT estaba, estabas, estaba, estábamos, estabais, estaban
FUTURE estaré, estarás, estará, estaremos, estaréis, estarán } soportando
CONDITIONAL estaría, estarías, estaría, estaríamos, estaríais, estarían
SUBJUNCTIVE que + *corresponding subjunctive tense of* estar (*see verb 252*)

COMMANDS

(nosotros) soportemos/no soportemos
(tú) soporta/no soportes (vosotros) soportad/no soportéis
(Ud.) soporte/no soporte (Uds.) soporten/no soporten

Usage

Las vigas soportaban el techo. *The beams supported the roof.*
No soporto a esas personas. *I can't stand those people.*
No soportamos más. *We can't tolerate any more.*
El pueblo soportó bien la tempestad. *The town weathered the storm well.*
Se necesita el soporte. *They need support/backup.*
Esta situación es insoportable. *This situation is unbearable/intolerable.*

494 sorprender _to surprise, amaze, astonish_

sorprendo · sorprendieron · sorprendido · sorprendiendo　　regular -er verb

PRESENT

sorprendo	sorprendemos
sorprendes	sorprendéis
sorprende	sorprenden

PRETERIT

sorprendí	sorprendimos
sorprendiste	sorprendisteis
sorprendió	sorprendieron

IMPERFECT

sorprendía	sorprendíamos
sorprendías	sorprendíais
sorprendía	sorprendían

PRESENT PERFECT

he sorprendido	hemos sorprendido
has sorprendido	habéis sorprendido
ha sorprendido	han sorprendido

FUTURE

sorprenderé	sorprenderemos
sorprenderás	sorprenderéis
sorprenderá	sorprenderán

CONDITIONAL

sorprendería	sorprenderíamos
sorprenderías	sorprenderíais
sorprendería	sorprenderían

PLUPERFECT

había sorprendido	habíamos sorprendido
habías sorprendido	habíais sorprendido
había sorprendido	habían sorprendido

PRETERIT PERFECT

hube sorprendido	hubimos sorprendido
hubiste sorprendido	hubisteis sorprendido
hubo sorprendido	hubieron sorprendido

FUTURE PERFECT

habré sorprendido	habremos sorprendido
habrás sorprendido	habréis sorprendido
habrá sorprendido	habrán sorprendido

CONDITIONAL PERFECT

habría sorprendido	habríamos sorprendido
habrías sorprendido	habríais sorprendido
habría sorprendido	habrían sorprendido

PRESENT SUBJUNCTIVE

sorprenda	sorprendamos
sorprendas	sorprendáis
sorprenda	sorprendan

PRESENT PERFECT SUBJUNCTIVE

haya sorprendido	hayamos sorprendido
hayas sorprendido	hayáis sorprendido
haya sorprendido	hayan sorprendido

IMPERFECT SUBJUNCTIVE (-ra)

sorprendiera	sorprendiéramos
sorprendieras	sorprendierais
sorprendiera	sorprendieran

_or_ **IMPERFECT SUBJUNCTIVE (-se)**

sorprendiese	sorprendiésemos
sorprendieses	sorprendieseis
sorprendiese	sorprendiesen

PAST PERFECT SUBJUNCTIVE (-ra)

hubiera sorprendido	hubiéramos sorprendido
hubieras sorprendido	hubierais sorprendido
hubiera sorprendido	hubieran sorprendido

_or_ **PAST PERFECT SUBJUNCTIVE (-se)**

hubiese sorprendido	hubiésemos sorprendido
hubieses sorprendido	hubieseis sorprendido
hubiese sorprendido	hubiesen sorprendido

PROGRESSIVE TENSES

PRESENT	estoy, estás, está, estamos, estáis, están
PRETERIT	estuve, estuviste, estuvo, estuvimos, estuvisteis, estuvieron
IMPERFECT	estaba, estabas, estaba, estábamos, estabais, estaban
FUTURE	estaré, estarás, estará, estaremos, estaréis, estarán
CONDITIONAL	estaría, estarías, estaría, estaríamos, estaríais, estarían
SUBJUNCTIVE	que + _corresponding subjunctive tense of_ estar (_see verb 252_)

} sorprendiendo

COMMANDS

(tú) sorprende/no sorprendas	(nosotros) sorprendamos/no sorprendamos
(Ud.) sorprenda/no sorprenda	(vosotros) sorprended/no sorprendáis
	(Uds.) sorprendan/no sorprendan

Usage

Les sorprendió el secreto.	_The secret surprised/amazed them._
Nos sorprendimos al oír la noticia.	_We were surprised to hear the news._
Sorprendió a sus amigos.	_He caught his friends by surprise._
Me quedé sorprendido ante su actitud.	_I was surprised by his attitude._
Nos cogieron de sorpresa.	_They took us by surprise._
Me parece sorprendente su conducta.	_I think her conduct is surprising._
Fue un acontecimiento sorpresivo.	_It was a surprising/an unexpected event._

regular *-ar* verb · **sospecho · sospecharon · sospechado · sospechando**

PRESENT

sospecho	sospechamos
sospechas	sospecháis
sospecha	sospechan

PRETERIT

sospeché	sospechamos
sospechaste	sospechasteis
sospechó	sospecharon

IMPERFECT

sospechaba	sospechábamos
sospechabas	sospechabais
sospechaba	sospechaban

PRESENT PERFECT

he sospechado	hemos sospechado
has sospechado	habéis sospechado
ha sospechado	han sospechado

FUTURE

sospecharé	sospecharemos
sospecharás	sospecharéis
sospechará	sospecharán

CONDITIONAL

sospecharía	sospecharíamos
sospecharías	sospecharíais
sospecharía	sospecharían

PLUPERFECT

había sospechado	habíamos sospechado
habías sospechado	habíais sospechado
había sospechado	habían sospechado

PRETERIT PERFECT

hube sospechado	hubimos sospechado
hubiste sospechado	hubisteis sospechado
hubo sospechado	hubieron sospechado

FUTURE PERFECT

habré sospechado	habremos sospechado
habrás sospechado	habréis sospechado
habrá sospechado	habrán sospechado

CONDITIONAL PERFECT

habría sospechado	habríamos sospechado
habrías sospechado	habríais sospechado
habría sospechado	habrían sospechado

PRESENT SUBJUNCTIVE

sospeche	sospechemos
sospeches	sospechéis
sospeche	sospechen

PRESENT PERFECT SUBJUNCTIVE

haya sospechado	hayamos sospechado
hayas sospechado	hayáis sospechado
haya sospechado	hayan sospechado

IMPERFECT SUBJUNCTIVE (-ra)

sospechara	sospecháramos
sospecharas	sospecharais
sospechara	sospecharan

or **IMPERFECT SUBJUNCTIVE (-se)**

sospechase	sospechásemos
sospechases	sospechaseis
sospechase	sospechasen

PAST PERFECT SUBJUNCTIVE (-ra)

hubiera sospechado	hubiéramos sospechado
hubieras sospechado	hubierais sospechado
hubiera sospechado	hubieran sospechado

or **PAST PERFECT SUBJUNCTIVE (-se)**

hubiese sospechado	hubiésemos sospechado
hubieses sospechado	hubieseis sospechado
hubiese sospechado	hubiesen sospechado

PROGRESSIVE TENSES

PRESENT	estoy, estás, está, estamos, estáis, están
PRETERIT	estuve, estuviste, estuvo, estuvimos, estuvisteis, estuvieron
IMPERFECT	estaba, estabas, estaba, estábamos, estabais, estaban
FUTURE	estaré, estarás, estará, estaremos, estaréis, estarán
CONDITIONAL	estaría, estarías, estaría, estaríamos, estaríais, estarían
SUBJUNCTIVE	que + *corresponding subjunctive tense of* estar (*see verb 252*)

} sospechando

COMMANDS

	(nosotros) sospechemos/no sospechemos
(tú) sospecha/no sospeches	(vosotros) sospechad/no sospechéis
(Ud.) sospeche/no sospeche	(Uds.) sospechen/no sospechen

Usage

¿No sospechabas que pasaba algo?	*Didn't you suspect that something was going on?*
Yo lo sospechaba.	*I imagined/thought as much.*
Sospechan del nuevo empleado.	*They're suspicious of the new employee.*
Tienen sospechas de él.	*They have suspicions about him.*
Está fuera de/por encima de toda sospecha.	*She's above suspicion.*
Es un tipo sospechoso.	*He's a suspicious character.*
No hay ningún sospechoso todavía.	*There's not a single suspect yet.*

sostener *to support, stand, maintain*

sostengo · sostuvieron · sostenido · sosteniendo

irregular verb (like **tener**)

PRESENT		PRETERIT	
sostengo	sostenemos	sostuve	sostuvimos
sostienes	sostenéis	sostuviste	sostuvisteis
sostiene	sostienen	sostuvo	sostuvieron

IMPERFECT		PRESENT PERFECT	
sostenía	sosteníamos	he sostenido	hemos sostenido
sostenías	sosteníais	has sostenido	habéis sostenido
sostenía	sostenían	ha sostenido	han sostenido

FUTURE		CONDITIONAL	
sostendré	sostendremos	sostendría	sostendríamos
sostendrás	sostendréis	sostendrías	sostendríais
sostendrá	sostendrán	sostendría	sostendrían

PLUPERFECT		PRETERIT PERFECT	
había sostenido	habíamos sostenido	hube sostenido	hubimos sostenido
habías sostenido	habíais sostenido	hubiste sostenido	hubisteis sostenido
había sostenido	habían sostenido	hubo sostenido	hubieron sostenido

FUTURE PERFECT		CONDITIONAL PERFECT	
habré sostenido	habremos sostenido	habría sostenido	habríamos sostenido
habrás sostenido	habréis sostenido	habrías sostenido	habríais sostenido
habrá sostenido	habrán sostenido	habría sostenido	habrían sostenido

PRESENT SUBJUNCTIVE		PRESENT PERFECT SUBJUNCTIVE	
sostenga	sostengamos	haya sostenido	hayamos sostenido
sostengas	sostengáis	hayas sostenido	hayáis sostenido
sostenga	sostengan	haya sostenido	hayan sostenido

IMPERFECT SUBJUNCTIVE (-ra)		*or*	IMPERFECT SUBJUNCTIVE (-se)	
sostuviera	sostuviéramos		sostuviese	sostuviésemos
sostuvieras	sostuvierais		sostuvieses	sostuvieseis
sostuviera	sostuvieran		sostuviese	sostuviesen

PAST PERFECT SUBJUNCTIVE (-ra)		*or*	PAST PERFECT SUBJUNCTIVE (-se)	
hubiera sostenido	hubiéramos sostenido		hubiese sostenido	hubiésemos sostenido
hubieras sostenido	hubierais sostenido		hubieses sostenido	hubieseis sostenido
hubiera sostenido	hubieran sostenido		hubiese sostenido	hubiesen sostenido

PROGRESSIVE TENSES

PRESENT	estoy, estás, está, estamos, estáis, están	
PRETERIT	estuve, estuviste, estuvo, estuvimos, estuvisteis, estuvieron	
IMPERFECT	estaba, estabas, estaba, estábamos, estabais, estaban	sosteniendo
FUTURE	estaré, estarás, estará, estaremos, estaréis, estarán	
CONDITIONAL	estaría, estarías, estaría, estaríamos, estaríais, estarían	
SUBJUNCTIVE	que + *corresponding subjunctive tense of* estar (*see verb 252*)	

COMMANDS

	(nosotros) sostengamos/no sostengamos
(tú) sostén/no sostengas	(vosotros) sostened/no sostengáis
(Ud.) sostenga/no sostenga	(Uds.) sostengan/no sostengan

Usage

¿Me sostienes el cuadro?	*Can you hold up/support the picture for me?*
No puede sostener los líos.	*She can't bear the problems.*
Sostenían buenas relaciones.	*They maintained good relations.*
Sostengo que el apaciguamiento es una mala política.	*I maintain that appeasement is a bad policy.*
Se sostiene trabajando en un banco.	*She supports herself working in a bank.*

regular *-ir* verb

subo · subieron · subido · subiendo

PRESENT

subo	subimos
subes	subís
sube	suben

PRETERIT

subí	subimos
subiste	subisteis
subió	subieron

IMPERFECT

subía	subíamos
subías	subíais
subía	subían

PRESENT PERFECT

he subido	hemos subido
has subido	habéis subido
ha subido	han subido

FUTURE

subiré	subiremos
subirás	subiréis
subirá	subirán

CONDITIONAL

subiría	subiríamos
subirías	subiríais
subiría	subirían

PLUPERFECT

había subido	habíamos subido
habías subido	habíais subido
había subido	habían subido

PRETERIT PERFECT

hube subido	hubimos subido
hubiste subido	hubisteis subido
hubo subido	hubieron subido

FUTURE PERFECT

habré subido	habremos subido
habrás subido	habréis subido
habrá subido	habrán subido

CONDITIONAL PERFECT

habría subido	habríamos subido
habrías subido	habríais subido
habría subido	habrían subido

PRESENT SUBJUNCTIVE

suba	subamos
subas	subáis
suba	suban

PRESENT PERFECT SUBJUNCTIVE

haya subido	hayamos subido
hayas subido	hayáis subido
haya subido	hayan subido

IMPERFECT SUBJUNCTIVE (-ra)

subiera	subiéramos
subieras	subierais
subiera	subieran

or **IMPERFECT SUBJUNCTIVE (-se)**

subiese	subiésemos
subieses	subieseis
subiese	subiesen

PAST PERFECT SUBJUNCTIVE (-ra)

hubiera subido	hubiéramos subido
hubieras subido	hubierais subido
hubiera subido	hubieran subido

or **PAST PERFECT SUBJUNCTIVE (-se)**

hubiese subido	hubiésemos subido
hubieses subido	hubieseis subido
hubiese subido	hubiesen subido

PROGRESSIVE TENSES

PRESENT	estoy, estás, está, estamos, estáis, están
PRETERIT	estuve, estuviste, estuvo, estuvimos, estuvisteis, estuvieron
IMPERFECT	estaba, estabas, estaba, estábamos, estabais, estaban
FUTURE	estaré, estarás, estará, estaremos, estaréis, estarán
CONDITIONAL	estaría, estarías, estaría, estaríamos, estaríais, estarían
SUBJUNCTIVE	que + *corresponding subjunctive tense of* estar (*see verb 252*)

} subiendo

COMMANDS

	(nosotros) subamos/no subamos
(tú) sube/no subas	(vosotros) subid/no subáis
(Ud.) suba/no suba	(Uds.) suban/no suban

Usage

Suban al séptimo piso.	*Go up to the seventh floor.*
¿Subimos en ascensor o escalera mecánica?	*Shall we go up by elevator or escalator?*
Súbeme los paquetes, por favor.	*Please carry the packages up for me.*
Esperamos que no se suban los precios.	*We hope that prices don't rise.*
Hace un año que el rey subió al trono.	*The king ascended to the throne a year ago.*
No subas la voz.	*Don't raise your voice.*
Hijo, súbete al árbol con cuidado.	*Climb the tree carefully.*

subrayar *to underline, underscore, emphasize*

subrayo · subrayaron · subrayado · subrayando   regular -ar verb

PRESENT

subrayo	subrayamos
subrayas	subrayáis
subraya	subrayan

PRETERIT

subrayé	subrayamos
subrayaste	subrayasteis
subrayó	subrayaron

IMPERFECT

subrayaba	subrayábamos
subrayabas	subrayabais
subrayaba	subrayaban

PRESENT PERFECT

he subrayado	hemos subrayado
has subrayado	habéis subrayado
ha subrayado	han subrayado

FUTURE

subrayaré	subrayaremos
subrayarás	subrayaréis
subrayará	subrayarán

CONDITIONAL

subrayaría	subrayaríamos
subrayarías	subrayaríais
subrayaría	subrayarían

PLUPERFECT

había subrayado	habíamos subrayado
habías subrayado	habíais subrayado
había subrayado	habían subrayado

PRETERIT PERFECT

hube subrayado	hubimos subrayado
hubiste subrayado	hubisteis subrayado
hubo subrayado	hubieron subrayado

FUTURE PERFECT

habré subrayado	habremos subrayado
habrás subrayado	habréis subrayado
habrá subrayado	habrán subrayado

CONDITIONAL PERFECT

habría subrayado	habríamos subrayado
habrías subrayado	habríais subrayado
habría subrayado	habrían subrayado

PRESENT SUBJUNCTIVE

subraye	subrayemos
subrayes	subrayéis
subraye	subrayen

PRESENT PERFECT SUBJUNCTIVE

haya subrayado	hayamos subrayado
hayas subrayado	hayáis subrayado
haya subrayado	hayan subrayado

IMPERFECT SUBJUNCTIVE (-ra)

subrayara	subrayáramos
subrayaras	subrayarais
subrayara	subrayaran

or **IMPERFECT SUBJUNCTIVE (-se)**

subrayase	subrayásemos
subrayases	subrayaseis
subrayase	subrayasen

PAST PERFECT SUBJUNCTIVE (-ra)

hubiera subrayado	hubiéramos subrayado
hubieras subrayado	hubierais subrayado
hubiera subrayado	hubieran subrayado

or **PAST PERFECT SUBJUNCTIVE (-se)**

hubiese subrayado	hubiésemos subrayado
hubieses subrayado	hubieseis subrayado
hubiese subrayado	hubiesen subrayado

PROGRESSIVE TENSES

PRESENT	estoy, estás, está, estamos, estáis, están
PRETERIT	estuve, estuviste, estuvo, estuvimos, estuvisteis, estuvieron
IMPERFECT	estaba, estabas, estaba, estábamos, estabais, estaban
FUTURE	estaré, estarás, estará, estaremos, estaréis, estarán
CONDITIONAL	estaría, estarías, estaría, estaríamos, estaríais, estarían
SUBJUNCTIVE	que + *corresponding subjunctive tense of* estar *(see verb 252)*

} subrayando

COMMANDS

	(nosotros) subrayemos/no subrayemos
(tú) subraya/no subrayes	(vosotros) subrayad/no subrayéis
(Ud.) subraye/no subraye	(Uds.) subrayen/no subrayen

Usage

Subraya los títulos en el artículo.	*Underline/Underscore the titles in the article.*
Se pierde el efecto con tanto subrayar.	*You lose the effect with so much emphasizing.*
¿Cuáles palabras están subrayadas?	*Which words are underlined?*
Escribe una raya aquí.	*Write a dash here.*
No se debe exagerar el uso del subrayado.	*You shouldn't overdo underlining.*

regular -*er* verb

sucedo · sucedieron · sucedido · sucediendo

PRESENT		PRETERIT	
sucedo	sucedemos	sucedí	sucedimos
sucedes	sucedéis	sucediste	sucedisteis
sucede	suceden	sucedió	sucedieron

IMPERFECT		PRESENT PERFECT	
sucedía	sucedíamos	he sucedido	hemos sucedido
sucedías	sucedíais	has sucedido	habéis sucedido
sucedía	sucedían	ha sucedido	han sucedido

FUTURE		CONDITIONAL	
sucederé	sucederemos	sucedería	sucederíamos
sucederás	sucederéis	sucederías	sucederíais
sucederá	sucederán	sucedería	sucederían

PLUPERFECT		PRETERIT PERFECT	
había sucedido	habíamos sucedido	hube sucedido	hubimos sucedido
habías sucedido	habíais sucedido	hubiste sucedido	hubisteis sucedido
había sucedido	habían sucedido	hubo sucedido	hubieron sucedido

FUTURE PERFECT		CONDITIONAL PERFECT	
habré sucedido	habremos sucedido	habría sucedido	habríamos sucedido
habrás sucedido	habréis sucedido	habrías sucedido	habríais sucedido
habrá sucedido	habrán sucedido	habría sucedido	habrían sucedido

PRESENT SUBJUNCTIVE		PRESENT PERFECT SUBJUNCTIVE	
suceda	sucedamos	haya sucedido	hayamos sucedido
sucedas	sucedáis	hayas sucedido	hayáis sucedido
suceda	sucedan	haya sucedido	hayan sucedido

IMPERFECT SUBJUNCTIVE (-ra)		*or*	IMPERFECT SUBJUNCTIVE (-se)	
sucediera	sucediéramos		sucediese	sucediésemos
sucedieras	sucedierais		sucedieses	sucedieseis
sucediera	sucedieran		sucediese	sucediesen

PAST PERFECT SUBJUNCTIVE (-ra)		*or*	PAST PERFECT SUBJUNCTIVE (-se)	
hubiera sucedido	hubiéramos sucedido		hubiese sucedido	hubiésemos sucedido
hubieras sucedido	hubierais sucedido		hubieses sucedido	hubieseis sucedido
hubiera sucedido	hubieran sucedido		hubiese sucedido	hubiesen sucedido

PROGRESSIVE TENSES

PRESENT	estoy, estás, está, estamos, estáis, están
PRETERIT	estuve, estuviste, estuvo, estuvimos, estuvisteis, estuvieron
IMPERFECT	estaba, estabas, estaba, estábamos, estabais, estaban
FUTURE	estaré, estarás, estará, estaremos, estaréis, estarán
CONDITIONAL	estaría, estarías, estaría, estaríamos, estaríais, estarían
SUBJUNCTIVE	que + *corresponding subjunctive tense of* estar (*see verb 252*)

} sucediendo

COMMANDS

	(nosotros) sucedamos/no sucedamos
(tú) sucede/no sucedas	(vosotros) suceded/no sucedáis
(Ud.) suceda/no suceda	(Uds.) sucedan/no sucedan

Usage

Sucedió algo increíble.	*Something incredible happened.*
El príncipe sucedió a su padre el rey.	*The prince succeeded his father the king.*
¿Qué sucede?	*What's going on?/What's the matter?*
No sucedió lo esperado.	*What was expected didn't occur.*
Suceda lo que suceda.	*Come what may./Whatever may happen.*
¡Qué sucesión de sucesos afortunados!	*What a succession of lucky incidents/events!*
Nos veremos mucho en días sucesivos.	*We'll see each other a lot in the coming days.*

sufrir   *to suffer, undergo, tolerate*

sufro · sufrieron · sufrido · sufriendo   regular -*ir* verb

PRESENT

sufro	sufrimos
sufres	sufrís
sufre	sufren

PRETERIT

sufrí	sufrimos
sufriste	sufristeis
sufrió	sufrieron

IMPERFECT

sufría	sufríamos
sufrías	sufríais
sufría	sufrían

PRESENT PERFECT

he sufrido	hemos sufrido
has sufrido	habéis sufrido
ha sufrido	han sufrido

FUTURE

sufriré	sufriremos
sufrirás	sufriréis
sufrirá	sufrirán

CONDITIONAL

sufriría	sufriríamos
sufrirías	sufriríais
sufriría	sufrirían

PLUPERFECT

había sufrido	habíamos sufrido
habías sufrido	habíais sufrido
había sufrido	habían sufrido

PRETERIT PERFECT

hube sufrido	hubimos sufrido
hubiste sufrido	hubisteis sufrido
hubo sufrido	hubieron sufrido

FUTURE PERFECT

habré sufrido	habremos sufrido
habrás sufrido	habréis sufrido
habrá sufrido	habrán sufrido

CONDITIONAL PERFECT

habría sufrido	habríamos sufrido
habrías sufrido	habríais sufrido
habría sufrido	habrían sufrido

PRESENT SUBJUNCTIVE

sufra	suframos
sufras	sufráis
sufra	sufran

PRESENT PERFECT SUBJUNCTIVE

haya sufrido	hayamos sufrido
hayas sufrido	hayáis sufrido
haya sufrido	hayan sufrido

IMPERFECT SUBJUNCTIVE (-ra)   *or*   **IMPERFECT SUBJUNCTIVE (-se)**

sufriera	sufriéramos	sufriese	sufriésemos
sufrieras	sufrierais	sufrieses	sufrieseis
sufriera	sufrieran	sufriese	sufriesen

PAST PERFECT SUBJUNCTIVE (-ra)   *or*   **PAST PERFECT SUBJUNCTIVE (-se)**

hubiera sufrido	hubiéramos sufrido	hubiese sufrido	hubiésemos sufrido
hubieras sufrido	hubierais sufrido	hubieses sufrido	hubieseis sufrido
hubiera sufrido	hubieran sufrido	hubiese sufrido	hubiesen sufrido

PROGRESSIVE TENSES

PRESENT	estoy, estás, está, estamos, estáis, están
PRETERIT	estuve, estuviste, estuvo, estuvimos, estuvisteis, estuvieron
IMPERFECT	estaba, estabas, estaba, estábamos, estabais, estaban
FUTURE	estaré, estarás, estará, estaremos, estaréis, estarán
CONDITIONAL	estaría, estarías, estaría, estaríamos, estaríais, estarían
SUBJUNCTIVE	que + *corresponding subjunctive tense of* estar (*see verb 252*)

} sufriendo

COMMANDS

	(nosotros) suframos/no suframos
(tú) sufre/no sufras	(vosotros) sufrid/no sufráis
(Ud.) sufra/no sufra	(Uds.) sufran/no sufran

Usage

Sufre de dolores de cabeza.	*He suffers from headaches.*
No nos gusta que sufras su insolencia.	*We don't like you to put up with her insolence.*
¡Sufre las consecuencias de tus acciones!	*Suffer the consequences of your actions!*
Sufrieron un fracaso.	*They suffered a failure.*
¿Cuándo sufriste el accidente de coche?	*When did you have the car accident?*
Vivían con mucho sufrimiento.	*They lived with a lot of suffering.*

stem-changing -ir verb:
e > ie (present), e > i (preterit)

sugiero · sugirieron · sugerido · sugiriendo

PRESENT

sugiero	sugerimos
sugieres	sugerís
sugiere	sugieren

PRETERIT

sugerí	sugerimos
sugeriste	sugeristeis
sugirió	sugirieron

IMPERFECT

sugería	sugeríamos
sugerías	sugeríais
sugería	sugerían

PRESENT PERFECT

he sugerido	hemos sugerido
has sugerido	habéis sugerido
ha sugerido	han sugerido

FUTURE

sugeriré	sugeriremos
sugerirás	sugeriréis
sugerirá	sugerirán

CONDITIONAL

sugeriría	sugeriríamos
sugerirías	sugeriríais
sugeriría	sugerirían

PLUPERFECT

había sugerido	habíamos sugerido
habías sugerido	habíais sugerido
había sugerido	habían sugerido

PRETERIT PERFECT

hube sugerido	hubimos sugerido
hubiste sugerido	hubisteis sugerido
hubo sugerido	hubieron sugerido

FUTURE PERFECT

habré sugerido	habremos sugerido
habrás sugerido	habréis sugerido
habrá sugerido	habrán sugerido

CONDITIONAL PERFECT

habría sugerido	habríamos sugerido
habrías sugerido	habríais sugerido
habría sugerido	habrían sugerido

PRESENT SUBJUNCTIVE

sugiera	sugiramos
sugieras	sugiráis
sugiera	sugieran

PRESENT PERFECT SUBJUNCTIVE

haya sugerido	hayamos sugerido
hayas sugerido	hayáis sugerido
haya sugerido	hayan sugerido

IMPERFECT SUBJUNCTIVE (-ra)

sugiriera	sugiriéramos
sugirieras	sugirierais
sugiriera	sugirieran

or **IMPERFECT SUBJUNCTIVE (-se)**

sugiriese	sugiriésemos
sugirieses	sugirieseis
sugiriese	sugiriesen

PAST PERFECT SUBJUNCTIVE (-ra)

hubiera sugerido	hubiéramos sugerido
hubieras sugerido	hubierais sugerido
hubiera sugerido	hubieran sugerido

or **PAST PERFECT SUBJUNCTIVE (-se)**

hubiese sugerido	hubiésemos sugerido
hubieses sugerido	hubieseis sugerido
hubiese sugerido	hubiesen sugerido

PROGRESSIVE TENSES

PRESENT	estoy, estás, está, estamos, estáis, están
PRETERIT	estuve, estuviste, estuvo, estuvimos, estuvisteis, estuvieron
IMPERFECT	estaba, estabas, estaba, estábamos, estabais, estaban
FUTURE	estaré, estarás, estará, estaremos, estaréis, estarán
CONDITIONAL	estaría, estarías, estaría, estaríamos, estaríais, estarían
SUBJUNCTIVE	que + *corresponding subjunctive tense of* estar (*see verb 252*)

} sugiriendo

COMMANDS

	(nosotros) sugiramos/no sugiramos
(tú) sugiere/no sugieras	(vosotros) sugerid/no sugiráis
(Ud.) sugiera/no sugiera	(Uds.) sugieran/no sugieran

Usage

—¿Qué nos sugieres?	*What can you suggest to us?*
—Sugiero que aplacen la reunión.	*I suggest that you postpone the meeting.*
Sugirió que le habían hecho una mala jugada.	*She insinuated that they had played a dirty trick on her.*
Uds. han sugerido todo lo posible.	*You've suggested everything possible.*
Os hemos dado unas sugerencias.	*We've given you some suggestions.*
Su prosa es sugerente.	*His prose is suggestive.*

sumar   *to add, add up, amount to, summarize, sum up*

sumo · sumaron · sumado · sumando   regular -*ar* verb

PRESENT		PRETERIT	
sumo	sumamos	sumé	sumamos
sumas	sumáis	sumaste	sumasteis
suma	suman	sumó	sumaron

IMPERFECT		PRESENT PERFECT	
sumaba	sumábamos	he sumado	hemos sumado
sumabas	sumabais	has sumado	habéis sumado
sumaba	sumaban	ha sumado	han sumado

FUTURE		CONDITIONAL	
sumaré	sumaremos	sumaría	sumaríamos
sumarás	sumaréis	sumarías	sumaríais
sumará	sumarán	sumaría	sumarían

PLUPERFECT		PRETERIT PERFECT	
había sumado	habíamos sumado	hube sumado	hubimos sumado
habías sumado	habíais sumado	hubiste sumado	hubisteis sumado
había sumado	habían sumado	hubo sumado	hubieron sumado

FUTURE PERFECT		CONDITIONAL PERFECT	
habré sumado	habremos sumado	habría sumado	habríamos sumado
habrás sumado	habréis sumado	habrías sumado	habríais sumado
habrá sumado	habrán sumado	habría sumado	habrían sumado

PRESENT SUBJUNCTIVE		PRESENT PERFECT SUBJUNCTIVE	
sume	sumemos	haya sumado	hayamos sumado
sumes	suméis	hayas sumado	hayáis sumado
sume	sumen	haya sumado	hayan sumado

IMPERFECT SUBJUNCTIVE (-ra)		*or* IMPERFECT SUBJUNCTIVE (-se)	
sumara	sumáramos	sumase	sumásemos
sumaras	sumarais	sumases	sumaseis
sumara	sumaran	sumase	sumasen

PAST PERFECT SUBJUNCTIVE (-ra)		*or* PAST PERFECT SUBJUNCTIVE (-se)	
hubiera sumado	hubiéramos sumado	hubiese sumado	hubiésemos sumado
hubieras sumado	hubierais sumado	hubieses sumado	hubieseis sumado
hubiera sumado	hubieran sumado	hubiese sumado	hubiesen sumado

PROGRESSIVE TENSES

PRESENT	estoy, estás, está, estamos, estáis, están
PRETERIT	estuve, estuviste, estuvo, estuvimos, estuvisteis, estuvieron
IMPERFECT	estaba, estabas, estaba, estábamos, estabais, estaban
FUTURE	estaré, estarás, estará, estaremos, estaréis, estarán
CONDITIONAL	estaría, estarías, estaría, estaríamos, estaríais, estarían
SUBJUNCTIVE	que + *corresponding subjunctive tense of* estar (*see verb 252*)

} sumando

COMMANDS

	(nosotros) sumemos/no sumemos
(tú) suma/no sumes	(vosotros) sumad/no suméis
(Ud.) sume/no sume	(Uds.) sumen/no sumen

Usage

El niño ya sabe sumar y restar.	*The child already knows how to add and subtract.*
Sus ganancias suman cien mil dólares.	*His earnings amount to $100,000.*
Le pedimos que sume brevemente lo ocurrido.	*We ask you to summarize briefly what happened.*
Prepare un sumario.	*Prepare a summary.*
Le gusta hacer sumas.	*She likes to add.*
En suma, todo resultó bien.	*In short, everything worked out well.*

irregular verb (like **poner**)

supongo · supusieron · supuesto · suponiendo

PRESENT		PRETERIT	
supongo	suponemos	supuse	supusimos
supones	suponéis	supusiste	supusisteis
supone	suponen	supuso	supusieron

IMPERFECT		PRESENT PERFECT	
suponía	suponíamos	he supuesto	hemos supuesto
suponías	suponíais	has supuesto	habéis supuesto
suponía	suponían	ha supuesto	han supuesto

FUTURE		CONDITIONAL	
supondré	supondremos	supondría	supondríamos
supondrás	supondréis	supondrías	supondríais
supondrá	supondrán	supondría	supondrían

PLUPERFECT		PRETERIT PERFECT	
había supuesto	habíamos supuesto	hube supuesto	hubimos supuesto
habías supuesto	habíais supuesto	hubiste supuesto	hubisteis supuesto
había supuesto	habían supuesto	hubo supuesto	hubieron supuesto

FUTURE PERFECT		CONDITIONAL PERFECT	
habré supuesto	habremos supuesto	habría supuesto	habríamos supuesto
habrás supuesto	habréis supuesto	habrías supuesto	habríais supuesto
habrá supuesto	habrán supuesto	habría supuesto	habrían supuesto

PRESENT SUBJUNCTIVE		PRESENT PERFECT SUBJUNCTIVE	
suponga	supongamos	haya supuesto	hayamos supuesto
supongas	supongáis	hayas supuesto	hayáis supuesto
suponga	supongan	haya supuesto	hayan supuesto

IMPERFECT SUBJUNCTIVE (-ra)		*or*	IMPERFECT SUBJUNCTIVE (-se)	
supusiera	supusiéramos		supusiese	supusiésemos
supusieras	supusierais		supusieses	supusieseis
supusiera	supusieran		supusiese	supusiesen

PAST PERFECT SUBJUNCTIVE (-ra)		*or*	PAST PERFECT SUBJUNCTIVE (-se)	
hubiera supuesto	hubiéramos supuesto		hubiese supuesto	hubiésemos supuesto
hubieras supuesto	hubierais supuesto		hubieses supuesto	hubieseis supuesto
hubiera supuesto	hubieran supuesto		hubiese supuesto	hubiesen supuesto

PROGRESSIVE TENSES

PRESENT	estoy, estás, está, estamos, estáis, están	
PRETERIT	estuve, estuviste, estuvo, estuvimos, estuvisteis, estuvieron	
IMPERFECT	estaba, estabas, estaba, estábamos, estabais, estaban	suponiendo
FUTURE	estaré, estarás, estará, estaremos, estaréis, estarán	
CONDITIONAL	estaría, estarías, estaría, estaríamos, estaríais, estarían	
SUBJUNCTIVE	que + *corresponding subjunctive tense of* estar (*see verb 252*)	

COMMANDS

	(nosotros) supongamos/no supongamos
(tú) supón/no supongas	(vosotros) suponed/no supongáis
(Ud.) suponga/no suponga	(Uds.) supongan/no supongan

Usage

Suponemos que no has oído nada.	*We suppose/assume you haven't heard anything.*
Esta empresa supone la cooperación de todos.	*This undertaking means/entails everyone's cooperation.*
Supongo que sí/que no.	*I suppose so./I suppose not.*
¿Quién es este supuesto cantante?	*Who is this so-called singer?*
¡Por supuesto!	*Of course!*

PRESENT		PRETERIT	
suprimo	suprimimos	suprimí	suprimimos
suprimes	suprimís	suprimiste	suprimisteis
suprime	suprimen	suprimió	suprimieron

IMPERFECT		PRESENT PERFECT	
suprimía	suprimíamos	he suprimido	hemos suprimido
suprimías	suprimíais	has suprimido	habéis suprimido
suprimía	suprimían	ha suprimido	han suprimido

FUTURE		CONDITIONAL	
suprimiré	suprimiremos	suprimiría	suprimiríamos
suprimirás	suprimiréis	suprimirías	suprimiríais
suprimirá	suprimirán	suprimiría	suprimirían

PLUPERFECT		PRETERIT PERFECT	
había suprimido	habíamos suprimido	hube suprimido	hubimos suprimido
habías suprimido	habíais suprimido	hubiste suprimido	hubisteis suprimido
había suprimido	habían suprimido	hubo suprimido	hubieron suprimido

FUTURE PERFECT		CONDITIONAL PERFECT	
habré suprimido	habremos suprimido	habría suprimido	habríamos suprimido
habrás suprimido	habréis suprimido	habrías suprimido	habríais suprimido
habrá suprimido	habrán suprimido	habría suprimido	habrían suprimido

PRESENT SUBJUNCTIVE		PRESENT PERFECT SUBJUNCTIVE	
suprima	suprimamos	haya suprimido	hayamos suprimido
suprimas	suprimáis	hayas suprimido	hayáis suprimido
suprima	supriman	haya suprimido	hayan suprimido

IMPERFECT SUBJUNCTIVE (-ra)		*or*	IMPERFECT SUBJUNCTIVE (-se)	
suprimiera	suprimiéramos		suprimiese	suprimiésemos
suprimieras	suprimierais		suprimieses	suprimieseis
suprimiera	suprimieran		suprimiese	suprimiesen

PAST PERFECT SUBJUNCTIVE (-ra)		*or*	PAST PERFECT SUBJUNCTIVE (-se)	
hubiera suprimido	hubiéramos suprimido		hubiese suprimido	hubiésemos suprimido
hubieras suprimido	hubierais suprimido		hubieses suprimido	hubieseis suprimido
hubiera suprimido	hubieran suprimido		hubiese suprimido	hubiesen suprimido

PROGRESSIVE TENSES

PRESENT	estoy, estás, está, estamos, estáis, están	
PRETERIT	estuve, estuviste, estuvo, estuvimos, estuvisteis, estuvieron	
IMPERFECT	estaba, estabas, estaba, estábamos, estabais, estaban	suprimiendo
FUTURE	estaré, estarás, estará, estaremos, estaréis, estarán	
CONDITIONAL	estaría, estarías, estaría, estaríamos, estaríais, estarían	
SUBJUNCTIVE	que + *corresponding subjunctive tense of* estar (*see verb 252*)	

COMMANDS

	(nosotros) suprimamos/no suprimamos
(tú) suprime/no suprimas	(vosotros) suprimid/no suprimáis
(Ud.) suprima/no suprima	(Uds.) supriman/no supriman

Usage

Se suprimía la libertad bajo el comunismo.	*Freedom was suppressed under communism.*
Suprima los pormenores aburridos.	*Leave out the boring details.*
He suprimido dos párrafos.	*I've eliminated two paragraphs.*
¿No temes que se suprima tu trabajo?	*Aren't you afraid your work will be deleted?*
La novela fue suprimida por un siglo.	*The novel was suppressed for a century.*

-ir verb; spelling change: *g > j/o, a*　　　　**surjo · surgieron · surgido · surgiendo**

PRESENT

surjo	surgimos
surges	surgís
surge	surgen

IMPERFECT

surgía	surgíamos
surgías	surgíais
surgía	surgían

FUTURE

surgiré	surgiremos
surgirás	surgiréis
surgirá	surgirán

PLUPERFECT

había surgido	habíamos surgido
habías surgido	habíais surgido
había surgido	habían surgido

FUTURE PERFECT

habré surgido	habremos surgido
habrás surgido	habréis surgido
habrá surgido	habrán surgido

PRESENT SUBJUNCTIVE

surja	surjamos
surjas	surjáis
surja	surjan

IMPERFECT SUBJUNCTIVE (-ra)

surgiera	surgiéramos
surgieras	surgierais
surgiera	surgieran

PAST PERFECT SUBJUNCTIVE (-ra)

hubiera surgido	hubiéramos surgido
hubieras surgido	hubierais surgido
hubiera surgido	hubieran surgido

PRETERIT

surgí	surgimos
surgiste	surgisteis
surgió	surgieron

PRESENT PERFECT

he surgido	hemos surgido
has surgido	habéis surgido
ha surgido	han surgido

CONDITIONAL

surgiría	surgiríamos
surgirías	surgiríais
surgiría	surgirían

PRETERIT PERFECT

hube surgido	hubimos surgido
hubiste surgido	hubisteis surgido
hubo surgido	hubieron surgido

CONDITIONAL PERFECT

habría surgido	habríamos surgido
habrías surgido	habríais surgido
habría surgido	habrían surgido

PRESENT PERFECT SUBJUNCTIVE

haya surgido	hayamos surgido
hayas surgido	hayáis surgido
haya surgido	hayan surgido

or **IMPERFECT SUBJUNCTIVE (-se)**

surgiese	surgiésemos
surgieses	surgieseis
surgiese	surgiesen

or **PAST PERFECT SUBJUNCTIVE (-se)**

hubiese surgido	hubiésemos surgido
hubieses surgido	hubieseis surgido
hubiese surgido	hubiesen surgido

PROGRESSIVE TENSES

PRESENT	estoy, estás, está, estamos, estáis, están
PRETERIT	estuve, estuviste, estuvo, estuvimos, estuvisteis, estuvieron
IMPERFECT	estaba, estabas, estaba, estábamos, estabais, estaban
FUTURE	estaré, estarás, estará, estaremos, estaréis, estarán
CONDITIONAL	estaría, estarías, estaría, estaríamos, estaríais, estarían
SUBJUNCTIVE	que + *corresponding subjunctive tense of* estar *(see verb 252)*

} surgiendo

COMMANDS

	(nosotros) surjamos/no surjamos
(tú) surge/no surjas	(vosotros) surgid/no surjáis
(Ud.) surja/no surja	(Uds.) surjan/no surjan

Usage

Un oasis surgió en el desierto.	*An oasis sprung up in the desert.*
Ha surgido una nueva flautista joven.	*A new young flutist has appeared on the scene.*
Surgían conflictos entre los socios del club.	*Conflicts arose among the club members.*
¿De dónde surgieron esas personas?	*Where did those people come from?*
El rascacielos surge entre los edificios.	*The skyscraper towers over the buildings.*

PRESENT

suspiro	suspiramos
suspiras	suspiráis
suspira	suspiran

PRETERIT

suspiré	suspiramos
suspiraste	suspirasteis
suspiró	suspiraron

IMPERFECT

suspiraba	suspirábamos
suspirabas	suspirabais
suspiraba	suspiraban

PRESENT PERFECT

he suspirado	hemos suspirado
has suspirado	habéis suspirado
ha suspirado	han suspirado

FUTURE

suspiraré	suspiraremos
suspirarás	suspiraréis
suspirará	suspirarán

CONDITIONAL

suspiraría	suspiraríamos
suspirarías	suspiraríais
suspiraría	suspirarían

PLUPERFECT

había suspirado	habíamos suspirado
habías suspirado	habíais suspirado
había suspirado	habían suspirado

PRETERIT PERFECT

hube suspirado	hubimos suspirado
hubiste suspirado	hubisteis suspirado
hubo suspirado	hubieron suspirado

FUTURE PERFECT

habré suspirado	habremos suspirado
habrás suspirado	habréis suspirado
habrá suspirado	habrán suspirado

CONDITIONAL PERFECT

habría suspirado	habríamos suspirado
habrías suspirado	habríais suspirado
habría suspirado	habrían suspirado

PRESENT SUBJUNCTIVE

suspire	suspiremos
suspires	suspiréis
suspire	suspiren

PRESENT PERFECT SUBJUNCTIVE

haya suspirado	hayamos suspirado
hayas suspirado	hayáis suspirado
haya suspirado	hayan suspirado

IMPERFECT SUBJUNCTIVE (-ra)

suspirara	suspiráramos
suspiraras	suspirarais
suspirara	suspiraran

or **IMPERFECT SUBJUNCTIVE (-se)**

suspirase	suspirásemos
suspirases	suspiraseis
suspirase	suspirasen

PAST PERFECT SUBJUNCTIVE (-ra)

hubiera suspirado	hubiéramos suspirado
hubieras suspirado	hubierais suspirado
hubiera suspirado	hubieran suspirado

or **PAST PERFECT SUBJUNCTIVE (-se)**

hubiese suspirado	hubiésemos suspirado
hubieses suspirado	hubieseis suspirado
hubiese suspirado	hubiesen suspirado

PROGRESSIVE TENSES

PRESENT	estoy, estás, está, estamos, estáis, están
PRETERIT	estuve, estuviste, estuvo, estuvimos, estuvisteis, estuvieron
IMPERFECT	estaba, estabas, estaba, estábamos, estabais, estaban
FUTURE	estaré, estarás, estará, estaremos, estaréis, estarán
CONDITIONAL	estaría, estarías, estaría, estaríamos, estaríais, estarían
SUBJUNCTIVE	que + *corresponding subjunctive tense of* estar (*see verb 252*)

} suspirando

COMMANDS

	(nosotros) suspiremos/no suspiremos
(tú) suspira/no suspires	(vosotros) suspirad/no suspiréis
(Ud.) suspire/no suspire	(Uds.) suspiren/no suspiren

Usage

¿Por qué suspiras así?	*Why are you sighing like that?*
Suspira por un coche campero.	*She's longing for a jeep.*
El viento suspira quejumbrosamente.	*The wind is sighing plaintively.*
Daba suspiros.	*He was sighing.*
El suspiro indica que hay silencio.	*The quarter rest indicates there's silence.* (music)

-*ir* verb; spelling change:
adds *y* before *o, a, e*

sustituyo · sustituyeron · sustituido · sustituyendo

PRESENT

sustituyo	sustituimos
sustituyes	sustituís
sustituye	sustituyen

PRETERIT

sustituí	sustituimos
sustituiste	sustituisteis
sustituyó	sustituyeron

IMPERFECT

sustituía	sustituíamos
sustituías	sustituíais
sustituía	sustituían

PRESENT PERFECT

he sustituido	hemos sustituido
has sustituido	habéis sustituido
ha sustituido	han sustituido

FUTURE

sustituiré	sustituiremos
sustituirás	sustituiréis
sustituirá	sustituirán

CONDITIONAL

sustituiría	sustituiríamos
sustituirías	sustituiríais
sustituiría	sustituirían

PLUPERFECT

había sustituido	habíamos sustituido
habías sustituido	habíais sustituido
había sustituido	habían sustituido

PRETERIT PERFECT

hube sustituido	hubimos sustituido
hubiste sustituido	hubisteis sustituido
hubo sustituido	hubieron sustituido

FUTURE PERFECT

habré sustituido	habremos sustituido
habrás sustituido	habréis sustituido
habrá sustituido	habrán sustituido

CONDITIONAL PERFECT

habría sustituido	habríamos sustituido
habrías sustituido	habríais sustituido
habría sustituido	habrían sustituido

PRESENT SUBJUNCTIVE

sustituya	sustituyamos
sustituyas	sustituyáis
sustituya	sustituyan

PRESENT PERFECT SUBJUNCTIVE

haya sustituido	hayamos sustituido
hayas sustituido	hayáis sustituido
haya sustituido	hayan sustituido

IMPERFECT SUBJUNCTIVE (-ra)

sustituyera	sustituyéramos
sustituyeras	sustituyerais
sustituyera	sustituyeran

or **IMPERFECT SUBJUNCTIVE (-se)**

sustituyese	sustituyésemos
sustituyeses	sustituyeseis
sustituyese	sustituyesen

PAST PERFECT SUBJUNCTIVE (-ra)

hubiera sustituido	hubiéramos sustituido
hubieras sustituido	hubierais sustituido
hubiera sustituido	hubieran sustituido

or **PAST PERFECT SUBJUNCTIVE (-se)**

hubiese sustituido	hubiésemos sustituido
hubieses sustituido	hubieseis sustituido
hubiese sustituido	hubiesen sustituido

PROGRESSIVE TENSES

PRESENT	estoy, estás, está, estamos, estáis, están
PRETERIT	estuve, estuviste, estuvo, estuvimos, estuvisteis, estuvieron
IMPERFECT	estaba, estabas, estaba, estábamos, estabais, estaban
FUTURE	estaré, estarás, estará, estaremos, estaréis, estarán
CONDITIONAL	estaría, estarías, estaría, estaríamos, estaríais, estarían
SUBJUNCTIVE	que + *corresponding subjunctive tense of* estar (*see verb 252*)

} sustituyendo

COMMANDS

	(nosotros) sustituyamos/no sustituyamos
(tú) sustituye/no sustituyas	(vosotros) sustituid/no sustituyáis
(Ud.) sustituya/no sustituya	(Uds.) sustituyan/no sustituyan

Usage

Sustituya esta impresora por otra.	*Replace this printer with another.*
El director adjunto sustituyó al director.	*The assistant director substituted for the director.*
El sustituto sustituye al primer actor hoy.	*The understudy is replacing the lead actor today.*
No se permite ninguna sustitución.	*No substitutions allowed.*

tardar *to take (time), be a long time, delay*

tardo · tardaron · tardado · tardando

regular -ar verb

PRESENT

tardo	tardamos
tardas	tardáis
tarda	tardan

PRETERIT

tardé	tardamos
tardaste	tardasteis
tardó	tardaron

IMPERFECT

tardaba	tardábamos
tardabas	tardabais
tardaba	tardaban

PRESENT PERFECT

he tardado	hemos tardado
has tardado	habéis tardado
ha tardado	han tardado

FUTURE

tardaré	tardaremos
tardarás	tardaréis
tardará	tardarán

CONDITIONAL

tardaría	tardaríamos
tardarías	tardaríais
tardaría	tardarían

PLUPERFECT

había tardado	habíamos tardado
habías tardado	habíais tardado
había tardado	habían tardado

PRETERIT PERFECT

hube tardado	hubimos tardado
hubiste tardado	hubisteis tardado
hubo tardado	hubieron tardado

FUTURE PERFECT

habré tardado	habremos tardado
habrás tardado	habréis tardado
habrá tardado	habrán tardado

CONDITIONAL PERFECT

habría tardado	habríamos tardado
habrías tardado	habríais tardado
habría tardado	habrían tardado

PRESENT SUBJUNCTIVE

tarde	tardemos
tardes	tardéis
tarde	tarden

PRESENT PERFECT SUBJUNCTIVE

haya tardado	hayamos tardado
hayas tardado	hayáis tardado
haya tardado	hayan tardado

IMPERFECT SUBJUNCTIVE (-ra)

tardara	tardáramos
tardaras	tardarais
tardara	tardaran

or **IMPERFECT SUBJUNCTIVE (-se)**

tardase	tardásemos
tardases	tardaseis
tardase	tardasen

PAST PERFECT SUBJUNCTIVE (-ra)

hubiera tardado	hubiéramos tardado
hubieras tardado	hubierais tardado
hubiera tardado	hubieran tardado

or **PAST PERFECT SUBJUNCTIVE (-se)**

hubiese tardado	hubiésemos tardado
hubieses tardado	hubieseis tardado
hubiese tardado	hubiesen tardado

PROGRESSIVE TENSES

PRESENT	estoy, estás, está, estamos, estáis, están
PRETERIT	estuve, estuviste, estuvo, estuvimos, estuvisteis, estuvieron
IMPERFECT	estaba, estabas, estaba, estábamos, estabais, estaban
FUTURE	estaré, estarás, estará, estaremos, estaréis, estarán
CONDITIONAL	estaría, estarías, estaría, estaríamos, estaríais, estarían
SUBJUNCTIVE	que + *corresponding subjunctive tense of* estar (*see verb 252*)

} tardando

COMMANDS

	(nosotros) tardemos/no tardemos
(tú) tarda/no tardes	(vosotros) tardad/no tardéis
(Ud.) tarde/no tarde	(Uds.) tarden/no tarden

Usage

Tardaron en llegar.	*They took a long time to arrive.*
El proyecto tardará dos meses.	*The project will take two months.*
¡No tardes más!	*Don't delay any longer!*
No tardamos nada en hacer las maletas.	*We packed our suitcases in no time.*
Es la una de la tarde.	*It's 1:00 P.M.*
Estarán de vuelta por la tarde.	*They'll be back in the afternoon.*
Se me hizo tarde.	*It got late for me.*

regular *-ar* verb   telefoneo · telefonearon · telefoneado · telefoneando

PRESENT

telefoneo	telefoneamos
telefoneas	telefoneáis
telefonea	telefonean

IMPERFECT

telefoneaba	telefoneábamos
telefoneabas	telefoneabais
telefoneaba	telefoneaban

FUTURE

telefonearé	telefonearemos
telefonearás	telefonearéis
telefoneará	telefonearán

PLUPERFECT

había telefoneado	habíamos telefoneado
habías telefoneado	habíais telefoneado
había telefoneado	habían telefoneado

FUTURE PERFECT

habré telefoneado	habremos telefoneado
habrás telefoneado	habréis telefoneado
habrá telefoneado	habrán telefoneado

PRESENT SUBJUNCTIVE

telefonee	telefoneemos
telefonees	telefoneéis
telefonee	telefoneen

IMPERFECT SUBJUNCTIVE (-ra)

telefoneara	telefoneáramos
telefonearas	telefonearais
telefoneara	telefonearan

PAST PERFECT SUBJUNCTIVE (-ra)

hubiera telefoneado	hubiéramos telefoneado
hubieras telefoneado	hubierais telefoneado
hubiera telefoneado	hubieran telefoneado

PRETERIT

telefoneé	telefoneamos
telefoneaste	telefoneasteis
telefoneó	telefonearon

PRESENT PERFECT

he telefoneado	hemos telefoneado
has telefoneado	habéis telefoneado
ha telefoneado	han telefoneado

CONDITIONAL

telefonearía	telefonearíamos
telefonearías	telefonearíais
telefonearía	telefonearían

PRETERIT PERFECT

hube telefoneado	hubimos telefoneado
hubiste telefoneado	hubisteis telefoneado
hubo telefoneado	hubieron telefoneado

CONDITIONAL PERFECT

habría telefoneado	habríamos telefoneado
habrías telefoneado	habríais telefoneado
habría telefoneado	habrían telefoneado

PRESENT PERFECT SUBJUNCTIVE

haya telefoneado	hayamos telefoneado
hayas telefoneado	hayáis telefoneado
haya telefoneado	hayan telefoneado

or   **IMPERFECT SUBJUNCTIVE (-se)**

telefonease	telefoneásemos
telefoneases	telefoneaseis
telefonease	telefoneasen

or   **PAST PERFECT SUBJUNCTIVE (-se)**

hubiese telefoneado	hubiésemos telefoneado
hubieses telefoneado	hubieseis telefoneado
hubiese telefoneado	hubiesen telefoneado

PROGRESSIVE TENSES

PRESENT	estoy, estás, está, estamos, estáis, están
PRETERIT	estuve, estuviste, estuvo, estuvimos, estuvisteis, estuvieron
IMPERFECT	estaba, estabas, estaba, estábamos, estabais, estaban
FUTURE	estaré, estarás, estará, estaremos, estaréis, estarán
CONDITIONAL	estaría, estarías, estaría, estaríamos, estaríais, estarían
SUBJUNCTIVE	que + *corresponding subjunctive tense of* estar *(see verb 252)*

} telefoneando

COMMANDS

	(nosotros) telefoneemos/no telefoneemos
(tú) telefonea/no telefonees	(vosotros) telefonead/no telefoneéis
(Ud.) telefonee/no telefonee	(Uds.) telefoneen/no telefoneen

Usage

Telefoneaba a mis papás todos los días.	*I phoned my parents every day.*
Telefonéanos tan pronto como llegues.	*Telephone us as soon as you arrive.*
Uso el correo electrónico más que el teléfono.	*I use e-mail more than the telephone.*
Tengo un teléfono inalámbrico y un teléfono móvil.	*I have a cordless phone and a mobile phone.*
Marque el número de teléfono.	*Dial the phone number.*
La telefonía sin hilos cobra importancia.	*Wireless telephony is gaining importance.*
Hay teléfono público en la esquina.	*There's a public telephone on the corner.*

temblar   *to shake, tremble, shiver*

tiemblo · temblaron · temblado · temblando   stem-changing *-ar* verb: *e > ie*

PRESENT		PRETERIT	
tiemblo	temblamos	temblé	temblamos
tiemblas	tembláis	temblaste	temblasteis
tiembla	tiemblan	tembló	temblaron

IMPERFECT		PRESENT PERFECT	
temblaba	temblábamos	he temblado	hemos temblado
temblabas	temblabais	has temblado	habéis temblado
temblaba	temblaban	ha temblado	han temblado

FUTURE		CONDITIONAL	
temblaré	temblaremos	temblaría	temblaríamos
temblarás	temblaréis	temblarías	temblaríais
temblará	temblarán	temblaría	temblarían

PLUPERFECT		PRETERIT PERFECT	
había temblado	habíamos temblado	hube temblado	hubimos temblado
habías temblado	habíais temblado	hubiste temblado	hubisteis temblado
había temblado	habían temblado	hubo temblado	hubieron temblado

FUTURE PERFECT		CONDITIONAL PERFECT	
habré temblado	habremos temblado	habría temblado	habríamos temblado
habrás temblado	habréis temblado	habrías temblado	habríais temblado
habrá temblado	habrán temblado	habría temblado	habrían temblado

PRESENT SUBJUNCTIVE		PRESENT PERFECT SUBJUNCTIVE	
tiemble	temblemos	haya temblado	hayamos temblado
tiembles	tembléis	hayas temblado	hayáis temblado
tiemble	tiemblen	haya temblado	hayan temblado

IMPERFECT SUBJUNCTIVE (-ra)		*or* IMPERFECT SUBJUNCTIVE (-se)	
temblara	tembláramos	temblase	temblásemos
temblaras	temblarais	temblases	temblaseis
temblara	temblaran	temblase	temblasen

PAST PERFECT SUBJUNCTIVE (-ra)		*or* PAST PERFECT SUBJUNCTIVE (-se)	
hubiera temblado	hubiéramos temblado	hubiese temblado	hubiésemos temblado
hubieras temblado	hubierais temblado	hubieses temblado	hubieseis temblado
hubiera temblado	hubieran temblado	hubiese temblado	hubiesen temblado

PROGRESSIVE TENSES

PRESENT	estoy, estás, está, estamos, estáis, están
PRETERIT	estuve, estuviste, estuvo, estuvimos, estuvisteis, estuvieron
IMPERFECT	estaba, estabas, estaba, estábamos, estabais, estaban
FUTURE	estaré, estarás, estará, estaremos, estaréis, estarán
CONDITIONAL	estaría, estarías, estaría, estaríamos, estaríais, estarían
SUBJUNCTIVE	que + *corresponding subjunctive tense of* estar (*see verb 252*)

} temblando

COMMANDS

	(nosotros) temblemos/no temblemos
(tú) tiembla/no tiembles	(vosotros) temblad/no tembléis
(Ud.) tiemble/no tiemble	(Uds.) tiemblen/no tiemblen

Usage

Los edificios temblaban durante el temblor de tierra.	*The buildings were shaking during the earthquake.*
Tiemblas. Será el frío.	*You're shivering. It must be the cold.*
La película de horror les hacía temblar de miedo.	*The horror film made them tremble with fear.*
Tiene la voz temblorosa por los nervios.	*Her voice is tremulous because she's nervous.*
La pesadilla le daba temblores.	*The nightmare gave her shivers.*

regular -er verb

PRESENT

temo	tememos
temes	teméis
teme	temen

PRETERIT

temí	temimos
temiste	temisteis
temió	temieron

IMPERFECT

temía	temíamos
temías	temíais
temía	temían

PRESENT PERFECT

he temido	hemos temido
has temido	habéis temido
ha temido	han temido

FUTURE

temeré	temeremos
temerás	temeréis
temerá	temerán

CONDITIONAL

temería	temeríamos
temerías	temeríais
temería	temerían

PLUPERFECT

había temido	habíamos temido
habías temido	habíais temido
había temido	habían temido

PRETERIT PERFECT

hube temido	hubimos temido
hubiste temido	hubisteis temido
hubo temido	hubieron temido

FUTURE PERFECT

habré temido	habremos temido
habrás temido	habréis temido
habrá temido	habrán temido

CONDITIONAL PERFECT

habría temido	habríamos temido
habrías temido	habríais temido
habría temido	habrían temido

PRESENT SUBJUNCTIVE

tema	temamos
temas	temáis
tema	teman

PRESENT PERFECT SUBJUNCTIVE

haya temido	hayamos temido
hayas temido	hayáis temido
haya temido	hayan temido

IMPERFECT SUBJUNCTIVE (-ra)

temiera	temiéramos
temieras	temierais
temiera	temieran

or **IMPERFECT SUBJUNCTIVE (-se)**

temiese	temiésemos
temieses	temieseis
temiese	temiesen

PAST PERFECT SUBJUNCTIVE (-ra)

hubiera temido	hubiéramos temido
hubieras temido	hubierais temido
hubiera temido	hubieran temido

or **PAST PERFECT SUBJUNCTIVE (-se)**

hubiese temido	hubiésemos temido
hubieses temido	hubieseis temido
hubiese temido	hubiesen temido

PROGRESSIVE TENSES

PRESENT	estoy, estás, está, estamos, estáis, están	
PRETERIT	estuve, estuviste, estuvo, estuvimos, estuvisteis, estuvieron	
IMPERFECT	estaba, estabas, estaba, estábamos, estabais, estaban	temiendo
FUTURE	estaré, estarás, estará, estaremos, estaréis, estarán	
CONDITIONAL	estaría, estarías, estaría, estaríamos, estaríais, estarían	
SUBJUNCTIVE	que + *corresponding subjunctive tense of* estar (*see verb 252*)	

COMMANDS

	(nosotros) temamos/no temamos
(tú) teme/no temas	(vosotros) temed/no temáis
(Ud.) tema/no tema	(Uds.) teman/no teman

Usage

No temen el calentamiento de la Tierra.	*They're not afraid of global warming.*
Temía que nos fuéramos sin él.	*He feared we'd leave without him.*
¿Te temes que no te inviten a la fiesta?	*Are you afraid you won't be invited to the party?*
La gente temía por su vida.	*People feared for their lives.*
No tiene temor a nada.	*She's not afraid of anything.*
¡Qué temible es el monstruo!	*What a frightful monster!*
Los dictadores son de temer.	*Dictators are dangerous.*

tender *to spread, put out, tend, have a tendency*

tiendo · tendieron · tendido · tendiendo

stem-changing -er verb: e > ie

PRESENT		PRETERIT	
tiendo	tendemos	tendí	tendimos
tiendes	tendéis	tendiste	tendisteis
tiende	tienden	tendió	tendieron

IMPERFECT		PRESENT PERFECT	
tendía	tendíamos	he tendido	hemos tendido
tendías	tendíais	has tendido	habéis tendido
tendía	tendían	ha tendido	han tendido

FUTURE		CONDITIONAL	
tenderé	tenderemos	tendería	tenderíamos
tenderás	tenderéis	tenderías	tenderíais
tenderá	tenderán	tendería	tenderían

PLUPERFECT		PRETERIT PERFECT	
había tendido	habíamos tendido	hube tendido	hubimos tendido
habías tendido	habíais tendido	hubiste tendido	hubisteis tendido
había tendido	habían tendido	hubo tendido	hubieron tendido

FUTURE PERFECT		CONDITIONAL PERFECT	
habré tendido	habremos tendido	habría tendido	habríamos tendido
habrás tendido	habréis tendido	habrías tendido	habríais tendido
habrá tendido	habrán tendido	habría tendido	habrían tendido

PRESENT SUBJUNCTIVE		PRESENT PERFECT SUBJUNCTIVE	
tienda	tendamos	haya tendido	hayamos tendido
tiendas	tendáis	hayas tendido	hayáis tendido
tienda	tiendan	haya tendido	hayan tendido

IMPERFECT SUBJUNCTIVE (-ra)		*or* IMPERFECT SUBJUNCTIVE (-se)	
tendiera	tendiéramos	tendiese	tendiésemos
tendieras	tendierais	tendieses	tendieseis
tendiera	tendieran	tendiese	tendiesen

PAST PERFECT SUBJUNCTIVE (-ra)		*or* PAST PERFECT SUBJUNCTIVE (-se)	
hubiera tendido	hubiéramos tendido	hubiese tendido	hubiésemos tendido
hubieras tendido	hubierais tendido	hubieses tendido	hubieseis tendido
hubiera tendido	hubieran tendido	hubiese tendido	hubiesen tendido

PROGRESSIVE TENSES

PRESENT	estoy, estás, está, estamos, estáis, están	
PRETERIT	estuve, estuviste, estuvo, estuvimos, estuvisteis, estuvieron	
IMPERFECT	estaba, estabas, estaba, estábamos, estabais, estaban	tendiendo
FUTURE	estaré, estarás, estará, estaremos, estaréis, estarán	
CONDITIONAL	estaría, estarías, estaría, estaríamos, estaríais, estarían	
SUBJUNCTIVE	que + *corresponding subjunctive tense of* estar (*see verb 252*)	

COMMANDS

	(nosotros) tendamos/no tendamos
(tú) tiende/no tiendas	(vosotros) tended/no tendáis
(Ud.) tienda/no tienda	(Uds.) tiendan/no tiendan

Usage

Tendamos la manta.	*Let's spread out the blanket.*
Tendió la mano al conocerlo.	*She put out her hand when she met him.*
Tendéis a exagerar.	*You tend to overdo it/go too far.*
Me tendí en el sofá.	*I stretched out on the couch.*
Están tendidos en el suelo.	*They're lying/stretched out on the floor.*
¿Sigues las tendencias en la moda?	*Do you follow trends in fashion?*
La Bolsa tiene una tendencia alcista/bajista.	*The stock market has an upward/downward trend.*

irregular verb

tengo · tuvieron · tenido · teniendo

PRESENT

tengo	tenemos
tienes	tenéis
tiene	tienen

IMPERFECT

tenía	teníamos
tenías	teníais
tenía	tenían

FUTURE

tendré	tendremos
tendrás	tendréis
tendrá	tendrán

PLUPERFECT

había tenido	habíamos tenido
habías tenido	habíais tenido
había tenido	habían tenido

FUTURE PERFECT

habré tenido	habremos tenido
habrás tenido	habréis tenido
habrá tenido	habrán tenido

PRESENT SUBJUNCTIVE

tenga	tengamos
tengas	tengáis
tenga	tengan

IMPERFECT SUBJUNCTIVE (-ra)

tuviera	tuviéramos
tuvieras	tuvierais
tuviera	tuvieran

PAST PERFECT SUBJUNCTIVE (-ra)

hubiera tenido	hubiéramos tenido
hubieras tenido	hubierais tenido
hubiera tenido	hubieran tenido

PRETERIT

tuve	tuvimos
tuviste	tuvisteis
tuvo	tuvieron

PRESENT PERFECT

he tenido	hemos tenido
has tenido	habéis tenido
ha tenido	han tenido

CONDITIONAL

tendría	tendríamos
tendrías	tendríais
tendría	tendrían

PRETERIT PERFECT

hube tenido	hubimos tenido
hubiste tenido	hubisteis tenido
hubo tenido	hubieron tenido

CONDITIONAL PERFECT

habría tenido	habríamos tenido
habrías tenido	habríais tenido
habría tenido	habrían tenido

PRESENT PERFECT SUBJUNCTIVE

haya tenido	hayamos tenido
hayas tenido	hayáis tenido
haya tenido	hayan tenido

or **IMPERFECT SUBJUNCTIVE (-se)**

tuviese	tuviésemos
tuvieses	tuvieseis
tuviese	tuviesen

or **PAST PERFECT SUBJUNCTIVE (-se)**

hubiese tenido	hubiésemos tenido
hubieses tenido	hubieseis tenido
hubiese tenido	hubiesen tenido

PROGRESSIVE TENSES

PRESENT	estoy, estás, está, estamos, estáis, están	
PRETERIT	estuve, estuviste, estuvo, estuvimos, estuvisteis, estuvieron	
IMPERFECT	estaba, estabas, estaba, estábamos, estabais, estaban	teniendo
FUTURE	estaré, estarás, estará, estaremos, estaréis, estarán	
CONDITIONAL	estaría, estarías, estaría, estaríamos, estaríais, estarían	
SUBJUNCTIVE	que + *corresponding subjunctive tense of* estar (*see verb 252*)	

COMMANDS

	(nosotros) tengamos/no tengamos
(tú) ten/no tengas	(vosotros) tened/no tengáis
(Ud.) tenga/no tenga	(Uds.) tengan/no tengan

Usage

¿Tienes otra computadora?	*Do you have another computer?*
—¿Qué tienes?	*What's the matter/wrong with you?*
—Tengo dolor de cabeza.	*I have a headache.*
Ten paciencia.	*Be patient.*
Tienen éxito/fama/razón/suerte.	*They're successful/famous/right/lucky.*
Tiene veintiséis años.	*He's 26 years old.*
Tenemos que firmar estos papeles.	*We have to sign these papers.*

TOP 50 VERB ☞

tengo · tuvieron · tenido · teniendo   irregular verb

—¿Tienen la junta anual esta semana? | *Are they having/holding the annual meeting this week?*

—No, tendrá lugar el mes que viene. | *No, it will take place next month.*
Les pido que me tengan al día. | *I ask that you keep me up to date.*
Tenga en cuenta lo que dijeron. | *Bear/Keep in mind what they said.*
Eso no tiene nada que ver contigo. | *That has nothing to do with you.*
¿Qué tenéis como objetivo? | *What is your objective/goal?*
—¿Tienes sellos? | *Do you have any stamps?*
—Sí. Los tengo a mano. | *Yes. I have them right here/handy.*
Si tuviera tiempo, asistiría al concierto. | *If I had time I would attend the concert.*

tener + noun *to be + adjective*

—¿Tienes hambre/sed? | *Are you hungry/thirsty?*
—Sí, tengo mucha hambre/mucha sed. | *Yes, I'm very hungry/very thirsty.*
Tienen frío/calor/celos/miedo. | *They're cold/warm/jealous/afraid.*
Tengo prisa por llegar. | *I'm in a hurry to get there.*

tener que + infinitive *to have to, must*

—¿No tienes que salir para el aeropuerto ahora? | *Don't you have to leave for the airport now?*
—Todavía no. No tengo que estar hasta las seis. | *Not yet. I don't have to be there until 6:00.*

to hold

¿Tiene algo en la mano? | *Are you holding something in your hand?*
La abuela tiene al bebé en brazos. | *The grandmother is holding the baby in her arms.*

to own

Tenían una casa en la playa. | *They owned a beach house.*

Other Uses

Tiene los ojos azules/verdes. | *She has blue/green eyes.*
Tiene el pelo castaño/rubio. | *She has brown/blond hair.*
Le teníamos por trabajador. | *We considered him (to be) a hard worker.*
Tiene puesto el smoking. | *He is wearing/has on his tuxedo.*
No tiene nada de particular. | *It's nothing special.*
Lo tienen todo. | *They have everything.*
Quien más tiene más quiere. | *The more you have, the more you want.*

TOP 50 VERBS

regular *-ar* verb   **termino · terminaron · terminado · terminando**

PRESENT

termino	terminamos
terminas	termináis
termina	terminan

IMPERFECT

terminaba	terminábamos
terminabas	terminabais
terminaba	terminaban

FUTURE

terminaré	terminaremos
terminarás	terminaréis
terminará	terminarán

PLUPERFECT

había terminado	habíamos terminado
habías terminado	habíais terminado
había terminado	habían terminado

FUTURE PERFECT

habré terminado	habremos terminado
habrás terminado	habréis terminado
habrá terminado	habrán terminado

PRESENT SUBJUNCTIVE

termine	terminemos
termines	terminéis
termine	terminen

IMPERFECT SUBJUNCTIVE (-ra)

terminara	termináramos
terminaras	terminarais
terminara	terminaran

PAST PERFECT SUBJUNCTIVE (-ra)

hubiera terminado	hubiéramos terminado
hubieras terminado	hubierais terminado
hubiera terminado	hubieran terminado

PRETERIT

terminé	terminamos
terminaste	terminasteis
terminó	terminaron

PRESENT PERFECT

he terminado	hemos terminado
has terminado	habéis terminado
ha terminado	han terminado

CONDITIONAL

terminaría	terminaríamos
terminarías	terminaríais
terminaría	terminarían

PRETERIT PERFECT

hube terminado	hubimos terminado
hubiste terminado	hubisteis terminado
hubo terminado	hubieron terminado

CONDITIONAL PERFECT

habría terminado	habríamos terminado
habrías terminado	habríais terminado
habría terminado	habrían terminado

PRESENT PERFECT SUBJUNCTIVE

haya terminado	hayamos terminado
hayas terminado	hayáis terminado
haya terminado	hayan terminado

or **IMPERFECT SUBJUNCTIVE (-se)**

terminase	terminásemos
terminases	terminaseis
terminase	terminasen

or **PAST PERFECT SUBJUNCTIVE (-se)**

hubiese terminado	hubiésemos terminado
hubieses terminado	hubieseis terminado
hubiese terminado	hubiesen terminado

PROGRESSIVE TENSES

PRESENT	estoy, estás, está, estamos, estáis, están
PRETERIT	estuve, estuviste, estuvo, estuvimos, estuvisteis, estuvieron
IMPERFECT	estaba, estabas, estaba, estábamos, estabais, estaban
FUTURE	estaré, estarás, estará, estaremos, estaréis, estarán
CONDITIONAL	estaría, estarías, estaría, estaríamos, estaríais, estarían
SUBJUNCTIVE	que + *corresponding subjunctive tense of* estar *(see verb 252)*

} terminando

COMMANDS

	(nosotros) terminemos/no terminemos
(tú) termina/no termines	(vosotros) terminad/no terminéis
(Ud.) termine/no termine	(Uds.) terminen/no terminen

Usage

Terminamos los quehaceres.	*We're finishing our chores.*
El semestre terminará a mediados de mayo.	*The semester will end in the middle of May.*
No termina de captar el sentido.	*She still can't grasp the meaning.*
Han terminado de arreglarse.	*They've finished getting ready.*
¿Terminasteis por comprar la casa?	*Did you end up buying the house?*
Se terminó el congreso.	*The conference is over.*
¿Qué significa este término técnico?	*What does this technical term mean?*

tirar *to throw, discard, pull, knock over, spill*

tiro · tiraron · tirado · tirando

regular -ar verb

PRESENT		PRETERIT	
tiro	tiramos	tiré	tiramos
tiras	tiráis	tiraste	tirasteis
tira	tiran	tiró	tiraron

IMPERFECT		PRESENT PERFECT	
tiraba	tirábamos	he tirado	hemos tirado
tirabas	tirabais	has tirado	habéis tirado
tiraba	tiraban	ha tirado	han tirado

FUTURE		CONDITIONAL	
tiraré	tiraremos	tiraría	tiraríamos
tirarás	tiraréis	tirarías	tiraríais
tirará	tirarán	tiraría	tirarían

PLUPERFECT		PRETERIT PERFECT	
había tirado	habíamos tirado	hube tirado	hubimos tirado
habías tirado	habíais tirado	hubiste tirado	hubisteis tirado
había tirado	habían tirado	hubo tirado	hubieron tirado

FUTURE PERFECT		CONDITIONAL PERFECT	
habré tirado	habremos tirado	habría tirado	habríamos tirado
habrás tirado	habréis tirado	habrías tirado	habríais tirado
habrá tirado	habrán tirado	habría tirado	habrían tirado

PRESENT SUBJUNCTIVE		PRESENT PERFECT SUBJUNCTIVE	
tire	tiremos	haya tirado	hayamos tirado
tires	tiréis	hayas tirado	hayáis tirado
tire	tiren	haya tirado	hayan tirado

IMPERFECT SUBJUNCTIVE (-ra)		*or* IMPERFECT SUBJUNCTIVE (-se)	
tirara	tiráramos	tirase	tirásemos
tiraras	tirarais	tirases	tiraseis
tirara	tiraran	tirase	tirasen

PAST PERFECT SUBJUNCTIVE (-ra)		*or* PAST PERFECT SUBJUNCTIVE (-se)	
hubiera tirado	hubiéramos tirado	hubiese tirado	hubiésemos tirado
hubieras tirado	hubierais tirado	hubieses tirado	hubieseis tirado
hubiera tirado	hubieran tirado	hubiese tirado	hubiesen tirado

PROGRESSIVE TENSES

PRESENT	estoy, estás, está, estamos, estáis, están	
PRETERIT	estuve, estuviste, estuvo, estuvimos, estuvisteis, estuvieron	
IMPERFECT	estaba, estabas, estaba, estábamos, estabais, estaban	tirando
FUTURE	estaré, estarás, estará, estaremos, estaréis, estarán	
CONDITIONAL	estaría, estarías, estaría, estaríamos, estaríais, estarían	
SUBJUNCTIVE	que + *corresponding subjunctive tense of* estar (*see verb 252*)	

COMMANDS

	(nosotros) tiremos/no tiremos
(tú) tira/no tires	(vosotros) tirad/no tiréis
(Ud.) tire/no tire	(Uds.) tiren/no tiren

Usage

¡No tires tus cosas al suelo!	*Don't throw your things on the floor!*
¿Estas cosas son para tirar o reciclar?	*Are these things to throw away or recycle?*
Ha tirado el vaso de jugo.	*He has knocked over/spilled the glass of juice.*
Tírate en la cama.	*Lie down on the bed.*
Se tiró a la piscina.	*He jumped into the pool.*
El libro está en su tercera tirada.	*The book is in its third edition.*
¡Coge el tirador y tira la puerta!	*Grab the doorknob and pull the door!*

-ar verb; spelling change: c > qu/e   toco · tocaron · tocado · tocando

PRESENT

toco	tocamos
tocas	tocáis
toca	tocan

IMPERFECT

tocaba	tocábamos
tocabas	tocabais
tocaba	tocaban

FUTURE

tocaré	tocaremos
tocarás	tocaréis
tocará	tocarán

PLUPERFECT

había tocado	habíamos tocado
habías tocado	habíais tocado
había tocado	habían tocado

FUTURE PERFECT

habré tocado	habremos tocado
habrás tocado	habréis tocado
habrá tocado	habrán tocado

PRESENT SUBJUNCTIVE

toque	toquemos
toques	toquéis
toque	toquen

IMPERFECT SUBJUNCTIVE (-ra)

tocara	tocáramos
tocaras	tocarais
tocara	tocaran

PAST PERFECT SUBJUNCTIVE (-ra)

hubiera tocado	hubiéramos tocado
hubieras tocado	hubierais tocado
hubiera tocado	hubieran tocado

PRETERIT

toqué	tocamos
tocaste	tocasteis
tocó	tocaron

PRESENT PERFECT

he tocado	hemos tocado
has tocado	habéis tocado
ha tocado	han tocado

CONDITIONAL

tocaría	tocaríamos
tocarías	tocaríais
tocaría	tocarían

PRETERIT PERFECT

hube tocado	hubimos tocado
hubiste tocado	hubisteis tocado
hubo tocado	hubieron tocado

CONDITIONAL PERFECT

habría tocado	habríamos tocado
habrías tocado	habríais tocado
habría tocado	habrían tocado

PRESENT PERFECT SUBJUNCTIVE

haya tocado	hayamos tocado
hayas tocado	hayáis tocado
haya tocado	hayan tocado

or **IMPERFECT SUBJUNCTIVE (-se)**

tocase	tocásemos
tocases	tocaseis
tocase	tocasen

or **PAST PERFECT SUBJUNCTIVE (-se)**

hubiese tocado	hubiésemos tocado
hubieses tocado	hubieseis tocado
hubiese tocado	hubiesen tocado

PROGRESSIVE TENSES

PRESENT	estoy, estás, está, estamos, estáis, están
PRETERIT	estuve, estuviste, estuvo, estuvimos, estuvisteis, estuvieron
IMPERFECT	estaba, estabas, estaba, estábamos, estabais, estaban
FUTURE	estaré, estarás, estará, estaremos, estaréis, estarán
CONDITIONAL	estaría, estarías, estaría, estaríamos, estaríais, estarían
SUBJUNCTIVE	que + *corresponding subjunctive tense of* estar (*see verb 252*)

} tocando

COMMANDS

	(nosotros) toquemos/no toquemos
(tú) toca/no toques	(vosotros) tocad/no toquéis
(Ud.) toque/no toque	(Uds.) toquen/no toquen

Usage

No toques el horno.	*Don't touch the oven.*
Me han tocado el corazón.	*They've touched my heart.*
Les pido que no toquen las figurillas de cristal.	*I ask you not to touch the little glass figures.*
Toca la flauta/el clarinete/el violín.	*She plays the flute/the clarinet/the violin.*
Toque el timbre y toque a la puerta.	*Ring the bell and knock at the door.*
Me tocó a mí presidir la reunión.	*It was up to me to chair the meeting.*
Te toca a ti batear.	*It's your turn to bat/at bat.*

Cada vez que toca algo, se le rompe.	*Every time he touches something, it breaks.*
Se toca madera como superstición.	*People knock on wood as a superstition.*
La blusa de cachemira es tan suave. Tócala.	*The cashmere blouse is so soft. Touch it.*

to blow, sound

¡Aunque tocas la bocina, el embotellamiento sigue!	*Although you're blowing your horn, the traffic jam continues!*
Se tocan las campanas del carillón.	*The bells of the carillon are ringing.*

to touch on

—No toquemos ese asunto.	*Let's not bring up that matter.*
—Pero a mí me toca de cerca.	*But it concerns me deeply.*

tocarle a alguien *to be up to, be one's turn, win, be time for*

Nos toca a nosotros calmarlos.	*It's up to us to calm them down.*
—¿A quién le toca invitar a la cena?	*Whose turn is it to buy (pay for) dinner?*
—Creo que te toca a ti.	*I think it's your turn.*
A mi amiga le tocó la lotería.	*My friend won the lottery.*
A los alumnos les toca la lección de matemáticas.	*It's time for the students' math lesson.*
Por lo que a mí me toca, ¡que se vaya a freír espárragos!	*As far as I'm concerned, let her go jump in the lake!*

tocar con *to be next to*

El teatro toca con el Hotel Ritz.	*The theater is next to the Ritz Hotel.*

Other Uses

No te toques la cara con las manos sucias.	*Don't touch your face with your dirty hands.*
Debes tocarte la cabeza por el frío.	*You should cover your head because of the cold.*
Nos toca tocar todos los registros.	*It's time for us to pull out all the stops/try everything.*
Hoy en día tocan discos compactos en el reproducto de discos compactos.	*Today you play compact discs on the CD player.*
Prefiero no hablar más tocante al tema.	*I prefer not to say more about/concerning the subject.*
Los tocadores de la orquesta son talentosos.	*The orchestra players are talented.*
El tocador es un mueble pasado de moda.	*The woman's dressing table is an old-fashioned piece of furniture.*
Hay que pagar a toca teja.	*You have to pay cash/cash down.*

regular -*ar* verb

tomo · tomaron · tomado · tomando

PRESENT		PRETERIT	
tomo	tomamos	tomé	tomamos
tomas	tomáis	tomaste	tomasteis
toma	toman	tomó	tomaron

IMPERFECT		PRESENT PERFECT	
tomaba	tomábamos	he tomado	hemos tomado
tomabas	tomabais	has tomado	habéis tomado
tomaba	tomaban	ha tomado	han tomado

FUTURE		CONDITIONAL	
tomaré	tomaremos	tomaría	tomaríamos
tomarás	tomaréis	tomarías	tomaríais
tomará	tomarán	tomaría	tomarían

PLUPERFECT		PRETERIT PERFECT	
había tomado	habíamos tomado	hube tomado	hubimos tomado
habías tomado	habíais tomado	hubiste tomado	hubisteis tomado
había tomado	habían tomado	hubo tomado	hubieron tomado

FUTURE PERFECT		CONDITIONAL PERFECT	
habré tomado	habremos tomado	habría tomado	habríamos tomado
habrás tomado	habréis tomado	habrías tomado	habríais tomado
habrá tomado	habrán tomado	habría tomado	habrían tomado

PRESENT SUBJUNCTIVE		PRESENT PERFECT SUBJUNCTIVE	
tome	tomemos	haya tomado	hayamos tomado
tomes	toméis	hayas tomado	hayáis tomado
tome	tomen	haya tomado	hayan tomado

IMPERFECT SUBJUNCTIVE (-ra)		*or* IMPERFECT SUBJUNCTIVE (-se)	
tomara	tomáramos	tomase	tomásemos
tomaras	tomarais	tomases	tomaseis
tomara	tomaran	tomase	tomasen

PAST PERFECT SUBJUNCTIVE (-ra)		*or* PAST PERFECT SUBJUNCTIVE (-se)	
hubiera tomado	hubiéramos tomado	hubiese tomado	hubiésemos tomado
hubieras tomado	hubierais tomado	hubieses tomado	hubieseis tomado
hubiera tomado	hubieran tomado	hubiese tomado	hubiesen tomado

PROGRESSIVE TENSES

PRESENT	estoy, estás, está, estamos, estáis, están	
PRETERIT	estuve, estuviste, estuvo, estuvimos, estuvisteis, estuvieron	
IMPERFECT	estaba, estabas, estaba, estábamos, estabais, estaban	tomando
FUTURE	estaré, estarás, estará, estaremos, estaréis, estarán	
CONDITIONAL	estaría, estarías, estaría, estaríamos, estaríais, estarían	
SUBJUNCTIVE	que + *corresponding subjunctive tense of* estar (*see verb 252*)	

COMMANDS

	(nosotros) tomemos/no tomemos
(tú) toma/no tomes	(vosotros) tomad/no toméis
(Ud.) tome/no tome	(Uds.) tomen/no tomen

Usage

Tomemos un taxi.	*Let's take a taxi.*
Han tomado muchas fotos.	*They've taken a lot of photos.*
¿Tomó el desayuno/el almuerzo/la cena?	*Did you have/eat breakfast/lunch/dinner?*
¿Qué tomas con el sándwich?	*What are you drinking with your sandwich?*
Los soldados tomaron el fuerte del enemigo.	*The soldiers took the enemy's stronghold.*
No es capaz de tomar decisiones.	*She's incapable of making decisions.*
Me tomé la libertad de enviarles mi historial.	*I took the liberty of sending them my CV.*

TOP 50 VERB ☞

Toma, aquí tienes la videocinta. — *Here, here's the videotape.*
El sondeo toma el pulso a la opinión pública. — *Polls take the pulse of public opinion.*
¿Tienes ganas de tomar el sol? — *Do you feel like sunbathing?*
Les tomamos afecto a los chiquillos. — *We're becoming fond of the kids.*
¿Por qué están tomándole odio? — *Why are you starting to hate him?*
Tomó la noticia a bien/a mal. — *She took the news well/badly.*

—¿Qué clases tomas este semestre? — *What classes are you taking this semester?*
—Tomo macroeconomía y mercadeo. — *I'm taking macroeconomics and marketing.*

¿Qué tomaste para el almuerzo? — *What did you have for lunch?*
¿A qué hora tomasteis la cena? — *At what time did you have dinner?*
¿Por quiénes nos toman? — *Whom do they take us for?*
Hemos tomado las medidas necesarias. — *We've taken the necessary measures/steps.*
Tomad el discurso por escrito. — *Write down the speech.*
¿Tomáis apuntes? — *Are you taking notes?*

—¿Ha tomado Ud. en cuenta lo que dije? — *Have you taken into account what I said?*
—Sí, lo tomo en consideración. — *Yes, I'm bearing it in mind.*

Me tomaban por extranjera. — *They took me for a foreigner.*
El enfermero le tomó la temperatura/el pulso. — *The nurse took his temperature/pulse.*
Muchachita, ¡tómate tus vitaminas! — *Take your vitamins!*
Se tomaron unas vacaciones en el Caribe. — *They took a vacation in the Caribbean.*
Se tomó la molestia de recogernos. — *He took the trouble to pick us up.*

Other Uses

Chico, ¡te están tomando el pelo! — *Hey, they're pulling your leg/teasing you!*
La toma del alcázar fue una batalla sangrienta. — *The capture of the palace/fortress was a bloody battle.*
Les gusta la toma de decisiones en equipo. — *They like decision making as a team.*
Esos tipos están tomados. — *Those guys are drunk.*

stem-changing -*er* verb: *o* > *ue*;
spelling change: *c* > *z/o, a*

tuerzo · torcieron · torcido · torciendo

PRESENT		PRETERIT	
tuerzo	torcemos	torcí	torcimos
tuerces	torcéis	torciste	torcisteis
tuerce	tuercen	torció	torcieron

IMPERFECT		PRESENT PERFECT	
torcía	torcíamos	he torcido	hemos torcido
torcías	torcíais	has torcido	habéis torcido
torcía	torcían	ha torcido	han torcido

FUTURE		CONDITIONAL	
torceré	torceremos	torcería	torceríamos
torcerás	torceréis	torcerías	torceríais
torcerá	torcerán	torcería	torcerían

PLUPERFECT		PRETERIT PERFECT	
había torcido	habíamos torcido	hube torcido	hubimos torcido
habías torcido	habíais torcido	hubiste torcido	hubisteis torcido
había torcido	habían torcido	hubo torcido	hubieron torcido

FUTURE PERFECT		CONDITIONAL PERFECT	
habré torcido	habremos torcido	habría torcido	habríamos torcido
habrás torcido	habréis torcido	habrías torcido	habríais torcido
habrá torcido	habrán torcido	habría torcido	habrían torcido

PRESENT SUBJUNCTIVE		PRESENT PERFECT SUBJUNCTIVE	
tuerza	torzamos	haya torcido	hayamos torcido
tuerzas	torzáis	hayas torcido	hayáis torcido
tuerza	tuerzan	haya torcido	hayan torcido

IMPERFECT SUBJUNCTIVE (-ra)		*or*	IMPERFECT SUBJUNCTIVE (-se)	
torciera	torciéramos		torciese	torciésemos
torcieras	torcierais		torcieses	torcieseis
torciera	torcieran		torciese	torciesen

PAST PERFECT SUBJUNCTIVE (-ra)		*or*	PAST PERFECT SUBJUNCTIVE (-se)	
hubiera torcido	hubiéramos torcido		hubiese torcido	hubiésemos torcido
hubieras torcido	hubierais torcido		hubieses torcido	hubieseis torcido
hubiera torcido	hubieran torcido		hubiese torcido	hubiesen torcido

PROGRESSIVE TENSES

PRESENT	estoy, estás, está, estamos, estáis, están	
PRETERIT	estuve, estuviste, estuvo, estuvimos, estuvisteis, estuvieron	
IMPERFECT	estaba, estabas, estaba, estábamos, estabais, estaban	torciendo
FUTURE	estaré, estarás, estará, estaremos, estaréis, estarán	
CONDITIONAL	estaría, estarías, estaría, estaríamos, estaríais, estarían	
SUBJUNCTIVE	que + *corresponding subjunctive tense of* estar (*see verb 252*)	

COMMANDS

	(nosotros) torzamos/no torzamos
(tú) tuerce/no tuerzas	(vosotros) torced/no torzáis
(Ud.) tuerza/no tuerza	(Uds.) tuerzan/no tuerzan

Usage

¡Ella te torció el brazo!	*She twisted your arm/made you give in!*
—Se torció el tobillo.	*She twisted her ankle.*
—¿Cómo se le torció?	*How did she twist it?*
Este juez tuerce la ley.	*This judge bends the law.*
No tuerzas la verdad/el sentido de las palabras.	*Don't distort the truth/meaning of the words.*
Torcieron el rumbo.	*They changed course.*
El abogado se torció.	*The lawyer went crooked/got corrupted.*

519

toser   *to cough*

toso · tosieron · tosido · tosiendo

regular -er verb

PRESENT		PRETERIT	
toso	tosemos	tosí	tosimos
toses	toséis	tosiste	tosisteis
tose	tosen	tosió	tosieron

IMPERFECT		PRESENT PERFECT	
tosía	tosíamos	he tosido	hemos tosido
tosías	tosíais	has tosido	habéis tosido
tosía	tosían	ha tosido	han tosido

FUTURE		CONDITIONAL	
toseré	toseremos	tosería	toseríamos
toserás	toseréis	toserías	toseríais
toserá	toserán	tosería	toserían

PLUPERFECT		PRETERIT PERFECT	
había tosido	habíamos tosido	hube tosido	hubimos tosido
habías tosido	habíais tosido	hubiste tosido	hubisteis tosido
había tosido	habían tosido	hubo tosido	hubieron tosido

FUTURE PERFECT		CONDITIONAL PERFECT	
habré tosido	habremos tosido	habría tosido	habríamos tosido
habrás tosido	habréis tosido	habrías tosido	habríais tosido
habrá tosido	habrán tosido	habría tosido	habrían tosido

PRESENT SUBJUNCTIVE		PRESENT PERFECT SUBJUNCTIVE	
tosa	tosamos	haya tosido	hayamos tosido
tosas	tosáis	hayas tosido	hayáis tosido
tosa	tosan	haya tosido	hayan tosido

IMPERFECT SUBJUNCTIVE (-ra)		or	IMPERFECT SUBJUNCTIVE (-se)	
tosiera	tosiéramos		tosiese	tosiésemos
tosieras	tosierais		tosieses	tosieseis
tosiera	tosieran		tosiese	tosiesen

PAST PERFECT SUBJUNCTIVE (-ra)		or	PAST PERFECT SUBJUNCTIVE (-se)	
hubiera tosido	hubiéramos tosido		hubiese tosido	hubiésemos tosido
hubieras tosido	hubierais tosido		hubieses tosido	hubieseis tosido
hubiera tosido	hubieran tosido		hubiese tosido	hubiesen tosido

PROGRESSIVE TENSES

PRESENT	estoy, estás, está, estamos, estáis, están	
PRETERIT	estuve, estuviste, estuvo, estuvimos, estuvisteis, estuvieron	
IMPERFECT	estaba, estabas, estaba, estábamos, estabais, estaban	tosiendo
FUTURE	estaré, estarás, estará, estaremos, estaréis, estarán	
CONDITIONAL	estaría, estarías, estaría, estaríamos, estaríais, estarían	
SUBJUNCTIVE	que + *corresponding subjunctive tense of* estar (*see verb 252*)	

COMMANDS

	(nosotros) tosamos/no tosamos
(tú) tose/no tosas	(vosotros) tosed/no toséis
(Ud.) tosa/no tosa	(Uds.) tosan/no tosan

Usage

Pobrecita, toses mucho.	*Poor thing, you're coughing a lot.*
¡Qué catarro tiene! Tose y estornuda.	*What a cold he has! He coughs and sneezes.*
Procuro no toser durante el concierto.	*I'm trying not to cough during the concert.*
Le dio un ataque de tos.	*He had a coughing fit.*
Tenían una tos seca.	*They had a hacking cough.*
Quería que tomaran un jarabe/pastillas para la tos.	*I wanted them to take cough syrup/cough drops.*
La tos ferina puede ser peligrosa.	*Whooping cough can be dangerous.*

regular *-ar* verb | **trabajo · trabajaron · trabajado · trabajando**

PRESENT

trabajo	trabajamos
trabajas	trabajáis
trabaja	trabajan

IMPERFECT

trabajaba	trabajábamos
trabajabas	trabajabais
trabajaba	trabajaban

FUTURE

trabajaré	trabajaremos
trabajarás	trabajaréis
trabajará	trabajarán

PLUPERFECT

había trabajado	habíamos trabajado
habías trabajado	habíais trabajado
había trabajado	habían trabajado

FUTURE PERFECT

habré trabajado	habremos trabajado
habrás trabajado	habréis trabajado
habrá trabajado	habrán trabajado

PRESENT SUBJUNCTIVE

trabaje	trabajemos
trabajes	trabajéis
trabaje	trabajen

IMPERFECT SUBJUNCTIVE (-ra)

trabajara	trabajáramos
trabajaras	trabajarais
trabajara	trabajaran

PAST PERFECT SUBJUNCTIVE (-ra)

hubiera trabajado	hubiéramos trabajado
hubieras trabajado	hubierais trabajado
hubiera trabajado	hubieran trabajado

PRETERIT

trabajé	trabajamos
trabajaste	trabajasteis
trabajó	trabajaron

PRESENT PERFECT

he trabajado	hemos trabajado
has trabajado	habéis trabajado
ha trabajado	han trabajado

CONDITIONAL

trabajaría	trabajaríamos
trabajarías	trabajaríais
trabajaría	trabajarían

PRETERIT PERFECT

hube trabajado	hubimos trabajado
hubiste trabajado	hubisteis trabajado
hubo trabajado	hubieron trabajado

CONDITIONAL PERFECT

habría trabajado	habríamos trabajado
habrías trabajado	habríais trabajado
habría trabajado	habrían trabajado

PRESENT PERFECT SUBJUNCTIVE

haya trabajado	hayamos trabajado
hayas trabajado	hayáis trabajado
haya trabajado	hayan trabajado

or **IMPERFECT SUBJUNCTIVE (-se)**

trabajase	trabajásemos
trabajases	trabajaseis
trabajase	trabajasen

or **PAST PERFECT SUBJUNCTIVE (-se)**

hubiese trabajado	hubiésemos trabajado
hubieses trabajado	hubieseis trabajado
hubiese trabajado	hubiesen trabajado

PROGRESSIVE TENSES

PRESENT	estoy, estás, está, estamos, estáis, están
PRETERIT	estuve, estuviste, estuvo, estuvimos, estuvisteis, estuvieron
IMPERFECT	estaba, estabas, estaba, estábamos, estabais, estaban
FUTURE	estaré, estarás, estará, estaremos, estaréis, estarán
CONDITIONAL	estaría, estarías, estaría, estaríamos, estaríais, estarían
SUBJUNCTIVE	que + *corresponding subjunctive tense of* estar (*see verb 252*)

trabajando

COMMANDS

	(nosotros) trabajemos/no trabajemos
(tú) trabaja/no trabajes	(vosotros) trabajad/no trabajéis
(Ud.) trabaje/no trabaje	(Uds.) trabajen/no trabajen

Usage

Trabaja en la tecnología de punta.	*He works in cutting-edge technology.*
Trabajaba en una consultoría.	*I worked at a consulting firm.*
Trabaja de programadora.	*She works as a programmer.*
Trabajarán para sus padres.	*They'll work for their parents.*
Buscan trabajo.	*They're job-hunting.*
Nos costó mucho trabajo entenderlo.	*It was very hard for us to understand it.*

trabajar   *to work*

¿Cómo se trabaja?

Trabajaba por hora.	*She was paid by the hour.*
Se mata trabajando.	*She's working herself to death.*
El gerente trabaja como una bestia/un mulo.	*The manager works like a dog.*
Siento que hayáis trabajado en balde.	*I'm sorry you worked in vain.*
Trabaja en conseguir un ascenso.	*She's working hard/striving to get a promotion.*
La empresa se vale del trabajo en equipo.	*The company uses teamwork.*

¿Cuánto se trabaja?

Se trabaja jornada entera/tiempo completo.	*They work full-time.*
Trabajas media jornada/tiempo parcial.	*You work part-time.*
Ya han hecho el trabajo de una semana/un mes.	*They've already done a week's/a month's work.*
Trabajar sin descanso agota a cualquiera.	*All work and no play makes Jack a dull boy.*
¿Estáis sin trabajo?	*Are you out of work?*

¿Dónde se trabaja?

Trabaja en una estación de trabajo.	*He works at a work station.*
¿Trabajaréis en la hostelería?	*Will you be working in the hotel business?*
Pasamos el día trabajando en la computadora.	*We spent the day working at the computer.*

¿Qué clase de trabajo?

Trabajan en metales.	*They work in metals.*
El artesano trabaja la plata/la madera.	*The artisan is working the silver/the wood.*
Hacían trabajo manual.	*They did manual labor.*
Habían trabajado la tierra.	*They had worked/tilled the land.*
El pastelero está trabajando la masa.	*The pastry chef is kneading the dough.*
El actor trabaja en el teatro y la tele.	*The actor acts in the theater and on TV.*

Other Uses

Me cuesta mucho trabajo creerlo.	*It's very hard for me to believe it.*
Es muy trabajador.	*He's very hard-working.*

TOP 50 VERBS

irregular verb

traduzco · tradujeron · traducido · traduciendo

PRESENT

traduzco	traducimos
traduces	traducís
traduce	traducen

PRETERIT

traduje	tradujimos
tradujiste	tradujisteis
tradujo	tradujeron

IMPERFECT

traducía	traducíamos
traducías	traducíais
traducía	traducían

PRESENT PERFECT

he traducido	hemos traducido
has traducido	habéis traducido
ha traducido	han traducido

FUTURE

traduciré	traduciremos
traducirás	traduciréis
traducirá	traducirán

CONDITIONAL

traduciría	traduciríamos
traducirías	traduciríais
traduciría	traducirían

PLUPERFECT

había traducido	habíamos traducido
habías traducido	habíais traducido
había traducido	habían traducido

PRETERIT PERFECT

hube traducido	hubimos traducido
hubiste traducido	hubisteis traducido
hubo traducido	hubieron traducido

FUTURE PERFECT

habré traducido	habremos traducido
habrás traducido	habréis traducido
habrá traducido	habrán traducido

CONDITIONAL PERFECT

habría traducido	habríamos traducido
habrías traducido	habríais traducido
habría traducido	habrían traducido

PRESENT SUBJUNCTIVE

traduzca	traduzcamos
traduzcas	traduzcáis
traduzca	traduzcan

PRESENT PERFECT SUBJUNCTIVE

haya traducido	hayamos traducido
hayas traducido	hayáis traducido
haya traducido	hayan traducido

IMPERFECT SUBJUNCTIVE (-ra)

tradujera	tradujéramos
tradujeras	tradujerais
tradujera	tradujeran

or **IMPERFECT SUBJUNCTIVE (-se)**

tradujese	tradujésemos
tradujeses	tradujeseis
tradujese	tradujesen

PAST PERFECT SUBJUNCTIVE (-ra)

hubiera traducido	hubiéramos traducido
hubieras traducido	hubierais traducido
hubiera traducido	hubieran traducido

or **PAST PERFECT SUBJUNCTIVE (-se)**

hubiese traducido	hubiésemos traducido
hubieses traducido	hubieseis traducido
hubiese traducido	hubiesen traducido

PROGRESSIVE TENSES

PRESENT	estoy, estás, está, estamos, estáis, están
PRETERIT	estuve, estuviste, estuvo, estuvimos, estuvisteis, estuvieron
IMPERFECT	estaba, estabas, estaba, estábamos, estabais, estaban
FUTURE	estaré, estarás, estará, estaremos, estaréis, estarán
CONDITIONAL	estaría, estarías, estaría, estaríamos, estaríais, estarían
SUBJUNCTIVE	que + *corresponding subjunctive tense of* estar (*see verb 252*)

traduciendo

COMMANDS

	(nosotros) traduzcamos/no traduzcamos
(tú) traduce/no traduzcas	(vosotros) traducid/no traduzcáis
(Ud.) traduzca/no traduzca	(Uds.) traduzcan/no traduzcan

Usage

Traduzca la carta del inglés al español.	*Translate the letter from English into Spanish.*
Tradujo la pieza literalmente.	*He translated the piece literally.*
Esta obra no se traduce fácilmente.	*This work is not easily interpreted.*
Le dijeron que tradujera los poemas.	*He was told to translate the poems.*
¿Tu ordenador hace traducción automática?	*Does your computer do translation?*
Trabajaba de traductor.	*He worked as a translator.*

traer   *to bring*

traigo · trajeron · traído · trayendo   irregular verb

Traigámosle flores.	*Let's bring her flowers.*
Tráeme noticias.	*Bring me news.*
Se cree que eso trae buena/mala suerte.	*People think that brings good/bad luck.*
¿Podemos traer a nuestro compañero?	*May we bring our friend along?*
Traigamos pizza esta noche.	*Let's bring in pizza tonight.*
¿Has traído un cheque contigo?	*Have you brought a check with you?*

to have

Sus gastos les traen preocupados.	*Her expenses have them concerned.*
¿Traes aspirinas?	*Do you have aspirin on you?*
La propuesta trae sus problemas.	*The proposal has its problems.*

to carry, have

El periódico de hoy trae un editorial sobre la política exterior.	*Today's newspaper has an editorial about foreign policy.*

to not care

¡Sus berrinches me traen sin cuidado!	*I don't care/give a damn about his tantrums!*

Other Uses

Esta anécdota me trae a la mente el día de su boda.	*This anecdote brings to mind/reminds me of their wedding day.*
Trae a sus empleados de aquí para allá.	*He orders his employees about/keeps his employees busy.*
¿Este chico no os trae loco?	*Doesn't this kid drive you crazy?*
Tráete tu partida de nacimiento.	*Bring along your birth certificate.*
¿Qué se traen entre manos?	*What are they up to/planning?*
No me interesan estas ideas traídas y llevadas.	*I'm not interested in these hackneyed ideas.*
Dijo algo traído por los pelos.	*He said something far-fetched.*
El traje de lana gris es elegante.	*The gray wool suit is elegant.*
¡Contraes amistad con todos!	*You make friends with everyone!*
Esas playas atraen a muchos turistas.	*Those beaches attract/bring a lot of tourists.*

TOP 50 VERBS

irregular verb · **traigo · trajeron · traído · trayendo**

PRESENT

traigo	traemos
traes	traéis
trae	traen

IMPERFECT

traía	traíamos
traías	traíais
traía	traían

FUTURE

traeré	traeremos
traerás	traeréis
traerá	traerán

PLUPERFECT

había traído	habíamos traído
habías traído	habíais traído
había traído	habían traído

FUTURE PERFECT

habré traído	habremos traído
habrás traído	habréis traído
habrá traído	habrán traído

PRESENT SUBJUNCTIVE

traiga	traigamos
traigas	traigáis
traiga	traigan

IMPERFECT SUBJUNCTIVE (-ra)

trajera	trajéramos
trajeras	trajerais
trajera	trajeran

PAST PERFECT SUBJUNCTIVE (-ra)

hubiera traído	hubiéramos traído
hubieras traído	hubierais traído
hubiera traído	hubieran traído

PRETERIT

traje	trajimos
trajiste	trajisteis
trajo	trajeron

PRESENT PERFECT

he traído	hemos traído
has traído	habéis traído
ha traído	han traído

CONDITIONAL

traería	traeríamos
traerías	traeríais
traería	traerían

PRETERIT PERFECT

hube traído	hubimos traído
hubiste traído	hubisteis traído
hubo traído	hubieron traído

CONDITIONAL PERFECT

habría traído	habríamos traído
habrías traído	habríais traído
habría traído	habrían traído

PRESENT PERFECT SUBJUNCTIVE

haya traído	hayamos traído
hayas traído	hayáis traído
haya traído	hayan traído

or **IMPERFECT SUBJUNCTIVE (-se)**

trajese	trajésemos
trajeses	trajeseis
trajese	trajesen

or **PAST PERFECT SUBJUNCTIVE (-se)**

hubiese traído	hubiésemos traído
hubieses traído	hubieseis traído
hubiese traído	hubiesen traído

PROGRESSIVE TENSES

PRESENT	estoy, estás, está, estamos, estáis, están
PRETERIT	estuve, estuviste, estuvo, estuvimos, estuvisteis, estuvieron
IMPERFECT	estaba, estabas, estaba, estábamos, estabais, estaban
FUTURE	estaré, estarás, estará, estaremos, estaréis, estarán
CONDITIONAL	estaría, estarías, estaría, estaríamos, estaríais, estarían
SUBJUNCTIVE	que + *corresponding subjunctive tense of* estar (*see verb 252*)

} trayendo

COMMANDS

	(nosotros) traigamos/no traigamos
(tú) trae/no traigas	(vosotros) traed/no traigáis
(Ud.) traiga/no traiga	(Uds.) traigan/no traigan

Usage

El cartero trajo el correo.	*The mailman brought the mail.*
¿Qué te trae a este barrio?	*What brings you to this neighborhood?*
Tráigame las carpetas.	*Bring me the folders.*
¡Trae!	*Give it to me!*
Su modo le ser le traía problemas.	*His manner caused him problems.*
Trae puesto un traje muy elegante.	*She's wearing an elegant suit.*
¡Traen y llevan a todo el mundo!	*They gossip about everyone!*

tragar   *to swallow, stand*

trago · tragaron · tragado · tragando

-ar verb; spelling change: *g > gu/e*

PRESENT		PRETERIT	
trago	tragamos	tragué	tragamos
tragas	tragáis	tragaste	tragasteis
traga	tragan	tragó	tragaron

IMPERFECT		PRESENT PERFECT	
tragaba	tragábamos	he tragado	hemos tragado
tragabas	tragabais	has tragado	habéis tragado
tragaba	tragaban	ha tragado	han tragado

FUTURE		CONDITIONAL	
tragaré	tragaremos	tragaría	tragaríamos
tragarás	tragaréis	tragarías	tragaríais
tragará	tragarán	tragaría	tragarían

PLUPERFECT		PRETERIT PERFECT	
había tragado	habíamos tragado	hube tragado	hubimos tragado
habías tragado	habíais tragado	hubiste tragado	hubisteis tragado
había tragado	habían tragado	hubo tragado	hubieron tragado

FUTURE PERFECT		CONDITIONAL PERFECT	
habré tragado	habremos tragado	habría tragado	habríamos tragado
habrás tragado	habréis tragado	habrías tragado	habríais tragado
habrá tragado	habrán tragado	habría tragado	habrían tragado

PRESENT SUBJUNCTIVE		PRESENT PERFECT SUBJUNCTIVE	
trague	traguemos	haya tragado	hayamos tragado
tragues	traguéis	hayas tragado	hayáis tragado
trague	traguen	haya tragado	hayan tragado

IMPERFECT SUBJUNCTIVE (-ra)		*or* IMPERFECT SUBJUNCTIVE (-se)	
tragara	tragáramos	tragase	tragásemos
tragaras	tragarais	tragases	tragaseis
tragara	tragaran	tragase	tragasen

PAST PERFECT SUBJUNCTIVE (-ra)		*or* PAST PERFECT SUBJUNCTIVE (-se)	
hubiera tragado	hubiéramos tragado	hubiese tragado	hubiésemos tragado
hubieras tragado	hubierais tragado	hubieses tragado	hubieseis tragado
hubiera tragado	hubieran tragado	hubiese tragado	hubiesen tragado

PROGRESSIVE TENSES

PRESENT	estoy, estás, está, estamos, estáis, están	
PRETERIT	estuve, estuviste, estuvo, estuvimos, estuvisteis, estuvieron	
IMPERFECT	estaba, estabas, estaba, estábamos, estabais, estaban	tragando
FUTURE	estaré, estarás, estará, estaremos, estaréis, estarán	
CONDITIONAL	estaría, estarías, estaría, estaríamos, estaríais, estarían	
SUBJUNCTIVE	que + *corresponding subjunctive tense of* estar (*see verb 252*)	

COMMANDS

	(nosotros) traguemos/no traguemos
(tú) traga/no tragues	(vosotros) tragad/no traguéis
(Ud.) trague/no trague	(Uds.) traguen/no traguen

Usage

¡La niña ha tragado su comida por fin!	*The child has finally swallowed her food!*
¡Te tragas cuánto te dicen!	*You swallow everything they tell you!*
Su explicación es difícil de tragar.	*Their explanation is hard to swallow/believe.*
¡No la podemos tragar!	*We can't stand/stomach her!*
¡No hay quién se lo trague!	*Nobody will swallow/believe that!*
Lo comieron/bebieron de un trago.	*They ate/drank it up in one swallow.*
El taller tiene un tragaluz enorme.	*The studio has a huge skylight.*

-ar reflexive verb;
spelling change: *z > c/e*

tranquilizo · tranquilizaron · tranquilizado · tranquilizándose

PRESENT

me tranquilizo	nos tranquilizamos
te tranquilizas	os tranquilizáis
se tranquiliza	se tranquilizan

IMPERFECT

me tranquilizaba	nos tranquilizábamos
te tranquilizabas	os tranquilizabais
se tranquilizaba	se tranquilizaban

FUTURE

me tranquilizaré	nos tranquilizaremos
te tranquilizarás	os tranquilizaréis
se tranquilizará	se tranquilizarán

PLUPERFECT

me había tranquilizado	nos habíamos tranquilizado
te habías tranquilizado	os habíais tranquilizado
se había tranquilizado	se habían tranquilizado

FUTURE PERFECT

me habré tranquilizado	nos habremos tranquilizado
te habrás tranquilizado	os habréis tranquilizado
se habrá tranquilizado	se habrán tranquilizado

PRESENT SUBJUNCTIVE

me tranquilice	nos tranquilicemos
te tranquilices	os tranquilicéis
se tranquilice	se tranquilicen

IMPERFECT SUBJUNCTIVE (-ra)

me tranquilizara	nos tranquilizáramos
te tranquilizaras	os tranquilizarais
se tranquilizara	se tranquilizaran

PAST PERFECT SUBJUNCTIVE (-ra)

me hubiera tranquilizado	nos hubiéramos tranquilizado
te hubieras tranquilizado	os hubierais tranquilizado
se hubiera tranquilizado	se hubieran tranquilizado

PRETERIT

me tranquilicé	nos tranquilizamos
te tranquilizaste	os tranquilizasteis
se tranquilizó	se tranquilizaron

PRESENT PERFECT

me he tranquilizado	nos hemos tranquilizado
te has tranquilizado	os habéis tranquilizado
se ha tranquilizado	se han tranquilizado

CONDITIONAL

me tranquilizaría	nos tranquilizaríamos
te tranquilizarías	os tranquilizaríais
se tranquilizaría	se tranquilizarían

PRETERIT PERFECT

me hube tranquilizado	nos hubimos tranquilizado
te hubiste tranquilizado	os hubisteis tranquilizado
se hubo tranquilizado	se hubieron tranquilizado

CONDITIONAL PERFECT

me habría tranquilizado	nos habríamos tranquilizado
te habrías tranquilizado	os habríais tranquilizado
se habría tranquilizado	se habrían tranquilizado

PRESENT PERFECT SUBJUNCTIVE

me haya tranquilizado	nos hayamos tranquilizado
te hayas tranquilizado	os hayáis tranquilizado
se haya tranquilizado	se hayan tranquilizado

or **IMPERFECT SUBJUNCTIVE (-se)**

me tranquilizase	nos tranquilizásemos
te tranquilizases	os tranquilizaseis
se tranquilizase	se tranquilizasen

or **PAST PERFECT SUBJUNCTIVE (-se)**

me hubiese tranquilizado	nos hubiésemos tranquilizado
te hubieses tranquilizado	os hubieseis tranquilizado
se hubiese tranquilizado	se hubiesen tranquilizado

PROGRESSIVE TENSES

PRESENT	estoy, estás, está, estamos, estáis, están
PRETERIT	estuve, estuviste, estuvo, estuvimos, estuvisteis, estuvieron
IMPERFECT	estaba, estabas, estaba, estábamos, estabais, estaban
FUTURE	estaré, estarás, estará, estaremos, estaréis, estarán
CONDITIONAL	estaría, estarías, estaría, estaríamos, estaríais, estarían
SUBJUNCTIVE	que + *corresponding subjunctive tense of* estar *(see verb 252)*

} tranquilizando *(see page 31)*

COMMANDS

	(nosotros) tranquilicémonos/no nos tranquilicemos
(tú) tranquilízate/no te tranquilices	(vosotros) tranquilizaos/no os tranquilicéis
(Ud.) tranquilícese/no se tranquilice	(Uds.) tranquilícense/no se tranquilicen

Usage

¡Tranquilícense!	*Calm down!, Don't worry.*
¿Pudiste tranquilizarlos?	*Were you able to reassure them?*
El mar está tranquilizándose.	*The sea is calming down.*
Espero que os tranquilicéis.	*I hope you'll calm down.*
Tú, tranquila, que no tienes por qué preocuparte.	*Don't worry./Take it easy. You have no reason to be concerned.*
Nos fuimos con toda tranquilidad.	*We left with our minds at ease.*

transformar *to transform, change, become*

transformo · transformaron · transformado · transformando　　　　regular *-ar* verb

PRESENT

transformo	transformamos
transformas	transformáis
transforma	transforman

PRETERIT

transformé	transformamos
transformaste	transformasteis
transformó	transformaron

IMPERFECT

transformaba	transformábamos
transformabas	transformabais
transformaba	transformaban

PRESENT PERFECT

he transformado	hemos transformado
has transformado	habéis transformado
ha transformado	han transformado

FUTURE

transformaré	transformaremos
transformarás	transformaréis
transformará	transformarán

CONDITIONAL

transformaría	transformaríamos
transformarías	transformaríais
transformaría	transformarían

PLUPERFECT

había transformado	habíamos transformado
habías transformado	habíais transformado
había transformado	habían transformado

PRETERIT PERFECT

hube transformado	hubimos transformado
hubiste transformado	hubisteis transformado
hubo transformado	hubieron transformado

FUTURE PERFECT

habré transformado	habremos transformado
habrás transformado	habréis transformado
habrá transformado	habrán transformado

CONDITIONAL PERFECT

habría transformado	habríamos transformado
habrías transformado	habríais transformado
habría transformado	habrían transformado

PRESENT SUBJUNCTIVE

transforme	transformemos
transformes	transforméis
transforme	transformen

PRESENT PERFECT SUBJUNCTIVE

haya transformado	hayamos transformado
hayas transformado	hayáis transformado
haya transformado	hayan transformado

IMPERFECT SUBJUNCTIVE (-ra)　　　　*or*　　IMPERFECT SUBJUNCTIVE (-se)

transformara	transformáramos	transformase	transformásemos
transformaras	transformarais	transformases	transformaseis
transformara	transformaran	transformase	transformasen

PAST PERFECT SUBJUNCTIVE (-ra)　　　*or*　　PAST PERFECT SUBJUNCTIVE (-se)

hubiera transformado	hubiéramos transformado	hubiese transformado	hubiésemos transformado
hubieras transformado	hubierais transformado	hubieses transformado	hubieseis transformado
hubiera transformado	hubieran transformado	hubiese transformado	hubiesen transformado

PROGRESSIVE TENSES

PRESENT	estoy, estás, está, estamos, estáis, están
PRETERIT	estuve, estuviste, estuvo, estuvimos, estuvisteis, estuvieron
IMPERFECT	estaba, estabas, estaba, estábamos, estabais, estaban
FUTURE	estaré, estarás, estará, estaremos, estaréis, estarán
CONDITIONAL	estaría, estarías, estaría, estaríamos, estaríais, estarían
SUBJUNCTIVE	que + *corresponding subjunctive tense of* estar (*see verb 252*)

} transformando

COMMANDS

	(nosotros) transformemos/no transformemos
(tú) transforma/no transformes	(vosotros) transformad/no transforméis
(Ud.) transforme/no transforme	(Uds.) transformen/no transformen

Usage

No es probable que su temperamento se transforme.	*It's improbable her temperament will change.*
La oruga se transformó en mariposa.	*The caterpillar changed into/became a butterfly.*
No es posible que transformen su imagen de la noche a la mañana.	*It's not possible for them to change their image overnight.*
¿Has notado una transformación en su conducta?	*Have you noticed a change in their conduct?*
La encuentro transformada.	*I find her changed.*

regular *-ar* verb

trato · trataron · tratado · tratando

PRESENT

trato	tratamos
tratas	tratáis
trata	tratan

IMPERFECT

trataba	tratábamos
tratabas	tratabais
trataba	trataban

FUTURE

trataré	trataremos
tratarás	trataréis
tratará	tratarán

PLUPERFECT

había tratado	habíamos tratado
habías tratado	habíais tratado
había tratado	habían tratado

FUTURE PERFECT

habré tratado	habremos tratado
habrás tratado	habréis tratado
habrá tratado	habrán tratado

PRESENT SUBJUNCTIVE

trate	tratemos
trates	tratéis
trate	traten

IMPERFECT SUBJUNCTIVE (-ra)

tratara	tratáramos
trataras	tratarais
tratara	trataran

PAST PERFECT SUBJUNCTIVE (-ra)

hubiera tratado	hubiéramos tratado
hubieras tratado	hubierais tratado
hubiera tratado	hubieran tratado

PRETERIT

traté	tratamos
trataste	tratasteis
trató	trataron

PRESENT PERFECT

he tratado	hemos tratado
has tratado	habéis tratado
ha tratado	han tratado

CONDITIONAL

trataría	trataríamos
tratarías	trataríais
trataría	tratarían

PRETERIT PERFECT

hube tratado	hubimos tratado
hubiste tratado	hubisteis tratado
hubo tratado	hubieron tratado

CONDITIONAL PERFECT

habría tratado	habríamos tratado
habrías tratado	habríais tratado
habría tratado	habrían tratado

PRESENT PERFECT SUBJUNCTIVE

haya tratado	hayamos tratado
hayas tratado	hayáis tratado
haya tratado	hayan tratado

or **IMPERFECT SUBJUNCTIVE (-se)**

tratase	tratásemos
tratases	trataseis
tratase	tratasen

or **PAST PERFECT SUBJUNCTIVE (-se)**

hubiese tratado	hubiésemos tratado
hubieses tratado	hubieseis tratado
hubiese tratado	hubiesen tratado

PROGRESSIVE TENSES

PRESENT	estoy, estás, está, estamos, estáis, están
PRETERIT	estuve, estuviste, estuvo, estuvimos, estuvisteis, estuvieron
IMPERFECT	estaba, estabas, estaba, estábamos, estabais, estaban
FUTURE	estaré, estarás, estará, estaremos, estaréis, estarán
CONDITIONAL	estaría, estarías, estaría, estaríamos, estaríais, estarían
SUBJUNCTIVE	que + *corresponding subjunctive tense of* estar (*see verb 252*)

tratando

COMMANDS

	(nosotros) tratemos/no tratemos
(tú) trata/no trates	(vosotros) tratad/no tratéis
(Ud.) trate/no trate	(Uds.) traten/no traten

Usage

Trata la teoría en su tesis.	*He deals with/treats the theory in his thesis.*
Les pedimos que trataran el asunto con discreción.	*We asked them to handle the matter discreetly.*
Lo tratábamos poco.	*We had some association/dealings with him.*
Nos trataron magníficamente.	*They treated/entertained us royally.*
¿La tratáis de tú/de Ud.?	*Do you address her as tú/as Ud.?*
¿Ha tratado con el consultor?	*Have you worked/dealt with the consultant?*

TOP 50 VERB ☞

Cómo tratar a la gente

Trata bien/mal a sus compañeros.	*He treats his friends well/badly.*
Trata a todos con amabilidad.	*She treats everybody with kindness.*
¡Lo trataron como a un perro!	*They treated him like a dog/like dirt!*
Trataban a su tía con guante blanco.	*They handled their aunt with kid gloves.*
El nuevo embajador trata con el cuerpo diplomático.	*The ambassador is working with the diplomatic corps.*
Su bufete trata con pleitos de derecho comercial.	*Their law firm deals with/handles lawsuits in commercial law.*
Se tratan las maderas exóticas.	*They treat/process special fine woods.*

tratar de *to try to, attempt, be about*

Tratamos de facilitar la transacción/resolución.	*We're trying to facilitate the transaction/settlement.*
¿De qué trata el libro?	*What's the book about?/What does the book deal with?*

tratarse

Os tratáis de tú, ¿verdad?	*You address each other informally, don't you?*
¿Uds. siguen tratándose?	*Do you still talk to each other?*

Other Uses

La cuestión de que se trata es la siguiente.	*The matter in question is the following.*
Se trata precisamente de nuestra preparación.	*It's just a question of our preparedness.*
No tenemos trato con ellos.	*We don't know them/have dealings with them.*
¡Trato hecho!	*It's a deal!*
La Primera Guerra Mundial acabó con el Tratado de Versalles.	*World War I ended with the Treaty of Versailles.*
Se hace el tratamiento de textos.	*They do word processing.*
Se trabaja en el tratamiento de desechos radiactivos.	*They work in the treatment/processing of radioactive waste.*

stem-changing -ar verb: e > ie;
spelling change: z > c/e

tropiezo · tropezaron · tropezado · tropezando

PRESENT

tropiezo	tropezamos
tropiezas	tropezáis
tropieza	tropiezan

PRETERIT

tropecé	tropezamos
tropezaste	tropezasteis
tropezó	tropezaron

IMPERFECT

tropezaba	tropezábamos
tropezabas	tropezabais
tropezaba	tropezaban

PRESENT PERFECT

he tropezado	hemos tropezado
has tropezado	habéis tropezado
ha tropezado	han tropezado

FUTURE

tropezaré	tropezaremos
tropezarás	tropezaréis
tropezará	tropezarán

CONDITIONAL

tropezaría	tropezaríamos
tropezarías	tropezaríais
tropezaría	tropezarían

PLUPERFECT

había tropezado	habíamos tropezado
habías tropezado	habíais tropezado
había tropezado	habían tropezado

PRETERIT PERFECT

hube tropezado	hubimos tropezado
hubiste tropezado	hubisteis tropezado
hubo tropezado	hubieron tropezado

FUTURE PERFECT

habré tropezado	habremos tropezado
habrás tropezado	habréis tropezado
habrá tropezado	habrán tropezado

CONDITIONAL PERFECT

habría tropezado	habríamos tropezado
habrías tropezado	habríais tropezado
habría tropezado	habrían tropezado

PRESENT SUBJUNCTIVE

tropiece	tropecemos
tropieces	tropecéis
tropiece	tropiecen

PRESENT PERFECT SUBJUNCTIVE

haya tropezado	hayamos tropezado
hayas tropezado	hayáis tropezado
haya tropezado	hayan tropezado

IMPERFECT SUBJUNCTIVE (-ra)

tropezara	tropezáramos
tropezaras	tropezarais
tropezara	tropezaran

or **IMPERFECT SUBJUNCTIVE (-se)**

tropezase	tropezásemos
tropezases	tropezaseis
tropezase	tropezasen

PAST PERFECT SUBJUNCTIVE (-ra)

hubiera tropezado	hubiéramos tropezado
hubieras tropezado	hubierais tropezado
hubiera tropezado	hubieran tropezado

or **PAST PERFECT SUBJUNCTIVE (-se)**

hubiese tropezado	hubiésemos tropezado
hubieses tropezado	hubieseis tropezado
hubiese tropezado	hubiesen tropezado

PROGRESSIVE TENSES

PRESENT	estoy, estás, está, estamos, estáis, están
PRETERIT	estuve, estuviste, estuvo, estuvimos, estuvisteis, estuvieron
IMPERFECT	estaba, estabas, estaba, estábamos, estabais, estaban
FUTURE	estaré, estarás, estará, estaremos, estaréis, estarán
CONDITIONAL	estaría, estarías, estaría, estaríamos, estaríais, estarían
SUBJUNCTIVE	que + *corresponding subjunctive tense of* estar (*see verb 252*)

} tropezando

COMMANDS

	(nosotros) tropecemos/no tropecemos
(tú) tropieza/no tropieces	(vosotros) tropezad/no tropecéis
(Ud.) tropiece/no tropiece	(Uds.) tropiecen/no tropiecen

Usage

Tropezó con algo y se cayó.	*He tripped on something and fell.*
Tropecé con unos amigos.	*I ran into some friends.*
Es dudoso que hayan tropezado en sus cálculos.	*It's doubtful they've made a mistake in their calculations.*
Nos tropezamos en el centro comercial.	*We bumped into each other at the mall.*
Tropezaba con muchos obstáculos.	*He came up against many obstacles.*

ubicar *to be, be situated/located/placed*

ubico · ubicaron · ubicado · ubicando

-ar verb; spelling change: *c > qu/e*

PRESENT		PRETERIT	
ubico	ubicamos	ubiqué	ubicamos
ubicas	ubicáis	ubicaste	ubicasteis
ubica	ubican	ubicó	ubicaron

IMPERFECT		PRESENT PERFECT	
ubicaba	ubicábamos	he ubicado	hemos ubicado
ubicabas	ubicabais	has ubicado	habéis ubicado
ubicaba	ubicaban	ha ubicado	han ubicado

FUTURE		CONDITIONAL	
ubicaré	ubicaremos	ubicaría	ubicaríamos
ubicarás	ubicaréis	ubicarías	ubicaríais
ubicará	ubicarán	ubicaría	ubicarían

PLUPERFECT		PRETERIT PERFECT	
había ubicado	habíamos ubicado	hube ubicado	hubimos ubicado
habías ubicado	habíais ubicado	hubiste ubicado	hubisteis ubicado
había ubicado	habían ubicado	hubo ubicado	hubieron ubicado

FUTURE PERFECT		CONDITIONAL PERFECT	
habré ubicado	habremos ubicado	habría ubicado	habríamos ubicado
habrás ubicado	habréis ubicado	habrías ubicado	habríais ubicado
habrá ubicado	habrán ubicado	habría ubicado	habrían ubicado

PRESENT SUBJUNCTIVE		PRESENT PERFECT SUBJUNCTIVE	
ubique	ubiquemos	haya ubicado	hayamos ubicado
ubiques	ubiquéis	hayas ubicado	hayáis ubicado
ubique	ubiquen	haya ubicado	hayan ubicado

IMPERFECT SUBJUNCTIVE (-ra)		*or*	IMPERFECT SUBJUNCTIVE (-se)	
ubicara	ubicáramos		ubicase	ubicásemos
ubicaras	ubicarais		ubicases	ubicaseis
ubicara	ubicaran		ubicase	ubicasen

PAST PERFECT SUBJUNCTIVE (-ra)		*or*	PAST PERFECT SUBJUNCTIVE (-se)	
hubiera ubicado	hubiéramos ubicado		hubiese ubicado	hubiésemos ubicado
hubieras ubicado	hubierais ubicado		hubieses ubicado	hubieseis ubicado
hubiera ubicado	hubieran ubicado		hubiese ubicado	hubiesen ubicado

PROGRESSIVE TENSES

PRESENT	estoy, estás, está, estamos, estáis, están
PRETERIT	estuve, estuviste, estuvo, estuvimos, estuvisteis, estuvieron
IMPERFECT	estaba, estabas, estaba, estábamos, estabais, estaban
FUTURE	estaré, estarás, estará, estaremos, estaréis, estarán
CONDITIONAL	estaría, estarías, estaría, estaríamos, estaríais, estarían
SUBJUNCTIVE	que + *corresponding subjunctive tense of* estar *(see verb 252)*

} ubicando

COMMANDS

	(nosotros) ubiquemos/no ubiquemos
(tú) ubica/no ubiques	(vosotros) ubicad/no ubiquéis
(Ud.) ubique/no ubique	(Uds.) ubiquen/no ubiquen

Usage

Se ubicará el edificio en el muelle.	*They'll build the building at the pier.*
Dudo que se ubique la farmacia cerca de otra.	*I doubt they'll put the drugstore near another.*
La tienda está bien ubicada.	*The store is well located.*
¿Qué piensas de la ubicación de la fábrica?	*What do you think about the location of the factory?*
¡Este tipo debe ser ubicuo!	*This guy must be ubiquitous!*

-ar verb; spelling change: c > qu/e

unifico · unificaron · unificado · unificando

PRESENT

unifico	unificamos
unificas	unificáis
unifica	unifican

IMPERFECT

unificaba	unificábamos
unificabas	unificabais
unificaba	unificaban

FUTURE

unificaré	unificaremos
unificarás	unificaréis
unificará	unificarán

PLUPERFECT

había unificado	habíamos unificado
habías unificado	habíais unificado
había unificado	habían unificado

FUTURE PERFECT

habré unificado	habremos unificado
habrás unificado	habréis unificado
habrá unificado	habrán unificado

PRESENT SUBJUNCTIVE

unifique	unifiquemos
unifiques	unifiquéis
unifique	unifiquen

IMPERFECT SUBJUNCTIVE (-ra)

unificara	unificáramos
unificaras	unificarais
unificara	unificaran

PAST PERFECT SUBJUNCTIVE (-ra)

hubiera unificado	hubiéramos unificado
hubieras unificado	hubierais unificado
hubiera unificado	hubieran unificado

PRETERIT

unifiqué	unificamos
unificaste	unificasteis
unificó	unificaron

PRESENT PERFECT

he unificado	hemos unificado
has unificado	habéis unificado
ha unificado	han unificado

CONDITIONAL

unificaría	unificaríamos
unificarías	unificaríais
unificaría	unificarían

PRETERIT PERFECT

hube unificado	hubimos unificado
hubiste unificado	hubisteis unificado
hubo unificado	hubieron unificado

CONDITIONAL PERFECT

habría unificado	habríamos unificado
habrías unificado	habríais unificado
habría unificado	habrían unificado

PRESENT PERFECT SUBJUNCTIVE

haya unificado	hayamos unificado
hayas unificado	hayáis unificado
haya unificado	hayan unificado

or **IMPERFECT SUBJUNCTIVE (-se)**

unificase	unificásemos
unificases	unificaseis
unificase	unificasen

or **PAST PERFECT SUBJUNCTIVE (-se)**

hubiese unificado	hubiésemos unificado
hubieses unificado	hubieseis unificado
hubiese unificado	hubiesen unificado

PROGRESSIVE TENSES

PRESENT	estoy, estás, está, estamos, estáis, están	
PRETERIT	estuve, estuviste, estuvo, estuvimos, estuvisteis, estuvieron	
IMPERFECT	estaba, estabas, estaba, estábamos, estabais, estaban	unificando
FUTURE	estaré, estarás, estará, estaremos, estaréis, estarán	
CONDITIONAL	estaría, estarías, estaría, estaríamos, estaríais, estarían	
SUBJUNCTIVE	que + *corresponding subjunctive tense of* estar (*see verb 252*)	

COMMANDS

	(nosotros) unifiquemos/no unifiquemos
(tú) unifica/no unifiques	(vosotros) unificad/no unifiquéis
(Ud.) unifique/no unifique	(Uds.) unifiquen/no unifiquen

Usage

Los grupos distintos se unificaron.
Tendremos éxito si unificamos en nuestros esfuerzos.
Trabajamos en unificar las reglas.
La unificación de Alemania fue realizada durante los años 90.
Tenemos un líder unificador que pondrá fin a la discordia.

The different groups became unified.
We'll be successful if we work together in our efforts.
We're working on standardizing the rules.
The unification of Germany was achieved during the 1990s.
We have a unifying leader who will put an end to the dissension.

PRESENT

uno	unimos
unes	unís
une	unen

PRETERIT

uní	unimos
uniste	unisteis
unió	unieron

IMPERFECT

unía	uníamos
unías	uníais
unía	unían

PRESENT PERFECT

he unido	hemos unido
has unido	habéis unido
ha unido	han unido

FUTURE

uniré	uniremos
unirás	uniréis
unirá	unirán

CONDITIONAL

uniría	uniríamos
unirías	uniríais
uniría	unirían

PLUPERFECT

había unido	habíamos unido
habías unido	habíais unido
había unido	habían unido

PRETERIT PERFECT

hube unido	hubimos unido
hubiste unido	hubisteis unido
hubo unido	hubieron unido

FUTURE PERFECT

habré unido	habremos unido
habrás unido	habréis unido
habrá unido	habrán unido

CONDITIONAL PERFECT

habría unido	habríamos unido
habrías unido	habríais unido
habría unido	habrían unido

PRESENT SUBJUNCTIVE

una	unamos
unas	unáis
una	unan

PRESENT PERFECT SUBJUNCTIVE

haya unido	hayamos unido
hayas unido	hayáis unido
haya unido	hayan unido

IMPERFECT SUBJUNCTIVE (-ra)

uniera	uniéramos
unieras	unierais
uniera	unieran

or   **IMPERFECT SUBJUNCTIVE (-se)**

uniese	uniésemos
unieses	unieseis
uniese	uniesen

PAST PERFECT SUBJUNCTIVE (-ra)

hubiera unido	hubiéramos unido
hubieras unido	hubierais unido
hubiera unido	hubieran unido

or   **PAST PERFECT SUBJUNCTIVE (-se)**

hubiese unido	hubiésemos unido
hubieses unido	hubieseis unido
hubiese unido	hubiesen unido

PROGRESSIVE TENSES

PRESENT	estoy, estás, está, estamos, estáis, están
PRETERIT	estuve, estuviste, estuvo, estuvimos, estuvisteis, estuvieron
IMPERFECT	estaba, estabas, estaba, estábamos, estabais, estaban
FUTURE	estaré, estarás, estará, estaremos, estaréis, estarán
CONDITIONAL	estaría, estarías, estaría, estaríamos, estaríais, estarían
SUBJUNCTIVE	que + *corresponding subjunctive tense of* estar *(see verb 252)*

} uniendo

COMMANDS

	(nosotros) unamos/no unamos
(tú) une/no unas	(vosotros) unid/no unáis
(Ud.) una/no una	(Uds.) unan/no unan

Usage

El rey unió los dos reinos.	*The king united the two kingdoms.*
La carretera une la costa con el interior.	*The road links the coast with the interior/inland.*
Las empresas se unirán este año.	*The companies will merge this year.*
Somos una familia muy unida.	*We're a very close family.*
El Presidente Reagan acabó con la Unión Soviética.	*President Reagan finished off the Soviet Union.*
Cincuenta estados forman los Estados Unidos.	*Fifty states make up the United States.*

regular -*ar* verb   uso · usaron · usado · usando

PRESENT

uso	usamos
usas	usáis
usa	usan

IMPERFECT

usaba	usábamos
usabas	usabais
usaba	usaban

FUTURE

usaré	usaremos
usarás	usaréis
usará	usarán

PLUPERFECT

había usado	habíamos usado
habías usado	habíais usado
había usado	habían usado

FUTURE PERFECT

habré usado	habremos usado
habrás usado	habréis usado
habrá usado	habrán usado

PRESENT SUBJUNCTIVE

use	usemos
uses	uséis
use	usen

IMPERFECT SUBJUNCTIVE (-ra)

usara	usáramos
usaras	usarais
usara	usaran

PAST PERFECT SUBJUNCTIVE (-ra)

hubiera usado	hubiéramos usado
hubieras usado	hubierais usado
hubiera usado	hubieran usado

PRETERIT

usé	usamos
usaste	usasteis
usó	usaron

PRESENT PERFECT

he usado	hemos usado
has usado	habéis usado
ha usado	han usado

CONDITIONAL

usaría	usaríamos
usarías	usaríais
usaría	usarían

PRETERIT PERFECT

hube usado	hubimos usado
hubiste usado	hubisteis usado
hubo usado	hubieron usado

CONDITIONAL PERFECT

habría usado	habríamos usado
habrías usado	habríais usado
habría usado	habrían usado

PRESENT PERFECT SUBJUNCTIVE

haya usado	hayamos usado
hayas usado	hayáis usado
haya usado	hayan usado

or **IMPERFECT SUBJUNCTIVE (-se)**

usase	usásemos
usases	usaseis
usase	usasen

or **PAST PERFECT SUBJUNCTIVE (-se)**

hubiese usado	hubiésemos usado
hubieses usado	hubieseis usado
hubiese usado	hubiesen usado

PROGRESSIVE TENSES

PRESENT	estoy, estás, está, estamos, estáis, están
PRETERIT	estuve, estuviste, estuvo, estuvimos, estuvisteis, estuvieron
IMPERFECT	estaba, estabas, estaba, estábamos, estabais, estaban
FUTURE	estaré, estarás, estará, estaremos, estaréis, estarán
CONDITIONAL	estaría, estarías, estaría, estaríamos, estaríais, estarían
SUBJUNCTIVE	que + *corresponding subjunctive tense of* estar (*see verb 252*)

} usando

COMMANDS

	(nosotros) usemos/no usemos
(tú) usa/no uses	(vosotros) usad/no uséis
(Ud.) use/no use	(Uds.) usen/no usen

Usage

¿No usáis un teléfono celular?	*Don't you use a cell phone?*
Usa anteojos.	*He wears glasses.*
Ya no se usa la máquina de escribir.	*Typewriters are no longer used.*
Usaban despertarse a las seis.	*They were in the habit of waking up at 6:00.*
Usas expresiones poco usadas.	*You use rarely used expressions.*
Leí las instrucciones para su uso.	*I read the instructions for use.*
Aprende los usos y costumbres del país.	*Learn the ways and customs of the country.*

532 utilizar *to use, make use of, utilize*

utilizo · utilizaron · utilizado · utilizando

-ar verb; spelling change: *z > c/e*

PRESENT
utilizo	utilizamos
utilizas	utilizáis
utiliza	utilizan

PRETERIT
utilicé	utilizamos
utilizaste	utilizasteis
utilizó	utilizaron

IMPERFECT
utilizaba	utilizábamos
utilizabas	utilizabais
utilizaba	utilizaban

PRESENT PERFECT
he utilizado	hemos utilizado
has utilizado	habéis utilizado
ha utilizado	han utilizado

FUTURE
utilizaré	utilizaremos
utilizarás	utilizaréis
utilizará	utilizarán

CONDITIONAL
utilizaría	utilizaríamos
utilizarías	utilizaríais
utilizaría	utilizarían

PLUPERFECT
había utilizado	habíamos utilizado
habías utilizado	habíais utilizado
había utilizado	habían utilizado

PRETERIT PERFECT
hube utilizado	hubimos utilizado
hubiste utilizado	hubisteis utilizado
hubo utilizado	hubieron utilizado

FUTURE PERFECT
habré utilizado	habremos utilizado
habrás utilizado	habréis utilizado
habrá utilizado	habrán utilizado

CONDITIONAL PERFECT
habría utilizado	habríamos utilizado
habrías utilizado	habríais utilizado
habría utilizado	habrían utilizado

PRESENT SUBJUNCTIVE
utilice	utilicemos
utilices	utilicéis
utilice	utilicen

PRESENT PERFECT SUBJUNCTIVE
haya utilizado	hayamos utilizado
hayas utilizado	hayáis utilizado
haya utilizado	hayan utilizado

IMPERFECT SUBJUNCTIVE (-ra)
utilizara	utilizáramos
utilizaras	utilizarais
utilizara	utilizaran

or ### IMPERFECT SUBJUNCTIVE (-se)
utilizase	utilizásemos
utilizases	utilizaseis
utilizase	utilizasen

PAST PERFECT SUBJUNCTIVE (-ra)
hubiera utilizado	hubiéramos utilizado
hubieras utilizado	hubierais utilizado
hubiera utilizado	hubieran utilizado

or ### PAST PERFECT SUBJUNCTIVE (-se)
hubiese utilizado	hubiésemos utilizado
hubieses utilizado	hubieseis utilizado
hubiese utilizado	hubiesen utilizado

PROGRESSIVE TENSES
PRESENT	estoy, estás, está, estamos, estáis, están
PRETERIT	estuve, estuviste, estuvo, estuvimos, estuvisteis, estuvieron
IMPERFECT	estaba, estabas, estaba, estábamos, estabais, estaban
FUTURE	estaré, estarás, estará, estaremos, estaréis, estarán
CONDITIONAL	estaría, estarías, estaría, estaríamos, estaríais, estarían
SUBJUNCTIVE	que + *corresponding subjunctive tense of* estar (*see verb 252*)

} utilizando

COMMANDS
	(nosotros) utilicemos/no utilicemos
(tú) utiliza/no utilices	(vosotros) utilizad/no utilicéis
(Ud.) utilice/no utilice	(Uds.) utilicen/no utilicen

Usage

Utilicen los recursos económicos que tienen.	*Use/Exploit the economic resources you have.*
Aprende a utilizar la computadora.	*She's learning how to use the computer.*
Se utiliza la energía nuclear.	*They're making use of/harnessing nuclear power.*
No cuestionamos la utilidad del aparato.	*We're not debating the usefulness of the device.*
¿Es utilizable/útil el programa integrado?	*Is the integrated software package useable/useful?*
Se une lo útil con lo agradable.	*We mix business with pleasure.*
Compró útiles escolares.	*She bought school supplies.*

regular -ar verb; spelling change: i > í when stressed | vacío · vaciaron · vaciado · vaciando

PRESENT

vacío	vaciamos
vacías	vaciáis
vacía	vacían

IMPERFECT

vaciaba	vaciábamos
vaciabas	vaciabais
vaciaba	vaciaban

FUTURE

vaciaré	vaciaremos
vaciarás	vaciaréis
vaciará	vaciarán

PLUPERFECT

había vaciado	habíamos vaciado
habías vaciado	habíais vaciado
había vaciado	habían vaciado

FUTURE PERFECT

habré vaciado	habremos vaciado
habrás vaciado	habréis vaciado
habrá vaciado	habrán vaciado

PRESENT SUBJUNCTIVE

vacíe	vaciemos
vacíes	vaciéis
vacíe	vacíen

IMPERFECT SUBJUNCTIVE (-ra)

vaciara	vaciáramos
vaciaras	vaciarais
vaciara	vaciaran

PAST PERFECT SUBJUNCTIVE (-ra)

hubiera vaciado	hubiéramos vaciado
hubieras vaciado	hubierais vaciado
hubiera vaciado	hubieran vaciado

PRETERIT

vacié	vaciamos
vaciaste	vaciasteis
vació	vaciaron

PRESENT PERFECT

he vaciado	hemos vaciado
has vaciado	habéis vaciado
ha vaciado	han vaciado

CONDITIONAL

vaciaría	vaciaríamos
vaciarías	vaciaríais
vaciaría	vaciarían

PRETERIT PERFECT

hube vaciado	hubimos vaciado
hubiste vaciado	hubisteis vaciado
hubo vaciado	hubieron vaciado

CONDITIONAL PERFECT

habría vaciado	habríamos vaciado
habrías vaciado	habríais vaciado
habría vaciado	habrían vaciado

PRESENT PERFECT SUBJUNCTIVE

haya vaciado	hayamos vaciado
hayas vaciado	hayáis vaciado
haya vaciado	hayan vaciado

or **IMPERFECT SUBJUNCTIVE (-se)**

vaciase	vaciásemos
vaciases	vaciaseis
vaciase	vaciasen

or **PAST PERFECT SUBJUNCTIVE (-se)**

hubiese vaciado	hubiésemos vaciado
hubieses vaciado	hubieseis vaciado
hubiese vaciado	hubiesen vaciado

PROGRESSIVE TENSES

PRESENT	estoy, estás, está, estamos, estáis, están	
PRETERIT	estuve, estuviste, estuvo, estuvimos, estuvisteis, estuvieron	
IMPERFECT	estaba, estabas, estaba, estábamos, estabais, estaban	vaciando
FUTURE	estaré, estarás, estará, estaremos, estaréis, estarán	
CONDITIONAL	estaría, estarías, estaría, estaríamos, estaríais, estarían	
SUBJUNCTIVE	que + *corresponding subjunctive tense of* estar (*see verb 252*)	

COMMANDS

	(nosotros) vaciemos/no vaciemos
(tú) vacía/no vacíes	(vosotros) vaciad/no vaciéis
(Ud.) vacíe/no vacíe	(Uds.) vacíen/no vacíen

Usage

Vacía los vasos.	*Empty the glasses.*
Han vaciado las cubetas.	*They've cleaned out the buckets.*
Siente un vacío en la vida.	*He feels an emptiness/a void in his life.*
¿Está vacío el apartamento?	*Is the apartment vacant/unoccupied?*
No digas vaciedades.	*Don't talk nonsense.*
Siempre dice cosas vacuas.	*She always says vacuous things.*

to cost

—¿Cuánto valdrá este videodisco?	*I wonder how much this videodisc costs.*
—Valdrá 20 dólares.	*It probably costs $20.*

to be worth

La bicicleta vale menos de lo que pagó.	*The bicycle is worth less than she paid.*
No vale la pena.	*It's not worth the trouble.*
Más vale pájaro en mano que ciento volando.	*A bird in the hand is worth two in the bush.*
Vale un mundo/un ojo de la cara/un Potosí.	*It's worth a fortune.*

to count

Esas notas no valen.	*Those grades don't count.*
No vale arrepentirse después.	*It doesn't count to be sorry/regret something later.*

to be of use, be useful, help

Su franqueza no le valía.	*Her candor was of no use.*
Vale mucho tener buenas relaciones.	*It's useful to have connections.*

to be good, suitable for something

Él no vale para este trabajo.	*He's not suitable for this project.*
¡Yo no valgo para tales cosas!	*I'm no good at these things!*
Este ingeniero vale mucho.	*He's a very good engineer.*

más vale/más vale que...

Más vale reservar una habitación lo antes posible.	*It's better to reserve a room as soon as possible.*
Más vale que no contraigáis deudas.	*You had better not get into debt.*

Other Uses

No hay pero que valga.	*No buts about it.*
Tanto vale el uno como el otro.	*This one is as good as the other.*
Lo que mucho vale, mucho cuesta.	*You have to pay for quality.*
¡Sean valientes!	*Be brave/courageous!*
Hay que almacenar los datos valiosos.	*We must store valuable data.*
Esta oferta es válida hasta el 30 de junio.	*This offer is valid until June 30th.*
Los vales se usan para pagar la matrícula.	*Vouchers are used to pay for tuition.*
¿Cómo podéis dar validez a su opinión?	*How can you validate/give validity to their opinion?*

irregular verb

valgo · valieron · valido · valiendo

PRESENT		PRETERIT	
valgo	valemos	valí	valimos
vales	valéis	valiste	valisteis
vale	valen	valió	valieron

IMPERFECT		PRESENT PERFECT	
valía	valíamos	he valido	hemos valido
valías	valíais	has valido	habéis valido
valía	valían	ha valido	han valido

FUTURE		CONDITIONAL	
valdré	valdremos	valdría	valdríamos
valdrás	valdréis	valdrías	valdríais
valdrá	valdrán	valdría	valdrían

PLUPERFECT		PRETERIT PERFECT	
había valido	habíamos valido	hube valido	hubimos valido
habías valido	habíais valido	hubiste valido	hubisteis valido
había valido	habían valido	hubo valido	hubieron valido

FUTURE PERFECT		CONDITIONAL PERFECT	
habré valido	habremos valido	habría valido	habríamos valido
habrás valido	habréis valido	habrías valido	habríais valido
habrá valido	habrán valido	habría valido	habrían valido

PRESENT SUBJUNCTIVE		PRESENT PERFECT SUBJUNCTIVE	
valga	valgamos	haya valido	hayamos valido
valgas	valgáis	hayas valido	hayáis valido
valga	valgan	haya valido	hayan valido

IMPERFECT SUBJUNCTIVE (-ra)		or	IMPERFECT SUBJUNCTIVE (-se)	
valiera	valiéramos		valiese	valiésemos
valieras	valierais		valieses	valieseis
valiera	valieran		valiese	valiesen

PAST PERFECT SUBJUNCTIVE (-ra)		or	PAST PERFECT SUBJUNCTIVE (-se)	
hubiera valido	hubiéramos valido		hubiese valido	hubiésemos valido
hubieras valido	hubierais valido		hubieses valido	hubieseis valido
hubiera valido	hubieran valido		hubiese valido	hubiesen valido

PROGRESSIVE TENSES

PRESENT	estoy, estás, está, estamos, estáis, están
PRETERIT	estuve, estuviste, estuvo, estuvimos, estuvisteis, estuvieron
IMPERFECT	estaba, estabas, estaba, estábamos, estabais, estaban
FUTURE	estaré, estarás, estará, estaremos, estaréis, estarán
CONDITIONAL	estaría, estarías, estaría, estaríamos, estaríais, estarían
SUBJUNCTIVE	que + *corresponding subjunctive tense of* estar (*see verb 252*)

} valiendo

COMMANDS

	(nosotros) valgamos/no valgamos
(tú) vale/no valgas	(vosotros) valed/no valgáis
(Ud.) valga/no valga	(Uds.) valgan/no valgan

Usage

¿Cuánto vale el collar?	*How much is the necklace worth?*
Las uvas valen dos dólares la libra.	*Grapes cost $2 per pound.*
Su apoyo vale mucho para nosotros.	*Their support means a lot to us.*
Sus investigaciones le valieron el premio Nóbel.	*His research won him the Nobel Prize.*
No vale la pena enfadarse.	*It's not worth getting angry.*
Sus disculpas no valen nada.	*Her apologies are worth nothing.*
Más vale tarde que nunca.	*Better late than never.*

valorar *to value, appreciate*

valoro · valoraron · valorado · valorando

regular *-ar* verb

PRESENT		PRETERIT	
valoro	valoramos	valoré	valoramos
valoras	valoráis	valoraste	valorasteis
valora	valoran	valoró	valoraron

IMPERFECT		PRESENT PERFECT	
valoraba	valorábamos	he valorado	hemos valorado
valorabas	valorabais	has valorado	habéis valorado
valoraba	valoraban	ha valorado	han valorado

FUTURE		CONDITIONAL	
valoraré	valoraremos	valoraría	valoraríamos
valorarás	valoraréis	valorarías	valoraríais
valorará	valorarán	valoraría	valorarían

PLUPERFECT		PRETERIT PERFECT	
había valorado	habíamos valorado	hube valorado	hubimos valorado
habías valorado	habíais valorado	hubiste valorado	hubisteis valorado
había valorado	habían valorado	hubo valorado	hubieron valorado

FUTURE PERFECT		CONDITIONAL PERFECT	
habré valorado	habremos valorado	habría valorado	habríamos valorado
habrás valorado	habréis valorado	habrías valorado	habríais valorado
habrá valorado	habrán valorado	habría valorado	habrían valorado

PRESENT SUBJUNCTIVE		PRESENT PERFECT SUBJUNCTIVE	
valore	valoremos	haya valorado	hayamos valorado
valores	valoréis	hayas valorado	hayáis valorado
valore	valoren	haya valorado	hayan valorado

IMPERFECT SUBJUNCTIVE (-ra)		*or* IMPERFECT SUBJUNCTIVE (-se)	
valorara	valoráramos	valorase	valorásemos
valoraras	valorarais	valorases	valoraseis
valorara	valoraran	valorase	valorasen

PAST PERFECT SUBJUNCTIVE (-ra)		*or* PAST PERFECT SUBJUNCTIVE (-se)	
hubiera valorado	hubiéramos valorado	hubiese valorado	hubiésemos valorado
hubieras valorado	hubierais valorado	hubieses valorado	hubieseis valorado
hubiera valorado	hubieran valorado	hubiese valorado	hubiesen valorado

PROGRESSIVE TENSES

PRESENT	estoy, estás, está, estamos, estáis, están	
PRETERIT	estuve, estuviste, estuvo, estuvimos, estuvisteis, estuvieron	
IMPERFECT	estaba, estabas, estaba, estábamos, estabais, estaban	valorando
FUTURE	estaré, estarás, estará, estaremos, estaréis, estarán	
CONDITIONAL	estaría, estarías, estaría, estaríamos, estaríais, estarían	
SUBJUNCTIVE	que + *corresponding subjunctive tense of* estar (*see verb 252*)	

COMMANDS

	(nosotros) valoremos/no valoremos
(tú) valora/no valores	(vosotros) valorad/no valoréis
(Ud.) valore/no valore	(Uds.) valoren/no valoren

Usage

El tasador valoró la colección de arte.	*The appraiser appraised the art collection.*
Se valora en alto precio.	*It's valued at a lot of money.*
Los valoramos en mucho.	*We hold them in high esteem.*
Los soldados demostraron gran valor.	*The soldiers showed great courage.*
No viajes con objetos de valor.	*Don't travel with valuables.*
Doy mucho valor a lo que me dicen.	*I attach a lot of importance to what they say.*
Me sorprende la valoración de la sortija.	*I'm surprised by the appraisal/appreciation of the ring.*

regular *-ar* verb; *i > í* when stressed   **varío · variaron · variado · variando**

PRESENT		PRETERIT	
varío	variamos	varié	variamos
varías	variáis	variaste	variasteis
varía	varían	varió	variaron

IMPERFECT		PRESENT PERFECT	
variaba	variábamos	he variado	hemos variado
variabas	variabais	has variado	habéis variado
variaba	variaban	ha variado	han variado

FUTURE		CONDITIONAL	
variaré	variaremos	variaría	variaríamos
variarás	variaréis	variarías	variaríais
variará	variarán	variaría	variarían

PLUPERFECT		PRETERIT PERFECT	
había variado	habíamos variado	hube variado	hubimos variado
habías variado	habíais variado	hubiste variado	hubisteis variado
había variado	habían variado	hubo variado	hubieron variado

FUTURE PERFECT		CONDITIONAL PERFECT	
habré variado	habremos variado	habría variado	habríamos variado
habrás variado	habréis variado	habrías variado	habríais variado
habrá variado	habrán variado	habría variado	habrían variado

PRESENT SUBJUNCTIVE		PRESENT PERFECT SUBJUNCTIVE	
varíe	variemos	haya variado	hayamos variado
varíes	variéis	hayas variado	hayáis variado
varíe	varíen	haya variado	hayan variado

IMPERFECT SUBJUNCTIVE (-ra)		*or* IMPERFECT SUBJUNCTIVE (-se)	
variara	variáramos	variase	variásemos
variaras	variarais	variases	variaseis
variara	variaran	variase	variasen

PAST PERFECT SUBJUNCTIVE (-ra)		*or* PAST PERFECT SUBJUNCTIVE (-se)	
hubiera variado	hubiéramos variado	hubiese variado	hubiésemos variado
hubieras variado	hubierais variado	hubieses variado	hubieseis variado
hubiera variado	hubieran variado	hubiese variado	hubiesen variado

PROGRESSIVE TENSES

PRESENT	estoy, estás, está, estamos, estáis, están	
PRETERIT	estuve, estuviste, estuvo, estuvimos, estuvisteis, estuvieron	
IMPERFECT	estaba, estabas, estaba, estábamos, estabais, estaban	variando
FUTURE	estaré, estarás, estará, estaremos, estaréis, estarán	
CONDITIONAL	estaría, estarías, estaría, estaríamos, estaríais, estarían	
SUBJUNCTIVE	que + *corresponding subjunctive tense of* estar (*see verb 252*)	

COMMANDS

	(nosotros) variemos/no variemos
(tú) varía/no varíes	(vosotros) variad/no variéis
(Ud.) varíe/no varíe	(Uds.) varíen/no varíen

Usage

¿Variamos nuestra rutina diaria?	*Shall we vary our daily routine?*
Lo que dice varía de un día para otro.	*What he says changes from one day to the next.*
Esta edición varía de la anterior.	*This edition is different from the previous one.*
Llegó tarde por no variar.	*He arrived late as usual.*
En la variedad está el gusto.	*Variety is the spice of life.*
Nos interesan varias cosas.	*We're interested in several/different things.*

vencer   *to conquer, defeat, overcome, expire*

venzo · vencieron · vencido · venciendo   *-er* verb; spelling change: *c > z/o, a*

PRESENT		PRETERIT	
venzo	vencemos	vencí	vencimos
vences	vencéis	venciste	vencisteis
vence	vencen	venció	vencieron

IMPERFECT		PRESENT PERFECT	
vencía	vencíamos	he vencido	hemos vencido
vencías	vencíais	has vencido	habéis vencido
vencía	vencían	ha vencido	han vencido

FUTURE		CONDITIONAL	
venceré	venceremos	vencería	venceríamos
vencerás	venceréis	vencerías	venceríais
vencerá	vencerán	vencería	vencerían

PLUPERFECT		PRETERIT PERFECT	
había vencido	habíamos vencido	hube vencido	hubimos vencido
habías vencido	habíais vencido	hubiste vencido	hubisteis vencido
había vencido	habían vencido	hubo vencido	hubieron vencido

FUTURE PERFECT		CONDITIONAL PERFECT	
habré vencido	habremos vencido	habría vencido	habríamos vencido
habrás vencido	habréis vencido	habrías vencido	habríais vencido
habrá vencido	habrán vencido	habría vencido	habrían vencido

PRESENT SUBJUNCTIVE		PRESENT PERFECT SUBJUNCTIVE	
venza	venzamos	haya vencido	hayamos vencido
venzas	venzáis	hayas vencido	hayáis vencido
venza	venzan	haya vencido	hayan vencido

IMPERFECT SUBJUNCTIVE (-ra)		*or* IMPERFECT SUBJUNCTIVE (-se)	
venciera	venciéramos	venciese	venciésemos
vencieras	vencierais	vencieses	vencieseis
venciera	vencieran	venciese	venciesen

PAST PERFECT SUBJUNCTIVE (-ra)		*or* PAST PERFECT SUBJUNCTIVE (-se)	
hubiera vencido	hubiéramos vencido	hubiese vencido	hubiésemos vencido
hubieras vencido	hubierais vencido	hubieses vencido	hubieseis vencido
hubiera vencido	hubieran vencido	hubiese vencido	hubiesen vencido

PROGRESSIVE TENSES

PRESENT	estoy, estás, está, estamos, estáis, están	
PRETERIT	estuve, estuviste, estuvo, estuvimos, estuvisteis, estuvieron	
IMPERFECT	estaba, estabas, estaba, estábamos, estabais, estaban	venciendo
FUTURE	estaré, estarás, estará, estaremos, estaréis, estarán	
CONDITIONAL	estaría, estarías, estaría, estaríamos, estaríais, estarían	
SUBJUNCTIVE	que + *corresponding subjunctive tense of* estar (*see verb 252*)	

COMMANDS

	(nosotros) venzamos/no venzamos
(tú) vence/no venzas	(vosotros) venced/no venzáis
(Ud.) venza/no venza	(Uds.) venzan/no venzan

Usage

Vencieron al enemigo/al otro equipo.	*They defeated the enemy/the other team.*
Venció las desventajas.	*She overcame the obstacles/handicaps.*
Se vence tu carnet de conducir este año.	*Your driver's license expires this year.*
¡No se den por vencidos!	*Don't give up/admit defeat!*
La Armada Invencible fue vencida por los ingleses en 1588.	*The Spanish Armada was defeated by the English in 1588.*

regular *-er* verb

vendo · vendieron · vendido · vendiendo

PRESENT

vendo	vendemos
vendes	vendéis
vende	venden

PRETERIT

vendí	vendimos
vendiste	vendisteis
vendió	vendieron

IMPERFECT

vendía	vendíamos
vendías	vendíais
vendía	vendían

PRESENT PERFECT

he vendido	hemos vendido
has vendido	habéis vendido
ha vendido	han vendido

FUTURE

venderé	venderemos
venderás	venderéis
venderá	venderán

CONDITIONAL

vendería	venderíamos
venderías	venderíais
vendería	venderían

PLUPERFECT

había vendido	habíamos vendido
habías vendido	habíais vendido
había vendido	habían vendido

PRETERIT PERFECT

hube vendido	hubimos vendido
hubiste vendido	hubisteis vendido
hubo vendido	hubieron vendido

FUTURE PERFECT

habré vendido	habremos vendido
habrás vendido	habréis vendido
habrá vendido	habrán vendido

CONDITIONAL PERFECT

habría vendido	habríamos vendido
habrías vendido	habríais vendido
habría vendido	habrían vendido

PRESENT SUBJUNCTIVE

venda	vendamos
vendas	vendáis
venda	vendan

PRESENT PERFECT SUBJUNCTIVE

haya vendido	hayamos vendido
hayas vendido	hayáis vendido
haya vendido	hayan vendido

IMPERFECT SUBJUNCTIVE (-ra)

vendiera	vendiéramos
vendieras	vendierais
vendiera	vendieran

or **IMPERFECT SUBJUNCTIVE (-se)**

vendiese	vendiésemos
vendieses	vendieseis
vendiese	vendiesen

PAST PERFECT SUBJUNCTIVE (-ra)

hubiera vendido	hubiéramos vendido
hubieras vendido	hubierais vendido
hubiera vendido	hubieran vendido

or **PAST PERFECT SUBJUNCTIVE (-se)**

hubiese vendido	hubiésemos vendido
hubieses vendido	hubieseis vendido
hubiese vendido	hubiesen vendido

PROGRESSIVE TENSES

PRESENT	estoy, estás, está, estamos, estáis, están
PRETERIT	estuve, estuviste, estuvo, estuvimos, estuvisteis, estuvieron
IMPERFECT	estaba, estabas, estaba, estábamos, estabais, estaban
FUTURE	estaré, estarás, estará, estaremos, estaréis, estarán
CONDITIONAL	estaría, estarías, estaría, estaríamos, estaríais, estarían
SUBJUNCTIVE	que + *corresponding subjunctive tense of* estar (*see verb 252*)

} vendiendo

COMMANDS

	(nosotros) vendamos/no vendamos
(tú) vende/no vendas	(vosotros) vended/no vendáis
(Ud.) venda/no venda	(Uds.) vendan/no vendan

Usage

Vendieron su casa por mucho dinero.	*They sold their house for a lot of money.*
Se venden videodiscos aquí.	*Videodiscs are sold here.*
El político se vendió por el dinero/el poder.	*The politician sold himself for money/power.*
Las fresas se venden a $4 la libra.	*Strawberries are selling at $4 a pound.*
Se vende coche con poco kilometraje.	*Car with little mileage for sale.*
La venta por Internet es relativamente nueva.	*Internet selling is relatively new.*
El libro está en venta en todas las librerías.	*The book is on sale in all the bookstores.*

vengar   *to avenge, take revenge*

vengo · vengaron · vengado · vengando   *-ar* verb; spelling change: *g > gu/e*

PRESENT		PRETERIT	
vengo	vengamos	vengué	vengamos
vengas	vengáis	vengaste	vengasteis
venga	vengan	vengó	vengaron

IMPERFECT		PRESENT PERFECT	
vengaba	vengábamos	he vengado	hemos vengado
vengabas	vengabais	has vengado	habéis vengado
vengaba	vengaban	ha vengado	han vengado

FUTURE		CONDITIONAL	
vengaré	vengaremos	vengaría	vengaríamos
vengarás	vengaréis	vengarías	vengaríais
vengará	vengarán	vengaría	vengarían

PLUPERFECT		PRETERIT PERFECT	
había vengado	habíamos vengado	hube vengado	hubimos vengado
habías vengado	habíais vengado	hubiste vengado	hubisteis vengado
había vengado	habían vengado	hubo vengado	hubieron vengado

FUTURE PERFECT		CONDITIONAL PERFECT	
habré vengado	habremos vengado	habría vengado	habríamos vengado
habrás vengado	habréis vengado	habrías vengado	habríais vengado
habrá vengado	habrán vengado	habría vengado	habrían vengado

PRESENT SUBJUNCTIVE		PRESENT PERFECT SUBJUNCTIVE	
vengue	venguemos	haya vengado	hayamos vengado
vengues	venguéis	hayas vengado	hayáis vengado
vengue	venguen	haya vengado	hayan vengado

IMPERFECT SUBJUNCTIVE (-ra)		*or* IMPERFECT SUBJUNCTIVE (-se)	
vengara	vengáramos	vengase	vengásemos
vengaras	vengarais	vengases	vengaseis
vengara	vengaran	vengase	vengasen

PAST PERFECT SUBJUNCTIVE (-ra)		*or* PAST PERFECT SUBJUNCTIVE (-se)	
hubiera vengado	hubiéramos vengado	hubiese vengado	hubiésemos vengado
hubieras vengado	hubierais vengado	hubieses vengado	hubieseis vengado
hubiera vengado	hubieran vengado	hubiese vengado	hubiesen vengado

PROGRESSIVE TENSES

PRESENT	estoy, estás, está, estamos, estáis, están
PRETERIT	estuve, estuviste, estuvo, estuvimos, estuvisteis, estuvieron
IMPERFECT	estaba, estabas, estaba, estábamos, estabais, estaban
FUTURE	estaré, estarás, estará, estaremos, estaréis, estarán
CONDITIONAL	estaría, estarías, estaría, estaríamos, estaríais, estarían
SUBJUNCTIVE	que + *corresponding subjunctive tense of* estar (*see verb 252*)

} vengando

COMMANDS

	(nosotros) venguemos/no venguemos
(tú) venga/no vengues	(vosotros) vengad/no venguéis
(Ud.) vengue/no vengue	(Uds.) venguen/no venguen

Usage

Alguien vengó el asesinato.	*Someone avenged the murder.*
Se vengaron del malhechor.	*They took revenge on the wrongdoer.*
¿Cómo te vengaste por el delito?	*How did you avenge yourself for the crime?*
Se clama venganza.	*They demand vengeance.*
Tomó venganza de su enemigo.	*He took revenge on his enemy.*
Es una persona vengativa.	*She's a vindictive/vengeful person.*

irregular verb

PRESENT

vengo	venimos
vienes	venís
viene	vienen

PRETERIT

vine	vinimos
viniste	vinisteis
vino	vinieron

IMPERFECT

venía	veníamos
venías	veníais
venía	venían

PRESENT PERFECT

he venido	hemos venido
has venido	habéis venido
ha venido	han venido

FUTURE

vendré	vendremos
vendrás	vendréis
vendrá	vendrán

CONDITIONAL

vendría	vendríamos
vendrías	vendríais
vendría	vendrían

PLUPERFECT

había venido	habíamos venido
habías venido	habíais venido
había venido	habían venido

PRETERIT PERFECT

hube venido	hubimos venido
hubiste venido	hubisteis venido
hubo venido	hubieron venido

FUTURE PERFECT

habré venido	habremos venido
habrás venido	habréis venido
habrá venido	habrán venido

CONDITIONAL PERFECT

habría venido	habríamos venido
habrías venido	habríais venido
habría venido	habrían venido

PRESENT SUBJUNCTIVE

venga	vengamos
vengas	vengáis
venga	vengan

PRESENT PERFECT SUBJUNCTIVE

haya venido	hayamos venido
hayas venido	hayáis venido
haya venido	hayan venido

IMPERFECT SUBJUNCTIVE (-ra)

viniera	viniéramos
vinieras	vinierais
viniera	vinieran

or **IMPERFECT SUBJUNCTIVE (-se)**

viniese	viniésemos
vinieses	vinieseis
viniese	viniesen

PAST PERFECT SUBJUNCTIVE (-ra)

hubiera venido	hubiéramos venido
hubieras venido	hubierais venido
hubiera venido	hubieran venido

or **PAST PERFECT SUBJUNCTIVE (-se)**

hubiese venido	hubiésemos venido
hubieses venido	hubieseis venido
hubiese venido	hubiesen venido

PROGRESSIVE TENSES

PRESENT	estoy, estás, está, estamos, estáis, están
PRETERIT	estuve, estuviste, estuvo, estuvimos, estuvisteis, estuvieron
IMPERFECT	estaba, estabas, estaba, estábamos, estabais, estaban
FUTURE	estaré, estarás, estará, estaremos, estaréis, estarán
CONDITIONAL	estaría, estarías, estaría, estaríamos, estaríais, estarían
SUBJUNCTIVE	que + *corresponding subjunctive tense of* estar (*see verb 252*)

} viniendo

COMMANDS

	(nosotros) vengamos/no vengamos
(tú) ven/no vengas	(vosotros) venid/no vengáis
(Ud.) venga/no venga	(Uds.) vengan/no vengan

Usage

Viene a las diez.	*He's coming at 10:00.*
¿De dónde venís?	*Where are you coming from?*
Vinieron muy tarde.	*They arrived very late.*
Los nopales vienen de México.	*Prickly pears come from Mexico.*
¡No vengas con cuentos!	*Don't tell stories!*
La idea no me vino a la mente.	*The idea didn't cross my mind.*

TOP 50 VERB ☞

vengo · vinieron · venido · viniendo irregular verb

¡Ven acá!	*Come here!*
¿De qué aldea viene la cerámica?	*What village does the pottery come from?*

to be

La dedicatoria viene en la página siguiente.	*The dedication is on the next page.*
Vienen enojados.	*They're angry.*

venirle bien/mal to suit, be convenient, be good for, come in handy, fit (clothing)/to not suit, be inconvenient

Nos viene bien verlos el miércoles.	*It's convenient for us to see them on Wednesday.*
Les venían bien los ejercicios.	*The exercises were good for them.*
Te viene mal el blue-jean.	*The blue jeans don't fit you.*

venir a parar to come to, end up, turn out

¿En qué vino a parar su discusión?	*How did their argument end up?*

venir a to reach, arrive at, end up

Hemos venido a un acuerdo.	*We've reached an understanding.*
Vinieron a desconfiar de sus socios.	*They ended up distrusting their associates.*
Ven a recogernos a las siete.	*Come get us/Come for us at 7:00.*

Other Uses

Venga lo que venga.	*Come what may.*
Voy y vengo.	*I'll be right back.*
¡Viene de perlas!	*It's just right/the thing!*
El negocio se ha venido abajo.	*The business deal has fallen through/collapsed.*
Vuestros planes están viniéndose al suelo.	*Your plans are falling through.*
Todo se les vino encima.	*Everything came tumbling down/went wrong for them.*
¿Os vais la semana/el mes que viene?	*Are you leaving next week/month?*
Ojalá haya progreso en los años venideros.	*We hope there will be progress in the coming years.*
Tendrá un porvenir espléndido.	*He'll have a wonderful future.*
Les diste la bienvenida.	*You welcomed them.*
¡Qué vaivén hoy! ¡Tantas idas y venidas!	*What bustle today! So many comings and goings!*
Es una persona venida a menos.	*She has come down in the world/in status.*

irregular verb

veo · vieron · visto · viendo

PRESENT		PRETERIT	
veo	vemos	vi	vimos
ves	veis	viste	visteis
ve	ven	vio	vieron

IMPERFECT		PRESENT PERFECT	
veía	veíamos	he visto	hemos visto
veías	veíais	has visto	habéis visto
veía	veían	ha visto	han visto

FUTURE		CONDITIONAL	
veré	veremos	vería	veríamos
verás	veréis	verías	veríais
verá	verán	vería	verían

PLUPERFECT		PRETERIT PERFECT	
había visto	habíamos visto	hube visto	hubimos visto
habías visto	habíais visto	hubiste visto	hubisteis visto
había visto	habían visto	hubo visto	hubieron visto

FUTURE PERFECT		CONDITIONAL PERFECT	
habré visto	habremos visto	habría visto	habríamos visto
habrás visto	habréis visto	habrías visto	habríais visto
habrá visto	habrán visto	habría visto	habrían visto

PRESENT SUBJUNCTIVE		PRESENT PERFECT SUBJUNCTIVE	
vea	veamos	haya visto	hayamos visto
veas	veáis	hayas visto	hayáis visto
vea	vean	haya visto	hayan visto

IMPERFECT SUBJUNCTIVE (-ra)		*or*	IMPERFECT SUBJUNCTIVE (-se)	
viera	viéramos		viese	viésemos
vieras	vierais		vieses	vieseis
viera	vieran		viese	viesen

PAST PERFECT SUBJUNCTIVE (-ra)		*or*	PAST PERFECT SUBJUNCTIVE (-se)	
hubiera visto	hubiéramos visto		hubiese visto	hubiésemos visto
hubieras visto	hubierais visto		hubieses visto	hubieseis visto
hubiera visto	hubieran visto		hubiese visto	hubiesen visto

PROGRESSIVE TENSES

PRESENT	estoy, estás, está, estamos, estáis, están	
PRETERIT	estuve, estuviste, estuvo, estuvimos, estuvisteis, estuvieron	
IMPERFECT	estaba, estabas, estaba, estábamos, estabais, estaban	viendo
FUTURE	estaré, estarás, estará, estaremos, estaréis, estarán	
CONDITIONAL	estaría, estarías, estaría, estaríamos, estaríais, estarían	
SUBJUNCTIVE	que + *corresponding subjunctive tense of* estar (*see verb 252*)	

COMMANDS

	(nosotros) veamos/no veamos
(tú) ve/no veas	(vosotros) ved/no veáis
(Ud.) vea/no vea	(Uds.) vean/no vean

Usage

Las vi en la oficina.	*I saw them at the office.*
Veían la tele.	*They were watching TV.*
Vean estos papeles.	*Look at these papers.*
No veo el rumbo que debemos tomar.	*I don't know the direction we should take.*
Hace una semana que no nos vemos.	*We haven't seen each other for a week.*
Véase el índice.	*See the table of contents.*
Ver es creer.	*Seeing is believing.*

TOP 50 VERB ☞

¡A ver!/¡Vamos a ver!	*Let's see!*
Voy a ver qué pasa.	*I'm going to see what's going on.*
Ya veremos.	*We'll see.*
¡Ya ves!	*You see!*
Verás al llegar.	*You'll see when you arrive.*
Eso está por ver.	*That remains to be seen.*
Esto no tiene nada que ver contigo.	*This doesn't concern/have anything to do with you.*
Si no lo veo, no lo creo.	*I would never have believed it./Seeing's believing.*
Los vimos paseándose en el centro.	*We saw them taking a walk downtown.*
¿Han visto aterrizar el avión?	*Have you seen the plane land?*

Cómo se ven las cosas

Lo ven todo color de rosa.	*They see everything through rose-colored glasses./ They're optimistic.*
Antes lo veían todo negro.	*They used to be pessimistic.*

Other Uses

¡No puedo verlos ni en pintura!	*I can't stand them/stand the sight of them!*
No ve ni jota.	*He's as blind as a bat.*
Nunca podía ver más allá de sus narices.	*He was never able to see further than the end of his nose.*
La vi abatida.	*I found her downcast.*
¡Ya te ves millonario!	*You already see/imagine yourself a millionaire!*
Su corbata llamativa se ve de lejos.	*You can see his loud/gaudy tie a mile away.*
Os visteis en el café.	*You met/saw each other at the café.*
Tiene buena vista.	*She has good sight.*
Es un hermoso hotel con vistas a la sierra.	*It's a beautiful hotel with a view of the mountains.*
El jefe dio el visto bueno al proyecto.	*The boss approved the project.*
Por lo visto no ha cambiado de idea.	*Apparently/Obviously he hasn't changed his mind.*

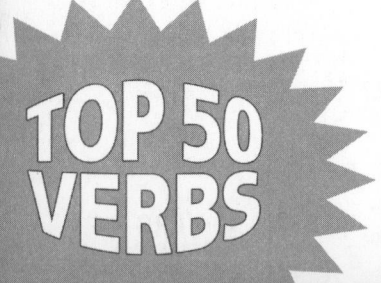

-ar verb; spelling change: *c > qu/e*   verifico · **verificaron** · verificado · **verificando**

PRESENT

verifico	verificamos
verificas	verificáis
verifica	verifican

IMPERFECT

verificaba	verificábamos
verificabas	verificabais
verificaba	verificaban

FUTURE

verificaré	verificaremos
verificarás	verificaréis
verificará	verificarán

PLUPERFECT

había verificado	habíamos verificado
habías verificado	habíais verificado
había verificado	habían verificado

FUTURE PERFECT

habré verificado	habremos verificado
habrás verificado	habréis verificado
habrá verificado	habrán verificado

PRESENT SUBJUNCTIVE

verifique	verifiquemos
verifiques	verifiquéis
verifique	verifiquen

IMPERFECT SUBJUNCTIVE (-ra)

verificara	verificáramos
verificaras	verificarais
verificara	verificaran

PAST PERFECT SUBJUNCTIVE (-ra)

hubiera verificado	hubiéramos verificado
hubieras verificado	hubierais verificado
hubiera verificado	hubieran verificado

PRETERIT

verifiqué	verificamos
verificaste	verificasteis
verificó	verificaron

PRESENT PERFECT

he verificado	hemos verificado
has verificado	habéis verificado
ha verificado	han verificado

CONDITIONAL

verificaría	verificaríamos
verificarías	verificaríais
verificaría	verificarían

PRETERIT PERFECT

hube verificado	hubimos verificado
hubiste verificado	hubisteis verificado
hubo verificado	hubieron verificado

CONDITIONAL PERFECT

habría verificado	habríamos verificado
habrías verificado	habríais verificado
habría verificado	habrían verificado

PRESENT PERFECT SUBJUNCTIVE

haya verificado	hayamos verificado
hayas verificado	hayáis verificado
haya verificado	hayan verificado

or **IMPERFECT SUBJUNCTIVE (-se)**

verificase	verificásemos
verificases	verificaseis
verificase	verificasen

or **PAST PERFECT SUBJUNCTIVE (-se)**

hubiese verificado	hubiésemos verificado
hubieses verificado	hubieseis verificado
hubiese verificado	hubiesen verificado

PROGRESSIVE TENSES

PRESENT	estoy, estás, está, estamos, estáis, están
PRETERIT	estuve, estuviste, estuvo, estuvimos, estuvisteis, estuvieron
IMPERFECT	estaba, estabas, estaba, estábamos, estabais, estaban
FUTURE	estaré, estarás, estará, estaremos, estaréis, estarán
CONDITIONAL	estaría, estarías, estaría, estaríamos, estaríais, estarían
SUBJUNCTIVE	que + *corresponding subjunctive tense of* estar (*see verb 252*)

} verificando

COMMANDS

	(nosotros) verifiquemos/no verifiquemos
(tú) verifica/no verifiques	(vosotros) verificad/no verifiquéis
(Ud.) verifique/no verifique	(Uds.) verifiquen/no verifiquen

Usage

Le pedí que verificara los datos.	*I asked him to check the information.*
El comité verifica los resultados del examen.	*The committee is verifying the results of the examination.*
La tertulia se verificó el domingo.	*The get-together took place on Sunday.*
Hubo una verificación de los sucesos.	*There was a verification of the events.*

vestirse *to dress, get dressed*

visto · vistieron · vestido · vistiéndose   stem-changing -*ir* reflexive verb: *e* > *i*

PRESENT

me visto	nos vestimos
te vistes	os vestís
se viste	se visten

PRETERIT

me vestí	nos vestimos
te vestiste	os vestisteis
se vistió	se vistieron

IMPERFECT

me vestía	nos vestíamos
te vestías	os vestíais
se vestía	se vestían

PRESENT PERFECT

me he vestido	nos hemos vestido
te has vestido	os habéis vestido
se ha vestido	se han vestido

FUTURE

me vestiré	nos vestiremos
te vestirás	os vestiréis
se vestirá	se vestirán

CONDITIONAL

me vestiría	nos vestiríamos
te vestirías	os vestiríais
se vestiría	se vestirían

PLUPERFECT

me había vestido	nos habíamos vestido
te habías vestido	os habíais vestido
se había vestido	se habían vestido

PRETERIT PERFECT

me hube vestido	nos hubimos vestido
te hubiste vestido	os hubisteis vestido
se hubo vestido	se hubieron vestido

FUTURE PERFECT

me habré vestido	nos habremos vestido
te habrás vestido	os habréis vestido
se habrá vestido	se habrán vestido

CONDITIONAL PERFECT

me habría vestido	nos habríamos vestido
te habrías vestido	os habríais vestido
se habría vestido	se habrían vestido

PRESENT SUBJUNCTIVE

me vista	nos vistamos
te vistas	os vistáis
se vista	se vistan

PRESENT PERFECT SUBJUNCTIVE

me haya vestido	nos hayamos vestido
te hayas vestido	os hayáis vestido
se haya vestido	se hayan vestido

IMPERFECT SUBJUNCTIVE (-ra)

me vistiera	nos vistiéramos
te vistieras	os vistierais
se vistiera	se vistieran

or **IMPERFECT SUBJUNCTIVE (-se)**

me vistiese	nos vistiésemos
te vistieses	os vistieseis
se vistiese	se vistiesen

PAST PERFECT SUBJUNCTIVE (-ra)

me hubiera vestido	nos hubiéramos vestido
te hubieras vestido	os hubierais vestido
se hubiera vestido	se hubieran vestido

or **PAST PERFECT SUBJUNCTIVE (-se)**

me hubiese vestido	nos hubiésemos vestido
te hubieses vestido	os hubieseis vestido
se hubiese vestido	se hubiesen vestido

PROGRESSIVE TENSES

PRESENT	estoy, estás, está, estamos, estáis, están
PRETERIT	estuve, estuviste, estuvo, estuvimos, estuvisteis, estuvieron
IMPERFECT	estaba, estabas, estaba, estábamos, estabais, estaban
FUTURE	estaré, estarás, estará, estaremos, estaréis, estarán
CONDITIONAL	estaría, estarías, estaría, estaríamos, estaríais, estarían
SUBJUNCTIVE	que + *corresponding subjunctive tense of* estar (*see verb 252*)

vistiendo (*see page 31*)

COMMANDS

	(nosotros) vistámonos/no nos vistamos
(tú) vístete/no te vistas	(vosotros) vestíos/no os vistáis
(Ud.) vístase/no se vista	(Uds.) vístanse/no se vistan

Usage

Vistió a los niños.	*She dressed the children.*
Vístete ahora mismo.	*Get dressed right now.*
Siempre se vestía de azul.	*She always dressed in blue.*
Aunque la mona se vista de seda, mona se queda.	*You can't make a silk purse out of a sow's ear. (Although the monkey dresses in silk, it's still a monkey.)*
Están muy bien vestidos.	*They're very well dressed.*

regular *-ar* verb   **viajo · viajaron · viajado · viajando**

PRESENT

viajo	viajamos
viajas	viajáis
viaja	viajan

IMPERFECT

viajaba	viajábamos
viajabas	viajabais
viajaba	viajaban

FUTURE

viajaré	viajaremos
viajarás	viajaréis
viajará	viajarán

PLUPERFECT

había viajado	habíamos viajado
habías viajado	habíais viajado
había viajado	habían viajado

FUTURE PERFECT

habré viajado	habremos viajado
habrás viajado	habréis viajado
habrá viajado	habrán viajado

PRESENT SUBJUNCTIVE

viaje	viajemos
viajes	viajéis
viaje	viajen

IMPERFECT SUBJUNCTIVE (-ra)

viajara	viajáramos
viajaras	viajarais
viajara	viajaran

PAST PERFECT SUBJUNCTIVE (-ra)

hubiera viajado	hubiéramos viajado
hubieras viajado	hubierais viajado
hubiera viajado	hubieran viajado

PRETERIT

viajé	viajamos
viajaste	viajasteis
viajó	viajaron

PRESENT PERFECT

he viajado	hemos viajado
has viajado	habéis viajado
ha viajado	han viajado

CONDITIONAL

viajaría	viajaríamos
viajarías	viajaríais
viajaría	viajarían

PRETERIT PERFECT

hube viajado	hubimos viajado
hubiste viajado	hubisteis viajado
hubo viajado	hubieron viajado

CONDITIONAL PERFECT

habría viajado	habríamos viajado
habrías viajado	habríais viajado
habría viajado	habrían viajado

PRESENT PERFECT SUBJUNCTIVE

haya viajado	hayamos viajado
hayas viajado	hayáis viajado
haya viajado	hayan viajado

or **IMPERFECT SUBJUNCTIVE (-se)**

viajase	viajásemos
viajases	viajaseis
viajase	viajasen

or **PAST PERFECT SUBJUNCTIVE (-se)**

hubiese viajado	hubiésemos viajado
hubieses viajado	hubieseis viajado
hubiese viajado	hubiesen viajado

PROGRESSIVE TENSES

PRESENT	estoy, estás, está, estamos, estáis, están
PRETERIT	estuve, estuviste, estuvo, estuvimos, estuvisteis, estuvieron
IMPERFECT	estaba, estabas, estaba, estábamos, estabais, estaban
FUTURE	estaré, estarás, estará, estaremos, estaréis, estarán
CONDITIONAL	estaría, estarías, estaría, estaríamos, estaríais, estarían
SUBJUNCTIVE	que + *corresponding subjunctive tense of* estar (*see verb 252*)

} viajando

COMMANDS

	(nosotros) viajemos/no viajemos
(tú) viaja/no viajes	(vosotros) viajad/no viajéis
(Ud.) viaje/no viaje	(Uds.) viajen/no viajen

Usage

Viajamos por los Estados Unidos.	*We traveled through the United States.*
Viajaron por la autopista todo el tiempo.	*They traveled/rode on the highway the whole time.*
¿Viajaste en tren de ida y vuelta?	*You traveled by train round trip?*
Haremos un viaje a Inglaterra en abril.	*We'll take a trip to England in April.*
Le encantó el viaje que hizo por toda España.	*He loved his tour all around Spain.*
¡Buen viaje!	*Bon voyage!/Have a good trip!*
Los viajeros perdieron el tren.	*The travelers missed the train.*

vigilar   *to watch over, look after, keep an eye on*

vigilo · vigilaron · vigilado · vigilando   regular -ar verb

PRESENT		PRETERIT	
vigilo	vigilamos	vigilé	vigilamos
vigilas	vigiláis	vigilaste	vigilasteis
vigila	vigilan	vigiló	vigilaron

IMPERFECT		PRESENT PERFECT	
vigilaba	vigilábamos	he vigilado	hemos vigilado
vigilabas	vigilabais	has vigilado	habéis vigilado
vigilaba	vigilaban	ha vigilado	han vigilado

FUTURE		CONDITIONAL	
vigilaré	vigilaremos	vigilaría	vigilaríamos
vigilarás	vigilaréis	vigilarías	vigilaríais
vigilará	vigilarán	vigilaría	vigilarían

PLUPERFECT		PRETERIT PERFECT	
había vigilado	habíamos vigilado	hube vigilado	hubimos vigilado
habías vigilado	habíais vigilado	hubiste vigilado	hubisteis vigilado
había vigilado	habían vigilado	hubo vigilado	hubieron vigilado

FUTURE PERFECT		CONDITIONAL PERFECT	
habré vigilado	habremos vigilado	habría vigilado	habríamos vigilado
habrás vigilado	habréis vigilado	habrías vigilado	habríais vigilado
habrá vigilado	habrán vigilado	habría vigilado	habrían vigilado

PRESENT SUBJUNCTIVE		PRESENT PERFECT SUBJUNCTIVE	
vigile	vigilemos	haya vigilado	hayamos vigilado
vigiles	vigiléis	hayas vigilado	hayáis vigilado
vigile	vigilen	haya vigilado	hayan vigilado

IMPERFECT SUBJUNCTIVE (-ra)		*or*	IMPERFECT SUBJUNCTIVE (-se)	
vigilara	vigiláramos		vigilase	vigilásemos
vigilaras	vigilarais		vigilases	vigilaseis
vigilara	vigilaran		vigilase	vigilasen

PAST PERFECT SUBJUNCTIVE (-ra)		*or*	PAST PERFECT SUBJUNCTIVE (-se)	
hubiera vigilado	hubiéramos vigilado		hubiese vigilado	hubiésemos vigilado
hubieras vigilado	hubierais vigilado		hubieses vigilado	hubieseis vigilado
hubiera vigilado	hubieran vigilado		hubiese vigilado	hubiesen vigilado

PROGRESSIVE TENSES

PRESENT	estoy, estás, está, estamos, estáis, están	
PRETERIT	estuve, estuviste, estuvo, estuvimos, estuvisteis, estuvieron	
IMPERFECT	estaba, estabas, estaba, estábamos, estabais, estaban	vigilando
FUTURE	estaré, estarás, estará, estaremos, estaréis, estarán	
CONDITIONAL	estaría, estarías, estaría, estaríamos, estaríais, estarían	
SUBJUNCTIVE	que + *corresponding subjunctive tense of* estar (*see verb 252*)	

COMMANDS

	(nosotros) vigilemos/no vigilemos
(tú) vigila/no vigiles	(vosotros) vigilad/no vigiléis
(Ud.) vigile/no vigile	(Uds.) vigilen/no vigilen

Usage

Vigila a los niños.	*Look after/Take care of the kids.*
¿Quién vigila a los nuevos empleados?	*Who's supervising the new employees?*
Te aconsejo que vigiles por tu equipaje en el aeropuerto.	*I advise you to watch your luggage in the airport.*
Mucha gente acudió a la vigilia el domingo.	*Many people went to the vigil on Sunday.*
Hay un vigilante de seguridad en este piso.	*There's a security guard on this floor.*
Se usan cámaras de vigilancia en el banco.	*They use surveillance cameras in the bank.*

regular -ar verb

PRESENT

visito	visitamos
visitas	visitáis
visita	visitan

IMPERFECT

visitaba	visitábamos
visitabas	visitabais
visitaba	visitaban

FUTURE

visitaré	visitaremos
visitarás	visitaréis
visitará	visitarán

PLUPERFECT

había visitado	habíamos visitado
habías visitado	habíais visitado
había visitado	habían visitado

FUTURE PERFECT

habré visitado	habremos visitado
habrás visitado	habréis visitado
habrá visitado	habrán visitado

PRESENT SUBJUNCTIVE

visite	visitemos
visites	visitéis
visite	visiten

IMPERFECT SUBJUNCTIVE (-ra)

visitara	visitáramos
visitaras	visitarais
visitara	visitaran

PAST PERFECT SUBJUNCTIVE (-ra)

hubiera visitado	hubiéramos visitado
hubieras visitado	hubierais visitado
hubiera visitado	hubieran visitado

PRETERIT

visité	visitamos
visitaste	visitasteis
visitó	visitaron

PRESENT PERFECT

he visitado	hemos visitado
has visitado	habéis visitado
ha visitado	han visitado

CONDITIONAL

visitaría	visitaríamos
visitarías	visitaríais
visitaría	visitarían

PRETERIT PERFECT

hube visitado	hubimos visitado
hubiste visitado	hubisteis visitado
hubo visitado	hubieron visitado

CONDITIONAL PERFECT

habría visitado	habríamos visitado
habrías visitado	habríais visitado
habría visitado	habrían visitado

PRESENT PERFECT SUBJUNCTIVE

haya visitado	hayamos visitado
hayas visitado	hayáis visitado
haya visitado	hayan visitado

or ## IMPERFECT SUBJUNCTIVE (-se)

visitase	visitásemos
visitases	visitaseis
visitase	visitasen

or ## PAST PERFECT SUBJUNCTIVE (-se)

hubiese visitado	hubiésemos visitado
hubieses visitado	hubieseis visitado
hubiese visitado	hubiesen visitado

PROGRESSIVE TENSES

PRESENT	estoy, estás, está, estamos, estáis, están
PRETERIT	estuve, estuviste, estuvo, estuvimos, estuvisteis, estuvieron
IMPERFECT	estaba, estabas, estaba, estábamos, estabais, estaban
FUTURE	estaré, estarás, estará, estaremos, estaréis, estarán
CONDITIONAL	estaría, estarías, estaría, estaríamos, estaríais, estarían
SUBJUNCTIVE	que + *corresponding subjunctive tense of* estar (*see verb 252*)

} visitando

COMMANDS

	(nosotros) visitemos/no visitemos
(tú) visita/no visites	(vosotros) visitad/no visitéis
(Ud.) visite/no visite	(Uds.) visiten/no visiten

Usage

—¿Visitamos el Museo Arqueológico?   *Shall we visit the Archaeological Museum?*
—Primero visitemos a nuestros amigos.   *First let's visit our friends.*

¿Estabas de visita en casa de tus abuelos?   *Were you visiting your grandparents?*
Tenemos visita el fin de semana.   *We're having visitors on the weekend.*
Fue una visita relámpago con mis hermanos.   *It was a very quick visit with my brothers.*
No me gusta la visita acompañada.   *I don't like guided tours.*
Devuelvo la visita.   *I'm returning the visit.*

vivir *to live*

vivo · vivieron · vivido · viviendo

regular *-ir* verb

PRESENT		PRETERIT	
vivo	vivimos	viví	vivimos
vives	vivís	viviste	vivisteis
vive	viven	vivió	vivieron

IMPERFECT		PRESENT PERFECT	
vivía	vivíamos	he vivido	hemos vivido
vivías	vivíais	has vivido	habéis vivido
vivía	vivían	ha vivido	han vivido

FUTURE		CONDITIONAL	
viviré	viviremos	viviría	viviríamos
vivirás	viviréis	vivirías	viviríais
vivirá	vivirán	viviría	vivirían

PLUPERFECT		PRETERIT PERFECT	
había vivido	habíamos vivido	hube vivido	hubimos vivido
habías vivido	habíais vivido	hubiste vivido	hubisteis vivido
había vivido	habían vivido	hubo vivido	hubieron vivido

FUTURE PERFECT		CONDITIONAL PERFECT	
habré vivido	habremos vivido	habría vivido	habríamos vivido
habrás vivido	habréis vivido	habrías vivido	habríais vivido
habrá vivido	habrán vivido	habría vivido	habrían vivido

PRESENT SUBJUNCTIVE		PRESENT PERFECT SUBJUNCTIVE	
viva	vivamos	haya vivido	hayamos vivido
vivas	viváis	hayas vivido	hayáis vivido
viva	vivan	haya vivido	hayan vivido

IMPERFECT SUBJUNCTIVE (-ra)		*or* IMPERFECT SUBJUNCTIVE (-se)	
viviera	viviéramos	viviese	viviésemos
vivieras	vivierais	vivieses	vivieseis
viviera	vivieran	viviese	viviesen

PAST PERFECT SUBJUNCTIVE (-ra)		*or* PAST PERFECT SUBJUNCTIVE (-se)	
hubiera vivido	hubiéramos vivido	hubiese vivido	hubiésemos vivido
hubieras vivido	hubierais vivido	hubieses vivido	hubieseis vivido
hubiera vivido	hubieran vivido	hubiese vivido	hubiesen vivido

PROGRESSIVE TENSES

PRESENT	estoy, estás, está, estamos, estáis, están	
PRETERIT	estuve, estuviste, estuvo, estuvimos, estuvisteis, estuvieron	
IMPERFECT	estaba, estabas, estaba, estábamos, estabais, estaban	viviendo
FUTURE	estaré, estarás, estará, estaremos, estaréis, estarán	
CONDITIONAL	estaría, estarías, estaría, estaríamos, estaríais, estarían	
SUBJUNCTIVE	que + *corresponding subjunctive tense of* estar (*see verb 252*)	

COMMANDS

	(nosotros) vivamos/no vivamos
(tú) vive/no vivas	(vosotros) vivid/no viváis
(Ud.) viva/no viva	(Uds.) vivan/no vivan

Usage

—¿Dónde vives?	*Where do you live?*
—Hace dos años que vivo en la ciudad.	*I've been living in the city for two years.*
Se vive bien.	*They live well./Life is good.*
¡Ojalá viviéramos para siempre!	*If only we could live forever!*
Llevan una vida alegre.	*They lead/live a happy life.*
¿Cómo se gana la vida?	*How does he earn a living?*
Hay escasez de vivienda en el pueblo.	*There's a housing shortage in the town.*

PRESENT	
vuelo	volamos
vuelas	voláis
vuela	vuelan

PRETERIT	
volé	volamos
volaste	volasteis
voló	volaron

IMPERFECT	
volaba	volábamos
volabas	volabais
volaba	volaban

PRESENT PERFECT	
he volado	hemos volado
has volado	habéis volado
ha volado	han volado

FUTURE	
volaré	volaremos
volarás	volaréis
volará	volarán

CONDITIONAL	
volaría	volaríamos
volarías	volaríais
volaría	volarían

PLUPERFECT	
había volado	habíamos volado
habías volado	habíais volado
había volado	habían volado

PRETERIT PERFECT	
hube volado	hubimos volado
hubiste volado	hubisteis volado
hubo volado	hubieron volado

FUTURE PERFECT	
habré volado	habremos volado
habrás volado	habréis volado
habrá volado	habrán volado

CONDITIONAL PERFECT	
habría volado	habríamos volado
habrías volado	habríais volado
habría volado	habrían volado

PRESENT SUBJUNCTIVE	
vuele	volemos
vueles	voléis
vuele	vuelen

PRESENT PERFECT SUBJUNCTIVE	
haya volado	hayamos volado
hayas volado	hayáis volado
haya volado	hayan volado

IMPERFECT SUBJUNCTIVE (-ra)		*or*	IMPERFECT SUBJUNCTIVE (-se)	
volara	voláramos		volase	volásemos
volaras	volarais		volases	volaseis
volara	volaran		volase	volasen

PAST PERFECT SUBJUNCTIVE (-ra)		*or*	PAST PERFECT SUBJUNCTIVE (-se)	
hubiera volado	hubiéramos volado		hubiese volado	hubiésemos volado
hubieras volado	hubierais volado		hubieses volado	hubieseis volado
hubiera volado	hubieran volado		hubiese volado	hubiesen volado

PROGRESSIVE TENSES

PRESENT	estoy, estás, está, estamos, estáis, están	
PRETERIT	estuve, estuviste, estuvo, estuvimos, estuvisteis, estuvieron	
IMPERFECT	estaba, estabas, estaba, estábamos, estabais, estaban	volando
FUTURE	estaré, estarás, estará, estaremos, estaréis, estarán	
CONDITIONAL	estaría, estarías, estaría, estaríamos, estaríais, estarían	
SUBJUNCTIVE	que + *corresponding subjunctive tense of* estar (*see verb 252*)	

COMMANDS

	(nosotros) volemos/no volemos
(tú) vuela/no vueles	(vosotros) volad/no voléis
(Ud.) vuele/no vuele	(Uds.) vuelen/no vuelen

Usage

Volamos por encima de los Pirineos.	*We flew over the Pyrenees.*
El joven se echó a volar.	*The young man went off on his own.*
¡Cómo vuela el tiempo!	*How time flies!*
Vimos volar el edificio.	*We watched the building be demolished.*
Fue un vuelo nocturno/sin escala.	*It was a night/nonstop flight.*
Está volado.	*He's uneasy/pressed for time.*
Agarra el volante.	*Grip the steering wheel.*

Volverán a su pueblo natal.　　They'll go back to their hometown.

volver a + infinitive *to do something again*

No vuelva a decírselo.　　*Don't tell them (it) again.*
Vuelvo a marcar el número.　　*I'm dialing the number again.*
Volved a consultar con vuestros asesores.　　*Consult with your advisors again.*
Han vuelto a tocar la pieza.　　*They've started to play the piece again.*

¿Qué se puede volver?

Vuelve los panqueques antes que se quemen.　　*Turn the pancakes before they burn.*
Es feo que le haya vuelto la espalda a su amigo.　　*It's awful she turned her back on her friend.*
Vuelve la página.　　*Turn the page.*
Parece que ha vuelto la hoja.　　*It seems he's turned over a new leaf.*
¿Por qué volviste el suéter al revés?　　*Why did you turn the sweater inside out?*
Vuelvan al tema en discusión.　　*Return to the subject under discussion.*

volverse *to become/go + adjective*

Se había vuelto imposible.　　*She had become impossible.*
Se volvieron locos.　　*They went crazy.*
Dale el vuelto.　　*Give him the change.*
Ya están de vuelta del viaje.　　*They're already back from their trip.*
Demos una vuelta.　　*Let's go for a walk*
La Tierra da vueltas alrededor del sol.　　*The Earth revolves around the sun.*
No le des más vueltas a la cuestión.　　*Don't think about the matter anymore./*
　　Let the matter be.

El quiosco queda a la vuelta de la esquina.　　*The kiosk is just around the corner.*

devolverle algo a alguien *to return something to someone*

¿Para cuándo te habrá devuelto el dinero?　　*By when will she have returned the money to you?*
Le devolvieron la palabra a la presidenta.　　*The floor was given back to the chairwoman.*

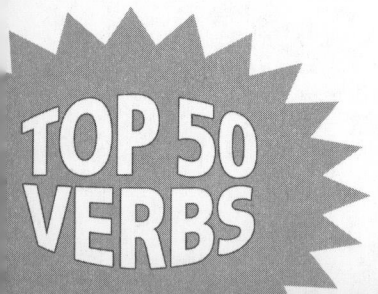
TOP 50 VERBS

stem-changing -er verb: o > ue   **vuelvo · volvieron · vuelto · volviendo**

PRESENT

vuelvo	volvemos
vuelves	volvéis
vuelve	vuelven

IMPERFECT

volvía	volvíamos
volvías	volvíais
volvía	volvían

FUTURE

volveré	volveremos
volverás	volveréis
volverá	volverán

PLUPERFECT

había vuelto	habíamos vuelto
habías vuelto	habíais vuelto
había vuelto	habían vuelto

FUTURE PERFECT

habré vuelto	habremos vuelto
habrás vuelto	habréis vuelto
habrá vuelto	habrán vuelto

PRESENT SUBJUNCTIVE

vuelva	volvamos
vuelvas	volváis
vuelva	vuelvan

IMPERFECT SUBJUNCTIVE (-ra)

volviera	volviéramos
volvieras	volvierais
volviera	volvieran

PAST PERFECT SUBJUNCTIVE (-ra)

hubiera vuelto	hubiéramos vuelto
hubieras vuelto	hubierais vuelto
hubiera vuelto	hubieran vuelto

PRETERIT

volví	volvimos
volviste	volvisteis
volvió	volvieron

PRESENT PERFECT

he vuelto	hemos vuelto
has vuelto	habéis vuelto
ha vuelto	han vuelto

CONDITIONAL

volvería	volveríamos
volverías	volveríais
volvería	volverían

PRETERIT PERFECT

hube vuelto	hubimos vuelto
hubiste vuelto	hubisteis vuelto
hubo vuelto	hubieron vuelto

CONDITIONAL PERFECT

habría vuelto	habríamos vuelto
habrías vuelto	habríais vuelto
habría vuelto	habrían vuelto

PRESENT PERFECT SUBJUNCTIVE

haya vuelto	hayamos vuelto
hayas vuelto	hayáis vuelto
haya vuelto	hayan vuelto

or **IMPERFECT SUBJUNCTIVE (-se)**

volviese	volviésemos
volvieses	volvieseis
volviese	volviesen

or **PAST PERFECT SUBJUNCTIVE (-se)**

hubiese vuelto	hubiésemos vuelto
hubieses vuelto	hubieseis vuelto
hubiese vuelto	hubiesen vuelto

PROGRESSIVE TENSES

PRESENT	estoy, estás, está, estamos, estáis, están
PRETERIT	estuve, estuviste, estuvo, estuvimos, estuvisteis, estuvieron
IMPERFECT	estaba, estabas, estaba, estábamos, estabais, estaban
FUTURE	estaré, estarás, estará, estaremos, estaréis, estarán
CONDITIONAL	estaría, estarías, estaría, estaríamos, estaríais, estarían
SUBJUNCTIVE	que + *corresponding subjunctive tense of* estar (*see verb 252*)

} volviendo

COMMANDS

	(nosotros) volvamos/no volvamos
(tú) vuelve/no vuelvas	(vosotros) volved/no volváis
(Ud.) vuelva/no vuelva	(Uds.) vuelvan/no vuelvan

Usage

Volvimos al atardecer.	*We returned at dusk.*
No volverán tarde.	*They won't come back late.*
¿Volvéis a salir?	*Are you going out again?*
Sus logros le han vuelto más seguro de sí mismo.	*His achievements have made him more confident.*
No vuelvas atrás.	*Don't turn back.*
Se ha vuelto más agradable.	*She has become more pleasant.*

550

votar *to vote*

voto · votaron · votado · votando

regular -*ar* verb

PRESENT		PRETERIT	
voto	votamos	voté	votamos
votas	votáis	votaste	votasteis
vota	votan	votó	votaron

IMPERFECT		PRESENT PERFECT	
votaba	votábamos	he votado	hemos votado
votabas	votabais	has votado	habéis votado
votaba	votaban	ha votado	han votado

FUTURE		CONDITIONAL	
votaré	votaremos	votaría	votaríamos
votarás	votaréis	votarías	votaríais
votará	votarán	votaría	votarían

PLUPERFECT		PRETERIT PERFECT	
había votado	habíamos votado	hube votado	hubimos votado
habías votado	habíais votado	hubiste votado	hubisteis votado
había votado	habían votado	hubo votado	hubieron votado

FUTURE PERFECT		CONDITIONAL PERFECT	
habré votado	habremos votado	habría votado	habríamos votado
habrás votado	habréis votado	habrías votado	habríais votado
habrá votado	habrán votado	habría votado	habrían votado

PRESENT SUBJUNCTIVE		PRESENT PERFECT SUBJUNCTIVE	
vote	votemos	haya votado	hayamos votado
votes	votéis	hayas votado	hayáis votado
vote	voten	haya votado	hayan votado

IMPERFECT SUBJUNCTIVE (-ra)		*or* IMPERFECT SUBJUNCTIVE (-se)	
votara	votáramos	votase	votásemos
votaras	votarais	votases	votaseis
votara	votaran	votase	votasen

PAST PERFECT SUBJUNCTIVE (-ra)		*or* PAST PERFECT SUBJUNCTIVE (-se)	
hubiera votado	hubiéramos votado	hubiese votado	hubiésemos votado
hubieras votado	hubierais votado	hubieses votado	hubieseis votado
hubiera votado	hubieran votado	hubiese votado	hubiesen votado

PROGRESSIVE TENSES

PRESENT	estoy, estás, está, estamos, estáis, están	
PRETERIT	estuve, estuviste, estuvo, estuvimos, estuvisteis, estuvieron	
IMPERFECT	estaba, estabas, estaba, estábamos, estabais, estaban	votando
FUTURE	estaré, estarás, estará, estaremos, estaréis, estarán	
CONDITIONAL	estaría, estarías, estaría, estaríamos, estaríais, estarían	
SUBJUNCTIVE	que + *corresponding subjunctive tense of* estar (*see verb 252*)	

COMMANDS

	(nosotros) votemos/no votemos
(tú) vota/no votes	(vosotros) votad/no votéis
(Ud.) vote/no vote	(Uds.) voten/no voten

Usage

¿Votaste en las elecciones? — *Did you vote in the election?*
Voté por esta lista de candidatos. — *I voted for this slate of candidates.*
Se vota por votación secreta. — *We vote by secret ballot.*
Los legisladores votaron un recorte de los impuestos. — *The legislators passed a tax cut.*
Los ciudadanos tienen derecho al voto. — *Citizens have the right to vote.*
Se pondrá la cuestión a votación. — *The question will be put to the vote.*

irregular verb; spelling change: **yazco/yazgo/yago · yacieron · yacido · yaciendo**
c > zc/o, a

PRESENT

yazco	yacemos
yaces	yacéis
yace	yacen

PRETERIT

yací	yacimos
yaciste	yacisteis
yació	yacieron

IMPERFECT

yacía	yacíamos
yacías	yacíais
yacía	yacían

PRESENT PERFECT

he yacido	hemos yacido
has yacido	habéis yacido
ha yacido	han yacido

FUTURE

yaceré	yaceremos
yacerás	yaceréis
yacerá	yacerán

CONDITIONAL

yacería	yaceríamos
yacerías	yaceríais
yacería	yacerían

PLUPERFECT

había yacido	habíamos yacido
habías yacido	habíais yacido
había yacido	habían yacido

PRETERIT PERFECT

hube yacido	hubimos yacido
hubiste yacido	hubisteis yacido
hubo yacido	hubieron yacido

FUTURE PERFECT

habré yacido	habremos yacido
habrás yacido	habréis yacido
habrá yacido	habrán yacido

CONDITIONAL PERFECT

habría yacido	habríamos yacido
habrías yacido	habríais yacido
habría yacido	habrían yacido

PRESENT SUBJUNCTIVE

yazca	yazcamos
yazcas	yazcáis
yazca	yazcan

PRESENT PERFECT SUBJUNCTIVE

haya yacido	hayamos yacido
hayas yacido	hayáis yacido
haya yacido	hayan yacido

IMPERFECT SUBJUNCTIVE (-ra)

yaciera	yaciéramos
yacieras	yacierais
yaciera	yacieran

or **IMPERFECT SUBJUNCTIVE (-se)**

yaciese	yaciésemos
yacieses	yacieseis
yaciese	yaciesen

PAST PERFECT SUBJUNCTIVE (-ra)

hubiera yacido	hubiéramos yacido
hubieras yacido	hubierais yacido
hubiera yacido	hubieran yacido

or **PAST PERFECT SUBJUNCTIVE (-se)**

hubiese yacido	hubiésemos yacido
hubieses yacido	hubieseis yacido
hubiese yacido	hubiesen yacido

PROGRESSIVE TENSES

PRESENT	estoy, estás, está, estamos, estáis, están
PRETERIT	estuve, estuviste, estuvo, estuvimos, estuvisteis, estuvieron
IMPERFECT	estaba, estabas, estaba, estábamos, estabais, estaban
FUTURE	estaré, estarás, estará, estaremos, estaréis, estarán
CONDITIONAL	estaría, estarías, estaría, estaríamos, estaríais, estarían
SUBJUNCTIVE	que + *corresponding subjunctive tense of* estar (*see verb 252*)

} yaciendo

COMMANDS

	(nosotros) yazcamos/no yazcamos
(tú) yace/no yazcas	(vosotros) yaced/no yazcáis
(Ud.) yazca/no yazca	(Uds.) yazcan/no yazcan

Usage

Aquí yace Napoleón. (*muerto*)
Yacen los reyes españoles difuntos en la cripta del Escorial.
Hay ricos yacimientos de carbón en la región.
Queda la herencia yacente.

Here lies Napoleon. (dead)
The dead Spanish kings lie in the crypt in El Escorial.

There are rich coal deposits in the region.
The unclaimed estate remains.

zafarse *to get away, escape, undo, untie*

zafo · zafaron · zafado · zafándose

regular -*ar* reflexive verb

PRESENT		PRETERIT	
me zafo	nos zafamos	me zafé	nos zafamos
te zafas	os zafáis	te zafaste	os zafasteis
se zafa	se zafan	se zafó	se zafaron

IMPERFECT		PRESENT PERFECT	
me zafaba	nos zafábamos	me he zafado	nos hemos zafado
te zafabas	os zafabais	te has zafado	os habéis zafado
se zafaba	se zafaban	se ha zafado	se han zafado

FUTURE		CONDITIONAL	
me zafaré	nos zafaremos	me zafaría	nos zafaríamos
te zafarás	os zafaréis	te zafarías	os zafaríais
se zafará	se zafarán	se zafaría	se zafarían

PLUPERFECT		PRETERIT PERFECT	
me había zafado	nos habíamos zafado	me hube zafado	nos hubimos zafado
te habías zafado	os habíais zafado	te hubiste zafado	os hubisteis zafado
se había zafado	se habían zafado	se hubo zafado	se hubieron zafado

FUTURE PERFECT		CONDITIONAL PERFECT	
me habré zafado	nos habremos zafado	me habría zafado	nos habríamos zafado
te habrás zafado	os habréis zafado	te habrías zafado	os habríais zafado
se habrá zafado	se habrán zafado	se habría zafado	se habrían zafado

PRESENT SUBJUNCTIVE		PRESENT PERFECT SUBJUNCTIVE	
me zafe	nos zafemos	me haya zafado	nos hayamos zafado
te zafes	os zaféis	te hayas zafado	os hayáis zafado
se zafe	se zafen	se haya zafado	se hayan zafado

IMPERFECT SUBJUNCTIVE (-ra)		*or*	IMPERFECT SUBJUNCTIVE (-se)	
me zafara	nos zafáramos		me zafase	nos zafásemos
te zafaras	os zafarais		te zafases	os zafaseis
se zafara	se zafaran		se zafase	se zafasen

PAST PERFECT SUBJUNCTIVE (-ra)		*or*	PAST PERFECT SUBJUNCTIVE (-se)	
me hubiera zafado	nos hubiéramos zafado		me hubiese zafado	nos hubiésemos zafado
te hubieras zafado	os hubierais zafado		te hubieses zafado	os hubieseis zafado
se hubiera zafado	se hubieran zafado		se hubiese zafado	se hubiesen zafado

PROGRESSIVE TENSES

PRESENT	estoy, estás, está, estamos, estáis, están
PRETERIT	estuve, estuviste, estuvo, estuvimos, estuvisteis, estuvieron
IMPERFECT	estaba, estabas, estaba, estábamos, estabais, estaban
FUTURE	estaré, estarás, estará, estaremos, estaréis, estarán
CONDITIONAL	estaría, estarías, estaría, estaríamos, estaríais, estarían
SUBJUNCTIVE	que + *corresponding subjunctive tense of* estar (*see verb 252*)

} zafando (*see page 31*)

COMMANDS

	(nosotros) zafémonos/no nos zafemos
(tú) záfate/no te zafes	(vosotros) zafaos/no os zaféis
(Ud.) záfese/no se zafe	(Uds.) záfense/no se zafen

Usage

Se zafaron de la cita.	*They got out of the appointment.*
¡Pude zafarme de ese pesado!	*I managed to get away from that bore!*
El ladrón se zafó del policía.	*The thief got away from the policeman.*
Espero que te zafes del lío.	*I hope you'll get out of that jam/trouble.*
¿Puedes zafar el nudo?	*Can you undo the knot?*
Se me zafó una mala palabra.	*I let a bad word slip out.*

regular *-ir* reflexive verb | **zambullo · zambulleron · zambullido · zambulléndose**

PRESENT

me zambullo	nos zambullimos
te zambulles	os zambullís
se zambulle	se zambullen

IMPERFECT

me zambullía	nos zambullíamos
te zambullías	os zambullíais
se zambullía	se zambullían

FUTURE

me zambulliré	nos zambulliremos
te zambullirás	os zambulliréis
se zambullirá	se zambullirán

PLUPERFECT

me había zambullido	nos habíamos zambullido
te habías zambullido	os habíais zambullido
se había zambullido	se habían zambullido

FUTURE PERFECT

me habré zambullido	nos habremos zambullido
te habrás zambullido	os habréis zambullido
se habrá zambullido	se habrán zambullido

PRESENT SUBJUNCTIVE

me zambulla	nos zambullamos
te zambullas	os zambulláis
se zambulla	se zambullan

IMPERFECT SUBJUNCTIVE (-ra)

me zambullera	nos zambulléramos
te zambulleras	os zambullerais
se zambullera	se zambulleran

PAST PERFECT SUBJUNCTIVE (-ra)

me hubiera zambullido	nos hubiéramos zambullido
te hubieras zambullido	os hubierais zambullido
se hubiera zambullido	se hubieran zambullido

PRETERIT

me zambullí	nos zambullimos
te zambulliste	os zambullisteis
se zambulló	se zambulleron

PRESENT PERFECT

me he zambullido	nos hemos zambullido
te has zambullido	os habéis zambullido
se ha zambullido	se han zambullido

CONDITIONAL

me zambulliría	nos zambulliríamos
te zambullirías	os zambulliríais
se zambulliría	se zambullirían

PRETERIT PERFECT

me hube zambullido	nos hubimos zambullido
te hubiste zambullido	os hubisteis zambullido
se hubo zambullido	se hubieron zambullido

CONDITIONAL PERFECT

me habría zambullido	nos habríamos zambullido
te habrías zambullido	os habríais zambullido
se habría zambullido	se habrían zambullido

PRESENT PERFECT SUBJUNCTIVE

me haya zambullido	nos hayamos zambullido
te hayas zambullido	os hayáis zambullido
se haya zambullido	se hayan zambullido

or **IMPERFECT SUBJUNCTIVE (-se)**

me zambullese	nos zambullésemos
te zambulleses	os zambulleseis
se zambullese	se zambullesen

or **PAST PERFECT SUBJUNCTIVE (-se)**

me hubiese zambullido	nos hubiésemos zambullido
te hubieses zambullido	os hubieseis zambullido
se hubiese zambullido	se hubiesen zambullido

PROGRESSIVE TENSES

PRESENT	estoy, estás, está, estamos, estáis, están
PRETERIT	estuve, estuviste, estuvo, estuvimos, estuvisteis, estuvieron
IMPERFECT	estaba, estabas, estaba, estábamos, estabais, estaban
FUTURE	estaré, estarás, estará, estaremos, estaréis, estarán
CONDITIONAL	estaría, estarías, estaría, estaríamos, estaríais, estarían
SUBJUNCTIVE	que + *corresponding subjunctive tense of* estar (*see verb 252*)

} zambullendo (*see page 31*)

COMMANDS

	(nosotros) zambullémonos/no nos zambullamos
(tú) zambúllete/no te zambullas	(vosotros) zambullíos/no os zambulláis
(Ud.) zambúllase/no se zambulla	(Uds.) zambúllanse/no se zambullan

Usage

Se zambullían en el lago.	*They went swimming in the lake.*
Mamá no quería que nos zambulléramos.	*Mom didn't want us to dive.*
Se zambulló en los estudios con entusiasmo.	*He plunged into his studies enthusiastically.*
Sus amigos le dieron una zambullida.	*His friends gave him a ducking in the water.*

zumbar   *to buzz, hum, ring, purr* (engine), *zoom off*

zumbo · zumbaron · zumbado · zumbando   regular *-ar* verb

PRESENT			PRETERIT	
zumbo	zumbamos		zumbé	zumbamos
zumbas	zumbáis		zumbaste	zumbasteis
zumba	zumban		zumbó	zumbaron

IMPERFECT			PRESENT PERFECT	
zumbaba	zumbábamos		he zumbado	hemos zumbado
zumbabas	zumbabais		has zumbado	habéis zumbado
zumbaba	zumbaban		ha zumbado	han zumbado

FUTURE			CONDITIONAL	
zumbaré	zumbaremos		zumbaría	zumbaríamos
zumbarás	zumbaréis		zumbarías	zumbaríais
zumbará	zumbarán		zumbaría	zumbarían

PLUPERFECT			PRETERIT PERFECT	
había zumbado	habíamos zumbado		hube zumbado	hubimos zumbado
habías zumbado	habíais zumbado		hubiste zumbado	hubisteis zumbado
había zumbado	habían zumbado		hubo zumbado	hubieron zumbado

FUTURE PERFECT			CONDITIONAL PERFECT	
habré zumbado	habremos zumbado		habría zumbado	habríamos zumbado
habrás zumbado	habréis zumbado		habrías zumbado	habríais zumbado
habrá zumbado	habrán zumbado		habría zumbado	habrían zumbado

PRESENT SUBJUNCTIVE			PRESENT PERFECT SUBJUNCTIVE	
zumbe	zumbemos		haya zumbado	hayamos zumbado
zumbes	zumbéis		hayas zumbado	hayáis zumbado
zumbe	zumben		haya zumbado	hayan zumbado

IMPERFECT SUBJUNCTIVE (-ra)		*or*	IMPERFECT SUBJUNCTIVE (-se)	
zumbara	zumbáramos		zumbase	zumbásemos
zumbaras	zumbarais		zumbases	zumbaseis
zumbara	zumbaran		zumbase	zumbasen

PAST PERFECT SUBJUNCTIVE (-ra)		*or*	PAST PERFECT SUBJUNCTIVE (-se)	
hubiera zumbado	hubiéramos zumbado		hubiese zumbado	hubiésemos zumbado
hubieras zumbado	hubierais zumbado		hubieses zumbado	hubieseis zumbado
hubiera zumbado	hubieran zumbado		hubiese zumbado	hubiesen zumbado

PROGRESSIVE TENSES

PRESENT	estoy, estás, está, estamos, estáis, están	
PRETERIT	estuve, estuviste, estuvo, estuvimos, estuvisteis, estuvieron	
IMPERFECT	estaba, estabas, estaba, estábamos, estabais, estaban	zumbando
FUTURE	estaré, estarás, estará, estaremos, estaréis, estarán	
CONDITIONAL	estaría, estarías, estaría, estaríamos, estaríais, estarían	
SUBJUNCTIVE	que + *corresponding subjunctive tense of* estar (*see verb 252*)	

COMMANDS

	(nosotros) zumbemos/no zumbemos
(tú) zumba/no zumbes	(vosotros) zumbad/no zumbéis
(Ud.) zumbe/no zumbe	(Uds.) zumben/no zumben

Usage

¡Escucha! Las abejas zumban en la colmena.	*Listen! The bees are buzzing in the hive.*
Al apicultor le zumba la cabeza.	*The beekeeper's head is buzzing.*
El motor zumbaba.	*The engine was purring.*
Se oye el zumbido del trompo mientras gira.	*You can hear the whirring of the top as it spins.*
Sufre de un zumbido de oídos.	*She suffers from a buzzing/ringing in her ears.*
¡Salimos zumbando!	*We zoomed off!*
Iban zumbando en su coche deportivo.	*They whizzed along in their sports car.*

-ir verb; spelling change: *c > z/o, a*   **zurzo · zurcieron · zurcido · zurciendo**

PRESENT		PRETERIT	
zurzo	zurcimos	zurcí	zurcimos
zurces	zurcís	zurciste	zurcisteis
zurce	zurcen	zurció	zurcieron

IMPERFECT		PRESENT PERFECT	
zurcía	zurcíamos	he zurcido	hemos zurcido
zurcías	zurcíais	has zurcido	habéis zurcido
zurcía	zurcían	ha zurcido	han zurcido

FUTURE		CONDITIONAL	
zurciré	zurciremos	zurciría	zurciríamos
zurcirás	zurciréis	zurcirías	zurciríais
zurcirá	zurcirán	zurciría	zurcirían

PLUPERFECT		PRETERIT PERFECT	
había zurcido	habíamos zurcido	hube zurcido	hubimos zurcido
habías zurcido	habíais zurcido	hubiste zurcido	hubisteis zurcido
había zurcido	habían zurcido	hubo zurcido	hubieron zurcido

FUTURE PERFECT		CONDITIONAL PERFECT	
habré zurcido	habremos zurcido	habría zurcido	habríamos zurcido
habrás zurcido	habréis zurcido	habrías zurcido	habríais zurcido
habrá zurcido	habrán zurcido	habría zurcido	habrían zurcido

PRESENT SUBJUNCTIVE		PRESENT PERFECT SUBJUNCTIVE	
zurza	zurzamos	haya zurcido	hayamos zurcido
zurzas	zurzáis	hayas zurcido	hayáis zurcido
zurza	zurzan	haya zurcido	hayan zurcido

IMPERFECT SUBJUNCTIVE (-ra)		*or* IMPERFECT SUBJUNCTIVE (-se)	
zurciera	zurciéramos	zurciese	zurciésemos
zurcieras	zurcierais	zurcieses	zurcieseis
zurciera	zurcieran	zurciese	zurciesen

PAST PERFECT SUBJUNCTIVE (-ra)		*or* PAST PERFECT SUBJUNCTIVE (-se)	
hubiera zurcido	hubiéramos zurcido	hubiese zurcido	hubiésemos zurcido
hubieras zurcido	hubierais zurcido	hubieses zurcido	hubieseis zurcido
hubiera zurcido	hubieran zurcido	hubiese zurcido	hubiesen zurcido

PROGRESSIVE TENSES

PRESENT	estoy, estás, está, estamos, estáis, están	
PRETERIT	estuve, estuviste, estuvo, estuvimos, estuvisteis, estuvieron	
IMPERFECT	estaba, estabas, estaba, estábamos, estabais, estaban	zurciendo
FUTURE	estaré, estarás, estará, estaremos, estaréis, estarán	
CONDITIONAL	estaría, estarías, estaría, estaríamos, estaríais, estarían	
SUBJUNCTIVE	que + *corresponding subjunctive tense of* estar (*see verb 252*)	

COMMANDS

	(nosotros) zurzamos/no zurzamos
(tú) zurce/no zurzas	(vosotros) zurcid/no zurzáis
(Ud.) zurza/no zurza	(Uds.) zurzan/no zurzan

Usage

Zurce el vestido.	*She's mending the dress.*
Espero que zurzas las costuras deshechas.	*I hope you'll sew up the ripped seams.*
Sigue zurciendo mentiras.	*He keeps on making up lies.*
Te has enmarañado en un zurcido de mentiras.	*You've gotten tangled up in a web of lies.*
Es malo que se vean los zurcidos en los pantalones.	*It's bad that you can see where the pants were mended.*

Exercises

A *Practice writing verbs in the **present** tense. Write the correct form of the verb in present tense to complete each of the following sentences.*

MODELO <u>Estudia</u> administración de empresas. (él / estudiar)

1. _____ libros de historia. (yo / leer)

2. _____ cerca del parque. (ellos / vivir)

3. ¿No _____ lo que significa? (tú / comprender)

4. _____ a la reunión el jueves. (nosotros / asistir)

5. Te _____ los documentos. (yo / traer)

6. No _____ nada. (Ud. / decir)

7. ¿Qué _____ que hacer hoy? (Uds. / tener)

8. Lo _____ en serio, ¿verdad? (vosotros / tomar)

9. ¿De dónde _____? (tú / ser)

10. ¿_____ en esta esquina? (tú y yo / doblar)

11. _____ a marcar el número. (yo / ir)

12. El museo _____ en frente del hotel. (estar)

B *Practice writing verbs in the **preterit** tense. Rewrite each of the following present tense verb forms in the preterit.*

MODELO Escribe un libro. > <u>Escribió</u> un libro.

1. Hace un viaje en mayo.

   _____ un viaje en mayo.

2. Juego al tenis los viernes.

   _____ al tenis los viernes.

3. ¿Ya se van?

   ¿Ya se _____?

4. No sabemos la fecha.

   No _____ la fecha.

5. ¿Cómo es?

   ¿Cómo _____?

6. ¿A qué hora coméis?

    ¿A qué hora _____?

7. Tiene mucho interés.

    _____ mucho interés.

8. Toco el clarinete.

    _____ el clarinete.

9. Prefieren quedarse.

    _____ quedarse.

10. No encuentra el disquete.

    No _____ el disquete.

11. Pides postre.

    _____ postre.

12. No nos acordamos.

    No nos _____.

C   *Practice writing verbs in the **imperfect** tense. Rewrite each of the following present tense verb forms in the imperfect.*

MODELO   Almuerzan a las dos. > _Almorzaban_ a las dos.

1. Tardan en llegar.

    _____ en llegar.

2. Sirve quesadillas.

    _____ quesadillas.

3. Vivimos en el centro.

    _____ en el centro.

4. No vuelvo hasta las cuatro.

    No _____ hasta las cuatro.

5. ¿Quieres pasearte?

    ¿_____ pasearte?

6. Somos siete personas.

    _____ siete personas.

7. ¿Uds. no lo ven?

    ¿Uds. no lo _____?

8. Voy a quedarme.

    _____ a quedarme.

9. Te encuentras bien.

Te _____ bien.

10. Ponéis la mesa.

_____ la mesa.

D *Practice writing verbs in the **future** tense. Answer each of the following questions changing the* ***ir a*** *+ infinitive construction to a verb in the future tense.*

MODELO   —¿Uds. van a viajar?

—Sí, <u>viajaremos</u> .

1. ¿Ud. va a llegar el lunes?

Sí, _____ el lunes.

2. ¿Vamos a poder esquiar?

Claro que _____ esquiar.

3. ¿Vas a tener tiempo?

Sí, _____ mucho tiempo.

4. ¿Cuándo van ellos a mudarse?

_____ en mayo.

5. ¿Él va a querer matricularse?

Sí, _____ matricularse.

6. ¿Qué voy a decirles?

Les _____ exactamente lo que pasó.

7. ¿Cómo vais a ir?

_____ en coche.

8. ¿Ellas van a asistir a la conferencia?

No, no _____ a la conferencia.

9. ¿Cuánto equipaje va a caber en el maletero?

_____ cuatro o cinco maletas.

10. ¿Vas a correr hoy?

No, no _____ hasta el sábado.

E *Practice writing verbs in the **present perfect**. Rewrite each of the following preterit tense verb forms in the present perfect.*

MODELO   Leyó el periódico. > <u>Ha leído</u> el periódico.

1. Almacenó los datos.

_____ los datos.

2. Escribí una carta.

   _____ una carta.

3. Le pidieron dinero.

   Le _____ dinero.

4. Se fue.

   Se _____ .

5. No vimos a nadie.

   No _____ a nadie.

6. Pusiste la mesa.

   _____ la mesa.

7. Abristeis el paquete.

   _____ el paquete.

8. Volvimos al museo.

   _____ al museo.

9. Le di un regalo.

   Le _____ un regalo.

10. No hizo las maletas.

    No _____ las maletas.

F *Practice writing verbs in the **present subjunctive**. Complete each of the following sentences by writing in the correct present subjunctive form of the verb in parentheses.*

MODELO   Deseamos que Uds. __sean__ felices. (ser)

1. Queremos que tú _____ con nosotros. (ir)

2. Es posible que ellos _____ la semana próxima. (llegar)

3. Cenemos cuando él _____ . (regresar)

4. Buscan un programador que _____ usar estos programas. (saber)

5. No creo que Uds. _____ en ella. (confiar)

6. Nos piden que _____ el trabajo. (hacer)

7. ¿Prefieres que yo _____ los papeles aquí? (colocar)

8. Debemos visitarla para que no _____ tan sola. (estar)

9. Es necesario que Uds. _____ ahora mismo. (vestirse)

10. Necesitamos una casa que _____ cuatro dormitorios. (tener)

G *Practice writing verbs in the **imperfect subjunctive**. Complete each of the following sentences by writing the correct imperfect subjunctive form of the verb in parentheses. Write the verb form in two ways as in the Modelo.*

MODELO   Le aconsejé que <u>se pusiera/se pusiese</u> el abrigo. (ponerse)

1. Esperaban que su hijo _____ ingeniero. (hacerse)

2. Insistíamos en que ellos _____ más dinero. (ahorrar)

3. No me gustaba que Uds. _____. (discutir)

4. No había nadie que _____ tanta paciencia. (tener)

5. Era importante que nosotros _____ ese libro. (leer)

6. No permitíamos que ella _____. (conducir)

7. No fue posible que yo los _____ hasta julio. (ver)

8. Nos alegramos que ellos se _____ casado. (haber)

9. Sentíamos que tantas personas _____ por el huracán. (morir)

10. Si tú _____, yo saldría también. (salir)

ANSWERS TO EXERCISES

A 1. Leo 2. Viven 3. comprendes 4. Asistimos 5. traigo 6. dice 7. tienen 8. tomáis 9. eres 10. Doblamos 11. Voy 12. está

B 1. Hizo 2. Jugué 3. fueron 4. supimos 5. fue 6. comisteis 7. Tuvo 8. Toqué 9. Prefirieron 10. encontró 11. Pediste 12. acordamos

C 1. Tardaban 2. Servía 3. Vivíamos 4. volvía 5. Querías 6. Éramos 7. veían 8. Iba 9. encontrabas 10. Poníais

D 1. llegaré 2. podremos/podrán/podréis 3. tendré 4. Se mudarán 5. querrá 6. dirá/dirás 7. Iremos 8. asistirán 9. Cabrán 10. correré

E 1. Ha almacenado 2. He escrito 3. han pedido 4. ha ido 5. hemos visto 6. Has puesto 7. Habéis abierto 8. Hemos vuelto 9. he dado 10. ha hecho

F 1. vayas 2. lleguen 3. regrese 4. sepa 5. confíen 6. hagamos 7. coloque 8. esté 9. se vistan 10. tenga

G 1. se hiciera/se hiciese 2. ahorraran/ahorrasen 3. discutieran/discutiesen 4. tuviera/tuviese 5. leyéramos/leyésemos 6. condujera/condujese 7. viera/viese 8. hubieran/hubiesen 9. murieran/muriesen 10. salieras/salieses

English-Spanish Verb Index

Use this index to look up the 555 model verbs by their English meanings. If more than one Spanish verb is given as an equivalent, consult the usage notes in each of them to find which one best expresses what you want to say.

Irregular Verb Form Index

It can sometimes be difficult to derive the infinitive of a verb from a particularly irregular verb form. The following will guide you to the infinitive and model verb number so that you can see these irregular forms as part of a complete conjugation.

A

abierto **abrir** 2
acierto, *etc.* **acertar** 7
actúo, *etc.* **actuar** 14
acuerdo, *etc.* **acordar** 11
acuesto, *etc.* **acostar** 12
adelgacé **adelgazar** 17
adquiero, *etc.* **adquirir** 23
advierto, *etc.* **advertir** 24
aflijo **afligir** 26
agradezco **agradecer** 31
agregué **agregar** 33
ahogué **ahogar** 35
alcancé **alcanzar** 37
almorcé **almorzar** 40
almuerzo, *etc.* **almorzar** 40
alcé **alzar** 43
amenacé **amenazar** 45
anduve, *etc.* **andar** 46
anduviera, *etc.* **andar** 46
anduviese, *etc.* **andar** 46
apagué **apagar** 49
aplacé **aplazar** 53
apliqué **aplicar** 54
apruebo **aprobar** 60
arranqué **arrancar** 63
ataqué **atacar** 70
atiendo, *etc.* **atender** 71
atraje, *etc.* **atraer** 72
atrajera, *etc.* **atraer** 72
atrajese, *etc.* **atraer** 72
atrayendo **atraer** 72
atravieso, *etc.* **atravesar** 73
atribuyendo **atribuir** 75
atribuyera, *etc.* **atribuir** 75
atribuyese, *etc.* **atribuir** 75
atribuyo, *etc.* **atribuir** 75
avancé **avanzar** 77
avergoncé **avergonzar** 78
avergüenzo, *etc.* **avergonzar** 78
averigüé **averiguar** 79

B

bauticé **bautizar** 87
bendiciendo **bendecir** 89

bendigo **bendecir** 89
bendije **bendecir** 89
bendijera, *etc.* **bendecir** 89
bendijese, *etc.* **bendecir** 89
bostecé **bostezar** 92
brinqué **brincar** 94
busqué **buscar** 96

C

cabré, *etc.* **caber** 97
cabría, *etc.* **caber** 97
caído **caer** 98
caigo **caer** 98
caliento, *etc.* **calentar** 100
caractericé **caracterizar** 108
cargué **cargar** 110
castigué **castigar** 112
cayendo **caer** 98
cayera, *etc.* **caer** 98
cayese, *etc.* **caer** 98
cayó **caer** 98
cierro, *etc.* **cerrar** 118
clasifiqué **clasificar** 121
cojo **coger** 124
colgué **colgar** 126
coloqué **colocar** 127
comencé **comenzar** 128
comience **comenzar** 128
comienzo, *etc.* **comenzar** 128
compitiendo **competir** 131
compitiera, *etc.* **competir** 131
compitiese, *etc.* **competir** 131
compitió **competir** 131
compito, *etc.* **competir** 131
compruebo, *etc.* **comprobar** 134
concibiendo **concebir** 135
concibiera, *etc.* **concebir** 135
concibiese, *etc.* **concebir** 135
concibió **concebir** 135
concibo, *etc.* **concebir** 135
concluyendo **concluir** 136
concluyera, *etc.* **concluir** 136
concluyese, *etc.* **concluir** 136
concluyo, *etc.* **concluir** 136
conduje, *etc.* **conducir** 137

condujera, *etc.* **conducir** 137
condujese, *etc.* **conducir** 137
conduzco **conducir** 137
confieso, *etc.* **confesar** 138
confío, *etc.* **confiar** 139
conmuevo, *etc.* **conmover** 140
conozco **conocer** 141
consiento, *etc.* **consentir** 143
consigo **conseguir** 142
consigues, *etc.* **conseguir** 142
consiguiendo **conseguir** 142
consiguiera, *etc.* **conseguir** 142
consiguiese, *etc.* **conseguir** 142
consiguió **conseguir** 142
consintiendo **consentir** 143
consintiera, *etc.* **consentir** 143
consintiese, *etc.* **consentir** 143
consintió **consentir** 143
construyendo **construir** 144
construyera, *etc.* **construir** 144
construyese, *etc.* **construir** 144
construyo, *etc.* **construir** 144
construyó **construir** 144
contendré, *etc.* **contener** 146
contendría, *etc.* **contener** 146
contengo **contener** 146
contiene **contener** 146
contribuyendo **contribuir** 149
contribuyera, *etc.* **contribuir** 149
contribuyese, *etc.* **contribuir** 149
contribuyo, *etc.* **contribuir** 149
contribuyó **contribuir** 149
contuve, *etc.* **contener** 146
contuviera, *etc.* **contener** 146
contuviese, *etc.* **contener** 146
convendré, *etc.* **convenir** 152
convendría, *etc.* **convenir** 152
convengo **convenir** 152
convenzo **convencer** 151
conviene **convenir** 152
convierto, *etc.* **convertir** 153
convine, *etc.* **convenir** 152
conviniendo **convenir** 152
conviniera, *etc.* **convenir** 152
conviniese, *etc.* **convenir** 152

Spanish Verb Index

This index contains more than 2,300 verbs that are cross-referenced to a fully conjugated verb that follows the same pattern. Verbs that are models appear in bold type. (Note that in the Spanish alphabet, ñ is a separate letter.)

A

abalanzarse *to fling, hurl oneself* 37
abandonar *to abandon* 291
abanicar *to fan* 96
abaratar *to make cheaper* 291
abastecer *to supply, provide* 141
abatir *to knock down, discourage* 547
abdicar *to abdicate* 96
abjurar *to abjure, renounce* 291
ablandar *to soften* 291
ablandecer *to soften* 141
abnegarse *to abnegate, sacrifice, deny oneself* 366
abofetear *to slap* 291
abonarse *to subscribe* 291
abordar *to board, approach* 291
aborrecer *to hate* 141
abrazar *to hug, embrace, cover* 1
abrigar *to shelter, keep warm* 291
abrir *to open* 2
abrochar *to button, tie* 291
abrogar *to abrogate, repeal* 326
abrumar *to overwhelm* 291
absorber *to absorb* 129
abstraer *to abstract* 522
aburrirse *to be/get bored* 3
abusar *to abuse* 291
acabar *to finish, end* 4
acaecer *to happen, occur* 141
acalorar *to warm up, excite* 291
acampar *to camp* 291
acaparar *to monopolize, hoard* 291
acarrear *to transport, cause* 291
acatar *to respect, heed* 291
acatarrarse *to catch a cold* 291
acaudalar *to accumulate* 291
acceder *to accede, agree* 129
acechar *to watch, spy on* 291
acelerar *to speed up, expedite* 291
acentuar *to accent, accentuate* 148
aceptar *to accept* 5
acercarse *to approach* 6
acertar *to get right* 7
aclamar *to acclaim, hail* 291
aclarar *to clarify, explain* 8

acoger *to welcome, shelter, accept* 124
acometer *to attack, undertake, overcome* 129
acomodar *to arrange, adapt, accommodate* 291
acompañar *to accompany, go with* 9
acompasar *to mark/keep in time, adjust* 291
acomplejarse *to get a complex* 291
acongojarse *to be upset* 291
aconsejar *to advise* 10
acontecer *to happen, occur* 141
acordarse *to remember, agree* 11
acortar *to shorten, reduce* 291
acosar *to pursue, hound* 291
acostarse *to go to bed* 12
acostumbrarse *to become accustomed, get used to* 13
acrecentar *to increase, promote* 395
activar *to activate, expedite* 291
actualizar *to bring up to date, modernize* 37
actuar *to act* 14
acudir *to come, go* 15
acumular *to accumulate, gather* 291
acuñar *to coin, mint* 291
adaptar *to adapt, adjust* 291
adelantarse *to go forward, advance* 16
adelgazar *to get thin, lose weight* 17
adiestrar *to train, instruct* 291
adivinar *to guess, figure out* 18
administrar *to manage* 291
admirar *to admire* 19
admitir *to admit, allow* 20
adoptar *to adopt* 21
adorar *to adore, worship, idolize* 22
adornar *to adorn, embellish* 291
adquirir *to acquire, buy* 23
adscribir *to attribute, ascribe, assign* 244
adular *to adulate, flatter* 291
advenir *to come, arrive* 540
advertir *to warn, advise, tell* 24
afanarse *to work hard, strive* 291
afear *to make ugly, deform* 291

afectar *to affect, influence* 291
afeitarse *to shave* 25
aferrar *to grasp, cling* 291
afirmar *to affirm* 291
afligir *to afflict, distress* 26
agarrar *to grasp, grab* 27
agitar *to shake, stir* 28
aglomerarse *to crowd, form a crowd* 291
agotar *to exhaust, use up* 29
agradar *to please, like* 30
agradecer *to thank, be grateful* 31
agrandar *to enlarge, exaggerate* 32
agraviar *to wrong, injure* 291
agregar *to add, amass, appoint* 33
aguantar *to put up with, stand, tolerate* 34
aguar *to water down, spoil* 79
ahogarse *to drown, suffocate, put out* 35
ahorrar *to save, save up* 36
ajustar *to adjust, adapt* 291
alargar *to lengthen, extend* 326
alcanzar *to reach, catch up, succeed* 37
alegar *to allege, claim* 326
alegrarse *to be happy* 38
alejar *to move farther away* 291
alentar *to breathe, encourage, inspire* 395
alimentar *to feed, nourish, nurture* 291
aliñar *to straighten, tidy, season* 291
alisar *to smooth* 291
aliviar *to alleviate, ease, lighten* 291
almacenar *to store* 39
almorzar *to have lunch* 40
alojar *to lodge, house* 291
alquilar *to rent, hire, lease* 41
alternar *to alternate* 291
alumbrar *to light, illuminate, enlighten* 42
alzar *to raise, lift up* 43
amaestrar *to train* 291
amar *to love* 44
amargar *to make bitter* 326
amarrar *to fasten, tie* 291

originar *to originate, give rise to, cause* 291

orillar *to edge, trim, go around, settle* 291

orlar *to border, edge, trim* 291

ornamentar *to ornament, adorn* 291

orquestar *to orchestrate, score* 291

ortografiar *to spell* 291

osar *to dare, venture* 291

oscilar *to oscillate, swing, fluctuate* 291

oscurecer *to get/grow dark, darken, obscure, dim* 141

osificarse *to ossify, become ossified* 96

ostentar *to show, show off, flaunt* 291

otear *to scan, search, survey* 291

otorgar *to grant, give, award* 383

ovillar *to roll/wind into a ball* 291

oxidar *to oxidize, rust* 291

P

pacificar *to pacify, calm* 96

pactar *to make a pact, come to an agreement* 291

padecer *to suffer, endure, bear* 141

pagar *to pay* 384

paginar *to page, paginate* 291

palatalizar *to palatalize* 326

palear *to shovel* 291

paliar *to palliate* 291

palidecer *to turn pale* 385

palmear *to applaud, clap* 291

palpar *to touch, palpate, feel* 291

palpitar *to palpitate, throb* 291

parafrasear *to paraphrase* 291

paralizar *to paralyze* 37

parapetarse *to take shelter/cover/refuge* 291

parar *to stop* 386

parcelar *to divide into plots, parcel out* 291

parear *to match, pair, put together* 291

parecer *to seem, look, appear* 387

parir *to give birth* 547

parodiar *to parody* 291

parpadear *to blink, wink* 291

parquear *to park* 291

participar *to participate* 291

particularizar *to specify, particularize* 37

partir *to divide, share* 388

pasar *to pass, happen* 389

pasearse *to go for a walk, take a ride* 390

pasmar *to leave flabbergasted, astound, astonish, amaze* 291

patear *to kick, tread on, trample* 291

patinar *to skate* 391

patrocinar *to sponsor* 291

patrullar *to patrol* 291

pausar *to pause* 291

pecar *to sin, do wrong* 96

pedalear *to pedal* 291

pedir *to ask for* 392

pegar *to stick, hit* 393

peinarse *to comb one's hair* 394

pelar *to peel* 291

pelear *to fight, battle, quarrel* 291

peligrar *to be in danger, be threatened* 291

pellizcar *to pinch* 96

penalizar *to penalize* 37

pender *to hang* 129

penetrar *to penetrate, pierce* 291

pensar *to think* 395

pensionar *to pension, give a pension* 291

percatarse *to notice, perceive, realize* 291

percibir *to perceive, notice, sense* 547

perder *to lose* 396

perdonar *to pardon, excuse* 397

perdurar *to last, last a long time* 291

perecer *to perish* 141

peregrinar *to go on a pilgrimage, journey* 291

perfeccionar *to perfect, improve, brush up* (knowledge) 291

perfilar *to profile, outline* 291

perforar *to perforate, pierce* 291

perfumar *to perfume, scent* 291

perifrasear *to periphrase* 291

perjudicar *to damage, harm, injure* 96

perjurar *to perjure, commit perjury* 291

permanecer *to remain, stay* 141

permitir *to permit, allow* 398

permutar *to exchange, change, swap* 291

pernoctar *to stay out all night* 291

perorar *to make/deliver a speech* 291

perpetrar *to perpetrate a crime* 291

perpetuar *to perpetuate* 291

perseguir *to pursue* 399

perseverar *to persevere, continue* 291

persistir *to persist* 547

personalizar *to personalize, personify, embody* 37

personificar *to personify* 96

persuadir *to persuade* 547

pertenecer *to belong* 400

perturbar *to disturb, perturb, unsettle* 291

pervertir *to pervert, corrupt* 411

pesar *to weigh* 291

pescar *to fish, catch* 401

pesquisar *to inquire into, investigate, search* 291

pestañear *to blink, wink* 291

petrificar *to petrify* 96

picar *to prick, pierce, chop* 96

picotear *to peck, pick at, nibble* 291

pilotar *to pilot, steer, navigate* 291

pillar *to pillage, plunder, loot, get* 291

pinchar *to prick, puncture, tease* 291

pintar *to paint* 402

pisar *to step/stand on* 403

pisotear *to trample on, stamp on* 291

pitar *to whistle, hiss, boo* 291

plagiar *to plagiarize* 291

planchar *to iron, press* 291

planear *to plan* 291

planificar *to plan* 404

plantar *to plant* 405

plantear *to expound, set forth, state* 291

plañir *to wail, moan, lament* 286

plasmar *to shape, mold* 291

platicar *to chat* 406

plegar *to fold, bend, pleat* 366

pluralizar *to pluralize, use the plural* 37

poblar *to populate, colonize* 145

poder *to be able, can* 407

polemizar *to polemicize, argue* 37

politizar *to politicize* 37

poner *to put* 408

pontificar *to pontificate* 96

popularizar *to popularize* 37

porfiar *to persist, argue stubbornly* 239

pormenorizar *to go into detail* 37

portarse *to behave* 291

posar *to alight, settle, pose, sit* 291

poseer *to possess, have* 409

posibilitar *to make possible, facilitate* 291

posponer *to postpone* 408

postergar *to postpone* 326

postular *to postulate, request, demand, be a candidate for* 291

potenciar *to give power to, make possible,* 291

practicar *to practice* 410

precalentar *to preheat* 395

precaver *to guard against, take precautions against, prevent* 129

preceder *to precede* 129

precipitar *to hurl/throw down, rush, hurry on* 291

precisar *to specify* 291

predecir *to predict, forecast* 171

predestinar *to predestine* 291

predeterminar *to predetermine* 291

predicar *to preach, sermonize,* 96

predisponer *to predispose* 408

predominar *to predominate over* 291

prefabricar *to prefabricate* 96

preferir *to prefer* 411

prefigurar *to foreshadow, prefigure* 291

pregonar *to proclaim, shout/cry out* 291

preguntar *to ask* 412

prejuzgar *to prejudge* 326

premeditar *to premeditate* 291

premiar *to reward, give/award a prize* 291

prender *to seize, grasp, catch* 129

prensar *to press* 291

preocuparse *to worry* 413

preparar *to prepare* 414

preponer *to put before* 408

romper *to break* 467
roncar *to snore* 96
rondar *to go/walk around, serenade* 291
rozar *to graze, rub/brush against* 37
ruborizarse *to blush, feel ashamed/bashful* 37
rugir *to roar, bellow, shout* 194

S

saber *to know* 468
saborear *to taste, savor, flavor* 291
sacar *to take out* 469
saciarse *to satiate, be satisfied* 291
sacrificar *to sacrifice* 96
sacudir *to shake* 470
salar *to salt* 291
saldar *to liquidate, pay, settle* 291
salir *to go out, leave* 471
salivar *to salivate* 291
salpicar *to splash, sprinkle* 96
salpimentar *to season* 395
saltar *to jump* 472
saltear *to rob, pounce, sauté* 291
saludar *to greet, say hello* 473
salvar *to save, rescue* 291
sanar *to heal, cure* 291
sancionar *to sanction, penalize* 291
sangrar *to bleed* 291
saquear *to plunder, loot, sack* 291
satirizar *to satirize* 37
satisfacer *to satisfy* 474
saturar *to saturate* 291
sazonar *to season, flavor* 291
secuestrar *to confiscate, kidnap, hijack* 291
secar *to dry* 475
secularizar *to secularize* 37
secundar *to second, support* 291
seducir *to seduce, tempt, attract* 137
segar *to reap, cut, mow* 366
segmentar *to segment* 291
segregar *to segregate* 326
seguir *to follow* 476
seleccionar *to select, choose* 291
sellar *to seal, stamp* 291
sembrar *to sow, seed, spread, scatter* 395
sentarse *to sit down* 477
sentenciar *to judge, sentence* 291
sentirse *to feel* 478
señalar *to point to/out* 479
separar *to separate* 480
sepultar *to bury, entomb* 291
ser *to be* 481
serenarse *to calm down, grow calm* 291
sermonear *to preach, lecture* 291
serpentear *to slither, crawl* 291
serrar *to saw* 395
servir *to serve* 482
sesgar *to cut on the bias* 326
significar *to mean* 483

silabear *to pronounce syllable by syllable, divide into syllables* 291
silbar *to whistle* 291
silenciar *to muffle, silence* 291
simbolizar *to symbolize* 37
simpatizar *to get along/on, hit it off* 37
simplificar *to simplify* 96
sincronizar *to synchronize* 37
singularizar *to single out, distinguish* 37
sintonizar *to tune in* 37
sistematizar *to systematize* 37
sitiar *to besiege, lay siege, surround* 291
situar *to place, put, situate* 148
sobar *to knead, thrash, handle* 291
sobornar *to bribe* 291
sobrar *to have/be left over* 484
sobrecargar *to overload, weigh down* 326
sobrecoger *to startle, frighten* 124
sobreexcitar *to overexcite* 291
sobreexponer *to overexpose* 408
sobrellevar *to bear, endure* 291
sobrepasar *to surpass, exceed* 291
sobreponerse *to overcome, pull oneself together* 408
sobresalir *to stick out, excel* 471
sobresaltarse *to be startled* 291
sobrevivir *to survive* 547
socorrer *to help, relieve* 129
sofocar *to suffocate, stifle, suppress* 96
sojuzgar *to subjugate, subdue* 326
soldar *to solder, weld* 145
solear *to expose to/put in the sun* 291
solemnizar *to celebrate, commemorate* 37
soler *to usually do, be accustomed to* 485
solfear *to sol-fa, do solfeggio* 291
sollozar *to sob* 486
soltar *to let go, release* 487
solucionar *to solve, resolve* 291
sombrear *to cast a shadow, shade* 291
someter *to subdue, put down* 488
sonar *to sound, ring* 489
sondar *to sound, investigate, probe* 291
sonreír *to smile* 490
sonrojarse *to blush* 291
sonrosarse *to blush, turn pink* 291
sonsacar *to wheedle, coax* 96
soñar *to dream* 491
sopesar *to weigh, examine* 291
soplar *to blow* 492
soportar *to stand, bear* 493
sorber *to suck, sip, soak up, absorb* 129
sorprender *to surprise* 494
sortear *to draw/cast lots, allot* 291
sosegarse *to calm down* 366
sospechar *to suspect* 495
sostener *to support, stand* 496
suavizar *to soften, make smooth* 37
subastar *to auction, sell at auction* 291
subir *to go up, raise* 497

sublevarse *to revolt, rebel, rise up* 291
subordinar *to subordinate* 291
subrayar *to underline, emphasize* 498
subsistir *to subsist, survive, last* 547
subvencionar *to subsidize* 291
subyugar *to subjugate, captivate* 326
suceder *to happen* 499
sudar *to perspire, sweat* 291
sufrir *to suffer* 500
sugerir *to suggest* 501
suicidarse *to commit suicide* 291
sujetar *to secure, fasten, attach* 291
sumar *to add up* 502
sumergir *to submerge* 194
suministrar *to supply, provide, furnish* 291
supeditar *to subdue, subject* 291
superar *to surpass, outdo, overcome* 291
superponer *to superimpose, put before* 408
suplantar *to supplant* 291
suplicar *to implore, beg* 96
suplir *to replace, substitute, fill in* 547
suponer *to suppose* 503
suprimir *to suppress* 504
surcar *to plow* 96
surgir *to come out, appear* 505
surtir *to supply, provide* 547
suscitar *to provoke, cause, arouse* 291
suspender *to suspend, hang, postpone* 129
suspirar *to sigh* 506
sustanciar *to substantiate, abridge* 291
sustentar *to support, sustain, nourish* 291
sustituir *to substitute* 507
sustraer *to steal, remove, subtract* 522

T

tachar *to erase, cross out, censure* 291
tajar *to cut, chop, slice* 291
talar *to fell, cut, destroy* 291
tallar *to carve, engrave, cut* 291
tambalear *to stagger, be unstable* 291
tamborear *to drum, beat, pitter-patter (rain)* 291
tantear *to estimate, keep score* 291
tapar *to cover* 291
tapiar *to wall in/up, enclose* 291
tapizar *to tapestry, upholster* 37
taponar *to plug, stop up* 291
taquigrafiar *to write in shorthand* 239
tardar *to take time, delay* 508
tartamudear *to stutter, stammer* 291
tasar *to appraise, value, set price* 291
teclear *to play piano, type* 291
tejar *to tile* 291
tejer *to weave, spin* 129
teledirigir *to operate by remote control* 194
telefonear *to telephone* 509